KB057941

수사실무총서 등대지기 I

수사서류 작성과 요령 실무총서

박 태 곤 편저

법 문 북 스

공소시효의 계산법

(형사소송법 제249조)

구 분	2007. 12. 20. 까지	2007. 12. 21. 부터
사 형	15	25
무 기	10	15
장기 10년 이상의 징역 금고	7	10
장기 10년 미만의 징역 금고	5	7
장기 5년 미만의 징역 금고, 장기 10년 이상의 자격정지, 1만원 이상 벌금	3	
장기 5년 미만의 징역 금고, 장기 10년 이상의 자격정지, 벌금		5
장기 5년 이상의 자격정지	2	3
장기 5년 미만의 자격정지, 구류, 과료, 몰수, 1만원 미만 벌금	1	
장기 5년 미만의 자격정지, 구류, 과료, 몰수		1
사람을 살해한 범죄(종범 제외)로 사형 해당 범죄 13세 미만자 및 신체 또는 정신장애자 상대 강간추행, 준강간추행, 강간상해·치상	공소시효의 적용 배제	

◆ 개정법(2007. 12. 21.) 시행 전에 범한 죄에 대하여는 종전의 규정 적용
◆ 사건접수 일자 기준이 아니고 범죄 발생일시 기준

● 2024년 개정판을 펴내며

명심보감의 '治政篇(치정편)'에

『관직에 있는 자는 반드시 심하게 성내는 것을 경계하라. 일에 옳지 않음이 있거든 마땅히 자상하게 처리하면 반드시 맞아들지 않는 것이 없으려니와 만약 성내기부터 먼저 한다면 오직 자신을 해롭게 할 뿐이니라. 어찌 남을 해롭게 할 수 있으리오.』

우리 수사경찰관이 반드시 지켜야 할 대목이라 생각하여 인용하였습니다.

『수사서류 작성과 요령 실무총서』의 2023년 개정판의 특징은 다음과 같습니다.

첫째, 2023. 12. 31. 기준으로 판례와 개정된 법을 반영하였다.

둘째, 성폭력범죄와 스토킹 범죄의 수사절차, 영장집행시 영장사본의 교부(수사준칙), 경찰 수사에 관한 인권보호 규칙내용을 추가하였다.

셋째, 피의자의 신상정보 공개대상과 절차에 대해 새로 제정된 '특정중대범죄 피의자 등 신상정보 공개에 관한 법률' 등 제정 및 개정된 법령을 모두 반영하였다.

앞으로도 본 저서가 수사관들의 영원한 등대지기가 되도록 꾸준히 연구하고 새로운 정보와 지식을 반영하여 수사관들의 직무수행에 보답하도록 하겠습니다.

끝으로 본 실무총서 개정판이 출판되도록 도움을 준 경찰 후배이자 사위인 서울경찰청에서 근무하고 있는 유경일 경감에게 앞으로도 계속 도와 달라는 부탁과 함께 고맙다는 말을 표하고자 합니다.

2024년 1월

저자 **박 태 곤**

● 책을 펴내며

정약용의 『목민심서』 '형전육조(刑典六條)'에 "송사 판결의 근본은 오로지 문서에 달려 있으니 그 속에 감추어진 간사한 것을 들추고 숨겨져 있는 사특한 것을 밝혀내야 하는데 그것은 오직 현명한 사람만이 할 수 있는 것이다."라는 내용이 있다.

최첨단 과학 수사기법이 발달한 현대에도, 현명한 수사경찰이 되기 위해 좌우명으로 삼아야 하지 않을까 하는 대목이라 생각하여 인용하였다. 또한, 우리 수사경찰관들이 수사서류를 작성하면서 항상 염두에 두어야 할 것이다. 수사서류 작성은 그만큼 중요하다. 수사관 개인이 작성한 서류가 검사의 공소제기 자료가 되고 나아가 공판에서의 중요한 자료로도 사용되기 때문이다.
『수사실무총서 등대지기』는 이런 점을 전제로 집필하였음을 밝힌다.

2003년 처음 『수사경찰의 등대지기』라는 이름으로 수사실무전서가 출간된 후 많은 독자의 관심과 후원으로 해를 거듭하면서 몇 차례 변화했으나 급변하는 상황 속에서 지나간 내용만으로 수사실무서로의 역할을 다할 수 없게 되었다.
또한, 수없이 생산되고 있는 판례와 특별법의 잦은 제정, 개정 등 많은 내용 변화를 간과할 수 없어 부득이 지면을 늘릴 수밖에 없었다.
그래서 수사실무총서 『수사서류 작성과 요령』, 『형법』, 『형사특별법』으로 분권하였다.

『수사서류 작성과 요령 실무총서』의 특징은 다음과 같다.
첫째, 총 3편으로 제1편 수사일반, 제2편 수사절차, 제3편 실무사례로 나누어 정리하였다.

둘째, 제1편 수사일반에서는 사건접수에서 처리하여 종결까지의 일련의 모든 절차와 서류작성에 대해 양식을 곁들어 설명하였으며, 특히 인권과 관련 변호인 참여지침, 각종 수사서류 작성요령 및 영장신청 시 체포(구속)를 필요로 하는 사유 등 수사경찰로서 필수적으로 알아야 하는 모든 내용을 빠짐없이 정리하였다.

셋째, 제2편 수사절차에서 출입국 규제절차, 감정의뢰 및 처리, 소년사건 처리, 변사사건 처리절차, 통신제한조치, 신고보상금 제도, 각종 수배 및 해제절차, 수법범죄 자료관리 등 모든 처리절차는 수사하면서 부수적으로 꼭 발생하는 각종 절차로 법적근거를 제시하면서 사례를 곁들여 정리하였다.

넷째, 제3편 실무사례에서는 수사분야 200개, 생활안전분야 45개, 교통분야 35개, 기타 16개 등 총 296개의 실무사례를 정리하였으며, 부록으로 형법 기본 죄명표와 특별법 죄명표를 정리하였다.

특히 실무사례의 경우는 일선 수사관들이 업무수행 중 의문사항을 필자에게 질의한 내용을 토대로 법적근거와 관련 판례를 예로 정리하였고, 또한 최근 판례를 근거로 정리하여 수사업무를 집행하면서 도움이 되도록 하였다.

등대는 밤에 뱃길의 위험한 곳을 비추거나 목표로 삼기 위해 등불을 켜놓은 것이다. 이번에 개편되는 "수사실무총서 등대지기" 시리즈는 수사경찰의 업무수행과 관련하여 잘못된 법률 적용을 올바르게 비추어 주고 실체적 진실발견을 최종목표로 하는 우리 수사경찰의 지침서가 될 수 있도록 하였다.

앞으로도 「수사실무총서 등대지기」가 수험생은 물론 일선에서 활약하는 수사관들에게 좋은 참고서가 되고 올바른 지침서가 되도록 노력하겠다. 많은 관심과 격려를 부탁드린다.

끝으로 「수사실무총서 등대지기」가 새롭게 출판되도록 도와주신 법문북스 김현호 사장님을 비롯한 임직원들에게 감사의 말씀을 전한다.

2018년 2월
저자 朴 泰 坤

Contents

제1편 수사의 개시와 진행

제2편 강제수사 절차

제3편 수사의 종결 단계

제4편 특별수사 절차

제5편 실무사례

제1장 수사분야

제2장 생활안전분야

제3장 교통분야

제4장 기타 분야

부 록

수사 개시와 진행

1편

수사의 개시와 진행

제1장 형사민원 사건의 처리절차

제1절 수사의 절차

Ⅰ. 수사의 기본원칙

1. 수사의 기본원칙

가. 사법경찰관은 모든 수사과정에서 헌법과 법률에 따라 보장되는 피의자와 그 밖의 피해자·참고인 등(이하 "사건관계인"이라 한다)의 권리를 보호하고, 적법한 절차에 따라야 한다.

나. 사법경찰관은 예단(豫斷)이나 편견 없이 신속하게 수사해야 하고, 주어진 권한을 자의적으로 행사하거나 남용해서는 안 된다.

다. 사법경찰관은 수사할 때 다음 각호의 사항에 유의하여 실체적 진실을 발견해야 한다.

① 물적 증거를 기본으로 하여 객관적이고 신빙성 있는 증거를 발견하고 수집하기 위해 노력할 것

② 과학수사 기법과 관련 지식·기술 및 자료를 충분히 활용하여 합리적으로 수사할 것

③ 수사과정에서 선입견을 품지 말고, 근거 없는 추측을 배제하며, 사건관계인의 진술을 과신하지 않도록 주의할 것

라. 검사와 사법경찰관은 다른 사건의 수사를 통해 확보된 증거 또는 자료를 내세워 관련이 없는 사건에 대한 자백이나 진술을 강요해서는 안 된다. (검사와 사법경찰관의 상호협력과 일반적 수사준칙에 관한 규정 제3조)

2. 불이익 금지

사법경찰관은 피의자나 사건관계인이 인권침해 신고나 그 밖에 인권 구제를 위한 신고, 진정, 고소, 고발 등의 행위를 하였다는 이유로 부당한 대우를 하거나 불이익을 주어서는 안 된다.

3. 형사사건의 공개금지 등

가. 사법경찰관은 공소제기 전의 형사사건에 관한 내용을 공개해서는 안 된다.

나. 사법경찰관은 수사의 전(全) 과정에서 피의자와 사건관계인의 사생활의 비밀을 보호하고 그들의 명예나 신용이 훼손되지 않도록 노력해야 한다.

다. 경찰청장은 무죄 추정의 원칙과 국민의 알 권리 등을 종합적으로 고려하여 형사사건 공개에 관한 준칙을 정할 수 있다.

4. 인권 보호

가. 경찰관은 수사할 때는 개인의 인권을 존중하고 신속·공정·성실하게 하여야 한다.

나. 경찰관은 피의자, 피해자 등 사건 관계인(이하 "사건관계인"이라 한다)에게 반말·폭언·강압적인 말투를 사용하거나 특정 종교, 성별, 인종 등을 이유로 차별·편견·비하 또는 혐오하는 언행을 사용하여 모욕감 또는 불쾌감을 유발하여서는 아니 된다.

다. 경찰관은 수사할 때는 사건관계인의 명예를 훼손하지 않도록 주의하여야 한다.

※ 경찰수사규칙

제2조(인권 존중 및 적법절차 준수) ① 사법경찰관리는 수사를 할 때에는 합리적 이유 없이 피의자와 그 밖의 피해자·참고인 등(이하 "사건관계인"이라 한다)의 성별, 종교, 나이, 장애, 사회적 신분, 출신지역, 인종, 국적, 외모 등 신체조건, 병력(病歷), 혼인 여부, 정치적 의견 및 성적(性的) 지향 등을 이유로 차별해서는 안 된다.
② 사법경찰관리는 「형사소송법」(이하 "법"이라 한다) 및 「검사와 사법경찰관의 상호협력과 일반적 수사준칙에 관한 규정」(이하 "수사준칙"이라 한다) 등 관계 법령을 준수하고 적법한 절차와 방식에 따라 수사해야 한다.

---

5. 합리적인 수사

가. 경찰관은 수사할 때는 기초수사를 철저히 하여 모든 증거의 발견수집에 힘써야 하며 과학 수사기법과 지식·기술·자료를 충분히 활용하여 수사를 합리적으로 진행하여야 한다.

나. 경찰관은 수사할 때는 상사의 지시 명령을 성실히 수행하고 경찰관 상호 협력하여야 한다.

II. 입건 전(前) 단계

범죄의 혐의 여부를 확인하기 위하여 입건 전의 단계에서 수행하는 수사기관의 조사 활동을 말한다. 진정, 탄원도 수사의 전 단계에 해당한다.

인지 전에 반드시 입건 전조사 단계를 거쳐야 하는 것은 아니며 수사결과 범죄의 혐의가 있고 또 입건할 가치와 필요가 있을 때는 범죄인지보고서를 작성하여 입건하고 범죄의 혐의가 없거나 입건할 필요가 없을 때는 종결한다.

1. 진정서란

일반적으로 각 개인이 침해를 받은 권리를 구제받기 위하여 관계기관에 일정한 조치를 요구하는 것을 말한다. 또한, 그러한 목적으로 작성되는 문서를 진정서라고 하는데 진정서에는 정해진 형식이 없고 어떠한 형식이든 자신의 주장 내용만 담고 있으면 된다.

2. 탄원서란

행정기관에 억울한 내용을 하소연하여 도와주기를 간절히 바라는 것으로 행정처분에 대한 구제를 목적으로 한다.

> ※ 경찰수사규칙
>
> 제19조(입건 전 조사) ① 사법경찰관은 수사준칙 제16조제3항에 따른 입건 전에 범죄를 의심할 만한 정황이 있어 수사 개시 여부를 결정하기 위한 사실관계의 확인 등 필요한 조사(이하 "입건전조사"라 한다)에 착수하기 위해서는 해당 사법경찰관이 소속된 경찰관서의 수사 부서의 장(이하 "소속수사부서장"이라 한다)의 지휘를 받아야 한다.
> ② 사법경찰관은 입건전조사한 사건을 다음 각 호의 구분에 따라 처리해야 한다.
> 1. 입건: 범죄의 혐의가 있어 수사를 개시하는 경우
> 2. 입건전조사 종결(혐의없음, 죄가안됨 또는 공소권없음): 제108조제1항제1호부터 제3호까지의 규정에 따른 사유가 있는 경우
> 3. 입건전조사 중지: 피혐의자 또는 참고인 등의 소재불명으로 입건전조사를 계속할 수 없는 경우
> 4. 이송: 관할이 없거나 범죄특성 및 병합처리 등을 고려하여 다른 경찰관서 또는 기관(해당 기관과 협의된 경우로 한정한다)에서 입건전조사할 필요가 있는 경우
> 5. 공람 후 종결: 진정·탄원·투서 등 서면으로 접수된 신고가 다음 각 목의 어느 하나에 해당하는 경우
>   가. 같은 내용으로 3회 이상 반복하여 접수되고 2회 이상 그 처리 결과를 통지한 신고와 같은 내용인 경우
>   나. 무기명 또는 가명으로 접수된 경우
>   다. 단순한 풍문이나 인신공격적인 내용인 경우
>   라. 완결된 사건 또는 재판에 불복하는 내용인 경우
>   마. 민사소송 또는 행정소송에 관한 사항인 경우
>   라. 완결된 사건 또는 재판에 불복하는 내용인 경우
>   마. 민사소송 또는 행정소송에 관한 사항인 경우

Ⅲ. 수사의 개시(입건)

1. 개 념

수사기관이 사건을 최초로 수리하여 수사를 개시함을 입건이라 하며, 입건 이후에는 혐의자가 피의자로 된다. 실무상으로는 범죄사건부에 사건을 등재하게 되는 단계를 말한다.

2. 개시의 원인

사법경찰관이 수사를 개시하는 원인에는 입건의 사유인 범죄인지, 고소·고발의 접수, 검사의 사건이송, 이송사건의 수리 등이 있다.

※ 경찰 수사에 관한 인권보호 규칙
제12조(수사등의 개시) ① 경찰관은 범죄정보 등 수사단서를 입수했을 때에는 그 사실관계 및 범죄혐의에 대한 신빙성 유무를 신중하게 검토하여 수사등의 개시 여부를 결정해야 한다.
② 경찰관은 수사준칙 제16조제3항에 따라 입건 전 조사를 할 때에는 그 사실이 외부에 알려져 사건관계인이 부당한 피해를 입지 않도록 해야 한다.
③ 경찰관은 수사등 진행 중인 사건의 범죄혐의를 밝히기 위한 목적으로 관련 없는 사건의 수사등을 개시해서는 안 된다.

가. 범죄인지 – 범죄인지서 작성

경찰관은 범죄의 혐의가 있다고 판단될 때는 수사에 착수하여야 하고, 수사를 개시할 때는 범죄인지서를 작성하여 소속경찰서장에게 보고하여야 한다.

※ 경찰수사규칙
제18조(수사의 개시) ① 사법경찰관은 법 제197조제1항에 따라 구체적인 사실에 근거를 둔 범죄의 혐의를 인식한 때에는 수사를 개시한다.
② 사법경찰관은 제1항에 따라 수사를 개시할 때에는 지체 없이 별지 제11호서식의 범죄인지서를 작성하여 사건기록에 편철해야 한다.

※ 검사와 사법경찰관의 상호협력과 일반적 수사준칙에 관한 규정
제16조(수사의 개시) ① 검사 또는 사법경찰관이 다음 각 호의 어느 하나에 해당하는 행위에 착수한 때에는 수사를 개시한 것으로 본다. 이 경우 검사 또는 사법경찰관은 해당 사건을 즉시 입건해야 한다.
 1. 피혐의자의 수사기관 출석조사
 2. 피의자신문조서의 작성
 3. 긴급체포
 4. 체포·구속영장의 청구 또는 신청
 5. 사람의 신체, 주거, 관리하는 건조물, 자동차, 선박, 항공기 또는 점유하는 방실에 대한 압수·수색 또는 검증영장(부검을 위한 검증영장은 제외한다)의 청구 또는 신청

나. 검사의 사건이송

※ 검사와 사법경찰관의 상호협력과 일반적 수사준칙에 관한 규정
제18조(검사의 사건 이송 등) ① 검사는 「검찰청법」 제4조제1항제1호 각 목에 해당되지 않는 범죄에
  대한 고소·고발·진정 등이 접수된 때에는 사건을 검찰청 외의 수사기관에 이송해야 한다.
  1. 검찰청법 제4조제1항제1호 각 목에 해당되지 않는 범죄에 대한 고소·고발·진정 등이 접수된 때
  2. 「검사의 수사개시 범죄 범위에 관한 규정」 제2조 각 호의 범죄에 해당하는 사건 수사 중 범죄 혐
    의 사실이 「검찰청법」 제4조제1항제1호 각 목의 범죄에 해당되지 않는다고 판단되는 때. 다만 구속
    영장이나 사람의 신체, 주거, 관리하는 건조물, 자동차, 선박, 항공기 또는 점유하는 방실에 대하여
    압수·수색 또는 검증영장이 발부된 경우는 제외한다.
② 검사는 다음 각 호의 어느 하나에 해당하는 때에는 사건을 검찰청 외의 수사기관에 이송할 수 있다.
  1. 법 제197조의4제2항 단서에 따라 사법경찰관이 범죄사실을 계속 수사할 수 있게 된 때
  2. 그 밖에 다른 수사기관에서 수사하는 것이 적절하다고 판단되는 때
③ 검사는 제1항 또는 제2항에 따라 사건을 이송하는 경우에는 관계 서류와 증거물을 해당 수사기관에
  함께 송부해야 한다.
④ 검사는 제2항제2호에 따른 이송을 하는 경우에는 특별한 사정이 없으면 사건을 수리한 날부터 1개월
  이내에 이송해야 한다.

다. 피해신고 - 범죄신고서 작성

피해자의 피해신고로 수사에 착수하여 혐의가 인정되면 인지 수사한다.

라. 검사 이송사건

사법경찰관은 수사준칙 제18조에 따라 검사로부터 사건을 이송받으면 지체 없이
접수하여 처리한다. (경찰수사규칙 제32조)

3. 용어 정리

가. 사건의 수리

형사사건이 검찰청 또는 경찰서 등 특정 수사기관에 접수되어 이에 사건번호가
부여되는 절차

나. 인 지

수사기관이 각종 수사의 단서에 의하여 곧바로 또는 입건전조사의 과정을 거쳐
적극적·능동적으로 범죄혐의를 인정하고 수사에 착수하는 처분. 입건의 한 방법

다. 입 건

인지뿐만 아니라 고소, 고발, 자수 등 수사의 단서에 의하여 소극적·수동적으
로 수사가 개시되는 경우까지 포함하는 수사 개시의 절차

Ⅳ. 수사의 실행

1. 수사는 형사소송법, 형사소송규칙, 검사와 사법경찰관의 상호협력과 일반적 수사준 칙에 관한 규정, 경찰수사규칙 등에 규정된 권한의 범위 내에서 자율적으로 행한다.

2. 사법경찰관이 직접 수사할 수 없는 것도 있다.
이런 경우에 해당기관의 고발해야 할 때는 고발을 하도록 협조공문을 보내거나 근 로에 관한 법의 경우에는 해당 노동청으로 사건을 인계하여야 한다.

> 例. 독점규제 및 공정거래에 관한 법률, 조세범처벌법(특가법에 해당할 경우 인지가능), 관세법, 물 가안정에관한법률, 자동차손해배상보장법(제38조 제2항), 근로에 관한 법(근로기준법, 최저임금 법, 노동조합및근로관계조정법, 산업안전보건법 등)

3. 고발사건에 대하여는 자기 또는 배우자의 직계존속에 대한 고발인지 여부, 관세법·조세범처벌법 등 고발이 소송조건인 범죄에 있어서 고발권자의 고발이 있는지 등 을 조사하여야 한다.

4. 준수사항 (형사소송법 제198조)
① 피의자에 대한 수사는 불구속 상태에서 함을 원칙으로 한다.
② 사법경찰관리와 그 밖에 직무상 수사와 관계있는 자는 피의자 또는 다른 사람의 인권을 존중하고 수사과정에서 취득한 비밀을 엄수하며 수사에 방해되는 일이 없 도록 하여야 한다.
③ 사법경찰관리와 그 밖에 직무상 수사와 관계있는 자는 수사과정에서 수사와 관련하 여 작성하거나 취득한 서류 또는 물건에 대한 목록을 빠짐없이 작성하여야 한다.
④ 수사기관은 수사 중인 사건의 범죄혐의를 밝히기 위한 목적으로 합리적인 근거 없 이 별개의 사건을 부당하게 수사하여서는 아니 되고, 다른 사건의 수사를 통하여 확보된 증거 또는 자료를 내세워 관련 없는 사건에 대한 자백이나 진술을 강요하 여서도 아니 된다.

V. 수사의 종결(송치)

1. 고소·고발 사건은 수리한 때로부터 3개월 이내에 수사를 완료하여야 하며 이를 완료하지 못하였을 때는 소속수사부서장에게 보고하고 기간연장을 승인받아야 한다.

> ※ 경찰수사규칙
> 제24조(고소·고발사건의 수사기간) ① 사법경찰관리는 고소·고발을 수리한 날부터 3개월 이내에 수사를 마쳐야 한다.
> ② 사법경찰관리는 제1항의 기간 내에 수사를 완료하지 못한 경우에는 그 이유를 소속수사부서장에게 보고하고 수사기간 연장을 승인받아야 한다.

2. 수사부서장은 범죄 인지 후 1년이 지난 사건은 수사종결 지휘하여야 한다. 계속 수사가 필요한 경우에는 그 사유를 소명하여 상급 수사부서의 장의 승인을 받아 수사할 수 있다.

> ※ 경찰수사규칙
> 제95조(장기사건 수사종결) ① 사법경찰관리는 범죄 인지 후 1년이 지난 사건에 대해서는 수사준칙 제51조제1항에 따른 결정을 해야 한다. 다만, 다수의 사건관계인 조사, 관련 자료 추가확보·분석, 외부 전문기관 감정의 장기화, 범인 미검거 등으로 계속하여 수사가 필요한 경우에는 해당 사법경찰관리가 소속된 바로 위 상급경찰관서 수사 부서의 장의 승인을 받아 연장할 수 있다.
> ② 사법경찰관리는 제1항 단서에 따른 승인을 받으려면 수사기간 연장의 필요성을 소명해야 한다.

3. 사법경찰관은 사건을 수사한 경우에는 다음 각 호의 구분에 따라 결정해야 한다.
   ① 법원송치
   ② 검찰송치
   ③ 불송치 : 혐의없음(범죄인정안됨, 증거불충분), 죄가안됨, 공소권없음, 각하
   ④ 수사중지 : 피의자중지, 참고인중지
   ⑤ 이송

4. 사법경찰관은 하나의 사건 중 피의자가 여러 사람이거나 피의사실이 여러 개인 경우로서 분리하여 결정할 필요가 있는 경우 그중 일부에 관해 결정할 수 있다.

5. 사법경찰관은 검사에게 사건기록을 송부한 후 피의자 등의 소재를 발견한 경우에는 소재 발견 및 수사 재개 사실을 검사에게 통보해야 한다. 이 경우 통보를 받은 검사는 지체 없이 사법경찰관에게 사건기록을 반환해야 한다.

제2절 민원서류의 접수

1. 형사민원 사건을 제기하는 자가 있을 때는 수사관할의 여부를 불문하고 이를 수리함을 원칙으로 한다. 단, 수사관서가 당해 사건 수사관할(피 민원인 또는 민원인의 주소지가 아니고 범죄지도 아닌 경우)이 아닐 때는 민원인에 대하여 수사관할인 관서에 제출하도록 설득하여 수사관할 관서에 제기토록 하고 수리하지 않을 수 있다.

2. 제1항의 관할에 불구하고 이를 수리하였을 때는 지체 없이 수사관할 관서에 이첩하고 민원인에게 그 취지를 통보하여야 한다.

3. 익명 또는 허무인 명의의 진정·탄원 및 투서에 대하여는 그 내용을 정확히 판단하여 수사단서로서의 가치가 없다고 인정될 때는 입건전 조사하지 아니할 수 있다.

4. 실존 인물의 진정·탄원·투서라도 내용이 형벌 법규에 저촉되지 아니함이 명백하다고 인정될 때는 진정·탄원·투서인에게 그 뜻을 통지하고 제3항에 준하여 처리할 수 있다.

5. 형사민원 사건을 수리하지 않고 관계인을 소환하는 등 부당한 수사를 하여서는 아니 되며 특히 특정인을 위한 편파수사를 하여서는 아니 된다.

6. 형사민원인이 직접 휴대 제출한 민원서류는 민원실에서는 접수 대장에만 등재한 후 민원서류와 민원인을 관련 처리 주무기능에 즉시 인계하고, 처리주무 간부가 즉시 조사자를 지정하여 즉석 보충조서를 작성 후 결재토록 하여 가급적 민원인이 조서 작성을 위하여 재차 출석하는 일이 없도록 하여야 한다.

7. 조사계획서 작성

   조사계획서는 일정한 양식이 규정된 것은 아니지만 수사를 하기에 앞서 조사계획서를 작성하는 것이 업무처리 과정에서 유용하게 사용될 수 있을 것이다. 특히 형사소송법 개정으로 수사과정을 기록하게 되어 있어(법 제244조의4) 조사계획서를 작성한 것이 이에 일치할 수도 있다. 이 계획서를 만들어 사건 표지로 사용하면 좋다.

제3절 수사의 제척·기피·회피

I. 수사의 제척

경찰관은 다음 경우에 수사직무(조사 등 직접적인 수사 및 수사 지휘를 포함한다)의 집행에서 제척된다.

가. 경찰관 본인이 피해자인 때

나. 경찰관 본인이 피의자나 피해자의 친족이거나 친족관계가 있었던 자인 때

다. 경찰관 본인이 피의자나 피해자의 법정대리인이나 후견감독인인 때

II. 수사의 기피

1. 기피의 원인과 신청권자

① 피의자, 피해자와 그 변호인은 다음 각 호의 어느 하나에 해당하는 때에는 경찰관에 대해 기피를 신청할 수 있다. 다만, 변호인은 피의자, 피해자의 명시한 의사에 반하지 아니하는 때에 한하여 기피를 신청할 수 있다.

○ 경찰관이 제8조 각 호의 어느 하나에 해당되는 때

> ※ 범죄수사규칙
> 제8조(제척) 경찰관은 다음 각 호의 어느 하나에 해당하는 경우 수사직무(조사 등 직접적인 수사 및 수사지휘를 포함한다)의 집행에서 제척된다.
> 1. 경찰관 본인이 피해자인 때
> 2. 경찰관 본인이 피의자 또는 피해자의 친족이거나 친족이었던 사람인 때
> 3. 경찰관 본인이 피의자 또는 피해자의 법정대리인이거나 후견감독인인 때

○ 경찰관이 불공정한 수사를 하였거나 그러한 염려가 있다고 볼만한 객관적·구체적 사정이 있는 때

② 기피 신청은 경찰관서에 접수된 고소·고발·진정·탄원·신고 사건에 한하여 신청할 수 있다.

2. 신청 방법과 대상

① 기피신청을 하려는 사람은 별지 제1호서식의 기피 신청서를 작성하여 기피신청 대상 경찰관이 소속된 경찰관서 내 감사부서의 장(이하 "감사부서의 장"이라 한다)에게 제출하여야 한다. 이 경우 해당 감사부서의 장은 즉시 수사부서장에게 기피신청 사실을 통보하여야 한다.

② 기피신청을 하려는 사람은 기피신청을 한 날부터 3일 이내에 기피 사유를 서면으로 소명하여야 한다.

3. 기피신청의 처리

① 기피 신청을 받은 감사부서의 장은 다음 각 호의 어느 하나에 해당하는 경우 해당 신청을 수리하지 않을 수 있다.

  ○ 대상 사건이 종결된 경우

  ○ 동일한 사유로 이미 기피신청이 있었던 경우. 다만, 기존과 다른 사유로 기피 신청하는 것을 소명할 때는 추가로 한 차례만 기피 신청할 수 있다.

  ○ 기피 사유에 대한 소명이 없는 경우

  ○ 제9조 후단 또는 제9조 제2항에 위배되어 기피 신청이 이루어진 경우

  ○ 기피신청이 수사의 지연 또는 방해만을 목적으로 하는 것이 명백한 경우

> ※ 범죄수사규칙
> **제9조(기피 원인과 신청권자)** ① 피의자, 피해자와 그 변호인은 다음 각 호의 어느 하나에 해당하는 때에는 경찰관에 대해 기피를 신청할 수 있다. 다만, 변호인은 피의자, 피해자의 명시한 의사에 반하지 아니하는 때에 한하여 기피를 신청할 수 있다.
> 1. 경찰관이 제8조 각 호의 어느 하나에 해당되는 때
> 2. 경찰관이 불공정한 수사를 하였거나 그러한 염려가 있다고 볼만한 객관적·구체적 사정이 있는 때
> ② 기피 신청은 경찰관서에 접수된 고소·고발·진정·탄원·신고 사건에 한하여 신청할 수 있다.

② 수사부서장은 기피신청 사실을 통보받은 후 지체 없이 제2호서식의 의견서를 작성하여 감사부서의 장에게 제출하여야 한다. 다만, 제1항에 따라 해당 기피신청을 수리하지 않는 경우에는 그러하지 아니하다.

③ 수사부서장은 기피신청이 이유 있다고 인정하는 때에는 기피신청 사실을 통보받은 날부터 3일(근무일 기준) 이내에 사건담당 경찰관을 재지정하여 감사부서의

장에게 해당 사실을 통보해야 한다.

④ 수사부서장이 기피신청을 이유 있다고 인정하지 않는 때에는 감사부서의 장은 기피신청 접수일부터 7일(공휴일과 토요일은 산입하지 않는다) 이내에 공정수사위원회를 개최하여 기피 신청 수용 여부를 결정하여야 한다. 다만, 부득이한 경우 7일의 범위에서 한 차례만 위원회 개최를 연기할 수 있다.

⑤ 공정수사위원회는 위원장을 포함하여 5명의 위원으로 구성하되, 감사부서의 장을 위원장으로, 수사부서 소속 경찰관 2명과 수사부서 이외의 부서 소속 경찰관 2명을 위원으로 구성한다.

⑥ 공정수사위원회는 재적위원 전원의 출석으로 개의하고 출석위원 과반수의 찬성으로 의결한다.

⑦ 감사부서의 장은 제3항에 따른 재지정 사실 또는 제6항에 따른 의결 결과를 기피 신청자에게 통지하여야 한다.

⑧ 제7항의 통지는 서면, 전화, 팩스, 전자우편, 문자메시지 등 신청인이 요청한 방법으로 할 수 있으며, 별도로 요청한 방법이 없는 경우에는 서면 또는 문자메시지로 한다. 이 경우 서면으로 통지할 때에는 제3호서식의 기피신청에 대한 결과 통지서에 따른다.

⑨ 기피 신청이 접수되어 수사부서에 공문으로 통보된 시점부터 수용 여부가 결정된 시점까지 해당 사건의 수사는 중지된다. 다만, 공소시효 만료, 증거인멸 방지 등 신속한 수사의 필요성이 있는 경우에는 그러하지 아니하다.

기 피 신 청

<table>
<tr><td rowspan="3">신
청
인</td><td>성 명</td><td></td><td>사건관련 신분</td><td></td></tr>
<tr><td>주민등록번호</td><td>–</td><td>전 화 번 호</td><td>– –</td></tr>
<tr><td>주 소</td><td colspan="3"></td></tr>
</table>

아래 사건의 대상수사관에 대하여 신청인은 다음과 같은 사유로 기피신청하니, 필요한 조치를 취하여 주시기 바랍니다.

<table>
<tr><td>사 건 번 호</td><td colspan="4">–</td></tr>
<tr><td>대 상 수 사 관</td><td>소 속</td><td></td><td>성 명</td><td></td></tr>
</table>

기 피 신 청 이 유

◆ 아래의 사유 중 해당사항을 체크하여 주시기 바랍니다.
 □ 수사관이 다음에 해당됨
  △ 사건의 피해자임 △ 피의자·피해자와 친족이거나 친족관계에 있었음
  △ 피의자·피해자의 법정대리인 또는 후견감독인임
 □ 청탁전화 수신, 피의자·피해자와 공무 외 접촉하여 공정성을 해하였음
 □ 모욕적 언행, 욕설, 가혹행위 등 인권을 침해함
 □ 조사과정 변호인 참여 등 신청인의 방어권을 보장받지 못함
 □ 사건접수 후 30일 이상 아무런 수사 진행사항이 없음
 □ 기타 불공평한 수사를 할 염려가 있다고 볼만한 객관적·구체적 사정이 있음

◆ 위에서 체크한 해당사항에 대한 구체적인 사유를 기재하여 주시기 바랍니다.

※ 근거자료가 있는 경우에는 이 신청서와 함께 제출하여 주시기 바랍니다.

<table>
<tr><td>결과통지방법</td><td>□ 서면</td><td>□ 전화</td><td>□ 문자메시지</td><td>□ 기타(전자우편, 팩스 등)</td></tr>
</table>

20○○.○.○.

신청인   (서명)

소 속 관 서 장 귀 하

기 피 신 청 에 대 한 의 견

담 당 수 사 관	소　　속	계 급 성 명	사 건 번 호
			－
기 피 신 청 사　　유			
수 사 관 의　　견			
팀　　장 검 토 결 과	<기피 신청 수용여부> 　□ 수 용　　　　　　　　　　　　□ 불수용 　ㄴ 재지정 수사관 ○○팀 경○　○ ○ ○ <판단근거> 　※ 구체적으로 기재		
작 성 자 확　　인			

소 속 관 서

제 0000-000000 호   0000.00.00.

수 신 :

제 목 : 기피 신청에 대한 결과 통지

귀하의 기피 신청에 대한 결과를 다음과 같이 알려드립니다.

신 청 인	성 명		주민등록번호	
	주 소			
사 건 번 호				
결 정 내 용	1. 수　용 (선택) : 교체 수사관 00팀 00 000 (☎ : 전화번호) 2. 불 수 용 (선택) :			
결 정 사 유				
참 고 사 항	수사결과에 이의가 있는 경우, 「수사이의제도」 활용 가능 - 접수방법 등은 ○○시·도경찰청 '수사심의계'로 문의 　(☎ 02-000-0000)			
	# 소 속 관 서 장			

III. 수사의 회피

1. 경찰관은 모든 수사에 있어 기피에 해당하는 사유가 있거나 기타 공정성을 잃을 염려가 있다고 사료한 때에는 회피하여야 한다.

2. 회피하려는 경찰관은 소속 부서장에게 규정에 따른 서식을 작성하여 제출하여야 한다.

3. 사법경찰관리는 피의자나 사건관계인과 친족 관계 또는 이에 준하는 관계가 있거나 그 밖에 수사의 공정성을 의심받을 염려가 있는 사건에 대해서는 소속기관의 장의 허가를 받아 그 수사를 회피해야 한다. (검사와 사법경찰관의 상호협력과 일반적 수사준칙에 관한 규정 제11조)

4. 사법경찰관리는 수사준칙 제11조에 따라 수사를 회피하려는 때에는 별지 제8호서식의 회피신청서를 소속 경찰관서장에게 제출하여야 한다. (경찰수사규칙 제10조)

5. 소속 경찰관서장이 「검사와 사법경찰관의 상호협력과 일반적 수사준칙에 관한 규정」(이하 "「수사준칙」"이라 한다) 제11조에 따른 회피신청을 허가한 때에는 회피신청서를 제출받은 날로부터 3일 이내에 사건담당 경찰관을 재지정하여야 한다. (범죄수사규칙 제12조)

○ ○ 경 찰 서

제 호   20○○.○.○.

수 신 :

참 조 :

제 목 : **회피신청서**

다음 사건에 대해 회피를 신청합니다.

1. 신청인

 성명 :   계급 :

 소속 :   주민등록번호 :

2. 사건번호

3. 회피 사유

4. 증빙 서류

                              20○○.○.○.

                                     신청인   (서명)

제4절 고소 · 고발사건 처리

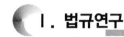 **I. 법규연구**

1. 형사소송법

제245조의5(사법경찰관의 사건송치 등) 사법경찰관은 고소 · 고발 사건을 포함하여 범죄를 수사한 때에는 다음 각 호의 구분에 따른다.
1. 범죄의 혐의가 있다고 인정되는 경우에는 지체 없이 검사에게 사건을 송치하고, 관계 서류와 증거물을 검사에게 송부하여야 한다.
2. 그 밖의 경우에는 그 이유를 명시한 서면과 함께 관계 서류와 증거물을 지체 없이 검사에게 송부하여야 한다. 이 경우 검사는 송부받은 날부터 90일 이내에 사법경찰관에게 반환하여야 한다.

제245조의6(고소인 등에 대한 송부통지) 사법경찰관은 제245조의5제2호의 경우에는 그 송부한 날부터 7일 이내에 서면으로 고소인 · 고발인 · 피해자 또는 그 법정대리인(피해자가 사망한 경우에는 그 배우자 · 직계친족 · 형제자매를 포함한다)에게 사건을 검사에게 송치하지 아니하는 취지와 그 이유를 통지하여야 한다.

제245조의7(고소인 등의 이의신청) ① 제245조의6의 통지를 받은 사람(고발인을 제외한다)은 해당 사법경찰관의 소속 관서의 장에게 이의를 신청할 수 있다.
② 사법경찰관은 제1항의 신청이 있는 때에는 지체 없이 검사에게 사건을 송치하고 관계 서류와 증거물을 송부하여야 하며, 처리결과와 그 이유를 제1항의 신청인에게 통지하여야 한다.

제245조의8(재수사요청 등) ① 검사는 제245조의5제2호의 경우에 사법경찰관이 사건을 송치하지 아니한 것이 위법 또는 부당한 때에는 그 이유를 문서로 명시하여 사법경찰관에게 재수사를 요청할 수 있다.
② 사법경찰관은 제1항의 요청이 있는 때에는 사건을 재수사하여야 한다.

2. 검사와 사법경찰관의 상호협력과 일반적 수사준칙에 관한 규정

제16조의2(고소 · 고발 사건의 수리 등) ① 검사 또는 사법경찰관은 고소 또는 고발을 받은 경우에는 이를 수리해야 한다.
② 검사 또는 사법경찰관은 고소 또는 고발에 따라 범죄를 수사하는 경우에는 고소 또는 고발을 수리한 날부터 3개월 이내에 수사를 마쳐야 한다.

3. 경찰수사규칙

제22조(고소 · 고발인 진술조서 등) ① 사법경찰관리는 구술로 제출된 고소 · 고발을 수리한 경우에는 진술조서를 작성해야 한다.
② 사법경찰관리는 서면으로 제출된 고소 · 고발을 수리했으나 추가 진술이 필요하다고 판단하는 경우 고소인 · 고발인으로부터 보충 서면을 제출받거나 추가로 진술을 들어야 한다.
③ 자수하는 경우 진술조서의 작성 및 추가 진술에 관하여는 제1항 및 제2항을 준용한다.

II. 고소의 개념 등

1. 고소의 의미와 그 효력

고소는 범죄의 피해자 기타 고소권자가 수사기관에 대하여 범죄사실을 신고하여 범인의 소추를 구하는 의사표시를 말하는 것으로서, 단순한 피해사실의 신고는 소추·처벌을 구하는 의사표시가 아니므로 고소가 아니다. 또한, 피해자가 고소장을 제출하여 처벌을 희망하는 의사를 분명히 표시한 후 고소를 취소한 바 없다면 비록 고소 전에 피해자가 처벌을 원치 않았다 하더라도 그 후에 한 피해자의 고소는 유효하다. (대법원 2008. 11. 27., 선고, 2007도4977, 판결)

2. 고소의 방식과 고소능력

고소할 때는 소송행위 능력, 즉 고소능력이 있어야 하나, 고소능력은 피해를 본 사실을 이해하고 고소에 따른 사회생활상의 이해관계를 알아차릴 수 있는 사실상의 의사능력으로 충분하므로, 민법상 행위능력이 없는 사람이라도 위와 같은 능력을 갖추었다면 고소능력이 인정된다. (대법원 2011. 6. 24., 선고, 2011도4451, 2011전도 76, 판결)

3. 고소 기간의 시기

형사소송법 제230조 제1항 본문은 "친고죄에 대하여는 범인을 알게 된 날로부터 6월을 경과하면 고소하지 못한다."고 규정하고 있는바, 여기서 범인을 알게 된다 함은 통상인의 입장에서 보아 고소권자가 고소할 수 있을 정도로 범죄사실과 범인을 아는 것을 의미하고, 범죄사실을 안다는 것은 고소권자가 친고죄에 해당하는 범죄의 피해가 있었다는 사실관계에 관하여 확정적인 인식이 있음을 말한다. (대법원 2001. 10. 9., 선고, 2001도3106, 판결)

4. 고소·고발 전 수사의 적법성 여부

법률에 의하여 고소나 고발이 있어야 논할 수 있는 죄에 있어서 고소 또는 고발은 이른바 소추조건에 불과하고 당해 범죄의 성립요건이나 수사의 조건은 아니므로, 위와 같은 범죄에 관하여 고소나 고발이 있기 전에 수사하였더라도, 그 수사가 장차 고소나 고발의 가능성이 없는 상태 하에서 행해졌다는 등의 특별한 사정이 없으면, 고소나 고발이 있기 전에 수사하였다는 이유만으로 그 수사가 위법하게 되는 것은 아니다. 그렇다면 일반 사법경찰관리가 출입국사범에 대한 출입국관리사무소장 등의 고발이 있기 전에 수사하였더라도, 달리 위에서 본 특별한 사정이 없으면 그 사유만으로 수사가 소급하여 위법하게 되는 것은 아니다. (대법원 2011. 3. 10., 선고, 2008도7724, 판결)

5. 법정대리인의 고소권의 성질

형사소송법 제225조 제1항이 규정한 법정대리인의 고소권은 무능력자의 보호를 위하여 법정대리인에게 주어진 고유권이므로, 법정대리인은 피해자의 고소권 소멸 여부와 관계없이 고소할 수 있고, 이러한 고소권은 피해자의 명시한 의사에 반하여도 행사할 수 있다. (대법원 1999. 12. 24., 선고, 99도3784, 판결)

6. 고소에 있어서 범죄사실 특정의 정도

고소는 고소인이 일정한 범죄사실을 수사기관에 신고하여 범인의 처벌을 구하는 의사표시이므로 그 고소한 범죄사실이 특정되어야 할 것이지만 그 특정의 정도는 고소인의 의사가 구체적으로 어떤 범죄사실을 지정하여 범인의 처벌을 구하고 있는가를 확정할 수만 있으면 되는 것이고, 고소인 자신이 직접 범행의 일시. 장소와 방법 등까지 구체적으로 상세히 지적하여 범죄사실을 특정할 필요까지는 없다.

범행 기간을 특정하고 있는 고소에서는 그 기간에의 어느 특정범죄에 대하여 범인의 처벌을 원치 않는 고소인의 의사가 있다고 볼 만한 특별한 사정이 없는 이상 그 고소는 특정한 기간에 저지른 모든 범죄에 대하여 범인의 처벌을 구하는 의사표시라고 봄이 상당하다. (대법원 1988. 10. 25., 선고, 87도1114, 판결)

7. 친고죄에 있어서 (주관적) 고소불가분의 원칙

고소불가분의 원칙상 공범 중 일부에 대하여만 처벌을 구하고 나머지에 대하여는 처벌을 원하지 않는 내용의 고소는 적법한 고소라고 할 수 없고, 공범 중 1인에 대한 고소취소는 고소인의 의사와 상관없이 다른 공범에 대하여도 효력이 있다(대법원 1994. 4. 26. 선고 93도1689 판결 참조). 한편, 구 저작권법(2006. 12. 28. 법률 제8101호로 전문 개정되기 전의 것, 이하 '구 저작권법'이라고 한다) 제97조의5 위반죄와 같은 친고죄에서 공소제기 전에 고소의 취소가 있었다면 법원은 직권으로 이를 심리하여 공소기각의 판결을 선고하여야 한다 (형사소송법 제327조 제2호). (대법원 2009. 1. 30., 선고, 2008도7462, 판결)

8. 친고죄에 있어서 고소취소의 시한과 불가분원칙

친고죄의 공범 중 그 일부에 대하여 제1심판결이 선고된 후에는 제1심판결선고전의 다른 공범자에 대하여는 그 고소를 취소할 수 없고 그 고소의 취소가 있다 하더라도 그 효력을 발생할 수 없으며, 이러한 법리는 필요적 공범이나 임의적 공범이나를 구별함이 없이 모두 적용된다. (대법원 1985. 11. 12., 선고, 85도1940, 판결)

9. 친고죄와 고소권의 포기

친고죄에서 피해자의 고소권은 공법상의 권리라고 할 것이므로 법이 특히 명문으로 인정하는 경우를 제외하고는 자유 처분을 할 수 없고 따라서 일단 한 고소는 취소할 수 있으나 고소전에 고소권을 포기할 수 없다고 함이 상당할 것이다. (대법원 1967. 5. 23., 선고, 67도471, 판결)

III. 수 리

1. 수사 민원사건을 제기하는 자가 있을 때는 수사관할의 여부를 불문하고 이를 수리함을 원칙으로 한다.
   단, 수사관서가 당해 사건 수사관할(피 민원인 또는 민원인의 주소지가 아니고 범죄지도 아닌 경우)이 아닐 때는 민원인에 대하여 수사관할인 관서에 제출하도록 설득하여 수사관할 관서에 제기토록 하고 수리하지 않을 수 있다.
2. 제1항의 관할에 불구하고 이를 수리하였을 때는 지체없이 수사관할 관서에 이첩하고 민원인에게 그 취지를 통보하여야 한다.
3. 익명 또는 허무인 명의의 진정·탄원 및 투서에 대하여는 그 내용을 정확히 판단하여 수사단서로서의 가치가 없다고 인정될 때는 입건전 조사하지 아니할 수 있다.
4. 실존 인물의 진정·탄원·투서라도 내용이 형벌 법규에 저촉되지 아니함이 명백하다고 인정될 때는 그 뜻을 통지하고 제3항에 준하여 처리할 수 있다.
5. 수사 민원사건을 수리하지 않고 관계인을 소환하는 등 부당한 수사를 하여서는 안되며 특히 특정인을 위한 편파수사를 하여서는 아니된다.
6. 수사민원인이 민원실에 직접 휴대 제출한 민원서류는 민원실에서는 고소·고발인계 개장(진정은 민원사무처리부)에서만 등재한 후 민원서류와 민원인을 관련 처리 주무기능에 즉시 인계하고, 처리주무 간부가 즉시 조사자를 지정하여 즉석 보충 조서

작성 후 결재토록 하여 가급적 민원인이 조서작성을 위하여 재차 출석하는 일이 없도록 하여야 한다.

> ※ 경찰수사규칙
>
> **제23조(고소의 대리 등)** ① 사법경찰관리는 법 제236조에 따라 대리인으로부터 고소를 수리하는 경우에는 고소인 본인의 위임장을 제출받아야 한다.
> ② 사법경찰관리는 법 제225조부터 제228조까지의 규정에 따른 고소권자로부터 고소를 수리하는 경우에는 그 자격을 증명하는 서면을 제출받아야 한다.
> ③ 사법경찰관리는 제2항에 따른 고소권자의 대리인으로부터 고소를 수리하는 경우에는 제1항 및 제2항에 따른 위임장 및 자격을 증명하는 서면을 함께 제출받아야 한다.
> ④ 고소의 취소에 관하여는 제1항부터 제3항까지의 규정을 준용한다.

Ⅳ. 처 리

1. 수리한 수사 민원사건은 피 민원인 주거지 또는 범죄발생지 중 1개의 관할이 있는 한 접수한 시도경찰청 또는 경찰서에서 처리함을 원칙으로 한다.
2. 수사민원 사건이 관할을 달리하는 다수의 피 민원인이 있을 때는 주된 피 민원인의 주거지를 관할하는 경찰관서에서 처리한다.
3. 주된 피 민원인이 불명확할 때는
   ① 피 민원인이 수가 가장 많은 관할 경찰관서에서 처리한다.
   ② 피 민원인이 동수일 때에는 수리한 경찰관서에서 처리한다.
   ③ 동일 범죄사실에 관한 수사 민원사건 등을 동시에 수개 경찰관서에서 수리하였을 때는 전 "①, ②항"과 같다.
4. 수사민원 사건 등을 수사하면서 먼저 민원인 및 참고인 보충조서를 작성한 후 피 민원인에 대한 조서를 작성하는 등 타당성 있고 합리적인 절차에 의하여 수사하여야 한다.
5. 고소사건에 대하여는 고소권의 유무, 친고죄에서는 고소 기간의 경과 여부, 피해자의 명시한 의사에 반하여 죄를 논할 수 없는 사건에서는 처벌 희망 여부를 각각 조사하여야 한다.
6. 수사민원 사건을 완결(입건전조사 종결 또는 송치)하였을 때는 그 결과를 즉시 민원인에게 통지하고, 처리 진행상황 및 기타 피해자등의 구조에 도움이 되는 사항을 통지하여야 한다. 통지는 민원인의 비밀보호를 위해 구두, 전화, 우편, 모사전송, E-mail 등 피해접수 때 민원인이 원하는 방법으로 한다.

V. 고소·고발사건 수사 시 주의사항

1. 고소·고발사건 수사 시 주의사항

가. 경찰관은 고소·고발을 수리하였을 때에는 즉시 수사에 착수하여야 한다.

나. 경찰관은 고소사건을 수사할 때에는 고소권의 유무, 자기 또는 배우자의 직계존속에 대한 고소 여부, 친고죄에서는 「형사소송법」 제230조 소정의 고소 기간의 경과여부, 피해자의 명시한 의사에 반하여 죄를 논할 수 없는 사건에서는 처벌을 희망하는가를 각각 조사하여야 한다.

다. 경찰관은 고발사건을 수사할 때에는 자기 또는 배우자의 직계존속에 대한 고발인지 여부, 고발이 소송조건인 범죄에서는 고발권자의 고발이 있는지 등을 조사하여야 한다.

라. 경찰관은 고소·고발에 따라 범죄를 수사할 때에는 다음 각 호의 사항에 주의하여야 한다.

① 무고, 비방을 목적으로 하는 허위 또는 현저하게 과장된 사실의 유무
② 해당 사건의 범죄사실 이외의 범죄 유무

2. 친고죄의 긴급수사착수

경찰관은 친고죄에 해당하는 범죄가 있음을 인지한 경우에 즉시 수사를 하지 않으면 향후 증거수집 등이 현저히 곤란하게 될 우려가 있다고 인정될 때에는 고소권자의 고소가 제출되기 전에도 수사할 수 있다. 다만, 고소권자의 명시한 의사에 반하여 수사할 수 없다.

3. 고소취소에 따른 조치

경찰관은 친고죄에 해당하는 사건을 송치한 후 고소인으로부터 그 고소의 취소를 수리하였을 때에는 즉시 필요한 서류를 작성하여 검사에게 송부하여야 한다.

4. 고소·고발사건의 수사기간 (경찰수사규칙 제24조)

① 사법경찰관리는 고소·고발을 수리한 날부터 3개월 이내에 수사를 마쳐야 한다.

② 사법경찰관리는 제1항의 기간 내에 수사를 완료하지 못하였을 때는 그 이유를 소속 수사부서장에게 보고하고 수사기일 연장을 승인받아야 한다.

5. 고소 · 고발 연장 승인 (범죄수사규칙 제227조의3)

경찰관은 「경찰수사규칙」 제24조 제2항에 따라 3개월 이내 수사를 완료하지 못하여 수사기간을 연장하는 경우에는 3개월마다 수사기일 연장 건의서(고소·고발)를 작성하여 소속 수사부서장의 승인을 받아야 한다.

○○ 경 찰 서

제 호　　　　　　　　　　　　　　　　　　　　　　　20○○.○.○.

수 신 : 관서의 장
참 조 : 부서의 장
제 목 : 수사기일연장건의서(고소·고발)

피의자 에 대한　사건에 관하여 다음과 같이 수사기일 연장을 건의합니다.

Ⅰ. 피의자 인적사항

Ⅱ. 범죄경력자료 및 수사경력자료

Ⅲ. 범죄사실

Ⅳ. 적용법조

Ⅴ. 수사기일 연장건의 사유

Ⅵ. 향후수사계획

제5절 고소·고발 전환 수리 지침

Ⅰ. 관련 법령

1. 경찰수사규칙

> 제21조(고소·고발의 수리) ① 사법경찰관리는 진정인·탄원인 등 민원인이 제출하는 서류가 고소·고발의 요건을 갖추었다고 판단하는 경우 이를 고소·고발로 수리한다.
> ② 사법경찰관리는 고소장 또는 고발장의 명칭으로 제출된 서류가 다음 각 호의 어느 하나에 해당하는 경우에는 이를 진정(陳情)으로 처리할 수 있다.
> 　1. 고소인 또는 고발인의 진술이나 고소장 또는 고발장에 따른 내용이 불분명하거나 구체적 사실이 적시되어 있지 않은 경우
> 　2. 피고소인 또는 피고발인에 대한 처벌을 희망하는 의사표시가 없거나 처벌을 희망하는 의사표시가 취소된 경우

2. 범죄수사규칙

> 제49조(고소·고발의 수리) 경찰관은 고소·고발은 관할 여부를 불문하고 접수하여야 한다. 다만, 제7조에 규정된 관할권이 없어 계속 수사가 어려운 경우에는 「경찰수사규칙」 제96조에 따라 책임수사가 가능한 관서로 이송하여야 한다.

Ⅱ. 요 건

1. 고소·고발 사건으로 수리

　가. 범죄구성요건에 해당하는 행위가 발생했을 가능성을 민원인 진술 및 제출자료 등에서 확인

　나. 행위자에 대해 형사처벌을 희망하는 명시적인 의사표시

2. 진정사건으로 수리

　고소장 또는 고발장으로 접수되더라도 다음의 경우에는 진정으로 수리 가능

　가. 고소장 또는 고발장에 의한 내용이 불분명하거나 구체적 사실이 적시되어 있지 아니한 경우

나. 피고소인 또는 피고발인에 대한 처벌을 희망하는 의사표시가 없거나 처벌을 희망하는 의사표시가 취소된 경우(단, 이미 고소나 고발로 수리된 이후 처벌 불원 의사가 있어도 접수 단서 변경 불가능)

III. 절 차

1. 민원사건 접수 후 10 근무일 이내 수리 형식 결정
접수 단서 변경할 때 '민원사건 정정 수리보고서'를 작성하여 소속 수사부서장 결재 진행

2. 전환 수리 시 7일 이내에 민원인에게 해당 사실 통지
수사진행 상황 통지서에 의한 우편 또는 민원인이 희망하는 방식으로 통지

3. 민원인의 이의신청 절차
가. 민원인에게 전환 수리 시 7일 이내 이의신청해야 한다는 내용과 함께 이의신청 절차안내
나. 이의신청 접수일로부터 5일 이내 심의위원회 개최로 수용 여부 결정

IV. 수사 진행상황의 통지

1. 사법경찰관은 신고·고소·고발·진정·탄원에 따라 수사를 개시한 때, 수사개시 후 매 1개월이 경과한 때에는 그날로부터 7일 이내에 고소인·고발인·피해자 또는 그 법정대리인(피해자가 사망하면 그 배우자·직계친족·형제자매를 포함한다. 이하 "고소인 등"이라 한다)에게 수사 진행상황을 통지하여야 한다.

2. 제1항의 경우 고소인등의 연락처를 모르거나 소재가 확인되지 않을 때는 연락처나 소재를 안 날로부터 7일 이내에 통지하여야 한다.

3. 제1항의 통지는 서면, 전화, 팩스, 전자우편, 문자메시지 등 고소인등이 요청한 방법으로 할 수 있으며, 별도로 요청한 방법이 없는 경우에는 서면 또는 문자메시지로 한다. 이 경우 서면으로 통지할 때는 별지 제9호서식의 수사 진행상황 통지서에 따른다.

4. 서면으로 통지하였을 때는 그 사본을, 그 이외의 방법으로 통지한 때에는 그 취지를 적은 서면을 사건기록에 편철하여야 한다.

5. 사법경찰관은 고소인등이 통지를 원하지 않는 때, 고소인등에게 통지 사유에 해당하는 사실을 이미 고지한 때, 사건관계인의 명예나 권리를 부당하게 침해하거나 사건관계인에 대한 보복범죄나 2차 피해의 우려가 있는 때에는 통지하지 않을 수 있다. 이 경우 그 사실을 수사보고서로 작성하여 사건기록에 편철하여야 한다. (경찰수사규칙 제11조)

6. 수사 진행상황을 통지할 때는 해당 사건의 피의자 또는 사건관계인의 명예나 권리등이 부당하게 침해되지 않도록 주의해야 한다. (수사준칙 제66조)

○○경찰서

제 호   20○○.○.○.

수 신 :   귀하

제 목 : 수사보고(민원사건 전환 수리보고)

 피의자 홍길동에 대한 ○○사건에 관하여 아래와 같이 수사하였기에 보고합니다.

– 아 래 –

○ 민원인이 제출한 형식 :

○ 수리 형식 :

○ 전환 수리한 사유 :

경 로	수사지휘 및 의견	구분	결 재	일시

민원사건 수리 형식에 대한 이의신청

신 청 인	성 명		주민등록번호	
	주 소		전 화 번 호	
담 당 수 사 관	소 속		성 명	

이 의 신 청 사 유	

통 지 방 법	☐ 전화 ☐ 문자 ☐ 이메일 ☐ 서 신

20○○.○.○.

신청인 홍길동 (서명)

○○경찰서장 귀하

○ ○ 경 찰 서

제 호   20○○.○.○.

수 신 :   귀하

제 목 : 수사진행상황 통지서

귀하와 관련된 사건의 수사진행상황을 다음과 같이 알려드립니다.

접 수 일 시		사 건 번 호	
주 요 진 행 상 황			
담 당 팀 장	○○과 ○○팀 경○ ○○○	☎	02-0000-0000

※ 범죄피해자 권리 보호를 위한 각종 제도

- ◦범죄피해자 구조 신청제도(범죄피해자보호법)
  - 관할지방검찰청 범죄피해자지원센터에 신청
- ◦의사상자예우 등에 관한 제도(의사상자예우에관한법률)
  - 보건복지부 및 관할 자치단체 사회복지과에 신청
- ◦범죄행위의 피해에 대한 손해배상명령(소송촉진등에관한특례법)
  - 각급법원에 신청, 형사재판과정에서 민사손해배상까지 청구 가능
- ◦가정폭력·성폭력 피해자 보호 및 구조
  - 여성 긴급전화(국번없이 1366), 아동보호 전문기관(1577-1391) 등
- ◦무보험 차량 교통사고 뺑소니 피해자 구조제도(자동차손해배상보장법)
  - 동부화재, 삼성화재 등 자동차 보험회사에 청구
- ◦국민건강보험제도를 이용한 피해자 구조제도
  - 국민건강보험공단 급여관리실, 지역별 공단지부에 문의
- ◦법률구조공단의 법률구조제도(국번없이 132 또는 공단 지부·출장소)
  - 범죄피해자에 대한 무료법률구조(손해배상청구, 배상명령신청 소송대리 등)
- ◦국민권익위원회의 고충민원 접수제도
  - 국민신문고 www.epeople.go.kr, 정부민원안내콜센터 국번없이 110
- ◦국가인권위원회의 진정 접수제도
  - www.humanrights.go.kr, 국번없이 1331
- ◦범죄피해자지원센터(국번없이 1577-1295)
  - 피해자나 가족, 유족등에 대한 전화상담 및 면접상담 등
- ◦수사 심의신청 제도(경찰민원콜센터 국번없이 182)
  - 수사과정 및 결과에 이의가 있는 경우, 관할 시도경찰청 「수사심의계」에 심의신청

  ※ 고소·고발인은 형사사법포털(www.kics.go.kr)을 통해 온라인으로 사건진행상황을 조회
    하실 수 있습니다.

○ ○ 경 찰 서 장

제6절 고소 · 고발의 각하결정

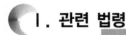 **Ⅰ. 관련 법령**

1. 범죄수사규칙

제50조(고소 · 고발의 각하 대상 사건 검토) ① 고소 · 고발을 수리한 경찰관은 지체 없이 고소 · 고발 내용이 「경찰수사규칙」 제108조제1항제4호에 해당하는지 검토한다.
② 경찰관은 「경찰수사규칙」 제108조제1항제4호에 해당한다고 판단하는 경우 사건 수리일로부터 2개월 이내(필요한 경우 소속수사부서장의 결재 후 연장 가능)에 고소 · 고발인을 상대로 증거, 정황자료 등 근거자료 제출 요구 등을 통하여 계속 수사를 진행할 필요가 있는지 조사한다.

2. 경찰수사규칙

제108조(불송치 결정) ① 불송치 결정의 주문(主文)은 다음과 같이 한다.
4. 각하: 고소 · 고발로 수리한 사건에서 다음 각 목의 어느 하나에 해당하는 사유가 있는 경우
　가. 고소인 또는 고발인의 진술이나 고소장 또는 고발장에 따라 제1호부터 제3호까지의 규정에 따른 사유에 해당함이 명백하여 더 이상 수사를 진행할 필요가 없다고 판단되는 경우
　나. 동일사건에 대하여 사법경찰관의 불송치 또는 검사의 불기소가 있었던 사실을 발견한 경우에 새로운 증거 등이 없어 다시 수사해도 동일하게 결정될 것이 명백하다고 판단되는 경우
　다. 고소인 · 고발인이 출석요구에 응하지 않거나 소재불명이 되어 고소인 · 고발인에 대한 진술을 청취할 수 없고, 제출된 증거 및 관련자 등의 진술에 의해서도 수사를 진행할 필요성이 없다고 판단되는 경우
　라. 고발이 진위 여부가 불분명한 언론 보도나 인터넷 등 정보통신망의 게시물, 익명의 제보, 고발 내용과 직접적인 관련이 없는 제3자로부터의 전문(傳聞)이나 풍문 또는 고발인의 추측만을 근거로 한 경우 등으로서 수사를 개시할 만한 구체적인 사유나 정황이 충분하지 않은 경우

Ⅱ. 절 차

1. 고소 · 고발의 각하결정

경찰관은 제50조에 따라 수사 진행의 필요성을 검토하는 과정에서 고소 · 고발이 「경찰수사규칙」 제108조제1항제4호 사유에 해당하여 더 이상 수사를 진행할 필요가 없음이 명백한 경우 각하 결정하여 신속히 사건을 종결한다.

2. 각하결정 시 유의사항

경찰관은 고소·고발을 각하하는 경우 특별한 사정이 없으면 피의자등 사건관계인에게 출석 요구를 하거나 그 처리를 지연해서는 안 된다.

3. 각하결정 심의절차 등

① 경찰관은 「경찰수사규칙」 제108조제1항제4호 사유에 해당하는 사건이 사회적 분쟁, 이해관계 다툼 등으로 인하여 사건 수리일로부터 2개월이 경과하도록 처리가 지연되는 경우에는 경찰수사 심의위원회에 각하 결정의 적정성에 대한 심의를 요청할 수 있다.

② 경찰관은 제1항에 따라 심의 요청을 하는 경우의 구체적인 절차는 「경찰 수사사건 심의 등에 관한 규칙」에 따른다.

③ 경찰관은 제2항에 따른 심의 요청을 하기 전에 소속 경찰관서 수사심사관으로부터 해당 사건의 수사사건 심의 필요성에 대하여 심사받아야 한다.

④ 경찰관은 각하 결정의 적정성에 대하여 경찰수사 심의위원회의 심의가 이루어진 경우, 「경찰 수사사건 심의 등에 관한 규칙」 제18조에 따라 경찰 수사심의 위원회의 심의 의견을 최대한 존중하여 해당 사건을 처리한다.

제7절 범죄인지

Ⅰ. 법적근거

1. 검사와 사법경찰관의 상호협력과 일반적 수사준칙에 관한 규정

제16조(수사의 개시) ① 검사 또는 사법경찰관이 다음 각 호의 어느 하나에 해당하는 행위에 착수한 때에는 수사를 개시한 것으로 본다. 이 경우 검사 또는 사법경찰관은 해당 사건을 즉시 입건해야 한다.
1. 피혐의자의 수사기관 출석조사
2. 피의자신문조서의 작성
3. 긴급체포
4. 체포 · 구속영장의 청구 또는 신청
5. 사람의 신체, 주거, 관리하는 건조물, 자동차, 선박, 항공기 또는 점유하는 방실에 대한 압수 · 수색 또는 검증영장(부검을 위한 검증영장은 제외한다)의 청구 또는 신청

2. 경찰수사규칙

제18조(수사의 개시) ① 사법경찰관은 법 제197조제1항에 따라 구체적인 사실에 근거를 둔 범죄의 혐의를 인식한 때에는 수사를 개시한다.
② 사법경찰관은 제1항에 따라 수사를 개시할 때에는 지체 없이 별지 제11호서식의 범죄인지서를 작성하여 사건기록에 편철해야 한다.

Ⅱ. 범죄인지의 의의

범죄인지란 수사기관이 고소나 고발 이외의 원인에 의하여 직접 범죄혐의를 인정하고 수사를 개시하는 것을 뜻한다.

Ⅲ. 관련 판례

1. 사법경찰관이 범죄를 인지하였다고 볼 수 있는 시기 (대법원 2010. 6. 24. 선고 2008도 12127 판결)

'피의자'라고 하기 위해서는 수사기관에 의하여 범죄의 인지 등으로 수사가 개시되어 있을 것을 필요로 하고, 그 이전의 단계에서는 장차 형사입건될 가능성이 크다고 하더

라도 그러한 사정만으로 '피의자'에 해당한다고 볼 수는 없다. 한편 사법경찰관리 집무규칙 제21조에 의하면 사법경찰관이 범죄를 인지하는 경우에는 범죄인지보고서를 작성하는 절차를 거치게 되어 있으므로 특별한 사정이 없으면 수사기관이 그와 같은 절차를 거친 때에 범죄 인지가 된 것으로 볼 수 있겠으나, 사법경찰관이 그와 같은 절차를 거치기 전에 범죄의 혐의가 있다고 보아 수사에 착수하는 행위를 한때에는 이때 범죄를 인지한 것으로 보아야 하고 그 뒤 범죄인지보고서를 작성한 때에 비로소 범죄를 인지하였다고 볼 것은 아니다 (대법원 1989. 6. 20. 선고 89도648 판결, 대법원 2001. 10. 26. 선고 2000도2968 판결 등 참조).

2. 인지 절차 이전에 이루어진 수사의 적법성 여부 (대법원 2001. 10. 26. 선고 2000도2968 판결)

검찰사건사무규칙 제2조 내지 제4조에 의하면, 검사가 범죄를 인지하는 경우에는 범죄인지서를 작성하여 사건을 수리하는 절차를 거치게 되어 있으므로, 특별한 사정이 없으면 수사기관이 그와 같은 절차를 거친 때에 범죄인지가 된 것으로 볼 것이나, 범죄의 인지는 실질적인 개념이고, 이 규칙의 규정은 검찰행정의 편의를 위한 사무처리 절차 규정이므로, 검사가 그와 같은 절차를 거치기 전에 범죄의 혐의가 있다고 보아 수사를 개시하는 행위를 한때에는 이때 범죄를 인지한 것으로 보아야 하고, 그 뒤 범죄인지서를 작성하여 사건수리 절차를 밟은 때에 비로소 범죄를 인지하였다고 볼 것이 아니며, 이러한 인지절차를 밟기 전에 수사하였다고 하더라도, 그 수사가 장차 인지의 가능성이 전혀 없는 상태 하에서 행해졌다는 등의 특별한 사정이 없으면, 인지 절차가 이루어지기 전에 수사하였다는 이유만으로 그 수사가 위법하다고 볼 수는 없고, 따라서 그 수사과정에서 작성된 피의자신문조서나 진술조서 등의 증거능력도 이를 부인할 수 없다.

Ⅳ. 인지 절차

1. 보고서 내용

피의자의 성명, 주민등록번호, 직업, 주거, 범죄경력, 죄명, 범죄사실의 요지, 적용법조 및 수사의 단서와 범죄 인지 경위를 적어야 한다.

2. 범죄인지서 작성 시점

수사단서를 얻어 수사를 시작할 때 상사에게 보고하는 서류로, 범죄인지서를 먼저 작성하고 그다음 피의자 등을 조사하여야 한다. 그러나 실무상 먼저 피의자 등을 조사한 후 차후에 범죄인지서를 작성하고 있는데 이는 절차상 잘못된 것이다.

따라서 관련 증거·정황 및 경찰관의 경험과 전문성에 따른 자율적 판단으로 수사를 개시하고 지체 없이 작성하여야 한다.

3. 피의자가 특정되지 않은 경우

'피의자 불상'으로 기재하여 범죄인지서를 작성하고, 피의자가 특정되면 "피의자 특정에 대한 수사보고"를 작성하여 소속 부서장(과장) 이상 결재를 받도록 한다.

4. 피해신고(발생보고)사건의 인지 여부

일단 진정사건과 유사한 형태로 보아, 접수 시 곧바로 사건번호를 부여하지 않고, '입건전조사'로 진행하다 구체적 범죄혐의 발견 시 '수사'로 전환하면서 범죄인지서를 작성하여 입건한다.

5. 범죄인지서 작성자

'검사와 사법경찰관의 상호협력과 일반적 수사준칙에 관한 규정'에 사법경찰관으로 되어 있으나 실무적으로는 사법경찰리 명의로도 작성하고 있다. 사법경찰리 명의로 작성하였다 하더라도 이는 규칙위반에 불과하므로 취소나 무효사유가 되지는 않을 것이다.

6. 입건 시기

범죄인지서가 작성되면 사건번호를 부여받아야 한다. 이때 피의자는 입건되는 것이다.

V. 추가인지

1. 인지 후 여죄수사 등으로 피의자를 추가하거나 범죄사실이 추가 확인된 경우에는 추가인지 하여야 한다.
2. 이때도 별도의 사건번호를 부여받아야 한다. 실무상 기존 사건번호에 추가로 번호를 부여받은 경우가 있는데 별도의 연번을 부여받아도 상관없다.

VI. 작성요령

1. 인적사항

일반적인 인적사항을 기재하면 된다. 특히 양벌규정이 있는 경우에는 법인도 입건하여야 한다.

2. 범죄경력 및 수사경력 자료

조회한 후 범죄경력과 수사경력을 기재해 준다. 이때 불기소처분(혐의없음, 공소권 없음, 죄가안됨)내용의 자료에 대해서는 기재를 생략하여도 무방하다.

지구대나 파출소의 경우에는 범죄경력조회가 어렵기 때문에 이를 생략하고 작성하여도 상관없다.

3. 범죄사실

육하원칙 또는 8하 원칙에 의거 작성한다.

4. 인지 경위

범죄를 인지하게 된 경위를 구체적으로 적성 하여야 한다. 실무상 인지 경위를 간략하게 작성하는 경우가 많은데 인지 경위가 재판과정에서 중요한 증거자료로도 사용될 수 있으므로 인지하게 된 경위를 상세히 작성하여야 한다.

VII. 죄명표시

1. 형법 죄명표시

가. 각칙 관련 죄명표시
형법 죄명표에 의한다.

나. 총칙 관련 죄명표시
① 미수·예비·음모의 경우에는 위 형법 죄명표에 의한다.

② 공동정범·간접정범의 경우에는 정범의 죄명과 동일한 형법 각칙 표시 각 본조 해당 죄명으로 한다.

③ 공범(교사 또는 방조)의 경우에는 형법 각칙 표시 각 본조 해당 죄명 다음에 교사 또는 방조를 추가하여 표시한다.

2. 특별법 위반사건 죄명표시

가. 원칙

① ○○법 위반으로 표시한다.

② 공소장 및 불기소장에 기재할 죄명에 관한 예규에서 별도 규정하고 있는 경우에는 그에 따른다.

  例, 성폭력범죄의 처벌 등에 관한 특례법 위반 (통신매체이용음란)

나. 공범·미수

① 공범에 관한 특별규정이 있을 때는 「○○법 위반」으로 표시하고, 특별규정이 없을 때는 「○○법 위반 교사 또는 ○○법 위반 방조」로 표시한다.

② 미수에 관하여는 「…법 위반」으로 표시한다.

Ⅷ. 적용법조 기재요령

1. 일반원칙

가. 피의자별로 해당 조문을 모두 기재한다.

나. 형법의 구성요건과 법정형에 관한 규정

① 형법 각칙 → 각 본조 → 형법총칙(교사, 방조, 미수, 경합범)

② 비신분범(제33조)→ 공동정범/간접정범(제34조)/교사범(제31조 제1항), 종범(제32조)→ 중지범(제26조)→ 상상적경합(제40조)→ 누범(35조 또는 특별법상 누범)→ 법률상 필요적 감면(제10조, 제11조, 제153조, 제157조, 제365조제2항)→ 경합범(제37조, 제38조, 제39조 제1항) 순으로 기재

다. 특별법의 경우 벌칙조항을 먼저 기재하고 (행위) 금지조항을 기재, 다른 법조를 인용하는 경우는 인용되는 법조문을 나중에 기재한다.

라. 법조문을 기재할 때는 조, 항, 호, 목 을 구분하고 법조문 앞에는 반드시 제를 표기하여야 한다. '목'의 경우는 '제'를 붙이지 않는다. "호"를 "항"으로 표기하거나 개정 전의 법조항을 잘못 기재하는 사례가 없도록 한다.

例, 제12조 제2항 제3호 ○목

2. 다른 법조를 인용할 경우(例, 업무상횡령)

형법 제356조, 제355조 제1항

✽ 잘못된 사례 → 형법 제356조, 동법 제355조 제1항(동법, 같은 법 등의 표기는 불필요)

3. 피의자가 2명 이상으로 적용법조가 다른 경우

피의자 甲은 폭력행위 등 처벌에 관한 법률 제2조 제2항, 제1항, 형법 제257조 제1항
피의자 乙은 형법 제329조

4. 양벌규정의 경우

피의자 甲 ○○법 제98조 제1항 제2호, 제59조 제1항
                (처벌조항)   (행위조항)

피의자 乙 ○○법 제100조 제1항, 제98조 제1항 제2호, 제59조 제1항
                (양벌규정)   (행위자 처벌규정)

5. 법이 개정된 경우

가. 특별법의 경우에는 잦은 개정으로 구법의 조문을 잘못 기재하는 때도 있다. 법전이나 법제처 등 법률지원 인터넷사이트를 검색하는 등의 방법으로 범죄 행위시의 적용법조를 기재하도록 하여야 한다. 특히 재·개정된 법의 경우 부칙에 나와 있는 시행일자 계산을 잘해야 한다.

> 부칙 〈제8778호, 2021.3.1〉
> 제1조(시행일) 이 법은 공포 후 3개월이 경과한 날부터 시행한다.

⇒ 이 경우에는 해당 조문의 개정 여부를 확인하여 개정된 경우 3개월 후인 2021. 6. 30.부터 위반행위를 적용하여야 할 것이다.

나. 기재방법 (例)

① 형량이 변경된 경우

ㅇ 구 도로교통법(2020. 6. 9. 법률 제17371호로 개정되기 전의 것) 제44조 제1항, 제2항, 제148조의2 제1항, 도로교통법 제44조 제1항, 제2항, 제148조의2 제1항

② 조문이 변경된 경우

ㅇ 구 산업안전보건법(2019. 1. 15. 법률 제16272호로 전부 개정되기 전의 것) 제1조, 제5조 제1항 제1호, 제23조 제2항, 제3항(현행 제38조 제2항, 제3항 참조), 제29조 제3항(현행 제63조 참조)

ㅇ 구 성폭력범죄의 처벌 등에 관한 특례법(2020. 5. 19. 법률 제17264호로 개정되기 전의 것) 제14조 제2항, 제1항

ㅇ 구 전자금융거래법(2015. 1. 20. 법률 제13069호로 개정되기 전의 것) 제6조 제3항, 제49조 제4항, 구 전자금융거래법(2020. 5. 19. 법률 제17297호로 개정되기 전의 것) 제1조, 제6조 제2항, 제3항, 제49조 제4항

○ ○ 경 찰 서

제 호   20○○. ○. ○.
수 신 : 경 찰 서 장
참 조 : ○ ○ 과 장   접수번호 :
제 목 : **범죄인지서**   사건번호 :

다음 사람에 대한 범죄사실을 인지합니다.

1. 피의자 인적사항

　　홍　길　동 (洪 吉 童) . 농 업

　　주민등록번호 :

　　주　　　거 :

　　등록기준지 :

2. 범죄경력자료

3. 범죄사실의 요지

　　피의자는 20○○. ○. ○. 16:00경 ○○에 있는 ○○식당옆 골목길에서 홍길녀(여, 13세) 혼자 걸어오는 것을 발견하고 바지 지퍼사이로 성기를 꺼내 손으로 흔들며 자위행위를 하여 공연히 음란한 행위를 하였다.

4. **죄명 및 적용법조**

　　형법 제245조

5. **수사단서 및 범죄 인지경위**

　　피해자의 112신고로 피의자를 검거하여 피의사실 추궁한바 범행자백하고 이를 목격한 참고인 홍길녀 등의 진술로 보아 혐의 인정되어 인지한 것이다.

경 로	수사지휘 및 의견	구분	결 재	일시

○ ○ 경 찰 서

제 호   20○○. ○. ○.

수 신 : 경찰서장

참 조 : ○○과장

제 목 : **범죄인지서(여죄)**

　　　다음 사람에 대한 범죄사실(여죄)을 추가로 인지하였기에 보고합니다.

1. 피의자 인적사항

　　　홍 길 동 (洪 吉 童)

　　주민등록번호 :

　　주　　　거 :

　　등록기준지 :

2. 범죄경력자료

3. 범죄사실의 요지(여죄)

　　피의자는 … 하였다.

4. 적용법조

5. 여죄 인지경위

　　피의자에 대한 ○○법위반 피의사실을 조사하는 과정에서 우리서 미제사건인 ○○사건에 대한 범죄수법이 피의자의 범행수법과 유사하여 추궁한바 본인이 범행하였다 자백하고 범행당시를 목격하였던 참고인 홍길동의 진술 등으로 보아 혐의 인정되어 추가 인지한 것이다.

경 로	수사지휘 및 의견	구분	결 재	일시

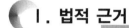

제2장 출석요구와 조사준비

제1절 출석요구

Ⅰ. 법적 근거

1. 형사소송법

제200조(피의자의 출석요구) 검사 또는 사법경찰관은 수사에 필요한 때에는 피의자의 출석을 요구하여 진술을 들을 수 있다.

제221조(제3자의 출석요구 등) ① 검사 또는 사법경찰관은 수사에 필요한 때에는 피의자가 아닌 자의 출석을 요구하여 진술을 들을 수 있다. 이 경우 그의 동의를 받아 영상녹화할 수 있다.

2. 검사와 사법경찰관의 상호협력과 일반적 수사준칙에 관한 규정

제19조(출석요구) ① 검사 또는 사법경찰관은 피의자에게 출석요구를 할 때에는 다음 각 호의 사항을 유의해야 한다.
 1. 출석요구를 하기 전에 우편·전자우편·전화를 통한 진술 등 출석을 대체할 수 있는 방법의 선택 가능성을 고려할 것
 2. 출석요구의 방법, 출석의 일시·장소 등을 정할 때에는 피의자의 명예 또는 사생활의 비밀이 침해되지 않도록 주의할 것
 3. 출석요구를 할 때에는 피의자의 생업에 지장을 주지 않도록 충분한 시간적 여유를 두도록 하고, 피의자가 출석 일시의 연기를 요청하는 경우 특별한 사정이 없으면 출석 일시를 조정할 것
 4. 불필요하게 여러 차례 출석요구를 하지 않을 것
② 검사 또는 사법경찰관은 피의자에게 출석요구를 하려는 경우 피의자와 조사의 일시·장소에 관하여 협의해야 한다. 이 경우 변호인이 있는 경우에는 변호인과도 협의해야 한다.
③ 검사 또는 사법경찰관은 피의자에게 출석요구를 하려는 경우 피의사실의 요지 등 출석요구의 취지를 구체적으로 적은 출석요구서를 발송해야 한다. 다만, 신속한 출석요구가 필요한 경우 등 부득이한 사정이 있는 경우에는 전화, 문자메시지, 그 밖의 상당한 방법으로 출석요구를 할 수 있다.
④ 검사 또는 사법경찰관은 제3항 본문에 따른 방법으로 출석요구를 했을 때에는 출석요구서의 사본을, 같은 항 단서에 따른 방법으로 출석요구를 했을 때에는 그 취지를 적은 수사보고서를 각각 사건기록에 편철한다.
⑤ 검사 또는 사법경찰관은 피의자가 치료 등 수사관서에 출석하여 조사를 받는 것이 현저히 곤란한 사정이 있는 경우에는 수사관서 외의 장소에서 조사할 수 있다.
⑥ 제1항부터 제5항까지의 규정은 피의자 외의 사람에 대한 출석요구의 경우에도 적용한다.

3. 경찰수사규칙

제34조(출석요구) 수사준칙 제19조제3항 본문 또는 같은 조 제6항에 따라 피의자 또는 피의자 외의 사람에게 출석요구를 하려는 경우에는 별지 제21호서식 또는 별지 제22호서식의 출석요구서에 따른다.

4. 경찰 수사에 관한 인권보호 규칙

제14조(출석요구 시 유의사항) ① 경찰관은 피의자 또는 사건관계인에게 출석요구를 할 때에는 수사준칙 제19조제1항 각 호의 사항을 유의해야 한다.
② 경찰관은 수사준칙 제19조제3항 단서에 따라 서면 이외의 방법으로 출석요구하는 경우 피의사실 요지 등 출석요구의 취지를 구체적으로 고지해야 하고, 전화로 출석요구한 경우에는 피의자 또는 사건관계인과 협의한 조사 일정과 사건명 등을 문자메시지로 전송해야 한다.
③ 경찰관은 수사준칙 제19조제2항 후단에 따라 변호인과 피의자의 조사 일정을 협의하는 경우 변호인이 관련 자료를 준비할 수 있도록 피의사실의 요지 등을 설명해야 하고, 조사 일정 협의가 이뤄지지 않은 경우에도 변호인에게 조사 일정을 사전에 통지해야 한다.

II. 일반적 요령

1. 사법경찰관이 피의자 또는 참고인에게 출석을 요구하는 때에는 출석요구서를 발부하여야 한다.

2. "1항"의 규정에 따른 출석요구서에는 출석요구의 취지를 명백하게 기재하여야 한다. 이때 출석요구서에 사건과 관련된 필요한 자료를 지참하거나 진술서를 미리 작성하여 출석 시 제출하도록 한다.

3. 출석요구서는 사법경찰관의 명의로 하여야 하며 사법경찰리가 사건을 담당할 때는 별도로 사건담당자를 표기하여야 한다.

4. 사법경찰관은 신속한 출석요구 등을 위하여 필요한 경우에는 전화·모사전송 기타 상당한 방법으로 출석요구를 할 수 있다.

5. 출석요구 시에는 출석요구 통지부에 필요사항을 등재하고 소속 경찰관서장(위임전결 규정에 따라 대부분 팀장 명의)의 결재를 받아 그 처리상황을 명백히 정리하여야 한다.
   ① 전화나 모사전송으로 출석을 요구하면 그 사유를 기재하고 출석 여부도 반드시 기재한다.
   ② 불응하여 체포영장을 신청하는 경우 참고자료로 삼아야 하기 때문이다.

6. 피의자의 경우 '정당한 이유없이 출석요구에 응하지 아니하면 형사소송법 제200조의2에 따라 체포될 수 있다'라는 내용을 출석요구서에 기재하여 불출석으로 인해 불이익을 받지 않도록 한다.

1. 피의자 출석요구서

출 석 요 구 서

제 호

　대상자 귀하에 대한 ○○ 사건(접수번호:20○○-○○.)에 관하여 문의할 일이 있으니 20○○. ○. ○. ○○:○○에 수사과 경제1팀으로 출석하여 주시기 바랍니다.

< 사건의 요지 >

< 구비서류 등 >

　1.

　2.

　3.

　출석하실 때에는 이 출석요구서와 위 구비서류, 기타 귀하가 필요하다고 생각하는 자료를 가지고 나오시기 바라며, 이 사건과 관련하여 귀하가 전에 충분히 진술하지 못하였거나 새롭게 주장하고 싶은 사항 및 조사가 필요하다고 생각하는 사항이 있으면 이를 정리한 진술서를 작성하여 제출하시기 바랍니다.

　지정된 일시에 출석할 수 없는 부득이한 사정이 있거나 이 출석요구서와 관련하여 궁금한 점이 있으면, ○○팀(☎　-　-　)에 연락하여 출석일시를 조정하시거나 궁금한 사항을 문의하시기 바랍니다.

　정당한 이유없이 출석요구에 응하지 아니하면 형사소송법 제200조의2에 따라 체포될 수 있습니다.

20○○. ○. ○.

○　○　경 찰 서

사법경찰관 경감　　이 기 석　㊞

사건담당자 경위　　송 재 홍　㊞

2. 참고인 출석요구서

출 석 요 구 서

제   호

  대상자 귀하에 대한 ○○ <u>피의/입건전조사</u>사건 (접수번호 :20○○-000)의 <u>고소인/</u>
<u>고발인/피해자/참고인</u>(으)로 문의할 사항이 있으니 20○○.○.○.○○:○○에 수사
과 경제1팀으로 출석하여 주시기 바랍니다.

  <사건의 요지>

  <구비서류 등>

  1.

  2.

  3.

  출석할 수 없는 부득이한 사정이 있거나 사건내용에 관하여 문의할 사항이 있으
면 ○○팀(☎ -   -)로 연락하여 출석일시를 협의하거나 사건내용을 문의하시
기 바랍니다.

※ 질병 등으로 경찰관서 직접 출석이 곤란한 경우에는 우편·FAX·E-mail 등 편리한
   매체를 이용한 조사를 받을 수 있으며, 출장조사도 요청하실 수 있습니다.

20○○. ○. ○.

○ ○ 경 찰 서

사법경찰관 경감   이 기 석 ㊞

사건담당자 경위   송 재 총 ㊞

제2절 조사준비

Ⅰ. 조사준비

1. 조사장소는 사무실을 이용하되 피조사자가 평온한 마음을 갖도록 쾌적한 환경을 갖춘다. 단, 사무실 이외에 장소에서 조사해야 할 필요가 있을 때는 주무과장 경유 관서장 승인하에 실시한다.
2. 조사전 사건 내용을 충분히 검토하고 관계 법령을 연구하여 조사의 초점이 무엇인가를 명확하게 파악한 다음 질문의 순서와 방법을 메모지에 요약하여 조사한다.
3. 미리 조사자의 인물, 성격 등을 파악하여 그에 상응한 대우를 하고, 쓸데없는 겸손과 위축으로 핵심을 빠뜨리는 일이 없도록 할 것이며, 특히 상대방을 모욕하여 반감을 사는 일이 없도록 유념한다.
4. 수사관은 품위를 항상 지니고 확고한 신념을 가지며 단정한 자세로 정정당당하게 임하고, 자백을 유도하기 위한 위법한 약속을 해서는 안 된다.
5. 조사 시에는 반드시 입회인을 참여시켜 임의성과 신빙성을 확보해야 하며, 특히 야간에 조사할 때는 관서장 승인을 얻어서 실시하고 성폭행 피해자를 조사할 때는 수사에 지장이 없는 범위 내에서 가족 등 동석을 허용한다.

Ⅱ. 조사자의 태도

1. 경찰관 對 범죄혐의자라는 관계를 강조하는 인상을 주어서는 안 되며 인간 대 인간이라는 면을 강조하여 피조사자를 동정하고 이해하는 태도를 보인다.
2. 평온하고 신중한 태도와 이에 부드러움을 가미하여 상대자가 긴장감과 경계심을 버리고 신뢰감을 느끼도록 노력한다.
例. 죽였지, 훔쳤지, 자백하라는 등의 극단적인 언행보다는 쐈지, 가져갔지, 진실을 말하라는 등의 부드러운 용어 사용
3. 피조사자가 불안하지 않도록 가급적 조사자는 금연하고 전화 받는 것을 삼가며 펜을 들었다, 놓았다 하는 등의 행동을 삼간다.
4. 냉정 침착하여 감정에 의하는 일이 없도록 하고 진술자의 이익이 될 수 있는 사정 등을 끈기 있게 들어주는 아량을 베풀 것이며 의연한 자세로 인내로써 조사에 임한다.

5. 피조사자의 눈높이가 조사자와 수평이 되도록 앉아 피조사자의 눈을 똑바로 주시한다.
6. 사소한 언동에 주의한다.

   몸 전체의 움직임과 표정만으로 마음을 엿볼 수 있는 것임으로 언어, 음성, 어조, 안색, 눈매, 동작, 감정의 표현에 주의하여 진실과 허위를 판별한다.
7. 단순한 추정과 억측으로 선입감을 가지고 조사에 임하는 것은 금물이며, 상대방의 관점에서 먼저 생각하고 종종 진술을 앞질러 진술자가 후회하여 스스로 진실을 고백하도록 한다.

III. 진술의 임의성 확보

1. 피의자를 조사할 때는 미리 형사소송법 제244조의3에 의한 진술을 거부할 수 있음을 알린다.
2. 조사할 때에는 고문, 폭행, 협박, 신체구속의 부당한 장기화 그 밖에 진술의 임의성에 관하여 의심받을 만한 방법을 취하여서는 아니 된다.
3. 조사할 때에는 희망하는 진술을 상대자에게 시사하는 등의 방법으로 진술을 유도하거나 진술의 대가로 이익을 제공할 것을 약속하거나 그 밖에 진술의 진실성을 잃게 할 염려가 있는 방법을 취하여서는 아니 된다.
4. 조사는 대등한 위치에서 해야 하며 임의성 확보에 유념하여 조사실 내에 경찰봉·목봉 등 흉기를 두어서는 안 된다.
5. 질문은 될 수 있는 한 짧게 하고, 많은 진술을 하도록 함으로써 새로운 사실과 모순점을 발견한다.
6. 진술자가 진술을 번복할 때는 그 경위를 반드시 조서에 기록하여 그 과정을 명확히 함으로써 또다시 번복할 경우를 대비한다.
7. 자백은 단계적으로 서서히 이루어지기 때문에 즉시 모든 자백을 얻으려 해서는 안 되며 자백할 예도 범죄 동기 등 부수적인 사실을 거짓 진술할 염려가 있으므로 특히 유의한다.
8. 자백하면 즉시 조서를 작성하고 자백에 대한 보강증거도 즉시 수집한다.
9. 자백할 때는 범죄사실뿐만 아니라 범죄 동기, 사건 전후의 행적 등 전모를 진술토록 하여 조서에 기록 유지한다.
10. 조서는 조사종료 즉시 진술자에게 열람케 하거나 읽어 주어 정정 필요하면 가감하고 진술자에게 날인 등의 방법으로 이를 확인토록 한다.

IV. 공모 방지

1. 피의자는 공동모(공범 피의자 간, 피의자와 참고인 간 등)의 기회를 항상 노리고 있으므로 이를 차단하기 위해 노력한다.

2. 공범 사건은 다른 피의자가 자백했는지 궁금하여 불안감을 느끼고 있어서 이 점을 충분히 유념해야 하며 그렇다고 다른 피의자가 자백하지도 않고 했는데 자백하였다고 위계를 사용하여 자백하도록 해서는 안 된다. 그러나 "당신이 부인해도 다른 공범자가 사실을 말하면 그 진술만으로도 당신의 범죄가 인정되는 것이다"라고 설득하는 것은 판례도 허용하고 있다.

3. 조사관이 가진 증거는 피조사자에게 전부 보여 주어서는 안 되나 부인하면 자백을 얻기 위해 조금씩 보여 주는 것도 조사의 한 방법이 될 수 있다.

V. 조사 후 조치

1. 조사 중 임의성과 신빙성에 문제는 없었는지 또는 피조사자가 허위로 진술한 부분은 없었는지 재검토한다.

2. 자백과 보강증거는 충분하며, 증거채택에 문제는 없겠는지 검토한다.

3. 허위사실을 자백한 것은 아닌지 또는 더욱 중요한 범행을 숨기기 위해 일부분만을 자백한 것이 아닌지 검토한다.

4. 조사과정에서 사건관계인으로부터 의혹이나 불만은 없었는지를 검토하여 관계인에게 충분히 설명 이해시킨다.

5. 조사를 끝내고 난 후에는 "수고했습니다"라는 등의 인사를 아끼지 않는다.

제3장   입건 전 조사 사건처리

제1절 입건 전 조사

Ⅰ. 근거법령

1. 검사와 사법경찰관의 상호협력과 일반적 수사준칙에 관한 규정

> 제16조(수사의 개시) ③ 검사 또는 사법경찰관은 입건 전에 범죄를 의심할 만한 정황이 있어 수사 개시 여부를 결정하기 위한 사실관계의 확인 등 필요한 조사를 할 때에는 적법절차를 준수하고 사건관계인의 인권을 존중하며, 조사가 부당하게 장기화되지 않도록 신속하게 진행해야 한다.

2. 경찰수사규칙

> 제19조(입건 전 조사) ① 사법경찰관은 수사준칙 제16조제3항에 따른 입건 전에 범죄를 의심할 만한 정황이 있어 수사 개시 여부를 결정하기 위한 사실관계의 확인 등 필요한 조사(이하 "입건전조사"라 한다)에 착수하기 위해서는 해당 사법경찰관이 소속된 경찰관서의 수사 부서의 장(이하 "소속수사부서장"이라 한다)의 지휘를 받아야 한다.
> ② 사법경찰관은 입건전조사한 사건을 다음 각 호의 구분에 따라 처리해야 한다.
> 1. 입건: 범죄의 혐의가 있어 수사를 개시하는 경우
> 2. 입건전조사 종결(혐의없음, 죄가안됨 또는 공소권없음): 제108조제1항제1호부터 제3호까지의 규정에 따른 사유가 있는 경우
> 3. 입건전조사 중지: 피의자 또는 참고인 등의 소재불명으로 입건전조사를 계속할 수 없는 경우
> 4. 이송: 관할이 없거나 범죄특성 및 병합처리 등을 고려하여 다른 경찰관서 또는 기관(해당 기관과 협의된 경우로 한정한다)에서 입건전조사할 필요가 있는 경우
> 5. 공람 후 종결: 진정·탄원·투서 등 서면으로 접수된 신고가 다음 각 목의 어느 하나에 해당하는 경우
>   가. 같은 내용으로 3회 이상 반복하여 접수되고 2회 이상 그 처리 결과를 통지한 신고와 같은 내용인 경우
>   나. 무기명 또는 가명으로 접수된 경우
>   다. 단순한 풍문이나 인신공격적인 내용인 경우
>   라. 완결된 사건 또는 재판에 불복하는 내용인 경우
>   마. 민사소송 또는 행정소송에 관한 사항인 경우
>   라. 완결된 사건 또는 재판에 불복하는 내용인 경우
>   마. 민사소송 또는 행정소송에 관한 사항인 경우
> 제20조(불입건 결정 통지) ① 사법경찰관은 수사준칙 제16조제4항에 따라 피혐의자(제19조제2항제2호에 따라 입건전조사 종결한 경우만 해당한다)와 진정인·탄원인·피해자 또는 그 법정대리인(피해자가 사망한 경우에는 그 배우자·직계친족·형제자매를 포함한다. 이하 "진정인등"이라 한다)에게 입건하지 않는 결정을 통지하는 경우에는 그 결정을 한 날부터 7일 이내에 통지해야 한다. 다만, 피혐의자나 진정인등의 연락처를 모르거나 소재가 확인되지 않으면 연락처나 소재를 알게 된 날부터 7일 이내에 통지해야 한다.

58   제1편 수사의 개시와 진행

② 제1항에 따른 통지는 서면, 전화, 팩스, 전자우편, 문자메시지 등 피험의자 또는 진정인등이 요청한 방법으로 할 수 있으며, 별도로 요청한 방법이 없는 경우에는 서면 또는 문자메시지로 한다. 이 경우 서면으로 하는 통지는 별지 제12호서식 또는 별지 제13호서식의 불입건 결정 통지서에 따른다.

③ 사법경찰관은 서면으로 통지한 경우에는 그 사본을, 그 밖의 방법으로 통지한 경우에는 그 취지를 적은 서면을 사건기록에 편철해야 한다.

④ 사법경찰관은 제1항에도 불구하고 통지로 인해 보복범죄 또는 2차 피해 등이 우려되는 다음 각 호의 경우에는 불입건 결정을 통지하지 않을 수 있다. 이 경우 그 사실을 입건전조사 보고서로 작성하여 사건기록에 편철해야 한다.

1. 혐의 내용 및 동기, 진정인 또는 피해자와의 관계 등에 비추어 통지로 인해 진정인 또는 피해자의 생명·신체·명예 등에 위해(危害) 또는 불이익이 우려되는 경우
2. 사안의 경중 및 경위, 진정인 또는 피해자의 의사, 피진정인·피혐의자와의 관계, 분쟁의 종국적 해결에 미치는 영향 등을 고려하여 통지하지 않는 것이 타당하다고 인정되는 경우

II. 입건 전 조사사건 처리절차

1. 입건 전 조사종결 형식

가. 입건

범죄의 혐의가 있어 수사를 개시하는 경우

나. 입건전조사 종결

혐의없음, 죄가안됨, 공소권없음 사유가 있는 경우

다. 입건전조사 중지

피혐의자 또는 참고인 등의 소재불명으로 입건전조사를 계속할 수 없는 경우

라. 이송

관할이 없거나 범죄특성 및 병합처리 등을 고려하여 다른 경찰관서 또는 기관(협의된 경우에 한한다)에서 입건전조사할 필요가 있는 경우

마. 공람 후 종결

진정·탄원·투서 등 서면으로 접수된 신고가 다음 각 목의 어느 하나에 해당하는 경우

① 3회 이상 반복 진정하여 2회 이상 그 처리결과를 통지한 것과 같은 내용인 경우

② 무기명 또는 가명으로 한 경우

③ 단순한 풍문이나 인신공격적인 내용인 경우

④ 완결된 사건 또는 재판에 불복하는 내용인 경우

⑤ 민사소송 또는 행정소송에 관한 사항인 경우

2. 불입건 결정통지

가. 통지대상

① 피혐의자, 진정인, 타원인, 피해자 또는 그 법정대리인에게 통지

② 피혐의자에게는 입건전조사 종결 결정을 한 경우에만 통지

③ 피해자가 사망한 경우 그 배우자나 직계혈족, 형제자매에게 통지

나. 통지 생략 대상

① 혐의내용 및 동기, 진정인 또는 피해자와 관계 등에 비추어 통지로 인해 진정인 또는 피해자의 생명·신체·명예 등에 위해 또는 불이익이 우려되는 경우

② 사안의 경중 및 경위, 진정인 또는 피해자의 의사, 피진정인·피혐의자와의 관계, 분쟁의 종국적 해결에 미치는 영향 등을 고려하여 통지하지 않는 것이 타당하다고 인정되는 경우

3. 불입건통지 방식

가. 불입건 결정통지 서식 활용

나. 불입건 결정을 한 날로부터 7일 이내 통지

다. 통지를 생략하는 경우 입건전조사 보고서를 작성하여 수사부서장의 승인을 받아야 함

4. 검찰 관계서류 제출 의무 여부

제출 의무 없음

III. 입건 전 조사 진행 상황통지

1. 통지대상

가. 진정인, 타원인, 피해자 또는 그 법정대리인에게 통지

나. 대상자가 사망 또는 의사능력이 없거나 미성년자면 법정대리인·배우자·직계친족·형제자매 또는 가족에게 통지

다. 통지대상자가 미성년자면 본인에게도 통지(가해자 또는 피혐의자가 법정대리인이면 생략. 필요시 미성년자 동의에 따라 신뢰관계인에게 통지)

2. 통지절차

가. 입건전조사를 개시한 때, 입건전조사 개시 후 매 1개월 경과할 때는 그 날로부터 7일 이내 통지

나. 서면, 전화, 문자메시지 등 상대방이 요청하는 방법으로 하되, 별도 요청이 없는 경우 서면 또는 문자메시지로 실시

다. 상대방의 연락처를 모르거나 소재가 확인되지 않는 경우 연락처나 소재를 안 날로부터 7일 이내 통지

3. 통지 제외 사유

가. 대상자가 통지를 원하지 않는 경우

나. 대상자에게 통지해야 하는 입건전조사 진행상황을 고지한 경우

다. 사건관계인의 명예나 권리를 부당하게 침해하는 경우

라. 사건관계인에 대한 보복범죄, 2차 피해의 우려되는 경우

4. 통지 방식

가. 정수사관이 작성, 팀장이 결재한 후 서면 통지(서면 이외 방법의 경우 서면과 동일 수준으로 작성하되, 담당 팀장도 함께 기재하고 관련 입건전 조사보고서는 팀장 결재)

나. 주요 진행상황에 현재진행 사항과 공개할 수 있는 범위 내에서 향후 입건전조사 내용 기재

다. 서면 통지의 경우 사본을 기록에 편철, 서면 이외 방법통지의 경우 해당 내용을 가재 한 입건전조사 보고서로 작성하여 편철

라. 통지 생략의 경우 생략 사유에 해당하는 사실을 입건전조사 보고서로 작성하여 수사부서장 결재받아 사건기록에 편철

○○경 찰 서

제 호   20○○.○.○.

수 신 : 귀하

제 목 : **불입건 결정 통지서(진정인등)**

귀하와 관련된 사건에 대하여 다음과 같이 결정하였음을 알려드립니다.

접 수 일 시	20○○.○.○.	접 수 번 호	0000-000000
죄 명			
결 정 종 류	1. 입건전조사 종결 ( ) 2. 입건전조사 중지 ( ) 3. 이 송 ( ) : (☏ :) 4. 공람 후 종결 ( )		
주 요 내 용			
담 당 팀 장		☏ 02-0000-0000	

※ 범죄피해자 권리 보호를 위한 각종 제도

- 범죄피해자 구조 신청제도(범죄피해자보호법)
  - 관할지방검찰청 범죄피해자지원센터에 신청
- 의사상자예우 등에 관한 제도(의사상자예우에관한법률)
  - 보건복지부 및 관할 자치단체 사회복지과에 신청
- 범죄행위의 피해에 대한 손해배상명령(소송촉진등에관한특례법)
  - 각급법원에 신청, 형사재판과정에서 민사손해배상까지 청구 가능
- 가정폭력·성폭력 피해자 보호 및 구조
  - 여성 긴급전화(국번없이 1366), 아동보호 전문기관(1577-1391) 등
- 무보험 차량 교통사고 뺑소니 피해자 구조제도(자동차손해배상보장법)
  - 동부화재, 삼성화재 등 자동차 보험회사에 청구
- 국민건강보험제도를 이용한 피해자 구조제도
  - 국민건강보험공단 급여관리실, 지역별 공단지부에 문의
- 법률구조공단의 법률구조제도(국번없이 132 또는 공단 지부·출장소)
  - 범죄피해자에 대한 무료법률구조(손해배상청구, 배상명령신청 소송대리 등)
- 범죄피해자지원센터(국번없이 1577-1295)
  - 피해자나 가족, 유족등에 대한 전화상담 및 면접상담 등
- 국민권익위원회의 고충민원 접수제도
  - 국민신문고 www.epeople.go.kr, 정부민원안내콜센터 국번없이 110
- 국민인권위원회의 진정 접수제도
  - www.humanrights.go.kr, 국번없이 1331
- 심의신청 제도(경찰민원콜센터 국번없이 182)
  - 수사과정 및 결과에 이의가 있는 경우, 관할 시도경찰청 「수사심의계」에
    심의신청

○○경 찰 서 장

○ ○ 경 찰 서

제 호   20○○.○.○.

수 신 :

참 조 :

제 목 : **불입건 편철 재기신청서**

　　불입건 편철번호 제○○호 사건에 대하여 다음과 같은 사유로 재기하고자 합니다.

1. 대상사건

 1) 불입건 편철번호 :　　　　　　(편철일 20○○.○.○.)

 2) 대 상 자 :

 3) 혐의죄명 :

 4) 결　　과 :

 5) 사건개요

2. 재기신청 사유

　　　　　　　　　　사 법 경 찰 관 　 경 감 　 유 　 아 　 림

제2절 피혐의자 출석조사

Ⅰ. 관련 규정

1. 검사와 사법경찰관의 상호협력과 일반적 수사준칙에 관한 규정

> 제16조(수사의 개시) ① 검사 또는 사법경찰관이 다음 각 호의 어느 하나에 해당하는 행위에 착수한 때에는 수사를 개시한 것으로 본다. 이 경우 검사 또는 사법경찰관은 해당 사건을 즉시 입건해야 한다.
> 1. 피혐의자의 수사기관 출석조사
> 2. 피의자신문조서의 작성
> 3. 긴급체포
> 4. 체포·구속영장의 청구 또는 신청
> 5. 사람의 신체, 주거, 관리하는 건조물, 자동차, 선박, 항공기 또는 점유하는 방실에 대한 압수·수색 또는 검증영장(부검을 위한 검증영장은 제외한다)의 청구 또는 신청
> ④ 검사 또는 사법경찰관은 제3항에 따른 조사 결과 입건하지 않는 결정을 한 때에는 피해자에 대한 보복범죄나 2차 피해가 우려되는 경우 등을 제외하고는 피혐의자 및 사건관계인에게 통지해야 한다.

2. 경찰수사규칙

> 제20조(불입건 결정 통지) ① 사법경찰관은 수사준칙 제16조제4항에 따라 피혐의자(제19조제2항제2호에 따라 입건전조사 종결한 경우만 해당한다)와 진정인·탄원인·피해자 또는 그 법정대리인(피해자가 사망한 경우에는 그 배우자·직계친족·형제자매를 포함한다. 이하 "진정인등"이라 한다)에게 입건하지 않는 결정을 통지하는 경우에는 그 결정을 한 날부터 7일 이내에 통지해야 한다. 다만, 피혐의자나 진정인등의 연락처를 모르거나 소재가 확인되지 않으면 연락처나 소재를 알게 된 날부터 7일 이내에 통지해야 한다.

Ⅱ. 재정취지 및 검토

1. 수사기관이 실질상 수사에 해당함에도 형식은 입건전조사로 진행해 법령상 의무를 회피하거나 실질상 피의자인 대상자의 권리 침해를 방지하기 위해 신설

2. 본 규정은 수사부서 소속 경찰관이 사건을 입건전조사수사하는 과정에 한하여 적용

가. 지역경찰 등 비수사부서 경찰관이 사건현장 내지 경찰관서 사무실에서 사건관계인에게 사실관계를 확인하는 경우는 적용하지 않음(진술서, 진술조서 작성도 동일)

   ※ 비수사부서에서 초동조치를 수행하며 행하는 조사는 사건의 전후 사실관계를 확인하는 과정임

나. 일부 2·3급지 관서에서 지역경찰이 피신조서까지 작성하는 경우 해당 부서 경찰관은 수사부서 경찰관으로 간주

3. 단순 사실관계 확인을 위한 조사는 입건 불필요

4. 조사과정에서 대상자 본인 혐의에 대해 추궁하는 내용이나 형식으로 진행될 경우 '검사와 사법경찰관의 상호협력과 일반적 수사준칙에 관한 규정' 제16조 제1항 취지에 따라 입건(피의자신문 간주)

가. 본 규정의 취지를 고려, 수사기관 출석조사를 피혐의자 집, 병원 등 장소와 관계 없이 혐의에 대한 추궁형식의 조사 모두 적용

나. 법원 판결 등을 토대로 분석한 실질상 피의자신문으로 간주 될 수 있는 조사방식
   ① 대상자에게 범죄혐의가 있다고 볼 구체적인 정황근거가 있는 상황 대상자 조사
   ② 범죄혐의에 대해 진술의 모순이나 다른 객관적인 자료와의 불일치 등을 논박하거나 추궁하는 방식의 조사(사실관계 특정을 위한 문답, 확인질문 등은 제외)

5. 대상자 진술 및 여타 자료를 토대로 입건(수사개시) 여부 결정

가. 대상자 진술과 진정인 등의 주장, 자료 등을 토대로 대상자에게 범죄혐의에 대한 구체적인 정황이 있다고 인정될 경우 범죄인지서 작성

나. 대상자의 신분을 피의자로 전환한 이후에는 통상적인 수사절차에 따라 소환과 피의자신문 진행

6. 여타 통지 규정에서 피혐의자 범위 관련

가. 본 지침에 따를 때 피혐의자의 수사기관 출석조사 규정에서 피혐의자는 입건 전 혐의가 있다고 의심되는 자를 지칭

나 다만, 여타 통지 규정에서 피혐의자를 이와 같이 해석할 경우 통지대상이 축소되어 방어권이 제한되는 결과 초래

다. 따라서 각종 통지에 관한 지침에서는 피혐의자를 피진정인 등 입건 전 단계에 있는 실질 입건전조사 대상자 모두 포함하도록 해석

제3절 입건 전 조사 사건처리에 관한 규칙

I. 총 칙(제1장)

1. 목적(제1조)

이 규칙은 「검사와 사법경찰관의 상호협력과 일반적 수사준칙에 관한 규정」 제16조 제3항, 「경찰수사규칙」 제19조에 따른 입건 전 조사와 관련한 세부 절차를 규정함으로써 입건 전 조사 사무의 적정한 운영을 도모하는 것을 목적으로 한다.

2. 입건 전 조사의 기본(제2조)

① 경찰관은 피조사자와 그 밖의 피해자ㆍ참고인 등(이하 "관계인"이라 한다)에 대한 입건 전 조사(이하 "조사"라 한다)를 실시하는 경우 관계인의 인권보호에 유의하여야 한다.

② 경찰관은 신속ㆍ공정하게 조사를 진행하여야 하며, 관련 혐의 및 관계인의 정보가 정당한 사유 없이 외부로 유출되거나 공개되는 일이 없도록 하여야 한다.

③ 조사는 임의적인 방법으로 하는 것을 원칙으로 하고, 대물적 강제 조치를 실시하는 경우에는 법률에서 정한 바에 따라 필요 최소한의 범위에서 남용되지 않도록 유의하여야 한다.

II. 입건 전 조사의 착수(제2장)

1. 조사의 분류 (제3조)

조사사건은 다음 각 호와 같이 분류한다.

① 진정사건

범죄와 관련하여 진정ㆍ탄원 또는 투서 등 서면으로 접수된 사건

② 신고사건

범죄와 관련하여 112신고ㆍ방문신고 등 서면이 아닌 방법으로 접수된 사건

③ 첩보사건

　가. 경찰관이 대상자, 범죄혐의 및 증거자료 등 조사 단서에 관한 사항을 작성·제출한 범죄첩보 사건

　나. 범죄에 관한 정보, 풍문 등 진상을 확인할 필요가 있는 사건

4. 기타조사사건

　제①부터 제③까지를 제외한 범죄를 의심할 만한 정황이 있는 사건

2. 조사사건의 착수 (제4조)

① 조사사건에 대해 수사의 단서로서 조사할 가치가 있다고 인정되는 경우에는 이를 수리하고, 소속 수사부서장에게 보고하여야 한다.

② 제1항에 따라 사건을 수리하는 경우 형사사법정보시스템에 관련 사항을 입력하여야 하며 입건 전 조사사건부에 기재하여 관리하여야 한다.

3. 첩보사건의 신중 (제5조)

① 경찰관은 첩보사건의 조사를 착수하고자 할 때는 입건 전 조사착수보고서를 작성하고, 소속 수사부서의 장에게 보고하고 지휘를 받아야 한다.

② 수사부서의 장은 수사단서로서 조사할 가치가 있다고 판단하는 사건·첩보 등에 대하여 소속 경찰관에게 입건 전 조사착수 지휘서에 의하여 조사의 착수를 지휘할 수 있다.

③ 경찰관은 소속 수사부서의 장으로부터 조사착수 지휘를 받으면 형사사법정보시스템에 피조사자, 피해자, 혐의내용 등 관련 사항을 입력하여야 한다.

4. 조사사건의 이송통보 (제6조)

경찰관은 관할이 없거나 범죄특성 등을 고려하여 소속 관서에서 조사하는 것이 적당하지 않은 사건을 다른 경찰관서 또는 기관에 이송 또는 통보할 수 있다.

○ ○ 경 찰 서

제   호   20○○. ○. ○.

수 신 : 수사부서의 장

제 목 : 입건 전 조사 착수 보고   경위 홍 길 동 ㉑

   　　　 다음 사람에 대하여 조사하고자 하니 지휘바랍니다.

1. 조사대상자

   성   명 :

   주민등록번호 :

   주   거 :

2. 조사할 사항

   (별지 사용 가능)

3. 조사가 필요한 이유(범죄첩보 등 관련자료 첨부)

   　　　　　OO팀(계) 경O   O O O ㉑

지 휘 사 항

(조사착수 여부, 조사의 방식, 기타 주의사항 등 지휘사항 기재)

20○○. ○. ○.

수사과장 경정 **유아운** ㉑

○ ○ 경 찰 서

제　　호　　　　　　　　　　　　　　　　　　20○○.○.○.

수 신 :　　　　　　　　　　　　　발 신 :　　　　　　ⓘ

제 목 : 입건 전 조사 착수 지휘

　　　　다음과 같이 조사를 지휘합니다.

1. 조사대상자

　　성　명 :　　　　　　　주민등록번호 :

　　주　소 :

2. 조사할 사항

　　◦ 甲이 乙에게 돈을 건네주게 된 경위

　　◦ 이러한 사실을 참고인 홍길동이 알고 있다 하므로 그가 어떻게 알게 되었
　　　는지 여부

　　◦ 이러한 사실을 뒷받침할 수 있도록 甲과 乙에 대한 20○○. ○. ○.부터 20
　　　○○. ○. ○.까지 은행 거래내역

3. 조사가 필요한 이유(범죄첩보 등 관련자료 첨부)

　　◦ 甲과 乙의 혐의 입증하기 위해

4. 조사방식

　　◦ 은행 거래내역에 관한 확인을 위해 압수수색영장 신청

　　◦ 참고인 병에 대해서는 은행 거래내역 확인 후 조사

5. 기타 주의사항 등

　　◦ 수사사항이 누설되지 않도록 조사자 이외의 자에게 언행 유의

　　　　　　　(수사부서의) 장　　　경　　　　　　　ⓘ

III. 입건 전 조사의 진행(제3장)

1. 조사의 보고·지휘·방식 등 (제7조)

① 조사의 보고·지휘, 출석요구, 진정·신고사건의 진행상황의 통지, 각종 조서작성, 압수·수색·검증을 포함한 강제처분 등 구체적인 조사 방법 및 세부 절차에 대해서는 그 성질이 반하지 않는 한 「경찰수사규칙」, 「범죄수사규칙」을 준용한다. 이 경우 '수사'를 '조사'로 본다.

② 신고·진정·탄원에 대해 입건 전 조사를 개시한 경우, 경찰관은 다음 각 호의 어느 하나에 해당하는 날부터 7일 이내에 진정인·탄원인·피해자 또는 그 법정대리인(피해자가 사망한 경우에는 그 배우자·직계친족·형제자매를 포함한다. 이하 "진정인등"이라 한다)에게 조사 진행상황을 통지해야 한다. 다만, 진정인등의 연락처를 모르거나 소재가 확인되지 않으면 연락처나 소재를 알게 된 날로부터 7일 이내에 조사 진행상황을 통지해야 한다.
1. 신고·진정·탄원에 따라 조사에 착수한 날
2. 제1호에 따라 조사에 착수한 날부터 매 1개월이 지난날

③ 경찰관은 조사 기간이 3개월을 초과하는 경우 입건 전 조사 진행상황보고서를 작성하여 소속 수사부서의 장에게 보고하여야 한다.

○ ○ 경 찰 서

제   호   20○○.○.○.

수 신 :

참 조 :

제 목 : 입건 전 조사진행상황 보고

　　　○○○에 대한 ○○ 사건에 관하여 아래와 같이 조사진행상황을 보고합니다.

1. 조사대상자(피혐의자) 인적사항

2. 혐의내용

3. 적용법조

4. 조사 진행상황

5. 향후 조사계획

경 로	수사지휘 및 의견	구분	결 재	일시

IV. 입건 전 조사의 종결 등(제4장)

1. 수사절차로의 전환 (제8조)

경찰관은 조사과정에서 범죄혐의가 있다고 판단될 때에는 지체없이 범죄인지서를 작성하여 소속 수사부서장의 지휘를 받아 수사를 개시하여야 한다.

2. 불입건 결정 지휘(제9조)

수사부서의 장은 조사에 착수한 후 6개월 이내에 수사절차로 전환하지 않은 사건에 대하여 「경찰수사규칙」 제19조제2항제2호부터 제5호까지의 사유에 따라 불입건 결정 지휘를 하여야 한다. 다만, 다수의 관계인 조사, 관련 자료 추가확보·분석, 외부 전문기관 감정 등 계속 조사가 필요한 사유가 소명된 경우에는 6개월의 범위 내에서 조사기간을 연장할 수 있다.

3. 기록의 관리 (제10조)

① 제8조에 따라 수사를 개시한 조사사건의 기록은 해당 수사기록에 합쳐 편철한다. 다만, 조사사건 중 일부에 대해서만 수사를 개시한 경우에는 그 일부 기록만을 수사기록에 합쳐 편철하고 나머지 기록은 제2항의 방법으로 조사 기록으로 분리하여 보존할 수 있으며 필요한 경우 사본으로 보존할 수 있다.

② 「경찰수사규칙」 제19조에 따른 입건 전 조사종결, 입건전 조사중지, 공람종결 결정은 별지 제5호서식의 불입건 편철서, 기록목록, 불입건 결정서의 서식에 따른다. 제6조에 따라 이송하는 경우에는 사건이송서를 작성하여야 한다.

○ ○ 경 찰 서

제   호   20○○. ○. ○.

제 목 : 불입건 편철

조사대상자	성 명		성별	혐 의 죄 명

혐 의 죄 명	

결 과	

대 상 사 건	접 수 일	접수번호	단 서	피 해 자

책 임 수 사 팀 장	
정 수 사 관	
부 수 사 관	
비 고	

○○○경찰서

사법경찰관(리)   경위 홍길동

○○경찰서

20○○.○.○.

접수번호 호

제 목 **불입건결정**

아래와 같이 불입건 결정합니다.

Ⅰ. 조사대상자

Ⅱ. 혐의 죄명

Ⅲ. 결과

Ⅳ. 혐의내용과 불입건 이유

사법경찰관

<작성 명의 : 팀장>

제4절 임의동행 사건처리와 경찰 훈방

Ⅰ. 임의동행 사건처리

1. 법규연구

가. 형사소송법

> 제199조(수사와 필요한 조사) ① 수사에 관하여는 그 목적을 달성하기 위하여 필요한 조사를 할 수 있다. 다만, 강제처분은 이 법률에 특별한 규정이 있는 경우에 한하며, 필요한 최소한도의 범위 안에서만 하여야 한다.
>
> 제200조(피의자의 출석요구) 검사 또는 사법경찰관은 수사에 필요한 때에는 피의자의 출석을 요구하여 진술을 들을 수 있다.

나. 검사와 사법경찰관의 상호협력과 일반적 수사준칙에 관한 규정

> 제20조(수사상 임의동행 시의 고지) 검사 또는 사법경찰관은 임의동행을 요구하는 경우 상대방에게 동행을 거부할 수 있다는 것과 동행하는 경우에도 언제든지 자유롭게 동행 과정에서 이탈하거나 동행 장소에서 퇴거할 수 있다는 것을 알려야 한다.

다. 경찰수사규칙

> 제35조(수사상 임의동행) 사법경찰관리는 수사준칙 제20조에 따른 임의동행 고지를 하고 임의동행한 경우에는 별지 제23호서식의 임의동행 동의서를 작성하여 사건기록에 편철하거나 별도로 보관해야 한다.

라. 경찰 수사에 관한 인권보호 규칙

> 제15조(수사상 임의동행 시 유의사항) ① 경찰관은 임의동행을 요구하는 경우 상대방에게 동행을 거부할 수 있는 권리와 동행에 동의하더라도 언제든지 자유롭게 동행 과정에서 이탈하거나 동행 장소에서 퇴거할 수 있음을 알려야 한다.
>
> ② 경찰관은 임의동행을 한 경우에는 동행의 임의성을 입증할 수 있는 서류를 수사기록에 편철 또는 보관해야 한다.
>
> ③ 경찰관은 임의동행한 대상자에게 필요한 확인을 마치거나 임의동행한 대상자가 퇴거의사를 밝힌 경우 즉시 동행 장소에서 퇴거할 수 있도록 해야 한다.

2. 임의동행할 때 유의사항

가. 경찰관은 임의동행을 요구하는 경우에는 상대방에게 동행을 거부할 수 있는 권리가 있으며, 동행에 동의한 경우라 하더라도 원할 경우에는 언제든지 퇴거할 수 있음을 고지하여야 한다.

나. 임의동행한 때도 필요한 확인이 끝나는 즉시 귀가시켜야 한다.

다. 임의동행한 경우에는 '임의동행 동의서'를 수사기록에 편철 또는 보관하여야 한다.

■ 판례 ■ **임의동행의 적법요건**

형사소송법 제199조 제1항은 "수사에 관하여 그 목적을 달성하기 위하여 필요한 조사를 할 수 있다. 다만, 강제처분은 이 법률에 특별한 규정이 있는 경우에 한하며, 필요한 최소한도의 범위 안에서만 하여야 한다."고 규정하여 임의수사의 원칙을 명시하고 있는바, 수사관이 수사과정에서 당사자의 동의를 받는 형식으로 피의자를 수사관서 등에 동행하는 것은, 상대방의 신체의 자유가 현실적으로 제한되어 실질적으로 체포와 유사한 상태에 놓이게 됨에도, 영장에 의하지 아니하고 그 밖에 강제성을 띤 동행을 억제할 방법도 없어서 제도적으로는 물론 현실적으로도 임의성이 보장되지 않을 뿐만 아니라, 아직 정식의 체포·구속단계 이전이라는 이유로 상대방에게 헌법 및 형사소송법이 체포·구속된 피의자에게 부여하는 각종의 권리보장 장치가 제공되지 않는 등 형사소송법의 원리에 반하는 결과를 초래할 가능성이 크므로, 수사관이 동행에 앞서 피의자에게 동행을 거부할 수 있음을 알려 주었거나 동행한 피의자가 언제든지 자유로이 동행과정에서 이탈 또는 동행 장소로부터 퇴거할 수 있었음이 인정되는 등 오로지 피의자의 자발적인 의사에 의하여 수사관서 등에의 동행이 이루어졌음이 객관적인 사정에 의하여 명백하게 입증된 경우에 한하여, 그 적법성이 인정되는 것으로 봄이 상당하다. 형사소송법 제200조 제1항에 의하여 검사 또는 사법경찰관이 피의자에 대하여 임의적 출석을 요구할 수는 있겠으나, 그 경우에도 수사관이 단순히 출석을 요구함에 그치지 않고 일정 장소로의 동행을 요구하여 실행한다면 위에서 본 법리가 적용되어야 하고, 한편 행정경찰 목적의 경찰활동으로 행하여지는 경찰관직무집행법 제3조 제2항소정의 질문을 위한 동행요구도 형사소송법의 규율을 받는 수사로 이어지는 경우에는 역시 위에서 본 법리가 적용되어야 한다(대법원 2006.7.6. 선고 2005도6810 판결).

II. 자수사건 수사

경찰관은 자수사건을 수사할 때에는 자수인이 해당 범죄사실의 범인으로서 이미 발각되어 있었던 것인지 여부와 진범인이나 자기의 다른 범죄를 숨기기 위해서 해당 사건만을 자수하는 것인지 여부를 주의하여야 한다. (범죄수사규칙 제51조)

임의동행 동의서

동행을 요구한 일시·장소	일시 : 장소 :
동행할 장소	
동행의 이유 (사건 개요)	
동행대상자	성 명 :
담당경찰관	소 속: 계 급: 성 명 :

　본인은 위와 같은 내용으로 경찰관으로부터 동행을 요구받았고, 동행을 거부할 수 있는 권리와 언제든지 자유롭게 동행과정에서 이탈 또는 동행장소에서 퇴거할 수 있는 권리가 있음을 안내 받았습니다. 이에, 자발적인 의사로 동행한 것임을 확인합니다.

20○○.○.○.

위 본 인　홍 길 동

III. 경찰 훈방

1. 법규연구 (범죄수사규칙)

> 제45조(경찰 훈방) ① 경찰관은 죄질이 매우 경미하고, 피해 회복 및 피해자의 처벌의사 등을 종합적으로 고려하여 훈방할 수 있다.
> ② 제1항의 훈방을 위해 필요한 경우 경찰청장이 정하는 위원회의 조정·심의·의결을 거칠 수 있다.
> ③ 경찰관은 훈방할 때에는 공정하고 투명하게 하여야 하고 반드시 그 이유와 근거를 기록에 남겨야 한다.

2. 판례 연구

■ 판례 ■   경찰관이 불법체류자의 신병을 출입국관리사무소에 인계하지 않고 훈방하면서 이들의 인적사항조차 기재해 두지 아니하였다면 직무유기죄가 성립한다고 한 사례

원심이 그 설시의 증거를 종합하여 판시와 같은 출입국관리법령의 규정, 불법체류자 단속업무에 관한 경찰 내부의 업무지시, 경찰공무원의 일반적인 직무상 의무, 위 피고인 자신이 경찰에서 진술하였던 내용 등을 인정한 다음, 수원중부경찰서 (이름 생략)파출소 부소장으로 근무하던 위 피고인이 112 순찰을 하고 있던 공소외 1 경장과 공소외 2 순경에게 "자동시장 내 동북호프에 불법체류자가 있으니 출동하라"는 무전지령을 하여 동인들로 하여금 그곳에 있던 불법체류자들인 공소외 3 등 5명을 (이름 생략)파출소로 연행해 오도록 한 다음, 위 공소외 3 등이 불법체류자임을 알면서도 이들의 신병을 출입국관리사무소에 인계하지 않고 본서인 수원중부경찰서 외사계에조차도 보고하지 않았을 뿐만 아니라(달리 자진신고 하도록 유도한 것도 아니다), 더 나아가 근무일지에 단지 '자동 복개천 꼬치구이집 밀항한 여자 2명과 남자 2명이 있다는 신고 접한 후, 손님 3명, 여자 2명을 조사한 바 꼬치구이 종업원으로 혐의점 없어 귀가시킴'이라고 허위의 사실을 기재하고, 이들이 불법체류자라는 사실은 기재하지도 않은 채 자신이 혼자 소내 근무 중임을 이용하여 이들을 훈방하였으며, 훈방을 함에 있어서도 통상의 절차와 달리 이들의 인적사항조차 기재해 두지 아니한 행위는 직무유기죄에 해당한다고 판단한 것은 정당하다.(대법원 2008. 2. 14., 선고, 2005도4202, 판결)

■ 판례 ■   사법경찰관리가 경미한 범죄 혐의사실을 검사에게 인지 보고하지 아니하고 훈방한 경우와 직무유기죄의 성부(소극)

공무원이 직무를 유기한 때라 함은 공무원이 법령 내규 또는 지시 통첩에 의한 추상적인 충근의무를 게을리한 일체의 경우를 지칭하는 것이 아니라 주관적으로 직무집행의사를 포기하고 객관적으로 정당한 이유없이 직무집행을 하지 아니하는 부작위상태가 있어 국가기능을 저해하는 경우를 말한다 할 것인바, 사법 경찰관리가 직무집행의사로 위법사실을 조사하여 훈방하는 등 어떤 형태로든지 그 직무집행행위를 하였다면 형사피의사건으로 입건수사하지 않았다 하여 곧 직무유기죄가 성립한다고 볼 수는 없다.(대법원 1982. 6. 8., 선고, 82도117, 판결)

제5절 발생(피해신고) 사건처리

1. 입건 여부

발생(피해신고) 사건은 진정사건과 유사한 형태로 보고 접수 시 곧바로 사건번호를 부여하지 않고 입건전조사로 진행하다가 구체적 범죄혐의 발견 시 수사로 전환하면서 범죄인지서를 작성하고 절차에 따라 처리한다.

따라서 무조건 사건번호를 부여하였던 종전의 관행은 근절되어야 할 것이다. 만약 범죄혐의점이 발견되지 않을 때는 입건전조사 종결한다.

2. 피의자가 특정되지 않는 경우

피의자가 특정되지 않았지만, 범죄혐의가 명백한 경우에는 일단 피의자 미상으로 범죄인지서를 작성한 후 수사를 진행하도록 한다.

수사 중 피의자가 특정된 경우에는 피의자 특정에 대한 수사보고서를 작성하면 된다. 물론 피의자가 특정되지 않고 범죄혐의도 없으면 수사의 실익이 없으므로 입건전조사 종결한다.

3. 송치 여부

범죄혐의가 명백하고 피의자가 특정된 경우에는 일반 처리절차에 따라 사건을 송치하면 된다.

그러나 피의자 미상으로 범죄인지까지 하였으나 수사종결 시까지 피의자를 특정하지 못한 경우에는 다음과 같이 구분하여 처리한다.

- 절도, 보이스피싱 등 일부 수법범죄
  - ☞ 신속하고 효율적인 여죄수사자료 확보의 필요성 등을 감안하여 미제편철
- 기타 사건
  - ☞ 범죄인지 후 송치

4. 입건(수사개시)한 사건에 대한 불입건 건의 가능 여부

경찰 스스로 수사개시 결정 및 수사활동을 하면 수사의 행위를 무효화 할 수 없다. 따라서 혐의점을 발견하지 못하면 불기소 의견으로 송치하여야 한다.

따라서 입건 여부에 관한 결정을 신중히 하여야 할 것이다.

제 4 장 **일반수사서류 작성**

제1절 서 론

Ⅰ. 작성근거

1. 형사소송법

제57조, 제58조(공무원의 서류), 제59조(비공무원의 서류)

2. 경찰수사규칙

제84조(문서의 서식) 이 규칙에서 정한 서식 외에 단순하고 정형적인 사건의 수사 등에 사용하는 서식은 경찰청장이 정한다.

3. 범죄수사규칙

제37조~제43조

Ⅱ. 수사서류란

수사에 관하여 수사경찰이 작성한 서류로 사법경찰관리 이외도 피해자, 사건관계자가 작성한 고소장·피해신고서·진술서 등을 포함한다.

III. 작성 시 일반적 유의사항

1. 소정의 서식에 따를 것

가. 경찰관이 범죄수사에 사용하는 문서와 장부는 경찰수사규칙과 범죄수사규칙의 각종 서식에 따른다.

나. 그러나 별도의 서식이 없는 경우에는 6하원칙에 의거 간략하면서도 작성하고자 하는 내용이 충분히 반영되도록 한다.

2. 문자의 단락·용어에 주의할 것

가. 되도록 끊어서 짧게 하고 적당히 단락을 붙이는 것이 좋으며, 또한 번거로운 표현은 되도록 피하여 간결하고 논리적인 문장이 되도록 한다.

나. 용어는 일상용어에 사용하는 쉬운 문구를 사용한다. 같은 단어는 가능한 반복 사용 하지 않는 것이 좋다.

3. 숫자의 기재방법에 주의할 것

가. 아라비아숫자를 사용한다.

例, 삼천삼백오십만 원 → 3,350만 원 또는 33,500,000원

나. 수가 3단계 이상이 될 때는 3단계마다 구두점을 넣어서 표기한다.

例, 100,300원

다. 다만 계단 수가 많아 읽기 어려운 경우에는 만, 억, 조, 경 단위부터는 한글로 기재한다.

例, 2억 3,000만 원

라. '금 1,000만 원'의 '금' 표현은 생략한다.

例, 금 1,000만 원 → 1,000만 원 또는 현금 1,000만 원

4. 혼동 우려, 사투리, 약어 등 표기 시

표기에 있어 혼동의 우려가 있는 경우는 ( )안에 한자를 기재하거나 설명을 덧붙여 적고, 사투리·약어·은어 등에 있어서도 ( )안에 간단한 설명을 기재한다.

5. 각종 단위부호의 표기 시

g, kg, m, km, cc, ℓ, ㎖, mm, cm 등 일반인들이 널리 사용하고 있는 각종 도량형 단위 등은 그대로 표기한다.

6. 서류의 접수

수사서류를 접수하였을 때는 즉시 여백 또는 그 밖의 적당한 곳에 접수연월일을 기입하고 특히 필요하다고 인정되는 서류에 대하여는 접수 시각을 기재해 두어야 한다.

7. 기 타

가. 복잡한 사항은 항목을 나누어 기술한다.

> 例. 1. 절취 혐의
>
>   … 하였다.
>
>   2. 횡령 사실
>
>   … 하였다.

나. 외국어 또는 학술용어에는 그다음에 괄호를 하고 간단한 설명을 붙인다.

다. 서류마다 작성연월일을 기재하고 간인하게 한 후 서명날인하도록 한다. 다만, 진술자가 서명할 수 없을 때는 대서 기명하되 그 사유를 기재하고 진술자의 날인을 받거나 그 무인을 받는다.

라. 외국어로 기재한 서류가 있을 때는 번역문을 첨부하여야 한다.

마. 지명, 인명의 경우 읽기 어렵거나 특이한 칭호가 있을 때는 그다음에 괄호를 하고 음을 적는다.

Ⅳ. 형사사법정보시스템 이용

경찰관은 형사사법절차 전자화 촉진법 제2조제1호에서 정한 형사사법업무와 관련된 문서를 작성할 경우 형사사법정보시스템을 이용하여야 하며, 작성한 문서는 형사사법정보시스템에 저장·보관하여야 한다. 다만, 형사사법정보시스템을 이용하는 것이 곤란한 다음 각 호의 문서의 경우에는 예외로 한다. (범죄수사규칙 제38조)

1. 피의자, 피해자, 참고인 등 사건관계인이 직접 작성하는 문서

2. 형사사법정보시스템에 작성 기능이 구현되어 있지 아니한 문서

3. 형사사법정보시스템을 이용할 수 없는 경우에 불가피하게 작성해야 하는 문서

※ 형사사법절차 전자화 촉진법
제2조(정의) 이 법에서 사용하는 용어의 뜻은 다음과 같다.
 1. "형사사법업무"란 수사, 공소, 공판, 재판의 집행 등 형사사건의 처리와 관련된 업무를 말한다.

제2절 항목별 작성요령

● I. 인적사항

1. 성 명

가. 가족관계 등록상의 성명을 기재한다.

나. 이명이나 별명이 있으면 (일명 : 김 개 동)으로 부기한다.

다. 사망한 피의자의 경우에는 "망 홍길동"으로 기재한다.

라. 피의자가 법인일 때 법인명을 기재하고, "(대표이사 : 변학도)"를 부기

　✽ 주식회사와 합자회사는 대표이사, 합명회사는 대표사원

　✽ 주식회사의 경우 '자본의 총액이 10억원미만인 회사는 1인 또는 2인으로 할 수 있다'라는 규정에 따라 1인이면 대표이사가 아닌 거냐 이사만 등기된 때도 있다. 이 경우에는 법인 등기부 등재된 내용 그대로 '대표이사'가 아닌 "이사 변학도"로 기재하여야 한다.

> ## ※ 상 법
> 제383조(원수, 임기) ① 이사는 3인 이상이어야 한다. 다만, 자본의 총액이 10억원미만인 회사는 1인 또는 2인으로 할 수 있다.
> ⑥ 제1항 단서의 경우에는 각 이사(정관에 따라 대표이사를 정한 경우에는 그 대표이사를 말한다)가 회사를 대표하며 … 이사회의 기능을 담당한다.

마. 법인명은 등기부상의 명칭을 기재하여야 하며, "무궁화 주식회사"를 "무궁화 (주)"로 임의로 변경 표시하여서는 안 된다.

바. 피의자가 미성년자일 경우에는 성명란 옆에 부 또는 모의 이름을 병기한다.

　例, 성명 : 김갑동(부 : 김한국)

2. 직 업

가. 송치 시의 직업 또는 범행 시(前, ○○공무원)의 직업을 기재한다.

나. 공무원이면 구체적으로 기재한다.

다. 학생, 주부, 노동, 회사원, 공무원, 상업, 공업 등으로 명확히 기재하고 막연히 무직으로 기재하지 않도록 한다.

3. 연령 (생년월일)

가. 행위 시와 송치 때의 나이가 상이할 경우 송치 때의 나이를 기재한다.

나. 가족관계 등록상의 나이를 기재하며 실제의 나이와 다른 경우에는 실제의 나이를 기재한다.

4. 등록기준지, 주거

가. 주소는 통, 반까지 기재하여 형의 집행(특히 벌금형의 집행)에 실효를 거둘 수 있도록 한다.

나. 단체의 경우 그 산하 조직은 범죄 주체가 될 수 없으므로 법인만을 피의자로 하고 법인 명칭은 법인등기부상의 명칭을 그대로 표기하되 그 아래에 반드시 "대표이사 ○○○" 또는 "대표자 ○○○"로 표시한다. 주소는 법인의 소재지를 기재한다.

다. 별건으로 이미 구속 중인 피의자는 구속 전의 주거를 기재하고(○○ 교도소 수감 중)이라고 기재한다.

라. 사망한 피의자 또는 소멸한 법인의 경우는 사망 또는 소멸 직전의 주거나 소재지를 기재한다.

마. 등록기준지나 주소가 불분명한 때 일부라도 아는 경우는 아는 사항까지 표시하고 전혀 불명인 경우는 '등록기준지는 알 수 없음', '주거는 일정하지 않음'으로 기재한다.

II. 전과 및 검찰처분 관계

KICS 자료에 따른다.

제3절 수사보고서 작성요령

Ⅰ. 의 의

수사보고서는 사법경찰관리가 수사의 단서나 그 입수상황 등 수사와 관계있는 사항을 상사에게 보고하는 서면을 말한다. 수사보고서는 수사의 흐름, 진행상황 등을 알수 있어서 그때그때 작성하여야 한다.

Ⅱ. 작성상 유의사항

1. 직접 수사에 종사한 자가 작성한다.
   수사보고서는 수사에 직접 종사한 자가 보고하는 것이므로 반장이나 계장이 작성한 것이 아니다.
2. 수사를 한때마다 작성한다.
   수사한 사항에 대해 그때그때 작성하여야 생생하고 정확성을 기할 수 있기에 시기를 잃지 않도록 작성한다.
3. 사실을 그대로 작성한다.
   내용이 진실하여야 하며 그 내용이 사실과 일치하지 않으면 그 가치가 없다. 그러므로 추상적인 표현보다는 사실에 근거하여 정확한 사항에 대해 구체적으로 작성하여야 한다.

Ⅲ. 작성요령

규정에 따른 일정한 서식은 없다.

1. 제 목

제목은 일견하여 보고내용의 취지를 알 수 있도록 간결하게 기재한다(무조건 "수사보고"라고 하는 경우가 많은데 잘못된 것이다).

2. 전 문

피의자 인적사항이나 수사보고서를 작성하게 된 간단한 경위를 작성한다. 생략하고 바로 본문으로 들어갈 수도 있다.

3. 본 문

수사한 내용을 구체적으로 작성하며, 내용이 복잡한 경우는 항을 구분하여 작성한다.

4. 조치 및 결과

수사하여 어떤 조처를 하였는지와 그 결과는 어떻게 하였는지를 기재한다.

5. 보고자 의견

수사와 관련 조사자의 의견이 필요한 경우 작성한다(例, 구속 및 감정 등의 필요성 유무, 관련자 진술의 진위판단 등).

■ 판례 ■ **피해자들과의 전화통화 내용을 기재한 검사 작성의 각 수사보고서는 그 증거능력 유무(소극)**

이 사건 각 수사보고서는 검사가 참고인인 피해자 공소외 1, 2와의 전화통화 내용을 기재한 서류로서 형사소송법 제313조 제1항 본문에 정한 '피고인 아닌 자의 진술을 기재한 서류'인 전문증거에 해당하나, 그 진술자의 서명 또는 날인이 없을 뿐만 아니라 공판준비기일이나 공판기일에서 진술자의 진술에 의해 성립의 진정함이 증명되지도 않았으므로 증거능력이 없다.(대법원 2010. 10. 14., 선고, 2010도5610,2010전도31, 판결)

■ 판례 ■ **외국에 거주하는 참고인과의 전화 대화내용을 문답형식으로 기재한 검찰주사보 작성의 수사보고서의 증거능력**

외국에 거주하는 참고인과의 전화 대화내용을 문답형식으로 기재한 검찰주사보 작성의 수사보고서는 전문증거로서 형사소송법 제310조의2에 의하여 제311조 내지 제316조에 규정된 것 이외에는 이를 증거로 삼을 수 없는 것인데, 위 수사보고서는 제311조, 제312조, 제315조, 제316조의 적용대상이 되지 아니함이 분명하므로, 결국 제313조의 진술을 기재한 서류에 해당하여야만 제314조의 적용 여부가 문제될 것인바, 제313조가 적용되기 위하여는 그 진술을 기재한 서류에 그 진술자의 서명 또는 날인이 있어야 한다.(대법원 1999. 2. 26., 선고, 98도2742, 판결)

○○경찰서

수신 : ○○경찰서장   20○○. 6. 28.

참조 : 수사(형사)과장

제목 : 수표배서인 확인에 대한 수사보고

 20○○. 6. 23. 10:00경 ○○에서 발생한 ○○사건과 관련 피의자 홍길동이 강
취하여 사용하였던 수표(번호)배서인을 다음과 같이 확인하였기 수사보고 합니다.

1. 수표 흐름 수사

　　가. 甲에 대한 수사 (피의자로부터 최초 소지인)

　　　　－ － － － －

　　나. 乙에 대한 수사 (수표를 받고 ○○물건을 판매한 상인)

　　　　－ － － － －

2. 조 치

　　현재 본 수표는 ○○은행○○지점에 보관되어 있어 압수수색영장 신청으로
이를 증거로 확보하고자 함

3. 조사자 의견

　　압수수색영장 집행으로 본 수표 확보하면 피의자에 대한 공범 여부와 범행
경위 등을 확인할 수 있을 것이다.

형 사 과　강력 1 팀

경 감　정 창 근

제4절 증거서류 등 수리 시 처리요령

Ⅰ. 증거물의 수리 또는 제시한 경우

1. 증거물을 반드시 피의자, 참고인에게 제시하고 설명시켜서 조서상에 이것을 명확하게 기재해 두지 않으면 안 된다.

2. 일반적으로 증거물을 제시하는 시기는 피의자가 자백한 뒤에, 피의자로부터 그 모양, 특징, 수량 등을 상세히 청취하여 그 증거물과 일치하는가를 확인한 뒤에 제시하는 것이 원칙이다.

Ⅱ. 진단서를 수리 또는 제시한 경우

1. 상해 사건에서는 피해자가 제출한 진단서를 수리하여 이것을 진술조서에 나타내는 경우와 그 진단서를 피의자에게 제시하는 때도 있다. 진단서는 주로 피해자(참고인)로부터 제출되는 것이므로 단지 조서의 끝부분에 첨부하는 것만으로써 충분하며 물론 조서나 진단서 사이에 간인해서는 안 된다.

2. 진단서를 첨부하는 경우, 상해의 부위, 정도 등이 진단서의 범인의 진술과 일치하지 않으면 안 된다.

Ⅲ. 도면의 첨부

도면을 작성하였으면 그 뜻을 조서에 기재하고 조서 끝에 첨부하여 조서와 간인해야 한다. 또한, 도면 자체에도 작성자가 작성연월일을 기재하고, 서명 날(무)인하게 하는 것을 잊어서는 안 된다.

Ⅳ. 기타서류를 첨부한 경우

1. 원본을 제출한 경우

가. 재발급이 가능한 서류(例, 진단서 등)는 반드시 원본을 제출하도록 하여 첨부한다. 현금보관증, 계약서 등과 같이 민사소송에 사용될 수 있는 서류는 이를 복사하여 첨부하고 원본은 반드시 제출자에게 반환하여야 한다.

나. 다만 필적감정 등 감정이 필요로 할 때는 반드시 원본이 필요하여서 이때는 원본을 일시 보관하여 감정의뢰 후 의뢰가 끝나면 반환하여야 한다. 이때도 사본은 반드시 남겨둔다.

例. "이때 ○○○가 ○○원본(매수기록, 00매)을 제출하여 이를 본직이 사본한 후 본 조서말미에 첨부한다."

2. 사본을 제출한 경우

가. 제출한 사본을 그대로 첨부한 경우

例. "이때 ○○○가 ○○○사본(매수기록, 例 18매)을 제출하여 이를 본 조서말미에 첨부한다."

나. 제출한 사본을 복사하여 첨부한 경우

사본을 제출하면서 원본이 없으므로 사본을 복사하고 반환을 요구하면 이를 복사한 후 반환한다.

例. "이때 ○○○가 ○○○사본(매수기록, 例 18매)을 제출하여 이를 본직이 복사하여 본 조서말미에 첨부한다."

3. 사진을 제출한 경우

설명까지 덧붙여 제출하면 문제가 없겠지만 그냥 사진만 제출하면서 첨부해 달라고 하면 가능한 제출자에게 사진에 대한 설명을 첨부하여 제출하도록 하고 이 경우 사진과 첨부된 종이와 간인 하도록 한다.

4. 많은 양의 서류를 제출한 경우

사건과 직접 관계없는 경우는 반환하면 되는데 이를 꼭 첨부해 달라고 하는 경우가 있다. 이때는 기록목록 작성방법을 알려 주면서 기록목록을 작성하여 제출하도록 한다. 예를 들어 300장을 제출하고 차후 500장을 제출하였으며 ○○서류도 있었는데 이 서류를 담당 수사관이 제외했다고 민원을 일으키는 경우도 더러 있어서 제출한 서류에 대해 확실히 해 둘 필요가 있다.

제5장

조서 작성요령

제1절 일반적 작성요령

Ⅰ. 일반적 요령

1. 일상생활에서 사용하는 쉬운 문구를 사용한다.

   귀가, 금품, 도품, 절취, 강취, 본인, 상기장소, 동인, 타인, 범행, 검거, 침입, 손괴, 구타, 전시(前示)와 같은 말은 피해야 한다.

2. 피의자신문 시 호칭은 "피의자"로 하고 경어체로 작성한다.

   실제 조사 때에는 상대방의 나이를 고려하여 "당신", "자네" 등의 용어로 묻더라도 조서에는 형사소송법상 용어인 "피의자"로 나타내는 것이 좋다.

3. 6하원칙 또는 8하원칙에 따라 항목을 나누어 기재하는 것이 바람직하다.

   "누구의, 어떤 물건을 훔쳤나요"하는 식으로 한꺼번에 한 항목에 기재하는 것은 좋지 않다.

4. 질문은 짧게, 대답은 길게 기재하는 것이 좋다.

   질문이 길고 대답이 극히 짧다면 유도신문을 한 것 같은 느낌을 줄 우려가 있다. "20○○. ○. ○. 11:00경 고소인 홍길동에게 ○○에서 ○○라고 하면서 3,000만 원을 빌린 것이 사실이지요." 라는 식의 질문은 잘못된 것이다. 상대방이 이러한 진술을 하도록 하여야 한다.

5. 조서는 전후 모순 없이 임의성이 있도록 자연스럽게 작성해야 한다.

   같은 조서의 전후 내용에 모순이 있거나 1회 조서와 그 이후의 조서 내용이 서로 모순되었으면 법원에서는 "진술의 일관성이 없어서 진술 전체를 믿기 어렵다"라고 판시하는 예가 많다. 따라서 진술한 내용에 변화가 있을 때는 왜 그와 같이 변화가 있게 되었는가를 묻고 그에 대한 납득할 수 있는 대답이 조서에 기재되어야 한다.

6. 피조사자가 사용하는 특이한 말은 그대로 조서에 기재하는 것이 좋다.

7. 임상의 조사

　치료 중인 피의자나 참고인이 현재하는 곳에서 임상신문을 할 때는 상대방의 건강 상태를 충분히 고려하여야 하며, 수사에 중대한 지장이 없는 한 가족, 의사 기타 적당한 사람을 입회시켜야 한다.

Ⅱ. 진술조서 작성 시 일반적 유의사항

1. 진술을 임의로 행하여졌다는 것을 명백히 밝혀 둘 것

　가. 형식적 요건을 갖출 것

　　진술거부권의 고지, 조서의 열람, 읽어 줌을 확실히 행하여야 하며 문자의 가제, 간인 등에서도 임의성을 의심받을 만한 일이 없도록 하여야 한다.

　나. 자백하기에 이른 경과를 명백히 밝힐 것

　다. 진술한 내용이 합리성을 잃지 않도록 문장의 표현에 주의할 것

2. 진술의 모순점을 명확히 규명할 것

　자기 자신의 범행을 은폐하기 위하여 자신이 타인의 참고인으로 등장할 수도 있고 주요 참고인의 진술에 모순이 있어 다른 합리적 증거까지도 배척되는 때도 있으므로 진술의 모순점이 발견되면 반드시 명확히 규명하여야 한다.

3. 진술의 진실성을 잃지 않도록 기록내용에 주의할 것

　조서의 내용은 진술한 그대로를 자연스럽게 기재하여야 한다. 피의자에게 유리하고 불리한 것을 가리지 않고, 진술한 그대로를 기재한 조서는 자연스럽고 진실성의 판단에 한 기준이 된다.

4. 조서를 작성하는 목적과 초점을 확실하게 해 둘 것

　범죄의 구성요건이 되는 사항이 구체적으로는 피의자의 행위에 어떻게 나타났는가를 생각하며 그 사실을 빠짐없이 조서에 기재하여야 한다.

5. 내용을 잘 정리하여 이해한 후 기재할 것

　진술한 내용을 잘 정리하려면 조사할 때 상세히 비망록에 기재하여, 그것을 항목마다 정리해서 기재하는 것이 필요하다. 또한, 진술한 내용은 다른 진술이나 수사 자료와도 잘 대조해서 그사이에 잘못이나 틀린 것이나 모순이 없는가를 잘 조사해서 기재하도록 하여야 한다.

6. 조서는 순서 있게 문맥이 통하도록 기재할 것

기재하여야 할 중심항목과 관계가 있는 여러 가지 제목에 대하여 검토해서 순서를 정하여 번호를 붙여서 그 서열을 알기 쉽게 하는 것이 필요하다.

7. 조서에는 조사관이 진술자의 진술에 동감한 사실을 상세히 기재할 것

진술한 가운데서 조사관 스스로 감명을 받은 것, 혹은 감명을 받을 것으로 생각되는 것을 상세히 기재하여야 한다.

8. 진술자가 아니면 말할 수 없는 사실을 특히 상세히 기재할 것

피의자만이 말할 수 있는 마음속의 비밀사항은 그 사실을 있는 그대로 나타내는 것이 필요하다. 특히 범행의 원인이나 동기, 범행 때의 현장의 모습이나 범행 후의 기분 등은 특히 긴요한 것이다.

9. 피의자가 변명하는 것, 피의자에게 이익이 되는 것은 반드시 조서에 기재하여 둘 것

10. 진술을 정확하게 조서에 표현하여 둘 것

주어를 명확하게 하여 조서를 작성하여야 한다. 조사하면서 실제로 진술자가 본 것인지, 다른 사람한테서 들은 것인지, 의견으로써 진술하는 것인지 등을 명확히 하여야 한다.

11. 녹음에 대비할 것

피조사자는 조사관의 약점 등을 잡기 위해 조사내용을 몰래 녹음하는 때도 있다. 이를 대비하여 피의자의 경우 진술거부권 고지 등 항상 적법절차를 준수하여야 한다. 또 조사 중 합의를 종용하는 등 불필요한 언행으로 오해를 사는 일이 없도록 하여야 한다.

Ⅲ. 기타 표현상 주의사항

1. 진술조서 등은 남이 읽을 것을 명심하여 작성할 것
2. 사투리, 약어, 은어, 부호 등을 사용할 때는 진술한 대로 기재한 다음 그 뜻을 설명시켜서 그를 부기하는 것이 좋다. 이때 일반적으로 피의자에게 설명시킬 것이 요망된다.
3. 범행 당시는 몰랐던 것으로써 진술 당시에 안 것에 대해서는 그것을 알게 된 경우를 진술시켜 둘 것

IV. 문자의 가제(加除)

1. 수사서류를 작성할 때는 임의로 문자를 고쳐서는 아니 되며, 고치면 고친 내용을 알 수 있도록 하여야 한다.

2. 문자를 삭제할 때

   삭제할 문자에 두 줄의 선을 긋고 날인하며 그 왼쪽 여백에 "몇자 삭제"라고 기재하되 삭제한 부분을 해독할 수 있도록 자체를 존치하여야 한다.

3. 문자를 삽입할 때

   그 개소를 명시하여 행의 상부에 삽입할 문자를 기입하고 그 부분에 날인하여야 하며 그 왼쪽 여백에 "몇자 추가"라고 기재한다.

4. 1행 중에 2개소 이상 문자를 삭제 또는 삽입하였을 때

   각 자수를 합하여 "몇자 삭제" 또는 "몇자 추가"라고 기재한다.

5. 여백에 기재할 때

   기재한 곳에 날인하고 그 난외에 "몇자 추가"라고 기재한다.

6. 피의자신문조서와 진술조서의 경우 문자를 삽입 또는 삭제하였을 때

   "몇자 추가" 또는 "몇자 삭제"라고 기재하고 그곳에 진술자에게 날인 또는 무인하게 하여야 한다.

7. 전항의 경우에 진술자가 외국인일 때에는 날인을 생략할 수 있다.

✓ 주의

   ○ 피의자신문조서 작성 후 피의자에게 열람시키고 피의자가 이의를 제기하거나 추가 기재를 원하는 경우 컴퓨터상에서 수정하여 재출력하지 말 것

   ☞ 진술 자체의 변경을 내용으로 하는 이의제기면 조서 말미에 피의자 의견 개진 사항을 추가 기재

   ○ 피의자가 별다른 이의를 제기하지 않은 경우

   ☞ 피의자 자필로 이의 없음을 기재

※ 경찰수사규칙

제39조(조서와 진술서) ① 사법경찰관리가 법 제244조제1항에 따라 피의자의 진술을 조서에 적는 경우에는 별지 제27호서식 또는 별지 제28호서식의 피의자신문조서에 따른다.
② 사법경찰관리가 피의자가 아닌 사람의 진술을 조서에 적는 경우에는 별지 제29호서식 또는 별지 제30호서식의 진술조서에 따른다.
③ 사법경찰관리는 피의자 또는 피의자가 아닌 사람의 진술을 듣는 경우 진술 사항이 복잡하거나 진술인이 서면진술을 원하면 진술서를 작성하여 제출하게 할 수 있다.
④ 피의자신문조서와 진술조서에는 진술자로 하여금 간인(間印)한 후 기명날인 또는 서명하게 한다.

제2절 민원인 조사(고소 · 고발 · 진정 · 탄원인 등)

1. 고소사건의 경우

출석요구서를 받은 고소인이 출석하면 그 고소인에 대하여 고소 내용에 대한 고소 보충 진술조서를 작성한다.

2. 고발사건의 경우

대부분 고발장에 첨부된 고발 공무원의 진술서로 대체하고 보충조서를 작성하지 않으나 내용이 부족하거나 사건의 내용이 잘 파악되지 않으면 고발한 공무원에게 출석을 요구하여 고발 보충 진술조서를 작성한다.

3. 진술조서 작성요령(고소 보충)

<table>
<tr><td colspan="2" align="center">진 술 조 서</td></tr>
<tr><td colspan="2">성   명 :</td></tr>
<tr><td colspan="2">주민등록번호 :</td></tr>
<tr><td colspan="2">직   업 :   (전화 :   )</td></tr>
<tr><td colspan="2">주   거 :   (전화 :   )</td></tr>
<tr><td colspan="2">등록기준지 :</td></tr>
<tr><td colspan="2">직 장 주 소 :</td></tr>
<tr><td colspan="2">연 락 처 : (자택전화)   (휴대전화)</td></tr>
<tr><td colspan="2">   (직장전화)   (전자우편)</td></tr>
<tr><td colspan="2">　위의 사람은 피의자   에 대한   피의사건에 관하여 20○○.
○. ○. ○○경찰서 수사과 경제팀에 임의 출석하여 다음과 같이 진술하다.</td></tr>
<tr><td colspan="2">1. 피의자와의 관계
　저는 피의자   과(와)   인 관계에 있습니다.
　저는 피의자   과(와) 아무런 관계가 없습니다.</td></tr>
<tr><td colspan="2">1. 피의사실과의 관계
　저는 피의사실과 관련하여 (피해자, 목격자, 참고인)의 자격으로서 출석하였습니다.
이때 사법경찰관은 진술인   를(을) 상대로 다음과 같이 문답을 하다.</td></tr>
<tr><td>문</td><td>담당조사관으로부터 형사절차상 범죄피해자의 권리 및 지원 정보에 대한 안내서를 교부받았나요</td></tr>
<tr><td>답</td><td></td></tr>
</table>

문	고소인이 제출한 고소장이 이것인가요.
이때 우리 서에 접수된 제○○○호의 고소장을 보여 주다.	
답	제가 제출하였던 고소장이 틀림없으며 내용 또한 사실입니다.
문	같은 내용으로 우리서 이외 다른 수사기관에 또 진정이나 고소한 일이 있나요.
답	없습니다.
문	누구를 상대로 고소한 것인가요.
답	고소장에 기재된 홍길동을 상대로 고소한 것입니다.
문	피고소인과는 어떠한 관계인가요.
답	약 3년 전 제가 카페를 운영하고 있을 때 피고소인에게 돈을 빌려 사용한 일이 있어 알게 되었을 뿐 저와 친척 관계는 되지 않습니다. ※ 피고소인과 관계는 사기죄에 있어서 기망을 당할 수 있는 관계인지 여부와 친족상도례, 재판 과정에서 양형사유 판단자료 등 중요하므로 반드시 구체적으로 조사하여 설시할 것
문	피해 내용이 무엇인가요.
답	피고소인에게 6,000만 원을 빌려주고 이를 받지 못한 피해를 보았습니다.
문	구체적으로 언제 어떠한 피해를 보았나요.
답	
문	피해를 본 것에 대한 증거가 있나요.
답	제가 돈을 빌려줄 때 한마을에 사는 최 서방(남. 30세, 전화 010-123-4567)이 보았기 때문에 잘 알고 있고 또 그 당시 현금보관증을 받아 두었는데 복사하여 고소장에 첨부하였으니 참고하십시오.
※ 중요참고인이 나오면 전화번호(☎)를 기록해 두면 출석요구 시 활용할 수 있음 (중 략)	
문	피고소인의 처벌을 원하나요.
답	
문	사건을 송치하기 전 추가로 서면 의견이나 자료를 제출할 것인가요
답	

4. 조서작성 시 유의사항

가. 고소인의 수준에 맞는 용어를 사용하여야 한다.

- ○ **금원**을 차용해 주었는데 이를 갚지 않고 **편취**하였습니다.
- ⇒ 돈을 빌려주었는데 이를 갚지 않고 사기를 쳤습니다.
- ○ **행사할 목적**으로 …문서를 **위조**하였습니다.
- ⇒ ○○계약서를 ○○방법으로 고쳐서 거짓으로 만들었습니다.
- ○ 저를 **구타**하였습니다.
- ⇒ 저를 때렸습니다.
- ○ 홍길동이 저를 때리는 것을 **목격**하였습니다.
- ⇒ 홍길동이 저를 때리는 것을 보았습니다.

나. 조서 내용에 범죄사실을 미리 적시하지 말 것

수사결과보고서 작성을 미리 염두에 두고 피해 내용을 적시하면서 "피의자는 20○○. 3. 22. ○○에서 행사할 목적으로 ○○방법으로 문서를 위조하고…"라고 하는 등으로 작성하는 경우가 많은데 이는 조서의 임의성이 결여되었다고 볼 수 있다.

5. 고소취소 보충 조서작성 시 유의사항

가. 고소취소장의 적법 접수 여부

나. 고소 취소권자인가 여부

다. 고소취소 사유 및 합의 조건

라. 사기와 강박에 의한 고소취소는 아닌지

마. 친고죄 및 반의사불벌죄의 경우에는 한 번 취소하면 같은 사건에 대하여 다시 고소할 수 없음을 알고 있다는 요지의 진술(일반 죄의 경우는 고소를 취소한 후에도 새로운 증거 발견 등 때에 따라 다시 고소할 수 있음)

바. 처벌을 원하는지 여부

사. 본인이 아닌 피의자나 제3자가 고소취소장을 제출하면 본인의 의사를 확인하여 그 사실을 수사보고 등으로 기록할 것(피해자의 인감증명서를 제출받아 첨부하고 있는데 반드시 인감증명서를 첨부해야 하는 것은 아님).

제3절 참고인 진술조서

1. 관련 근거

가. 경찰수사규칙

제39조(조서와 진술서) ① 사법경찰관리가 법 제244조 제1항에 따라 피의자의 진술을 조서에 적는 경우에는 별지 제27호서식 또는 별지 제28호서식의 피의자신문조서에 따른다.
② 사법경찰관리가 피의자가 아닌 사람의 진술을 조서에 적는 경우에는 별지 제29호서식 또는 별지 제30호서식의 진술조서에 따른다.
③ 사법경찰관리는 피의자 또는 피의자가 아닌 사람의 진술을 듣는 경우 진술 사항이 복잡하거나 진술인이 서면진술을 원하면 진술서를 작성하여 제출하게 할 수 있다.
④ 피의자신문조서와 진술조서에는 진술자로 하여금 간인(間印)한 후 기명날인 또는 서명하게 한다.

나. 범죄수사규칙

제72조(피의자 아닌 사람에 대한 조사사항) 경찰관은 피의자 아닌 사람을 조사하는 경우에는 특별한 사정이 없는 한 다음 각 호의 사항에 유의하여 「경찰수사규칙」 제39조제2항의 진술조서를 작성하여야 한다.
1. 피해자의 피해상황
2. 범죄로 인하여 피해자 및 사회에 미치는 영향
3. 피해회복의 여부
4. 처벌희망의 여부
5. 피의자와의 관계
6. 그 밖의 수사상 필요한 사항
제62조(수사관서 이외의 장소에서의 조사) ③ 경찰관은 피의자신문 이외의 경우 피조사자가 경찰관서로부터 멀리 떨어져 거주하거나 그 밖의 사유로 출석조사가 곤란한 경우에는 별지 제18호서식의 우편조서를 작성하여 우편, 팩스, 전자우편 등의 방법으로 조사할 수 있다.

진 술 조 서

성 명	
주민등록번호	
직 업	
주 거	
등 록 기 준 지	
직 장 주 소	

연 락 처	(자택 전화)		(휴대 전화)	
	(직장 전화)		(전자 우편)	

위의 사람은 피의자   에 대한   피의사건에 관하여
20○○. ○. ○. ○○경찰서 수사과 경제팀에 임의 출석하여 다음과 같이
진술하다.

1. 피의자와의 관계
   저는 피의자   과(와)   인 관계에 있습니다.
   저는 피의자   과(와) 아무런 관계가 없습니다.

1. 피의사실과의 관계
   저는 피의사실과 관련하여 (피해자, 목격자, 참고인)의 자격으로서 출석하였습니다.
   이때 진술의 취지를 더욱 명백히 밝히기 위하여 다음과 같이 임의로 문답하다.

   문 : (피해자인 경우) 담당조사관으로부터 형사절차상 범죄피해자의 권리 및 지원 정보에 대한 안내
      서를 교부받았나요

   답 :

   문 :

   답 :

   문 : 사건을 송치하기 전 추가로 서면 의견이나 자료를 제출할 것인가요

   답 :

진 술 조 서 (제○회)	
성 명	
주민등록번호	

 위의 사람은 ○○에 대한 ○○피의사건에 관하여 ○○에 임의 출석하였는바, 사법경찰관은 진술인 ○○을 상대로 다음과 같이 전회에 이어 계속 문답을 하다.

문

답

문   사건을 송치하기 전 추가로 서면 의견이나 자료를 제출할 것인가요

답

2. E-mail, FAX, 우편 진술제도의 활용

가. 사 유

다음 각호의 1에 해당되는 경우에는 참고인을 직접 소환하지 아니하고 E-mail, FAX, 우편을 이용하여 그 진실을 확보토록 한다.

① 출석조사 시 생업에 차질을 빚는 직장인, 자영업자, 근로자, 영세상인, 해외거주자 등 원격지 거주자에 해당한다고 판단되는 경우

② 참고인 조사가 없더라도 이미 확보된 수사서류만으로도 명백하게 불기소처분 사유에 해당한다고 판단되는 경우

③ 양벌규정에 의하여 처벌되는 법인의 대표자 등과 같이 대표자 조서가 없더라도 직접 행위자나 관련자의 소환조사로 사건처리가 가능한 경우

④ 동일사건에 대한 다수피해자 등과 같이 다수인을 소환 조사하더라도 동일한 진술밖에 확보될 수 없다고 판단되는 때 그중 1인을 제외한 나머지 피해자를 조사하는 경우

⑤ 범죄의 정황 등 사건처리에 있어서 비교적 경미한 사실을 알고 있다고 인정되는

참고인을 조사하는 경우

나. 우편조사 요령

① 우편조사에 앞서 참고인과 전화통화를 하여 충분히 취지를 알린다.

② 별지로 우편 조서의 필요성, 연락처, 주소 등 간단한 내용의 편지까지 동봉하면 작성자에게 도움이 된다.

③ 참고인이 교도소에 있는 경우도 이 우편 조서를 이용하는 것이 좋다. 이 경우 교도소장을 수신인으로 하여 간단한 협조 공문서를 만들어 동봉하는 것이 협조에 도움이 된다.

3. 출석 일자 선택제도의 활성화

① 참고인에게 출석 일자 및 사건을 통지할 때는 그 일시를 변경할 수 있음도 같이 알려 주어야 한다.

② 참고인으로부터 출석 일자 변경 요구가 있는 때에는 사건처리 기간의 제약 등으로 사건처리에 지장을 주지 아니하는 범위내에서 참고인의 요구에 응하여야 한다.

4. 사건피해자 소환의 최소화

사건현장 조사 때 피해자에 대한 조사를 철저히 하여 조서작성을 위한 피해자 소환은 가급적 1회로 한정되도록 하여야 한다.

5. 1회 출석 진술제도의 활용

참고인을 소환 조사하기 전에 사건 내용을 정확히 파악하고 소환조사 항목을 미리 준비하여 참고인을 가능한 한 재차 소환조사하는 사례가 없도록 하여야 한다.

6. 진술자의 사망 등에 대비하는 조치

경찰관은 피의자 아닌 사람을 조사하는 때도 있어서 그 사람이 사망, 정신 또는 신체상 장애 등의 사유로 인하여 공판준비 또는 공판기일에 진술하지 못하게 될 염려가 있고, 그 진술이 범죄의 증명에 없어서는 안 될 것으로 인정할 때는 수사에 지장이 없는 한 피의자, 변호인 그 밖의 적당한 사람을 참여하게 하거나 검사에게 증인신문 청구를 신청하는 등 필요한 조치를 취하여야 한다. (범죄수사규칙 제70조)

우 편 조 서

성 명 : ○ ○ ○ ( )	주민등록번호 :

직 업 :　　　　　　　　　　　　　**전 화 (☎) :**

주 거 :

등록기준지 :

피의자 피의자외 O명에 대한 죄명 사건에 관하여 귀하의 편의를 위하여 우편으로 조사하고자 하오니 아래 "문"란의 내용을 잘 읽으시고 "답"란에 진실하게 사실대로 기입하여 주시기 바라며, 끝장에 서명 또는 기명날인(또는 무인)하신 다음 송부하여 주시기 바랍니다.

문	20○○. 00. 1. 14:00경 ○○경찰서 수사과 경제팀 김○○ 수사관과 ○○○ 고소사건과 관련 전화 통화한 일이 있는가요.
답	
문	진술인은 언제부터 ○○○ 사무실에 근무하고 있나요. ※ 진술인의 신분을 명백히 밝히기 위함
답	
문	고소인 甲, 피고소인 乙과 각각 어떠한 관계인가요.
답	
	(중 략)
문	기타 본건과 관련 수사에 도움이 되는 내용이나 자료가 있으면 진술(첨부) 부탁합니다.
답	

※ 진술하고자 하는 내용을 기재하기에 용지가 부족하면 A4용지(본조서 용지규격)에 추가로 기재한 후 간인하고 동봉하여 송부하시기 바랍니다.

20○○. ○. ○.

진 술 자　　　　　㊞

✽ 별지 편지 내용 예시

〇〇〇님   귀하

저는 〇〇경찰서 수사과 지능범죄수사팀에 근무하고 있는 〇〇〇 수사관입니다.

〇〇〇에 대한 사문서위조사건을 현재 제가 조사 중입니다.

본건의 고소인 〇〇〇는 "소급 제4호증의 2인증서"을 위조하였다고 하여 사실 여부를

밝히기 위해서는 〇〇〇님의 진술이 필요하여 우편 조서를 송부하니 사실대로 작성하여

주었으면 합니다.

우편 조서의 여백이 부족할 경우 다른 종이에 추가로 더 작성하여도 됩니다.

작성하신 후 우편으로 다음 주소지로 보내주시기를 바랍니다.

끝으로 귀사의 무궁한 발전을 기원합니다.

2〇〇〇. 〇. 〇.

〇 〇 〇

※ 사건담당자

   〇〇경찰서 지능범죄수사팀 홍길동 (전화   )

※ 보내실 주소

   받을 주소와 연락처 기록

참고인 권리 안내서

☐ 귀하의 담당수사관은 (소속1) (소속2) (계급) (성명) 수사관입니다.
(전화 : (전화번호), 팩스 : (팩스 번호))

☐ 권리보호를 위한 각종 제도

· 참고인진술 시 변호인을 참여하게 할 수 있습니다.
※ 변호인 조력을 위한 기관 및 제도
 ― 대한법률구조공단 : 국번없이 132, www.klac.or.kr

<메모장 제공>
수사관이 제공하는 메모장에 자신의 진술과 조사 주요내용 등을 메모할 수 있습니다.

<신변보호요청 등> 지구대(파출소), 수사부서로 신청
특정범죄의 신고, 증언 등과 관련하여 보복을 당할 우려가 있다면 특정범죄신고자 등 보호법에 따라 수사기관에 신변안전조치를 요청하거나 진술조서 등 서류에 인적사항을 기재하지 않도록 요청할 수 있습니다. 또한 보좌인을 지정받거나 구조금 등 보호를 요청할 수 있습니다.

<참고인여비 지급> 담당수사관에게 요청
수사기관으로부터 출석을 요구받고 출석한 참고인에게는 소정의 참고인여비를 지급 하고 있습니다.

<수사심의신청제도> 국번없이 182
수사에 이의 및 불만이 있는 경우, 시·도경찰청 민원실 방문·우편접수,
사이버경찰청 '수사심의신청' 코너를 이용하여 신청이 가능합니다.

<국가인권위원회> 국번없이 1331, www.humanrights.go.kr

<국민권익위원회> 국번없이 110, www.epeople.go.kr

제4절 진술서 또는 확인서의 작성

1. 관련 근거

가. 범죄수사규칙

> **제74조(진술서 등 접수)** ① 경찰관은 피의자와 그 밖의 관계자로부터 수기, 자술서, 경위서 등의 서류를 제출받는 경우에도 필요한 때에는 피의자신문조서 또는 진술조서를 작성하여야 한다.
> ② 경찰관은 「경찰수사규칙」 제39조제3항에 따라 진술인이 진술서로 작성하여 제출하게 하는 경우에는 되도록 진술인이 자필로 작성하도록 하고 경찰관이 대신 쓰지 않도록 하여야 한다.

나. 경찰수사규칙

> **제39조(조서와 진술서)** ① 사법경찰관리가 법 제244조제1항에 따라 피의자의 진술을 조서에 적는 경우에는 별지 제27호서식 또는 별지 제28호서식의 피의자신문조서에 따른다.
> ② 사법경찰관리가 피의자가 아닌 사람의 진술을 조서에 적는 경우에는 별지 제29호서식 또는 별지 제30호서식의 진술조서에 따른다.
> ③ 사법경찰관리는 피의자 또는 피의자가 아닌 사람의 진술을 듣는 경우 진술 사항이 복잡하거나 진술인이 서면진술을 원하면 진술서를 작성하여 제출하게 할 수 있다.
> ④ 피의자신문조서와 진술조서에는 진술자로 하여금 간인(間印)한 후 기명날인 또는 서명하게 한다.

2. 진술 주체

진술 주체는 수사관 이외의 사람이다. 그러나 수사관 자신도 그가 체험한 사실을 진술할 때는 진술 주체가 된다.

3. 작성 시 유의사항

가. 작성자 본인이 작성함을 원칙으로 하고 본인의 무학 또는 자필로 작성할 수 없는 사유가 있으면 그런 내용을 말미에 기록한 후 대리 작성할 수 있다.

나. 고소인이나 피의자 또는 참고인이 진술조서 또는 신문조서를 내용 중 미비점이 있다면서 보충을 요구하면 간단한 것은 바로 삽입하면 되지만 그 요구사항이 많으면 진술서를 작성 제출하도록 하여 이를 서류에 첨부하는 것도 민원인을 위해 바람직한 방법이 될 수 있다.

진 술 서

성 명	( ) 이명:			성 별	
연 령	만 세(생)		주 민 등 록 번 호		
등록기준지					
주 거					
자 택 전 화		직 장 전 화			
휴 대 전 화		전자우편 (e-mail)			
직 업		직 장			

위의 사람은 죄명 사건의 (피의자, 피해자, 목격자, 참고인)으로서 다음과 같이 임의로
자필진술서를 작성 제출함.

1. 저는 ○○에서 ○○일을 하고 있습니다.
1. 저는 20○○. ○. ○. ○○경찰서에 ○○건으로 고소한 일이 있습니다. 이와 관련하여
   추가로 다음과 같이 진술하고자 합니다.

-중 략 -

20 . . .

작성자 ㉑

제5절 피의자 조사

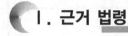

Ⅰ. 근거 법령

1. 형사소송법

제241조(피의자신문) 검사 또는 사법경찰관이 피의자를 신문함에는 먼저 그 성명, 연령, 등록기준지, 주거와 직업을 물어 피의자임에 틀림없음을 확인하여야 한다.

제242조(피의자신문사항) 검사 또는 사법경찰관은 피의자에 대하여 범죄사실과 정상에 관한 필요사항을 신문하여야 하며 그 이익되는 사실을 진술할 기회를 주어야 한다.

제243조(피의자신문과 참여자) 검사가 피의자를 신문함에는 검찰청수사관 또는 서기관이나 서기를 참여하게 하여야 하고 사법경찰관이 피의자를 신문함에는 사법경찰관리를 참여하게 하여야 한다.

제244조(피의자신문조서의 작성) ① 피의자의 진술은 조서에 기재하여야 한다.

② 제1항의 조서는 피의자에게 열람하게 하거나 읽어 들려주어야 하며, 진술한 대로 기재되지 아니하였거나 사실과 다른 부분의 유무를 물어 피의자가 증감 또는 변경의 청구 등 이의를 제기하거나 의견을 진술한 때에는 이를 조서에 추가로 기재하여야 한다. 이 경우 피의자가 이의를 제기하였던 부분은 읽을 수 있도록 남겨두어야 한다.

③ 피의자가 조서에 대하여 이의나 의견이 없음을 진술한 때에는 피의자로 하여금 그 취지를 자필로 기재하게 하고 조서에 간인한 후 기명날인 또는 서명하게 한다.

제244조의3(진술거부권 등의 고지) ① 검사 또는 사법경찰관은 피의자를 신문하기 전에 다음 각 호의 사항을 알려주어야 한다.

1. 일체의 진술을 하지 아니하거나 개개의 질문에 대하여 진술을 하지 아니할 수 있다는 것
2. 진술을 하지 아니하더라도 불이익을 받지 아니한다는 것
3. 진술을 거부할 권리를 포기하고 행한 진술은 법정에서 유죄의 증거로 사용될 수 있다는 것
4. 신문을 받을 때에는 변호인을 참여하게 하는 등 변호인의 조력을 받을 수 있다는 것

② 검사 또는 사법경찰관은 제1항에 따라 알려 준 때에는 피의자가 진술을 거부할 권리와 변호인의 조력을 받을 권리를 행사할 것인지의 여부를 질문하고, 이에 대한 피의자의 답변을 조서에 기재하여야 한다. 이 경우 피의자의 답변은 피의자로 하여금 자필로 기재하게 하거나 검사 또는 사법경찰관이 피의자의 답변을 기재한 부분에 기명날인 또는 서명하게 하여야 한다.

2. 범죄수사규칙

제71조(피의자에 대한 조사사항) 경찰관은 피의자를 신문하는 경우에는 다음 각 호의 사항에 유의하여 「경찰수사규칙」 제39조제1항의 피의자신문조서를 작성하여야 한다. 이 경우, 사건의 성격과 유형을 고려하였을 때, 범죄 사실 및 정상과 관련이 없는 불필요한 질문은 지양하여야 한다.

1. 성명, 연령, 생년월일, 주민등록번호, 등록기준지, 주거, 직업, 출생지, 피의자가 법인 또는 단체인 경우에는 명칭, 상호, 소재지, 대표자의 성명 및 주거, 설립목적, 기구
2. 구(舊)성명, 개명, 이명, 위명, 통칭 또는 별명
3. 전과의 유무(만약 있다면 그 죄명, 형명, 형기, 벌금 또는 과료의 금액, 형의 집행유예 선고의 유무, 범죄사실의 개요, 재판한 법원의 명칭과 연월일, 출소한 연월일 및 교도소명)
4. 형의 집행정지, 가석방, 사면에 의한 형의 감면이나 형의 소멸의 유무

5. 기소유예 또는 선고유예 등 처분을 받은 사실의 유무(만약 있다면 범죄사실의 개요, 처분한 검찰청 또는 법원의 명칭과 처분연월일)
6. 소년보호 처분을 받은 사실의 유무(만약 있다면 그 처분의 내용, 처분을 한 법원명과 처분연월일)
7. 현재 다른 경찰관서 그 밖의 수사기관에서 수사 중인 사건의 유무(만약 있다면 그 죄명, 범죄사실의 개요와 해당 수사기관의 명칭)
8. 현재 재판 진행 중인 사건의 유무(만약 있다면 그 죄명, 범죄사실의 개요, 기소 연월일과 해당 법원의 명칭)
9. 병역관계
10. 훈장, 기장, 포장, 연금의 유무
11. 자수 또는 자복하였을 때에는 그 동기와 경위
12. 피의자의 환경, 교육, 경력, 가족상황, 재산과 생활정도, 종교관계
13. 범죄의 동기와 원인, 목적, 성질, 일시장소, 방법, 범인의 상황, 결과, 범행 후의 행동
14. 피해자를 범죄대상으로 선정하게 된 동기
15. 피의자와 피해자의 친족관계 등으로 인한 죄의 성부, 형의 경중이 있는 사건에 대하여는 그 사항
16. 범인은닉죄, 증거인멸죄와 장물에 관한 죄의 피의자에 대하여는 본범과 친족 또는 동거 가족관계의 유무
17. 미성년자나 피성년후견인 또는 피한정후견인인 때에는 그 친권자 또는 후견인의 유무(만약 있다면 그 성명과 주거)
18. 피의자의 처벌로 인하여 그 가정에 미치는 영향
19. 피의자의 이익이 될 만한 사항
20. 제1호부터 제19호까지의 각 사항을 증명할 만한 자료
21. 피의자가 외국인인 경우에는 제216조 각 호의 사항

제73조(피의자신문조서 등 작성 시 주의사항) ① 경찰관은 피의자신문조서와 진술조서를 작성할 때에는 다음 각 호의 사항에 주의하여야 한다.
1. 형식에 흐르지 말고 추측이나 과장을 배제하며 범의 착수의 방법, 실행행위의 태양, 미수·기수의 구별, 공모사실 등 범죄 구성요건에 관한 사항에 대하여는 특히 명확히 기재할 것
2. 필요할 때에는 진술자의 진술 태도 등을 기입하여 진술의 내용뿐 아니라 진술 당시의 상황을 명백히 알 수 있도록 할 것
② 경찰관은 조사가 진행 중인 동안에는 수갑·포승 등을 해제하여야 한다. 다만, 자살, 자해, 도주, 폭행의 우려가 현저한 사람으로서 담당경찰관 및 유치인 보호주무자가 수갑·포승 등 사용이 반드시 필요하다고 인정한 사람에 대하여는 예외로 한다.

3. 경찰 수사에 관한 인권보호 규칙

제36조(피의자 조사 시 유의사항) 경찰관은 피의자를 조사하는 경우에는 다음 각 호의 사항을 유의해야 한다.
1. 피의자가 출석한 경우 지체 없이 조사하고, 부득이한 사유로 조사의 시작이 늦어지거나 조사를 하지 못하는 경우에는 피의자에게 그 사유를 설명해야 한다.
2. 피의자를 신문하기 전에 피의사실의 요지를 구체적으로 설명해야 한다.
3. 조사 중 폭언, 강압적이거나 모멸감을 주는 언행, 정당한 사유 없이 피의자의 다른 사건이나 가족 등 주변 인물에 대한 형사처벌을 암시하는 내용의 발언 또는 공정성을 의심받을 수 있는 언행을 해서는 안 된다.

4. 불필요하게 같은 질문을 반복하지 않는다.
5. 피의자에게 피의사실에 대하여 해명할 기회를 충분히 주고, 피의자가 제출하는 자료를 정당한 사유 없이는 거부해서는 안 된다.
6. 피의자에게 메모장을 제공하거나 수사절차상 권리를 설명하는 자료를 안내하는 등 피의자의 방어권 보장 및 기억 환기를 위해 수기로 메모하는 것을 허용해야 한다.
7. 피의자가 치료 등 경찰관서에 출석하여 조사를 받는 것이 현저히 곤란한 사정이 있는 경우에는 경찰관서 외의 장소에서 조사할 수 있으며, 이 경우 피의자의 인격과 명예가 침해되지 않도록 주의해야 한다.

제37조(피의자신문조서 작성 시 유의사항) ① 경찰관은 피의자신문조서를 작성하는 경우 범죄사실, 정상에 관한 사항 및 피의자에게 이익되는 사실을 적어야 하고, 질문 및 그에 따른 진술은 문답한 내용이나 그 취지가 왜곡되지 않도록 적어야 한다.

② 범죄수사를 지휘·감독하는 경찰관은 조서에 적힌 진술이 다른 객관적 증거에 의해 검증될 수 있도록 지휘·감독해야 한다.

피의자신문조서

피의자

위의 사람에 대한   피의사건에 관하여   20○○. ○. ○.

○○경찰서 수사과 ○○팀에서 사법경찰관   는(은) 사법경찰리   를(을)

참여하게 하고, 아래와 같이 피의자임이 틀림없음을 확인한다.

문 답	피의자의 성명, 주민등록번호, 직업, 주거, 등록기준지 등을 말씀하십시오.
	성명은 ( )
	주민등록번호는 직업은
	주거는
	등록기준지는
	직장 주소는
	연락처는 자택 전화 휴대전화
	직장 전화 전자우편
	(e-mail)
	입니다.

사법경찰관은 피의사건의 요지를 설명하고 사법경찰관의 신문에 대하여 형사소송법 제 244조의3의 규정에 의하여 진술을 거부할 수 있는 권리 및 변호인의 참여 등 조력을 받을 권리가 있음을 피의자에게 알려주고 이를 행사할 것인지 그 의사를 확인하다.

진술거부권 및 변호인 조력권 고지 등 확인

1. 귀하는 일체의 진술을 하지 아니하거나 개개의 질문에 대하여 진술을 하지 아니할 수 있습니다.

1. 귀하가 진술을 하지 아니하더라도 불이익을 받지 아니합니다.

1. 귀하가 진술을 거부할 권리를 포기하고 행한 진술은 법정에서 유죄의 증거로 사용될 수 있습니다.

1. 귀하가 신문을 받을 때에는 변호인을 참여하게 하는 등 변호인의 조력을 받을 수 있습니다.

문   피의자는 위와 같은 권리들이 있음을 고지받았는가요

답

문   피의자는 진술거부권을 행사할 것인가요

답

문   피의자는 변호인의 조력을 받을 권리를 행사할 것인가요

답

이에 사법경찰관은 피의사실에 관하여 다음과 같이 피의자를 신문하다.

문

답

문 피의자는 영상녹화를 희망하는가요

답

문 사건을 송치하기 전 추가적으로 서면 의견이나 자료를 제출할 것인가요

답

1. 인정신문(피의자를 특정할 수 있는 사항)

이 부분에 대하여는 피의자의 진술거부권도 없는 것이므로 진술을 요구할 수 있다는 학설이 있다. 그러나 끝내 침묵하여 이를 알 수 없을 때는 성별, 추정연령, 인상착의, 체격, 특징, 기타 그 피의자를 특정할 수 있는 사항을 기재한다.

가. 성 명

피의자의 성명을 기재한다. 옆의 괄호에는 한자명을 기재하며 구명, 이명, 별명 등은 성명 옆에 괄호하고 기입한다.

나. 연 령

생년월일과 함께 연령은 만으로 기재한다.

다. 주민등록번호

① 주민등록증을 제시받아 확인한다.
② 피의자 본인 여부를 확인하기 위하여 신분증을 제출받아 사본하여 첨부한다. 신분증이 없다면, 십지지문을 채취하여 본인 여부에 대한 문제가 발생할 때를 대비한다.

라. 등록기준지

등록기준지를 변경하였으면 괄호하고 전 등록기준지도 기재하는 것이 좋다(특히 여자의 경우).

마. 주 소

① 현재의 주소, 거주지를 기재한다(주민등록상의 주소가 아닌 현재 숙식 장소, 15일 이상 숙식하며 지내는 장소).
② 주거와 직장란은 상세히 기재하고, 휴대전화 번호를 기재하면 좋다. 피의자가 외국인인 경우는 국적, 주거지, 출생지, 입국 또는 출국 예정 연월일, 입국목적을 기재한다.

바. 직 업

① 조사 당시의 직업을 구체적으로 기재할 것(자영업, 상업 등으로 기재하지 말고 구체적으로 기록할 것)
② 범행 시 직업이 범죄와 관련 있는 경우 범행 시의 직업도 구체적으로 기재한다.

③ 법인인 경우

- 법인의 명칭, 주사무소 소재지 및 대표자의 직위, 성명, 연락처

④ 법인이 아닌 단체의 경우

- 명칭, 주된 사무소의 소재지 및 대표자, 관리자, 주관자의 성명과 주거

⑤ 외국인의 경우

- 국적, 주거, 출생지, 입국연월일, 입국목적, 적법한 입국자인지 여부, 체류지, 외교특권이 있는 자인가 여부, 주한미군지위협정 대상자인지 여부

2. 전과 관계

가. 전과 및 검찰처분 관계는 피의자가 이야기하는 대로 적는다. 전과를 확인한 결과 전과가 많은 피의자가 전과가 없다고 거짓말하여도 피의자가 진술한 그대로 적는다.

※ 범죄경력조회 내용을 그대로 기록하거나, "조회 중" 등으로 기록하지 말 것 → 임의성 결여

나. 전과란 과거의 범죄행위에 의하여 징역, 금고, 자격상실, 자격정지, 벌금 등의 형벌을 받은 것을 말한다. 기타의 범행경력이란 이 전과 이외의 범죄경력을 총칭하는 것이다.

다. 전과의 여부는 본인의 범정을 아는 데 참고가 되고 정상참작 자료가 되는 동시에 누범 가중 여하를 결정하는데 기준이 되는 것이므로 전과 기타 범죄경력을 물어 기재한다.

3. 상훈 연금 관계

가. 훈장, 기장, 포상 등을 받은 자인 때에는 그 종류 및 등급 등을 기재하고 연금을 받을 때는 이를 받게 된 경위와 종류, 금액 등을 기재한다.

나. 상훈과 연금 관계는 대통령이나 장관 훈격 이상을 기재한다.

4. 기타 조사사항

가. 영상녹화 희망 여부

나. 사건을 송치하기 전 추가로 서면 의견이나 자료를 제출 여부

Ⅲ. 일반적인 신문 사항

1. 범죄사실이 여러 개인 경우(부정수표 단속법 등)

고소인 등이 범죄목록을 작성하도록 한 후 범죄목록을 보여 주면서 일괄적으로 신문한다.

例. 이때 고소장에 첨부된 범죄목록을 보여주며(수배자 검거 시 → 이때 송치서 사본에 첨부된 범죄목록을 보여 주며)

> 문   이러한 사실이 맞나요.

이때 피의자가 범죄사실의 내용을 처음부터 끝까지 살펴본 후

> 답1   1항부터 8항까지는 제가 사용하였던 것이 사실이며, 제9항에 대해서는 ○○○○○○하였습니다.

> 답2   모두 우리 사무실에서 발행하였는데 (부수법의 경우)
>
> > 1) 사가○○○1번 수표는 20○○. 3. 8. 거래처인 ○○○에게 물품대금으로 결제하기 위하여 발행하였고
> >
> > 2) 사가○○○2번은 ······

2. 여권 소지 및 해외여행 관계 조사

특히 구속을 필요로 하는 피의자의 경우 여권 소지 여부와 해외여행 관계는 구속 사유로 활용할 수 있으므로 반드시 조사한다.

例. 피의자는 여권을 소지하고 20○○. 3.경부터 20○○. 12.경까지 총 ○회에 걸쳐 미국 등지를 ○○목적으로 출입국한자로 해외로의 출국하여 도망의 염려가 있다.

3. 대질조사 병행

가. 사안이 복잡한 사건 등 관련자와 대질이 필요한 경우 피의자 조사 시 고소인등 관련 참고인을 출석시켜 대질조사를 시행하면 피의자를 다시 출석요구하는 번거로움을 피할 수 있고 또한 신속한 사건처리에 도움이 될 수 있다.

나. 경찰관은 대질신문하는 경우에는 사건의 특성 및 그 시기와 방법에 주의하여 한쪽이 다른 한쪽으로부터 위압을 받는 등 다른 피해가 발생하지 않도록 하여야 한다.

Ⅳ. 작성상 유의사항

1. 한글을 사용하되 성명이나 외국어 등 특수한 경우에는 ( )에 한자나 외국어를 병기한다. 평이한 문구사용, 자연스럽고 간명하게 작성한다.

2. 글씨는 또박또박 알기 쉽게 쓰고 오탈자가 없도록 함은 물론 조서의 난밖에 글씨를 쓰는 일이 없도록 유의한다.

3. 호칭은 피의자로 하고 존칭은 사용하지 아니하며 조서상에는 형사소송법상 신분인 피의자로 기재한다. 다만 미성년자의 경우 지나친 경어는 오히려 부자연스러우므로 조정하여 사용한다.

4. 6하원칙 또는 8하원칙에 따라 항목을 나누어 기재하는 것이 좋다. 언제 어디에서 누구의 어떤 물건을 훔쳤느냐는 식으로 한꺼번에 한 항목에 기재하는 것은 좋지 않다. 또한, 복잡한 사항은 항목을 나누어 정리해두는 것이 좋다.

   例. 문　　　　물건을 훔친 일이 있는가?
   　　문　　　　언제 어디에서 훔쳤는가?
   　　문　　　　어떤 물건을 훔쳤는가?
   　　문　　　　어떤 방법으로 훔쳤는가?

5. 조서는 전후 모순 없이 임의성이 있도록 자연스럽게 작성해야 한다. 진술한 내용에 변화가 있을 때는 왜 그와 같은 변화가 있게 되었는가를 묻고 그에 대한 납득할 수 있는 대답이 조서에 기재되어야 한다.

6. 피조사자가 사용하는 특이한 말은 그대로 조서에 기재하는 것이 좋으며 다시 그 뜻을 물어 그 대답을 조서에 기재한다.

7. 불분명한 대답을 하였을 때는 다시 물어 재차 정확한 답변을 받아야 범죄사실을 확정할 수 있다.

8. 고소나 피해신고로 수사관이 알고 있는 사실 의외의 사실이 답변으로 진술되어야 임의성과 진실성이 인정된다.

9. 피의자신문 결과의 증거에 관하여 묻고 그에 따라 증거를 수집한다거나 진술 도중 증거에 대한 처분 부분을 진술하지 않더라도 증거물을 탐색하고 기타 과학적인 방법을 동원하여 증거물을 감별 감식하고 사건과의 관계를 규명한다.

V. 특수한 경우의 조사요령

1. 부인한 경우

부인할 때는 부인하는 내용의 진술을 조서에 그대로 기재한 다음 모순점을 추궁하거나 증거를 제시하여 피의자를 굴복시켜 자백하거나 횡설수설하는 내용을 자세하게 기재한다.

문   피의자는 공무원 갑에게 공사할 수 있도록 부탁하면서 돈을 준 일이 있는가?

답   저는 갑이 누구인지도 모르고 그런 사실도 없습니다.

이때 본 수사관은 압수된 증 제33호 ○○은행의 피의자 명의의 거래명세서를 피의자에게 제시하면서

문   이 은행 거래내역이 피의자 통장 거래내역이 맞나요.

답   맞습니다.

문   이 거래 내역 중 20○○. 3. 6. 갑에게 계좌 이체된 300만원 돈은 무엇인가요.

답   잘 모르겠습니다.

문   평상시 피의자 명의의 이 은행계좌는 누가 관리하면서 사용하나요.

답   제가 직접 사용하고 있습니다.

문   주로 어떤 거래 용도로 사용하고 있는가요.

답   사업자금의 입출금의 용도로 사용하고 있습니다.

문   그런데도 갑에게 계좌 이체된 돈에 대해 모른다는 것인가요.

답   사실 그 돈은 …

이때 피의자는 더 이상 말을 못 하고 고개를 떨어뜨리면서 대답이 없다.

문   공무원 갑에게 무엇 때문에 송금한 것인가요.

답   사실대로 말씀드리겠습니다. 사실은 요즘 경기가 너무 좋지 않아 건 1년 가까이 공사 수주를 전혀 못 했습니다. 그래서 공사라도 한번 해 보기 위해 평소 알고 있는 친구인 정을 통하여 갑을 알게 되어 갑에게 부탁하면서 건네주었던 것입니다.

---

2. 참고인 등과 대질한 경우(피의자 → 을)

문　피의자는 공무원 갑에게 공사할 수 있도록 부탁하면서 돈을 준 일이 있는가요.

답　저는 갑이 누구인지도 모르고 그런 사실도 없습니다.

문　○○에서 ○○주점을 운영하는 마담 홍길녀를 알고 있는가요.

답　가끔 그 집에 술을 먹기 위해 간 일이 있으므로 알고 있습니다.

문　갑과 그 술집에서 술을 먹은 일이 있는가요.

답　없습니다.

문　홍길녀는 피의자와 공무원 갑이 여러 차례 그 술집을 찾아 왔다고 하는데 갑을 모른다는 것인가요.

답　그래도 모릅니다.

문　그럼 홍길녀를 대면시켜 조사해 볼까요.

답　얼마든지 대면시켜 주십시오.

이때 대기실에서 대기 중이던 홍길녀를 입실케 하다.

문　피의자는 옆에 있는 홍길녀를 본 일이 없는가요.

답　잘 모르겠습니다.

이때 홍길녀에게

문　옆에 있는 을을 알고 있나요.

답　저희 가게에 한 달에 두서너 차례 오는 단골손님이기 때문에 잘 알고 있습니다.

문　최근에는 언제 누구랑 왔던가요.

답　항상 ○○시청 공무원인 갑이랑 왔는데 지난 토요일에도 와서 3번 룸에서 양주 1병을 먹고 갔었습니다.

문　그때 그 술값 계산은 누가 하였나요.

답　옆에 있는 을이 하였습니다.

이때 피의자에게

문　지난 토요일 갑과 같이 홍길녀 주점에 간 일이 사실인가요.

아무런 말을 하지 못하고 그냥 고개만 떨어뜨리고 있다.

문　갑이랑 주점에 같이 간 것이 사실이기 때문에 말을 못 하는 것인가요.

답　사실은…….

3. 조사받은 과정에서 증거자료를 제출한 경우

문   그 밖에 피의자에게 유리한 증거나 참고로 더 할 말이 있나요.

답   할 말은 없습니다. 그 대신 본 사건과 관련된 자료를 제가 정리해 왔습니다. 이 자료를 꼭 첨부해 주십시오.

이때 피의자가 '공사계약서 사본' 20매를 제출하여 이를 본 조서 말미에 첨부하다.

※ 제출한 자료에 대해서는 그 자료가 원본 또는 사본인지 여부를 명확히 하고 또 제출한 매수를 정확히 하여 기록할 것

4. 조서작성 완료 후 조서 내용의 수정을 요구한 경우

문   더 할 말이 있나요.

답   여기 조서 내용 중 3페이지 중간쯤 '그 내용을 갑이 잘 알고 있으며 그 돈을 갑에게 주었기 때문에'라고 되어 있는데 갑을 을로 고쳐 주십시오. 그리고 조서 끝부분 '제가 잘못하였습니다'라고 되어 있는데 저는 잘못이 없습니다. 고소인이 잘못하였다는 것입니다. 그러기 때문에 그 부분도 저는 잘못이 없고 고소인이 잘못하였다고 고쳐 주십시오.

※ 수정을 요구한다고 하여 수정한 다음 다시 인쇄하여서는 안 된다.
형사소송법의 개정으로 '이의를 제기하거나 의견을 진술한 때에는 이를 조서에 추가로 기재하여야 한다. 이 경우 피의자가 이의를 제기하였던 부분은 읽을 수 있도록 남겨두어야 한다'(형사소송법 제244조 제2항)라고 규정하고 있다. 따라서 수정된 내용을 다시 출력하여서는 안 된다.

VI. 피의자신문조서 2회 및 대질

사법경찰관이 사실을 발견함에 필요한 때에는 피의자와 다른 피의자 또는 피의자 아닌 자와 대질하게 할 수 있다(형사소송법 제245조).

피의자신문조서(제 회)

피의자 홍 길 동 (洪吉童)   대질자 : 김고소 (고소인)

위의 사람에 대한 ○○ 피의사건에 관하여 20○○. ○. ○. ○○경찰서 경제팀에서 사법경찰관   는(은) 사법경찰관/리   를(을) 참여하게 한 후, 피의자에 대하여 다시 아래의 권리들이 있음을 알려주고 이를 행사할 것인지 그 의사를 확인하다.

> 1. 귀하는 일체의 진술을 하지 아니하거나 개개의 질문에 대하여 진술을 하지 아니할 수 있습니다.
> 1. 귀하가 진술을 하지 아니하더라도 불이익을 받지 아니합니다.
> 1. 귀하가 진술을 거부할 권리를 포기하고 행한 진술은 법정에서 유죄의 증거로 사용될 수 있습니다.
> 1. 귀하가 신문을 받을 때에는 변호인을 참여하게 하는 등 변호인의 조력을 받을 수 있습니다.

문   피의자는 위와 같은 권리들이 있음을 고지받았는가요

답

문   피의자는 진술거부권을 행사할 것인가요

답

문   피의자는 변호인의 조력을 받을 권리를 행사할 것인가요

답

이에 사법경찰관은 피의사실에 관하여 다음과 같이 피의자를 신문하다.

문

✱ 고소인 또는 참고인 진술조서를 작성하다 피의자를 입실시켜 대질한 경우
  "이때 피의자 ○○○를 입실시켜 피의자에 대하여 다시 진술거부권이 있음을 알린 즉 신문에 따라 진술하겠다고 대답하다."라고 진술거부권을 반드시 고지하고 그 내용을 조서상에 기재한 후 신문할 것

피 의 자 주 거 조 사 서				
성 명	(한글) 홍 길 동	주민등록번호	600101-1234567	
	(한자) 洪 吉 童	이명, 별명	번 개	
전 화	자택 (02) 1234 - 5678	휴 대 폰	010-123-4567	
		E-mail 주소	tg1268@hanmail.net	
주 거	주민등록지	○○시 ○○동 234번지		■ 자가
	현 거주지	위와 같은 곳		□ 전세
	송달장소 (우편물수령지)	위와 같은 곳		□ 월세
직 장	직장명	○○주식회사	보직	업무과장
	소재지	○○시 ○○동 4번지	전화	(02) 000 - 0000
재 산	건 물				
	토 지				
	차 량	차종		차량번호	
	기 타				

가 족 연락처	관 계	성 명	자택, 직장전화	휴 대 폰
	처	성 춘 향		
	자	홍 만 돌		

신원 보증 가능한 친구 또는 지인				
관 계	성 명	연 령	직업, 직장	자택, 직장전화	휴 대 폰

참고사항	(주거부정인 경우 현숙소, 생활보호대상자 등 특이사항)

작성일 　　　　　　20○○. ○. ○.

작성자 　　○○시 　직급 : 　　성 명 : 　　　　(인)

제6절 진술거부권

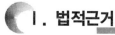 **Ⅰ. 법적근거**

1. 형사소송법

제244조의3(진술거부권 등의 고지) ①검사 또는 사법경찰관은 피의자를 신문하기 전에 다음 각 호의 사항을 알려주어야 한다.
  1. 일체의 진술을 하지 아니하거나 개개의 질문에 대하여 진술을 하지 아니할 수 있다는 것
  2. 진술을 하지 아니하더라도 불이익을 받지 아니한다는 것
  3. 진술을 거부할 권리를 포기하고 행한 진술은 법정에서 유죄의 증거로 사용될 수 있다는 것
  4. 신문을 받을 때에는 변호인을 참여하게 하는 등 변호인의 조력을 받을 수 있다는 것
② 검사 또는 사법경찰관은 제1항에 따라 알려 준 때에는 피의자가 진술을 거부할 권리와 변호인의 조력을 받을 권리를 행사할 것인지의 여부를 질문하고, 이에 대한 피의자의 답변을 조서에 기재하여야 한다. 이 경우 피의자의 답변은 피의자로 하여금 자필로 기재하게 하거나 검사 또는 사법경찰관이 피의자의 답변을 기재한 부분에 기명날인 또는 서명하게 하여야 한다. [본조신설 2007. 6. 1.]

2. 검사와 사법경찰관의 상호협력과 일반적 수사준칙에 관한 규정

제32조(체포·구속영장 집행 시의 권리 고지) ① 검사 또는 사법경찰관은 피의자를 체포하거나 구속할 때에는 법 제200조의5(법 제209조에서 준용하는 경우를 포함한다)에 따라 피의자에게 피의사실의 요지, 체포·구속의 이유와 변호인을 선임할 수 있음을 말하고, 변명할 기회를 주어야 하며, 진술거부권을 알려주어야 한다.
② 제1항에 따라 피의자에게 알려주어야 하는 진술거부권의 내용은 법 제244조의3 제1항 제1호부터 제3호까지의 사항으로 한다.
③ 검사와 사법경찰관이 제1항에 따라 피의자에게 그 권리를 알려준 경우에는 피의자로부터 권리 고지 확인서를 받아 사건기록에 편철한다.

3. 경찰수사규칙

제43조(영상녹화) ④ 사법경찰관리는 피의자에 대한 조사 과정을 영상녹화하는 경우 다음 각 호의 사항을 고지해야 한다.
  3. 법 제244조의3에 따른 진술거부권 등

4. 범죄수사규칙

제64조(조사 시 진술거부 권 등의 고지) 「형사소송법」 제244조의3에 따른 진술거부권의 고지는 조사를 상당 시간 중단하거나 회차를 달리하거나 담당 경찰관이 교체된 경우에도 다시 하여야 한다.
제77조(실황조사 기재) ① 경찰관은 피의자, 피해자, 참고인 등의 진술을 실황조사서에 작성할 필요가 있는 경우에는 「형사소송법」 제199조 및 제244조에 따라야 한다.
② 경찰관은 제1항의 경우에 피의자의 진술에 관하여는 미리 피의자에게 제64조에 따른 진술거부권 등을 고지하고 이를 조서에 명백히 작성하여야 한다.

II. 진술거부권과 진술의 임의성

1. 진술거부권이란

가. 수사경찰이 피의자를 조사할 때는 미리 진술을 거부할 수 있음을 알려야 한다는 형사소송법의 권리를 말한다.

나. 이른바 진술거부권의 고지는 헌법 제12조 제2항에 "형사상 자기에게 불리한 진술을 강요당하지 아니한다"고 규정되어 있어 이에 근거하여 형사소송법상(제200조 제2항) 이 절차가 요구된 것이다.

다. 진술거부권은 근대 형사소송법의 기본원칙인 자기부죄강요금지의 원칙에 따라 진술거부권을 보장하고 있는데 이는 과거 규문주의하에서 선행된 자백 강요로 인한 고문 등의 폐단을 방지하기 위한 것이다.

2. 진술거부권의 고지와 진술의 임의성

가. 진술거부권의 고지는 진술의 임의성에 대하여 논쟁이 생겼을 경우 그 진술의 임의성을 증명하는 의미에서 매우 중요하다.

나. 진술의 임의성은 진술의 생명인데 그 진술의 임의성 존재를 증명하는 하나의 방법으로서 미리 피의자에게 "진술을 거부할 수 있음"을 정확하게 알렸다는 것을 명백히 밝히는 것이다.

다. 이러한 취지에서 조서에 기재하여 장래 진술의 임의성에 대하여 다툼이 생겼을 때를 대비해서 이 절차는 정확하게 고지의 절차를 밟아 두어야 한다.

3. 고지 사항

검사 또는 사법경찰관은 피의자를 신문하기 전에 다음 각 호의 사항을 알려주어야 한다.

가. 일체의 진술을 하지 아니하거나 개개의 질문에 대하여 진술을 하지 아니할 수 있다는 것

나. 진술하지 아니하더라도 불이익을 받지 아니한다는 것

다. 진술을 거부할 권리를 포기하고 한 진술은 법정에서 유죄의 증거로 사용될 수 있다는 것

라. 신문을 받을 때는 변호인을 참여하게 하는 등 변호인의 조력을 받을 수 있다는 것

■ 판례 ■ **피의자에게 진술거부권을 고지하지 아니하고 작성한 피의자신문조서의 증거능력 유무**

형사소송법 제200조 제2항은 검사 또는 사법경찰관이 출석한 피의자의 진술을 들을 때에는 미리 피의자에 대하여 진술을 거부할 수 있음을 알려야 한다고 규정하고 있는바, 이러한 피의자의 진술 거부권은 헌법이 보장하는 형사상 자기에 불리한 진술을 강요당하지 않는 자기부죄거부의 권리에 터잡은 것이므로 수사기관이 피의자를 신문함에 있어서 피의자에게 미리 진술거부권을 고지하지 않은 때에는 그 피의자의 진술은 위법하게 수집된 증거로서 진술의 임의성이 인정되는 경우라도 증거능력이 부인되어야 한다.(대법원 1992. 6. 23., 선고, 92도682, 판결)

■ 판례 ■ **진술거부권 행사 여부에 대한 피의자의 답변이 형사소송법 제244조의3 제2항에 규정한 방식에 위배된 경우, 사법경찰관 작성 피의자신문조서의 증거능력 유무(원칙적 소극)**

헌법 제12조 제2항, 형사소송법 제244조의3 제1항, 제2항, 제312조 제3항에 비추어 보면, 비록 사법경찰관이 피의자에게 진술거부권을 행사할 수 있음을 알려 주고 그 행사 여부를 질문하였다 하더라도, 형사소송법 제244조의3 제2항에 규정한 방식에 위반하여 진술거부권 행사 여부에 대한 피의자의 답변이 자필로 기재되어 있지 아니하거나 그 답변 부분에 피의자의 기명날인 또는 서명이 되어 있지 아니한 사법경찰관 작성의 피의자신문조서는 특별한 사정이 없는 한 형사소송법 제312조 제3항에서 정한 '적법한 절차와 방식'에 따라 작성된 조서라 할 수 없으므로 그 증거능력을 인정할 수 없다. (대법원 2013. 3. 28., 선고, 2010도3359, 판결)

■ 판례 ■ **진술거부권 고지 대상이 되는 피의자 지위가 인정되는 시기 및 피의자 지위에 있지 아니한 자에게 진술거부권이 고지되지 아니한 경우, 진술의 증거능력 유무(적극)**

피의자에 대한 진술거부권 고지는 피의자의 진술거부권을 실효적으로 보장하여 진술이 강요되는 것을 막기 위해 인정되는 것인데, 이러한 진술거부권 고지에 관한 형사소송법 규정내용 및 진술거부권 고지가 갖는 실질적인 의미를 고려하면 수사기관에 의한 진술거부권 고지 대상이 되는 피의자 지위는 수사기관이 조사대상자에 대한 범죄혐의를 인정하여 수사를 개시하는 행위를 한 때 인정되는 것으로 보아야 한다. 따라서 이러한 피의자 지위에 있지 아니한 자에 대하여는 진술거부권이 고지되지 아니하였더라도 진술의 증거능력을 부정할 것은 아니다. (대법원 2011. 11. 10., 선고, 2011도8125, 판결)

권리 고지 확인서

성   명 :

주민등록번호 :   (세)

주   거 :

본인은 20○○.○.○. 00:00경 ○○에서 (체포/긴급체포/현행범인체포/구속)되면서
피의사실의 요지, 체포·구속의 이유와 함께 변호인을 선임할 수 있고, 진술을 거부하거나,
변명을 할 수 있으며, 체포·구속적부심을 청구할 수 있음을 고지받았음을 확인합니다.

20○○.○.○.

위 확인인

위 피의자를 (체포/긴급체포/현행범인체포/구속)하면서 위와 같이 고지하고 변명의 기회
를 주었음(변명의 기회를 주었으나 정당한 이유없이 기명날인 또는 서명을 거부함).

※ 기명날인 또는 서명 거부 사유 :

20○○.○.○.

○○경찰서

사법경찰관 경감 정 상 수

제7절 수사과정 기록

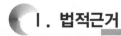 Ⅰ. 법적근거

1. 형사소송법

제244조의4(수사과정의 기록) ① 검사 또는 사법경찰관은 피의자가 조사장소에 도착한 시각, 조사를
시작하고 마친 시각, 그 밖에 조사과정의 진행경과를 확인하기 위하여 필요한 사항을 피의자신문조서
에 기록하거나 별도의 서면에 기록한 후 수사기록에 편철하여야 한다.
② 제244조제2항 및 제3항은 제1항의 조서 또는 서면에 관하여 준용한다.
③ 제1항 및 제2항은 피의자가 아닌 자를 조사하는 경우에 준용한다.

2. 검사와 사법경찰관의 상호협력과 일반적 수사준칙에 관한 규정

제26조(수사과정의 기록) ① 검사 또는 사법경찰관은 법 제244조의4에 따라 조사(신문, 면담 등 명칭을
불문한다. 이하 이 조에서 같다) 과정의 진행경과를 다음 각 호의 구분에 따른 방법으로 기록해야 한다.
 1. 조서를 작성하는 경우: 조서에 기록(별도의 서면에 기록한 후 조서의 끝부분에 편철하는 것을 포
   함한다)
 2. 조서를 작성하지 않는 경우: 별도의 서면에 기록한 후 수사기록에 편철
② 제1항에 따라 조사과정의 진행경과를 기록할 때에는 다음 각 호의 구분에 따른 사항을 구체적으로
적어야 한다.
 1. 조서를 작성하는 경우에는 다음 각 목의 사항
   가. 조사 대상자가 조사장소에 도착한 시각
   나. 조사의 시작 및 종료 시각
   다. 조사 대상자가 조사장소에 도착한 시각과 조사를 시작한 시각에 상당한 시간적 차이가 있는 경
      우에는 그 이유
   라. 조사가 중단되었다가 재개된 경우에는 그 이유와 중단 시각 및 재개 시각
 2. 조서를 작성하지 않는 경우에는 다음 각 목의 사항
   가. 조사 대상자가 조사장소에 도착한 시각
   나. 조사 대상자가 조사장소를 떠난 시각
   다. 조서를 작성하지 않는 이유
   라. 조사 외에 실시한 활동
   마. 변호인 참여 여부

3. 경찰수사규칙

제40조(수사과정의 기록) 사법경찰관리는 수사준칙 제26조제1항에 따라 조사 과정의 진행경과를 별도
의 서면에 기록하는 경우에는 별지 제31호서식 또는 별지 제32호서식의 수사 과정 확인서에 따른다.

II. 실무상 유의사항

1. 수사과정 확인서를 신설, 피의자 또는 피의자 아닌 자에 대하여 조사장소 도착 시각, 조사 시작시각 및 종료 시각, 도착 시각과 조사 시작시각이 차이가 있는 경우 구체적 이유, 조사가 중단되었다 재개된 경우 그 이유와 중단·재개 시각 등을 구체적으로 기재한다.

2. 수사과정 확인서를 열람하게 하거나 읽어 준 후 피조사자가 증감·변경 등 이의제기를 하거나 의견을 진술할 때 추가 기재하여야 하며, 수사과정 확인서의 기재사항에 대한 이의나 의견이 없는 경우에는 그 취지를 확인자 자필로 기재하게 하고 기명날인 또는 서명토록 한다.

   ※ 수사과정 확인서가 2페이지 이상이면 확인자·작성자 간인 필요

3. 수사과정 확인서는 조서의 말미에 편철하여 함께 간인함으로써 조서의 일부로 하거나, 별도의 서면으로 기록에 편철

4. 대질신문 등에 있어 진술자마다 작성해야 하는지에 대해 논란이 있으나 수사과정 투명화를 위해 제도를 도입한 입법 취지에 근거하여 조서에 진술자로서 서명 또는 기명날인하는 모든 진술자에 대해 작성

   ☞ 대질신문자 등 조사대상이 된 모든 진술자에 대해 작성

5. 여러 명의 진술자에 대해서는 절차 및 확인 편의를 위해 진술자별로 작성

   ☞ 1회 조사에 수명이 진술하였으면 진술자별로 작성

6. 구속된 상태에서 수회의 조사가 이루어지는 경우 1회만 포괄적으로 작성할지 수회 별도 작성할지 논란이 있으나 시간적·장소적 연속성이 인정되는 개별 조사 시마다 별도 작성하여 조서말미에 첨부함으로써 조서 일부로 함이 타당

   ☞ 시간적·장소적 연속성이 인정되는 개별 조사 때마다 작성

7. 유치장에 유치된 피의자를 조사하는 경우 조사장소 도착시간을 수사관서 도착시간으로 할지, 유치장에서 나와 수사사무실 입실 시간으로 할지 논란이 있으나 개별 조사 시마다 작성하는 취지에 입각 수사사무실 입실 시간으로 기재. 다만, 입법 취지를 고려 수사사무실이나 유치장 등 조사대가 정황을 알 수 없는 제삼의 장소에 체류하는 경우 해당사항을 확인서에 기재해야 함

   ☞ 구속·유치 수사 시 도착시간을 조사를 위한 입실 시간으로 기재

수 사 과 정 확 인 서

구 분	내 용
1. 조사 장소 도착 시각	
2. 조사 시작 시각 및 종료 시각	☐ 시작시각 : ☐ 종료시각 :
3. 조서 열람 시작 시각 및 종료 시각	☐ 시작시각 : ☐ 종료시각 :
4. 기타 조사과정 진행경과 확인에 필요한 사항	
5. 조사과정 기재사항에 대한 이의제기나 의견 진술 여부 및 그 내용	

20○○ . ○ . ○ .

사법경찰관 경감 정 삼 수 는(은) 홍 길 동 를(을) 조사한 후, 위와 같은 사항에 대해 홍길동 로(으로)부터 확인받음

확 인 자 : 홍 길 동　　(인)

사법경찰관 : 정 삼 수　　(인)

수사 과정 확인서(조서미작성)

대상자	성 명		사건관련 신분	
	주민등록번호		전 화 번 호	
	주 소			

구 분	내 용
1. 조사 장소 도착시각	
2. 조사 장소를 떠난 시각	
3. 조서 미작성 이유	
4. 조사 외 실시한 활동	
5. 참여 변호인	
6. 조사과정 기재사항에 대한 　이의제기나 의견진술 여부 및 　그 내용	

20○○.○.○.

사법경찰관 경감 정 삼 수 는(은) 홍 길 동 를(을) 조사한 후, 위와 같은 사항에 대해 홍길동 로(으로)부터 확인받음

확 인 자 : 홍 길 동 　(인)

사법경찰관 : 정 삼 수 　(인)

제8절 말미조서

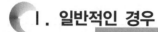

I. 일반적인 경우

진술조서 등의 기재를 마쳤을 때는 이 건을 진술자에게 열람 또는 읽어 주어서 오기나 증감, 변경할 것이 없는가를 확인한 뒤에 진술자의 서명(기명날인)을 받은 다음 작성연월일, 작성자의 소속 관서와 계급을 기재하고 서명, 날인, 간인해서 완성하는 것이 원칙이다.

例, 위의 조서를 진술자에게 열람하게 하였던바(읽어 준바) 진술한 대로 오기나 증감, 변경할 것이 전혀 없다고 말하므로 간인한 후 서명(기명날인)하게 하다.

진술자   홍길동 ㉑

위의 조서를 진술인에게　열 람 하 게　하 였 던　바　진술한 대로 오기나 증감 · 변경
　　　　　　　　　　　　읽 　 어 　 준 　 바

할 것이 전혀 없다고 말하므로 간인한 후 서명 (기명날인)하게 한다.

　　　　　　　진 술 자　　　　　　홍 길 동 ㉑

　　　　　　　　　　　　년　　　　월　　　　일

　　　　　　　　　　　○ ○ 경찰서
　　　　　　　　　사법경찰관　김 형 근
　　　　　　　　　사법경찰관　안 병 순

II. 진술자가 서명 불능한 경우

경찰관은 진술자의 문맹 등 부득이한 이유로 서류를 대신 작성하였을 때는 대신 작성한 내용이 본인의 의사와 다름이 없는가를 확인한 후 그 확인한 사실과 대신 작성한 이유를 적고 본인과 함께 기명날인 또는 서명하여야 한다. (범죄수사규칙 제41조)

1. 진술자가 무식자인 경우

例. 위의 조서를 진술자에게 읽어 준바, 진술한 대로 오기나 증감 변경할 것이 전혀 없다고 말하였으나 무학하여 서명 불능하므로 본직이 대리 서명하고 간인한 후 서명(기명날인)하게 하다.

진술자 홍길동 ㊞

2. 진술자가 질병, 중상 등의 경우

例. 위의 조서를 진술자에게 읽어 준바, 진술한 대로 오기나 증감, 변경할 것이 전혀 없다고 말하였으나, 중상(질병)으로 서명 불능하므로 본인의 의뢰에 따라 본직이 대서 기명하고 간인한 후 서명(기명날인)하게 하다.

진술자 홍길동 ㊞

3. 진술자가 서명날인을 거절한 경우

작성한 조서에 진술자가 서명날인을 거절할 때도 조서말미에 그 사유를 기재하여 그 조서를 종결하여야 한다. 이것이 공판에서 증거로서 가치가 없더라도, 조사한 사실과 그 결과를 명확하게 해둘 필요가 있으며 때로는 공판 과정에서 조사관이 증인으로서 조사 상황을 설명할 때, 이 조서가 필요한 예도 있다.

例. 위의 조서를 진술자에게 열람하게 하였으나 묵비하면서 서명날인을 거부한다.

진술자 　　　서명 및 날인거부

4. 대질한 경우

例. 위의 조서를 각 진술자에게 열람하게 하였던바 (읽어준바) 진술한 대로 오기나 증감, 변경할 것이 전혀 없다고 말하므로 간인한 후 서명(기명날인)하게 하다.

진술자 홍길동㊞

진술자 정직해㊞

✱ 이때 대질자가 상대방의 진술한 내용이 잘못되었기 때문에 이름을 쓰고 도장을 찍지 못하겠다 할 경우

→ 본인 서명날인 옆에 '본인 것만 읽음' 또는 '본인 것만 맞음'으로 표기하도록 하면 된다.

III. 참여자 입회의 경우

1. 통역인의 경우

경찰관은 수사상 필요 때문에 통역인을 위촉하여 그 협조를 얻어서 조사하였을 때에는 피의자신문조서나 진술조서에 그 사실과 통역을 통하여 열람하게 하거나 읽어 주었다는 사실을 적고 통역인의 기명날인 또는 서명을 받아야 한다. (범죄수사규칙 제40조 제1항)

가. 모두 조서

o 피의자의 경우

위의 사람에 대한 ○○ 피의사건에 관하여 20○○. ○. ○. ○○에서 사법경찰관 경사 甲은 사법경찰리 경사 乙과 피의자가 재일 한국인으로 한국말을 하지 못하여 통역인 ○○○을 참여하게 하고, 아래와 같이 피의자임이 틀림없음을 확인하다.

o 피해자, 참고인인 경우

위의 사람은 피의자 홍길동에 대한 ○○법 위반 피의사건에 관하여 20○○. ○. ○. ○○에 임의 출석하여 다음과 같이 진술하다.

이때 피해자(참고인)가 재일 한국인으로 한국말을 하지 못하여 통역인 ○○○을 참여하게 하다.

나. 말미 조서

"위의 조서를 통역인 ○○○으로 하여금 피의자(진술인)에게 읽어 주게 하였던바 피의자(진술인)가 진술 한 대로 …… "

2. 번역의 경우

경찰관은 수사상 필요 때문에 번역인에게 피의자 그 밖의 관계자가 제출한 서면 그 밖의 수사 자료인 서면을 번역하게 하였을 때는 그 번역문을 기재한 서면에 번역한 사실을 적고 번역인의 기명날인을 받아야 한다. (범죄수사규칙 제40조 제2항)

3. 농아자의 경우(수화)

가. 모두 조서

ㅇ 피의자의 경우

위의 사람에 대한 ○○ 피의사건에 관하여 20○○. ○. ○. ○○에서 사법경찰관 경위 甲은 사법경찰리 경사 乙과 피의자가 농아자이므로 수화자 ○○○을 참여하게 하고, 아래와 같이 피의자임이 틀림없음을 확인하다.

ㅇ 피해자, 참고인인 경우

위의 사람은 피의자 홍길동에 대한 ○○ 피의사건에 관하여 20○○. ○. ○. ○○에 임의 출석하여 다음과 같이 진술하다.

이때 피해자(참고인)가 재일 한국인으로 한국말을 하지 못하여 수화자 ○○○을 참여하게 한 후 진술하다.

피의사건의 신문에 들어가기 전에 참여인이 수화자로 나오게 된 경우(통역인도 같으나 통역인은 경력을 물어 두는 것이 옳음)를 간단하게 신문한 다음 일반 신문 형식으로 신문한다. (말미조서에 필요자격증의 사본을 첨부한다)

나. 말미조서

ㅇ 피의자(진술자)가 농아자이지만 글을 읽을 줄 아는 경우는 일반인의 경우와 같이 처리

위의 조서를 진술자에게 <u>열람하게 하였던바</u> 진술한 대로 오기나 증감, 변경할 것이 전혀 없다고 통역인에게 <u>수화로 말하므로</u> 간인한 후 서명(기명날인)하게 하다.

진술자 홍길동 ㊞

ㅇ 그러나 한글을 읽지 못한 경우에는 다음과 같이 기록한다.

"위의 조서를 참여인 또는 수화자가 수화로 읽어 주게 하였던바"

제9절 변호인 참여 및 관계자 동석

제1관 변호인 참여

> ※ 경찰수사규칙
>
> **제12조(변호인의 피의자신문 참여)** ① 사법경찰관리는 법 제243조의2제1항에 따라 피의자 또는 그 변호인 · 법정대리인 · 배우자 · 직계친족 · 형제자매의 신청이 있는 경우 변호인의 참여로 인하여 신문이 방해되거나, 수사기밀이 누설되는 등 정당한 사유가 있는 경우를 제외하고는 피의자에 대한 신문에 변호인을 참여하게 해야 한다.
> ② 제1항의 변호인의 피의자신문 참여 신청을 받은 사법경찰관리는 신청인으로부터 변호인의 피의자신문 참여 전에 다음 각 호의 서면을 제출받아야 한다.
> 1. 변호인 선임서
> 2. 별지 제10호서식의 변호인 참여 신청서
>
> **제13조(신문 중 변호인 참여 제한)** ① 사법경찰관리는 변호인의 참여로 증거를 인멸 · 은닉 · 조작할 위험이 구체적으로 드러나거나, 신문 방해, 수사기밀 누설 등 수사에 현저한 지장을 초래하는 경우에는 피의자신문 중이라도 변호인의 참여를 제한할 수 있다. 이 경우 피의자와 변호인에게 변호인의 참여를 제한하는 처분에 대해 법 제417조에 따른 준항고를 제기할 수 있다는 사실을 고지해야 한다.
> ② 제1항에 따라 변호인 참여를 제한하는 경우 사법경찰관리는 피의자 또는 변호인에게 그 사유를 설명하고 의견을 진술할 기회와 다른 변호인을 참여시킬 기회를 주어야 한다.
> ③ 제1항에 따라 변호인의 참여를 제한한 후 그 사유가 해소된 때에는 변호인을 신문에 참여하게 해야 한다.

Ⅰ. 변호인 참여 (형사소송법 제243조의2)

1. 사법경찰관은 피의자 또는 그 변호인 · 법정대리인 · 배우자 · 직계친족 · 형제자매의 신청에 따라 변호인을 피의자와 접견하게 하거나 정당한 사유가 없는 한 피의자에 대한 신문에 참여하게 하여야 한다.

   여기서 정당한 사유란 변호인의 참여로 인하여 신문방해, 수사 기밀누설 등 수사에 현저한 지장을 초래할 우려가 있다고 인정되는 때를 말한다.

2. 신문에 참여하고자 하는 변호인이 2인 이상인 때에는 피의자가 신문에 참여할 변호인 1인을 지정한다. 지장이 없는 경우에는 검사 또는 사법경찰관이 이를 지정할 수 있다.

3. 신문에 참여한 변호인은 신문 후 의견을 진술할 수 있다. 다만, 신문 중이라도 부당한 신문 방법에 대하여 이의를 제기할 수 있고, 사법경찰관의 승인을 받아 의견을 진술할 수 있다.

4. 제3항에 따른 변호인의 의견이 기재된 피의자신문조서는 변호인에게 열람하게 한 후 변호인이 그 조서에 기명날인 또는 서명하게 하여야 한다.

5. 사법경찰관은 변호인의 신문참여 및 그 제한에 관한 사항을 피의자신문조서에 기재하여야 한다.

6. 사법경찰관은 피의자신문 중이라도 변호인의 참여로 인하여 다음 각호의 사유가 발생하여 신문방해, 수사 기밀누설 등 수사에 현저한 지장을 초래할 때는 변호인의 참여를 제한할 수 있다.
   ① 사법경찰관의 승인 없이 부당하게 신문에 개입하거나 모욕적인 언동 등을 행하는 경우
   ② 피의자를 대신하여 답변하거나 특정한 답변 또는 진술 번복을 유도하는 경우
   ③ 형사소송법 제243조의2 제3항 취지에 반하여 부당하게 이의를 제기하는 경우
   ④ 피의자 신문내용을 촬영, 녹음, 기록하는 경우. 다만, 기록의 경우 피의자에 대한 법적 조언을 위해 변호인이 기억 환기용으로 간략히 메모하는 것은 제외한다.

7. 변호인이 상당한 시간 내에 출석하지 아니하거나 출석할 수 없는 경우에도 변호인의 참여 없이 피의자를 신문할 수 있다.

8. 사법경찰관은 제1항의 신청이 있는 경우 신청인이 변호인 참여 전에 변호인선임신고서를 제출하도록 하여야 한다.

II. 변호인 접견 (범죄수사규칙)

1. 변호인 등의 접견신청 절차

가. 유치장 입감 피의자(조사 등의 이유로 일시 출감 중인 경우를 포함한다. 이하 같다.)에 대한 변호인 등의 접견신청은 유치장관리부서에서 처리한다.

나. 신청을 받은 유치장관리부서의 경찰관은 다음 각 호의 사항을 확인하고, 즉시 유치인보호주무자에게 보고하여야 한다.

① 변호사 신분증

② 접견신청서

다. 경찰관은 변호인 등이 변호사 신분증을 소지하지 아니한 경우 지방변호사협회 회원명부와 주민등록증을 대조하는 등 그 밖의 방법으로 변호사 신분을 확인할 수 있고, 신분을 확인할 수 없는 경우에는 일반 접견절차에 따라 접견하도록 안내하여야 한다.

라. 유치인보호주무자는 변호인 접견신청 보고를 받으면 즉시 접견 장소와 담당 경찰관을 지정하는 등 필요한 조치를 하여야 한다.

2. 접견 장소 및 관찰

가. 변호인 등의 접견은 경찰관서 내 지정된 장소에서 이루어져야 한다.

나. 별도의 지정된 접견실이 설치되어 있지 않으면 경찰관서 내 조사실 등 적정한 공간을 이용할 수 있다.

다. 체포·구속된 피의자와 변호인 등과의 접견에는 경찰관이 참여하지 못하며 그 내용을 청취 또는 녹취하지 못한다. 다만 보이는 거리에서 체포·구속된 피의자를 관찰할 수 있다.

라. 경찰관은 「형의 집행 및 수용자의 처우에 관한 법률」 제92조의 금지 물품이 수수되지 않도록 관찰하며 이러한 물품의 수수행위를 발견한 때에는 이를 제지하고 유치인보호주무자에게 보고하여야 한다.

3. 피의자 신병이 경찰관서 내에 있는 경우의 접견

체포·구속된 피의자 중 유치장에 입감되지 않은 상태로 신병이 경찰관서에 있는 피의자에 대한 변호인 등의 접견신청은 피의자 수사를 담당하는 수사팀에서 접수하여 조치하여야 한다.

4. 피의자 신병이 경찰관서 내에 있지 않은 경우의 접견

가. 현행범인 체포 등 체포·구속된 피의자의 신병이 경찰관서 내에 있지 않으면 변호인 등의 접견신청에 대하여는 신청 당시 현장에서 피의자 신병을 관리하는 부서(이하 "현장담당 부서"라고 한다)에서 담당하여 안내하여야 한다.

나. 접견신청을 받은 현장담당 부서 경찰관은 피의자와 변호인 등의 접견이 이루어질 경찰관서와 예상 접견시각을 고지하고 접견이 이루어질 경찰관서의 담당수사팀 또는 유치장관리부서에 통보하여야 한다. 이 경우 접견은 신속하게 이루어져야 하며, 접견신청을 받은 때로부터 6시간을 초과해서는 아니 된다.

다. 현장담당 부서의 경찰관으로부터 피의자 신병 인수와 함께 변호인 등의 접견신청 사실을 통보받은 유치장관리부서 또는 담당수사팀의 경찰관은 제80조부터 제82조까지에 따라 접수하여 조치하여야 한다.

5. 접견 시간 및 횟수

가. 유치장 입감 피의자와 변호인 등 간의 접견 시간 및 횟수에 관하여는 「피의자 유치 및 호송규칙」에 따른다.

나. 유치장에 입감되지 않은 체포·구속 피의자에 대해서는 제1항의 시간 외에도 접견할 수 있다.

접 견 신 청 서

일시	20 년 월 일 :		
피의자(유치인)	성명		생년월일
신청인 변호인 이외의 자	성명		주민번호
	유치인과의 관계		직업
	연령		전화번호
	주소		
신청인 변호인	성명		전화번호
	변호사 등록번호		선임여부 ☐ 선 임 ☐ 비선임
	소속 법률사무소		

※ 1. 변호인은 접견신청서와 함께 변호사 신분증을 제시해 주시기 바랍니다.
   2. 비선임 변호사인 경우에는 선임여부 항목에 비선임 체크 (☑)를 하시기 바랍니다.

[접견(면회) 시 유의사항]

☐ 피의자를 접견(면회)할 때에는 다음과 같은 물품의 휴대 및 제공이 금지됩니다.
 ① 마약·총기·도검·폭발물·흉기·독극물, 그 밖에 범죄의 도구로 이용될 우려가 있는 물품
 ② 무인비행장치, 전자·통신기기, 그 밖에 도주나 다른 사람과의 연락에 이용될 우려가 있는 물품
 ③ 주류·담배·화기·현금·수표, 그 밖에 시설의 안전 또는 질서를 해칠 우려가 있는 물품
 ④ 음란물, 사행행위에 사용되는 물품, 그 밖에 유치인의 교화 또는 건전한 사회복귀를 해칠 우려가
   있는 물품
☐ 유치인에게 전달할 목적으로 주류·담배·현금·수표를 허가 없이 유치장에 반입하거나
   유치인과 수수 또는 교환하는 행위는 「형의 집행 및 수용자의 처우에 관한 법률」에
   따라 처벌받을 수 있습니다.
☐ 휴대폰, 사진기 등을 몰래 반입하여 유치인 또는 유치장 시설을 촬영하거나 접견(면회) 내
   용을 녹음할 수 없습니다.
☐ 접견(면회) 중 질서유지 및 안전확보에 적극 협조해 주시기 바랍니다.
☐ 위 사항을 준수하지 않거나 유치장의 안전 또는 질서를 위태롭게 하는 때에는 접견(면회)이
   중지될 수 있습니다.
☐ 접견(면회)인의 개인정보는 「형의 집행 및 수용자의 처우에 관한 법률 시행령」에 근거하여 유
   치행정 업무를 위해 수집·활용됩니다.

본인은 접견 시 유의사항 열람하였고 이를 위반할 경우 접견(면회)가 중지될
수 있음을 근무 경찰관에게 고지받았음을 확인합니다.

　　　　　20 .   .   .　　　　　위 확인자　　　　　　　(인)

■ 판례 ■ 검사 또는 사법경찰관이 단지 변호인이 피의자신문 중에 부당한 신문방법에 대한 이의제기를 하였다는 이유만으로 변호인을 조사실에서 퇴거시키는 조치가 정당한 사유 없이 변호인의 피의자신문 참여권을 제한하는 것인지 여부(적극) 및 그 허용 여부(소극)

형사소송법 제243조의2 제1항은 검사 또는 사법경찰관은 피의자 또는 변호인 등이 신청할 경우 정당한 사유가 없는 한 변호인을 피의자신문에 참여하게 하여야 한다고 규정하고 있다. 여기에서 '정당한 사유'란 변호인이 피의자신문을 방해하거나 수사기밀을 누설할 염려가 있음이 객관적으로 명백한 경우 등을 말한다.

형사소송법 제243조의2 제3항 단서는 피의자신문에 참여한 변호인은 신문 중이라도 부당한 신문방법에 대하여 이의를 제기할 수 있다고 규정하고 있으므로, 검사 또는 사법경찰관의 부당한 신문방법에 대한 이의제기는 고성, 폭언 등 그 방식이 부적절하거나 또는 합리적 근거 없이 반복적으로 이루어지는 등의 특별한 사정이 없는 한, 원칙적으로 변호인에게 인정된 권리의 행사에 해당하며, 신문을 방해하는 행위로는 볼 수 없다. 따라서 검사 또는 사법경찰관이 그러한 특별한 사정 없이, 단지 변호인이 피의자신문 중에 부당한 신문방법에 대한 이의제기를 하였다는 이유만으로 변호인을 조사실에서 퇴거시키는 조치는 정당한 사유 없이 변호인의 피의자신문 참여권을 제한하는 것으로서 허용될 수 없다. (대법원 2020. 3. 17., 자, 2015모2357, 결정)

■ 판례 ■ 피의자가 변호인 참여를 원하는 의사를 표시하였는데도 수사기관이 정당한 사유 없이 변호인을 참여하게 하지 아니한 채 피의자를 신문하여 작성한 피의자신문조서의 증거능력 유무(소극)

헌법 제12조 제1항, 제4항 본문, 형사소송법 제243조의2 제1항 및 그 입법 목적 등에 비추어 보면, 피의자가 변호인의 참여를 원한다는 의사를 명백하게 표시하였음에도 수사기관이 정당한 사유 없이 변호인을 참여하게 하지 아니한 채 피의자를 신문하여 작성한 피의자신문조서는 형사소송법 제312조에 정한 '적법한 절차와 방식'에 위반된 증거일 뿐만 아니라, 형사소송법 제308조의2에서 정한 '적법한 절차에 따르지 아니하고 수집한 증거'에 해당하므로 이를 증거로 할 수 없다. (대법원 2013. 3. 28., 선고, 2010도3359, 판결)

＊ 말미 작성 예

이때 사법경찰관리 ○○○는 참여 변호사에게

문   당해 사건의 신문 참여를 통해 알게 된 피해자의 인적사항 등 수사 비밀
     이 누설하여서는 안 되는 사실을 알고 있는가요?

답

문   참고로 하고 싶은 말이 있는가요?

답

                    열람하게 하였던바

위의 조서를 진술자에게   진술한 대로 오기나 증감 · 변경할
                    읽어준 바

것이 전혀 없다고 말하므로 간인 후 서명(기명날인)하게 하다.

              진 술 자   홍 길 동 (인)

                  년 월 일
                  ○ ○ 경 찰 서

                    사법경찰관
                    사법경찰리
              참여 변호사   김길동 (인)

＊ 피험의자 · 중요참고인 진술조서 갑지 작성 예

진 술 조 서

  위의 사람은 홍길동 에 대한 ○○○ 피의사건에 관하여 ○○○ 변호사 참여하에
20○○ 년 월 일 ○○ 경찰서에서 다음과 같이 임의로 진술하다.

진 술 조 서

위의 사람은 홍길동 에 대한 ○○ 피의사건에 관하여 ○○○변호사 참여하에

20○○ 년 월 일 ○○ 경찰서에서 다음과 같이 임의로 진술하다.

※ 말미조서 작성 예

이때 사법경찰관 경위 양동교는 참여 변호사에게

문 이 사건의 신문 참여를 통해 알게 된 피의자의 인적사항 등 수사비밀을 누설
     하여서는 안되는 사실을 알고 있는가요?

답

위의 조서를 진술자에게 　열람하게 하였던 바　 진술한대로 오기나 증감 · 변경할
　　　　　　　　　　　　　　읽어준 바

것이 전혀 없다고 말하므로 간인 후 서명(기명날인)하게 하다.

진술자 김 새 동 (인)

년 월 일

○ ○ 경 찰 서

사법경찰관 경감 양 동 교 (인)

참여 변호사   홍 길 동 (인)

제2관 신뢰관계자 동석

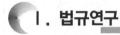 **Ⅰ. 법규연구**

1. 형사소송법

제244조의5(장애인 등 특별히 보호를 요하는 자에 대한 특칙) 검사 또는 사법경찰관은 피의자를 신문하는 경우 다음 각 호의 어느 하나에 해당하는 때에는 직권 또는 피의자·법정대리인의 신청에 따라 피의자와 신뢰관계에 있는 자를 동석하게 할 수 있다.
1. 피의자가 신체적 또는 정신적 장애로 사물을 변별하거나 의사를 결정·전달할 능력이 미약한 때
2. 피의자의 연령·성별·국적 등의 사정을 고려하여 그 심리적 안정의 도모와 원활한 의사소통을 위하여 필요한 경우

2. 검사와 사법경찰관의 상호협력과 일반적 수사준칙에 관한 규정

제24조(신뢰관계인의 동석) ① 법 제244조의5에 따라 피의자와 동석할 수 있는 신뢰관계에 있는 사람과 법 제221조제3항에서 준용하는 법 제163조의2에 따라 피해자와 동석할 수 있는 신뢰관계에 있는 사람은 피의자 또는 피해자의 직계친족, 형제자매, 배우자, 가족, 동거인, 보호·교육시설의 보호·교육담당자 등 피의자 또는 피해자의 심리적 안정과 원활한 의사소통에 도움을 줄 수 있는 사람으로 한다.
② 피의자, 피해자 또는 그 법정대리인이 제1항에 따른 신뢰관계에 있는 사람의 동석을 신청한 경우 검사 또는 사법경찰관은 그 관계를 적은 동석신청서를 제출받거나 조서 또는 수사보고서에 그 관계를 적어야 한다.

3. 경찰수사규칙

제38조(신뢰관계인 동석) ① 수사준칙 제24조제2항에 따른 동석신청서는 별지 제25호서식 또는 별지 제26호서식에 따른다.
② 사법경찰관은 피의자, 피해자 또는 그 법정대리인이 제1항의 동석신청서를 작성할 시간적 여유가 없는 경우 등에는 이를 제출받지 않고 조서 또는 수사보고서에 그 취지를 기재하는 것으로 동석신청서 작성을 갈음할 수 있으며, 조사의 긴급성 또는 동석의 필요성 등이 현저한 경우에는 예외적으로 동석조사 이후에 신뢰관계인과 피의자와의 관계를 소명할 자료를 제출받아 기록에 편철할 수 있다.
③ 사법경찰관은 동석 신청이 없더라도 동석이 필요하다고 인정되면 피의자 또는 피해자와의 신뢰관계 유무를 확인한 후 직권으로 신뢰관계에 있는 사람을 동석하게 할 수 있다. 이 경우 그 관계 및 취지를 조서나 수사보고서에 적어야 한다.
④ 사법경찰관은 신뢰관계인의 동석으로 인하여 신문이 방해되거나, 수사기밀이 누설되는 등 정당한 사유가 있는 경우에는 동석을 거부할 수 있으며, 신뢰관계인이 피의자신문 또는 피해자 조사를 방해하거나 그 진술의 내용에 부당한 영향을 미칠 수 있는 행위를 하는 등 수사에 현저한 지장을 초래하는 경우에는 피의자신문 또는 피해자 조사 중에도 동석을 제한할 수 있다.
⑤ 피해자 이외의 사건관계인 조사에 관하여는 제1항부터 제4항까지의 규정을 준용한다.

II. 피의자의 신뢰관계자 동석

1. 사법경찰관은 피의자를 신문하는 경우 다음 각 호의 어느 하나에 해당하는 때에는 직권 또는 피의자·법정대리인의 신청에 따라 피의자와 신뢰관계에 있는 자를 동석하게 할 수 있다(형사소송법 제244조의5).
   ① 피의자가 신체적 또는 정신적 장애로 사물을 변별하거나 의사를 결정·전달할 능력이 미약한 때
   ② 피의자의 연령·성별·국적 등의 사정을 고려하여 그 심리적 안정의 도모와 원활한 의사소통을 위하여 필요한 경우

2. 피의자와 동석할 수 있는 신뢰관계에 있는 자는 피의자의 직계친족, 형제자매, 배우자, 가족, 동거인, 보호시설 또는 교육시설의 보호 또는 교육담당자 등 피의자의 심리적 안정과 원활한 의사소통에 도움을 줄 수 있는 자를 말한다.

3. 피의자 또는 법정대리인이 제2항에 기재된 자에 대한 동석신청을 한때에는 사법경찰관은 신청인으로부터 동석 신청서 및 피의자와의 관계를 소명할 수 있는 자료를 제출받아 기록에 편철하여야 한다. 다만, 신청서 작성에 시간적 여유가 없는 경우 등에 있어서는 신청서를 작성하게 하지 아니하고, 수사보고서나 조서에 그 취지를 기재하는 것으로 갈음할 수 있으며, 대상자와 피의자와의 관계를 소명할 서류를 동석신청 시에 제출받지 못할 때는 조사의 긴급성, 동석의 필요성 등이 현저히 존재하는 때에 한하여 예외적으로 동석 조사 이후에 자료를 제출받아 기록에 편철할 수 있다.

4. 사법경찰관은 제3항에 의한 신청이 없더라도 동석의 필요성이 있다고 인정되는 때에서는 피의자와의 신뢰관계 유무를 확인한 후 직권으로 신뢰관계자를 동석하게 할 수 있다. 다만, 이러한 취지를 수사보고서나 조서에 기재하여야 한다.

5. 사법경찰관은 수사기밀 누설이나 신문방해 등을 통해 수사에 부당한 지장을 초래할 우려가 있다고 인정할 만한 상당한 이유가 존재하는 때에는 동석을 거부할 수 있다.

6. 피의자의 신문에 동석하는 자는 피의자의 심리적 안정과 원활한 의사소통에 도움을 주는 행위 이외의 불필요한 행위를 하여서는 아니 되고, 동석자가 신문방해 등을 통해 부당하게 수사의 진행을 방해하는 경우나 제5항의 제한 사유가 인정되는 때에는 사법경찰관은 신문 도중에 동석을 중지시킬 수 있다.

■ 판례 ■   **형사소송법 제244조의5에서 정한 '피의자 신문시 동석제도'의 취지 및 동석자가 한 진술의 성격과 그 진술의 증거능력을 인정하기 위한 요건**

형사소송법 제244조의5는, 검사 또는 사법경찰관은 피의자를 신문하는 경우 피의자가 신체적 또는 정신적 장애로 사물을 변별하거나 의사를 결정·전달할 능력이 미약한 때나 피의자의 연령·성별·국적 등의 사정을 고려하여 그 심리적 안정의 도모와 원활한 의사소통을 위하여 필요한 경우에는, 직권 또는 피의자·법정대리인의 신청에 따라 피의자와 신뢰관계에 있는 자를 동석하게 할 수 있도록 규정하고 있다. 구체적인 사안에서 위와 같은 동석을 허락할 것인지는 원칙적으로 검사 또는 사법경찰관이 피의자의 건강 상태 등 여러 사정을 고려하여 재량에 따라 판단하여야 할 것이나, 이를 허락하는 경우에도 동석한 사람으로 하여금 피의자를 대신하여 진술하도록 하여서는 안 된다. 만약 동석한 사람이 피의자를 대신하여 진술한 부분이 조서에 기재되어 있다면 그 부분은 피의자의 진술을 기재한 것이 아니라 동석한 사람의 진술을 기재한 조서에 해당하므로, 그 사람에 대한 진술조서로서의 증거능력을 취득하기 위한 요건을 충족하지 못하는 한 이를 유죄 인정의 증거로 사용할 수 없다.(대법원 2009. 6. 23., 선고, 2009도1322, 판결)

동 석 신 청 서
(피 (혐) 의 자)

수 신 : ○○○경찰서 사법경찰관 ○○○

　　귀서 20○○-○○호 피의자 홍길동 외 ○명에 대한 ○○피의사건에 관하여
피의자 김갑돌을 조사함에 있어 아래와 같이 피의자와 신뢰관계에 있는 자의 동
석을 신청합니다.

신뢰 관계자	성　　　명	
	주민등록번호	
	직　　　업	
	주거(사무소)	
	전 화 번 호	
	피(혐)의자와의 관계	
동석 필요 사유		

※　소명자료 별첨

20○○. ○. ○.

신청인　　　　　　㊞

III. 피해자 등 사건관계인의 동석

1. 피해자와 동석할 수 있는 신뢰관계에 있는 자는 피해자의 직계친족, 형제자매, 배우자, 가족, 동거인, 보호시설 또는 교육시설의 보호 또는 교육담당자 등 피해자의 심리적 안정과 원활한 의사소통에 도움을 줄 수 있는 자를 말한다.

2. 피해자 또는 법정대리인이 제1항에 기재된 자에 대한 동석신청을 한때에는 사법경찰관은 신청인으로부터 동석 신청서 및 피해자와의 관계를 소명할 수 있는 자료를 제출받아 기록에 편철하여야 한다. 다만, 신청서 작성에 시간적 여유가 없는 경우 등에 있어서는 신청서를 작성하게 하지 아니하고, 수사보고서나 조서에 그 취지를 기재하는 것으로 갈음할 수 있으며, 대상자와 피해자와의 관계를 소명할 서류를 동석신청 시에 제출받지 못할 때는 조사의 긴급성, 동석의 필요성 등이 현저히 존재하는 때에 한하여 예외적으로 동석 조사 이후에 자료를 제출받아 기록에 편철할 수 있다.

3. 사법경찰관은 제2항에 의한 신청이 없더라도 동석의 필요성이 있다고 인정되는 때에서는 피해자와의 신뢰관계 유무를 확인한 후 직권으로 신뢰관계자를 동석하게 할 수 있다. 다만, 이러한 취지를 수사보고서나 조서에 기재하여야 한다.

4. 사법경찰관은 수사기밀 누설이나 진술방해 등을 통해 수사에 부당한 지장을 초래할 우려가 있다고 인정할 만한 상당한 이유가 존재하는 때에는 동석을 거부할 수 있다.

5. 피해자의 조사에 동석하는 자는 피해자의 심리적 안정과 원활한 의사소통에 도움을 주는 행위 이외의 불필요한 행위를 하여서는 아니 되고, 동석자가 진술방해 등을 통해 부당하게 수사의 진행을 방해하는 경우나 제4항의 제한 사유가 인정되는 때에는 사법경찰관은 조사 도중에 동석을 중지시킬 수 있다.

동 석 신 청 서
(사 건 관 계 인)

수 신 : ○○○경찰서   사법경찰관 ○○○

　　　귀서 20○○-○○호 피의자 홍길동 외○명 에 대한 ○○피의사건에 관하여 사건관계인(고소인/고발인/피해자/참고인) 김갑돌을 조사함에 있어 아래와 같이 피해자와 신뢰관계에 있는 자의 동석을 신청합니다.

사건관계인	성　　　명	
	주민등록번호	
	직　　　업	
	주　　　거	
	전 화 번 호	
신뢰관계자	성　　　명	
	주민등록번호	
	직　　　업	
	주거(사무소)	
	전 화 번 호	
	피해자와의 관계	
동석 필요 사유		

※　소명자료 별첨

20○○. ○. ○.

신청인　　　　　　　　　　㉔

제10절 심야조사와 장시간 조사 제한

I. 심야조사 제한

1. 법적 근거

가. 검사와 사법경찰관의 상호협력과 일반적 수사준칙에 관한 규정

> 제21조(심야조사 제한) ① 검사 또는 사법경찰관은 조사, 신문, 면담 등 그 명칭을 불문하고 피의자나 사건관계인에 대해 오후 9시부터 오전 6시까지 사이에 조사(이하 "심야조사"라 한다)를 해서는 안 된다. 다만, 이미 작성된 조서의 열람을 위한 절차는 자정 이전까지 진행할 수 있다.
> ② 제1항에도 불구하고 다음 각 호의 어느 하나에 해당하는 경우에는 심야조사를 할 수 있다. 이 경우 심야조사의 사유를 조서에 명확하게 적어야 한다.
> 1. 피의자를 체포한 후 48시간 이내에 구속영장의 청구 또는 신청 여부를 판단하기 위해 불가피한 경우
> 2. 공소시효가 임박한 경우
> 3. 피의자나 사건관계인이 출국, 입원, 원거리 거주, 직업상 사유 등 재출석이 곤란한 구체적인 사유를 들어 심야조사를 요청한 경우(변호인이 심야조사에 동의하지 않는다는 의사를 명시한 경우는 제외한다)로서 해당 요청에 상당한 이유가 있다고 인정되는 경우
> 4. 그 밖에 사건의 성질 등을 고려할 때 심야조사가 불가피하다고 판단되는 경우 등 법무부장관, 경찰청장 또는 해양경찰청장이 정하는 경우로서 검사 또는 사법경찰관의 소속 기관의 장이 지정하는 인권보호 책임자의 허가 등을 받은 경우

나. 경찰수사규칙

> 제36조(심야조사의 제한) ① 사법경찰관은 수사준칙 제21조제2항제4호에 따라 심야조사를 하려는 경우에는 심야조사의 내용 및 심야조사가 필요한 사유를 소속 경찰관서에서 인권보호 업무를 담당하는 부서의 장에게 보고하고 허가를 받아야 한다.
> ② 사법경찰관은 제1항에 따라 허가를 받은 경우 수사보고서를 작성하여 사건기록에 편철해야 한다.

다. 경찰 수사에 관한 인권보호 규칙

> 제9조(심야조사 제한) ① 경찰관은 「검사와 사법경찰관의 상호협력과 일반적 수사준칙에 관한 규정」(이하 "수사준칙"이라 한다) 제21조제1항에 따라 심야조사의 제한 시간을 준수하고, 같은 조 제2항에 따라 예외적으로 심야조사를 할 수 있는 경우라도 이를 남용하지 않도록 유의해야 한다.
> ② 경찰관은 피의자나 사건관계인이 작성된 조서를 충분히 열람할 수 있도록 보장해야 한다.
> ③ 경찰관서의 장은 수사준칙 제21조제2항제4호에 따른 인권보호 책임자를 지정해서 운영해야 한다.

2. 심야조사 제한시간

 가. 오후 9시부터 오전 6시까지 사이 조사

 나. 다만, 이미 작성된 조서의 열람을 위한 절차는 자정 이전까지 진행 가능

3. 심야조사 제한 대상

피의자, 사건관계인(피해자, 참고인, 피혐의자)

4. 예외적 심야조사 가능 대상

제1호. 피의자를 체포한 후 48시간 이내에 구속영장의 청구 또는 신청 여부를 판단하기 위해 불가피한 경우

제2호. 공소시효가 임박한 경우

제3호. 피의자나 사건관계인이 출국, 입원, 원거리 거주, 직업상 사유 등 재출석이 곤란한 구체적인 사유를 들어 심야조사를 요청한 경우(변호인이 심야조사에 동의하지 않는다는 의사를 명시한 경우는 제외한다)로서 해당 요청에 상당한 이유가 있다고 인정되는 경우

제4호. 그 밖에 사건의 성질 등을 고려할 때 심야조사가 불가피하다고 판단되는 경우 등 경찰청장이 정하는 경우로서 사법경찰관의 소속기관의 장이 지정하는 인권보호 책임자의 허가 등을 받은 경우

5. 심야조사 제한 관련 지침

가. 위 사유 중 하나에 해당하여 심야조사를 하는 경우 조서에 예외사유 등을 기재한다.
 예, 조서작성 개시시간은 20○○.○.○. ○○:○○으로서 심야조사 제한시간이나, 공소시효 만료시일이 20○○.○.○.로서 심야조사가 불가피하여 수사준칙 제21조 제2항 제2호(공소시효 임박)에 의거하여 조사를 시행함.

나. 제3호의 사우에 해당하여 심야조사를 하는 경우 조사대상자 자필로 작성한 "심야조사 요청서"를 제출받아 사건기록에 편철한다.

다. 제4호의 경우에는 인권보호 책임자의 허가를 받아야 한다.
 ① 사건에 킥스를 통한 허가가 원칙이나, 긴급한 경우에는 先 구두보고 後 서류작성이 가능하다.
 ② 수사보고서에는 예외사유 등 사항을 구체적으로 기재하고 수사기록에 편철하며, 허가권자는 수사보고서의 의견란 기능을 사용하여 검토사유를 적시하고 결재한다.
 ③ 예외적으로 킥스사용이 불가능한 경우 오프라인으로 작성하고 서류는 허가받은 후 수사기록에 편철하여 보관한다.

심 야 조 사 요 청 서

요 청 인	성 명	
	주민등록번호	
	주 거	
요청일시	20○○.○.○. ○○:○○	
요청이유		

요청인은 위와 같은 이유로 요청인 본인이 자유로운 의사에 의하여 심야조사를
실시할 것을 요청합니다.

20○○.○.○.

요청인   홍 길 동   (서명)

II. 장시간 조사 제한

1. 법적 근거

가. 검사와 사법경찰관의 상호협력과 일반적 수사준칙에 관한 규정

제22조(장시간 조사 제한) ① 검사 또는 사법경찰관은 조사, 신문, 면담 등 그 명칭을 불문하고 피의자나 사건관계인을 조사하는 경우에는 대기시간, 휴식시간, 식사시간 등 모든 시간을 합산한 조사시간(이하 "총조사시간"이라 한다)이 12시간을 초과하지 않도록 해야 한다. 다만, 다음 각 호의 어느 하나에 해당하는 경우에는 예외로 한다.
1. 피의자나 사건관계인의 서면 요청에 따라 조서를 열람하는 경우
2. 제21조제2항 각 호의 어느 하나에 해당하는 경우
② 검사 또는 사법경찰관은 특별한 사정이 없으면 총조사시간 중 식사시간, 휴식시간 및 조서의 열람시간 등을 제외한 실제 조사시간이 8시간을 초과하지 않도록 해야 한다.
③ 검사 또는 사법경찰관은 피의자나 사건관계인에 대한 조사를 마친 때부터 8시간이 지나기 전에는 다시 조사할 수 없다. 다만, 제1항제2호에 해당하는 경우에는 예외로 한다.

나. 경찰수사규칙

제37조(장시간 조사 제한) 사법경찰관리는 피의자나 사건관계인으로부터 수사준칙 제22조제1항제1호에 따라 조서 열람을 위한 조사 연장을 요청받은 경우에는 별지 제24호서식의 조사연장 요청서를 제출받아야 한다.

다. 경찰 수사에 관한 인권보호 규칙

제10조(장시간 조사 제한 등) ① 경찰관은 피의자 또는 사건관계인을 조사하는 경우 수사준칙 제22조제1항 및 제2항에 따라 대기시간, 휴식시간, 식사시간 등 모든 시간을 합산한 총조사시간 12시간을 초과해서는 안 되고, 특별한 사정이 없으면 총조사시간 중 대기시간, 휴식시간, 식사시간 등을 제외한 실제 조사시간 8시간을 초과해서는 안 된다. 다만, 다음 각 호의 어느 하나에 해당하는 경우에는 예외로 한다.
1. 피의자나 사건관계인의 서면 요청에 따라 조서를 열람하는 경우
2. 수사준칙 제21조제2항 각 호의 어느 하나에 해당하는 경우
② 경찰관은 피의자 또는 사건관계인에게 수사준칙 제23조에 따라 휴식시간을 주어야 하며, 조사 중인 피의자 또는 사건관계인의 건강상태에 이상 징후가 발견되는 경우 조사를 즉시 중단하고 의사의 진료를 받게 하는 등 필요한 조치를 해야 한다.
③ 경찰관은 제1항에도 불구하고 수사준칙 제22조제1항 단서에 따라 총조사시간인 12시간을 초과하여 조사하는 경우에도 피의자 또는 사건관계인의 육체적 · 정신적 건강 상태를 고려하여 조사를 진행해야 하고, 피의자 또는 사건관계인이 중단을 요청하는 경우에는 특별한 사정이 없으면 즉시 조사를 종료해야 한다.

2. 총 조사시간 12시간, 실제 조사시간 8시간 초과금지

가. 총 조사시간

① 조사대상자가 수사관을 대면한 후의 대기, 휴식, 식사 시간 등을 모두 포함하여 수사관과의 대면이 종료될 때까지의 시간 의미(일시중지는 종료로 불인정)

② 총 조사시간의 조사는 면담·진술서·진술조서·피의자신문조서 작성 등 일체의 면담 문답 행위를 의미

나. 실제 조사시간

범죄혐의 관련 문답이 이루어지는 시간을 말하며, 이 경우 식사, 휴식, 대기, 조서 열람 등은 제외

3. 총 조사시간 초과 제한 예외

제1호. 피의자나 사건관계인의 서면 요청에 따라 조서를 열람하는 경우

제2호. 체포 후 48시간 이내에 구속영장의 신청, 공소시효가 임박한 경우, 피의자나 사건관계인의 심야조사 요청(변호인 부동의 시 제외), 인권 보호 책임자의 허가 등을 받은 경우

4. 장시간 조사 제한 관련 지침

가. 제1호 사유

조사대상자의 자필로 작성한 서류를 제출받아 수사기록에 편철한다

나. 제2호 사유

12시간 초과사유를 조서에 관련 사실을 기재하거나 조서에 기재할 수 없는 때에는 수사보고서에 사유를 구체적으로 기재한다.

예, 조서작성 개시시간은 20○○.○.○. ○○:○○으로서 현재 총 조사시간이 12시간을 경과하여 장시간 조사 제한에 해당하나, 공소시효 만료시일이 20○○.○.○.로서 심야조사가 불가피하여 수사준칙 제21조 제2항 제2호(공소시효 임박)에 의거하여 조사를 계속 진행함.

다. 재조사

조사종료 후 최소 8시간 경과 전에는 그 조사대상자를 다시 조사할 수 없으나 제2호 사유에 해당하면 재조사 가능

조 사 연 장 요 청 서

요청인	성 명	
	주민등록번호	
	주 거	
비 고		※ 요청에 참고할 사항이 있으면 기재

요청인은 「검사와 사법경찰관의 상호협력과 일반적 수사준칙에 관한 규정」 제22
조에 따라 조서의 열람을 위해 요청인 본인의 자유로운 의사에 의하여 조사시간
연장을 요청합니다.

20○○.○.○.

요청인   홍 길 동   (서명)

III. 휴식시간 부여

1. 법적 근거

가. 검사와 사법경찰관의 상호협력과 일반적 수사준칙에 관한 규정

> 제23조(휴식 시간 부여) ① 검사 또는 사법경찰관은 조사에 상당한 시간이 소요되는 경우에는 특별한 사정이 없으면 피의자 또는 사건관계인에게 조사 도중에 최소한 2시간마다 10분 이상의 휴식시간을 주어야 한다.
> ② 검사 또는 사법경찰관은 조사 도중 피의자, 사건관계인 또는 그 변호인으로부터 휴식시간의 부여를 요청받았을 때에는 그때까지 조사에 소요된 시간, 피의자 또는 사건관계인의 건강상태 등을 고려해 적정하다고 판단될 경우 휴식시간을 주어야 한다.
> ③ 검사 또는 사법경찰관은 조사 중인 피의자 또는 사건관계인의 건강상태에 이상 징후가 발견되면 의사의 진료를 받게 하거나 휴식하게 하는 등 필요한 조치를 해야 한다.

2. 관련 지침

가. 조사 시 최소 2시간마다 10분 이상 휴식시간 부여

 ① 조사는 면담, 진술서, 진술조서, 피의자신문조서 작성 등의 일체 대면 문답 행위를 의미

 ② 휴식시간 부여 사실을 조서에 기재하고 조서를 작성하지 않은 면담의 경우는 입건전조사수사보고서에 관련 사실 기재

 ③ 휴식시간을 부여함에도 대상자가 이를 거절하고 조사를 계속 요구할 경우 조서(또는 수사보고서)에 해당 사실을 기재한 후 조사

나. 조사대상자 또는 그 변호인의 요청 시 휴식시간 부여 판단

 대상자의 요청이 있는 경우, 그때까지의 조사에 든 시간, 대상자의 건강 상태 등을 고려하여 의도적인 조사방해 목적이 아니라고 판단 되면 휴식시간 부여

다. 조사 도중 대상자의 건강에 이상 징후 발견 시 조치

 ① 조자 중인 피의자나 사건관계인의 건강 상태에 이상 징후가 발견되면 병원 진료 또는 휴식시간 제공 등 적정한 조치

 ② 특이사항은 조서작성 시에는 조서에, 면담 등의 경우네는 수사보고서에 관련 사실 기재

제11절 진술 영상녹화

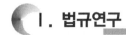

1. 형사소송법

> **제244조의2(피의자진술의 영상녹화)** ① 피의자의 진술은 영상녹화할 수 있다. 이 경우 미리 영상녹화
> 사실을 알려주어야 하며, 조사의 개시부터 종료까지의 전 과정 및 객관적 정황을 영상녹화하여야 한다.
> ② 제1항에 따른 영상녹화가 완료된 때에는 피의자 또는 변호인 앞에서 지체 없이 그 원본을 봉인하고
> 피의자로 하여금 기명날인 또는 서명하게 하여야 한다.
> ③ 제2항의 경우에 피의자 또는 변호인의 요구가 있는 때에는 영상녹화물을 재생하여 시청하게 하여야 한
> 다. 이 경우 그 내용에 대하여 이의를 진술하는 때에는 그 취지를 기재한 서면을 첨부하여야 한다.
> **제221조(제3자의 출석요구 등)** ① 검사 또는 사법경찰관은 수사에 필요한 때에는 피의자가 아닌 자의
> 출석을 요구하여 진술을 들을 수 있다. 이 경우 그의 동의를 받아 영상녹화할 수 있다.
> **제318조의2(증명력을 다투기 위한 증거)** ② 제1항에도 불구하고 피고인 또는 피고인이 아닌 자의 진
> 술을 내용으로 하는 영상녹화물은 공판준비 또는 공판기일에 피고인 또는 피고인이 아닌 자가 진술
> 함에 있어서 기억이 명백하지 아니한 사항에 관하여 기억을 환기시켜야 할 필요가 있다고 인정되는
> 때에 한하여 피고인 또는 피고인이 아닌 자에게 재생하여 시청하게 할 수 있다.

2. 형사소송규칙

> **제134조의2(영상녹화물의 조사 신청)** ① 검사는 피고인이 된 피의자의 진술을 영상녹화한 사건에서
> 피고인이 그 조서에 기재된 내용이 피고인이 진술한 내용과 동일하게 기재되어 있음을 인정하지 아
> 니하는 경우 그 부분의 성립의 진정을 증명하기 위하여 영상녹화물의 조사를 신청할 수 있다.
> ② 검사는 제1항에 따른 신청을 함에 있어 다음 각 호의 사항을 기재한 서면을 제출하여야 한다.
>   1. 영상녹화를 시작하고 마친 시각과 조사 장소
>   2. 피고인 또는 변호인이 진술과 조서 기재내용의 동일성을 다투는 부분의 영상을 구체적으로 특정
>   할 수 있는 시각
> ③ 제1항의 영상녹화물은 조사가 개시된 시점부터 조사가 종료되어 피의자가 조서에 기명날인 또는 서
> 명을 마치는 시점까지 전과정이 영상녹화된 것으로, 다음 각 호의 내용을 포함하는 것이어야 한다.
>   1. 피의자의 신문이 영상녹화되고 있다는 취지의 고지
>   2. 영상녹화를 시작하고 마친 시각 및 장소의 고지
>   3. 신문하는 검사와 참여한 자의 성명과 직급의 고지
>   4. 진술거부권·변호인의 참여를 요청할 수 있다는 점 등의 고지
>   5. 조사를 중단·재개하는 경우 중단 이유와 중단 시각, 중단 후 재개하는 시각
>   6. 조사를 종료하는 시각
> ④ 제1항의 영상녹화물은 조사가 행해지는 동안 조사실 전체를 확인할 수 있도록 녹화된 것으로 진술자
> 의 얼굴을 식별할 수 있는 것이어야 한다.
> ⑤ 제1항의 영상녹화물의 재생 화면에는 녹화 당시의 날짜와 시간이 실시간으로 표시되어야 한다.
> ⑥ 제1항, 제3항부터 제5항은 검사가 피고인이 아닌 피의자 진술에 대한 영상녹화물의 조사를 신청하는

경우에 준용한다.

제134조의3(제3자의 진술과 영상녹화물) ① 검사는 피의자가 아닌 자가 공판준비 또는 공판기일에서 조서가 자신이 검사 또는 사법경찰관 앞에서 진술한 내용과 동일하게 기재되어 있음을 인정하지 아니하는 경우 그 부분의 성립의 진정을 증명하기 위하여 영상녹화물의 조사를 신청할 수 있다.

② 검사는 제1항에 따라 영상녹화물의 조사를 신청하는 때에는 피의자가 아닌 자가 영상녹화에 동의하였다는 취지로 기재하고 기명날인 또는 서명한 서면을 첨부하여야 한다.

③ 제134조의2 제3항 제1호부터 제3호, 제5호, 제6호, 제4항, 제5항은 검사가 피의자가 아닌 자에 대한 영상녹화물의 조사를 신청하는 경우에 준용한다.

제134조의5(기억 환기를 위한 영상녹화물의 조사) ① 법 제318조의2 제2항에 따른 영상녹화물의 재생은 검사의 신청이 있는 경우에 한하고, 기억의 환기가 필요한 피고인 또는 피고인 아닌 자에게만 이를 재생하여 시청하게 하여야 한다.

② 제134조의2 제3항부터 제5항까지와 제134조의4는 검사가 법 제318조의2 제2항에 의하여 영상녹화물의 재생을 신청하는 경우에 준용한다.

3. 경찰수사규칙

제43조(영상녹화) ① 사법경찰관리는 법 제221조제1항 또는 제244조의2제1항에 따라 피의자 또는 피의자가 아닌 사람을 영상녹화하는 경우 그 조사의 시작부터 조서에 기명날인 또는 서명을 마치는 시점까지의 모든 과정을 영상녹화해야 한다. 다만, 조사 도중 영상녹화의 필요성이 발생한 때에는 그 시점에서 진행 중인 조사를 중단하고, 중단한 조사를 다시 시작하는 때부터 조서에 기명날인 또는 서명을 마치는 시점까지의 모든 과정을 영상녹화해야 한다.

② 사법경찰관리는 제1항에도 불구하고 조사를 마친 후 조서 정리에 오랜 시간이 필요한 경우에는 조서 정리과정을 영상녹화하지 않고, 조서 열람 시부터 영상녹화를 다시 시작할 수 있다.

③ 제1항 및 제2항에 따른 영상녹화는 조사실 전체를 확인할 수 있고 조사받는 사람의 얼굴과 음성을 식별할 수 있도록 해야 한다.

④ 사법경찰관리는 피의자에 대한 조사 과정을 영상녹화하는 경우 다음 각 호의 사항을 고지해야 한다.

  1. 조사자 및 법 제243조에 따른 참여자의 성명과 직책

  2. 영상녹화 사실 및 장소, 시작 및 종료 시각

  3. 법 제244조의3에 따른 진술거부권 등

  4. 조사를 중단·재개하는 경우 중단 이유와 중단 시각, 중단 후 재개하는 시각

⑤ 사법경찰관리는 피의자가 아닌 사람의 조사 과정을 영상녹화하는 경우에는 별지 제35호서식의 영상녹화 동의서로 영상녹화 동의 여부를 확인하고, 제4항제1호, 제2호 및 제4호의 사항을 고지해야 한다. 다만, 피험의자에 대해서는 제4항제1호부터 제4호까지의 규정에 따른 사항을 고지해야 한다.

제44조(영상녹화물의 제작 및 보관) ① 사법경찰관리는 조사 시 영상녹화를 한 경우에는 영상녹화용 컴퓨터에 저장된 영상녹화 파일을 이용하여 영상녹화물(CD, DVD 등을 말한다. 이하 같다) 2개를 제작한 후, 피조사자 또는 변호인 앞에서 지체 없이 제작된 영상녹화물을 봉인하고 피조사자로 하여금 기명날인 또는 서명하게 해야 한다.

② 사법경찰관리는 제1항에 따라 영상녹화물을 제작한 후 영상녹화용 컴퓨터에 저장되어 있는 영상녹화 파일을 데이터베이스 서버에 전송하여 보관할 수 있다.

③ 사법경찰관리는 손상 또는 분실 등으로 제1항의 영상녹화물을 사용할 수 없는 경우에는 데이터베이스 서버에 보관되어 있는 영상녹화 파일을 이용하여 다시 영상녹화물을 제작할 수 있다.

Ⅱ. 피의자 진술의 영상녹화

1. 피의자의 진술은 영상녹화 할 수 있다. 이 경우 미리 영상녹화 사실을 알려 주어야 하며, 조사의 개시부터 종료까지의 전 과정 및 객관적 정황을 영상녹화 하여야 한다.

2. 제1항에 따른 영상녹화가 완료된 때에는 피의자 또는 변호인 앞에서 지체 없이 그 원본을 봉인하고 피의자가 기명날인 또는 서명하게 하여야 한다.

3. 제2항의 경우에 피의자 또는 변호인의 요구가 있는 때에는 영상녹화물을 재생하여 시청하게 하여야 한다. 이 경우 그 내용에 대하여 이의를 진술하는 때에는 그 취지를 기재한 서면을 첨부하여야 한다(법 제244조의2).

4. 영상녹화물은 조사가 개시된 시점부터 조사가 종료되어 피의자가 조서에 기명날인 또는 서명을 마치는 시점까지 전 과정이 영상녹화 된 것으로, 다음 각 호의 내용을 포함하는 것이어야 한다(형사소송규칙 제134조의2).
   ① 피의자의 신문이 영상녹화 되고 있다는 취지의 고지
   ② 영상녹화를 시작하고 마친 시각 및 장소의 고지
   ③ 신문하는 검사와 참여한 자의 성명과 직급의 고지
   ④ 진술거부권·변호인의 참여를 요청할 수 있다는 점 등의 고지
   ⑤ 조사를 중단·재개하는 경우 중단 이유와 중단 시각, 중단 후 재개하는 시각
   ⑥ 조사를 종료하는 시각

5. 제4항의 영상녹화물은 조사가 행해지는 동안 조사실 전체를 확인할 수 있도록 녹화된 것으로 진술자의 얼굴을 식별할 수 있어야 한다.

6. 사법경찰관은 사건송치 시 봉인된 영상녹화물을 기록과 함께 송치하여야 한다.

7. 영상녹화물 송치 시 사법경찰관은 송치서 표지 비고란에 영상녹화물의 종류 및 개수를 표시하여야 한다.

III. 참고인 등 진술의 영상녹화

1. 사법경찰관은 수사에 필요한 때에는 피의자가 아닌 자의 출석을 요구하여 진술을 들을 수 있다. 이 경우 그의 동의를 받아 영상녹화 할 수 있다. (법 제221조)

2. 피의자가 아닌 자가 공판준비 또는 공판기일에서 조서가 자신이 검사 또는 사법경찰관 앞에서 진술한 내용과 동일하게 기재되어 있음을 인정하지 아니하는 경우 그 부분 성립의 진정을 증명하기 위하여 영상녹화물의 조사를 신청할 수 있다(이하 형사소송규칙 제134조의3).

3. 검사는 제2항에 따라 영상녹화물의 조사를 신청하는 때에는 피의자가 아닌 자가 영상녹화에 동의하였다는 취지로 기재하고 기명날인 또는 서명한 서면을 첨부하여야 한다.

4. 위 '피의자 진술의 영상녹화 제4항'의 사항은 참고인 등의 녹화에도 준용한다.

■ 판례 ■ **수사기관이 참고인을 조사하는 과정에서 형사소송법 제221조 제1항에 따라 작성한 영상녹화물이 공소사실을 직접 증명할 수 있는 독립적인 증거로 사용될 수 있는지 여부(원칙적 소극)**

2007. 6. 1. 법률 제8496호로 개정되기 전의 형사소송법에는 없던 수사기관에 의한 피의자 아닌 자(이하 '참고인'이라 한다) 진술의 영상녹화를 새로 정하면서 그 용도를 참고인에 대한 진술조서의 실질적 진정성립을 증명하거나 참고인의 기억을 환기시키기 위한 것으로 한정하고 있는 현행 형사소송법의 규정 내용을 영상물에 수록된 성범죄 피해자의 진술에 대하여 독립적인 증거능력을 인정하고 있는 성폭력범죄의 처벌 등에 관한 특례법 제30조 제6항 또는 아동·청소년의 성보호에 관한 법률 제26조 제6항의 규정과 대비하여 보면, 수사기관이 참고인을 조사하는 과정에서 형사소송법 제221조 제1항에 따라 작성한 영상녹화물은, 다른 법률에서 달리 규정하고 있는 등의 특별한 사정이 없는 한, 공소사실을 직접 증명할 수 있는 독립적인 증거로 사용될 수는 없다고 해석함이 타당하다.(대법원 2014. 7. 10., 선고, 2012도5041, 판결)

영상녹화 동의서

진 술 자	성 명	홍 길 동	주민등록번호	770101-1234567
	주 거	○○시 ○○동 123번지		

　상기인은　　○○ 피의사건에 관하여 피의자·참고인·피해자로서 진술함에 있어 진술내용이 영상녹화됨을 고지받고 강제적인 압력이나 권유를 받음이 없이 영상녹화 하는 것에 동의합니다.

20○○. ○. ○.

성 명　홍 길 동　(인)

○○경찰서장 귀하

✽ 진술 영상녹화 수사보고 (피의자 경우)

○ ○ 경 찰 서

20○○. ○. ○.

수신 : 경찰서장

참조 : 수사(형사)과장

제목 : 피의자 홍길동에 대한 영상녹화 수사보고

　　○○피의사건에 관하여 사법경찰관(리) ○○ 오정철은 사법경찰관(리) 경위 김길동을 참여하게 하고 피의자 홍길동을 대상으로 다음과 같이 영상녹화를 실시하였기 보고합니다.

– 다 음 –

1. 피의자 인적사항

　　성　　　　　명 : 홍 길 동

　　주민등록번호 : 770101-1234567

　　주　　　　　거 : ○○시 ○○동 123번지

2. 신문 일시 : 20○○. ○. ○. 14:00경부터 15:00까지 (총 60분)

3. 신문 장소 : ○○경찰서 경제1팀 사무실

4. 영상녹화를 하게 된 경위

　　범죄사실 일부를 부인하고 차후 번복 진술할 우려가 있으므로

5. 재생·시청 후 진술자 또는 변호인의 이의제기 사항

　　없 음

경 로	수사지휘 및 의견	구분	결 재	일시

✻ 진술 영상녹화 수사보고 (참고인·피해자 경우)

○ ○ 경 찰 서

20○○. ○. ○.

수신 : 경찰서장

참조 : 수사(형사)과장

제목 : **참고인(피해자) 홍길동에 대한 영상녹화 수사보고**

　　○○피의사건에 관하여 사법경찰관(리) ○○ 김석민은 참고인(피해자) 홍길동을 대상으로 다음과 같이 영상녹화를 실시하였기 보고합니다.

– 다 음 –

1. 진술자

　성　　　　　명 : 홍 길 동

　주민등록번호 : 770101-1234567

　주　　　　거 : ○○시 ○○동 123번지

2. 조사 일시 : 20○○. ○. ○. 14:00경부터 15:00까지 (총 60분)

3. 조사 장소 : ○○경찰서 경제1팀 사무실

4. 영상녹화를 하게 된 경위

　　범죄사실 일부를 부인하고 차후 번복 진술할 우려가 있으므로

5. 재생·시청 후 진술자 이의제기 사항

　없 음

경 로	수사지휘 및 의견	구분	결 재	일시

제1절 일반사항

1. 문장의 체제

범죄사실을 한 개의 문장으로 작성하는 것 보다 여러 개의 짧고 간결한 문장으로 작성한다.

문장을 나눌 때는 필요한 경우 '그리고, 그러나, 그리하여, 따라서' 등의 접속사를 적절하게 사용하면 된다.

쉽게 읽을 수 있는 최적의 문장길이는 50자 정도가 적당하다. 따라서 2~3행 이내로 하면 될 것이다.

2. 종결 문구

종전 범죄사실은 첫머리에 '피의자는 ~자인바'라는 문구로 시작하고, '~한 것이다'라는 문구로 끝난다. 그러나 '피의자는 ~하였다'라는 형식으로 바꾸는 것이 옳은 표현이다.

또한, 범죄사실을 작성하면서 구성요건 요소도 아닌 직업을 다시 중복하여 모두(冒頭) 사실로 기재하는 때도 많았다. 그러나 이는 불필요하므로 범죄사실에 다시 직업을 기재하지 않는다.

例, 피의자는 20○○. ○. ○. ○○지방법원에서 사기죄로 징역 6개월을 선고받아 20○○. ○. ○. ○○교도소에서 그 형의 집행을 종료하였다.

피의자는 20○○. ○. ○.경 …… 하였다.

3. 어법에 맞는 문장 작성

가. 들여쓰기 및 행과 문단의 구분

종전에는 범죄사실을 작성할 때 모두사실을 쓰고 난 다음 또는 모두사실이 없는 경우 '피의자는'이라 기재한 다음에 본문을 들여쓰기하여 작성했다. 그러나 이러한 문서의 형태는 국어 문장의 작성 방식에 맞지 않는다.

따라서 들여쓰기는 일반 문장 작성에서와 마찬가지로 새로 시작되는 문단의 첫 단어에서만 하면 된다.

또한, 모두사실을 적시하고 문장이 끝나지 않았을 때는 행을 바꾸지 말고, 문장을 완결한 다음 새로운 문단으로 구분하면서 행을 바꾸어 쓴다.

범죄사실 첫머리가 문단의 첫 줄이 되므로 들여쓰기를 하여 첫머리를 작성하고, 전체 사실로 보아 행위 상황이나 생각의 단위가 바뀌면 문단도 바꾸어 새로운 문단으로 문장을 작성하며, 새로이 바뀌는 문단의 첫 줄은 들여쓰기한다.

例, 피의자는 20○○. ○. ○.경부터 ○○○에 있는 우리은행 ○○지점 대리로 근무하면서 대출담당 업무에 종사하였다.

　　피의자는 20○○. ○. ○.경 위 은행지점에서 위 은행 내규상 ○○만원 이상은 무담보대출이 금지되어 있으므로 ○○만원 이상의 대출을 함에 있어서는 채무자로부터 담보를 제공받아야 할 업무상 임무가 있었다.

　　그럼에도 불구하고 피의자는 그 임무에 위배하여 홍길동의 이익을 도모할 의도로 그에게 무담보로 ○○만원을 대출하고 그 회수를 불능하게 하여 그에게 ○○만원 상당의 재산상 이익을 취득하게 하고 위 은행에 동액 상당의 손해를 가하였다.

나. 문장의 주어 등 구성요소 명시

각 항을 별개의 문장으로 작성하고 문장마다 주어를 명기한다. 문맥의 흐름에 따라 피의자 이외의 주어를 사용하는 것도 가능하다. 다만 같은 항을 여러 개의 문장으로 작성할 경우 문장마다 주어인 피의자가 바뀌지 않고 주어를 생략하여도 전체 문맥을 명확히 이해할 수 있으면 피의자를 중복하여 기재할 필요가 없다.

例, 피의자는 20○○. ○. ○. …이유로 단속되었다.

피의자는 …위 경찰관의 교통단속에 관한 정당한 직무집행을 방해하였다.

제2절 범죄의 주체

1. 범죄사실의 대개는 "피의자는, …하였다."라는 형식을 취한다. 피의자는, 라고 쓰기 시작하면 끝까지 이 주어를 하나로써 끝나도록 하고, 동사의 활용에도 주의하여 구두점을 찍어서 문장의 혼란을 피해야 할 것이다.

2. 특히 행위자의 신분이 직접 범죄의 구성요건이 되었을 경우(도주죄, 공무원범죄, 업무상횡령, 상습도박죄 등)에는 그 신분을 가지고 있는 것이 명확히 기재되도록 하여야 한다.
   "피의자는 20○○. 2. 20.부터 20○○. 9. 30.경까지 ○○은행 안도지점에서 ○○○직에 근무한 자로서"

3. 피의자가 1인인 경우

  가. 일반적인 경우
   "피의자는" …하였다
  나. 죄명이 여러 개인 경우
   1. 상습사기
    가. 피의자는 20○○. ○. ○.… 술과 안주 시가 ○○만원 상당을 제공받았다.
    나. 피의자는 20○○. ○. ○.… 시가 ○○만원 상당을 제공받았다.
    이로써 피의자는 2회에 걸쳐 상습으로 피해자 甲을 기망하여 술과 안주를 제공받았다.
   2. 상해
    피의자는 20○○. ○. ○. … ○○상 등을 가하였다.

4. 피의자가 다수인 경우(공동정범)

  가. 공범에 대한 표기방법
   ① 공모하여
    – 일반적으로 공동정범의 행위를 표현할 때 사용
   ② 합동하여
    – 특수절도, 특수강도, 특수도주, 성폭력법 제4조(특수강간등) 등 합동범의 행위를 표현할 때 사용

③ 공동하여
- 「폭력행위등 처벌에 관한 법률」 제2조에서 2인 이상이 공동하여 폭행 등을 한 경우에 처벌하는 특별구성요건을 표현하는 것
- 「폭력행위등 처벌에 관한 법률」 제2조 제2항의 2인 이상이 공동하여 폭행 등의 죄를 범한 때라고 함은 그 수인 간에 소위 공범 관계가 존재하는 것을 요건으로 하고, 수인 이 동일 장소에서 동일 기회에 상호 다른 자의 범행을 인식하고 이를 이용하여 범행한 경우임을 요한다.

나. 피의자들이 공동정범이나 1인만이 상습범인 경우

"피의자들은 공모하여 乙은 상습으로."

다. 공동정범 중 1인만을 체포한 경우

"피의자는 미체포인 홍길동 외 2명과 공모하여" 또는

"피의자는 성명을 알 수 없는 3명과 ……공모하여"

라. 공동정범 중 1인만을 송치(기소)할 경우

"피의자 甲은 乙과 공모하여 …을 하였다."

마. 공범 중 1인만 기소할 경우

"피의자는 甲과 공모하여"

바. 공범 모두를 기소할 경우

"피의자 甲, 피의자 乙은 공모하여"

사. 기소하지 않는 공범이 수인인 경우

"피의자 甲은 乙 등 3인과 공모하여"

5. 교사와 방조의 기재방법

가. 정범과 교사범을 동시에 기소하는 경우

"1. 피의자 甲(교사범)은, ……乙(정범)에게 ……등을 말하여 그에게 ……(범죄)할 것을 마음먹게 하고, 그에게 ……(범죄내용을 구체적으로 적시)……하게 하여서 (절도, 강도 등)을 교사하였다

2. 피의자 乙(정범)은, 위 甲의 교사에 의하여……(범행)……을 하였다."

나. 정범과 방조범을 동시에 기소하는 경우

"1. 피의자 甲(정범)은 ……(범죄내용) ……을 하였다

2. 피의자 乙은, ……(일시 및 장소) ……에서 위 丁이 ……하는 그 정을 알면서도 ……(방조행위)를 함으로써 위 丁의 위(범행)을 도와주어 ……이를 방조하였다."

다. 교사범만을 기소하는 경우

"피의자 甲은, ……乙(피교사자)에게 ……하고 말하여 그에게 ……(범죄) ……의 뜻을 일으키게 하여 ……(범행)을 하게 함으로써 ……의 교사를 하였다."

라. 방조범만을 기소하는 경우

"피의자 甲은, 乙(정범)이 ……(범행)함에 있어서 이를 도울 목적으로 ……을 함으로써 위 乙의 위 범행을 쉽게 하여 이를 방조하였다."

6. 간접정범의 기재방법

"……그 정을 모르는 甲을 시켜 (범행)……을 하게 하여 이를 절취하였다." 또는 "형사 미성년자인 乙(10세)을 시켜 …… (범행)을 하게 하여 이를 절취하였다."

7. 필요적 공범의 기재방법

가. 대향범

2인 이상의 대향적 협력에 의하여 성립하는 범죄 (인신매매, 아동혹사죄 등)

나. 집합범 : 도박, 집시법 위반 등

공동정범과 같이 하나의 문장으로 종합하여 기재하되 "공모하여"라는 표현을 쓰지 않는다.

"피의자들은 ……하여서 (피의자들의 범행을 구체적으로 기재) 각각 도박하였다."

8. 합동범인 경우

"피의자들은 20○○. ○. ○. 03:00경 ○○에 있는 피해자 A가 경영하는 삼성전자 ○○ 대리점에서, 피의자 甲은 위 대리점 앞길에서 망을 보고, 피의자 乙은 절단기로 위 대리점 철문 자물쇠를 절단하고 들어갔다.

피의자 乙은 그곳에 있는 위 피해자 소유인 시가 합계 ○○만원 상당의 삼성 텔레비전 ○○대, 냉장고 ○○대 등을 미리 대기시켜 놓은 피의자 甲 소유인 ○○사1234호 타이탄 트럭에 싣고 갔다.

그리하여 피의자들은 합동하여 위 물품을 절취하였다."

9. 두 사람이 공범자가 아닌 경우

"1. 피의자 甲은 ……을 절취하였다.

2. 피의자 乙은 甲이 훔친 물건이라는 점을 알면서도 이를 ○○ 만원에 사들여 장물을 취득하였다."

제3절 범죄일시 및 장소

1. 범죄일시

가. 일시는 가급적 확정적으로 쓰되 상세한 일시를 모르면 특정될 정도의 표시를 하여도 좋다.

나. 년, 월, 일, 시 등의 기재는 전체 문장과의 체제를 고려하여 한 문장 안에서는 통일된 방법으로 표현하여야 한다.
  - "20○○. 5월경" 또는 "20○○. 5월 상순경", "20○○. 5. 10. 11:00경", "20○○. 4월 하순 17:30경"

다. '같은 해' 또는 '동년', '같은 달' 등의 표현은 그 해당 연월일을 확인하기 위하여 범죄사실을 다시 거슬러 올라가 찾아야 하는 불편이 있을 수 있어 해당 연월일을 모두 숫자로 표기한다. 다만 '같은 날'과 '다음 날'은 사용한다.

라. 일시·장소는 상세히 기재하여야 하며, 범죄에 따라서 명령서·통지서 등을 전달받아야 하는 경우가 있는바, 이럴 때는 그 통지서 등을 전달받은 일시·장소도 표시하여야 하며, 포괄일죄가 아니어도 "언제부터 언제까지 총 얼마 상당을 절취하였다."라고 포괄하여 적시하는 경우가 있으나 이는 부당하고, 행위마다 일시·장소를 특정하여 기재하여야 한다.

마. 문서위조나 횡령 등과 같이 범행시간이 범정에 영향이 없는 범죄에서는 시간까지 꼭 기재할 필요는 없으나, 그 외 절도, 강도, 주거침입, 살인, 강간, 공갈 등 대부분은 있어서는 시간까지를 기재하여 주어야 한다.

2. 범죄의 장소

가. 범죄의 장소도 일시와 마찬가지로 가급적 특정될 정도로 기재하여야 한다. 그리고 번지, 호 등의 문자를 덧붙일 때는 통일된 방법으로 표현하여야 한다.

나. 범행 장소는 행정구역에 의거 특정하는 것이 바람직하다.

다. 주거침입과 같이 장소가 법익침해 그 자체로서 중요한 의미가 있는 경우에는 "그 집 현관에서 안방까지" 또는 "2호실 안에서"와 같이 구체적으로 표시한다.

라. 불특정장소에서 유흥비로 공금 등을 횡령한 경우와 같이 장소를 하나하나 특정키 어려운 경우에는 "○○시내 등지에서"와 같이 표시해도 무방하다.

마. 도로에는 지번이 없으므로 부득이 "……앞 노상 또는 ○○동 305호 앞길에서"라고 기재한다.

제4절 피해자와 피해품

1. 피해자

가. 피해자가 폭행, 상해, 살인, 강간, 유기 등 범죄에 있어서와 같이 자신이 범죄의 실체인 경우와 강도 등에서와 같이 범죄의 실체인 물건의 소유자, 관리자의 경우 어느 경우에나 피해자는 성명으로 표시한다.

나. 성명이 불상이면 피해자 미상으로 기재하지 말고 그 사람의 인상, 추정연령 등의 특징으로써 특정하여 표시하면 된다.

다. 음행, 유기, 아동학대, 미성년자의 약취, 유인, 미성년자에 대한 간음, 추행, 준사기에 대해서는 피해자의 연령기재를 필히 하여야 한다.

라. 폭행, 살인, 공갈 등과 같이 직접 사람 몸에 대하여 공격을 가하는 범죄 또는 인신을 공격하는 것에 의하여 물건을 취득하는 범죄에도 피해자의 연령을 기재하고 절도, 횡령, 문서위조 등 범죄의 객체는 물건 자체이고 피해자인 사람은 물건의 소유자, 관리자에 지나지 않을 때는 연령을 기재할 필요가 없다.

마. 재산범죄, 폭력사건 등에 있어서는 피해자를 특정해야 한다.

2. 피해품

가. 피해품의 소유자, 점유자를 표시한다.

나. 피해품이 다수인 경우에는 일괄적으로 기재한다.

다. 방화, 실화의 경우에는 "시가 약 ○○만원 상당의 목조기와집 1층 주택 1채 연면적 110㎡", "시가 약 ○○만원 상당의 목조 슬레이트 지붕 창고 건물 1동, 면적 약 230㎡ 외 1동"

라. 피해품은 합해서 기재하여도 좋으나 기록상으로는 피해신고서, 그 이외의 것은 반드시 개개의 가격 등을 기타 특정되도록 기재하지 않으면 안 된다.

마. 피해품은 가능한 한 구체적으로 기재하여야 한다.
"카메라 1개"라고 표시하기보다는 "삼성 중고 ○○○카메라 1개"라고 표시하여야 한다.

바. 시가는 원칙적으로 정당한 소매가격에 따라 표시한다.
"시가 200,000원 상당의 중고품 김치냉장고 1대,"
- 소매가격을 알 수 없는 경우 일반적으로 피해자가 신고한 가격을 표시하면 좋으나 피해자 신고가격이 현저하게 높은 경우 "피해자 신고가격 300,000원 상당"으로 표기
- 가격산정이 어렵고 피해자와 피의자의 주장이 상이한 경우 "피해자 주장 ○○○원"으로 표기

제5절 수단과 동기

1. 범죄수단

범죄의 수단, 방법은 구성요건의 핵심을 이루는 것이므로 특히 유의하여 구체적이면서도 간결하게 기재하여야 하며 그 표현방법은 각 범죄에 따라 상용의 표기방법이 있으니 이를 활용하는 것이 좋다.

2. 범죄의 동기와 원인

가. 범죄의 동기, 원인은 구성요건이 아니므로 범죄사실 중에는 이를 기재하지 않는 것이 보통이다. 그러나 "동기범죄"라고 불리는 폭행, 상해, 살인, 방화, 강도살인 등은 동기와 원인을 써서 범의를 명확히 해야 좋다.

나. 동기는 사건의 내용을 알 수 있을 정도로 적시하고, 특히 범죄 구성요건이 어떤 목적을 필요로 할 때는 그 목적을 필히 기재하여야 하며 또한 쌍방 폭행 사건에서는 누가 먼저 범행을 유발케 했는지 알 수 있도록 하여야 한다.

※ 부적절한 용어 개선

○ 소재 → ~에 있는

○ 1매 → 1장

○ 성명 불상 → 성명을 알 수 없는(모르는),

○ 박명불상 → 박 아무개

○ 초순 일자불상경 → 초순경,

○ 그 시경 → 그 무렵, 그때쯤

○ 상호불상 커피숍 → 상호를 알 수 없는 커피숍

○ 금원 → 돈

○ 동인, 동녀 → 피해자 또는 그, 그녀

○ 각 위조하고, → 각각 위조하고

○ 반항을 억압한 후 → 반항하지 못하게 한 후

○ 불응하면 → 응하지 않으면

○ 동인을 외포케 한 후 → 피해자에게 겁을 준 후

○ 도금을 걸고 → 돈을 걸고

○ 시계 1개 시가 ○○만 원 상당을 절취하고(품명, 수량, 시가의 순)
　→ 시가 ○○만 원 상당의 시계 1개를 절취하고(시가, 품명, 수량의 순)

○ 등 수리비 ○○만 원 상당을 부수어
　→ 등 수리비가 ○○만 원이 들 정도로(들도록) 부수어

○ 주먹과 발로 마구 떼려 → 주먹으로 때리고, 발로 차서

○ ~인바, 한바, 하였던바 → ~인데, 하니, 하였더니

○ 편취한 것이다 → 사람을 기망하여 재물의 교부를 받았다. 또는 재산상 이익을 취득하였다.

○ 갈취한 것이다 → 사람을 공갈하여 재물의 교부를 받았다. 또는 재산상 이익을 취득하였다.

제6절 범죄행위와 결과

1. "피의자는 ~하였다" 형식으로 끝을 맺는다.
2. 범죄행위를 표시하는 데는 보통 범행의 상황을 구체적으로 기재한 다음 맨 끝에 가서 이를 법률용어로써 마무리하는 것이 보통이다.

   가. 공무집행방해의 경우

   ……등의 폭행을 가하여 그 경찰관의 정당한 직무집행을 방해하였다.

   나. 공문서위조의 경우

   ……을 만든 다음 ……도장을 찍어 순천시장 조○○ 작성의 ○○에 대한 인감증명서 1통을 위조하였다.

   다. 절도의 경우

   ……침입하여 그곳 방바닥에 놓여있던 피해자 소유 시가 ○○만원 상당의 노트북(○○사 제품 중고) 1개를 가져가 이를 절취하였다.

3. 구성요건으로써 결과 발생해야 하는 것은 발생한 결과를 기재하여야 하며, 살인이라든가 상해치사와 같이 중대한 결과의 발생이면 그 사망일시 및 장소도 구체적으로 기재한다.

   가. 상해의 경우

   "……주먹으로 그의 얼굴을 두 차례 때려서 약 1주일간의 치료를 요하는 안면 타박상을 가하였다."

   나. 살인의 경우

   "……식칼(크기)로 그의 배를 찔러 그에게 같은 날 21:00경 ○○에 있는 성가롤로 병원에서 그 상처로 인하여 간장동맥절단에 의한 출혈로 사망에 이르게 하여 그를 살해하였다."

   다. 상해치사의 경우

   "……등의 이유로 시비 되어 언쟁 중 그의 두부를 수회 구타하고, 주위에 있던 3홉 크기의 깨진 맥주병으로 왼쪽 가슴을 찔러 약 3주간의 치료를 요하는 ○○○상해를 가하고 그다음 날 ○○○병원에서 위 상해로 인하여 ○○출혈로써 그를 사망에 이르게 하였다."

제7절 공 범

1. 교 사

본범과 교사범을 동시에 기소하는 경우

가. 피의자 甲(교사범)

피의자는 피의자 乙(본범)에게 ……라고 말을 하여" 그에게……할 것을 마음먹게 하고 그에게 ……(범행내용을 구체적으로 적시)하게 하여서 절도(범죄명)를 교사하였다.

나. 피의자 乙(본범)

피의자는 피의자 甲의 교사에 따라 ……(범행내용)을 하였다.

2. 상호 폭행한 경우

피의자별로 나누어 범죄사실을 적시한다.

3. 상상적 경합범의 기재방법

가. 同種의 상상적 경합범

"피의자는 ……자기 소유의 승용차로 홍길동 운전의 (차량번호, 차종) 뒤범퍼를 충돌케 하여 그 충격으로 인하여 그 차에 타고 있던 홍길동에 대하여 약 2주일간의 치료를 요하는 ○○상, 피해자 홍길녀에 대해 약 3주일간의 치료를 요하는 ○○상해를 각각 입게 하였다."

나. 異種의 상상적 경합범

"피의자는 ……갑자기 주먹으로 피해자의 얼굴을 1회 때리고, 발로 옆구리를 1회 걷어차서 피해자에게 약 2주간의 입원치료를 요하는 좌측늑골골절 등 상해를 가함과 동시에, 그의 불심검문에 관한 정당한 직무집행을 방해하였다."

4. 범죄사실이 수 개인 경우의 기재요령

가. 일람표를 써서 기재하는 경우

"피의자는 (일시, 장소)에서 시가 750,000원 상당의 29인치 컬러텔레비전 1대를 훔쳐내어 이를 절취한 것을 비롯하여 그 무렵부터 20○○. ○. ○. 12:00까지 사이에 별지 '범죄일람표' 기재와 같이 모두 10회에 걸쳐 시가 합계 4,500,000원 상당의 재물을 절취하였다."

나. 일람표를 사용하지 않는 경우

① 단독범인 경우

    가. 피의자는 ·······························하였다.

    나. 피의자는 ·······························하였다.

② 공범자가 있는 경우

    가. 폭력행위등처벌에관한법률 위반(공동주거침입)

        피의자들은 20○○. ○. ○. 15:30경 ······ 피해자 丙의 집에 이르러 잠겨 있지 않은 대문을 열고 그 집 마당까지 함께 들어갔다.

        이로써 피의자들은 피해자의 주거에 공동하여 침입하였다.

    나. 강도상해

        피의자들은 20○○. ○. ○. 15:30경 위와 같은 장소에서 ······ 절취하였다. 계속하여 다른 물건을 물색하던 중 ······ 붙잡히게 되었다. 그러자 체포를 면탈할 목적으로 ······ 하였다.

        이로써 피의자들은 공모하여 피해자 장근혁에게 약 3주간의 치료를 요하는 비골 골절 등의 상해를 가하였다.

5. 양벌규정

법인이나 개인에 대한 범죄사실은 대표자, 대리인, 종업원에 대한 범죄사실과는 별도로 독립시켜 기재하여야 한다.

    피의자 ○○○은 (주) 유정상운 소속 ○○87사 9999호 화물차량 운전자, 피의자 (주) 유정상운은 화물자동차 운송사업 등을 목적으로 하는 법인이다.

    가. 피의자 ○○○

        피의자는 20○○. 2. 5. 00:00 경 ○○○앞에서 위 화물자동차에 제한 축 중 10톤을 초과하여 제3축 중 11.3톤, 제4축 중 11.5톤의 철근을 적재한 상태로 위 차량을 운행함으로써 도로관리청의 차량운행 제한에 위반하였다.

    나. 피의자 (주) 유정상운

        피의자는 위 일시장소에서 피의자의 사용인인 위 ○○○의 업무에 관하여 위와 같이 위반행위를 하였다.

제8절 기 타

1. 미수범

가. 중지미수의 경우

"……할 목적으로 ……하였으나 양심의 가책으로(뉘우치고) 범행을 스스로 중지하여 그 목적을 이루지 못하고 미수에 그쳤다."

"피의자는 ……(일시, 장소)……에서 ……을 ……할 목적으로 ……하였으나 생각을 바꾸어 범행을 중지함으로써 그 목적을 이루지 못하고 미수에 그쳤다."

나. 장애미수의 경우

"……할 목적으로 ……하였으나 불응하여 그 목적을 이루지 못하고 미수에 그쳤다."

"……할 목적으로 ……하였으나 고함을 치며 주위의 도움을 구하자 통행인들이 달려오는 바람에 그 목적을 이루지 못하여 미수에 그쳤다."

"……할 목적으로 ……하였으나 그가 그 경찰관에게 그 사실을 신고하여 그곳에서 체포되어 그 뜻을 이루지 못하고 미수에 그쳤다."

2. 상습범

"피의자는 20○○. ○. ○. ○○지방법원에서 특수절도죄로 징역 1년에 집행유예 2년을 선고받고 같은 날 그 판결이 확정되어 현재 그 유예기간에 있다. 그 외에도 20○○. ○. ○. ○○지방검찰청에서 특수절도죄로 소년보호처분을, 20○○. ○. ○. ○○지방검찰청에서 특정범죄가중처벌등에관한법률위반(절도) 죄로 소년보호처분을 각각 받았다.

피의자는 20○○. ○. ○. 15:00경 ○○에 있는 ○○앞길에서 그곳을 지나가던 피해자 甲에게 오토바이를 타고 접근하였다.

피의자는 피해자의 어깨에 걸치고 있던 피해자 소유인 현금 10만 원이 들어있는 시가 ○○만 원 상당의 핸드백 1개를 낚아채어 가 상습으로 절취하였다."

3. 목적범

"피의자는 20○○. ○. ○. 12:00경 ○○에 있는 피의자의 집에서, 그 무렵 길에서 주운 홍길동의 주민등록증에 붙어 있는 그의 사진을 면도칼로 떼어내고 그 자리에 피의자의 사진을 붙였다.

이로써 피의자는 행사할 목적으로 공문서인 ○○구청장 명의의 홍길동에 대한 주민등록증 1장을 위조하였다."

4. 예비

"홍길동의 집을 불태워 버리기 위하여 ……을 준비하고 ……을 하여 방화의 예비를 하였다."

"홍길동을 살해할 목적으로 그 범행에 사용하기 위하여 엽총(총번, 총종) 1정과 실탄 10발을 구하여 휴대하면서 살인예비를 하였다."

5. 행정법규위반 범죄행위

가. 금지규정을 위반한 경우

"피의자는 ……하여서는 아니 됨에도 불구하고, 20○○……(일시) ……(장소)에서 ……을 하였다.'(행위)."

나. 의무규정을 위반한 경우

"피의자는 ……한 자로서(의무가 주어진 주체), 20○○……(일시) ……(장소)에서 ……하여야 함에도 불구하고 ……을 하지 아니하였다'(부작위)."

다. 의무규정을 위반하고 새로운 별도의 행위를 함으로써 의무규정을 적극적으로 위반한 경우

"피의자는 ……한 자로서(의무가 주어진 주체) ……을 하여야 함에도 불구하고, 200……(일시) 서울……(장소)에서 ……을 하지 아니하고(소극적 행위)……을 하였다(적극적 행위)."

6. 구체적 작성요령

가. 행위 상황이 바뀌는 경우

피의자는 20○○. ○. ○.경 ○○앞길을 운행 중인 (차량번호) 시내버스 안에서 피해자 甲이 혼잡한 승객들로 인해 잠시 주의를 소홀히 하는 틈을 타 그에게 접근하였다.

피의자는 피해자의 양복 상의 속으로 오른손을 집어넣어 가지고 있던 면도칼로 그 안주머니를 찢은 후 피해자 소유인 ○○원 상당의 지갑 1개를 꺼내어 가 절취하였다.

나. 주어, 동사와 행위 상황이 바뀌는 경우

피의자는 냉장고 1대 외 20점 시가 500만 원 상당 물건의 소유자이다.

○○지방법원 소속 집행관 甲은 채권자 乙의 집행위임을 받아 위 법원 20○○카○○호 유체동산압류결정 정본에 의하여 20○○. ○. ○. ○○에 있는 피의자의 집에서 위 물건들에 압류 표시를 부착하였다.

피의자는 20○○. ○. ○. 14:00경 피의자의 집에서 위 물건들에 부착된 압류 표시를 함부로 제거함으로써 그 효용을 해하였다.

다. 주어, 일시 및 장소가 바뀌는 경우

피의자는 (차량번호) 승용차의 운전자이다.

위 승용차의 소유자인 甲은 20○○. ○. ○. 23:00경 ○○앞길에서 위 승용차를 운전하다가 교통사고를 일으키고 피해자에 대한 구호 조치를 취하지 않은 채 도주하였다.

피의자는 甲이 위와 같이 벌금 이상의 형에 해당하는 죄를 범한 사실을 알고 있으면서도, 20○○. ○. ○. 14:00경 같은 동에 있는 ○○경찰서 수사과 사무실에서, 위 사건을 수사 중인 위 경찰서 수사과 경위 배민희에게 피의자가 교통사고를 일으킨 것처럼 허위 신고하여 범인을 도피하게 하였다.

라. 주어, 일시 및 장소가 바뀌고 긴 수식어구가 포함된 경우

피의자는 20○○. ○. ○. 11:00경 ○○ 피의자의 집에서, 홍길동으로 하여금 형사처분을 받게 할 목적으로, 컴퓨터를 이용하여 홍길동에 대한 허위 내용의 고소장을 작성하였다.

그 고소장은 "피고소인 홍길동은 20○○. ○. ○.경 ○○에 있는 벽장여관에서 고소인의 처 乙과 1회 간통하였으니 처벌하여 달라."는 내용이었다. 그러나 사실은 홍길동은 피의자의 처 乙과 간통한 사실이 없었다.

그럼에도 불구하고, 피의자는 20○○. ○. ○. 15:00경 ○○에 있는 ○○경찰서 민원실에서 성명을 알 수 없는 경찰관에게 위 고소장을 제출하여 홍길동을 무고하였다.

마. 일시, 장소가 바뀌는 경우

피의자는 20○○. ○. ○.경 ○○앞길에서 피의자가 소유하는 (차량번호) 승용차를 운전하고 가다가 마침 그곳에서 택시를 기다리던 피해자 홍길녀(여, 21세)에게 행선지를 물어 피해자가 ○○동까지 간다고 하자 그곳까지 태워다 주겠다고 유인하여 피해자를 그 차에 태워 주행하였다.

피의자는 같은 날 23:20경 ○○에 있는 ○○대학교 앞길에 이르러 피해자로부터 내려달라는 요구를 받았음에도 욕정을 일으켜 이를 묵살한 채 같은 날 23:40경 ○○ 앞길까지 약 10㎞를 그대로 직주하여 피해자로 하여금 차에서 내리지 못하도록 함으로써 약 20분간 피해자를 감금하였다.

제9절 기재 시 유의사항

1. 증거에 의해서 기재한다.

   증거에 의해서 뒷받침되는 사실만 기재하고 추측으로 일시, 장소, 수단, 방법, 시간 등을 함부로 기재하는 것은 금물이다.

2. 범죄사실은 피의자별로 그리고 범행일시 순으로 기재한다.

3. 고소, 고발사건에서는 피고소인, 피고발인이 성명불상자라도 모두 나타내어야 하며, 고소·고발에 포함된 내용 일부 범죄사실의 혐의가 없거나 기타 소추 대상이 되지 않는 경우라도 의견서에 범죄사실로 모두 적시한 후 혐의없음 기타 불기소에 해당하는 이유를 적시하여야 한다.

4. 문자는 일반적으로 한글전용을 원칙으로 하나 한글만으로 이해하기 곤란한 것이나 어휘의 발음이 같아 뜻을 해득하기 곤란한 경우에는 묶음표 안에 한자를 사용한다.

5. 외래어는 외래어 한글 표기법에 따라 쓰고 가능하면 묶음표를 하여 그 안에 원어를 기재한다.

6. 의견 작성에 있어서 '변소하고', '부합하고' 등과 같은 용어는 '주장하고', '일치하고', '들어맞고' 등으로 사용한다. 또한 '상피의자', '사건외', '인지 외' 등의 표현도 사용하지 아니하고, 단순히 성명만으로 특정하거나, '목격자 홍길동', '피의자의 처인 김춘자' 등의 형태로 기재한다.

7. 도표의 본문 삽입 허용

   동종, 유사한 항목이 반복되는 경우에는 도표를 활용하여 별지로 작성한다. 그러나 항목이 작아 본문에 삽입하는 것이 읽기에 더 쉽고 편리한 경우에는 별지가 아닌 범죄사실 본문의 해당 부분에 표를 삽입한다.

   "피의자는 이를 포함하여, 그 무렵부터 20○○. ○. ○.까지 사이에 다음 범처일람표에 기재된 것과 같이 ○○시내 등지에서 3회에 걸쳐 같은 방법으로 합계 ○○만 원을 임의로 소비하여 이를 횡령하였다."

번 처 일 람 표

횟수	수금 일시·장소	횡령 일시·장소	횡령방법	횡령액	비고
1	20○○. ○. ○. …○○	그 무렵 ○○ 일원	유흥비로 소비	○○원	

제7장　사건의 관할과 이송

제1절 사건의 관할

I. 법적 근거

1. 형사소송법

> **제4조(토지관할)** ① 토지관할은 범죄지, 피고인의 주소, 거소 또는 현재지로 한다.
> ② 국외에 있는 대한민국 선박 내에서 범한 죄에 관하여는 전항에 규정한 곳 외에 선적지 또는 범죄 후의 선착지로 한다.
> ③ 전항의 규정은 국외에 있는 대한민국 항공기 내에서 범한 죄에 관하여 준용한다.

2. 경찰수사규칙

> **제15조(직무 관할)** 사법경찰관리는 소속된 경찰관서의 관할구역에서 직무를 수행한다. 다만, 다음 각 호의 어느 하나에 해당하는 경우에는 관할구역이 아닌 곳에서도 그 직무를 수행할 수 있다.
> 1. 관할구역의 사건과 관련성이 있는 사실을 발견하기 위한 경우
> 2. 관할구역이 불분명한 경우
> 3. 긴급을 요하는 등 수사에 필요한 경우

3. 범죄수사규칙

> **제7조(사건의 관할)** ① 사건의 수사는 범죄지, 피의자의 주소·거소 또는 현재지를 관할하는 경찰관서가 담당한다.
> ② 사건관할을 달리하는 수개의 사건이 관련된 때에는 1개의 사건에 관하여 관할이 있는 경찰관서는 다른 사건까지 병합하여 수사를 할 수 있다.
> ③ 그밖에 관할에 대한 세부 사항은 「사건의 관할 및 관할사건수사에 관한 규칙」에 따른다.

4. 사건의 관할 및 관할사건수사에 관한 규칙

> **제1조(목적)** 이 규칙은 경찰관이 범죄수사를 함에 있어서 사건의 관할 및 관할사건수사에 관한 기준 및 절차를 규정함으로써 신속하고 공정한 사건처리를 목적으로 한다.
> **제2조(적용범위)** 이 규칙은 경찰에 접수된 모든 사건에 적용된다.

II. 절 차

1. 사건의 관할

① 사건의 관할은 범죄지, 피의자의 주소·거소 또는 현재지를 관할하는 경찰서를 기준으로 한다.

② 사건관할을 달리하는 수개의 사건이 관련된 때에는 1개의 사건에 관하여 관할이 있는 경찰관서는 다른 사건까지 병합하여 수사할 수 있다.

2. 사건관할이 불분명한 경우의 관할지정

① 다음 각 호의 사건 중 범죄지와 피의자가 모두 불명확한 경우에는 특별한 사정이 없는 한 사건을 최초로 접수한 관서를 사건의 관할관서로 한다.

 1. 전화, 인터넷 등 정보통신매체를 이용한 범죄

 2. 지하철, 버스 등 대중교통수단 이동 중에 발생한 범죄

 3. 그 밖에 경찰청장이 정하는 범죄

② 외국에서 발생한 범죄도 사건을 최초로 접수한 관서를 사건의 관할관서로 한다. 다만, 사건접수 단계부터 피의자가 내국인으로 특정된 경우에는 피의자의 주소·거소 또는 현재지를 관할하는 경찰서를 관할관서로 한다.

③ 국내 또는 국외에 있는 대한민국 및 외국 국적 항공기 내에서 발생한 범죄에 관하여는 출발지 또는 범죄 후의 도착지를 관할하는 경찰서를 관할관서로 한다.

④ 제1항부터 제3항까지의 규정에도 불구하고 해양경찰청, 군수사기관, 철도특별사법경찰대 등 다른 국가기관과 협의하여 정한 협정 등이 있으면 이를 이 규칙보다 우선하여 적용한다.

3. 경찰관서 소속 공무원 관련 사건의 관할지정

① 경찰관 등 경찰관서에서 근무하는 공무원이 피의자, 피혐의자, 피고소인, 피진정인 또는 피해자, 고소인, 고발인, 진정인, 탄원인인 모든 사건은 해당 공무원의 소속 경찰관서가 아닌 동일법원 관할 내 인접 경찰관서 중 상급 경찰관서장의 지휘를 받아 지정된 관서를 사건의 관할관서로 한다.

② 긴급·현행범체포 등 즉시 현장조치가 필요한 경우, 제5조에 따른 관할관서 또는 최초 신고접수서에서 우선 피의자 검거 및 초동조치를 취한 후 즉시 상급관서의 지휘

를 받아 동일법원 관할 내 인접 경찰관서 중 지정된 경찰관서로 이송하여야 한다.

③ 제1항과 제2항에도 불구하고 인접 경찰관서에서 수사하는 것이 수사의 신속성·효율성을 현저히 저해하거나, 해당 공무원의 소속 경찰관서에서 수사하더라도 수사 공정성에 지장이 없음이 명백한 경우에는 상급 경찰관서장의 승인을 받아 계속 수사할 수 있다.

④ 제1항부터 제3항까지의 수사지휘와 수사지휘건의는 범죄수사규칙 제25조 및 제26조를 따른다.

4. 사건관할의 여부에 따른 조치

① 경찰관은 사건의 관할 여부를 불문하고 이를 접수하여야 한다.

② 경찰관은 사건의 관할이 인정되면 다른 경찰관서에 이송하지 않고 수사하여야 한다.

③ 사건을 접수한 관서는 일체의 관할이 없다고 판단되는 경우에는 사건의 관할이 있는 관서에 이송하여야 한다.

④ 제3항에 따른 사건의 이송은 원칙적으로 범죄지를 관할하는 관서에 우선적으로 하여야 한다. 다만, 범죄지가 분명하지 않거나 사건의 특성상 범죄지에 대한 수사가 실익이 없어 범죄지를 관할하는 관서에 이송하는 것이 불합리한 경우에는 피의자의 주소·거소 또는 현재지를 관할하는 관서로 이송할 수 있다.

⑤ 제2항부터 제4항까지의 규정에도 불구하고 경찰청장은 개별사건의 특수성을 고려하여 사건관할 및 그에 따른 조치에 대해 별도 지침을 마련하여 따로 정할 수 있다.

5. 사건의 관할에 대한 지휘건의

① 시·도경찰청장 및 경찰서장은 사건의 관할이 분명하지 아니하여 관할에 의문이 있는 경우에는 각각 바로 위 상급 경찰관서의 장에게 서면으로 별지 제1호서식의 수사지휘건의서를 작성하여 사건의 관할에 관한 지휘건의를 할 수 있다.

② 제1항의 지휘건의를 받은 상급 경찰관서의 장은 신속하게 사건의 관할에 대하여 별지 제2호서식의 수사 지휘서를 작성하여 지휘하여야 한다. 이 지휘에 관한 업무는 해당 사건의 수사지휘를 담당하는 상급부서에서 수행한다.

③ 지휘건의를 받은 사건이 상급 경찰관서 내 다수 부서와 관련되어 있고 각 부서 간 의견이 다른 경우에는 해당 상급 경찰관서의 장이 이를 조정한다.

6. 병합수사 지휘건의

① 두 개 이상의 경찰관서에 접수된 사건에 대하여 병합수사의 필요성이 있는 경우에는 사건의 중요도, 수사의 효율성 등을 고려하여 해당 경찰관서장 상호 간에 협의하여 관할관서를 정할 수 있다.

② 제1항에 의한 협의가 이루어지지 아니한 경우에는 경찰관서장은 바로 위 상급경찰관서장에게 별지 제1호서식의 수사지휘건의를 작성하여 병합수사를 지휘 건의할 수 있다.

③ 제2항에 의한 병합수사 지휘건의를 받은 상급경찰관서장은 수사의 효율성 등을 고려하여 별지 제2호서식의 수사지휘서를 작성하여 지휘한다. 이 지휘에 관한 업무는 해당 사건의 수사지휘를 담당하는 상급부서에서 수행한다.

④ 경찰청장 및 시·도경찰청장은 병합수사가 필요한 사건에 대하여는 제2항에 의한 지휘건의가 없는 경우에도 직권으로 병합수사를 지휘할 수 있다.

7. 수사촉탁

① 수사 중 다른 경찰관서에 소재하는 수사대상에 대하여 수사를 촉탁할 수 있다. 다만, 피의자 조사는 현장진출이 곤란한 경우에 한한다.

② 동일 시·도경찰청 내 또는 별표 제1호에 규정된 경찰관서에서는 구치소, 교도소, 에 수용된 자에 대한 조사를 위하여 수사촉탁 할 수 없다. 다만 울릉경찰서는 예외로 한다.

8. 수사촉탁 절차

① 수사촉탁은 촉탁 사항을 구체적으로 기재한 별지 제3호서식의 촉탁서에 의해야 하고 수사진행사항을 알 수 있는 수사기록 원본 또는 사본의 전부 또는 일부를 첨부하여 발송하여야 한다. 다만, 사건처리가 용이한 단순고발사건 등의 경우에는 경찰 형사사법정보시스템을 열람하는 방법으로 갈음할 수 있다.

② 수사촉탁 사건은 수사지원팀에서 접수하여 촉탁관서 수사팀에 대응하는 수사팀에 배당하여야 한다.

③ 수사를 촉탁한 수사관은 수사촉탁을 이유로 사건을 방치하여서는 아니 되며 수사 진행사항을 파악하여 수사보고하여야 한다.

④ 수사를 촉탁한 수사관은 촉탁을 받은 수사관에게 전화 등을 이용해 촉탁내용을 설명하여야 한다.

⑤ 수탁관서는 촉탁사항에 대한 수사를 완료한 후 별지 제4호서식의 회답서 및 관련서류 일체를 신속히 등기송달, 직접전달 등의 방법으로 촉탁관서에 송부하여야 한다.

9. 수사촉탁 처리기한 등

① 수사촉탁의 처리기한은 다음 각 호와 같다.

1. 피의자 조사 20일
2. 고소인, 고발인, 참고인 등 조사 15일
3. 소재수사, 사건기록 사본 송부 10일

② 제1항의 처리기한 내에 촉탁사항에 대한 수사를 완료하지 못할 때는 촉탁한 수사관과 협의하여 처리기한을 연장하고 수사보고하여야 한다.

③ 경찰관서 수사부서의 장은 매월 1회 촉탁받은 사건의 성실한 처리여부를 점검하여야 한다.

10. 경찰청의 수사대상

다음 각 호에 해당하는 사건은 경찰청에서 직접 수사할 수 있다.

1. 수사관할이 수개의 시·도경찰청에 속하는 사건
2. 고위공직자 또는 경찰관이 연루된 비위 사건으로 해당관서에서 수사하게 되면 수사의 공정성이 의심받을 우려가 있는 경우
3. 경찰청장이 수사본부 또는 특별수사본부를 설치하여 지정하는 사건
4. 그 밖에 사회적 이목이 집중되거나 파장이 큰 사건으로 경찰청장이 특별히 지정하는 사건

11. 시·도경찰청의 수사대상

시·도경찰청장은 소속경찰서 관할사건 중 다음 각 호의 범죄는 시·도경찰청 수사부서에서 수사하게 할 수 있다.

1. 사이버사건
2. 대출사기, 보이스 피싱 등 관할이 불명확하거나, 다수의 경찰서 관할지역에서 발생한 사건
3. 해당 경찰서에서 수사하기가 부적합한 경찰관 비위 사건
4. 그 밖에 시·도경찰청장이 지정하는 사건

12. 경찰청 또는 시·도경찰청의 수사상 관할

경찰청 또는 시·도경찰청의 수사부서에서 수사하는 사건의 영장을 신청하거나 기록을 송치 또는 송부하는 경우에는 당해사건에 대한 관할이 있는 법원 및 검찰청에 하여야 한다.

13. 경찰청 또는 시·도경찰청의 수사방식

경찰청 또는 시·도경찰청의 수사부서에서 수사하는 경우에는 당해 사건에 대한 법원 및 검찰청의 관할 내에 있는 경찰관서의 인적·물적 자원을 이용할 수 있다. 이 경우에 해당 경찰관서의 장은 수사에 적극적으로 협조 및 지원을 하여야 한다.

○ ○ 경 찰 서

제 0000-00000 호   20○○.○.○.

수 신 :

제 목 : 수사지휘건의

　　　　사건의 관할 및 관할사건수사에 관한 규칙 제00조 제00항에 따라 다음
과 같이 수사지휘를 건의합니다.

접 수 일 자		사 건 번 호	
죄 　　　 명			
피 의 자	성　명		주 민 등 록 번 호	
	주　거		

건 의 내 용

○○경찰서

사법경찰관　　○○　　　　　　　　　　　(인)

수 사 지 휘 서

제 호   20○○.○.○.

접수번호		사건번호	
피 의 자			
담당경찰관서			

< 지 휘 내 용 >

상급경찰관서장(직인)

(전결시 : 전결자)   직위   계급   ○ ○ ○

○○경 찰 서

제 호   20○○.○.○.

수 신 :

제 목 : **촉 탁**

　　　다음 사항을 촉탁하오니 조속히 조사하여 주시기 바랍니다.

사 건 번 호		접수번호	
대 상 자			
죄 　 　 명			
촉 탁 사 항			
촉 탁 내 용			
비 　 　 고			

○○경찰서

사법경찰관　　○○　　　　　　　　　(인)

○○경찰서

제 호   20○○.○.○.

수 신 :

제 목 : 회 답

    ○○경찰서 제○○호(20○○.○.○.)에 의한 촉탁에 대하여 다음과 같이
회답합니다.

회 답 내 용

○○경찰서

사법경찰관 　○○　　　　　　　　(인)

제2절 수사 및 재판관할 관련 지침

Ⅰ. 사건 송치와 이송원칙

1. 관할 준수

가. 수사개시 및 진행단계(입건전조사 포함)에서 수사관할 준수

나. 수사종결단계에서는 재판관할 검찰청에 사건송치

다. 다수 피의자 사건에서 관할 있는 피의자 부분 불송치 결정하고 타관할 피의자는 송치 결정을 한 경우에도 수사한 경찰관서에서 대응하는 검찰에 송치(송부)

2. 관할 예외 송치

가. 사이버범죄 등 악의적 이송이라고 판단되는 경우 재판관할이 없어도 수사 경찰관서에 대응하는 검찰청에 송치 가능

나. 관할 예외 송치하는 경우 형사소송법 제11조에 해당하는 관련 사건은 1개 관할이 인정되므로 1건으로 송치하되 그렇지 않은 사건은 별건으로 분리송치

※ 범죄유형별 예외 인정 여부

구 분	예외 인정 여부 (범죄유형)
사이버범죄	▷ 수사착수 당시 범죄자·피의자 모두 불명, 관할을 알 수 없음 ─사이버사기, 몸캠피싱, 매신저피싱 ─정보통신망 침해성 범죄(해킹, 디도스, 악성 프로그램) ─저작권위반 사이트, 사이버도박, 사이버 성폭력(음란사이트)
온라인 성매매	▷ 성매매 피해아동 신고 등은 1건이라도 수사과정에서 다수 피해아동 또는 다수 매수남이 확인되는 경우가 많아 효율성·중복수사방지 차원 책임수사관서 지정 ─온라인 아동·청소년 성매매 ─온라인성매매 알선(광고) 사이트 수사
마약범죄	▷ 대표적인 국제·전국적 범죄이고 최근 인터넷 거래도 폭증하여 범죄지 관할을 정하기 곤란 ─상하선 수사, 인터넷 마약

보이스피싱	▷한 개의 조직이 해외에서 전화 등 통신을 이용 전국의 피해자 상대로 하는 범죄로 관할 의미 없음
안보범죄	▷은밀하게 이루어지는 안보 수사 특성상 내부자 제보와 협조 중요, 다른 수사대 이첩송치 시 제보자 정보 유출 가능 －국가보안법 위반
폭파 등 협박	▷온라인상에 게시물 작성 등의 방법으로 정보통신망을 이용하여 폭파 등 해악을 고지하는 경우 신고자 소재 관서에서 접수하게 되는데 신고 접수 당시에는 관할을 할 수 없음 －전화인터넷 등 정보통신망을 이용한 폭파 등 협박
다수 피의자	=범죄유형이 아닌 수사단서 특성 ▷피의자가 3명으로 ① 피의자만 관할이 있고 ②, ③은 각각 다른 경찰서 관할이면 ① 불송치 결정 시 ②, ③도 ①피의자 관할검찰청에 송치 가능
이송제한	▷피의자의 이송요청이 수사회피, 지연 등 악의적 목적이면 이송하지 않고 수사 경찰관서에 대응하는 검찰청에 송치 가능 ○ 이송제한 사유 －피의자가 이송 요청한 주소지나 현재지에 실제 거주하지 않는 사실이 확인되는 경우 －그 밖에 피의자 주소 변경에도 불구하고 수사회피나 지연 목적이 명백하다고 판단되는 경우로서 담당 검사와 관할 예외 송치에 대해 협의한 경우

3. 사건 분리 (관할 예외 송치 예외)

가. 대상

대포통장대포폰 단순제공자, 사이버도박 단순 참가자, 마약류 단순매수 및 투약자, 저작권 침해 개별 업로더

나. 방법

원 사건에서 분리하여 관할 경찰서(피의자 주소지 등)로 이송하여 처리

4. 타서 송치사건 보완 수사

가. 원칙적으로 보완 수사요구는 송치 관서에서 처리

나. 송치 후 검찰청 간 이송이 있고 이송받는 검찰청으로부터 보완 수사요구를 받은 경찰관서는 보완 수사요구의 처리 주체로서 직접 보완 수사하거나 수사촉탁 하여 처리

II. 이송취지로 보완수사요구된 사건의 처리

1. 검찰청에 관할이 있거나 예외 송치사건의 경우

관할검찰청에 보완수사결과 통보 및 기록반환

2. A 경찰서에 관할이 없어 검사의 보완수사요구에 따라 관할 있는 B 경찰서로 사건 이송하는 경우

가. B 경찰서는 새롭게 송치·불송치 결정

나. 검사 요구로 경찰관서 간 사건이송 시, 새로 사건을 송치받은 검찰청은 특별한 사정 없이 재이송 요구하지 않기로 협의함

제3절 사건이송 기본원칙

Ⅰ. 법적 근거

1. 경찰수사규칙

제96조(사건 이송) ① 사법경찰관은 사건이 다음 각 호의 어느 하나에 해당하는 경우에는 해당 사건을 다른 경찰관서 또는 기관에 이송해야 한다.
 1. 사건의 관할이 없거나 다른 기관의 소관 사항에 관한 것인 경우
 2. 법령에서 다른 기관으로 사건을 이송하도록 의무를 부여한 경우
② 사법경찰관은 사건이 다음 각 호의 어느 하나에 해당하는 경우에는 해당 사건을 다른 경찰관서 또는 기관(해당 기관과 협의된 경우로 한정한다)에 이송할 수 있다.
 1. 다른 사건과 병합하여 처리할 필요가 있는 등 다른 경찰관서 또는 기관에서 수사하는 것이 적절하다고 판단하는 경우
 2. 해당 경찰관서에서 수사하는 것이 부적당한 경우
③ 사법경찰관은 제1항 또는 제2항에 따라 사건을 이송하는 경우에는 별지 제99호서식의 사건이송서를 사건기록에 편철하고 관계 서류와 증거물을 다른 경찰관서 또는 기관에 송부해야 한다.

2. 사건의 관할 및 관할사건수사에 관한 규칙

제8조(동일 법원관할 내의 사건관할) 이송대상 경찰관서가 동일한 법원의 관할에 속하는 경우에는 사건을 이송하지 아니하고 수사할 수 있다.
제18조(사건이송의 절차) 경찰관은 사건을 이송하는 경우 경찰수사규칙 제96조에 따라 이송한다.
제19조(자의적인 사건이송 금지) 경찰관은 제6조에 의하여 관할이 지정되는 사건을 수사함에 있어서 명확하지 아니한 사실에 근거하여 자의적으로 관할을 지정해 해당사건을 다른 경찰관서로 이송하여서는 아니 된다.
제20조(부당한 사건이송 등에 대한 조치) 상급경찰관서의 장은 산하 경찰관서 소속 경찰관이 제5조부터 제13조까지의 규정을 위반하여 부당하게 사건을 이송하거나 수사촉탁 업무를 처리한 사례를 발견한 경우에는 해당경찰관과 그 지휘를 한 수사간부에 대하여 그 책임을 묻고 관할관서로의 재이송, 적정한 수사촉탁 업무처리 등 필요한 조치를 명할 수 있다.

II. 절차

1. 이송유형

가. 필요적 이송

① 사건의 관할이 없거나 다른 기관의 소관사항에 관한 것인 경우

② 법령에서 다른 기관으로 사건이송 의무를 부여한 경우

나. 임의적 이송

① 다른 사건과 병합하여 처리할 필요가 있는 등 다른 경찰관서나 기관에서 수사하는 것이 적절하다고 판단하는 경우

② 해당 경찰관서에서 수사하는 것이 부적당한 경우

2. 이송 절차

가. 사건이송서 작성

나. 경찰관서 간

KICS에서 이송 후 관련서류와 증거물은 등기 우편 발송

다. 기타 수사기관

온나라에서 공문 작성 발송 후 관련서류와 증거물은 등기 우편 발송

3. 동일법원 관할 내의 사건관할

이송대상 경찰관서가 동일한 법원의 관할에 속할 때는 사건을 이송하지 아니하고 수사할 수 있다.

4. 자의적인 사건이송 금지

경찰관은 관할이 지정되는 사건을 수사하면서 명확하지 아니한 사실에 근거하여 자의적으로 관할을 지정해 해당사건을 다른 경찰관서로 이송하여서는 아니 된다.

5. 부당한 사건이송 등에 대한 조치

상급 경찰관서의 장은 산하 경찰관서 소속 경찰관이 제5조부터 제13조까지의 규정을 위반하여 부당하게 사건을 이송하거나 수사촉탁 업무를 처리한 사례를 발견한 경우에는 해당 경찰관과 그 지휘를 한 수사간부에 대하여 그 책임을 묻고 관할관서로의 재이송, 적정한 수사촉탁 업무처리 등 필요한 조치를 명할 수 있다.

○○경찰서

제 호   20○○.○.○.

수 신 : ○○경찰서장

제 목 : 사건이송서

다음 사건을 이송합니다.

접 수 번 호			사 건 번 호	
죄 명				
피 (혐) 의 자				
사 건 개 요				

송부내역	서 류			
	증 거 품	품 명		수 량

이 송 사 유	○검사와 사법경찰관의 상호협력과 일반적 수사준칙에 관한 규정 제51조제3항제1호에 따른 이송 ○경찰수사규칙 제96조제2항에 따른 이송 -본 건은 ○○기관에서 수사 중인사건으로 병합처리 필요성 인정(협의완료) -본 건은 ○○사유로 해당 경찰관서에서 수사하는 것이 부적당하므로 이송
기 타 참 고 사 항	

범 죄 통 계 원 표	발 생	검 거	피 의 자

○○경찰서

사법경찰관 경감 유 아 림

제4절 경제범죄 등 관할 결정 세부지침

 Ⅰ. 적용 범위와 관할

1. 적용 범위(제2조)

가. 경제·금융범죄 및 반부패·공공범죄 사건

나. 관련 법령에서 규정하지 아니한 부분에 한해 적용

2. 관할(제2조)

가. 범죄지, 피의자 주소·거소 또는 현재지를 기준으로 판단하며 입건전조사 착수 시 부터 관할을 준수

나. 사건송치는 형사소송법 제4조, 제11조에 따라 재판관할이 있는 검찰청

> **제4조(토지관할)** ① 토지관할은 범죄지, 피고인의 주소, 거소 또는 현재지로 한다.
> ② 국외에 있는 대한민국 선박 내에서 범한 죄에 관하여는 전항에 규정한 곳 외에 선적지 또는 범죄 후의 선착지로 한다.
> ③ 전항의 규정은 국외에 있는 대한민국 항공기 내에서 범한 죄에 관하여 준용한다.
> **제11조(관련 사건의 정의)** 관련 사건은 다음과 같다.
> 　1. 1인이 범한 수죄
> 　2. 수인이 공동으로 범한 죄
> 　3. 수인이 동시에 동일 장소에서 범한 죄
> 　4. 범인은닉죄, 증거인멸죄, 위증죄, 허위감정통역죄 또는 장물에 관한 죄와 그 본범의 죄

3. 사건접수(제4조)

가. 경찰관은 관할 여부 불문 접수

나. 접수 관서는

① 추가 피해방지, 도주 피의자 검거, 출입국규제, 증거확보 등 필요한 초동조치를 신속히 한 후 피해자·관련자에 대한 충분한 조사로 피해상황·경위 등을 충실하게 파악

② 객관적인 자료 확인과 범죄경력조회·수사대상자 검색·수용자 검색 등을 통해 사건관할을 특정

II. 이송 기본원칙

1. 이송 기본원칙(제5조)

가. 이송하는 경우 원칙적으로 범죄지 관할관서, 범죄지가 불분명하거나 범죄지 수사에 실익이 없는 경우 피의자의 주소·거소 또는 현재지로 이송

나. 이송경찰관서는 이송받을 관서를 결정할 수 있으며, 결정에 중대한 과실이 없는 한 인정된다.

다. 이송사유 발송으로부터 30일 이내에 이송

라. 반송 및 재이송은 상급관서의 지휘 필요가 원칙이나 관서 간 협의에 따라 진행 가능

마. 이송은 관서의 수사부서장이 결정 및 결재

바. 이송관서와 이송받은 관서는 이송 전후하여 상호 필요한 사항에 대해 협력

2. 관할 유무에 따른 조치(제6조)

가. 관할이 인정되는 접수 관서는 사건을 이송하지 않고 책임 수사

나. 접수 관서에 일체의 관할이 없는 경우 이송 기본원칙에 따라 즉시 이송

3. 사건관할 불분명(제7조)

가. 범죄지와 피의자가 모두 불분명한 경우 접수 관서는 범죄지와 피의자를 모두 특정한 후 이송 기본원칙에 따라 관할 관서로 이송

나. 피의자만 특정한 상태에서 범죄지에 대한 수사 실익이 없거나 효율적인 수사가 필요한 사건 등의 경우 상급관서의 지휘받아 피의자 주소지·현재지 등 관할관서로 이송

4. 수사 중 주소지·현재지 관할 변경(제8조)

가. 피의자 주소·현재지 관할만 있는 경찰관서가 수사하던 중 주지 등이 변경되어 관할이 없는 것이 명백히 확인된 경우 수사부서장 책임으로 1회에 한해 이송

나. 다음의 경우에는 '이송 제한사항'에 해당하는 것으로 판단하면 이송하지 말고 송치할 수 있다.

① 피의자가 변경된 주소지·현재지에 실제 거주하지 않는 것으로 확인된 경우

② 수사회피·지연 목적이 명백하다고 판단되는 경우로서 담당 검사와 관할 예외 송치에 대해 협의한 경우

다. 범죄지가 불분명하거나 수사에 실익이 없는 사건에서 주소·거소·현재지가 2회 이상 변경되는 경우 이송 전 피의자 조사(출석, 촉탁 등)를 통해 이송사유 및 기초사실 조사 후 상급기관 지휘받아 이송 가능

5. 분리이송(제9조)

가. 피의자와 범죄사실이 명확하게 구분되고 피의자들 간 공모한 사실이 없는 것으로 판단되면 피의자별로 분리하여 상급관서 지휘받아 이송 가능

나. 이 경우에도 동일법원 관할 내 경찰관서로 이송 불가

6. 교정시설(제10조)

가. 출소예정일이 1개월 이상 남은 경우에만 교정시설 관할관서로 이송 가능, 1개월 미만이면 출소 이후의 주소·거소·현재지 관할관서로 이송

나. 이송받은 관서에서 수용 기간 내 종결하지 못한 경우 이송 기본원칙에 따라 상급관서 지휘받아 이송 가능

7. 대포통장 등 명의 단순제공자(제14조)

전화금융사기 등 본 사건에 공모하지 않는 대포폰통장 명의 단순제공자에 대한 사건은 본 사건에서 분리하여 이송 가능. 단, 인출책, 총책 등은 제외

III. 책임수사관서 지정 및 상급관서 지휘건의

1. 책임수사관서 지정(제11조)

상급기관은 사안의 중대성, 수사의 효율성 등을 고려하여 사건관할이 있는 경찰관서 중에서 책임수사관서를 지정할 수 있다.

2. 상급관서 지휘건의(제12조)

KICS를 통해 사건 전체 내용을 보고하고, 지휘건의서에 사건개요, 쟁점 사항, 관련 규정, 의견, 근거 등을 충실하게 기재

IV. 전화금융사기 (제15조)

1. 최초 접수 관서가 책임수사관서에 해당
2. 대면편취, 절취형 금융사기 사건의 책임수사관서는 수사의 현장성 및 효율성을 고려하여 해당 대면편취 범죄지를 관할하는 경찰관서로 하고, 최초 접수 관서에 일체 관할이 없는 경우 범죄지로 지체없이 이송

3. 대면편취, 절취형과 비대면 편취수법이 혼합된 경우 대면편취범죄지 관할관서가 책임수사관서

4. 동일 피해자가 여러 건의 대면편취 피해를 본 사건이 접수된 경우
   범죄지 관할이 있는 최초 접수 관서는 같은 시도청 내 범죄지 사건은 이송 불가하고 타 시도청 범죄지 사건에 한해 분리이송 가능. 단, 대면편취 수법 수건과 비대면 편취수법이 혼합된 경우 비대면 수법은 이송 불가 (타 시도청 내 다수피해 발생 경찰서, 선행피해 발생 경찰서 순으로 이송)

5. 동일 피해자가 여러 건의 대면편취를 당한 사건이 접수된 경우
   범죄지 관할이 없는 최초 접수 관서는 시도청 별로 사건 분리 후 대면편취범죄지 관할 관서로 이송. 단, 대면편취 수법 수 건과 비대면 편취수법이 혼합된 경우 비대면 편취수법은 최소 대면 편취범행을 수사하는 관서로 이송

제5절 사이버사기 사건 병합 수사에 관한 지침

Ⅰ. 총 칙

1. 정의(제2조)
가. 사이버사기 : 정보통신망을 이용하여 대면 없이 타인을 기망·공갈함으로써 재물이나 재산상의 이익(이하, 재물 등)을 취하거나 제3자에게 재물 등을 취하게 하는 행위
나. 전자지급서비스 : 간편송금, 간편결제 서비스 등 금융기관이 전자상거래 또는 개인 간 거래 등과 관련하여 제공하는 지급 관련 서비스
다. 접수 관서 : 사이버사기 사건의 피해신고(민원, 진정, 고소, 고발, 타 기관 이첩 등 포함)를 접수한 경찰관서
라. 책임수사관서 : 접수 관서로부터 사이버사기 사건을 이송받은 후 수사종결까지 수사과정 일체를 처리하는 경찰관서

2. 다른 규칙과의 관계(제4조)
다른 지침보다 우선하여 적용

Ⅱ. 사이버사기 사건의 병합수사

1. 병합수사의 대상(제5조)
원칙적으로 병합수사의 대상. 다만 다음의 경우는 제외
가. 물건의 하자(경중 불문)로 인한 교환이나 환불거부 사건
나. 사이버사기 외 다른 죄종과 경합한 사건

2. 책임수사관서의 병합수사(제6조)

다음 각호의 순서에 따라 책임수사관서를 지정하고 세부기준은 별표 제1호에 따른다.

가. 금융계좌·전자지급서비스 등(이하 계좌 등)을 이용해 재산상 이익을 취득한 경우
　　계좌 등의 명의자·가입자의 공부상 주소지 관할 경찰관서

나. 범행에 이용된 전화번호가 확인될 경우
　　해당 전화번호 가입자 주소지 관할 관서

다. 범행에 이용된 온라인 계정이 확인될 경우 : 해당 계정 가입자 주소지 관할 관서

3. 시도경찰청의 집중수사(제6조의2)

가. 별표 제3호의 사이버사기 사건은 제6조의 책임수사관서 소속 시도경찰청에서 집중
　　수사. 지침에 따라 이송 불가한 사건은 접수관서 시도경찰청에서 이관받아 집중수사

나. 제6조의 책임수사관서가 3급지고 사이버사기 사건의 규모가 별표 제3호의 기준에
　　미치지 못하더라도 수사부서 규모에 비추어 지나치게 큰 경우 시도경찰청의 자에
　　게 이관 건의 가능

다. 접수관서는 시도경찰청 집중수사의 대상이 되는 사건을 접수받은 경우 기초조사
　　등 초동수사 후 사건 이관, 긴급한 경우 시도경찰청과 협의 가능

4. 관할의 경합(제7조)

가. 동일사건에서 다수 계좌 등(전화번호, 온라인 계정)이 범행에 이용된 경우 가장 먼
　　저 피해금을 이체한 계좌 등(가장 먼저 범행에 이용된 전화번호, 온라인 계정)의
　　명의자 주소지 관할 관서를 책임수사관서로 한다. 단, 가장 먼저 피해금을 이체한
　　계좌 등의 명의자 주소지 관할 관서로 이송할 수 없는 사정이 있는 경우 그다음 순
　　서로 피해금을 이체받은 계좌 등을 전화번호, 온라인 계정보다 우선으로 한다.

나. 제6조에 해당함에도 대포통장 제공자를 제외한 주범 피의자 일부를 검거한 관서
　　가 있는 경우 해당 관서를 책임수사관서로 한다. 단, 이 경우 신속히 상급관서에
　　사건 병합수사 지휘 건의

5. 접수관서 및 책임수사관서의 의무(제8조)

가. 접수관서는 사건이 병합수사 또는 집중수사의 대상이면 최초 접수일로부터 10일
　　이내 책임수사관서로 이송. 단 휴일, 압수영장 신청 및 집행, 자료회신지연으로 인

한 기간은 10일의 기산일에서 제외

나. 10일 이내 이송치 못한 정당한 사유가 있는 경우 그 사유를 작성하여 상급관서의 장에게 수사 지휘받아 이송가능

다. 책임수사관서는 관련 사건을 병합하여 수사종결 시까지 책임수사

라. 책임수사한 사건을 검찰송치 후에도 다른 관서로부터 관련 사건을 이송받으면 접수처리

6. 재판관할에 따른 이송특례(제8조의2)

가. 수사종결 시 재판관할에 따라 대포통장·대포폰 단순제공자 등 피의자를 분리하여 송치할 필요가 있는 경우에는 재판관할이 있는 관서로 이송

나. 송치 후 검찰청 간 이송이 있어 이송받은 검찰청으로부터 보완 수사요구를 받은 관서는 송치 전 책임수사관서와 관계없이 보완 수사요구의 처리 주체로 해당사건 처리

다. 사건접수 단계에서 범죄지 또는 피의자(대포통장 제공자를 제외한 주범에 한한다)가 명백히 특정된 경우 특정된 범죄지 또는 피의자의 주소·거소를 관할하는 관서로 이송가능, 단, 책임수사관서 이송지시가 있으면 책임수사관서로 이송

7. 상급관서의 병합수사 지휘(제9조)

국가수사본부장 및 시도경찰청장은 제6조에도 불구하고 신속하고 효율적인 사건처리를 위해 병합수사를 지휘할 수 있다.

8. 병합수사 지휘건의(제10조)

시도경찰청장 및 경찰서장은 책임수사관서가 분명하지 아니하여 관할에 의문이 있거나 병합수사 대상인지 여부에 의문이 있는 경우 상급경찰관서의 장에게 사건의 관할에 관한 지휘건의 가능

유형별 병합수사 세부기준

1. 일반기준
사이버사기 사건은 다음 각 호의 순서에 따라 책임수사관서를 지정한다.
   가. 금융계좌·전자지급서비스(이하 '계좌 등') 등을 이용해 재산상 이익을 취득한 경우 계좌 등의 명의자 주소지 관할 경찰관서
   나. 범행에 이용된 전화번호가 확인될 경우 해당 전화번호 가입자 주소지 관할 관서
   다. 범행에 이용된 온라인 계정이 확인될 경우 해당 계정 가입자 주소지 관할 관서

2. 세부기준

세부 유형	병합 기준
피험의자의 주소지가 말소된 경우	최종 주소지(즉, 주민센터로 확인될 경우 해당 주민센터 관할 경찰관서)
법인·단체 명의 계좌로 피해금을 이체받거나 법인·단체 명의의 전화번호·온라인 계정이 범행에 이용된 경우	법인·단체의 대표자 주소지
피해자가 금원을 직접 중개업체(네이버, 11번가 등)의 법인 명의 계좌로 이체하거나 안전결제시스템을 이용해 중개업체 계좌로 이체한 경우	중개업체 등으로부터 해당 편취금을 정산받는 계좌(포인트 충전의 경우에는 해당계정) 명의자 주소지 -편취금이 실체 정산되지 않더라도 연동된 계좌가 확인될 경우 해당 계좌 명의자 주소지 -정상계좌가 확인되지 않는 경우 제6조에 따라 ① 전화번호 ② 계정 가입자 주소지 순
중개업체가 아닌 정상적으로 운영되며 재화·용역을 공급하는 법인(컬처랜드, 브랜드 본사에서 직접 운영하는 쇼핑몰 등)으로 피해금이 이체된 경우	범행에 이용된 전화번호·온라인 계정 명의자의 주소지
가상계좌를 통해 금원 편취 경우	범행에 이용된 전화번호·온라인 계정 명의자 주소지
외국인 명의 계좌·전화번호가 범행에 이용된 경우	-외국인등록번호가 부여된 외국인 명의 경우 외국인 등록지(체류기간 도과시 마지막 등록지) -외국인등록번호가 부여되지 않은 외국인 명의 계좌인 경우 CIF(계좌개설정보)를 통해 확인되는 주소지, 전화번호면 통신자료상 주소지
가짜 쇼핑몰 개설 후 카드결제를 유도해 결제대금 편취한 경우	카드 결제대금이 정산되는 계좌 명의자 주소지

시도경찰청 집중수사 대상

다음의 기준의 사이버 사건은 시도경찰청에서 집중수사한다. 단, 기초조사 등 초동조치가 완료된 사건에 한한다.

1. 최초의 병합대상 사건이 접수(책임수사관서의 수사지원팀에서 사건을 전산상 인수한 시점)된 이후 10일 이내에 다음의 기준을 충족한 사건

 가. 피해금 10억 이상 또는 피해자 300명 이상인 쇼핑몰·물품거래 사기

 나. 피해금 1,000만원 이상 또는 피해자 10명 이상인 메신저 이용 피싱

 다. 피해자 조사, 감염경로·경위 등 관련 증빙자료 확보, 악성코드 확보 등 초동수사 완료된 몸캠피싱

 라. 피해자 조사, 감염경로·경위 등 관련 증빙자료 확보, 악성코드 확보(파밍의 경우 원본 전자매체 확보 또는 전자복제) 등 초동수사 완료된 파밍·스미싱 등 악성코드 이용범죄

 마. 피해자 조사, 이메일 원본파일 확보가 완료된 이메일 무역사기, 피해자 조사가 완료된 외국발 로맨스스캠

2. 경찰청의 집중수사 지시 또는 시도경찰청의 집중수사 판단이 있는 사건

 ※ 신종 수법을 사용하거나 조직적 범행으로 대규모 피해가 발생한 경우 등 사안이 중대한 경우 사건접수 경찰서는 소속 지도경찰청에 접수 보고, 시도경찰청은 집중수사 여부 판단

○ ○ 경 찰 서

제 0000-00000 호   20○○.○.○.

수 신 :

제 목 : **수사지휘건의(부당이송)**

아래 사건에 대하여 수사지휘를 건의합니다.

접 수 일 자		사 건 번 호	
죄 명			
피 의 자	성 명	주 민 등 록 번 호	
	주 거		

건 의 내 용

1. 사건개요

2. 병합수사 등과 관련된 쟁점 사항

   -부당이송 관련 문제된 사항

3. 수사지휘 건의 요지

   -부당이송의 이유 및 관련 구정 기재

4. 요청사항

   -반송, 재이송, 경고, 감점 등 요청사항 기재

5. 기타

※ 부당이송 관련 수사지휘 건의 시 고소장 사본 첨부

사법경찰관 경감 홍 길 동

제6절 고위공직자범죄 인지 통보

Ⅰ. 근거법령

1. 고위공직자범죄수사처 설치 및 운영에 관한 법률

> **제24조(다른 수사기관과의 관계)** ① 수사처의 범죄수사와 중복되는 다른 수사기관의 범죄수사에 대하여 처장이 수사의 진행 정도 및 공정성 논란 등에 비추어 수사처에서 수사하는 것이 적절하다고 판단하여 이첩을 요청하는 경우 해당 수사기관은 이에 응하여야 한다.
> ② 다른 수사기관이 범죄를 수사하는 과정에서 고위공직자범죄등을 인지한 경우 그 사실을 즉시 수사처에 통보하여야 한다.
> ③ 처장은 피의자, 피해자, 사건의 내용과 규모 등에 비추어 다른 수사기관이 고위공직자범죄등을 수사하는 것이 적절하다고 판단될 때에는 해당 수사기관에 사건을 이첩할 수 있다.
> ④ 제2항에 따라 고위공직자범죄등 사실의 통보를 받은 처장은 통보를 한 다른 수사기관의 장에게 수사처규칙으로 정한 기간과 방법으로 수사개시 여부를 회신하여야 한다.

2. 경찰수사규칙

> **제33조(고위공직자범죄등 인지 통보)** 사법경찰관은 「고위공직자범죄수사처 설치 및 운영에 관한 법률」 제24조제2항에 따라 고위공직자범죄등 인지 사실을 통보하는 경우에는 별지 제20호서식의 고위공직자범죄등 인지통보서에 따른다.

Ⅱ. 고위공직자 범위

1. 고위공직자

가. 대통령

나. 국회의장 및 국회의원

다. 대법원장 및 대법관

라. 헌법재판소장 및 헌법재판관

마. 국무총리와 국무총리비서실 소속의 정무직공무원

바. 중앙선거관리위원회의 정무직공무원

사. 「공공감사에 관한 법률」 제2조제2호에 따른 중앙행정기관의 정무직공무원

아. 대통령비서실·국가안보실·대통령경호처·국가정보원 소속의 3급 이상 공무원

자. 국회사무처, 국회도서관, 국회예산정책처, 국회입법조사처의 정무직공무원

차. 대법원장비서실, 사법정책연구원, 법원공무원교육원, 헌법재판소사무처의 정무직
　　공무원

카. 검찰총장

타. 특별시장·광역시장·특별자치시장·도지사·특별자치도지사 및 교육감

파. 판사 및 검사

하. 경무관 이상 경찰공무원

거. 장성급 장교(현역을 면한 이후도 포함)

너. 금융감독원 원장·부원장·감사

더. 감사원·국세청·공정거래위원회·금융위원회 소속의 3급 이상 공무원

2. 가족

배우자, 직계존비속(다만, 대통령의 경우에는 배우자와 4촌 이내의 친족0

3. 고위공직자범죄

고위공직자로 재직 중에 본인 또는 본인의 가족이 범한 다음 각 목의 어느 하나에
해당하는 죄(다만, 가족의 경우에는 고위공직자의 직무와 관련하여 범한 죄에 한정)

가. 「형법」 제122조부터 제133조까지의 죄(다른 법률에 따라 가중처벌되는 경우 포함)

나. 직무와 관련되는 「형법」 제141조, 제225조, 제227조, 제227조의2, 제229조(제
　　225조, 제227조 및 제227조의2의 행사죄에 한정한다), 제355조부터 제357조까
　　지 및 제359조의 죄(다른 법률에 따라 가중처벌되는 경우를 포함한다)

다. 「특정범죄 가중처벌 등에 관한 법률」 제3조의 죄

라. 「변호사법」 제111조의 죄

마. 「정치자금법」 제45조의 죄

바. 「국가정보원법」 제21조 및 제22조의 죄

사. 「국회에서의 증언·감정 등에 관한 법률」 제14조제1항의 죄

아. 가목부터 마목까지의 죄에 해당하는 범죄행위로 인한 「범죄수익은닉의 규제 및 처벌
　　등에 관한 법률」 제2조제4호의 범죄수익등과 관련된 같은 법 제3조 및 제4조의 죄

4. 관련범죄

가. 고위공직자와 「형법」 제30조부터 제32조까지의 관계에 있는 자가 범한 제3호 각
　　목의 어느 하나에 해당하는 죄

나. 고위공직자를 상대로 한 자의 「형법」 제133조, 제357조제2항의 죄

다. 고위공직자범죄와 관련된 「형법」 제151조제1항, 제152조, 제154조부터 제156조
   까지의 죄 및 「국회에서의 증언·감정 등에 관한 법률」 제14조제1항의 죄
라. 고위공직자범죄 수사 과정에서 인지한 그 고위공직자범죄와 직접 관련성이 있는
   죄로서 해당 고위공직자가 범한 죄

Ⅲ. 처리절차

1. 입 건

가. 범죄수사란 실질적 의미의 수사이므로 입건전조사 또는 수사의 전과정을 의미
나. 인지한 경우는 고소 또는 고발의 수리, 고위공직자범죄등에 대한 수사개시 의미
다. 고소 또는 고발수리란 요건을 갖추었다고 판단하여 수리한 경우

2. 수사개시

범죄인지서를 작성하여 입건한 경우와 검사와 사법경찰관의 상호협력과 일반적 수
사준칙에 관한 규정 제16조제1항에 해당하는 경우

3. 통보 시기

최대한 신속하게 통보하여야 하며, 최장 48시간을 넘지 않도록 할 것

3. 통보방법

고위공직자등인지통보서 작성하여 소속 부서장 결재받아 공수처에 발송

4. 후속 조치

가. 공수처에서 사건 이첩을 요청하는 경우 그 요청에 응해야 한다.
나. 긴급체포, 체포 피의자 구속영장 신청 등 법정 시한이 있는 수사, 압수영장 집행
   과 같이 집행기한의 여유는 있으나 증거인멸의 우려 등으로 신속한 수사가 필요한
   경우 공수처에서 수가개시 여부를 회신하기 전이라도 절차대로 수사 진행한다.
다. 병합사건 처리
   공수처 이첩요구 고위공직자범죄등 사실이 내·수사 사건 일부면 관련 수사서류
   등 원본을 공수처에 이첩하고, 사본은 기존 사건기록에 편철한다.

○○경찰서

제 호   20○○.○.○.

수 신 : 고위공직자범죄수사처

제 목 : 고위공직자범죄등 인지통보서

아래 사람에 대하여 다음과 같이 고위공직자범죄등을 인지하였으므로 고위공직자범죄수사처 설치 및 운영에 관한 법률 제24조 제2항에 따라 통보합니다.

피의자	성 명		주민등록번호	
	주 거			
	소 속			
	직위(직급)			
죄 명				
인지 경위				
범죄 사실				
비 고				

○○경찰서

사법경찰관 경감 박 희 주

제7절 국방부와 경찰청과의 수사업무 공조협정

1. 수사의 분담 (제1조)

① 「군사법원법」 제2조 및 제3조에 의하여 군사법원이 재판권을 갖는 범죄와 「사법경
찰관리의 직무를 행할 자와 그 직무범위에 관한 법률」 제9조에서 정하는 범죄에
대하여는 국방부장관과 각 군 참모총장의 지휘를 받는 군수사기관이 수사업무를 담
당한다.

※ 군사법원법

제2조(신분적 재판권) ① 군사법원은 다음 각 호의 어느 하나에 해당하는 사람이 범한 죄에 대하여
재판권을 가진다.
  1. 「군형법」 제1조제1항부터 제4항까지에 규정된 사람. 다만, 「군형법」 제1조제4항에 규정된 사람 중
  다음 각 목의 어느 하나에 해당하는 내국인·외국인은 제외한다.
    가. 군의 공장, 전투용으로 공하는 시설, 교량 또는 군용에 공하는 물건을 저장하는 창고에 대하여
      「군형법」 제66조의 죄를 범한 내국인·외국인
    나. 군의 공장, 전투용으로 공하는 시설, 교량 또는 군용에 공하는 물건을 저장하는 창고에 대하여
      「군형법」 제68조의 죄를 범한 내국인·외국인
    다. 군의 공장, 전투용으로 공하는 시설, 교량, 군용에 공하는 물건을 저장하는 창고, 군용에 공하는
      철도, 전선 또는 그 밖의 시설에 대하여 「군형법」 제69조의 죄를 범한 내국인·외국인
    라. 가목부터 다목까지의 규정에 따른 죄의 미수범인 내국인·외국인
    마. 국군과 공동작전에 종사하고 있는 외국군의 군용시설에 대하여 가목부터 다목까지의 규정에 따
      른 죄를 범한 내국인·외국인
  2. 국군부대가 관리하고 있는 포로
② 제1항에도 불구하고 법원은 다음 각 호에 해당하는 범죄 및 그 경합범 관계에 있는 죄에 대하여
재판권을 가진다. 다만, 전시·사변 또는 이에 준하는 국가비상사태 시에는 그러하지 아니하다.
  1. 「군형법」 제1조제1항부터 제3항까지에 규정된 사람이 범한 「성폭력범죄의 처벌 등에 관한 특례
  법」 제2조의 성폭력범죄 및 같은 법 제15조의2의 죄, 「아동·청소년의 성보호에 관한 법률」 제2
  조제2호의 죄
  2. 「군형법」 제1조제1항부터 제3항까지에 규정된 사람이 사망하거나 사망에 이른 경우 그 원인이 되
  는 범죄
  3. 「군형법」 제1조제1항부터 제3항까지에 규정된 사람이 그 신분취득 전에 범한 죄
③ 군사법원은 공소(公訴)가 제기된 사건에 대하여 군사법원이 재판권을 가지지 아니하게 되었거나 재
판권을 가지지 아니하였음이 밝혀진 경우에는 결정으로 사건을 재판권이 있는 같은 심급의 법원으
로 이송(移送)한다. 이 경우 이송 전에 한 소송행위는 이송 후에도 그 효력에 영향이 없다.
④ 국방부장관은 제2항에 해당하는 죄의 경우에도 국가안전보장, 군사기밀보호, 그 밖에 이에 준하는
사정이 있는 때에는 해당 사건을 군사법원에 기소하도록 결정할 수 있다. 다만, 해당 사건이 법원에
기소된 이후에는 그러하지 아니하다.

---

⑤ 검찰총장 및 고소권자는 제4항 본문의 결정에 대하여 7일 이내에 대법원에 그 취소를 구하는 신청을 할 수 있다.

⑥ 제5항의 신청에 따른 심리와 절차에 관하여는 그 성질에 반하지 아니하는 범위에서 제3조의2부터 제3조의7까지의 규정을 준용한다.

제3조(그 밖의 재판권) ① 군사법원은 「계엄법」에 따른 재판권을 가진다.

② 군사법원은 「군사기밀보호법」 제13조의 죄와 그 미수범에 대하여 재판권을 가진다.

※ 사법경찰관리의 직무를 행할 자와 그 직무범위에 관한 법률

제9조(군사법경찰관리) ① 「군사법원법」 제43조제1호 및 제46조제1호에 따른 군사법경찰관리로서 지방검찰청검사장의 지명을 받은 자는 「군용물 등 범죄에 관한 특별조치법」에 규정된 범죄에 관하여 사법경찰관리의 직무를 수행한다.

② 「군사법원법」 제43조제2호와 제46조제2호에 규정된 군사법경찰관리로서 지방검찰청검사장의 지명을 받은 자는 「군사기밀보호법」에 규정된 범죄에 관하여 사법경찰관리의 직무를 수행한다.

---

② 제1항 외의 범죄에 대하여는 경찰청장의 지휘를 받는 경찰수사기관이 수사업무를 담당한다. 다만, 법률에 특별히 경찰수사기관이 아닌 다른 수사기관이 수사하도록 규정된 경우는 제외한다.

③ 사건의 성질상 어느 한 수사기관이 수사업무를 담당해야 하는지 불분명한 경우에는 상호 협의하여 수사업무를 분담한다.

2. 수사의 조정 (제2조)

범죄 수사가 경합할 때에는 다음 각 호의 기준에 따라 주무수사기관을 정하고 상호 협조하여야 한다.

① 1인의 피의자가 범한 다수의 범죄인 경우에는 범죄의 성격상 주된 범죄로 형량이 높은 범죄를 처리해야 할 수사기관

② 다수의 피의자가 범한 단일범죄인 경우에는 피의자 수가 많고, 범행을 주도한 피의자를 처리해야 할 수사기관

③ 다수의 피의자가 범한 다수의 범죄인 경우에는 범죄의 성격상 주된 범죄로 형량이 높은 범죄 또는 다수의 피의자를 처리해야 할 수사기관

3. 합동수사본부 (제3조)

① 양 수사기관은 사건의 성질상 필요할 때에는 각각 상대 수사기관에 대하여 합동수사본부 설치를 요청할 수 있으며, 요청 받은 수사기관은 특별한 사유가 없는 한 이에 응하여야 한다.

② 합동수사본부의 조직·설치장소·인원구성·수사분담 등에 관하여는 양 수사기관이 상호 협의하여 정한다.

4. 군사시설 내에서의 수사 (제4조)

① 경찰수사기관이 담당하는 범죄 수사를 군사시설 내에서 할 필요가 있는 경우에는 군 수사기관과 합동으로 하여야 하며, 군사상 비밀을 요하는 장소에 대한 압수·수색은 형사소송법 제110조에 따라 그 책임자의 승낙을 받아 하여야 한다.

② 제1항의 승낙요청을 받은 책임자는 국가의 중대한 이익을 해하는 경우를 제외하고는 승낙을 거부하지 못하며, 승낙을 거부할 때에는 그 이유를 서면으로 밝혀야 한다.

③ 제1항의 승낙 여부는 신속하게 결정되어야 하며 승낙을 함에 있어서 그 책임자는 군사시설의 보안조치에 필요한 경찰수사기관의 준수사항을 설명하고 경찰수사기관으로부터 이를 약속받을 수 있다.

5. 수사의 지원 (제5조)

① 양 수사기관은 효율적인 범죄 수사를 위하여 다음 각 호의 사항에 대하여 상호 지원을 요청할 수 있다.
  1. 수사관 또는 감식직원의 파견
  2. 증거물의 감정, 감식관련 시설·자료의 이용
  3. 조사실 기타 해당 수사기관의 시설 사용
  4. 피의자 또는 장물 등의 수배
  5. 기타 수사에 관해 필요한 사항

② 제1항의 요청을 받은 수사기관은 본연의 직무수행에 큰 지장이 없는 한 이에 적극

협조하여야 한다.

③ 제1항 제1호에 따라 파견되는 수사관은 소속기관장이 발행하는 신임장을 주무수사기관에 제출하여야 한다.

6. 체포의뢰 및 호송 (제6조)

① 군 수사기관은 수사중인 피의자의 체포를 경찰수사기관에 의뢰할 수 있으며 이때 체포 시 주의사항 등 필요한 사항을 함께 알려야 한다.

② 제1항의 체포의뢰를 받아 경찰수사기관이 체포한 피의자의 호송은 군수사기관이 하는 것을 원칙으로 한다.

7. 상호통보와 수사정보의 공유 (제7조)

① 양 수사기관은 각각 상대수사기관이 수사하여야 할 범죄를 인지하거나 피의자를 체포한 때에는 신속하게 이를 상대수사기관에 통보하여야 한다.

② 양 수사기관은 각각 상대수사기관의 범죄수사에 대하여 도움이 되는 정보를 상호 통보하는 등 수사정보를 적극적으로 공유하여야 한다.

8. 사건인계 및 처리결과 통보 (제8조)

① 사건 또는 피의자를 인계할 때에는 사건 또는 피의자 인계서 정부 2통을 작성하여 정본은 인수기관에 교부하고, 부본은 인수기관의 서명날인을 받아 보관하기로 한다.

② 증거물만을 인계하는 경우에는 증거물인계서에 의하여 제1항에 준하여 하기로 한다.

③ 제1항에 따라 사건을 인수한 수사기관은 해당사건의 수사를 종결함과 동시에 인계한 수사기관에 그 처리결과를 통보하여야 한다.

○○ 경찰서

제 0000-00000 호   20○○.○.○.

수 신 : ○○ 부대장 귀하

제 목 : 군부대 체포영장·긴급체포·현행범인체포·구속 통지서

다음 피의자(피체포자)를 아래와 같이 체포/긴급체포/현행범인체포/구속하였기에 「법원이 재판권을 가지는 군인 등의 범죄에 대한 수사절차 등에 관한 규정」 제12조에 따라 통지합니다.

1. 피 의 자

   성   명 :

   주민등록번호 :

   주   거 :

   소속부대 : 000 부대 (군번:)

2. 체포·구속 사실

   내   용 : ○○ 피의사건으로 (체포/긴급체포/현행범인체포/구속   )

   일   시 : 0000.00.00.

   장   소 : ○○에 *인치/구금*

담당자		소속 및 연락처	

소속관서

사법경찰관 계급

○ ○ 경 찰 서

제 0000-00000 호   20○○.○.○.

수 신 : 000 부대장 귀하

제 목 : 군부대 체포영장·긴급체포·현행범인체포·구속 석방 통지서

다음 피의자(피체포자)를 아래와 같이 석방하였기에 「법원이 재판권을 가지는 군인 등의 범죄에 대한 수사절차 등에 관한 규정」 제13조에 따라 통지합니다.

1. 피 의 자

　　　성　　　명 :

　　　주민등록번호 :

　　　주　　　거 :

　　　소속부대 : 000 부대 (군번:)

2. 체포 · 구속 사실

　　　내　　　용 : ○○ 피의사건으로 *체포 · 긴급체포 · 현행범인체포 · 구속*

　　　일　　　시 : 0000.00.00.

　　　장　　　소 : *인치구금장소에   인치구금*

3. 석방 사실

　　　석방자 : *계급 석방자*

　　　일　　　시 : 0000.00.00. 00:00

　　　장　　　소 : *석방장소에서 석방*

담당자		소속 및 연락처	

소속관서

사법경찰관 　 계급

제8장 경찰과 검찰의 관계

경찰과 검찰의 관계

제1절 경찰과 검찰의 협력

Ⅰ. 관련법령

1. 검사와 사법경찰관의 상호협력과 일반적 수사준칙에 관한 규정

제6조(상호협력의 원칙) ① 검사와 사법경찰관은 상호 존중해야 하며, 수사, 공소제기 및 공소유지와 관련하여 협력해야 한다.

② 검사와 사법경찰관은 수사와 공소제기 및 공소유지를 위해 필요한 경우 수사·기소·재판 관련 자료를 서로 요청할 수 있다.

③ 검사와 사법경찰관의 협의는 신속히 이루어져야 하며, 협의의 지연 등으로 수사 또는 관련 절차가 지연되어서는 안 된다.

제7조(중요사건 협력절차) ① 검사와 사법경찰관은 다음 각 호의 어느 하나에 해당하는 사건(이하 "중요사건" 이라 한다)의 경우에는 송치 전에 수사할 사항, 증거 수집의 대상, 법령의 적용, 범죄수익 환수를 위한 조치 등에 관하여 상호 의견을 제시·교환할 것을 요청할 수 있다. 이 경우 검사와 사법경찰관은 특별한 사정이 없으면 상대방의 요청에 응해야 한다.

1. 공소시효가 임박한 사건

2. 내란, 외환, 대공(對共), 선거(정당 및 정치자금 관련 범죄를 포함한다), 노동, 집단행동, 테러, 대형 참사 또는 연쇄살인 관련 사건

3. 범죄를 목적으로 하는 단체 또는 집단의 조직·구성·가입·활동 등과 관련된 사건

4. 주한 미합중국 군대의 구성원·외국인군무원 및 그 가족이나 초청계약자의 범죄 관련 사건

5. 그 밖에 많은 피해자가 발생하거나 국가적·사회적 피해가 큰 중요한 사건

② 제1항에도 불구하고 검사와 사법경찰관은 다음 각 호의 어느 하나에 따른 공소시효가 적용되는 사건에 대해서는 공소시효 만료일 3개월 전까지 제1항 각 호 외의 부분 전단에 규정된 사항 등에 관하여 상호 의견을 제시·교환해야 한다. 다만, 공소시효 만료일 전 3개월 이내에 수사를 개시한 때에는 지체 없이 상호 의견을 제시·교환해야 한다.

1. 「공직선거법」 제268조

2. 「공공단체등 위탁선거에 관한 법률」 제71조

3. 「농업협동조합법」 제172조제4항

4. 「수산업협동조합법」 제178조제5항

5. 「산림조합법」 제132조제4항

6. 「소비자생활협동조합법」 제86조제4항

7. 「염업조합법」 제59조제4항

8. 「엽연초생산협동조합법」 제42조제5항
9. 「중소기업협동조합법」 제137조제3항
10. 「새마을금고법」 제85조제6항
11. 「교육공무원법」 제62조제5항

2. 경찰수사규칙

제3조(협력의 방식 등) ① 사법경찰관리는 수사준칙 제6조에 따라 검사가 수사, 공소제기 및 공소유지와 관련하여 협력의 요청·요구·신청 등(이하 "협력요청등"이라 한다)을 하는 경우에는 상호 존중을 바탕으로 적극 협조해야 한다.
② 사법경찰관리는 검사에게 협력요청등을 하는 경우에는 「형사사법절차 전자화 촉진법」 제2조제4호에 따른 형사사법정보시스템(이하 "형사사법정보시스템"이라 한다) 또는 서면으로 해야 한다.
③ 천재지변 또는 긴급한 상황이 발생하거나 수사 현장에서 협력요청등을 하는 경우 등 제2항의 방식으로 협력요청등을 하는 것이 불가능하거나 현저히 곤란한 경우에는 구두(口頭)나 전화 등 간편한 방식으로 협력요청등을 할 수 있다.
④ 사법경찰관리는 신속한 수사가 필요한 경우에는 적정한 기간을 정하여 검사에게 협력요청등을 할 수 있다.
⑤ 사법경찰관리는 검사로부터 기간이 정해진 협력요청등을 받은 경우에는 그 기간 내에 이행하도록 노력해야 한다. 다만, 그 기간 내에 이행하기 곤란하거나 이행하지 못하는 경우에는 추가로 필요한 기간을 검사와 협의할 수 있다.
제4조(중요사건 협력절차) ① 사법경찰관리는 수사준칙 제7조에 따라 검사에게 중요사건에 대한 의견의 제시·교환을 요청하는 경우에는 별지 제1호서식의 의견요청서에 따른다.
② 사법경찰관리는 수사준칙 제7조에 따라 검사로부터 중요사건에 대한 의견 제시·교환 요청을 받아 의견을 제시·교환하는 경우에는 별지 제2호서식의 의견서에 따른다.

II. 협력절차

1. 대상 사건

가. 공소시효가 임박한 사건

나. 내란, 외환, 폭발물, 선거법, 테러, 대형참사, 연쇄살인

다. 다수피해자 발생, 국가적·사회적 피해가 큰 중요사건

라. 한미행정사건

2. 절 차

가. 중요사건에 대해 경찰이 의견을 요청할 때는 의견요청서(제1호서식)를 작성하여 관할검찰청에 채취

나. 검사의 의견요철을 받은 때는 의견서(제2호서식)를 송부하며, 검사의견에 재차 의견서 송부 가능

다. 긴급상황, 수사현장에서 요청하는 경우 등에는 구도나 전화 방식도 가능

3. 기 타

가. 의견 요청 시 사건기록 제출 여부

기록제공이 필요하다고 판단될 경우 전부 또는 일부 제출

나. 중요사건 수사 시 반드시 검사와 의견 제시·교환 필요성 여부

임의사항이기 때문에 의무는 없으나, 일방이 협의요청 시 상대방은 응해야 함(대통령령 제8조 제1항 제1호)

○ ○ 경 찰 서

제 호   20○○.○.○.

수 신 : ○○검찰청의 장(검사: 홍길동)

제 목 : 의견요청서(중요사건)

「검사와 사법경찰관의 상호협력과 일반적 수사준칙에 관한 규정」 제7조에 따라 아래 사건에 대하여 의견을 제시·교환할 것을 요청합니다.

사 건 번 호				
피의자	성 명		주민등록번호	
	직 업			
	주 거			
죄 명				
내 용				
비 고				

○○경찰서

사 법 경 찰 관 경 감 유 아 윤

○○경찰서

제 호   20○○.○.○.

수 신 : ○○검찰청의 장(검사: 홍길동)

제 목 : 의견서(중요사건·협의요청)

「검사와 사법경찰관의 상호협력과 일반적 수사준칙에 관한 규정」(제7조·제8조)에 따라 아래 사건에 관한 검사 홍길동의 (의견·협의)요청에 대하여 다음과 같이 의견을 제시합니다.

사 건 번 호				
피의자	성 명		주민등록번호	
	직 업			
	주 거			
죄 명				
내 용				
비 고				

○○경찰서

사법경찰관 경감 유 아 림

제2절 경찰과 검찰의 협의

Ⅰ. 관련 법령

1. 검사와 사법경찰관의 상호협력과 일반적 수사준칙에 관한 규정

> 제8조(검사와 사법경찰관의 협의) ① 검사와 사법경찰관은 수사와 사건의 송치, 송부 등에 관한 이견의 조정이나 협력 등이 필요한 경우 서로 협의를 요청할 수 있다. 이 경우 특별한 사정이 없으면 상대방의 협의 요청에 응해야 한다.
>
>   7. 법 제316조제1항에 따라 사법경찰관이 조사자로서 공판준비 또는 공판기일에서 진술하게 된 경우
>
> ② 제1항에 따른 협의에도 불구하고 이견이 해소되지 않는 경우로서 다음 각 호의 어느 하나에 해당하는 경우에는 해당 검사가 소속된 검찰청의 장과 해당 사법경찰관이 소속된 경찰관서(지방해양경찰관서를 포함한다. 이하 같다)의 장의 협의에 따른다.
>
>   1. 중요사건에 관하여 상호 의견을 제시·교환하는 것에 대해 이견이 있거나 제시·교환한 의견의 내용에 대해 이견이 있는 경우
>
>   2. 「형사소송법」(이하 "법"이라 한다) 제197조의2제2항 및 제3항에 따른 정당한 이유의 유무에 대해 이견이 있는 경우
>
>   3. 법 제197조의4제2항 단서에 따라 사법경찰관이 계속 수사할 수 있는지 여부나 사법경찰관이 계속 수사할 수 있는 경우 수사를 계속할 주체 또는 사건의 이송 여부 등에 대해 이견이 있는 경우
>
>   4. 법 제245조의8제2항에 따른 재수사의 결과에 대해 이견이 있는 경우
>
> 제9조(수사기관협의회) ① 대검찰청, 경찰청 및 해양경찰청 간에 수사에 관한 제도 개선 방안 등을 논의하고, 수사기관 간 협조가 필요한 사항에 대해 서로 의견을 협의·조정하기 위해 수사기관협의회를 둔다.
>
> ② 수사기관협의회는 다음 각 호의 사항에 대해 협의·조정한다.
>
>   1. 국민의 인권보호, 수사의 신속성·효율성 등을 위한 제도 개선 및 정책 제안
>
>   2. 국가적 재난 상황 등 관련 기관 간 긴밀한 협조가 필요한 업무를 공동으로 수행하기 위해 필요한 사항
>
>   3. 그 밖에 제1항의 어느 한 기관이 수사기관협의회의 협의 또는 조정이 필요하다고 요구한 사항
>
> ③ 수사기관협의회는 반기마다 정기적으로 개최하되, 제1항의 어느 한 기관이 요청하면 수시로 개최할 수 있다.
>
> ④ 제1항의 각 기관은 수사기관협의회에서 협의·조정된 사항의 세부 추진계획을 수립·시행해야 한다.
>
> ⑤ 제1항부터 제4항까지의 규정에서 정한 사항 외에 수사기관협의회의 운영 등에 필요한 사항은 수사기관협의회에서 정한다.

2. 경찰수사규칙

> 제7조(검사와의 협의 등) ① 사법경찰관리는 수사준칙 제8조제1항에 따라 검사와의 협의를 요청하려는 경우에는 별지 제6호서식의 협의요청서에 요청 사항과 그 사유를 적어 검사에게 통보해야 한다.
>
> ② 사법경찰관리는 수사준칙 제8조제1항제1호, 제2호, 제4호 또는 제6호의 경우 제1항에 따른 해당 검

사와의 협의에도 불구하고 이견이 해소되지 않으면 이를 즉시 소속된 경찰관서의 장(이하 "소속경찰관서장"이라 한다)에게 보고해야 한다.

③ 제2항의 보고를 받은 소속경찰관서장은 수사준칙 제8조제2항에 따른 협의가 필요하다고 판단하면 별지 제7호서식의 협의요청서에 요청 사항과 그 사유를 적어 제2항에 따른 해당 검사가 소속된 검찰청의 장에게 통보해야 한다.

④ 사법경찰관리 또는 소속경찰관서장은 제1항 또는 제3항에 따라 검사 또는 검찰청의 장과 협의한 사항이 있으면 그 협의사항을 성실하게 이행하도록 노력해야 한다.

II. 절 차

1. 협의 대상 사건

가. 사건담당자 간 협의 대상 (필수적 협의 사항)

① 중요사건

② 보완수사요구 (형소법 제197조 제2항 및 제3항)

③ 시정조치요구 (법 제197조의3 제4항 및 제5항

④ 수사경합(법 제197조의4제2항 단서)

⑤ 변사자 검시(법 제222조)

⑥ 재수사요청(법 제245조의8 제2항)

⑦ 조사자 증언(법 제316조 제1항)

나. 소속관서장 간 협의 대상

① 중요사건

② 보완수사요구 (형소법 197조 제2항 및 제3항)

④ 수사경합(법 제197조의4제2항 단서)

⑥ 재수사요청(법 제245조의8 제2항)

2. 절 차

가. 이견이 조정되지 않거나 협의가 필요한 경우 수사기관협의회 안건 상정

나. 담당자 간 협의 필요시 '협의요청서' 작성하여 검찰청에 송부

다. 관서장 협의가 필요한 경우 소속 검찰청의 장에게 '협의요청(관서장)' 송부

라. 검사의 협의 요철을 받은 때는 의견서(제2호서식) 송부하며, 검사의견에 재차 의견서 송부도 가능

○○경찰서

제 호   20○○.○.○.

수 신 : ○○검찰청의 장(검사: 홍길동)

제 목 : **협의요청서**

「검사와 사법경찰관의 상호협력과 일반적 수사준칙에 관한 규정」 제8조 제1항에 따라 아래 사건에 대하여 협의를 요청합니다.

사 건 번 호					
피의자	성 명		주민등록번호		
	직 업				
	주 거				
죄 명					

협 의 요 청 사 항 과 그 사 유

○ 협의요청 사항

-법 제197조의2제2항에 따른 정당한 이유 유무에 대한 협의요청

○ 협의요청 이유

-검사 홍길동은 피의자 갑의 본 ○○위반 외에 ○○ 위반 혐의에 대해서도 추가수사를 요구하였으나 보완수사 범위를 넘어선 것으로 보 대상이 아닌 것으로 판단

-따라서 형사소송법 제197조의2제2항에 따른 정당한 이유의 유무에 대한 협의를 요청함

○○경찰서

사 법 경 찰 관 경 감 유 아 윤

경찰수사규칙 [별지 제7호서식]

○ ○ 경 찰 서

제 호   20○○.○.○.

수 신 :○○검찰청의 장(검사: 홍길동)

제 목 : **협의요청서(관서장)**

「검사와 사법경찰관의 상호협력과 일반적 수사준칙에 관한 규정」 제8조 제2항에 따라 아래 사건에 대하여 협의를 요청합니다.

사 건 번 호				
피의자	성 명		주민등록번호	
	직 업			
	주 거			
죄 명				

사 건 담당자 협 의 사항
위 사건에 대하여 검사 홍길동과 보안수사요구 범위에 대해 협의하였으나 이견이 해소되지 않음

관서장 협의 요청 사항과 그 사유
검사 홍길동의 보안수사요구는 보안수사요구 범위를 벗어난 상황에 해당하여 형사소송법 제197조의2제2항에 따른 정당한 이유의 유무에 대한 협의를 요청함

○ ○ 경 찰 서

사 법 경 찰 관 경 감 유 아 림

제3절 수사의 경합

I. 관련법령

1. 형사소송법

> 제197조의4(수사의 경합) ① 검사는 사법경찰관과 동일한 범죄사실을 수사하게 된 때에는 사법경찰관에게 사건을 송치할 것을 요구할 수 있다.
> ② 제1항의 요구를 받은 사법경찰관은 지체 없이 검사에게 사건을 송치하여야 한다. 다만, 검사가 영장을 청구하기 전에 동일한 범죄사실에 관하여 사법경찰관이 영장을 신청한 경우에는 해당 영장에 기재된 범죄사실을 계속 수사할 수 있다.

2. 검사와 사법경찰관의 상호협력과 일반적 수사준칙에 관한 규정

> 제8조(검사와 사법경찰관의 협의) ① 검사와 사법경찰관은 수사와 사건의 송치, 송부 등에 관한 이견의 조정이나 협력 등이 필요한 경우 서로 협의를 요청할 수 있다. 이 경우 특별한 사정이 없으면 상대방의 협의 요청에 응해야 한다.
> ② 제1항에 따른 협의에도 불구하고 이견이 해소되지 않는 경우로서 다음 각 호의 어느 하나에 해당하는 경우에는 해당 검사가 소속된 검찰청의 장과 해당 사법경찰관이 소속된 경찰관서(지방해양경찰관서를 포함한다. 이하 같다)의 장의 협의에 따른다.
> 제48조(동일한 범죄사실 여부의 판단 등) ① 검사와 사법경찰관은 법 제197조의4에 따른 수사의 경합과 관련하여 동일한 범죄사실 여부나 영장(「통신비밀보호법」 제6조 및 제8조에 따른 통신제한조치허가서 및 같은 법 제13조에 따른 통신사실 확인자료제공 요청 허가서를 포함한다. 이하 이 조에서 같다) 청구·신청의 시간적 선후관계 등을 판단하기 위해 필요한 경우에는 그 필요한 범위에서 사건기록의 상호 열람을 요청할 수 있다.
> ② 제1항에 따른 영장 청구·신청의 시간적 선후관계는 검사의 영장청구서와 사법경찰관의 영장신청서가 각각 법원과 검찰청에 접수된 시점을 기준으로 판단한다.
> ③ 검사는 제2항에 따른 사법경찰관의 영장신청서의 접수를 거부하거나 지연해서는 안 된다.
> 제49조(수사경합에 따른 사건송치) ① 검사는 법 제197조의4제1항에 따라 사법경찰관에게 사건송치를 요구할 때에는 그 내용과 이유를 구체적으로 적은 서면으로 해야 한다.
> ② 사법경찰관은 제1항에 따른 요구를 받은 날부터 7일 이내에 사건을 검사에게 송치해야 한다. 이 경우 관계 서류와 증거물을 함께 송부해야 한다.
> 제50조(중복수사의 방지) 검사는 법 제197조의4제2항 단서에 따라 사법경찰관이 범죄사실을 계속 수사할 수 있게 된 경우에는 정당한 사유가 있는 경우를 제외하고는 그와 동일한 범죄사실에 대한 사건을 이송하는 등 중복수사를 피하기 위해 노력해야 한다.

3. 경찰수사규칙

제78조(수사의 경합 시 기록 열람) ① 사법경찰관은 수사준칙 제48조제1항에 따라 검사에게 사건기록의 열람을 요청하는 경우에는 별지 제90호서식의 사건기록 열람요청서에 따른다.
② 사법경찰관은 검사로부터 수사준칙 제48조제1항에 따른 사건기록의 열람을 요청하는 서면을 받은 경우에는 그 요청 서면을 검토하여 열람 허용 여부 및 범위를 신속하게 결정한다.
③ 사법경찰관이 검사에게 열람을 허용할 수 있는 사건기록의 범위는 다음 각 호와 같다. 다만, 예외적으로 그 외 사건기록의 열람을 허용할 필요가 있는 경우에는 달리 정할 수 있다.
  1. 범죄인지서
  2. 영장신청서
  3. 고소장, 고발장
④ 사법경찰관은 별지 제91호서식의 열람허가서에 열람을 허용하는 사건기록의 범위를 기재하여 제2항의 사건기록 중 열람을 허용한 사건기록 등본과 함께 사건기록담당직원에게 인계한다.
⑤ 사건기록담당직원은 검사에게 기록을 열람하게 하고, 관리대장에 열람 일시, 열람 검사의 성명 등을 기재한다.

II. 수사의 경합

1. 경찰과 검찰의 수사가 경합하는 경우 수사를 계속할 주체 또는 사건의 송치 여부 등을 결정하는 방안에 관해 규정
 - 입건전조사 사건은 수사의 경합 관련 규정이 적용되지 않음

2. 기록 열람을 통해 동일한 범죄사실 여부나 영장 신청(청구)의 시간적 선후 관계 등을 판단하여 경합 사건처리

3. 처리절차
 ① 검사의 기록 열람요청 ② 경찰의 기록 열람요청 ③ 검사의 송치요구 ④ 경찰의 사건송치 여부 판단 ⑤ 경찰의 계속 수사 또는 송치 순으로 절차 진행
 ※ 다만, 사안에 따라 순서를 바꾸거나 일부 절차 생략 가능 (간단한 사건으로 경찰과 검찰 이견이 발생할 가능성이 없는 경우 또는 경찰이 영장을 신청하지 않아 계속 수사할 가능성이 없는 경우 등, 다만 검사가 기록 열람요청 시 수사 주체인 경찰도 기록 열람요청을 통해 정확한 송치범위 등을 판단하는 것이 바람직)

III. 검찰의 기록 열람요청

1. 검사의 기록 열람요청

가. 경찰은 기록의 열람 허용 여부 및 범위를 결정 → 열람허가서 작성하여 회신

나. 검사 요청 사건이 경찰이 수사 중인 사건과 다른 사건인 것이 명백 → 불허용 결정 회신

다. 허용기록 범위

　범죄인지서, 영장신청서, 고소장, 고발장, 그 외 필요한 기록으로 한정

2. 기록 열람 절차

허용한 사건기록을 등사 → 담당 검사에 한정하여 열람 허용(검찰청 직원 대신 방문의 경우는 열람 불가)

IV. 경찰의 기록 열람요청

1. 기록 열람요청

가. 사건기록 열람요청서 작성 담당 검사에게 송부하여 열람요청

나. 열람 요청할 기록을 요청서에 명확히 기재

　범죄인지서, 영장신청(청구)서, 고소·고발장, 그 외 필요한 기록

다. 검사로부터 허가 회신 시 검찰청 방문하여 기록 열람

2. 기록 열람 관련 문서의 유통

기록 열람 관련 문서는 온 나라 공문을 통해 수시 및 발신

V. 경합 여부 및 송치여부 판단

1. 경합여부 판단

동일한 범죄사실 여부를 확인하여 판단 : 기본적 사실관계 동일성 여부 판단

2. 송치여부 판단

가. 영장의 신청(청구) 선후 관계 확인

나. 경찰 영장신청서가 검찰에 접수된 시각과 검사의 영장청구서가 법원에 접수된 시각을 확인하여 선후 관계 판단

영장신청(청구)의 시간적 선후 확인 절차		
구 분	**영장 기각 시**	**영장발부 시**
신청 시각	경찰 영장신청서에 찍혀있는 검찰청 접수인 시간 확인	경찰 영장신청서에 찍혀있는 검찰청 접수인 시간 확인
청구 시각	검사의 영장청구에 찍혀있는 법원 접수인 시간 확인	검사의 영장청구에 찍혀있는 법원 접수인 시간 확인
요구자료	검사에게 기록열람요청 시 영장 청구서를 포함하여 열람요청	경찰의 영장신청서와 검사의 영장 청구서를 모두 포함하여 열람요청

VI. 검사의 송치요구와 경찰의 계속 수사

1. 검사의 송치요구

가. 기한

① 동일한 범죄사실 여부에 이견이 없는 경우 송치요구를 받은 날로부터 7일 이내 송치

② 송치결정서와 사건송치서에 "수사의 경합에 따른 송치"임을 명확히 기재

예. 송치결정 이유 :

20○○. ○. ○. ○○:○○ 영장을 신청하였으나, 검사의 영장청구 (20○○. ○. ○. ○○:○○)가 선행한다. 형사소송법 제197조4 제2항에 따라 송치한다.

나. 협의

① 경합여부 및 송치 여부에 이견이 있는 경우 경합에 대한 협의 진행

경합에 대한 협의 절차		
구 분	담당자 간 협의(제8조 제1항)	관서장 간 협의(제8조 제2항)
사 유	사법경찰관이 계속 수사할 수 있는지, 수사를 계속할 주체, 사건의 송치여부 등 수사의 경합과 관련하여 이견의 조정이나 협력 등이 필요한 경우	담당자 간 협의에도 이견이 해소되지 않은 경우
주 체	사건담당자 (협의요청서 작성명의자인 수사팀장/담당 검사)	관서장 (경찰서장 또는 시도경찰청장 등/지검장 또는 지청장)
절 차	협의요청서(6호서식) 작성하여 송부	협의요청서(7호서식) 작성하여 송부

② 협의 이후 협의 결과에 따라 송치하거나, 경찰 계속 수사

2. 경찰의 계속 수사

가. 검사 송치요구가 있었던 경우

경찰이 계속 수사할 수 있는 사안의 경우 '경합에 대한 협의' 절차 진행 → 협의 결과에 따라 송치 또는 경찰이 계속 수사

나. 검사의 송치요구가 없었던 경우

별도 절차 없이 경찰의 계속 수사

○○경 찰 서

제 호   20○○.○.○.

수 신 : ○○검찰청의 장(검사: 홍길동)

제 목 : 사건기록 열람요청서

「검사와 사법경찰관의 상호협력과 일반적 수사준칙에 관한 규정」 제48조제1항에 따라 아래와 같이 사건기록의 열람을 요청합니다.

사 건 번 호		
피의자	성 명		주 민 등 록 번 호	
	직 업			
	주 거			
죄 명				
열람요청 기록	- - -			

○○경찰서

사법경찰관 경감 유 아 림

열 람 허 가 서

제 호   20○○.○.○.

「검사와 사법경찰관의 상호협력과 일반적 수사준칙에 관한 규정」 제48조제1항에 따라 ○○검찰청 검사 홍길동이 20○○.○.○. 요청한 사건기록 열람에 관하여 아래와 같이 사건기록의 열람을 허가합니다.

사 건 번 호	
피의자 성 명	
주민등록번호	
죄 명	
열람요청기록	– – – –
열람허가기록	– – – –
열람불허기록 및 불 허 사 유	– – – –
비 고	※첨부: 열람을 허용한 사건기록 등본

○○경찰서

사법경찰관 경감 유 아 윤

제4절 검찰 → 경찰 간 사건이송

Ⅰ. 관련 법령

1. 검사와 사법경찰관의 상호협력과 일반적 수사준칙에 관한 규정

> 제18조(검사의 사건 이송 등) ① 검사는 「검찰청법」 제4조제1항제1호 각 목에 해당되지 않는 범죄에 대한 고소·고발·진정 등이 접수된 때에는 사건을 검찰청 외의 수사기관에 이송해야 한다.
> ② 검사는 다음 각 호의 어느 하나에 해당하는 때에는 사건을 검찰청 외의 수사기관에 이송할 수 있다.
>   1. 법 제197조의4제2항 단서에 따라 사법경찰관이 범죄사실을 계속 수사할 수 있게 된 때
>   2. 그 밖에 다른 수사기관에서 수사하는 것이 적절하다고 판단되는 때
> ③ 검사는 제1항 또는 제2항에 따라 사건을 이송하는 경우에는 관계 서류와 증거물을 해당 수사기관에 함께 송부해야 한다.
> ④ 검사는 제2항제2호에 따른 이송을 하는 경우에는 특별한 사정이 없으면 사건을 수리한 날부터 1개월 이내에 이송해야 한다.
> 제51조(사법경찰관의 결정) ③ 사법경찰관은 제1항제3호나목 또는 다목에 해당하는 사건이 다음 각 호의 어느 하나에 해당하는 경우에는 해당 사건을 검사에게 이송한다.
>   1. 「형법」 제10조제1항에 따라 벌할 수 없는 경우
>   2. 기소되어 사실심 계속 중인 사건과 포괄일죄를 구성하는 관계에 있는 경우

2. 경찰수사규칙

> 제32조(검사 이송 사건의 처리) 사법경찰관은 수사준칙 제18조에 따라 검사로부터 사건을 이송받은 경우에는 지체 없이 접수하여 처리한다.

II. 이송 대상

1. 필수적 이송

가. 검사의 수사 개시 범위를 벗어나는 사건이 검찰에 접수된 경우

나. 검사의 수사 개시 이후 수사 개시 범위에 해당되지 않는다고 판단된 경우

2. 임의적 이송

가. 검사가 직접 수사 개시 이후 수사 개시 범위에 해당되지 않음을 확인했으나 영장 등이 발부된 경우

나. 경합 시 경찰이 우선하는 경우

다. 검사의 수사 개시 범위 내 사건이지만 다른 기관에서 수사하는 것이 적절하다고 판단된 경우

III. 이송 절차

1. 서류 접수

검사로부터 이송서 및 관련서류와 증거물 접수

2. KICS 입력

가. 고소, 고발, 진정, 탄원, 투서는 임시사건

나. 현행범, 피해신고, 탐문, 여죄 등은 일반사건

3. 관할 조정

이송받은 사건에 대해 관할이 없거나 타 경찰관서로의 이송이 필요한 경우 시도경찰청 지침 받아 이송

4. 처 리

가. 일반적인 경찰 접수사건도 동일하게 처리

나. 검사의 입건 여부와 관계없이 필요시 별도로 범죄인지를 작성하거나 고소, 고발 접수로 입건

제5절 시찰조회

I. 관련 법령

1. 경찰수사규칙

> 제6조(시찰조회 요청에 관한 협력) ① 사법경찰관리는 사법경찰관리가 수사 중인 사건에 대하여 검사로부터 「검찰사건사무규칙」에 따른 시찰조회를 요청받은 경우에는 협력해야 한다.
> ② 사법경찰관리는 사법경찰관리가 수사 중인 사건이 아닌 사건에 대하여 검사로부터 시찰조회를 요청받은 경우에는 사건의 내용, 시찰조회 요청 사유 및 직무 수행 지장 여부 등을 종합적으로 검토하여 협력 여부를 결정할 수 있다.

2. 검찰사건사무규칙

> 제74조(체포와 구속의 적부심사) ⑧ 사건사무담당직원은 다음 각 호의 어느 하나에 해당하는 경우에는 별지 제91호서식의 시찰조회요청서를 작성하여 검사의 서명날인을 받아 피의자의 주거지를 관할하는 경찰서의 장에게 송부하여 시찰조회 협력을 요청해야 한다.
> 1. 석방허가결정으로 석방된 피의자가 정당한 이유 없이 출석하지 않는 등 특별한 사정이 있는 경우
> 2. 법원이 법 제214조의2 제6항에 따라 조건을 부가하여 석방허가결정을 한 경우

II. 절 차

1. 경찰 단계 사건

가. 경찰이 수사 중인 사건의 피의자가 체포·구속적부심 등을 통해 석방되어 검사가 시찰조회를 요청한 경우 시찰업무 수행 후 검찰 회신

나. 시찰조회는 주거지에 대한 현주 여부 파악하는 업무임을 고려하여 소재수사 결과 통보서로 회신

다. 시찰조회 수행 시 시찰조회서 원본을 수사지원 담당 부서에서 접수 후 지역 경찰 또는 직접수사부서에 배당하여 처리(상황실 팩스나 지역경찰을 통한 요청은 반송초지)

2. 검찰 단계 사건

가. 검찰에서 처리 중인 사건(경찰송치사건, 검사 직접 수사 사건 등)에 대한 시찰조회 요청의 경우

나. 법적근거가 없으므로 검찰이 직접 시찰조회 업무를 수행하도록 안내

제9장 수사서류 열람과 복사

제1절 근거법령

1. 검사와 사법경찰관의 상호협력과 일반적 수사준칙에 관한 규정

> 제69조(수사서류 등의 열람·복사) ① 피의자, 사건관계인 또는 그 변호인은 검사 또는 사법경찰관이 수사 중인 사건에 관한 본인의 진술이 기재된 부분 및 본인이 제출한 서류의 전부 또는 일부에 대해 열람·복사를 신청할 수 있다.
> ② 피의자, 사건관계인 또는 그 변호인은 검사가 불기소 결정을 하거나 사법경찰관이 불송치 결정을 한 사건에 관한 기록의 전부 또는 일부에 대해 열람·복사를 신청할 수 있다.
> ③ 피의자 또는 그 변호인은 필요한 사유를 소명하고 고소장, 고발장, 이의신청서, 항고장, 재항고장(이하 "고소장등"이라 한다)의 열람·복사를 신청할 수 있다. 이 경우 열람·복사의 범위는 피의자에 대한 혐의사실 부분으로 한정하고, 그 밖에 사건관계인에 관한 사실이나 개인정보, 증거방법 또는 고소장등에 첨부된 서류 등은 제외한다.
> ④ 체포·구속된 피의자 또는 그 변호인은 현행범인체포서, 긴급체포서, 체포영장, 구속영장의 열람·복사를 신청할 수 있다.
> ⑤ 피의자 또는 사건관계인의 법정대리인, 배우자, 직계친족, 형제자매로서 피의자 또는 사건관계인의 위임장 및 신분관계를 증명하는 문서를 제출한 사람도 제1항부터 제4항까지의 규정에 따라 열람·복사를 신청할 수 있다.
> ⑥ 검사 또는 사법경찰관은 제1항부터 제5항까지의 규정에 따른 신청을 받은 경우에는 해당 서류의 공개로 사건관계인의 개인정보나 영업비밀이 침해될 우려가 있거나 범인의 증거인멸·도주를 용이하게 할 우려가 있는 경우 등 정당한 사유가 있는 경우를 제외하고는 열람·복사를 허용해야 한다.

2. 경찰수사규칙

> 제87조(수사서류 열람·복사) ① 수사준칙 제69조(같은 영 제16조 제6항에서 준용하는 경우를 포함한다)에 따른 수사서류 열람·복사 신청은 해당 수사서류를 보유·관리하는 경찰관서의 장에게 해야 한다.
> ② 제1항의 신청을 받은 경찰관서의 장은 신청을 받은 날부터 10일 이내에 다음 각 호의 어느 하나에 해당하는 결정을 해야 한다.
> 1. 공개 결정: 신청한 서류 내용 전부의 열람·복사를 허용
> 2. 부분공개 결정: 신청한 서류 내용 중 일부의 열람·복사를 허용
> 3. 비공개 결정: 신청한 서류 내용의 열람·복사를 불허용
> ③ 경찰관서의 장은 제2항에도 불구하고 피의자 및 사건관계인, 그 변호인이 조사 당일 본인의 진술이

기재된 조서에 대해 열람·복사를 신청하는 경우에는 공개 여부에 대해 지체 없이 검토한 후 제공 여부를 결정해야 한다.

④ 경찰관서의 장은 해당 관서에서 보유·관리하지 않는 수사서류에 대해 열람·복사 신청을 접수한 경우에는 그 신청을 해당 수사서류를 보유·관리하는 기관으로 이송하거나 신청인에게 부존재 통지를 해야 한다.

⑤ 경찰관서의 장은 제2항제1호 또는 제2호에 따라 수사서류를 제공하는 경우에는 사건관계인의 개인 정보가 공개되지 않도록 비실명처리 등 보호조치를 해야 한다.

⑥ 제1항부터 제5항까지에서 규정한 사항 외에 수사서류 열람·복사에 필요한 세부 사항은 경찰청장이 따로 정한다.

3. 경찰 수사서류 열람·복사에 관한 규칙

제4조(열람·복사의 제한) ① 수사부서의 장은 다음 각 호의 어느 하나에 해당하는 경우에는 수사서류의 열람·복사를 제한할 수 있다.

1. 다른 법률 또는 법률의 위임에 따른 명령에서 비밀이나 비공개 사항으로 규정하고 있는 경우
2. 국가의 안전보장이나 국방·통일·외교관계 등에 관한 사항으로 수사서류의 공개로 인하여 국가의 중대한 이익을 현저히 해칠 우려가 있는 경우
3. 수사서류의 공개로 인하여 사건관계인의 명예나 사생활의 비밀 또는 자유를 침해할 우려가 있거나 생명·신체 및 재산의 보호에 현저한 지장을 초래할 우려가 있는 경우
4. 수사서류의 공개로 인하여 공범관계에 있는 자 등의 증거인멸 또는 도주를 용이하게 하거나 관련 사건의 입건 전 조사·수사에 관한 직무수행을 현저히 곤란하게 할 우려가 있는 경우
5. 수사서류의 공개로 인하여 비밀로 유지할 필요가 있는 수사방법상의 기밀이 누설되는 등 범죄의 예방·진압 및 입건 전 조사·수사에 관한 직무수행을 현저히 곤란하게 할 우려가 있거나 불필요한 새로운 분쟁이 야기될 우려가 있는 경우
6. 수사서류의 공개로 인하여 사건관계인의 영업비밀이 침해될 우려가 있거나 사건관계인의 정당한 이익을 현저히 해칠 우려가 있는 경우
7. 의사결정 또는 내부검토 과정에 있는 사항으로서 공개될 경우 업무의 공정한 수행에 현저한 지장을 초래할 우려가 있는 경우
8. 수사서류의 공개로 인하여 사건관계인에게 부당한 경제적 이익 또는 불이익을 줄 우려가 있거나 공정한 경제질서를 해칠 우려가 있는 경우
9. 그 밖에 기록을 공개하는 것이 선량한 풍속 기타 공공의 질서나 공공복리를 현저히 해칠 우려가 있는 경우

② 진술녹음물, 영상녹화물 등 특수매체기록에 대한 복사는 제1항 각 호의 사유에 해당하지 아니하고, 조사자 또는 타인의 명예나 사생활의 비밀 또는 생명·신체의 안전이나 생활의 평온을 해할 우려가 없는 경우에 한하여 할 수 있다.

제2절 수사 중 사건과 불송치 결정사건 열람·복사

 Ⅰ. 수사 중인 사건

1. 신청권자

가. 피의자, 사건관계인 또는 그 변호인

나. 법정대리인, 배우자 등이 위임장 및 신분 관계를 증명하는 문서를 제출한 경우
   신청 가능

2. 신청 가능서류

가. 본인의 진술이 기재된 부분 및 본인이 제출한 서류의 전부 또는 일부

나. 대질신문 조서의 경우 본인 진술 부분에 한하여 신청 가능

3. 열람/복사 기준

가. 해당 서류로 인해 사건관계인의 개인정보나 영업 비밀이 침해될 우려가 있거나
   범인의 증거인멸 및 도주를 용이하게 할 우려가 있는 경우 등 정당한 사유가 없
   는 한 열람/복사 허용

※ 경찰 수사서류 열람·복사에 관한 규칙
제7조(신청의 각하) 다음 각 호에 해당하는 경우에는 열람 · 복사의 신청을 각하할 수 있다.
  1. 신청인 적격이 없는 사람이 신청한 경우
  2. 사건을 검찰에 송치하는 등 서류를 보관하고 있지 아니하거나, 신청가능서류에 해당하지 아니하
     는 경우
  3. 신청의 취지 및 범위가 불명확하여 상당한 기간을 정하여 소명을 요구하였음에도 신청인이 이에
     응하지 아니한 경우
  4. 단순 반복적 신청에 불과한 경우

나. 영상녹화물이나 진술녹음 파일에 대한 복사는 위 요건을 충족하고 조사자의 명예
   나 사생활의 비밀 또는 생명/신체의 안전이나 생활의 평온을 해할 우려가 없는
   경우에 한하여 허용

※ 성폭력범죄의 처벌 등에 관한 특별법
제30조(영상물의 촬영·보존 등) ⑤ 검사 또는 사법경찰관은 피해자 또는 법정대리인이 신청하는 경우에는 영상물 촬영과정에서 작성한 조서의 사본을 신청인에게 발급하거나 영상물을 재생하여 시청하게 하여야 한다.

II. 불송치 결정사건

1. 신청권자

가. 피의자, 사건관계인 또는 그 변호인

나. 법정대리인, 배우자 등이 위임장 및 신분 관계를 증명하는 문서를 제출한 경우 신청 가능

2. 신청 가능서류

기록의 전부 또는 일부

3. 열람/복사 기준

가. 수사 중인 사건과 동일하게 정당한 사유 유무를 기준으로 하여 수사기록 열람/복사 허용 여부 판단

나. 피의자, 사건관계인 등이 불송치 결정기록 전부에 대해 신청한 경우, 기록에 편철된 서류별로 열람/복사가 가능한지 검토하여 가능한 서류만 허용

제3절 고소장, 체포서 등 열람·복사

Ⅰ. 고소장 등

1. 신청권자

가. 피의자 또는 변호인

나. 법정대리인, 배우자 등이 위임장 및 신분 관계를 증명하는 문서를 제출한 경우 신청 가능

2. 신청 가능서류

가. 고소장, 고발장, 이의신청서, 항고장, 재항고장

나. 고소장 등에 대한 열람/복사 범위는 피의자에 대한 혐의사실 부분으로 한정

다. 그 밖에 사건관계인에 관한 사항이나 개인정보, 증거방법 또는 고소장 등에 첨부된 서류 등은 제외

3. 열람/복사 기준

피의자 또는 변호인이 고소장 등이 필요한 사유를 소명한 경우 수사 중인 사건과 동일하게 정당한 사유 유무를 기준으로 하여 허용 여부 판단

Ⅱ. 체포서 등

1. 신청권자

가. 체포/구속된 피의자 또는 그 변호인

나. 법정대리인, 배우자 등이 위임장 및 신분 관계를 증명하는 문서를 제출한 경우 신청 가능

2. 신청 가능서류

현행범인체포서, 긴급체포서, 체포영장, 구속영장

3. 열람/복사 기준

수사 중인 사건과 동일하게 정당한 사유 유무를 기준으로 하여 허용 여부 판단

III. 체포통지서 등

1. 신청권자

가. 긴급체포 후 석방된 자 또는 그 변호인, 법정대리인, 배우자, 직계친족, 형제자매
나. 긴급체포 후 석방된 사람 외 변호인, 법정대리인, 배우자, 직계친족, 형제자매도
   관련서류를 신청할 수 있으며 별도 위임장 불요

> ※ 형사소송법
> 제200조의4(긴급체포와 영장청구기간) ⑤ 긴급체포 후 석방된 자 또는 그 변호인·법정대리인·배우자·직계친족·형제자매는 통지서 및 관련 서류를 열람하거나 등사할 수 있다.

2. 신청 가능서류

체포통지서, 긴급체포승인건의서

3. 열람/복사 기준

수사 중인 사건과 동일하게 정당한 사유 유무를 기준으로 하여 허용 여부 판단

제4절 열람·복사 신청의 처리

1. 신청 방법

가. 인터넷, 우편을 이용하거나 기타 당해 사건의 관할 경찰청 및 소속기관에 방문하여 정보공개청구의 방법으로 신청

나. 신청 각하 (경찰 수사서류 열람·복사에 관한 규칙 제11조)

　① 신청인이 아닌 사람이 신청한 경우

　② 사건을 검찰에 송치하는 등 서류를 보관하고 있지 아니하거나, 신청서류가 신청 가능서류에 해당하지 아니하는 경우

　③ 신청의 취지 및 범위가 불명확하여 상당한 기간을 정하여 소명을 요구하였음에도 신청인이 이에 응하지 아니한 경우

　④. 단순 반복적 신청에 불과한 경우

2. 접 수

수사과(정보공개 담당) 접수 → 처리자에게 전달

3. 처 리

가. 신청접수 날짜 기준으로 서류를 보관하는 부서에서 절차에 따라 기한 내에 공개/부분공개/비공개 등을 결정

나. 사건기록을 처리과에서 보관 중일 때는 처리부서에서, 사건기록보관실에 보관한 시점부터 수사과에서 처리

4. 제 공 (신청서류에 대해 공개 및 부분공개 결정을 할 경우)

가. 수사서류 원본을 열람/복사하여 제공하고, KICS상 전산화된 문서를 출력하여 제공하는 것은 불가

나. 신청서류 제공 시 사건관계인 또는 참고인의 개인정보가 공개되지 않도록 비실명 처리 등 보호조치 병행

5. 부존재

검찰에 사건을 송치하는 등 서류를 보관하고 있지 않으면 해당 기관 안내 후 부존재 처리

6. 다른 기관의 요청

검찰, 법원 등에서 열람/복사요청이 있는 경우 다음에 해당하는 사유가 있는 때 제한 또는 거부 가능 (경찰 수사서류 열람·복사에 관한 규칙 제10조)
① 현재진행 중인 입건전조사 또는 수사에 장애가 되거나 될 우려가 있는 경우
② 사건관계인 또는 참고인의 권익을 침해할 우려가 있는 경우
③ 요청사유가 분명하지 아니한 경우
④ 기타 수사서류를 공개함이 적절하지 않다고 인정할 상당한 이유가 있는 경우

제10장 신분 비공개와 위장수사

제1절 신분 비공개 수사

 Ⅰ. 근거법령

1. 아동 · 청소년의 성보호에 관한 법률

제25조의2(아동 · 청소년대상 디지털 성범죄의 수사 특례) ① 사법경찰관리는 다음 각 호의 어느 하나에 해당하는 범죄(이하 "디지털 성범죄"라 한다)에 대하여 신분을 비공개하고 범죄현장(정보통신망을 포함한다) 또는 범인으로 추정되는 자들에게 접근하여 범죄행위의 증거 및 자료 등을 수집(이하 "신분비공개수사"라 한다)할 수 있다.
  1. 제11조(아동 · 청소년성착취물의 제작 · 배포 등) 및 제15조의2(아동 · 청소년에 대한 성착취 목적 대화 등)의 죄
  2. 아동 · 청소년에 대한 「성폭력범죄의 처벌 등에 관한 특례법」 제14조제2항 및 제3항의 죄(카메라 등을 이용한 촬영)

2. 범죄수사규칙

제185조의2(신분비공개수사) ① 경찰관은 「청소년성보호법」 제25조의3제1항에 따라 바로 위 상급경찰관서 수사부서의 장(위 경찰관이 경찰청 내 수사부서의 소속인 경우 당해 수사부서의 장을 말한다)에게 신분비공개수사 승인을 신청하는 경우에는 별지 제201호서식의 신분비공개수사 승인신청서에 따른다.
② 제1항의 신청을 받은 상급경찰관서 수사부서의 장은 승인시 별지 제202호서식의 신분비공개수사 승인서, 불승인시 별지 제4호서식의 수사지휘서 또는 별지 제5호서식의 수사지휘서(관서간)에 따라 지휘한다.
③ 사법경찰관리는 신분비공개수사를 종료하려는 경우 별지 제203호서식의 신분비공개수사 결과보고서를 작성한다.

II. 대상범죄와 절차

1. 대상범죄

가. 아동·청소년의 성보호에 관한 법률
- 제11조(아동·청소년성착취물의 제작·배포 등)
- 제15조의2(아동·청소년에 대한 성착취 목적 대화 등)의 죄

나. 성폭력범죄의 처벌 등에 관한 특례법
- 제14조제2항 및 제3항의 죄(카메라 등을 이용한 촬영)

2. 아동·청소년대상 디지털 성범죄수사 특례의 절차

① 사법경찰관리가 신분비공개수사를 진행하고자 할 때는 사전에 상급 경찰관서 수사부서의 장의 승인을 받아야 한다. 이 경우 그 수사기간은 3개월을 초과할 수 없다.
② 제1항에 따른 승인의 절차 및 방법 등에 필요한 사항은 대통령령으로 정한다.

III. 증거 및 자료 등의 사용제한

사법경찰관리가 아동·청소년의 성보호에 관한 법률 제25조의2부터 제25조의4까지에 따라 수집한 증거 및 자료 등은 다음 각 호의 어느 하나에 해당하는 경우 외에는 사용할 수 없다.

1. 신분비공개수사 또는 신분위장수사의 목적이 된 디지털 성범죄나 이와 관련되는 범죄를 수사·소추하거나 그 범죄를 예방하기 위하여 사용하는 경우
2. 신분비공개수사 또는 신분위장수사의 목적이 된 디지털 성범죄나 이와 관련되는 범죄로 인한 징계절차에 사용하는 경우
3. 증거 및 자료 수집의 대상자가 제기하는 손해배상청구소송에서 사용하는 경우
4. 그 밖에 다른 법률의 규정에 의하여 사용하는 경우

Ⅳ. 국가경찰위원회와 국회의 통제

1. 국가경찰위원회에 보고

국가수사본부장은 신분비공개수사가 종료된 즉시 신분비공개수사의 승인요청 경찰관서, 승인기간, 종료일시, 종료사유, 수사대상, 수사방법, 사건요지 및 필요성을 국가경찰위원회에 수사 관련 자료를 보고하여야 한다.

2. 국회에 보고

국가수사본부장은 신분비공개수사의 승인요청 경찰관서, 승인기간, 종료일시, 종료사유 및 승인건수를 국회 소관 상임위원회에 신분비공개수사 관련 자료를 반기별로 보고하여야 한다.

Ⅴ. 비밀준수의 의무 및 면책

1. 비밀준수의무

신분비공개수사 또는 신분위장수사에 대한 승인·집행·보고 및 각종 서류작성 등에 관여한 공무원 또는 그 직에 있었던 자는 직무상 알게 된 신분비공개수사 또는 신분위장수사에 관한 사항을 외부에 공개하거나 누설하여서는 아니 된다.

2. 면 책

① 사법경찰관리가 신분비공개수사 또는 신분위장수사 중 부득이한 사유로 위법행위를 한 경우 그 행위에 고의나 중대한 과실이 없는 경우에는 벌하지 아니한다.
② 제1항에 따른 위법행위가 「국가공무원법」 제78조제1항에 따른 징계 사유에 해당하더라도 그 행위에 고의나 중대한 과실이 없는 경우에는 징계 요구 또는 문책 요구 등 책임을 묻지 아니한다.
③ 신분비공개수사 또는 신분위장수사 행위로 타인에게 손해가 발생한 경우라도 사법경찰관리는 그 행위에 고의나 중대한 과실이 없는 경우에는 그 손해에 대한 책임을 지지 아니한다.

○○경찰서

제 호   20○○.○.○.

수 신 : 상급경찰관서 수사부서장

참 조 :

제 목 : 신분비공개수사 승인신청

　　　　다음 사람에 대한 　　　피(혐)의사건에 관하여 「아동·청소년의 성보호에 관한 법률」 제25조의3제1항에 따라 아래와 같이 신분비공개수사 승인을 신청합니다.

접수일자		접수번호		사건번호	
피(혐)의자			주민등록번호		
신분비공개수사의 필 요 성	[ ] 혐의사실의 확인　　　　　　　[ ] 증거의 수집 [ ] 범인의 검거　　　　　　　　　[ ] 기타 (　　　)				
신분비공개수사의 방 　　　 법					
신분비공개수사의 대 상 과 범 위					
신분비공개수사의 기 간 및 장 소	1. 기간 : 2. 장소 :				
혐의사실의 요지 및 신 청 이 유					
비　　　　　　고					

　　　　　　　　　　　　　　소속관서

　　　　　　　　사법경찰관리　　계급　　　　　성명

신분비공개수사 승인서

승인번호			신청일자		
접수일자		접수번호		사건번호	
피(혐)의자			주민등록번호		

신분비공개수사의 필 요 성	[ ] 혐의사실의 확인 　　　　　　　 [ ] 증거의 수집 [ ] 범인의 검거 　　　　　　　　　 [ ] 기타 (　　　　)
신분비공개수사의 방 　 법	
신분비공개수사의 대 상 과 범 위	
신분비공개수사의 기 간 및 　 장 소	1. 기간 : 2. 장소 :
혐의사실의 요지 및 신 청 이 유	
비 　　　　 고	

　위　　　　피(혐)의사건에 관하여 「아동·청소년의 성보호에 관한 법률」 제25조의2제1항의 신분비공개수사를 개시할 필요성이 있으므로 신분비공개수사를 승인합니다.

상급경찰관서 수사부서 계급 성명

처리자의 소속 관 서, 관 직		처 　 리 　 자 서 명 날 인	

○○경찰서

제 0000-000000 호   20○○.○.○.

수 신 : 소속부서장

제 목 : 신분비공개수사 결과보고

다음 사람에 대한   피(혐)의사건에 관하여 신분비공개수사의 결과를 보고합
니다.

피(혐)의자		주민등록번호	
죄 명			
신분비공개수사의 필요성과 방법			
신분비공개수사의 대 상 과 범 위			
신분비공개수사의 기 간 및 장 소			
집 행 수 사 관 및 집 행 경 위			

< 신분비공개수사로 확인한 결과의 요지 >

소속관서

사법경찰관리   *계급*   *성명*

제2절 신분위장 수사

I. 근거법령

1. 근거법령

가. 아동·청소년의 성보호에 관한 법률

> 제25조의2(아동·청소년대상 디지털 성범죄의 수사 특례) ② 사법경찰관리는 디지털 성범죄를 계획 또는 실행하고 있거나 실행하였다고 의심할 만한 충분한 이유가 있고, 다른 방법으로는 그 범죄의 실행을 저지하거나 범인의 체포 또는 증거의 수집이 어려운 경우에 한정하여 수사 목적을 달성하기 위하여 부득이한 때에는 다음 각 호의 행위(이하 "신분위장수사"라 한다)를 할 수 있다.
> 1. 신분을 위장하기 위한 문서, 도화 및 전자기록 등의 작성, 변경 또는 행사
> 2. 위장 신분을 사용한 계약·거래
> 3. 아동·청소년성착취물 또는 「성폭력범죄의 처벌 등에 관한 특례법」 제14조제2항의 촬영물 또는 복제물(복제물의 복제물을 포함한다)의 소지, 판매 또는 광고

나. 범죄수사규칙

> 제185조의3(신분위장수사) ① 경찰관은 「청소년성보호법」 제25조의3제3항 및 제4항에 따라 신분위장수사 허가를 신청하는 경우에는 별지 제204호서식의 신분위장수사 허가신청서에 따른다.
> ② 경찰관은 「청소년성보호법」 제25조의4제2항에 따라 긴급신분위장수사 허가를 신청하는 경우에는 별지 제205호서식의 긴급신분위장수사 허가신청서에 따른다.
> ③ 경찰관은 「청소년성보호법」 제25조의3제8항에 따라 신분위장수사 기간연장을 신청하는 경우에는 별지 제206호서식의 기간연장신청서에 따른다.
> ④ 경찰관은 신분위장수사를 종료하는 경우에는 별지 제207호서식의 신분위장수사 집행보고서를 작성한다.

II. 신분위장의 목적과 긴급신분위장

1. 신분위장 목적

사법경찰관리는 디지털 성범죄를 계획 또는 실행하고 있거나 실행하였다고 의심할 만한 충분한 이유가 있고, 다른 방법으로는 그 범죄의 실행을 저지하거나 범인의 체포 또는 증거의 수집이 어려운 경우에 한정하여 수사목적을 달성하기 위하여 부득이한 때에는 다음 각 호의 신분위장 수사를 할 수 있다.

1. 신분을 위장하기 위한 문서, 도화 및 전자기록 등의 작성, 변경 또는 행사
2. 위장 신분을 사용한 계약·거래
3. 아동·청소년성착취물 또는 「성폭력범죄의 처벌 등에 관한 특례법」 제14조제2항의 촬영물 또는 복제물(복제물의 복제물을 포함한다)의 소지, 판매 또는 광고

2. 긴급 신분위장 수사(제25조의4)

① 사법경찰관리는 제25조의2 제2항의 요건을 구비하고, 제25조의3 제3항부터 제8항까지에 따른 절차를 거칠 수 없는 긴급을 요하는 때에는 법원의 허가 없이 신분위장 수사를 할 수 있다.

② 사법경찰관리는 제1항에 따른 신분위장 수사 개시 후 지체 없이 검사에게 허가를 신청하여야 하고, 사법경찰관리는 48시간 이내에 법원의 허가를 받지 못한 때에는 즉시 신분위장수사를 중지하여야 한다.

3. 아동·청소년대상 디지털 성범죄 수사 특례의 절차(제25조의3)

③ 사법경찰관리는 신분위장 수사를 하려는 경우에는 검사에게 신분위장 수사에 대한 허가를 신청하고, 검사는 법원에 그 허가를 청구한다.

④ 제3항의 신청은 필요한 신분위장수사의 종류·목적·대상·범위·기간·장소·방법 및 해당 신분위장 수사가 제25조의2 제2항의 요건을 충족하는 사유 등의 신청 사유를 기재한 서면으로 하여야 하며, 신청 사유에 대한 소명자료를 첨부하여야 한다.

⑤ 법원은 제3항의 신청이 이유 있다고 인정하는 경우에는 신분위장 수사를 허가하고, 이를 증명하는 서류(이하 "허가서"라 한다)를 신청인에게 발부한다.

⑥ 허가서에는 신분위장수사의 종류·목적·대상·범위·기간·장소·방법 등을 특정하여 기재하여야 한다.

⑦ 신분위장수사의 기간은 3개월을 초과할 수 없으며, 그 수사기간 중 수사의 목적이 달성되었을 때는 즉시 종료하여야 한다.

⑧ 제7항에도 불구하고 제25조의2 제2항의 요건이 존속하여 그 수사기간을 연장할 필요가 있는 경우에는 사법경찰관리는 소명자료를 첨부하여 3개월의 범위에서 수사기간의 연장을 검사에게 신청하고, 검사는 법원에 그 연장을 청구한다. 이 경우 신분위장수사의 총 기간은 1년을 초과할 수 없다.

○○경 찰 서

제 호   20○○.○.○.

수 신 : 관할검찰청 검사장

제 목 : 신분위장수사 허가신청(사전)

  다음 사람에 대한   피(혐)의사건에 관하여 「아동·청소년의 성보호에 관한 법률」 제25조의3제3항 및 제4항에 따라 아래와 같이 신분위장수사 허가를 신청합니다.

피 (혐) 의 자	성 명		주민등록번호	
	직 업			
	주 거			
신 분 위 장 수 사 를 할 사 람 의 직급·성명	성 명		소속관서·직급	
신 분 위 장 수 사 의 종 류 · 목 적 · 방 법				
신 분 위 장 수 사 의 대 상 과 범 위				
신 분 위 장 수 사 의 기 간 및 장 소				
혐 의 사 실 의 요 지 및 신 청 이 유				
비 고				

소 속 관 서

사법경찰관리   계급   성명

○○경 찰 서

제 0000-00000 호   20○○.○.○.

수 신 : 관할검찰청 검사장

제 목 : 신분위장수사 허가신청(사후)

　　다음 사람에 대한 　　　피(혐)의사건에 관하여 긴급신분위장수사를 실시하였
으므로 「아동·청소년의 성보호에 관한 법률」 제25조의4제2항 및 제25조의3제
3항에 따라 아래와 같이 신분위장수사 허가를 신청합니다.

피 (혐) 의 자	성　　　명		주 민 등 록 번 호	
	직　　　업			
	주　　　거			

긴급신분위장수사의 사유와 내용		신분위장수사의 사유와 내용	
혐의사실의 요지 및 신분위장수사를 필요로 하는 사유와 허가를 받을 수 없었던 긴급한 사　　　　유		혐의사실의 요지 및 신분위장수사를 계속 필요로 하는 사유	
긴급신분위장수사의 종류·목적·방법		신 분 위 장 수 사 의 종 류·목 적·방 법	
긴급신분위장수사의 대 상 과 범 위		신 분 위 장 수 사 의 대 상 과 범 위	
긴급신분위장수사의 일 시 와 장 소		신 분 위 장 수 사 의 기 간 및 장 소	
긴급신분위장수사를 한 사람의 직급·성명		신분위장수사를 할 사람의 직급·성명	
비　　　　　　고			

소 속 관 서

사법경찰관리　　　계급　　　　성명

○○경찰서

제 0000-000000 호   20○○.○.○.

수 신 : 관할검찰청 검사장

제 목 : 신분위장수사 기간연장신청

　다음 사람에 대한 　　　피(혐)의사건에 관하여「아동·청소년의 성보호에 관한 법률」제25조의3제8항에 따라 아래와 같이 기간연장을 신청합니다.

성　　　　　명				
주 민 등 록 번 호				
직　　　　　업				
주　　　　　거				
사 　건 　번 　호				
허 가 서 번 호				
신분위장수사를 할 사람의 직급·성명	성　　　　명		소속관서·직급	
신 분 위 장 수 사 허 　가 　기 　간				
연 　장 　할 　기 　간				
기간연장이 필요한 이유 및 소명자료				
비　　　　　고				

소 속 관 서

사법경찰관리　　*계급*　　　　*성명*

○○경찰서

제 0000-000000 호   20○○.○.○.

수 신 : 소속부서장

제 목 : 신분위장수사 집행보고

다음 사람에 대한   피(혐)의사건에 관하여 신분위장수사의 결과를 보고합니다.

피(혐)의자	성　명		주민등록번호	
	직　업			
	주　거			
신 분 위 장 수 사 의 목 적 과 　종 류				
신 분 위 장 수 사 의 대 상 과 　범 위				
신 분 위 장 수 사 의 기 간 및 　장 소				
집 행 수 사 관 및 집 행 경 위				

< 신분위장수사로 확인한 결과의 요지 >

소 속 관 서

사법경찰관리   *계급*   *성명*

강제수사

2편

강제수사 절차

제1장

대인적 강제처분

제1절 체포영장에 의한 체포

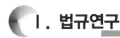

I. 법규연구

1. 형사소송법

> 제200조의2(영장에 의한 체포) ① 피의자가 죄를 범하였다고 의심할 만한 상당한 이유가 있고, 정당한 이유없이 제200조의 규정에 의한 출석요구에 응하지 아니하거나 응하지 아니할 우려가 있는 때에는 검사는 관할 지방법원판사에게 청구하여 체포영장을 발부 받아 피의자를 체포할 수 있고, 사법경찰관은 검사에게 신청하여 검사의 청구로 관할지방법원판사의 체포영장을 발부받아 피의자를 체포할 수 있다. 다만, 다액 50만원이하의 벌금, 구류 또는 과료에 해당하는 사건에 관하여는 피의자가 일정한 주거가 없는 경우 또는 정당한 이유없이 제200조의 규정에 의한 출석요구에 응하지 아니한 경우에 한한다.
> ② 제1항의 청구를 받은 지방법원판사는 상당하다고 인정할 때에는 체포영장을 발부한다. 다만, 명백히 체포의 필요가 인정되지 아니하는 경우에는 그러하지 아니하다.
> ③ 제1항의 청구를 받은 지방법원판사가 체포영장을 발부하지 아니할 때에는 청구서에 그 취지 및 이유를 기재하고 서명날인하여 청구한 검사에게 교부한다.
> ④ 검사가 제1항의 청구를 함에 있어서 동일한 범죄사실에 관하여 그 피의자에 대하여 전에 체포영장을 청구하였거나 발부받은 사실이 있는 때에는 다시 체포영장을 청구하는 취지 및 이유를 기재하여야 한다.
> ⑤ 체포한 피의자를 구속하고자 할 때에는 체포한 때부터 48시간이내에 제201조의 규정에 의하여 구속영장을 청구하여야 하고, 그 기간내에 구속영장을 청구하지 아니하는 때에는 피의자를 즉시 석방하여야 한다.

2. 형사소송규칙

> 제95조(체포영장청구서의 기재사항) 체포영장의 청구서에는 다음 각 호의 사항을 기재하여야 한다.
> 1. 피의자의 성명(분명하지 아니한 때에는 인상, 체격, 그 밖에 피의자를 특정할 수 있는 사항), 주민등록번호 등, 직업, 주거
> 2. 피의자에게 변호인이 있는 때에는 그 성명
> 3. 죄명 및 범죄사실의 요지
> 4. 7일을 넘는 유효기간을 필요로 하는 때에는 그 취지 및 사유
> 5. 여러 통의 영장을 청구하는 때에는 그 취지 및 사유

6. 인치구금할 장소
7. 법 제200조의2제1항에 규정한 체포의 사유
8. 동일한 범죄사실에 관하여 그 피의자에 대하여 전에 체포영장을 청구하였거나 발부받은 사실이 있는 때에는 다시 체포영장을 청구하는 취지 및 이유
9. 현재 수사 중인 다른 범죄사실에 관하여 그 피의자에 대하여 발부된 유효한 체포영장이 있는 경우에는 그 취지 및 그 범죄사실

3. 경찰수사규칙

제50조(체포영장의 신청) 사법경찰관은 법 제200조의2제1항에 따라 체포영장을 신청하는 경우에는 별지 제37호서식의 체포영장 신청서에 따른다. 이 경우 현재 수사 중인 다른 범죄사실에 관하여 그 피의자에 대해 발부된 유효한 체포영장이 있는지를 확인해야 하며 해당사항이 있는 경우에는 그 사실을 체포영장 신청서에 적어야 한다.

4. 경찰 수사에 관한 인권보호 규칙

제17조(체포·구속 시 유의사항) ① 경찰관은 피의자를 체포·구속할 때 장소, 시간, 방법 등을 고려하여 피의자의 신체와 명예 등을 부당하게 침해하지 않도록 해야 한다.
② 경찰관은 피의자를 체포·구속하는 경우 피의사실의 요지, 체포·구속의 이유, 변호인 선임권이 있다는 사실을 고지하고 변명의 기회를 주어야 하며, 진술거부권 및 체포·구속적부심 청구권을 알려주어야 한다.
③ 제2항에 따라 피의자에게 알려주어야 하는 진술거부권의 내용은 「형사소송법」 제244조의3제1항제1호부터 제3호까지의 사항으로 한다.
④ 경찰관은 「형사소송법」 제200조의6 및 제209조에서 준용하는 같은 법 제85조제1항에 따라 체포·구속영장을 집행할 때에는 피의자에게 반드시 이를 제시하고 그 사본을 제공해야 한다.

▪ 판례 ▪　　이른바 '검거'의 의미
'검거'라 함은, 수사기관이 범죄의 예방·공안의 유지 또는 범죄수사상 혐의자로 지목된 자를 사실상 일시 억류하는 것으로서, 반드시 형사소송법상의 현행범인의 체포·긴급체포·구속 등의 강제처분만을 의미하지는 아니하고 그보다는 넓은 개념이라고 보아야 한다(대법원 2000.8.22. 선고 2000다3675 판결).

▪ 판례 ▪　　경찰관이 피의자 검거를 위하여 체포영장을 소지하고 제3자의 주거를 수색하는 과정에서 그 제3자가 경찰관을 강도로 오인하여 도망하다가 추락하여 상해를 입은 사안에서, 자신의 신분과 수색의 취지 내지 사유를 위 제3자에게 알리지 않은 경찰관의 직무상 고지의무 위반을 인정하여 국가배상책임을 인정한 사례
경찰관이 피의자 검거를 위하여 체포영장을 소지하고 제3자의 주거를 수색하는 과정에서 그 제3자가 경찰관을 강도로 오인하여 도망하다가 추락하여 상해를 입은 사안에서, 위 수색행위가 형사소송법 제216조 제1항 제1호에 따라 영장주의의 예외에 해당하더라도 수사기관이 타인의 주거 내에서 피의자 수사를 하는 경우에는 주거 및 사무실의 평온을 유지하고 온건한 방법으로 필요 최소한도로 압수·수색을 하여야 하며 그 대상자에게 압수·수색의 사유를 알려주어야 하는 직무상

의무가 있음을 이유로, 자신의 신분과 수색의 취지 내지 사유를 위 제3자에게 알리지 않은 경찰관의 직무상 고지의무 위반을 인정하여 국가배상책임을 인정한 사례(단, 과실상계 60% 함) (서울고법 2007.6.7. 선고 2006나68348 선고)

II. 체포영장 신청서 기재사항

1. 피의자의 특정

가. 피의자의 성명, 주민등록번호, 직업, 주거 기재

나. 성명이 명백하지 않으면 : 인상, 체격 등 피의자를 특정할 수 있는 사항 기재

2. 변호인의 성명

변호인선임계를 제출한 변호인의 성명을 기재하고 변호인이 없는 경우 공란으로 둔다.

3. 범죄사실 및 체포를 필요로 하는 사유

가. 피의자는 출석에 응하지 아니하는 자로서 도망 또는 증거인멸의 우려가 있으므로

나. 피의자는 그 연령, 전과, 가정상황 등에 비추어 출석에 응하지 아니할 우려가 있는 자로서 도망 또는 증거인멸의 우려가 있으므로

다. 피의자에게 정해진 주거가 없고 도망의 염려가 있으므로

라. 사건의 중대성에 비추어 체포할 필요성이 있으므로

마. 도망 중에 있어 체포할 필요가 있으므로

4. 체포영장의 유효기간(형사소송 규칙 제178조)

영장의 유효기간은 7일로 한다. 다만, 법원 또는 법관이 상당하다고 인정하는 때에는 7일을 넘는 기간을 정할 수 있다.

5. 둘 이상의 체포영장 청구 시 그 취지 및 사유 기재

중요검거 피의자로 그 소재가 불명확하여 여러 명의 경찰관이 이를 검거하기 위해 둘 이상의 체포영장이 필요한 경우 그 사유를 기재 한다.

6. 인치 · 구금할 장소

가. 인치할 장소는 인치할 경찰서 등 수사관서를, 구금할 장소는 일시적으로 유치 또는 구금할 구치소나 유치장 등을 각 기재한다.

나. 인치할 장소를 신청 당시 특정할 수 없는 경우에는 택일적으로 정하여 기재(例, ○○경찰서 또는 체포지에 가까운 경찰서)

7. 재신청의 취지 및 이유

체포영장 또는 구속영장의 유효기간이 경과된 경우, 영장을 신청하였으나 그 발부를 받지 못한 경우 또는 체포 구속되었다가 석방된 경우에 동일한 범죄사실로 다시 체포 영장 또는 구속영장의 발부를 신청할 때에는 그 취지 및 이유를 기재하여야 한다.

(例, 유효기간이 만료된 경우 → 피의자의 소재불명으로 검거치 못하고 유효기간이 만료되었으므로)

① 절차상 잘못 때문에 기각되었으나 이것이 시정된 경우

② 유효기간 내에 집행하지 못한 경우

③ 구속영장이 기각되어 석방하였으나 다른 중요한 증거를 발견한 경우

④ 출석요구에 불응하거나 불응할 우려가 소명되지 아니하였다는 이유로 구속영장이 기각되어 석방하였으나 그 후 사정이 바뀌어 소명된 경우

⑤ 도망 또는 증거인멸의 염려가 소명된 경우

⑥ 혐의 불충분을 이유로 석방하였으나 다른 중요한 증거를 발견한 경우

⑦ 체포적부심으로 석방된 피의자가 도망하거나 증거를 인멸한 경우(형사소송법 제 214조의3 제1항)

8. 현재 수사 중인 다른 범죄사실에 관하여 발부된 유효한 체포영장 존재 시 그 취지 및 범죄사실

가. 경찰 지명수배 전산조회 결과 현재 수사 중인 다른 범죄사실에 관하여 그 피의 자에 대하여 발부된 유효한 체포영장이 있는 경우에는 체포영장 신청서에 이를 기재하여야 한다.

나. 다른 사건으로 지명수배 중이면 범죄일시, 장소, 피해자 및 피해금액, 수배관서, 영장 유효기간 등이 기재되어 있으므로 그 전산상의 자료를 근거로 영장발부 현황을 기록하면 된다.

例, 피의자는 20○○. ○. ○. ○○에서 발생한 강도사건 용의자로 ○○경찰서에서 20 ○○. ○. ○.까지 유효한 체포영장 발부

9. 비고

가. 경찰수사규칙의 규정에 따라 신속한 수사를 위하여 검사와 적정한 기한을 지정 협력 요청이 가능하다.

나. 특히, 각종 영장신청 시 비고란에 청구 여부에 대한 검토 기한을 기재하여 활용할 수 있다.

> 例, 피의자의 재범과 피해자들의 추가 피해가능성이 농후하여 신속한 체포와 수사가 필요하므로 20○○. ○. ○.까지 영장청구 여부 결정을 요청합니다.

※ 경찰수사규칙
제3조(협력의 방식 등) ④ 사법경찰관리는 신속한 수사가 필요한 경우에는 적정한 기간을 정하여 검사에게 협력요청등을 할 수 있다.

※ 검사와 사법경찰관의 상호협력과 일반적 수사준칙에 관한 규정
제6조(상호협력의 원칙) ① 검사와 사법경찰관은 상호 존중해야 하며, 수사, 공소제기 및 공소유지와 관련하여 협력해야 한다.
② 검사와 사법경찰관은 수사와 공소제기 및 공소유지를 위해 필요한 경우 수사·기소·재판 관련 자료를 서로 요청할 수 있다.
③ 검사와 사법경찰관의 협의는 신속히 이루어져야 하며, 협의의 지연 등으로 수사 또는 관련 절차가 지연되어서는 안 된다.

---

10. 기재사항 변경

체포영장 또는 구속영장의 발부를 받은 후 그 체포영장 또는 구속영장을 집행하기 전에 인치구금할 장소 기타 기재사항의 변경해야 하는 이유가 생겼을 때는 검사를 거쳐 당해 체포영장 또는 구속영장을 발부한 판사 또는 그 소속법원의 다른 판사에게 서면으로 체포영장 또는 구속영장의 기재사항 변경을 신청하여야 한다.

○ ○ 경 찰 서

제 0000-00000 호   20○○. ○. ○.

수 신 : ○○지방검찰청장

제 목 : 체포영장 신청서

다음 사람에 대한 ○○○ 피의사건에 관하여 동인을 ○○에 인치하고 ○○에 구금하려 하니 20○○. ○. ○.까지 유효한 체포영장의 청구를 신청합니다.

피 의 자	성 명	
	주민등록번호	− (세)
	직 업	
	주 거	
변 호 인		
범죄사실 및 체포를 필 요 로 하 는 이 유		
7일을 넘는 유효기간을 필요로 하는 취지와 사유	지명수배 (기소중지 경우)	
둘 이상의 영장을 신청하는 취 지 와 사 유		
재 신 청 의 취 지 및 이 유	유효기간 만료의 경우는 "유효기간만료"라고 표기	
현재 수사 중인 다른 범죄 사실에 관하여 발부된 유 효 한 체 포 영 장 존재시 그 취지 및 범죄사실	피의자는 20○○. ○. ○. ○○에서 발생한 강도사건 용의자로 ○○경찰서에서 20○○. ○. ○.까지 유효한 체포영장 발부	
비 고	피의자의 재범과 피해자들의 추가 피해가능성이 농후하여 신속한 체포와 수사가 필요하므로 20○○.○.○.까지 영장청구 여부 결정을 요청합니다.	

○ ○ 경 찰 서

사법경찰관 경위 홍 길 동 (인)

III. 영장의 집행

1. 영장의 제시

가. 일반적인 경우

① 체포영장의 유효기간 내에 체포영장을 제시한다.

② 피의자가 체포영장을 파기한 경우나 피의자를 체포한 후 멸실한 경우에는 체포는 유효하므로 체포영장을 멸실하게 된 경위를 기재한 수사보고서를 작성하여 기록에 편철한다.

나. 급속을 요하는 경우

① 발부된 체포영장을 소지하고 있지 아니하나 즉시 집행하지 않으면 피의자가 소재가 불명하게 되어 영장집행이 현저히 곤란하게 될 우려가 있는 경우에 급속을 요하는 때에는 범죄사실의 요지와 영장이 발부되었음을 고하고 집행할 수 있다(형소법 제200조의6, 제85조 제3항).

② 위 집행을 완료한 후에는 신속히 체포영장을 제시하고 수사보고서를 작성하여 수사기록에 편철한다.

■ 판례 ■ **사법경찰관 등이 체포영장을 소지하고 피의자를 체포하는 경우, 체포영장의 제시나 고지 등을 하여야 하는 시기**

사법경찰관 등이 체포영장을 소지하고 피의자를 체포하기 위해서는 체포영장을 피의자에게 제시하고(형사소송법 제200조의6, 제85조 제1항), 피의사실의 요지, 체포의 이유와 변호인을 선임할 수 있음을 말하고 변명할 기회를 주어야 한다(형사소송법 제200조의5). 이와 같은 체포영장의 제시나 고지 등은 체포를 위한 실력행사에 들어가기 이전에 미리 하여야 하는 것이 원칙이다. 그러나 달아나는 피의자를 쫓아가 붙들거나 폭력으로 대항하는 피의자를 실력으로 제압하는 경우에는 붙들거나 제압하는 과정에서 하거나, 그것이 여의치 않은 경우에는 일단 붙들거나 제압한 후에 지체 없이 하여야 한다.(대법원 2017. 9. 21., 선고, 2017도10866, 판결)

2. 체포이유와 범죄사실 등의 고지

① 피의자를 체포한 때에는 피의자에게 범죄사실의 요지, 체포 구속의 이유와 변호인을 선임할 수 있음을 고지하고 체포·구속적부심을 청구할 수 있으며 변명의 기회를 준 후 피의자로부터 확인서를 받아 그 사건기록에 편철하여야 한다.

② 다만, 피의자가 확인서에 서명날인을 거부하는 경우에는 피의자를 체포 구속하는 사법경찰관리는 확인서 말미에 그 사유를 기재하고 서명날인하여야 한다.

■ 판례 ■ **사법경찰관 등이 체포영장을 소지하고 피의자를 체포하는 경우, 체포영장의 제시나 고지 등을 하여야 하는 시기**

사법경찰관 등이 체포영장을 소지하고 피의자를 체포하기 위해서는 체포영장을 피의자에게 제시하고(형사소송법 제200조의6, 제85조 제1항), 피의사실의 요지, 체포의 이유와 변호인을 선임할 수 있음을 말하고 변명할 기회를 주어야 한다(형사소송법 제200조의5). 이와 같은 체포영장의 제시나 고지 등은 체포를 위한 실력행사에 들어가기 이전에 미리 하여야 하는 것이 원칙이다. 그러나 달아나는 피의자를 쫓아가 붙들거나 폭력으로 대항하는 피의자를 실력으로 제압하는 경우에는 붙들거나 제압하는 과정에서 하거나, 그것이 여의치 않은 경우에는 일단 붙들거나 제압한 후에 지체 없이 하여야 한다.(대법원 2017. 9. 21., 선고, 2017도10866, 판결)

3. 영장사본의 제시 (수사준칙 제32조의2)

① 검사 또는 사법경찰관은 영장에 따라 피의자를 체포하거나 구속하는 경우에는 법 제200조의6 또는 제209조에서 준용하는 법 제85조제1항 또는 제4항에 따라 피의자에게 반드시 영장을 제시하고 그 사본을 교부해야 한다.

② 검사 또는 사법경찰관은 제1항에 따라 피의자에게 영장을 제시하거나 영장의 사본을 교부할 때에는 사건관계인의 개인정보가 피의자의 방어권 보장을 위해 필요한 정도를 넘어 불필요하게 노출되지 않도록 유의해야 한다.

③ 검사 또는 사법경찰관은 제1항에 따라 피의자에게 영장의 사본을 교부한 경우에는 피의자로부터 영장 사본 교부 확인서를 받아 사건기록에 편철한다.

④ 피의자가 영장의 사본을 수령하기를 거부하거나 영장 사본 교부 확인서에 기명날인 또는 서명하는 것을 거부하는 경우에는 검사 또는 사법경찰관이 영장 사본 교부 확인서 끝 부분에 그 사유를 적고 기명날인 또는 서명해야 한다.

4. 체포의 통지

① 사법경찰관이 피의자를 체포 구속한 때에는 변호인이 있는 경우에는 변호인에게, 변호인이 없는 경우에는 형사소송법 제30조 제2항에 규정된 자 중 피의자가 지정한 자에게 체포 구속한 때로부터 24시간 이내에 서면으로 체포 구속의 통지를 하여야 한다. 다만, 위에 규정한 자가 없어 체포 구속의 통지를 하지 못할 때는 그 취지를 기재한 서면을 그 사건기록에 편철하여야 한다.

② 사법경찰관은 긴급을 요하는 경우에는 전화, 모사전송, 전자우편, 휴대전화 문자전

송, 그 밖에 상당한 방법으로 체포·구속의 통지를 할 수 있다. 이 경우 다시 서면으로 체포·구속의 통지를 하여야 한다.

③ 체포 구속의 통지서 사본은 그 사건기록에 편철하여야 한다.

④ 통지서에 세부적인 전과를 기재한 행위는 헌법에서 보장하고 있는 사생활의 자유를 침해한 것으로 판단(국가인권위). 따라서 전과 내용이 '재범의 위험성'을 판단하면서 필요한 자료인 경우에만 구속(체포)의 이유란에 전과 내용을 기재할 것

⑤ 사법경찰관이 긴급체포하거나 현행범인을 체포 또는 인수한 때에는 ① 내지 ④의 규정을 준용한다.

Ⅳ. 체포 후 조치

1. 구속할 경우

가. 구속사유가 있는 경우 체포한 때로부터 48시간 이내에 검사를 통하여 구속영장 (체포영장에 의해 체포된 피의자용) 청구 (36시간 이내에 검사에게 영장신청)

나. '체포영장에 의한 구속영장'의 양식을 이용하여 신청한다.

2. 석방할 경우

가. 피의자를 체포, 긴급체포, 구속한 경우에 있어서 계속 구금할 필요가 없게 되었다고 인정될 때에는 사법경찰관은 소속관서장의 지휘를 받아야 한다.

나. 체포한 피의자를 석방하고자 할 때는 미리 검사의 지휘를 받을 필요가 없다.

다. 사법경찰관은 피의자를 석방한 때에는 지체없이 그 사실을 검사에게 통보하여야 하고, 석방일시와 석방사유를 기재한 서면을 작성하여 그 사건기록에 편철하여야 한다.

권리 고지 확인서

성   명 :

주민등록번호 :   (세)

주   거 :

본인은 20○○.○.○. 00:00경 ○○에서 (체포/긴급체포/현행범인체포/구속)되면서

피의사실의 요지, 체포·구속의 이유와 함께 변호인을 선임할 수 있고, 진술을 거부하거나,

변명을 할 수 있으며, 체포·구속적부심을 청구할 수 있음을 고지받았음을 확인합니다.

20○○.○.○.

위 확인인

위 피의자를 (체포/긴급체포/현행범인체포/구속)하면서 위와 같이 고지하고 변명의 기회

를 주었음(변명의 기회를 주었으나 정당한 이유없이 기명날인 또는 서명을 거부함).

※ 기명날인 또는 서명 거부 사유 :

20○○.○.○.

○○경찰서

사법경찰관 경감 정 상 수

○○경 찰 서

제 호	20○○.○.○.

수 신 : 귀하

제 목 : 체포·긴급체포·현행범인체포·구속 통지서

1. 피의자

　성　　　명 :

　주민등록번호 :

　주　　　거 :

2. 위 사람을 20○○. ○. ○. ○○:○○ 경 ○○ 피의사건으로 체포 · 긴급체포 · 현행범인체포 · 구속하여 ○○경찰서 유치장에 인치구금하였으므로 통지합니다.

3. 체포 · 긴급체포 · 현행범인체포 · 구속된 피의자의 법정대리인 · 배우자 · 직계친족 · 형제자매는 각각 변호인을 선임할 수 있습니다.

4. 체포 · 구속된 위 피의자 본인 또는 그 변호인, 법정대리인, 배우자, 직계친족, 형제자매, 동거인, 가족 또는 고용주는 ○○지방법원(○○지원)에 체포·구속의 적부심사를 청구할 수 있습니다.

　첨 부 : 범죄사실 및 체포 · 긴급체포 · 현행범인체포 · 구속의 이유 1부

담당자		소속 및 연락처	

○ ○ 경 찰 서

사법경찰관　　　　　　㊞

○ ○ 경 찰 서

제 0000-00000 호   20○○. ○. ○.

수 신 : ○○지방검찰청장

제 목 : **구속영장 신청서(체포영장)**

다음 사람에 대한 ○○ 피의사건에 관하여 동인을 아래와 같이 체포영장에 의하여 체포하여 ○○에 구속하려 하니 20○○. ○. ○.까지 유효한 구속영장의 청구를 신청합니다.

피 의 자	성 명	
	주민등록번호	– (세)
	직 업	
	주 거	
변 호 인		
체포한 일시·장소		20○○ 년 10 월 20 일 20 : 45 ○○시 ○○경찰초소
인치한 일시·장소		20○○ 년 10 월 20 일 22 : 00 ○○과 ○○팀 사무실
구금한 일시·장소		20○○ 년 10 월 21 일 10 : 00 ○○경찰서 유치장
범죄사실 및 구속을 필요로 하는 이유		별지 내용과 같음
필요적 고려사항		☐ 범죄의 중대성 ☐ 재범의 위험성 ☐ 피해자·중요참고인 등에 대한 위해 우려 ☐ 기타 사유 ※ 구체적 내용은 별지와 같음
피의자의 지정에 따라 체포이유 등이 통지된 자의 성명 및 연락처		체포통지된 자 홍길녀(피의자의 처) 서울 ○○동 1번지 거주 (010-123-4567)
재신청의 취지 및 이유		
비 고		

○○경찰서

사법경찰관   경위 홍 길 동 (인)

범죄사실 및 구속을 필요로 하는 사유

□ **범죄사실**

피의자는 …중략 … 교부받았다.

□ **구속을 필요로 하는 사유**

○ 주거부정

피의자는 주소지를 ○○로 되어 있으나 실질적으로 그곳은 주소만 두고 있을 뿐 거주하지 않고 채권자들을 피해 여관 등지를 옮겨 다니면서 사는 등 그 주거가 일정하지 않다.

○ 도망염려

범죄사실 대부분을 부인하고 사업의 부도로 현재 일정한 직업이 없으며 사안의 중대성으로 높은 형이 예상되어 도망할 염려가 있다.

○ 증거인멸 염려

피의자는 ○○핵심인사로서 그동안 수차례 형사입건된 전력이 있을 뿐만 아니라 그 지위를 이용하여 허위 진술 등을 통해 자신의 죄증을 인멸할 가능성이 매우 크다.

※ 구체적인 사례는 '체포·구속을 필요로 하는 사유 기재요령' 참고

필요적 고려사항

□ **재범의 위험성**

※ 구체적인 사례는 제8절 구속영장의 "필요적 고려사항" 기재요령 참고

피 의 자 석 방 서 (체 포 영 장)

제 호   20○○.○.○.

다음 피체포자(체포영장)를 아래와 같이 석방합니다.

피 체 포 자	성 명	
	주 민 등 록 번 호	
	직 업	
	주 거	
죄 명		
체 포 한 일 시		
체 포 한 장 소		
체 포 의 사 유		
석 방 일 시		
석 방 장 소		
석 방 사 유		
석방자의 관직 및 성명		
체 포 영 장 번 호	−	

○○경찰서

사법경찰관 경감   홍 설 희

소 속 관 서

제 호   20〇〇.〇.〇.

수신 : 〇〇검찰청의 장(검사 : 홍길동)

제목 : **석방 통보서(체포영장)**

다음 피의자(체포영장)를 아래와 같이 석방하였기에 「검사와 사법경찰관의 상호협력과 일반적 수사준칙에 관한 규정」 제36조제2항제1호에 따라 통보합니다.

피체포자	성 명	
	주민등록번호	
	직 업	
	주 거	
죄 명		
체 포 한 일 시		
체 포 한 장 소		
체 포 의 사 유		
석 방 일 시		
석 방 장 소		
석 방 사 유		
석방자의 관직 및 성명		
체 포 영 장 번 호	–	

〇〇경찰서

사법경찰관 경감 **홍 설 희**

V. 종합정리

요건	① 범죄혐의의 상당성 　－죄를 범하였다고 의심할 만한 상당한 이유 → 형소법 제200조의2 제1항 ② 체포사유 　－정당한 이유 없는 출석요구에 대한 불응 또는 그 우려 　※ 경미한 사건 : 주거부정, 출석불응의 경우에 한함
절차	① 검사에게 체포영장 신청 　※ 피의자 특정, 변호인 성명, 범죄사실, 체포 필요 사유(구체적으로 기재), 　　둘 이상의 체포영장, 인치구금장소 ② 발부된 체포영장에 의한 집행(구속영장 집행 규정 준용)
체포 후 조치	① 구속사유 있는 경우 48시간 이내 검사를 통하여 구속영장 청구 (36시간 이내 　검사에게 영장신청) ② 계속 구금할 필요 없으면 즉시 석방
체포 후 석방 시	석방하였을 경우 즉시 피의자석방통보서 작성 통보
적용사례	① 수사기관의 출석요구에 정당한 사유없이 불응하는 경우 ② 출석요구에 불응할 우려가 있는 때(다른 범죄로 수배 중이거나 범죄의 중대성으 　로 보아 출석요구하면 불응할 가능성이 있는 경우)
주의사항	① 출석요구한 소명자료 첨부(출석요구서, 출석요구통지부 사본, 전화통지 사항) ② 체포의 필요성 소명자료 ③ 불구속 수사대상이더라도 피의자 조사만을 위한 체포영장 신청도 가능 ④ 체포영장 집행 시 미란다 원칙 고지 ⑤ 체포영장 집행불능시 반환 　※ 영장 유효기간 7일 원칙, 초과 시 사유 명시(소재불명 등의 이유로 장기간의 유효가 　　필요) ⑥ 체포통지는 집행 즉시(24시간 이내) 실시
잘못된 사례	① 출석요구 불응 또는 그 우려에 대한 소명자료 부족 　－출석요구발부 상황, 전화통지내용에 대한 수사보고서 작성 미흡 ② 체포영장 미제시(수사보고로 사유 기재, 사후 즉시 제시) ③ 체포영장 집행 절차상 하자(범죄사실 요지, 체포의 이유, 변호인선임권의 고지, 　변명할 기회 부여 미실시)

제2편 강제수사 절차

제2절 긴급체포

Ⅰ. 법규연구

1. 형사소송법

제200조의3(긴급체포) ① 검사 또는 사법경찰관은 피의자가 사형·무기 또는 장기 3년이상의 징역이나 금고에 해당하는 죄를 범하였다고 의심할 만한 상당한 이유가 있고, 다음 각 호의 어느 하나에 해당하는 사유가 있는 경우에 긴급을 요하여 지방법원판사의 체포영장을 받을 수 없는 때에는 그 사유를 알리고 영장없이 피의자를 체포할 수 있다. 이 경우 긴급을 요한다 함은 피의자를 우연히 발견한 경우등과 같이 체포영장을 받을 시간적 여유가 없는 때를 말한다.

1. 피의자가 증거를 인멸할 염려가 있는 때
2. 피의자가 도망하거나 도망할 우려가 있는 때

② 사법경찰관이 제1항의 규정에 의하여 피의자를 체포한 경우에는 즉시 검사의 승인을 얻어야 한다.

③ 검사 또는 사법경찰관은 제1항의 규정에 의하여 피의자를 체포한 경우에는 즉시 긴급체포서를 작성하여야 한다.

④ 제3항의 규정에 의한 긴급체포서에는 범죄사실의 요지, 긴급체포의 사유등을 기재하여야 한다.

제200조의4(긴급체포와 영장청구기간) ① 검사 또는 사법경찰관이 제200조의3의 규정에 의하여 피의자를 체포한 경우 피의자를 구속하고자 할 때에는 지체 없이 검사는 관할지방법원판사에게 구속영장을 청구하여야 하고, 사법경찰관은 검사에게 신청하여 검사의 청구로 관할지방법원판사에게 구속영장을 청구하여야 한다. 이 경우 구속영장은 피의자를 체포한 때부터 48시간 이내에 청구하여야 하며, 제200조의3제3항에 따른 긴급체포서를 첨부하여야 한다.

② 제1항의 규정에 의하여 구속영장을 청구하지 아니하거나 발부받지 못한 때에는 피의자를 즉시 석방하여야 한다.

③ 제2항의 규정에 의하여 석방된 자는 영장없이는 동일한 범죄사실에 관하여 체포하지 못한다.

④ 검사는 제1항에 따른 구속영장을 청구하지 아니하고 피의자를 석방한 경우에는 석방한 날부터 30일 이내에 서면으로 다음 각 호의 사항을 법원에 통지하여야 한다. 이 경우 긴급체포서의 사본을 첨부하여야 한다.

1. 긴급체포 후 석방된 자의 인적사항
2. 긴급체포의 일시·장소와 긴급체포하게 된 구체적 이유
3. 석방의 일시·장소 및 사유
4. 긴급체포 및 석방한 검사 또는 사법경찰관의 성명

⑤ 긴급체포 후 석방된 자 또는 그 변호인·법정대리인·배우자·직계친족·형제자매는 통지서 및 관련 서류를 열람하거나 등사할 수 있다.

2. 검사와 사법경찰관의 상호협력과 일반적 수사준칙에 관한 규정

제27조(긴급체포) ① 사법경찰관은 법 제200조의3제2항에 따라 긴급체포 후 12시간 내에 검사에게 긴급체포의 승인을 요청해야 한다. 다만, 다음 각 호의 어느 하나에 해당하는 경우에는 긴급체포 후 24

시간 이내에 긴급체포의 승인을 요청해야 한다.

1. 제51조제1항제4호가목에 따른 피의자중지 또는 제52조제1항제3호에 따른 기소중지 결정이 된 피의자를 소속 경찰관서가 위치하는 특별시·광역시·특별자치시·도 또는 특별자치도 외의 지역에서 긴급체포한 경우

2. 「해양경비법」 제2조제2호에 따른 경비수역에서 긴급체포한 경우

② 제1항에 따라 긴급체포의 승인을 요청할 때에는 범죄사실의 요지, 긴급체포의 일시·장소, 긴급체포의 사유, 체포를 계속해야 하는 사유 등을 적은 긴급체포 승인요청서로 요청해야 한다. 다만, 긴급한 경우에는 「형사사법절차 전자화 촉진법」 제2조제4호에 따른 형사사법정보시스템(이하 "형사사법정보시스템"이라 한다) 또는 팩스를 이용하여 긴급체포의 승인을 요청할 수 있다.

③ 검사는 사법경찰관의 긴급체포 승인 요청이 이유 있다고 인정하는 경우에는 지체 없이 긴급체포 승인서를 사법경찰관에게 송부해야 한다.

④ 검사는 사법경찰관의 긴급체포 승인 요청이 이유 없다고 인정하는 경우에는 지체 없이 사법경찰관에게 불승인 통보를 해야 한다. 이 경우 사법경찰관은 긴급체포된 피의자를 즉시 석방하고 그 석방 일시와 사유 등을 검사에게 통보해야 한다.

3. 경찰수사규칙

제51조(긴급체포) ① 법 제200조의3제3항에 따른 긴급체포서는 별지 제38호서식에 따른다.
② 수사준칙 제27조제2항 본문에 따른 긴급체포 승인요청서는 별지 제39호서식에 따른다.
③ 사법경찰관은 수사준칙 제27조제4항 후단에 따라 긴급체포된 피의자의 석방 일시와 사유 등을 검사에게 통보하는 경우에는 별지 제40호서식의 석방 통보서에 따른다.

■ 판례 ■ **긴급체포가 요건을 갖추지 못하여 위법한 체포에 해당하는 경우 및 위법한 긴급체포에 의한 유치 중에 작성된 진술조서의 증거능력 유무(소극)**

긴급체포는 영장주의원칙에 대한 예외인 만큼 형사소송법 제200조의3 제1항의 요건을 모두 갖춘 경우에 한하여 예외적으로 허용되어야 하므로 긴급체포 당시의 상황으로 보아서도 그 요건의 충족 여부에 관한 검사나 사법경찰관의 판단이 경험칙에 비추어 현저히 합리성을 잃은 경우에는 그 체포는 위법한 체포라 할 것이고, 이러한 위법은 영장주의에 위배되는 중대한 것이니 그 체포에 의한 유치 중에 작성된 진술조서는 위법하게 수집된 증거로서 특별한 사정이 없는 한 이를 유죄의 증거로 할 수 없다(대법원 2007.1.12. 선고 2004도8071 판결).

■ 판례 ■ **형사소송법 제200조의3 제1항소정의 긴급체포의 요건인 긴급성의 판단 기준시 및 긴급체포의 위법성 판단 기준**

형사소송법 제200조의3 제1항에 정하여진 긴급체포의 요건인 긴급성은 피의자를 긴급체포할 당시에 그 때까지 수집된 자료 등을 종합하여 객관적으로 판단하여야 하고, 그 결과 사회통념에 비추어 체포영장을 청구할 시간적 여유가 있었으므로 긴급체포할 합리적 근거를 갖추지 못한 것이 밝혀졌음에도 불구하고 체포영장에 의한 체포절차를 밟지 아니하고 굳이 긴급체포를 하였다고 인정할 수 있는 사정이 있어야 그와 같은 긴급체포가 위법하게 된다(대법원 2003.4.8. 선고 2003다6668 판결).

■ 판례 ■ **피고인이 필로폰을 투약한다는 제보를 받은 경찰관이 제보의 정확성을 사전에 확인한 후에 제보자를 불러 조사하기 위하여 피고인의 주거지를 방문하였다가, 그곳에서 피고인을 발견하고 피고인의 전화번호로 전화를 하여 나오라고 하였으나 응하지 않자 피고인의 집 문을 강제로 열고 들어가 피고인을 긴급체포한 사안**

피고인이 필로폰을 투약한다는 제보를 받은 경찰관이 제보된 주거지에 피고인이 살고 있는지 등 제보의 정확성을 사전에 확인한 후에 제보자를 불러 조사하기 위하여 피고인의 주거지를 방문하였다가, 현관에서 담배를 피우고 있는 피고인을 발견하고 사진을 찍어 제보자에게 전송하여 사진에 있는 사람이 제보한 대상자가 맞다는 확인을 한 후, 가지고 있던 피고인의 전화번호로 전화를 하여 차량 접촉사고가 났으니 나오라고 하였으나 나오지 않고, 또한 경찰관임을 밝히고 만나자고 하는데도 현재 집에 있지 않다는 취지로 거짓말을 하자 피고인의 집 문을 강제로 열고 들어가 피고인을 긴급체포한 사안에서, 피고인이 마약에 관한 죄를 범하였다고 의심할 만한 상당한 이유가 있었더라도, 경찰관이 이미 피고인의 신원과 주거지 및 전화번호 등을 모두 파악하고 있었고, 당시 마약 투약의 범죄 증거가 급속하게 소멸될 상황도 아니었던 점 등의 사정을 감안하면, 긴급체포가 미리 체포영장을 받을 시간적 여유가 없었던 경우에 해당하지 않아 위법하다고 본 원심판단이 정당하다고 한 사례.(대법원 2016. 10. 13., 선고, 2016도5814 판결)

■ 판례 ■ **수사기관에 자진출석한 자에 대한 긴급체포의 적법성 판단기준**

[1] 긴급체포가 요건을 갖추지 못하여 위법한 체포에 해당하는 경우

긴급체포는 영장주의원칙에 대한 예외인 만큼 형사소송법 제200조의3 제1항의 요건을 모두 갖춘 경우에 한하여 예외적으로 허용되어야 하고, 요건을 갖추지 못한 긴급체포는 법적 근거에 의하지 아니한 영장 없는 체포로서 위법한 체포에 해당하는 것이고, 여기서 긴급체포의 요건을 갖추었는지 여부는 사후에 밝혀진 사정을 기초로 판단하는 것이 아니라 체포 당시의 상황을 기초로 판단하여야 하고, 이에 관한 검사나 사법경찰관 등 수사주체의 판단에는 상당한 재량의 여지가 있다고 할 것이나, 긴급체포 당시의 상황으로 보아서도 그 요건의 충족 여부에 관한 검사나 사법경찰관의 판단이 경험칙에 비추어 현저히 합리성을 잃은 경우에는 그 체포는 위법한 체포라 할 것이다.

[2] 수사기관에 자진출석한 사람이 긴급체포의 요건을 갖추지 못하였음에도 실력으로 자신을 체포하려고 한 검사나 사법경찰관에게 폭행을 가한 경우 공무집행방해죄의 성립 여부(소극)

형법 제136조가 규정하는 공무집행방해죄는 공무원의 직무집행이 적법한 경우에 한하여 성립하고, 여기서 적법한 공무집행은 그 행위가 공무원의 추상적 권한에 속할 뿐 아니라 구체적 직무집행에 관한 법률상 요건과 방식을 갖춘 경우를 가리키므로, 검사나 사법경찰관이 수사기관에 자진출석한 사람을 긴급체포의 요건을 갖추지 못하였음에도 실력으로 체포하려고 하였다면 적법한 공무집행이라고 할 수 없고, 자진출석한 사람이 검사나 사법경찰관에 대하여 이를 거부하는 방법으로써 폭행을 하였다고 하여 공무집행방해죄가 성립하는 것은 아니다.

[3] 검사가 참고인 조사를 받는 줄 알고 검찰청에 자진출석한 변호사사무실 사무장을 합리적 근거 없이 긴급체포하자 그 변호사가 이를 제지하는 과정에서 위 검사에게 상해를 가한 것이 정당방위에 해당한다.

II. 긴급체포 절차

1. 긴급체포서 작성

가. 검사 또는 사법경찰관이 긴급체포한 때에는 긴급체포서를 작성하고, 긴급체포원 부에 그 내용을 기재하여야 한다.

나. 지명수배된 피의자를 긴급체포한 경우에는 긴급체포서를 작성하여 수배관서에 인계하여야 한다.

다. 구속영장 신청에 대비하여 체포의 과정과 상황 등을 자세히 기재한 체포보고서 를 작성한다.

2. 긴급체포 승인요청

가. 사법경찰관이 긴급체포를 하였을 때는 12시간 내(특별시, 광역시, 도 이외의 지 역의 경우에는 24시간)에 검사에게 긴급 체포승인요청서를 작성하여 긴급체포 승인요청을 하여야 한다.

나. 급속을 요하는 경우에는 모사전송으로 긴급체포승인요청을 할 수 있다.

3. 체포통지

가. 피의자를 체포한 때에는 변호인이 있는 경우에는 변호인에게, 변호인이 없는 경 우에는 피의자의 법정대리인, 배우자, 직계친족과 형제자매 중 피의자가 지정한 자에게 피의사건 명, 구속일시·장소, 범죄사실의 요지, 구속의 이유와 변호인을 선임할 수 있는 취지를 알려야 한다(형사소송법 제87조, 제200조의6).

나. 구속의 통지는 구속을 한때로부터 늦어도 24시간 이내에 서면으로 하여야 한다. 통지받을 자가 없어 통지하지 못한 경우에는 그 취지를 기재한 서면을 기록에 철 하여야 한다(형사소송규칙 제51조).

다. 긴급을 요하는 경우에는 전화, 모사전송, 전자우편, 휴대전화 문자전송, 그 밖에 상당한 방법으로 체포·구속의 통지를 할 수 있다. 이 경우 다시 서면으로 체포· 구속의 통지를 하여야 한다.

긴 급 체 포 서

피의자	성 명	홍 길 동 (洪 吉 童)
	주민등록번호	
	직 업	
	주 거	
변 호 인		

「형사소송법」제200조의3 제1항에 따라, ○○○○ 피의사건과 관련된 위 피체포자를 아래와 같이 긴급체포함

20○○. ○. ○.

○ ○ 경 찰 서

사법경찰관 경위 ○ ○ ○ ㊞

체 포 한 일 시	20○○ 년 3 월 4 일 15:00 경
체 포 한 장 소	
범 죄 사 실 및 체 포 의 사 유	별지와 같음
체포자의 관직및성명	
인 치 한 일 시	
인 치 한 장 소	
구 금 한 일 시	
구 금 한 장 소	
구금을 집행한 자의 관 직 및 성 명	

권리 고지 확인서

성   명 :

주민등록번호 :   (세)

주   거 :

본인은 20○○.○.○. 00:00경 ○○에서 (체포/긴급체포/현행범인체포/구속)되면서

피의사실의 요지, 체포·구속의 이유와 함께 변호인을 선임할 수 있고, 진술을 거부하거나,

변명을 할 수 있으며, 체포·구속적부심을 청구할 수 있음을 고지받았음을 확인합니다.

20○○.○.○.

위 확인인

위 피의자를 (체포/긴급체포/현행범인체포/구속)하면서 위와 같이 고지하고 변명의 기

회를 주었음(변명의 기회를 주었으나 정당한 이유없이 기명날인 또는 서명을 거부함).

※ 기명날인 또는 서명 거부 사유 :

20○○.○.○.

○○경찰서

사법경찰관 경감 정 상 수

○ ○ 경 찰 서

제 호   20○○.○.○.

수 신 : 귀하

제 목 : 체포·긴급체포·현행범인체포·구속 통지서

---

1. 피의자

   성   명 :

   주민등록번호 :

   주   거 :

2. 위 사람을 20○○. ○. ○. ○○:○○ 경 ○○ 피의사건으로 체포 · 긴급체포 · 현
   행범인체포 · 구속하여 ○○경찰서 유치장에 인치구금하였으므로 통지합니다.

3. 체포 · 긴급체포 · 현행범인체포 · 구속된 피의자의 법정대리인 · 배우자 · 직계친족 · 형제
   자매는 각각 변호인을 선임할 수 있습니다.

4. 체포 · 구속된 위 피의자 본인 또는 그 변호인, 법정대리인, 배우자, 직계친족, 형
   제자매, 동거인, 가족 또는 고용주는 ○○지방법원(○○지원)에 체포·구속의 적
   부심사를 청구할 수 있습니다.

  첨 부 : 범죄사실 및 체포 · 긴급체포 · 현행범인체포 · 구속의 이유 1부

담당자		소속 및 연락처	

○ ○ 경 찰 서

사법경찰관   ㉑

III. 체포 후 조치

1. 구속할 경우

가. 사법경찰관이 피의자를 긴급체포한 경우 피의자를 구속하고자 할 때는 지체없이 사법경찰관은 구속영장을 검사에게 신청하여 검사의 청구로 관할지방법원판사에게 구속영장을 청구하여야 한다. 이 경우 구속영장은 피의자를 체포한 때부터 48시간 이내에 청구 (사법경찰관은 검사에게 36시간 이내)하여야 하며, 긴급체포서를 첨부하여야 한다.

나. 구속영장을 청구하지 아니하거나 발부받지 못할 때는 피의자를 즉시 석방하여야 한다.

다. 석방된 자는 영장 없이는 동일한 범죄사실에 관하여 체포하지 못한다.

■ 판례 ■ 긴급체포되었다가 수사기관의 조치로 석방된 후 법원이 발부한 구속영장에 의하여 구속이 이루어진 경우, 형사소송법 제200조의4 제3항, 제208조에 위배되는 위법한 구속인지 여부(소극)

형사소송법 제200조의4 제3항은 영장 없이는 긴급체포 후 석방된 피의자를 동일한 범죄사실에 관하여 체포하지 못한다는 규정으로, 위와 같이 석방된 피의자라도 법원으로부터 구속영장을 발부받아 구속할 수 있음은 물론이고, 같은 법 제208조 소정의 '구속되었다가 석방된 자'라 함은 구속영장에 의하여 구속되었다가 석방된 경우를 말하는 것이지, 긴급체포나 현행범으로 체포되었다가 사후영장발부 전에 석방된 경우는 포함되지 않는다 할 것이므로, 피고인이 수사 당시 긴급체포되었다가 수사기관의 조치로 석방된 후 법원이 발부한 구속영장에 의하여 구속이 이루어진 경우 앞서 본 법조에 위배되는 위법한 구속이라고 볼 수 없다(대법원 2001.9.28. 선고 2001도4291 판결).

■ 판례 ■ 혐의를 의심할 만한 합리적인 이유가 있어 긴급체포된 피의자가 나중에 그 혐의가 없음이 인정되어 석방되었다고 하더라도 제반 사정에 비추어 수사기관의 불법행위로 인한 손해배상책임을 물을 수 없다.

범죄현장에서 채취한 지문이 피의자의 것과 일치하고 피의자가 추정하여 진술한 절도범의 침입방법이나 경로가 피해자들의 진술내용과 부합한 점 등에 비추어 보면 긴급체포 및 구속 당시 피의자의 혐의를 의심할 만한 합리적인 이유가 있었다고 볼 것이고, 그 후 구속된 피의자가 수사과정에서 범죄사실의 존재를 증명함에 족한 증거가 없다는 이유로 혐의 없음이 인정되어 석방되었다고 하더라도 위와 같은 사정만으로 이를 수사한 공무원에게 고의나 과실이 있었다고 단정할 수 없으며, 또 그러한 긴급체포나 구속영장의 집행이 법령에 위반된 행위라고 할 수도 없다고 한 사례(인천지법 2004. 1.16. 선고 2002가단68347 판결)

○○ 경 찰 서

제 0000-00000 호   20○○. ○. ○.
수 신 : ○○지방검찰청장
제 목 : **구속영장 신청서(긴급체포)**

 다음 사람에 대한 ○○ 피의사건에 관하여 동인을 아래와 같이 긴급체포하여 ○○
에 구속하려 하니 20○○. ○. ○.까지 유효한 구속영장의 청구를 신청합니다.

피 의 자	성 명	
	주민등록번호	– (세)
	직 업	
	주 거	
변 호 인		
체포한 일시·장소		
인치한 일시·장소		
구금한 일시·장소		
범죄사실 및 구속을 필요로 하는 이유		
필요적 고려사항		☐ 범죄의 중대성 ☐ 재범의 위험성 ☐ 피해자·중요참고인 등에 대한 위해 우려 ☐ 기타 사유 　　※ 구체적 내용은 별지와 같음
피의자의 지정에 따라 체포이유 등이 통지된 자의 성명 및 연 락 처		체포통지된 자 홍길녀(피의자의 처) 서울 ○○동1번지 거주(010-123-4567)
재신청의 취지 및 이유		
비 고		

○○경찰서

사법경찰관 경위 홍길동 (인)

```
┌──────────────────────────────────────────────────────────────┐
│           범죄사실 및 구속을 필요로 하는  사유                  │
│                                                                │
│   □ 범죄사실                                                   │
│      피의자는                        … 하였다.                 │
│                                                                │
│   □ 구속을 필요로 하는  사유                                   │
│      ※ 구체적인 사례는 체포·구속을 필요로 하는 사유 기재요령 참고 │
│                                                                │
│                                                                │
│                   필요적 고려사항                              │
│                                                                │
│   □ 재범의 위험성                                              │
│      ※ 구체적인 사례는 구속영장의 "필요적 고려사항" 기재요령 참고 │
└──────────────────────────────────────────────────────────────┘
```

2. 석방할 경우

가. 검사로부터 긴급체포 승인을 받지 못하여 불승인 통보를 받으면 사법경찰관은 즉시 석방하고 검사에게 '석방 통보(긴급체포불승인)"를 하여야 한다.

나. 사법경찰관이 긴급체포한 피의자를 석방한 경우에는 지체없이 피의자 석방보고서를 작성하여 검사에게 보고하여야 한다. 석방을 위한 사전 건의는 받을 필요 없다.

　　※ 검사에 대한 지휘 관계를 전제한 보고 용어는 모두 통보로 정리되었으나 긴급체포 피의자 석방
　　　은 법에 보고로 되어 있어 보고 용어 유지

다. 검사는 구속영장을 청구하지 아니하고 피의자를 석방한 경우에는 석방한 날부터 30일 이내에 서면으로 다음 각호의 사항을 법원에 통지하여야 한다. 이 경우 긴급체포서의 사본을 첨부하여야 한다.

① 긴급체포 후 석방된 자의 인적사항

② 긴급체포의 일시 · 장소와 긴급체포하게 된 구체적 이유

③ 석방의 일시 · 장소 및 사유

④ 긴급체포 및 석방한 검사 또는 사법경찰관의 성명

라. 긴급체포 후 석방된 자 또는 그 변호인 · 법정대리인 · 배우자 · 직계친족 · 형제자매는 통지서 및 관련서류를 열람하거나 등사할 수 있다.

○ ○ 경 찰 서

제 호   20○○.○.○.

수 신 : 검찰청의 장 (검사 : 홍길동)

제 목 : **석방 통보서(긴급체포불승인)**

다음 피체포자를 긴급체포 불승인을 이유로 아래와 같이 석방하였기에 「검사와 사법경찰관의 상호협력과 일반적 수사준칙에 관한 규정」 제27조 제4항에 따라 통보합니다.

피 체 포 자	성 명	
	주민등록번호	
	직 업	
	주 거	
죄 명		
긴급체포한 일시		
긴급체포한 장소		
긴급체포한 사유		
석 방 한 일 시		
석 방 한 장 소		
불 승 인 사 유		
석방한 자의 관직 및 성명		

○○경찰서

사법경찰관 경위 홍길동 (인)

피의자 석방서(긴급체포)

제 호   20○○.○.○.

다음 피체포자(긴급체포)를 아래와 같이 석방합니다.

피 체 포 자	성 명	
	주 민 등 록 번 호	
	직 업	
	주 거	
죄 명		
긴 급 체 포 한 일 시		
긴 급 체 포 한 장 소		
긴 급 체 포 의 사 유		
석 방 일 시		
석 방 장 소		
석 방 사 유		
석방자의 관직 및 성명		
비 고		

○○경찰서

사법경찰관 경위 홍길동 (인)

소 속 관 서

제 호   20○○.○.○.

수신 : 검찰청의 장 (검사: 검사명)

제목 : 석방 보고서(긴급체포)

다음 피체포자를 아래와 같이 석방하였기에 「검사와 사법경찰관의 상호협력과 일반
적 수사준칙에 관한 규정」 제36조제2항제2호에 따라 보고합니다.

피체포자	성 명	
	주 민 등 록 번 호	
	직 업	
	주 거	
죄 명		
긴 급 체 포 한 일 시		
긴 급 체 포 한 장 소		
긴 급 체 포 의 사 유		
석 방 일 시		
석 방 장 소		
석 방 사 유		
석방자의 관직 및 성명		

○○경찰서

사법경찰관 경위 홍길동 (인)

Ⅳ. 긴급체포와 압수, 수색, 검증

1. 사법경찰관은 형사소송법 제200조의3(긴급체포)의 규정에 따라 피의자를 체포 또는 구속하는 경우에 필요한 때에는 영장없이 다음 처분을 할 수 있다.
   ① 타인의 주거나 타인이 지키는 가옥, 건조물, 항공기, 선박 내에서의 피의자 수사
   ② 체포현장에서의 압수, 수색, 검증

2. 사법경찰관은 긴급체포된 자가 소유·소지 또는 보관하는 물건에 대하여 긴급히 압수할 필요가 있는 경우에는 체포한 때부터 24시간 이내에 한하여 영장 없이 압수·수색 또는 검증을 할 수 있다.

3. 사법경찰관은 압수한 물건을 계속 압수할 필요가 있는 경우에는 바로 압수수색영장을 청구하여야 한다. 이 경우 압수수색영장의 청구는 체포한 때부터 48시간 이내에 하여야 한다.

4. 사법경찰관은 압수수색영장을 발부받지 못할 때는 압수한 물건을 즉시 반환하여야 한다.

5. 형사소송법의 개정(2008.1. 시행) 전에는 구속영장이 발부되면 별도의 압수수색영장을 발부받을 필요가 없었으나 개정 이후에는 압수수색영장을 반드시 받게 되어 있다. 특히 이점에 유의하여야 한다.

요 건	① 범죄의 중대성(사형, 무기 또는 3년 이상의 징역이나 금고) ② 범죄혐의의 상당성 ③ 체포의 긴급성(법관의 체포영장을 받을 시간적 여유 없을 때) ④ 체포의 필요성(구속의 사유 중 주거부정은 제외)

절 차	① 긴급체포 후 즉시(12시간 이내) 검사 사후 승인 (타시도 24시간 이내)
	    -급속을 요하는 경우 팩스 이용 가능
	 ② 체포 즉시 긴급체포서 작성(긴급체포 사유 명시)
	    -사전 검사지휘 불필요

체포 후 조치	① 구속사유 있는 경우 48시간 이내에 검사를 통하여 구속영장 청구 (36시간 이내 검사에게 영장신청) ② 계속 구금할 필요 없으면 즉시 석방
적용 사례	① 검거된 기소중지자를 구속수사하고자 할 때(검거 관서에서 긴급체포) ② 대질신문 등 조사과정에서 범죄혐의 밝혀져 귀가 조치하면 도망, 증거인멸할 염려가 있는 때 ③ 강력 사건의 용의자를 추적하여 검거하는 경우
주의 사항	① 검사와 사법경찰관만 긴급체포 가능 ② 긴급성 인정되는 경우만 긴급체포 ③ 긴급체포 시 미란다 원칙 고지 ④ 긴급체포서 작성(미리 작성, 제시 필요 없고 체포 후 즉시 작성으로 족함) ※ 특히 3년 미만의 범죄의 경우 현행범 요건이 없으면 동의없는 연행은 불법체포

잘못된 사례	① 긴급체포의 긴급성을 결여한 경우
	    -출석요구에 순순히 응하여 오던 자를 범죄가 인정된다고 갑자기 긴급체포한 경우
	 ② 긴급체포 전의 임의동행이 실질적으로 체포와 동일하다고 판단되는 경우
	 ③ 범죄의 중대성을 결여한 경우
	    -3년 미만 징역형 범죄에 대한 체포
	 ④ 긴급체포시 절차상 하자(범죄사실 요지, 체포의 이유, 변호인선임권의 고지, 변명할 기회 부여)
	 ⑤ 긴급체포 후 영장 기각되거나 석방 후 재차 긴급체포한 경우(체포영장 또는 사전영장으로 체포 가능)

제3절 현행범인 체포

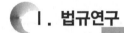

I. 법규연구

1. 형사소송법

> **제211조(현행범인과 준현행범인)** ① 범죄를 실행하고 있거나 실행하고 난 직후의 사람을 현행범인이라 한다.
> ② 다음 각 호의 어느 하나에 해당하는 사람은 현행범인으로 본다.
> 1. 범인으로 불리며 추적되고 있을 때
> 2. 장물이나 범죄에 사용되었다고 인정하기에 충분한 흉기나 그 밖의 물건을 소지하고 있을 때
> 3. 신체나 의복류에 증거가 될 만한 뚜렷한 흔적이 있을 때
> 4. 누구냐고 묻자 도망하려고 할 때
> **제212조(현행범인의 체포)** 현행범인은 누구든지 영장없이 체포할 수 있다.
> **제213조(체포된 현행범인의 인도)** ① 검사 또는 사법경찰관리 아닌 자가 현행범인을 체포한 때에는 즉시 검사 또는 사법경찰관리에게 인도하여야 한다.
> ② 사법경찰관리가 현행범인의 인도를 받은 때에는 체포자의 성명, 주거, 체포의 사유를 물어야 하고 필요한 때에는 체포자에 대하여 경찰관서에 동행함을 요구할 수 있다.
> **제214조(경미사건과 현행범인의 체포)** 다액 50만원 이하의 벌금, 구류 또는 과료에 해당하는 죄의 현행범인에 대하여는 범인의 주거가 분명하지 아니한 때에 한하여 제212조 내지 제213조의 규정을 적용한다.

2. 검사와 사법경찰관의 상호협력과 일반적 수사준칙에 관한 규정

> **제28조(현행범인 조사 및 석방)** ① 검사 또는 사법경찰관은 법 제212조 또는 제213조에 따라 현행범인을 체포하거나 체포된 현행범인을 인수했을 때에는 조사가 현저히 곤란하다고 인정되는 경우가 아니면 지체 없이 조사해야 하며, 조사 결과 계속 구금할 필요가 없다고 인정할 때에는 현행범인을 즉시 석방해야 한다.
> ② 검사 또는 사법경찰관은 제1항에 따라 현행범인을 석방했을 때에는 석방 일시와 사유 등을 적은 피의자 석방서를 작성해 사건기록에 편철한다. 이 경우 사법경찰관은 석방 후 지체 없이 검사에게 석방사실을 통보해야 한다.

3. 경찰수사규칙

> **제52조(현행범인 체포 및 인수)** ① 사법경찰관리는 법 제212조에 따라 현행범인을 체포할 때에는 현행범인에게 도망 또는 증거인멸의 우려가 있는 등 당장에 체포하지 않으면 안 될 정도의 급박한 사정이 있는지 또는 체포 외에는 현행범인의 위법행위를 제지할 다른 방법이 없는지 등을 고려해야 한다.
> ② 사법경찰관리는 법 제212조에 따라 현행범인을 체포한 때에는 별지 제41호서식의 현행범인체포서를 작성하고, 법 제213조에 따라 현행범인을 인도받은 때에는 별지 제42호서식의 현행범인인수서를 작성해야 한다.
> ③ 사법경찰관리는 제2항의 현행범인체포서 또는 현행범인인수서를 작성하는 경우 현행범인에 대해서는 범죄와의 시간적 접착성과 범죄의 명백성이 인정되는 상황을, 준현행범인에 대해서는 범죄와의 관련성이 인정되는 상황을 구체적으로 적어야 한다.
> **제53조(현행범인 석방)** ① 수사준칙 제28조제2항 전단에 따른 피의자 석방서는 별지 제43호서식에 따른다.
> ② 사법경찰관은 수사준칙 제28조제2항 후단에 따라 검사에게 현행범인의 석방사실을 통보하는 경우에는 별지 제44호서식의 석방 통보서에 따른다.

II. 현행범인의 개념과 적법성 요건

1. 현행범인의 개념

■ 판례 ■   현행범인 체포에 있어서 '범죄 실행의 즉후인 자'의 의미

[1] 현행범인을 규정한 형사소송법 제211조 제1항 소정의 "범죄의 실행의 즉후인 자"의 의미

형사소송법 제211조가 현행범인으로 규정한 "범죄의 실행의 즉후인 자"라고 함은, 범죄의 실행행위를 종료한 직후의 범인이라는 것이 체포하는 자의 입장에서 볼 때 명백한 경우를 일컫는 것으로서, "범죄의 실행행위를 종료한 직후"라고 함은, 범죄행위를 실행하여 끝마친 순간 또는 이에 아주 접착된 시간적 단계를 의미하는 것으로 해석되므로, 시간적으로나 장소적으로 보아 체포를 당하는 자가 방금 범죄를 실행한 범인이라는 점에 관한 죄증이 명백히 존재하는 것으로 인정되는 경우에만 현행범인으로 볼 수 있는 것이다.

[2] 교사가 교장실에서 교장을 협박한 뒤 40여분 후 출동한 경찰관들이 서무실에서 동행을 거부하는 그를 체포한 경우에 현행범인의 체포라고 단정한 원심판결에는 심리미진 또는 법리오해의 위법이 있다고 하여 이를 파기한 사례

교사가 교장실에 들어가 불과 약 5분 동안 식칼을 휘두르며 교장을 협박하는 등의 소란을 피운 후 40여분 정도가 지나 경찰관들이 출동하여 교장실이 아닌 서무실에서 그를 연행하려 하자 그가 구속영장의 제시를 요구하면서 동행을 거부하였다면, 체포 당시 서무실에 앉아 있던 위 교사가 방금 범죄를 실행한 범인이라는 죄증이 경찰관들에게 명백히 인식될 만한 상황이었다고 단정할 수 없는데도 이와 달리 그를 "범죄의 실행의 즉후인 자"로서 현행범인이라고 단정한 원심판결에는 현행범인에 관한 법리오해의 위법이 있다고 하여 이를 파기한 사례.(대법원 1991. 9. 24., 선고, 91도1314, 판결)

■ 판례 ■   음주운전을 종료한 후 40분 이상이 경과한 시점에서 길가에 앉아 있던 운전자를 술냄새가 난다는 점만을 근거로 음주운전의 현행범으로 체포한 경우

[1] 현행범인을 규정한 형사소송법 제211조의 '범죄의 실행의 즉후인 자'의 의미

현행범인으로 규정한 "범죄의 실행(實行)의 즉후(卽後)인 자"라고 함은, 범죄의 실행행위를 종료한 직후의 범인이라는 것이 체포하는 자의 입장에서 볼 때 명백한 경우를 일컫는 것으로서, 위 법조가 제1항에서 본래의 의미의 현행범인에 관하여 규정하면서 "범죄의 실행의 즉후인 자"를 "범죄의 실행 중인 자"와 마찬가지로 현행범인으로 보고 있고, 제2항에서는 현행범인으로 간주되는 준현행범인에 관하여 별도로 규정하고 있는 점 등으로 미루어 볼 때, "범죄의 실행행위를 종료한 직후"라고 함은, 범죄행위를 실행하여 끝마친 순간 또는 이에 아주 접착된 시간적 단계를 의미하는 것으로 해석되므로, 시간적으로나 장소적으로 보아 체포를 당하는 자가 방금 범죄를 실행한 범인이라는 점에 관한 죄증이 명백히 존재하는 것으로 인정되는 경우에만 현행범인으로 볼 수 있는 것이다.

[2] 음주운전을 종료한 후 40분 이상이 경과한 시점에서 길가에 앉아 있던 운전자를 술냄새가 난다는 점만을 근거로 음주운전의 현행범으로 체포한 것은 적법한 공무집행으로 볼 수 없다고 한 사례(대법원 2007.4.13. 선고 2007도1249 판결)

2. 현행범인 적법성 요건

■ 판례 ■   현행범인 체포의 적법성 요건

[1] 현행범인을 체포하기 위하여 '체포의 필요성'이 있어야 하는지 여부(적극) 및 현행범 체포요건을 갖추지 못하여 위법한 체포에 해당하는지의 판단 기준

현행범인은 누구든지 영장 없이 체포할 수 있는데(형사소송법 제212조), 현행범인으로 체포하기 위하여는 행위의 가벌성, 범죄의 현행성·시간적 접착성, 범인·범죄의 명백성 이외에 체포의 필요성 즉, 도망 또는 증거인멸의 염려가 있어야 하고, 이러한 요건을 갖추지 못한 현행범인 체포는 법적 근거에 의하지 아니한 영장 없는 체포로서 위법한 체포에 해당한다. 여기서 현행범인 체포의 요건을 갖추었는지는 체포 당시 상황을 기초로 판단하여야 하고, 이에 관한 검사나 사법경찰관 등 수사주체의 판단에는 상당한 재량 여지가 있으나, 체포 당시 상황으로 보아도 요건 충족 여부에 관한 검사나 사법경찰관 등의 판단이 경험칙에 비추어 현저히 합리성을 잃은 경우에는 그 체포는 위법하다고 보아야 한다.

[2] 공무집행방해죄에서 '적법한 공무집행'의 의미 및 현행범인이 경찰관의 불법한 체포를 면하려고 반항하는 과정에서 경찰관에게 상해를 가한 경우 '정당방위'의 성립 여부(적극)

형법 제136조가 규정하는 공무집행방해죄는 공무원의 직무집행이 적법한 경우에 한하여 성립하고, 여기서 적법한 공무집행은 그 행위가 공무원의 추상적 권한에 속할 뿐 아니라 구체적 직무집행에 관한 법률상 요건과 방식을 갖춘 경우를 가리킨다. 경찰관이 현행범인 체포 요건을 갖추지 못하였는데도 실력으로 현행범인을 체포하려고 하였다면 적법한 공무집행이라고 할 수 없고, 현행범인 체포행위가 적법한 공무집행을 벗어나 불법인 것으로 볼 수밖에 없다면, 현행범이 체포를 면하려고 반항하는 과정에서 경찰관에게 상해를 가한 것은 불법체포로 인한 신체에 대한 현재의 부당한 침해에서 벗어나기 위한 행위로서 정당방위에 해당하여 위법성이 조각된다.

[3] 피고인이 경찰관의 불심검문을 받아 운전면허증을 교부한 후 경찰관에게 큰 소리로 욕설을 하였는데, 경찰관이 피고인을 모욕죄의 현행범으로 체포하려고 하자 피고인이 반항하면서 경찰관에게 상해를 가한 사안

피고인은 경찰관의 불심검문에 응하여 이미 운전면허증을 교부한 상태이고, 경찰관뿐 아니라 인근 주민도 욕설을 직접 들었으므로, 피고인이 도망하거나 증거를 인멸할 염려가 있다고 보기는 어렵고, 피고인의 모욕 범행은 불심검문에 항의하는 과정에서 저지른 일시적, 우발적인 행위로서 사안 자체가 경미할 뿐 아니라, 피해자인 경찰관이 범행현장에서 즉시 범인을 체포할 급박한 사정이 있다고 보기도 어려우므로, 경찰관이 피고인을 체포한 행위는 적법한 공무집행이라고 볼 수 없고, 피고인이 체포를 면하려고 반항하는 과정에서 상해를 가한 것은 불법체포로 인한 신체에 대한 현재의 부당한 침해에서 벗어나기 위한 행위로서 정당방위에 해당한다는 이유로, 피고인에 대한 상해 및 공무집행방해의 공소사실을 무죄로 인정한 원심판단을 수긍한 사례.(대법원 2011. 5. 26., 선고, 2011도3682, 판결)

II. 현행범인 체포절차

1. 체포서 작성

가. 현행범인을 체포하였을 때에는 현행범인체포서를 작성하고 현행범인 체포원부에 그 내용을 기재하여야 한다.

나. 사유란에 체포하지 않으면 범인의 신병을 특정할 수 없어 도망 또는 증거인멸의 염려가 있다는 점을 설득력 있게 기재하여야 한다.

2. 사인에 의해 체포된 현행범인의 인수

현행범인 체포의 주체는 누구라도 될 수 있는바, 사인이 체포한 현행범인을 인도받은 때에는 현행범인인수서를 작성하고 체포자에 대한 진술조서 또는 진술서를 받은 뒤 현행범인체포원부에 그 내용을 기재하여야 한다.

3. 확인서 작성 및 체포통지

체포영장에 의한 체포 및 긴급체포시 절차 참조

4. 경미사범과 현행범인체포

다액 50만원 이하의 벌금, 구류 또는 과료에 해당하는 죄의 현행범인에 대하여는 범인의 주거가 분명하지 아니할 때 한하여 현행범인으로 체포할 수 있다

■ 판례 ■ 　임의동행요구를 거절하는 경범죄처벌법위반죄의 현행범에 대한 체포행위에 있어 요구되는 직무집행의 적법성의 의미

[1] 사실관계

> 피고인은 1992.11.2. 20:10경 서울 중구 신당1동 292의 84 앞 횡단보도에서 길가에 설치되어 있는 쓰레기통을 발로 차 뒤집어 길을 건너려는 행인들에게 그 쓰레기 가루를 날리게 하는 등 불안감을 조성하는 것을 순찰중에 목격한 성동경찰서 무학파출소 소속 경장 피해자 (34세), 순경 김○○이 피고인을 경범죄처벌법위반으로 연행하려고 하자, 욕설을 하면서 주먹으로 위 피해자의 얼굴을 때리려 하고, 길가에 있던 위험한 물건인 관광소주병으로 위 피해자의 머리를 힘껏 내리쳐 위 피해자에게 약 21일간의 치료를 요하는 우측 두정부 좌상 및 골막파열상 등을 가한 것이다.

[2] 판결요지

경범죄처벌법위반죄를 저지른 현행범에 대하여는 경찰관직무집행법 제3조 제2항 및 제4항의 규정에 의한 임의동행과 형사소송법 제214조의 규정에 의한 경미사건의 현행범인 체포만 가능한데, 그 현행범이 임의동행요구를 거절하거나 경미사건 현행범인 체포의 요건인 주거불명이 확인되지 아니한 상태에서 현행범인이라는 이유로만 체포하려는 경찰관의 행위는 공무집행의 적법성이 결여

된 것으로서 이에 항의하였다고 하여 공무집행방해죄가 성립하는 것은 아니다. 이 사건 공소사실 중 특수공무집행방해치상의 점의 요지는, 피고인이 동인을 경범죄처벌법위반 혐의로 연행하려고 하는 경장 피해자에게 범죄사실 기재와 같은 위험한 물건으로 폭행을 가하여 그의 정당한 공무집행을 방해하고 이로 인하여 동인에게 위 범죄사실 기재와 같은 상해를 입게 하였다고 함에 있다. 살피건데, 형법 제114조 제2항의 특수공무집행방해치상죄가 그 전제로서 인용하고 있는 같은 법 제136조의 공무집행방해죄는 공무원의 직무집행이 적법한 경우에 한하여 성립하는 것이고, 적법한 공무집행이라고 함은 그 행위가 공무원의 추상적 권한에 속할 뿐 아니라 구체적 직무집행에 관한 법률상 요건과 방식을 갖춘 것을 말하는 것이므로, 이러한 적법성이 결여된 직무행위를 하는 공무원에게 항거하였다고 하여도 그 항거행위가 폭력을 수반한 경우에 폭행죄 등의 죄책을 묻는 것은 별론으로 하고 공무집행방해죄로 다스릴 수 는 없는 것이다. 이 사건에서 경장 피해자가 피고인을 경범죄처벌법위반 혐의로 연행하려고 하는 행위가 과연 적법한 공무집행인지의 점에 관하여 살피건대, 피고인은 경찰 이래 이 법정에 이르기까지 당시 기분 나쁜 일이 있어 도로상에 설치되어 있는 쓰레기통을 발로 차 넘어뜨리자 위 피해자 등이 피고인을 무조건 경찰차로 연행해 가려고 하기에 반항하는 과정에서 위 범죄사실 기재와 같은 범행을 저질렀다고 진술하고 있고, 위 경장 피해자 및 동행이던 순경 김○○도 피고인이 위와 같이 쓰레기통을 발로 차 넘어뜨리고 행인들에게 불안감을 느끼게 하는 것을 목격하고 경범죄처벌법위반 혐의로 순찰차에 태워 파출소로 동행하려고 하였으나 피고인이 반항하여 몸싸움을 하는 과정에서 피고인으로부터 그와 같은 상해를 당하였다고 진술하고 있으며, 피고인의 일행이던 이○○, 정○○의 진술도 위 피고인의 진술과 부합한다. 그런데, 경찰관직무집행법 제3조 제2항 및 제4항의 규정에 의하면 경찰관의 동행요구에 대하여 당해인은 거절할 수 있고 또 경찰관은 동행요구시에는 동행거부의 자유가 있음을 고지하도록 되어 있는바, 위와 같은 사실관계 아래에서는 경장 피해자가 피고인을 순찰차에 태워 파출소로 데리고 가려는 행위는, 이를 위 법조 소정의 임의동행으로 볼 때, 피고인이 이를 거부함으로 인하여 더 이상 유지될 수 없는 것이고 이에 반하여 피고인을 억지로 동행하려고 함은 적법한 공무집행이라고 할 수 없을 것이며, 가사 경장 피해자의 위 행위를 현행범인 체포로 본다고 하더라도 형사소송법 제214조에 의하면 50만 원 이하의 벌금, 구류 또는 과료에 해당하는 죄의 현행범인에 대하여는 범인의 주거가 분명하지 아니한 때에 한하여 영장 없이 체포할 수 있다고 규정하고 있는데, 위 경장 피해자의 진술에 의하더라도 피고인을 그 법정형이 구류 또는 과료에 불과한 경범죄처벌법위반 혐의로 동행하려고 하였다는 것이므로 경장 피해자가 피고인에게 신분증의 제시를 요구하는 등의 방법으로 그 주거를 확인하려고 하였으나 이를 확인하지 못하여 피고인을 주거불명인자로 취급할 수밖에 없었다는 점에 관한 증거가 전혀 없는 이 사건에 있어서는 현행범인 체포로서의 적법성이 있다고도 볼 수 없다.(서울형사지법 1992.12.23. 선고 92고합1834)

현 행 범 인 체 포 서

피체포자	성 명	
	주민등록번호	
	직 업	
	주 거	
변 호 인		

   형사소송법 제212조에 따라, ○○피의사건과 관련된 위 피체포자를 아래와 같이 현행범인으로 체포함.

20○○. ○. ○.

○ ○ 경 찰 서

사법경찰관 경감 이 호 기 ㉑

체 포 한 일 시	20○○ 년 3 월 15 일 18:00경
체 포 한 장 소	
범 죄 사 실 및 체 포 의 사 유	피의자는 …중략… 사람이다. (범죄사실) 112신고를 받고 현장에 출동한바 피의자는 각목을 들고 피해자의 머리를 내려치고 피를 흘리며 쓰러져 피해자를 다시 폭행하려는 순간 팔목을 잡아 제지하였던바 폭력행위등처벌에관한법률 위반의 현행범으로 인정하여 체포함.
체포자의 관직 및 성명	○○경찰서 형사과 강력1팀 경감 이 호 기
인 치 한 일 시	20○○ 년 3 월 15 일 19:00경
인 치 한 장 소	○○경찰서 형사과 강력1팀 사무실
구 금 한 일 시	20○○ 년 3 월 15 일 20:00경
구 금 한 장 소	○○경찰서 유치장

현 행 범 인 인 수 서

피 체 포 자	성 명	
	주 민 등 록 번 호	
	직 업	
	주 거	
변 호 인		

형사소송법 제213조 제1항에 따라, ○○피의사건과 관련된 위 피체포자를 아래와
같이 현행범인으로 인수함

20○○. ○. ○.

○ ○ 경 찰 서

사법경찰관 경감 이 호 기 ㉛

체 포 한 일 시	20○○ 년 3 월 15 일 18:00경
체 포 한 장 소	○○시 ○○동 ○○앞 노상

체 포 자	성 명	정직인
	주 민 등 록 번 호	
	주 거	

범죄사실 및 체포의 사유	별지 기재와 같음
인 수 한 일 시	20○○ 년 3 월 15 일 18:30경
인 수 한 장 소	○○시 ○○동 ○○앞 노상
인 치 한 일 시	20○○ 년 3 월 15 일 18:50경
인 치 한 장 소	○○경찰서 ○○지구대
구 금 한 일 시	20○○ 년 3 월 15 일 22:00경
구 금 한 장 소	○○경찰서 유치장

권리 고지 확인서

성　　명 :

주민등록번호 :　　　　　（　　　세）

주　　거 :

본인은 20○○.○.○. 00:00경 ○○에서 （체포/긴급체포/현행범인체포/구속）되면서 피의사실의 요지, 체포·구속의 이유와 함께 변호인을 선임할 수 있고, 진술을 거부하거나, 변명을 할 수 있으며, 체포·구속적부심을 청구할 수 있음을 고지받았음을 확인합니다.

20○○.○.○.

위 확인인

　　위 피의자를 （체포/긴급체포/현행범인체포/구속）하면서 위와 같이 고지하고 변명의 기회를 주었음（변명의 기회를 주었으나 정당한 이유없이 기명날인 또는 서명을 거부함）.

※ 기명날인 또는 서명 거부 사유 :

20○○.○.○.

○○경찰서

사법경찰관 경감 정 상 수

피 의 자 석 방 서 (현 행 범 인)

제 호   20○○.○.○.

다음 피체포자(현행범인)를 아래와 같이 석방합니다.

피 체 포 자	성 명	
	주민등록번호	
	직 업	
	주 거	
죄 명		
체 포 한 일 시		
체 포 한 장 소		
체 포 의 사 유		
석 방 일 시		
석 방 장 소		
석 방 사 유		
석방자의 관직 및 성명		
비 고		

○ ○ 경 찰 서

사법경찰관 경위 홍 길 동 (인)

○ ○ 경 찰 서

제 호   20○○.○.○.

수 신 : 검찰청의 장 (검사 : 홍길동)

제 목 : **석방 통보서(현행범인)**

다음 피체포자(현행범인)를 아래와 같이 석방하였기에 「검사와 사법경찰관의 상호 협력과 일반적 수사준칙에 관한 규정」 제28조제2항에 따라 통보합니다.

피체포자	성 명	
	주민등록번호	
	직 업	
	주 거	
죄 명		
체 포 한 일 시		
체 포 한 장 소		
체 포 의 사 유		
석 방 일 시		
석 방 장 소		
석 방 사 유		
석방자의 관직 및 성명		
체 포 영 장 번 호		

○ ○ 경 찰 서

사법경찰관 경위 홍 길 동 (인)

III. 체포 후 조치

1. 구속할 경우

일반적인 구속영장 신청절차와 동일하게 처리한다.

2. 석방 후 조치

가. 구속영장을 청구하지 아니하거나, 구속영장을 발부받지 못할 때는 피의자를 즉시 석방하여야 한다.

나. 석방한 때에는 지체없이 피의자 석방보고서를 현행범인체포서 또는 현행범인인수서 사본을 첨부하여 검사에게 통보하여야 한다.

IV. 관련 판례

■ 판례 ■   경찰관이 피고인을 현행범인으로 체포한 시기와 장소, 체포 전후의 상황 등에 비추어, 체포 당시 피고인이 방금 범죄를 실행한 범인이라고 인정할 죄증이 명백히 존재한다고 보아, 피고인을 현행범인이라고 볼 수 없다고 판단한 원심판결을 파기한 사례

[1] 사실관계

> 甲은 2005. 4. 12. 09:35경 청주시 흥덕구 (상세 주소 생략) 소재 (상호 생략)(목욕탕) 앞 노상에서, 범죄신고를 받고 출동한 청주서부경찰서 가경지구대 소속 경사 乙에 의해 같은 날 09:10경에 丙에게 상해를 가하였다는 혐의사실로 현행범인으로 체포되어 연행되어 가던 중 112 순찰차량에 태우려 하는 乙의 안면부를 양 주먹으로 수회 때려 동인의 현행범인 체포에 관한 정당한 직무집행을 방해하였다.

[2] 판결요지

현행범인으로 규정한 '범죄의 실행의 즉후인 자'라고 함은 범죄의 실행행위를 종료한 직후의 범인이라는 것이 체포하는 자의 입장에서 볼 때 명백한 경우를 일컫는 것이고, '범죄의 실행행위를 종료한 직후'라고 함은 범죄행위를 실행하여 끝마친 순간 또는 이에 아주 접착된 시간적 단계를 의미하는 것으로 해석되므로, 시간적으로나 장소적으로 보아 체포를 당하는 자가 방금 범죄를 실행한 범인이라는 점에 관한 죄증이 명백히 존재하는 것으로 인정된다면 현행범인으로 볼 수 있다. 기록에 의하면, 술에 취한 피고인이 이 사건 당일 09:10경 위 목욕탕 탈의실에서 공소외 2를 구타하고 약 1분여 동안 피해자의 목을 잡고 있다가 그 곳에 있던 다른 사람들이 말리자 잡고 있던 공소외 2의 목을 놓은 후 위 목욕탕 탈의실 의자에 앉아 있었는데, 공소외 2가 와서 탈의실 내 평상을 뒤집었고 이에 다른 사람들이 그 평상을 원위치시켜 놓았으며, 그 무렵 위 목욕탕에서 이발소를 운영하고 있는 공소외 3이 피고인에게 옷을 입고 가라고 하여 피고인이 옷을 입고 있었던 사실, 한편 다른 사람들이 피고인이 공소외 2를 구타하는 것을 말린 후 위 목욕탕 주인이 경찰에 112 신고를 하여 경찰관 공소외 1, 공소외 4가 바로 출동하였는데, 경찰관들이 현장에 출동하였

을 때 피고인은 위와 같이 탈의실에서 옷을 입고 있었던 사실, 위 공소외 1이 피해자, 피고인, 신고자 등을 상대로 신고내용을 들은 후 탈의실에 있는 피고인을 상해죄의 현행범인으로 체포한다고 하면서 미란다 원칙을 고지하고 피고인을 강제로 연행하려고 하자, 피고인이 잘못한 일이 없다고 하면서 탈의실 바닥에 누워 한동안 체포에 불응한 사실, 이에 위 공소외 1이 피고인에게 목욕탕 영업에 지장이 있으니 누워있지 말고 나오라고 하였음에도 피고인이 계속 누워서 저항하자 같은 날 09:35 내지 09:40경 위 공소외 1은 위 공소외 4, 공소외 3 등과 힘을 합하여 피고인을 들고 위 목욕탕 밖으로 나와 112 순찰차량의 뒷좌석에 태운 사실, 그런데 피고인이 갑자기 차 밖으로 뛰쳐나와 양손으로 경찰관 공소외 1의 멱살을 붙잡은 후 양 주먹으로 얼굴 부위를 수회 때려 공소외 1에게 2주간의 치료를 요하는 안면부 좌상을 가한 사실 등이 인정된다. 이러한 사실관계와 체포 전후의 정황에 비추어 본다면, 위 공소외 1이 피고인을 현행범인으로 체포한 시기는 피고인이 공소외 2에 대한 상해행위를 종료한 순간과 아주 접착된 시간적 단계에 있다고 볼 수 있을 뿐만 아니라 피고인을 체포한 장소도 피고인이 위 상해범행을 저지른 바로 위 목욕탕 탈의실이어서, 위 공소외 1이 피고인을 체포할 당시는 피고인이 방금 범죄를 실행한 범인이라고 볼 죄증이 명백히 존재하는 것으로 인정할 수 있는 상황이었다고 할 것이므로, 피고인을 현행범인으로 볼 수 있다고 할 것이다(대법원 2006.2.10. 선고 2005도7158 판결).

■ 판례 ■ **현행범인으로서의 요건을 갖추지 못한 자에 대한 경찰관의 체포를 면하려고 반항하는 과정에서 경찰관에게 상해를 가한 경우, 정당방위가 성립되는지 여부(적극)**

현행범인으로서의 요건을 갖추고 있었다고 인정되지 않는 상황에서 경찰관들이 동행을 거부하는 자를 체포하거나 강제로 연행하려고 하였다면, 이는 적법한 공무집행이라고 볼 수 없고, 그 체포를 면하려고 반항하는 과정에서 경찰관에게 상해를 가한 것은 불법 체포로 인한 신체에 대한 현재의 부당한 침해에서 벗어나기 위한 행위로서 정당방위에 해당하여 위법성이 조각된다(대법원 2002.5.10. 선고 2001도300 판결).

■ 판례 ■ **경찰관이 교통법규 등을 위반하고 도주하는 차량을 순찰차로 추적하는 직무를 집행하는 중에 그 도주 차량의 주행에 의하여 제3자가 손해를 입은 경우, 경찰관의 추적행위가 위법한 것인지 여부(한정 소극)**

경찰관은 수상한 거동 기타 주위의 사정을 합리적으로 판단하여 어떠한 죄를 범하였거나 범하려 하고 있다고 의심할 만한 상당한 이유가 있는 자 또는 이미 행하여진 범죄나 행하여지려고 하는 범죄행위에 관하여 그 사실을 안다고 인정되는 자를 정지시켜 질문할 수 있고, 또 범죄를 실행중이거나 실행 직후인 자는 현행범인으로, 누구임을 물음에 대하여 도망하려 하는 자는 준현행범인으로 각 체포할 수 있으며, 이와 같은 정지 조치나 질문 또는 체포 직무의 수행을 위하여 필요한 경우에는 대상자를 추적할 수도 있으므로, 경찰관이 교통법규 등을 위반하고 도주하는 차량을 순찰차로 추적하는 직무를 집행하는 중에 그 도주차량의 주행에 의하여 제3자가 손해를 입었다고 하더라도 그 추적이 당해 직무 목적을 수행하는 데에 불필요하다거나 또는 도주차량의 도주의 태양 및 도로교통상황 등으로부터 예측되는 피해발생의 구체적 위험성의 유무 및 내용에 비추어 추적의 개시·계속 혹은 추적의 방법이 상당하지 않다는 등의 특별한 사정이 없는 한 그 추적행위를 위법하다고 할 수는 없다(대법원 2000.11.10. 선고 2000다26807, 26814 판결).

■ 판례 ■　순찰 중이던 경찰관이 교통사고를 낸 차량이 도주하였다는 무전연락을 받고 주변을 수색하다가 범퍼 등의 파손상태로 보아 사고차량으로 인정되는 차량에서 내리는 사람을 발견한 경우

[1] 준현행범으로 체포할 수 있는지 여부(= 적극)

순찰 중이던 경찰관이 교통사고를 낸 차량이 도주하였다는 무전연락을 받고 주변을 수색하다가 범퍼 등의 파손상태로 보아 사고차량으로 인정되는 차량에서 내리는 사람을 발견한 경우, 형사소송법 제211조 제2항 제2호 소정의 '장물이나 범죄에 사용되었다고 인정함에 충분한 흉기 기타의 물건을 소지하고 있는 때'에 해당하므로 준현행범으로서 영장 없이 체포할 수 있다고 한 사례.

[2] 사법경찰리가 현행범인의 체포 또는 긴급체포를 하기 위하여는 반드시 범죄사실의 요지, 구속의 이유와 변호인을 선임할 수 있음을 말하고 변명할 기회를 주어야 하는지 여부(적극) 및 그 시기

헌법 제12조 제5항 전문은 '누구든지 체포 또는 구속의 이유와 변호인의 조력을 받을 권리가 있음을 고지받지 아니하고는 체포 또는 구속을 당하지 아니한다.'는 원칙을 천명하고 있고, 형사소송법 제72조는 '피고인에 대하여 범죄사실의 요지, 구속의 이유와 변호인을 선임할 수 있음을 말하고 변명할 기회를 준 후가 아니면 구속할 수 없다.'고 규정하는 한편, 이 규정은 같은 법 제213조의2에 의하여 검사 또는 사법경찰관리가 현행범인을 체포하거나 일반인이 체포한 현행범인을 인도받는 경우에 준용되므로, 사법경찰리가 현행범인으로 체포하는 경우에는 반드시 범죄사실의 요지, 구속의 이유와 변호인을 선임할 수 있음을 말하고 변명할 기회를 주어야 할 것임은 명백하며, 이러한 법리는 비단 현행범인을 체포하는 경우뿐만 아니라 긴급체포의 경우에도 마찬가지로 적용되는 것이고, 이와 같은 고지는 체포를 위한 실력행사에 들어가기 이전에 미리 하여야 하는 것이 원칙이나, 달아나는 피의자를 쫓아가 붙들거나 폭력으로 대항하는 피의자를 실력으로 제압하는 경우에는 붙들거나 제압하는 과정에서 하거나, 그것이 여의치 않은 경우에라도 일단 붙들거나 제압한 후에는 지체 없이 행하여야 한다(대법원 2000.7.4. 선고 99도4341 판결).

■ 판례 ■　피고인이 甲과 주차문제로 언쟁을 벌이던 중, 112 신고를 받고 출동한 경찰관 乙이 甲을 때리려는 피고인을 제지하자 자신만 제지를 당한 데 화가 나서 손으로 乙의 가슴을 밀치고, 피고인을 현행범으로 체포하며 순찰차 뒷좌석에 태우려고 하는 乙의 정강이 부분을 양발로 걷어차는 등 폭행함으로써 경찰관의 112 신고처리에 관한 직무집행을 방해하였다는 내용으로 기소된 사안

제반 사정을 종합하면 피고인이 손으로 乙의 가슴을 밀칠 당시 乙은 112 신고처리에 관한 직무 내지 순찰근무를 수행하고 있었고, 이와 같이 공무를 집행하고 있는 乙의 가슴을 밀치는 행위는 공무원에 대한 유형력의 행사로서 공무집행방해죄에서 정한 폭행에 해당하며, 피고인이 체포될 당시 도망 또는 증거인멸의 염려가 없었다고 할 수 없어 체포의 필요성이 인정되고, 공소사실에 관한 증인들의 법정진술의 신빙성을 인정한 제1심의 판단을 뒤집을 만한 특별한 사정이 없다는 등의 이유로, 이와 달리 보아 공소사실을 무죄라고 판단한 원심판결에 공무집행방해죄의 폭행이나 직무집행, 현행범 체포의 요건 등에 관한 법리오해 또는 제1심 증인이 한 진술의 신빙성을 판단할 때 공판중심주의와 직접심리주의 원칙을 위반한 잘못이 있다.(대법원 2018. 3. 29. 선고, 2017도21537, 판결)

○○경찰서

제 0000-00000 호   20○○. ○. ○.

수 신 : ○○지방검찰청장

제 목 : **구속영장 신청서(현행범인)**

다음 사람에 대한 ○○ 피의사건에 관하여 동인을 아래와 같이 현행범인으로 체포하여 ○○에 구속하려 하니 20○○. ○. ○.까지 유효한 구속영장의 청구를 신청합니다.

피의자	성 명	
	주민등록번호	– (세)
	직 업	
	주 거	
변 호 인		
체포한 일시 · 장소		
인치한 일시 · 장소		
구금한 일시 · 장소		
범죄사실 및 구속을 필요로 하는 이유		
필요적 고려사항	☐ 범죄의 중대성 ☐ 재범의 위험성 ☐ 피해자·중요참고인 등에 대한 위해 우려 ☐ 기타 사유 ※ 구체적 내용은 별지와 같음	
피의자의 지정에 따라 체포이유등이 통지된 자의 성 명 및 연 락 처		
재신청의 취지 및 이유		
비 고		

○ ○ 경 찰 서

사법경찰관 경위 홍 길 동 (인)

V. 종합정리

요 건	① 현행범 : 범죄의 실행 중이거나 실행 직후인 자(제211조 제1항)
	② 준현행범 :
	    • 범인으로 호창되어 추적
	    • 장물, 흉기 등 소지
	    • 현저한 증적
	    • 불심검문에 도주(제211조 제2항)
	③ 범인의 명백성

절 차	① 사인에 의한 체포 : 현행범인수보고서 작성(체포사유 등 기재) ② 전·의경에 의한 체포 : 사인이 체포한 경우와 같이 인수보고서 작성 ③ 경찰관에 의한 체포 : 현행범체포보고서 작성(체포 사유란에 체포의 필요성 구체적으로 기재)

체포 후
조 치
	① 계속 구금할 경우 체포영장에 의한 체포의 경우와 동일
	  −제213조의2, 제200조의2 제5항
	② 계속 구금할 필요 없으면 관서장 승인 후 즉시 석방
	  −검사 사전지휘 불필요, 사후 통보

적 용 사 례	① 112신고에 의한 폭력현장 등 범죄장소에서의 현행범 검거 시 ② 검문검색에 의한 흉기, 장물 등 소지한 용의자 등 준현행범 검거 시
주의사항	① 체포 시 미란다 원칙 고지 ② 현행범 요건 엄격히 적용 ③ 체포 즉시 현행범체포보고서 작성(현행범으로 인정한 이유 및 요지, 체포 시의 상황, 증거자료 유무에 대해 상세히 기재) ④ 사인(전·의경 포함)으로부터 인수하였을 경우 현행범인수보고서 작성(체포자의 진술서 첨부, 체포의 이유 상세히 기재) ※ 친고죄 현행범의 경우 명백한 고소 의사 있을 때 요건 미비해도 체포 가능

잘못된
사 례
	① 현행범인에 해당하지 않음에도 현행범으로 체포한 경우
	  −범행일시와 체포일시 사이에 상당한 시차가 있고 범행장소와 체포장소가 다를 때
	  −피의자가 도주하여 범행현장을 완전히 이탈하였다가 다시 자수한 경우
	② 현행범체포 후 현행범의 범죄사실은 구증되지 않으나 과거 범죄사실이 인정된다고 사후영장을 신청하는 경우(즉시 석방 후 사전영장을 신청하여야 함)

제4절 구속(사전영장)

Ⅰ. 개 념

1. 구속의 사유(형사소송법 제70조)

가. 죄를 범하였다고 의심할 만한 상당한 이유가 있고 다음 각호의 1에 해당하는 사유가 있는 경우

 ① 일정한 주거가 없는 때

 ② 증거를 인멸할 염려가 있는 때

 ③ 도망하거나 도망할 염려가 있는 때

나. 법원은 구속사유를 심사함에 있어서 범죄의 중대성, 재범의 위험성, 피해자 및 중요 참고인 등에 대한 위해우려 등을 고려하여야 한다.

다. 다액 50만원이하의 벌금, 구류 또는 과료에 해당하는 사건에 관하여는 일정한 주거가 없는 때의 경우를 제한 외에는 구속할 수 없다.

▪판례▪ **구속영장의 효력이 미치는 공소사실의 범위 및 그 판단 기준**

구속영장의 효력은 구속영장에 기재된 범죄사실 및 그 사실의 기초가 되는 사회적 사실관계가 기본적인 점에서 동일한 공소사실에 미친다고 할 것이고, 이러한 기본적 사실관계의 동일성을 판단함에 있어서는 그 사실의 동일성이 갖는 기능을 염두에 두고 피고인의 행위와 그 사회적인 사실관계를 기본으로 하되 규범적 요소도 아울러 고려하여야 한다(대법원 2001.5.25. 자 2001모85 결정).

▪판례▪ **구금장소의 임의적 변경이 청구인의 방어권이나 접견교통권의 행사에 중대한 장애를 초래하는지 여부(적극)**

구속영장에는 청구인을 구금할 수 있는 장소로 특정 경찰서 유치장으로 기재되어 있었는데, 청구인에 대하여 위 구속영장에 의하여 1995. 11. 30. 07 : 50경 위 경찰서 유치장에 구속이 집행되었다가 같은 날 08 : 00에 그 신병이 조사차 국가안전기획부 직원에게 인도된 후 위 경찰서 유치장에 인도된 바 없이 계속하여 국가안전기획부 청사에 사실상 구금되어 있다면, 청구인에 대한 이러한 사실상의 구금장소의 임의적 변경은 청구인의 방어권이나 접견교통권의 행사에 중대한 장애를 초래하는 것이므로 위법하다(대법원 1996.5.15. 자 95모94 결정).

2. 구속영장 신청절차

가. 구속영장의 신청은 사법경찰관이 하여야 한다.

나. 피의자의 구속 여부를 판단함에는 그 사안의 경중과 태양 및 도망 죄증인멸 통보 등 수사상 지장의 유무와 피의자의 연령 건강 기타 제반 사항을 고려하여야 한다.

다. 체포, 긴급체포 또는 현행범인으로 체포한 피의자에 대하여는 체포한 때로부터 36시간 이내에 구속영장을 신청(지명수배자 등을 원거리에서 신병인수하여 조사하다 보면 36시간을 넘겨 신청한 때도 있으나 검사가 48시간 이내에 영장을 청구하여야 하기 때문에 검사가 영장을 청구할 수 있는 시간을 감안하여야 한다)하여야 하며 구속영장 신청서에 체포영장, 긴급체포서, 현행범인체포서 또는 현행범인인수서를 첨부하여야 한다.

라. 사법경찰관이 구속영장을 신청할 때에는 소속 경찰관서장에게 보고하여 그 지휘를 받아야 한다.

마. 구속영장을 신청하였을 때에는 구속영장신청부에 신청의 절차, 발부 후의 처리절차 등을 명백히 기재하여야 한다.

바. 구속영장의 발부를 받지 못하였을 때는 즉시 피의자를 석방하는 동시에 소속 경찰관서장에게 보고하여야 한다.

사. 구속영장을 신청함에는 피의자가 죄를 범하였다고 의심할만한 상당한 이유를 기재한 서면과 구속의 필요가 있다는 것을 소명하는 피해신고서, 피의자신문조서, 진술조서, 수사보고서 등의 자료를 첨부하여 신청하여야 한다. 다만, 50만원 이하의 벌금, 구류 또는 과료에 해당하는 범죄에 관하여는 다시 피의자가 일정한 주거가 없다는 것을 명확히 하는 소명자료를 첨부하여야 한다.

II. 구속영장 신청서의 기재사항

1. 기재사항

가. 구속영장에는 형사소송법 제75조에 규정한 사항 외에 피의자의 주민등록번호, 직업 및 제70조 제1항 각호에 규정한 구속의 사유와 제2항에서 규정하고 있는 필요적 고려사항을 기재하여야 한다.

나. 외국인이면 외국인등록번호, 위 번호들이 없거나 이를 알 수 없는 경우에는 생년월일 및 성별(형사소송규칙 제46조)

2. 구속 사유 기재(例, 사기 사건의 경우)

가. 변제의사와 능력

피의자는 범행 당시 일정한 수입이 없는 상태에서 ○○은행에 대출금 4,000만 원, 사채 2,500만 원 등 약 6,500만 원의 채무가 있어(기록 제00쪽 피의자 진술 등) 돈을 빌릴 때 사실상 변제의사와 능력이 있었다고 볼 수 없다.

나. 증거인멸 염려

공범인 홍길동과 주요 참고인인 홍기자 등으로 하여금 번복 진술하게 할 우려가 있어 증거인멸의 염려가 있다.

다. 도주염려

………사람으로 흉기사용 등 범죄수법이 잔인하고(지능적이고) 피해규모 결과로 보아 중벌을 면하기 어려워 도망할 염려가 있으므로 사유로 도주염려가 있다.

III. 석방 시 조치 (구속전피의자심문 후 판사 영장 기각)

미체포 피의자(사전영장)에 대한 영장을 신청하여 구속전피의자심문을 진행하였으나 판사가 영장을 기각하여 석방할 경우 석방서를 작성하여야 한다.

○○경 찰 서

제 0000-00000 호   2○○○. ○. ○.

수 신 : ○○지방검찰청장

제 목 : 구속영장 신청서(미체포)

다음 사람에 대한 ○○ 피의사건에 관하여 동인을 ○○에 구속하려 하니 20○
○. ○. ○.까지 유효한 구속영장의 청구를 신청합니다.

피의자	성 명	
	주민등록번호	– (세)
	직 업	
	주 거	
변 호 인		
범죄사실 및 구속을 필요로 하는 이유		
필 요 적 고 려 사 항		□ 범죄의 중대성 □ 재범의 위험성 □ 피해자·중요참고인 등에 대한 위해 우려 □ 기타 사유 　※ 구체적 내용은 별지와 같음
7일을 넘는 유효기간을 필요로 하는 취지와 사 유		피의자는 사업 관계로 주거지에 잘 있지 않고 출타가 잦은 자이 므로 (7일을 넘지 않을 때는 작성 생략)
둘 이상의 영장을 신청 하 는 취 지 와 사 유		
재신청의 취지 및 이유		
비 고		

○○경찰서

사법경찰관 경위 홍길동 (인)

피의자 석방서[구속영장신청(미체포)]

제 호   20○○.○.○.

다음 피의자[구속영장신청(미체포)]를 아래와 같이 석방합니다.

피의자	성 명	
	주 민 등 록 번 호	
	직 업	
	주 거	
죄 명		
유 치 한 일 시		
유 치 한 장 소	○○경찰서 유치장	
석 방 일 시		
석 방 장 소	○○경찰서 유치장	
석 방 사 유		
석방자의 관직 및 성명		
구 속 영 장 번 호 (피의자심문구인용)		

○○경찰서

사법경찰관 경위 홍길동 (인)

Ⅳ. 구속영장 집행

1. 영장의 집행 (형사소송법 제85조)

가. 구속영장을 집행함에는 피의자에게 반드시 이를 제시하고 그 사본을 교부하여야
하며 신속히 지정된 법원 기타 장소에 인치하여야 한다.

나. 구속영장을 소지하지 아니한 경우에 급속을 요하는 때에는 피의자에 대하여 공
소사실의 요지와 영장이 발부되었음을 고하고 집행할 수 있다.

다. 집행을 완료한 후에는 신속히 구속영장을 제시하고 그 사본을 교부하여야 한다.

라. 영장을 집행할 때에는 친절히 하여야 하고 피의자 또는 관계인의 신체 및 명예
를 보전하는 데 유의하여야 한다.

마. 영장은 검사의 서명·날인 또는 집행 지휘서에 의하여 이를 집행한다.

■ 판례 ■   사법경찰관리집무규칙 제23조 제3항소정의 검사의 날인 또는 집무집행서가 없는
구속영장에 의한 집행의 효력

사법경찰관리 집무규칙은 법무부령으로서 사법경찰관리에게 범죄수사에 관한 집무상의 준칙을 명
시한 것 뿐이므로 합법적으로 발부된 구속영장이 사법경찰관리에 의하여 집행된 경우, 위 집무규
칙 제23조 제3항소정의 검사의 날인 또는 집행지휘서가 없다하여 곧 불법집행이 되는 것은 아니
다(대법원 1985.7.15. 자 84모22 결정).

바. 사법경찰관리가 「형사소송법」 제81조 제1항 단서에 의하여 재판장 수명법관 또는
수탁판사로부터 구속영장의 집행지휘를 받았을 때는 즉시 이를 집행하여야 한다.

사. 사법경찰관리는 피의자를 체포·구속하는 때에는 형사소송법 제200조의5 또는 제
209조의 규정에 의하여 준용되는 제72조 또는 제88조의 규정에 의하여 피의자에
게 범죄사실의 요지, 체포·구속의 이유와 변호인을 선임할 수 있음을 고지하고
변명의 기회를 준 후 피의자로부터 확인서를 받아 사건기록에 편철하여야 한다.
다만, 피의자가 확인서에 서명·날인을 거부하는 경우에는 피의자를 체포·구속
하는 사법경찰관리는 확인서 말미에 사유를 기재하고 서명·날인하여야 한다.

2. 영장사본의 제시 (수사준칙 제32조의2)

① 검사 또는 사법경찰관은 영장에 따라 피의자를 체포하거나 구속하는 경우에는 법
제200조의6 또는 제209조에서 준용하는 법 제85조제1항 또는 제4항에 따라 피의
자에게 반드시 영장을 제시하고 그 사본을 교부해야 한다.

② 검사 또는 사법경찰관은 제1항에 따라 피의자에게 영장을 제시하거나 영장의 사본을 교부할 때에는 사건관계인의 개인정보가 피의자의 방어권 보장을 위해 필요한 정도를 넘어 불필요하게 노출되지 않도록 유의해야 한다.

③ 검사 또는 사법경찰관은 제1항에 따라 피의자에게 영장의 사본을 교부한 경우에는 피의자로부터 영장 사본 교부 확인서를 받아 사건기록에 편철한다.

④ 피의자가 영장의 사본을 수령하기를 거부하거나 영장 사본 교부 확인서에 기명날인 또는 서명하는 것을 거부하는 경우에는 검사 또는 사법경찰관이 영장 사본 교부 확인서 끝 부분에 그 사유를 적고 기명날인 또는 서명해야 한다.

3. 구속할 때 주의사항

가. 피의자를 체포 구속할 때에는 감정에 치우치지 말고 침착 냉정한 태도를 유지하는 동시에 필요한 한도를 넘어서 실력을 행사하는 일이 없도록 하고 그 시간방법을 고려하여야 한다.

나. 다수의 피의자를 동시에 체포 구속할 때에는 개개의 피의자에 관하여 인상, 체격, 기타의 특징 그의 범죄사실과 체포 시의 상황, 당해 피의자와 증거와의 관련을 명백히 밝혀 체포 압수수색검증 기타 처분에 관한 서류의 작성 조사 입증에 지장이 생기지 아니하도록 하여야 한다.

다. 피의자를 체포 구속할 때에는 피의자의 건강 상태를 조사하고 체포구속으로 인하여 현저하게 건강을 해할 염려가 있다고 인정할 때에는 그 사유를 검사에게 통보하여야 한다.

라. 피의자가 도주 자살 또는 폭행 등을 할 염려가 있을 때는 수갑이나 포승을 사용하여야 한다.

4. 법관의 날인이 누락된 영장의 효력

압수·수색영장에는 피의자의 성명, 죄명, 압수할 물건, 수색할 장소, 신체, 물건, 발부 연월일, 유효기간과 그 기간을 경과하면 집행에 착수하지 못하며 영장을 반환하여야 한다는 취지, 그 밖에 대법원규칙으로 정한 사항을 기재하고 영장을 발부하는 법관이 서명날인하여야 한다(형사소송법 제219조, 제114조 제1항 본문). 이 사건 영장은 법관의 서명 날인란에 서명만 있고 날인이 없으므로, 형사소송법이 정한 요건을 갖추지 못하여 적법하게 발부되었다고 볼 수 없다. (대법원 2019. 7. 11., 선고, 2018도20504, 판결)

V. 구속의 통지

1. 사법경찰관이 피의자를 체포·구속한 때에는 「형사소송법」 제200조의5 또는 제209조의 규정에 의하여 준용되는 동법 제87조의 규정에 따라 변호인이 있는 경우에는 변호인에게, 변호인이 없는 경우에는 동법 제30조제2항에 규정된 자 중 피의자가 지정한 자에게 체포·구속한 때부터 늦어도 24시간 이내에 서면으로 체포·구속의 통지를 하여야 한다. 이 경우 「형사소송법」 제30조제2항에 규정된 자가 없어 체포·구속의 통지를 하지 못할 때는 그 취지를 기재한 서면을 기록에 편철하여야 한다.

2. 사법경찰관은 긴급을 요하는 경우에는 전화, 모사전송, 전자우편, 휴대전화 문자전송, 그 밖에 상당한 방법으로 체포·구속의 통지를 할 수 있다. 이 경우 다시 서면으로 체포·구속의 통지를 하여야 한다.

3. 체포·구속의 통지서 사본은 그 사건기록에 편철하여야 한다.

제5절 영장의 재신청과 영장의 반환

Ⅰ. 영장의 재신청

1. 근거법령

가. 검사와 사법경찰관의 상호협력과 일반적 수사준칙에 관한 규정

> 제31조(체포·구속영장의 재청구·재신청) 검사 또는 사법경찰관은 동일한 범죄사실로 다시 체포·구속영장을 청구하거나 신청하는 경우(체포·구속영장의 청구 또는 신청이 기각된 후 다시 체포·구속영장을 청구하거나 신청하는 경우와 이미 발부받은 체포·구속영장과 동일한 범죄사실로 다시 체포·구속영장을 청구하거나 신청하는 경우를 말한다)에는 그 취지를 체포·구속영장 청구서 또는 신청서에 적어야 한다.
>
> 제39조(압수·수색 또는 검증영장의 재청구·재신청 등) 압수·수색 또는 검증영장의 재청구·재신청(압수·수색 또는 검증영장의 청구 또는 신청이 기각된 후 다시 압수·수색 또는 검증영장을 청구하거나 신청하는 경우와 이미 발부받은 압수·수색 또는 검증영장과 동일한 범죄사실로 다시 압수·수색 또는 검증영장을 청구하거나 신청하는 경우를 말한다)과 반환에 관해서는 제31조 및 제35조를 준용한다.

나. 범죄수사규칙

> 제122조(체포·구속영장의 재신청) 경찰관은 「형사소송법」 제200조의2제4항 및 「수사준칙」 제31조에 따라 동일한 범죄사실로 다시 체포·구속영장을 신청할 때에는 다음 각 호의 사유에 해당하는 경우 그 취지를 체포·구속영장 신청서에 적어야 한다.
> 1. 체포·구속영장의 유효기간이 경과된 경우
> 2. 체포·구속영장을 신청하였으나 그 발부를 받지 못한 경우
> 3. 체포·구속되었다가 석방된 경우

2. 재신청 사유

  가. 체포·구속영장의 유효기간이 경과된 경우

  나. 체포·구속영장을 신청하였으나 그 발부를 받지 못한 경우

  다. 체포·구속되었다가 석방된 경우

3. 유효기간 경과 시

가. 유효기간이 경과하면 영장을 반환하여야 한다. 이때 공소시효가 남아 있을 때는 공소시효 기간까지 유효한 영장을 재신청하여야 한다. 재신청 시 재신청 사유는 "유효기간 만료"라고만 기재하면 된다.

나. 공소시효가 완료되어 수배를 해제하고 영장을 반환하면서 주의할 점
수배자가 도피할 목적으로 해외로 출국한 경우에는 그 기간은 형사소송법 규정에 따라 공소시효가 정지되기 때문에 반드시 출입국 조회한 후 출국 사실이 있으면 수배를 해제하여서는 안 된다.

> ※ 형사소송법
> 제253조(시효의 정지와 효력) ③ 범인이 형사처분을 면할 목적으로 국외에 있는 경우 그 기간동안 공소시효는 정지된다.

다. 영장을 재신청할 때는 반드시 유효기간이 만료되기 전에 영장을 발부받아야 영장 집행에 공백이 없을 것이다.

라. 압수·수색 또는 검증영장의 재청구·재신청(압수·수색 또는 검증영장의 청구 또는 신청이 기각된 후 다시 압수·수색 또는 검증영장을 청구하거나 신청하는 경우와 이미 발부받은 압수·수색 또는 검증영장과 동일한 범죄사실로 다시 압수·수색 또는 검증영장을 청구하거나 신청하는 경우를 말한다)과 반환에 관해서는 수사준칙 제31조 및 제35조를 준용한다.

재신청의 취지 및 이유	"유효기간 만료"

○○경찰서

사법경찰관 경위 홍 길 동 (인)

4. 판례 연구

■ 판례 ■   구속영장 기각결정에 대한 불복방법

[1] 형사사법절차에서 검사에게 허용되는 재판에 대한 불복의 절차와 범위 및 방법 등의 문제가 입법정책에 속하는 사항인지 여부(적극)

헌법과 법률이 정한 법관에 의하여 법률에 의한 신속한 재판을 받을 권리를 국민의 기본권의 하나로 보장하고 있는 헌법 제27조의 규정과 대법원을 최고법원으로 규정한 헌법 제101조 제2항, 명령·규칙 또는 처분에 대한 대법원의 최종심사권을 규정한 헌법 제107조 제2항의 규정 등에 비추어, 대법원 이외의 각급법원에서 잘못된 재판을 하였을 경우에는 상급심으로 하여금 이를 바로 잡게 하는 것이 국민의 재판청구권을 실질적으로 보장하는 방법이 된다는 의미에서 심급제도는 재판청구권을 보장하기 위한 하나의 수단이 되는 것이지만, 심급제도는 사법에 의한 권리보호에 관하여 한정된 법 발견자원의 합리적인 분배의 문제인 동시에 재판의 적정과 신속이라는 서로 상반되는 두 가지 요청을 어떻게 조화시키느냐의 문제에 귀착되므로 어느 재판에 대하여 심급제도를 통한 불복을 허용할 것인지의 여부 또는 어떤 불복방법을 허용할 것인지 등은 원칙적으로 입법자의 형성의 자유에 속하는 사항이고, 특히 형사사법절차에서 수사 또는 공소제기 및 유지를 담당하는 주체로서 피의자 또는 피고인과 대립적 지위에 있는 검사에게 어떤 재판에 대하여 어떤 절차를 통하여 어느 범위 내에서 불복방법을 허용할 것인가 하는 점은 더욱 더 입법정책에 달린 문제이다.

[2] 검사의 체포영장 또는 구속영장 청구에 대한 지방법원판사의 재판이 항고나 준항고의 대상이 되는지 여부(소극)

검사의 체포영장 또는 구속영장 청구에 대한 지방법원판사의 재판은 형사소송법 제402조의 규정에 의하여 항고의 대상이 되는 '법원의 결정'에 해당하지 아니하고, 제416조 제1항의 규정에 의하여 준항고의 대상이 되는 '재판장 또는 수명법관의 구금 등에 관한 재판'에도 해당하지 아니한다.

[3] 체포영장 또는 구속영장의 청구에 관한 재판 자체에 대하여 직접 항고나 준항고를 통한 불복을 허용하지 아니한 것이 헌법에 위반되는지 여부(소극)

헌법 제12조 제1항, 제3항, 제6항 및 형사소송법 제37조, 제200조의2, 제201조, 제214조의2, 제402조, 제416조 제1항 등의 규정들은, 신체의 자유와 관련한 기본권의 침해는 부당한 구속 등에 의하여 비로소 생길 수 있고 검사의 영장청구가 기각된 경우에는 그로 인한 직접적인 기본권침해가 발생할 여지가 없다는 점 및 피의자에 대한 체포영장 또는 구속영장의 청구에 관한 재판 자체에 대하여 항고 또는 준항고를 통한 불복을 허용하게 되면 그 재판의 효력이 장기간 유동적인 상태에 놓여 피의자의 지위가 불안하게 될 우려가 있으므로 그와 관련된 법률관계를 가급적 조속히 확정시키는 것이 바람직하다는 점 등을 고려하여, 체포영장 또는 구속영장에 관한 재판 그 자체에 대하여 직접 항고 또는 준항고를 하는 방법으로 불복하는 것은 이를 허용하지 아니하는 대신에, 체포영장 또는 구속영장이 발부된 경우에는 피의자에게 체포 또는 구속의 적부심사를 청구할 수 있도록 하고 그 영장청구가 기각된 경우에는 검사로 하여금 그 영장의 발부를 재청구할 수 있도록 허용함으로써, 간접적인 방법으로 불복할 수 있는 길을 열어 놓고 있는 데 그 취지가 있고, 이는 헌법이 법률에 유보한 바에 따라 입법자의 형성의 자유의 범위 내에서 이루어진 합리적인 정책적 선택의 결과일 뿐 헌법에 위반되는 것이라고는 할 수 없다.(대법원 2006. 12. 18., 자, 2006모646, 결정)

II. 영장의 반환

1. 근거법령

가. 검사와 사법경찰관의 상호협력과 일반적 수사준칙에 관한 규정

제35조(체포 · 구속영장의 반환) ① 검사 또는 사법경찰관은 체포 · 구속영장의 유효기간 내에 영장의 집행에 착수하지 못했거나, 그 밖의 사유로 영장의 집행이 불가능하거나 불필요하게 되었을 때에는 즉시 해당 영장을 법원에 반환해야 한다. 이 경우 체포 · 구속영장이 여러 통 발부된 경우에는 모두 반환해야 한다.
② 검사 또는 사법경찰관은 제1항에 따라 체포 · 구속영장을 반환하는 경우에는 반환사유 등을 적은 영장반환서에 해당 영장을 첨부하여 반환하고, 그 사본을 사건기록에 편철한다.
③ 제1항에 따라 사법경찰관이 체포 · 구속영장을 반환하는 경우에는 그 영장을 청구한 검사에게 반환하고, 검사는 사법경찰관이 반환한 영장을 법원에 반환한다.
제39조(압수 · 수색 또는 검증영장의 재청구 · 재신청 등) 압수 · 수색 또는 검증영장의 재청구 · 재신청(압수 · 수색 또는 검증영장의 청구 또는 신청이 기각된 후 다시 압수 · 수색 또는 검증영장을 청구하거나 신청하는 경우와 이미 발부받은 압수 · 수색 또는 검증영장과 동일한 범죄사실로 다시 압수 · 수색 또는 검증영장을 청구하거나 신청하는 경우를 말한다)과 반환에 관해서는 제31조 및 제35조를 준용한다.

나. 경찰수사규칙

제58조(체포 · 구속영장의 반환) 수사준칙 제35조제2항에 따른 영장반환서는 별지 제50호서식에 따른다.

2. 절 차

가. 영장 집행에 착수하지 못하거나 영장집행이 불가능 또는 불필요하게 된 경우 반환 사유를 기재한 영장반환서를 작성한다.

나. 영장반환은 영장을 청구한 검사에게 반환한다. 압수수색영장 또는 검증영장을 반환하는 때도 같다.

○○경찰서

제 0000-00000 호   20○○. ○. ○.

수 신 : ○○지방검찰청장 (검사 : ○○○)

제 목 : **영장반환서**

「검사와 사법경찰관의 상호협력과 일반적 수사준칙에 관한 규정」 제35조에 따라 별지
영장을 다음과 같은 이유로 반환합니다.

영 장 종 별		
영 장 발 부 일		
영 장 번 호		
대 상 자	성 명	
	주민등록번호	
	주 거	
죄 명		
영 장 반 환 사 유		*1. 영장 집행 불가능 또는 불펄요* *1. 영장 유효기간 내 집행 미착수*

첨 부 : 영장

○○경찰서

사법경찰관 경위 홍 길 동 (인)

제6절 영장심의위원회

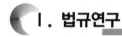 **I. 법규연구**

1. 형사소송법

> **제221조의5(사법경찰관이 신청한 영장의 청구 여부에 대한 심의)** ① 검사가 사법경찰관이 신청한 영장을 정당한 이유 없이 판사에게 청구하지 아니한 경우 사법경찰관은 그 검사 소속의 지방검찰청 소재지를 관할하는 고등검찰청에 영장 청구 여부에 대한 심의를 신청할 수 있다.
> ② 제1항에 관한 사항을 심의하기 위하여 각 고등검찰청에 영장심의위원회(이하 이 조에서 "심의위원회"라 한다)를 둔다.
> ③ 심의위원회는 위원장 1명을 포함한 10명 이내의 외부 위원으로 구성하고, 위원은 각 고등검찰청 검사장이 위촉한다.
> ④ 사법경찰관은 심의위원회에 출석하여 의견을 개진할 수 있다.
> ⑤ 심의위원회의 구성 및 운영 등 그 밖에 필요한 사항은 법무부령으로 정한다.

2. 검사와 사법경찰관의 상호협력과 일반적 수사준칙에 관한 규정

> **제44조(영장심의위원회)** 법 제221조의5에 따른 영장심의위원회의 위원은 해당 업무에 전문성을 가진 중립적 외부 인사 중에서 위촉해야 하며, 영장심의위원회의 운영은 독립성·객관성·공정성이 보장되어야 한다.

3. 경찰수사규칙

> **제74조(영장심의위원회)** 사법경찰관은 법 제221조의5제1항에 따라 영장 청구 여부에 대한 심의를 신청하는 경우에는 「영장심의위원회 규칙」 제13조에 따라 관할 고등검찰청에 심의신청을 해야 한다.

4. 영장심의위원회 규칙(법무부령)

> **제2조(영장심의위원회의 심의대상)** 「형사소송법」(이하 "법"이라 한다) 제221조의5제2항에 따른 영장심의위원회(이하 "심의위원회"라 한다)는 법 제221조의5제1항에 따른 신청(이하 "심의신청"이라 한다)에 따라 다음 각 호의 영장 청구 여부에 관한 사항을 심의한다.
> 1. 체포·구속영장
> 2. 압수·수색·검증영장
> 3. 「통신비밀보호법」 제6조·제8조에 따른 통신제한조치허가서 및 같은 법 제13조에 따른 통신사실확인자료제공 요청허가서
> 4. 그 밖에 사법경찰관이 관련 법률에 따라 신청하고 검사가 법원에 청구하는 강제처분
> **제13조(심의신청 절차)** ① 사법경찰관은 다음 각 호의 구분에 따른 날부터 7일(토요일과 공휴일은 제

외한다) 이내에 심의신청을 해야 한다.

1. 담당검사가 법 제197조의2제1항제2호에 따른 보완수사요구 (이하 "보완수사요구"라 한다) 없이 영장을 청구하지 않기로 한 결정서를 송부한 경우: 해당 결정서가 영장을 신청한 사법경찰관 소속 경찰서에 접수된 날

2. 담당검사가 사법경찰관이 영장을 신청한 날(담당검사가 관계 서류와 증거물을 사법경찰관에게 반환하지 않은 상태로 보완수사요구를 한 경우에는 사법경찰관이 보완수사요구 이행 결과 서면을 검찰청에 접수한 날을 말한다. 이하 이 호에서 같다)부터 5일(토요일과 공휴일은 제외한다)이 지나도록 영장의 청구 여부를 결정하지 않은 경우: 영장신청일부터 5일(토요일과 공휴일은 제외한다)이 지난 날. 다만, 담당검사와 영장을 신청한 사법경찰관이 협의하여 영장신청일부터 10일(토요일과 공휴일은 제외한다) 이내의 범위에서 영장 청구 여부의 결정기한을 연기했을 때에는 그 기한이 지난 날로 한다.

3. 사법경찰관이 죄명과 기본적 사실관계가 동일한 내용의 영장에 대하여 두 차례에 걸쳐 보완수사요구를 받아 이를 이행한 경우: 담당검사로부터 세 번째 보완수사요구를 받은 날

② 사법경찰관은 심의신청을 할 때 별지 제4호서식의 심의신청서 원본 및 부본 각 1부와 사건기록 등본 2부를 담당검사가 소속된 지방검찰청 소재지를 관할하는 고등검찰청(이하 "관할 고등검찰청"이라 한다)에 제출해야 한다. 다만, 담당검사와 합의한 경우 사건기록 등본은 그 일부만을 제출할 수 있다.

③ 사법경찰관이 심의신청을 하려고 할 때 담당검사가 사건기록을 보관하고 있는 경우에는 그 담당검사는 사법경찰관에게 사건기록을 신속히 반환해야 한다.

II. 영장심의 신청

1. 관련 절차

① 영장심의 신청		② 사법경찰관의 의견 개진		③ 위원회 심의와 결과통보
▷검사의 부당한 영장불청구 ▷관할 고등검찰청에 신청	⇒	▷사법경찰관 의견서 제출 ▷위원회 출석 및 의견개진	⇒	▷경검에 각 심의결과 통보 ▷심의결과 수사기록 편철

2. 신청 주체와 방법

가. 신청 주체 : 사법경찰관(담당 팀장 명의로 신청)

나. 신청 방법 : 불청구 검사 소속 소재지 관할 고등검찰청에 서면으로 신청

3. 신청요건

사법경찰관이 신청한 영장을 검사가 정당한 이유없이 판사에게 청구하지 아니한 경우

① 검사가 영장청구와 무관한 통신·금융영장 등을 반복하여 요구한 경우

② 기존 기록에 포함되어 있는데도 불필요한 보완을 요구한 경우

③ 이유없이 5일(협의 시 10일) 이상 영장을 청구하지 않는 것이 영장청구권의 남용으로 평가되는 경우

4. 신청기한과 사유

다음 사유 발생일로부터 근무일 기준 7일 이내에 심의신청

가. 영장 불청구

검사가 보완 수사요구 없이 영장을 청구하지 않기로 한 결정서가 경찰관서에 접수된 날

나. 3회 이상 보완 수사요구

사법경찰관이 동일한 영장에 대하여 2회 이상 보완 수사요구를 받아 이를 이행하였음에도 추가로 보완 수사요구를 받은 때

다. 영장청구 여부에 관한 결정 지연

① 영장을 신청한 날로부터 근무일 기준 5일이 경과하도록 영장청구 여부를 결정하지 아니한 경우에는 영장 신청일로부터 근무일 기준 5일(토, 공휴일 제외)이 지난날

② 다만, 검사가 관계서류와 증거물을 반환하지 아니한 채 보완 수사요구를 한 경우에는 경찰이 보완 수사요구 이행결과 서면을 검찰청에 접수한 날로부터 5일이 지난날

5. 신청절차

가. 심의신청서 작성

사법경찰관은 신청 사유 항목에 해당 사유 선택, 신청이유 란에는 구체적인 애용(신청요건) 기재

예. (신청이유)

20○○. ○. ○.경 ○○검찰청에 ○○영장을 신청하였으나 ○○검찰청 소속 검사 홍길동은 정당한 이유 없이 20○○. ○. ○. 로부터 5일이 경과하도록 영장청구 여부를 결정하지 아니하였다.

나. 서류 제출

① '영장심의위원회 심의신청서' 2부와 사건기록 등본 2부 함께 제출

② 담당 검사와 합의한 경우 사건기록 일부만을 등본으로 제출 가능(수사기밀 우려 등)

③ 사건기록 일부만을 제출한 경우 "붙임자료" 란에 다음과 같이 기록한다.

20○○. ○. ○. 00:00경 ○○지방검찰청 검사 홍길동과 전화하여 제출범위 합의 후 사건기록 일부를 제출함

④ 심의신청 시 사건기록 원본이 검찰에 있을 때는 검사에게 반환의무가 있으므로 기록을 반환받아 등본 후 제출

6. 심의 신청철회

가. 위원회 개최 전날까지 관할 고등검찰청에서 심의신청철회서를 제출하여 철회 가능

나. 심의신청 후 위원회 개최 전 동일한 내용의 영장을 재신청한 경우 심의신청 철회로 간주

※ 영장심의위원회 규칙

제14조(심의신청의 철회) ① 사법경찰관은 심의위원회의 회의 개최일 전날(그날이 토요일 또는 공휴일인 경우에는 그 전날을 말한다)까지 관할 고등검찰청에 별지 제5호서식의 심의신청 철회서를 제출하여 심의신청을 철회할 수 있다.

② 사법경찰관이 심의신청 후 심의위원회의 회의가 개최되기 전에 심의대상 영장과 동일한 내용의 영장(범죄사실 또는 영장에 의한 강제처분의 범위가 추가된 경우를 포함한다)을 담당검사에게 다시 신청한 경우에는 심의신청을 철회한 것으로 본다. 이 경우 사법경찰관은 영장을 다시 신청할 때 그 신청사실을 관할 고등검찰청에 통보해야 한다.

③ 제14조제1항 또는 제2항에 따라 심의신청이 철회된 경우에는 위원회의 회의를 개최하지 않는다.

---

7. 심의 재신청 제한

가. 이미 위원회의 심의를 거쳤거나, 심의신청 철회 또는 철회 간주되는 경우

나. 다만, 심의신청 이후 중요한 증거가 새로 발견되면 재신청 가능

※ 영장심의위원회 규칙

제26조(재신청의 제한) 사법경찰관은 심의위원회의 심의가 있었거나 제14조제1항 또는 제2항에 따라 심의신청이 철회된 경우에는 심의대상이었던 영장과 동일한 내용의 영장 청구 여부에 대하여 다시 심의신청을 할 수 없다. 다만, 심의신청을 한 이후 영장 청구 여부에 직접적인 영향을 미치는 중요한 증거가 새로 발견된 경우에는 그렇지 않다.

III. 사법경찰관의 의견개진 (서면 또는 출석)

1. 의견개진 주체

가. 의견 개진할 수 있는 범위는 영장신청과 관련 있는 사법경찰관으로 한정하는 것으로 본다.

나. 따라서 위원회에 출석하는 사법경찰관은 영장신청의 검토와 결재에 관여했음이 수사기록에 표기되어 있어야 한다.

> ※ 영장심의위원회 규칙
>
> 제17조(사법경찰관의 의견서 제출 등) ① 심의신청을 한 사법경찰관은 심의위원회에 의견서를 제출할 수 있다. 이 경우 심의신청을 할 때 의견서 원본 및 부본 각 1부를 심의위원회에 제출해야 한다.
>
> ② 심의신청을 한 사법경찰관은 법 제221조의5제4항에 따라 심의위원회에 출석하여 의견을 개진하려는 경우 심의위원회의 회의가 개최되기 2일(토요일과 공휴일은 제외한다) 전까지 그 출석의사를 심의위원회에 서면으로 통지해야 한다.
>
> ③ 심의신청을 한 사법경찰관 외에 영장신청의 검토 또는 결재에 관여한 사실이 수사기록에 명백히 드러나는 사법경찰관은 심의위원회에 출석하여 의견을 개진할 수 있다. 이 경우 그 출석의사는 심의신청을 한 사법경찰관이 심의위원회의 회의가 개최되기 2일(토요일과 공휴일은 제외한다) 전까지 심의위원회에 서면으로 통지해야 한다.

2. 방 식

가. 위장심의원회에 의견서를 서면으로 제출할 수 있다.

나. 위원회 출석신청서를 제출하여 직접 출석 의견 개진할 수 있다.

3. 의견서 작성

가. 용지 A4, 글자 크기 12포인트 이상, 줄 간격 200, 첨부서류 포함하여 30쪽을 넘지 않도록 작성한다.

나. 사건관계인 개인정보 유출 등 유의하여 작성한다.

4. 출석·의견 개진

가. 위원회 출석 시 의견 개진 시간은 30분이며, 질의시간은 제한 없음

나. 위원회에서 의견서 내용에 관해 석명을 요구한 경우 추가로 의견서를 제출하거나 출석하여 석명할 수 있다.

Ⅳ. 위원회 심의 및 결과 통보

1. 위원회 심의

가. 심의신청 접수일로부터 10일 이내 위원회 소집

나. 과반수 출석 개의, 과반수 찬성으로 검사의 영장청구 적정 의결

다. 심의결과를 통보받으면 수사기록에 편철

> ※ 영장심의위원회 규칙
>
> **제20조(심의위원회의 회의)** ① 위원장은 심의신청이 접수된 날부터 10일(토요일과 공휴일은 제외한다) 이내에 심의위원회의 회의를 소집해야 한다.
> ② 간사는 심의위원회의 회의 개최일이 정해지면 지체 없이 담당검사와 심의신청을 한 사법경찰관에게 통보해야 한다.
> ③ 심의위원회의 회의는 심의위원 과반수의 출석으로 개의(開議)한다.
> ④ 심의위원회의 회의는 비공개로 진행한다.
> **제22조(심의위원회의 심의)** ① 심의위원회가 영장 청구 여부에 대하여 심의하는 기준시점은 다음 각 호의 구분에 따른다.
> 1. 제13조제1항제1호의 경우: 담당검사가 사법경찰관의 영장 신청을 기각한 때
> 2. 제13조제1항제2호의 경우: 영장신청일부터 5일(토요일과 공휴일은 제외한다) 또는 별도로 협의한 영장 청구 여부의 결정기한이 지난 때
> 3. 제13조제1항제3호의 경우: 사법경찰관이 담당검사로부터 세 번째 보완수사요구를 받은 때
> ② 위원장은 심의위원회의 심의가 신속하고 공정하게 이루어질 수 있도록 최대한 노력해야 한다.
> ③ 영장 청구 여부에 대한 심의위원회의 의결은 무기명 비밀투표로 하며, 영장 청구가 적정하다는 의견을 출석심의위원 과반수의 찬성으로 의결한다.

2. 결과에 대한 조치

가. 영장청구 적정

위원회의 심의를 거친 영장을 관할 지방검찰청에 재신청

나. 영장청구 부적정

임의수사 등 수사방법 검토. 다만, 심의된 영장과 명백히 다른 영장은 신청 가능

> ※ 영장심의위원회 규칙
>
> **제25조(심의 결과 통보 등)** ① 각 고등검찰청 검사장은 담당검사가 소속된 검찰청의 장과 심의신청을 한 사법경찰관 소속 경찰관서의 장에게 별지 제9호서식에 따라 심의위원회의 심의 결과 및 심의의견별 심의위원 수를 통보해야 한다.
> ② 담당검사와 사법경찰관은 심의위원회의 심의 결과를 존중해야 한다.
> ③ 사법경찰관은 제1항에 따라 심의 결과를 통보받은 경우 이를 수사기록에 편철해야 한다.

영장심의위원회 심의신청서

수신 : ○○고등검찰청

○○경찰서 제 0000-000000 호 피의자 ○○○ 외 ○명에 대한 ○○○○○○
○○ 피의사건에 관하여 아래와 같이 사법경찰관이 신청한 영장을 검사가 판사에게
청구하지 않았으므로, 위 영장의 청구 여부에 대한 심의를 신청합니다.

사건 및 영장	피 의 자	성명:　　　　　　생년월일:	
	경찰 사건번호	○○경찰서 제 0000-000000 호	
	죄　　　명		
	영장의 종류		
영장신청일			
신청근거		[ ] 「영장심의위원회 규칙」 제13조제1항제1호 　　　(영장 불청구 결정서 접수일 0000. 00. 00.) [ ] 「영장심의위원회 규칙」 제13조제1항제2호 본문 　　　(영장신청일부터 5근무일 경과일 0000. 00. 00.) [ ] 「영장심의위원회 규칙」 제13조제1항제2호 본문 　　　(보완수사요구 이행) 　　　(이행 결과 서면 접수일부터 5근무일 경과일 0000. 00. 00.) [ ] 「영장심의위원회 규칙」 제13조제1항제2호 단서 　　　(영장 청구 여부 결정기한 연기일 0000. 00. 00.) [ ] 「영장심의위원회 규칙」 제13조제1항제3호 　　　(세 번째 보완수사요구 접수일 0000. 00. 00.)	
신청이유			

※ 붙임자료: 심의신청서 부본 1부 및 사건기록 등본 2부

　　　　　　　　　　　　　　　　　　　　　　　.　　　.　　　.

　　　　　　신청인　　○○경찰서 사법경찰관　　　　(서명 또는 인)

영장심의위원회 심의신청철회서

수신 : ○○고등검찰청

 ○○경찰서 제○○호 피의자 ○○에 대한 ○○피의사건에 관하여 다음과 같이 영장의 청구여부에 대한 심의 신청을 철회합니다.

- 다   음 -

사 건 및 영 장	피 의 자	성명 : 생년월일 :
	경찰 사건번호	○○경찰서 제○○호
	죄 명	
	영 장 의 종 류	
심 의 신 청 인		
심 의 신 청 일 시		
심 의 신 청 철 회 일 시		

신 청 철 회 인   ○○경찰서 사법경찰관 경감 홍길동   (인)

영장심의위원회 심의결과 통보

수신 : ○○지방검찰청 검사장, ○○경찰서장

　○○경찰서 제○○호 피의자 ○○에 대한 ○○(영장, 허가서, 강제처분)에 관하여

신청한 영장심의위원회 심의결과를 다음과 같이 통보합니다.

- 다　음 -

사 건 및 영 장	피 의 자	성명 :　　　　　　　　　생년월일 :
	사 건 번 호	○○경찰서 제○○호 ○○지방검찰청 제○○호(영장 접수 번호)
	죄　　　명	
	영 장 의 종 류	
심 의 결 과 (심 의 의 견 별 위 원 수)		영장청구 적정 / 영장 청구 부적정 (적정 : ○○명, 부적정 : ○○명)

20○○.○.○.

○○고등검찰청 검사장　(인)

제7절 구속 전 피의자 심문

Ⅰ. 법규연구

1. 형사소송법

제201조의2(구속영장 청구와 피의자심문) ① 제200조의2·제200조의3 또는 제212조에 따라 체포된 피의자에 대하여 구속영장을 청구받은 판사는 지체 없이 피의자를 심문하여야 한다. 이 경우 특별한 사정이 없는 한 구속영장이 청구된 날의 다음 날까지 심문하여야 한다.
② 제1항 외의 피의자에 대하여 구속영장을 청구받은 판사는 피의자가 죄를 범하였다고 의심할 만한 이유가 있는 경우에 구인을 위한 구속영장을 발부하여 피의자를 구인한 후 심문하여야 한다. 다만, 피의자가 도망하는 등의 사유로 심문할 수 없는 경우에는 그러하지 아니하다.
③ 판사는 제1항의 경우에는 즉시, 제2항의 경우에는 피의자를 인치한 후 즉시 검사, 피의자 및 변호인에게 심문기일과 장소를 통지하여야 한다. 이 경우 검사는 피의자가 체포되어 있는 때에는 심문기일에 피의자를 출석시켜야 한다.
④ 검사와 변호인은 제3항에 따른 심문기일에 출석하여 의견을 진술할 수 있다.
⑤ 판사는 제1항 또는 제2항에 따라 심문하는 때에는 공범의 분리심문이나 그 밖에 수사상의 비밀보호를 위하여 필요한 조치를 하여야 한다.
⑥ 제1항 또는 제2항에 따라 피의자를 심문하는 경우 법원사무관등은 심문의 요지 등을 조서로 작성하여야 한다.
⑦ 피의자심문을 하는 경우 법원이 구속영장청구서·수사 관계 서류 및 증거물을 접수한 날부터 구속영장을 발부하여 검찰청에 반환한 날까지의 기간은 제202조 및 제203조의 적용에 있어서 그 구속기간에 산입하지 아니한다.
⑧ 심문할 피의자에게 변호인이 없는 때에는 지방법원판사는 직권으로 변호인을 선정하여야 한다. 이 경우 변호인의 선정은 피의자에 대한 구속영장 청구가 기각되어 효력이 소멸한 경우를 제외하고는 제1심까지 효력이 있다.
⑨ 법원은 변호인의 사정이나 그 밖의 사유로 변호인 선정결정이 취소되어 변호인이 없게 된 때에는 직권으로 변호인을 다시 선정할 수 있다
⑩ 제71조, 제71조의2, 제75조, 제81조부터 제83조까지, 제85조제1항·제3항·제4항, 제86조, 제87조제1항, 제89조부터 제91조까지 및 제200조의5는 제2항에 따라 구인을 하는 경우에 준용하고, 제48조, 제51조, 제53조, 제56조의2 및 제276조의2는 피의자에 대한 심문의 경우에 준용한다.

2. 형사소송규칙

제96조의12(심문기일의 지정, 통지) ① 삭제〈2007.10.29〉
② 체포된 피의자 외의 피의자에 대한 심문기일은 관계인에 대한 심문기일의 통지 및 그 출석에 소요되는 시간 등을 고려하여 피의자가 법원에 인치된 때로부터 가능한 한 빠른 일시로 지정하여야 한다.
③ 심문기일의 통지는 서면 이외에 구술·전화·모사전송·전자우편·휴대전화 문자전송 그 밖에 적당한 방법으로 신속하게 하여야 한다. 이 경우 통지의 증명은 그 취지를 심문조서에 기재함으로써 할 수 있다.
제96조의13(피의자의 심문절차) ① 판사는 피의자가 심문기일에의 출석을 거부하거나 질병 그 밖의

사유로 출석이 현저하게 곤란하고, 피의자를 심문 법정에 인치할 수 없다고 인정되는 때에는 피의자의 출석 없이 심문절차를 진행할 수 있다.

② 검사는 피의자가 심문기일에의 출석을 거부하는 때에는 판사에게 그 취지 및 사유를 기재한 서면을 작성 제출하여야 한다.

③ 제1항의 규정에 의하여 심문절차를 진행할 경우에는 출석한 검사 및 변호인의 의견을 듣고, 수사기록 그 밖에 적당하다고 인정하는 방법으로 구속사유의 유무를 조사할 수 있다.

제96조의14(심문의 비공개) 피의자에 대한 심문절차는 공개하지 아니한다. 다만, 판사는 상당하다고 인정하는 경우에는 피의자의 친족, 피해자등 이해관계인의 방청을 허가할 수 있다.

제96조의15(심문장소) 피의자의 심문은 법원청사내에서 하여야 한다. 다만, 피의자가 출석을 거부하거나 질병 기타 부득이한 사유로 법원에 출석할 수 없는 때에는 경찰서, 구치소 기타 적당한 장소에서 심문할 수 있다.

제96조의20(변호인의 접견 등) ① 변호인은 구속영장이 청구된 피의자에 대한 심문 시작 전에 피의자와 접견할 수 있다.

② 지방법원 판사는 심문할 피의자의 수, 사건의 성격 등을 고려하여 변호인과 피의자의 접견 시간을 정할 수 있다.

③ 지방법원 판사는 검사 또는 사법경찰관에게 제1항의 접견에 필요한 조치를 요구할 수 있다.

II. 심문절차

1. 심문신청여부 확인

가. 체포영장에 의한 체포, 긴급체포, 현행범인의 체포된 피의자에 대하여 구속영장을 청구한 경우 형사소송법의 개정 전에는 피의자 등의 신청이 있을 때 피의자를 심문할 수 있다고 규정하였으나, 개정 이후(08. 01. 01.부터) '구속영장을 청구받은 판사는 지체 없이 피의자를 심문하여야 한다'고 규정하고 있다.

나. 따라서 피의자조사시 구속 전 피의자심문 신청 여부를 확인할 필요도 없으며 신청서를 작성하여 수사서류에 첨부할 필요도 없다.

⇒ 체포 후 구속영장 신청 시 피의자에게 실질심사청구 여부를 확인하는 절차 및 실질심사 청구권 통지제도 폐지

다. 신청을 받은 판사는 특별한 사정이 없으면 구속영장이 청구된 날의 다음 날까지 심문하여야 한다.

2. 피의자 심문에 소요된 기간의 구속기간 불산입

가. 체포된 피의자

영장청구서 등이 법원에 접수된 날부터 기록반환 시까지의 기간(형소법 제201조의 제7항)

나. 미체포 피의자

구인한 경우에는 구인영장이 집행된 날부터 관계서류가 검찰청에 반환된 날까지의 기간

3. 구속된 피의자의 유치

인치된 피의자를 법원 외 장소에 유치하는 경우에 구인을 위한 구속영장에 유치장소를 특정 서명날인하여 교부되면 경찰서 유치장(교도소, 구치소)에 유치한다.

4. 피의자의 출석거부통지

사법경찰관은 체포된 피의자가 심문기일에 출석을 거부하는 때에는 지체없이 피의자 출석거부보고서를 검사에게 통보하여야 한다.

제8절 체포 · 구속적부심사제도

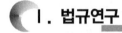 **Ⅰ. 법규연구**

1. 형사소송법

제214조의2(체포와 구속의 적부심사) ① 체포되거나 구속된 피의자 또는 그 변호인, 법정대리인, 배우자, 직계친족, 형제자매나 가족, 동거인 또는 고용주는 관할법원에 체포 또는 구속의 적부심사(適否審査)를 청구할 수 있다. 〈개정 2020. 12. 8.〉

② 피의자를 체포하거나 구속한 검사 또는 사법경찰관은 체포되거나 구속된 피의자와 제1항에 규정된 사람 중에서 피의자가 지정하는 사람에게 제1항에 따른 적부심사를 청구할 수 있음을 알려야 한다.

③ 법원은 제1항에 따른 청구가 다음 각 호의 어느 하나에 해당하는 때에는 제4항에 따른 심문 없이 결정으로 청구를 기각할 수 있다.

1. 청구권자 아닌 사람이 청구하거나 동일한 체포영장 또는 구속영장의 발부에 대하여 재청구한 때
2. 공범이나 공동피의자의 순차청구(順次請求)가 수사 방해를 목적으로 하고 있음이 명백한 때

④ 제1항의 청구를 받은 법원은 청구서가 접수된 때부터 48시간 이내에 체포되거나 구속된 피의자를 심문하고 수사 관계 서류와 증거물을 조사하여 그 청구가 이유 없다고 인정한 경우에는 결정으로 기각하고, 이유 있다고 인정한 경우에는 결정으로 체포되거나 구속된 피의자의 석방을 명하여야 한다. 심사 청구 후 피의자에 대하여 공소제기가 있는 경우에도 또한 같다. 〈개정 2020. 12. 8.〉

⑤ 법원은 구속된 피의자(심사청구 후 공소제기된 사람을 포함한다)에 대하여 피의자의 출석을 보증할 만한 보증금의 납입을 조건으로 하여 결정으로 제4항의 석방을 명할 수 있다. 다만, 다음 각 호에 해당하는 경우에는 그러하지 아니하다. 〈개정 2020. 12. 8.〉

1. 범죄의 증거를 인멸할 염려가 있다고 믿을 만한 충분한 이유가 있는 때
2. 피해자, 당해 사건의 재판에 필요한 사실을 알고 있다고 인정되는 사람 또는 그 친족의 생명 · 신체나 재산에 해를 가하거나 가할 염려가 있다고 믿을 만한 충분한 이유가 있는 때

⑥ 제5항의 석방 결정을 하는 경우에는 주거의 제한, 법원 또는 검사가 지정하는 일시 · 장소에 출석할 의무, 그 밖의 적당한 조건을 부가할 수 있다. 〈개정 2020. 12. 8.〉

⑦ 제5항에 따라 보증금 납입을 조건으로 석방을 하는 경우에는 제99조와 제100조를 준용한다.

⑧ 제3항과 제4항의 결정에 대해서는 항고할 수 없다. 〈개정 2020. 12. 8.〉

⑨ 검사 · 변호인 · 청구인은 제4항의 심문기일에 출석하여 의견을 진술할 수 있다.

⑩ 체포되거나 구속된 피의자에게 변호인이 없는 때에는 제33조를 준용한다. 〈개정 2020. 12. 8.〉

⑪ 법원은 제4항의 심문을 하는 경우 공범의 분리심문이나 그 밖에 수사상의 비밀보호를 위한 적절한 조치를 하여야 한다. 〈개정 2007. 6. 1., 2020. 12. 8.〉

⑫ 체포영장이나 구속영장을 발부한 법관은 제4항부터 제6항까지의 심문 · 조사 · 결정에 관여할 수 없다. 다만, 체포영장이나 구속영장을 발부한 법관 외에는 심문 · 조사 · 결정을 할 판사가 없는 경우에는 그러하지 아니하다.

⑬ 법원이 수사 관계 서류와 증거물을 접수한 때부터 결정 후 검찰청에 반환된 때까지의 기간은 제200조의2제5항(제213조의2에 따라 준용되는 경우를 포함한다) 및 제200조의4제1항을 적용할 때에는 그 제한기간에 산입하지 아니하고, 제202조 · 제203조 및 제205조를 적용할 때에는 그 구속기간에 산입하지 아니한다.

⑭ 제4항에 따라 피의자를 심문하는 경우에는 제201조의2제6항을 준용한다.

2. 형사소송규칙

제101조(체포 · 구속적부심사청구권자의 체포 · 구속영장등본 교부청구 등) 구속영장이 청구되거나 체포 또는 구속된 피의자, 그 변호인, 법정대리인, 배우자, 직계친족, 형제자매나 동거인 또는 고용주는 긴급체포서, 현행범인체포서, 체포영장, 구속영장 또는 그 청구서를 보관하고 있는 검사, 사법경찰관 또는 법원사무관등에게 그 등본의 교부를 청구할 수 있다.

제102조(체포 · 구속적부심사청구서의 기재사항) 체포 또는 구속의 적부심사청구서에는 다음 사항을 기재하여야 한다.
   1. 체포 또는 구속된 피의자의 성명, 주민등록번호 등, 주거
   2. 체포 또는 구속된 일자
   3. 청구의 취지 및 청구의 이유
   4. 청구인의 성명 및 체포 또는 구속된 피의자와의 관계

Ⅱ. 청구절차 및 유의사항

1. 청구권자

체포 또는 구속된 피의자, 그 변호인, 법정대리인, 배우자, 직계친족, 형제자매나 동거인 또는 고용주

2. 절 차

피의자를 체포 또는 구속한 사법경찰관은 체포 또는 구속된 피의자와 청구권자 중 피의자가 지정하는 자에게 적부심사를 청구할 수 있음을 알려야 한다.

⇒ 체포의 경우 체포한 경찰관, 구속의 경우에는 영장을 집행하는 경찰관이 반드시 고지. 이때 피의자가 지정한 자에게도 통지하여야 하므로 "체포 · 구속통지"를 활용하여 통지

3. 관련 서류 등본 청구권 인정

청구권자는 긴급체포서, 현행범인체포서, 체포영장, 구속영장 또는 그 청구서를 보관하고 있는 검사, 사법경찰관 또는 법원사무관 등에게 그 등본의 교부를 청구할 수

있다. 이때 요구가 있을 때는 현행범인체포서, 체포영장, 구속영장 또는 그 청구서 등본 교부가 가능하다.

4. 체포·구속적부심사청구서의 기재사항

체포 또는 구속의 적부심사청구서에는 다음 사항을 기재하여야 한다.

① 체포 또는 구속된 피의자의 성명, 주민등록번호 등, 주거

② 체포 또는 구속된 일자

③ 청구의 취지 및 청구의 이유

④ 청구인의 성명 및 체포 또는 구속된 피의자와의 관계

구속적부심 청구서

피 의 자	성　　　　명 : 주민등록번호 : 주　　　　거 :
청 구 인	성　　　　명 :　　　　　　피의자와의 관계 : 주　　　　소 : 전 화 번 호 :　　　　　　휴대전화 :
청구이유 (간략하게 기재하고, 필요하면 별지사용)	
보 증 서 제출허가 요　　망	위 구속(체포)적부심 청수에 있어서 보증금을 현금으로 납부하는 것에 갈음하여 아래 사람이 보증보험증권을 첨부한 보증서를 제출하고자 하오니 이를 허가하여 주시기 바랍니다. 성　　　명 :　　　　　　　　주민등록번호 : 주　　　소: 전화번호:　　　　　　　　휴대번호: 피의자와의 관계 : 피의자의 (　　　　　　) 　　　　　　요망인　　　　㊞ (또는 서명)
첨부서류	□ 있음 (　　　　　　　　　　　　) □ 없음
2000. O. O. 　　　청구인　　　　　　㊞ (또는 서명) 　　　　　　　　　　　　　　　　　　　　OO지방법원　귀중	

○ ○ 경 찰 서

	검사장

제　호　　　　　　　　　　　　　　　　　　　년　월　일

제 　 호　　　　　　　　　　　　　　　　년　월　일

수 신 : ○○ 지방검찰청

제 목 : **수사관계서류등 제출서**

　지방법원으로부터 다음 사람에 대한 동원　　호 구속적부심사청구
사건의 심문기일 지정통지가 있으므로 동사건 심리에 필요한 수사관
계 서류와 증거물을 제출합니다.

피구속자	(　세)
구속일자	200 .　.　.
지정된 심문 기　일	200 .　.　.　　　:

첨부　1. 사건기록 1권
　　　2. 증거물(있음, 없음)

○ ○ 경 찰 서 장

사법경찰관　　　　　　㊞

○ ○ 지 방 검 찰 청

제 　 호　　　　　　　　　　　　　　　　년　　월
　일

수 신 :　　　지방법원

제 목 : **수사관계서류등 송치**

　　　　위 사람에 대한 귀원　　호 구속적부심사청구 사건에 관련
된 수사관계 서류를 송치하니 조사후 즉시 반송 바랍니다.

의　　견	

첨부　1. 사건기록 1권
　　　2. 증거물(있음,없음)

○○지방검찰청

검　사　　　　　　㊞

부장검사

법원접수

제9절 구속취소와 구속 집행정지

Ⅰ. 구속취소

1. 관련 법령

가. 형사소송법

> 제93조(구속의 취소) 구속의 사유가 없거나 소멸된 때에는 법원은 직권 또는 검사, 피고인, 변호인과 제30조제2항에 규정한 자의 청구에 의하여 결정으로 구속을 취소하여야 한다.
> 제209조(준용규정) 제70조제2항, 제71조, 제75조, 제81조제1항 본문·제3항, 제82조, 제83조, 제85조부터 제87조까지, 제89조부터 제91조까지, 제93조, 제101조제1항, 제102조제2항 본문(보석의 취소에 관한 부분은 제외한다) 및 제200조의5는 검사 또는 사법경찰관의 피의자 구속에 관하여 준용한다.

나. 경찰수사규칙

> 제61조(구속의 취소) ① 사법경찰관은 법 제209조에서 준용하는 법 제93조에 따라 구속을 취소하여 피의자를 석방하는 경우에는 별지 제57호서식의 구속취소 결정서에 따른다. 다만, 법 제245조의5제1호에 따라 검사에게 송치해야 하는 사건인 경우에는 사전에 별지 제58호서식의 구속취소 동의 요청서에 따라 검사의 동의를 받아야 한다.
> ② 제1항에 따라 구속을 취소한 사법경찰관은 지체 없이 별지 제59호서식의 석방 통보서를 작성하여 검사에게 석방사실을 통보하고, 그 통보서 사본을 사건기록에 편철해야 한다.

2. 사 유

가. 구속사유가 처음부터 존재하지 않는 것이 판명되거나 사후적으로 소멸된 경우

나. 피의자로 오인하여 구속한 경우

다. 구속 후 실질적인 피해 복구 등 사정변경으로 피의자에게 증거인멸이나 도망염려 등 구속사유가 없어졌다고 판단되는 경우

3. 절 차

가. 검사동의 (혐의가 인정되어 송치할 사건)

① 피의자에 대한 구속을 취소하려면 석방 전 구속취소 동의 요청서를 보내 검사의 견(동의) 필요

② 불송치 결정할 사건의 피의자에 대한 구속취소는 검사동의 불요

나. 보고/승인
① 불송치 결정할 사건 피의자의 경우 석방 전 수사부서장에게 사전 보고하여 승인 얻은 후 절차 진행
② 송치할 사건 피의자의 경우 이미 검사 동의요청을 보낼 때 사전 승인을 받은 것이므로 동의 회신 받으면 바로 석방하고 구속취소 결정서 결재 진행
③ 야간이나 휴일로 승인권자 부재중일 때는 석방 필요성이 중대/명백/긴급한 경우가 아니 한 석방 지양

다. 피의자 석방
 승인을 받으면 피의자 석방

라. 구속취소결정서 결재
① 수사부서장 결재받아 진행
② 영장심사관 심사는 이미 거쳤으므로 별도 결재 불필요

마. 검사 통보
 석방통보서 작성하여 검사에게 통보하고 사본은 기록에 편철

○○경찰서

제 호   20○○.○.○.

수 신 : 검찰청의 장(검사 : 홍길동)

제 목 : **구속취소 동의 요청서**

다음 피의자에 대한 구속을 아래와 같이 취소하려 하니 구속취소 동의를 요청합니다.

사 건 번 호		영 장 번 호	-
피의자	성 명	주 민 등 록 번 호	
	직 업		
	주 거		
죄 명			
구 속 일 시			
구 속 장 소			
구 속 의 사 유			
구 속 취 소 사 유			
비 고			

○○경찰서

사법경찰관 경위 홍길동 (인)

구속취소 결정서

제 호   20○○.○.○.

다음 피의자에 대한 구속을 아래와 같이 취소합니다.

사 건 번 호		
피의자	성 명	
	주 민 등 록 번 호	(만 세)
	직 업	
	주 거	
죄 명		
구 속 일 시		구속영장에 기재된 일시
구 속 장 소		구속영장에 기재된 장소
구 속 의 사 유		구속영장에 기재된 사유
구 속 취 소 사 유		예, 실질적잉 피해회복 조치로 인하여 피의자에게 도망염려 등 구속사유가 사후적으로 소멸함
석 방 일 시		
석 방 장 소		
석방자의관직및성명		결정서를 작성한 자와 실제 석방자가 다른 경우 실제 석방자 기재
영 장 번 호		-

○○경찰서

사법경찰관 경위 홍길동 (인)

○ ○ 경 찰 서

제 호   20○○.○.○.

수 신 : 검찰청의 장(검사 : 홍길동)

제 목 : **석방 통보서(구속취소)**

다음 피의자를 아래와 같이 석방하였기에 통보합니다.

사 건 번 호		
피 의 자	성 명	
	주 민 등 록 번 호	
	직 업	
	주 거	
죄 명		
구 속 일 시		
구 속 장 소		
구 속 의 사 유		
석 방 일 시		
석 방 장 소		
구 속 취 소 사 유		
석방자의 관직 및 성명		
영 장 번 호		

○○경찰서

사법경찰관 경위 홍길동 (인)

II. 구속집행정지

1. 관련 법령

가. 형사소송법

> 제101조(구속의 집행정지) ① 법원은 상당한 이유가 있는 때에는 결정으로 구속된 피고인을 친족·보호단체 기타 적당한 자에게 부탁하거나 피고인의 주거를 제한하여 구속의 집행을 정지할 수 있다.
>
> 제102조(보석조건의 변경과 취소 등) ② 법원은 피고인이 다음 각 호의 어느 하나에 해당하는 경우에는 직권 또는 검사의 청구에 따라 결정으로 보석 또는 구속의 집행정지를 취소할 수 있다. 다만, 제101조제4항에 따른 구속영장의 집행정지는 그 회기 중 취소하지 못한다.
> 1. 도망한 때
> 2. 도망하거나 죄증을 인멸할 염려가 있다고 믿을 만한 충분한 이유가 있는 때
> 3. 소환을 받고 정당한 사유 없이 출석하지 아니한 때
> 4. 피해자, 당해 사건의 재판에 필요한 사실을 알고 있다고 인정되는 자 또는 그 친족의 생명·신체·재산에 해를 가하거나 가할 염려가 있다고 믿을 만한 충분한 이유가 있는 때
> 5. 법원이 정한 조건을 위반한 때
>
> 제209조(준용규정) 제70조제2항, 제71조, 제75조, 제81조제1항 본문·제3항, 제82조, 제83조, 제85조부터 제87조까지, 제89조부터 제91조까지, 제93조, 제101조제1항, 제102조제2항 본문(보석의 취소에 관한 부분은 제외한다) 및 제200조의5는 검사 또는 사법경찰관의 피의자 구속에 관하여 준용한다.

나. 경찰수사규칙

> 제62조(구속 집행정지) ① 사법경찰관은 법 제209조에서 준용하는 법 제101조제1항에 따라 구속의 집행을 정지하는 경우에는 별지 제60호서식의 구속집행정지 결정서에 따른다.
> ② 제1항에 따라 구속의 집행을 정지한 사법경찰관은 지체 없이 별지 제61호서식의 구속집행정지 통보서를 작성하여 검사에게 그 사실을 통보하고, 그 통보서 사본을 사건기록에 편철해야 한다.
> ③ 사법경찰관은 법 제209조에서 준용하는 법 제102조제2항에 따라 구속집행정지 결정을 취소하는 경우에는 별지 제62호서식의 구속집행정지 취소 결정서에 따른다.

2. 개 요

가. 정의

① 경찰의 구속(10일) 기간에 피의자에게 중병, 출산 등의 사유 발생했을 때 경찰이 직권으로 피의자의 구속집행을 정지할 수 있는 제도(검사의 승인/동의 불요)

② 구속 집행정지하더라도 구속영장의 효력은 유지, 구속 집행정지 기간은 피의자 구속기간 불산입

나. 사유

중병, 출산, 가족의 장례 참석 등 상당한 이유가 있을 때

3. 절 차

가. 필요성 검토

① 중병, 출산, 가족의 장례 참석 등 긴급하게 피의자를 석방할 필요가 있는지
② 신원보증 또는 주거 제한 등의 조치 가능한지
③ 도망할 염려가 있는지

나. 친족, 보호단체에 부탁 또는 주거 제한

① 신원보증서 확보
② 중병인 경우 종합병원 등 적당한 병원으로 주거 제한 가능

다. 집행정지 기간 설정

① 정지의 기간을 정할 수도 정하지 않을 수도 있으나, 재구금절차 고려하여 기간을 정하는 것이 바람직(종기에는 시각까지 특정)
② 중병인 경우에도 가급적 1개월을 넘지 않도록 한다.

라. 보고/승인

① 구속집행정지를 사전 보고하여 승인 얻은 후 진행(수사보고서 작성)
② 사건기록과 함께 임시 작성한 구속집행정지 결정서를 제출하여 심사
③ 야간이나 휴일로 승인권자 부재중일 때는 중병 등 석방 필요성이 중대/명백/긴급한 경우가 아닌 한 석방 지양

마. 집행정지 취소 사유 등 고지

※ 구속집행정지 취소 사유
1. 도망한 때
2. 도망하거나 죄증을 인멸할 염려가 있다고 믿을 만한 충분한 이유가 있는 때
3. 소환을 받고 정당한 사유 없이 출석하지 아니한 때
4. 피해자, 당해 사건의 재판에 필요한 사실을 알고 있다고 인정되는 자 또는 그 친족의 생명·신체·재산에 해를 가하거나 가할 염려가 있다고 믿을 만한 충분한 이유가 있는 때
5. 법원이 정한 조건을 위반한 때

바. 피의자 석방 및 결정서 결재

① 집행정지 취소 사유 등 고지 후 피의자 석방

② 구속 집행결정서 수사부서장까지 결재(영장심사관 심사 불필요)

사. 검사 통보

사전 동의는 불필요하나 석방 후 석방통보서 작성 통보

3. 시찰 조회

가. 피의자의 주거 변경 여부, 기타 필요한 사항을 조회하여 구속집행정지조건의 이행 여부 또는 구속집행정지취소 사유의 유무에 관하여 사실을 조회·확인할 수 있음

나. 기간

구속집행정지 기간이며, 회수는 구속집행정지 사유에 따라 적절히 설정

다. 보고

① 매회 시찰조회 결과를 수사보고로 작성하여 기록에 편철

② 피의자의 제한 주거지 준수 여부 확인

③ 중병으로 인한 입원의 경우 피의자 현재 상태(의사 진단서 등 첨부)

3. 구속집행정지의 실효

가. 구속집행정지 취소

① 형소법 제102조 제1항 사유가 있을 때

② 구속집행정지 취소결정서 작성

③ 취소 결정이 있으면 그 결정등본에 의하여 피의자 재구금

나. 집행정지 기간의 만료

① 별도의 결정 없이 구속의 집행력 발생

② 정지 기간이 만료되면 기존 구속집행정지 결정의 등본(원 구속영장의 효력)에 의하여 피의자 재구금

③ 석방과 달리 집행정지취소 결정 및 정지 기간만료로 재구속은 결정등본을 제시하고 재구속하는 절차 필요하므로 반드시 서류결재 완료 후 결정서 등본 제시하여 재구속

4. 피의자가 도망한 경우

가. 집행정지 취소 결정

구속집행정지 취소 사유에 해당하므로 집행정지 취소 결정

나. 피의자 검거

① 기존의 구속집행정지 결정서 등본 또는 구속집행정지 취소결정서 등본으로 피의자 재구금

② 피의자를 재구속한 전날까지 정지 기간으로 계산하여 원 구속기간 만료일로부터 정지된 시간을 합산하여 계산

다. 피의자 미검

① 도주 혐의 추가 입건하여 체포영장 신청

② 원 구속영장 및 구속집행정지 관련서류는 사건기록에 편철

③ 원 구속영장의 효력이 살아 있어 구속집행정지취소결정서 또는 구속집행정지취소 결정으로 피의자를 수배할 수 있다.

④ 피의자 발견 시 구속집행정지결정서 등본 또는 구속집행정지취소결정서 등본을 소지하고 있지 않을 가능성과 피의자의 도주 혐의가 추가되었으며 도주죄는 긴급 체포할 수 없는 점 고려하여 체포영장을 신청하는 것이 타당

구 속 집 행 정 지 결 정 서

제 호   20○○.○.○.

다음 피의자에 대한 구속집행을 아래와 같이 정지합니다.

사 건 번 호		
피의자	성 명	
	주 민 등 록 번 호	
	직 업	
	주 거	
죄 명		
구 속 일 시		
구 속 장 소		
구 속 사 유		
집 행 정 지 사 유		20○○.○.○. 피의자 모친이 사망하여 피의자 장례 참석 등 구속의 집행을 정지할 상당한 이유가 있다고 판단됨
석 방 일 시		
석 방 장 소		
제 한 주 거 등		주거제한 : 서울시 ○○ 동 ○○ 호 장례참석 후 20○○.○.○. ○○:○○까지 ○○경찰서 강력1팀 재출석
석방자의 관직 및 성명		
영 장 번 호		

○○경찰서
사법경찰관 경위 홍길동 (인)

○ ○ 경 찰 서

제 호   20○○.○.○.

수 신 : 검찰청의 장(검사 : 홍길동)

제 목 : **구속집행정지 통보서**

아래와 같이 다음 피의자에 대한 구속의 집행을 정지하였기에 통보합니다.

사 건 번 호		
피의자	성 명	
	주 민 등 록 번 호	
	직 업	
	주 거	
죄 명		
구 속 일 시		
구 속 장 소		
구 속 사 유		
집 행 정 지 사 유		
석 방 일 시		
석 방 장 소		
석 방 자 의 관 직 및 성 명		
영 장 번 호		

○○경찰서

사법경찰관 경위 홍길동 (인)

구 속 집 행 정 지 취 소 결 정 서

제 호

다음 피의자에 대한 구속집행정지를 아래와 같이 취소합니다.

사 건 번 호		
피의자	성 명	
	주 민 등 록 번 호	
	직 업	
	주 거	
죄 명		
구 속 일 시		
구 속 장 소		
집 행 정 지 결 정 일		
취 소 사 유		
영 장 번 호		

○○경찰서

사법경찰관 경위 홍길동 (인)

제10절 체포 · 구속을 필요로 하는 사유 기재요령

Ⅰ. 체포를 필요로 하는 사유(체포영장 신청시)

1. 범죄혐의가 있는 사람으로서 3회의 출석요구서를 받고도 정당한 이유 없이 출석을 거부하고 직접 전화를 통하여 출석요구를 하게 된 이유를 설명 고지받고도 마음대로 하라며 계속하여 출석요구를 거부하여 체포의 필요성이 있다.

2. 범죄혐의가 있는 사람으로서 3회의 출석요구를 하였으나 불응하여 추적 수사한바 주거지에 거주하고 있어 이유를 설명하였으나 경찰서에 나갈 필요 없다며 계속 불응하여 체포의 필요성이 있다.

3. 범죄혐의가 있는 사람으로서 사기죄 등으로 2건의 지명수배 사실이 있어 출석에 응하지 아니하고 도망할 염려가 있다.

4. 범죄혐의가 있는 사람으로서 실형을 선고받은 범죄경력이 많고 가정환경으로 보아 출석하지 않고 도망할 우려가 있다.

5. 범죄혐의가 있는 사람으로서 공범과 통모하여 증거를 인멸할 염려가 있다.

6. 범죄혐의가 있는 사람으로서 정해진 주거가 없이 일시 거주하고 있고 전과 사실로 보아 출석요구를 받으면 출석치 아니하고 도망할 우려가 있다.

7. 범죄혐의가 있는 사람으로서 피해의 정도가 크고 사건의 중대성으로 보아 체포할 필요성이 있다.

8. 범죄혐의가 있어 추적을 받는 사람으로서 연고지에 나타날 가능성이 있으나 임의동행을 거부하고 도망할 염려가 있다.

Ⅱ. 긴급체포의 사유(긴급체포 시)

1. …죄의 범인으로 추적되고 있던 사람으로서 우연히 발견되어 판사로부터 체포영장을 발부받을 시간적 여유가 없어 긴급하다.

2. 사건의 중대성에 비추어 법정형이 중하고 범행이 명백하여 처벌이 두려운 나머지 도망할 염려가 있어 판사의 체포영장을 발부받을 시간적 여유가 없다.

3. 피의자는 조사 시 범행을 부인하다가 참고인 갑, 을 등과 대질하는 과정에서 마지못해 범행 일부를 시인하면서 참고인들에게 악담하는 등 개전의 정이 전혀 없다.

또한, 조사 후 즉시 귀가를 요청하고 있다. 이런 점 등에 비추어 피의자를 귀가시키고 체포하지 아니하면 도망 및 증거인멸의 염려가 현저하여 체포영장을 받을 시간적 여유가 없다.

4. … 사람으로 수사기관에서 자신의 범행을 인정할 결정적인 증거수집 활동 중임을 알게 되어 귀가 조처 시 증거를 인멸할 염려가 있어 판사의 체포영장을 발부받을 시간적 여유가 없어 긴급하다.

5. … 사람으로 범죄성향, 성장 과정 등으로 보아 피해자에게 보복할 위험이 농후하고 증인(참고인)을 협박할 염려가 있어 판사의 체포영장을 발부받을 시간적 여유가 없다.

6. … 사람으로 아직 조사받지 않은 공범 2명이 있어 통모하여 증거를 인멸할 염려가 현저하나 판사의 체포영장을 발부받을 시간적 여유가 없어 긴급하다.

III. 구속을 필요로 하는 사유(구속영장 신청 시)

영장신청 시에 막연히 범죄사실 끝부분에 "도주 및 증거인멸의 염려가 있다."라고 기재하는데 이는 잘못된 기재로 왜 도주 및 증거인멸의 염려가 있다는 사유를 기재하여야 한다.

1. 일정한 주거가 없는 때

가. … 사람으로 신문 시 성명 주거 등에 대하여 일체 묵비함으로써 일정한 주거가 있다고 할 수 없다.

나. … 사람으로 주민등록상 주소지에는 주민등록만 등재되어 있을 뿐 실제 거주하지 않고 실제 주거지의 번지를 모른다고 함으로써 일정한 주거가 있다고 할 수 없다.

다. … 사람으로 친구 집 주소로 주민등록만 등재하여 두고 여러 곳을 전전하며 행상(노동, 유흥업소 마담 등)에 종사하여 주거가 일정치 않다.

라. … 사람으로 가족의 말(진술)에 의하면 무단히 집을 나가 소식이 없다.(거처를 알려주지 않고 가끔 전화만 하여 연락처를 알 수 없다. 그런 놈은 자식이 아니다)라고 말한 사실로 보아 주거가 일정치 않은 자이다.

마. … 사람으로 주민등록이 직권말소되고 가족이나 동거인이 없이 혼자서 보증금 없이 월세방을 얻어 살고 있어 주거가 일정치 않은 자이다.

2. 증거를 인멸할 염려

가. … 사람으로 범행 시 사용한 ○○은 피의자만이 발견할 수 있는 장소에 은닉하여서 아직 압수하지 못하여 증거를 인멸할 염려가 있는 자이다.

나. … 사람으로 아직 발견하지 못한 ○○은 범죄사실 입증에 결정적인 영향을 주는 것으로 피의자가 먼저 발견 은닉할 우려가 있어 증거인멸의 염려가 있다.

다. … 사람으로 현장 목격자인 ○○○와 거래 관계에 있어 증인에 대하여 매수 또는 압력을 행사하여 증거를 인멸할 염려가 있다.

라. … 사람으로 공범인 피의자 ○○○가 검거되지 않아 서로 입을 맞추어 범죄사실 구증을 곤란하게 할 우려가 있어 증거인멸의 염려가 있다.

마. … 사람으로 범죄사실 일부를 부인하고 있어 미검이며 공범인 홍길동과 공모하여 홍길동의 단독범행으로 유도할 위험성이 있어 증거인멸의 염려가 있다.

3. 도망할 염려

가. … 사람으로 이미 증거와 증인이 확보되고 범죄의 법정형으로 보아 중한 처벌이 예상되어 도망할 염려가 있다.

나. … 사람으로 범행에 대한 동기가 불분명하고 범행횟수가 많아 처벌될 것이 분명하여 도망할 염려가 있다.

다. … 사람으로 흉기사용 등 범죄수법이 잔인하고(지능적이고) 피해규모 결과로 보아 중벌을 면하기 어려워 도망할 염려가 있다.

라. … 사람으로 지금까지 특별한 직업 없이 무위도식하고 동일 범죄로 ○○회의 범죄경력이 있는 사정 등으로 보아 도망할 염려가 있다.

마. … 사람으로 여권을 소지하고 있고 연간 ○○회의 해외출입국 사실이 있고 출국금지조치가 되어 있지 않아 도망할 염려가 있다.

바. … 사람으로 피의자의 잦은 불법행위로 인하여 재산은 모두 탕진되고 가족이 오히려 피의자의 귀가를 원치 않고 있어 가정환경으로 보아 도망할 염려가 있다.

사. … 사람으로 피의자를 선도하여 줄 가족이 전혀 없고 친척 중에도 신원보증마저 꺼리는 등 사유로 자포자기성 방탕 및 방랑으로 도망할 염려가 있다.

아. … 사람으로 주소에 최근 전입하여 이웃들과 교분이 전혀 없고 주벽이 심하여 시비가 잦은 등 사유로 귀가치 않고 도망할 염려가 있다.

자. … 사람으로 그동안 수사 중 수회의 출석요구에도 불응한 바 있고 년 ○○회의 잦은 이사 등 일정한 거소가 없이 전전하여 소환에 의한 출석요구가 곤란한 점

등 도망할 염려가 있다.

차. … 사람으로 아직 검거되지 않은 공범(아직 조사되지 않은 참고인)에게 범행을 미루고 있으나 동인이 곧 소환될 수 있게 되어 자신의 범행이 탄로 나게 됨을 사유로 도망할 염려가 있다.

카. … 사람으로 이건 범죄에 대한 공소시효가 얼마 남지 않아 이 기간을 피하여 처벌을 면할 목적으로 도망할 염려가 있다.

타. … 사람으로 부인과 이혼 후 현재 혼자 거주하고 일정한 직업 없이 노동일에 종사하고 있어 신병을 보증할 가족이나 친지가 전혀 없어 도주할 염려가 있다.

파. … 사람으로 사안이 비록 경미하다고 하나 강도죄로 현재 집행유예 기간에 있어 중한 형이 예상되므로 도망할 염려가 있다.

하. … 사람으로 그동안 경찰의 출석요구에 정당한 이유 없이 3회에 걸쳐 불응한 바 있고 피해자와 대질조사에 있어 범죄사실을 강력히 부인하고 피해자 또한 처벌을 강하게 요구하고 있어 앞으로 소환에 다시 불응하고 도망할 염려가 있다.

갸. 자수한 경우

… 사람으로 비록 자수하였다고 하나 주민등록이 20○○. 3. 6. 직권말소되어 일정한 주거가 없고, 범죄사실 일부를 부인하고 있어 참고인 ○○○등으로 하여금 번복진술을 하게 할 우려가 있는 등 증거인멸의 염려와 그 동안 소재불명으로 지명수배된 점으로 보아 다시 도망할 염려가 있다.

냐. … 사람으로 그동안 경찰의 출석요구에 정당한 이유 없이 3회에 걸쳐 출석 불응한 일이 있고 피해회복이 되지 아니하였으며, 피의사실의 중요성에 비추어 중형이 가하여질 가능성이 있어 도망할 염려가 있다.

Ⅳ. 현행범체포 사유

1. 112신고를 받고 현장에 출동한바 피의자는 각목을 들고 피해자의 머리를 내려치고 피를 흘리며 쓰러져 피해자를 다시 폭행하려는 순간 팔목을 잡아 제지하였던바 폭력행위 등 처벌에 관한 법률 위반의 현행범으로 인정하여 체포하였다.

2. 주민의 신고로 현장에 임하여 피해자의 집 대문을 열고 들어서려는 순간 뒤 담을 넘어오는 것을 현장에서 붙잡아 들고 있던 ○○(장물)을 발견하고 피해자에게 확인한바 안방에 두었던 것이라고 말하여 주거침입절도죄의 현행범인으로 인정 체포하였다.

3. ○○에서 발생한 강도사건의 용의자를 추적 중 관내 ○○에서 경찰관을 보자 고개를 숙이고 다른 길로 빠져 가려는 것을 수상히 여기고 불심검문하여 소지품을 조사하는 과정에서 피해물품이 발견되어 범인으로 단정하고 강도죄의 현행범으로 인정 체포하였다.

4. 관내 순찰 중 ○○○에 이르러 지나가는 피의자의 뒷모습을 보는 순간 상의 좌측 어깨쯤에 붉은 혈흔 자국이 있어 검문하고자 "잠깐 실례합니다" 하자 도망하여 약 1㎞를 뒤쫓아 가 붙들고 소지품을 검사하자 혈흔 자국에 대하여 명확한 대답을 하지 못하고 어울리지 않게 현금 500만원을 소지하고 있어 준현행범인으로 체포함.

5. 교통사고 직후 현장에서 사고를 조사한바 ○○위반으로 인한 피의자의 일방적인 사고로 교통사고 10개 항목에 해당하여 기소될 것이 명백한 교특법 제○○조에 해당하여 현행범으로 인정하여 체포하였다.

6. 직후 음주 측정한 바 알코올농도 ○○%로 입건대상자 기준에 해당하여 기소될 것이 명백한 도로교통법 제○○조에 해당하여 현행범인으로 체포하였다.

7. 그 외 이미 범인으로 호칭되어 수배 및 추적되고 있는 자, 도검류, 총기류, 화약류 등 흉기나 장물이라고 인정되는 물건을 소지하고 있는 자를 발견하였을 때는 준현행범인으로 체포할 수 있다.

V. 구속영장 재신청의 취지 및 사유

❋ 예시1 [영장기간 만료로 재신청]

20○○. ○. ○. 발부된 체포영장을 피의자의 소재불명으로 유효기간 내 집행하지 못하였고 체포의 요건이 해소되지 않았다.

❋ 예시2 [영장이 기각된 경우]

출석요구에 불응할 우려가(도망 또는 증거인멸의 염려가) 없다는 이유로 구속영장이 기각되었으나 (출석 불응이나 도망증거인멸의 우려가 그 후 사정 때문에 바뀐 내용을 기재) ……사람이다.

✱ 예시3 [체포와 구속적부심으로 석방된 경우]

○○○에서 ○○○로 도망하였다가 추적수사 끝에 발견된 자임 또는 중요 증거물인 ○○○을 불태워 죄증을 인멸하였다.

✱ 예시4

피의자는 계속 본건 범행을 부인하고 있으나 새로운 현장 목격자 홍길동 등의 진술 및 국립과학수사연구원의 감정 결과 피의자가 운전하던 차량에 부착된 모발과 피해자의 모발이 일치되어 범죄사실의 입증이 충분하며 ----증거인멸의 염려가 있다.

✱ 예시5(병역법 위반의 경우)

o 병역법 위반과 같이 국민의 기본적인 의무와 관련된 사안에 대해서는 전국적으로 통일성 있는 기준에 의해 구속 여부가 결정되어야 할 것인바, 현재 대법원 유죄판결(2004도2965호) 이후 전국 대부분 법원에서 동일 사안에 대해 구속 상태에서 재판을 진행하고 있을 뿐 아니라 피의자의 주관적인 의사인 불구속 재판을 희망하는지 여부가 구속 여부를 결정하는 요인이 된다면 법적 안정성이 침해될 우려가 크다.
o 종교적인 이유로 병역법을 위반하여 구속된 경우 피의자의 명예 침해 가능성은 적었지만 불구속될 경우 국방의 의무 이행을 포함하는 국가운영의 전반적 시스템에 대한 국민의 인식에 부정적인 영향을 끼칠 우려는 크다.
o 형사사법 절차에서 구속제도는 확정된 형벌의 집행을 담보하는 기능이 있고 또한 선고될 것으로 예상하는 형량은 도망할 염려를 판단하는 중요한 자료가 되므로 본 건과 같이 비교적 중형이 선고될 것이 예상되는 경우에는 일반적으로 도망할 염려가 있다 할 것이며 구체적으로 본 건 피의자는 일정한 직업이 없어 그 경제적 지위가 불안정하고 가족 중 미필자들도 병역법 위반으로 처벌될 가능성이 있다는 점에서도 도망할 염려를 단정적으로 부정할 수 없다.

VI. 압수 · 수색 · 검증을 필요로 하는 사유

✳ 예시1 [인터넷 게임 관련 계좌추적]

> 피해자가 피의자의 ○○은행 계좌 021-121-089347번으로 송금해 주었다고 하여 위 계좌의 개설자와 개설시부터 현재까지의 입출금 내역을 확인하여 추가 피해여부를 확인하기 위해

✳ 반드시 입출금 내역은 계좌의 개설시부터 현재까지로 하여 모든 입출금 내역을 근거로 추가 피해사항 을 추궁할 것

✳ 예시2 [수표배서(×이서)인 확인]

> 1) 피의자가 피해자로부터 수표를 교부받은 사실이 없다고 부인하고 있어 피의자에게 교부한 ○○은행 발행의 자기앞수표 입출금 상황을 확인하기 위해
> 2) 피의자는 위 약속어음을 ○○상호신용금고에서 할인하여 할인금을 ○○은행 ○○지점 발 행 자기앞수표로 수령 위 수표를 병원에 입금하였을 뿐 횡령한 사실이 없다고 범죄사실을 부인하고 있어 수표 출처를 확인 수표배서인 추적으로 최종 소지인을 확인하여 범죄 구증 하기 위함

✳ 예시3

> 피의자가 착용한 의류의 모양, 혈흔의 부착 여부를 확인하기 위함

VII. 석방 사유

✳ 예시1

> 피의자가 범죄사실을 자백하고 사안 경미 (피해액 300만원)함으로

✳ 예시2

> 피해금액 중하나 피의자가 범죄사실을 자백하고 고소인이 고소 취소하며 처벌을 원하지 않으 므로

✳ 예시3

> 피의자는 현재 임신 9개월로 산부인과 전문의 홍길자의 진단결과 의료시설이 있는 장소에서 안정을 취하며 분만하여야 하고 산 후 상당 기간의 요양이 필요하기 때문

제11절 구속영장의 "필요적 고려사항" 기재요령

Ⅰ. 범죄의 중대성

1. 피의자는
   - 범죄를 은폐하기 위해 기존에 사용하고 있던 "○○청소"라는 간판을 지우지 않고 마치 그곳이 불법 사행성 게임장이 아니라 지금도 청소용역 업무를 보는 양 위장하였다.
   - 또한, 경찰의 단속을 피하고자 출입문은 물론 건물 입구 출입자 감시를 위해 전봇대에 감시카메라를 설치하여 영업장 안에서 감시할 수 있도록 하였다.
   - 피의자의 이러한 행위는 법을 위반하여 어떻게 해서라도 돈만 벌면 된다는 생각하고 있어 그 범죄가 중대하다고 보지 않을 수 없다.
2. 피의자는 자신의 어머니와 동거 관계에 있는 피해자의 카드를 절취한 후 통장의 예금 된 전액을 절취하여 그 돈으로 다른 지역에서 생활하던 중, 현금이 떨어지자 다시 지리감이 있는 ○○로 내려와 심야시각 영업이 마감된 주류상사에서 맥주 등의 물품을 절취하는 등 범죄의 중대성이 있다.
3. 피의자는 위험한 물건인 ○○를 소지하고 더욱이 전기차단기를 내린 다음 주거침입하는 등 사전에 치밀하게 준비하였을 뿐 아니라 범행대상자가 ○○세 청소년으로 죄질 극히 불량하므로 그의 일련의 행위는 도덕적으로 비난받아 마땅하여 범죄가 중대하다.
4. 피의자는 평소 친하게 지내오던 초등학교 동창인 피해자를 강간하였을 뿐 아니라 피해자가 술에 취한 점을 악용하여 자신의 강간한 점을 모르게 하고자 강간 직전 그녀의 핸드폰 통화내용 중 자신과의 내역을 미리 삭제시키는 등 범죄 중대하다.

Ⅱ. 재범의 위험성

1. 피의자는
   - 불법 사행성 게임장은 국민의 근로의욕을 저하시키는 등 미풍양속을 해하는 행위로써 이제는 뿌리 뽑아야 한다.
   - 그럼에도 불구하고 피의자는 불법 영업을 하였던 장소가 전 업주 甲이 적발되어 형사처벌을 받았다는 것을 알면서도 이를 인수하여 영업하였다.
   - 피의자 또한 그 장소를 또 다른 사람에게 양도하여 불법 영업을 하도록 할 것이 농후하다. 따라서 피의자에게는 재범의 위험성이 있다고 판단된다.

2. 피의자는 20○○. ○. ○.경부터 현재까지 짧은 기간에 동종전과 등으로 4회의 전력이 있는 상태에서 또다시 범행하는 등 재범의 우려가 크다.

3. 피의자는 동종 전력 7회 더 있는 전과 11범이며 수사기관 절도 우범자로 책정되어 있으며 누범 기간 중 습관적으로 범행하고, 다른 사람의 인적사항을 행사하는 것으로 보아 재범의 위험성이 농후하다.

4. 피의자는 최근 1달 남짓에 걸쳐 9차례, 같은 피해자 상대로 4차례 범죄를 저지르고, 기이 피해자가 신고하였다는 이유로 주먹과 발로 수회 폭행하고 휴대폰까지 훔쳤음에도 다시 합의서를 받아내려고 위협하는 등 보복행위를 한 점으로 보아 죄질 극히 불량하므로 그의 일련의 행위는 도덕적으로 비난받아 마땅하여 범죄 중대하고 재범의 위험성이 크다.

Ⅲ. 피해자 · 중요참고인 등에 대한 위해 우려

1. 피의자는 절도 사건을 신고하였다는 이유로 피해자를 불러내 공범들과 같이 피해자를 폭행하는 등 또 다른 피해자와 참고인에 대한 위해를 가할 우려가 크다.

2. 피의자는 피해자가 신고하였다는 이유로 폭행하고 합의서를 받아내려고 방실침입 하여 위협하는 등의 행위를 한 점으로 보아 석방되면 피해자에게 위해 우려가 있다.

3. 피의자는 피해자들과 같은 집에 거주하고 있어 이들 피해자에 대하여 위해 우려가 있다.

4. 피의자는 피해자와 합의하고자 피해자나 다른 초등학교 동창 등을 상대로 압력을 행사할 가능성이 농후하여 그들에 대한 위해 우려가 있다.

Ⅳ. 기타 사유

1. 약 4년 전부터 피의자와 함께 거주하고 있는 고모 甲은 피의자가 학교도 다니지 않으며 밖에서 다른 학생들에게 피해를 줄까 봐 걱정이라며 구속이 되더라도 선도할 수 있는 교육을 받을 수 있도록 하고 있다.

2. 이러한 사유로 볼 때 피의자의 일련의 행위는 도덕적으로 비난받아 마땅하여 구속수사치 않을 시 법을 업신여김으로써 더 나아가 상습적인 범죄행각을 할 우려가 있으므로 이를 근절시키기 위하여 본건에 대하여 구속수사 함이 타당하다고 본다.

제12절 구속수사 기준

제1관 일반적 기준

 ## I. 주거부정

1. 의 의

피의자가 일정한 주거가 없는 때라고 함은 당해 피의자에게 일정한 주소나 거소가 없는 때를 말한다.

2. 주거부정 판단 시 유의사항

피의자에게 일정한 주거가 없는지 여부를 판단할 때에는 다음의 요소를 고려하여야 한다.
① 주거의 종류(집, 여관, 여인숙, 고시원, 기숙사, 직장 임시숙소 등)
② 거주 기간
③ 주민등록과 주거의 일치 여부 및 주민등록 말소 여부
④ 거주 형태(임차 계약의 형태·기간, 임료의 지급 방법·상황 등)
⑤ 가족의 유무
⑥ 가재도구의 현황
⑦ 피의자의 성행, 조직·지역 사회 정착성

3. 참작사항

가족, 변호인 등 신원보증인에 의하여 피의자의 출석을 담보할 수 있는 경우에는 이를 참작하여야 한다.

II. 증거인멸의 염려

1. 증거인멸의 염려판단 시 유의사항

피의자가 증거를 인멸할 염려가 있는지를 판단할 때에는 다음의 요소를 고려하여야한다.

① 범죄의 성격에 따른 증거인멸·왜곡의 용이성
② 사안의 경중
③ 증거의 수집 정도
④ 피의자의 성행, 지능과 환경
⑤ 물적 증거의 존재 여부와 현재 상태
⑥ 공범의 존재 여부와 현재 상태
⑦ 피해자, 참고인 등 사건관계인과 피의자와의 관계
⑧ 수사 협조 등 범행 후의 정황
⑨ 범죄 전력

2. 유의사항

다음에 해당하는 경우에는 증거인멸의 염려에 유의하여야 한다.

① 증거서류와 증거물을 파기, 변경, 은닉, 위조 또는 변조한 때
② 대향적, 조직적, 집단적 범행 등 공범이 있는 경우 공범에 대해 통모·회유·협박하거나 그와 같은 우려가 있는 때
③ 사건관계인의 진술이 범죄사실의 입증을 위한 중요한 증거면 그 진술을 조작·번복시키거나 그와 같은 우려가 있는 때
④ 피해자, 당해 사건의 수사와 관련된 사실을 알고 있다고 인정되는 자, 감정인 등에게 부정한 방법으로 영향을 미치거나 미칠 우려가 있는 때
⑤ 피해자, 당해 사건의 수사와 관련된 사실을 알고 있다고 인정되는 자 또는 그 친족의 생명·신체나 재산에 해를 가하거나 가할 우려가 있는 때
⑥ 제3자에게 ①항 내지 ⑤항에 해당하는 행위를 사주·권유한 때
⑦ 그 밖의 ①항 내지 ⑥항에 준하는 사정으로 피의자가 증거를 인멸할 우려가 있다고 판단될 때

✱ 피의자가 범행을 부인하거나 진술거부권을 행사한다는 이유만으로 증거인멸의 염려가 있다고 보아서는 아니된다.

III. 도망 또는 도망할 염려

1. 피의자가 도망한 것으로 볼 수 있는 경우

피의자가 도망한 때라고 함은 피의자가 수사를 피할 의사로 주거를 이탈한 때를 말한다. 다음에 해당하는 경우에는 피의자가 도망한 것으로 본다.

① 피의자가 정당한 사유 없이 주거를 이탈하여 일정한 주거로 연락이 어려울 때
② 피의자가 형사처분을 면할 목적으로 국외에 있는 때
③ 피의자가 정당한 사유 없이 소재불명되어 이미 체포영장이 발부된 때

2. 도망할 염려가 있는지 판단 시 고려사항

피의자가 도망할 염려가 있는지를 판단할 때에는 다음의 요소를 고려하여야 한다.

① 사안의 경중
② 범행의 동기, 수단과 결과
③ 전문적 · 영업적 범죄 여부
④ 피의자의 성행, 연령, 건강 및 가족관계
⑤ 피의자의 직업, 재산, 교우, 조직 · 지역 사회 정착성, 사회적 환경
⑥ 주거의 형태 및 안정성
⑦ 국외 근거지의 존재 여부, 출국 행태 및 가능성
⑧ 수사 협조 등 범행 후의 정황
⑨ 범죄 전력
⑩ 자수 여부
⑪ 피해자와의 관계, 피해 회복 및 합의 여부

3. 유의사항

다음에 해당하는 경우에는 도망할 염려에 유의하여야 한다.

① 사형 · 무기 또는 장기 10년이 넘는 징역이나 금고에 해당하는 죄를 범한 때
② 누범에 해당하거나 상습범인 죄를 범한 때
③ 범죄를 계속하거나 다시 동종의 죄를 범할 우려가 있는 때
④ 집행유예 기간 중이거나 집행유예 결격인 때
⑤ 피의자가 인적사항을 허위로 진술하거나 인적사항이 판명되지 아니한 때

⑥ 피의자가 도망한 전력이 있거나 도망을 준비한 때

⑦ 사안의 경중, 범죄 전력, 범행의 습성, 피해 회복 여부 등 여러 사정에 비추어 중형의 선고 가능성이 높은 때

⑧ 그 밖의 제1호 내지 제7호에 준하는 사정으로 피의자가 도망할 염려가 있다고 판단될 때

✽ 피의자가 범행을 부인하거나 진술거부권을 행사한다는 이유만으로 도망할 염려가 있다고 보아서는 아니된다.

Ⅳ. 그 밖의 고려사항

구속 여부를 판단할 때에는 그 밖에 범죄에 대한 적극 대처를 통한 피해자의 권리보호, 사회 전반의 질서유지와 공공의 이익 확보 및 피의자의 건강, 가족 부양의 필요성 등 특별한 사정도 고려할 수 있다. 다만, 이 경우에도 형사소송법과 이 지침에서 정하는 사유와 기준에 따라야 한다.

제2관 범죄유형별 기준

◐ Ⅰ. 교통 사범

1. 교통사고 피의자 구속여부 판단 시 고려사항

① 교통사고 피의자에 대한 구속 여부를 판단할 때에는 과실과 피해 정도, 피의자의 보험 가입 여부, 범죄 전력, 피해 회복 여부 등을 고려하여야 한다.

② 음주운전 피의자에 대한 구속 여부를 판단할 때에는 주취 정도, 운전 거리와 시간, 운전 종료의 자발성 여부, 동종 범죄 전력, 재범의 위험성 등을 고려하여야 한다.

2. 원칙적 구속 대상 피의자

다음의 피의자는 원칙적으로 구속 대상으로 본다.

① 교통사고로 사망의 결과 발생
② 중상자 또는 다수의 부상자 발생 등 큰 피해를 야기하고 과실이 중한 피의자
③ 주취 정도가 중한 음주운전으로 교통사고를 일으키거나 일으킬 위험성이 높은 피의자
④ 동종 범죄 전력이 있고 단기간 내 다시 음주운전을 하여 동종의 죄를 범할 우려가 현저한 피의자

◐ Ⅱ. 폭력 사범

1. 폭력 피의자 구속여부 판단 시 고려사항

가. 폭력 피의자

폭력 피의자에 대한 구속 여부를 판단할 때에는 폭력의 동기와 수단, 상해의 부위와 정도, 피의자의 폭력 성행, 피해자와의 관계, 범죄 전력, 피해 회복 여부 등을 고려하여야 한다.

나. 공무집행방해 피의자

공무집행방해 피의자에 대한 구속 여부를 판단할 때에는 공무집행의 내용, 범행 동기와 수단, 태양, 피해 정도, 피의자의 폭력 성행, 범죄 전력 등을 고려하여야 한다.

2. 원칙적 구속 대상 피의자

다음의 피의자는 원칙적으로 구속 대상으로 본다.

> ① 중한피해를 야기하거나 상습적으로 폭력을 행사한 피의자
> ② 노약자 · 부녀자 · 장애인을 상대로 정당한 사유 없이 폭력을 행사한 피의자
> ③ 흉기 · 위험한 물건을 휴대하거나 집단적으로 폭력을 행사하여 위험성이 큰 피의자
> ④ 흉기 · 위험한 물건을 휴대하거나 집단적으로 폭력을 행사하여 위험성이 큰 피의자
> ⑤ 공무집행방해의 정도가 중하거나 추가의 중한 공용물손괴 · 상해 등 피해를 야기한 피의자

III. 가정폭력 사범

1. 가정폭력 피의자 구속여부 판단 시 고려사항

가정폭력 피의자에 대한 구속 여부를 판단할 때에는 폭력의 동기와 수단, 습벽, 접근금지 등의 임시조치 위반 여부, 범죄 전력, 재범의 위험성, 피해자와 가정구성원의 상황 및 피해자에 대한 위해 가능성 등을 고려하여야 한다.

2. 원칙적으로 구속 대상 피의자

> 상습적으로 가정폭력을 행사하여 다시 동종의 죄를 범할 우려가 현저한 피의자는 원칙적으로 구속 대상으로 본다.

IV. 절도 사범

1. 절도 피의자 구속여부 판단 시 고려사항

절도 피의자에 대한 구속 여부를 판단할 때에는 범행의 동기와 수단, 태양, 위험성, 피해 정도, 피의자의 성행 · 환경, 범죄 전력, 습벽 및 피해 회복 여부 등을 고려하여야 한다.

2. 원칙적 구속 대상 피의자

다음의 피의자는 원칙적으로 구속 대상으로 본다.

> ① 소매치기 등 전문적 · 영업적이거나 상습적인 절도 피의자
> ② 절도행위에 주거침입 · 흉기 휴대 등을 수반하여 위험성이 큰 피의자

V. 사기 · 횡령 · 배임 사범

1. 재산범 피의자 구속여부 판단 시 고려사항

사기 · 횡령 · 배임 등 재산범 피의자에 대한 구속 여부를 판단할 때에는 범행의 경위와 수단, 피해 금액, 피의자의 성행, 피해자와의 관계, 범죄 전력 및 피해 회복 여부 등을 고려하여야 한다.

2. 원칙적 구속 대상 피의자

다음의 피의자는 원칙적으로 구속 대상으로 본다.

> ① 적극적 · 계획적 기망행위로 다액을 편취한 피의자
> ② 장부 조작 등 신뢰 관계의 본질을 침해하여 다액을 횡령 · 배임한 피의자

VI. 위증 · 무고 사범

1. 위증 · 무고 피의자 구속여부 판단 시 고려사항

위증 · 무고 피의자에 대한 구속 여부를 판단할 때에는 범행 동기와 경위, 태양, 피의자의 성행, 범죄 전력, 이해 당사자와의 관계, 범행 후의 정황 등을 고려하여야 한다.

2. 원칙적 구속 대상 피의자

다음의 피의자는 원칙적으로 구속 대상으로 본다.

가. 위증죄 피의자

> ① 증언의 대가를 수수하거나 약속한 피의자
> ② 조직적이거나 모해 목적으로 위증한 피의자
> ③ 위증 행위로 재판에 부당한 영향을 미치거나 미칠 우려가 현저한 피의자

나. 무고죄 피의자

> ① 무고 행위로 다액의 이익을 얻거나 얻으려고 한 피의자
> ② 피무고자로 하여금 중한 형사처분을 받도록 중대한 허위사실을 고소하거나 실제로 형사처분의 결과를 야기한 피의자

Ⅶ. 성폭력 사범

1. 성폭력 피의자에 대한 구속 여부를 판단 시 고려사항

성폭력 피의자에 대한 구속 여부를 판단할 때에는 다음의 요소를 고려하여야 한다.

① 성폭력의 정도, 정신적·육체적 피해 결과 등 사안의 중대성

② 범행의 동기, 수단 및 경위

③ 범행의 태양(주거침입, 납치, 강·절도 수반 여부 등)

④ 피의자의 성행

⑤ 피해자와의 관계(친족, 업무·고용 관계 등)

⑥ 피해자의 상황 및 피해자에 대한 위해 가능성

⑦ 피해자나 사건관계인에 대한 부정한 영향력 행사 가능성

⑧ 범죄 전력 및 범행 후의 정황

2. 원칙적으로 구속 대상범죄

다음에 해당하는 성폭력범죄의 처벌 등에 관한 특례법 위반 피의자는 원칙적으로 구속 대상으로 본다.

제3조 특수강도강간 등
제4조 특수강간 등
제5조 친족 관계에 의한 강간 등
제6조 장애인에 대한 강간·강제추행 등
제7조 13세 미만의 미성년자에 대한 강간, 강제추행 등
제8조 강간 등 상해·치상
제9조 강간 등 살인·치사

3. 기타 성폭력처벌법 위반 피의자 구속여부 판단 시 고려사항

그 밖의 공중밀집장소에서의추행, 성적 목적을 위한 다중이용장소 침입행위, 통신매체이용음란, 카메라등이용촬영 및 청소년 성매수 피의자의 경우 '1'의 각 요소를 고려하여 구속 여부를 판단한다.

4. 구속여부 판단 시 유의사항

성폭력 피의자의 구속 여부를 판단할 때에는 특히 피해자의 상황 및 피의자가 피해자에 대해 위해나 부정한 영향력을 행사할 가능성이 있는 점에 유의하고, 범죄에 대한 적극 대처를 통한 피해자의 권리 보호, 사회 전반의 질서유지와 공공의 이익 확보 등의 목적을 충분히 고려하여야 한다.

◖ Ⅷ. 성매매 사범

1. 성매매 피의자 구속여부 판단 시 고려사항

성매매 피의자에 대한 구속 여부를 판단할 때에는 다음의 요소를 고려하여야 한다.
① 인신매매, 청소년 고용, 감금 · 갈취 등 가혹 행위 여부, 범행의 규모 · 기간 등 사안의 중대성
② 범행의 수단 및 영업성
③ 범행의 태양 및 범행 가담 정도
④ 성매매 피해자와의 관계
⑤ 범죄 전력 및 범행 후의 정황

2. 원칙적 구속 대상 피의자

다음에 해당하는 피의자는 원칙적으로 구속 대상으로 본다.

① 사람을 감금하거나 단체 또는 다중의 위력으로 성매매를 강요한 자
② 범죄단체나 그 구성원으로서 성매매를 강요 · 알선한 자
③ 마약 등을 사용하거나 폭행 · 협박 또는 위계로 사람을 곤경에 빠트려 성을 파는 행위를 하게 한 자
④ 성매매 목적의 인신매매를 한 자
⑤ 청소년이나 장애인으로 하여금 성을 파는 행위를 하게 한 자
⑥ 그 밖의 제1호 내지 제5호에 준하는 행위로 신체의 자유를 침해하여 성매매를 강요 · 알선한 자

IX. 지식재산권침해 사범

1. 지식재산권침해 피의자 구속여부 판단 시 유의사항

지식재산권침해 피의자에 대한 구속 여부를 판단할 때에는 다음의 요소를 고려하여야 한다.

① 침해 금액, 기간, 결과 등 사안의 중대성

② 범행의 동기, 수단, 영업성

③ 범행의 태양 및 범행 가담 정도(제조, 판매, 사용 구분)

④ 피해자와의 관계

⑤ 범죄 전력 및 범행 후의 정황(피해 회복 정도 등)

2. 원칙적 구속 대상 피의자

다음에 해당하는 피의자는 원칙적으로 구속 대상으로 본다.

① 지식재산권침해 금액이 거액이거나 대규모·영업적으로 장기간 침해한 경우의 권리 침해자

② 정당한 권리자의 신용을 훼손하거나 시장을 상실하게 하는 등 중대한 피해를 가한 자

③ 중대한 기업의 영업 비밀을 부정하게 취득·사용하거나 누설한 자

④ 상습적으로 권리를 침해하여 범죄를 계속하거나 다시 동종의 죄를 범할 우려가 현저한 자

⑤ 그 밖의 제1호 내지 제4호에 준하는 행위로 정당한 권리자에게 중대한 피해를 가하거나 건전한 경제 질서의 유지를 크게 저해한 자

X. 식품·보건 사범

1. 식품·보건 관련 범죄 피의자 구속여부 판단 시 유의사항

식품·보건 관련 범죄 피의자에 대한 구속 여부를 판단할 때에는 다음의 요소를 고려하여야 한다.

① 부정 식품·의약품, 무면허 의료행위 등으로 인한 인체 유해의 정도 및 위험성, 범

행 회수·기간, 이득액, 영업 규모 등 사안의 중대성

② 피의자의 지위 및 범행의 동기, 수단, 영업성

③ 범행 가담 정도

④ 범죄 전력 및 범행 후의 정황(폐업 및 회수, 반성 등)

2. 원칙적 구속 대상 피의자

다음에 해당하는 피의자는 원칙적으로 구속 대상으로 본다.

① 부정 식품(식품 외에 용기도 포함)·의약품 등이 인체에 현저히 유해하거나 사
상을 야기한 경우 또는 영업 매장·취급량 등에 비추어 범행 규모가 큰 경우,
해당 부정 식품·의약품 등을 제조·수입·가공하거나 판매한 자

② 악의적·상습적·지능적으로 부정 식품을 제조·수입·가공하거나 판매한 자

③ 전문적, 영업적 무면허 의료행위로 인하여 많은 이득을 얻은 자 또는 이로 인
하여 인체에 해를 가하거나 입게 한 자

④ 의약품 허위 표시 위반의 경우 허위의 정도가 중하거나 상습적이고 대규모로
허위 광고를 하여 의약품으로 오인하게 한 자

⑤ 농·수산물 원산지 허위 표시의 경우 매장 규모가 크고 대량의 농·수산물 판
매로 인하여 많은 이득을 얻은 자 또는 이로 인하여 인체에 해를 가하거나 입
게 한 자

⑥ 무허가, 미신고 영업의 경우 매장 규모가 크고 영업장 폐쇄 또는 단속 이후
영업을 계속하거나 유흥접객원으로 청소년을 고용한 자

⑦ 그 밖의 제1호 내지 제6호에 준하는 행위로 국민 건강에 중대한 위해를 가한 자

☾ XI. 환경 사범

1. 환경 관련 범죄 피의자 구속여부 판단 시 유의사항

환경 관련 범죄 피의자에 대한 구속 여부를 판단할 때에는 다음의 요소를 고려하여
야 한다.

① 폐수, 대기오염물질, 오수·분뇨 등의 방류나 방출의 정도 및 기간, 무허가·미신고
배출 시설의 규모, 폐수 및 오염물질 등의 유해성 및 허용 기준치 초과 정도, 방
지 시설의 설치비용, 영업 규모 등 사안의 중대성

② 방지 시설의 임의 철거 및 비밀 배출구·희석 장치 설치 등 범행의 경위

③ 범행 가담 정도

④ 범죄 전력 및 범행 후의 정황(사후 배출 시설 허가 취득 여부, 방지 시설 설치, 원상 복구 등)

2. 원칙적 구속 대상 피의자

다음에 해당하는 피의자는 원칙적으로 구속 대상으로 본다.

① 상습적·지능적·조직적인 상수원 보호구역·수변구역 및 특별대책지역의 오염 행위자

② 현저히 수질 및 대기 환경을 해하거나 인체에 위해를 주는 폐수, 오염물질 등을 배출한 경우 배출량이 다량이거나 배출 허용 기준을 크게 초과하고 영업 규모가 큰 사업자

③ 비밀 배출구·희석 장치를 설치하거나 방지 시설을 임의로 제거하는 등 오염물질 방지 의무 이행을 악의적으로 해태한 자

④ 그 밖의 ①항 내지 ③항에 준하는 폐수, 오염물질 배출 등 행위로 국민 생활 환경에 중대한 위해를 가한 자

XII. 부동산투기 사범

1. 부동산투기 관련 범죄 피의자 구속여부 판단 시 고려사항

부동산투기 관련 범죄 피의자에 대한 구속 여부를 판단할 때에는 다음의 요소를 고려하여야 한다.

① 불법 거래 규모 등 사안의 중대성

② 범행의 수단, 영업성

③ 범행의 목적(투기성, 세금 회피, 법령 제한 회피)

④ 조직적 범행 여부 및 범행 가담 정도

⑤ 범죄 전력 및 범행 후의 정황

2. 원칙적 구속 대상 피의자

다음에 해당하는 피의자는 원칙적으로 구속 대상으로 본다.

① 투기 목적에서 대규모로 무허가 토지 거래를 하거나 사위, 그 밖의 부정한 방법으로 토지 거래를 한 자
② 탈세, 투기 목적 또는 권리 변동을 규제하는 법령의 제한을 회피할 목적에서 대규모로 미등기 전매를 하거나 명의신탁을 한 자
③ 탈세, 투기 목적에서 대규모로 미등기 전매를 하거나 관계 법령에 의해 권리 변동이 제한된 부동산의 매매를 중개하는 등 부동산투기를 조장한 중개인
④ 그 밖의 제1호 내지 제3호에 준하는 행위로 부동산 거래 질서와 공공복리를 크게 저해한 자

☾ XII. 국가보안법 위반 사범

1. 국가보안법 위반 피의자 구속여부 판단 시 고려사항

국가보안법 위반 피의자에 대한 구속 여부를 판단할 때에는 다음의 요소를 고려하여야 한다.

① 국가의 존립·안전이나 자유 민주적 기본 질서에 대한 위해 정도와 위험성, 반국가단체와의 연계성 등 사안의 중대성
② 범행 가담 정도
③ 범행횟수 및 기간
④ 공범의 검거 여부
⑤ 범죄 전력 및 범행 후의 정황

2. 원칙적 구속 대상 피의자

다음에 해당하는 피의자는 원칙적으로 구속 대상으로 본다.

① 반국가단체 구성·가입, 목적수행·간첩, 자진지원·금품수수, 잠입·탈출
② 이적단체 구성·가입의 경우 핵심 간부, 기타 지도적 임무에 종사한 자
③ 폭력 집회를 개최하거나 적극적으로 가담하는 등 주도적 활동을 한 자

✱ 그 밖의 찬양·고무·선전·동조, 이적표현물, 회합·통신, 편의제공, 불고지 사범의 경우 제1항 각 호의 요소를 고려하여 구속 여부를 판단한다.

XIV. 선거법위반 사범

1. 선거법위반 피의자 구속여부 판단 시 고려사항

선거법위반 피의자에 대한 구속 여부를 판단할 때에는 다음의 요소를 고려하여야 한다.

① 수수한 금품의 액수, 흑색 선전물·불법 선전물의 배포 수량 및 방법, 허위사실 여부, 비방의 악의성 등 사안의 중대성

② 범행 가담 정도

③ 상습적·조직적 범행 여부

④ 선거인·후보자 매수 등 범행 동기

⑤ 공범의 검거 여부

⑥ 범죄 전력 및 범행 후의 정황

2. 원칙적 구속 대상 피의자

다음에 해당하는 피의자는 원칙적으로 구속 대상으로 본다.

① 다액 또는 선거인 매수 목적의 금품을 제공하거나 이를 받은 자

② 상습적으로 금품제공을 요구·알선하거나 제공받은 자

③ 상습 또는 대량으로 흑색 선전물·불법 선전물을 배포하거나, 악의적인 내용의 허위사실 공표 또는 사생활 비방을 목적으로 한 흑색 선전물·불법 선전물을 배포한 자

④ 흉기·위험한 물건 또는 다중의 위력을 사용하여 선거의 자유를 방해한 자

⑤ 폭력을 행사하여 선거 단속업무를 방해한 자

⑥ 그 밖의 제1호 내지 제5호에 준하는 행위로 건전한 선거 질서에 중대한 위해를 가한 자

XV. 불법 파업 사범

1. 불법 파업 피의자 구속여부 판단 시 고려사항

불법 파업 피의자에 대한 구속 여부를 판단할 때에는 다음의 요소를 고려하여야 한다.

① 당해 사업의 공익성, 불법 파업의 가담자 수 및 기간, 불법 파업으로 인한 피해

액 등 사안의 중대성

② 직장 점거, 회사 관리자 등 비조합원에 대한 폭행, 생산 시설 파괴 등 불법 파업 관련 범행의 수단과 태양

③ 임금·단체 협상의 경과, 사측의 부당 노동 행위 여부 등 불법 파업에 이르게 된 경위

④ 노조에서의 직책, 불법 파업 결정 과정의 관여 여부 등 범행 가담 정도

⑤ 범죄 전력 및 범행 후의 정황(노사 합의 여부 등)

2. 원칙적 구속 대상 피의자

다음에 해당하는 피의자는 원칙적으로 구속 대상으로 본다.

> ① 불법 파업으로 국민 경제에 중대한 피해를 야기하거나 국민의 일상생활에 중대한 불편을 초래한 경우의 파업 주동자 및 배후 조종자
> ② 생산 시설 파괴, 장기간의 점거 등으로 사용자에게 막대한 손해를 가한 경우의 파업 주동자 및 배후 조종자
> ③ 불법 파업을 하면서 사용자, 조업 참가자, 경찰관 등에게 직접 폭력을 행사한 자 및 이를 지시하거나 공모한 자
> ④ 그 밖의 제1호 내지 제3호에 준하는 불법 파업 행위로 국민 경제에 중대한 피해를 야기하거나 사용자에게 중대한 손해를 가한 자

XVI. 부당 노동 행위 등 사범

1. 노동관계법을 위반한 사용자인 피의자 구속여부 판단 시 고려사항

노동관계법을 위반한 사용자인 피의자에 대한 구속 여부를 판단할 때에는 다음의 요소를 고려하여야 한다.

가. 부당 노동 행위 사범

① 해고자 수, 근로자에게 가한 불이익의 정도 등 사안의 중대성

② 정당한 노조 활동에 대한 지배·개입, 방해 등 범행의 경위

③ 범죄 전력 및 범행 후의 정황(근로자들에 대한 진술 번복 또는 허위 진술 강요 여부 등)

나. 임금 체불 사범

① 체불 금액, 피해 근로자 수 등 사안의 중대성
② 흑자 경영, 재산 은닉이나 고의 부도 여부 등 범행의 경위
③ 범죄 전력 및 범행 후의 정황(청산 노력 여부 등)

다. 산업 재해 사범

① 사망·중상 등 피해의 정도, 사용자가 준수하지 아니한 안전·보건 조치의 내용 등
   사안의 중대성
② 재해자의 과실, 재해 예방을 위한 사용자의 평소 조치, 재해 예견 여부 등 산업
   재해의 발생 경위
③ 범죄 전력 및 범행 후의 정황(중대 재해 발생보고 여부, 합의 여부 등)

2. 원칙적 구속 대상 피의자

다음에 해당하는 피의자는 원칙적으로 구속 대상으로 본다.

① 구조 조정을 빙자한 부당 해고, 노조 와해 목적의 지배·개입, 폭력행사 등
   악의적인 노조 활동 방해 행위자
② 상습적인 체불 사범 및 체불임금이 다액임에도 재산을 도피하는 등 청산 노력
   을 하지 않는 체불 사범
③ 다수의 사망자 발생 등 중대한 산업 재해 사고가 발생한 경우의 사용자 및 동
   종의 산업 재해 사고가 발생한 후 보완 조치를 하지 않아 다시 사고가 발생한
   경우 등에 해당하여 과실이 중한 사용자
④ 그 밖의 제1호 내지 제3호에 준하는 행위로 소속 근로자에게 중대한 피해를
   가하거나 입게 한 사용자

XII. 불법 집회·시위 사범

1. 불법 집회·시위 피의자 구속여부 판단 시 고려사항

불법 집회·시위 피의자에 대한 구속 여부를 판단할 때에는 다음의 요소를 고려하여
야 한다.

① 불법 집회·시위의 회수·규모, 흉기·위험한 물건의 사용 여부, 경찰관 등에 대한

상해 유무, 업무방해의 결과 등 사안의 중대성

② 건조물침입이나 도로 점거 교통방해 등의 추가 불법행위 유무

③ 집회 목적과 주장 내용, 집회 금지 통고 및 집회신고 여부 등 불법 집회·시위에 이르게 된 경위

④ 집회의 주최자나 질서유지인 해당 여부, 불법 집회·시위 개최 결정 과정의 관여 여부 등 범행 가담 정도

⑤ 폭행, 손괴, 방화 등 폭력 집회·시위로의 변질에 대한 예견 가능 여부

⑥ 범죄 전력 및 범행 후의 정황(피해회복 노력 등)

2. 원칙적 구속 대상 피의자

다음에 해당하는 피의자는 원칙적으로 구속 대상으로 본다.

> ① 폭력행사, 도로 점거 등 중대한 결과가 발생한 불법 집회·시위의 주동자
> ② 흉기, 그 밖의 위험한 물건을 운반하거나 사용한 자, 경찰관에게 폭행을 가하는 등 직접 폭력을 행사한 자
> ③ 폭력 행위를 지시 또는 주동한 자, 불법 집회·시위의 배후 조종자
> ④ 그 밖의 제1호 내지 제3호에 준하는 불법 집단행동으로 사회질서와 공공의 이익에 중대한 위해를 가한 자

XVIII. 뇌물 사범

1. 뇌물 피의자 구속여부 판단 시 고려사항

뇌물 피의자에 대한 구속 여부를 판단할 때에는 다음의 요소를 고려하여야 한다.

① 뇌물액의 다과, 피의자의 지위, 직무 관련성 정도, 청탁의 내용, 뇌물의 사용 용도 등 사안의 중대성

② 수뢰자의 사전 요구 유무, 공여자의 경우 기업 사정 등 뇌물의 수수 및 공여 경위

③ 범행의 태양(체계적·구조적·지속적 범행 여부 등)

④ 범죄 전력 및 범행 후의 정황(실제 받은 이익, 청탁 실행 여부, 뇌물의 반환 여부, 자수·수사 협조 여부 등)

2. 원칙적 구속 대상 피의자

다음에 해당하는 피의자는 원칙적으로 구속 대상으로 본다.

① 거액의 뇌물을 수수·요구·약속 또는 공여하거나 직무 관련성이 중한 뇌물을 수수·요구·약속 또는 공여한 자
② 지위를 이용하여 적극적으로 뇌물을 요구한 자
③ 체계적·구조적·지속적 뇌물 수수자 및 그 공여자
④ 추가 불법행위의 조사가 필요하고 지위를 이용하여 증거를 조작하거나 조작할 우려가 있는 자
⑤ 뇌물 공여로 인해 실제 받은 이익이 큰 뇌물 공여자, 불법적이거나 부정한 청탁 내용을 실행 또는 실행하려고 한 뇌물 수수자
⑥ 그 밖의 제1호 내지 제5호에 준하는 뇌물 공여나 수수 등 행위로 국가기능의 공정성에 중대한 위해를 가한 자

XX. 정치자금법 위반 사범

1. 정치자금법 위반 피의자 구속여부 판단 시 고려사항

정치자금법 위반 피의자에 대한 구속 여부를 판단할 때에는 다음의 요소를 고려하여야 한다.

① 불법정치자금 액수(기부금, 후원금 등 성격 불문)의 다과, 직무 관련성 정도 등 사안의 중대성
② 사전 요구 유무, 불법정치자금의 출처, 기업 사정 등 수수 및 기부의 경위
③ 범행의 태양(체계적·구조적·지속적 범행 여부 등)
④ 피의자의 지위 및 불법정치자금 모집의 주도적 관여 여부 등 범행 가담 정도
⑤ 범죄 전력 및 범행 후의 정황(개인적 소비 여부, 자수·수사 협조 여부 등)

2. 원칙적 구속 대상 피의자

다음에 해당하는 피의자는 원칙적으로 구속 대상으로 본다.

① 거액의 불법정치자금 기부자 및 수수자(정당, 후원회, 법인, 기타 단체에서는 그 구성원으로서 위반행위를 한 자를 말한다. 이하 같다.), 성격이 뇌물에 유사한 불법정치자금의 기부자 및 수수자

② 체계적 · 구조적 · 지속적 불법정치자금의 기부자 및 수수자로서 정당 등에서의 지위에 비추어 범행에 주도적으로 관여한 자
③ 추가 불법행위의 조사가 필요하고 지위를 이용하여 회계장부 및 관련 증거를 조작하거나 조작할 우려가 있는 자
④ 그 밖의 제1호 내지 제3호에 준하는 행위로 정치자금의 투명성을 저해하거나 민주정치의 건전한 발전에 중대한 위해를 가한 자

ⅩⅩ. 기업 비리 사범

1. 기업 비리범죄 피의자 구속여부 판단 시 고려사항

기업 비리범죄 피의자에 대한 구속 여부를 판단할 때에는 다음의 요소를 고려하여야 한다.

① 횡령, 배임, 주가조작, 분식회계를 이용한 사기 등의 범죄로 인한 이익금 내지 회사 손해액의 규모, 이익금의 조성 경과와 사용처, 사용 방법 등 사안의 중대성
② 범행의 목적(개인적 착복이나 변칙적 재산 이전 등의 목적 유무 등)
③ 범행의 태양(체계적 · 구조적 · 지속적 범행 여부 등)
④ 범행의 결과(범죄로 인한 실질적 이익의 피의자 귀속 여부, 해당 기업 및 금융기관 등 이해 관계자에 미친 영향 등)
⑤ 피의자의 지위 및 범행 가담 정도(주요 주주, 전 · 현직 임직원 등 구분)
⑥ 피해자의 인원 및 상황(회사의 상장 여부 포함)
⑦ 범죄 전력 및 범행 후의 정황(피해 회복 내역 및 자구 노력, 수사 협조 정도 등)

2. 원칙적 구속 대상 피의자

다음에 해당하는 피의자는 원칙적으로 구속 대상으로 본다.

① 범죄로 인한 이익금 내지 회사 손해액이 거액으로서 개인적 착복이나 변칙적 재산 이전이 있는 경우 이를 주도한 주요 주주나 회사 임직원
② 체계적 · 구조적 · 지속적으로 회사 자금 횡령 등의 범행이 있는 경우 기업에서의 지위 등에 비추어 범행에 주도적으로 관여한 자
③ 거액의 회사 자금을 뇌물이나 불법정치자금으로 제공하는 등 추가 불법행위가 있는 자
④ 그 밖의 제1호 내지 제3호에 준하는 행위로 기업 경영의 부실을 초래하거나 국가 경제 질서에 중대한 위해를 가한 자

XXI. 조직폭력 사범

1. 조직폭력 피의자 구속여부 판단 시 고려사항

조직폭력 피의자에 대한 구속 여부를 판단할 때에는 다음의 요소를 고려하여야 한다.
① 범죄단체의 구성 및 가담 정도(범죄단체에서의 지위 및 역할 정도)
② 범죄단체의 규모 및 지속 정도
③ 범죄단체 구성 후 범죄단체의 존속·유지를 위한 추가범행 정도
④ 피해자와 증인에 대한 보복의 위험성 및 재범의 위험성
⑤ 범죄 전력 및 범행 후의 정황(탈퇴 여부, 수사 협조 여부 등)

2. 원칙적 구속 대상 피의자

다음에 해당하는 피의자는 원칙적으로 구속 대상으로 본다.

① 범죄단체의 수괴 및 핵심 간부
② 범죄단체의 존속과 유지를 위한 추가 불법행위에 가담한 자
③ 조직적으로 피해자와 사건관계인 또는 그 친족에 대해 보복하거나 위해를 가할 우려가 있는 자
④ 범행 이후 조직적으로 구성원 등을 도망시키거나 증거를 인멸하려고 한 자
⑤ 그 밖의 제1호 내지 제4호에 준하는 행위로 범죄단체를 구성하거나 가입한 자로서 단체 또는 집단의 위력을 과시하여 범행을 저지른 자

3. 유의사항

조직폭력 피의자에 대한 구속 여부를 판단할 때에는 범죄의 특성상 도망이나 증거인멸, 사건관계인에 대한 위해의 우려가 높은 점에 유의하고, 범죄에 대한 적극 대처를 통한 사회 전반의 질서유지와 공공의 이익 확보 등의 목적을 충분히 고려하여야 한다.

XXII. 마약 사범

1. 마약류 관리에 관한 법률 위반 피의자 구속여부 판단 시 고려사항

마약류 관리에 관한 법률 위반 피의자에 대한 구속 여부를 판단할 때에는 다음의 요소를 고려하여야 한다.

① 사안의 중대성(일반적인 마약류 사범과 경미한 병·의원의 관리 위반 사범 등을 구별)
② 범행 경위 및 가담 정도
③ 상선·하선, 공급자 등 공범에 대한 은닉 여부 및 수사 협조 여부
④ 중독성 및 재범의 위험성
⑤ 범죄 전력 및 범행 후의 정황(자수 여부, 치료·재활 의지 등)

2. 원칙적 구속 대상 피의자

마약류 관리에 관한 법률 위반 피의자는 원칙적으로 구속 대상으로 본다. 다만, 병·의원의 마약류의약품 관리 위반 및 소규모 대마(재배)사범 등 경미한 사안은 그러하지 아니하다. 또한, 적극적인 수사 협조자나 단순 투약자 중 범죄 전력, 자수 여부, 투약량·회수·기간 및 본인과 가족들의 치료·재활 의지 등을 고려할 때 구속하지 아니하는 것이 상당하다고 인정되는 경우에는 구속 대상에서 제외한다.

3. 유의사항

마약류 관리에 관한 법률 위반 피의자에 대한 구속 여부를 판단할 때에는 범죄의 특성상 제조, 수입, 공급, 판매, 투약으로 이어져 공범이 필수적으로 존재하며 이로 인해 도망이나 증거인멸의 우려와 재범의 위험성이 높은 점에 유의하고, 범죄에 대한 적극 대처를 통한 사회 전반의 질서유지와 공공의 이익 확보 등의 목적을 충분히 고려하여야 한다.

제13절 강제수사 관련 고려사항

 I. 구속영장 신청 지침

1. 증거인멸 염려

내 용	① 인멸(물증의 은닉, 증인에 대한 위증이나 침묵의 강제)의 대상이 되는 증거가 존재하는지 여부 ② 그 증거가 범죄사실의 입증에 결정적으로 영향을 주는지 여부 ③ 피의자측에 의하여 그 증거를 인멸하는 것이 물리적·사회적으로 가능한 것인지 여부 ④ 피의자측이 피해자 등 증인에 대하여 어느 정도의 압력이나 영향력을 행사할 수 있는지 여부 등
기재사례	① 조사받지 아니한 도주한 공범이 있음 ② …등으로 보아 증거인멸의 우려가 있음 ③ 확인중인 추가범죄에 대한 증거인멸의 우려가 있음 ④ 제3자의 생명(신체, 재산)에 위해를 가할 염려가 있음

2. 도망하거나 도망할 염려

범죄사실에 관한 사정	① 범죄의 경중, 태양, 동기, 횟수, 수법, 규모, 결과 등 ② 자수 여부
개인적 사 정	① 직업이 쉽게 포기할 수 있는 것인지 여부 ② 경력, 범죄경력, 그동안의 생계 수단의 변천 ③ 약물복용이나 음주의 경력, 질병 치료, 출산을 앞두고 있는지 여부 ④ 외국과의 연결점이 있는지, 여권의 소지 여부 및 해외여행의 빈도
가족관계	① 가족 간의 결속력(가족들이 피의자를 선행으로 이끌만한 능력과 의사가 있는지 여부) ② 가족 중에 보호자가 있는지 ③ 배우자 또는 나이가 어리거나 학생인 자녀가 있는지 ④ 연로한 부모와 함께 거주하거나 부모를 부양하고 있는지 ⑤ 피의자에 대한 가족들의 의존 정도
사회적 환 경	① 피의자 및 가족의 지역 사회와의 유대의 정도(거주 기간·정착성 등) ② 교우 등 지원자가 있는지 등
기 타	정당한 이유없이 수사기관의 출석요구에 불응하였는지 여부 또는 주거는 일정하나 거소를 전전 이전하여 소환에 의한 출석요구가 곤란한지 여부

3. 주거부정

내 용	① 주거의 종류(주택, 여관, 기숙사 등), 거주기간, 주민등록 여부 등 주거 자체의 안정성 　－도망하여 일시적으로 여관, 고시원 등에 거주한 주민등록말소자라도 현재는 복귀 　　하여 가족들과 함께 생활할 주거가 있는 경우는 주거부정으로 판단키 어려움 　　※ '주거 미상' 또는 '주거 묵비'의 경우도 주거부정에 포함되는 것으로 해석 ② 피의자의 지위, 연령, 직업, 가족관계, 재산상태 등 생활의 안정성 등 종합 판단 ③ 부랑자, 노숙자(노숙자쉼터 거주자 포함), 숙박료를 일주일씩 혹은 하루하루 지급하 　는 쪽방 등 간이숙박시설이나 공사장, 주유소 등에서 단기간 거주하는 자, 목욕탕이 　나 피시방 등을 전전하는 자, 가출한 자, 상점 등에서 점원 등으로 숙식하면서 일을 　하다가 주인의 금품을 훔쳐 달아난 자 등 　－여관 또는 고시원에 거주하더라도 일정한 직업이 있고 장기간 주거로서 체류하는 　　경우와 같이 주거 및 생활의 안정성이 있는 경우 주거부정으로 판단키 어려움

4. 구속의 제한

내 용	① 쟁의기간 중의 근로자(현행범 외에 노동조합및노동관계조정법 위반을 이유로 구속 　되지 않음－노동조합및노동관계조정법 제39조) ② 선거관리위원회 위원(선거관리위원회법 제13조) ③ 회기 중의 국회의원(현행범인 경우를 제외하고는 국회의 동의없이 체포 또는 구금 　되지 아니함－헌법 제44조 제1항, 국회법 제26조) ④ 다액 50만원 이하의 벌금, 구류 또는 과료에 해당하는 사건에 관하여는 주거부정 　인 경우에만 구속 가능

◗ II. 압수수색 검증영장 신청 지침(형사소송법 제215조)

1. 판단 기준

소명정도	① 범죄사실을 특정하기 위한 근거자료 존재 여부 　－익명의 제보자가 범죄 제보하였다는 첩보가 있다는 내용 등으로 구체적 범 　　죄내용 특정되지 않은 경우, 범죄사실의 소명이 있는가에 대해 신중히 판단. 　　범죄 단서를 찾기 위한 탐색적 압수·수색은 안 됨 ② 압수·수색·검증의 필요성에 대한 근거자료 존재 여부 ③ 압수·수색·검증 대상 특정 여부 ※ 수색의 대상이 피의자 이외의 자의 신체·물건·주거 기타의 장소인 경우 "압수 　하여야 할 물건이 있다고 인정되는 경우"에 한함(형사소송규칙 제108조 제2항)
범 위	① 신청 범위가 목적을 달성할 수 있는 상당한 범위 정도로 제한되었는지 　例 CCTV에 대한 압수수색 신청시 범행시간 특정되는 경우 범행 전후 1－2시 　　간 정도로 제한 신청이 바람직
대 상 (물건·장소)	① 대상 장소와 물건은 반드시 특정 ② 피의자 이외의 자가 거주하고 있는 장소에 대해선 더 신중한 판단 필요

2. 계좌추적

특정되어야 할 대상	① 예금주 ② 개설은행 ③ 계좌번호 ④ 추적이 필요하다고 여겨지는 금융거래기간 등이 특정되어야 하는 것이 원칙
금융거래 내역	범위를 반드시 한정 -판단기준 : 압수수색의 필요성, 소명의 정도, 범죄사실의 내용, 압수수색을 통하여 취득하려는 자료 등 종합적 검토
포괄계좌	① 압수·수색 대상자만 특정된 포괄계좌 영장은 필요성이 인정되는 한 허용됨. 그러나 신청 여부는 혐의사실과 관련 없는 예금거래의 비밀이 침해될 소지가 크다는 점에서 신중한 판단요 ② 피의자 이외의 제3자에 대한 포괄적 압수수색영장은 당해 범죄와 제3자의 관련성이 명백한지 여부 우선 판단하고 기본권 문제 등을 충분히 고려하여 신청 ③ 대상 장소는 '모든 금융기관'이라고 기재치 말고 금융기관의 명칭을 개별적 특정하여 신청하여야 함
연결계좌	① 연결계좌와 당해 범죄사실과의 관련성에 대한 충분한 소명 필요, 이때에도 기본계좌의 직전·직후로 연결된 계좌에 한하여 신청(뇌물죄의 경우에 수뢰자는 기본계좌와 직전계좌, 증뢰자는 기본계좌와 직후계좌만 신청 원칙) ③ 범행일시가 특정되는 경우 범행일시 전후 1~2개월 정도로 거래기간 특정

3. 기 타

변사체 부검	① '검증영장' 신청 ② 피의자는 불상의 상태임에도 사망자를 피의자로 잘못 기재하는 경우 많음 -피의자(불상)와 검증할 물건이 제대로 기재되어 있는지 확인 필요
야간집행 영장	야간에 집행하고자 하는 취지를 기재(풍속업장 등에 대한 압수·수색 영장은 야간 기재 불필요)
기타유의 사항	사전영장, 사후영장, 금융계좌추적용 등 3가지 영장 종류가 있으므로 올바른 방식(양식)에 의한 것인지 확인

III. 통신제한조치 신청 지침

〈범죄수사를 위한 통신제한조치 허가기준〉

대상범죄	통신비밀보호법 제5조 제1항 1호 내지 11호 해당 범죄로 제한
허가요건	① 대상범죄를 계획 또는 실행하고 있거나 범행하였다고 의심할 만한 충분한 이유가 있고, 다른 방법으로는 그 범죄의 실행을 저지하거나 범인의 체포 또는 증거의 수집이 어려운 경우 ② 여기서 '충분한 이유' 는 구속의 요건인 '상당한 이유' 보다 엄격하게 해석됨
대상자	원칙적으로 피의자 또는 피혐의자에 한정됨(다만 그 이외의 자에 대한 통신제한조치도 가능하나 혐의자와의 관련성이 혐의자 본인이나 다름없는 인적관계에 있거나 범죄의 공범자에 가까울 정도의 지위에 있어야 함)
범 위	① 우편물의 검열 ② 전기통신의 감청 ③ 공개되지 아니한 타인 간 대화의 녹음 또는 청취 ※ 당사자의 동의 없이 E-mail 등 컴퓨터를 이용한 통신내용을 취득하거나 통신의 송·수신을 방해하는 것은 통신비밀보호법상 전기통신의 감청에 해당하므로, 통신 제한조치허가 사건으로 처리됨(대법원 재판예규 제796조)

기타
유의사항
	① 관할 유무 확인
	  −통신당사자의 쌍방 또는 일방의 주소지 또는 소재지 관할 지방법원 또는 지원
	  −범죄지 또는 통신당사자와 공범관계에 있는 자의 주소지·소재지를 관할하는 지방법원 또는 지원
	  −관할에 포함되지 않는 전화번호(지역번호로 판별)에 대해서는 관할권 없음을 이유로 기각됨
	② 허가기간 : 2개월
	③ 연장신청 : 허가요건이 존속하는 한 계속적으로 기간연장 신청 가능
	④ 청구의 양식(방식) 확인
	  −사전허가서, 사후허가서, 사전 및 사후 동시허가서 등 3가지 양식이 있으므로 올바른 양식에 의한 것인지 확인해야
	⑤ 보완 : 허가서는 보안이 유지되어야 하고, 이를 누설할 경우 형사처벌의 대상임

Ⅳ. 범죄유형별 구속영장 신청 지침

1. 폭력행위 사범(폭처법·상해 및 폭행 등)

전 과	◦동종전과 여부, 특히 피의자가 누범에 해당하거나 집행유예 기간에 있는 등 집행 유예결격자에 해당하는지 여부 −이 점은 모든 범죄유형에서 공통되는 고려요소
행 위	◦흉기소지 여부(칼, 쇠파이프, 벽돌, 깨진 소주병 등), 공범 여부, 범행시간 및 장소 (조직적, 집단적 범행 여부)
상해부위 및 정도	◦두부, 흉부 등 생명에 영향을 주거나 후유증이 남는 상해인지 여부 −상해 정도에 관하여는 상해진단서의 치료 기간만을 기준으로 할 것이 아니라 상 해부위와 관련하여 종합적으로 판단함이 상당함
동 기	◦계획적 범행인지 여부(예컨대 속칭 해결사를 동원하여 채무자에게 폭행을 가하는 경우 등) 또는 주취 중의 우발적 범행이거나 피해자가 먼저 도발한 것인지 여부
합 의	◦피해자와의 합의 여부(또는 이에 준하는 상당한 금액을 공탁하였는지 여부)
소 년 범	◦영장이 청구되는 소년이면 대부분 동종범행으로 소년부 송치의 처분을 받은 전력 이 있고, 학교를 중퇴 또는 휴학하고 가출하여 범행을 상습적으로 저지르는 경우 가 주류를 이루고 있음. 성인의 경우보다 엄격히 적용

2. 절도 사범

행 위	◦소매치기, 아리랑치기(취객을 상대로 한 절도), 주거침입절도, 특수절도(수인이 공동 으로 하거나 도구를 사용하여 잠긴 문을 파손하고 침입하여 절도행위를 한 경우 등) 등 상습적, 계획적인 범행인지 또는 길거리에 세워진 오토바이를 보고 호기심에서 끌고 가는 것과 같은 우발적 범행인지 여부(범행횟수·수법·규모·결과 등)
동 기	◦생활이 곤궁하여 저지른 것인지 또는 용돈이나 유흥비 마련을 위한 것인지 여부
피해회복 여부	◦장물이 압수되어 피해자에게 가환부되었거나 피해자와 합의가 되었는지 여부 ◦장물을 타인에게 처분하였는지 여부
사회적 유대관계	◦피의자의 직업 등 생계 수단, 가족 간의 결속력, 지역에서의 거주 기간 및 정착성 정도, 교우관계 등

3. 부정수표 단속법 위반

내 용	◦부도수표액, 수표계약 후 부도시까지의 기간, 부도 발생 경위, 부도수표 회수율 등 을 종합적으로 고려하여 판단 ◦종전에는 미회수 부도수표액 약 5,000만 원을 기준으로 구속여부의 기준으로 삼 았으나 최근의 경제불황 등으로 '흑자도산' 하는 중소기업이 늘어나면서 기업의 재무상황 등을 고려하여 장래의 회수 가능성이 있는 경우에는 이를 고려

4. 사기 · 횡령 · 배임

죄 명	유 형	구속영장신청 기준(다음 중 하나를 충족하면 신청)
사기 공갈	제347조	– 피해액 2,000만 원 이상 미합의 – 공무원에의 청탁, 이권개입명목, 기타 적극적 기망행위에 의한 경우
	제347조의2	– 피해액 2,000만 원 이상 미합의 – 공공목적에 이용되는 컴퓨터에 부정한 명령 입력 등 죄질 불량한 경우
	제350조	– 피해액 500만원 이상 미합의
횡령 배임	제355조, 제356조	– 피해액 2,000만 원 이상 미합의 – 장부조작 등 신뢰관계의 본질을 침해하는 범행
기 타		◦ 피의자의 동종전과 여부, 범행횟수, 수법, 피해액, 피해자와의 합의 여부, 범행 동기, 피해자와의 관계, 피의자 재산상태, 차용금원의 목적 외 사용 등 여러 사정을 참작하여 판단

V. 기타 법규 위반

마약 관련 범죄	◦ 필로폰, 대마, 본드, 부탄가스 등을 흡입, 소지 또는 매매하는 경우 동종전과 여부, 범행횟수, 단순 투약인지 매매를 한 것인지, 범행경위 등을 고려하여 판단
식품위생법 풍속영업법 성매매법	◦ 동종전과, 무허가 영업기간, 시설 규모, 청소년 고용여부, 인원수, 성매매 행위알선 및 강요여부, 호객행위자(삐끼) 이용 여부 등 종합적으로 고려하여 판단
사행행위등규제및 처벌특례법	◦ 동종전과, 영업기간, 영업장의 규모 및 시설(단속에 대비한 비밀통로가 설치되어 있는지) ◦ 오락기에 대한 담당구청의 승인 여부 및 대수, 게임 방법(현금으로 환급되는지 여부) 등을 고려하여 판단
게임산업진흥에 관한 법률 등	◦ 피의자의 전력, 수량 및 시가, 판매한 금액 등을 종합적으로 고려하여 판단 ◦ 무허가로 음란 CD · 비디오테이프를 복제하거나 삐끼를 이용하여 이를 판매한 사례가 많음 (최근에는 PC통신을 이용하여 광고 · 판매가 이루어짐).
상표법	◦ 피의자의 전력, 제조수량 및 판매량, 실제 이득액, 영업기간, 피해자와의 합의 여부 등을 종합적으로 고려하여 판단. ◦ 유명 외국상표(Nike, Gucci, Christian Dior 등)가 부착된 운동화, 모자, 가방, 지갑, 옷 등을 제조하여 판매한 사례가 많음.

제14절 피의자 접견 금지

Ⅰ. 근거법령

1. 형사소송법

> **제91조(변호인 아닌 자와의 접견·교통)** 법원은 도망하거나 범죄의 증거를 인멸할 염려가 있다고 인정할 만한 상당한 이유가 있는 때에는 직권 또는 검사의 청구에 의하여 결정으로 구속된 피고인과 제34조에 규정한 외의 타인과의 접견을 금지할 수 있고, 서류나 그 밖의 물건을 수수하지 못하게 하거나 검열 또는 압수할 수 있다. 다만, 의류·양식·의료품은 수수를 금지하거나 압수할 수 없다.

2. 경찰수사규칙

> **제59조(피의자 접견 등 금지)** ① 사법경찰관은 법 제200조의6 및 제209조에서 준용하는 법 제91조 또는 「형의 집행 및 수용자의 처우에 관한 법률」 제87조에서 준용하는 같은 법 제41조에 따라 체포 또는 구속된 피의자와 법 제34조에서 규정한 사람이 아닌 사람과의 접견 등을 금지하려는 경우에는 별지 제51호서식의 피의자 접견 등 금지 결정서에 따른다.
> ② 사법경찰관은 제1항의 결정을 취소하는 것이 타당하다고 인정되어 피의자 접견 등의 금지를 취소하는 경우에는 별지 제52호서식의 피의자 접견 등 금지 취소 결정서에 따른다.
> ③ 제1항의 피의자 접견 등 금지 결정은 사법경찰관의 사건 송치와 동시에 그 효력을 상실한다.

Ⅱ. 절 차

1. 접견 금지 사유

도망하거나 범죄의 증거를 인멸할 염려가 있다고 인정할 만한 타당한 이유가 있는 때

2. 금지 내용

가. 타인과의 접견을 금지

나. 서류나 그 밖의 물건을 수수하지 못하게 하거나 검열 또는 압수(다만, 의류·양식·의료품은 수수를 금지하거나 압수할 수 없음)

3. 취소

가. 결정을 취소함이 상당하다고 인정되어 피의자 접견 등의 금지를 취소할 때에는 피의자 접견 등 금지 취소결정서에 따른다.

나. 피의자 접견 등 금지 결정은 사법경찰관의 송치와 동시에 그 효력을 잃는다.

○○경찰서

제 호   20○○.○.○.

제 목 : 피의자 접견 등 금지 결정서

「형사소송법」 제209조에서 준용하는 제91조 또는 형의 집행 및 수용자의 처우에 관한 법률 제87조에서 준용하는 제41조에 따라 다음 사건의 피의자에 대하여 아래와 같이 접견 등 금지를 결정합니다.

[대상 사건]

사건번호 :

죄   명 :

[피의자 인적사항]

성   명   주민등록번호

주   거

직   업

체포· 구속 일자

접견 등 금지기간   0000. 00. 00. ~ 0000. 00. 00. (일)

[접견 등 금지 결정 내용]

[결정 사유]

○ ○ 경 찰 서

제 호   20○○.○.○.

제 목 : 피의자 접견 등 금지 취소 결정서

「형사소송법」제209조에서 준용하는 제91조 또는 형의 집행 및 수용자의 처우에 관한 법률 제87조에서 준용하는 제41조에 따라 결정한 다음 사건의 피의자에 대한 접견 등 금지 조치를 취소합니다.

[대상 사건]

사건번호 :

죄   명 :

[피의자 인적사항]

성   명 :   주민등록번호

주   거 :

직   업 :

체포·구속 일자 :

접견등금지기간 : 0000. 00. 00. ~ 0000. 00. 00. (일)

[취소 대상 '접견 등 금지 조치' 내용]

[취 소 사 유]

제2장   대물적 강제처분

제1절 압수 · 수색영장 신청

 Ⅰ. 법적근거

1. 형사소송법

> **제113조(압수 · 수색영장)** 공판정 외에서 압수 또는 수색을 함에는 영장을 발부하여 시행하여야 한다.
> **제114조(영장의 방식)** ① 압수 · 수색영장에는 다음 각 호의 사항을 기재하고 재판장이나 수명법관이 서명날인하여야 한다. 다만, 압수 · 수색할 물건이 전기통신에 관한 것인 경우에는 작성기간을 기재하여야 한다.
> 1. 피고인의 성명
> 2. 죄명
> 3. 압수할 물건
> 4. 수색할 장소 · 신체 · 물건
> 5. 영장 발부 연월일
> 6. 영장의 유효기간과 그 기간이 지나면 집행에 착수할 수 없으며 영장을 반환하여야 한다는 취지
> 7. 그 밖에 대법원규칙으로 정하는 사항

2. 형사소송규칙

> **제58조(압수수색영장의 기재사항)** 압수수색영장에는 압수수색의 사유를 기재하여야 한다.
> **제59조(준용규정)** 제48조의 규정은 압수수색영장에 이를 준용한다.

3. 검사와 사법경찰관의 상호협력과 일반적 수사준칙에 관한 규정

> **제37조(압수 · 수색 또는 검증영장의 청구 · 신청)** 검사 또는 사법경찰관은 압수 · 수색 또는 검증영장을 청구하거나 신청할 때에는 압수 · 수색 또는 검증의 범위를 범죄 혐의의 소명에 필요한 최소한으로 정해야 하고, 수색 또는 검증할 장소 · 신체 · 물건 및 압수할 물건 등을 구체적으로 특정해야 한다. 이 경우 수사기밀이나 사건관계인의 개인정보가 압수 · 수색 또는 검증을 필요로 하는 사유의 소명에 필요한 정도를 넘어 불필요하게 노출되지 않도록 유의해야 한다.
> **제39조(압수 · 수색 또는 검증영장의 재청구 · 재신청 등)** 압수 · 수색 또는 검증영장의 재청구 · 재신청 (압수 · 수색 또는 검증영장의 청구 또는 신청이 기각된 후 다시 압수 · 수색 또는 검증영장을 청구하거나

신청하는 경우와 이미 발부받은 압수·수색 또는 검증영장과 동일한 범죄사실로 다시 압수·수색 또는 검증영장을 청구하거나 신청하는 경우를 말한다)과 반환에 관해서는 제31조 및 제35조를 준용한다.

4. 경찰수사규칙

제63조(압수·수색·검증영장의 신청 등) ① 사법경찰관은 수사준칙 제37조에 따라 압수·수색 또는 검증영장을 신청하는 경우에는 별지 제63호서식부터 별지 제65호서식까지의 압수·수색·검증영장 신청서에 따른다. 이 경우 압수·수색 또는 검증의 필요성 및 해당 사건과의 관련성을 인정할 수 있는 자료를 신청서에 첨부해야 한다.
② 압수·수색 또는 검증영장의 집행 및 반환에 관하여는 제55조제1항·제2항 및 제58조를 준용한다.

II. 압수영장 신청서 작성시 유의사항

※ 경찰 수사에 관한 인권보호 규칙
제20조(압수·수색 또는 검증영장 신청 시 유의사항) 경찰관은 압수·수색 또는 검증영장을 신청할 때에는 범죄혐의 소명에 필요한 최소한의 범위에서 압수·수색 또는 검증이 실시될 수 있도록 그 범위, 장소, 디지털 증거의 대상 등을 구체적으로 특정하고 압수·수색 또는 검증의 필요성 및 사건과의 관련성을 인정할 수 있는 자료를 기록에 첨부해야 한다.

1. 소명의 정도

가. 압수·수색·검증영장을 청구할 때에는,

① 범죄사실에 대한 자료와

② 압수·수색·검증의 필요성에 대한 자료가 제출되어야 하고,

③ 압수·수색·검증의 대상이 특정되어야 함.

※ 특히 수색의 대상이 피의자 이외의 자의 신체, 물건, 주거 기타 장소면 압수하여야 할 물건이 있다고 인정될 때 한함(형사소송규칙 제108조 제2항)

나. '범죄사실'에 대한 소명의 정도

구속영장을 발부하는 경우에 요구되는 정도로 범죄의 상당한 혐의가 있어야 한다고 볼 필요는 없으나, 구체성이 결여된 수사보고서(예컨대, 익명의 제보자가 범죄를 제보하였다는 첩보가 있다는 취지의 수사보고서로서 구체적인 내용은 기재되어 있지 않은 경우) 이외에 범죄사실에 관한 별다른 소명자료가 첨부되지 않은 상태로 압수·수색영장이 청구된 경우에는 소명이 있는지에 대한 신중한 판단 요함.

다. 범죄의 단서를 찾기 위한 탐색적 압수·수색은 불허

■ 판례 ■   현행범체포 현장이나 범죄장소에서 소지자 등이 임의로 제출하는 물건을 형사소송법 제218조에 따라 영장 없이 압수할 수 있는지 여부(적극) 및 이 경우 검사나 사법경찰관이 사후에 영장을 받아야 하는지 여부(소극)

검사 또는 사법경찰관은 형사소송법 제212조의 규정에 의하여 피의자를 현행범 체포하는 경우에 필요한 때에는 체포 현장에서 영장 없이 압수·수색·검증을 할 수 있으나, 이와 같이 압수한 물건을 계속 압수할 필요가 있는 경우에는 체포한 때부터 48시간 이내에 지체 없이 압수영장을 청구하여야 한다(제216조 제1항 제2호, 제217조 제2항). 그리고 검사 또는 사법경찰관이 범행 중 또는 범행 직후의 범죄 장소에서 긴급을 요하여 판사의 영장을 받을 수 없는 때에는 영장 없이 압수·수색 또는 검증을 할 수 있으나, 이 경우에는 사후에 지체 없이 영장을 받아야 한다(제216조 제3항). 다만 형사소송법 제218조에 의하면 검사 또는 사법경찰관은 피의자 등이 유류한 물건이나 소유자·소지자 또는 보관자가 임의로 제출한 물건은 영장 없이 압수할 수 있으므로, 현행범 체포 현장이나 범죄 장소에서도 소지자 등이 임의로 제출하는 물건은 위 조항에 의하여 영장 없이 압수할 수 있고, 이 경우에는 검사나 사법경찰관이 사후에 영장을 받을 필요가 없다.(대법원 2016. 2. 18., 선고, 2015도13726, 판결)

2. 압수의 범위

가. 강제처분은 임의수사에 의해서는 형사소송의 목적을 달성할 수 없는 경우에 최후의 수단으로 인정되어야 한다는 제한을 받게 되고, 필요한 최소한도의 범위 안에서만 시행되어야 함(형소법 제199조)

나. '압수·수색·검증의 필요성'에 대한 소명이 있는 경우에도, 압수·수색·검증 영장의 집행으로 인하여 얻을 수 있는 공익과 그로 인하여 침해되는 개인의 이익을 비교하여 압수·수색·검증의 범위를 필요한 최소한의 범위로 제한할 필요 있음.

다. 일부의 물건이나 장소만을 압수·수색·검증하여도 그 목적을 충분히 달성할 수 있다고 판단되는 경우에는 압수·수색·검증의 범위를 상당한 정도로 제한하는 것이 필요함(여신전문금융업법 위반사건에 관하여 CCTV에 대하여 압수수색을 청구하는 경우에 범행시간이 특정되는 경우에는 가급적 범행시간을 전후하여 1~2시간 정도로 제한하여 신청함이 바람직함)

■ 판례 ■   압수물에 대한 몰수의 선고가 없어 압수가 해제된 것으로 간주된 상태에서 공범자에 대한 범죄수사를 위하여 그 압수해제된 물품을 재압수할 수 있는지 여부(적극)

형사소송법 제215조, 제219조, 제106조 제1항의 규정을 종합하여 보면, 검사는 범죄수사에 필요한 때에는 증거물 또는 몰수할 것으로 사료하는 물건을 법원으로부터 영장을 발부받아서 압수할 수 있는 것이고, 합리적인 의심의 여지가 없을 정도로 범죄사실이 인정되는 경우에만 압수할 수 있는 것은 아니라 할 것이며, 한편 범인으로부터 압수한 물품에 대하여 몰수의 선고가 없어 그 압수가 해제된 것으로 간주된다고 하더라도 공범자에 대한 범죄수사를 위하여 여전히 그 물품의 압수가 필요하다거나 공범자에 대한 재판에서 그 물품이 몰수될 가능성이 있다면 검사는 그 압수해제된 물품을 다시 압수할 수도 있다(대법원 1997.1.9. 자 96모34 결정).

■ 판례 ■ **공범이 유죄 및 압수물 몰수의 확정판결을 받고 자신도 기소중지처분되어 피의사건이 완결되지 않은 경우, 그 압수물에 대하여 소유권에 의한 인도를 구할 수 있는지 여부**
원고의 직원이 원고의 소유인 일화를 원고의 지시에 따라 일본국으로 반출하려다가 이를 압수당하고 원고와의 공범으로 재판을 받아 특정경제범죄가중처벌등에관한법률위반죄(재산국외도피)로 징역형의 선고유예 및 위 일화에 대한 몰수의 확정판결을 받았고, 원고는 위 직원과 공동피의자로 입건되고서도 조사에 응하지 아니하여 기소중지처분이 되어 지금까지 그 피의사건이 완결되지 아니하고 있다면, 그 일화에 대한 압수의 효력은 원고에 대한 관계에 있어서는 여전히 남아 있으므로, 원고가 그 압수물에 대한 소유권에 의하여 인도를 구하는 몰수금반환청구는 배척될 수밖에 없다(대법원 1995. 3.3. 선고 94다37097 판결).

3. 압수 · 수색의 물건, 장소

가. 압수 · 수색할 장소, 물건의 특정
압수 · 수색할 장소가 특정되지 않은 경우(예컨대, 대학의 대운동장과 부속건물 전부에 대해 청구하는 경우, 압수 · 수색의 과정에서 파악되는 피의자의 실제 주거지를 장소로 하는 경우 등)와 압수 · 수색할 물건이 특정되지 않은 경우(예컨대, 압수 · 수색의 과정에서 확인되는 차명계좌에 대한 거래내역, 피의사실과 관련된 일체의 물건, 피의자가 사용하는 차량을 그 대상으로 하는 경우)에는, 보정을 요구하여 보완 후에 처리하되 보완이 이루어지지 않으면 그 부분에 대한 신청은 기각 우려 ("압수할 물건이 다른 장소에 보관된 것이 확인되면 그 장소를 수색할 수 있다" 라는 단서는 가능)

나. 피의자 이외의 자가 거주하고 있는 장소에 대한 압수 · 수색의 경우는 좀 더 신중한 판단이 필요함.

다. 압수 · 수색 · 검증영장의 경우 수사기관의 강제권한의 범위와 압수 · 수색을 받는 자의 수인의무의 범위를 명확히 하고, 피의자의 성명, 죄명, 압수할 물건, 수색 또는 검증할 장소, 신체, 물건, 유효기간 등을 특정하여 기재(형사소송법 제219조, 제113조, 114조, 형사소송규칙 제107조 제1항)
– 압수 · 수색의 장소, 물건 등의 특정에서는 압수 · 수색을 집행하는 수사기관의 자의적인 판단 때문에 수색 장소나 압수할 물건이 결정되는 사례가 발생하지 않도록 하여야 함.
※ 수색 장소가 사무실이면 가능한 혐의내용과 관련된 장소로 제한하여 수색 장소를 특정하여 집행

라. 압수할 물건과 수색할 물건의 구분

수색의 대상에 물건이 포함되는 경우에는 수색할 물건과 압수할 물건을 구체적으로 특정하여 기재

> 例. 컨테이너에 들어있는 수입물품 중 일부가 압수의 대상에 해당하면, 압수 물품이 들어있다는 컨테이너 자체가 압수할 물건이 아니고 수색의 대상이 되는 물건에 해당함

마. 압수·수색영장에 압수대상물을 압수장소에 '보관 중인 물건'으로 기재한 경우, 이를 '현존하는 물건'으로 해석 가능한지 여부(소극)

헌법과 형사소송법이 구현하고자 하는 적법절차와 영장주의의 정신에 비추어 볼 때, 법관이 압수·수색영장을 발부하면서 '압수할 물건'을 특정하기 위하여 기재한 문언은 엄격하게 해석하여야 하고, 함부로 피압수자 등에게 불리한 내용으로 확장 또는 유추 해석하여서는 안 된다. 따라서 압수·수색영장에서 압수할 물건을 '압수장소에 보관 중인 물건'이라고 기재하고 있는 것을 '압수장소에 현존하는 물건'으로 해석할 수는 없다. (대법원 2009. 3. 12., 선고, 2008도763, 판결)

■ 판례 ■

[1] 압수수색 대상물의 기재가 누락된 압수수색영장에 기하여 물건을 압수하고, 일부 압수물에 대하여는 압수조서·압수목록을 작성하지 아니하고 보관한 일련의 조치가 불법행위를 구성한다고 본 사례

[2] 법관이 압수수색할 물건의 기재가 누락된 압수수색영장을 발부한 행위가 불법행위를 구성하지 않는다고 본 사례

법관의 재판에 법령의 규정을 따르지 아니한 잘못이 있다 하더라도 이로써 바로 그 재판상 직무행위가 국가배상법 제2조 제1항에서 말하는 위법한 행위로 되어 국가의 손해배상책임이 발생하는 것은 아니고, 당해 법관이 위법 또는 부당한 목적을 가지고 재판을 하는 등 법관이 그에게 부여된 권한의 취지에 명백히 어긋나게 이를 행사하였다고 인정할 만한 특별한 사정이 있어야 위법한 행위가 되어 국가배상책임이 인정된다고 할 것인바, 압수수색할 물건의 기재가 누락된 압수수색영장을 발부한 법관이 위법·부당한 목적을 가지고 있었다거나 법이 직무수행상 준수할 것을 요구하고 있는 기준을 현저히 위반하였다는 등의 자료를 찾아볼 수 없다면 그와 같은 압수수색영장의 발부행위는 불법행위를 구성하지 않는다고 본 사례(대법원 2001.10.12. 선고 2001다47290 판결)

■ 판례 ■ 긴급체포된 자가 소유·소지 또는 보관하는 물건에 대한 긴급 압수·수색 또는 검증을 규정한 형사소송법 제217조 제1항의 취지 / 위 규정에 따른 압수·수색 또는 검증은 체포현장이 아닌 장소에서도 긴급체포된 자가 소유·소지 또는 보관하는 물건을 대상으로 할 수 있는지 여부(적극)

사법경찰관이 범죄수사에 필요한 때에는 피의자가 죄를 범하였다고 의심할 만한 정황이 있고 해당 사건과 관계가 있다고 인정할 수 있는 것에 한정하여 검사에게 신청하여 검사의 청구로 지방법원판사가 발부한 영장에 의하여 압수, 수색 또는 검증을 할 수 있다(형사소송법 제215조 제2항). 이처럼 범죄수사를 위하여 압수, 수색 또는 검증을 하려면 미리 영장을 발부받아야 한다는 이른바 사전영장주의가 원칙이지만, 형사소송법 제217조는 그 예외를 인정한다. 즉, 검사 또는 사법경찰관은 긴급체포된 자가 소유·소지 또는 보관하는 물건에 대하여는 긴급히 압수할 필요가 있는 경우

에는 체포한 때부터 24시간 이내에 한하여 영장 없이 압수·수색 또는 검증을 할 수 있고(형사소송법 제217조 제1항), 압수한 물건을 계속 압수할 필요가 있는 경우에는 지체 없이 압수수색영장을 청구하여야 한다. 이 경우 압수수색영장의 청구는 체포한 때부터 48시간 이내에 하여야 한다(같은 조 제2항). 형사소송법 제217조 제1항은 수사기관이 피의자를 긴급체포한 상황에서 피의자가 체포되었다는 사실이 공범이나 관련자들에게 알려짐으로써 관련자들이 증거를 파괴하거나 은닉하는 것을 방지하고, 범죄사실과 관련된 증거물을 신속히 확보할 수 있도록 하기 위한 것이다. 이 규정에 따른 압수·수색 또는 검증은 체포현장에서의 압수·수색 또는 검증을 규정하고 있는 형사소송법 제216조 제1항 제2호와 달리, 체포현장이 아닌 장소에서도 긴급체포된 자가 소유·소지 또는 보관하는 물건을 대상으로 할 수 있다.(대법원 2017. 9. 12., 선고, 2017도10309, 판결)

4. 압수수색영장의 범죄 혐의사실과 관계있는 범죄의 의미 및 범위

■ 판례 ■   영장발부의 사유로 된 범죄 혐의사실과 무관한 별개의 증거를 압수하였을 경우, 이를 유죄 인정의 증거로 사용할 수 있는지 여부(원칙적 소극) / '압수·수색영장의 범죄 혐의사실과 관계있는 범죄'의 의미 및 범위

형사소송법 제215조 제1항은 "검사는 범죄수사에 필요한 때에는 피의자가 죄를 범하였다고 의심할 만한 정황이 있고 해당 사건과 관계가 있다고 인정할 수 있는 것에 한정하여 지방법원판사에게 청구하여 발부받은 영장에 의하여 압수, 수색 또는 검증을 할 수 있다."라고 정하고 있다. 따라서 영장 발부의 사유로 된 범죄 혐의사실과 무관한 별개의 증거를 압수하였을 경우 이는 원칙적으로 유죄 인정의 증거로 사용할 수 없다. 그러나 압수·수색의 목적이 된 범죄나 이와 관련된 범죄의 경우에는 그 압수·수색의 결과를 유죄의 증거로 사용할 수 있다.

압수·수색영장의 범죄 혐의사실과 관계있는 범죄라는 것은 압수·수색영장에 기재한 혐의사실과 객관적 관련성이 있고 압수·수색영장 대상자와 피의자 사이에 인적 관련성이 있는 범죄를 의미한다. 그중 혐의사실과의 객관적 관련성은 압수·수색영장에 기재된 혐의사실 자체 또는 그와 기본적 사실관계가 동일한 범행과 직접 관련되어 있는 경우는 물론 범행 동기와 경위, 범행 수단과 방법, 범행 시간과 장소 등을 증명하기 위한 간접증거나 정황증거 등으로 사용될 수 있는 경우에도 인정될 수 있다. 그 관련성은 압수·수색영장에 기재된 혐의사실의 내용과 수사의 대상, 수사 경위 등을 종합하여 구체적·개별적 연관관계가 있는 경우에만 인정되고, 혐의사실과 단순히 동종 또는 유사 범행이라는 사유만으로 관련성이 있다고 할 것은 아니다. 그리고 피의자와 사이의 인적 관련성은 압수·수색영장에 기재된 대상자의 공동정범이나 교사범 등 공범이나 간접정범은 물론 필요적 공범 등에 대한 피고사건에 대해서도 인정될 수 있다. (대법원 2017. 12. 5., 선고, 2017도 13458, 판결)

○ ○ 경 찰 서

제 0000-00000 호 2000. ○. ○.

수 신 : ○○지방검찰청장

제 목 : 압수·수색·검증 영장신청서(사전)

다음 사람에 대한 ○○ 피(혐)의사건에 관하여 아래와 같이 압수·수색·검증하려 하니 2000. ○. ○.까지 유효한 압수·수색·검증영장의 청구를 신청합니다.

피(혐)의자	성 명	
	주 민 등 록 번 호	– (세)
	직 업	
	주 거	
변 호 인		
압 수 할 물 건		
수색 · 검증할 장소, 신 체 또 는 물 건	압수할 물건이 다른 장소에 보관된 것이 확인되면 그 장소	
범죄사실 및 압수·수색· 검증을 필요로 하는 사유		
7일을 넘는 유효기간을 필요로 하는 취지와 사유		
둘 이상의 영장을 신청하는 취 지 와 사 유		
일출 전 또는 일몰 후 집행을 필요로 하는 취지와 사유		
신체검사를 받을 자의 성 별 · 건 강 상 태		
비 고		

○ ○ 경찰서
사법경찰관 경위 홍 길 동 (인)

○○경찰서

제 0000-00000 호   20○○. ○. ○.

수 신 : ○○지방검찰청장

제 목 : 압수・수색・검증 영장신청서(사후)

다음 사람에 대한 ○○ 피(혐)의사건에 관하여 아래와 같이 긴급압수・수색・검증하였으니 압수・수색・검증영장의 청구를 신청합니다.

피(혐)의자	성 명	
	주 민 등 록 번 호	– (세)
	직 업	
	주 거	
변 호 인		
긴급압수・수색・검증한 자의 관 직 ・ 성 명		
긴급압수・수색・검증한 일 시		
긴 급 수 색 ・ 검 증 한 장소・신체 또는 물건		
긴 급 압 수 한 물 건		
범죄사실 및 긴급압수・수색・검증한 사유		
체 포 한 일 시 및 장소 (「형사소송법」 제217조 제2항에 따른 경우)		
일출 전 또는 일몰 후 집 행 을 한 사 유		
신 체 검 사 를 한 자 의 성 별 ・ 건 강 상 태		
비 고		

○○경찰서

사법경찰관 경위   홍길동(인)

제2절 압수 · 수색영장 집행

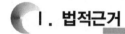

I. 법적근거

1. 형사소송법

제115조(영장의 집행) ① 압수 · 수색영장은 검사의 지휘에 의하여 사법경찰관리가 집행한다. 단, 필요한 경우에는 재판장은 법원사무관등에게 그 집행을 명할 수 있다.
② 제83조의 규정은 압수 · 수색영장의 집행에 준용한다.
제116조(주의사항) 압수 · 수색영장을 집행할 때에는 타인의 비밀을 보호하여야 하며 처분받은 자의 명예를 해하지 아니하도록 주의하여야 한다.
제117조(집행의 보조) 법원사무관등은 압수 · 수색영장의 집행에 관하여 필요한 때에는 사법경찰관리에게 보조를 구할 수 있다.
제118조(영장의 제시) 압수 · 수색영장은 처분을 받는 자에게 반드시 제시하여야 하고, 처분을 받는 자가 피고인인 경우에는 그 사본을 교부하여야 한다. 다만, 처분을 받는 자가 현장에 없는 등 영장의 제시나 그 사본의 교부가 현실적으로 불가능한 경우 또는 처분을 받는 자가 영장의 제시나 사본의 교부를 거부한 때에는 예외로 한다.
제119조(집행 중의 출입금지) ① 압수 · 수색영장의 집행 중에는 타인의 출입을 금지할 수 있다.
② 전항의 규정에 위배한 자에게는 퇴거하게 하거나 집행종료시까지 간수자를 붙일 수 있다.
제120조(집행과 필요한 처분) ① 압수 · 수색영장의 집행에 있어서는 건정을 열거나 개봉 기타 필요한 처분을 할 수 있다.
② 전항의 처분은 압수물에 대하여도 할 수 있다.
제121조(영장집행과 당사자의 참여) 검사, 피고인 또는 변호인은 압수 · 수색영장의 집행에 참여할 수 있다.
제122조(영장집행과 참여권자에의 통지) 압수 · 수색영장을 집행함에는 미리 집행의 일시와 장소를 전조에 규정한 자에게 통지하여야 한다. 단, 전조에 규정한 자가 참여하지 아니한다는 의사를 명시한 때 또는 급속을 요하는 때에는 예외로 한다.
제123조(영장의 집행과 책임자의 참여) ① 공무소, 군사용 항공기 또는 선박 · 차량 안에서 압수 · 수색영장을 집행하려면 그 책임자에게 참여할 것을 통지하여야 한다.
② 제항에 규정한 장소 외에 타인의 주거, 간수자 있는 가옥, 건조물(建造物), 항공기 또는 선박 · 차량 안에서 압수 · 수색영장을 집행할 때에는 주거주(住居主), 간수자 또는 이에 준하는 사람을 참여하게 하여야 한다.
③ 제2항의 사람을 참여하게 하지 못할 때에는 이웃 사람 또는 지방공공단체의 직원을 참여하게 하여야 한다.
제124조(여자의 수색과 참여) 여자의 신체에 대하여 수색할 때에는 성년의 여자를 참여하게 하여야 한다.
제125조(야간집행의 제한) 일출 전 일몰 후에는 압수 · 수색영장에 야간집행을 할 수 있는 기재가 없으면 그 영장을 집행하기 위하여 타인의 주거, 간수자 있는 가옥, 건조물, 항공기 또는 선차 내에 들어가지 못한다.
제126조(야간집행제한의 예외) 다음 장소에서 압수 · 수색영장을 집행함에는 전조의 제한을 받지 아니한다.
　1. 도박 기타 풍속을 해하는 행위에 상용된다고 인정하는 장소
　2. 여관, 음식점 기타 야간에 공중이 출입할 수 있는 장소. 단, 공개한 시간 내에 한한다.
제127조(집행중지와 필요한 처분) 압수 · 수색영장의 집행을 중지한 경우에 필요한 때에는 집행이 종료될 때까지 그 장소를 폐쇄하거나 간수자를 둘 수 있다.
제128조(증명서의 교부) 수색한 경우에 증거물 또는 몰취할 물건이 없는 때에는 그 취지의 증명서를 교부하여야 한다.
제129조(압수목록의 교부) 압수한 경우에는 목록을 작성하여 소유자, 소지자, 보관자 기타 이에 준할 자에게 교부하여야 한다.

2. 형사소송규칙

제60조(압수와 수색의 참여) ① 법원이 압수수색을 할 때에는 법원사무관등을 참여하게 하여야 한다.
② 법원사무관등 또는 사법경찰관리가 압수수색영장에 의하여 압수수색을 할 때에는 다른 법원사무관등 또는 사법경찰관리를 참여하게 하여야 한다.

제61조(수색증명서, 압수품목록의 작성등) 법 제128조에 규정된 증명서 또는 법 제129조에 규정된 목록은 제60조제1항의 규정에 의한 압수수색을 한 때에는 참여한 법원사무관등이 제60조제2항의 규정에 의한 압수수색을 한 때에는 그 집행을 한 자가 각 작성 교부한다.

제62조(압수수색조서의 기재) 압수수색에 있어서 제61조의 규정에 의한 증명서 또는 목록을 교부하거나 법 제130조의 규정에 의한 처분을 한 경우에는 압수수색의 조서에 그 취지를 기재하여야 한다.

제63조(압수수색영장 집행후의 조치) 압수수색영장의 집행에 관한 서류와 압수한 물건은 압수수색영장을 발부한 법원에 이를 제출하여야 한다. 다만, 검사의 지휘에 의하여 집행된 경우에는 검사를 경유하여야 한다.

3. 검사와 사법경찰관의 상호협력과 일반적 수사준칙에 관한 규정

제38조(압수·수색 또는 검증영장의 제시) ① 검사 또는 사법경찰관은 법 제219조에서 준용하는 법 제118조에 따라 영장을 제시할 때에는 처분을 받는 자에게 법관이 발부한 영장에 따른 압수·수색 또는 검증이라는 사실과 영장에 기재된 범죄사실 및 수색 또는 검증할 장소·신체·물건, 압수할 물건 등을 명확히 알리고, 처분을 받는 자가 해당 영장을 열람할 수 있도록 해야 한다. 이 경우 처분을 받는 자가 피의자인 경우에는 해당 영장의 사본을 교부해야 한다.
② 압수·수색 또는 검증의 처분을 받는 자가 여럿인 경우에는 모두에게 개별적으로 영장을 제시해야 한다. 이 경우 피의자에게는 개별적으로 해당 영장의 사본을 교부해야 한다.
③ 검사 또는 사법경찰관은 제1항 및 제2항에 따라 피의자에게 영장을 제시하거나 영장의 사본을 교부할 때에는 사건관계인의 개인정보가 피의자의 방어권 보장을 위해 필요한 정도를 넘어 불필요하게 노출되지 않도록 유의해야 한다.
④ 검사 또는 사법경찰관은 제1항 후단 및 제2항 후단에 따라 피의자에게 영장의 사본을 교부한 경우에는 피의자로부터 영장 사본 교부 확인서를 받아 사건기록에 편철한다.
⑤ 피의자가 영장의 사본을 수령하기를 거부하거나 영장 사본 교부 확인서에 기명날인 또는 서명하는 것을 거부하는 경우에는 검사 또는 사법경찰관이 영장 사본 교부 확인서 끝 부분에 그 사유를 적고 기명날인 또는 서명해야 한다.

제40조(압수조서와 압수목록) 검사 또는 사법경찰관은 증거물 또는 몰수할 물건을 압수했을 때에는 압수의 일시·장소, 압수 경위 등을 적은 압수조서와 압수물건의 품종·수량 등을 적은 압수목록을 작성해야 한다. 다만, 피의자신문조서, 진술조서, 검증조서에 압수의 취지를 적은 경우에는 그렇지 않다.

4. 경찰수사규칙

제64조(압수조서 등) ① 수사준칙 제40조 본문에 따른 압수조서는 별지 제66호서식에 따르고, 압수목록은 별지 제67호서식에 따른다.
② 법 제219조에서 준용하는 법 제129조에 따라 압수목록을 교부하는 경우에는 별지 제68호서식의 압수목록 교부서에 따른다. 이 경우 수사준칙 제41조제1항에 따른 전자정보에 대한 압수목록 교부서는 전자파일의 형태로 복사해 주거나 전자우편으로 전송하는 등의 방식으로 교부할 수 있다.

③ 수사준칙 제42조제2항 후단에 따른 삭제·폐기·반환 확인서는 별지 제69호서식에 따른다. 다만, 제2항에 따른 압수목록 교부서에 삭제·폐기 또는 반환했다는 내용을 포함시켜 교부하는 경우에는 삭제·폐기·반환 확인서를 교부하지 않을 수 있다.

제65조(수색조서와 수색증명서) ① 사법경찰관은 법 제215조에 따라 수색을 한 경우에는 수색의 상황과 결과를 명백히 한 별지 제70호서식의 수색조서를 작성해야 한다.

② 법 제219조에서 준용하는 법 제128조에 따라 증거물 또는 몰수할 물건이 없다는 취지의 증명서를 교부하는 경우에는 별지 제71호서식의 수색증명서에 따른다.

II. 압수수색영장 집행 시 유의사항

1. 영장의 제시

가. 압수·수색영장은 처분을 받는 자에게 반드시 제시하여야 하고, 처분을 받는 자가 피고인이면 그 사본을 교부하여야 한다. 다만, 처분을 받는 자가 현장에 없는 등 영장의 제시나 그 사본의 교부가 현실적으로 불가능한 경우 또는 처분을 받는 자가 영장의 제시나 사본의 교부를 거부한 때에는 예외로 한다. 일반 영장의 경우 긴급한 경우 영장이 발부되어 있음을 고지한 후 사후 지체없이 제시할 수 있으나 압수수색영장은 그러하지 아니한다.

나. 압수·수색영장의 제시방법(=개별적 제시)

압수·수색영장은 처분을 받는 자에게 반드시 제시하여야 하는바, 현장에서 압수·수색을 당하는 사람이 여러 명일 경우에는 그 사람들 모두에게 개별적으로 영장을 제시해야 하는 것이 원칙이다. 수사기관이 압수·수색에 착수하면서 그 장소의 관리책임자에게 영장을 제시하였다고 하더라도, 물건을 소지하고 있는 다른 사람으로부터 이를 압수하고자 하는 때에는 그 사람에게 따로 영장을 제시하여야 한다. (대법원 2009. 3. 12., 선고, 2008도763, 판결)

다. 압수수색영장의 제시 예외

형사소송법 제219조가 준용하는 제118조는 "압수·수색영장은 처분을 받는 자에게 반드시 제시하여야 한다."고 규정하고 있으나, 이는 영장제시가 현실적으로 가능한 상황을 전제로 한 규정으로 보아야 하고, <u>피처분자가 현장에 없거나 현장에서 그를 발견할 수 없는 경우 등 영장제시가 현실적으로 불가능한 경우에는 영장을 제시하지 아니한 채 압수·수색을 하더라도 위법하다고 볼 수 없다.</u> (대법원 2015. 1. 22., 선고, 2014도10978, 전원합의체 판결)

2. 필요한 처분

가. 압수·수색영장의 집행 중에는 타인의 출입을 금지할 수 있다.

나. 위 규정을 위배한 자에게는 퇴거하게 하거나 집행종료 시까지 간수자를 붙일 수 있다.

다. 압수·수색영장의 집행에서는 자물쇠를 열거나 개봉 기타 필요한 처분을 할 수 있다.

라. 검사, 피고인 또는 변호인은 압수·수색영장의 집행에 참여할 수 있다

3. 야간집행의 제한

가. 일출 전, 일몰 후에는 압수·수색영장에 야간집행을 할 수 있는 기재가 없으면 그 영장을 집행하기 위하여 타인의 주거, 간수자 있는 가옥, 건조물, 항공기 또는 선박 내에 들어가지 못한다.

나. 다음 장소에서 압수·수색영장을 집행함에는 제한을 받지 아니한다.

① 도박 기타 풍속을 해하는 행위에 상용된다고 인정하는 장소

② 여관, 음식점 기타 야간에 공중이 출입할 수 있는 장소. 단, 공개한 시간 내에 한한다.

4. 당사자의 참여

가. 피의자 또는 변호인은 압수·수색영장의 집행에 참여할 수 있다.

나. 참여권자에의 통지

압수·수색영장을 집행함에는 미리 집행의 일시와 장소를 전조에 규정한 자에게 통지하여야 한다. 단, 피의자 또는 변호인이 참여하지 아니한다는 의사를 명시한 때 또는 급속을 요하는 때에는 예외로 한다.

■ 판례 ■　　**피고인에 대한 통지없이 한 가환부결정은 위법**

피고인에게 의견을 진술할 기회를 주지 아니한 채 한 가환부결정은 형사소송법 제135조에 위배하여 위법하고 이 위법은 재판의 결과에 영향을 미쳤다 할 것이다(대법원 1980.2.5. 자 80모3 결정).

다. 영장의 집행과 책임자의 참여

① 공무소, 군사용의 항공기 또는 선박 내에서 압수·수색영장을 집행함에는 그 책임자에게 참여할 것을 통지하여야 한다.

② 전항에 규정한 이외의 타인 주거, 간수자 있는 가옥, 건조물, 항공기 또는 선박 내에서 압수·수색영장을 집행함에는 주 거주, 간수자 또는 이에 준하는

자를 참여하게 하여야 한다.

③ 전항의 자를 참여하게 하지 못할 때는 이웃 또는 지방공공단체의 직원을 참여하게 하여야 한다.

라. 여자의 수색과 참여

여자의 신체에 대하여 수색할 때에는 성년의 여자를 참여하게 하여야 한다.

마. 압수수색영장 집행 시 사전통지의 예외

■ 판례 ■ 압수·수색영장을 집행할 때 피의자 등에 대한 사전통지를 생략할 수 있는 예외를 규정한 형사소송법 제122조 단서에서 '급속을 요하는 때'의 의미 및 위 규정이 명확성 원칙 등에 반하여 위헌인지 여부(소극)

피의자 또는 변호인은 압수·수색영장의 집행에 참여할 수 있고(형사소송법 제219조, 제121조), 압수·수색영장을 집행함에는 원칙적으로 미리 집행의 일시와 장소를 피의자 등에게 통지하여야 하나(형사소송법 제122조 본문), '급속을 요하는 때'에는 위와 같은 통지를 생략할 수 있다(형사소송법 제122조 단서). 여기서 '급속을 요하는 때'라고 함은 압수·수색영장 집행 사실을 미리 알려주면 증거물을 은닉할 염려 등이 있어 압수·수색의 실효를 거두기 어려울 경우라고 해석함이 옳고, 그와 같이 합리적인 해석이 가능하므로 형사소송법 제122조 단서가 명확성의 원칙 등에 반하여 위헌이라고 볼 수 없다. (대법원 2012. 10. 11., 선고, 2012도7455, 판결)

5. 유효기간 내 재압수수색 허용 여부

형사소송법 제215조에 의한 압수·수색영장은 수사기관의 압수·수색에 대한 허가장으로서 거기에 기재되는 유효기간은 집행에 착수할 수 있는 종기(終期)를 의미하는 것일 뿐이므로, 수사기관이 압수·수색영장을 제시하고 집행에 착수하여 압수·수색하고 그 집행을 종료하였다면 이미 그 영장은 목적을 달성하여 효력이 상실되는 것이고, 동일한 장소 또는 목적물에 대하여 다시 압수·수색할 필요가 있는 경우라면 그 필요성을 소명하여 법원으로부터 새로운 압수·수색영장을 발부받아야 하지, 앞서 발부받은 압수·수색영장의 유효기간이 남아 있다고 하여 이를 제시하고 다시 압수·수색을 할 수는 없다. (대법원 1999. 12. 1., 자, 99모161, 결정)

6. 압수해제물에 대한 재압수 허용 여부

■ 판례 ■ 압수물에 대한 몰수의 선고가 없어 압수가 해제된 것으로 간주된 상태에서 공범자에 대한 범죄수사를 위하여 그 압수해제된 물품을 재압수할 수 있는지 여부(적극)

형사소송법 제215조, 제219조, 제106조 제1항의 규정을 종합하여 보면, 검사는 범죄수사에 필요한 때에는 증거물 또는 몰수할 것으로 사료하는 물건을 법원으로부터 영장을 발부받아서 압수할 수 있는 것이고, 합리적인 의심의 여지가 없을 정도로 범죄사실이 인정되는 경우에만 압수할 수 있는 것은 아니라 할 것이며, 한편 범인으로부터 압수한 물품에 대하여 몰수의 선고가 없어 그 압수가 해제된 것으로 간주된다고 하더라도 공범자에 대한 범죄수사를 위하여 여전히 그 물품의 압수가 필요하다거나 공범자에 대한 재판에서 그 물품이 몰수될 가능성이 있다면 검사는 그 압수해제된 물품을 다시 압수할 수도 있다. (대법원 1997. 1. 9., 자, 96모34, 결정)

Ⅲ. 압수조서와 압수목록 작성

1. 압수조서 작성

가. 임의처분인 압수의 경우에는 임의로 제출한 물건을 압수한 경위를 구체적으로 기재한다.

…(개소)에서 … (피의자 기타인)이 유류한 물건(것)으로 인정되는 (품종, 수량)을 발견하여 이를 압수하였음.

나. 강제처분인 압수의 경우에는, "압수 경위" 난에 "참여인의 참여 여부와 영장의 제시 여부 또는 영장없이 행한 사유" 등 합법적 사유를 먼저 기재한 다음에 압수의 경위(경과) 및 결과를 구체적으로 기재한다.

이 압수처분은 20○○. 1. 13자 ○○지방법원 판사 이○○ 발부의 압수수색영장에 의하여 주거주(주거주의 처, 참여한 이웃, ○○동서기) 홍길동을 참여하게 하고, 동인에게 동 영장을 제시한 후 시행하다(형소법 215조, 219조, 118조).

다. 증거물 또는 몰수할 물건을 압수할 때는 피의자신문조서, 진술조서, 검증조서 또는 실황조사서에 압수의 취지를 기재하여 압수조서에 갈음할 수 있다.

2. 압수목록 작성

압수목록에는 압수한 물건의 외형상의 특징을 구체적으로 기재하여야 한다.

가. "번호"는 압수물 총수의 일련번호임.

나. "품종"은 구체적으로 기재할 것.

다. "피압수자 주거 성명"은 "1유류자, 2보관자, 3소지자, 4소유자" 중에서 피압수자의 해당자의 주거 성명을 기재할 것.

※ 해당 번호란에 ○표시

라. "비고"란에는 물건의 외형상의 특징, 처분요지(가환부, 환부, 대가, 보관, 폐기 등)를 기입.

3. 압수물 사진 첨부

압수물에 대해서는 사진을 반드시 촬영하여 압수목록 뒤에 그 사진을 첨부하면 좋다. 만약의 경우 압수물이 손괴, 분실, 멸실, 교환 등의 경우에 이를 확인할 수 있는 자료가 되기 때문이다.

4. 압수목록 교부

가. 압수한 경우에는 목록을 작성하여 소유자, 소지자, 보관자 기타 이에 준할 자에게 교부하여야 한다.

나. 형사소송법상 압수목록의 작성·교부 시기(=압수 직후)

공무원인 수사기관이 작성하여 피압수자 등에게 교부해야 하는 압수물 목록에는 작성연월일을 기재하고, 그 내용은 사실에 부합하여야 한다. 압수물 목록은 피압수자 등이 압수물에 대한 환부·가환부신청을 하거나 압수처분에 대한 준항고를 하는 등 권리행사절차를 밟는 가장 기초적인 자료가 되므로, 이러한 권리행사에 지장이 없도록 압수 직후 현장에서 바로 작성하여 교부해야 하는 것이 원칙이다. (대법원 2009. 3. 12., 선고, 2008도763, 판결)

※ 형사소송법
제129조(압수목록의 교부) 압수한 경우에는 목록을 작성하여 소유자, 소지자, 보관자 기타 이에 준할 자에게 교부하여야 한다.
※ 경찰수사규칙
제64조(압수조서 등) ② 법 제219조에서 준용하는 법 제129조에 따라 압수목록을 교부하는 경우에는 별지 제68호서식의 압수목록 교부서에 따른다. 이 경우 수사준칙 제41조제1항에 따른 전자정보에 대한 압수목록 교부서는 전자파일의 형태로 복사해 주거나 전자우편으로 전송하는 등의 방식으로 교부할 수 있다.

■ 판례 ■ 창고업자에게 보관시켰던 물건을 수사기관이 영장에 의하여 압수하는 동시에 계속하여 동 창고업자의 승낙을 얻어 보관시킨 경우 수사기관의 임치료 지급 의무

원고가 창고업자에게 보관시킨 물건을 조사기관이 압수하여 창고업자의 승낙을 받아 그대로 보관시킨 때에는 조사기관이나 창고업자가 임치료의 수수에 관하여 전혀 고려한 바 없어 특별한 약정이 없는 경우에 해당하여 피고(국가)에게는 임치료지급의무가 없으므로 피고로서는 아무 이득이 없다 할 것이고 원고와 창고업자간의 보관계약상의 원고의 지위를 피고가 승계한 것이라고 볼 수 없다(대법원 1968.4.16. 선고 68다285 판결).

압 수 조 서

홍길동에 대한 특수절도 피(형)의사건에 관하여 20○○. ○. ○. 10 : 00경   ○○ 에서, 사법경찰관 경감 김현정은 사법경찰리 경사 정포졸을 참여하게 하고, 별지목록의 물건을 다음과 같이 압수하다.

압 수 경 위

특수절도 현행범인 홍길동을 추격할 때 피의자가 도주하면서 하천에 던져 버린 ○○을 발견하여 이를 인의압수하다.

참여인	성 명	주민등록번호	주 소	서명 또는 날인
	김 익 수	660101-1234567	○○시 ○○동 12번지	

20○○. ○. ○.

○ ○ 경 찰 서

사 법 경 찰 관 경 감 김 현 정 ㉑

사 법 경 찰 리 경 사 정 포 졸 ㉑

압 수 목 록

번호	품　종	수량	소지자 또는 제출자		소 유 자		경찰의견	비고
			성 명		성 명			
			주 소		주 소			
			주민등록 번호		주민등록 번호			
			전화번호		전화번호			
			성 명		성 명			
			주 소		주 소			
			주민등록 번호		주민등록 번호			
			전화번호		전화번호			
			성 명		성 명			
			주 소		주 소			
			주민등록 번호		주민등록 번호			
			전화번호		전화번호			
			성 명		성 명			
			주 소		주 소			
			주민등록 번호		주민등록 번호			
			전화번호		전화번호			
			성 명		성 명			
			주 소		주 소			
			주민등록 번호		주민등록 번호			
			전화번호		전화번호			

○○경찰서

제　호　　　　　　　　　　　　　　　　　　　　2０○○.○.○.

수 신 :

제 목 : 압수목록 교부서

○○○에 대한 ○○○○ 피(혐)의사건에 관하여　○○○로부터 다음 물건을 압수하였으므로 이에 압수목록을 교부합니다.

연번	품　　　종	수 량	비　　고

○　○　경　찰　서

사법경찰관　경감 김 덕 수　㊞

수 색 조 서

○○○외 ○명에 대한 ○○ 피(혐)의사건에 관하여 20○○. ○. ○. 00:00 사법경찰관 ○○ ○○○는(은) 사법경찰리 ○○ ○○○를(을) 참여하게 하고 다음과 같이 수색하다.

수색장소	○○군 ○○면 ○○리 11번지 피의자 홍길동의 집
참 여 인	김 말자 (홍길동의 처)
수색한 신체 개소 · 물건	피의자가 불법어로 작업에 사용한 ○○그물 1척
수색 결과	수색장소에서 발견하여 압수함
수색 시간	착수 20○○ 년 ○○ 월 ○○ 일 ○○:○○
	종료 20○○ 년 ○○ 월 ○○ 일 ○○:○○

20○○ 년 월 일

○ ○ 경 찰 서

사법경찰관 경감 박 희 주 인

사법경찰관 경감 유 아 린 인

수 색 증 명 서

제 호   20○○.○.○.

수 신 :

○○에 대한 ○○ 피의사건에 관하여 0000. 00. 00. OOOOO에서 OOOOO을 수

색한 결과, 증거물 등이 없었음을 증명합니다.

○ ○ 경 찰 서

사법경찰관 경감 유 경 일 ㊞

Ⅳ. 압수 · 수색영장 집행 시 참여권자에 대한 통지의무 관련

1. 관련 근거

> ※ 형사소송법
> 제122조(영장집행과 참여자에의 통지) 압수 · 수색영장을 집행함에는 미리 집행의 일시와 장소를 전조에 규정한 자에게 통지하여야 한다. 단, 전조에 규정한 자가 참여하지 아니한다는 의사를 명시한 때 또는 급속을 요하는 때에는 예외로 한다.
> ※ 참여권자(검사, 피고인, 피의자, 변호인)에게는 '미리' 통지하여야 하나, 압수 · 수색할 장소 등의 책임자(거주주, 간수자 등)에게는 집행에 참여하게 하는 것으로 족함 (동법 제123조 제2항, 219조)

2. 논 점

가. '참여권 보장'과 '증거인멸 우려'의 충돌

　　– 참여권 보장, 압수 · 수색의 공정성을 담보하기 위하여 미리 통지한 경우, 증거인멸 · 조작의 시간적 여유를 주어 영장집행의 실효성을 훼손할 수 있음

나. 증거능력 부정 가능성

　　– 사전통지 불이행으로 인하여 피고인 등의 참여권이 침해된 경우 적정절차의 위반으로 공판 과정에서 증거의 증거능력과 증명력이 다투어질 수 있음

다. '사전통지' 해석 필요성

　　– 영장집행의 실효성을 확보하면서 피고인 등의 참여권을 보장함으로써 증거능력을 유지할 수 있는 합목적적 해석이 필요

3. '미리' 통지할 의무에 대한 해석론

가. 보호법익 및 통지의 대상

　　○ 피의자 등의 참여권, 압수 · 수색 절차의 공정성을 보호법익으로 하고, 미리 통지할 대상은 검사, 피고인, 피의자, 변호인에 국한

나. '미리'의 개념

　　○ 본문상 '미리'의 의미는 '상대방이 참여에 필요한 시간적 여유를 두어야 한다'는 의미

다. 관련 법령 및 판례

　　○ 증거인멸의 위험이 있는 경우에도 사전통지하여야 하는지에 대하여

　　　　– 검찰사건사무규칙(법무부령), 경찰관직무집행법 등에 관련 규정이 없으며,

대법원 판례는 물론 하급심 판례도 없음

라. 기존 학설 및 관련 기관의 견해

    ◦ 기존 학설은 피의자 등이 증거물을 은닉할 염려가 있는 경우는 단서상의 '급속을 요하는 경우'로 해석, 사전통지 예외 인정

    ◦ 「법무부」는 증거물을 은닉할 염려가 있는 경우도 '급속을 요하는 경우' 로 판단하나, 남용하는 경우 참여권이 유명무실해지므로 개별적·구체적으로 판단하여야 한다는 견해

    ◦ 「국가인권위원회」는 참여권의 실질적 보장 측면에서 '급속을 요하는 경우'를 제한적으로 해석,

        – 다만, 수사 현실을 고려, 현장차단 후 압수·수색착수 전에 통지하는 것도 '미리' 통지하는 것으로 볼 수 있을 것이라는 견해

4. 실무상 단계별·상황별 집행방안

가. 증거인멸의 위험이 없는 경우

    ◦ 관공서, 금융기관과 같은 피의자에 의한 증거인멸의 위험이 없는 경우에는 충분한 시간적 여유를 두고 사전 통보 가능

나. 증거인멸의 위험 등'급속을 요하는 경우'

    ※ 급속을 필요로 하느냐 여부의 판단권자는 '영장을 집행할 자', 판단에 재량권이 부여되어 있으나 재량의 일탈·남용의 경우 영장집행은 위법

    ① 객관적인 피의자 등의 증거인멸 정황이 있는 경우, 또는 증거물이 즉시 집행하지 않으면 자연 없어질 위험이 있는 경우

        – 단서상의 '급속을 요하는 경우'로 판단, 사전통지 없이 집행 가능

        ※ 단, 향후 영장집행의 적법성 논란에 대비, 이에 대한 소명자료 확보 필요

    ② 그 외의 경우

        – 동법 제119조의 '현장차단'을 사전조치로 활용, 참여권자에게 '압수·수색영장의 집행을 위하여 현장차단 중이며, 참여를 원하는 경우 현장 도착 시까지 집행착수를 연기할 수 있음'을 통지

        ※ 형소법 제119조 압수·수색영장의 집행 중에는 타인의 출입을 금지할 수 있고, 이를 위배한 자에게는 퇴거하게 하거나 집행종료 시까지 간수자를 붙일 수 있다.

※ '피의자 등이 현장에 있는 경우'에는 참여권이 이미 담보되어 있으므로 사전통지 불요

다. 영장 집행방해가 예상되는 경우
- ○ 사전통지 가능하나, 사전통지 시 집행을 방해할 객관적 정황이 있는 경우에는 단서상의 '급속을 요하는 경우'로 판단, 통지 없이 집행 가능
- ○ 단, 참여권 침해 주장이 예상되는 경우
  - – 사전조치로서 현장차단(형소법 제119조)을 적극 활용, 신속하게 현장 차단하여 방해 의도자가 집행현장에 접근하는 것을 원천 차단한 후 피의자에게 통지, 참여권 보장하에 영장 집행하는 것이 바람직

라. 기타 참고사항
- ○ 피의자 등에의 통지가 불가능한 경우
  - – 피의자 등의 주소지, 전화번호 등을 알 수 없어 통지가 불가능한 경우에는 통지 없이 집행 가능
    ※ 단, 통지방법을 찾는데 통상적인 노력을 하여야 하며, 그 소명 자료 확보 필요
- ○ 통지하였으나 피의자 등의 참여가 불가능하거나, 적절한 시간 내에 현장 도착이 불가능한 경우
  - – 피의자가 해외 거주 등으로 참여할 수 없는 경우, 일몰 시각 또는 수사 인력 운용 등을 고려할 때 적절한 시간 내에 현장 도착이 불가능한 경우에는 피의자의 동의 또는 직권으로 피의자의 친인척, 이웃 등을 참여하게 할 수 있음
    ※ 영장의 야간집행은 제한되어 있고(동법 제125조), 동일한 영장으로 수회 같은 장소에서 압수·수색할 수 없음(대판 99모161)
- ○ 집행 장소에 입회할 자(책임자)가 없는 경우
  - – 집행 장소가 타인의 주거, 간수자 있는 가옥 등인 경우, 동 장소의 책임자(거주주, 간수자 등)를 참여하게 하여야 하며, 참여하게 하지 못하면 이웃 또는 지방공공단체의 직원을 참여하게 하여야 함 (동법 제123조)
- ○ 압수·수색영장 집행 시 잠금장치 등을 파괴하여 개봉할 수 있는지
  - – 영장의 집행에서는 자물쇠를 열거나 개봉 기타 필요한 처분을 할 수 있음 (동법 제120조)

제3절 압수물 처리

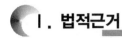

Ⅰ. 법적근거

1. 형사소송법

제130조(압수물의 보관과 폐기) ① 운반 또는 보관에 불편한 압수물에 관하여는 간수자를 두거나 소유자 또는 적당한 자의 승낙을 얻어 보관하게 할 수 있다.

② 위험발생의 염려가 있는 압수물은 폐기할 수 있다.

③ 법령상 생산·제조·소지·소유 또는 유통이 금지된 압수물로서 부패의 염려가 있거나 보관하기 어려운 압수물은 소유자 등 권한 있는 자의 동의를 받아 폐기할 수 있다.

제131조(주의사항) 압수물에 대하여는 그 상실 또는 파손등의 방지를 위하여 상당한 조치를 하여야 한다.

제132조(압수물의 대가보관) ① 몰수하여야 할 압수물로서 멸실·파손·부패 또는 현저한 가치 감소의 염려가 있거나 보관하기 어려운 압수물은 매각하여 대가를 보관할 수 있다.

② 환부하여야 할 압수물 중 환부를 받을 자가 누구인지 알 수 없거나 그 소재가 불명한 경우로서 그 압수물의 멸실·파손·부패 또는 현저한 가치 감소의 염려가 있거나 보관하기 어려운 압수물은 매각하여 대가를 보관할 수 있다.

제133조(압수물의 환부, 가환부) ① 압수를 계속할 필요가 없다고 인정되는 압수물은 피고사건 종결 전이라도 결정으로 환부하여야 하고 증거에 공할 압수물은 소유자, 소지자, 보관자 또는 제출인의 청구에 의하여 가환부할 수 있다.

② 증거에만 공할 목적으로 압수한 물건으로서 그 소유자 또는 소지자가 계속 사용하여야 할 물건은 사진촬영 기타 원형보존의 조치를 취하고 신속히 가환부하여야 한다.

제134조(압수장물의 피해자환부) 압수한 장물은 피해자에게 환부할 이유가 명백한 때에는 피고사건의 종결 전이라도 결정으로 피해자에게 환부할 수 있다.

제135조(압수물처분과 당사자에의 통지) 전3조의 결정을 함에는 검사, 피해자, 피고인 또는 변호인에게 미리 통지하여야 한다.

2. 경찰수사규칙

제66조(압수물의 환부 및 가환부) ① 사법경찰관은 법 제218조의2제1항 및 제4항에 따라 압수물에 대해 그 소유자, 소지자, 보관자 또는 제출인(이하 이 조에서 "소유자등"이라 한다)으로부터 환부 또는 가환부의 청구를 받거나 법 제219조에서 준용하는 법 제134조에 따라 압수장물을 피해자에게 환부하려는 경우에는 별지 제72호서식의 압수물 처분 지휘요청서를 작성하여 검사에게 제출해야 한다.

② 사법경찰관은 제1항에 따른 압수물의 환부 또는 가환부의 청구를 받은 경우 소유자등으로부터 별지 제73호서식의 압수물 환부·가환부 청구서를 제출받아 별지 제72호서식의 압수물 처분 지휘요청서에 첨부한다.

③ 사법경찰관은 압수물을 환부 또는 가환부한 경우에는 피해자 및 소유자등으로부터 별지 제74호서식의 압수물 환부·가환부 영수증을 받아야 한다.

제67조(압수물 보관) ① 사법경찰관은 압수물에 사건명, 피의자의 성명, 제64조제1항의 압수목록에 적힌 순위·번호를 기입한 표찰을 붙여야 한다.

② 사법경찰관은 법 제219조에서 준용하는 법 제130조제1항에 따라 압수물을 다른 사람에게 보관하게 하려는 경우에는 별지 제75호서식의 압수물 처분 지휘요청서를 작성하여 검사에게 제출해야 한다.

③ 사법경찰관은 제2항에 따라 압수물을 다른 사람에게 보관하게 하는 경우 적절한 보관인을 선정하여 성실하게 보관하게 하고 보관인으로부터 별지 제76호서식의 압수물 보관 서약서를 받아야 한다.

제68조(압수물 폐기) ① 사법경찰관은 법 제219조에서 준용하는 법 제130조제2항 및 제3항에 따라 압수물을 폐기하려는 경우에는 별지 제77호서식의 압수물 처분 지휘요청서를 작성하여 검사에게 제출해야 한다.

② 사법경찰관은 제1항에 따라 압수물을 폐기하는 경우에는 별지 제78호서식의 압수물 폐기 조서를 작성하고 사진을 촬영하여 사건기록에 편철해야 한다.

③ 사법경찰관은 법 제219조에서 준용하는 법 제130조제3항에 따라 압수물을 폐기하는 경우에는 소유자 등 권한 있는 사람으로부터 별지 제79호서식의 압수물 폐기 동의서를 제출받거나 진술조서 등에 그 취지를 적어야 한다.

제69조(압수물 대가보관) ① 사법경찰관은 법 제219조에서 준용하는 법 제132조에 따라 압수물을 매각하여 대가를 보관하려는 경우에는 별지 제80호서식의 압수물 처분 지휘요청서를 작성하여 검사에게 제출해야 한다.

② 사법경찰관은 제1항에 따라 대가보관의 처분을 했을 때에는 별지 제81호서식의 압수물 대가보관 조서를 작성한다.

II. 압수물 처분과 검사의 지휘 관계

1. 검사지휘 여부

개정 형사소송법에서도 압수물을 처분 시 검사지휘조항은 유지되었기 때문에 경찰이 압수물처분 시 검사지휘 필요

2. 검사지휘를 받아야 하는 압수물처분

가. 압수물의 환부 및 가환부

나. 압수물의 보관과 폐기

다. 압수물의 대가보관

라. 압수물의 피해자 환부

※ 압수물의 환부와 가환부를 동시 지휘를 요청한 경우 환부와 가환부를 별도로 분리 작성하여 요청 필요

3. 압수물처분 요청 시점

가. 압수물처분은 압수 계속의 필요성이 없을 때 등의 경우에 이루어지는 것이고, 송치/불송치 결정은 범죄혐의가 인정되는 경우 또는 인정되지 않는 경우에 이루어지는 것이므로 양자가 반드시 연계되어야 하는 것이 아님

나. 따라서 송치/불송치 결정전에 압수물을 처분하는 것이 바람직하다.

다. 예외적으로 불송치 기록송부와 압수물처분 지휘요청을 동시에 하더라도 피압수자의 재산권 침해상태가 부당하게 장기화되지 않도록 검사에게 서면 또는 구두로 신속하게 압수물처분 지휘 요청한다.

> ※ 경찰수사규칙
> 제108조(불송치 결정) ② 사법경찰관은 압수물의 환부 또는 가환부를 받을 사람이 없는 등 특별한 사유가 있는 경우를 제외하고는 제1항에 따른 결정을 하기 전에 압수물 처분을 완료하도록 노력해야 한다. 수사준칙 제64조제1항제2호에 따라 재수사 결과를 처리하는 경우에도 또한 같다.

III. 현금 압수물 검찰 송부 관련

1. 전용계좌 개설

관서별 압수물 관리 전용 법인 계좌 개설

2. 입출금 및 계좌관리

가. 송부 및 보완수사결과 통보시 입출금 조치 후 SACS 압수물입출금처리 등 계좌 내역 관리

나. 전용계좌 통장은 수사지원팀에서 집중 관리

3. 검찰 송부 현금 압수물의 보관/송치절차

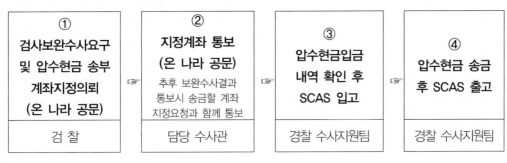

① 검사보완수사요구 및 압수현금 송부 계좌지정의뢰 (온 나라 공문)	② 지정계좌 통보 (온 나라 공문) 추후 보완수사결과 통보시 송금할 계좌 지정요청과 함께 통보	③ 압수현금입금 내역 확인 후 SCAS 입고	④ 압수현금 송금 후 SCAS 출고
검 찰	담당 수사관	경찰 수사지원팀	경찰 수사지원팀

Ⅳ. 압수물의 보관·환부(가환부)·폐기

1. 일반적인 조치

가. 압수물에 대하여는 사건명, 피의자의 성명, 압수목록에 기재한 순위·번호를 기입한 견고한 표찰을 붙여야 한다.

나. 압수물이 유가증권이면 지체없이 원형보존 여부에 관하여 검사의 지휘를 받아야 하며, 원형을 보존할 필요가 없다는 검사의 지휘가 있는 때에는 지체없이 이를 환금하여 보관하여야 한다.

다. 「통신비밀보호법」에 의한 통신 제한조치집행으로 취득한 물건은 통신제한조치허가서 및 집행조서와 함께 봉인한 후 허가번호 및 보존기간을 표기하여 별도로 보관하고, 수사담당자 외의 자가 열람할 수 없도록 하여야 한다.

라. 통신제한조치를 집행하여 입건전조사한 사건을 종결할 경우 그 집행으로 취득한 물건 등은 보존기간이 경과한 후 검사의 지휘를 받아 즉시 폐기하여야 한다.

2. 압수물의 보관

가. 압수물을 다른 사람에게 보관시킬 때에는 미리 검사의 지휘를 받아야 한다.

나. 전항의 경우에는 보관자의 선정에 주의하여 성실하게 보관하도록 하고 압수물건 보관증을 받아야 한다.

다. 압수물에는 사건명, 피의자 성명 및 압수목록의 순위번호를 기재한 견고한 표찰을 붙여야 한다.

■ 판례 ■ **검사는 증거에 사용할 압수물에 대하여 가환부의 청구가 있는 경우 가환부에 응하여야 하는지 여부(원칙적 적극) 및 가환부를 거부할 수 있는 특별한 사정이 있는지 판단하는 기준**

형사소송법 제218조의2 제1항은 '검사는 사본을 확보한 경우 등 압수를 계속할 필요가 없다고 인정되는 압수물 및 증거에 사용할 압수물에 대하여 공소제기 전이라도 소유자, 소지자, 보관자 또는 제출인의 청구가 있는 때에는 환부 또는 가환부하여야 한다'고 규정하고 있다. 따라서 검사는 증거에 사용할 압수물에 대하여 가환부의 청구가 있는 경우 가환부를 거부할 수 있는 특별한 사정이 없는 한 가환부에 응하여야 한다. 그리고 그러한 특별한 사정이 있는지는 범죄의 태양, 경중, 몰수 대상인지 여부, 압수물의 증거로서의 가치, 압수물의 은닉·인멸·훼손될 위험, 수사나 공판수행상의 지장 유무, 압수에 의하여 받는 피압수자 등의 불이익의 정도 등 여러 사정을 검토하여 종합적으로 판단하여야 한다.(대법원 2017. 9. 29., 자, 2017모236, 결정)

○○경찰서

제 호   20○○.○.○.

수 신 : 검찰청의 장(검사: 홍길동)

제 목 : 압수물처분 지휘요청서(위탁보관)

○○ 에 대한 ○○ 피의사건의 압수물인 다음 물건의 운반 또는 보관이 불편하여
위탁보관 지휘를 요청합니다.

연번	품 종	수 량	비 고

○○경찰서

사법경찰관   경위   홍 길 동 (인)

압수물 보관 서약서

□ 서 약 인

성 명		주민등록번호	
직 업		연 락 처	
주 거			

다음 압수물건에 대한 보관명령을 받았으므로 선량한 관리자로서의 주의를 다하여 보관할 것은 물론 언제든지 지시가 있으면 제출하겠습니다.

20○○. ○. ○.

서 약 인 :　　　　　　　　(인)

피 의 자						
죄 명						
압수번호	0000-00000	접수번호	0000-0000	사건번호	00-00000

연번	품　　　종	수량	보 관 장 소	비 고

○○경찰서장 귀하

3. 압수물의 환부와 가환부

가. 압수물에 관하여 그 소유자, 소지자, 보관자 또는 제출인으로부터 환부 또는 가환부의 청구가 있을 때는 압수장물에 관하여 피해자로부터 환부의 청구가 있을 때는 지체없이 압수물 환부(가환부) 지휘요청서를 제출하여 검사의 지휘를 받아야 한다.

나. 위 항의 압수물 환부(가환부) 지휘요청서에는 소유자, 소지자, 보관자, 제출인 또는 피해자의 압수물 환부(가환부) 청구서를 첨부하여야 한다.

다. 압수물의 환부, 가환부 또는 압수장물의 피해자 환부에 관하여 검사의 지휘가 있을 때는 지체없이 피해자, 피의자 또는 변호인에게 그 취지를 통지한 후 신속히 청구자에게 환부하되 청구자가 정당한 권한을 가진 자인가를 조사하여 뒤에 분쟁이 생기는 일이 없도록 하여야 한다.

라. 압수물의 환부 또는 가환부의 처분을 할 때는 상대자로부터 압수물 환부(가환부) 영수증을 받아야 하며 먼저 가환부한 물건에 대하여 다시 환부의 처분을 할 필요가 있을 때는 환부 통지서를 교부하여야 한다.

■ 판례 ■　　**압수물에 대한 몰수의 선고가 포함되지 않은 형사판결이 선고되어 확정된 경우**

[1] 형사사건에서 압수한 주식에 대한 몰수판결이 선고되지 않고 그대로 확정되어 압수물에 대한 환부의무가 발생하였음에도 압수물을 환부하지 않아 환부받을 자에게 손해가 발생한 경우, 손해액의 산정기준에 관하여 환부의무 발생 당시의 주가와 원심 변론종결일 현재의 주가 사이의 시가차액이라는 주장을 배척하고 환부의무 발생시점의 주식의 주가총액에 대한 민사법정이자 상당액이라고 판단한 원심을 수긍한 사례

[2] 압수물을 환부받을 자가 압수 후 소유권을 포기한 경우 수사기관의 압수물 환부의무가 면제되는지 여부(소극)

피압수자 등 환부를 받을 자가 압수 후 그 소유권을 포기하는 등에 의하여 실체법상의 권리를 상실하더라도 그 때문에 압수물을 환부하여야 할 수사기관의 의무에 어떠한 영향을 미칠 수 없고, 또한 수사기관에 대하여 형사소송법상의 환부청구권을 포기한다는 의사표시를 하더라도 그 효력이 없어 그에 의하여 수사기관의 필요적 환부의무가 면제된다고 볼 수는 없다.

[3] 압수물에 대한 몰수의 선고가 포함되지 않은 형사판결이 선고되어 확정된 경우 검사에게 압수물을 환부하여야 할 의무가 당연히 발생하는지 여부(적극)

형사소송법 제332조에 의하면 압수한 서류 또는 물품에 대하여 몰수의 선고가 없는 때에는 압수를 해제한 것으로 간주한다고 규정되어 있으므로 어떠한 압수물에 대한 몰수의 선고가 포함되지 않은 판결이 선고되어 확정되었다면 검사에게 그 압수물을 제출자나 소유자 기타 권리자에게 환부하여야 할 의무가 당연히 발생하는 것이고, 권리자의 환부신청에 의한 검사의 환부결정 등 어떤 처분에 의하여 비로소 환부의무가 발생하는 것은 아니다(대법원 2001.4.10. 선고 2000다49343 판결).

■ 판례 ■   압수물을 환부받을 자가 압수 후 소유권을 포기한 경우

[1] 형사소송법 제133조 제1항 소정의 '증거에 공할 압수물' 의 의미

형사소송법 제133조 제1항 후단이, 제2항의 '증거에만 공할' 목적으로 압수할 물건과는 따로이, '증거에 공할' 압수물에 대하여 법원의 재량에 의하여 가환부할 수 있도록 규정한 것을 보면, '증거에 공할 압수물' 에는 증거물로서의 성격과 몰수할 것으로 사료되는 물건으로서의 성격을 가진 압수물이 포함되어 있다고 해석함이 상당하다.

[2] 형법 제48조에 해당하는 물건을 피고본안사건에 관한 종국판결 전에 가환부할 수 있는지 여부(적극)

몰수할 것이라고 사료되어 압수한 물건 중 법률의 특별한 규정에 의하여 필요적으로 몰수할 것에 해당하거나 누구의 소유도 허용되지 아니하여 몰수할 것에 해당하는 물건에 대한 압수는 몰수재판의 집행을 보전하기 위하여 한 것이라는 의미도 포함된 것이므로 그와 같은 압수 물건은 가환부의 대상이 되지 않지만, 그 밖의 형법 제48조에 해당하는 물건에 대하여는 이를 몰수할 것인지는 법원의 재량에 맡겨진 것이므로 특별한 사정이 없다면 수소법원이 피고본안사건에 관한 종국판결에 앞서 이를 가환부함에 법률상의 지장이 없는 것으로 보아야 한다.

[3] 압수물을 환부받을 자가 압수 후 소유권을 포기한 경우 수사기관의 압수물 환부의무의 소멸 여부(소극) 및 수사기관에 대한 환부청구권 포기의 효력(무효)

피압수자 등 환부를 받을 자가 압수 후 그 소유권을 포기하더라도 그 때문에 압수물을 환부하여야 하는 수사기관의 의무에 어떠한 영향을 미칠 수 없고, 또 수사기관에 대하여 형사소송법상의 환부청구권을 포기한다는 의사표시를 하더라도 그 효력이 없다(대법원 1998.4.16. 자 97모25 결정).

■ 판례 ■   피해자를 기망하여 물건을 취득한 자가 이를 제3자에게 임치한 경우

[1] 형사소송법 제134조소정의 "환부 할 이유가 명백한 때" 의 의미

"환부할 이유가 명백한 때" 라 함은 사법상 피해자가 그 압수된 물건의 인도를 청구할 수 있는 권리가 있음이 명백한 경우를 의미하고 위 인도청구권에 관하여 사실상, 법률상 다소라도 의문이 있는 경우에는 환부할 명백한 이유가 있는 경우라고는 할 수 없다.

[2] 피해자를 기망하여 물건을 취득한 자가 이를 제3자에게 임치한 경우 동 물건의 피해자환부의 당부

매수인이 피해자로 부터 물건을 매수함에 있어 사기행위로써 취득하였다 하더라도 피해자가 매수인에게 사기로 인한 매매의 의사표시를 취소한 여부가 분명하지 않고, 위 매수인으로 부터 위탁을 받은 (갑)이 위 물건을 인도받아 재항고인의 창고에 임치하여 재항고인이 보관하게 되었고 달리 재항고인이 위 물건이 장물이라는 정을 알았다고 확단할 자료가 없다면, 재항고인은 정당한 점유자라 할 것이고 이를 보관시킨 매수인에 대해서는 임치료 청구권이 있고 그 채권에 의하여 위 물건에 대한 유치권이 있다고 보여지므로 피해자는 재항고인에 대하여 위 물건의 반환 청구권이 있음이 명백하다고 보기는 어렵다 할 것이므로 이를 피해자에게 환부할 것이 아니라 민사소송에 의하여 해결함이 마땅하다(대법원 1984.7.16. 자 84모38 결정)

압 수 물 환 부(가 환 부) 청 구 서

[청 구 인]

성 명		주민등록번호	
직 업		연 락 처	
주 거			

귀 관서에서 증거품으로 압수 중인 다음 압수물건을 청구인에게 환부(가환부)하여
주시기 바랍니다.

20○○.○.○.

청 구 인 :   ㊞

피 의 자					
죄 명					
압수번호		접수번호		사건번호	

연번	품 종	수 량	비 고

○ ○ 경 찰 서 장 귀 하

○ ○ 경 찰 서

제 0000-00000 호   2○○○.○.○.

수 신 : ○○지방검찰청장 (검사 : ○○○)

제 목 : 압수물처분 지휘요청서 (환부·가환부)

○○○에 대한 ○○ 피의사건의 압수물인 다음 물건에 대하여 환부·가환부 지휘를 요청합니다.

연번	품　　　종	수량	피압수자	환부·가환부 받을 사람	비 고

○○경찰서

사법경찰관　경위　홍 길 동 (인)

압수물 환부(가환부) 영수

[영 수 인]

성 명		주민등록번호	
직 업		연 락 처	
주 거			

귀 관서에서 증거품으로 압수 중인 다음 압수물건을 환부(가환부) 받았습니다.

20○○.○.○.

영 수 인 :   ㉑

피 의 자					
죄 명					
압수번호		접수번호		사건번호	

기록면수	연번	품 종	수 량	비 고

○○경찰서장 귀하

4. 폐기, 대가보관과 증거와의 관계

가. 압수물에 관하여 폐기 또는 대가보관의 처분을 할 때는 다음 사항에 주의하여야
한다.

① 폐기처분에서는 사전에 반드시 사진을 촬영해 둘 것

② 그 물건의 상황을 사진, 도면, 모사도 또는 기록 등의 방법에 따라 명백히
밝힐 것

③ 특히 필요가 있다고 인정될 때에는 당해 압수물의 성상, 가격 등을 감정해
두어야 한다. 이 경우에는 재감정할 경우를 고려하여 그 물건의 일부를 보존
해두도록 배려할 것

④ 위험 발생, 멸실, 파손 또는 부패의 염려가 있거나 보관하기 어려운 물건이라
는 등 폐기 또는 대가보관의 처분을 하여야 할 상당한 이유를 명백히 할 것

나. 폐기 또는 대가보관의 처분을 하였을 때는 각각 폐기조서 또는 대가보관 조서를
작성하여야 한다.

다. 압수물의 폐기 또는 대가보관의 처분을 하고자 할 때는 압수물 폐기처분 지휘요
청서 또는 압수물 대가보관 지휘요청서를 관할 지방검찰청 검사장 또는 지청장
에게 제출하여 검사의 지휘를 받아야 한다.

라. 전항의 경우에 있어서 검사의 지휘가 있을 때는 미리 피해자, 피의자 또는 변호
인에게 그 취지를 통지하여야 한다.

마. 법령상 생산·제조·소지·소유 또는 유통이 금지된 압수물로서 부패의 염려가
있거나 보관하기 어려운 압수물을 폐기할 때에는 소유자 등 권한 있는 자의 동
의를 받아야 한다.

○ ○ 경 찰 서

제 0000-00000 호   20○○.○.○.

수 신 : ○○지방검찰청장 (검사 : ○○○)

제 목 : 압수물처분 지휘요청서(폐기)

○○에 대한 ○○ 피의사건의 압수물에 위험발생의 염려가 있어 폐기 지휘를 요청
합니다.

연번	품 종	수 량	비 고

○○경찰서

사법경찰관 경위   홍 길 동 (인)

압 수 물 폐 기 조 서

　　○○○외 ○명에 대한 ○○ 피의사건에 관하여　20○○. ○. ○. 00:00　사법경찰관 경위 ○○○는(은) 사법경찰리 경사 ○○○를(을) 참여하게 하고 압수물을 다음과 같이 폐기한다.

연 번	품 종	수량	이 유	비고
1	배　추	60포기	○○지검 검사 홍길동의 지휘에 따라 부패의 우려가 있으므로	

년　　　월　　　일

○ ○ 경 찰 서

사법경찰관　　　　㊞

사법경찰리　　　　㊞

압 수 물 폐 기 동 의 서

[동 의 인]

성 명		주민등록번호	
직 업		연 락 처	
주 거			

다음 압수물건을 폐기함에 동의합니다.

20○○.○.○.

동 의 인 :　　　　　　　　㊞

피 의 자						
죄 명						
압수번호		접수번호		사건번호		

연번	품 종	수 량	비 고

등 대 경 찰 서 장 귀 하

○○경찰서

제 0000-00000 호   20○○. ○. ○.

수 신 : ○○지방검찰청장 (검사 : ○○○)

제 목 : **압수물처분 지휘요청서(대가보관)**

○○○에 대한 ○○ 피의사건의 압수물에 부패(멸실 등)의 우려가 있어 대가보관
지휘를 요청합니다.

연번	품 종	수 량	비 고

○○경찰서

사법경찰관 경위   홍 길 동 (인)

압 수 물 대 가 보 관 조 서

　　　　　에 대한　　　피의사건에　관하여　20 ． ． ． 사법경찰관 경　　　　　은
사법경찰리 경　　　　을 참여하게 하고 다음과 같이 대가보관하다.

대가보관금액			보 관 자			
번호	품 종	수 량	매각대금	이 유	매수자	

20○○．○．○.

○ ○ 경 찰 서

　　　　　사법경찰관　　　　　㊞
　　　　　사법경찰리　　　　　㊞

■ 판례 ■　　**압수물에 대한 환가처분 후 형사 본안사건에서 무죄 판결이 확정된 경우**

[1] 압수물에 대한 환가처분 후 형사 본안사건에서 무죄 판결이 확정된 경우, 국가는 압수물 소유자 등에게 환가처분에 의한 매각대금 전액을 반환하여야 하는지 여부(적극)

형사 본안사건에서 무죄가 선고되어 확정되었다면 형사소송법 제332조에 의하여 검사가 압수물을 제출자나 소유자 기타 권리자에게 환부하여야 할 의무는 당연히 발생하는 것이고, 검사가 몰수할 수 있는 물건으로 보고 압수한 물건이 멸실, 손괴 또는 부패의 염려가 있거나 보관하기 불편하여 이를 매각하는 환가처분을 한 경우 그 매각대금은 압수물과 동일시 할 수 있는 것이므로, 국가는 압수물의 환가처분에 의한 매각대금 전액을 압수물의 소유자 등에게 반환할 의무가 있다.

[2] 압수물에 대한 환가처분 후 해당 압수물이 그 후의 형사절차에 의하여 몰수되지 아니한 경우, 그 환가처분의 법적 성질(=사무관리에 준하는 행위) 및 국가가 압수물 소유자에게 상환을 구할 수 있는 압수물에 대한 환가처분 비용의 범위(=압수물의 매각비용의 한도 내)

몰수할 수 있는 압수물에 대한 수사기관의 환가처분은 그 경제적 가치를 보존하기 위한 형사소송법상의 처분이라고 할지라도 해당 압수물이 그 후의 형사절차에 의하여 몰수되지 아니하는 경우 그 환가처분은 그 물건 소유자를 위한 사무관리에 준하는 행위라 할 것이므로, 검사가 압수물에 대한 환가처분을 하며 소요된 비용은 물건의 소유자에게 상환을 구할 수 있다 할 것이지만, 압수는 물건의 소유자 등의 점유를 배제하고 수사기관 등이 그 점유를 취득하는 강제처분이고, 환가처분 또한 수사기관 등이 그 권한과 책임하에 본인의 의사 여하를 불문하고 행하는 것이므로, 사무관리자가 본인의 의사에 반하여 관리한 때의 관리비용 상환 범위에 준하여 수사기관 등이 환가처분을 함으로써 압수물 소유자가 지출하지 않아도 되게 된 그 물건의 매각비용의 한도, 즉 현존이익의 한도 내에서 환가처분 비용의 상환을 구할 수 있다.

[3] 압수된 수입 농산물의 환가처분비용으로 국가가 지급한 위탁판매수수료 중에는 매각에 필요한 보관료, 운반비 등이 포함되어 있음에도 위 제반 비용이 포함되지 않은 농수산물유통및가격안정에관한법률시행규칙 제25조 제2항 소정의 위탁상장수수료의 최고한도액으로 압수물 소유자의 상환 범위를 제한한 원심판결을 파기한 사례(대법원 2000.1.21. 선고 97다58507 판결)

■ 판례 ■　　**형사소송법 제132조에 의하여 압수물을 매각한 경우, 그 대가보관금에 대한 몰수의 가부(적극)**

관세법 제198조 제2항에 따라 몰수하여야 할 압수물이 멸실, 파손 또는 부패의 염려가 있거나 보관하기에 불편하여 이를 형사소송법 제132조의 규정에 따라 매각하여 그 대가를 보관하는 경우에는, 몰수와의 관계에서는 그 대가보관금을 몰수 대상인 압수물과 동일시할 수 있다(대법원 1996.11.12. 선고 96도2477 판결).

■ 판례 ■　　**검사가 피의사실에 대하여 기소유예처분을 하면서 피의자가 소유권포기를 거부한 압수물에 대하여 한 국고귀속처분의 효력**

인삼사업법위반혐의로 수사를 받던 피의자가 수사기관으로부터 여러차례 압수된 인삼에 대한 소유권포기를 종용받고도 이를 명백히 거절하였음에도 검사가 위 피의사실에 대하여 기소유예처분을 하면서 위 압수물을 국고귀속처분하였다면 위 국고귀속처분은 법령상 아무런 근거도 없는 위법한 처분으로서 그 하자가 중대하고 명백하여 당연무효이다(대법원 1986.10.28. 선고 86다카220 판결).

V. 유형별 압수물 처리요령

압수물 종류	보 관 유 형 및 유 의 사 항
귀중품 및 현금	○ 현금의 경우 경리계에 보관, 압수해제 시 신속하게 피압수자에게 교부 ○ 귀중품의 경우 감정서 제출받아 첨부하고, 압수표 압수물 봉투에 특정될 수 있도록 압수물 주서 표시
유가증권	○ 지체없이 원형보존 여부에 관하여 검사의 지휘 ○ 원형을 보존할 필요가 없다는 검사의 지휘가 있는 때에는 지체없이 이를 환금하여 보관 ※ 참고 : 검사와 사법경찰관의 상호협력과 일반적 수사준칙에 관한 규정
위조 · 변조물	○ 위(변)조 부분에 명백히 주서로서 위(변)조 표시
외국환	○ 대외지급수단 보관의뢰서 작성, 검찰과 협의, 검사의 서명날인받아 압수된 외국환과 함께 외국환 취급은행에 보관의뢰하고 보관증 교부받아 보관
마약류	○ 압수시 마약류 확인감정서 첨부 ○ 금고 또는 견고한 이중장치의 용기에 보관하되, 습기를 차단하고 변질 또는 감량 방지를 위해 매일 이상유무 확인 ※ 앵속, 대마 압수 후 감량이 예상되므로 압수 당시 무게 표시 및 그 단위를 주(株)로 표시 (10주는 1束임)
폭발물 등 위험물 및 오염 어폐류, 부패 육류	○ 검찰과 협의, 폐기 처분하되 폐기조서 작성 및 사진 촬영 첨부 ○ 사전 피해자, 피의자(또는 변호인)에게 통지
카세트 테입, CD, 비디오물 등 불법 복제물	○ 압수물이 수량이 많아 경찰서 내 압수물 보관창고의 수용능력 초과 시 외부 전문창고 위탁보관 실시 ※ 원상표권자의 동의받아 상표권자 회사의 창고에 보관하거나 한국영상 음반협회 전문창고 보관의뢰
위조상표 부착 의류, 신발 등	○ 검찰과 협의, 상표권자 회사의 창고 위탁보관 추진 ※ 사전에 상표권자의 양해를 구한 후, 상표를 완전히 제거하여 무효화시켜 사회복지단체 등 상품구매력이 없는 단체에 유통금지 각서를 징수받아 기증(검찰과 협의)
불법복제 프로그램 내장 컴퓨터, 하드디스크	○ 형법 제48조 제1항 제1호 소정의 범행에 제공된 물건으로 컴퓨터 하드 디스크 전체를 압수할 수 있음 ※ 피압수자의 재산권 보호상 무단 불법복제 부분만 폐기 후 하드디스크는 피압수자에게 반환 ○ 압수시 범인들이 중요 파일을 삭제하거나, 하드디스크 포맷 등 증거인멸 대비, 컴퓨터 전문가 대동
불법복제 이용 VCR, CD 복제기, 불법 오락기 기판	○ 반드시 복제물과 함께 압수

제4절 영장주의의 예외

 I. 관련 법령 (형사소송법)

제216조(영장에 의하지 아니한 강제처분) ① 검사 또는 사법경찰관은 제200조의2·제200조의3·제201조 또는 제212조의 규정에 의하여 피의자를 체포 또는 구속하는 경우에 필요한 때에는 영장없이 다음 처분을 할 수 있다.
1. 타인의 주거나 타인이 간수하는 가옥, 건조물, 항공기, 선차 내에서의 피의자 수색. 다만, 제200조의2 또는 제201조에 따라 피의자를 체포 또는 구속하는 경우의 피의자 수색은 미리 수색영장을 발부받기 어려운 긴급한 사정이 있는 때에 한정한다.
2. 체포현장에서의 압수, 수색, 검증
② 전항 제2호의 규정은 검사 또는 사법경찰관이 피고인에 대한 구속영장의 집행의 경우에 준용한다.
③ 범행 중 또는 범행직후의 범죄 장소에서 긴급을 요하여 법원판사의 영장을 받을 수 없는 때에는 영장없이 압수, 수색 또는 검증을 할 수 있다. 이 경우에는 사후에 지체없이 영장을 받아야 한다.
제217조(영장에 의하지 아니하는 강제처분) ① 검사 또는 사법경찰관은 제200조의3에 따라 체포된 자가 소유·소지 또는 보관하는 물건에 대하여 긴급히 압수할 필요가 있는 경우에는 체포한 때부터 24시간 이내에 한하여 영장 없이 압수·수색 또는 검증을 할 수 있다.
② 검사 또는 사법경찰관은 제1항 또는 제216조제1항제2호에 따라 압수한 물건을 계속 압수할 필요가 있는 경우에는 지체 없이 압수수색영장을 청구하여야 한다. 이 경우 압수수색영장의 청구는 체포한 때부터 48시간 이내에 하여야 한다.
③검사 또는 사법경찰관은 제2항에 따라 청구한 압수수색영장을 발부받지 못한 때에는 압수한 물건을 즉시 반환하여야 한다.
제218조(영장에 의하지 아니한 압수) 검사, 사법경찰관은 피의자 기타인의 유류한 물건이나 소유자, 소지자 또는 보관자가 임의로 제출한 물건을 영장없이 압수할 수 있다.

 II. 영장주의 예외 요건

1. 영장주의 예외 요건 불충족과 사후영장에 의한 위법성 치유 여부

■ 판례 ■   범행 중 또는 범행 직후의 범죄 장소에서 영장 없이 압수·수색 또는 검증을 할 수 있도록 규정한 형사소송법 제216조 제3항의 요건 중 어느 하나라도 갖추지 못한 경우, 압수·수색 또는 검증이 위법한지 여부(적극) 및 이에 대하여 사후에 법원으로부터 영장을 발부받음으로써 위법성이 치유되는지 여부(소극)

범행 중 또는 범행 직후의 범죄 장소에서 긴급을 요하여 법원 판사의 영장을 받을 수 없는 때에는 영장 없이 압수·수색 또는 검증을 할 수 있으나, 사후에 지체없이 영장을 받아야 한다(형사소송법 제216조 제3항). 형사소송법 제216조 제3항의 요건 중 어느 하나라도 갖추지 못한 경우에 그러한 압수·수색 또는 검증은 위법하며, 이에 대하여 사후에 법원으로부터 영장을 발부받았다고 하여 그 위법성이 치유되지 아니한다(대법원 2017. 11. 29., 선고, 2014도16080, 판결).

2. 영장주의의 예외로서 형사소송법 제217조 제1항 의미

■ 판례 ■   긴급체포된 자가 소유·소지 또는 보관하는 물건에 대한 긴급 압수·수색 또는 검증을 규정한 형사소송법 제217조 제1항의 취지 / 위 규정에 따른 압수·수색 또는 검증은 체포현장이 아닌 장소에서도 긴급체포된 자가 소유·소지 또는 보관하는 물건을 대상으로 할 수 있는지 여부(적극)

사법경찰관이 범죄수사에 필요한 때에는 피의자가 죄를 범하였다고 의심할 만한 정황이 있고 해당 사건과 관계가 있다고 인정할 수 있는 것에 한정하여 검사에게 신청하여 검사의 청구로 지방법원판사가 발부한 영장에 의하여 압수, 수색 또는 검증을 할 수 있다(형사소송법 제215조 제2항). 이처럼 범죄수사를 위하여 압수, 수색 또는 검증을 하려면 미리 영장을 발부받아야 한다는 이른바 사전영장주의가 원칙이지만, 형사소송법 제217조는 그 예외를 인정한다. 즉, 검사 또는 사법경찰관은 긴급체포된 자가 소유·소지 또는 보관하는 물건에 대하여는 긴급히 압수할 필요가 있는 경우에는 체포한 때부터 24시간 이내에 한하여 영장 없이 압수·수색 또는 검증을 할 수 있고(형사소송법 제217조 제1항), 압수한 물건을 계속 압수할 필요가 있는 경우에는 지체 없이 압수수색영장을 청구하여야 한다. 이 경우 압수수색영장의 청구는 체포한 때부터 48시간 이내에 하여야 한다(같은 조 제2항).

형사소송법 제217조 제1항은 수사기관이 피의자를 긴급체포한 상황에서 피의자가 체포되었다는 사실이 공범이나 관련자들에게 알려짐으로써 관련자들이 증거를 파괴하거나 은닉하는 것을 방지하고, 범죄사실과 관련된 증거물을 신속히 확보할 수 있도록 하기 위한 것이다. 이 규정에 따른 압수·수색 또는 검증은 체포현장에서의 압수·수색 또는 검증을 규정하고 있는 형사소송법 제216조 제1항 제2호와 달리, 체포현장이 아닌 장소에서도 긴급체포된 자가 소유·소지 또는 보관하는 물건을 대상으로 할 수 있다. (대법원 2017. 9. 12., 선고, 2017도10309, 판결)

III. 예외 유형

1. 현행범인 체포현장에서의 압수

■ 판례 ■ 음란물 유포의 혐의로 압수수색영장을 발부받아 수색 중 대마를 발견한 후, 마약류관리에 관한 법률 위반죄의 현행범으로 체포하면서 대마를 압수하고 사후영장을 발부 받지 않은 경우, 압수물과 압수조서의 증거능력

구 정보통신망 이용촉진 및 정보보호 등에 관한 법률상 음란물 유포의 범죄혐의를 이유로 압수·수색영장을 발부받은 사법경찰리가 피고인의 주거지를 수색하는 과정에서 대마를 발견하자, 피고인을 마약류관리에 관한 법률 위반죄의 현행범으로 체포하면서 대마를 압수하였으나, 그 다음날 피고인을 석방하였음에도 사후 압수·수색영장을 발부받지 않은 사안에서, 위 압수물과 압수조서는 형사소송법상 영장주의를 위반하여 수집한 증거로서 증거능력이 부정된다.

2. 범죄장소에서의 압수수색

■ 판례 ■ 주취운전을 적발한 경찰관이 주취운전의 계속을 막기 위하여 취할 수 있는 조치 내용

주취 상태에서의 운전은 도로교통법 제41조의 규정에 의하여 금지되어 있는 범죄행위임이 명백하고 그로 인하여 자기 또는 타인의 생명이나 신체에 위해를 미칠 위험이 큰 점을 감안하면, 주취운전을 적발한 경찰관이 주취운전의 계속을 막기 위하여 취할 수 있는 조치로는, 단순히 주취운전의 계속을 금지하는 명령 이외에 다른 사람으로 하여금 대신하여 운전하게 하거나 당해 주취운전자가 임의로 제출한 차량열쇠를 일시 보관하면서 가족에게 연락하여 주취운전자와 자동차를 인수하게 하거나 또는 주취 상태에서 벗어난 후 다시 운전하게 하며 그 주취 정도가 심한 경우에 경찰관서에 일시 보호하는 것 등을 들 수 있고, 한편 주취운전이라는 범죄행위로 당해 음주운전자를 구속·체포하지 아니한 경우에도 필요하다면 그 차량열쇠는 범행 중 또는 범행 직후의 범죄장소에서의 압수로서 형사소송법 제216조 제3항에 의하여 영장 없이 이를 압수할 수 있다. (대법원 1998. 5. 8., 선고, 97다54482, 판결)

3. 긴급체포시 압수의 대상 범위

■ 판례 ■ 형사소송법 제217조 제1항에 따른 긴급체포시 적법하게 압수할 수 있는 대상물인지 여부의 판단기준

[1] 구 형사소송법 제217조 제1항에 따른 긴급체포시 적법하게 압수할 수 있는 대상물인지 여부의 판단기준

구 형사소송법(2007. 6. 1. 법률 제8496호로 개정되기 전의 것) 제217조 제1항 등에 의하면 검사 또는 사법경찰관은 피의자를 긴급체포한 경우 체포한 때부터 48시간 이내에 한하여 영장 없이, 긴급체포의 사유가 된 범죄사실 수사에 필요한 최소한의 범위 내에서 당해 범죄사실과 관련된 증거물 또는 몰수할 것으로 판단되는 피의자의 소유, 소지 또는 보관하는 물건을 압수할 수 있다. 이때, 어떤 물건이 긴급체포의 사유가 된 범죄사실 수사에 필요한 최소한의 범위 내의 것으로서 압수의 대상이 되는 것인지는 당해 범죄사실의 구체적인 내용과 성질, 압수하고자 하는 물건의 형상·성질, 당해 범죄사실과의 관련 정도와 증거가치, 인멸의 우려는 물론 압수로 인하여 발생하는

불이익의 정도 등 압수 당시의 여러 사정을 종합적으로 고려하여 객관적으로 판단하여야 한다.

[2] 경찰관이 이른바 전화사기죄 범행의 혐의자를 긴급체포하면서 그가 보관하고 있던 다른 사람의 주민등록증, 운전면허증 등을 압수한 사안에서, 이는 구 형사소송법(2007. 6. 1. 법률 제8496호로 개정되기 전의 것) 제217조 제1항에서 규정한 해당 범죄사실의 수사에 필요한 범위 내의 압수로서 적법하므로, 이를 위 혐의자의 점유이탈물횡령죄 범행에 대한 증거로 인정한 사례.(대법원 2008. 7. 10., 선고, 2008도2245, 판결)

4. 체포현장과 범죄장소에서의 임의제출과 영장주의의 예외

■ 판례 ■ 현행범 체포현장이나 범죄현장에서 소지자 등이 임의로 제출하는 물건을 형사소송법 제218조에 의하여 영장 없이 압수할 수 있는지 여부(적극) 및 이때 검사나 사법경찰관은 별도로 사후에 영장을 받아야 하는지 여부(소극)

범죄를 실행 중이거나 실행 직후의 현행범인은 누구든지 영장 없이 체포할 수 있고(형사소송법 제212조), 검사 또는 사법경찰관은 피의자 등이 유류한 물건이나 소유자·소지자 또는 보관자가 임의로 제출한 물건을 영장 없이 압수할 수 있으므로(제218조), 현행범 체포현장이나 범죄 현장에서도 소지자 등이 임의로 제출하는 물건을 형사소송법 제218조에 의하여 영장 없이 압수하는 것이 허용되고, 이 경우 검사나 사법경찰관은 별도로 사후에 영장을 받을 필요가 없다(대법원 2019. 11. 14. 선고 2019도13290 판결, 대법원 2016. 2. 18. 선고 2015도13726 판결 참조).

위와 같은 법리에 따르면 현행범 체포현장에서는 임의로 제출하는 물건이라도 형사소송법 제218조에 따라 압수할 수 없고, 형사소송법 제217조 제2항이 정한 사후영장을 받아야 한다는 취지의 원심 판단은 잘못되었다. (대법원 2020. 4. 9. 선고 2019도17142 판결)

5. 강제채혈과 영장주의 예외

■ 판례 ■ 강제채혈의 법적 성질(=감정에 필요한 처분 또는 압수영장의 집행에 필요한 처분)

[1] 영장이나 감정처분허가장 없이 채취한 혈액을 이용한 혈중알코올농도 감정 결과의 증거능력 유무(원칙적 소극) 및 피고인 등의 동의가 있더라도 마찬가지인지 여부(적극)

수사기관이 법원으로부터 영장 또는 감정처분허가장을 발부받지 아니한 채 피의자의 동의 없이 피의자의 신체로부터 혈액을 채취하고 사후에도 지체 없이 영장을 발부받지 아니한 채 혈액 중 알코올농도에 관한 감정을 의뢰하였다면, 이러한 과정을 거쳐 얻은 감정의뢰회보 등은 형사소송법상 영장주의 원칙을 위반하여 수집하거나 그에 기초하여 획득한 증거로서, 원칙적으로 절차위반행위가 적법절차의 실질적인 내용을 침해하여 피고인이나 변호인의 동의가 있더라도 유죄의 증거로 사용할 수 없다.

[2] 강제채혈의 법적 성질(=감정에 필요한 처분 또는 압수영장의 집행에 필요한 처분)

수사기관이 범죄 증거를 수집할 목적으로 피의자의 동의 없이 피의자의 혈액을 취득·보관하는 행위는 법원으로부터 감정처분허가장을 받아 형사소송법 제221조의4 제1항, 제173조 제1항에 의한 '감정에 필요한 처분'으로도 할 수 있지만, 형사소송법 제219조, 제106조 제1항에 정한 압수의 방법으로도 할 수 있고, 압수의 방법에 의하는 경우 혈액의 취득을 위하여 피의자의 신체로부터 혈액을 채취하는 행위는 혈액의 압수를 위한 것으로서 형사소송법 제219조, 제120조 제1항에 정한 '압수영장의 집행에 있어 필요한 처분'에 해당한다.

[3] 음주운전 중 교통사고를 내고 의식불명 상태에 빠져 병원으로 후송된 운전자에 대하여 수사기관이 영장 없이 강제채혈을 할 수 있는지 여부(한정 적극) 및 이 경우 사후 압수영장을 받아야 하는지 여부 (적극)

음주운전 중 교통사고를 야기한 후 피의자가 의식불명 상태에 빠져 있는 등으로 도로교통법이 음주운전의 제1차적 수사방법으로 규정한 호흡조사에 의한 음주측정이 불가능하고 혈액 채취에 대한 동의를 받을 수도 없을 뿐만 아니라 법원으로부터 혈액 채취에 대한 감정처분허가장이나 사전 압수영장을 발부받을 시간적 여유도 없는 긴급한 상황이 생길 수 있다. 이러한 경우 피의자의 신체 내지 의복류에 주취로 인한 냄새가 강하게 나는 등 형사소송법 제211조 제2항 제3호가 정하는 범죄의 증적이 현저한 준현행범인의 요건이 갖추어져 있고 교통사고 발생 시각으로부터 사회통념상 범행 직후라고 볼 수 있는 시간 내라면, 피의자의 생명·신체를 구조하기 위하여 사고현장으로부터 곧바로 후송된 병원 응급실 등의 장소는 형사소송법 제216조 제3항의 범죄 장소에 준한다 할 것이므로, 검사 또는 사법경찰관은 피의자의 혈중알코올농도 등 증거의 수집을 위하여 의료법상 의료인의 자격이 있는 자로 하여금 의료용 기구로 의학적인 방법에 따라 필요최소한의 한도 내에서 피의자의 혈액을 채취하게 한 후 그 혈액을 영장 없이 압수할 수 있다. 다만 이 경우에도 형사소송법 제216조 제3항 단서, 형사소송규칙 제58조, 제107조 제1항 제3호에 따라 사후에 지체 없이 강제채혈에 의한 압수의 사유 등을 기재한 영장청구서에 의하여 법원으로부터 압수영장을 받아야 한다. (대법원 2012. 11. 15., 선고, 2011도15258, 판결)

■ 판례 ■   피의자의 동의 또는 영장 없이 채취한 혈액을 이용한 감정결과보고서 등의 증거능력 유무

형사소송법 제215조 제2항은 "사법경찰관이 범죄수사에 필요한 때에는 검사에게 신청하여 검사의 청구로 지방법원판사가 발부한 영장에 의하여 압수, 수색 또는 검증을 할 수 있다."고 규정하고, 형사소송법 제216조 제3항은 범행 중 또는 범행 직후의 범죄장소에서 긴급을 요하여 법원판사의 영장을 받을 수 없는 때에는 압수·수색·검증을 할 수 있으나 이 경우에는 사후에 지체없이 영장을 받아야 한다고 규정하고 있으며, 한편 검사 또는 사법경찰관으로부터 감정을 위촉받은 감정인은 감정에 관하여 필요한 때에는 검사의 청구에 의해 판사로부터 감정처분허가장을 발부받아 신체의 검사 등 형사소송법 제173조 제1항에 규정된 처분을 할 수 있도록 규정되어 있는바(형사소송법 제221조, 제221조의4, 제173조 제1항), 위와 같은 형사소송법 규정에 위반하여 수사기관이 법원으로부터 영장 또는 감정처분허가장을 발부받지 아니한 채 피의자의 동의 없이 피의자의 신체로부터 혈액을 채취하고 더구나 사후적으로도 지체없이 이에 대한 영장을 발부받지 아니하고서 위와 같이 강제 채혈한 피의자의 혈액 중 알코올농도에 관한 감정이 이루어졌다면, 이러한 감정결과보고서 등은 형사소송법상 영장주의 원칙을 위반하여 수집하거나 그에 기초한 증거로서 그 절차 위반행위가 적법절차의 실질적인 내용을 침해하는 정도에 해당한다고 할 것이므로, 피고인이나 변호인의 증거동의 여부를 불문하고 이 사건 범죄사실을 유죄로 인정하는 증거로 사용할 수 없다고 보아야 한다. (대법원 2011. 5. 13., 선고, 2009도10871, 판결)

Ⅳ. 임의제출물 등의 압수

1. 소지자 및 보관자에 의한 임의제출

■ 판례 ■ 경찰관이 간호사로부터 진료 목적으로 채혈된 피고인의 혈액 중 일부를 주취운전 여부에 대한 감정을 목적으로 제출받아 압수한 경우, 적법절차의 위반 여부(소극)

형사소송법 제218조는 "검사 또는 사법경찰관은 피의자, 기타인의 유류한 물건이나 소유자, 소지자 또는 보관자가 임의로 제출한 물건을 영장 없이 압수할 수 있다."라고 규정하고 있고, 같은 법 제219조에 의하여 준용되는 제112조 본문은 "변호사, 변리사, 공증인, 공인회계사, 세무사, 대서업자, 의사, 한의사, 치과의사, 약사, 약종상, 조산사, 간호사, 종교의 직에 있는 자 또는 이러한 직에 있던 자가 그 업무상 위탁을 받아 소지 또는 보관하는 물건으로 타인의 비밀에 관한 것은 압수를 거부할 수 있다."라고 규정하고 있을 뿐이고, 달리 형사소송법 및 기타 법령상 의료인이 진료 목적으로 채혈한 혈액을 수사기관이 수사 목적으로 압수하는 절차에 관하여 특별한 절차적 제한을 두고 있지 않으므로, 의료인이 진료 목적으로 채혈한 환자의 혈액을 수사기관에 임의로 제출하였다면 그 혈액의 증거사용에 대하여도 환자의 사생활의 비밀 기타 인격적 법익이 침해되는 등의 특별한 사정이 없는 한 반드시 그 환자의 동의를 받아야 하는 것이 아니고, 따라서 경찰관이 간호사로부터 진료 목적으로 이미 채혈되어 있던 피고인의 혈액 중 일부를 주취운전 여부에 대한 감정을 목적으로 임의로 제출 받아 이를 압수한 경우, 당시 간호사가 위 혈액의 소지자 겸 보관자인 병원 또는 담당의사를 대리하여 혈액을 경찰관에게 임의로 제출할 수 있는 권한이 없었다고 볼 특별한 사정이 없는 이상, 그 압수절차가 피고인 또는 피고인의 가족의 동의 및 영장 없이 행하여졌다고 하더라도 이에 적법절차를 위반한 위법이 있다고 할 수 없다. (대법원 1999. 9. 3., 선고, 98도968, 판결)

2. 영장주의에 위반한 압수 직후 작성된 임의제출동의서의 증거능력

■ 판례 ■ 사법경찰관이 형사소송법 제215조 제2항을 위반하여 영장없이 물건을 압수한 직후 피고인으로부터 작성받은 그 압수물에 대한 '임의제출동의서'의 증거능력 유무(원칙적 소극)

형사소송법 제215조 제2항은 "사법경찰관이 범죄수사에 필요한 때에는 검사에게 신청하여 검사의 청구로 지방법원 판사가 발부한 영장에 의하여 압수, 수색 또는 검증을 할 수 있다."고 규정하고 있는바, 사법경찰관이 위 규정을 위반하여 영장없이 물건을 압수한 경우 그 압수물은 물론 이를 기초로 하여 획득한 2차적 증거 역시 유죄 인정의 증거로 사용할 수 없는 것이고, 이와 같은 법리는 헌법과 형사소송법이 선언한 영장주의의 중요성에 비추어 볼 때 위법한 압수가 있은 직후에 피고인으로부터 작성받은 그 압수물에 대한 임의제출동의서도 특별한 사정이 없는 한 마찬가지라고 할 것이다. (대법원 2010. 7. 22. 선고 2009도14376 판결)

3. 수사기관이 별개의 증거를 환부하고 후에 임의제출받아 다시 압수한 경우

■ 판례 ■　검사 또는 사법경찰관이 영장 발부 사유로 된 범죄 혐의사실과 무관한 별개의 증거를 압수한 경우, 유죄 인정의 증거로 사용할 수 있는지 여부(원칙적 소극) / 수사기관이 별개의 증거를 환부하고 후에 임의제출받아 다시 압수한 경우, 제출에 임의성이 있다는 점에 관한 증명책임 소재(=검사)와 증명 정도 및 임의로 제출된 것이라고 볼 수 없는 경우 증거능력을 인정할 수 있는지 여부(소극)

검사 또는 사법경찰관은 범죄수사에 필요한 때에는 피의자가 죄를 범하였다고 의심할 만한 정황이 있는 경우에 판사로부터 발부받은 영장에 의하여 압수·수색을 할 수 있으나, 압수·수색은 영장 발부의 사유로 된 범죄 혐의사실과 관련된 증거에 한하여 할 수 있으므로, 영장 발부의 사유로 된 범죄 혐의사실과 무관한 별개의 증거를 압수하였을 경우 이는 원칙적으로 유죄 인정의 증거로 사용할 수 없다.

다만 수사기관이 별개의 증거를 피압수자 등에게 환부하고 후에 임의제출받아 다시 압수하였다면 증거를 압수한 최초의 절차 위반행위와 최종적인 증거수집 사이의 인과관계가 단절되었다고 평가할 수 있으나, 환부 후 다시 제출하는 과정에서 수사기관의 우월적 지위에 의하여 임의제출 명목으로 실질적으로 강제적인 압수가 행하여질 수 있으므로, 제출에 임의성이 있다는 점에 관하여는 검사가 합리적 의심을 배제할 수 있을 정도로 증명하여야 하고, 임의로 제출된 것이라고 볼 수 없는 경우에는 증거능력을 인정할 수 없다. (대법원 2016. 3. 10., 선고, 2013도11233, 판결)

4. 임의제출물 압수

　가. 소유자, 소지자 또는 보관자가 임의로 제출한 물건 또는 유류한 물건은 영장없이 압수할 수 있다.

　나. 소유자, 소지자 또는 보관자가 임의 제출한 물건을 압수할 때에는 되도록 제출자가 임의제출서를 제출하게 하고 압수조서와 압수목록을 작성하여야 한다. 이 경우에는 형사소송법 제129조의 규정에 따라 압수 증명서를 교부하여야 한다.

　다. 임의 제출한 물건을 압수한 경우에 그 소유자가 그 물건의 소유권을 포기한다는 의사표시를 하였을 때는 제1항의 임의제출서에 그 취지를 기재하거나 소유권 포기서를 제출하게 하여야 한다.

　라. 소유자, 소지자 또는 보관자에게 임의제출을 요구할 필요가 있을 때는 사법경찰관 명의로 물건제출 요청서를 발부할 수 있다.

■ 판례 ■　수사단계에서 소유권을 포기한 압수물에 대하여 형사재판에서 몰수형이 선고되지 않은 경우, 피압수자는 국가에 대하여 민사소송으로 그 반환을 청구할 수 있다고 본 원심의 판단을 수긍한 사례(대법원 2000.12.22. 선고 2000다27725 선고 판결)

5. 압수 경위(임의제출 시)

가. 범죄현장에 남은 물건으로서 참고인 홍길동이 범죄행위에 제공된 것이라고 진술하고 소유자 甲이 임의 제출함으로 압수하다

나. 피의자가 도주하면서 현장에서 약 100m 떨어진 ○○소재 홍길동 집 마당에 버린 것으로서 범죄행위로 인하여 취득한 물건일 뿐만 아니라 소유자 甲이 임의 제출함으로 압수하다

다. 피의자가 범행현장에서 범행에 사용하려고 준비하여 두었다가 도주하면서 버린 물건으로서 이를 취득한 甲이 임의 제출하므로 압수하다

라. 피의자가 본건 범죄행위로 인하여 취득한 후 오른쪽 안 호주머니에 넣어 소지하고 있던 물건으로 甲이 도주하는 피의자를 체포할 때 빼앗아 가지고 있던 것을 임의 제출하므로 압수하다

6. 유류물의 압수

가. 피의자 등의 유류한 물건을 압수할 때에는 거주자, 관리자 기타 관계자의 참여를 얻어서 행하여야 한다.

나. 이때 압수에 관하여는 실황조사서 등에 그 물건의 발견된 상황 등을 명확히 기록하고 압수조서와 압수목록을 작성하여야 한다.

다. 압수금품 중 현금, 귀금속 등 중요금품은 임치금품과 같이 물품출납 공무원에게 보관하여야 하며, 기타 물품은 견고한 캐비닛 또는 보관에 적합한 창고 등에 보관할 수 있다.

8. 물건제출 요청

○ ○ 경 찰 서

제   호   20○○. ○. ○.
수   신
제   목   **물건제출 요청서**

　아래 물건은 홍길동 외 ○명에 대한 횡령 피의사건에 관하여 압수할 필요
가 있으니 20○○. ○. ○. 안으로 제출하여 주시기 바랍니다.

연 번	품종	수량	비 고
1	20○○년도 마을 정기총회 회의록	12권	확인 후 반환예정임
2	20○○년도 청년회 명단	1부	

○○ 경찰서
사법경찰관   ㉑

제5절 전자정보의 압수·수색

Ⅰ. 압수·수색 사전 준비사항

1. 관련 법령

가. 검사와 사법경찰관의 상호협력과 일반적 수사준칙에 관한 규정

제41조(전자정보의 압수·수색 또는 검증 방법) ① 검사 또는 사법경찰관은 법 제219조에서 준용하는 법 제106조제3항에 따라 컴퓨터용디스크 및 그 밖에 이와 비슷한 정보저장매체(이하 이 항에서 "정보저장매체등"이라 한다)에 기억된 정보(이하 "전자정보"라 한다)를 압수하는 경우에는 해당 정보저장매체등의 소재지에서 수색 또는 검증한 후 범죄사실과 관련된 전자정보의 범위를 정하여 출력하거나 복제하는 방법으로 한다.
② 제1항에도 불구하고 제1항에 따른 압수 방법의 실행이 불가능하거나 그 방법으로는 압수의 목적을 달성하는 것이 현저히 곤란한 경우에는 압수·수색 또는 검증 현장에서 정보저장매체등에 들어 있는 전자정보 전부를 복제하여 그 복제본을 정보저장매체등의 소재지 외의 장소로 반출할 수 있다.
③ 제1항 및 제2항에도 불구하고 제1항 및 제2항에 따른 압수 방법의 실행이 불가능하거나 그 방법으로는 압수의 목적을 달성하는 것이 현저히 곤란한 경우에는 피압수자 또는 법 제123조에 따라 압수·수색영장을 집행할 때 참여하게 해야 하는 사람(이하 "피압수자등"이라 한다)이 참여한 상태에서 정보저장매체등의 원본을 봉인(封印)하여 정보저장매체등의 소재지 외의 장소로 반출할 수 있다.
제42조(전자정보의 압수·수색 또는 검증 시 유의사항) ① 검사 또는 사법경찰관은 전자정보의 탐색·복제·출력을 완료한 경우에는 지체 없이 피압수자등에게 압수한 전자정보의 목록을 교부해야 한다.
② 검사 또는 사법경찰관은 제1항의 목록에 포함되지 않은 전자정보가 있는 경우에는 해당 전자정보를 지체 없이 삭제 또는 폐기하거나 반환해야 한다. 이 경우 삭제·폐기 또는 반환확인서를 작성하여 피압수자등에게 교부해야 한다.
③ 검사 또는 사법경찰관은 전자정보의 복제본을 취득하거나 전자정보를 복제할 때에는 해시값(파일의 고유값으로서 일종의 전자지문을 말한다)을 확인하거나 압수·수색 또는 검증의 과정을 촬영하는 등 전자적 증거의 동일성과 무결성(無缺性)을 보장할 수 있는 적절한 방법과 조치를 취해야 한다.
④ 검사 또는 사법경찰관은 압수·수색 또는 검증의 전 과정에 걸쳐 피압수자등이나 변호인의 참여권을 보장해야 하며, 피압수자등과 변호인이 참여를 거부하는 경우에는 신뢰성과 전문성을 담보할 수 있는 상당한 방법으로 압수·수색 또는 검증을 해야 한다.
⑤ 검사 또는 사법경찰관은 제4항에 따라 참여한 피압수자등이나 변호인이 압수 대상 전자정보와 사건의 관련성에 관하여 의견을 제시한 때에는 이를 조서에 적어야 한다.

나. 경찰수사규칙

제64조(압수조서 등) ② 법 제219조에서 준용하는 법 제129조에 따라 압수목록을 교부하는 경우에는 별지 제68호서식의 압수목록 교부서에 따른다. 이 경우 수사준칙 제41조제1항에 따른 전자정보에 대한 압수목록 교부서는 전자파일의 형태로 복사해 주거나 전자우편으로 전송하는 등의 방식으로 교부할 수 있다.
③ 수사준칙 제42조제2항 후단에 따른 삭제·폐기·반환 확인서는 별지 제69호서식에 따른다. 다만, 제

2항에 따른 압수목록 교부서에 삭제·폐기 또는 반환했다는 내용을 포함시켜 교부하는 경우에는 삭제·폐기·반환 확인서를 교부하지 않을 수 있다.

다. 디지털 증거의 처리 등에 관한 규칙

제35조(전자정보의 삭제·폐기) ① 증거분석관은 분석을 의뢰한 경찰관에게 분석결과물을 회신한 때에는 해당 분석과정에서 생성된 전자정보를 지체 없이 삭제·폐기하여야 한다.
② 경찰관은 제1항의 분석결과물을 회신받아 디지털 증거를 압수한 경우 압수하지 아니한 전자정보를 지체 없이 삭제·폐기하고 피압수자에게 그 취지를 통지하여야 한다. 다만, 압수 상세목록에 삭제·폐기하였다는 취지를 명시하여 교부함으로써 통지에 갈음할 수 있다.
③ 경찰관은 사건을 이송 또는 송치한 경우 수사과정에서 생성한 디지털 증거의 복사본을 지체 없이 삭제·폐기하여야 한다.
④ 제1항부터 제3항까지에 따른 전자정보의 삭제·폐기는 복구 또는 재생이 불가능한 방식으로 하여야 한다.

2. 압수 · 수색팀 구성

가. 압수·수색 대상 컴퓨터 및 저장장치 내 자료의 규모에 따라 컴퓨터범죄전담수사반을 중심으로 적절한 인원을 배정하여 압수·수색팀을 구성

나. 현장에서 적정하게 증거를 확보, 보존하는 방법 등에 관한 기술적인 조언을 해줄 수 있는 컴퓨터 전문가 또는 전문적인 교육을 이수한 직원(이하 '전문가'라고 함)을 참여시켜 압수·수색팀을 구성

다. 컴퓨터 관련 압수·수색의 기술적인 문제에 관하여 시도경찰청 사이버수사대와 협의

2. 압수 · 수색 계획 작성

가. 압수·수색할 대상 컴퓨터의 종류, 시스템 구성형태, 운영체제 등을 사전에 조사

나. 압수할 대상 선정, 증거 수집방법 및 수집한 증거의 취급 방법(저장, 보관)에 대한 계획 수립

다. 압수·수색할 컴퓨터 자료를 현장에서 수색할 것인지, 연구실 등 다른 장소로 옮겨 수색할 것인지 아닌지를 결정하여 계획 수립

3. 압수 · 수색 장비

가. 재래 압수·수색을 위한 일반적인 장비

나. 컴퓨터 압수·수색을 위한 장비

① 압수 · 수색 전용 노트북 컴퓨터

② 외장형 저장장치(USB 하드디스크, zip 드라이브, 플로피디스크 등)

③ 컴퓨터 해체용 도구 (+/-드라이버 등), 각종 압수 · 수색용 케이블

④ Forensics 프로그램(데이터 복구, 암호해독 프로그램 등)

⑤ 하드디스크 복제장치, 시디 복제기, 시디

4. 압수 · 수색 · 검증의 준비

경찰관은 전자정보를 압수 · 수색 · 검증하고자 할 때는 사전에 다음 각 호의 사항을 고려하여야 한다.

① 사건의 개요, 압수 · 수색 · 검증 장소 및 대상

② 압수 · 수색 · 검증할 컴퓨터 시스템의 네트워크 구성형태, 시스템 운영체제, 서버 및 대용량 저장장치, 전용 소프트웨어

③ 압수대상자가 사용 중인 정보저장매체등

④ 압수 · 수색 · 검증에 소요되는 인원 및 시간

⑤ 디지털 증거분석 전용 노트북, 쓰기방지 장치 및 하드디스크 복제장치, 복제용 하드디스크, 하드디스크 운반용 박스, 정전기 방지장치 등 압수 · 수색 · 검증에 필요한 장비

● II. 압수 · 수색 절차

1. 영장을 요하지 아니하는 압수 · 수색

가. 다음과 같은 경우 영장 없이 압수 · 수색 가능

① 소유자 또는 보관자(이하 '피압수 · 수색자'라고 함)가 컴퓨터 등 정보처리장치나 저장장치 등을 임의 제출하는 경우

② 수인이 공동으로 사용하는 컴퓨터 등을 사용자 중 1인이 임의 제출하는 경우

③ 배우자나 부모가 보관자로서 컴퓨터 등을 임의 제출하는 경우

나. 피의자를 체포, 긴급체포, 현행범인 체포 또는 구속할 경우, 압수 · 수색 영장 없이 체포현장에서 컴퓨터 등 정보처리장치나 저장장치 등에 대한 압수 · 수색 가능

피의자를 체포한 이후 48시간 이내에 피의자에 대한 구속영장을 발부받지 못하면 즉시 압수한 물건을 반환 조치하거나, 48시간 이내에 사후 압수 · 수색 영장을 발부받아 집행

2. 압수 · 수색 · 검증영장의 신청

① 경찰관은 압수 · 수색 · 검증영장을 신청하는 때에는 전자정보와 정보저장매체등을 구분하여 판단하여야 한다.

② 경찰관은 전자정보에 대한 압수 · 수색 · 검증영장을 신청하는 경우에는 혐의사실과의 관련성을 고려하여 압수 · 수색 · 검증할 전자정보의 범위 등을 명확히 하여야 한다. 이 경우 영장 집행의 실효성 확보를 위하여 다음 각 호의 사항을 고려하여야 한다.

1. 압수 · 수색 · 검증 대상 전자정보가 원격지의 정보저장매체등에 저장된 경우 등 특수한 압수 · 수색 · 검증방식의 필요성

2. 압수 · 수색 · 검증영장에 반영되어야 할 압수 · 수색 · 검증 장소 및 대상의 특수성

③ 경찰관은 다음 각 호의 어느 하나에 해당하여 필요하다고 판단하는 경우 전자정보와 별도로 정보저장매체등의 압수 · 수색 · 검증영장을 신청할 수 있다.

1. 정보저장매체등이 그 안에 저장된 전자정보로 인하여 형법 제48조제1항의 몰수 사유에 해당하는 경우

2. 정보저장매체등이 범죄의 증명에 필요한 경우

3. 영장에 의한 압수 · 수색

가. 영장에는 「압수할 물건, 압수 · 수색할 장소, 압수 · 수색사유」 등을 수사에 필요한 최소 범위에서 구체적으로 특정하여 기재

(가) 압수할 대상의 특정이 어려운 경우에는 저장장치 내 자료의 내용을 특정하고 "그 자료의 저장장치 또는 그 출력물"이라고 기재

압수할 물건 기재 례(例)

○ 피의자의 범죄행위에 제공되었거나 피의자의 범죄행위와 관련된 컴퓨터, 주변기기 등 정보처리장치와 특수매체 기록 등이 저장된 외장 하드디스크 및 복사본, 플로피디스크, 시디

○ 피의자의 범죄행위에 제공되었거나 피의자의 범죄행위와 관련된 클라이언트 컴퓨터 및 주변기기, 서버 및 라우터 등 전산망 장비와 특수매체 기록 등이 저장된 외장 하드디스크 및 그 복사본, 시디(CD)

○ 피의자가 사용한 하드웨어, 소프트웨어와 관련된 컴퓨터책자, 사용자 설명서, 프로그램 지침서

○ 피의자의 범죄행위와 관련된 컴퓨터 서적, 컴퓨터 및 주변기기에 관한 사용자 설명서, 프로그램 지침서

○ 피의자의 범죄행위와 관련된 컴퓨터 출력물, 메모, 수첩, 장부

○ 피의자의 범죄행위에 제공되었거나 피의자의 범죄행위와 관련된 전산망 서버에 보관된 자료파일, 전자메일

○ 피의자가 사용자로 등록된 전산망의 서버에 보관된 피의자의 범죄행위와 관련된 자료파일, 전자메일

(나) 서버(server)에 연결된 클라이언트(client) 컴퓨터도 압수·수색의 대상일 경우에는, "피압수·수색자의 서버(server)와 연결 접속된 클라이언트(client) 컴퓨터"라고 기재

나. 「압수·수색할 장소」는 압수할 물건의 소재지를 기재

피압수·수색자의 컴퓨터 시스템이 전산망 등 통신장치에 의하여 다른 컴퓨터 시스템에 저장되어 있을 것으로 판단되나 피압수·수색자의 컴퓨터 시스템을 수색하기 전에는 그것과 연결된 다른 컴퓨터 시스템의 소재지를 파악할 수 없는 경우 "피압수·수색자의 컴퓨터와 연결 접속된 컴퓨터 시스템의 소재지"라고 기재

압수·수색할 장소 기재 례(禮)

◦ 피의자의 주거지
◦ 피의자의 사무실 소재지
◦ 피의자가 범죄행위와 관련하여 접속한 컴퓨터 시스템이나 전산망 서버의 소재지
◦ 피의자가 사용자로 등록된 전산망의 서버 소재지
◦ 피의자가 사용자로 등록된 전산망에서 범죄행위와 관련하여 접속한 전산망의 서버 소재지

다. 「압수·수색을 필요로 하는 사유」는 컴퓨터 등 정보처리장치나 저장장치 등이 범행과정에서 어떤 임무를 수행하였는지를 구체적으로 기재

컴퓨터해킹의 경우 압수·수색 사유 기재 례(禮)

피의자는, 20○○. 12. 20. 18:00경 ○○ 소재 자신의 집에서 자신이 사용하는 컴퓨터 시스템의 통신장치를 이용하여 인터넷 호스트인 http://www.comupterhacking.co.kr/에 접속한 후 그곳으로부터 ○○소재 ○○대학교 공과대학 컴퓨터공학과 전산실에 설치된 주소 http://www.bumindae.ac.kr인 전산망에 "abc1234"라는 아이디(ID)로 접속하여 수법 미상으로 정보통신망에 침입한 자로서 피의자의 범행을 입증하기 위한 증거물을 확보하기 위하여 압수·수색하고자 함

라. 전자우편을 압수·수색할 때도 압수·수색 영장으로 집행

전자우편의 경우 압수·수색 기재 례(禮)

1. 압수·수색할 장소
   ◦ 서울 강남구 역삼동 ○○번지 (주)커뮤니케이션 사무실
   ◦ 서울 중구 충무로 ○○번지 (주)통신 사무실
   ◦ 서울 강남구 도곡동 ○○번지 벤처타운 13층 (주)인터넷 사무실
2. 압수·수색할 물건
   ◦ 커뮤니케이션에 홍길동 명의로 개설된 honggd@hanmail.net 및 kildong @hanmail. net 의 송·수신 전자우편(이하 이메일로 표시함) 내용(송·수신이 완료된 이메일)
   ◦ (주)통신에 홍길동 명의로 개설된 hong123@hanmir.com의 송·수신 이메일 내용(송·

수신이 완료된 이메일)

○ (주)인터넷에 홍길동 명의로 개설된 hongabc@freechal.com의 송·수신 이메일(송·수신이 완료된 이메일)

✱ 이메일이 수신자에게 도달하기 전 또는 도달되는 메일을 장시간 계속하여 확인하고자 할 경우(Intercept)에는 감청영장으로 집행해야 한다는 이론이 있으나, 이메일이 mail-server에 도착하여야 수사기관에서 그 내용을 확인할 수 있으므로 압수·수색영장에 의하는 것이 수사상 적절한 절차로 판단됨

4. 원격지 서버에 저장된 전자정보 압수·수색 방법

가. 수사기관이 압수·수색영장에 적힌 '수색할 장소'에 있는 컴퓨터 등 정보처리장치에 저장된 전자정보 외에 원격지 서버에 저장된 전자정보를 압수·수색하기 위해서는 압수·수색영장에 적힌 '압수할 물건'에 별도로 원격지 서버 저장 전자정보가 특정되어 있어야 하는지 여부(적극)

헌법과 형사소송법이 구현하고자 하는 적법절차와 영장주의의 정신에 비추어 볼 때, 법관이 압수·수색영장을 발부하면서 '압수할 물건'을 특정하기 위하여 기재한 문언은 엄격하게 해석해야 하고, 함부로 피압수자 등에게 불리한 내용으로 확장해석 또는 유추해석을 하는 것은 허용될 수 없다.

압수할 전자정보가 저장된 저장 매체로서 압수·수색영장에 기재된 수색 장소에 있는 컴퓨터, 하드디스크, 휴대전화와 같은 컴퓨터 등 정보처리장치와 수색 장소에 있지는 않으나 컴퓨터 등 정보처리장치와 정보통신망으로 연결된 원격지의 서버 등 저장 매체(이하 '원격지 서버'라 한다)는 소재지, 관리자, 저장 공간의 용량 측면에서 서로 구별된다. 원격지 서버에 저장된 전자정보를 압수·수색하기 위해서는 컴퓨터 등 정보처리장치를 이용하여 정보통신망을 통해 원격지 서버에 접속하고 그곳에 저장된 전자정보를 컴퓨터 등 정보처리장치로 내려받거나 화면에 현출시키는 절차가 필요하므로, 컴퓨터 등 정보처리장치 자체에 저장된 전자정보와 비교하여 압수·수색의 방식에 차이가 있다. 원격지 서버에 저장된 전자정보와 컴퓨터 등 정보처리장치에 저장된 전자정보는 그 내용이나 질이 다르므로 압수·수색으로 얻을 수 있는 전자정보의 범위와 그로 인한 기본권침해 정도도 다르다. 따라서 수사기관이 압수·수색영장에 적힌 '수색할 장소'에 있는 컴퓨터 등 정보처리장치에 저장된 전자정보 외에 원격지 서버에 저장된 전자정보를 압수·수색하기 위해서는 압수·수색영장에 적힌 '압수할 물건'에 별도로 원격지 서버 저장 전자정보가 특정되어 있어야 한다.

나. 압수·수색영장에 적힌 '압수할 물건'에 컴퓨터 등 정보처리장치 저장 전자정보
   만 기재되어 있는 경우, 컴퓨터 등 정보처리장치를 이용하여 원격지 서버 저장
   전자정보를 압수할 수 있는지(소극)

   압수·수색영장에 적힌 '압수할 물건'에 컴퓨터 등 정보처리장치 저장 전자정보만 기
재되어 있다면 컴퓨터 등 정보처리장치를 이용하여 원격지 서버 저장 전자정보를 압수
할 수는 없다. (대법원 2022. 6. 30., 자, 2020모735, 결정)

Ⅲ. 압수·수색방법 및 주의사항

1. 압수·수색·검증 시 참여 보장 (디지털 증거의 처리 등에 관한 규칙 제13조)

① 전자정보를 압수·수색·검증할 때는 피의자 또는 변호인, 소유자, 소지자, 보관자의
   참여를 보장하여야 한다. 이 경우, 압수·수색·검증 장소가 「형사소송법」 제123조
   제1항, 제2항에 정한 장소에 해당하는 경우에는 「형사소송법」 제123조에 정한
   참여인의 참여를 함께 보장하여야 한다.

② 경찰관은 제1항에 따른 피의자 또는 변호인의 참여를 압수·수색·검증의 전 과정
   에서 보장하고, 미리 집행의 일시와 장소를 통지하여야 한다. 다만, 위 통지는 참
   여하지 아니한다는 의사를 명시한 때 또는 참여할 수 없거나 급속을 요하는 때에
   는 예외로 한다.

③ 제1항에 따른 참여의 경우 경찰관은 참여인과 압수정보와의 관련성, 전자정보의
   내용, 개인정보보호 필요성의 정도에 따라 압수·수색·검증 시 참여인 및 참여 범
   위를 고려하여야 한다.

④ 피의자 또는 변호인, 소유자, 소지자, 보관자, 「형사소송법」 제123조에 정한 참
   여인(이하 "피압수자 등"이라 한다)이 참여를 거부하는 경우 전자정보의 고유 식
   별 값(이하 "해시값"이라 한다)의 동일성을 확인하거나 압수·수색·검증과정에 대
   한 사진 또는 동영상 촬영 등 신뢰성과 전문성을 담보할 수 있는 상당한 방법으
   로 압수하여야 한다.

⑤ 경찰관은 피압수자 등이 전자정보의 압수·수색·검증절차 참여과정에서 알게 된
   사건관계인의 개인정보와 수사비밀 등을 누설하지 않도록 피압수자 등에게 협조
   를 요청할 수 있다.

2. 복제본의 획득·반출 (규칙 제15조)

① 경찰관은 다음 각 호의 사유로 인해 압수·수색·검증 현장에서 제14조제1항 전단에 따라 선별압수 하는 방법이 불가능하거나 압수의 목적을 달성하기에 현저히 곤란한 경우에는 복제본을 획득하여 외부로 반출한 후 전자정보의 압수·수색·검증을 진행할 수 있다.

1. 피압수자 등이 협조하지 않거나, 협조를 기대할 수 없는 경우
2. 혐의사실과 관련될 개연성이 있는 전자정보가 삭제·폐기된 정황이 발견되는 경우
3. 출력·복제에 의한 집행이 피압수자 등의 영업활동이나 사생활의 평온을 침해한다는 이유로 피압수자 등이 요청하는 경우
4. 그 밖에 위 각 호에 준하는 경우

② 경찰관은 제1항에 따라 획득한 복제본을 반출하는 경우에는 복제본의 해시값을 확인하고 피압수자 등에게 전자정보 탐색 및 출력·복제과정에 참여할 수 있음을 고지한 후 별지 제3호서식의 복제본 반출(획득) 확인서를 작성하여 피압수자 등의 확인·서명을 받아야 한다. 이 경우, 피압수자 등의 확인·서명을 받기 곤란한 경우에는 그 사유를 해당 확인서에 기재하고 기록에 편철한다.

3. 정보저장매체등 원본 반출 (규칙 제16조)

① 경찰관은 압수·수색·검증현장에서 다음 각 호의 사유로 인해 제15조제1항에 따라 복제본을 획득·반출하는 방법이 불가능하거나 압수의 목적을 달성하기에 현저히 곤란한 경우에는 정보저장매체등 원본을 외부로 반출한 후 전자정보의 압수·수색·검증을 진행할 수 있다.

1. 영장 집행현장에서 하드카피·이미징 등 복제본 획득이 물리적·기술적으로 불가능하거나 극히 곤란한 경우
2. 하드카피·이미징에 의한 집행이 피압수자 등의 영업활동이나 사생활의 평온을 침해한다는 이유로 피압수자 등이 요청하는 경우
3. 그 밖에 위 각 호에 준하는 경우

② 경찰관은 제1항에 따라 정보저장매체등 원본을 반출하는 경우에는 피압수자 등의 참여를 보장한 상태에서 정보저장매체등 원본을 봉인하고 봉인해제 및 복제본의 획득과정 등에 참여할 수 있음을 고지한 후 별지 제4호서식의 정보저장매체 원본 반출 확인서 또는 별지 제5호서식의 정보저장매체 원본 반출 확인서(모바일기기)를 작성하여 피압수자 등의 확인·서명을 받아야 한다. 이 경우, 피압수자 등의 확인·서명을 받기 곤란한 경우에는 그 사유를 해당 확인서에 기재하고 기록에 편철한다.

4. 현장 외 압수 시 참여 보장절차 (규칙 제17조)

① 경찰관은 복제본 또는 정보저장매체등 원본을 반출하여 현장 이외의 장소에서 전자정보의 압수·수색·검증을 계속하는 경우(이하 "현장 외 압수"라고 한다) 피압수자 등에게 현장 외 압수 일시와 장소를 통지하여야 한다. 다만, 참여할 수 있음을 고지받은 자가 참여하지 아니한다는 의사를 명시한 때 또는 참여할 수 없거나 급속을 요하는 때에는 예외로 한다.

② 피압수자 등의 참여 없이 현장 외 압수를 할 때는 해시값의 동일성을 확인하거나 압수·수색·검증과정에 대한 사진 또는 동영상 촬영 등 신뢰성과 전문성을 담보할 수 있는 상당한 방법으로 압수하여야 한다.

③ 제1항 전단에 따른 통지를 받은 피압수자 등은 현장 외 압수 일시의 변경을 요청할 수 있다.

④ 제3항의 변경 요청을 받은 경찰관은 범죄수사 및 디지털 증거분석에 지장이 없는 범위 내에서 현장 외 압수 일시를 변경할 수 있다. 이 경우 경찰관은 피압수자 등에게 변경된 일시를 통지하여야 하고, 변경하지 않으면 변경하지 않은 이유를 통지하여야 한다.

⑤ 제1항, 제4항에 따라 통지한 현장 외 압수 일시에 피압수자 등이 출석하지 않으면 경찰관은 일시를 다시 정한 후 이를 피압수자 등에게 통지하여야 한다. 다만, 피압수자 등이 다음 각호의 사유로 불출석하는 경우에는 제2항의 절차를 거쳐 현장 외 압수를 진행할 수 있다.

1. 피압수자 등의 소재를 확인할 수 없거나 불명인 경우
2. 피압수자 등이 도망하였거나 도망한 것으로 볼 수 있는 경우
3. 피압수자 등이 증거인멸 또는 수사지연, 수사 방해 등을 목적으로 출석하지 않은 경우
4. 그 밖에 위의 사유에 준하는 경우

⑥ 경찰관 또는 증거분석관은 현장 외 압수를 진행함에 있어 다음 각 호의 어느 하나에 해당하는 경우 별지 제6호서식의 참여 (철회) 확인서를 작성하고 피압수자 등의 확인·서명을 받아야 한다. 피압수자 등의 확인·서명을 받기 곤란한 경우에는 그 사유를 해당 확인서에 기재하고 기록에 편철한다.

1. 현장 외 압수에 참여 의사를 명시한 피압수자 등이 참여를 철회하는 때. 이 경우 제2항의 절차를 거쳐야 한다.
2. 현장 외 압수에 불참 의사를 명시한 피압수자등이 다시 참여 의사를 명시하는 때

참여 (철회) 확인서

사건번호			참여장소		
참여시간	20 . . . : 부터 20 . . . : 까지 .				
참여자	구 분 : [ ] 피압수자(제출인), [ ] 변호인, [ ] 기타( ) 성 명 : 생년월일 : 연락처 :				
참여과정	[ ] 봉인해제 [ ] 복제본 획득 [ ] 전자정보 탐색 [ ] 전자정보 출력·복제 [ ] 기타:				

정보저장매체 정보

연번	품 명	모델명	일련번호 또는 해시값(해시종류)	피압수자(제출자)
1				
2				
3				
4				
5				

참여 (철회) 사유

1	
2	
3	
4	
5	

[ ] 본인은 위 기재된 과정에 참여하겠습니다.

[ ] 본인은 _____ 과정에 대한 참여를 철회하겠습니다.

[ ] 기 타 : _____

20 . . .

확인자(참여자) : (인)

5. 현장 외 압수절차의 설명 (규칙 제18조)

① 경찰관은 현장 외 압수에 참여하여 동석한 피압수자 등에게 현장 외 압수절차를 설명하고 그 사실을 기록에 편철한다. 이 경우 증거분석관이 현장 외 압수를 지원하는 경우에는 전단의 설명을 보조할 수 있다.

② 경찰관 및 증거분석관은 별지 제7호서식의 현장 외 압수절차 참여인을 위한 안내서를 피압수자 등에게 교부하여 전항의 설명을 갈음할 수 있다.

6. 공통적인 방법 및 주의사항

가. 피압수·수색자의 협조 등

(가) 피압수·수색자로부터 컴퓨터 등 주변기기 및 저장장치의 사용방법, 접근암호, 백업장치의 보관장소, 컴퓨터 시스템의 구성 등에 대한 협조를 받아 집행

(나) 전산망관리자 또는 전산 실무자(이하 '전산관리자'라고 함)가 있는 경우 전산관리자의 인적사항을 파악하고 전산관리자의 조력을 받아 집행

(다) 피압수·수색자나 전산관리자가 없으면 또는 압수·수색 대상 컴퓨터 시스템이나 저장장치에 대하여 알 수 없어 압수·수색이 용이하지 아니한 경우에는 전문가의 조력을 받아 집행

나. 컴퓨터 자료의 무결성 확보

(가) 임시 저장장치(Ram, Cache memory) 등에 저장된 자료 손상을 방지하기 위하여 컴퓨터, 프린터 등 주변기기 및 네트워크 시스템 구조를 피압수·수색자, 전산관리자, 전문가를 통하여 파악하기 전에 전원 차단 금지

① 전원을 차단할 경우 작업 중인 파일 이름과 작동 중인 프로그램을 기록

② 전원이 차단된 컴퓨터 등의 임의 작동(booting) 금지

(나) 컴퓨터 등 정보처리장치 및 저장장치 등을 임의 조작하여 자료 값(data value)을 함부로 변경하지 않도록 동일한 저장장치 등으로 압수대상 저장장치의 복사본(backup file) 제작

 ✽ 복사본이란, 저장장치 내 자료, 디스크 내 파일 구성(FAT) 등을 동일하게 복사한 것을 말하고, 이는 전산실 등에서 별도 보관하는 복사본(backup copy)과는 구별

 ✽ 압수물의 복사본을 만들 때는, 전문가의 도움을 받아 구체적인 「자료의 고정값(hash value)」을 생성·기록

(다) 압수·수색 중 외부로부터 시스템에 침입하여 압수·수색 대상 컴퓨터 등에 저장된 정보를 삭제·변경하지 못하도록 컴퓨터, 전산망 시스템 등을 파악한 후, 모뎀에 연결된 전화선을 차단하거나, 전산망에 연결된 컴퓨터 시스템의 경우에는 서버와 연결된 케이블을 차단

– 전산망 차단이 적절하지 않은 공공기관 등의 전산망은 전원을 유지하고 전산관리자나 전문가의 도움을 받아 필요한 조처한 후 압수·수색

다. 재래식 증거물의 확보

(가) 컴퓨터 출력물, 컴퓨터 관리대장, 프로그램 설명서, 컴퓨터 관련 서적 및 일반 메모, 수첩, 장부 등 재래식 증거물 수집

(나) 수집된 재래식 증거물의 처리는 일반 압수·수색지침과 동일하게 처리

라. 필요 최소한의 압수

(가) 컴퓨터 등 정보처리장치나 기타 저장장치를 압수하는 것보다는 운반 및 보관이 용이한 출력물, 플로피디스크, 이동식 디스크 등을 우선적으로 압수대상으로 선정

(나) 저장장치를 컴퓨터 등 정보처리장치와 분리할 경우 본체에 중대한 장애가 발생할 우려가 있거나, 저장장치 내 자료 등의 변환이 발생할 우려가 있거나, 기술적으로 어려우면, 기타 운반 및 보관이 용이한 저장장치를 압수할 수 없으면은 저장장치를 포함한 본체를 압수

(다) 압수대상 물품 중 어느 부분이 범죄혐의와 관련성이 있는지를 현장에서 즉시 확인하기 어려운 경우에는 압수대상 전부를 압수하되 증거가치 여부를 신속히 확인하여 환부 또는 압수물 특정

7. 압수 시 유의사항

가. 현장 외 압수절차 (규칙 제19조)

① 경찰관은 제16조제1항에 따라 정보저장매체등 원본을 반출한 경우 위 원본으로부터 범죄혐의와 관련된 부분만을 선별하여 전자정보를 탐색·출력·복제하거나, 위 원본의 복제본을 획득한 후 그 복제본에 대하여 범죄혐의와 관련된 부분만을 선별하여 전자정보를 탐색·출력·복제하는 방법으로 압수한다. 이 경우 작성 서류 및 절차는 제14제2항부터 제5항, 제15조제2항을 준용한다.

② 경찰관은 제15조제1항에 따라 복제본을 반출한 경우 범죄혐의와 관련된 부분만을 선별하여 탐색·출력·복제하여야 한다. 이 경우 작성 서류 및 절차는 제14조제2항부터 제5항을 준용한다.

③ 경찰관은 제1항의 절차를 완료한 후 정보저장매체등 원본을 피압수자 등에게 반환하는 경우에는 별지 제8호서식의 정보저장매체 인수증을 작성·교부하여야 한다.

④ 특별한 사정이 없는 한 정보저장매체등 원본은 그 반출일로부터 10일 이내에 반환하여야 한다.

나. 별건 혐의와 관련된 전자정보의 압수(규칙 제20조)

경찰관은 제14조부터 제17조, 제19조까지의 규정에 따라 혐의사실과 관련된 전자정보를 탐색하는 과정에서 별도의 범죄 혐의(이하 "별건 혐의"라 한다)를 발견한 경우 별건 혐의와 관련된 추가 탐색을 중단하여야 한다. 다만, 별건 혐의에 대해 별도 수사가 필요한 경우에는 압수 · 수색 · 검증영장을 별도로 신청 · 집행하여야 한다.

다. 정보저장 매체 자체의 압수 · 수색 · 검증 종료 후 전자정보 압수 (규칙 제21조)

경찰관은 저장된 전자정보와의 관련성 없이 범행의 도구로 사용 또는 제공된 정보저장 매체 자체를 압수한 이후에 전자정보에 대한 압수 · 수색 · 검증이 필요한 경우 해당 전자정보에 대해 압수 · 수색 · 검증영장을 별도로 신청 · 집행하여야 한다.

8. 임의제출 (규칙 제22조)

① 전자정보의 소유자, 소지자 또는 보관자가 임의로 제출한 전자정보의 압수에 관하여는 제13조부터 제20조까지의 규정을 준용한다. 다만, 별지 제1호서식의 전자정보확인서는 별지 제2호서식의 전자정보확인서(간이)로 대체할 수 있다.

② 제1항의 경우 경찰관은 제15조제1항 또는 제16조제1항의 사유가 없더라도 전자정보를 임의로 제출한 자의 동의가 있으면 위 해당규정에서 정하는 방법으로 압수할 수 있다.

③ 경찰관은 정보저장매체등을 임의로 제출 받아 압수하는 경우에는 피압수자의 자필서명으로 그 임의제출 의사를 확인하고, 제출된 전자정보가 증거로 사용될 수 있음을 설명하고 제출받아야 한다.

④ 저장된 전자정보와 관련성 없이 범행의 도구로 사용 또는 제공된 정보저장매체 자체를 임의제출 받은 이후 전자정보에 대한 압수 · 수색 · 검증이 필요한 경우 해당 전자정보에 대해 피압수자로부터 임의제출을 받거나 압수 · 수색 · 검증영장을 신청하여야 한다.

9. 수색 시 유의사항

가. 일반적 유의사항

(가) 원칙적으로 압수 · 수색물의 복사본(backup file)으로 수색

- 복사본을 만들 수 없으면 피압수 · 수색자 또는 전산관리자를 입회시키고 수색한 결과물에 대하여 수색한 저장장치 내의 자료로부터 검색한 것임을 확인시

키고, 이때에도 압수대상물의 자료를 함부로 삭제·복제·이동하는 등 자료 내용이 변경되지 않도록 주의

(나) 피압수·수색자의 컴퓨터나 전산망 서버와 동일한 하드웨어로 동일한 시스템 환경을 설정한 후 복사본의 자료를 검색

　　－ 동일한 하드웨어와 시스템 환경설정이 어려우면 검색결과물이 압수물 원본에 대한 검색결과에서도 동일한 결과물을 얻을 수 있다는 사실이 일반적으로 인정되는 조건으로 검색작업 시행

나. 응용 소프트웨어 및 자료 파일 검색

(가) 수색 시 압수·수색 대상 컴퓨터 내의 시스템 소프트웨어의 종류, 저장장치의 구성, 저장장치 내 디렉토리 구조, 응용 소프트웨어의 종류 등을 확인한 후 이를 기초로 범죄의 증거가 될 만한 자료를 검색

(나) 적절한 도구 (tool) 및 전문가의 조력을 받아 검색하여 압수하려는 자료와 관련된 파일이 있는지를 확인

(다) 검색에 사용된 도구로 출력한 자료를 수사기록에 편철하거나 별도로 압수하고자 하면 그 도구의 명칭, 판(version), 제작사 등을 수사보고서나 압수조서에 구체적으로 기재

다. 구체적인 작업 요령

(가) 원칙적으로 대검찰청에서 제공한 도구 (tool)를 이용하여 수색

　　－ 대검에서 제공한 도구가 수색작업에 적절하지 않거나 필요로 하는 도구가 없으면은 다른 도구를 사용할 수 있고, 이 경우에도 위 내용에 따라 처리

(나) 컴퓨터에 수록된 디렉토리 구조 목록을 만들고, 하드디스크 등 저장장치 내의 파티션(partition) 정보를 확인한 후 수색 및 검색작업 실시

(다) 숨겨진 파일, 확장자의 명칭이 변경된 파일, 삭제된 파일·디렉토리 및 기타 숨겨진 자료들을 조사하고, 복구된 파일은 별도로 출력하여 보관

　　－ 복구절차는 그 과정을 화면 인쇄(screen capture)하거나, 압수물 원본에서 동일한 방법으로 재생할 수 있는 구체적인 절차를 수사보고서 또는 압수조서 등에 기재

(라) 수색한 결과 범죄 증거로 사용되었거나 범죄 증거로 발생한 자료, 범죄 증거로 사용할 자료는 원칙적으로 출력하여 보관

　　－ 출력하기에 적절치 않으면 해당 자료의 저장장치를 압수하여 그 자료를 특정할 수 있는 내용 및 자료의 취지를 압수조서 등에 기재

■ 판례 ■ **정보저장 매체에 대한 압수·수색영장의 집행 절차**

[1] 압수의 목적물이 정보저장매체인 경우, 압수·수색영장을 집행할 때 취하여야 할 조치 내용 / 수사기관이 정보저장매체에 기억된 정보 중에서 범죄 혐의사실과 관련 있는 정보를 선별한 다음 이미지 파일을 제출받아 압수한 경우, 수사기관 사무실에서 위와 같이 압수된 이미지 파일을 탐색·복제·출력하는 과정에서도 피의자 등에게 참여의 기회를 보장하여야 하는지 여부(소극)

형사소송법 제219조, 제121조에 의하면, 수사기관이 압수·수색영장을 집행할 때 피의자 또는 변호인은 그 집행에 참여할 수 있다. 압수의 목적물이 컴퓨터용디스크 그 밖에 이와 비슷한 정보저장매체인 경우에는 영장 발부의 사유로 된 범죄 혐의사실과 관련 있는 정보의 범위를 정하여 출력하거나 복제하여 이를 제출받아야 하고, 피의자나 변호인에게 참여의 기회를 보장하여야 한다. 만약 그러한 조치를 취하지 않았다면 이는 형사소송법에 정한 영장주의 원칙과 적법절차를 준수하지 않은 것이다. 수사기관이 정보저장매체에 기억된 정보 중에서 키워드 또는 확장자 검색 등을 통해 범죄 혐의사실과 관련 있는 정보를 선별한 다음 정보저장매체와 동일하게 비트열 방식으로 복제하여 생성한 파일(이하 '이미지 파일'이라 한다)을 제출받아 압수하였다면 이로써 압수의 목적물에 대한 압수·수색 절차는 종료된 것이므로, 수사기관이 수사기관 사무실에서 위와 같이 압수된 이미지 파일을 탐색·복제·출력하는 과정에서도 피의자 등에게 참여의 기회를 보장하여야 하는 것은 아니다.

[2] 압수물 목록의 교부 취지 / 압수된 정보의 상세목록에 정보의 파일 명세가 특정되어 있어야 하는지 여부(적극) 및 압수된 정보 상세목록의 교부 방식

형사소송법 제219조, 제129조에 의하면, 압수한 경우에는 목록을 작성하여 소유자, 소지자, 보관자 기타 이에 준할 자에게 교부하여야 한다. 그리고 법원은 압수·수색영장의 집행에 관하여 범죄 혐의사실과 관련 있는 정보의 탐색·복제·출력이 완료된 때에는 지체 없이 압수된 정보의 상세목록을 피의자 등에게 교부할 것을 정할 수 있다. 압수물 목록은 피압수자 등이 압수처분에 대한 준항고를 하는 등 권리행사절차를 밟는 가장 기초적인 자료가 되므로, 수사기관은 이러한 권리행사에 지장이 없도록 압수 직후 현장에서 압수물 목록을 바로 작성하여 교부해야 하는 것이 원칙이다. 이러한 압수물 목록 교부 취지에 비추어 볼 때, 압수된 정보의 상세목록에는 정보의 파일 명세가 특정되어 있어야 하고, 수사기관은 이를 출력한 서면을 교부하거나 전자파일 형태로 복사해 주거나 이메일을 전송하는 등의 방식으로도 할 수 있다.

[3] 전자문서를 수록한 파일 등의 증거능력을 인정하기 위한 요건 / 증거로 제출된 전자문서 파일의 사본이나 출력물이 복사·출력 과정에서 편집되는 등 인위적 개작 없이 원본 내용을 그대로 복사·출력한 것이라는 사실을 증명하는 방법 및 증명책임 소재(=검사)

전자문서를 수록한 파일 등의 경우에는, 성질상 작성자의 서명 혹은 날인이 없을 뿐만 아니라 작성자·관리자의 의도나 특정한 기술에 의하여 내용이 편집·조작될 위험성이 있음을 고려하여, 원본임이 증명되거나 혹은 원본으로부터 복사한 사본일 경우에는 복사 과정에서 편집되는 등 인위적 개작 없이 원본의 내용 그대로 복사된 사본임이 증명되어야만 하고, 그러한 증명이 없는 경우에는 쉽게 증거능력을 인정할 수 없다. 그리고 증거로 제출된 전자문서 파일의 사본이나 출력물이 복사·출력 과정에서 편집되는 등 인위적 개작 없이 원본 내용을 그대로 복사·출력한 것이라는 사실은 전자문서 파일의 사본이나 출력물의 생성과 전달 및 보관 등의 절차에 관여한 사람의 증언이나 진술, 원본이나 사본 파일 생성 직후의 해시(Hash)값 비교, 전자문서 파일에 대한 검증·감정 결과 등 제반 사정을 종합하여 판단할 수 있다. 이러한 원본 동일성은 증거능력의 요건

에 해당하므로 검사가 그 존재에 대하여 구체적으로 주장·증명해야 한다. (대법원 2018. 2. 8., 선고, 2017도13263, 판결)

Ⅳ. 압수·수색 후 절차

1. 압수조서, 압수목록 작성

가. 압수 일시·장소, 피압수·수색자 및 압수경위 등을 압수조서에 구체적으로 기재하고 압수물건의 품목별 번호와 대상물 내용을 정확히 기재

  (가) 압수된 저장장치 내의 일부 자료만이 압수대상일 경우 압수목록 및 압수조서상에 해당 "자료 명칭(확장자를 포함), 자료의 디렉토리 내 위치, 자료생성일자, 자료 크기"를 기재

  (나) 압수된 저장장치 내의 일부 자료만을 출력하거나 별도 저장장치에 보관하는 것이 용이하고, 저장장치 등을 계속하여 압수할 필요가 없으면 피압수·수색자 또는 전산관리자로부터 해당 저장장치 내의 자료로부터 출력한 출력물 또는 별도 저장장치에 보관되었음을 확인받아 압수

나. 압수조서는, 피의자신문조서, 진술조서, 검증조서에 압수의 취지를 기재함으로써 압수조서에 갈음할 수 있으며, 컴퓨터 등 압수물에 대한 기술적인 설명이 필요한 경우 피압수·수색자, 전산관리자, 전문가 등에 대한 조서에 그 기술적인 내용을 진술하도록 하여 증명력 제고에 활용

다. 압수목록을 작성할 때에는 컴퓨터 본체, 각 주변기기, 전산망 장비 등 하드웨어와 플로피디스크, 시디(CD) 기타 저장장치 등에 대하여 품목별 압수번호 부여

  (가) 본체와 분리된 저장장치는 품목별 번호와 대상물 내용을 기재하고, 본체와 분리되지 아니한 저장장치를 압수할 때는 그 본체 중 저장장치가 압수대상임을 압수조서상에 명기

  (나) 품목별 압수번호를 부여할 때 동일한 품목일 경우 압수물의 종류, 제작회사, 저장장치 등 압수물 상호 간에 구분할 수 있는 내용을 구체적으로 기재

라. 복사본에는 복사본임을 표시하고 압수물과 동일한 번호를 기재하여 보관

마. 압수·수색 시 현장에 입회하였던 전산관리자, 전문가 등의 인적사항을 압수조서에 기재

바. 압수물 목록의 교부 취지 / 압수된 정보의 상세목록에 정보의 파일 명세가 특정되어 있어야 하는지 여부(적극) 및 압수된 정보 상세목록의 교부 방식

– 형사소송법 제219조, 제129조에 의하면, 압수한 경우에는 목록을 작성하여 소유자, 소지자, 보관자 기타 이에 준할 자에게 교부하여야 한다. 그리고 법원은 압수·수색영장의 집행에 관하여 범죄 혐의사실과 관련 있는 정보의 탐색·복제·출력이 완료된 때에는 지체 없이 압수된 정보의 상세목록을 피의자 등에게 교부할 것을 정할 수 있다. 압수물 목록은 피압수자 등이 압수처분에 대한 준항고를 하는 등 권리행사절차를 밟는 가장 기초적인 자료가 되므로, 수사기관은 이러한 권리행사에 지장이 없도록 압수 직후 현장에서 압수물 목록을 바로 작성하여 교부해야 하는 것이 원칙이다. 이러한 압수물 목록 교부 취지에 비추어 볼 때, 압수된 정보의 상세목록에는 정보의 파일 명세가 특정되어 있어야 하고, 수사기관은 이를 출력한 서면을 교부하거나 전자파일 형태로 복사해 주거나 이메일을 전송하는 등의 방식으로도 할 수 있다. (대법원 2018. 2. 8., 선고, 2017도13263, 판결)

2. 디지털 증거의 관리

가. 디지털 증거 등의 보관 (규칙 제34조)

분석의뢰물, 복제자료, 증거분석을 통해 획득한 전자정보(디지털 증거를 포함한다)는 항온·항습·무정전·정전기차단시스템이 설치된 장소에 보관함을 원칙으로 한다. 이 경우 열람제한설정, 보관장소 출입제한 등 보안유지에 필요한 조치를 병행하여야 한다.

나. 전자정보의 삭제·폐기 (규칙 제35조)

① 증거분석관은 분석을 의뢰한 경찰관에게 분석결과물을 회신한 때에는 해당 분석과정에서 생성된 전자정보를 지체 없이 삭제·폐기하여야 한다.

② 경찰관은 제1항의 분석결과물을 회신받아 디지털 증거를 압수한 경우 압수하지 아니한 전자정보를 지체 없이 삭제·폐기하고 피압수자에게 그 취지를 통지하여야 한다. 다만, 압수 상세목록에 삭제·폐기하였다는 취지를 명시하여 교부함으로써 통지에 갈음할 수 있다.

③ 경찰관은 사건을 이송 또는 송치한 경우 수사과정에서 생성한 디지털 증거의 복사본을 지체 없이 삭제·폐기하여야 한다.

④ 제1항부터 제3항까지에 따른 전자정보의 삭제·폐기는 복구 또는 재생이 불가능한 방식으로 하여야 한다.

다. 입건전조사 편철·미제편철 사건의 압수한 전자정보 보관 등 (규칙 제36조)

경찰관은 입건전조사 편철·미제편철한 사건의 압수한 전자정보는 다음 각호와 같이 처리하여야 한다.

① 압수를 계속할 필요가 있는 경우 해당 사건의 공소시효 만료일까지 보관 후 삭제·폐기한다.

② 압수를 계속할 필요가 없다고 인정되는 경우 삭제·폐기한다.

③ 압수한 전자정보의 삭제·폐기는 관서별 통합 증거물 처분심의위원회의 심의를 거쳐 관련 법령 및 절차에 따라 삭제·폐기한다.

④ 압수한 전자정보 보관 시 충격, 자기장, 습기 및 먼지 등에 의해 손상되지 않고 안전하게 보관될 수 있도록 별도의 정보저장매체등에 담아 봉인봉투 등으로 봉인한 후 소속부서에서 운영 또는 이용하는 증거물 보관시설에 보관하는 등 압수한 전자정보의 무결성과 보안유지에 필요한 조치를 병행하여야 한다.

3. 압수물 환부

가. 압수물 등을 조사한 결과 증거로서의 가치가 없다고 판단되거나 계속하여 압수할 필요가 없는 압수물은 피압수·수색대상자에게 즉시 환부

　✱ 압수물 환부 시, 피압수자로부터 압수물을 반환받았다는 확인증을 받아 사후 발생할 수 있는 분쟁을 사전에 방지(대검 압수수색 기본지침)

나. 압수물 중 범죄혐의와 관련이 있더라도 원본이 필요 없는 경우에는 이를 사진 촬영하거나 그 사본 또는 출력물 등으로 대체한 후 환부하고, 압수물 중 필요로 하는 증거가치가 있는 자료일지라도 계속하여 원본을 보관할 필요가 없는 경우에는 이를 출력하여 동일성 여부를 피압수·수색대상자로부터 확인한 후 원본을 환부

다. 피압수·수색자 등의 반환요청이 있으면 다음의 경우 압수물 원본 또는 그 복사본(backup file)을 환부

① 해당 압수물에 대한 검색 등이 종료되어 증거로서의 가치가 없거나 계속하여 압수할 필요가 없는 물건

② 해당 압수물이 피압수·수색자의 전산 업무처리에 필수적인 자료이고 해당 압수물이 없으면 피압수·수색자의 전산 업무에 지장을 초래할 경우

라. 피압수·수색자 등의 반환요청이 있어도 계속하여 압수할 필요가 있는 경우에는 그 필요성에 대한 이유를 피압수·수색자 또는 변호인에게 설명(형사소송법 제125조 관련)

현장 외 압수절차 참여인을 위한 안내서

▶ 현장 외 압수·수색·검증 절차는 다음과 같이 진행됩니다.

(1) 봉인 해제 : 담당경찰관과 분석관(현장 외 압수·수색 지원 시), 참여인이 함께 봉인해제 과정을 확인하며 이 과정을 사진 또는 동영상으로 촬영합니다.

(2) 전처리 과정 : 오염물질 제거 등 전처리 작업이 필요한 경우, 참여인이 오염환경에 직접 노출되는 것을 방지하기 위해 모니터/유리벽 등을 통해 전처리 과정을 지켜보며 이후 참여실로 이동하여 후속 절차를 진행합니다.

(3) 복제본 생성 : 정보저장매체 원본을 압수(제출)하였거나 압수현장에서 복제한 전자정보의 재복제가 필요한 경우, 신뢰할 수 있는 전문장비를 활용하여 동일한 복제본을 만들고 복제본의 해시값을 함께 확인한 후 복제본 획득 확인서를 작성합니다.

(4) 전자정보 선별압수 : 복제본을 탐색하여 수사 중인 혐의와 관련 있는 전자정보만을 선별하고 해당 전자정보의 해시값을 확인한 후 전자정보 확인서 등 압수·수색·검증에 필요한 서류를 작성합니다. 이 과정은 디지털 증거분석실이 아닌 담당 경찰관의 사무실 등에서 최종적으로 이루어질 수도 있으며, 희망 시 이 과정에도 참여할 수 있습니다.

(5) 압수종료 후 : 선별압수가 끝나고 정보저장매체까지 압수해야 할 특별한 사유가 없는 경우 정보저장매체를 반환하고 혐의사실과 관련 없는 전자정보는 모두 삭제·폐기합니다.

▶ 현장 외 압수·수색·검증 과정의 신뢰성 증명 등을 위하여 경찰관·분석관이 위 과정을 사진 또는 동영상으로 촬영할 수 있으며, 이 경우 사진·동영상자료는 별도로 제공되지 않습니다.

▶ 참여인은 압수·수색·검증 과정에 참여할 수 있으며, 참여를 철회하거나 참여 도중 정당한 이유 없이 퇴거하는 경우 압수·수색·검증 과정을 사진 또는 동영상 촬영하는 등 신뢰성과 전문성을 담보할 수 있는 방식으로 진행될 수 있습니다.

▶ 기타 현장 외 압수·수색·검증절차, 디지털 증거분석실의 참여시설 등과 관련하여 보다 상세한 설명을 원하는 경우 담당경찰관 또는 분석관에게 이를 요청할 수 있습니다. 다만, 수사상 비밀이나 수사기법 등에 관한 설명은 제한될 수 있습니다.

※ 안내서는 각 시도경찰청 상황 등에 따라 적절히 수정하여 사용 가능

전자정보 확인서

※ 정보저장 매체별 작성

수집종류	[ ] 임의제출　　　[ ] 압수·수색·검증영장　　　[ ] 기타			
일시·장소				
정보저장 매체	품　　명		모 델 명	
	일련번호		비　　고	
전자정보 (압수물)	파 일 명		해시종류	
	해 시 값			
	※ 전자정보 상세목록에서 제외된 전자정보는 삭제·폐기함			
상세목록	교부방법	[ ] 출력　[ ] 복사 [ ] 전송(e-mail :　　　　　)		
	파 일 명		해시종류	
	해 시 값			
피압수자 (제출자)	구　분 : [ ] 소지자,　[ ] 소유자,　[ ] 기타(　　　　　) 성　명 :　　　　　생년월일 :　　　　　연락처 :			
참여자	피압수자와의 관계 : 성　명 :　　　　(인) 생년월일 :　　　　　연락처 :			

가. 본인은 위 정보저장매체에서 압수한 전자정보와 관련된 다음의 사항이 이상없음을
　　확인하였고, 전자정보 상세목록을 교부받았습니다.
　1. 압수한 전자정보의 상세목록 확인
　1. 정보저장매체에 저장된 전자정보의 내용이 수정·변경되지 않았음을 확인
　1. (전자정보 복제시) 압수한 전자정보의 파일명, 해시값, 해시종류 확인
　1. (정보저장매체 원본 또는 복제본을 반출 후, 탐색·복제·출력과정에 참여한 경
　　우) 봉인 이상여부, 원본의 해시값과 복제본의 해시값 동일 여부
나. [현장 외 압수시] 본인은 현장 외 압수절차에 대해 설명을 들었습니다.

2000.○.○.

피압수자(제출자) :　　　　　　　(날인 또는 서명)

[　] 위 피압수자에게 압수한 전자정보와 관련된 위 사항을 확인하게 하고,
상세목록을 교부하였음(교부하였으나　　　　　　　　의 이유로
기명날인 또는 서명을 거부함).

[ ] 정보저장매체 원본 또는 복제본을 반출 후, 탐색·복제·출력과정에 참여인의 참여가 없어
《[ ] 사진 촬영 [ ] 동영상 촬영 [ ] 기타(　　　　　)》조치와 함께 전자정보를 압수
하였음

2000.○.○.

○○ 경찰서 ○○ 홍 길 동 (인)

전자정보 상세목록

총   개 파일

1	파 일 명	
	해시값(해시종류)	
2	파 일 명	
	해시값(해시종류)	
3	파 일 명	
	해시값(해시종류)	
4	파 일 명	
	해시값(해시종류)	
5	파 일 명	
	해시값(해시종류)	
6	파 일 명	
	해시값(해시종류)	
7	파 일 명	
	해시값(해시종류)	
8	파 일 명	
	해시값(해시종류)	
9	파 일 명	
	해시값(해시종류)	
10	파 일 명	
	해시값(해시종류)	
11	파 일 명	
	해시값(해시종류)	
12	파 일 명	
	해시값(해시종류)	

전자정보 확인서[간이]
※ 정보저장매체별 작성

일시·장소					
임의 제출인	구 분 : [ ] 소지자, [ ] 소유자, [ ] 기타( )				
	성 명 : 생년월일 : 연락처 :				
정보저장 매체	품 명			모델명	
	일련번호			비 고	
1	파 일 명				
	해시값(해시종류)				
2	파 일 명				
	해시값(해시종류)				
3	파 일 명				
	해시값(해시종류)				
4	파 일 명				
	해시값(해시종류)				
5	파 일 명				
	해시값(해시종류)				

가. 본인은 위 정보저장매체의 탐색·복제·출력과정에 참여하여, 제출받은 전자정보의 내용이 정보저장매체 내의 내용에서 수정·변경되지 않았음을 확인하였고, 상세목록을 교부받았습니다.

나. [현장 외 압수시] 본인은 현장 외 압수절차에 대해 설명을 들었습니다.

20○○.○.○.

임의제출인 : (날인 또는 서명)

[ ] 위 제출인을 위 정보저장매체의 탐색·복제·출력과정에 참여시키고 상세목록을 교부하였음(교부하였으나 의 이유로 기명날인 또는 서명을 거부함).

[ ] 정보저장매체 원본 또는 복제본을 반출 후, 탐색·복제·출력과정에 참여인의 참여가 없어 《[ ] 사진 촬영 [ ] 동영상 촬영 [ ] 기타( )》조치와 함께 전자정보를 압수하였음

20○○.○.○.

○○ 경찰서 ○○ 홍 길 동 (인)

복제본 반출(획득) 확인서

※ 제출인(피압수자)별 작성

수집종류	[ ] 임의제출 [ ] 압수·수색·검증영장 [ ] 기타
일시·장소	
피압수자 (제출자)	구 분 : [ ] 소지자, [ ] 소유자, [ ] 기타( ) 성 명 : 생년월일 : 연락처 :
참여자	[ ] 피압수자와의 관계 : 　성 명 : (인) 생년월일 : 연락처 :

본인은 별지 목록에 대한 (봉인이 이상이 없음을 확인한 후 봉인해제) 복제본 획득 및 해시값 생성과정에 참여하여 정보저장매체 내의 어떠한 내용도 수정·변경되지 않았음을 확인하였고, 복제본의 탐색·복제·출력과정에 참여할 수 있음을 고지 받았습니다.

본인은 복제본의 탐색·출력·복제과정에

[ ] 참여하겠습니다. (세부과정 : [ ] 탐색, [ ] 출력·복제)

　※ 참여예정자-성명 :   , 생년월일 :   , 연락처 :

[ ] 참여하지 않겠습니다.

20○○.○.○.

　　　　피압수자(제출자) :   (날인 또는 서명)

[ ] 위 피압수자를 복제본의 획득과정에 참여시키고 참여권을 고지하였음
　　(참여권을 고지하였으나   의 이유로
　　기명날인 또는 서명을 거부함)

[ ] 복제본 획득과정에 참여인의 참여가 없어 《[ ] 사진 촬영 [ ] 동영상 촬영 [ ]
　　기타(   )》조치와 함께 전자정보를 압수하였음

20○○.○.○.

　　　　　　　　　　　　　　○○ 경찰서 ○○ 홍 길 동 (인)

※ 복제본 반출(획득) 과정에 제출인(피압수자)의 참여가 없는 경우 기타 참여인이 확인·서명

정보저장매체 원본 반출 확인서(모바일기기)
※ 제출인(피압수자)별 작성

수집종류	[ ] 임의제출 [ ] 압수·수색·검증영장 [ ] 기타
일시·장소	
피압수자 (제출자)	구 분 : [ ] 소지자, [ ] 소유자, [ ] 기타( ) 성 명 : 생년월일 : 연락처 :
참여자	제출인과의 관계 : 성 명 : (인) 생년월일 : 연락처 :

본인은 별지 목록의 모바일기기 봉인과정에 참여하여 봉인에 이상이 없음을 확인하였고, 정보저장매체 원본의 봉인 해제, 복제본의 획득, 정보저장매체 원본 또는 복제본에 대한 탐색·복제·출력과정에 참여할 수 있음을 고지 받았습니다.

본인은 모바일기기의 봉인해제, 복제본의 획득, 정보저장매체 원본 또는 복제본에 대한 탐색·복제·출력과정에

[ ] 참여하겠습니다.

　　(세부과정 : [ ] 봉인해제 및 복제본의 획득, [ ] 탐색, [ ] 출력·복제)

　　※ 참여예정자-성명 :   , 생년월일 :   , 연락처 :

[ ] 참여하지 않겠습니다.

본인은 모바일기기 분석과정에서 일부 모델의 경우 기기 또는 데이터 손상 및 일부 금융결제앱의 기능이 상실될 가능성에 대한 설명을 들었습니다.

본인은 별지 목록 기기에 대한 암호·패턴 등 제공에

20 . . .

　　　　피압수자(제출자) :   (날인 또는 서명)

[ ] 위 피압수자를 압수과정에 참여시키고 참여권을 고지하였음(고지하였으나

　　　　　　　　　　의 이유로 기명날인 또는 서명을 거부함)

20 . . .

　　　　　　　　　　경찰서   (인)

정보저장매체 원본 반출 목록(모바일기기)

1	품　　명		모 델 명	
	일련번호		전화번호	
	잠금암호		잠금패턴	① ② ③
	백업암호			④ ⑤ ⑥ ⑦ ⑧ ⑨
2	품　　명		모 델 명	
	일련번호		전화번호	
	잠금암호		잠금패턴	① ② ③
	백업암호			④ ⑤ ⑥ ⑦ ⑧ ⑨
3	품　　명		모 델 명	
	일련번호		전화번호	
	잠금암호		잠금패턴	① ② ③
	백업암호			④ ⑤ ⑥ ⑦ ⑧ ⑨
4	품　　명		모 델 명	
	일련번호		전화번호	
	잠금암호		잠금패턴	① ② ③
	백업암호			④ ⑤ ⑥ ⑦ ⑧ ⑨
5	품　　명		모 델 명	
	일련번호		전화번호	
	잠금암호		잠금패턴	① ② ③
	백업암호			④ ⑤ ⑥ ⑦ ⑧ ⑨
6	품　　명		모 델 명	
	일련번호		전화번호	
	잠금암호		잠금패턴	① ② ③
	백업암호			④ ⑤ ⑥ ⑦ ⑧ ⑨

정보저장매체 인수증

사건번호		
인수	일시	
	장소	
인계 경찰관	소 속 : 계 급 : , 성 명 : (인)	
인수자	구 분 : [ ] 피압수자(제출인), [ ] 변호인, [ ] 기타( ) 성 명 : 생년월일 : 연락처 :	

			정보저장매체	
연번	품명	모델명	일련번호	피압수자(제출자)
1				
2				
3				
4				
5				
6				
7				
8				
9				
10				

위 정보저장매체를 반환받았음을 확인합니다.

20○○.○.○.

인수자 :   (인)

V. 출력과정의 적법절차와 증거능력

1. 영장 집행시 외부반출의 예외와 적법절차

■ 판례 ■ 전자정보에 대한 압수 · 수색 영장 집행시 외부반출의 예외와 적법절차

[1] 전자정보에 대한 압수 · 수색영장을 집행할 때 저장매체 자체를 수사기관 사무실 등 외부로 반출할 수 있는 예외적인 경우 및 위 영장 집행이 적법성을 갖추기 위한 요건

전자정보에 대한 압수 · 수색영장을 집행할 때에는 원칙적으로 영장 발부의 사유인 혐의사실과 관련된 부분만을 문서 출력물로 수집하거나 수사기관이 휴대한 저장매체에 해당 파일을 복사하는 방식으로 이루어져야 하고, 집행현장 사정상 위와 같은 방식에 의한 집행이 불가능하거나 현저히 곤란한 부득이한 사정이 존재하더라도 저장매체 자체를 직접 혹은 하드카피나 이미징 등 형태로 수사기관 사무실 등 외부로 반출하여 해당 파일을 압수 · 수색할 수 있도록 영장에 기재되어 있고 실제 그와 같은 사정이 발생한 때에 한하여 위 방법이 예외적으로 허용될 수 있을 뿐이다. 나아가 이처럼 저장매체 자체를 수사기관 사무실 등으로 옮긴 후 영장에 기재된 범죄 혐의 관련 전자정보를 탐색하여 해당 전자정보를 문서로 출력하거나 파일을 복사하는 과정 역시 전체적으로 압수 · 수색영장 집행의 일환에 포함된다고 보아야 한다. 따라서 그러한 경우 문서출력 또는 파일복사 대상 역시 혐의사실과 관련된 부분으로 한정되어야 하는 것은 헌법 제12조 제1항, 제3항, 형사소송법 제114조, 제215조의 적법절차 및 영장주의 원칙상 당연하다. 그러므로 수사기관 사무실 등으로 옮긴 저장매체에서 범죄 혐의 관련성에 대한 구분 없이 저장된 전자정보 중 임의로 문서출력 혹은 파일복사를 하는 행위는 특별한 사정이 없는 한 영장주의 등 원칙에 반하는 위법한 집행이다. 한편 검사나 사법경찰관이 압수 · 수색영장을 집행할 때에는 자물쇠를 열거나 개봉 기타 필요한 처분을 할 수 있지만 그와 아울러 압수물의 상실 또는 파손 등의 방지를 위하여 상당한 조치를 하여야 하므로(형사소송법 제219조, 제120조, 제131조 등), 혐의사실과 관련된 정보는 물론 그와 무관한 다양하고 방대한 내용의 사생활 정보가 들어 있는 저장매체에 대한 압수 · 수색영장을 집행할 때 영장이 명시적으로 규정한 위 예외적인 사정이 인정되어 전자정보가 담긴 저장매체 자체를 수사기관 사무실 등으로 옮겨 이를 열람 혹은 복사하게 되는 경우에도, 전체 과정을 통하여 피압수 · 수색 당사자나 변호인의 계속적인 참여권 보장, 피압수 · 수색 당사자가 배제된 상태의 저장매체에 대한 열람 · 복사 금지, 복사대상 전자정보 목록의 작성 · 교부 등 압수 · 수색 대상인 저장매체 내 전자정보의 왜곡이나 훼손과 오 · 남용 및 임의적인 복제나 복사 등을 막기 위한 적절한 조치가 이루어져야만 집행절차가 적법하게 된다.

[2] 수사기관이 전국교직원노동조합 본부 사무실에 대한 압수 · 수색영장을 집행하면서 방대한 전자정보가 담긴 저장매체 자체를 수사기관 사무실로 가져가 그곳에서 저장매체 내 전자정보파일을 다른 저장매체로 복사하였는데, 이에 대하여 위 조합 등이 준항고를 제기한 사안에서, 위 영장 집행이 위법하다고 볼 수 없다는 이유로 준항고를 기각한 원심의 조치를 수긍한 사례

수사기관이 전국교직원노동조합 본부 사무실에 대한 압수 · 수색영장을 집행하면서 방대한 전자정보가 담긴 저장매체 자체를 영장 기재 집행장소에서 수사기관 사무실로 가져가 그곳에서 저장매체 내 전자정보파일을 다른 저장매체로 복사하자, 이에 대하여 위 조합 등이 준항고를 제기한 사안에서, 수사기관이 저장매체 자체를 수사기관 사무실로 옮긴 것은 영장이 예외적으로 허용한 부득이한 사유의 발생에 따른 것으로 볼 수 있고, 나아가 당사자 측의 참여권 보장 등 압수 · 수색

대상 물건의 훼손이나 임의적 열람 등을 막기 위해 법령상 요구되는 상당한 조치가 이루어진 것으로 볼 수 있으므로 이 점에서 절차상 위법이 있다고는 할 수 없으나, 다만 영장의 명시적 근거 없이 수사기관이 임의로 정한 시점 이후의 접근 파일 일체를 복사하는 방식으로 8,000여 개나 되는 파일을 복사한 영장집행은 원칙적으로 압수 · 수색영장이 허용한 범위를 벗어난 것으로서 위법하다고 볼 여지가 있는데, 위 압수 · 수색 전 과정에 비추어 볼 때, 수사기관이 영장에 기재된 혐의사실 일시로부터 소급하여 일정 시점 이후의 파일들만 복사한 것은 나름대로 대상을 제한하려고 노력한 것으로 보이고, 당사자 측도 그 적합성에 대하여 묵시적으로 동의한 것으로 보는 것이 타당하므로, 위 영장 집행이 위법하다고 볼 수는 없다는 이유로, 같은 취지에서 준항고를 기각한 원심의 조치를 수긍한 사례.(대법원 2011. 5. 26., 자, 2009모1190, 결정)

■ 판례 ■ 정보저장매체의 반출 후, 복제 · 탐색 · 출력과정의 적법절차

[1] 전자정보에 대한 압수 · 수색이 저장매체 또는 복제본을 수사기관 사무실 등 외부로 반출하는 방식으로 허용되는 예외적인 경우 및 수사기관 사무실 등으로 반출된 저장매체 또는 복제본에서 혐의사실 관련성에 대한 구분 없이 임의로 저장된 전자정보를 문서로 출력하거나 파일로 복제하는 행위가 영장주의 원칙에 반하는 위법한 압수인지 여부(원칙적 적극)

수사기관의 전자정보에 대한 압수 · 수색은 원칙적으로 영장 발부의 사유로 된 범죄 혐의사실과 관련된 부분만을 문서 출력물로 수집하거나 수사기관이 휴대한 저장매체에 해당 파일을 복제하는 방식으로 이루어져야 하고, 저장매체 자체를 직접 반출하거나 저장매체에 들어 있는 전자파일 전부를 하드카피나 이미징 등 형태(이하 '복제본'이라 한다)로 수사기관 사무실 등 외부로 반출하는 방식으로 압수 · 수색하는 것은 현장의 사정이나 전자정보의 대량성으로 관련 정보 획득에 긴 시간이 소요되거나 전문 인력에 의한 기술적 조치가 필요한 경우 등 범위를 정하여 출력 또는 복제하는 방법이 불가능하거나 압수의 목적을 달성하기에 현저히 곤란하다고 인정되는 때에 한하여 예외적으로 허용될 수 있을 뿐이다. 이처럼 저장매체 자체 또는 적법하게 획득한 복제본을 탐색하여 혐의사실과 관련된 전자정보를 문서로 출력하거나 파일로 복제하는 일련의 과정 역시 전체적으로 하나의 영장에 기한 압수 · 수색의 일환에 해당하므로, 그러한 경우의 문서출력 또는 파일 복제의 대상 역시 저장매체 소재지에서의 압수 · 수색과 마찬가지로 혐의사실과 관련된 부분으로 한정되어야 함은 헌법 제12조 제1항, 제3항과 형사소송법 제114조, 제215조의 적법절차 및 영장주의 원칙이나 비례의 원칙에 비추어 당연하다. 따라서 수사기관 사무실 등으로 반출된 저장매체 또는 복제본에서 혐의사실 관련성에 대한 구분 없이 임의로 저장된 전자정보를 문서로 출력하거나 파일로 복제하는 행위는 원칙적으로 영장주의 원칙에 반하는 위법한 압수가 된다.

[2] 전자정보가 담긴 저장매체 또는 복제본을 수사기관 사무실 등으로 옮겨 복제 · 탐색 · 출력하는 일련의 과정에서, 피압수 · 수색 당사자나 변호인에게 참여의 기회를 보장하고 혐의사실과 무관한 전자정보의 임의적인 복제 등을 막기 위한 적절한 조치가 취해지지 않은 경우, 압수 · 수색의 적법 여부(원칙적 소극) 및 수사기관이 저장매체 또는 복제본에서 혐의사실과 관련된 전자정보만을 복제 · 출력하였더라도 마찬가지인지 여부(적극)

저장매체에 대한 압수 · 수색 과정에서 범위를 정하여 출력 또는 복제하는 방법이 불가능하거나 압수의 목적을 달성하기에 현저히 곤란한 예외적인 사정이 인정되어 전자정보가 담긴 저장매체 또는 하드카피나 이미징 등 형태(이하 '복제본'이라 한다)를 수사기관 사무실 등으로 옮겨 복제 · 탐색 · 출력하는 경우에도, 그와 같은 일련의 과정에서 형사소송법 제219조, 제121조에서 규정하는 피압수·수색 당사자(이하 '피압수자'라 한다)나 변호인에게 참여의 기회를 보장하고 혐의사실과 무관한 전자정보의 임의적인 복제 등을 막기 위한 적절한 조치를 취하는 등 영장주의 원칙과 적법절차를 준수하여야 한다. 만약 그러한 조치가 취해지지 않았다면 피압수자 측이 참여하지 아니한다는 의사를 명시적으로 표시하였거나 절차 위반행위가 이루어진 과정의 성질과 내용 등에 비추어 피압수자 측에 절차 참여를 보장한 취지가 실질적으로 침해되었다고 볼 수 없을 정도에 해당한다는 등의 특별한 사정이 없는 이상 압수·수색이 적법하다고 평가할 수 없고, 비록 수사기관이 저장매체 또는 복제본에서 혐의사실과 관련된 전자정보만을 복제·출력하였다 하더라도 달리 볼 것은 아니다.

[3] 전자정보에 대한 압수·수색 과정에서 이루어진 현장에서의 저장매체 압수·이미징·탐색·복제 및 출력행위 등 일련의 행위가 모두 진행되어 압수·수색이 종료된 후 전체 압수·수색 과정을 단계적·개별적으로 구분하여 각 단계의 개별 처분의 취소를 구하는 준항고가 있는 경우, 당해 압수·수색 과정 전체를 하나의 절차로 파악하여 그 과정에서 나타난 위법이 압수·수색 절차 전체를 위법하게 할 정도로 중대한지 여부에 따라 전체적으로 압수·수색 처분을 취소할 것인지를 가려야 하는지 여부(원칙적 적극) 및 이때 위법의 중대성을 판단하는 기준

[다수의견] 전자정보에 대한 압수·수색 과정에서 이루어진 현장에서의 저장매체 압수·이미징·탐색·복제 및 출력행위 등 수사기관의 처분은 하나의 영장에 의한 압수·수색 과정에서 이루어진다. 그러한 일련의 행위가 모두 진행되어 압수·수색이 종료된 이후에는 특정단계의 처분만을 취소하더라도 그 이후의 압수·수색을 저지한다는 것을 상정할 수 없고 수사기관에게 압수·수색의 결과물을 보유하도록 할 것인지가 문제 될 뿐이다. 그러므로 이 경우에는 준항고인이 전체 압수·수색 과정을 단계적·개별적으로 구분하여 각 단계의 개별 처분의 취소를 구하더라도 준항고 법원은 특별한 사정이 없는 한 구분된 개별 처분의 위법이나 취소 여부를 판단할 것이 아니라 당해 압수·수색 과정 전체를 하나의 절차로 파악하여 그 과정에서 나타난 위법이 압수·수색 절차 전체를 위법하게 할 정도로 중대한지 여부에 따라 전체적으로 압수·수색 처분을 취소할 것인지를 가려야 한다. 여기서 위법의 중대성은 위반한 절차조항의 취지, 전체과정 중에서 위반행위가 발생한 과정의 중요도, 위반사항에 의한 법익침해 가능성의 경중 등을 종합하여 판단하여야 한다.

[4] 검사가 압수·수색영장을 발부받아 甲 주식회사 빌딩 내 乙의 사무실을 압수·수색하였는데, 저장매체에 범죄혐의와 관련된 정보(유관정보)와 범죄혐의와 무관한 정보(무관정보)가 혼재된 것으로 판단하여 甲 회사의 동의를 받아 저장매체를 수사기관 사무실로 반출한 다음 乙 측의 참여하에 저장매체에 저장된 전자정보파일 전부를 '이미징'의 방법으로 다른 저장매체로 복제(제1 처분)하고, 乙 측의 참여 없이 이미징한 복제본을 외장 하드디스크에 재복제(제2 처분)하였으며, 乙 측의 참여 없이 하드디스크에서 유관정보를 탐색하는 과정에서 甲 회사의 별건 범죄혐의와 관련된 전자정보 등 무관정보도 함께 출력(제3 처분)한 사안에서, 제1 처분은 위법하다고 볼 수 없으나, 제2·3 처분의 위법의 중대성에 비추어 위 영장에 기한 압수·수색이 전체적으로 취소되어야 한다고 한 사례

[다수의견] 검사가 압수·수색영장을 발부받아 甲 주식회사 빌딩 내 乙의 사무실을 압수·수색하였는데, 저장매체에 범죄혐의와 관련된 정보(이하 '유관정보'라 한다)와 범죄혐의와 무관한 정보(이하 '무관정보'라 한다)가 혼재된 것으로 판단하여 甲 회사의 동의를 받아 저장매체를 수사기관 사무실로 반출한 다음 乙 측의 참여하에 저장매체에 저장된 전자정보파일 전부를 '이미징'의 방법으로 다른 저장매체로 복제(이하 '제1 처분'이라 한다)하고, 乙 측의 참여 없이 이미징한 복제본을 외장 하드디스크에 재복제(이하 '제2 처분'이라 한다)하였으며, 乙 측의 참여 없

이 하드디스크에서 유관정보를 탐색하는 과정에서 甲 회사의 별건 범죄혐의와 관련된 전자정보 등 무관정보도 함께 출력(이하 '제3 처분'이라 한다)한 사안에서, 제1 처분은 위법하다고 볼 수 없으나, 제2·3 처분은 제1 처분 후 피압수·수색 당사자에게 계속적인 참여권을 보장하는 등의 조치가 이루어지지 아니한 채 유관정보는 물론 무관정보까지 재복제·출력한 것으로서 영장이 허용한 범위를 벗어나고 적법절차를 위반한 위법한 처분이며, 제2·3 처분에 해당하는 전자정보의 복제·출력 과정은 증거물을 획득하는 행위로서 압수·수색의 목적에 해당하는 중요한 과정인 점 등 위법의 중대성에 비추어 위 영장에 기한 압수·수색이 전체적으로 취소되어야 한다고 한 사례.

[5] 전자정보에 대한 압수·수색이 종료되기 전에 혐의사실과 관련된 전자정보를 적법하게 탐색하는 과정에서 별도의 범죄혐의와 관련된 전자정보를 우연히 발견한 경우, 수사기관이 적법하게 압수·수색하기 위한 요건 / 이 경우 피압수·수색 당사자에게 참여권을 보장하고 압수한 전자정보 목록을 교부하는 등 피압수자의 이익을 보호하기 위한 적절한 조치가 이루어져야 하는지 여부(원칙적 적극)

전자정보에 대한 압수·수색에 있어 저장매체 자체를 외부로 반출하거나 하드카피·이미징 등의 형태로 복제본을 만들어 외부에서 저장매체나 복제본에 대하여 압수·수색이 허용되는 예외적인 경우에도 혐의사실과 관련된 전자정보 이외에 이와 무관한 전자정보를 탐색·복제·출력하는 것은 원칙적으로 위법한 압수·수색에 해당하므로 허용될 수 없다. 그러나 전자정보에 대한 압수·수색이 종료되기 전에 혐의사실과 관련된 전자정보를 적법하게 탐색하는 과정에서 별도의 범죄혐의와 관련된 전자정보를 우연히 발견한 경우라면, 수사기관은 더 이상의 추가 탐색을 중단하고 법원에서 별도의 범죄혐의에 대한 압수·수색영장을 발부받은 경우에 한하여 그러한 정보에 대하여도 적법하게 압수·수색을 할 수 있다.

나아가 이러한 경우에도 별도의 압수·수색 절차는 최초의 압수·수색 절차와 구별되는 별개의 절차이고, 별도 범죄혐의와 관련된 전자정보는 최초의 압수·수색영장에 의한 압수·수색의 대상이 아니어서 저장매체의 원래 소재지에서 별도의 압수·수색영장에 기해 압수·수색을 진행하는 경우와 마찬가지로 피압수·수색 당사자(이하 '피압수자'라 한다)는 최초의 압수·수색 이전부터 해당 전자정보를 관리하고 있던 자라 할 것이므로, 특별한 사정이 없는 한 피압수자에게 형사소송법 제219조, 제121조, 제129조에 따라 참여권을 보장하고 압수한 전자정보 목록을 교부하는 등 피압수자의 이익을 보호하기 위한 적절한 조치가 이루어져야 한다.

2. 전자문서를 수록한 파일 등의 증거능력을 인정하기 위한 요건

가. 전자문서를 수록한 파일 등의 증거능력을 인정하기 위한 요건 / 증거로 제출된 전자문서 파일의 사본이나 출력물이 복사·출력 과정에서 편집되는 등 인위적 개작 없이 원본 내용을 그대로 복사·출력한 것이라는 사실을 증명하는 방법 및 증명책임 소재(=검사)

전자문서를 수록한 파일 등의 경우에는, 성질상 작성자의 서명 혹은 날인이 없을 뿐만 아니라 작성자·관리자의 의도나 특정한 기술에 의하여 내용이 편집·조작될 위험성이 있음을 고려하여, 원본임이 증명되거나 혹은 원본으로부터 복사한 사본일 경우에는 복사 과정에서 편집되는 등 인위적 개작 없이 원본의 내용 그대로 복사된 사본임이 증명되어야만 하고, 그러한 증명이 없는 경우에는 쉽게 증거능력을 인정할 수 없다. 그리고 증거로 제출된 전자문서 파일의 사본이나 출력물이 복사·출력 과정에서 편집되는 등 인위적 개작 없이 원본 내용을 그대로 복사·출력한 것이라는 사실은 전자문서 파일의 사본이나 출력물의 생성과 전달 및 보관 등의 절차에 관여한 사람의 증언이나 진술, 원본이나 사본 파일 생성 직후의 해시(Hash)값 비교, 전자문서 파일에 대한 검증·감정 결과 등 제반 사정을 종합하여 판단할 수 있다. 이러한 원본 동일성은 증거능력의 요건에 해당하므로 검사가 그 존재에 대하여 구체적으로 주장·증명해야 한다. (대법원 2018. 2. 8., 선고, 2017도13263, 판결)

나. 정보저장매체에 기억된 문자정보 또는 그 출력물을 증거로 사용하기 위한 요건

정보저장매체에 기억된 문자정보 또는 그 출력물을 증거로 사용하기 위한 요건 및 정보저장매체 원본을 대신하여 저장매체에 저장된 자료를 '하드카피' 또는 '이미징' 한 매체로부터 출력한 문건의 경우, 그 출력 문건과 정보저장매체에 저장된 자료가 동일하고 정보저장매체 원본이 문건 출력 시까지 변경되지 않았다는 점에 대한 증명 방법

압수물인 컴퓨터용 디스크 그 밖에 이와 비슷한 정보저장매체(이하 '정보저장매체'라고만 한다)에 입력하여 기억된 문자정보 또는 그 출력물(이하 '출력 문건'이라 한다)을 증거로 사용하기 위해서는 정보저장매체 원본에 저장된 내용과 출력 문건의 동일성이 인정되어야 하고, 이를 위해서는 정보저장매체 원본이 압수 시부터 문건 출력 시까지 변경되지 않았다는 사정, 즉 무결성이 담보되어야 한다. 특히 정보저장매체 원본을 대신하여 저장매체에 저장된 자료를 '하드카피' 또는 '이미징' 한 매체로부터 출력한 문건의 경우에는 정보저장매체 원본과 '하드카피' 또는 '이미징' 한 매체 사이에 자료의 동일성도 인정되어야 할 뿐만 아니라, 이를 확인하는 과정에서 이용한 컴퓨터의 기계적 정확성, 프로그램의 신뢰성, 입력·처리·출력의 각 단계에서 조작자의 전문적인 기술능력과 정확성이 담보되어야 한다. 이 경우 출력 문건과 정보저장매체에 저장된 자료가 동일하고 정보저장매체 원본이 문건 출력 시까지 변경되지 않았다는 점은, 피압수·수색 당사자가 정보저장매체 원본과 '하드카피' 또는 '이미징' 한 매체의 해쉬(Hash) 값이 동일하다는 취지로 서명한 확인서면을 교부받아 법원에 제출하는 방법에 의하여 증명하는 것이 원칙이나, 그와 같은 방법에 의한 증명이 불가능하거나 현저히 곤란한 경우에는, 정보저장매체 원본에 대한 압수, 봉인, 봉인해제, '하드카피' 또는 '이미징' 등 일련의 절차에 참여한 수사관이나 전문가 등의 증언에 의해 정보저장매체 원본과 '하드카피' 또는 '이미징' 한 매체 사이의 해쉬 값이 동일하다거나 정

보저장매체 원본이 최초 압수 시부터 밀봉되어 증거 제출 시까지 전혀 변경되지 않았다는 등의 사정을 증명하는 방법 또는 법원이 그 원본에 저장된 자료와 증거로 제출된 출력 문건을 대조하는 방법 등으로도 그와 같은 무결성·동일성을 인정할 수 있으며, 반드시 압수·수색 과정을 촬영한 영상녹화물 재생 등의 방법으로만 증명하여야 한다고 볼 것은 아니다. (대법원 2013. 7. 26., 선고, 2013도2511, 판결)

다. 디지털 저장매체로부터 출력한 문건의 증거능력

압수물인 디지털 저장매체로부터 출력한 문건을 증거로 사용하기 위해서는 디지털 저장매체 원본에 저장된 내용과 출력한 문건의 동일성이 인정되어야 하고, 이를 위해서는 디지털 저장매체 원본이 압수시부터 문건 출력시까지 변경되지 않았음이 담보되어야 한다. 특히 디지털 저장매체 원본을 대신하여 저장매체에 저장된 자료를 '하드카피' 또는 '이미징'한 매체로부터 출력한 문건의 경우에는 디지털 저장매체 원본과 '하드카피' 또는 '이미징'한 매체 사이에 자료의 동일성도 인정되어야 할 뿐만 아니라, 이를 확인하는 과정에서 이용한 컴퓨터의 기계적 정확성, 프로그램의 신뢰성, 입력·처리·출력의 각 단계에서 조작자의 전문적인 기술능력과 정확성이 담보되어야 한다. 그리고 압수된 디지털 저장매체로부터 출력한 문건을 진술증거로 사용하는 경우, 그 기재 내용의 진실성에 관하여는 전문법칙이 적용되므로 형사소송법 제313조 제1항에 따라 그 작성자 또는 진술자의 진술에 의하여 그 성립의 진정함이 증명된 때에 한하여 이를 증거로 사용할 수 있다. (대법원 2007. 12. 13., 선고, 2007도7257, 판결)

VI. 녹음테이프 및 녹음파일의 증거능력

■ 판례 ■   대화 내용을 녹음한 녹음테이프 및 파일 등 전자매체의 증거능력

[1] 대화 내용을 녹음한 녹음테이프 및 파일 등 전자매체의 증거능력

피고인과 상대방 사이의 대화 내용에 관한 녹취서가 공소사실의 증거로 제출되어 녹취서의 기재 내용과 녹음테이프의 녹음 내용이 동일한지에 대하여 법원이 검증을 실시한 경우에, 증거자료가 되는 것은 녹음테이프에 녹음된 대화 내용 자체이고, 그 중 피고인의 진술 내용은 실질적으로 형사소송법 제311조, 제312조의 규정 이외에 피고인의 진술을 기재한 서류와 다름없어, 피고인이 녹음테이프를 증거로 할 수 있음에 동의하지 않은 이상 녹음테이프에 녹음된 피고인의 진술 내용을 증거로 사용하기 위해서는 형사소송법 제313조 제1항 단서에 따라 공판준비 또는 공판기일에서 작성자인 상대방의 진술에 의하여 녹음테이프에 녹음된 피고인의 진술 내용이 피고인이 진술한 대로 녹음된 것임이 증명되고 나아가 그 진술이 특히 신빙할 수 있는 상태하에서 행하여진 것임이 인정되어야 한다. 또한 대화 내용을 녹음한 파일 등 전자매체는 성질상 작성자나 진술자의 서명 또는 날인이 없을 뿐만 아니라, 녹음자의 의도나 특정한 기술에 의하여 내용이 편집 · 조작될 위험성이 있음을 고려하여, 대화 내용을 녹음한 원본이거나 원본으로부터 복사한 사본일 경우에는 복사과정에서 편집되는 등의 인위적 개작 없이 원본의 내용 그대로 복사된 사본임이 증명되어야 한다.

[2] 구 특정경제범죄 가중처벌 등에 관한 법률 위반(공갈) 피고사건에서, 피해자 토지구획정리사업조합의 대표자 甲이 디지털 녹음기로 피고인과의 대화를 녹음한 후 저장된 녹음파일 원본을 컴퓨터에 복사하고 디지털 녹음기의 파일 원본을 삭제한 뒤 다음 대화를 다시 녹음하는 과정을 반복하여 작성한 녹음파일 사본과 해당 녹취록의 증거능력이 문제된 사안에서, 증거능력을 인정한 사례

구 특정경제범죄 가중처벌 등에 관한 법률(2012. 2. 10. 법률 제11304호로 개정되기 전의 것) 위반(공갈) 피고사건에서, 피해자 토지구획정리사업조합의 대표자 甲이 디지털 녹음기로 피고인과의 대화를 녹음한 후 저장된 녹음파일 원본을 컴퓨터에 복사하고 디지털 녹음기의 파일 원본을 삭제한 뒤 다음 대화를 다시 녹음하는 과정을 반복하여 작성한 녹음파일 사본과 해당 녹취록의 증거능력이 문제된 사안에서, 제반 사정에 비추어 녹음파일 사본은 타인 간의 대화를 녹음한 것이 아니므로 타인의 대화비밀 침해금지를 규정한 통신비밀보호법 제14조의 적용 대상이 아니고, 복사과정에서 편집되는 등의 인위적 개작 없이 원본 내용 그대로 복사된 것으로 대화자들이 진술한 대로 녹음된 것이 인정되며, 녹음 경위, 대화 장소, 내용 및 대화자 사이의 관계 등에 비추어 그 진술이 특히 신빙할 수 있는 상태하에서 행하여진 것으로 인정된다는 이유로, 녹음파일 사본과 녹취록의 증거능력을 인정한 사례. (대법원 2012. 9. 13., 선고, 2012도7461, 판결)

제3장 기타 강제처분

제1절 검 증

Ⅰ. 법적근거

가. 형사소송법

> **제49조(검증등의 조서)** ① 검증, 압수 또는 수색에 관하여는 조서를 작성하여야 한다.
> ② 검증조서에는 검증목적물의 현상을 명확하게 하기 위하여 도화나 사진을 첨부할 수 있다.

나. 형사소송규칙

> **제64조(피고인의 신체검사 소환장의 기재사항)** 피고인에 대한 신체검사를 하기 위한 소환장에는 신체검사를 하기 위하여 소환한다는 취지를 기재하여야 한다.
> **제65조(피고인 아닌 자의 신체검사의 소환장의 기재사항)** 피고인이 아닌 자에 대한 신체검사를 하기 위한 소환장에는 그 성명 및 주거, 피고인의 성명, 죄명, 출석일시 및 장소와 신체검사를 하기 위하여 소환한다는 취지를 기재하고 재판장 또는 수명법관이 기명날인하여야 한다.

다. 경찰수사규칙

> **제70조(검증조서)** 수사준칙 제43조에 따른 검증조서는 별지 제17호서식에 따른다.

■ **판례** ■ **위급처분으로서 압수수색영장 없이 검증을 하고 사후영장을 발부받지 아니한 경우의 사법경찰관 작성의 검증조서의 증거능력 유무(소극)**

사법경찰관 작성의 검증조서의 작성이 범죄현장에서 급속을 요한다는 이유로 압수수색 영장없이 행하여졌는데 그 후 법원의 사후영장을 받은 흔적이 없다면 유죄의 증거로 쓸 수 없다(대법원 1990. 9.14. 선고 90도1263 판결).

■ **판례** ■ **피고인이 검증조서를 증거로 함에 부동의하는 경우 검증이나 압수의 경위에 관한 담당경찰관의 진술의 증거능력 유무(적극)**

피고인이 경찰에서 한 진술의 임의성을 부인하고 경찰의 검증조서를 증거로 함에 동의하지 않고 있다 하여도 검증이나 압수를 한 경위에 관한 담당경찰관의 진술을 증거로 할 수 없는 것은 아니다.(대법원 1990.2.13. 선고 89도2567 판결)

II. 개 념

1. 검증의 의의

검증이란 물적증거에 대한 수사방법으로서 검증 주체가 오관의 작용 때문에 사물의 성상, 현장을 직접 실험 인식하는 증거조사를 말하며, 검증조서란 위의 검증내용을 기재한 조서를 말한다.

2. 검증을 필요로 하는 범죄

검증을 필요로 하는 범죄에는 제한이 없다.

3. 검증조서의 증거능력

가. 형사소송법

> 제312조(검사 또는 사법경찰관의 조서 등) ⑥ 검사 또는 사법경찰관이 검증의 결과를 기재한 조서는 적법한 절차와 방식에 따라 작성된 것으로서 공판준비 또는 공판기일에서의 작성자의 진술에 따라 그 성립의 진정함이 증명된 때에는 증거로 할 수 있다.

나. 참고판례

■ 판례 ■ **사법경찰관 작성의 검증조서 중 피고인의 범행재연 사진영상에 대하여 피고인이 증거로 함에 부동의하는 경우의 증거능력 유무(소극)**

사법경찰관이 작성한 검증조서 중 피고인의 진술 부분을 제외한 기재 및 사진의 각 영상'에는 이 사건 범행에 부합되는 피의자이었던 피고인이 범행을 재연하는 사진이 첨부되어 있으나, 기록에 의하면 행위자인 피고인이 위 검증조서에 대하여 증거로 함에 부동의하였고 공판정에서 검증조서 중 범행을 재연한 부분에 대하여 그 성립의 진정 및 내용을 인정한 흔적을 찾아 볼 수 없고 오히려 이를 부인하고 있으므로 그 증거능력을 인정할 수 없는바, 원심으로서는 위 검증조서 중 피고인의 진술 부분뿐만 아니라 범행을 재연한 부분까지도 제외한 나머지 부분만을 증거로 채용하여야 함에도 이를 구분하지 아니한 채 피고인의 진술 부분을 제외한 나머지를 유죄의 증거로 인용한 조치는 위법하다(대법원 2007.4.26. 선고 2007도1794 판결).

■ 판례 ■ **피고인의 자백진술과 이를 기초로 한 범행재연상황을 기재한 사법경찰관 작성의 검증조서의 증거능력**

사법경찰관이 작성한 검증조서에 피의자이던 피고인이 검사 이외의 수사기관 앞에서 자백한 범행 내용을 현장에 따라 진술·재연한 내용이 기재되고 그 재연 과정을 촬영한 사진이 첨부되어 있다면, 그러한 기재나 사진은 피고인이 공판정에서 그 진술내용 및 범행재연의 상황을 모두 부인하는 이상 증거능력이 없다(대법원 2006.1.13. 선고 2003도6548 판결).

■ 판례 ■　　　**수사기관이 아닌 사인이 비밀녹음한 녹음테이프에 대한 검증조서의 증거능력**

통신비밀보호법은 누구든지 이 법과 형사소송법 또는 군사법원법의 규정에 의하지 아니하고는 우편물의 검열 또는 전기통신의 감청을 하거나 공개되지 아니한 타인간의 대화를 녹음 또는 청취하지 못하고(제3조 본문), 이에 위반하여 불법검열에 의하여 취득한 우편물이나 그 내용 및 불법감청에 의하여 지득 또는 채록된 전기통신의 내용은 재판 또는 징계절차에서 증거로 사용할 수 없고(제4조), 누구든지 공개되지 아니한 타인간의 대화를 녹음하거나 전자장치 또는 기계적 수단을 이용하여 청취할 수 없고(제14조 제1항), 이에 의한 녹음 또는 청취에 관하여 위 제4조의 규정을 적용한다(제14조 제2항)고 각 규정하고 있는바, 녹음테이프 검증조서의 기재 중 피고인과 공소외인 간의 대화를 녹음한 부분은 공개되지 아니한 타인간의 대화를 녹음한 것이므로 위 법 제14조 제2항 및 제4조의 규정에 의하여 그 증거능력이 없고, 피고인들 간의 전화통화를 녹음한 부분은 피고인의 동의없이 불법감청한 것이므로 위 법 제4조에 의하여 그 증거능력이 없다. 또한, 녹음테이프 검증조서의 기재 중 고소인이 피고인과의 대화를 녹음한 부분은 타인간의 대화를 녹음한 것이 아니므로 위 법 제14조의 적용을 받지는 않지만, 그 녹음테이프에 대하여 실시한 검증의 내용은 녹음테이프에 녹음된 대화의 내용이 검증조서에 첨부된 녹취서에 기재된 내용과 같다는 것에 불과하여 증거자료가 되는 것은 여전히 녹음테이프에 녹음된 대화의 내용이라 할 것인바, 그 중 피고인의 진술내용은 실질적으로 형사소송법 제311조, 제312조 규정 이외에 피고인의 진술을 기재한 서류와 다를 바 없으므로, 피고인이 그 녹음테이프를 증거로 할 수 있음에 동의하지 않은 이상 그 녹음테이프 검증조서의 기재 중 피고인의 진술내용을 증거로 사용하기 위해서는 형사소송법 제313조 제1항 단서에 따라 공판준비 또는 공판기일에서 그 작성자인 고소인의 진술에 의하여 녹음테이프에 녹음된 피고인의 진술내용이 피고인이 진술한 대로 녹음된 것이라는 점이 증명되고 그 진술이 특히 신빙할 수 있는 상태하에서 행하여진 것으로 인정되어야 한다(대법원 2001.10.9. 선고 2001도3106 판결).

■ 판례 ■　　　**사후영장을 발부받지 아니한, 긴급처분으로서 한 검증조서의 증거능력**

사법경찰관 사무취급이 행한 검증이 사건발생 후 범행장소에서 긴급을 요하여 판사의 영장없이 시행된 것이라면 이는 형사소송법 제216조 제3항에 의한 검증이라 할 것임에도 불구하고 기록상 사후영장을 받은 흔적이 없다면 이러한 검증조서는 유죄의 증거로 할 수 없다(대법원 1984.3.13. 선고 83도3006 판결).

III. 검증조서의 작성요령

1. 실질적 사항의 작성요령

가. 절차의 기재

압수수색검증영장에 의하여 검증하는 경우에는 반드시 영장을 제시하여야 하는데 검증의 경위 및 결과 모두(冒頭)에 그 뜻을 먼저 기재한다. 만약 영장 없이 검증하는 경우에는 모두에 그 절차가 적법함을 기재한다.

나. 검증의 조건

검증 시 일기, 기온, 습도, 풍력, 풍향 등 기상과(해상 관련의 경우 파고, 조류 등 해상일기) 명암, 시계(視界), 지형, 대상의 장소, 신체, 물건 등의 조건을 기재한다.

다. 현장 부근의 상황

일반적으로 현장 상황의 지리적, 장소적 조건을 명백히 밝히는 것이므로, 현장을 중심으로 주변의 도로, 하천, 야산, 논과 밭, 가옥의 밀집, 기타 지형지물과 지세에 대하여 기재한다. 이는 현장을 확정하기 위한 표시로서 물건에 따라서는 동시에 검증의 실질적 내용을 이루는 예도 있다.

라. 현장의 위치

대형건물, 학교 등 주변에서 바로 찾을 수 있는 고정된 물건이나 장소를 선정하여 방향과 거리를 기재한다. 거리는 실측하는 것이 원칙이나 곤란한 경우에는 목측(目測) 약 ○○m라고 기재한다. 방위는 동, 서, 남, 북, 남동, 남서 등으로 기재한다.

마. 현장의 모양

① 기록순서

검증순서에 따라 전체로부터 부분으로, 외부에서 내부로, 동종에서 이종으로, 상태(常態)로부터 변태(變態), 장소먼저 다음 물건의 순으로 기재한다, 옥내현장은 일정기점을 정하여 그곳에서부터 순서로 회전하면서 검증한 상황을 기재하며, 위에서 아래로 이동해가며 기록한다.

② 참여인의 지시설명

참여인이 피의자일 경우 반드시 진술거부권을 고지하여야 한다. 참여인별로 각각하게 하고 진술조서형식으로 한 후 진술 끝에 진술자가 서명날인하게 한다.

바. 피해상황

피해자의 모양과 착의, 피해 금품의 상황 등을 자세히 기재한다.

사. 증거물건

검증결과의 발견, 채취한 증거자료는 그때마다 그 상태와 조치 등을 기재하거나 마지막에 일괄하여 정리 기재하기도 한다.

아. 도면과 사진

현장 모양을 이해할 수 있도록 작성한다. 내용에 도면의 번호를 기재해가면서 작성한 후 그 번호에 따라 도면을 작성하여 첨부한다. 이는 본문 기재를 보충하여 검증결과를 표시하는 조서로써 중요하다.

자. 참여인의 지시설명

상황을 잘 아는 피의자나 피해자, 목격자 등을 참여시키고 그들의 지시설명을 들어가면서 검증한다. 전문적인 지식이 필요한 경우 관련 전문가나 학자, 의사 등을 참여시킬 수 있다.

2. 형식적 사항의 작성요령

가. 피의자명과 피의사건명

피의자 성명은 검증 시를 기준으로 작성하며 피의사건명은 검증 시에 추측되는 죄명을 기재한다. 송치 시 죄명이 바뀌었다 하여 이미 작성된 검증 조서상의 죄명을 수정할 필요는 없다.

나. 검증의 일시

실지로 검증을 시작한 일시와 끝난 일시를 정확하게 기재한다. 만약 검증을 중단한 경우 그 사유와 경과를 기재한다.

다. 검증의 장소(대상)

실제 검증한 장소나 물건 또는 신체를 그 대상이 특정되도록 구체적으로 기재한다.

라. 검증의 목적

검증대상 또는 검증해야 하는 이유에 따라 목적은 다르나, 어떤 목적으로 하더라도 간단하면서도 명료하게, 특정적이면서도 구체적이고 사실적으로 기재한다.

마. 검증의 참여인

각 참여인의 성명, 주민등록번호, 주소 또는 거소, 참여인이 어떤 자격으로 참여하였는지(例, 피해자, 피의자, 목격자 등)를 명확히 기재한다.

바. 작성연월일

조서말미에 조서작성 연월일을 기재한다. 검증 일자와 실지 조서작성일자가 다를 경우 실제 검증 일자를 기재하여야 한다.

사. 조서 작성자의 서명날인

검증한 담당 경찰관이 직접조서를 작성하여 서명 · 날인한다. 도면작성 등에 참여한 보조자는 참여인으로 서명 · 날인한다.

검 증 조 서

사법경찰관 경위 양동교는, 사법경찰리 경사 서영수를 참여하게 하고 ○○○에 대한 ○○ 피의사건에 관하여 다음과 같이 검증하다.

1. 검증의 장소(대상)

○○ 거주 홍길동의 집 부근 일대와 정길동의 사체현장에 유류된 물건.

2. 검증의 목적

범행상태를 재현 세밀히 살피고 유류 물건의 수집 및 수집한 물건 감정·범인이 틀림없는가의 확인·증거자료 보전하는 데 있다.

3. 검증의 참여인

4. 검증의 경위 및 결과

이 검증은 범죄현장에서 영장 없이 실시하다.

가. 검증의 조건

검증 당시 날씨가 맑고 사방이 잘 보이고, 범죄현장은 논둑 밑이므로, 멀리 약간에 농가가 있으나 검증하는 데 큰 지장은 없다.

나. 현장의 위치

다. 현장 및 그 부근상황

라. 현장의 모양

마. 피해상황

(1) 피해자의 모양

(2) 피해자의 착의

바. 증거물건

사. 참여인 지시설명

위의 진술을 진술인에게 읽어 드린바, 진술한 대로 잘못 쓴 것이나 더 쓸 것 빼낼 것이 전혀 없다고 하므로, 서명 무인케 하다.　　　　진 술 인 ○ ○ ○ ㉑

아. 현장 교통상황

자. 피의자의 주택 위치

차. 현장도면 및 사진

이 검증은 당일 15시 00분에 시작하여 16시 30분에 끝마치다.

20○○.○.○.

○ ○ 경 찰 서

사법경찰관　경감　홍길동 (인)

사법경찰관　경위　김감사 (인)

제2절 실황조사

Ⅰ. 관련 법령

> ※ 경찰수사규칙
> **제41조(실황조사)** ① 사법경찰관리는 범죄의 현장 또는 그 밖의 장소에서 피의사실을 확인하거나 증거물의 증명력을 확보하기 위해 필요한 경우 실황조사를 할 수 있다.
> ② 사법경찰관리는 실황조사를 하는 경우에는 거주자, 관리자 그 밖의 관계자 등을 참여하게 할 수 있다.
> ③ 사법경찰관리는 실황조사를 한 경우에는 별지 제33호서식의 실황조사서에 조사 내용을 상세하게 적고, 현장도면이나 사진이 있으면 이를 실황조사서에 첨부해야 한다.

Ⅱ. 기재상의 주의

1. 실황조사는 거주자 관리자 기타 관계자 등의 참여를 얻어서 행하고 그 결과를 실황조사서에 정확하게 기재해 두어야 한다.

2. 실황조사서에는 되도록 도면과 사진을 첨부하여야 한다.

3. 실황조사서에는 객관적으로 기재하도록 힘쓰고 피의자 피해자 기타 관계자에 대하여 설명을 요구하였을 때도 그 지시설명의 범위를 넘어서 기재하는 일이 없도록 주의하여야 한다.

4. 피의자 피해자 기타 관계자의 지시설명 범위를 넘어서 특히 그 진술을 실황조사서에 기재할 필요가 있는 경우에는 「형사소송법」 제199조와 동법 제244조의 규정에 따라야 한다. 이 경우에서는 피의자의 진술에 관하여는 미리 피의자에 대하여 진술을 거부할 수 있음을 알리고 또한 그 점을 조서에 명백히 밝혀 두어야 한다.

5. 피의자의 진술 때문에 흉기, 장물 기타의 증거자료를 발견하였을 때 증명력 확보를 위하여 필요할 때에는 실황조사를 하여 그 발견의 상황을 실황조사서에 정확히 해 두어야 한다.

■ 판례 ■ 수사보고서에 검증의 결과에 해당하는 기재가 있는 경우, 그 기재 부분의 증거능력 유무(소극)

수사보고서에 검증의 결과에 해당하는 기재가 있는 경우, 그 기재 부분은 검찰사건사무규칙 제17조에 의하여 검사가 범죄의 현장 기타 장소에서 실황조사를 한 후 작성하는 실황조서 또는 사법경찰관리집무규칙 제49조 제1항, 제2항에 의하여 사법경찰관이 수사상 필요하다고 인정하여 범죄현장 또는 기타 장소에 임하여 실황을 조사할 때 작성하는 실황조사서에 해당하지 아니하며, 단지 수사의 경위 및 결과를 내부적으로 보고하기 위하여 작성된 서류에 불과하므로 그 안에 검증의 결과에 해당하는 기재가 있다고 하여 이를 형사소송법 제312조 제1항의 '검사 또는 사법경찰관이 검증의 결과를 기재한 조서'라고 할 수 없을 뿐만 아니라 이를 같은 법 제313조 제1항의 '피고인 또는 피고인이 아닌 자가 작성한 진술서나 그 진술을 기재한 서류'라고 할 수도 없고, 같은 법 제311조, 제315조, 제316조의 적용대상이 되지 아니함이 분명하므로 그 기재 부분은 증거로 할 수 없다(대법원 2001.5.29. 선고 2000도2933 판결).

■ 판례 ■ 수사기관이 긴급처분으로서 시행하고 사후영장을 발부받지 아니한 채 작성한 실황조서의 증거능력

사법경찰관 사무취급이 작성한 실황조서가 사고발생 직후 사고장소에서 긴급을 요하여 판사의 영장없이 시행된 것으로서 형사소송법 제216조 제3항에 의한 검증에 따라 작성된 것이라면 사후영장을 받지 않는 한 유죄의 증거로 삼을 수 없다(대법원 1989.3.14. 선고 88도1399 판결).

■ 판례 ■ 경찰 및 검사의 의견을 기재한 실황조서의 증명력

경찰 및 검사가 작성한 실황조서의 기재는 사고현장을 설명하면서 경찰이나 검사의 의견을 기재한 것에 불과하여 이것만으로는 피고인이 이 건 사고를 일으켰다고 인정할 자료가 될 수 없다(대법원 1983.6.28. 선고 83도948 판결).

실 황 조 사 서

사법경찰관 경감 홍길동은 20○○.○.○. ○○○외 ○명에 대한 ○○ 피의사건에 관하여 다음과 같이 실황을 조사하다.

실황조사 일시·장소	피의자가 피해자를 만난 장소, 피해자를 살해한 장소 등의 부근 현장 상황 및 범행시간 등과 살해 전후의 상황 확인을 그 대상으로 한다.
실황조사 목　적	피의자의 범행과정, 살해 당시의 현장 상황을 명확히 조사하여 범행사실에 대한 증거를 수집 보전하고 범죄사실을 명백히 밝히는 데 있다.
실황조사 경위 및 결과	가. 조 건 　본 실황조사 당시는 주간으로 일기가 청명하고 교통이 혼잡하지 않아 상황조사에 지장이 없었다. (또는 사회 이목을 집중시키는 사건으로 이를 구경하려는 인파 약 ○○명이 주변에 몰려들어 인원통제에 약간의 번잡함이 있었으나 기동대 1개 중대(제○○중대)로 주변 인파를 통제하여 조사에는 큰 지장이 없었다. 나. 현장의 위치 및 부근상황 　1). 피의자가 차량을 대기하면서 피해자에게 전화를 건 장소 　　　… 　2). 피해자를 만난 장소 　　　… 　3). 피해자를 살해한 장소 　　　… 　4). 피해자를 살해한 후 사체를 버린 장소 　　　… 다. 경 위 　1). 피해자에게 전화하게 된 경우 　　　저는 …만나야겠다는 생각으로　　… 하였습니다. (도면 1-1 참조) 　2). 피해자를 만난 경위 　　　… (도면 1-2 참조) 　3). 피해자를 살해한 경위 　　　저는　　…하였습니다. (도면 1-3 참조) 사법경찰관은 형사소송법 제244조의3의 규정에 따라 진술을 거부할 수 있는 권리 및 변호인의 참여 등 조력을 받을 권리가 있음을 피의자에게 알려주고 이를 행사할 것인지 그 의사를 확인하다. 이때 사법경찰관 甲은 아래와 같이 임의문답을 실시하다. 문 : 언제부터 피해자를 살해해야겠다고 생각하였는가요? 답 :

문 : 살해도구는 어떤 것이며 그러한 도구는 언제 누가 준비하였나요.

답 :

4). 사체를 유기한 경위

　　　저는　　…하였습니다. (도면 1-4 참조)

이때 사법경찰관 甲은 아래와 같이 임의문답을 실시하다.

문 :

답 :

5). 유류품 처리경위

　　　저는　　…하였습니다. (도면 1-5 참조)

6). 도주 경로

　　　저는　　…하였습니다. (도면 1-6 참조)

7). 사체확인 경위

　　　저는　　…하였습니다. (도면 1-7 참조)

라. 증거물

본 실황조사 시 피의자가 범행도구로 사용하였다는 ○○은 ○○에 있는 것을 발견하여 수거하였고 피해자의 신발로 보이면 ○○상표의 ○○신발 1쪽과 기타 범행과 관련된 것으로 보이는 ○○을 현장에서 각각 발견하여 수거함

마. 도면과 사진

본 실황조사의 경위 및 설명을 명백히 밝히기 위하여 놀이터 인근 아파트 배치도(도면 ○○), 현장부근 위치도(도면 ○○), 현장약도(도면 ○○), 사체유기장소(도면 ○○), 도주경로도(도면 ○○) 각각 1장을 작성하고 관련 사진 ○○매를 본 조서 말미에 첨부하다.

이 실황조사는 20○○년 ○월 ○일 13:20에 시작하여 20○○년 ○월 ○일 15:20에 끝나다.

20○○년 ○월 ○일

○ ○ 경 찰 서

사법경찰관 경감　　탁 희 경
사법경찰관 경감　　전 병 주

제3절 증거보전과 증인신문, 감정유치장 신청

● I. 증거보전신청

1. 법적근거

가. 형사소송법

> **제184조(증거보전의 청구와 그 절차)** ① 검사, 피고인, 피의자 또는 변호인은 미리 증거를 보전하지 아니하면 그 증거를 사용하기 곤란한 사정이 있는 때에는 제1회 공판기일전이라도 판사에게 압수, 수색, 검증, 증인신문 또는 감정을 청구할 수 있다.
> ② 전항의 청구를 받은 판사는 그 처분에 관하여 법원 또는 재판장과 동일한 권한이 있다.
> ③ 제1항의 청구를 함에는 서면으로 그 사유를 소명하여야 한다.
> ④ 제1항의 청구를 기각하는 결정에 대하여는 3일 이내에 항고할 수 있다.〈신설 2007.6.1〉
> **제185조(서류의 열람등)** 검사, 피고인, 피의자 또는 변호인은 판사의 허가를 얻어 전조의 처분에 관한 서류와 증거물을 열람 또는 등사할 수 있다.

나. 경찰수사규칙

> **제71조(증거보전 신청)** 사법경찰관은 미리 증거를 보전하지 않으면 그 증거를 사용하기 곤란한 경우에는 별지 제82호서식의 증거보전 신청서를 작성하여 검사에게 법 제184조제1항에 따른 증거보전의 청구를 신청할 수 있다.

2. 증거보전의 의미와 시한

가. 재심청구사건에서 증거보전절차의 허부(소극)

증거보전이란 장차 공판에 있어서 사용하여야 할 증거가 멸실되거나 또는 그 사용하기 곤란한 사정이 있으면 당사자의 청구에 의하여 공판 전에 미리 그 증거를 수집 보전하여 두는 제도로서 제1심 제1회 공판기일 전에 한하여 허용되는 것이므로 재심청구사건에서는 증거보전절차는 허용되지 아니한다.

나. 증거보전청구 기각결정에 대한 즉시항고의 가부(소극)

증거보전청구를 기각하는 결정에 대하여는 즉시항고로써 불복할 수 없다. (대법원 1984. 3. 29., 자, 84모15, 결정)

3. 증거보전청구 가는 시기

■ 판례 ■　　형사 증거보전청구를 할 수 있는 시기 및 피의자신문에 해당하는 사항에 대한 증거보전청구의 가부

형사소송법 제184조에 의한 증거보전은 피고인 또는 피의자가 형사입건도 되기 전에는 청구할 수 없고, 또 피의자신문에 해당하는 사항을 증거보전의 방법으로 청구할 수 없다. (대법원 1979. 6. 12., 선고, 79도792, 판결)

4. 청구절차

  가. 사법경찰관은 미리 증거를 보전하지 아니하면 그 증거를 사용하기 곤란한 사정이 있는 때에는 그 사유를 소명하여 검사에게 증거보전의 청구를 신청하여야 한다.

  나. 검사, 피고인, 피의자 또는 변호인은 미리 증거를 보전하지 아니하면 그 증거를 사용하기 곤란한 사정이 있는 때에는 제1회 공판기일 전이라도 판사에게 증인신문을 청구 (검사에게 신청)할 수 있다.

  다. 전항의 청구를 받은 판사는 그 처분에 관하여 법원 또는 재판장과 동일한 권한이 있다.

  라. 청구함에는 서면으로 그 사유를 소명하여야 한다.

  마. 청구를 기각하는 결정에 대하여는 3일 이내에 항고할 수 있다.

■ 판례 ■　　증거보전절차로서 증인신문을 하면서 그 일시와 장소를 피의자 및 변호인에게 미리 통지하지 아니하였고 변호인이 후에 이에 대하여 이의신청한 경우 위 증인신문조서의 증거능력 유무(소극)

제1회 공판기일 전에 형사소송법 제184조에 의한 증거보전절차에서 증인신문을 하면서, 위 증인신문의 일시와 장소를 피의자 및 변호인에게 미리 통지하지 아니하여 증인신문에 참여할 기회를 주지 아니하였고, 또 변호인이 제1심 공판기일에 위 증인신문조서의 증거조사에 관하여 이의신청을 하였다면, 위 증인신문조서는 증거능력이 없다 할 것이고, 그 증인이 후에 법정에서 그 조서의 진정성립을 인정한다 하여 다시 그 증거능력을 취득한다고볼 수도 없다. (대법원 1992.2.28. 선고 91도2337 판결)

■ 판례 ■　　검사가 공범관계에 있는 공동피고인에 대한 증거보존신청의 가능여부

[1] 수사단계에서 검사가 증거보전을 위하여 필요적 공범관계에 있는 공동피고인을 증인으로 신문할 수 있는지(적극)

공동피고인과 피고인이 뇌물을 주고받은 사이로 필요적 공범관계에 있다고 하더라도 검사는 수사단계에서 피고인에 대한 증거를 미리 보전하는 데 필요한 경우에는 판사에게 공동피고인을 증인으로 신문할 것을 청구할 수 있다.

[2] 증거보전절차로 증인신문을 하는 경우에 당사자의 참여권

판사가 형사소송법 제184조에 의한 증거보전절차로 증인신문을 하는 경우에는 동법 제221조의2에

의한 증인신문의 경우와는 달라 동법 제163조에 따라 검사, 피의자 또는 변호인에게 증인신문의 시일과 장소를 미리 통지하여 증인신문에 참여할 수 있는 기회를 주어야 하나 참여의 기회를 주지 아니한 경우라도 피고인과 변호인이 증인신문조서를 증거로 할 수 있음에 동의하여 별다른 이의없이 적법하게 증거조사를 거친 경우에는 위 증인신문조서는 증인신문절차가 위법하였는지의 여부에 관계없이 증거능력이 부여된다(대법원 1988.11.8. 선고 86도1646 판결).

■ 판례 ■   **증거보전청구기각 결정에 대한 불복가부**

법원의 결정에 대하여 불복이 있으면 항고할 수 있다고 규정한 형사소송법 제402조가 말하는 법원은 형사소송법상의 수소법원만을 가리키는 것이어서 증거보전청구를 기각한 판사의 결정에 대하여는 위 제402조가 정하는 항고의 방법으로는 불복할 수 없고 나아가 그 판사는 수소법원으로서의 재판장 또는 수명법관도 아니므로 그가 한 재판은 동법 제416조정하는 준항고의 대상이 되지도 않으며 또 동법 제403조에 관한 재판에는 그 적용이 없다 할 것이어서 결국 증거보전청구의 기각결정에 대하여는 형사소송법상 어떠한 방법으로도 불복을 할 수가 없다(대법원 1986.7.12.자 86모25 결정).

■ 판례 ■   **증거보전절차로서 증인신문을 하면서 그 일시와 장소를 피의자 및 변호인에게 미리 통지하지 아니하였고 변호인이 후에 이에 대하여 이의신청한 경우 위 증인신문조서의 증거능력 유무(소극)**

제1회 공판기일 전에 형사소송법 제184조에 의한 증거보전절차에서 증인신문을 하면서, 위 증인신문의 일시와 장소를 피의자 및 변호인에게 미리 통지하지 아니하여 증인신문에 참여할 수 있는 기회를 주지 아니하였고, 또 변호인이 제1심 공판기일에 위 증인신문조서의 증거조사에 관하여 이의신청을 하였다면, 위 증인신문조서는 증거능력이 없다 할 것이고, 그 증인이 후에 법정에서 그 조서의 진정성립을 인정한다 하여 다시 그 증거능력을 취득한다고볼 수도 없다.(대법원 1992. 2. 28., 선고, 91도2337, 판결)

○ ○ 경 찰 서

제 호   년   월   일

수 신   ○○지방검찰청

제 목   **증거보전 신청서**

　다음 사건에 관하여 아래와 같이 증거보전의 청구를 신청합니다.

사 건 번 호				
죄　　　　　명				
피의자	성　　　　명		주 민 등 록 번 호	
	직　　　　업			
	주　　　　거			
범 죄 사 실				
증 명 할 사 실				
증 거 및 보 전 의 방　　　　　　법				
증거보전을필요로 하 는 사 유				

○ ○ 경찰서

사법경찰관 경위 홍 길 동 ㊞

II. 증인신문신청

1. 법적근거

가. 형사소송법

제221조의2(증인신문의 청구) ① 범죄의 수사에 없어서는 아니될 사실을 안다고 명백히 인정되는 자가 전조의 규정에 의한 출석 또는 진술을 거부한 경우에는 검사는 제1회 공판기일전에 한하여 판사에게 그에 대한 증인신문을 청구할 수 있다.

② 삭제〈2007.6.1〉

③ 제1항의 청구를 함에는 서면으로 그 사유를 소명하여야 한다.

④ 제1항의 청구를 받은 판사는 증인신문에 관하여 법원 또는 재판장과 동일한 권한이 있다.

⑤ 판사는 제1항의 청구에 따라 증인신문기일을 정한 때에는 피고인·피의자 또는 변호인에게 이를 통지하여 증인신문에 참여할 수 있도록 하여야 한다.

⑥ 판사는 제1항의 청구에 의한 증인신문을 한 때에는 지체없이 이에 관한 서류를 검사에게 송부하여야 한다.

나. 형사소송규칙

제66조(신문사항 등) 재판장은 피해자·증인의 인적사항의 공개 또는 누설을 방지하거나 그 밖에 피해자·증인의 안전을 위하여 필요하다고 인정할 때에는 증인의 신문을 청구한 자에 대하여 사전에 신문사항을 기재한 서면의 제출을 명할 수 있다.[전문개정 2007.10.29]

제67조(결정의 취소) 법원은 제66조의 명을 받은 자가 신속히 그 서면을 제출하지 아니한 경우에는 증거결정을 취소할 수 있다.

제67조의2(증인의 소환방법) ① 법 제150조의2 제1항에 따른 증인의 소환은 소환장의 송달, 전화, 전자우편, 모사전송, 휴대전화 문자전송 그 밖에 적당한 방법으로 할 수 있다.

② 증인을 신청하는 자는 증인의 소재, 연락처와 출석 가능성 및 출석 가능 일시 그 밖에 증인의 소환에 필요한 사항을 미리 확인하는 등 증인 출석을 위한 합리적인 노력을 다하여야 한다.

제68조(소환장, 구속영장의 기재사항) ① 증인에 대한 소환장에는 그 성명, 피고인의 성명, 죄명, 출석일시 및 장소, 정당한 이유없이 출석하지 아니할 경우에는 과태료에 처하거나 출석하지 아니함으로써 생긴 비용의 배상을 명할 수 있고 또 구인할 수 있음을 기재하고 재판장이 기명날인하여야 한다.

② 증인에 대한 구속영장에는 그 성명, 주민등록번호(주민등록번호가 없거나 이를 알 수 없는 경우에는 생년월일), 직업 및 주거, 피고인의 성명, 죄명, 인치할 일시 및 장소, 발부 연월일 및 유효기간과 그 기간이 경과한 후에는 집행에 착수하지 못하고 구속영장을 반환하여야 한다는 취지를 기재하고 재판장이 서명날인하여야 한다.

다. 경찰수사규칙

> 제72조(증인신문 신청) 사법경찰관은 범죄의 수사에 없어서는 안 되는 사실을 안다고 명백히 인정되는 사람이 출석 또는 진술을 거부하는 경우에는 별지 제83호서식의 증인신문 신청서를 작성하여 검사에게 법 제221조의2제1항에 따른 증인신문의 청구를 신청할 수 있다.

2. 증인신문의 청구 (신청)

가. 증인신문청구의 의의

참고인이 출석 또는 진술을 거부한 경우에 제1회 공판기일 전까지 검사의 청구 (경찰은 검사에 신청) 때문에 판사가 그를 증인으로 신문하는 진술증거의 수집과 보전을 위한 대인적 강제처분을 말한다.

나. 청구 (신청)의 요건

○ 출석 또는 진술의 거부
  - 범죄의 수사에 없어서는 아니 될 사실을 안다고 명백히 인정되는 자가 수사기관의 출석요구에 대하여 출석 또는 진술을 거부한 경우이다.
  - '범죄수사에 없어서는 아니 될 사실'이란 범죄의 증명에 없어서는 아니 될 개념보다는 넓은 개념으로 정상에 관한 사실을 포함한다. 따라서 피의자의 소재를 알고 있는 자나 범죄의 증명에 없어서는 아니 될 참고인의 소재를 알고 있는 자도 해당한다.
○ '출석거부와 진술거부'
  정당한 이유가 있는 경우, 진술 일부의 거부, 진술조서의 서명날인을 거부하는 때도 진술거부에 해당할 수 있다.

■ 판례 ■ **수사기관에서 진술한 피해자인 유아가 공판정에서 진술을 하였으나 증인신문 당시 일정한 사항에 관하여 기억이 나지 않는다는 취지로 진술하여 그 진술의 일부가 재현 불가능하게 된 경우**

수사기관에서 진술한 피해자인 유아가 공판정에서 진술을 하였더라도 증인신문 당시 일정한 사항에 관하여 기억이 나지 않는다는 취지로 진술하여 그 진술의 일부가 재현 불가능하게 된 경우, 형사소송법 제314조, 제316조 제2항에서 말하는 '원진술자가 진술을 할 수 없는 때'에 해당한다 (대법원 2006.4.14. 선고 2005도9561 판결)

○○경찰서

제 0000-00000 호   20○○. ○. ○.

수 신 : ○○지방검찰청장

제 목 : 증인신문 신청서

다음 사건에 관하여 아래와 같이 증인신문의 청구를 신청합니다.

사 건 번 호				
죄 명				
피의자	성 명		주민등록번호	
	직 업			
	주 거			
증인	성 명		주민등록번호	
	직 업			
	주 거			
범 죄 사 실				
증 명 할 사 실				
신 문 사 항				
증인신문청구의 요건이되는사실				
변 호 인				

○○경찰서

사법경찰관 경위   홍 길 동 (인)

III. 감정유치장 신청

1. 법적근거

가. 형사소송법

제221조(제3자의 출석요구 등) ② 검사 또는 사법경찰관은 수사에 필요한 때에는 감정·통역 또는 번역을 위촉할 수 있다.

제221조의3(감정의 위촉과 감정유치의 청구) ① 검사는 제221조의 규정에 의하여 감정을 위촉하는 경우에 제172조제3항의 유치처분이 필요할 때에는 판사에게 이를 청구하여야 한다.

② 판사는 제1항의 청구가 상당하다고 인정할 때에는 유치처분을 하여야 한다. 제172조 및 제172조의2의 규정은 이 경우에 준용한다.

제221조의4(감정에 필요한 처분, 허가장) ① 제221조의 규정에 의하여 감정의 위촉을 받은 자는 판사의 허가를 얻어 제173조제1항에 규정된 처분을 할 수 있다.

② 제1항의 허가의 청구는 검사가 하여야 한다.

③ 판사는 제2항의 청구가 상당하다고 인정할 때에는 허가장을 발부하여야 한다.

④ 제173조제2항, 제3항 및 제5항의 규정은 제3항의 허가장에 준용한다.

나. 경찰수사규칙

제73조(감정유치 및 감정처분허가 신청) ① 사법경찰관은 법 제221조제2항의 감정을 위하여 법 제172조제3항에 따른 유치가 필요한 경우에는 별지 제84호서식의 감정유치장 신청서를 작성하여 검사에게 제출해야 한다.

② 사법경찰관은 법 제221조의4제1항에 따라 법 제173조제1항에 따른 처분을 위한 허가가 필요한 경우에는 별지 제85호서식의 감정처분허가장 신청서를 작성하여 검사에게 제출해야 한다.

2. 절차

가. 피의자의 정신 또는 신체에 관한 감정에 필요한 때

나. 기간을 정하여 병원 기타 적당한 장소에 유치하게 할 수 있고 감정이 완료되면 즉시 유치를 해제한다.

○ ○ 경 찰 서

제 호   20○○.○.○.

수 신 : 검찰청의 장

제 목 : **감정유치장 신청서**

 다음 사건에 관하여 아래와 같이 감정유치하려 하니 20○○.○.○.까지 유효한
감정유치장의 청구를 신청합니다.

피 의 자	성 명	
	주 민 등 록 번 호	
	직 업	
	주 거	
변 호 인		
범 죄 사 실		
7일을 넘는 유효기간을 필요로하는 취지와 사유		
둘 이상의 유치장을 신청하는 취지와 사유		
유 치 할 장 소		
유 치 기 간		
감정의 목적 및 이유		
감 정 인	성 명	
	직 업	
비 고		

○○경찰서

사법경찰관 경위   홍 길 동 (인)

○○경찰서

제 호   20○○.○.○.

수 신 : 검찰청의 장

제 목 : **감정처분허가장 신청서**

다음 사건에 관하여 아래와 같이 감정에 필요한 처분을 할 수 있도록 20○○.○.○.까지 유효한 감정처분허가장의 청구를 신청합니다.

피의자	성　　명		주민등록번호	
	직　　업			
	주　　거			
감정인	성　　명		주민등록번호	
	직　　업			
감정위촉연월일				
감 정 위 촉 사 항				
감 정 장 소				
범 죄 사 실				
7일을 넘는 유효기간을 필요로 하는 취지와 사유				
둘 이상의 허가장을 신청하는 취지와 사유				
감 정 에 필 요 한 처 분 의 이 유				
변 　 호 　 인				
비 　　　　 고				

○○경찰서

사법경찰관　경위　　홍 길 동 (인)

제4절 금융정보제공요청

I. 근거

> ※ 금융실명거래 및 비밀보장에 관한 법률
>
> 제4조(금융거래의 비밀보장) ② 제1항제1호부터 제4호까지 또는 제6호부터 제8호까지의 규정에 따라 거래정보등의 제공을 요구하는 자는 다음 각 호의 사항이 포함된 금융위원회가 정하는 표준양식에 의하여 금융회사등의 특정 점포에 이를 요구하여야 한다. 다만, 제1항제1호에 따라 거래정보등의 제공을 요구하거나 같은 항 제2호에 따라 거래정보등의 제공을 요구하는 경우로서 부동산(부동산에 관한 권리를 포함한다. 이하 이 항에서 같다)의 보유기간, 보유 수, 거래 규모 및 거래 방법 등 명백한 자료에 의하여 대통령령으로 정하는 부동산거래와 관련한 소득세 또는 법인세의 탈루혐의가 인정되어 그 탈루사실의 확인이 필요한 자(해당 부동산 거래를 알선·중개한 자를 포함한다)에 대한 거래정보등의 제공을 요구하는 경우 또는 체납액 1천만원 이상인 체납자의 재산조회를 위하여 필요한 거래정보등의 제공을 대통령령으로 정하는 바에 따라 요구하는 경우에는 거래정보등을 보관 또는 관리하는 부서에 이를 요구할 수 있다.
>
> ⑥ 다음 각 호의 법률의 규정에 따라 거래정보등의 제공을 요구하는 경우에는 해당 법률의 규정에도 불구하고 제2항에 따른 금융위원회가 정한 표준양식으로 하여야 한다.

II. 금융기관의 계좌추적을 위한 영장의 경우

1. 원 칙

가. 금융기관 등의 계좌추적을 위한 압수·수색영장을 청구함에서는 예금주(피의자 또는 피의자 이외의 제3자), 개설은행, 계좌번호, 추적이 필요하다고 여겨지는 금융거래기간 등이 특정되어야 하는 것이 원칙임.

나. 금융거래내역의 조회에서도 압수수색의 필요성과 소명의 정도, 범죄사실의 내용, 압수수색을 통하여 취득하려는 자료 등을 종합적으로 검토하여 그 범위를 한정하여야 할 것.

2. 포괄계좌의 경우

가. 압수·수색의 대상자만 특정한 채 그 대상자가 모든 금융기관에 개설한 예금계좌 일체에 대한 영장, 즉 포괄계좌에 대한 영장은, 추적의 범위가 대상자에 한정되어 그 남용의 우려가 비교적 적으므로 그 필요성이 인정되는 한 허용됨. 그러나

이 경우에도 범죄 혐의사실과 관련이 없는 예금거래의 비밀이 침해될 소지가 크므로 그 발부 여부에 관한 판단은 신중해야 함.

나. 피의자 이외의 제3자에 대한 포괄적인 압수수색영장은, 제3자가 당해 범죄와의 관련성이 명백한지 아닌지를 우선 판단하고, 기본권침해 문제 등을 충분히 고려해야 함.

다. 압수·수색할 장소를 기재함에서도, '모든 금융기관'이라고 기재하는 것은 비례성의 원칙 및 장소의 특정이라는 측면에서 허용하기 곤란하므로 금융기관의 명칭을 특정하여 청구하도록 하는 것이 타당함.

3. 연결계좌의 경우

가. 특정인 명의의 특정계좌와 연결된 연결계좌에 대한 압수·수색영장이 청구된 경우에는, 그 연결계좌와 당해 범죄사실과의 관련성 등에 대한 소명이 충분한지보다 신중하게 판단하여야 하며, 그 필요성이 인정되어 이를 허용한다 하더라도, 비례성의 원칙상 기본계좌와 직전, 직후로 연결된 계좌에 한하여 압수·수색을 허용해야 함.

나. 뇌물죄의 경우, 수뢰자의 계좌를 기본계좌로 하는 압수수색의 경우에는 기본계좌와 그 직전계좌에 대한 자료만이, 증뢰자의 계좌를 기본계좌로 할 때는 기본계좌와 그 직후계좌에 대한 자료만이 대상이 될 것.

4. 거래 기간의 특정

가. 예금계좌의 추적을 위한 압수·수색을 허용한다고 하더라도 비례성의 원칙상 혐의사실의 내용이 되는 범죄행위와 밀접한 관련이 있는 기간으로 거래 기간을 제한하여야 함.

나. 따라서 범행일시가 특정되는 경우에는 그거래 기간을 범행일시를 전후하여 1~2개월 정도로 제한하는 것이 바람직함.

○○경찰서

제 0000-00000 호   2○○○. ○. ○.

수 신 : ○○지방검찰청장

제 목 : 압수·수색·검증영장 신청서(금융계좌추적용)

다음 사람에 대한 ○○ 피(혐)의사건에 관하여 아래와 같이 압수·수색·검증하려 하니 2○○○. ○. ○.까지 유효한 압수·수색·검증영장의 청구를 신청합니다.

피(혐)의자	성 명	
	주 민 등 록 번 호	– (세)
	직 업	
	주 거	
변 호 인		
대상계좌	계 좌 명 의 인	□ 피(혐)의자 본인 □ 제3자(인적사항은 별지와 같음)
	개설은행·계좌번호	
	거 래 기 간	
	거래정보 등의 내용	**명의인의 인적사항 및 거래내역**
압 수 할 물 건		
수 색 · 검 증 할 장 소 또 는 물 건		
범죄사실 및 압수·수색· 검증을 필요로 하는 사유		
7일을 넘는 유효기간을 필요로 하는 취지와 사유		
둘 이상의 영장을 신청하는 취 지 와 사 유		
일출 전 또는 일몰 후 집행을 필요로 하는 취지와 사유		
비 고		

○○경찰서

사법경찰관   경위   홍길동(인)

금융거래정보의 제공 요구서

(법 제4조제2항·제6항 및 제4조의2)

수신처 :

문서번호※		요구일자	
요구기관명			

요구자	근무부서	직책	성명
담당자			
책임자			

요구 내용	명의인의 인적사항[1]	
	요구대상 거래기간	계좌개설자의 인적사항 및 20○○. 10. 1. ~ 20○○. 10. 30.까지 거래내역서
	요구의 법적근거	금융실명거래및비밀보장에관한법률 제4조 제1항 제1호
	사용목적	수사상
	요구하는 거래 정보등의 내용	명의인의 인적사항 확인 및 금융거래사항
통보 유예※	유예기간	
	유예사유	
특이 사항※		

요구기관 기관장인

주1) 명의인의 인적사항은 금융실명거래및비밀보장에관한법률시행령 제10조각호의1을 의미

※ 문서번호, 통보유예 및 특이사항은 필요한 경우에만 기재(통보대상이 아닌 경우 그 법적근거 등의 사유는 특이사항에 기재)

III. 전화금융 사기사건 초동 조치 요령

1. 전화이용사기수법

○ 전화로 경찰관, 검찰수사관, 금융감독원 직원, 백화점직원, 은행원 등을 사칭하며,

○ "당신 계좌에 금융사고가 발생하여 금융감독원의 안전한 계좌로 이동조치 하겠다" "의심나면 02-769-0000 (ARS 전화) 번으로 전화해서 확인해 봐라", "시키는 대로 하지 않으면 손해 봐도 당신 책임이다" 등의 말로 피해자를 안심시킨 후,

○ 피해자를 현금지급기까지 가도록 유인, 피해자의 예금잔고를 피의자의 계좌로 이체토록 한 후, 즉시 출금해 가는 수법

2. 초동조치요령

가. 최초 신고접수자(지구대·파출소 직원 포함)는,

○ 상세조사를 뒤로 미루고, 피해자의 계좌를 확인하여 이체된 범인들의 계좌를 파악, 즉시 이체된 금액을 지급정지함과 동시에

※ 시간을 지체하면 범인들이 즉시 피해금을 인출하여 가는데도 피해자에게 고소장 또는 진정서 등을 제출토록 하는 경찰관이 있음

○ 금융기관 및 경찰서 컴퓨터실에 부정계좌를 신속히 등록해야 함.

※ 등록된 부정계좌에서 현금인출이나 타 계좌로 이체를 하려고 하면 은행 및 경찰관서에 비상벨이 울리게 되어 있어 관할은행 및 지구대에서 범인 검거

나. 이를 위해서는

○ 「해당은행 콜센터」에 전화하여(혹은 영업점 은행 : 통장에 전화번호가 기재되어 있음), 피해내용 설명 및 피해통장 계좌번호를 알려주고 피의자의 부정계좌 동결요청을 하면,

○ 콜센터 및 영업점에서는 계좌 이체된 자료를 통하여 부정 입금된 범인의 계좌

를 알아낸 후, 신속히 계좌동결 함.

　※ 영업시간 이후에는 「콜센터 → 책임자의 승인」 절차로 시행되고 있어 다소
　　지체될 수 있음

○ 최초 신고접수자는 ① "범죄 관련 계좌(등록·해제)의뢰서"를 작성, 해당은행
　(콜센터) 및 경찰서 컴퓨터실에 팩스로 송치(은행에는 경찰관 신분증 사본까지
　송치)하고,

○ 비로소, 피해상황을 상세히 조사하여 수사과 "전화사기 전담팀−경제팀 당직자"
　에게 신속히 기록 송치

다. 전화금융사기 수사전담팀은,

○ 지구대(파출소)에서 송치받은 기록을 토대로

− 신고접수시간, 지급정지 및 부정계좌 등록시간

− 범인이 사용한 전화번호와 요금청구지, 개설자, 계좌번호 및 명의인(인터넷폰
　이면 로그기록 확인 IP 추적), 연결계좌

− 인출지 CCTV 사진확보, 2개소 이상이면 통신기지국 수사

− 외국인이면 외국인등록원부와 대조 확인

− 범인의 사진과 사용 전화를 알면 실시간 위치 추적하여 현장 출장 수색·매복
　등 검거(범인의 계좌확인 조회를 하면 범인이 사용한 전화번호를 알 수 있음)
　※ 피해자가 전담팀에 직접 피해사실을 신고한 경우 전담팀도 위 절차에 따라
　　신속히 지급정지 및 부정계좌 등록 동결

라. 사건 수사종료 시

− "금융망 부정계좌 사용법전산처리 해제요구서"를 해당 은행에 송부

○ ○ 경 찰 서

문서번호 수사과-   20○○. ○. ○.

수   신 ○○은행 ○○지점

제   목 **범죄관련 계좌(등록·해제)협조의뢰**

　　　　아래와 같이 범죄관련 수사에 필요한 예금에 대하여 (등록·해제) 의뢰하
오니 협조하여 주시기 바랍니다.

1. 사 고 계 좌 번 호	0000-00-000000
2. 예 금 주 :	3. 주민등록번호:
4. 예 금 의 종 류 (현금인출카드포함)	
5. 의 뢰 관 서	○○경 찰 서
6. 입 력 의 뢰 일 시	20○○.○.○. ( ). 00:00
7. 의 뢰 은 행	○○은행 ○○지점
8. 기 타	(예시) 서울 롯데 비자카드로 266만 원이 부정 사용(연체)되 었으니 조치를 취해야 한다며 기망하고 피해자가 현금인출기 번호를 누르게 하는 방법으로 이체된 피해금을 교부받았다.

○ ○ 경 찰 서

금융망 부정계좌 사용범 전산처리 입력(해제) 요구서

	담 당	팀 장	과 장
20○○년 월 일			

계 좌 번 호	
예 금 주	성명: 주민등록번호:
예 금 종 류	
의 뢰 관 서	
의 뢰 은 행	
사 건 명	
사 건 개 요	
담 당 자	소속: ○○경찰서 수사과 팀 계급: 성명:
	핸 드 폰 번 호 :

입력자

○○경찰서   과 경○   성명: (인)

수사종결단계

3편

수사의 종결 단계

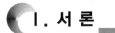

| 제1장 | 수사결과보고 |

제1절 수사결과보고서 작성

Ⅰ. 서 론

1. 일반적인 사항

가. 수사가 종결되면 그때까지 수사한 것을 기초로 판단하여 수사결과보고를 작성하여야 한다.

나. 수사결과보고는 수사관의 작문 실력이 발휘되는 순간인데, 특히 불기소로 종결하려고 할 때 타당한 논리적 과정을 적어주어야 한다.

2. 범죄사실

가. 6하원칙 또는 8하원칙에 따라 작성하면 된다.

나. 공안사범 등 사안이 중한 경우에는 현장 사진(가능한 컬러사진) 등을 범죄사실에 삽입하는 것이 현장감이 있어 좋다.

例. 피의자는 … 별지 사진1의 내용과 같이 제4류(인화성액체) 제1석유류 비수용 액체인 유사석유 ○○리터를 …하였다.

3. 적용법조

피의자가 1명이고 범죄사실이 1개일 경우에는 상관없지만, 피의자가 여러 명이거나 죄명이 다른 범죄사실이 여러 개일 때는 피의자 및 범죄사실별로 적용 법조문을 기재한다.

例1. 피의자 甲

　　'가항' 형법 제347조 제1항

　　'나항' 성폭력범죄의 처벌 및 피해자보호 등에 관한 법률 제11조 제1항

例2.

　　'가항' 게임산업진흥에 관한 법률 제45조 제4호, 제32조 제1항 제2호(등급분류위반)

　　'나항' 게임산업진흥에 관한 법률 제44조 제1항 제1의2호, 제28조 제3호(경품제공위반)

　　'다항' 게임산업진흥에 관한 법률 제46조 제2호, 제28조 제7호(청소년출입시간위반)

4. 증거관계

가. 피의자가 범행을 자백한 때도 그 자백을 뒷받침할 수 있는 보강증거가 있어야 하므로 물적증거나 인적증거(참고인 진술)를 반드시 확보하여야 한다.

나. 범행을 부인해도 그 부인한 사실을 뒤집을 수 있는 증거를 확보하여야 하며, 신병을 처리해야 할 필요가 있을 때 구속 사유로 사용할 수 있다.

例, "피의자는 …라고 부인하는 점으로 보아 증거를 인멸할 염려가 있으며"

다. 사안이 복잡하거나 수사서류의 분량이 많을 때는 증거관계에 해당하는 물적증거나 관계인 진술의 해당 페이지를 기록하여 주는 것이 좋다

例, "참고인 홍길동의 …라는 진술 (기록 제123쪽), 피의자가 ○○크기의 각목을 피해자의 머리를 향하여 때릴 때 사용한 흉기(기록 제150쪽의 사진)"

5. 수사결과 및 의견

기소의견으로 송치한 때도 신병처리와 관련해서는 형사소송법 제70조에서 규정하고 있는 구속사유와 필요적 고려사항을 충실히 기재하여야 한다.

제70조(구속의 사유) ① 법원은 피고인이 죄를 범하였다고 의심할 만한 상당한 이유가 있고 다음 각호의 1에 해당하는 사유가 있는 경우에는 피고인을 구속할 수 있다.
1. 피고인이 일정한 주거가 없는 때
2. 피고인이 증거를 인멸할 염려가 있는 때
3. 피고인이 도망하거나 도망할 염려가 있는 때
② 법원은 제항의 구속사유를 심사함에 있어서 범죄의 중대성, 재범의 위험성, 피해자 및 중요 참고인 등에 대한 위해우려 등을 고려하여야 한다.

가. 구속영장 신청할 경우

○ 도망할 염려 등 일반적인 구속사유를 정리한다.

○ 범죄의 중대성, 재범의 위험성, 피해자와 중요참고인 등에 대한 유해 우려 의견 정리한다.

○ 의견

위와 같은 사유로 구속수사

나. 사안은 중하나 불구속할 경우

○ 범죄혐의 상당성

피의자는 ○○ 등으로 보아 죄를 범하였다고 의심할 만한 상당한 이유가 있다.

○ 불구속사유

－주거 관계

　　피의자의 현 주거지는 피의자 소유로 20○○. ○. ○.부터 현재까지 처와 중고등
학교에 재학 중인 자녀 2명과 같이 거주하고 있어 주거가 일정하다고 판단된다.

－도망하거나 도망할 염려 여부

　　피의자는 경찰의 출석요구에 불응하지 않아 그때마다 응하여 조사를 받았다. 또
피의자가 가족들의 모든 생활비를 부담하고 있어 피의자가 아니면 가족을 부양
할 사람이 없다. 따라서 가족을 두고 도망할 염려가 없다고 볼 수 있다.

－증거인멸 염려 여부

　　피의자는 모든 범죄사실을 자백하였으며, 혐의와 관련된 증거도 압수수색과정에
서 모두 확보되어 인멸할 증거가 없다.

－기타

　　피의자는 범행을 뉘우치고 피해자와 합의를 위해 ○○방법으로 노력하고 있다.

ｏ종합의견

　　피의자에 대한 범죄혐의는 상당하다고 볼 수 있으나 구속할 만한 사유가 없어
불구속 상태로 수사하고자 합니다.

II. 수사결과보고 작성예시

○ ○ 경 찰 서

제○○-○○호

수신 : 경찰서장　　　　　　　　　　　　　　　　　　　20○○. 8. 30.

참조 : 수사과장

제목 : **수사결과보고**

　　○○ 피의사건에 관하여 다음과 같이 수사하였기에 결과보고 합니다.

1. 피의자 인적사항

　1) 홍 길 동 (洪 吉 童). 농업

　　주민등록번호 :

　　주　　　거 :

　　등록기준지 :

　2) 김 길 동 (金 吉 童). 고물상업

　　　　주민등록번호 :
　　　　주　　　　거 :
　　　　등록기준지 :

2. 범죄경력자료
　　20○○. 3. 6.　　　　○○법원　　　　사기　　　　　　벌금 100만원

3. 범죄사실의 요지
　　가. 피의자들의 공동범행
　　　1). 사　기
　　　　피의자들은 20○○. 6. 2. ○○에서 …하였다.
　　　2). 횡　령

　　나. 피의자 홍길동
　　　　피의자는 20○○. 5. 2. ○○에서 …하였다.

4. 적용법조
　　피의자들의 행위 중 … 형법 제347조 제1항

5. 증거관계

6. 수사결과 및 의견

"가 항" 관련

◦ 피의자 홍길동 행위에 대해
　　- 피의자 홍길동은
　　　… 주장하고
　　- 참고인 김말자(홍길동의 내연녀)
　　　…
　　- 종합한바
　　　… 등으로 보아 범죄혐의 인정되어 기소

◦ 피의자 김길동 행위에 대해
　　- 피의자 김길동은
　　　… 주장하고
　　- 위 홍길동의 설시 의견 내용과 같은 사유로 기소

"나 항" 관련
 - 피의자 홍길동은
   …라 주장한다.
 - 공범인 김길동은
   …라 진술한다.
 - 국립과학수사연구원 감정 결과
   고소인이 제출한 등기부등본(기록 제23쪽), 차용증(기록 제40쪽)은 국립과학수사연구원에 감정의뢰 한바 고소인의 성명 부분이 피의자의 필체로 위조되었다는 감정 결과(기록 제80쪽)
  - 종합한바
   피의자의 자백, 고소인의 진술, 국립과학수사연구원의 문서 감정 결과 등으로 보아 범죄혐의 인정되어 기소

7. 신병관계
 ○ 피의자 홍길동에 대해
 - 변제의사와 능력
   피의자는 고소인에게 돈을 빌릴 당시 ○○은행에 대출금 5,000만 원, 김말자에게 사채 3,000만 원과 현재 사는 주택이 피의자 명의로 되어 있으나 ○○은행에서 5,000만 원 담보설정이 되어 범행 당시 이미 법원경매 진행 중인 등으로 보아 피의자는 차용 당시 고소인의 돈을 변제의사와 능력이 있다고 볼 수 없다.
 - 주거부정
  피의자는 주소지를 ○○에 두고 있으나 그곳은 甲이 살고 있고 피의자는 위장전입신고만 되어 있을 뿐이고 ○○에서 ○○일을 하다 검거되어 일정한 주거가 있다 볼 수 없다.
 - 도망 및 증거인멸 염려
   피의자는 그동안 소재불명으로 기소중지 중에 검거되어 다시 도망할 염려가 있고, 범행 일부를 부인하고 중요참고인인 ○○○의 소재가 불명(또는 고소인들이 다수로)하여 이들이 번복 진술케 할 우려가 있는 등 증거인멸의 염려가 있다.
 - 위와 같은 사유로 구속수사

 ○ 피의자 김길동에 대해
   대부분의 범행을 자백하고, 현재 ○○에 직장을 두고 있으며 주소에 가족들과 같이 사는 등 도망 및 증거인멸의 염려 없어 불구속
   각각 처리하고자 합니다.

8. 수사참여경찰관

제2절 수사결과 통지

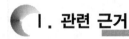 **Ⅰ. 관련 근거**

1. 형사소송법

> **제245조의5(사법경찰관의 사건송치 등)** 사법경찰관은 고소·고발 사건을 포함하여 범죄를 수사한 때에 는 다음 각 호의 구분에 따른다.
>
> 1. 범죄의 혐의가 있다고 인정되는 경우에는 지체 없이 검사에게 사건을 송치하고, 관계 서류와 증거물을 검사에게 송부하여야 한다.
> 2. 그 밖의 경우에는 그 이유를 명시한 서면과 함께 관계 서류와 증거물을 지체 없이 검사에게 송부하여야 한다. 이 경우 검사는 송부받은 날부터 90일 이내에 사법경찰관에게 반환하여야 한다.
>
> **제245조의6(고소인 등에 대한 송부통지)** 사법경찰관은 제245조의5제2호의 경우에는 그 송부한 날부터 7일 이내에 서면으로 고소인·고발인·피해자 또는 그 법정대리인(피해자가 사망한 경우에는 그 배우자·직계친족·형제자매를 포함한다)에게 사건을 검사에게 송치하지 아니하는 취지와 그 이유를 통지하여야 한다.
>
> **제245조의7(고소인 등의 이의신청)** ① 제245조의6의 통지를 받은 사람(고발인을 제외한다)은 해당 사법경찰관의 소속 관서의 장에게 이의를 신청할 수 있다.
>
> ② 사법경찰관은 제1항의 신청이 있는 때에는 지체 없이 검사에게 사건을 송치하고 관계 서류와 증거물을 송부하여야 하며, 처리결과와 그 이유를 제1항의 신청인에게 통지하여야 한다.
>
> **제245조의8(재수사요청 등)** ① 검사는 제245조의5제2호의 경우에 사법경찰관이 사건을 송치하지 아니한 것이 위법 또는 부당한 때에는 그 이유를 문서로 명시하여 사법경찰관에게 재수사를 요청할 수 있다.
>
> ② 사법경찰관은 제1항의 요청이 있는 때에는 사건을 재수사하여야 한다.

2. 검사와 사법경찰관의 상호협력과 일반적 수사준칙에 관한 규정

> **제53조(수사 결과의 통지)** ① 검사 또는 사법경찰관은 제51조 또는 제52조에 따른 결정을 한 경우에는 그 내용을 고소인·고발인·피해자 또는 그 법정대리인(피해자가 사망한 경우에는 그 배우자·직계친족·형제자매를 포함한다. 이하 "고소인등"이라 한다)과 피의자에게 통지해야 한다. 다만, 다음 각 호의 어느 하나에 해당하는 경우에는 고소인등에게만 통지한다.
>
> 1. 제51조제1항제4호가목에 따른 피의자중지 결정 또는 제52조제1항제3호에 따른 기소중지 결정을 한 경우
> 2. 제51조제1항제5호 또는 제52조제1항제7호에 따른 이송(법 제256조에 따른 송치는 제외한다) 결정을 한 경우로서 검사 또는 사법경찰관이 해당 피의자에 대해 출석요구 또는 제16조제1항 각 호의 어느 하나에 해당하는 행위를 하지 않은 경우
>
> ② 고소인등은 법 제245조의6에 따른 통지를 받지 못한 경우 사법경찰관에게 불송치 통지서로 통지해 줄 것을 요구할 수 있다.
>
> ③ 제1항에 따른 통지의 구체적인 방법·절차 등은 법무부장관, 경찰청장 또는 해양경찰청장이 정한다.
>
> **제54조(수사중지 결정에 대한 이의제기 등)** ① 제53조에 따라 사법경찰관으로부터 제51조제1항제4호에 따른 수사중지 결정의 통지를 받은 사람은 해당 사법경찰관이 소속된 바로 위 상급경찰관서의 장에게 이의를 제기할 수 있다.
>
> ② 제1항에 따른 이의제기의 절차·방법 및 처리 등에 관하여 필요한 사항은 경찰청장 또는 해양경찰청장이 정한다.

③ 제1항에 따른 통지를 받은 사람은 해당 수사중지 결정이 법령위반, 인권침해 또는 현저한 수사권 남용이라고 의심되는 경우 검사에게 법 제197조의3제1항에 따른 신고를 할 수 있다.

④ 사법경찰관은 제53조에 따라 고소인등에게 제51조제1항제4호에 따른 수사중지 결정의 통지를 할 때에는 제3항에 따라 신고할 수 있다는 사실을 함께 고지해야 한다.

3. 경찰수사규칙

제97조(수사 결과의 통지) ① 사법경찰관은 수사준칙 제53조에 따라 피의자와 고소인등에게 수사 결과를 통지하는 경우에는 사건을 송치하거나 사건기록을 송부한 날부터 7일 이내에 해야 한다. 다만, 피의자나 고소인등의 연락처를 모르거나 소재가 확인되지 않는 경우에는 연락처나 소재를 안 날부터 7일 이내에 통지를 해야 한다.

② 제1항의 통지(법 제245조의6에 따른 고소인등에 대한 불송치 통지는 제외한다)는 서면, 전화, 팩스, 전자우편, 문자메시지 등 피의자나 고소인등이 요청한 방법으로 할 수 있으며, 별도로 요청한 방법이 없는 경우에는 서면으로 한다. 이 경우 서면으로 하는 통지는 별지 제100호서식부터 별지 제102호서식까지의 수사결과 통지서에 따른다.

③ 법 제245조의6에 따른 고소인등에 대한 불송치 통지는 별지 제103호서식의 수사결과 통지서에 따른다.

④ 사법경찰관은 서면으로 통지한 경우에는 그 사본을, 그 외의 방법으로 통지한 경우에는 그 취지를 적은 서면을 사건기록에 편철해야 한다.

⑤ 수사준칙 제53조제2항에 따른 고소인등의 통지 요구는 별지 제104호서식의 불송치 통지요구서에 따른다.

⑥ 사법경찰관은 고소인, 고발인 또는 피의자가 불송치 결정에 관한 사실증명을 청구한 경우에는 지체 없이 별지 제105호서식 또는 별지 제106호서식의 불송치 결정 증명서를 발급해야 한다.

⑦ 사법경찰관은 고소인등에게 수사중지 결정의 통지를 하는 경우에는 수사준칙 제54조제3항에 따라 검사에게 신고할 수 있다는 내용을 통지서에 기재해야 한다.

II. 통지대상

고소인·고발인·피해자 또는 그 법정대리인(피해자가 사망하였을 때 그 배우자·직계친족·형제자매)과 피의자

III. 통지 시기 및 내용

1. 사건 초기

가. 형사 절차 개요 설명, 담당수사관 성명 및 연락처

　담당수사관 성명, 연락처 등이 기재된 명함 제작 활용

나. 피해자구조금 지급 절차, 법률구조공단 및 인근 피해자지원 단체 이용 안내 등 피해보상에 도움이 되는 사항

　관서별 주요 최종 형사 절차 및 피해자 보호 안내문(판) 비치 활용

2. 진행 단계

피해자 등이 사건 진행단계에서도 통지를 요청하거나 요청이 없더라도 피해회복에 필요하다고 인정되는 사항(피의자 구속·석방, 중요증거 발견)

3. 종결 단계

가. 사건을 송치하거나 사건기록을 송부한 날로부터 7일 이내

나. 피의자나 고소인등의 연락처를 모르거나 소재가 확인되지 않을 때는 연락처나 소재를 안 날로부터 7일 이내

IV. 통지방법 및 기록유지

1. 통지방법

가. 피해 신고로 접수한 경우
피해신고서에 작성 기재한 방법

나. 고소·고발장을 접수 수사하는 경우
접수 또는 보충 조서작성 시 원하는 통지방법

다. 피해신고서 등이 작성 안 된 경우(인지 사건 등)

① 사건 초기 담당수사관 성명 및 연락처 전화 등을 알려 주면서 통지방법을 확인하여 통지

② 다만, 피해자 등과 연락 또는 의사 확인이 안 되는 경우는 피해자 등의 비밀보호 및 배려 차원에서 사건 유형에 따라 적절한 방법을 선택하되, 불가피한 때에는 통지 생략

2. 기록유지

가. 피해자등 통지관리표를 사건기록에 편철 작성 관리
피해자 인적사항 등 기본사항 외 통지 일시, 방법, 주요내용, 대상자 등을 기재

나. 구두 통지를 했을 때는 비고란에 동석자 성명 및 특이정황 등을 기재하고
등기 우편, 전화, 문자메시지, 모사전송, 이메일로 통지한 때에는 등기수령증 번호 또는 통신매체별 송부일시 및 해당 번호 등을 비고란에 기재

3. 명예훼손 등 주의

수사결과를 통지할 때는 해당 사건의 피의자 또는 사건관계인의 명예나 권리 등이 부당하게 침해되지 않도록 주의해야 한다.

○ ○ 경 찰 서

제 호   20○○.○.○.

수 신 : 귀하

제 목 : 수사결과 통지서(고소인등·송치 등)

귀하와 관련된 사건에 대하여 다음과 같이 결정하였음을 알려드립니다.

접 수 일 시	. . .	사 건 번 호	0000-000000
죄 명			
결 정 일			
결 정 종 류	1. 송 치 ( ) : 송치관서명(☎:) 2. 이 송 ( ) : 이송관서명(☎:) 3. 수사중지 ( )		
주 요 내 용			
담 당 팀 장	○○과 ○○팀 경○ ○○○		☎ 02-0000-0000

※ 범죄피해자 권리 보호를 위한 각종 제도

◦ 범죄피해자 구조 신청제도(범죄피해자보호법)
  – 관할지방검찰청 범죄피해자지원센터에 신청
◦ 의사상자예우 등에 관한 제도(의사상자예우에관한법률)
  – 보건복지부 및 관할 자치단체 사회복지과에 신청
◦ 범죄행위의 피해에 대한 손해배상명령(소송촉진등에관한특례법)
  – 각급법원에 신청, 형사재판과정에서 민사손해배상까지 청구 가능
◦ 가정폭력·성폭력 피해자 보호 및 구조
  – 여성 긴급전화(국번없이 1366), 아동보호 전문기관(1577-1391) 등
◦ 무보험 차량 교통사고 뺑소니 피해자 구조제도(자동차손해배상보장법)
  – 동부화재, 삼성화재 등 자동차 보험회사에 청구
◦ 국민건강보험제도를 이용한 피해자 구조제도
  – 국민건강보험공단 급여관리실, 지역별 공단지부에 문의
◦ 법률구조공단의 법률구조제도(국번없이 132 또는 공단 지부·출장소)
  – 범죄피해자에 대한 무료법률구조(손해배상청구, 배상명령신청 소송대리 등)
◦ 범죄피해자지원센터(국번없이 1577-1295)
  – 피해자나 가족, 유족등에 대한 전화상담 및 면접상담 등
◦ 국민권익위원회의 고충민원 접수제도
  – 국민신문고 www.epeople.go.kr, 정부민원안내콜센터 국번없이 110
◦ 국민인권위원회의 진정 접수제도
  – www.humanrights.go.kr, 국번없이 1331
◦ 수사 심의신청 제도(경찰민원콜센터 국번없이 182)
  – 수사과정 및 결과에 이의가 있는 경우, 관할 시도경찰청 「수사심의계」에 심의신청
◦ 수사중지 결정 이의제기 제도
  – 수사중지 결정에 이의가 있는 경우, 해당 사법경찰관의 소속 상급 경찰관서의 장에게 이의제기
  – 법령위반, 인권침해 또는 현저한 수사권 남용이라고 의심되는 경우, 관할 지방검찰청 검사에게 신고 가능

○ ○ 경 찰 서 장

○ ○ 경 찰 서

제 호   20○○.○.○.

수 신 : 귀하

제 목 : 수사결과 통지서(피의자·송치 등)

귀하와 관련된 사건에 대하여 다음과 같이 결정하였음을 알려드립니다.

접 수 일 시	. . .	사 건 번 호	0000-000000
죄 명			
결 정 일			
결 정 종 류	1. 송 치 ( ) : 송치관서명(☎:) 2. 이 송 ( ) : 이송관서명(☎:) 3. 수사중지 ( )		
주 요 내 용			
담 당 팀 장	○○과 ○○팀 경○ ○○○		☎ 02-0000-0000

※ 권리 보호를 위한 각종 제도

◦ 국민권익위원회의 고충민원 접수제도

  – 국민신문고 www.epeople.go.kr, 정부민원안내콜센터 국번없이 110

◦ 국민인권위원회의 진정 접수제도

  – www.humanrights.go.kr, 국번없이 1331

◦ 수사 심의신청 제도(경찰민원콜센터 국번없이 182)

  – 수사과정 및 결과에 이의가 있는 경우, 관할 시도경찰청 「수사심의계」에
    심의신청

◦ 수사중지 결정 이의제기 제도

  – 수사중지 결정에 이의가 있는 경우, 해당 사법경찰관의 소속 상급 경찰관서의
    장에게 이의제기

  – 법령위반, 인권침해 또는 현저한 수사권 남용이라고 의심되는 경우, 관할 지방검찰청
    검사에게 신고 가능

○ ○ 경 찰 서 장

제2장 송치결정서 작성

제1절 송치절차

I. 법적근거

1. 형사소송법

> **제245조의5(사법경찰관의 사건송치 등)** 사법경찰관은 고소·고발 사건을 포함하여 범죄를 수사한 때에는 다음 각 호의 구분에 따른다.
> 1. 범죄의 혐의가 있다고 인정되는 경우에는 지체 없이 검사에게 사건을 송치하고, 관계 서류와 증거물을 검사에게 송부하여야 한다.
> 2. 그 밖의 경우에는 그 이유를 명시한 서면과 함께 관계 서류와 증거물을 지체 없이 검사에게 송부하여야 한다. 이 경우 검사는 송부받은 날부터 90일 이내에 사법경찰관에게 반환하여야 한다.
>
> **제245조의6(고소인 등에 대한 송부통지)** 사법경찰관은 제245조의5제2호의 경우에는 그 송부한 날부터 7일 이내에 서면으로 고소인·고발인·피해자 또는 그 법정대리인(피해자가 사망한 경우에는 그 배우자·직계친족·형제자매를 포함한다)에게 사건을 검사에게 송치하지 아니하는 취지와 그 이유를 통지하여야 한다.
>
> **제245조의7(고소인 등의 이의신청)** ① 제245조의6의 통지를 받은 사람(고발인을 제외한다)은 해당 사법경찰관의 소속 관서의 장에게 이의를 신청할 수 있다.
> ② 사법경찰관은 제1항의 신청이 있는 때에는 지체 없이 검사에게 사건을 송치하고 관계 서류와 증거물을 송부하여야 하며, 처리결과와 그 이유를 제1항의 신청인에게 통지하여야 한다.
>
> **제245조의8(재수사요청 등)** ① 검사는 제245조의5제2호의 경우에 사법경찰관이 사건을 송치하지 아니한 것이 위법 또는 부당한 때에는 그 이유를 문서로 명시하여 사법경찰관에게 재수사를 요청할 수 있다.
> ② 사법경찰관은 제1항의 요청이 있는 때에는 사건을 재수사하여야 한다.

2. 검사와 사법경찰관의 상호협력과 일반적 수사준칙에 관한 규정

> **제58조(사법경찰관의 사건송치)** ① 사법경찰관은 관계 법령에 따라 검사에게 사건을 송치할 때에는 송치의 이유와 범위를 적은 송치 결정서와 압수물 총목록, 기록목록, 범죄경력 조회 회보서, 수사경력 조회 회보서 등 관계 서류와 증거물을 함께 송부해야 한다.
> ② 사법경찰관은 피의자 또는 참고인에 대한 조사과정을 영상녹화한 경우에는 해당 영상녹화물을 봉인한 후 검사에게 사건을 송치할 때 봉인된 영상녹화물의 종류와 개수를 표시하여 사건기록과 함께 송부해야 한다.
> ③ 사법경찰관은 사건을 송치한 후에 새로운 증거물, 서류 및 그 밖의 자료를 추가로 송부할 때에는 이전에 송치한 사건명, 송치 연월일, 피의자의 성명과 추가로 송부하는 서류 및 증거물 등을 적은 추가 송부서를 첨부해야 한다.

3. 경찰수사규칙

제103조(송치 서류) ① 수사준칙 제58조제1항에 따른 송치 결정서는 별지 제114호서식에 따르고, 압수물 총목록은 별지 제115호서식에 따르며, 기록목록은 별지 제116호서식에 따른다.
② 송치 서류는 다음 순서에 따라 편철한다.
  1. 별지 제117호서식의 사건송치서
  2. 압수물 총목록
  3. 법 제198조제3항에 따라 작성된 서류 또는 물건 전부를 적은 기록목록
  4. 송치 결정서
  5. 그 밖의 서류
③ 수사준칙 제58조에 따라 사건을 송치하는 경우에는 소속경찰관서장 또는 소속수사부서장의 명의로 한다.
④ 제1항의 송치 결정서는 사법경찰관이 작성해야 한다.

II. 내 용

1. 사법경찰관이 수사를 종결하였을 때에는 범죄혐의가 인정된 경우에만 관할 지방검찰청검사장 또는 지청장에게 송치하고, 그 밖의 경우에는 그 이유를 명시한 서면과 함께 관계서류와 증거물을 검사에게 송부하여야 한다.

2. 사건을 송치할 때에는 수사서류에 사건송치서·압수물총목록·기록목록·의견서·범죄경력조회회보서 및 수사경력조회회보서 등 필요한 서류를 첨부하여야 한다.

3. 송치 서류는 다음 순서에 따라 편철하여야 한다.
   ① 사건송치서
   ② 압수물 총목록(있을 경우)
   ③ 기록목록
   ④ 송치결정서
   ⑤ 그 밖의 서류

4. 압수물총목록, 기록목록, 송치결정서의 서류에는 송치인(사법경찰관)이 직접 간인을 하여야 한다.

5. 송치결정서에는 장마다 면수를 기입하돼, 1장으로 이루어진 때에는 1로 표시하고, 2장 이상으로 이루어진 때에는 1-1, 1-2, 1-3 등으로 표시하여야 한다.

6. 기타의 서류는 접수 또는 작성한 순서에 따라 편철하고, 장마다 면수를 표시하되, 2부터 시작하여 순서대로 부여하여야 한다.

7. 사법경찰관이 귀중품(통화 및 유가증권을 제외한다)을 송치하는 경우에는 감정서 3부를 첨부하여야 한다.

8. 통신제한조치를 집행한 사건의 송치 시에는 수사기록표지 증거품 란에 "통신제한조치"라고 표기하고 통신 제한조치집행으로 취득한 물건은 수사담당 경찰관이 직접 압수물송치에 준하여 송치하여야 한다.

제2절 사건송치서 작성

○ ○ 경 찰 서

제   호   20○○. ○. ○.
수 신 : ○○지방검찰청장
제 목 : 사 건 송 치 서
다음 사건을 송치합니다.

피 의 자	지문원지 작성번호	구속영장 청구번호	피 의 자 원표번호	통신사실 청구번호
불구속 홍 길 동 (洪 吉 童)				
죄 명	가. 사 기 나. 절 도			
수사단서	고소(취소), 인지			
사건번호				
체포구속	20○○ 년 ○ 월 ○ 일			
석 방	20○○ 년 ○ 월 ○ 일			
결 정 일	20○○ 년 ○ 월 ○ 일			
결정근거				
증 거 품				
비 고				

○ ○ 경 찰 서 장

1. 피의자 표시

가. 피의자 표시는 1, 2, 3, 의 숫자로, 죄명 표시는 가, 나, 다 순으로 기재한다. 죄명이 수 개인 경우는 형의 중한 순서에 따라 성명 앞에 가, 나, 다로 표시한다.

나. 한글로 피의자의 성명을 기재한 후 ( )안에 한자를 함께 적어 별명, 이명, 가명이 있을 때는 함께 기재한다. 법인을 양벌규정으로 입건 시에는 등기부상의 법인 명칭을 정확히 기재한 후 ( )안에 대표이사의 성명을 함께 적는다.

✱ 등기부상에 "한국물산주식회사"로 되어 있는 것을 "한국물산(주), (주)한국물산, 주식회사한국물산"으로 표기하여서는 안 된다.

☞ 양벌규정의 기재 例

1. 홍 길 동 (洪 佶 東)
2. 한국물산주식회사 (대표이사 홍길동)

다. 외국인의 성명은 영어 발음의 가장 가까운 발음의 한글로 기재한 뒤 ( )안에 원어를 함께 적는다.

☞ 태 곤(Tae Gon)

2. 지문원지작성번호

가. 범죄혐의가 인정되어 기소의견으로 송치한 경우에만 작성한다. 다만 인지 사건의 경우에는 불기소 의견으로 송치하더라도 반드시 지문원지작성번호를 기재하여야 한다.

나. 특히 진정·탄원 사건을 인지하였다고 불기소 의견으로 송치한 경우 지문원지작성번호를 빠뜨리는 경우가 있는데 주의하여야 한다.

3. 구속영장 청구번호

구속영장을 신청하여 영장이 발부된 경우 검찰청의 청구번호를 기록한다.

4. 죄 명

가. 일반적 기재요령

① '가, 나, 다 '로 표기한다.

② 형법과 특별법 구분 없이 형량이 무거운 순으로 기재한다.

✱ 특별법이라고 먼저 기재하여야 하는 것이 절대 아님

例. 사기죄와 폭력행위 등 처벌에 관한 법률 위반(공동폭행)의 경우

죄 명	가. 사기 나. 폭력행위 등 처벌에 관한 법률 위반(공동폭행)

나. 형법범의 경우

① 대검찰청에서 작성한 형법 죄명표에 따라 기재한다.

② 예비(음모), 미수, 교사 방조의 경우 죄명 다음에 해당내용을 붙여 기재한다.

    ☞ 강도예비, 절도미수, 절도교사, 절도방조

다. 특별법의 경우

① 정확한 법의 명칭을 기재하고 "…법(법률) 위반"으로 표시한다.

    ☞ 폭력행위 등 처벌에 관한 법률 위반

② 예비(음모), 미수의 경우는 기재하지 아니한다.

③ 교사, 방조의 경우는 "…법(법률) 위반 교사(방조)"라고 기재한다. 단, 교사(방조)가 특별 구성요건으로 되어 있는 경우는 교사(방조)를 기재하지 아니한다.

    ☞ 식품위생법 위반 방조, 식품위생법 위반 교사

④ 특정범죄가중처벌 등에 관한 법률 등 일부 특별법의 경우 "공소장 및 불기소장에 기재할 죄명에 관한 예규"(부록 참조)에서 정하고 있는 죄명을 기재하여야 한다.

    ☞ 특정범죄가중처벌 등에 관한 법률 위반(뇌물)

5. 수사단서

가. 인지, 고소, 고발, 자수를 정확하게 기재하고 인지인 동시에 고소인 경우는 "인지, 고소"로 표시하여야 한다.

나. 취소 및 합의된 것은 "취소" 또는 "합의"라고 표시하여야 한다.

6. 사건번호

범죄접수번호를 기재한다.

7. 체포 구속

현행범체포, 긴급체포, 체포영장, 구속영장 등 체포·구속한 경우 작성한다.

8. 석 방

가. 현행범체포, 긴급체포, 체포영장, 구속영장 등 체포 · 구속하였다가 석방한 경우에만 작성한다.

나. 구속하여 검찰에 구속 송치한 경우에는 기재하지 않는다.

9. 결정일

송치결정서를 작성한 뒤 KICS에서 결정완료 버튼을 누른 날짜가 자동 현출된다.

10. 결정근거

KICS상 결정근거에서 송치 서류 선택하면 자동 현출된다.

11. 증거품

증 거 품	있 음 (가환부)

가. 증거가 있는 경우

"있음"이라고 기재하고 (   )안에 "첨부, 환부, 가환부, 보관, 폐기, 인계, 환가" 등 해당한 사항을 기록한다.

나. 통신제한조치를 집행한 사건의 송치 시에는 증거품 란에 "통신제한조치"라고 표기하고 통신제한조치 집행으로 취득한 물건은 압수물에 준하여 송부

12. 비 고

비 고	○○교도소 수감 중

가. 중요한 것만 기재한다.

　☞ 기소중지재기사건, 수배입력필, 인 · 허가관련통보필, ○○교도소 수감 중 등

나. 비고란에 기재사항이 많은 경우에는 별지를 사용하여도 무방하다.

다. 가정폭력사건 송치 시 비고란에 '가정폭력사건' 이라고 표시

라. 아동보호사건 송치 시 '아동보호사건

제3절 기록목록(압수물총목록)

 Ⅰ. 압수물총목록

1. 압수품이 있으면 반드시 압수물총목록을 작성하여야 한다. 압수물이 없으면 압수물 총목록을 작성할 필요가 없다.
2. 기록 면수에는 압수목록이 있는 기록 면수를 기재한다.
3. 비고란에는 압수물의 처리사항 즉, 가환부, 환부, 폐기, 보관, 첨부 등의 내용을 기재한다.

압 수 물 총 목 록				
연번	품 종	수 량	기록정수	비 고
1	일만원권지폐	3매	○○	가환부
2	○○○○ 5만원권 할부구매전표	1매	〃	〃
3	○○호텔 일만원권상품권	5매	〃	〃
4	○○은행 비자카드	1매	〃	첨부

II. 기록목록

1. 수사가 종결되면 사건을 송치하면서 기록목록을 작성하여야 한다.
2. 수사기관(경찰)에는 수사서류를 송치하면 송치서 사본만 남기 때문에 기록목록을 상세히 작성해 두지 않으면 필요시 참고자료로 사용하는 데 어려움이 있다. 특히 지명수배 사건의 경우에는 더욱 그러한가.
3. '진술자'란의 경우에는 조서의 경우 피조사자, 수사보고서 등의 경우는 작성경찰관, 기타서류의 경우에는 그 서류 작성자의 이름을 기재한다.
4. '작성연월일'은 그 조서나 문서가 작성된 실질적인 일자(제출일자가 아님)를 기재한다.
5. '면수'는 처음 시작한 쪽의 면수만 기재한다. 예를 들어 甲에 대한 진술조서가 7쪽에서부터 13쪽까지 있으면 처음 시작인 7쪽의 면수를 기재한다.
6. 의견서에는 장마다 면수를 기입하되, 1장으로 이루어진 때에는 1로 표시하고, 2장 이상으로 이루어진 때에는 1-1, 1-2, 1-3 등으로 표시한다. 그러기 때문에 기록목록에는 '1-3' 등 전체 면수를 기재한다.

기 록 목 록			
서 류 명	작성자(진술자)	작성연월일	면 수
송치결정서			1–3
기소중지자검거보고	○○경찰서	20○○. 1. 4	5
확인서	〃	〃	6
체포영장	○ ○ ○	20○○. 1. 7	7
사건송치사본	〃	20○○. 3. 3	8
피의자신문조서	〃	〃	11
수사결과보고	경감 김희곤	20○○. 4. 3	22

제4절 송치결정서 작성

대한민국 경찰
KOREAN NATIONAL POLICE

○○경찰서

20○○.○.○.

사건번호   호, 호

제 목   **송치결정서**

아래와 같이 송치 결정합니다.

Ⅰ. 피의자 인적사항
   홍 길 동 (洪 吉 童), 농업
   주민등록번호 :
   주   거 :
   등록기준지 :

Ⅱ. 범죄경력자료 및 수사경력자료

Ⅲ. 범죄사실

Ⅳ. 적용법조

Ⅴ. 증거관계

Ⅵ. 송치 결정 이유

○ ○ 경 찰 서

사법경찰관 경감 유 아 림

I. 송치 결정 이유

1. 일반적인 적성 요령

○ 다툼이 없이 인정되는 사실

○ 고소인 주장 + 부합 증거

○ 피의자 주장

○ 증거판단(피의자 주장 배척 이유)

○ 결 론

　피의자의 범죄혐의가 인정되어 송치(불구속)한다.

2. 특수한 경우

가. 형사소송법 제197조의3(시정조치요구 등)에 따라 송치한다.

나. 형사소송법 제197조의4(수사의 경합에 따라 송치한다.

다. 형사소송법 제198조의2(검사의 체포·구속장소감찰)에 따라 송치한다.

라. 형사소송법 제245조의7(고소인 등의 이의신청)에 따라 송치한다.

마. 검사와 사법경찰관의 상호협력과 일반적 수사준칙에 관한 규정 제66조(재정신청 접수에 따른 절차)에 따라 송치한다.

바. 검사와 사법경찰관의 상호협력과 일반적 수사준칙에 관한 규정 제64조(재수사 결과의 처리)에 따라 송치한다.

3. 필수적 송치 사유

　범죄혐의 유무와 상관없이 의무적으로 송치하여야 한다.

가. 가정폭력범죄의 처벌 등에 관한 특례법 제7조에 따라 송치한다.

나. 아동학대범죄의 처벌 등에 관한 특례법 제24조에 따라 송치한다.

제5절 추가 송부

Ⅰ. 근거법령

1. 검사와 사법경찰관의 상호협력과 일반적 수사준칙에 관한 규정

> 제58조(사법경찰관의 사건송치) ③ 사법경찰관은 사건을 송치한 후에 새로운 증거물, 서류 및 그 밖의 자료를 추가로 송부할 때에는 이전에 송치한 사건명, 송치 연월일, 피의자의 성명과 추가로 송부하는 서류 및 증거물 등을 적은 추가송부서를 첨부해야 한다.

2. 경찰수사규칙

> 제104조(추가송부) 수사준칙 제58조제3항에 따른 추가송부서는 별지 제118호서식에 따른다.

Ⅱ. 송치 결정 이유

1. 사건송치 후에 감정 결과회보서를 접수하였거나 조회 회답 또는 통보를 받았을 때, 고소취소장을 접수하였을 때 등 송치 후 검찰청으로 추가로 서류를 보낼 필요가 있을 때는 추가송부서를 작성하여 즉시 이를 관할검찰청에 보낸다.

2. 추가송부서는 2부를 작성하여 1부는 검찰청으로 송치하고 나머지 1부는 결재를 득한 후 이미 송치한 송치서 부본에 편철하도록 한다. 이때 부본에 편철한 추송서 사본에도 검찰에 송치한 모든 내용의 사본을 같이 편철하여야 한다.

○ ○ 경 찰 서

제   호   20○○. ○. ○.

수 신 : ○○지방검찰청장(검사 : 홍길동)

제 목 : **추가송부서**

　　　다음과 같이 추송합니다.

피 　 의 　 자	불구속　　홍 길 동 (洪吉童)
죄 　 　 　 명	사 기
송 치 (송 부) 일	20○○. ○. ○.
사 　 건 　 번 　 호	제○○○호
결 　 　 정 　 　 일	
추 가 송 부 서 류 및 　 증 　 거 　 품	감정결과회보서(국립과학수사연구원) 1매
비 　 　 　 　 고	

○ ○ 경 찰 서 장

제6절 법정송치

Ⅰ. 개 념

책임송치는 경찰이 책임 수사 후 범죄혐의가 있다고 판단 결정하여 사건을 검사에게 송치하는 것을 의미하고, 법정송치란 형사소송법, 대통령령 등에서 정한 일정 요건을 충족할 경우 경찰에게 사건송치 의무가 부여되는 것을 의미함

Ⅱ. 시정조치요구, 수사경합 등

1. 대 상

가. 시정조치 요구 (형소법 제197조의3 제6항)

나. 수사의 경합(형소법 제197조의4 제2항)

다. 체포·구속장소감찰(형소법 제198조의2 제2항)

라. 재정신청(대통령령 제66조 제2항)

2. 절 차

사건접수 → 입건 → 수사 중 검사의 송치요구 → 송치 결정 → 검찰송치

3. 수사서류 편철

사건송치서 → 기록목록(압수물총목록) → 송치결정서 → 그 밖의 서류

4. 통 지

송치한 날로부터 7일 이내 피의자, 고소인 등에게 통지

5. 송치 결정 이유(例)

가. 형사소송법 제197조의3(시정조치요구 등)에 따라 송치한다.

나. 형사소송법 제197조의4(수사의 경합)에 따라 송치한다.

다. 형사소송법 제198조의2(체포·구속장소감찰)에 따라 송치한다.

나. 검사와 사법경찰관의 상호협력과 일반적 수사준칙에 관한 규정 제66조(재정신청 접수에 따른 절차)에 따라 송치한다.

Ⅲ. 이의신청

1. 절 차

이의신청 접수 → 기존 불송치 결정 변경 → 송치 결정 → 검찰송치

2. 수사서류 편철

가. 기록이 검찰에 있을 때

사건송치서 → 기록목록(압수물총목록) → 송치결정서 → 이의신청서 → 통지서

나. 기록이 경찰에 있을 때

사건송치서 → 기록목록(압수물총목록) → 송치결정서 → 이의신청서 → 통지서
→ 사건기록 원본

3. 통 지

별도 규정된 기한은 없으나 사건송치서 작성 전 신청이 요청한 방법으로 통지

4. 송치 결정 이유(例)

형사소송법 제245조의7(고소인 등의 이의신청)에 따라 송치한다.

Ⅳ. 재수사 후 송치요구

1. 절 차

검사의 송치요구 → 기존 불송치 결정 변경 → 송치 결정 → 검찰송치

2. 수사서류 편철

사건송치서 → 기록목록(압수물총목록) → 송치결정서 → 재수사요청서 → 그 밖의 서류

3. 통 지

송치한 날로부터 7일 이내 피의자, 고소인 등에게 통지

4. 송치 결정 이유(例)

검사와 사법경찰관의 상호협력과 일반적 수사준칙에 관한 규정 제64조(재수사 결과의 처리) 제2항에 따라 송치한다.

V. 가정폭력, 아동보호 사건송치

1. 법적근거

가. 가정폭력범죄의 처벌 등에 관한 특례법

> 제7조(사법경찰관의 사건송치) 사법경찰관은 가정폭력범죄를 신속히 수사하여 사건을 검사에게 송치하여야 한다. 이 경우 사법경찰관은 해당 사건을 가정보호사건으로 처리하는 것이 적절한지에 관한 의견을 제시할 수 있다.

나. 아동학대범죄의 처벌 등에 관한 특례법

> 제24조(사법경찰관의 사건송치) 사법경찰관은 아동학대범죄를 신속히 수사하여 사건을 검사에게 송치하여야 한다. 이 경우 사법경찰관은 해당 사건을 아동보호사건으로 처리하는 것이 적절한 지에 관한 의견을 제시할 수 있다.

2. 절 차

가. 사건접수 → 입건 → 송치 결정 → 검찰송치

나. 범죄혐의 여부와 상관없이 모두 송치결정서에 결정내용 기재 후 송치
- 가정폭력범죄의 처벌 등에 관한 특례법 제7조에 따라 송치한다.
- 아동학대범죄의 처벌 등에 관한 특례법 제24조에 따라 송치한다.

3. 수사서류 편철

사건송치서 → 기록목록(압수물총목록) → 송치결정서 → 그 밖의 서류

4. 통 지

송치한 날로부터 7일 이내 피의자, 고소인 등에게 통지

5. 송치 결정 이유(例)

　가. 가정폭력범죄의 처벌 등에 관한 특례법 제7조에 따라 송치한다.

　나. 아동학대범죄의 처벌 등에 관한 특례법 제24조에 따라 송치한다.

Ⅵ. 즉결심판 청구 후 판사기각

1. 법적근거

> ※ 즉결심판에 관한 절차법
> **제5조(청구의 기각등)** ① 판사는 사건이 즉결심판을 할 수 없거나 즉결심판절차에 의하여 심판함이
> 적당하지 아니하다고 인정할 때에는 결정으로 즉결심판의 청구를 기각하여야 한다.
> ② 제1항의 결정이 있는 때에는 경찰서장은 지체없이 사건을 관할지방검찰청 또는 지청의 장에게 송
> 치하여야 한다.

2. 절 차

　사건접수 → 즉결심판 청구 → 판사기각 → 검찰송치

3. 수사서류 편철

　사건송치서 → 기록목록(압수물총목록) → 송치결정서 → 청구기각 판결문 → 그 밖
　의 서류

4. 통 지

　송치한 날로부터 7일 이내 피의자, 고소인 등에게 통지

5. 송치 결정 이유(例)

　가. 범죄혐의 인정 시

　　ㅇ 피의자의 범죄혐의 인정된다.

　　ㅇ 즉결심판에 관한 절차법 제5조 제2항에 따라 송치한다.

　나. 불송치 결정 사유에 해당한 경우

　　ㅇ 증거 불충분하여 혐의 없다.

　　ㅇ 즉결심판에 관한 절차법 제5조 제2항에 따라 송치한다.

VII. 소년보호사건

1. 법적근거

가. 소년법

제4조(보호의 대상과 송치 및 통고) ① 다음 각 호의 어느 하나에 해당하는 소년은 소년부의 보호사건으로 심리한다.
  1. 죄를 범한 소년
  2. 형벌 법령에 저촉되는 행위를 한 10세 이상 14세 미만인 소년
  3. 다음 각 목에 해당하는 사유가 있고 그의 성격이나 환경에 비추어 앞으로 형벌 법령에 저촉되는 행위를 할 우려가 있는 10세 이상인 소년
  가. 집단적으로 몰려다니며 주위 사람들에게 불안감을 조성하는 성벽(性癖)이 있는 것
  나. 정당한 이유 없이 가출하는 것
  다. 술을 마시고 소란을 피우거나 유해환경에 접하는 성벽이 있는 것
② 제1항제2호 및 제3호에 해당하는 소년이 있을 때에는 경찰서장은 직접 관할 소년부에 송치(送致)하여야 한다.

나. 경찰수사규칙

제107조(법원송치) ① 경찰서장은 「소년법」 제4조제2항에 따라 소년 보호사건을 법원에 송치하는 경우에는 별지 제121호서식의 소년 보호사건 송치서를 작성하여 사건기록에 편철하고 관계 서류와 증거물을 관할 가정법원 소년부 또는 지방법원 소년부에 송부해야 한다.
② 제1항의 송치 서류에 관하여는 제103조를 준용한다.

2. 절 차

사건접수 → 입건 → 송치 결정 → 검찰송치

3. 통 지

송치한 날로부터 7일 이내 피의자, 고소인 등에게 통지

4. 송치 결정 이유(例)

소년법 제4조 제2항에 따라 송치한다.

○○ 경 찰 서

제 호   20○○.○.○.

수 신 : ○○법원 소년부

제 목 : 소년 보호사건 송치서

다음과 같이 송치합니다.

비행소년	성 명		이명(별명)	
	생 년 월 일		직 업	
	등 록 기 준 지			
	주 거			
	학 교		담임	
	보호자	성 명		관계	
		주민등록번호		연령	
		주 거			
		전 화		핸 드 폰	
비 행 사 건 명				
발 각 원 인				
동 행 여 부				
증 거 품				
비 고				

○○ 경 찰 서

사법경찰관 경감 유 아 림

비 행 사 실 (일시· 장소· 동가· 방법· 피해액)	
결 정 일	
결 정 주 문	<div align="right">*직위(계· 팀장)*</div>

제7절 병존사건의 분리송치

Ⅰ. 근거법령

1. 검사와 사법경찰관의 상호협력과 일반적 수사준칙에 관한 규정

> 제51조(사법경찰관의 결정) ② 사법경찰관은 하나의 사건 중 피의자가 여러 사람이거나 피의사실이 여러 개인 경우로서 분리하여 결정할 필요가 있는 경우 그중 일부에 대해 제1항 각 호의 결정을 할 수 있다.
>
> 제56조(사건기록의 등본) ① 검사 또는 사법경찰관은 사건 관계 서류와 증거물을 분리하여 송부하거나 반환할 필요가 있으나 해당 서류와 증거물의 분리가 불가능하거나 현저히 곤란한 경우에는 그 서류와 증거물을 등사하여 송부하거나 반환할 수 있다.
>
> ② 검사 또는 사법경찰관은 제45조제1항, 이 조 제1항 등에 따라 사건기록 등본을 송부받은 경우 이를 다른 목적으로 사용할 수 없으며, 다른 법령에 특별한 규정이 있는 경우를 제외하고는 그 사용 목적을 위한 기간이 경과한 때에 즉시 이를 반환하거나 폐기해야 한다.

2. 경찰수사규칙

> 제110조(일부 결정 시 조치 등) ① 하나의 사건에 수사준칙 제51조제1항제2호부터 제4호까지의 규정에 따른 검찰송치, 불송치 및 수사중지 결정이 병존하는 병존사건의 경우 사법경찰관은 기록을 분리하여 송치 및 송부하도록 노력해야 한다.
>
> ② 제1항에도 불구하고 기록을 분리할 수 없는 경우에 사법경찰관은 관계 서류와 증거물을 원본과 다름이 없음을 인증하여 등사 보관하고 송치 결정서, 불송치 결정서 및 수사중지 결정서를 작성하여 그 결정서별로 압수물 총목록과 기록목록 등을 첨부한 후 각 별책으로 편철하여 관계 서류와 증거물 원본과 함께 검사에게 송치 및 송부한다.
>
> ③ 검사가 제2항에 따라 송치 및 송부된 사건을 공소제기(수사준칙 제52조제1항제7호에 따른 이송 중 타 기관 이송 및 같은 항 제8호부터 제11호까지의 규정에 따른 사건송치 결정을 포함한다)한 이후, 사법경찰관이 고소인등의 이의신청에 따라 사건을 송치하거나 수사중지 사건을 재개수사하여 송치 또는 송부할 때에는 추가된 새로운 증거물, 관계 서류와 함께 제2항의 관계 서류와 증거물 등본 중 관련 부분을 검사에게 송부해야 한다. 다만, 고소인등의 이의신청이나 수사중지 사건의 재개에 따라 불송치하거나 수사중지 결정한 부분을 모두 송치 또는 송부하는 경우에는 등본 전체를 검사에게 송부해야 한다.

II. 절 차

1. 기록 분리

가. 가급적 기록을 분리하여 결정별로 사건접수가 바람직

나. 유사사건을 생성하여 결정별로 기록 생성 후 송치/송부하는 것도 가능

2. 병존사건 통지

송치/수사중지 결정통지와 불송치 결정통지 모두 이행

3. 기록(사건) 분리 가능여부의 판단

가. 가능 여부 판단기준

사건의 죄명, 피의자 수, 다수의 범죄사실 간 직접 관련성, 혐의인정 유무 및 수배 여부, 공범 관계, 기소권과 재판관할권 등을 고려하여 사건별로 개별/구체적으로 판단

나. 기록 분리 가능한 사건

① 각기 다른 행위로 다수의 피해자가 있는 경우

② 구속 사건으로 기록 분리가 필요한 경우(기록 분리 필요)

③ 동일한 피의자 다수의 범죄사실에 관한 결정이 서로 다른 경우

다. 기록 분리 불가능한 사건

① 유사한 수법으로 행한 범죄행위로 다수의 피해자가 있는 경우

② 동일한 피해자에 대하여 유사한 수법으로 행한 다수의 범죄행위(포괄일죄) 중 혐의 유무에 관한 결정이 혼재된 경우

III. 기록 분리 가능한 병존사건

1. 처리절차

가. 결정별로 분리할 수 있는 기록은 분리하고, 분리할 수 없는 일부 기록은 등사하여 결정별 기록에 편철

나. KICS상 유사사건을 생성하여 결정별로 사건번호 생성하고 이후 처리는 결정(사건)별로 일반적인 사건 처리절차에 따름

2. 일부 등사의 범위와 방식

가. 범 위

① 기록(사건)을 분리하였을 때 원 사건기록과 분리한 사건기록 모두에 포함되어야 하는 기록들을 선별하여 일부 등사

② 원본이 하나만 존재하는 관계서류 및 증거물(고소장, 사건관계인 등이 제출한 서증, 조서 원본, 영장 원본 등)만 일부 등사

③ 수사보고서 등 KICS에 등재된 서류는 등사하지 않고, 전부 또는 일부를 출력하여 기록에 편철

④ 통신 및 계좌 등 자료가 방대한 수사 자료는 필요시 이를 정리한 자료와 수사보고서로 첨부하되, 원 데이터는 출력 또는 등사하지 않고 전자자료로 첨부

나. 방 식

① 해당 기록을 등사한 후 원본이 있는 기록과 원본이 없는 기옥 양쪽 모두에 사건기록 일부를 등사하였다는 내용 수사보고 작성 편철

② 기록을 분리하는 병존사건 처리절차는 사실상 결정별로 사건을 분리하는 것이므로 원 기록의 수사사항이 분리된 기록에 모두 등사되어야 하는 것은 아님

③ 기록 일부만 등사/편철되어도 결정(사건)별 혐의 유무를 뒷받침할 근거기록만 누락하지 않는 정도면 충분함

예, (수사보고서 작성)

1. 원본이 있는 기록에 편철할 수사기록

피의자 홍길동 외 0명에 대한 ○○사건의 기록 일부를 등사하여 유사사건(번호 ○○)의 기록에 편철하였기 보고합니다.

-피해자 갑이 제출한 ○○ 원본

-피의자 을이 제출한 ○○ 원본

2. 원본이 없는 기록에 편철할 수사기록

피의자 홍길동 외 0명에 대한 ○○사건(원 사건번호 : ○○)의 기록 일부를 등사하여 본 사건기록에 편철하였기 보고합니다.

다. 기록 편철

① 원본은 송치 결정을 한 사건기록에, 부본은 불송치결정을 할 사건기록에 편철

② 등사 대상의 기록이 송치 결정과 무관하게 불송치 결정의 근거에만 해당하는 경우에는 해당 결정사건의 수사기록에 원본 편철하고, 송치사건에 부본 편철

3. 사건 분리

가. 유사사건 생성

① 분리송치 사유로 유사사건을 생성하여 결정별로 기록 분리

② 불송치 사건기록 송부서의 참고사항에 원 사건의 유사사건임을 기재하고, 원 사건의 사건송치서에도 이를 기재

예,

1. 유사사건에서 불송치 사건기록 송부서 작성

이 사건은 피의자 홍길동 외 0명에 대한 ○○사건(사건번호 : ○○)에서 불송치 결정을 위해 기록을 분리한 유사사건임

2. 원 사건에서 사건송치서 작성

가. 피의자 1명의 일부 범죄 분리

이 사건 피의자의 범죄사실 중 일부에 대한 불송치 결정을 하기 위해 기록을 분리한 다음 유사사건(사건번호 : ○○)을 생성하여 처리함

나. 다수 피의자 중 일부 분리

이 사건 피의자 중 일부에 대한 불송치 결정을 하기 위해 기록을 분리한 다음 유사사건(사건번호 : ○○)을 생성하여 처리함

나. 이후 처리절차

일반적인 결정이 1개만 있는 사건(송치사건/불송치사건/수사중지사건)의 처리절차와 동일하게 진행

Ⅳ. 기록 분리 불가능한 병존사건

1. 처리절차

가. 경 찰

사건기록 등본(인증 등사)을 제작하여 경찰 보관, 원본은 검사에게 송치/송부

나. 검 찰

① 불송치는 90일, 수사중지는 30일간 기록검토 후 결정서 등만 일부 반환 가능

② 불송치/수사중지만 혼재된 병존사건의 경우 검사는 사건기록 원본을 반드시 반환

2. 송치/송부

가. 방 식

결정별로 송치(송부)서, 압수물총목록, 기록목록, 결정서를 별책으로 편철, 사건기록과 함께 송치/송부

나. 원본 기록의 작성과 편철

원본 기록은 송치 결정 사건기록에 불송치 결정 관련서류와 수사중지 결정 관련 서류를 별책으로 편철하여 검사에게 송치/송부(송치기록에 철끈 연결)

① 압수물 총목록 작성

송치/불송치/기소중지 결정에 편철되는 압수물총목록은 모두 동일하게 작성하여 편철

② 기록목록 작성

기존과 같이 작성/편철

③ 등사/보관

결정별 송치(송부)서, 압수물총목록, 기록목록, 송치결정서와 사건기록을 모두 등사하여 보관

④ 등 사

－일반사건기록 및 서증은 복사기를 사용하여 등사하여 편철

－유체물 증거 : 등사 불가능함으로 수사기록 원본에 포함된 유체물 증거의 사진 및 관련 내용 등을 기재한 수사보고 등을 등사하여 편철

－디지털 증거 : 혐의 사실 관련된 부분에 한해 복제하여 별도의 정보저장 매체에 보관

⑤ 인 증

사건기록 담당자는 등사 후 등본 첫 장에 원본과 다름이 없음을 인증하는 인증등본 증명표지(인증등본증명서)를 편철

※ 국가기록원 소장기록물 공개 및 열람 운영규정
제24조(기록물 사본의 원본확인 표시) 기록물의 사본 교부 시 신청자가 원본확인 표시를 요청할 경우에는 다음 어느 하나에 따라 원본확인 표시를 한다.
1. 원본 기록물로부터 복사하는 경우에는 복사물의 앞면 여백 또는 바로 뒷면에 [별지 제6호] 서식의 고무인 등을 날인하여 표시한다.
2. 마이크로필름 또는 광디스크로부터 기록물을 복사하는 경우에는 복사대상기록물의 시작과 끝부분에 [별지 제7호] 및 [별지 제8호] 서식의 내용을 삽입하여 표시한다.

---

⑥ 수사관의 보관

수사관은 검사의 기록검토 기간 인증등본을 보관하고 검사가 결정서 등 일부 반환하는 경우 인증등본 제일 앞에 편철

⑦ 등본기록 편철

검사가 일부 반환한 결정서 등 → 보관 중이던 등본 순으로 편철

3. 공소제기 후 이의신청과 수사중지 사건 재개에 따른 송치

가. 원 칙

전체 기록을 재등본(인증등사)하여 송부/송치

나. 예 외

기록이 방대하고 송치대상 피의자에 대한 일부 기록만 발췌 가능한 경우에는 관련 부분만 재등본하여 송부/송치

다. 다만,

불송치/수사중지 결정된 부분이 고소인 등의 이의신청, 수사중지 사건의 수사 재개에 따라 모두 송치/송부되는 경우에는 등본 전체를 검사에게 송부

4. 병존사건의 보완 수사요구/재수사요청 결과에 따른 후속 조치

가. 원 칙

병존사건 보완 수사, 재수사 시행 후 결과 통보

나. 결정 변경이 없는 경우

병존사건 보완 수사, 재수사 시행 후 결과 통보

다. 결정 변경이 있는 경우

KICS상 유사사건 생성하여 변경한 절차에 따라 송치/송부

① 송치 → 불송치

보완 수사결과 통보서에 기존 송치 결정을 취소한다는 내용 기재 → 유사사건 생성(수사결과보고, 불송치/수사중지 관련서류 작성) → 불송치 결정 절차 진행

② 불송치 → 송치

유사사건 생성(수사결과보고, 송치 관련서류 작성) → 송치 결정 절차 진행

5. 기록 송치/송부의 방식

가. 결정 변경이 없는 경우 : 보완 수사/재수사 시행 후 결과 통보

① 보완 수사요구 (결정) 이후 송치 결정을 유지하는 경우 원 병존 사건기록 중 송치기록 + 보완 수사기록을 편철하여 송부

② 재수사요청만을 받아 재수사 후 불송치 결정을 유지하는 경우 재수사기록 및 재수사결과서 작성하여 송부

나. 결정 변경이 있는 경우 : 변경한 결정의 절차에 따라 송치/송부

① 보완 수사요구 이후 송치 결정을 불송치 결정으로 변경하는 경우 불송치 관련 기록+ 보완 수사기록 + 원 병존사건 기록 중 송치기록 편철하여 첨부

② 재수사요청만을 받아 재수사 후 송치 결정으로 변경하는 경우 유지하는 경우 새로운 송치 결정기록을 작성하여 송부

인증등본 증명서

등사일시					
사건번호					
피 의 자	성 명	성별	연령	지문원지 작성번호	피 의 자 원표번호

죄 명	
결정주문	
결정일시	

편철내역	서 류	
	증거품	

이 기록이 제○○사건의 등본기록임을 증명함

사법경찰관(리) ○○ 홍 길 동

제3장 불송치 사건기록 작성

제1절 법적근거

1. 형사소송법

제245조의5(사법경찰관의 사건송치 등) 사법경찰관은 고소·고발 사건을 포함하여 범죄를 수사한 때에는 다음 각 호의 구분에 따른다.
1. 범죄의 혐의가 있다고 인정되는 경우에는 지체 없이 검사에게 사건을 송치하고, 관계 서류와 증거물을 검사에게 송부하여야 한다.
2. 그 밖의 경우에는 그 이유를 명시한 서면과 함께 관계 서류와 증거물을 지체 없이 검사에게 송부하여야 한다. 이 경우 검사는 송부받은 날부터 90일 이내에 사법경찰관에게 반환하여야 한다.

2. 검사와 사법경찰관의 상호협력과 일반적 수사준칙에 관한 규정

제51조(사법경찰관의 결정) ① 사법경찰관은 사건을 수사한 경우에는 다음 각 호의 구분에 따라 결정해야 한다.
  3. 불송치
   가. 혐의없음
    1) 범죄인정안됨
    2) 증거불충분
   나. 죄가안됨
   다. 공소권없음
   라. 각하

3. 경찰수사규칙

제108조(불송치 결정) ① 불송치 결정의 주문(主文)은 다음과 같이 한다.
  1. 혐의없음
  2. 죄가안됨
  3. 공소권없음
  4. 각하

제2절 불송치 유형

Ⅰ. 개 관

1. 관련 근거 (검찰사건사무규칙)

제115조(불기소결정) ① 검사가 사건을 불기소결정하는 경우에는 불기소 사건기록 및 불기소 결정서에 부수처분과 압수물처분을 기재하고, 불기소 결정서에 피의사실의 요지와 수사의 결과 및 공소를 제기하지 않는 이유를 적어야 한다. 다만, 간단하거나 정형적인 사건의 경우에는 불기소 사건기록 및 불기소 결정서(간이) 양식을 사용할 수 있다.

② 제1항의 불기소 사건기록 및 불기소 결정서를 작성하는 경우에는 다음 각 호의 방법으로 표시하되, 법정형이 중한 순으로 표시한다.

　1. 피의자: 1, 2, 3의 순
　2. 죄명: 가, 나, 다의 순

③ 불기소결정의 주문은 다음과 같이 한다.

　1. 기소유예: 피의사실이 인정되나 「형법」 제51조 각 호의 사항을 참작하여 소추할 필요가 없는 경우
　2. 혐의없음
　가. 혐의없음(범죄인정안됨): 피의사실이 범죄를 구성하지 않거나 피의사실이 인정되지 않는 경우
　나. 혐의없음(증거불충분) : 피의사실을 인정할 만한 충분한 증거가 없는 경우
　3. 죄가안됨: 피의사실이 범죄구성요건에는 해당하지만 법률상 범죄의 성립을 조각하는 사유가 있어 범죄를 구성하지 않는 경우
　4. 공소권없음: 다음 각 목의 어느 해당에 해당하는 경우
　가. 확정판결이 있는 경우
　나. 통고처분이 이행된 경우
　다. 「소년법」·가정폭력처벌법·성매매처벌법 또는 아동학대처벌법에 따른 보호처분이 확정된 경우 (보호처분이 취소되어 검찰에 송치된 경우는 제외한다)
　라. 사면이 있는 경우
　마. 공소의 시효가 완성된 경우
　바. 범죄 후 법령의 개정이나 폐지로 형이 폐지된 경우
　사. 법률에 따라 형이 면제된 경우
　아. 피의자에 관하여 재판권이 없는 경우
　자. 같은 사건에 관하여 이미 공소가 제기된 경우(공소를 취소한 경우를 포함한다. 다만, 공소를 취소한 후에 다른 중요한 증거를 발견한 경우는 포함되지 않는다)
　차. 친고죄 및 공무원의 고발이 있어야 논할 수 있는 죄의 경우에 고소 또는 고발이 없거나 그 고소 또는 고발이 무효 또는 취소된 경우
　카. 반의사불벌죄의 경우 처벌을 희망하지 않는 의사표시가 있거나 처벌을 희망하는 의사표시가 철회된 경우
　타. 피의자가 사망하거나 피의자인 법인이 존속하지 않게 된 경우

5. 각하

가. 고소 또는 고발이 있는 사건에 관하여 고소인 또는 고발인의 진술이나 고소장 또는 고발장에 의하여 제2호부터 제4호까지의 규정에 따른 사유에 해당함이 명백한 경우

나. 법 제224조, 제232조제2항 또는 제235조에 위반한 고소·고발의 경우

다. 같은 사건에 관하여 검사의 불기소결정이 있는 경우(새로이 중요한 증거가 발견되어 고소인, 고발인 또는 피해자가 그 사유를 소명한 경우는 제외한다)

라. 법 제223조, 제225조부터 제228조까지의 규정에 따른 고소권자가 아닌 자가 고소한 경우

마. 고소인 또는 고발인이 고소·고발장을 제출한 후 출석요구나 자료제출 등 혐의 확인을 위한 수사기관의 요청에 불응하거나 소재불명이 되는 등 고소·고발사실에 대한 수사를 개시·진행할 자료가 없는 경우

바. 고발이 진위 여부가 불분명한 언론 보도나 인터넷 등 정보통신망의 게시물, 익명의 제보, 고발 내용과 직접적인 관련이 없는 제3자로부터의 전문(傳聞)이나 풍문 또는 고발인의 추측만을 근거로 한 경우 등으로서 수사를 개시할만한 구체적인 사유나 정황이 충분하지 않은 경우

사. 고소·고발 사건(진정 또는 신고를 단서로 수사개시된 사건을 포함한다)의 사안의 경중 및 경위, 피해회복 및 처벌의사 여부, 고소인·고발인·피해자와 피고소인·피고발인·피의자와의 관계, 분쟁의 종국적 해결 여부 등을 고려할 때 수사 또는 소추에 관한 공공의 이익이 없거나 극히 적은 경우로서 수사를 개시·진행할 필요성이 인정되지 않는 경우

2. 일반사항

가. 불기소처분은 기판력이 발생하지 않으며 공소권이 소멸하는 것도 아니다.

나. 불기소 이유를 기재하면서 특히 주의하여야 할 점은 통상의 법률가라면 알고 있는 법률상 또는 법리상의 설명 문구는 필요하지 않는다는 것이다.

例, "사문서위조에서 문서란 실재인 명의의 문서임을 요한다할 것인바,"라든가, "친고죄에서는 범인을 알게 된 날로부터 6개월 이내에 고소하였을 때만 유효한 고소라고 할 것인바" 등 설명적인 문구는 쓸 필요가 없고, 바로 본건 문서가 허무인 명의로 작성되었다든지, 고소할 수 없는 불가항력의 사유없이 6개월이 경과된 뒤에 고소 제기되었다는 사실만을 적시함으로써 족한 것이다.

다. 형식적인 이유로 불기소하면서 서두에 "피의사실은 인정되나"와 같은 실체적인 판단을 기재한다거나, 기소중지와 같이 중간처분을 하면서 "피의사실은 인정되나"와 같은 종국적 판단을 기재하는 것은 그러한 처분의 성질에 어긋난다.

라. '혐의없음'이나 '기소유예'에 비하면 '죄가 안됨'이나 '공소권없음' 또는 '기소중지'의 이유는 간단한 것이 상례이며 각 이유의 요지만을 적시함으로써 충분하다.

II. 혐의없음

1. 사 유

가. 피의사실이 인정되지 아니하는 경우

① 피의사실이 피의자의 행위가 아닌 것이 명백한 경우

② 피의사실이 피의자의 행위인지 아닌지 명확하지 아니한 경우

③ 충분한 의심은 가나 피의자의 행위임을 인정할 증거가 없거나 그 증거가 불충분한 경우

나. 피의사실이 범죄의 구성요건에 해당하지 아니한 경우

① 어떤 사실 자체가 존재하는 것은 인정되나 그 사실이 법률상 범죄의 구성요건을 충족하지 못하는 경우

② 고의가 없는 행위

③ 과실범에 있어서 과실이 인정되지 아니한 경우

④ 행위와 결과 간에 인과관계가 없는 경우

⑤ 불가벌적 사후행위

⑥ 과태료처분사항

⑦ 지급제시기간 도과후의 수표 지급제시

⑧ 횡령죄 보관자의 지위

⑨ 배임죄에 있어서 타인의 사무를 처리하는 자

⑩ 사용절도 (형법 제331조의2 "자동차등불법사용죄"는 제외)

⑪ 임의동행 거부 폭행

⑫ 자백 외에 보강증거 없는 경우

2. 유의사항

가. 혐의없음 결정을 하기에 앞서 기록을 철저히 검토하고 수사에 미진한 점이 없는지 한 번 더 생각해 보아야 한다.

나. 혐의없음 처분하면서 송치 죄명에 한정하여 사건을 판단하여서는 아니 되며 송치 죄명 외 다른 범죄의 성립여부도 검토하여야 한다.

3. 판단의 과정 및 기재例

가. 범행 부인하며 부합 증거 있는 경우

- 피의자가 위 일시장소에서 말다툼한 사실은 인정된다.
- 피의자는
  범행을 부인하면서 피해자와 말다툼만 하였지 그를 구타하거나 콘크리트 바닥에 넘어지게 하여 다치게 한 사실은 전혀 없고 자신이 피해자와 말다툼을 하고 있을 때 피의자 甲과 乙이 갑자기 달려와 주먹으로 피해자의 얼굴을 때려 그를 콘크리트 바닥에 넘어지게 한 것이라 주장한다.
- 위 甲, 乙과 현장에 있었던 참고인 A, B도
  甲과 乙이 피해자를 밀어 넘어지게 하여 그의 머리를 다치게 하였으며 피의자는 이에 가담한 사실이 전혀 없다고 진술하고 있어 피의자의 변명에 각각 일치한다.
- 이에 반하여 참고인 C는,
  피의자도 위 甲, 乙과 같이 피해자를 구타하고 떠밀어 넘어지게 하였더라고 진술하고 있으나 그는 현장에서 약 60m 떨어진 곳에서 목격한 점에 비추어 그 진술 내용을 믿기 어렵다.
- 피해자는
  위 甲 등이 자신을 구타하고 넘어뜨릴 때 피의자도 현장에 있었지만, 피의자가 폭행에 가담하였는지는 경황 중이라 잘 모르겠다고 진술하고 있다.
- 종합한바
  피해자 및 위 C의 각각 진술만으로는 피의자의 범행을 인정하기에 부족하며, 달리 피의사실을 인정할 만한 충분한 증거 없으므로 불기소(혐의없음)

나. 범행 부인하며 부합 증거 있는 경우

- 피의자가 피의자 甲으로부터 절취품인 본건 금반지 1개를 1,000,000원에 매수한 사실은 인정된다.

- 피의자는

  범의를 부인하면서 전혀 모르는 사람인 위 甲이 위 일시경 피의자의 금방에 찾아와 사업상 자금이 필요하여 결혼반지인 본건 금반지를 도매가격으로 처분하고 싶다고 하므로 별 의심없이 통상의 경우처럼 주민등록증을 제시받아 이를 장부에 기재한 후 도매가격에 따라 이를 매수한 것이며 당시 장물이라고는 전혀 생각하지 못하였다고 주장하고 있다.

- 피의자 甲도

  대체로 피의자의 변명에 일치한다.

- 증거자료

  본건 기록 제○쪽에 편철된 도매가격명세표, 기록 제○쪽 이하에 편철된 거래장부 사본의 각 기재 내용을 종합하면 본건 금반지 매수대금이 당시 도매가격에 상당할 뿐만 아니라 본건 거래 당시 피의자는 위 甲의 주민등록증을 제시받아 이를 위 거래장부에 기재한 사실을 인정할 수 있어 피의자의 위 변명이 설득력 있다.

- 이에 반하여 위 甲의 공범인 피의자 乙은

  금은방 주인인 피의자가 본건 금반지를 매수하면서 장물이라는 정을 알았을 것이라고 주장하고 있으나 위 乙이 본건 금반지처분에 관여한 사실이 전혀 없다는 점을 감안하면 단지 추측에 불과한 진술이다.

- 고소인은

  피의자가 본건 금반지를 돌려주지 아니하여 고소하였을 뿐 피의자가 매수 당시 장물이라는 정을 알았는지 여부에 대하여는 모르겠다고 진술하고 있다.

- 종합한바

  위 乙 및 고소인의 각 진술만으로는 피의자가 장물이라는 정을 알면서 이를 매수하였다고 인정하기에 부족하며, 달리 이를 인정할 만한 증거없어 불기소(혐의없음)

다. 범행부인하며 부합 증거 있으나 반증 없는 경우

- 피의자는

  범행을 부인하면서 20○○. 10.경 직장동료인 홍길동의 주선으로 같은 회사 직원 10여 명과 함께 삼성 신용카드발급을 일괄하여 신청한 사실은 있으나 그 후 동 카드를 받은 사실이 없을 뿐만 아니라 신청한 사실도 잊어버리고 있었는데 갑자기 삼성 신용카드주식회사로부터 결제대금 1,200만원이 연체되었다고 통지가 온 것으로 피의자는 동 카드를 사용한 사실이 전혀 없다는 취지로 주장한다.

■ 위 홍길동의

진술도 피의자 주장 내용에 일부 일치한다.

■ 서증

기록 제○○쪽에 편철된 동인에 대한 여신전문금융업법 위반 등에 대한 공소장 사본의 기재 내용을 종합하면 위 홍길동이 피의자 명의의 신용카드를 보관하고 있다가 임의로 이를 사용하여 물품을 구입한 사실을 인정할 수 있어 피의자의 변명에 일치한다.

■ 종합한바

달리 피의자가 위 신용카드를 사용하였다고 인정할 만한 아무런 증거없어 불기소(혐의없음)

라. 범행부인하며 부합 증거 없는 경우

■ 피의자는

범행을 극구 부인하면서 위 일시경 피해자 경영의 삼성 전자제품대리점에 간 사실이 없으며 피해자의 비디오를 절취한 사실은 더더욱 없다고 변명하는바,

■ 참고인 甲

위 비디오의 도난 일시경 피의자로 보이는 자가 위 대리점 부근에서 서성거리고 있었다고 진술한다.

■ 결론적으로

당시는 야간이기 때문에 위 甲이 피의자의 얼굴을 제대로 보았다고 인정하기 어렵고 더욱이 위 비디오를 절취하는 것을 목격한 것은 아니어서 그 진술만으로는 본건 피의사실을 인정하기에 부족하며, 피의자의 동의하에 피의자의 집을 살펴보았지만, 피해자의 비디오를 찾을 수 없었고, 달리 피의사실을 인정할 만한 증거없어 불기소(혐의없음)

4. 구체적인 사안에 따른 기재例

가. 현금 차용사기

■ 피의자는

편취 범의를 부인하면서 20○○. 2. 10.경 고소인으로부터 2,000만원을 차용한

후인 20○○. 5. 10.경 피의자 소유의 어선 제35 흑산호에서 화재가 발생하여 이를 수습하는데 돈이 들어가 약정기일에 차용금을 변제하지 못하였지만 20○○. 6. 10. 500만원을 갚은 것을 비롯하여 3회에 걸쳐 1,000만원을 갚았으며 결코 차용금 명목으로 이를 편취한 것은 아니라고 주장한다.

■ 증거서류

기록 제○○쪽 이하 화재발생신고서 사본, 소훼된 선박 사진도 피의자의 변명에 일치한다.

■ 고소인도

위 금액 2,000만원 중 피의자가 변제 주장하는 1,000만원은 아니지만 950만원을 변제받은 사실을 인정하고 있으며 또한 본건 금전 거래 이전에도 여러 차례 피의자에게 돈을 빌려주었다가 약속대로 변제받은 적이 있다고 진술하고 있어 피의자의 변명과 상당부분 일치한다.

■ 종합한바

고소인의 일부 진술만으로는 민사책임은 별도로 하고 피의자에게 편취범의가 있었다고 인정하기에 부족하며 달리 이를 인정할 만한 뚜렷한 증거없어 불기소 (혐의없음)

나. 업무상과실치상(의료사고)

■ 피의자는

피해자가 10여 년 전 파라핀으로 코 높임 수술을 받았는데 부작용으로 제거수술을 받기 위해 찾아 왔을 때 파라핀은 완전 제거가 되지 않기 때문에 부작용이 수반될 수 있어도 시간이 흐르면 좋아진다고 고지한 후 수술하였고 수술 후 얼굴이 약간 부은 상태로 별다른 이상이 없었는데 피해자는 얼굴 부은 상태가 부작용이라고 주장하지만, 수술 전 부작용에 대한 충분한 고지와 수술 후에도 아무 이상이 없었다 주장한다.

■ 피해자도

다른 병원에서 치료를 받아 진단서를 제출하겠다고 한 후 이를 이행치 않으면서 수술비를 돌려받았기 때문에 고소를 취소한다면서 더 이상의 자료를 제출하지 않고 있다.

■ 종합한바

피의자의 과실 혐의인정 할 수 없어 불기소

다. 지입차량 횡령(불기소처분 후 다시 고소한 경우)

- 피의자는

  피해자의 동생이며 친구인 고○○이 피의자 회사 명의로 차량 3대를 지입차량으로 하자고 하여 차량 3대를 회사 명의로 구입하였는데 6개월 정도 할부금을 납부하고 그 뒤부터 납부하지 않아 차량 구매회사로부터 계속 독촉을 받아 피해자에게 할부금을 납부하지 않으면 회사를 신용불량으로 하겠다고 하니까 할부금을 납부하지 못하겠으면 차량을 달라고 하여 그때부터 그 차량을 직접 관리하면서 나머지 할부금을 냈던 것이며, 그 후 회사 운영 자금으로 사용하기 위해 친구 이○○에게 1,000만원을 빌리면서 담보용으로 그 차량을 주었던 것일 뿐으로 피해자 소유 차량을 임의 처분하여 횡령한 것이 아니라고 주장하고, 또한 본건과 관련 20○○. 11. 2. ○○경찰서에 같은 내용으로 고소당하여 20○○. 2. 28. ○○지검으로부터 불기소(혐의없음) 처분을 받았다 주장한다.

- 참고인 甲도

  20○○. 10. 17. 친구인 피의자에게 1,000만원을 빌려주면서 그 돈을 갚을 때까지 그 차량을 보관시켰던 것일 뿐 소유권을 이전받은 것이 아니라고 진술한다.

- 결론적으로

  피해자가 제출한 할부금 명세서에도 20○○. ○. ○. 까지 480여만 원만 냈다고 하고, 현재도 차량 소유권이 피의자 회사 명의로 존속하고 있으며, 본건과 관련 ○○지검의 불기소증명원 등도 이에 일치하여 피해자가 새로운 증거를 발견 다시 고소하였다는 점 발견할 수 없고, 또한 피의자에 대한 범죄혐의점 인정할 수 없어 불기소(혐의없음)

라. 다방선금사기

- 피의자가 고소인 경영의 다방에서 20○○. 3. 1.경부터 5. 31.경까지 3개월간 종업원으로 일하기로 하고 고소인으로부터 선금 명목으로 1,000만원을 받은 후 그 약정대로 일을 하지 아니한 사실은 인정된다.

- 피의자는

  편취범의를 부인하면서 평소 알고 지내던 홍길동이 청혼을 하면서 위 선금을 자신이 해결하겠으니 위 다방에 가지 말라고 강권하는 바람에 위 약속을 지키지 못하였을 뿐 처음부터 위 선금을 편취하려한 것이 아니라 주장한다.

- 위 홍길동도

  피의자에게 선금을 책임질 테니 결혼하자고 제의하여 현재 피의자와 동거하고 있으며 위 선금 중 500만원은 이미 해결하였고 나머지도 모두 해결하기 위하여 노력 중이라고 진술하고 있어 피의자의 변명에 일치한다.

- 고소인은

  위 홍길동으로부터 뒤늦게 500만원을 받은 것은 사실이지만 피의자가 선금을 받고 종업원으로 전혀 일하여주지 않아 선금 전액을 되돌려 받기 위하여 고소한 것이다 진술한다.

- 종합한바

  이것만으로는 피의자의 편취범의를 인정하기엔 부족하며, 달리 피의자의 편취범의를 인정할 만한 증거없어 불기소(혐의없음)

마. 선원 선금사기

- 피의자가 고소인의 배에 선원으로 승선하기로 하고 선금 명목으로 1,000,000원을 받은 후 승선하지 아니한 사실은 인정된다.

- 피의자는

  편취범의를 부인하면서 선장인 홍길동이 승선기일이 임박하여 조업방식을 변경하는 바람에 새로운 조업방식에 경험이 없어 승선을 포기한 것이지 처음부터 고소인의 배에서 일할 의사나 능력이 없이 선금을 받아 이를 편취한 것은 아니라고 주장한다.

- 위 배의 선장인 참고인 홍길동도

  승선기일이 임박하여 조업방식을 변경한 사실이 있다고 진술하고 있어 피의자의 변명에 일치한다.

- 고소인도

  피의자가 조업방식변경을 이유로 승선을 포기한 것은 사실이라고 진술하고 있어 피의자의 변명에 상당부분 일치한다.

- 결론적으로

  고소인의 진술만으로는 피의자의 편취범의를 인정하기에 부족하고, 달리 이를 인정할 만한 증거없어 불기소(혐의없음)

바. 신용카드 사용대금 미정산

- 피의자가 삼성신용카드 사용대금 중 일부인 1,200,000원을 결제일까지 결제하지 못한 사실은 인정된다.
- 피의자는

피의자는 편취범의를 부인하면서 20○○. 3.경 삼성신용카드를 발급받아 계속 사용하다가 20○○. 12.경 피의자의 사업이 어려워지는 바람에 결제대금 중 3,660,000원을 결제하였지만, 나머지 금을 결제기일에 결제하지 못하다가 최근에 이를 모두 결제한 것이지 처음부터 대금을 지급할 의사나 능력이 없이 신용카드를 사용한 것은 아니라고 주장한다.

- 근거서류

기록 제○○쪽 피의자에 대한 신용카드거래내역서 사본의 기재 내용도 피의자가 대금 3,660,000원을 계속 결제하여 오다가 20○○. 12.경 이후 결재하지 못한 것으로 되어 있어 피의자의 변명에 일치한다.

- 결론적으로

고발인의 진술만으로 피의자가 위와 같이 결제대금 일부를 연체하였다는 사실 이외에 편취범의가 있었다고 인정하기에 부족하며, 달리 이를 인정할 만한 증거 없어 불기소(혐의없음)

사. 피의자 조사치 않고 불기소

- 피의자는 출석 불응으로 조사치 못하였다.
- 위 김○○ 명의로 소유권을 이전하게 하였던 참고인 甲은,

20○○. 11.경 피의자가 처제인 김○○으로부터 2,000만원을 빌리면서 담보로 위 주택에 대해 "소유권이전 청구권 가등기"를 하여 변제 기일에 변제치 못함에 따라 이를 매매하기로 하고, 김○○ 명의로 가등기가 되어 있으므로 매매를 하기 위해서는 본등기를 마치게 되어 있어 20○○. 11. 21. 소유권 이전 등기 완료와 동시 2002. 11. 13. 매매를 원인으로 20○○. 12. 19. 김성한에게 매매를 원인으로 소유권 이전을 해 주었는데, 김성한은 이를 6,300만원에 매입하면서 피의자가 수협에 지고 있던 대출금 5,000만원을 대위 변제하기로 하고 나머지 1,300만원은 김○○에게 주도록 하여 결국 김○○도 700만원을 손해 보았을 뿐이며 허위 양도한 것이 아니라고 진술한다.

- 참고인 김○○(주택 구매자)도,

20○○. 11. 5. 경 김○○으로부터 위 주택을 직접 구입하여 현재 살고 있을 뿐 이라고 진술하고 있다.

- 종합한바

피의자가 강제집행을 면탈할 목적으로 위 주택을 김○○에게 허위 양도하였다는 범죄혐의점 발견할 수 없어 불기소(혐의없음)

아. 공사대금 미정산

- 피의자가 고소인에게 본건 건축 공사 중 전기공사를 대금 5,600만 원에 하도급 을 준 후 공사가 완료되었음에도 대금 중 일부인 2,000만 원을 지급하지 아니한 사실은 인정된다.
- 피의자는

편취범의를 부인하면서 자신도 원도급인인 홍길동으로부터 공사대금 중 3,200만 원을 아직 받지 못하여 고소인에게 위 2,000만 원을 지급하지 못한 것이지 처음 부터 대금을 지급할 의사나 능력이 없음에도 고소인에게 하도급을 주어 공사를 하게 한 것은 아니라고 주장한다.

- 참고인 홍길동도

피의자에게 공사대금 일부를 아직 지급하지 못하고 있다고 진술하고 있어 피의 자의 변명에 일치한다.

- 고소인도

일부를 받고 일부가 남아 있다 인정하고 있다.

- 종합한바

고소인의 주장만으로는 피의자가 공사대금 중 일부를 지급하지 못하고 있다는 사실 이외에 편취범의까지 인정하기는 어렵다 할 것이며 달리 인정할 만한 증거 없어 불기소(혐의없음)

자. 상거래 관계대금 미정산

- 피의자가 고소인으로부터 목재 1,000만 원 상당을 납품받은 후 현재까지 그 대 금을 지급하지 아니한 사실은 인정된다.
- 피의자는

편취범의를 부인하면서 약 2년 전인 20○○. 2.경부터 고소인과 계속 거래를 하 여 오는 동안 일부 기간을 지연하여 결제한 이외에 대금을 지급하지 아니한 적은 없었는데 이번에 납품을 받은 후 이를 가공하여 제품을 제작, 판매하려 하였으나 경기 부진으로 판매가 부진하여 대금을 회수하지 못하게 되었으며 이에 따라 고소인에게 목재대금도 지급하지 못하게 된 것이지 처음부터 대금을 지급할 의사나 능력이 없음에도 목재를 납품받아 이를 편취한 것은 아니라고 변명하고 있다.

■ 근거서류

기록 제○○ 쪽 이하에 편철된 거래장부 사본의 기재 내용에 의하면 피의자가 고소인과 약 2년간에 걸쳐 5,000만 원 상당의 거래가 있었고 그중 미수금은 본건 500만원에 불과한 사실을 알 수 있어 피의자의 위 변명이 설득력이 있다.

■ 결론적으로

고소인의 주장만으로는 피의자에게 민사책임이 있는 것은 별론으로 하고 편취범의가 있었다고 인정하기는 어렵다 할 것이며, 달리 인정할 만한 증거없어 불기소(혐의없음)

차. 곗돈 편취

■ 피의자는

편취범의를 부인하면서 고소인이 계주인 곗돈 2,000만 원짜리 계에 가입하여 20○○. 2경 두 번째로 낙찰을 받아 곗돈 2,000만 원을 지급 받은 후 20○○. 5.경까지 계불입금으로 5회에 걸쳐 모두 700만원을 냈으나 20○○. 6. 20.경 피의자의 남편인 홍길동의 사업이 부도나는 바람에 그 후 6회분의 계불입금 합계 1,300만 원의 납부를 못 하였던 것이지 결코 처음부터 곗돈을 편취하려 한 것은 아니라고 주장한다.

■ 참고인 홍길동도

20○○. 6. 20.경 자신이 부도를 내는 바람에 가게 사정이 어려워졌다고 진술하고 있어 피의자의 변명에 일치한다.

■ 고소인도

피의자가 곗돈 중 일부를 납부하지 아니하여 고소하였으나 피의자가 곗돈을 납부하지 못한 것은 남편이 부도를 내는 바람에 그런 것으로 알고 있고 본건 고소 후 위 미 불입된 계불입금 1,300만 원을 모두 지급받았다고 진술하고 있어 피의자의 변명에 대체로 일치한다.

■ 결론적으로

달리 피의자의 편취범의를 인정할 만한 증거없어 불기소(혐의없음)

5. 법리상 혐의 없는 경우

가. 불가벌적 사후행위

- 피의자가 본건 서적을 불태운 사실은 인정되나, 위 서적은 20○○. 2. 20.경 절취한 장물로서 이를 손괴하는 행위는 절도죄의 불가벌적 사후행위에 해당하므로 범죄혐의 없어 불기소

- 피의자가 위와 같이 절취한 자기앞수표를 그 정당한 소지인인 양 가장하여 사용하고 상품과 거스름돈을 교부받은 사실은 인정되나 절취한 자기앞수표를 그 용도에 따라 사용하는 것은 절도의 불가벌적 사후행위로서 범죄를 구성하지 아니하므로 결국 본건은 그 범죄혐의 없어 불기소

나. 공연성(모욕, 명예훼손)

- 피의자가 위와 같이 모욕적인 말을 한 것은 사실이나 당시 그곳에는 피의자 및 피해자 이외에는 아무도 없었던 사실이 인정되므로 본건은 그 공연성을 인정할 수 없어 불기소(혐의없음)

다. 지급제시기간 도과 후의 수표 지급제시(부정수표단속법)

- 본건 수표의 발행일자는 20○○. 3. 20.인데 그 지급제시기간 10일을 지난 20○○. 4. 10. 지급 제시된 사실을 인정할 수 있으므로 적법한 지급제시가 없어 불기소(혐의없음)

라. 보관자의 지위(횡령죄)

- 본건은 피의자가 고소인에게 20○○. 9. 30.까지 양파 200kg을 납품하기로 하고 20○○. 6. 30.경 고소인으로부터 선매대금으로 1,000만원을 지급 받아 이를 사업경비로 사용하였다.

- 물건납품을 위한 선매대금은 매수인으로부터 매도인에게 교부되면 그 소유권이 매도인에게 이전되는 것으로써 매도인은 매수인을 위하여 그 대금을 보관하는 지위에 있지 아니한다.

- 본건의 경우 선매대금을 수령한 피의자가 대금으로 교부받은 돈을 임의로 소비하였다 하더라도 형법 제355조 제1항의 횡령죄의 구성요건상의 타인의 재물을 보관하는 자가 아니어서 범죄혐의 없어 불기소

마. 타인의 사무를 처리하는 자(배임죄)

- 피의자가 20○○. 5. 20.경 고소인에게 본 건 건물을 1억 6,000만원에 매도하는 계약을 체결하고 그 날 계약금으로 1,600만원을 받은 후 위 건물의 임차인문제로 양자간 분쟁이 발생하여 그 무렵 고소인이 피의자에게 중도금지급거절의사표시를 하였으며 이에 피의자가 20○○. 6. 20.경 제3자인 홍길동에게 위 건물을 매도한 사실은 고소인 및 피의자 사이에 다툼없이 인정된다.
- 매도인이 매수인에게 부동산을 매도하고 계약금만을 수수한 상태에서 매수인으로부터 중도금지급거절 의사표시를 통보받은 이상 매도인으로서는 이행을 최고할 필요없이 매매계약을 해제할 수 있는 지위에 있다 할 것이다.
- 본건의 경우 매도인인 피의자가 위 건물을 이중으로 매도하였다 하더라도 피의자는 형법 제355조 제2항의 배임죄 구성요건상의 타인의 사무를 처리하는 자라고 볼 수 없어 불기소(혐의없음)

바. 임의동행거부 경찰관 폭행

- 본건은 피의자가 경찰관인 위 홍길동으로부터 임의동행요구를 받고 이를 거절하자 동 경찰관이 피의자에게 수갑을 채우려고 하므로 이를 뿌리치기 위하여 동 경찰관을 밀친 것이다.
- 경찰관직무집행법상 임의동행이란 상대방의 동의를 전제로 하는 것이므로 이를 거절하는 경우에는 현행범의 체포 및 긴급체포요건에 해당하여 현행범으로 체포하거나 긴급체포하는 경우가 아닌 이상 상대방을 강제로 인치하는 행위는 경찰관의 적법한 공무집행이라 볼 수 없다.
- 현행범을 체포하거나 긴급체포하는 경우에 해당하지 아니하는 본건의 경우는 결국 범죄혐의 없어 불기소

사. 자백이 유일한 증거일 때

- 피의자가 위 일시, 장소에서 맥주 1박스를 절취한 사실을 자백하고 있으나 피의자의 자백 이외에 이를 보강할 만한 아무런 증거 없으므로 범죄혐의 없어 불기소

III. 죄가안됨

1. 의 의

피의사실이 범죄구성요건에 해당되나 위법성과 책임 조각사유등 범죄성립 조각사유가 있어 법률상 범죄를 구성하지 않는 것을 이유로 하는 불기소처분

가. 위법성조각사유가 있는 경우

① 정당행위(형법 제20조) ② 정당방위(제21조 제1항) ③ 긴급피난(제22조 제2항)
④ 자구행위(제23조 제1항) ⑤ 피해자의 승낙에 의한 행위(제25조)

나. 책임조각사유가 있는 경우

① 형사미성년자의 행위(형법 제9조)

② 심신상실자의 행위(형법 제10조 제1항)

  – 이 경우 정신과 의사 등 전문가의 의견을 들은 후에 신중히 판단하여야 하며 전문의사의 감정서를 받아 기록에 첨부하는 것이 타당하다. 다만 이 경우에 보다 정확한 감정을 위하여 감정유치청구를 하여 유치처분을 받아 집행하는 것도 바람직하다.

  – 심신미약자의 행위나 과잉방위행위 · 과잉피난 행위 등은 모두 죄가 안 되는 사유가 되지 아니하고, 다만 기소유예 사안이 될 수 있을 뿐이다.

다. 형법 각 본조에 "처벌하지 아니한다."라고 규정된 경우

① 친족, 호주 또는 동거가족의 범인은닉(형법 제151조 제2항)
② 친족, 호주 또는 가족의 증거인멸행위(형법 제155조 제4항)

2. 수사사항 및 의견 기재요령

가. 형사미성년자

○○동장 발행의 피의자에 대한 주민등록등본의 기재 내용에 의하면 피의자는 범행 당시 13세의 형사미성년자임이 인정되므로 죄가 되지 아니하므로 불기소

나. 책임능력 결여

- 피의자가 위와 같이 피해자를 식칼로 찔러 사망하게 한 사실은 인정된다.
- 피의자는 그때 자신이 무슨 짓을 했는지 전혀 기억할 수 없다고 변명하고 있다.
- 5년간 피의자의 정신적 질환을 치료한 의사 홍길동 작성의 진단서 내용과 그의 진술 및 같은 마을에 사는 참고인 김이장, 이건 범행을 본 참고인 정다혜의 진술 등을 종합하면
- 피의자는 당시 범행 당시 심한 정신착란증에 빠져 있어 사물을 변별할 만한 의사 능력이 전혀 없는 상태였음을 충분히 인정할 수 있어 죄가 되지 아니하여 불기소

다. 정당방위

- 피의자가 위와 같이 몽둥이로 피해자의 허리를 1회 때려 요부타박상을 가한 사실은 인정된다.
- 피의자와 목격자 홍길동의 진술을 종합하면 피의자가 위 일시장소에서 피해자에게 조용히 하라고 주의를 주자 술에 취한 피해자가 갑자기 칼을 들고 피의자를 찌르려고 덤벼들므로 이를 피하여 뒷문 쪽으로 도망하려 하였지만, 뒷문이 막혀 다시 앞문으로 빠져나가려 하다가 피해자가 막아서면서 죽인다고 소리치며 식칼로 찌르려고 하기에 이를 피하고자 부득이 그곳에 있던 몽둥이로 피해자의 허리를 한 번 때린 사실을 인정할 수 있다.
- 이와 같은 피의자의 행위는 형법 제21조에 규정된 정당방위에 해당하는 것으로 인정할 수 있다.
- 죄가 되지 아니하므로 불기소

Ⅳ. 공소권없음

1. 사 유

가. 확정판결이 있을 때

실체적 확정력이 있는 유죄, 무죄, 면소의 판결이 있는 경우를 말하며 관할위반, 공소기각의 판결(결정) 등은 이에 해당하지 아니한다.

나. 약식명령의 확정

다. 사면이 있을 때

라. 공소시효가 완성되었을 때

마. 범죄 후 법령 개폐로 형이 폐지되었을 때

바. 외교관과 같이 피의자에 대한 재판권이 없는 때(치외법권)

피의자가 군인 또는 군무원일 경우에는 군사법원에 이송의견으로 송치

사. 동일사실에 대하여 이미 공소제기가 있을 때(이중기소)

귀히 송치한 사건과 동일한 사람을 수사할 때에는 이미 송치한 사건의 처분결과를 반드시 확인하여 동 사건이 검찰에서 수사 후 기소되었거나 판결이 확정된 경우가 아니면 수사결과에 따라 의견을 달아야 한다. 공소를 취소한 경우를 포함한다. 다만, 다른 중요한 증거를 발견한 경우에는 그러하지 아니하다.

아. 소추조건을 결한 때

① 친고죄에 있어서 고소가 없거나 고소가 취소되었거나 고소인의 고소권이 소멸하였을 때

② 반의사불벌죄에서 피해자가 처벌을 원치 않거나, 처벌의사를 철회하였을 때

③ 고발을 요하는 사건에 있어서 고발이 없거나 고발이 취소되었을 때

④ 피의자에 관하여 재판권이 없을 때

자. 피의자가 사망하거나 피의자인 법인이 존속하지 아니하게 되었을 때

차. 법률에 의하여 형을 면제한 때

- "그 형을 면제한다"라고 규정되어 있는 필요적 면제인 경우만 공소권이 없다.
- "형을 감경 또는 면제한다", "형을 감경 또는 면제할 수 있다"라고 규정된 임의적 면제의 경우는 공소권이 없는 경우가 아니며 기소유예처분의 사유가 될 뿐이다.

카. 국회의원이 국회에서 직무상의 발언에 관하여 책임을 지지 아니하는 것과 같은 인적처벌조각사유에 해당하는 때

타. 친족상도례(친고죄)

파. 통고처분이 이행된 경우,

하. 「소년법」, 「가정폭력범죄의 처벌 등에 관한 특례법」 또는 「성매매알선 등 행위의 처벌에 관한 법률」에 의한 보호처분이 확정된 경우(보호처분이 취소되어 검찰에 송치된 경우를 제외한다)

2. 수사사항 및 의견 기재요령

가. 공소시효의 완성

본건의 공소시효는 3년인 바, 20○○. 5. 29. 공소시효가 완성되었으므로 공소권없음.

나. 피의자의 사망

○○구청장 발행의 피의자에 대한 가족관계등록부의 기재에 의하면 피의자는 20○○. 1. 2. 사망한 사실을 인정할 수 있으므로 공소권없음.

다. 공소 제기된 사건과 동일사건

본건은 20○○. 3. 2. ○○지방검찰청 20○○형 제245호로 공소 제기된 사건과 동일함으로 공소권없음.

라. 판결이 확정된 사건과 동일사건

본건은 피의자가 20○○. 1. 15. ○○지방법원에서 사기죄로 징역 6년을 선고받아 같은 달 21. 확정된 사건과 동일한 사건으로서 위 판결의 기판력이 본건에도 미치므로 공소권없음.

마. 친족상도례

- 피의자에 대한 가족관계등록부의 기재 내용에 의하면 피해자 홍길동은 피의자의 부로서 직계혈족의 친족 관계에 있으므로 공소권없음.
- 피의자 및 피해자 홍길동의 각 가족관계등록부의 기재 내용에 의하면 피의자는 피해자와 외사촌지간의 친족 관계에 있으므로 본건은 피해자의 고소가 있어야 논할 수 있는바, 피해자가 20○○. 1. 20. 고소를 취소하였으므로 공소권없음.

바. 친고죄

- 본건은 친고죄인바, 고소인이 20○○. 1. 4. 고소를 취소하였으므로 공소권없음.
- 본건은 고소가 있어야 논할 수 있는 사안 바, 본건 고소는 고소기간이 지나서 제기된 고소로서 부적법하므로 공소권없음.
- 고소인이 피의자 홍길동을 상대로 제기한 이혼심판청구가 심리기일에 쌍방 불출석으로 인하여 취하된 것으로 간주하여 본건 간통고소는 부적법하므로 공소권없음.
- 불가항력의 사유없이 범인을 알게 된 날로부터 6월이 경과한 후인 20○○. ○. ○. 고소가 제기되었으므로 공소권없음

사. 반의사불벌죄

본건은 피해자의 명시한 의사에 반하여 논할 수 없는 죄인바, 피해자로부터 피의자의 처벌을 원하지 아니하는 의사표시가 있으므로 공소권없음.

아. 법인의 해산

○○지방법원 등기관 발행의 등기부등본 기재 내용에 의하면 피의자인 법인이 20○○. 2. 20. 해산되었으므로 공소권없음.

자. 처벌규정의 폐지

본건 ○○은 "(일자)" ○○법에서 ○○법으로 개정이 되면서 그 처벌규정이 폐지되었으므로 공소권없음.

차. 사 면

본건은 20○○. ○. ○. 시행된 대통령령 제○○호(일반)사면령에 의하여 사면되었으므로 공소권없음

◗ V. 각 하

1. 적용범위

가. 각하처분은 고소·고발사건에 한하여 행하여지는 불기소처분의 일종으로 고소·고발장의 기재 및 고소·고발인의 진술에 의하더라도 기소를 위한 수사의 필요성이 없다고 명백하게 인정되는 경우 피의자 또는 참고인을 조사하지 않고 간략하게 행하는 종국처분임

나. 고소·고발사건이 각하사유에 해당하더라도 고소·고발인이 고의로 출석을 기피하거나 소재불명 된 경우를 제외하고는 다른 고소·고발사건 처리와 동일하게 고소·고발인의 진술을 청취한 후 각하 결정을 하여야 함

다. 고소·고발장과 고소·고발인의 진술만으로는 기소를 위한 수사의 필요성을 판단하기에 불충분한 때에는 원칙적으로 종전의 불기소처분 절차에 따라 처리하여야 함

라. 피의자 또는 참고인을 조사하는 등 사건의 실체에 관하여 실질적인 수사를 진행하였을 때에는 법률에 위반한 고소·고발, 고소권한이 없는 자에 의한 고소 등을 제외하고는 원칙적으로 종전의 불기소처분절차에 따라 처리

2. 각하 사유

가. 수리된 고소·고발장의 기재 및 고소·고발인의 진술에 위하더라도 고소·고발된 사건에 대하여 처벌할 수 없음에 명백하여 더 이상 수사를 진행할 필요가 없다고 인정되는 고소·고발사건

　① 고소·고발사실이 특정되지 아니하거나 범죄를 구성하지 아니할 경우
　　- 정신질환자 등에 의한 고소·고발로써 고소·고발사건을 특정할 수 없는 사건
　　- 과실재물손괴, 단순채무불이행 등 고소·고발사실 자체로 범죄를 구성하지 아니하는 사건

　② 죄가 안됨이 명백한 사건
　　- 형사미성년자에 대한 고소·고발 등

　③ 공소시효가 완성된 사건
　　- 고소인 또는 고발인의 진술에 의하더라도 이미 공소시효가 완성되었고 더 이상 조사하더라도 공소시효의 변경 가능성이 전혀 없어 실체수사의 필요가 없는 경우

　④ 동일한 사건에 관하여 확정판결이 있거나 공소가 제기되었음에도 고소·고발된 사건

　⑤ 반의사불벌죄의 경우 처벌을 희망하지 아니하는 의사표시가 있거나 처벌을 희망하는 의사표시가 철회되었음에도 고소·고발된 사건

　⑥ 피의자가 사망하였거나 피의자인 법인이 존속하지 아니하게 되었음에도 고소·고발된 사건

나. 동일한 사안에 대하여 이미 검사의 불기소처분이 존재하여 다시 수사할 가치가 없다고 인정되는 경우

　다만, 고소인 또는 고발인이 새로운 증거가 발견된 사실을 소명한 때에는 예외

다. 고소 또는 고발이 법률에 위반되어 이를 단서로 수사를 개시함이 법률에 위반되는 결과를 초래하는 경우

자기 또는 배우자의 직계존속에 대한 고소·고발(형소법 제224조, 235조), 다만 고소·고발된 범죄사실의 사인이 중하거나 죄질이 불량하여 수사를 개시함이 상당하다고 판단되는 때에는 별도의 인지절차를 밟아 수사 개시

라. 고소권한이 없는 자에 의한 고소

친고죄에 대하여 범죄피해자가 아니거나 법정대리인 등 형소법 제225조 내지 228조의 규정에 따른 고소권자가 아닌 자에 의하여 제기된 고소사건

마. 고소장 또는 고발장만으로는 수사를 진행할 가치가 없다고 인정되는 경우

- o 고소·고발인의 진술이나 조력 없이는 실체적 진실을 규명할 수 없는 사건에 관하여 고소·고발장 제출 후 고소인 또는 고발인이 출석을 회피하거나 소재불명되어 진술을 청취할 수 없는 경우
  - 고소·고발인이 자신의 법적 책임을 회피할 목적이나 제3자에게 법적 책임을 전가할 목적으로 고소·고발장을 제출한 후 출석요구에 불응하거나 소재불명되어 피고소·고발인이나 참고인등을 조사하여도 실체적 진실을 규명할 수 없음이 명백한 사건

바. 고소·고발 사건에 대하여 사안의 경중 및 경위, 고소·고발인과 피고소·피고발인의 관계 등에 비추어 피고소·피고발인의 책임이 경미하고 수사와 소추할 공공의 이익이 없거나 극히 적어 수사의 필요성이 인정되지 아니하는 경우

3. 처리절차

가. 접수된 고소·고발사건이 각하사유에 해당함이 명백한 경우 즉시 수사종료 후 고소·고발장, 고소·고발인 진술(조)서 등 그때까지 수사된 자료에 의하여 의견서를 작성하고 각하의견으로 송치

나. 의견서의 피의자 인적사항, 범죄사실, 죄명 등은 고소·고발장의 기재 및 고소·고발인의 진술을 토대로 최대한 특정하여 작성

다. 범죄경력조회(지문조회)통보서 첨부 불요

라. 범죄통계원표 작성 불요

제3절 불송치 결정서 작성

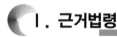 **Ⅰ. 근거법령**

1. 형사소송법

> **제245조의5(사법경찰관의 사건송치 등)** 사법경찰관은 고소·고발 사건을 포함하여 범죄를 수사한 때에는 다음 각 호의 구분에 따른다.
> 1. 범죄의 혐의가 있다고 인정되는 경우에는 지체 없이 검사에게 사건을 송치하고, 관계 서류와 증거물을 검사에게 송부하여야 한다.
> 2. 그 밖의 경우에는 그 이유를 명시한 서면과 함께 관계 서류와 증거물을 지체 없이 검사에게 송부하여야 한다. 이 경우 검사는 송부받은 날부터 90일 이내에 사법경찰관에게 반환하여야 한다.

2. 검사와 사법경찰관의 상호협력과 일반적 수사준칙에 관한 규정

> **제62조(사법경찰관의 사건불송치)** ① 사법경찰관은 법 제245조의5제2호 및 이 영 제51조제1항제3호에 따라 불송치 결정을 하는 경우 불송치의 이유를 적은 불송치 결정서와 함께 압수물 총목록, 기록목록 등 관계 서류와 증거물을 검사에게 송부해야 한다.
> ② 제1항의 경우 영상녹화물의 송부 및 새로운 증거물 등의 추가 송부에 관하여는 제58조제2항 및 제3항을 준용한다.

3. 경찰수사규칙

> **제109조(불송치 서류)** ① 수사준칙 제62조제1항에 따른 불송치 결정서는 별지 제122호서식에 따르고, 압수물 총목록은 별지 제115호서식에 따르며, 기록목록은 별지 제116호서식에 따른다.
> ② 불송치 서류는 다음 순서에 따라 편철한다.
> 1. 별지 제123호서식의 불송치 사건기록 송부서
> 2. 압수물 총목록
> 3. 법 제198조제3항에 따라 작성된 서류 또는 물건 전부를 적은 기록목록
> 4. 불송치 결정서
> 5. 그 밖의 서류
> ③ 불송치 사건기록 송부서 명의인 및 불송치 결정서 작성인에 관하여는 제103조제3항 및 제4항을 준용한다.

대한민국경찰
KOREAN NATIONAL POLICE

○ ○ 경 찰 서

20○○.○.○.

사건번호   호, 호

제   목   **불송치 결정서**

　　　　　아래와 같이 불송치 결정합니다.

Ⅰ. 피의자
　홍길동

Ⅱ. 죄명
　사기

Ⅲ. 주문
　피의자는 증거 불충분하여 혐의 없다.

Ⅳ. 피의사실과 불송치 이유

　20○○.○.○. 고소인으로부터 ○○만원을 교부받아 사기
- 고소인은 피의자가 처음부터 ○○만원을 갚지 않기로 마음먹고 고소인을 속이기 위하여 20○○.○.○.까지 이자만 지급하였다고 주장한다.
- 피의자는 ○○조건으로 돈을 빌린 후 20○○.○.○.까지 이자를 갚아 오던 중 하고 있던 ○○ 사업의 오래된 거래처가 부도로 20○○.○.○.까지 받기로 한 물건 대금을 받지 못하여 고소인의 돈을 갚지 못하고 있는 것이지 고소인의 돈을 갚을 의사와 능력이 없어 돈을 빌린 것이 아니라고 주장하고, 피의자 거래업체 홍길동의 진술도 피의자 주장과 일치한다.
- 피의자가 원금과 이자를 지급하지 않았다는 사실만으로는 피의자에게 사기의 범의가 있었다고 인정하기에 부족하고 달리 이를 인정할 증거가 없다.
- 증거 불충분하여 혐의 없다.

　　　　　　　○ ○ 경 찰 서
　　　　　　　사법경찰관 경감 유 아 림

1. 사건번호

가. 사건번호를 기재하면 된다. (예, 사건번호 20○○-○○○○)

나. 수 개의 범죄사실 중 일부만 불송치할 때는 해당 사건의 일부만 불송치하는 것을 표시해 준다. (예, 사건번호 20○○-○○○○의 일부)

2. 피의자 및 죄명

송치사건의 피의자 및 죄명 작성방법과 동일

3. 결정주문

가. 불송치 유형

수사준칙 제1항 제3호에 규정한 혐의없음, 죄가안됨, 공소권없음, 각하 등 4가지

나. 사건 종결에 있어 실체판단보다 형식판단을 우선해야 하므로 다음의 순서에 따라야 한다.

> ① 혐의없음 ☞ ② 죄가안됨 ☞ ③ 공소권없음 ☞ ④ 각하

4. 피의사실

가. 사실관계의 요점만 간략하게 요약하고 종결 어구에 죄명을 기재한다.

예, 피의자 홍길동은 20○○. ○ ○. 고소인 甲에게 ○○내용으로 말하여 명예훼손

나. 다수의 피의자 및 죄명이 있는 경우

송치사건의 작성방법 참고

5. 불송치 이유

가. 불송치 이유는 간결하게 기재하여야 한다.

나. 불송치 결정서를 작성할 때

일반적으로 ① 다툼이 없이 인정되는 사실 → ② 증거(또는 법률)판단 → ③ 결론 순으로 작성한다.

다. '혐의없음'의 경우

고소인(피해자)의 주장요지 → 피의자의 주장요지를 ① 다툼이 없이 인정되는 사실 다음에 추가한다.

라. 사건 내용이 복잡하거나 당사자 간 다툼이 있는 경우에는 일렬번호나 소제목으로 구분하여 작성한다,

마. 증거 또는 법률 판단 작성방법

-증거가 다수일 때는 그 중 판단에 영향을 미치는 중요한 증거나 증명력이 높은 증거만 기재한다.

-서증(書證)의 경우 서류명이 복잡한 경우 요약하여 기재한다.

-인정 사실마다 근거가 되는 핵심증거를 (   )안에 기재하여 인정 사실과 증거와의 관계를 명확히 설명한다.

제4절 불송치 사건기록 송부서

○ ○ 경 찰 서

20○○.○.○.

수 신 : 검찰청의장

제 목 : **불송치 사건기록 송부서**

다음 불송치 사건기록을 송부합니다.

사 건 번 호			결정일	
피 의 자		죄 명	주 문	

송 부 내 역	서 류	
	증 거 품	
공 소 시 효	장 기	
	단 기	
반 환 기 한		

참 고 사 항

○○경찰서장

1. 편철 순서

불송치 사건기록 송부서 → 압수물총목록(있는 경우) → 기록목록 → 불송치 결정서
  → 그 밖의 서류(작성일자순)

2. 기본정보

사건번호, 피의자, 죄명, 결정주문, 반환기한 등 기본정보는 KICS에서 자동 현출

3. 공소시효

가. 기산점
① 범죄행위 종료 시
② 공범은 최종행위 종료 시
③ 포괄일죄는 최종 범죄행위 종료 시
④ 계속범은 법익침해 종료 시

나. 공소시효 적용
① 공범 1인에 대한 시효정지는 다른 공범자에게도 효력이 미치고 재판확정 시 진행
② 형사처벌을 면할 목적으로 출국 시 공소시효 정지

다. 공소시효 기재방법
① 범죄사실이 1개인 경우 장기만 기재하고 단기 기재 불필요
② 일자가 적확하지 않은 경우(20○○. ○. 초순/ 중순/ 하순의 경우)
-초순은 10.을 범죄 일자로 간주하여 20○○. ○. 9.
-중순은 20.을 범죄 일자로 간주하여 20○○. ○. 19.
-하순은 30(31).을 범죄 일자로 간주하여 20○○. ○. 29(30)
③ 죄명 또는 피의사실이 여러 개거나 피의자가 수명으로 만료일이 다른 경우

－최초 도래하는 공소시효는 단기, 최후로 도래한 경우 장기를 각각 기재

④ 고소시효 중단, 정지, 폐지 등 특례적용 사건

　'공소시효 정지', '과학적 증거. 공소시효 10년 연장', '공소시효 배제사건'

　등으로 표시한다.

4. 참고사항

가. 고소, 고발사건의 혐의없음 결정을 할 때는 고소인, 고발인의 무고혐의 유무 판단

나. 고소, 고발, 진정, 탄원의 전부 또는 일부 취소된 경우 그 취지(일부 취소의 경우

　취소의 주체, 범위, 대상 명확하게 기재)

5. 발송자와 작성 명의

가. 소속 경찰관서장 명의로 송부한다.

나. 작성 명의는 사법경찰관인 팀장을 기재하는 것이 원칙이다.

제5절 불송치 결정통지

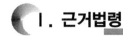 **Ⅰ. 근거법령**

1. 형사소송법

> **제245조의6(고소인 등에 대한 송부통지)** 사법경찰관은 제245조의5제2호의 경우에는 그 송부한 날부터 7일 이내에 서면으로 고소인·고발인·피해자 또는 그 법정대리인(피해자가 사망한 경우에는 그 배우자·직계친족·형제자매를 포함한다)에게 사건을 검사에게 송치하지 아니하는 취지와 그 이유를 통지하여야 한다.
>
> **제245조의7(고소인 등의 이의신청)** ① 제245조의6의 통지를 받은 사람(고발인을 제외한다)은 해당 사법경찰관의 소속 관서의 장에게 이의를 신청할 수 있다.
> ② 사법경찰관은 제1항의 신청이 있는 때에는 지체 없이 검사에게 사건을 송치하고 관계 서류와 증거물을 송부하여야 하며, 처리결과와 그 이유를 제1항의 신청인에게 통지하여야 한다.

2. 검사와 사법경찰관의 상호협력과 일반적 수사준칙에 관한 규정

> **제53조(수사 결과의 통지)** ① 검사 또는 사법경찰관은 제51조 또는 제52조에 따른 결정을 한 경우에는 그 내용을 고소인·고발인·피해자 또는 그 법정대리인(피해자가 사망한 경우에는 그 배우자·직계친족·형제자매를 포함한다. 이하 "고소인등"이라 한다)과 피의자에게 통지해야 한다. 다만, 다음 각 호의 어느 하나에 해당하는 경우에는 고소인등에게만 통지한다.
> 1. 제51조제1항제4호가목에 따른 피의자중지 결정 또는 제52조제1항제3호에 따른 기소중지 결정을 한 경우
> 2. 제51조제1항제5호 또는 제52조제1항제7호에 따른 이송(법 제256조에 따른 송치는 제외한다) 결정을 한 경우로서 검사 또는 사법경찰관이 해당 피의자에 대해 출석요구 또는 제16조제1항 각 호의 어느 하나에 해당하는 행위를 하지 않은 경우
> ② 고소인등은 법 제245조의6에 따른 통지를 받지 못한 경우 사법경찰관에게 불송치 통지서로 통지해 줄 것을 요구할 수 있다.

3. 경찰수사규칙

> **제97조(수사 결과의 통지)** ③ 법 제245조의6에 따른 고소인등에 대한 불송치 통지는 별지 제103호서식의 수사결과 통지서에 따른다.
> ④ 사법경찰관은 서면으로 통지한 경우에는 그 사본을, 그 외의 방법으로 통지한 경우에는 그 취지를 적은 서면을 사건기록에 편철해야 한다.
> ⑤ 수사준칙 제53조제2항에 따른 고소인등의 통지 요구는 별지 제104호서식의 불송치 통지요구서에 따른다.
> ⑥ 사법경찰관은 고소인, 고발인 또는 피의자가 불송치 결정에 관한 사실증명을 청구한 경우에는 지체 없이 별지 제105호서식 또는 별지 제106호서식의 불송치 결정 증명서를 발급해야 한다.
> ⑦ 사법경찰관은 고소인등에게 수사중지 결정의 통지를 하는 경우에는 수사준칙 제54조제3항에 따라 검사에게 신고할 수 있다는 내용을 통지서에 기재해야 한다.

II. 고소인등 통지

1. 피의사실 및 불송치 이유 작성이 중요하다.

2. 관련자 개인정보와 다른 정보와 쉽게 결합하여 알아볼 수 있는 정보는 비공개처리로 개인정보가 유출되지 않도록 한다.

3. 범죄구성요건과 관계없는 개인의 민감정보는 기재하지 않도록 한다.

4. 피의자 직업은 신분범 등 직업이 구성요소이거나 피의사실과 밀접한 관련이 있는 경우만 작성한다.

5. 결정종류
   피의자가 다수이면서 결정종류가 피의자별로 다른 경우만 별지로 작성한다.

6. 이유
   불송치 결정하게 된 논리적 흐름만 나타나면 된다. 참고인이 노출되지 않도록 한다.

7. 담당 팀장
   고소인별 통지가 원칙이며 담당 팀장 명의(계급, 성명)로 한다.

○ ○ 경 찰 서

제 호   20○○.○.○.

수 신 : 홍길동 귀하

제 목 : 수사결과 통지서(고소인등·불송치)

───

귀하와 관련된 사건에 대하여 다음과 같이 결정하였음을 알려드립니다.

접 수 일 시	. . .	사 건 번 호	0000-000000
죄 명			
결 정 일			
결 정 종 류	불송치 ( )		
이 유	별지와 같음		
담 당 팀 장	○○과 ○○팀 경○ ○○○	☎	02-0000-0000

※ 범죄피해자 권리 보호를 위한 각종 제도

- 범죄피해자 구조 신청제도(범죄피해자보호법)
  - 관할지방검찰청 범죄피해자지원센터에 신청
- 의사상자예우 등에 관한 제도(의사상자예우에관한법률)
  - 보건복지부 및 관할 자치단체 사회복지과에 신청
- 범죄행위의 피해에 대한 손해배상명령(소송촉진등에관한특례법)
  - 각급법원에 신청, 형사재판과정에서 민사손해배상까지 청구 가능
- 가정폭력·성폭력 피해자 보호 및 구조
  - 여성 긴급전화(국번없이 1366), 아동보호 전문기관(1577-1391) 등
- 무보험 차량 교통사고 뺑소니 피해자 구조제도(자동차손해배상보장법)
  - 동부화재, 삼성화재 등 자동차 보험회사에 청구
- 국민건강보험제도를 이용한 피해자 구조제도
  - 국민건강보험공단 급여관리실, 지역별 공단지부에 문의
- 법률구조공단의 법률구조제도(국번없이 132 또는 공단 지부·출장소)
  - 범죄피해자에 대한 무료법률구조(손해배상청구, 배상명령신청 소송대리 등)
- 범죄피해자지원센터(국번없이 1577-1295)
  - 피해자나 가족, 유족등에 대한 전화상담 및 면접상담 등
- 국민권익위원회의 고충민원 접수제도
  - 국민신문고 www.epeople.go.kr, 정부민원안내콜센터 국번없이 110
- 국민인권위원회의 진정 접수제도
  - www.humanrights.go.kr, 국번없이 1331

○ ○ 경 찰 서 장

[별지]
[결정종류]
피의자 모두 증거 불충분하여 혐의 없다.

[피의사실의 요지와 불송치 이유]
피의자들은 부부로서 공모하여 20○○. ○. ○.경부터 20○○. ○. ○.까지 고소인에게 임대료 ○○만원을 지급하지 않아 사기
○피의자들이 위 기간 고소인에게 임대료를 지급하지 않은 사실은 인정된다.
○고소인은 피의자들이 짜고 처음부터 임대료를 지급할 의사나 능력없이 점포를 임차하였다고 주장한다.
○피의자들은 임차 후 ○개월 간은 꼬박꼬박 임대료를 지급하였으나 오래된 거래처가 부도로 20○○. ○. ○.
　까지 받기로 한 물건 대금을 받지 못하여 고소인의 임대료를 지급하지 못한 것이지 고소인의 임대료를
　낼 의사와 능력이 없어 임차한 것이 아니라고 주장한다.
○피의자들의 주장을 배척하고 사기범의를 인정하기에 부족하고, 달리 피의사실을 인정할 증거가 없다.
○증거 불충분하여 혐의 없다.

※ 결정종류 안내 및 이의·심의신청 방법

〈결정종류 안내〉

○ 혐의없음 결정은 증거 부족 또는 법률상 범죄가 성립되지 않아 처벌할 수 없다는 결정입니다.

○ 죄가안됨 결정은 피의자가 14세 미만이거나 심신상실자의 범행 또는 정당방위 등에 해당되어 처벌할 수 없는 경우에 하는 결정입니다.

○ 공소권없음 결정은 처벌할 수 있는 시효가 경과되었거나 친고죄에 있어서 고소를 취소한 경우 등 법률에 정한 처벌요건을 갖추지 못하여 처벌할 수 없다는 결정입니다.

○ 각하 결정은 위 세 결정의 사유에 해당함이 명백하거나, 고소인 또는 고발인으로부터 고소·고발 사실에 대한 진술을 청취할 수 없는 경우 등에 하는 결정입니다.

〈이의·심의신청 방법〉

○ 위 결정에 대하여 통지를 받은 자는 형사소송법 제245조의7 제1항에 의해 해당 사법경찰관의 소속 관서의 장에게 이의를 신청할 수 있습니다. 신청이 있는 때 해당 사법경찰관은 형사소송법 제245조의7 제2항에 따라 사건을 검사에게 송치하게 됩니다.

○ 수사 심의신청 제도(경찰민원콜센터 국번없이 182)
　- 수사과정 및 결과에 이의가 있는 경우, 관할 시도경찰청 「수사심의계」에 이의신청

III. 피의자 통지

1. 피의자에 대한 통지서에는 불송치 결정 내용(죄명과 결정종류)만 기재하고 불송치 이유는 기재하지 않는다.

2. 피의자별 통지가 원칙이며 담당 팀장 명의(계급, 성명)로 한다.

○○경찰서

제 호   20○○.○.○.

수 신 : 홍길동 귀하

제 목 : 수사결과 통지서(피의자·불송치)

귀하와 관련된 사건에 대하여 다음과 같이 결정하였음을 알려드립니다.

접 수 일 시	20○○.○.○.	사 건 번 호	0000-000000
죄 명			
결 정 일			
결 정 종 류	불송치 (**혐의없음**)		
주 요 내 용			
담 당 팀 장	○○과 ○○팀 경○ ○○○	☎	02-0000-0000

※ 결정 종류 안내 및 권리 보호를 위한 각종 제도

<결정 종류 안내>

◦ 혐의없음 결정은 증거 부족 또는 법률상 범죄가 성립되지 않아 처벌할 수 없다는 결정입니다.

◦ 죄가안됨 결정은 피의자가 14세 미만이거나 심신상실자의 범행 또는 정당방위 등에 해당되어 처벌할 수 없는 경우에 하는 결정입니다.

◦ 공소권없음 결정은 처벌할 수 있는 시효가 경과되었거나 친고죄에 있어서 고소를 취소한 경우 등 법률에 정한 처벌요건을 갖추지 못하여 처벌할 수 없다는 결정입니다.

◦ 각하 결정은 위 세 결정의 사유에 해당함이 명백하거나, 고소인 또는 고발인으로부터 고소·고발 사실에 대한 진술을 청취할 수 없는 경우 등에 하는 결정입니다.

<권리 보호를 위한 제도>

◦ 국민권익위원회의 고충민원 접수제도
 – 국민신문고 www.epeople.go.kr, 정부민원안내콜센터 국번없이 110

◦ 국민인권위원회의 진정 접수제도
 – www.humanrights.go.kr, 국번없이 1331

◦ 수사 심의신청 제도(경찰민원콜센터 국번없이 182)
 – 수사과정 및 결과에 이의가 있는 경우, 관할 시도경찰청 「수사심의계」에 심의신청

○○경찰서장

III. 통지요구

　고소인등은 법 제245조의6에 따른 통지를 받지 못한 경우 사법경찰관에게 불송치
통지서로 통지해 줄 것을 요구할 수 있다.

<table>
<tr><td colspan="4" align="center">**불송치 통지요구서**</td></tr>
<tr><td rowspan="3">**신청인**</td><td>성명</td><td colspan="2">사건 관련 신분</td></tr>
<tr><td>주민등록번호</td><td colspan="2">전화번호</td></tr>
<tr><td colspan="3">주소</td></tr>
<tr><td colspan="4"></td></tr>
<tr><td>**요구
사유**</td><td colspan="3"></td></tr>
<tr><td>**비고**</td><td colspan="3"></td></tr>
<tr><td colspan="4">「검사와 사법경찰관의 상호협력과 일반적 수사준칙에 관한 규정」 제53조제2항에 따라 위와
같이 불송치 통지하여 줄 것을 요구합니다.</td></tr>
<tr><td colspan="4" align="center">20○○. ○. ○.</td></tr>
<tr><td colspan="4" align="center">신청인

(서명 또는 인)</td></tr>
<tr><td colspan="4" align="center">○○경찰서장 귀하</td></tr>
</table>

제6절 불송치 후 조치

 **I. 불송치 편철**

불송치 편철서는 검사에게 불송치 사건기록 등 송부 이후 반환된 기록을 경찰이 종국적으로 불송치 결정임을 표시하고 자체적으로 보관하는 서류이다.

기록보존기한을 기재한 후 기록물 담당 직원의 확인을 거쳐 편철한다.

<table>
<tr><td colspan="7" align="center">○ ○ 경 찰 서</td></tr>
<tr><td colspan="2">제   호</td><td colspan="5" align="right">20○○. ○. ○.</td></tr>
<tr><td colspan="2">제   목 : 불송치 편철서</td><td colspan="5"></td></tr>
<tr><td colspan="2">사 건 번 호</td><td colspan="5"></td></tr>
<tr><td rowspan="2" colspan="2">피   의   자</td><td align="center">성   명</td><td>성별</td><td>연령</td><td>지문원지
작성번호</td><td>피 의 자
원표번호</td></tr>
<tr><td></td><td></td><td></td><td></td><td></td></tr>
<tr><td colspan="2">죄   명</td><td colspan="5"></td></tr>
<tr><td colspan="2">결 정 주 문</td><td colspan="5"></td></tr>
<tr><td colspan="2">결 정 일 시</td><td colspan="5"></td></tr>
<tr><td colspan="2">결   정   자</td><td colspan="5"></td></tr>
<tr><td colspan="2">팀   장</td><td colspan="5"></td></tr>
<tr><td colspan="2">정 수 사 관</td><td colspan="5"></td></tr>
<tr><td rowspan="2" colspan="2">공 소 시 효</td><td>장 기</td><td colspan="2">20○○.○.○.</td><td rowspan="2">기록보존기한</td><td rowspan="2">20○○.○.○.</td></tr>
<tr><td>단 기</td><td colspan="2">20○○.○.○.</td></tr>
<tr><td colspan="2">비   고</td><td colspan="5"></td></tr>
</table>

II. 불송치 기록 보존

1. 보존기간

> ※ 공공기록물 관리에 관한 법률 시행령
> 제26조(보존기간) ① 기록물의 보존기간은 영구, 준영구, 30년, 10년, 5년, 3년, 1년으로 구분하며, 보존기간별 책정기준은 별표 1과 같다. 다만, 「대통령기록물 관리에 관한 법률」 제2조제1호에 따른 대통령기록물, 수사·재판·정보·보안 관련 기록물은 소관 중앙행정기관의 장이 중앙기록물관리기관의 장과 협의하여 보존기간의 구분 및 그 책정기준을 달리 정할 수 있다.
> ② 기록물의 보존기간은 단위과제별로 책정한다. 다만, 영구기록물관리기관의 장은 특별히 보존기간을 달리 정할 필요가 있다고 인정되는 단위과제에 대하여는 보존기간을 직접 정할 수 있다.
> ③ 보존기간의 기산일은 단위과제별로 기록물의 처리가 완결된 날이 속하는 다음 연도의 1월 1일로 한다. 다만, 여러 해에 걸쳐서 진행되는 단위과제의 경우에는 해당 과제가 종결된 날이 속하는 다음 연도의 1월 1일부터 보존기간을 기산한다.

기록물의 보존 기간별 책정 기준(제26조 제1항 관련)

보존기간	대상기록물
반영구	4. 관계 법령에 따라 30년 이상의 기간 민·형사상 책임 또는 시효가 지속하거나, 증명자료로서의 가치가 지속하는 사항에 관한 기록물
30년	3. 관계 법령에 따라 10년 이상 30년 미만의 기간 민·형사상 또는 행정상의 책임 또는 시효가 지속하거나, 증명자료로서의 가치가 지속하는 사항에 관한 기록물
10년	3. 관계 법령에 따라 5년 이상 10년 미만의 기간동안 민·형사상 책임 또는 시효가 지속되거나, 증명자료로서의 가치가 지속되는 사항에 관한 기록물
5년	3. 관계 법령에 따라 3년 이상 5년 미만의 기간동안 민사상·형사상 책임 또는 시효가 지속되거나, 증명자료로서의 가치가 지속되는 사항에 관한 기록물
3년	3. 관계 법령에 따라 1년 이상 3년 미만의 기간동안 민·형사상의 책임 또는 시효가 지속되거나, 증명자료로서의 가치가 지속되는 사항에 관한 기록물

2. 보존절차 (공공기록물 관리에 관한 법률 시행령)

가. 기록물의 이관

법 제19조 제2항에 따라 공공기관은 공공기관의 기록물을 처리과에서 보존기간의 기산일부터 2년의 범위에서 보관한 후 기록물철 단위로 관할 기록관 또는 특수기록관으로 이관하여야 한다. 다만, 업무관리시스템으로 생산된 기록물은 매 1년 단위로 전년도 생산기록물을 기록관 또는 특수기록관으로 이관한다. (제32조)

나. 기록관 및 특수기록관의 소관 기록물 이관

법 제19조에 따라 기록관 또는 특수기록관의 장은 보존기간 30년 이상의 기록물을 보존기간의 기산일부터 10년이 경과한 다음 연도 중에 관할 영구기록물관리기관이 제시한 일정에 따라 영구기록물관리기관으로 이관하여야 한다. 다만, 부득이한 사유로 일정 기간 이관을 연기하고자 할 때는 이관예정일 1개월 전까지 관할 영구기록물관리기관의 장의 승인을 받아야 한다. (제40조)

다. 기록관 및 특수기록관의 소관 기록물 평가 및 폐

기록관 또는 특수기록관의 장은 보존 중인 기록물 중 보존기간이 경과한 기록물에 대하여는 법 제27조제1항에 따라 생산부서 의견조회, 법 제41조제1항에 따른 기록물관리 전문요원(해당 기록관 또는 특수기록관 소속 기록물관리 전문요원을 말한다)의 심사 및 제5항에 따른 기록물평가심의회의 심의를 거쳐 보존기간 재책정, 폐기 또는 보류로 구분하여 처리하여야 한다. (제43조)

Ⅲ. 불송치 기록 점검과 조치

1. 사건기록담당직원은 법 및 관련 법령에 따라 검사로부터 요구·요청 등을 받거나 사건기록과 증거물을 반환받은 때에는 관계서류 등이 법령에 따라 작성·편철됐는지 및 검사가 법령에 따라 필요한 행위를 했는지를 점검해야 한다.

2. 사건기록담당직원은 제1항에 따른 점검 결과 관계서류 등이 법 및 관련 법령에 따라 작성·편철되지 않거나, 검사가 법 및 관련 법령에 따라 필요한 행위를 하지 않으면 검사에게 그 보완을 요구하는 등 필요한 조치를 할 수 있다.

3. 사건기록담당직원은 제1항에 따라 요구·요청 등을 받거나 사건기록과 증거물을 반환받아 이를 접수한 경우에는 접수 대장에 접수일시, 검사 또는 검찰청 직원의 성명 등을 기재하고, 검사 또는 검찰청 직원이 제시하는 접수기록부 등에 접수일시와 접수자의 직급 및 서명을 기재한다. (경찰수사규칙 제9조)

1. 불송치 결정증명서(고소인, 고발인)

<table>
<tr><td colspan="3">발행번호 제 호</td></tr>
<tr><td colspan="3" align="center">불 송 치 결 정 증 명 서 (고 소 인 · 고 발 인)</td></tr>
<tr><td colspan="2">사 건 번 호</td><td></td></tr>
<tr><td colspan="2">신 청 인</td><td></td></tr>
<tr><td colspan="2">피 의 자</td><td></td></tr>
<tr><td colspan="2">죄 명</td><td></td></tr>
<tr><td rowspan="2">결 정</td><td>년 월 일</td><td></td></tr>
<tr><td>내 용</td><td></td></tr>
<tr><td colspan="2">수 사 관 서</td><td></td></tr>
<tr><td colspan="2">용 도</td><td></td></tr>
<tr><td colspan="3">

위와 같이 결정되었음을 증명합니다.

20○○.○.○.

○ ○ 경 찰 서 장

</td></tr>
</table>

2. 불송치 결정증명서(피의자)

발행번호 제 호	
불 송 치 결 정 증 명 서 (피 의 자)	
사 건 번 호	

피의자	성 명	
	주민등록번호	
	주 소	

죄 명	

결정	년 월 일	
	내 용	

수 사 관 서	
용 도	

위와 같이 결정되었음을 증명합니다.

20○○.○.○.

○ ○ 경 찰 서 장

제4장 보완수사요구와 재수사요청

제1절 보완수사요구 유형

Ⅰ. 근거법령

1. 형사소송법

> **제197조의2(보완수사요구)** ① 검사는 다음 각 호의 어느 하나에 해당하는 경우에 사법경찰관에게 보완수사를 요구할 수 있다.
> 1. 송치사건의 공소제기 여부 결정 또는 공소의 유지에 관하여 필요한 경우
> 2. 사법경찰관이 신청한 영장의 청구 여부 결정에 관하여 필요한 경우
> ② 사법경찰관은 제1항의 요구가 있는 때에는 정당한 이유가 없는 한 지체 없이 이를 이행하고, 그 결과를 검사에게 통보하여야 한다.
> ③ 검찰총장 또는 각급 검찰청 검사장은 사법경찰관이 정당한 이유 없이 제1항의 요구에 따르지 아니하는 때에는 권한 있는 사람에게 해당 사법경찰관의 직무배제 또는 징계를 요구할 수 있고, 그 징계 절차는 「공무원 징계령」 또는 「경찰공무원 징계령」에 따른다.

2. 검사와 사법경찰관의 상호협력과 일반적 수사준칙에 관한 규정

> **제52조(검사의 결정)** ① 검사는 사법경찰관으로부터 사건을 송치받거나 직접 수사한 경우에는 다음 각 호의 구분에 따라 결정해야 한다.
> 5. <u>보완수사요구</u>
> **제59조(보완수사요구의 대상과 범위)** ① 검사는 사법경찰관으로부터 송치받은 사건에 대해 보완수사가 필요하다고 인정하는 경우에는 직접 보완수사를 하거나 법 제197조의2제1항제1호에 따라 사법경찰관에게 보완수사를 요구할 수 있다. 다만, 송치사건의 공소제기 여부 결정에 필요한 경우로서 다음 각 호의 어느 하나에 해당하는 경우에는 특별히 사법경찰관에게 보완수사를 요구할 필요가 있다고 인정되는 경우를 제외하고는 검사가 직접 보완수사를 하는 것을 원칙으로 한다.
> 1. 사건을 수리한 날(이미 보완수사요구가 있었던 사건의 경우 보완수사 이행 결과를 통보받은 날을 말한다)부터 1개월이 경과한 경우
> 2. 사건이 송치된 이후 검사가 해당 피의자 및 피의사실에 대해 상당한 정도의 보완수사를 한 경우
> 3. 법 제197조의3제5항, 제197조의4제1항 또는 제198조의2제2항에 따라 사법경찰관으로부터 사건을 송치받은 경우
> 4. 제7조 또는 제8조에 따라 검사와 사법경찰관이 사건 송치 전에 수사할 사항, 증거수집의 대상 및

법령의 적용 등에 대해 협의를 마치고 송치한 경우

② 검사는 법 제197조의2제1항에 따른 보완수사요구 여부를 판단하는 경우 필요한 보완수사의 정도, 수사 진행 기간, 구체적 사건의 성격에 따른 수사 주체의 적합성 및 검사와 사법경찰관의 상호 존중과 협력의 취지 등을 종합적으로 고려한다.

③ 검사는 법 제197조의2제1항제1호에 따라 사법경찰관에게 송치사건 및 관련사건(법 제11조에 따른 관련사건 및 법 제208조제2항에 따라 간주되는 동일한 범죄사실에 관한 사건을 말한다. 다만, 법 제11조제1호의 경우에는 수사기록에 명백히 현출(現出)되어 있는 사건으로 한정한다)에 대해 다음 각 호의 사항에 관한 보완수사를 요구할 수 있다.

1. 범인에 관한 사항
2. 증거 또는 범죄사실 증명에 관한 사항
3. 소송조건 또는 처벌조건에 관한 사항
4. 양형 자료에 관한 사항
5. 죄명 및 범죄사실의 구성에 관한 사항
6. 그 밖에 송치받은 사건의 공소제기 여부를 결정하는 데 필요하거나 공소유지와 관련해 필요한 사항

④ 검사는 사법경찰관이 신청한 영장(「통신비밀보호법」 제6조 및 제8조에 따른 통신제한조치허가서 및 같은 법 제13조에 따른 통신사실 확인자료 제공 요청 허가서를 포함한다. 이하 이 항에서 같다)의 청구 여부를 결정하기 위해 필요한 경우 법 제197조의2제1항제2호에 따라 사법경찰관에게 보완수사를 요구할 수 있다. 이 경우 보완수사를 요구할 수 있는 범위는 다음 각 호와 같다.

1. 범인에 관한 사항
2. 증거 또는 범죄사실 소명에 관한 사항
3. 소송조건 또는 처벌조건에 관한 사항
4. 해당 영장이 필요한 사유에 관한 사항
5. 죄명 및 범죄사실의 구성에 관한 사항
6. 법 제11조(법 제11조제1호의 경우는 수사기록에 명백히 현출되어 있는 사건으로 한정한다)와 관련된 사항
7. 그 밖에 사법경찰관이 신청한 영장의 청구 여부를 결정하기 위해 필요한 사항

제60조(보완수사요구의 방법과 절차) ① 검사는 법 제197조의2제1항에 따라 보완수사를 요구할 때에는 그 이유와 내용 등을 구체적으로 적은 서면과 관계 서류 및 증거물을 사법경찰관에게 함께 송부해야 한다. 다만, 보완수사 대상의 성질, 사안의 긴급성 등을 고려하여 관계 서류와 증거물을 송부할 필요가 없거나 송부하는 것이 적절하지 않다고 판단하는 경우에는 해당 관계 서류와 증거물을 송부하지 않을 수 있다.

② 보완수사를 요구받은 사법경찰관은 제1항 단서에 따라 송부받지 못한 관계 서류와 증거물이 보완수사를 위해 필요하다고 판단하면 해당 서류와 증거물을 대출하거나 그 전부 또는 일부를 등사할 수 있다.

③ 사법경찰관은 법 제197조의2제1항에 따른 보완수사요구가 접수된 날부터 3개월 이내에 보완수사를 마쳐야 한다.

④ 사법경찰관은 법 제197조의2제2항에 따라 보완수사를 이행한 경우에는 그 이행 결과를 검사에게 서면으로 통보해야 하며, 제1항 본문에 따라 관계 서류와 증거물을 송부받은 경우에는 그 서류와 증거물을 함께 반환해야 한다. 다만, 관계 서류와 증거물을 반환할 필요가 없는 경우에는 보완수사의 이행 결과만을 검사에게 통보할 수 있다.

⑤ 사법경찰관은 법 제197조의2제1항제1호에 따라 보완수사를 이행한 결과 법 제245조의5제1호에 해당하지 않는다고 판단한 경우에는 제51조제1항제3호에 따라 사건을 불송치하거나 같은 항 제4호에 따라 수사중지할 수 있다.

3. 경찰수사규칙

> 제105조(보완수사요구의 결과통보 등) ① 사법경찰관은 법 제197조의2제2항에 따라 보완수사 이행 결과를 통보하는 경우에는 별지 제119호서식의 보완수사 결과 통보서에 따른다. 다만, 수사준칙 제59 조에 따른 보완수사요구의 대상이 아니거나 그 범위를 벗어난 경우 등 정당한 이유가 있어 보완수사 를 이행하지 않은 경우에는 그 내용과 사유를 보완수사 결과 통보서에 적어 검사에게 통보해야 한다.
> ② 사법경찰관은 법 제197조의2제1항제1호에 따른 보완수사요구 결과를 통보하면서 새로운 증거물, 서류 및 그 밖의 자료를 검사에게 송부하는 경우에는 수사준칙 제58조제3항에 따른다.
> ③ 사법경찰관은 법 제197조의2제1항제2호에 따른 보완수사요구를 이행한 경우에는 다음 각 호의 구 분에 따라 처리한다.
>   1. 기존의 영장 신청을 유지하는 경우: 제1항의 보완수사 결과 통보서를 작성하여 관계 서류와 증거 물과 함께 검사에게 송부
>   2. 기존의 영장 신청을 철회하는 경우: 제1항의 보완수사 결과 통보서에 그 내용과 이유를 적어 검 사에게 통보
> ④ 사법경찰관은 수사준칙 제60조제4항에 따라 사건을 불송치하거나 수사중지하는 경우에는 기존 송 치 결정을 취소해야 한다.

II. 유형 구분

1. 법령 개정

기존 검사의 수사 지휘를 폐지하고 송치사건의 공소제기/유지, 경찰 신청 영장의 청구 여부 결정을 위해 보완수사요구 가능토록 규정

2. 송치사건

가. 결정

공소제기 여부 결정을 위해 필요한 경우(기록/증거물 경찰에게 송부 가능)

나. 추완

공소제기 여부 결정을 위해 필요한 경우(기록/증거물 경찰에게 송부 불가능)

다. 공판

공소제기 후 공소유지를 필요한 경우(명시적 규정은 없으나 필요하다고 판단 되면 기록/증거물 대출/등사 가능)

3. 영장신청

경찰이 신청한 영장의 청구 여부 결정을 위해 필요한 경우(명시적 규정은 없으나 필요하다고 판단 되면 기록/증거물 대출/등사 가능)

※ 검찰사건사무규칙

제29조(보완수사요구의 대상과 절차) ① 법 제197조의2제1항에 따른 검사의 사법경찰관에 대한 보완수사요구는 다음 각 호의 구분에 따른다.

1. 보완수사요구 (결정): 송치사건의 공소제기 여부를 결정하는 데 필요한 사항에 관하여 법 제197조의2제1항제1호에 따라 수사준칙 제52조제1항제5호 및 제60조제1항 본문에 따른 방법으로 보완수사요구를 하는 경우

2. 보완수사요구 (추완): 송치사건의 공소제기 여부를 결정하는 데 필요한 사항에 관하여 법 제197조의2제1항제1호에 따라 수사준칙 제60조제1항 단서에 따른 방법으로 보완수사요구를 하는 경우

3. 보완수사요구 (공판): 공소제기 후 송치사건의 공소유지에 필요한 사항에 관하여 법 제197조의2제1항제1호 및 수사준칙 제59조제3항에 따라 보완수사요구를 하는 경우

4. 보완수사요구 (영장): 사법경찰관이 신청한 영장의 청구 여부를 결정하는 데 필요한 사항에 관하여 법 제197조의2제1항제2호 및 수사준칙 제59조제3항에 따라 보완수사요구를 하는 경우

② 검사는 사법경찰관이 송치한 사건 또는 접수된 영장신청서등을 검토한 결과 사법경찰관의 보완수사가 필요하다고 인정하는 경우에는 신속히 보완수사를 요구해야 한다.

③ 검사는 법 제197조의2제1항에 따라 사법경찰관에게 보완수사요구를 하는 경우에는 보완수사요구서에 보완수사요구가 필요한 이유, 보완수사가 필요한 사항 등을 구체적으로 적는다. 이 경우 검사는 제1항제2호·제3호 및 제4호의 보완수사요구를 하면서 필요한 경우에는 법 제197조의2제2항에 따라 사법경찰관이 지체 없이 보완수사요구를 이행하도록 이행기한을 정할 수 있다.

제2절 송치사건 보완수사요구

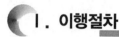

Ⅰ. 이행절차

1. 개 관

검사 보완수사요구 → 경찰 보완수사 이행 → 경찰 보완수사 결과통보

2. 보완수사요구 범위

가. 범인에 관한 사항

나. 증거 또는 범죄사실 증명에 관한 사항

다. 소송조건 또는 처벌조건에 관한 사항

라. 양형 자료에 관한 사항

마. 죄명 및 범죄사실의 구성에 관한 사항

바. 그 밖에 송치받은 사건의 공소제기 여부를 결정하는 데 필요하거나 공소유지와 관련해 필요한 사항

3. 보완수사요구 이행절차

가. 등 록

수사지원 담당 부서검사는 보완수사요구서를 KICS상 등록

나. 이 행

① 새로운 사건번호가 생성되는 기존 송치 후 재지휘와 달리 보완수사요구는 기존 KICS 송치사건에서 보완수사를 계속 이행

② KICS 송치사건에서 추가수사기록 → 보완수사결과통보서 → 추가송부서 순으로 작성

다. 송 부

① KICS상 서류 작성이 완료되면 전산상 별도 조치 없이 수사기록을 편철하여 검찰

에 오프라인으로 통보

② 추가기록을 처음부터 별권으로 분권하여 편철하되 필요시 1권으로 송부 가능

③ 쪽수는 추가송부서(1-1쪽), 보완수사요구통보서(2쪽부터 시작) 기재

④ 압수물총목록은 기존송치사건에 압수물총목록이 없었으나 보완수사 과정에서 압수물이 생긴 경우 작성

라. 각종 원표

지문원지작성번호, 구속영장 청구번호, 피의자원표번호, 통신사실청구번호는 추가송부서 비고란에 수기로 추가 기재

마. 통 지

이행결과만 통보하는 경우 수사진행상황통지서로 피의자와 고소인등에게 통지

II. KICS상 유사사건을 생성하는 경우

결정을 변경(송치→불송치/수사중지)하거나 사건 정보 변경(피의자/범죄추가인지, 죄명변경 등) 시 유사사건 생성 필요

1. 결정 변경

가. 의 의

① 보완수사요구는 송치/불송치 여부를 재차 판단하는 송치 후 재지휘가 아니므로 원칙적으로 이행결과만 통보

② 중대하고 명백한 하자 또는 사정변경이 있T는 경우에만 예외적으로 기존 송치결정을 취소하고 불송치/수사중지 결정

나. 이 행

① 일반 보안수사요구와 마찬가지로 기존 송치사건에서 수사

② 보완수사 결과 결정 변경으로 판단된 경우 보완수사결과통보서에 기존 송치 결정을 취소한다는 내용 기재

③ 유사사건 생성하여 수사결과보고, 불송치/수사중지 관련서류 작성

다. 통 지

피의자와 고소인등에게 기존 송치결정 취소 및 불송치/수사중지 결정 사실 통지

예, 검사의 보완수사요구를 이행한 결과 별지와 같이 공소권 없다고 판단되어, 기존 송
치결정을 취소하고 불송치 결정합니다.

라. 편 철

기본 송치결정 사건기록 → 보완수사결과 통보기록 → 불송치/수사중지 기록을 각
각 분리하여 편철

마. 추가송부서

① 피의자/죄명

상단 피의자/죄명 란에 새롭게 불송치/수사중지 결정한 피의자와 죄명을 삭제하고
나머지 피의자와 죄명만 기재

② 비고란에 불송치/수사중지 결정내용 기재

예, 본 건에 대해 보완수사한 결과 피의자 갑의 횡령 혐의에 대해 별도 수사중지 결정함
(사건번호 20○○-○○호)

2. 사건 정보 변경

가. 의 의

보완수사 진행 중 피의자/범죄를 추가로 인지하거나 죄명을 변경하는 등 사건 정
보가 변경되는 경우 유사사건 생성

나. 이 행

① 일반보완수사요구와 마찬가지로 기존 송치사건에서 이행
② 보완수사 진행 중 사건 정보 변경이 필요하다고 판단된 경우 유사사건 생성하여
관련서류 작성
③ 피의자/범죄 등에 대해 추가로 인지하여 새롭게 생성된 사건에 대해 통상적인 결
정(송치/불송치/수사중지) 절차 이행

다. 통 지

결정 변경과 같이 추가로 인지한 피의자/죄명에 대한 수사결과를 결정 유형별 절차에 따라 피의자/고소인등에게 통지

라. 송 부

기존 송치사건기록 → 보완수사결과 통보기록 → 사건 정보 변경 기록을 각각 분리하여 편철 송부

마. 추가송부서

① 보완수사결과 피의자 또는 죄명을 추가로 인지한 경우에는 추가송부서 비고란에 추가인지 내용 기재

② 추가 인지한 피의자/죄명은 유사사건 생성하여 별건으로 진행하므로 추가송부서의 피의자/죄명 란에는 기재하지 않음

예,

ⓐ 새로운 피의자의 새로운 범죄혐의 → 본 건에 대한 보완수사 결과 새로운 피의자 갑을 횡령 혐의로 추가 인지하여 별건으로 송치 결정함(사건번호 20○○-○○호)

ⓑ 기존 피의자의 새로운 범죄혐의 → 본 건에 대한 보완수사 결과 새로운 피의자 갑의 횡령을 추가 인지하여 별건으로 송치 결정함(사건번호 20○○-○○호)

제3절 영장신청 보완수사요구

1. 등록/접수

보완수사요구서를 KICS상 등록하고 담당 팀장은 KICS에 보완수사요구서(영장) 접수

2. 이 행

가. KICS상 진행 중인 사건에서 새로운 수사기록 추가

나. 영장심의위원회 심의요청 요건과 맞추어서 검사로부터 관계서류와 증거물을 반환받은 경우와 반환받지 않은 경우로 구분

3. 검사의 관계서류 등 반환받은 경우

가. 재신청

① 보완수사결과통보서 + 새로운 영장신청서 + 관계서류 및 증거물을 검사에게 송부

② 영장 재신청 시 심사관 심사 필요

나. 재신청하지 않는 경우

① 보완수사결과통보서만 검사에게 송부

② 기존에 신청한 영정 철회한다는 것이므로 보완수사결과통보서에 철회한다는 내용 기재

예, 보완수사요구를 이행한 결과 영장을 신청할 필요성이 없다고 판단되어 경찰수사규칙 제105조 제3항 제2호에 따라 기본 영장신청을 철회함

4. 검사의 관계서류 등 반환받지 못한 경우

가. 기본에 신청한 영장이 유지되는 경우이므로 별도의 영장 재신청 절차는 불필요

나. 보완수사결과통보서만 검사에게 송부

다. 기본 신청 영장을 철회하는 경우 보완수사결과통보서에 철회한다는 내용 기재

○○경찰서

제 *0000-000000* 호   20○○.○.○.

수 신 : ○○검찰청의 장 (검사 : 홍길동)

제 목 : **보완수사 결과 통보서**

「형사소송법」 제197조의2제2항에 따라 아래와 같이 보완수사결과를 통보합니다.

사 건 번 호		
피 의 자	성 명	
	주민등록번호	
죄 명		
보완수사요구 내용		
이행 결과 (불이행시 사유 기재)		

○○경찰서

사법경찰관 경감 유 아 림

제4절 보완수사요구 불이행

1. 사전 협의

정당한 이유가 있다고 판단한 경우 검사에게 불이행 통보하기에 앞서 검사와 협의

2. 불이행 통보

보완수사요구의 대상이 아니거나 그 범위를 벗어나면 등 정당한 이유가 있어 보완수사를 이행하지 않으면 그 내용과 사유를 보완수사결과통보서에 적어 검사에게 통보하여야 한다.

3. 정당한 이유 없이 불이행

가. 검찰총장 또는 검사장은 징계, 직무배제 요구 가능
나. 경찰관서장은 20일 이내 직무배제 의무

※ 형사소송법
제197조의2(보완수사요구) ③ 검찰총장 또는 각급 검찰청 검사장은 사법경찰관이 정당한 이유 없이 제1항의 요구에 따르지 아니하는 때에는 권한 있는 사람에게 해당 사법경찰관의 직무배제 또는 징계를 요구할 수 있고, 그 징계 절차는 「공무원 징계령」 또는 「경찰공무원 징계령」 에 따른다.

※ 검사와 사법경찰관의 상호협력과 일반적 수사준칙에 관한 규정
제61조(직무배제 또는 징계 요구의 방법과 절차) ① 검찰총장 또는 각급 검찰청 검사장은 법 제197조의2 제3항에 따라 사법경찰관의 직무배제 또는 징계를 요구할 때에는 그 이유를 구체적으로 적은 서면에 이를 증명할 수 있는 관계 자료를 첨부하여 해당 사법경찰관이 소속된 경찰관서장에게 통보해야 한다.
② 제1항의 직무배제 요구를 통보받은 경찰관서장은 정당한 이유가 있는 경우를 제외하고는 그 요구를 받은 날부터 20일 이내에 해당 사법경찰관을 직무에서 배제해야 한다.
③ 경찰관서장은 제1항에 따른 요구의 처리 결과와 그 이유를 직무배제 또는 징계를 요구한 검찰총장 또는 각급 검찰청 검사장에게 통보해야 한다.

※ 경찰수사규칙
제106조(직무배제 또는 징계 요구의 처리 등) ① 소속경찰관서장은 수사준칙 제61조 제2항에 따라 직무배제를 하는 경우 지체 없이 사건 담당 사법경찰관리를 교체해야 한다.

---

4. 결과 통보

징계, 직무배제 요구 처리결과 통보

소 속 관 서

제 0000-00000 호   20○○.○.○.

수 신 : 검찰총장 또는 검찰청의 장

제 목 : **직무배제요구 처리결과 통보서**

「검사와 사법경찰관의 상호협력과 일반적 수사준칙에 관한 규정」 제61조제3항에 따라 아래와 같이 직무배제요구 처리결과와 그 이유를 통보합니다.

사 건 번 호			
대상자	소 속	직위(직급)	성 명
직무배제요구 요지			
처 리 결 과			
이 유			

소 속 관 서 장

제5절 구(舊)법 검사지휘 사건 및 송치사건 처리

Ⅰ. 개 관

1. 검사직수 사건

가. 2021. 1. 1.이후 검사 → 경찰로 사건이송서 송부

나. 신법체계의 이송 절차에 따라 처리

2. 송치 후 재지휘

가. 2021. 1. 1.이후 검사 → 경찰로 보완수사요구서(결정) 송부

나. 기존 송치 후 재지휘 사건에서 계속 수사 진행(새로운 사건번호 생성 불필요)

3. 구법 송치사건 보완수사요구

가. 2021. 1. 1.이후 보완수사요구 (구법상 별도의 검사지휘 불필요)

나. 기존 송치사건에서 계속 수사 진행(새로운 사건번호 생성 불필요)

Ⅱ. 검사직수 사건

1. 개 요

경찰과 검찰 간 이송 절차로 진행하고 이후에는 신법체계의 이송 절차에 따라 경찰이 주체적으로 수사

2. 이송서 송부

가. 2021. 1. 1.이후 검사 → 경찰로 사건이송서 송부

나. 사건이송서를 KICS상 별도로 등록하지 않고 기존 직수사건에서 계속 수사 진행
(2021. 1. 1.이후 검사 → 경찰로 사건이송서 송부)

Ⅲ. 송치 후 재지휘 사건

1. 개 요

2020.12.31. 이전에 송치 후 재지휘받아 진행 중인 사건은 신법체계의 보완수사요구 절차에 따라 처리

2. 보완수사요구서 송부

가. 2021. 1. 1.이후 검사 → 경찰로 보완수사요구서(결정) 송부

나. 보완수사요구서를 KICS상 별도로 등록하지 않고 기존 송치 후 재지휘 사건에서 계속 수사 진행(새로운 사건번호 생성 불필요)

  ① 보완수사결과 혐의가 인정되지 않는다고 판단된 경우 새롭게 불송치 결정하거나 보완수사결과통보서에 혐의사실이 인정되지 않는다는 취지를 기재하여 반환

  ② 새롭게 불송치 결정을 하는 방안은 이의신청/기록 편철/기관 간 기록반환 방식 등이 복잡하여 혼선을 줄 수 있으므로 피의자의 혐의사실이 인정되지 않는 것이 관련 증거와 진술로 명백하거나 고소취소나 합의서가 제출되는 등 제반 사정을 고려하여 명백한 경우에만 불송치 결정

  ③ 보완수사요구 사항이 특정되어 개별사항을 이행하면 족하거나 다수의 결정이 혼재되어 불송치 결정이 부적당하거나 곤란한 경우 등에는 원칙적으로 이행결과만 통보

3. 보완수사결과만 통보

검사에게 보완수사결과를 통보한 후 KICS상 송치 후 재지휘 사건은 전산 종결

4. 불송치/수사중지

가. 통상적인 불송치/수사중지 관련서류를 작성하되 보완수사결과통보서에 다음과 같이 기재하여 송부

  ① 불송치 기재례

    검사와 사법경찰관의 상호협력과 일반적 수사준칙에 관한 규정 제51조 제1항 제3호에 따라 불송치 결정함

  ② 수사중지 기재례

    검사와 사법경찰관의 상호협력과 일반적 수사준칙에 관한 규정 제51조 제1항 제4호에

따라 수사중지 결정함

나. 불송치 결정은 객관적인 증거에 의해 공소권없음/각하 등 사유가 명백한 경우에만
예외적으로 하고 수배가 동반된 경우에는 원칙적으로 새롭게 수사중지 결정을 하
여야 함(불송치/수사중지 결정으로 종결하였으므로 별도의 전산 종결은 불필요)

다. 사건 전체 또는 일부에 대해 불송치/수사중지하는 경우에는 기록 반환절차 등에
서 각각 차이가 있으므로 관련 절차를 구분

① 사건 전체에 대해 불송치/수사중지
전체 기록을 철끈으로 묶어서 함께 기록 송부하고 전체 기록 함께 반환

② 사건 일부에 대해 불송치/수사중지
전체 기록을 철끈으로 묶어서 함께 기록 송부하고 일부(불송치/수사중지기록)만 반환

Ⅳ. 구법 송치사건 보완수사요구

1. 개 요

2020.12.31. 이전 송치사건을 신법에서 보완수사요구 받으면 신법체계의 보완수사
요구 절차에 따라 처리

2. 이행결과 통보 원칙

가. 결정 변경은 수사 준칙상 임의규정(제60조 제4항)이며 형사소송법에도 결과 통보
만 규정되어 있으므로 원칙적으로 보완수사결과만 통보

나. 구법 송치종결 사건의 의견에 기속될 필요가 없음
객관적 증거로 공소권없음이나 각하 등이 명백한 경우 예외적으로 불송치 결정

3. 기록 분리

가. 불송치 결정 사유가 명백한 경우나 수사중지가 필요한 경우 등에는 결정별로 기
록 분리 처리 가능

나. 개정법 이행 전 전건송치에 따라 기록 분리를 가급적 하지 않던 관행에서 탈피하
여 분리 가능 여부 사건은 적극적으로 분리

제6절 재수사요청

Ⅰ. 근거법령

1. 형사소송법

> **제245조의8(재수사요청 등)** ① 검사는 제245조의5제2호의 경우에 사법경찰관이 사건을 송치하지 아니한 것이 위법 또는 부당한 때에는 그 이유를 문서로 명시하여 사법경찰관에게 재수사를 요청할 수 있다.
> ② 사법경찰관은 제1항의 요청이 있는 때에는 사건을 재수사하여야 한다.

2. 검사와 사법경찰관의 상호협력과 일반적 수사준칙에 관한 규정

> **제63조(재수사요청의 절차 등)** ① 검사는 법 제245조의8에 따라 사법경찰관에게 재수사를 요청하려는 경우에는 법 제245조의5제2호에 따라 관계 서류와 증거물을 송부받은 날부터 90일 이내에 해야 한다. 다만, 다음 각 호의 어느 하나에 해당하는 경우에는 관계 서류와 증거물을 송부받은 날부터 90일이 지난 후에도 재수사를 요청할 수 있다.
> 1. 불송치 결정에 영향을 줄 수 있는 명백히 새로운 증거 또는 사실이 발견된 경우
> 2. 증거 등의 허위, 위조 또는 변조를 인정할 만한 상당한 정황이 있는 경우
> ② 검사는 제1항에 따라 재수사를 요청할 때에는 그 내용과 이유를 구체적으로 적은 서면으로 해야 한다. 이 경우 법 제245조의5제2호에 따라 송부받은 관계 서류와 증거물을 사법경찰관에게 반환해야 한다.
> ③ 검사는 법 제245조의8에 따라 재수사를 요청한 경우 그 사실을 고소인등에게 통지해야 한다.
> ④ 사법경찰관은 법 제245조의8제1항에 따른 재수사의 요청이 접수된 날부터 3개월 이내에 재수사를 마쳐야 한다.
> **제64조(재수사 결과의 처리)** ① 사법경찰관은 법 제245조의8제2항에 따라 재수사를 한 경우 다음 각 호의 구분에 따라 처리한다.
> 1. 범죄의 혐의가 있다고 인정되는 경우: 법 제245조의5제1호에 따라 검사에게 사건을 송치하고 관계 서류와 증거물을 송부
> 2. 기존의 불송치 결정을 유지하는 경우: 재수사 결과서에 그 내용과 이유를 구체적으로 적어 검사에게 통보
> ② 검사는 사법경찰관이 제1항제2호에 따라 재수사 결과를 통보한 사건에 대해서 다시 재수사를 요청하거나 송치 요구를 할 수 없다. 다만, 검사는 사법경찰관이 사건을 송치하지 않은 위법 또는 부당이 시정되지 않아 사건을 송치받아 수사할 필요가 있는 다음 각 호의 경우에는 법 제197조의3에 따라 사건송치를 요구할 수 있다.
> 1. 관련 법령 또는 법리에 위반된 경우
> 2. 범죄 혐의의 유무를 명확히 하기 위해 재수사를 요청한 사항에 관하여 그 이행이 이루어지지 않은 경우. 다만, 불송치 결정의 유지에 영향을 미치지 않음이 명백한 경우는 제외한다.
> 3. 송부받은 관계 서류 및 증거물과 재수사 결과만으로도 범죄의 혐의가 명백히 인정되는 경우
> 4. 공소시효 또는 형사소추의 요건을 판단하는 데 오류가 있는 경우
> ③ 검사는 제2항 각 호 외의 부분 단서에 따른 사건송치 요구 여부를 판단하기 위해 필요한 경우에는 사법경찰관에게 관계 서류와 증거물의 송부를 요청할 수 있다. 이 경우 요청을 받은 사법경찰관은

이에 협력해야 한다.

④ 검사는 재수사 결과를 통보받은 날(제3항에 따라 관계 서류와 증거물의 송부를 요청한 경우에는 관계 서류와 증거물을 송부받은 날을 말한다)부터 30일 이내에 제2항 각 호 외의 부분 단서에 따른 사건송치 요구를 해야 하고, 그 기간 내에 사건송치 요구를 하지 않을 경우에는 송부받은 관계 서류와 증거물을 사법경찰관에게 반환해야 한다.

제65조(재수사 중의 이의신청) 사법경찰관은 법 제245조의8제2항에 따라 재수사 중인 사건에 대해 법 제245조의7제1항에 따른 이의신청이 있는 경우에는 재수사를 중단해야 하며, 같은 조 제2항에 따라 해당 사건을 지체 없이 검사에게 송치하고 관계 서류와 증거물을 송부해야 한다.

3. 경찰수사규칙

제112조(재수사 결과의 처리) ① 사법경찰관은 수사준칙 제64조제1항제1호에 따라 사건을 송치하는 경우에는 기존 불송치 결정을 취소해야 한다.

② 사법경찰관은 수사준칙 제64조제2항 단서에 따라 사건을 송치하는 경우에는 기존 불송치 결정을 변경해야 한다.

③ 수사준칙 제64조제1항제2호에 따른 재수사 결과서는 별지 제124호서식에 따른다.

Ⅱ. 재수사 일반적 절차

1. 개 념

경찰이 불송치 결정한 사건이 위법 또는 부당한 때 90일 이내 검사가 그 이유를 문서에 명시하여 경찰에게 재수사를 요청하는 제도

2. 재수사의 일반적인 절차

가. 등 록

① 검사의 재수사요청을 받으면 KICS에 등록

② 재수사요청이 법에 부합하지 않는 요구를 하는 경우 접수 전에 전화나 서면 등의 방법으로 검사와 협의(수사준칙 제8조)

나. 처 리

범죄혐의가 인정되어 기존 불송치 결정을 취소/변경하는 경우와 기존의 불송치 결정을 유지하는 경우로 구분하여 처리

III. 기존의 불송치 결정을 유지하는 경우

1. 재수사결과서 작성

불송치 결정을 그대로 유지하므로 KICS상 기존 불송치 사건에서 재수사결과서 작성(유사사건 생성하지 않음)

예(例),

- 검사 홍길동의 재수사요청에 따라 참고인 갑 등 추가로 조사한바, 피의자 혐의를 인정할 만한 진술 확보하지 못했다.
- 이처럼 재수사를 하였으나 기존의 불송치 결정과 같이 범죄혐의 인정이 어려워 불송치 결정을 유지합니다.

2. 결과서 송부

가. 재수사결과서만 검사에게 오프라인 송부

나. 원 기록/재수사기록 모두 검사에게 송부하지 않음에 유의

3. 통 지

결정 변경 없이 검사에게 이행결과만 통보하는 경우, 권익보장 차원에서 고소인등에게 수사진행상황통지서로 통지

예(例),

○○검찰청(검사 홍길동)에서 재수사를 요청하여 재수사한 결과 검사와 사법경찰관의 상호협력과 일반적 수사준칙에 관한 규정 제64조 제1항제2호에 따라 기존의 불송치 결정을 그대로 유지하는 것이 타당하다고 판단하여 ○○검찰청에 재수사결과를 통보합니다.

4. 편 철

기존 불송치 기록에 재수사결과서, 재수사요청서, 추가된 수사기록 등을 함께 편철하여 보관

Ⅳ. 범죄혐의가 있다고 인정되는 경우

1. 결정취소/변경

가. 재수사 결과 범죄혐의가 있다고 인정되는 경우 기존 불송치 결정을 취소/변경

나. 유사사건을 생성하여 송치

2. 송치결정서 등 작성

가. 송치결정서의 송치 결정 이유, 사건송치서의 결정근거에 재수사요청에 따른 송치임을 기재

나. KICS상 사건송치서 결정근거로 검사와 사법경찰관의 상호협력과 일반적 수사준칙에 관한 규정에 따른 사건송치 선택

예, **재수사한 결과 범죄혐의가 있다고 인정되어 검사와 사법경찰관의 상호협력과 일반적 수사준칙에 관한 규정 제64조(재수사 결과의 처리) 제1항에 따라 송치한다.**

3. 통 지

피의자와 고소인 등에게 불송치 결정취소 및 송치결정 사실 통지

예, **검사의 재수사요청을 이행한 결과 피의자 범죄혐의가 있다고 판단되어 기존 불송치 결정을 취소하고 송치 결정하였습니다.**

4. 편 철

가. KICS상 원 사건에서 재수사 진행하되 재수사결과 범죄혐의가 인정되는 경우 실물기록은 유사사건 기록에 편철

나. 검사의 재수사요청 접수 시 반환받은 원 불송치사건 기록과 새롭게 편철된 재수사기록(유사사건)을 끈으로 묶어서 함께 송부

V. 재수사 후 송치요구

1. 송치요구

가. 원칙적으로 경찰의 재수사 결과 및 불송치 결정 유지에 검사는 다시 재수사요청을 하거나 송치요구 불가

나. 불송치 결정 유지에 대해 예외적 사유가 있다고 판단되는 경우 30일 이내 경찰에 사건 송치요구 가능

① 법리 위반

② 송부받은 관계서류 및 증거물과 재수사결과만으로도 공소제기를 할 수 있을 정도로 명백한 채증법칙 위반

③ 공소시효 또는 형사소추 요건 판단오류가 있어 위법 또는 부당이 시정되지 않은 경우

2. 협 의

가. 재수사 결과에 대해 이견이 있는 경우 필수적 협의 대상이므로 상대방의 협의요청에 응해야 함

나. 검사가 경찰의 재수사결과에 이의가 있거나 경찰이 검사의 송치요구에 이의가 있는 경우 상호 협의할 수 있음

> ※ 검사와 사법경찰관의 상호협력과 일반적 수사준칙에 관한 규정
> 제8조(검사와 사법경찰관의 협의) ① 검사와 사법경찰관은 수사와 사건의 송치, 송부 등에 관한 이견의 조정이나 협력 등이 필요한 경우 서로 협의를 요청할 수 있다. 이 경우 특별한 사정이 없으면 상대방의 협의 요청에 응해야 한다.

3. 결정 변경

가. 검사의 송치요구에 대해 이견이 해소되지 않는 경우 기존 불송치 결정을 변경하여 송치(법정송치)

나. 유사사건을 생성 후 처리

4. 송치결정서 등 작성

송치결정 이유란에 검사와 사법경찰관의 상호협력과 일반적 수사준칙에 관한 규정에 따른 사건송치임을 기재

예, 검사와 사법경찰관의 상호협력과 일반적 수사준칙에 관한 규정 제64조(재수사 결과의 처리) 제2항에 따른 사건송치

5. 통 지

피의자와 고소인 등에게 불송치 결정취소 및 송치결정 사실 통지

예, 검사의 송치요구로 인해 기존 불송치 결정을 변경하고 송치 결정함

6. 기록송부

원 불송치사건 기록과 새롭게 편철한 기록을 함께 검사에게 송부

Ⅵ. 기타 절차

1. 재수사 중 이의신청이 있는 경우

가. 개 요

경찰의 불송치 종결 및 송부 후 검사의 재수사요청에 따라 재수사 중인 사건에 대해 이의신청이 있는 경우

나. 절 차

① 검사의 재수사요청 → 경찰의 재수사 → 고소인등 이의신청 → 재수사를 중단하고 검찰송치

② 고소인등의 이의신청서가 접수되면 당시까지 작성한 수사기록에 사건송치서/송치결정서 작성하여 검사에게 송치

2. 재수사 중 대상자 추가가 필요한 경우

가. 참고인 추가

① 재수사 중 참고인 추가가 필요한 경우 결정 변경할 때와 같이 KICS상 유사사건 생성하여 재수사 진행

② 최종 불송치 하여야 할 경우 재수사결과를 통보한 후 사건은 전산종결

③ 송치할 경우 결정취소/변경과 동일하게 송치

나. 피의자인지

일반적인 사건 인지 절차에 따라 새로운 사건을 생성하여 통상적인 수사절차 진행

○○경찰서

제 호   20○○.○.○.

수 신 : ○○검찰청의 장 (검사 : 홍길동)

제 목 : 재수사 결과서

「검사와 사법경찰관의 상호협력과 일반적 수사준칙에 관한 규정」 제64조제1항
제2호에 따라 재수사결과를 아래와 같이 통보합니다.

사 건 번 호				
피의자	성 명		주민등록번호	
	직 업			
	주 거			
죄 명				
재수사 요청 내용				
재수사 결과				

○○경찰서

사법경찰관 경감 유 아 윤

시정조치요구

개정법에서 피의자신문 전 경찰 수사과정에서 법령위반 등이 있는 경우 검사에게 구제를 신청할 수 있음을 고지하도록 경찰에 의무를 부여하고 있으며, 이에 따라 신고가 있거나 이런 사실을 인식한 경우 검사는 다음의 요구를 단계적으로 할 수 있다.

① 사건기록 등본송부 요구
② 시정조치요구
③ 송치요구
④ 징계요구 (경찰관의 수사과정에서 법령위반 등 행위)

등본송부	검찰	등본송부 요구	
	경찰	등본 송부(7일 이내)	
시정조치	검찰	시정조치 요구 (등본송부 받은 날로부터 30일 이내)	
	경찰	정당한 이유 없으면 지체없이 이행 정당한 이유가 있을 경우 불이행	결과통보
사건송치	검찰	정당한 이유없이 불이행했다고 판단 시 송치요구	
	경찰	송치(7일 이내)	

○ ○ 경 찰 서

제 호   20○○.○.○.

제1절 구제신청 고지

Ⅰ. 법적근거

1. 형사소송법

> 제197조의3(시정조치요구 등) ⑧ 사법경찰관은 피의자를 신문하기 전에 수사과정에서 법령위반, 인권침해 또는 현저한 수사권 남용이 있는 경우 검사에게 구제를 신청할 수 있음을 피의자에게 알려주어야 한다.

2. 검사와 사법경찰관의 상호협력과 일반적 수사준칙에 관한 규정

> 제47조(구제신청 고지의 확인) 사법경찰관은 법 제197조의3제8항에 따라 검사에게 구제를 신청할 수 있음을 피의자에게 알려준 경우에는 피의자로부터 고지 확인서를 받아 사건기록에 편철한다. 다만, 피의자가 고지 확인서에 기명날인 또는 서명하는 것을 거부하는 경우에는 사법경찰관이 고지 확인서 끝부분에 그 사유를 적고 기명날인 또는 서명해야 한다.

3. 경찰수사규칙

> 제77조(구제신청 고지의 확인) 수사준칙 제47조에 따른 고지 확인서는 별지 제89호서식에 따른다.

Ⅱ. 절 차

1. 개 요

가. 피의자신문 전 경찰 수사과정에서 법령위반, 인권침해 또는 현저한 수사권 남용이 있는 경우 검사에게 구제를 시청할 수 있음을 피의자에게 고지하는 경찰 의무

나. 피의자 조사하기 전에 고지 확인서를 받아 기록에 편철

다. 고지하였으나 정당한 이유 없이 기명날인 또는 서명을 거부한 경우 그 사유를 고지확인서 하단에 기재하고 기명날인 또는 서명

2. 대상과 시기

가. 피의자를 신문하는 경우에만 고지

나. 피해자나 참고인 등을 조사하거나 체포 및 압수수색영장 집행, 임의동행 등의 경우에는 고지하지 않음

고 지 확 인 서

성   명 :

주민등록번호 :   (세)

주   거 :

본인은 20○○.○.○.경 ○○에서 신문을 받기 전에 수사과정에서 법령위반, 인권침해 또는 현저한 수사권 남용이 있는 경우 검사에게 구제를 신청할 수 있음을 고지받았음을 확인합니다.

20○○.○.○.

위 확인인

위 피의자를 신문하면서 위와 같이 고지하였음(위 피의자를 신문하면서 위와 같이 고지하였으나 정당한 이유 없이 기명날인 또는 서명을 거부함).
※ 기명날인 또는 서명 거부 사유:

20○○.○.○.

○○경찰서

사법경찰관 경감 유 경 일

제2절 등본송부요구

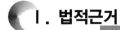**I. 법적근거**

1. 형사소송법

> **제197조의3(시정조치요구 등)** ① 검사는 사법경찰관리의 수사과정에서 법령위반, 인권침해 또는 현저한 수사권 남용이 의심되는 사실의 신고가 있거나 그러한 사실을 인식하게 된 경우에는 사법경찰관에게 사건기록 등본의 송부를 요구할 수 있다.
> ② 제1항의 송부 요구를 받은 사법경찰관은 지체 없이 검사에게 사건기록 등본을 송부하여야 한다.

2. 검사와 사법경찰관의 상호협력과 일반적 수사준칙에 관한 규정

> **제45조(시정조치 요구의 방법 및 절차 등)** ① 검사는 법 제197조의3 제1항에 따라 사법경찰관에게 사건기록 등본의 송부를 요구할 때에는 그 내용과 이유를 구체적으로 적은 서면으로 해야 한다.
> ② 사법경찰관은 제1항에 따른 요구를 받은 날부터 7일 이내에 사건기록 등본을 검사에게 송부해야 한다.

3. 경찰수사규칙

> **제75조(시정조치요구의 이행)** ① 사법경찰관은 수사준칙 제45조 제2항에 따라 사건기록 등본을 검사에게 송부하는 경우에는 별지 제86호서식의 사건기록 등본 송부서를 작성하여 사건기록 등본에 편철해야 한다.
> ② 사법경찰관은 제1항에 따라 사건기록 등본을 송부하는 경우에는 해당 사건기록 전체의 등본을 송부한다. 다만, 등본송부 요구의 사유가 사건기록의 일부와 관련된 경우에는 사전에 검사와 합의하고 해당 부분에 대해서만 등본을 송부할 수 있다.
> ③ 사법경찰관은 필요하다고 인정하는 경우 제1항에 따라 사건기록 등본을 송부하면서 의견을 함께 제출할 수 있다.

II. 절 차

1. 등록 및 접수

등본송부요구서를 KICS상 등록하고 심사관의 분석과 검토를 거쳐 해당 사건담당
팀장에게 인계하면 담당 팀장은 등본송부요구서를 KICS상 접수

2. 등 본

가. 원칙적으로 사건기록 전체를 등본으로 제작

나. 전체 사건기록 복사 불필요 시 검사와 협의(전화 등)를 통해 필요부분만 제작한
후 그 취지를 등본송부서의 의견란에 기록하고 송부

다. 다만, 협의에도 불구하고 검사가 전체등본 송부를 요구한 경우 전체를 송부

3. 기록 편철

KICS로 사건기록등본송부서를 작성한 후 사건기록등본송부서 → 사건기록등본 순
으로 편철

4. 의견제출

가. 검사의 등본송부 요구에 대한 의견이 있는 경우 사건기록등본송부서의 의견란이
나 별도 의견서 작성 가능

나. 사건기록등본송부서 → 의견서 → 사건기록 등본 순으로 편철

5. 처리기한

등본송부요구서 도달일로부터 7일 이내 송부

○ ○ 경 찰 서

제 0000-00000 호   20○○.○.○.

수 신 : 검찰청의 장 (검사: 검사명)

제 목 : **사건기록 등본 송부서**

「검사와 사법경찰관의 상호협력과 일반적 수사준칙에 관한 규정」 제45조제2
항에 따라 아래와 같이 사건기록의 등본을 송부합니다.

사 건 번 호	**경찰 사건번호**
요 구 일 자	**등본요구서가 도달한 일자 기재**
요 구 번 호	**검찰의 시정사건 번호 기재**
사 건 기 록 등 본 송 부 관 련 의 견	
붙 임	사건기록등본 1부.

○○경찰서

사법경찰관 경감 유 아 윤

제3절 시정조치요구

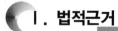

Ⅰ. 법적근거

1. 형사소송법

> **제197조의3(시정조치요구 등)** ③ 제2항의 송부를 받은 검사는 필요하다고 인정되는 경우에는 사법경찰관에게 시정조치를 요구할 수 있다.
> ④ 사법경찰관은 제3항의 시정조치 요구가 있는 때에는 정당한 이유가 없으면 지체 없이 이를 이행하고, 그 결과를 검사에게 통보하여야 한다.

2. 검사와 사법경찰관의 상호협력과 일반적 수사준칙에 관한 규정

> **제45조(시정조치 요구의 방법 및 절차 등)** ③ 검사는 제2항에 따라 사건기록 등본을 송부받은 날부터 30일(사안의 경중 등을 고려하여 10일의 범위에서 한 차례 연장할 수 있다) 이내에 법 제197조의3 제3항에 따른 시정조치 요구 여부를 결정하여 사법경찰관에게 통보해야 한다. 이 경우 시정조치 요구의 통보는 그 내용과 이유를 구체적으로 적은 서면으로 해야 한다.
> ④ 사법경찰관은 제3항에 따라 시정조치 요구를 통보받은 경우 정당한 이유가 있는 경우를 제외하고는 지체 없이 시정조치를 이행하고, 그 이행 결과를 서면에 구체적으로 적어 검사에게 통보해야 한다.

3. 경찰수사규칙

> **제75조(시정조치요구의 이행)** ④ 사법경찰관은 수사준칙 제45조 제4항에 따라 검사에게 시정조치 이행 결과를 통보하는 경우 별지 제87호서식의 시정조치 결과 통보서에 따른다. 다만, 법률상·사실상 시정이 불가능한 경우 등 정당한 이유가 있어 시정조치요구를 이행하지 않은 경우에는 그 내용과 사유를 시정조치 결과 통보서에 구체적으로 적어 통보해야 한다.

II. 절 차

1. 개 요

가. 시정조치요구는 주로 사건관계인이 당해 수사절차에 이의를 제기하기 시작되는 절차로 수사중지사건 이의제기 또는 수사심의신청 제도와 유사

나. 시정조치가 요구된 사안은 이의제기 처리절차와 같이 시도경찰청(수사심의계)에서 정당한 이유 유무를 검토/판단하도록 하여 공정성과 객관성 담보 도모

2. 등록과 접수

시정조치요구서를 KICS상 등록하고 심사관의 분석과 검토를 거쳐 해당 사건담당 팀장에게 인계하면 담당 팀장은 시정조치요구서를 KICS상 접수

3. 보 고

팀장은 검사 요구 내용, 사건기록, 심사관 의견 등을 종합적으로 검토 후 시도경찰청(수사심의계)에 사건보고

4. 검 토

시도경찰청(수사심의계)은 검사의 시정조치요구 내용과 담당 팀장의 의견을 토대로 수용 여부를 신속히 검토/판단하여 지휘

5. 처리절차

가. 이행한 경우 이행한 내용을, 불이행하는 경우 그 내용과 사유를 시정조치결과보고서에 기재하여 검사에게 통보

나. 시정조치요구를 이행하지 않을 정당한 이유가 있다고 판단되는 경우 검사에게 불이행 통보하기에 앞서 검사와 협의 가능

○○경찰서

제 0000-00000 호   20○○.○.○.

수 신 : 검찰청의 장 (검사: 검사명)

제 목 : **시정조치 결과 통보서**

「검사와 사법경찰관의 상호협력과 일반적 수사준칙에 관한 규정」 제45조제4항
에 따라 아래와 같이 시정조치 이행결과를 통보합니다.

사 건 번 호	**경찰 사건번호**	요구 일자	**요구서 도달일자**
대 상 자	소　　속	직급(직위)	성 　　명

시 정 조 치 요 구 내 용	**검사의 시정조치요구 내용 기재**
이 행 결 과	**검사가 시정조치 요구한 사안별로 구분하여 작성**

○○경찰서

사법경찰관 경감 유 아 윤

제4절 송치요구 및 징계요구

Ⅰ. 법적근거

1. 형사소송법

> 제197조의3(시정조치요구 등) ⑤ 제4항의 통보를 받은 검사는 제3항에 따른 시정조치 요구가 정당한 이유 없이 이행되지 않았다고 인정되는 경우에는 사법경찰관에게 사건을 송치할 것을 요구할 수 있다.
> ⑥ 제5항의 송치 요구를 받은 사법경찰관은 검사에게 사건을 송치하여야 한다.
> ⑦ 검찰총장 또는 각급 검찰청 검사장은 사법경찰관리의 수사과정에서 법령위반, 인권침해 또는 현저한 수사권 남용이 있었던 때에는 권한 있는 사람에게 해당 사법경찰관리의 징계를 요구할 수 있고, 그 징계 절차는 「공무원 징계령」 또는 「경찰공무원 징계령」 에 따른다.

2. 검사와 사법경찰관의 상호협력과 일반적 수사준칙에 관한 규정

> 제45조(시정조치 요구의 방법 및 절차 등) ⑤ 검사는 법 제197조의3 제5항에 따라 사법경찰관에게 사건송치를 요구하는 경우에는 그 내용과 이유를 구체적으로 적은 서면으로 해야 한다.
> ⑥ 사법경찰관은 제5항에 따라 서면으로 사건송치를 요구받은 날부터 7일 이내에 사건을 검사에게 송치해야 한다. 이 경우 관계 서류와 증거물을 함께 송부해야 한다.
> ⑦ 제5항 및 제6항에도 불구하고 검사는 공소시효 만료일의 임박 등 특별한 사유가 있을 때에는 제5항에 따른 서면에 그 사유를 명시하고 별도의 송치기한을 정하여 사법경찰관에게 통지할 수 있다. 이 경우 사법경찰관은 정당한 이유가 있는 경우를 제외하고는 통지받은 송치기한까지 사건을 검사에게 송치해야 한다.
> 제46조(징계요구의 방법 등) ① 검찰총장 또는 각급 검찰청 검사장은 법 제197조의3 제7항에 따라 사법경찰관리의 징계를 요구할 때에는 서면에 그 사유를 구체적으로 적고 이를 증명할 수 있는 관계 자료를 첨부하여 해당 사법경찰관리가 소속된 경찰관서의 장(이하 "경찰관서장"이라 한다)에게 통보해야 한다.
> ② 경찰관서장은 제1항에 따른 징계요구에 대한 처리 결과와 그 이유를 징계를 요구한 검찰총장 또는 각급 검찰청 검사장에게 통보해야 한다.

3. 경찰수사규칙

> 제76조(징계요구 처리 결과 등 통보) 소속경찰관서장은 수사준칙 제46조 제2항에 따라 징계요구의 처리 결과와 그 이유를 통보하는 경우에는 별지 제88호서식의 징계요구 처리결과 통보서에 따른다.

II. 절 차

1. 등록 및 접수

송치요구서를 KICS상 등록하고 심사관의 분석과 검토를 거쳐 해당 사건담당 팀장에게 인계하면 담당 팀장은 송치요구서를 KICS상 접수

2. 기록 편철

송치요구서를 받은 시점까지 작성된 사건기록을 정리하여 사건송치서 및 관계서류를 작성/편철

3. 처리절차

가. 송치결정서

법정송치이므로 송치결정 이유를 자세히 기재할 필요 없이 간단히 기재

예, 형사소송법 제197조의3(시정조치요구 등)에 따라 송치한다.

나. 사건송치서

결정근거에 형사소송법 제197조의3(시정조치요구 등)에 따라 사건송치라고 입력

4. 기 간

가. 송치요구를 받은 날로부터 7일 이내 사건을 검사에게 송치해야 하며, 관계서류와 증거물을 함께 송부

나. 다만, 공소시효 만료 임박 등 특별한 사유가 있는 경우 검사는 7일보다 짧은 기간을 정해 통지 가능하며, 경찰은 정당한 이유가 없으면 해당 기한을 준수하여 송치

III. 징계요구

1. 개 요

가. 징계요구는 시정조치요구 불이행에 대한 것이 아니라 경찰관이 수사과정에서 법령위반 등의 행위를 한 것에 대한 제재

나. 법령위반, 인권침해, 현저한 수사권 남용 사실이 있는 경우 시정조치요구절차(등본송부요구→시정조치요구→송치요구)와 별도로 징계요구 가능

다. 징계 요구자

검찰총장 또는 각급 검찰청 검사장만이 요구할 수 있고 반드시 서면으로 요구

라. 징계요구 대상자

수사과정에서 법령위반, 인권침해, 현저한 수사권 남용을 한 해당 사법경찰관리

2. 접수절차

가. 징계요구서를 접수한 담당 부서는 해당사건 담당 부서장에게 징계요구 사실 통보

나. 해당 관서 청문감사관실에 징계요구서 원본을 인계하고 징계요구 사실 통보

다. 수사감찰 설치 시 시도경찰청의 경우 수사심의계로 인계 및 통보

3. 징계절차

검사의 징계요구 기속력은 없으며, 징계령의 규정에 따라 처리

4. 처리절차

해당 관서장은 징계요구에 대한 처리결과와 이유를 징계요구 처리 결과서에 기재하여 징계 요구한 검찰총장 등에게 통보

○○경찰서

제 0000-00000 호   20○○.○.○.

수 신 : 검찰총장 또는 검찰청의 장

제 목 : **징계요구 처리결과 통보서**

「검사와 사법경찰관의 상호협력과 일반적 수사준칙에 관한 규정」 제46조제2항·제61조제3항에 따라 아래와 같이 징계요구 처리결과와 그 이유를 통보합니다.

사 건 번 호			
대 상 자	소 속	직위(직급)	성 명
징 계 요 구 요 지			
처 리 결 과			
이 유			

소 속 관 서 장

제6장 수사 이의제도

개정 형사소송법에 따라 <u>의의신청</u> 개념이 신설되고, 검사와 사법경찰관의 상호협력과 일반적 수사준칙에 관한 규정의 제정으로 <u>이의제기</u> 개념 신청, <u>심의신청</u>은 경찰수사사건 심의 등에 관한 규칙(2021.4.4. 시행) 제정으로 시행

이의신청 (불송치)	▷불송치결정 통지를 받은 사람(고발인 제외) ▷형사소송법 제245조의7, 경찰수사규칙 제113조
이의제기 (수사중지)	▷수사중지 결정통지를 받은 사람 ▷수사준칙 제54조, 경찰수사규칙 제101조
심의신청	▷前 수사이의신청 ▷경찰수사사건 심의 등에 관한 규칙

제1절 이의신청(불송치)

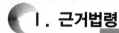

Ⅰ. 근거법령

1. 형사소송법

> **제245조의7(고소인 등의 이의신청)** ① 제245조의6의 통지를 받은 사람(고발인을 제외한다)은 해당 사법경찰관의 소속 관서의 장에게 이의를 신청할 수 있다.
> ② 사법경찰관은 제1항의 신청이 있는 때에는 지체 없이 검사에게 사건을 송치하고 관계 서류와 증거물을 송부하여야 하며, 처리결과와 그 이유를 제1항의 신청인에게 통지하여야 한다.

2. 검사와 사법경찰관의 상호협력과 일반적 수사준칙에 관한 규정

> **제65조(재수사 중의 이의신청)** 사법경찰관은 법 제245조의8제2항에 따라 재수사 중인 사건에 대해 법 제245조의7제1항에 따른 이의신청이 있는 경우에는 재수사를 중단해야 하며, 같은 조 제2항에 따라 해당 사건을 지체 없이 검사에게 송치하고 관계 서류와 증거물을 송부해야 한다.

3. 경찰수사규칙

> **제113조(고소인등의 이의신청)** ① 법 제245조의7제1항에 따른 이의신청은 별지 제125호서식의 불송치 결정 이의신청서에 따른다.
> ② 사법경찰관은 제1항의 이의신청이 있는 경우 지체 없이 수사준칙 제58조제1항에 따라 사건을 송치한다. 이 경우 관계 서류와 증거물을 검사가 보관하는 경우(제110조제3항을 적용받는 경우는 제외한다)에는 관계 서류 및 증거물을 송부하지 않고 사건송치서 및 송치 결정서만으로 사건을 송치한다.
> ③ 사법경찰관은 법 제245조의7제2항에 따라 신청인에게 통지하는 경우에는 서면, 전화, 팩스, 전자우편, 문자메시지 등 신청인이 요청한 방법으로 통지할 수 있으며, 별도로 요청한 방법이 없는 경우에는 서면 또는 문자메시지로 한다. 이 경우 서면으로 하는 통지는 별지 제126호서식의 이의신청에 따른 사건송치 통지서에 따른다.
> ④ 사법경찰관은 법 제245조의7제2항에 따라 사건을 송치하는 경우에는 기존 불송치 결정을 변경해야 한다.

II. 절 차

1. 신청자

가. 불송치 결정통지를 받은 사람

나. 통지받은 사람으로부터 위임받은 배우자, 직계존속, 형제자매, 변호사도 가능

2. 신청대상

해당 사법경찰관의 소속관서장

3. 기 한

별도 규정이 없으므로 언제든지 신청 가능

4. 절 차

가. 접수 및 처리

① 수사지원 담당 부서에서 접수 후 KICS에 접수하여 수사관에게 이의신청서 교부

② 담당 수사관은 사건목록에서 이의신청 대상 사건의 유사사건 생성(이유: 이의신청)

나. 기록 작성

① 신규 생성된 사건에서 송치결정서와 사건송치서, 통지서 작성

② 사법경찰관이 이의신청을 받아 사건을 송치한 경우 기존 불송치 결정을 변경

③ 송치결정서 송치결정 이유란은 형사소송법 제245조의7 제2항에 따라 송치한다'로 기재

④ 신규작성 서류는 송치결정서, 사건송치서, 통지서뿐이며 타 수사서류는 작성하지 않음

다. 통 지

① 신청인에게 지체없이 통지

② 서면, 전화, 팩스, 전자우편, 문자메시지 등 신청인이 요청한 방법, 별도로 요청한 방법이 없는 경우에는 서면 또는 문자메시지

라. 기록 편철

① 사건기록 원본이 검찰에 있을 때

사건송치서 → 송치결정서 → 이의신청서 → 통지서

② 사건기록 원본이 경찰에 있을 때

사건송치서 → 송치결정서 → 이의신청서 → 통지서 → 불송치 사건기록 원본

③ 편철 1 원본과 함께 편철하며 기록목록은 필요시 작성

④ 송치서류에 통지서를 포함시켜 불필요하게 통지가 지연되는 사례 없도록 할 것

Ⅲ. 재수사 중의 이의신청

1. 사유

경찰의 불송치 종결 및 송부 후 검사의 재수사요청에 따라 재수사 중인 사건에 대해 이의신청이 있는 경우

2. 절차

가. 검사의 재수사요청 → 경찰의 재수사 → 고소인들 이의신청 → 검찰로 송치

나. 검사의 재수사요청서가 접수되면 수사관은 당시까지 작성한 서류와 사건송치서 작성 후 검사에게 송치

Ⅳ. 다수의 불송치 결정에 대한 일부 이의신청

1. 개 요

다수의 불송치 결정 송부 이후 사건기록이 반환되지 않는 시간 동안(90일 내) 일부에 대해 이의신청이 접수된 경우 이의 신청된 불송치 결정만 송치결정으로 변경하여 송치

2. 나머지 불송치 결정사건 조치

가. 검사가 사법경찰관이 송부한 불송치 결정서만 반환하는 것으로 사건서류 반환을 갈음

예, 피의자 갑, 을, 병 모두 불송치 결정하여 검사에게 송부한 후 피의자 갑에 대한 이의신청이 접수되었을 때 갑의 불송치 결정은 송치결정으로 변경하여 송치

나. 검사는 경찰에게 을, 병에 대한 불송치 결정서만 반환

불송치 결정 이의신청서

□ 신청인

성 명		사건관련 신분	
주민등록번호		전 화 번 호	
주 소		전자우편	

□ 경찰 결정 내용

사 건 번 호	
죄 명	
결 정 내 용	수사중지 ( )

□ 이의신청 이유

□ 이의신청 결과통지서 수령방법

종 류	서 면 / 전 화 / 팩 스 / 전자우편 / 문자메시지

20○○.○.○.

신청인   (서명)

○ ○ 경 찰 서 장 귀 하

○ ○ 경 찰 서

제　호 2000.○.○.

수 신 : 귀하

제 목 : 이의신청에 따른 사건송치 통지서

　　귀하의 이의신청과 관련하여 형사소송법 제245조의7 제2항에 따라 다음과 같이 사건을 송치하였음을 알려드립니다.

송치일시	2000.○.○.	송치번호		사건번호	
조치사항					
담당팀장	전화				

○ ○ 경 찰 서 장

제2절 이의제기(수사중지)

Ⅰ. 근거법령

1. 검사와 사법경찰관의 상호협력과 일반적 수사준칙에 관한 규정

> **제54조(수사중지 결정에 대한 이의제기 등)** ① 제53조에 따라 사법경찰관으로부터 제51조제1항제4호에 따른 수사중지 결정의 통지를 받은 사람은 해당 사법경찰관이 소속된 바로 위 상급경찰관서의 장에게 이의를 제기할 수 있다.
> ② 제1항에 따른 이의제기의 절차·방법 및 처리 등에 관하여 필요한 사항은 경찰청장 또는 해양경찰청장이 정한다.

2. 경찰수사규칙

> **제101조(수사중지 결정에 대한 이의제기 처리 절차)** ① 수사준칙 제54조제1항에 따라 이의제기를 하려는 사람은 수사중지 결정을 통지받은 날부터 30일 이내에 해당 사법경찰관이 소속된 바로 위 상급경찰관서의 장(이하 "소속상급경찰관서장"이라 한다)에게 별지 제110호서식의 수사중지 결정 이의제기서를 제출해야 한다.
> ② 제1항에 따른 이의제기서는 해당 사법경찰관이 소속된 경찰관서에 제출할 수 있다. 이 경우 이의제기서를 제출받은 경찰관서의 장은 이를 지체 없이 소속상급경찰관서장에게 송부해야 한다.
> ③ 소속상급경찰관서장은 제1항 또는 제2항에 따라 이의제기서를 제출받거나 송부받은 날부터 30일 이내에 다음 각 호의 구분에 따른 결정을 하고 해당 사법경찰관의 소속수사부서장에게 이를 통보해야 한다.
>   1. 이의제기가 이유 있는 경우 : 수용
>   가. 사건 재개 지시. 이 경우 담당 사법경찰관리의 교체를 함께 지시할 수 있다.
>   나. 상급경찰관서 이송 지시
>   2. 이의제기가 이유 없는 경우 : 불수용
> ④ 제3항제1호에 따른 결정을 통보받은 소속수사부서장은 지체 없이 이를 이행하고 소속상급경찰관서장에게 이행 결과를 보고해야 한다.
> ⑤ 소속상급경찰관서장은 제3항의 결정을 한 날부터 7일 이내에 별지 제111호서식의 수사중지사건 이의처리결과 통지서에 처리 결과와 그 이유를 적어 이의를 제기한 사람에게 통지해야 한다.
> ⑥ 사법경찰관은 제1항부터 제4항까지의 규정에 따른 절차의 진행 중에 수사준칙 제51조제4항 후단에 따라 검사의 시정조치요구를 받은 경우에는 지체 없이 소속상급경찰관서장에게 보고해야 한다.

II. 절 차

1. 신청인 및 신청대상

가. 수사중지 결정통지를 받은 사람(통지받은 사람으로부터 위임받은 배우자, 직계
   존속, 형제자매, 변호사도 가능)

나. 해당 사법경찰관의 소속 상급경찰관서장

2. 기 한

수사중지 결정을 통지받은 날로부터 30일 이내

3. 절 차

가. 접 수

① 원칙적으로 시도경찰청 수사심의계로 접수하나 경찰서 제출도 가능

② 경찰서 제출 시 시도경찰청(수사심의계)으로 즉시 송부

나. 처 리

① 접수 후 수사심의계는 해당 수사관에게 이의제기 접수 및 사실에 관한 내용 구
   두, 전화, 서면 등 방식으로 통보

② 통보받은 수사관은 KICS상 입건/조사의 사건보고/지휘를 통해 이의제기 수용
   여부를 결정해 줄 것은 수사심의계로 지휘 건의

**예, 수사중지 결정(결정일 20○○.○.○.)한 ○○사건 관련 고소인 홍길동의 이의제
기(신청일 : 20○○.○.○.)에 대한 수용 여부를 결정해 줄 것을 건의합니다.**

다. 수용 여부 판단

① 수사심의계는 이의제기서 제출받거나 송부받은 날로부터 30일 이내 수용 여부 결정

② 결정 후 담당 수사관에서 수사 지휘를 통해 통보

※ 수사심의계는 필요시 수사관에게 사건기록 원본 제출요구 지휘 가능, 사건기록

원본이 검사에게 있는 경우 KICS상 작성된 서식만으로 수용 여부 판단 가능)

③ 수용결과를 통보받은 수사관은 이를 지체없이 이행하고 그 결과를 사건보고로 수사심의계에 보고

라. 통 지

① 수사심의계는 결정을 한 날로부터 7일 이내 이의제기한 사람에게 이의제기 처리 결과와 그 이유 통지

② 반드시 서면으로 통지

Ⅲ. 이의제기절차 진행 중 시정조치 요구

1. 시정조치 요구를 받은 때

이의제기서를 제출받은 때로부터 수사관이 이행결과를 보고하기 전까지의 과정에서 검사의 시정조치 요구가 있는 때에는 지체없이 수사심의계로 사건보고

2. 수사심의계 조치

검사의 시정조치 요구사항을 검토하여 이의제기 수용 여부와 시정조치 요구 이행 여부를 지휘

수사중지 결정 이의제기서

☐ 신청인

성 명		사건관련 신분	
주민등록번호		전 화 번 호	
주 소			

☐ 경찰 결정 내용

사 건 번 호	
죄 명	
결 정 내 용	수사중지 ( )

☐ 이의제기 이유

20○○.○.○.

신청인   (서명)

○○경찰청장 귀하

○○경찰청

제 호   20○○.○.○.

수 신 : 귀하

제 목 : 수사중지사건 이의처리결과 통지서

　귀하의 이의제기와 관련하여 「경찰수사규칙」 제101조 제5항에 따라 아래와 같이 처리결과를 통지합니다.

사건번호	
처리결과	
이　　유	

○○경찰청장

제3절 심의신청

I. 근거법령 (경찰 수사사건 심의 등에 관한 규칙)

제2조(신청) ① 사건관계인(고소인, 기관고발인, 피해자, 피의자, 피혐의자, 피진정인 및 그들의 대리인을 말한다)은 경찰 입건전조사·수사 절차 또는 결과의 적정성·적법성이 현저히 침해되었다고 판단하는 경우 경찰관서에 심의를 신청(이하 "수사심의신청"이라 한다)할 수 있다.
② 사건관계인은 수사심의신청을 할 때 별지 제1호 서식의 수사심의 신청서를 작성하여 담당 수사관이 소속된 경찰관서 또는 시·도경찰청에 이를 제출한다.
③ 수사심의신청을 접수한 경찰관서는 신청자와 충분한 상담을 실시하여야 하며, 당해 수사심의신청이 다음 각 호의 하나에 해당하는 경우 이를 수리하지 않고 반려할 수 있다.
  1. 동일한 수사심의신청이 이미 접수되어 진행중이거나 종료된 경우
  2. 구체적 사실이 적시되어 있지 않거나 내용이 불분명한 경우
  3. 근거없는 주장이거나, 사실관계 또는 법령을 오인한 결과로 인한 것인 경우
  4. 수사를 방해하거나 지연시킬 목적이 명백한 경우
제3조(수사심의신청에 따른 조사) ① 시·도경찰청 소속의 수사심의계(이하 "수사심의계"라 한다)는 수사심의신청사건의 조사에 관한 주관부서로서 별표 1의 기준에 따라 객관적이고 공정하게 조사·처리하여야 한다.
② 제1항에도 불구하고 당해사건을 수사한 경찰관서(시·도경찰청 수사부서가 수사한 경우에는 그 수사부서)(이하 "당해 경찰관서등"이라 한다)에서 조사함이 타당하다고 판단되는 경우에는 별지 제2호 서식의 수사심의신청사건 처리지시서를 통하여 당해 경찰관서등에서 수사심의신청사건을 직접 조사하고 그 결과를 통보하도록 조치할 수 있다.
③ 수사심의계는 관련 사건의 특수성 등을 고려하여 시·도경찰청 소관부서에서 수사심의신청사건을 직접 조사하도록 배당할 수 있으며, 당해 소관부서는 그 조사결과를 수사심의계로 통보한다.
④ 수사심의계에 소속된 조사담당자는 당해사건의 수사관 또는 수사책임자에 대하여 다음 각 호의 요구를 할 수 있다. 이때 수사관 및 수사책임자는 정당한 사유가 없는 한 조사담당자의 요구에 따라야 한다.
  1. 출석 또는 서면을 통한 진술
  2. 관계서류나 증거물 등의 제출
  3. 당해사건의 개요를 확인하기 위한 KICS 등 전산정보시스템에 입력된 자료의 제출
  4. 그 밖에 원활한 조사를 위해 필요한 조치
⑤ 수사심의계장은 제1항에 따라 직접 조사하거나 제2항 또는 제3항에 따라 조사 결과를 통보받은 사건에 대하여 별지 제3호 서식의 수사심의신청사건 조사결과서를 작성하여 제20조의 경찰수사 심의위원회에 안건으로 상정하여야 한다.

II. 절 차

1. 정 의

수사심의 신청 사건의 처리, 수사 사건의 점검 및 경찰수사 심의위원회의 설치·운영에 관한 사항을 정함으로써 수사의 공정을 확보함을 목적

2. 신청인 및 신청대상

가. 신청인(사건관계인)

고소인, 기관고발인, 피해자, 피의자, 피혐의자, 피진정인과 그들의 대리인

나. 신청대상

① 사건관계인이 관할 시도경찰청 수사심의계로 심의신청서 제출

② 경찰서 민원실, 시도경찰청 수사심의계, 경찰청 민원실 등 제출 가능(시도경찰청 수사심의계로 송부)

③ 전문적인 조사를 필요로 하는 심의신청 사건의 경우 담당 부서로 배당, 조사 후 수사심의계에서 결과 통보받아 수사심의신청심사위원회 상정

3. 절 차

가. 신청접수 반려

수사심의신청을 접수한 경찰관서는 신청자와 충분한 상담하여야 하며, 당해 수사심의신청이 다음 각호의 하나에 해당하면 이를 수리하지 않고 반려할 수 있다.

① 동일한 수사심의신청이 이미 접수되어 진행 중이거나 종료된 경우

② 구체적 사실이 적시되어 있지 않거나 내용이 불분명한 경우

③ 근거 없는 주장이거나, 사실관계 또는 법령을 오인한 결과로 인한 것인 경우

④ 수사를 방해하거나 지연시킬 목적이 명백한 경우

나. 조사 및 조치

① 수사심의신청 내용을 토대로 경찰 입건전조사/수사절차 또는 결과의 적정성/적법성이 현저히 침해되었는지를 조사/점검

② 조사결과를 토대로 당해 사건을 직접 조사하거나, 처리지시서 등을 통해 해당 관서에 수사 지휘 등 조치

다. 처리 및 통보

① 심의신청 사건조사의 적정성과 조치결과의 타당성 등을 위원회에 상정하여 심의하고, 심의결과를 기반으로 후속 절차 진행

② 위원회 상정

위원회 안건 및 상정 시 당해 사건의 진행결과를 보고, 위원회에서는 조사결과 및 조치결과의 적절성 등을 심의

③ 결과 통지

심의를 신청한 사건관계인에게 처리결과 및 이유를 통지

④ 심의결과 통보 등

중대한 개선사항이 발생한 경우 필요시 조사결과를 경찰관서 등에 통보하거나 인사상 조치 등 절차 진행 가능

라. 타 이의제도와의 관계

① 이의신청(불송치), 이의제기(수사중지)와 병행 가능

② 사건기록을 경찰에서 보관하고 있지 않은 경우에도 신청 가능

③ 이의신청과 심의신청

수사관은 이의신청에 따라 사건송치, 수사심의계는 심의신청 사건조사/처리절차 진행

④ 이의제기와 심의신청

수사심의계에서 이의제기 수용 여부에 관한 판단과 함께 심의신청 사건조사/처리절차 진행

수사심의신청사건 처리기준

당해사건 처리상황	구　분	처리기준
당해 사건에 대한 경찰 입건전 조사·수사가 진행 중인 경우	심의신청 내용이 편파 수사 등 수사 공정성에 대한 견인 경우	수사심의계는 당해 사건을 인계받아 병합수사 하거나, 수사관 교체 등을 지시할 수 있음
	심의신청 내용이 수사관 등에 대한 기피 신청이거나, 수사절 차에 대한 이견인 경우	수사심의계는 직접 보완수사 하거나 수사관 교체, 보완수사 등을 지시할 수 있음
	심의신청 내용이 수사지연과 관련된 경우	수사심의계는 심의신청사건을 직접 조사하거나, 기일을 정하여 신속히 입 건전조사·수사 후 결과 보고하도록 지시할 수 있음
당해 사건에 대한 경찰의 결정이 있는 경우	결정이 변경될 수 있는 새로운 증거 또는 사실관계의 변경이 있는 경우	수사심의계는 직접 재수사 후처리하 거나, 당해 사건 수사관서에 재수사를 지시할 수 있음
	새로운 증거 또는 사실관계의 변경이 없는 경우	경찰 단계의 이의신청, 이의제기 등 불복절차 혹은 검찰 단계의 항고·재 항고, 재정신청 등 다른 불복절차를 안내하고 조사는 지양함

수사심의 신청서

□ 신청인

성 명		사 건 관 련 신 분	
주 민 등 록 번 호		전 화 번 호	
주 소		전 자 우 편	

□ 당해 사건 내용

사 건 번 호	-
죄 명	
결 정 내 용	

□ 수사심의신청 이유

신청인 　　　　　　　　(서명)

소 속 관 서 장　 귀 하

수사심의신청사건 처리지시서

수사심의 신청사건	사건번호			처리지시 연 번	
대상사건	사건번호			피 의 자	
	팀 장	·소속 :	·계급 :	·성명 :	
	담당자	·소속 :	·계급 :	·성명 :	
지시사항					
지시일시	년 월 일		보고기한	년 월 일	
지 시 자	·소속 : ·계급 :		·성명 : ㊞		

수사심의신청사건 조사결과서

심의신청 사건번호		대상자	팀 장 : 담당자 :
수 사 심 의 신 청 내 용		민원인	
조 사 결 과		심의신청 사건담당	
심의일시		심의장소	
심의위원			
심 의 결 과			

제1절 수사중지 전 소재수사

 I. 근거법령

1. 경찰수사규칙

제99조(소재수사 등) ① 사법경찰관은 소재불명의 사유로 수사중지를 하려는 경우에는 별지 제109호 서식의 소재수사 보고서를 작성하여 사건기록에 편철해야 한다.
② 사법경찰관리는 소재불명의 사유로 수사중지된 사건의 경우 매 분기 1회 이상 소재수사를 하는 등 수사중지 사유 해소를 위해 노력해야 한다.

2. 범죄수사규칙

제92조(사건담당자의 지명수배 · 지명통보 의뢰) ① 사건담당자는 「경찰수사규칙」 제45조에 따른 지명수배 또는 같은 규칙 제47조에 따른 지명통보를 할 때에는 별지 제32호서식의 지명수배 · 지명통 보자 전산입력 요구서를 작성 또는 전산입력 하여 수배관리자에게 지명수배 또는 지명통보를 의뢰하 여야 한다.
② 지명수배 · 지명통보를 의뢰할 때에는 다음 각 호의 사항을 정확히 파악하여야 한다.
  1. 성명, 주민등록번호(생년월일), 성별과 주소
  2. 인상, 신체특징 및 피의자의 사진, 방언, 공범
  3. 범죄일자, 죄명, 죄명코드, 공소시효 만료일
  4. 수배관서, 수배번호, 사건번호, 수배일자, 수배종별 구분
  5. 수배종별이 지명수배자인 경우 영장명칭, 영장발부일자, 영장유효기간, 영장번호 또는 긴급체포 대상 유무
  6. 범행 장소, 피해자, 피해정도, 범죄사실 개요
  7. 주민조회, 전과조회, 수배조회 결과
  8. 작성자(사건담당자) 계급, 성명, 작성일시
③ 외국인을 지명수배 또는 지명통보 의뢰할 때에는 영문 성명, 여권번호, 외국인등록번호, 연령, 피부 색, 머리카락, 신장, 체격, 활동지, 언어, 국적 등을 추가로 파악하여야 한다.
④ 사건담당자는 지명수배 · 지명통보의 사유를 명확히 하기 위해 지명수배 · 지명통보 의뢰 전 다음 각 호의 사항을 수사한 후, 수사보고서로 작성하여 수사기록에 편철하여야 한다.
  1. 연고지 거주 여부   2. 가족, 형제자매, 동거인과의 연락 여부
  3. 국외 출국 여부   4. 교도소 등 교정기관 수감 여부
  5. 경찰관서 유치장 수감 여부
⑤ 제4항 제1호의 "연고지"란 다음 각 호와 같다.
  1. 최종 거주지   2. 주소지   3. 등록기준지   4. 사건 관계자 진술 등 수사 과정에서 파악된 배회처

Ⅱ. 절 차

1. 지명수배·지명통보 시 파악할 사항

가. 성명, 주민등록번호(생년월일), 성별과 주소

나. 인상, 신체특징 및 피의자의 사진, 방언, 공범

다. 범죄일자, 죄명, 죄명코드, 공소시효 만료일

라. 수배관서, 수배번호, 사건번호, 수배일자, 수배종별 구분

마. 수배종별이 지명수배자면 영장명칭, 영장발부일자, 영장 유효기간, 영장번호
또는 긴급체포 대상 유무

바. 범행 장소, 피해자, 피해정도, 범죄사실 개요

사. 주민조회, 전과조회, 수배조회 결과

아. 작성자(사건담당자) 계급, 성명, 작성일시

2. 외국인을 지명수배 또는 지명통보 시 추가확인 사항

가. 성명 및 여권번호, 외국인등록번호, 연령

나. 피부색, 머리카락, 신장, 체격

다. 활동지, 언어, 국적 등

3. 지명수배·지명통보 전 수사보고서 작성

가. 연고지 거주 여부

　최종 거주지, 주거지, 등록기준지, 사건관계자 진술 등 수사과정에서 파악된 배회처

나. 가족, 형제자매, 동거인과의 연락 여부

다. 국외 출국 여부

라. 교도소 등 교정기관 수감 여부

마. 경찰서 유치장 수감 여부

○○ 경 찰 서

제 호   20○○.○.○.
수 신 :
참 조 :
제 목 : 소재수사 보고서(소재확인종합)

피의자 홍길동에 대한 ○○피의 사건에 관하여 아래와 같이 소재수사를 실시하였기에 보고합니다.

< 소재 확인 대상자 >
성 명 :   주민등록번호 :
최종주거지 :
주 소 :
등록기준지 :
배회처 : 1.
배회처 : 2.

1. 연고지 거주 여부(소재수사결과)

 1) 최종주거지 :

 2) 주 소 :

 3) 등록기준지 :

 4) 배회처 :

2. 가족, 형제자매, 동거인과의 연락 여부

3. 국외 출국 여부

4. 교도소 등 교정기관 수감 여부

5. 경찰관서 유치장 수감 여부

6. 기타 참고사항(고의적인 출석불응 여부 등)

제2절 수사중지 결정 및 수배입력

Ⅰ. 근거법령

1. 검사와 사법경찰관의 상호협력과 일반적 수사준칙에 관한 규정

제51조(사법경찰관의 결정) ① 사법경찰관은 사건을 수사한 경우에는 다음 각 호의 구분에 따라 결정해야 한다.
　　4. 수사중지
　　　가. 피의자중지
　　　나. 참고인중지

2. 경찰수사규칙

제98조(수사중지 결정) ① 사법경찰관은 다음 각 호의 구분에 해당하는 경우에는 그 사유가 해소될 때까지 수사준칙 제51조제1항제4호에 따른 수사중지 결정을 할 수 있다.
　1. 피의자중지: 다음 각 목의 어느 하나에 해당하는 경우
　　가. 피의자가 소재불명인 경우
　　나. 2개월 이상 해외체류, 중병 등의 사유로 상당한 기간 동안 피의자나 참고인에 대한 조사가 불가능하여 수사를 종결할 수 없는 경우
　　다. 의료사고 · 교통사고 · 특허침해 등 사건의 수사 종결을 위해 전문가의 감정이 필요하나 그 감정에 상당한 시일이 소요되는 경우
　　라. 다른 기관의 결정이나 법원의 재판 결과가 수사의 종결을 위해 필요하나 그 결정이나 재판에 상당한 시일이 소요되는 경우
　　마. 수사의 종결을 위해 필요한 중요 증거자료가 외국에 소재하고 있어 이를 확보하는 데 상당한 시일이 소요되는 경우
　2. 참고인중지: 참고인 · 고소인 · 고발인 · 피해자 또는 같은 사건 피의자의 소재불명으로 수사를 종결할 수 없는 경우
② 사법경찰관은 제1항에 따라 수사중지의 결정을 하는 경우에는 별지 제107호서식의 수사중지 결정서를 작성하여 사건기록에 편철해야 한다.
③ 사법경찰관은 수사준칙 제51조제4항에 따라 검사에게 사건기록을 송부하는 경우에는 별지 제108호서식의 수사중지 사건기록 송부서를 사건기록에 편철해야 한다.
④ 사법경찰관리는 제1항제1호나목 또는 다목의 사유로 수사중지 결정을 한 경우에는 매월 1회 이상 해당 수사중지 사유가 해소되었는지를 확인해야 한다.

3. 범죄수사규칙

제91조(지명수배) 경찰관은 경찰수사규칙 제45조에 따라 지명수배를 한 경우에는 체포영장 또는 구속
    영장의 유효기간에 유의하여야 하며, 유효기간 경과 후에도 계속 수배할 필요가 있는 때에는 유효
    기간 만료 전에 체포영장 또는 구속영장을 발부 받아야 한다.
제92조(사건담당자의 지명수배ㆍ지명통보 의뢰) ① 사건담당자는 「경찰수사규칙」 제45조에 따른
    지명수배 또는 같은 규칙 제47조에 따른 지명통보를 할 때에는 별지 제32호서식의 지명수배ㆍ지명
    통보자 전산입력 요구서를 작성 또는 전산입력 하여 수배관리자에게 지명수배 또는 지명통보를 의
    뢰하여야 한다.
제93조(지명수배ㆍ지명통보 실시) ① 수배관리자는 제92조에 따라 의뢰받은 지명수배ㆍ지명통보를 별지
    제33호서식의 지명수배 및 통보대장에 등재하고, 전산 입력하여 전국 수배를 해야 한다.
    ② 별지 재32호서식의 지명수배ㆍ지명통보자 전산입력요구서 작성관서에서 작성 내용과 입력사항 및 관
    련 영장 확인 검토한 후 연도별, 번호순으로 보관하여야 한다.
제94조(지명수배ㆍ지명통보의 책임) 지명수배와 지명통보를 신속하고 정확하게 하여 인권침해 등을
    방지하고, 수사의 적정성을 기하기 위하여 다음 각 호와 같이 한다.
    1. 지명수배ㆍ지명통보 전산입력 요구서 작성, 지명수배ㆍ지명통보의 실시 및 해제서 작성과 의뢰에 대
       한 책임은 담당 수사팀장으로 한다.
    2. 지명수배ㆍ지명통보의 실시 및 해제사항 또는 수배사건 담당자 변경, 전산입력 등 관리책임은 수배
       관리자로 한다.
    3. 제1호 및 제2호의 최종승인은 수배관리자가 처리한다.

II. 수배 종별

※ 경찰수사규칙
제100조(수사중지 시 지명수배ㆍ지명통보) 사법경찰관은 피의자의 소재불명을 이유로 수사중지 결
    정을 하려는 경우에는 지명수배 또는 지명통보를 해야 한다.

1. 수사중지 결정

기존의 기소중지, 시한부기소중지, 사안 송치, 참고인중지의 사유를 모두 포괄하는
경찰의 결정이다.

2. 지명수배

가. 법정형이 사형 무기 또는 장기 3년 이상의 징역이나 금고에 해당하는 죄를 범하
    였다고 의심할 만한 상당한 이유가 있어 체포영장 또는 구속영장이 발부된 사람
나. 지명통보의 대상인 사람 중 지명수배를 할 필요가 있어 체포영장 또는 구속영장

이 발부된 사람

다. 긴급체포 대상에 해당하는 긴박한 사유가 있는 때에는 영장을 발부받지 아니하고 지명수배 가능

(이 경우 지명수배를 한 후 신속히 체포영장을 발부받아야 하며, 발부받지 못한 경우에는 즉시 지명수배를 해제하여야 한다.)

3. 지명통보

가. 법정형이 장기 3년 미만의 징역 또는 금고, 벌금에 해당하는 죄를 범하였다고 의심할 만한 상당한 이유가 있고, 출석요구에 응하지 않은 사람

나. 법정형이 장기 3년 이상의 징역이나 금고에 해당하는 죄를 범하였다고 의심되더라도 사안이 경미하고, 출석요구에 응하지 않은 사람

III. 절 차

1. 수배입력

가. 수사중지된 피의자는 기존과 동일하게 지명수배 또는 지명통보해야 하며, 요건과 절차도 기존과 동일

나. 수사중지 결정 시 수사보고(소재확인종합), 해당 사건번호로 수배입력이 되어야 하고 KICS상 사건 진행 가능

다. 수배종별 변경 등의 사유로 신규사건에서 종결 시 기존 지명통보 건에서 사건번호 항목에 신규 사건번호가 입력되도록 변경

라. 피의자 불특정 시 '수사중지(피의자중지)' 결정하고 수배입력은 생략

마. 법 제200조의3 제1항에 해당하는 긴박한 사유가 있는 때에는 영장을 발부받지 아니하고 지명수배 가능(이 경우 지명수배를 한 후 신속히 체포영장을 발부받아야 하며, 발부받지 못한 경우에는 즉시 지명수배를 해제하여야 한다.)

2. 검사 송부

수사중지 결정 후 7일 이내 검찰 송부 → 30일 이내 기록반환편철

3. 대상자 통지

가. 검사에게 사건을 송부한 날로부터 7일 이내

나. 피의자 소재불명일 때는 고소인등에게만 통지

4. 기록반환

검찰이 경찰에 서류를 반환해야 하는 기한(30일)은 경찰과 검찰이 상호 확인하여 수사중지 사건기록 송부서에 수기로 기재

5. 이의제기

가. 수사중지 결정통지를 받은 사람은 통지받은 날로부터 30일 이내 이의제기 가능

나. 이의제기 수용 여부 판단의 주체는 시도경찰청 수사심의계이므로 수사심의계의 지휘에 따름

6. 시정조치

가. 수사과정상 법령위반, 인권침해 또는 현저한 수사권 남용이 의심되어 검사로부터 등본송부, 시정조치요구를 받은 경우

나. 수사심의계로 즉시 보고한 후 수사심의계의 지휘에 따름

7. 기록보관

반환받은 사건에 수사중지 편철서를 작성하여 수사서류 맨 앞에 편철·보관

○ ○ 경찰서

제 0000-000000 호   20○○.○.○.

제 목 : 수사중지 편철

사 건 번 호						
		성 명		성별	연령	지문원지 작성번호	피의자 원표번호
피 의 자							
죄 명						
결 정 주 문						
결 정 일 시	0000. 00. 00.					
결 정 자						
팀 장						
정 수 사 관						
공 소 시 효	장기	0000. 00. 00.	기록보존기한	20○○.○.○.		
	단기	0000. 00. 00.				
비 고						

○ ○ 경 찰 서

20○○.○.○.

수 신 : ○○검찰청의 장

제 목 : 수사중지 사건기록 송부서

다음 수사중지 사건기록을 송부합니다.

사 건 번 호		결정일	
피 의 자	죄 명		주 문

송 부 내 역	서 류	
	증 거 품	
공 소 시 효	장 기	
	단 기	
반 환 기 한		

참 고 사 항

○○경찰서

사법경찰관 경감 유 아 림

대한민국 경찰
KOREAN NATIONAL POLICE

○ ○ 경 찰 서

20○○.○.○.

사건번호　　　제○○호

제　　목　　**수사중지 결정서**

아래와 같이 수사중지 결정합니다.

Ⅰ. 피의자

Ⅱ. 죄명

Ⅲ. 주문

Ⅳ. 피의사실과 수사중지 이유

　ㅇ 참고인 중지 → 김길동의 소재가 발견될 때까지 수사중지(참고인중지)한다,

　ㅇ 수사중지 → 피의자의 소재가 발견될 때까지 수사중지(피의자중지/지명수배 또는 지명통보)한다.

사 법 경 찰 관　경 위　홍 길 동

IV. 수사중지에 대한 이의제기

1. 이의제기

가. 수사중지 결정을 통지받은 날로부터 30일 이내에 해당 사법경찰관이 소속된 소속 상급경찰관서장에게 수사중지 결정 이의제기서 제출

나. 해당 사법경찰관이 소속된 경찰관서에 제출도 가능(이때 이의제기서를 제출받은 경찰관서는 이를 지체없이 소속 상급경찰관서장에게 송부)

2. 절 차

가. 이의제기가 이유 있는 경우 : 수용

　① 사건 재개 지시. 이 경우 담당 사법경찰관리의 교체를 함께 지시 가능

　② 상급 경찰관서 이송지시

나. 이의제기가 이유 없는 경우 : 불수용

3. 조 치

가. 결정을 통보받은 소속 수사부서장은 지체 없이 이를 이행하고 소속 상급경찰관서장에게 이행 결과보고

나. 소속 상급경찰관서장은 결정을 한 날부터 7일 이내에 수사중지사건 이의처리결과 통지서에 처리결과와 그 이유를 적어 이의를 제기한 사람에게 통지

수사중지 결정 이의제기서

□ 신청인

성 명		사 건 관 련 신 분	
주민등록 번 호		전화번호	
주 소			

□ 경찰 결정 내용

사건번호	
죄 명	
결정내용	수사중지 ( )

□ 이의제기 이유

20○○.○.○.

신청인 　　　　　　　　　　 (서명)

○ ○ 경 찰 청 장 　귀 하

제3절 수사중지 결정 후 소재수사

Ⅰ. 근거법령 (경찰수사규칙)

제98조(수사중지 결정) ① 사법경찰관은 다음 각 호의 구분에 해당하는 경우에는 그 사유가 해소될 때까지 수사준칙 제51조제1항제4호에 따른 수사중지 결정을 할 수 있다.

1. 피의자중지: 다음 각 목의 어느 하나에 해당하는 경우

가. 피의자가 소재불명인 경우

나. 2개월 이상 해외체류, 중병 등의 사유로 상당한 기간 동안 피의자나 참고인에 대한 조사가 불가능하여 수사를 종결할 수 없는 경우

다. 의료사고·교통사고·특허침해 등 사건의 수사 종결을 위해 전문가의 감정이 필요하나 그 감정에 상당한 시일이 소요되는 경우

라. 다른 기관의 결정이나 법원의 재판 결과가 수사의 종결을 위해 필요하나 그 결정이나 재판에 상당한 시일이 소요되는 경우

마. 수사의 종결을 위해 필요한 중요 증거자료가 외국에 소재하고 있어 이를 확보하는 데 상당한 시일이 소요되는 경우

2. 참고인중지: 참고인·고소인·고발인·피해자 또는 같은 사건 피의자의 소재불명으로 수사를 종결할 수 없는 경우

④ 사법경찰관리는 제1항제1호나목 또는 다목의 사유로 수사중지 결정을 한 경우에는 매월 1회 이상 해당 수사중지 사유가 해소되었는지를 확인해야 한다.

제99조(소재수사 등) ② 사법경찰관리는 소재불명의 사유로 수사중지된 사건의 경우 매 분기 1회 이상 소재수사를 하는 등 수사중지 사유 해소를 위해 노력해야 한다.

Ⅱ. 절 차

1. 피의자중지 소재수사

가. 대 상

① 2월 이상 해외 체류, 중병 등의 사유로 상당한 기간동안 피의자나 참고인에 대한 조사가 불가능하여 수사를 종결할 수 없는 경우

② 의료사고·교통사고·특허침해 등 사건에 있어서 수사의 종결을 위해서는 전문가의 감정이 필요하나 그 감정에 상당한 시일이 소요되는 경우

나. 기 간

① 매월 1회 이상 수사중지 사유 해소 여부 확인, 매 분기 1회 이상 소재수사

2. 참고인중지 소재수사 : 매 분기 1회 이상

제4절 수배자 등 발견 시 조치

Ⅰ. 근거법령

1. 검사와 사법경찰관의 상호협력과 일반적 수사준칙에 관한 규정

제55조(소재수사에 관한 협력 등) ② 검사는 법 제245조의5제1호 또는 법 제245조의7제2항에 따라 송치된 사건의 피의자나 참고인의 소재 확인이 필요하다고 판단하는 경우 피의자나 참고인의 주소지 또는 거소지 등을 관할하는 경찰관서의 사법경찰관에게 소재수사를 요청할 수 있다. 이 경우 요청을 받은 사법경찰관은 이에 협력해야 한다.

2. 경찰수사규칙

제46조(지명수배자 발견 시 조치) ① 사법경찰관리는 제45조제1항에 따라 지명수배된 사람(이하 "지명수배자"라 한다)을 발견한 때에는 체포영장 또는 구속영장을 제시하고, 수사준칙 제32조제1항에 따라 권리 등을 고지한 후 체포 또는 구속하며 별지 제36호서식의 권리 고지 확인서를 받아야 한다. 다만, 체포영장 또는 구속영장을 소지하지 않은 경우 긴급하게 필요하면 지명수배자에게 영장이 발부되었음을 고지한 후 체포 또는 구속할 수 있으며 사후에 지체 없이 그 영장을 제시해야 한다.

② 사법경찰관은 제45조제2항에 따라 영장을 발부받지 않고 지명수배한 경우에는 지명수배자에게 긴급체포한다는 사실과 수사준칙 제32조제1항에 따른 권리 등을 고지한 후 긴급체포해야 한다. 이 경우 지명수배자로부터 별지 제36호서식의 권리 고지 확인서를 받고 제51조제1항에 따른 긴급체포서를 작성해야 한다.

제48조(지명통보자 발견 시 조치) 사법경찰관리는 제47조에 따라 지명통보된 사람(이하 "지명통보자"라 한다)을 발견한 때에는 지명통보자에게 지명통보된 사실, 범죄사실의 요지 및 지명통보한 경찰관서(이하 이 조 및 제49조에서 "통보관서"라 한다)를 고지하고, 발견된 날부터 1개월 이내에 통보관서에 출석해야 한다는 내용과 정당한 사유 없이 출석하지 않을 경우 지명수배되어 체포될 수 있다는 내용을 통지해야 한다.

제49조(지명수배ㆍ지명통보 해제) 사법경찰관리는 다음 각 호의 어느 하나에 해당하는 경우에는 즉시 지명수배 또는 지명통보를 해제해야 한다.
 1. 지명수배자를 검거한 경우
 2. 지명통보자가 통보관서에 출석하여 조사에 응한 경우
 3. 공소시효의 완성, 친고죄에서 고소의 취소, 피의자의 사망 등 공소권이 소멸된 경우
 4. 지명수배됐으나 체포영장 또는 구속영장의 유효기간이 지난 후 체포영장 또는 구속영장이 재발부되지 않은 경우
 5. 그 밖에 지명수배 또는 지명통보의 필요성이 없어진 경우

제102조(수사중지사건 수사재개) ① 사법경찰관은 수사중지된 사건의 피의자를 발견하는 등 수사중지 사유가 해소된 때에는 별지 제112호서식의 수사중지사건 수사재개서를 작성하여 사건기록에 편철하고 즉시 수사를 진행해야 한다.

② 사법경찰관은 수사준칙 제51조제5항 전단에 따라 피의자 등의 소재 발견 및 수사 재개 사실을 검사에게 통보하는 경우에는 별지 제113호서식의 피의자 등 소재발견 통보서에 따른다.

3. 범죄수사규칙

제98조(지명수배된 사람 발견 시 조치) ① 경찰관은 경찰수사규칙 제46조제1항에 따라 지명수배자를 체포 또는 구속하고, 지명수배한 경찰관서(이하 "수배관서"라 한다)에 인계하여야 한다.

② 도서지역에서 지명수배자가 발견된 경우에는 지명수배자 등이 발견한 경찰관서(이하 "발견관서"라 한다)의 경찰관은 지명수배자의 소재를 계속 확인하고, 수배관서와 협조하여 검거시기를 정함으로써 검거 후 구속영장청구시한(체포한 때부터 48시간)이 경과되지 않도록 하여야 한다.

③ 지명수배자를 검거한 경찰관은 구속영장 청구에 대비하여 피의자가 도망 또는 증거를 인멸할 염려에 대한 소명자료 확보를 위하여 필요하다고 판단되는 경우에는 체포의 과정과 상황 등을 별지 제35호서식의 지명수배자 검거보고서에 작성하고 이를 수배관서에 인계하여 수사기록에 편철하도록 하여야 한다.

④ 검거된 지명수배자를 인수한 수배관서의 경찰관은 24시간 내에 형사소송법 제200조의6 또는 제209조에서 준용하는 법 제87조 및 수사준칙 제33조제1항에 따라 체포 또는 구속의 통지를 하여야 한다. 다만, 지명수배를 수배관서가 위치하는 특별시, 광역시, 도 이외의 지역에서 지명수배자를 검거한 경우에는 지명수배자를 검거한 경찰관서(이하 "검거관서"라 한다)의 사법경찰관이 통지를 하여야 한다.

제100조(재지명수배의 제한) 긴급체포한 지명수배자를 석방한 경우에는 영장을 발부받지 않고 동일한 범죄사실에 관하여 다시 지명수배하지 못한다.

제106조(지명통보된 사람 발견 시 조치) ① 경찰관은 지명통보된 사람(이하 "지명통보자"라 한다)을 발견한 때에는 경찰수사규칙 제48조에 따라 지명통보자에게 지명통보된 사실 등을 고지한 뒤 별지 제38호서식의 지명통보사실 통지서를 교부하고, 별지 제39호서식의 지명통보자 소재발견 보고서를 작성한 후 경찰수사규칙 제96조에 따라 사건이송서와 함께 통보관서에 인계하여야 한다. 다만, 지명통보된 사실 등을 고지 받은 지명통보자가 지명통보사실통지서를 교부받기 거부하는 경우에는 그 취지를 지명통보서 소재발견보고서에 기재하여야 한다.

② 제1항의 경우 여러 건의 지명통보가 된 사람을 발견하였을 때는 각 건마다 별지 제38호서식의 지명통보사실 통지서를 작성하여 교부하고 별지 제39호서식의 지명통보자 소재발견보고서를 작성하여야 한다.

③ 별지 제39호서식의 지명통보자 소재발견보고서를 송부받은 통보관서의 사건담당 경찰관은 즉시 지명통보된 피의자에게 피의자가 출석하기로 확인한 일자에 출석하거나 사건이송신청서를 제출하라는 취지의 출석요구서를 발송하여야 한다.

④ 경찰관은 지명통보된 피의자가 정당한 이유없이 약속한 일자에 출석하지 않거나 출석요구에 응하지 아니하는 때에는 지명수배 절차를 진행할 수 있다. 이 경우 체포영장청구기록에 지명통보자 소재발견보고서, 지명통보사실 통지서, 출석요구서 사본 등 지명통보된 피의자가 본인이 약속한 일자에 정당한 이유없이 출석하지 않았다는 취지의 증명자료를 첨부하여야 한다.

II. 절차

1. 검거자의 조치

가. 수배종별에 따라 지명수배자 검거보고서, 지명통보 사실 통지서 및 지명통보자 소재 발견 보고서 작성 후 사건담당자에게 통보

① 지명통보자가 통지서 받기를 거부한 경우 소재불명자 발견 통보서 등에 그 취지 기재

② 참고인중지 대상자면 소재 발견 경위 등을 기재한 일반 수사보고서를 작성하고 사건담당자에게 송부

나. 검찰/군사경찰/특사경 등 타 수사기관 지명수배 및 통보자 발견 시 소재불명자 발견 통보서 등을 활용하여 통보

2. 사건담당자

가. 경찰이 수사중지 결정하여 검찰이 30일간 기록을 보관 중인 경우

① 수사중지사건 수사재개서를 작성하여 사건을 우선 재개하고 피의자등 소재 발견 통보서를 작성하여 검찰에 통보

ㅇ검거자로부터 KICS 이송받은 사건 또는 기소중지 접수에서 KICS 생성한 사건에서 서류 작성

② 검찰로부터 기록을 반환받은 후 수사중지사건 수사재개서 등을 작성하여 KICS 사건(기존 송치결정 사건이 아님)에서 수사 진행

ㅇ기본 사건의 수사중지 피의자가 다수면 공범관계에 있거나 소재 발견 피의자 진술 등으로 증거관계 변동되는 등 기존 결정이 변경될 수 있는 피의자 모두 수사 재개

ㅇ소재 발견된 피의자와 전혀 별개의 범죄사실로 수사중지되거나 공범관계에 있더라도 소재 발견된 피의자의 기존 결정이 변경되지 않으리라고 판단되는 경우 수사 재개 불요

③ 수사중지사건 수사재개서 작성 시점부터 이후 작성한 기록은 기존 사건기록과 별권 편철하고 이후 결정에 따라 병존사건 분리송치 등을 검토하고 사건관계인 통지

나. 경찰이 수사중지 결정하여 기록을 보관하고 있는 경우

① KICS에서 신규 생성된 사건에서 수사 진행하고 기록은 별권 편철

② 수사중지사건 수사재개서 작성하여 사건재개하고 기록은 해당경찰관서 문서고에서 출고
③ 수사중지사건 수사재개서 작성 시점부터 이후 작성한 기록은 기존 사건기록과 별권 편철하고 이후 결정에 따라 병존사건 분리송치 등을 검토하고 사건관계인 통지

다. 경찰이 2021년 이전 기소중지 의견으로 검찰에 송치한 사건

① 기소중지사건 소재 발견 통보서 작성하여 검찰에 통보
  o 통보받은 검찰은 보완수사요구서와 기록 일체를 송부
  o 이송받은 사건 또는 기소중지 사건접수에서 생성한 사건에서 서류 작성
  o 보완수사요구서는 신규 생성한 사건에서 등록 및 첨부하여 수사 진행
② 기존 사건의 기소중지 피의자가 다수면 기소/불기소 등 종결된 피의자를 제외한 기소중지 피의자 전부 재개
  o 다수 기소중지 사건에서 일부 소재 발견되더라도 이후 전체 사건기록을 경찰 보관하기 위함
③ KICS절차 및 기록 편철은 송치 후 재지휘와 유사하게 검찰송치 사안이면 송치결정이 아니라 보완수사결과만 통보 및 사건기록 송부
  o 불송치/수사중지할 경우 불송치 또는 수사중지 결정한 후 검찰에 사건기록 송부
  o 기소중지되었던 다른 피의자도 소재 확인 등 수사진행 후 수사중지 등 사안에 따라 결정

3. 처리결과 조치 및 통보

가. 검찰송치 사안

① 수사결과보고서
  통상의 보완수사요구에 대해 별도의 수사결과보고서를 작성하지 않으나, 기소중지 재기사건에 대한 보완수사 결과 통보 t에는 수사결과보고서 작성 필요
② 기록 편철
  기소중지 생성사건기록과 보완수사결과 통보기록을 함께 편철
③ 통 지
  보안수사결과 통보 시 법령상 통지의무는 없으나, 기소중지 재기사건에 대한 보완수사결과 통보 시에는 수사진행상황통지서를 활용하여 고소인등에게 통지

나. 사건 전체에 대해 불송치/수사중지 사안

① 체포한 피의자에 대해 혐의가 인정되지 않는 경우 경찰이 새롭게 불송치 결정을 할 필요성이 다른 보완수사 절차보다 크다고 할 수 있음

② 전체 기록을 철끈으로 묶어서 함께 송부(불송치 90일 이내. 수사중지 30일 이내)

③ 참고사항 기재 례

본 기록은 사건 전체가 불송치/수사중지에 해당하므로 전체 기록을 반환해야 함

다. 사건 일부에 대해 불송치/수사중지 사안

① 전체 기록을 철끈으로 묶어서 함께 송부하고, 사건 일부가 불송치/수사중지이므로 불송치/수사중지 기록만을 반환받아야 함

② 참고사항 기재 례

본 기록은 사건 일부가 불송치/수사중지에 해당하므로 기록검토 후 철끈 해제 후 불송치/수사중지 기록을 반환해야 함

③ 다수 피의자에 관한 결정이 혼재되어 불송치 결정이 불필요/부적당하거나 분리가 필요한 경우 별개의 불송치 결정 없이 보완수사결과만 통보하거나 병존사건 분리송치방법에 따라 분리 가능

⬤ III. 수사중지자 발견 상황별 조치

1. 경찰수배자를 수배경찰관서에서 검거

가. 지명수배자

① 수사중지 대상자

지명수배자 검거보고서, 영장집행 관련서류 작성, 수사중지사건 수사재개서 작성

② 기소중지/참고인중지 (2021년 이전)

지명수배자 검거보고서, 영장집행 관련서류 작성, 기소중지사건 소재발견통보서 작성, 수사중지사건 수사재개서 작성

나. 지명통보자

① 수사중지 대상자

지명통보 사실 통지서, 지명통보자 소재 발견 보고 작성

② 기소중지/참고인중지 (2021년 이전)

   ㅇ지명통보 사실 통지서

   ㅇ지명통보자 소재 발견 보고 작성, 기소중지사건 소재발견통보서 작성, 검찰에 요청서 송부, 기록반환, 수사중지사건 수사재개서 작성

다. 참고인중지

① 수사중지 대상자

   소재 발견 관련 수사보고 작성, 수사중지사건 수사재개서 작성

② 기소중지/참고인중지 (2021년 이전)

   수사보고서 작성, 지명통보자 소재 발견 보고 작성, 참고인중지사건 소재발견통보서 작성, 검찰에 요청서 송부, 기록반환, 수사중지사건 수사재개서 작성

2. 경찰수배자를 타 경찰관서에서 검거

가. 지명수배자

지명수배자 검거보고서, 영장집행 관련서류 작성, 사건 담당경찰관서에 송부

나. 지명통보자

지명통보 사실 통지서, 지명통보자 소재 발견 보고 작성, 사건 담당경찰관서에 송부

다. 참고인중지

소재 발견 관련 수사보고 작성, 사건 담당경찰관서에 송부

3. 검찰 등 타 수사기관 수배자를 경찰이 검거

가. 지명수배자

영장 집행 관련서류 작성, 유선 통보 또는 소재불명자 발견 통보서 작성 공문발송

나. 지명통보자

지명통보 사실 통지서, 지명통보자 소재 발견 보고 작성, 유선 통보 또는 소재불명자 발견 통보서 작성 공문발송

다. 참고인중지

유선 통보 또는 소재불명자 발견 통보서 작성 공문발송

III. 공소시효 임박 기소중지차 처리

1. 대 상

2021년 이전 경찰에서 기소중지 의견으로 송치하여 현재까지 기소중지된 사건

2. 처리방법

가. 별도 사건 재개 없이 공소시효 정지사유 확인통보서 작성하여 통보(지명수배인 경우 영장반환)

나. 출입국기록 외에도 공범에 대한 재판 등 사유로 시효가 정지될 수 있으므로 관련 사항 확인 필요

※ **형사소송법**

제253조(시효의 정지와 효력) ① 시효는 공소의 제기로 진행이 정지되고 공소기각 또는 관할위반의 재판이 확정된 때로부터 진행한다.

② 공범의 1인에 대한 전항의 시효정지는 다른 공범자에게 대하여 효력이 미치고 당해 사건의 재판이 확정된 때로부터 진행한다.

③ 범인이 형사처분을 면할 목적으로 국외에 있는 경우 그 기간 동안 공소시효는 정지된다.

다. 통보서 등 관련서류는 수배종별에 따라 편철하여 모두 추송 처리하고 수배는 자체적으로 종결하거나 연장 조치

① 지명수배

㉠ 통보서 + ㉡ 출입국현황조회서 + ㉢ 범죄경력조회회보서

ㅇ출입국기록이 없는 경우 + ㉣ 영장반환서

ㅇ출입국기록이 있는 경우 + ㉣ 영장신청서 + ㉤ 영장반환서

② 지명통보

㉠ 통보서 + ㉡ 출입국현황조회서 + ㉢ 범죄경력조회회보서

○○경 찰 서

제　호　　　　　　　　　　　　　　　　　　　　　　20○○.○.○.

수 신 :

참 조 :

제 목 : 수사중지사건 수사재개서

「검사와 사법경찰관의 상호협력과 일반적 수사준칙에 관한 규정」 제55조 제3항에 따라
다음 사건의 수사를 재개합니다.

1. 사건번호

2. 피의자 인적사항

3. 죄　명

4. 수사중지 유형

5. 수사중지 해소의 구체적 사유

사법경찰관 경감 유 아 림

○○경 찰 서

제 호   20○○.○.○.

수 신 : ○○검찰청의 장

제 목 : 피의자 등 소재발견 통보서(수사중지 사건기록 반환 전)

「검사와 사법경찰관의 상호협력과 일반적 수사준칙에 관한 규정」 제51조제5항에
따라 피의자 등의 소재발견 및 수사재개 사실을 통보합니다.

소재발견 대상자	성 명	
	사건관련신분	
	주민등록번호	
	주 거	
	전 화	
대상사건	사 건 번 호	
	송 부 일 자	
발 견 경 위		
비 고		

○○경찰서

사법경찰관 경감 유 아 림

○○경 찰 서

제 호   20○○.○.○.

수 신 : ○○검찰청의 장(검사: 홍길동)

제 목 : **소재불명자 발견 통보서(피의자)**

「검사와 사법경찰관의 상호협력과 일반적 수사준칙에 관한 규정」 제55조 제1항에 따라 귀청에서 기소중지한 아래 사람을 다음과 같이 발견하였으므로 통보합니다.

피의자	성 명	
	주민등록번호	
	직 업	
	주 거	
죄 명		
송 치 일 자		
송 치 번 호		
사 건 번 호		
발 견 경 위		
비 고		
첨 부		

○○경찰서

사법경찰관 경감 유 아 윤

○ ○ 경 찰 서

제 호   20○○.○.○.

수 신 : ○○검찰청의 장(검사: 홍길동)

제 목 : 소재불명자 발견 통보자(참고인등)

「검사와 사법경찰관의 상호협력과 일반적 수사준칙에 관한 규정」 제55조 제1항에 따
라 귀청에서 참고인중지한 사건의 참고인등을 다음과 같이 발견하였으므로 통보합니다.

참고인등	성 명		
	주 민 등 록 번 호		
	직 업		
	주 거		
	전 화	(자택)	(직장)
대상사건	피 의 자		
	죄 명		
	송 치 일 자		
	송 치 번 호		
	사 건 번 호		
발 견 경 위			
비 고			
첨 부			

○ ○ 경 찰 서

사법경찰관 경감 유 아 림

○○경찰서

제 호   20○○.○.○.

수 신 : ○○검찰청의 장(검사: 홍길동)

제 목 : 기소중지 사건 소재발견 통보서

「검사와 사법경찰관의 상호협력과 일반적 수사준칙에 관한 규정」제55조 제3항에 따라 본 관서에서 기 송치하여 귀청에서 기소중지한 사건 피의자의 소재를 발견하여 통보합니다.

피의자	성 명	
	주 민 등 록 번 호	
	직 업	
	주 거	
대상사건	죄 명	
	송 치 일 자	
	송 치 번 호	
	사 건 번 호	
발견 경위	※ 2021년 이전 송치사건 기록 반환용	
비 고		

○○경찰서

사법경찰관 경감 유 아 윤

○○경찰서

제 0000-00000 호   20○○. ○. ○.

수 신 : ○○지방검찰청장 (검사 : ○○○)

제 목 : **참고인중지 사건 소재발견 통보서**

「검사와 사법경찰관의 상호협력과 일반적 수사준칙에 관한 규정」 제55조 제3항에 따라 본 관서에서 기 송치하여 귀청에서 참고인중지한 사건 참고인등의 소재를 발견하여 통보합니다.

참고인 (피해자 피의자)	성 명	
	주민등록번호	– (세)
	직 업	
	주 거	
	전 화	(자택) (직장)
대 상 사 건	피 의 자	
	죄 명	
	송치연월일	
	송치번호	
	사건번호	
발 견 경 위		※ 2021년 이전 송치사건 기록 반환용
비 고		
첨 부		

○○경찰서

사법경찰관 경감 탁 희 경   (인)

○○경찰서

제 호   20○○.○.○.

수 신 : ○○검찰청의 장(검사: 홍길동)

제 목 : 공소시효 정지 사유(국외체류 여부) 확인 통보서

「형사소송법」제253조 제3항에 따른 공소시효 정지 사유를 확인하였기에 아래와
같이 통보합니다.

사 건 번 호		
송 치 번 호		
피 의 자		주민등록번호	
죄 명		
국외체류기간	※ 국외 체류기간 없는 경우 "해당없음"으로 표기	
비 고	국외 출국에 따른 공소시효 기간 : ~ 20○○.○.○.까지 ※ 국외체류 기간이 없는 경우 "국외체류 기간이 확인되지 않아 　공소시효 만료 예정임" 등 표기	

○○경찰서

사법경찰관 경감 유 아 림

제5절 수배의 종류

1. 긴급사건 수배

범죄수사에 있어서 다른 경찰관서에 대하여 긴급한 조치를 의뢰할 필요가 있을 때는 지체없이 긴급배치, 긴급수사 기타 필요한 조치를 요구하여야 한다.

2. 사건수배

가. 사건수배란 사건의 용의자와 수사 자료 기타 참고사항에 관하여 통보를 요구하는 수배를 한다.

나. 사건수배는 사건의 개요와 통보를 요구할 사항을 명백히 밝혀 긴급 사건수배서에 의하여 처리한다.

3. 지명수배

가. 사법경찰관은 다음 각호의 1에 해당하는 자의 소재가 불명할 때에는 당해 피의자에 대하여 지명수배를 할 수 있다. 다만, 기소중지 의견으로 사건을 송치할 때에는 지명수배하여야 한다.

① 법정형이 사형 무기 또는 장기 3년 이상의 징역이나 금고에 해당하는 죄(제30조 제2호의 경우를 제외한다)를 범하였다고 의심할만한 상당한 이유가 있어 체포영장 또는 구속영장이 발부된 자. 다만, 형사소송법 제200조의3제1항에서 정하는 긴박한 사유가 있는 때에는 지명수배한 후 신속히 체포영장을 발부받아야 하며, 그렇지 못한 경우 즉시 지명수배를 해제하여야 한다.

② 지명통보의 대상인 자로 지명수배의 필요가 있어 체포영장 또는 구속영장이 발부된 자

나. 긴급사건 수배에 있어서 피의자의 성명 등을 명백히 밝혀 그 체포를 의뢰한 경우에는 지명수배하여야 한다.

다. 지명수배한 경우에는 체포영장 또는 구속영장의 유효기간에 유의하여 유효기관 경과 후에도 계속 수배할 필요가 있는 때에는 체포영장 또는 구속영장을 재발부 받아 그 유효기간을 통보하여야 한다.

4. 지명통보

사법경찰관은 다음 각호의 1에 해당하는 자의 소재가 불명할 때에는 당해 피의자에 대하여 지명통보를 할 수 있다. 다만, 기소중지의견으로 사건을 송치할 때에는

지명통보를 하여야 한다.

가. 법정형이 장기 3년 미만의 징역 또는 금고, 벌금에 해당하는 죄를 범하였다고 의심할만한 타당한 이유가 있고, 수사기관의 출석요구에 응하지 아니하고 소재수사 결과 소재불명인 자

나. 법정형이 장기 3년 이상의 징역이나 금고에 해당하는 죄를 범하였다고 의심되더라도 사안이 경미하거나 기록상 혐의를 인정키 어려운 자로서 출석요구에 불응하고 소재가 불명 된 자

다. 사기, 횡령, 배임죄 및 부정수표단속법 제2조에 정한 죄의 혐의를 받는 자로서 초범이고 그 피해액이 500만원 이하에 해당하는 자

라. 구속영장을 청구하지 아니하거나 발부받지 못하여 긴급체포 되었다가 석방된 지명수배자

5. 공개수배

가. 지명수배통보한 후 6월이 경과하여도 검거하지 못한 주요 지명피의자에 대하여는 종합공개수배할 수 있다.

나. 사건수배에 있어서 피의자의 인적사항이 명백히 밝혀져 긴급한 공개수배가 필요하다고 인정될 때에는 공개수배할 수 있다.

다. 공개수배는 사진 · 현상 · 전단, 기타의 방법에 의한다.

6. 중요지명피의자 종합수배

가. 시도경찰청장은 지명수배 · 지명통보를 한 후, 6월이 경과하여도 검거하지 못한 자 중 다음 각호에 해당하는 중요지명피의자를 매년 5월과 11월 연 2회 선정하여 경찰청장에게 중요지명피의자 종합 공개수배 대상자를 별지 제2호 서식에 따라 보고하여야 한다.

① 강력범(살인, 강도, 성폭력, 마약, 방화, 폭력, 절도범을 말한다)

② 다액 · 다수피해 경제사범, 부정부패 사범

③ 기타 신속한 검거를 위해 전국적 공개수배가 필요하다고 판단되는 자

나. 경찰청장은 공개수배 위원회를 개최하여 대상자를 선정하고 매년 6월과 12월 중요지명피의자 종합 공개수배 전단을 별지 제3호 서식에 따라 작성하여 전국에 공개수배 한다.

다. 중요지명피의자 종합 공개수배 전단은 언론매체 · 정보통신망 등에 게시할 수 있다.

라 경찰서장은 중요지명피의자 종합 공개수배 전단을 다음 각 호에 따라 게시 · 관리하여야 한다.

① 관할 내 다중의 눈에 잘 띄는 장소, 수배자가 은신 또는 이용 · 출현 예상 장소 등을 선별하여 게시한다.

② 관할 내 교도소 · 구치소 등 교정시설, 읍 · 면사무소 · 주민 센터 등 관공서, 병무관서, 군부대 등에 게시한다.

③ 검거 등 사유로 수배해제 한 경우 즉시 검거표시 한다.

④ 신규 종합 공개수배 전단을 게시할 때에는 전회 게시 전단을 회수하여 폐기한다.

7. 장물수배

가. 장물수배란 수사 중인 사건의 장물에 관하여 다른 경찰관서에 그 발견을 요청하는 수배를 말한다.

나. 장물수배를 할 때는 발견해야 할 장물의 명칭, 모양, 상표, 품질, 품종 기타 특징 등을 명백히 하여야 하며 사진 도면 또는 동일한 견본 조각 등을 첨부하는 등으로 필요한 조치를 하여야 한다.

다. 범죄수법 공조자료 관리규칙 제10조의 피해통보표에 수록 · 전산 입력한 피해품은 장물수배로 본다.

라. 장물수배서

(1) 장물수배서의 종류

경찰서장은 범죄수사상 필요하다고 인정할 때에는 장물과 관련 있는 영업주에 대하여 장물수배서를 발급할 수 있으며, 장물수배서는 다음의 3종으로 구분한다.

① 특별 중요 장물수배서(수사본부를 설치하고 수사하고 있는 사건에 관하여 발하는 경우의 장물수배서를 말한다)

② 중요 장물수배서(수사본부를 설치하고 수사하고 있는 사건 이외의 중요한 사건에 관하여 발하는 경우의 장물수배서를 말한다)

③ 보통 장물수배서(기타 사건에 관하여 발하는 경우의 장물수배서를 말한다)

(2) 특별 중요 장물수배서의 구분

특별 중요 장물수배서는 홍색, 중요 장물수배서는 청색, 보통장물수배서는 백색에 의하여 각각 그 구별을 하여야 한다.

중요지명피의자 종합수배 요구서

사 진	죄 명	
	발 생 일 시	
	발 생 장 소	
	등 록 기 준 지	
	주 소	

성 명		주민등록번호(연령)	

인상특징	신장:　　　　　체격:　　　　　사투리:　　　　　기타:

범죄사실	◦ 피해자 성명 :　　　　　연령 :　　　　성별 : ◦ 범죄 구성요건

피의자로 지명하게 된 사유	

피의자로 판단한 인적 물적증거	

| 지명수배 | 경 찰 서 | | 년월일 | | 번 호 | |
| | 영장구분 | 체포, 구속 | | 영장유효기간 | |

제8장 관리미제와 장기사건 종결

제1절 관리미제사건

Ⅰ. 관련 법령 (범죄수사규칙)

> **제227조의2(관리미제사건)** ① 수사를 진행하였으나 피의자를 특정할 수 없어 종결할 수 없는 사건은 추가 단서 확보 시까지 "관리미제사건"으로 별도 등록하여 관리할 수 있다. 이 경우 경찰관은 관리미제사건으로 등록한 후에도 피의자 특정이 가능한 추가 단서 확보를 위해 노력하여야 한다.
> ② 경찰관은 관리미제사건을 등록하고자 하는 경우에는 별지 제188호서식의 관리미제사건 등록 보고서에 따라 소속 수사부서의 장에게 보고하여 승인을 받아야 하며, 별지 제189호서식의 관리미제사건 등록서에 따라 관리하여야 한다.
> ③ 시·도 경찰청장은 소속 경찰관서를 대상으로 연 1회 이상 관리미제사건 등록 및 관리의 적정성을 점검하여야 한다.
> ④ 경찰관은 관리미제사건으로 등록한 날로부터 7일 이내에 피해자 또는 그 법정대리인(피해자가 사망한 경우에는 그 배우자·직계친족·형제자매를 포함한다. 이하 본조에서 "피해자등"이라 한다)에게 수사 진행상황을 통지한다. 다만, 피해자등의 연락처를 모르거나 소재가 확인되지 않으면 연락처나 소재를 알게 된 날부터 7일 이내에 수사진행상황을 통지한다.
> ⑤ 제4항에 따른 통지는 서면, 전화, 팩스, 전자우편, 문자메시지 등 피해자등이 요청한 방법으로 할 수 있으며, 피해자등이 별도로 요청한 방법이 없는 경우에는 서면 또는 문자메시지로 통지한다. 이 경우 서면으로 하는 통지는 별지 제190호서식의 관리미제사건 등록 통지서에 따른다.
> ⑥ 경찰관은 수사 진행상황을 서면으로 통지한 경우에는 그 사본을, 그 밖의 방법으로 통지한 경우에는 그 취지를 적은 서면을 사건기록에 편철하여야 한다.
> ⑦ 제4항과 제5항의 통지의 경우에 「범죄피해자 보호법 시행령」을 준수하여야 한다.

Ⅱ. 절차

1. 관리 미제사건의 의의

수사를 진행하였으나 피의자를 특정할 수 없어 종결할 수 없는 사건은 추가 단서 확보 시까지 여죄수사, 수사자료 등으로 활용하기 위해 별도로 관리하는 사건

2. 대 상

죄명 구분없이 상당 기간 수사하였으나 피의자를 특정하지 못한 사건 (단, 고소, 고발사건은 제외)

3. 절 차

가. 사건접수 후 1개월

발생보고, 피해자 조사, 감식, 탐문, CCTV 확인, 장물수사 등 수사진행 관련 수사보고 면밀히 작성

나. 사건접수 후 3개월

피의자 특정되지 않는 경우 관리 미제사건 등록 검토(발생원표, 피해통보표 등 작성)

4. 수사 진행상황 통지

가. 사건접수 후 1개월경과 시 7일 이내 수사사항에 대해 피해자에게 통지

나. 관리 미제사건 등록 시점에도 등록한 날로부터 7일 이내 해당 사실 통지(피해자가 통지를 명시적으로 거부한 경우 생략 가능)

4. 검찰 송부 여부

관리 미제사건은 수사중지에 해당되지 않으므로 송부 불필요

Ⅲ. 사후관리

1. 사건기록 관리

관리 미제사건은 사건목록과 함께 경찰서 사건기록 보관실에 보관(보존기한 25년)

2. 일몰제 적용배제

관리 미제사건은 수사대상자에 대한 인권침해, 불필요한 장기수사 등 권한 남용의 가능성이 낮고 계속 수사가 필요한 때에 해당하지 않아 일몰제 적용 배제

3. 사건 재기

여죄수사, 증거물 재감정 등으로 피의자가 특정된 경우 수사진행 후 수사결과에 따라 사건 종결

소 속 관 서

제 0000-00000 호   20○○.○.○.

수 신 :

참 조 :

제 목 : 관리미제사건 등록 보고

──

　　○○ 사건에 관하여 다음과 같이 관리미제사건으로 등록하고자 합니다.

1. 피의자 인적사항

　　불상 （특이사항 : ）

2. 범죄사실

3. 적용법조

4. 증거관계

5. 수사사항 및 관리미제사건 등록 사유

6. 수사참여경찰관

소 속 관 서

제 0000 -   호   0000. 00. 00.

제 목 : 관리미제사건 등록   ┌─────────────────────┐
                                            │ 공소시효 : 20○○.○.○. │
                                            └─────────────────────┘

대 상 자	성 명	성별	특 이 사 항		
	불상	불상			

죄 명	

대 상 사 건	접 수 일	접수번호	사건번호	발생원표	수사단서	피 해 자

책임수사팀장	부서 계급 성명 전화번호
정 수 사 관	부서 계급 성명 전화번호
부 수 사 관	부서 계급 성명 전화번호
비 고	영장종류 및 번호

소속관서

사법경찰관   경감

소 속 관 서

제 0000-00000 호   0000.00.00.

수 신 :   귀하

제 목 : 관리미제사건 등록 통지서

귀하와 관련된 사건의 관리미제사건 등록을 다음과 같이 알려드립니다.

접 수 일 시		사 건 번 호	
관리미제사건 등록이유			
담 당 팀 장	○○과 ○○팀 경○ ○○○	☎	02-0000-0000

※ **범죄피해자 권리 보호를 위한 각종 제도**

　○ 범죄피해자 구조 신청제도(범죄피해자 보호법)
　　- 관할지방검찰청 범죄피해자지원센터에 신청
　○ 의사상자예우 등에 관한 제도(의사상자 등 예우 및 지원에 관한 법률)
　　- 보건복지부 및 관할 지방자치단체 사회복지과에 신청
　○ 범죄행위의 피해에 대한 손해배상명령(소송촉진 등에 관한 특례법)
　　- 각급법원에 신청, 형사재판과정에서 민사손해배상까지 청구 가능
　○ 가정폭력·성폭력 피해자 보호 및 구조
　　- 여성 긴급전화(국번없이 1366), 아동보호 전문기관(1577-1391) 등
　○ 무보험 차량 교통사고 뺑소니 피해자 구조제도(자동차손해배상 보장법)
　　- 동부화재, 삼성화재 등 자동차 보험회사에 청구
　○ 국민건강보험제도를 이용한 피해자 구조제도
　　- 국민건강보험공단 급여관리실, 지역별 공단지부에 문의
　○ 법률구조공단의 법률구조제도(국번없이 132 또는 공단 지부·출장소)
　　- 범죄피해자에 대한 무료법률구조(손해배상청구, 배상명령신청 소송대리 등)
　○ 국민권익위원회의 고충민원 접수제도
　　- 국민신문고 www.epeople.go.kr, 정부민원안내콜센터 국번없이 110
　○ 국가인권위원회의 진정 접수제도
　　- www.humanrights.go.kr, 국번없이 1331
　○ 범죄피해자지원센터(국번없이 1577-1295)
　　- 피해자나 가족, 유족등에 대한 전화상담 및 면접상담 등
　○ 수사 심의신청 제도(경찰민원콜센터 국번없이 182)
　　- 수사과정 및 결과에 이의가 있는 경우, 관할 시도경찰청 「수사심의계」에 심의신청

　　* 고소인·고발인은 형사사법포털(www.kics.go.kr)을 통해 온라인으로 사건진행상황을 조회하실 수
　　　있습니다.

※ **관리미제사건**

　○ 수사를 진행하였으나 피의자를 특정할 단서를 확보하지 못해 추가 단서 등 확보 시
　　까지 수사자료로 활용하기 위해 관리하는 사건을 말합니다.

소 속 관 서 장

제2절 장기사건 수사종결

I. 관련 법령

1. 경찰수사규칙

> 제95조(장기사건 수사종결) ① 사법경찰관리는 범죄 인지 후 1년이 지난 사건에 대해서는 수사준칙 제51조제1항에 따른 결정을 해야 한다. 다만, 다수의 사건관계인 조사, 관련 자료 추가확보·분석, 외부 전문기관 감정의 장기화, 범인 미검거 등으로 계속하여 수사가 필요한 경우에는 해당 사법경찰관리가 소속된 바로 위 상급경찰관서 수사 부서의 장의 승인을 받아 연장할 수 있다.
> ② 사법경찰관리는 제1항 단서에 따른 승인을 받으려면 수사기간 연장의 필요성을 소명해야 한다.

2. 범죄수사규칙

> 제227조(장기사건 수사종결) 경찰관은 경찰수사규칙 제95조에 따라 장기사건을 연장하려는 때에는 별지 제157조서식의 수사기일 연장 건의서를 작성하여 상급 수사부서장에게 제출하여야 한다.

3. 입건 전 조사 사건 처리에 관한 규칙

> 제9조(불입건 결정 지휘) 수사부서의 장은 조사에 착수한 후 6개월 이내에 수사절차로 전환하지 않은 사건에 대하여 「경찰수사규칙」 제19조제2항제2호부터 제5호까지의 사유에 따라 불입건 결정 지휘를 하여야 한다. 다만, 다수의 관계인 조사, 관련자료 추가확보·분석, 외부 전문기관 감정 등 계속 조사가 필요한 사유가 소명된 경우에는 6개월의 범위내에서 조사기간을 연장 할 수 있다.

II. 절 차

1. 적용범위

　가. 고소, 고발을 제외한 수사 사건

　나. 모든 입건전조사 사건

2. 기산시점

　가. 수사 사건은 범죄인지서 결재 완료일

　나. 입건전조사 사건은 KICS 접수번호 부여 시점

3. 수사단계 경과별 조치

가. 3개월경과 시

　수사부서장에게 수사 진행상황보고

나. 6개월경과 시

　수사부서장에게 수사 진행상황보고 + 분석 회의

다. 1년경과 시(이후 6개월마다)

　① 원칙 : 수사부서장이 수사종결 지휘

　② 예외 : 관서장에게 수사 진행상황보고 + 분석 회의

4. 입건전조사 단계 경과별 조치

가. 3개월경과 시

　수사부서장에게 입건전조사 진행상황보고

나. 6개월경과 시

　수사부서장에게 입건전조사 진행상황보고 + 분석 회의

다. 1년경과 시(이후 6개월마다)

　① 원칙 : 수사부서장이 불입건 결정 지휘

　② 예외 : 관서장에게 입건전조사 진행상황보고 + 분석 회의

○○경 찰 서

제 호   20○○.○.○.

수 신 : ○○경찰서장

참 조 : 수사과장(형사과장)

제 목 : 수사기일 연장건의서

　피의자 홍길동에 대한 ○○피의 사건에 관하여 다음과 같이 수사기일 연장을 건의합니다.

Ⅰ. 피의자 인적사항

Ⅱ. 범죄경력자료 및 수사경력자료

Ⅲ. 범죄사실

Ⅳ. 적용법조

Ⅴ. 수사기일 연장건의 사유

Ⅵ. 향후 수사계획

사 법 경 찰 관   경 감   유 아 림

제9장 장부와 비치서류, 사건기록

(범죄수사규칙)

제1절 비치 장부

I. 서 설

1. 장부와 비치서류 중 형사사법정보시스템에 그 작성·저장·관리 기능이 구현된 것은 전자적으로 관리할 수 있다.
2. 전자장부와 전자비치서류는 종이 장부 및 서류의 개별 항목을 포함하여야 한다.

II. 장부와 비치서류

1. 범죄사건부
2. 압수부
3. 출석요구통지부 〈삭제〉
4. 체포영장신청부
5. 체포·구속영장집행부
6. 긴급체포원부
7. 현행범인체포원부
8. 구속영장 신청부
9. 압수·수색·검증영장 신청부
10. 체포·구속인 접견·수진·교통·물품차입부
11. 체포·구속인 명부
12. 보석(구속집행정지)자 관찰부

666 제3편 수사의 종결 단계

13. 송치사건철 〈삭제〉

14. 불송치사건 기록철 〈삭제〉

15. 수사중지사건 기록철 〈삭제〉

16. 입건 전 조사사건 기록철 〈삭제〉

17. 관리미제사건 기록철 〈삭제〉

18. 통계철 〈삭제〉

19. 검시조서철 〈삭제〉

20. 통신제한조치 허가신청부

21. 통신제한조치집행대장

22. 긴급통신제한조치대장

23. 긴급통신제한조치통보서발송부

24. 통신제한조치 집행사실 통지부

25. 통신제한조치 집행사실 통지유예 승인신청부

26. 통신사실 확인자료제공 요청허가신청부

27. 긴급 통신사실 확인자료제공 집행대장(사후허가용)

28. 통신사실 확인자료제공 요청집행대장(사전허가용)

29. 통신사실 확인자료 회신대장

30. 통신사실 확인자료제공 요청 집행사실통지부

31. 통신사실 확인자료제공 요청 집행사실통지유예 승인신청부

32. 영상녹화물 관리대장

33. 〈삭제〉

34. 변사사건종결철 〈삭제〉

35. 긴급 통신사실 확인자료제공 요청대장

36. 특례조치등 신청부

37. 몰수·부대보전 신청부

38. 임시조치 신청부

제2절 편철내용과 방법

1. 범죄사건부

① 경찰관은 범죄사건을 접수하거나 입건, 수사, 「수사준칙」 제51조제1항의 결정을 할 때에는 범죄사건부에 접수일시, 접수구분, 수사담당자, 피의자, 조회상황, 죄명, 범죄일시, 장소, 피해정도, 피해자, 체포·구속내용, 석방연월일 및 사유, 결정일자, 결정종류, 압수번호, 수사미결사건철번호, 검사처분, 판결내용, 범죄원표번호, 그 밖의 필요한 사항을 기입하여야 한다.

② 경찰관은 압수물건이 있을 때는 압수부에 압수연월일, 압수물건의 품종, 수량, 소유자 및 피압수자의 주거, 성명 등을 기록하고 그 보관자, 취급자, 처분연월일과 요지 등을 기입하여야 한다.

2. 서류철의 색인목록

① 서류철에는 색인목록을 붙여야 한다.

② 서류편철 후 그 일부를 빼낼 때는 색인목록 비고란에 그 연월일과 사유를 적고 그 담당 경찰관이 날인하여야 한다.

3. 임의의 장부

수사상 필요하다고 인정할 때에는 제231조제1항 각 호에 따른 장부와 서류철 이외에 필요한 장부 또는 서류철을 비치할 수 있다.

4. 장부 등의 갱신

① 수사사무에 관한 장부와 서류철은 매년 이를 갱신하여야 한다. 다만, 필요에 따라서는 계속 사용할 수 있다.

② 제1항의 단서의 경우에는 그 연도를 구분하기 위하여 간지 등을 삽입하여 분명히 하여야 한다.

제3절 장부 및 서류의 보존기간

I. 보존기간

1. 범죄사건부 25년

2. 압수부 25년

3. 〈삭제〉

4. 체포영장신청부 2년

5. 체포 · 구속영장집행부 2년

6. 긴급체포원부 2년

7. 현행범인체포원부 2년

8. 구속영장 신청부 2년

9. 압수 · 수색 · 검증영장 신청부 2년

10. 체포 · 구속인 접견 · 수진 · 교통 · 물품차입부 2년

11. 체포 · 구속인 명부 25년

12. 보석(구속집행정지)자 관찰부 2년

13. 〈삭제〉

14. 〈삭제〉

15. 〈삭제〉

16. 〈삭제〉

17. 〈삭제〉

18. 〈삭제〉

19. 〈삭제〉

20. 통신제한조치 허가신청부 3년

21. 통신제한조치집행대장 3년

22. 긴급통신제한조치대장 3년

23. 긴급통신제한조치통보서발송부 3년

24. 통신제한조치 집행사실통지부 3년

25. 통신제한조치 집행사실통지 유예 승인신청부 3년

26. 통신사실 확인자료제공 요청 허가신청부 3년

27. 긴급 통신사실 확인자료제공 집행대장(사후허가용) 3년

28. 통신사실 확인자료제공 요청집행대장(사전허가용) 3년

29. 통신사실 확인자료 회신대장 3년

30. 통신사실 확인자료제공 요청 집행사실통지부 3년

31. 통신사실 확인자료제공 요청 집행사실통지유예 승인신청부 3년

32. 영상녹화물관리대장 25년

33. 〈삭제〉

34. 〈삭제〉

35. 긴급 통신사실 확인자료제공 요청대장 3년

36. 특례조치등 신청부 2년

37. 몰수 · 부대보전신청부 10년

38. 임시조치 신청부 2년

II. 보존기간의 기산 등

1. 보존기간은 사건처리를 완결하거나 최종절차를 마친 다음 해 1월 1일부터 기산한다.

2. 보존기간이 경과한 장부와 서류철은 보존문서 기록대장에 주서로 폐기일자를 기입한 후 폐기하여야 한다.

제4절 사건기록의 관리

I. 사건기록

"사건기록"이란 다음 각 호의 서류 등을 말한다.

1. 수사 및 입건 전 조사에 관한 문서와 기록, 그 밖의 관계서류 또는 물건(도면·
   사진·디스크·테이프·필름·슬라이드·영상녹화물·전자기록 등의 특수매체기
   록을 포함한다)
2. 경찰수사규칙 제110조 제2항에 따른 기록 및 관계서류의 등본

※ 경찰수사규칙

제110조(일부 결정 시 조치 등) ① 하나의 사건에 수사준칙 제51조제1항제2호부터 제4호까지의 규정
에 따른 검찰송치, 불송치 및 수사중지 결정이 병존하는 병존사건의 경우 사법경찰관은 기록을 분
리하여 송치 및 송부하도록 노력해야 한다.
② 제1항에도 불구하고 기록을 분리할 수 없는 경우에 사법경찰관은 관계 서류와 증거물을 원본과 다
름이 없음을 인증하여 등사 보관하고 송치 결정서, 불송치 결정서 및 수사중지 결정서를 작성하여
그 결정서별로 압수물 총목록과 기록목록 등을 첨부한 후 각 별책으로 편철하여 관계 서류와 증거
물 원본과 함께 검사에게 송치 및 송부한다.

II. 보존기간

① 다음 각 호의 결정을 한 사건기록은 공소시효가 완성될 때까지 보존한다. 다만, 별
   표4에 해당하는 사건기록의 경우에는 예외로 한다.

사건기록 보존기간의 특칙(제245조 제1항 관련)   별표4

보존기간	대상기록물
준영구	1. 공소시효의 적용이 배제되는 죄의 사건기록 2. 사람을 사망에 이르게 한 죄의 사건기록 3. 「형법 제2편 제1장·제2장의 죄의 사건기록 4. 「국가보안법」 위반의 죄의 사건기록 5. 「특정범죄 가중처벌 등에 관한 법률」 제2조의 죄의 사건기록 6. 「국제상거래에 있어서 외국공무원에 대한 뇌물방지법」 제3조제1항의 죄의 사건기록
25년	1. 변사, 화재, 안전사고 사건기록 2. 대상자를 발견하지 못한 실종 사건기록(입건한 경우 포함) 3. 「문화재보호법」 제90조, 제92조의 죄 및 「매장문화재 보호 및 조사에 관한 법률」 제31조의 죄 사건기록
3년	1. 입건 전 조사사건 중 공람종결 결정한 사건기록 2. 죄명이 특정되지 않는 사건기록

1. 경찰수사규칙 제108조 제1항에 따른 불송치 결정
2. 경찰수사규칙 제19조 제2항 제2호 및 제3호에 따른 입건 전 조사종결 또는 중지 결정
3. 경찰수사규칙 제98조 제1항에 따른 수사중지 결정. 다만, 피의자가 특정되지 않은 수사중지 사건기록의 보존기간은 제2항을 따른다.

② 제227조의2 제1항에 따른 관리 미제 등록 사건기록은 25년간 보존한다. 다만, 공소시효 정지·연장 등의 사유로 공소시효 기간이 25년을 초과하거나 별표4에 따라 보존기간이 준영구에 해당하는 죄의 사건기록은 준영구로 보존한다.

③ 공소시효의 기간이 3년 미만인 죄에 대한 사건기록은 3년간 보존한다.

④ 「경찰수사사건 심의 등에 관한 규칙」 제3조 또는 제4조에 따라 처리된 수사심의신청 사건기록의 보존기간은 심의신청의 대상 사건기록의 보존기간을 따른다.

※ 경찰 수사사건 심의 등에 관한 규칙

제3조(수사심의신청에 따른 조사) ① 시·도경찰청 소속의 수사심의계(이하 "수사심의계"라 한다)는 수사심의신청사건의 조사에 관한 주관부서로서 별표 1의 기준에 따라 객관적이고 공정하게 조사·처리하여야 한다.

② 제1항에도 불구하고 당해사건을 수사한 경찰관서(시·도경찰청 수사부서가 수사한 경우에는 그 수사부서)(이하 "당해 경찰관서등"이라 한다)에서 조사함이 타당하다고 판단되는 경우에는 별지 제2호 서식의 수사심의신청사건 처리지시서를 통하여 당해 경찰관서등에서 수사심의신청사건을 직접 조사하고 그 결과를 통보하도록 조치할 수 있다.

③ 수사심의계는 관련 사건의 특수성 등을 고려하여 시·도경찰청 소관부서에서 수사심의신청사건을 직접 조사하도록 배당할 수 있으며, 당해 소관부서는 그 조사결과를 수사심의계로 통보한다.

④ 수사심의계에 소속된 조사담당자는 당해사건의 수사관 또는 수사책임자에 대하여 다음 각 호의 요구를 할 수 있다. 이때 수사관 및 수사책임자는 정당한 사유가 없는 한 조사담당자의 요구에 따라야 한다.
1. 출석 또는 서면을 통한 진술
2. 관계서류나 증거물 등의 제출
3. 당해사건의 개요를 확인하기 위한 KICS 등 전산정보시스템에 입력된 자료의 제출
4. 그 밖에 원활한 조사를 위해 필요한 조치

⑤ 수사심의계장은 제1항에 따라 직접 조사하거나 제2항 또는 제3항에 따라 조사 결과를 통보받은 사건에 대하여 별지 제3호 서식의 수사심의신청사건 조사결과서를 작성하여 제20조의 경찰수사 심의위원회에 안건으로 상정하여야 한다.

제4조(경찰청 수사심의신청사건 처리) ① 경찰청 소속 수사관의 수사에 대한 심의신청 사건은 경찰청 국가수사본부(이하 "국가수사본부"라 한다) 수사심사정책담당관이 조사한다.

② 제1항의 수사심의신청사건에 관하여는 제3조 제3항부터 제5항까지를 준용한다. 이 경우 '수사심의계'는 '수사심사정책담당관'으로 본다.

⑤ 하나의 사건이 수개의 죄에 해당하는 경우에는 공소시효가 가장 늦게 완성되는 죄의 공소시효를 따른다.

⑥ 경찰청장은 국내외적으로 중대하거나 경찰업무에 특히 참고될 사건에 관한 사건기록에 대해 직권 또는 시·도경찰청장의 요청을 받아 준영구 등 별도의 보존기간을 정할 수 있다.

Ⅲ. 범행일자의 산정

범행 일자가 불명확한 사건기록의 보존기간 기산일은 다음 각호에 따른다.

1. 범행 일자가 불명확한 경우에는 범행월의 말일
2. 범행월이 불명확하고 사건에 대한 결정 또는 등록을 한 날이 범행 발생 연도와 같은 경우 및 범행연도가 불명확한 경우에는 사건에 대한 결정 또는 등록을 한 날
3. 범행월이 불명확하고 사건에 대한 결정 또는 등록을 한 날이 범행이 발생한 다음 연도인 경우에는 범행이 발생한 연도의 말일

Ⅳ. 보존기간 만료 시의 조치

1. 보존기간 만료 시의 조치

① 사건기록관리 담당 직원은 보존기간이 만료된 사건기록에 대해서는 「공공기록물 관리에 관한 법률 시행령」 제43조에 따라 해당 기록물관리 전문요원의 심사 및 기록물평가심의회의 심의를 거쳐 경찰청장 또는 소속 시·도경찰청장의 허가를 받아 보존기간 재책정, 보류, 폐기 조치를 한다.

② 제1항에 따른 폐기 등 조치를 하는 경우에는 미리 공소시효의 완성, 압수물 처리 등 각종 처리의 완결 여부를 확인하여야 한다.

2. 입건 전 조사한 변사사건 기록 관리의 특칙

입건 전 조사한 변사 사건기록은 다른 사건기록과 별도로 보관·관리하여야 한다.

특별수사

특별수사절차

4 편

제1장 출입국규제 절차

제1절 출·입국 금지대상과 기간

Ⅰ. 출국금지 및 출국정지 대상

1. 출국금지 대상

가. 일반 출국금지 대상

> ※ 출입국관리법
> 제4조(출국의 금지) ① 법무부장관은 다음 각 호의 어느 하나에 해당하는 국민에 대하여는 6개월 이내의 기간을 정하여 출국을 금지할 수 있다.
> 1. 형사재판에 계속(係屬) 중인 사람
> 2. 징역형이나 금고형의 집행이 끝나지 아니한 사람
> 3. 대통령령으로 정하는 금액 이상의 벌금이나 추징금을 내지 아니한 사람
> 4. 대통령령으로 정하는 금액 이상의 국세·관세 또는 지방세를 정당한 사유 없이 그 납부기한까지 내지 아니한 사람
> 5. 「양육비 이행확보 및 지원에 관한 법률」 제21조의4제1항에 따른 양육비 채무자 중 양육비이행심의위원회의 심의·의결을 거친 사람
> 6. 그 밖에 제1호부터 제5호까지의 규정에 준하는 사람으로서 대한민국의 이익이나 공공의 안전 또는 경제질서를 해칠 우려가 있어 그 출국이 적당하지 아니하다고 법무부령으로 정하는 사람
> ② 법무부장관은 범죄 수사를 위하여 출국이 적당하지 아니하다고 인정되는 사람에 대하여는 1개월 이내의 기간을 정하여 출국을 금지할 수 있다. 다만, 다음 각 호에 해당하는 사람은 그 호에서 정한 기간으로 한다.
> 1. 소재를 알 수 없어 기소중지 또는 수사중지(피의자중지로 한정한다)된 사람 또는 도주 등 특별한 사유가 있어 수사진행이 어려운 사람: 3개월 이내
> 2. 기소중지 또는 수사중지(피의자중지로 한정한다)된 경우로서 체포영장 또는 구속영장이 발부된 사람: 영장 유효기간 이내
> ③ 중앙행정기관의 장 및 법무부장관이 정하는 관계 기관의 장은 소관 업무와 관련하여 제1항 또는 제2항 각 호의 어느 하나에 해당하는 사람이 있다고 인정할 때에는 법무부장관에게 출국금지를 요청할 수 있다.
> ④ 출입국관리공무원은 출국심사를 할 때에 제1항 또는 제2항에 따라 출국이 금지된 사람을 출국시켜서는 아니 된다.

제6조의2(출국금지 대상자) ① 법 제4조제1항제6호에서 "법무부령으로 정하는 사람"이란 다음 각 호의
어느 하나에 해당하는 사람을 말한다.
1. 「병역법」 제65조제5항에 따라 보충역 편입처분이나 공익근무요원소집의 해제처분이 취소된 사람
2. 거짓이나 그 밖의 부정한 방법으로 병역면제·제2국민역·보충역의 처분을 받고 그 처분이 취소된 사람
3. 「병역법 시행령」 제128조제4항에 따라 징병검사·입영 등의 연기처분이 취소된 사람
4. 종전 「병역법」(2004. 12. 31. 법률 제7272호로 개정되기 전의 것을 말한다) 제65조제4항에 따라
병역면제 처분이 취소된 사람. 다만, 영주귀국의 신고를 한 사람은 제외한다.
5. 「병역법」 제76조제1항 각 호 또는 제3항에 해당하는 병역의무불이행자
6. 「병역법」 제86조를 위반하여 병역의무 기피·감면 목적으로 도망가거나 행방을 감춘 사람
7. 2억원 이상의 국세를 포탈한 혐의로 세무조사를 받고 있는 사람
8. 20억원 이상의 허위 세금계산서 또는 계산서를 발행한 혐의로 세무조사를 받고 있는 사람
9. 영 제98조에 따른 출입국항에서 타인 명의의 여권 또는 위조·변조여권 등으로 출입국하려고 한 사람
10. 3천만원 이상의 공금횡령(橫領) 또는 금품수수(收受) 등의 혐의로 감사원의 감사를 받고 있는 사람
11. 「전자장치 부착 등에 관한 법률」 제13조에 따라 위치추적 전자장치가 부착된 사람
12. 출국 시 공중보건에 현저한 위해를 끼칠 염려가 있다고 법무부장관이 인정하는 사람
13. 그 밖에 출국 시 국가안보 또는 외교관계를 현저하게 해칠 염려가 있다고 법무부장관이 인정하는 사람
② 법 제4조제2항제1호에서 도주 등 특별한 사유가 있어 수사 진행이 어려운 사람은 도주 등으로 체포
영장 또는 구속영장이 발부되거나 지명수배된 사람으로 한다.

나. 긴급 출국금지

제4조의6(긴급출국금지) ① 수사기관은 범죄 피의자로서 사형·무기 또는 장기 3년 이상의 징역이나
금고에 해당하는 죄를 범하였다고 의심할 만한 상당한 이유가 있고, 다음 각 호의 어느 하나에 해당
하는 사유가 있으며, 긴급한 필요가 있는 때에는 제4조제3항에도 불구하고 출국심사를 하는 출입국
관리공무원에게 출국금지를 요청할 수 있다.
1. 피의자가 증거를 인멸할 염려가 있는 때
2. 피의자가 도망하거나 도망할 우려가 있는 때
② 제1항에 따른 요청을 받은 출입국관리공무원은 출국심사를 할 때에 출국금지가 요청된 사람을 출국
시켜서는 아니 된다.
③ 수사기관은 제1항에 따라 긴급출국금지를 요청한 때로부터 6시간 이내에 법무부장관에게 긴급출국
금지 승인을 요청하여야 한다. 이 경우 <u>검사의 검토의견서 및 범죄사실의 요지, 긴급출국금지의 사
유 등을 기재한 긴급출국금지보고서를 첨부하여야 한다.</u>
④ 법무부장관은 수사기관이 제3항에 따른 긴급출국금지 승인 요청을 하지 아니한 때에는 제1항의 수
사기관 요청에 따른 출국금지를 해제하여야 한다. 수사기관이 긴급출국금지 승인을 요청한 때로부터
12시간 이내에 법무부장관으로부터 긴급출국금지 승인을 받지 못한 경우에도 또한 같다.
⑤ 제4항에 따라 출국금지가 해제된 경우에 수사기관은 동일한 범죄사실에 관하여 다시 긴급출국금지
요청을 할 수 없다.
⑥ 그 밖에 긴급출국금지의 절차 및 긴급출국금지보고서 작성 등에 필요한 사항은 대통령령으로 정한다.

다. 출국금지기준

제1조의3(벌금 등 미납에 따른 출국금지 기준) ① 법 제4조제1항제3호에서 "대통령령으로 정하는 금액"이란 다음 각 호의 구분에 따른 금액을 말한다.
  1. 벌금 : 1천만원
  2. 추징금 : 2천만원
② 법 제4조제1항제4호에서 "대통령령으로 정하는 금액"이란 다음 각 호의 구분에 따른 금액을 말한다.
  1. 국세: 5천만원
  2. 관세: 5천만원
  3. 지방세: 3천만원

2. 출국정지 대상자

제29조(외국인 출국의 정지) ① 법무부장관은 제4조제1항 또는 제2항 각 호의 어느 하나에 해당하는 외국인에 대하여는 출국을 정지할 수 있다.
② 제1항의 경우에 제4조제3항부터 제5항까지와 제4조의2부터 제4조의5까지의 규정을 준용한다. 이 경우 "출국금지"는 "출국정지"로 본다.

제29조의2(외국인 긴급출국정지) ① 수사기관은 범죄 피의자인 외국인이 제4조의6제1항에 해당하는 경우에는 제29조제2항에도 불구하고 출국심사를 하는 출입국관리공무원에게 출국정지를 요청할 수 있다.
② 제1항에 따른 외국인의 출국정지에 관하여는 제4조의6제2항부터 제6항까지의 규정을 준용한다. 이 경우 "출국금지"는 "출국정지"로, "긴급출국금지"는 "긴급출국정지"로 본다.

제39조의3(출국정지 대상자) ① 법 제4조제1항제6호 및 제29조제1항에 따라 출국을 정지할 수 있는 대상자는 다음 각 호의 어느 하나에 해당하는 외국인으로 한다.
  1. 2억원 이상의 국세를 포탈한 혐의로 세무조사를 받고 있는 사람
  2. 20억원 이상의 허위 세금계산서 또는 계산서를 발행한 혐의로 세무조사를 받고 있는 사람
  3. 공중보건에 현저한 위해를 끼칠 염려가 있다고 법무부장관이 인정하는 사람
  4. 「전자장치 부착 등에 관한 법률」 제13조에 따라 위치추적 전자장치가 부착된 사람
  5. 그 밖에 출국 시 국가안보 또는 외교관계를 현저하게 해칠 우려가 있다고 법무부장관이 인정하는 사람
② 법 제4조제2항 및 제29조제1항에 따라 출국을 정지할 수 있는 대상자는 사형, 무기, 장기 3년 이상의 징역 또는 금고에 해당하는 범죄 혐의로 수사를 받고 있거나 그 소재를 알 수 없어서 기소중지 또는 수사중지(피의자중지로 한정한다)가 된 외국인으로 한다.

II. 입국금지

※ 출입국관리법

제11조(입국의 금지 등) ① 법무부장관은 다음 각 호의 어느 하나에 해당하는 외국인에 대하여는 입국을 금지할 수 있다.

1. 감염병환자, 마약류중독자, 그 밖에 공중위생상 위해를 끼칠 염려가 있다고 인정되는 사람
2. 「총포·도검·화약류 등의 안전관리에 관한 법률」에서 정하는 총포·도검·화약류 등을 위법하게 가지고 입국하려는 사람
3. 대한민국의 이익이나 공공의 안전을 해치는 행동을 할 염려가 있다고 인정할 만한 상당한 이유가 있는 사람
4. 경제질서 또는 사회질서를 해치거나 선량한 풍속을 해치는 행동을 할 염려가 있다고 인정할 만한 상당한 이유가 있는 사람
5. 사리 분별력이 없고 국내에서 체류활동을 보조할 사람이 없는 정신장애인, 국내체류비용을 부담할 능력이 없는 사람, 그 밖에 구호(救護)가 필요한 사람
6. 강제퇴거명령을 받고 출국한 후 5년이 지나지 아니한 사람
7. 1910년 8월 29일부터 1945년 8월 15일까지 사이에 다음 각 목의 어느 하나에 해당하는 정부의 지시를 받거나 그 정부와 연계하여 인종, 민족, 종교, 국적, 정치적 견해 등을 이유로 사람을 학살·학대하는 일에 관여한 사람
   가. 일본 정부
   나. 일본 정부와 동맹 관계에 있던 정부
   다. 일본 정부의 우월한 힘이 미치던 정부
8. 제1호부터 제7호까지의 규정에 준하는 사람으로서 법무부장관이 그 입국이 적당하지 아니하다고 인정하는 사람

② 법무부장관은 입국하려는 외국인의 본국(本國)이 제1항 각 호 외의 사유로 국민의 입국을 거부할 때에는 그와 동일한 사유로 그 외국인의 입국을 거부할 수 있다.

III. 출국금지 및 출국정지 기간

1. 출국금지 기간 및 연장

> ※ 출입국관리법 시행령
>
> **제1조의4(출국금지기간)** 법 제4조제1항 또는 제2항에 따른 출국금지기간을 계산할 때에는 그 기간이 일(日) 단위이면 첫날은 시간을 계산하지 않고 1일로 산정하고, 월(月) 단위이면 달력에 따라 계산한다. 이 경우 기간의 마지막 날이 공휴일 또는 토요일이더라도 그 기간에 산입(算入)한다.
>
> **제2조의2(출국금지기간의 연장 절차)** ① 법무부장관은 법 제4조의2제1항에 따라 출국금지기간을 연장하려면 법 제4조제1항 또는 제2항에 따른 출국금지기간 내에서 그 기간을 정하여 연장하여야 한다. 이 경우 법무부장관은 관계 기관의 장에게 의견을 묻거나 관련 자료를 제출하도록 요청할 수 있다.
>
> ② 제2조제2항에 따라 출국금지를 요청한 중앙행정기관의 장 및 법무부장관이 정하는 관계 기관의 장(이하 " 출국금지 요청기관의 장"이라 한다)은 법 제4조의2제2항에 따라 출국금지기간 연장을 요청하는 경우에는 출국금지기간 연장요청 사유와 출국금지기간 연장예정기간 등을 적은 출국금지기간 연장요청서에 법무부령으로 정하는 서류를 첨부하여 법무부장관에게 보내야 한다.
>
> ③ 제2항에 따른 출국금지기간 연장예정기간은 법 제4조제1항 또는 제2항에 따른 출국금지기간을 초과할 수 없다.

2. 출국정지 기간

> ※ 출입국관리법 시행령
>
> **제36조(외국인의 출국정지기간)** ① 법 제29조에 따른 출국정지기간은 다음 각 호와 같다.
>
>   1. 법 제4조제1항 각 호의 어느 하나에 해당하는 외국인: 3개월 이내
>   2. 법 제4조제2항에 해당하는 외국인: 1개월 이내. 다만, 다음 각 목에 해당하는 외국인은 그 목에서 정한 기간으로 한다.
>   가. 도주 등 특별한 사유가 있어 수사진행이 어려운 외국인: 3개월 이내
>   나. 소재를 알 수 없어 기소중지 또는 수사중지(피의자중지로 한정한다)가 된 외국인: 3개월 이내
>   다. 기소중지 또는 수사중지(피의자중지로 한정한다)가 된 경우로서 체포영장 또는 구속영장이 발부된 외국인: 영장 유효기간 이내
>
> ② 제1항제2호에 해당하는 사람 중 기소중지 또는 수사중지(피의자중지로 한정한다)된 사람의 소재가 발견된 경우에는 출국정지 예정기간을 발견된 날부터 10일 이내로 한다.
>
> ③ 제1항에 따른 외국인의 출국정지기간의 계산에 관하여는 제1조의4를 준용한다. 이 경우 "출국금지기간"은 "출국정지기간"으로 본다.

3. 통지유예

가. 법적근거 (출입국관리법)

제4조의4(출국금지결정 등의 통지) ① 법무부장관은 제4조제1항 또는 제2항에 따라 출국을 금지하거나 제4조의2제1항에 따라 출국금지기간을 연장하였을 때에는 즉시 당사자에게 그 사유와 기간 등을 밝혀 서면으로 통지하여야 한다.

② 법무부장관은 제4조의3제1항에 따라 출국금지를 해제하였을 때에는 이를 즉시 당사자에게 통지하여야 한다.

③ 법무부장관은 제1항에도 불구하고 다음 각 호의 어느 하나에 해당하는 경우에는 제1항의 통지를 하지 아니할 수 있다.
   1. 대한민국의 안전 또는 공공의 이익에 중대하고 명백한 위해(危害)를 끼칠 우려가 있다고 인정되는 경우
   2. 범죄수사에 중대하고 명백한 장애가 생길 우려가 있다고 인정되는 경우. 다만, 연장기간을 포함한 총 출국금지기간이 3개월을 넘는 때에는 당사자에게 통지하여야 한다.
   3. 출국이 금지된 사람이 있는 곳을 알 수 없는 경우

나. 통지유예 사유 예시

① 수사 진행 중인 사실을 알게 되면 관련자들과 공모하여 핵심 증거자료를 파기, 은닉하여 수사에 막대한 지장이 초래될 가능성이 크다.

② 유효한 여권을 소지하고 있고 다수의 해외 출입국기록이 확인되는 자로 출국금지 통지로 인한 수사 개시 사실이 알려지면 잠적, 수사회피 등으로 추가 증거확보 등 수사에 중대하고 명백한 장애를 초래할 우려가 있다.

③ 사안이 중대성 및 사회적 파급효과 등을 고려할 때 수사 개시 사실이 알려지면 증거인멸, 도주 등 수사 장애 발생이 명백하다.

제2절 출입국규제 관련 지침

I. 주요내용

1. 출국금지·정지요청 시 소명자료로 '검사의 수사지휘서'가 '검사의 검토의견서'로 변경
2. 기소중지 또는 수사중지된 사람도 3개월 또는 영장 유효기간까지 출국금지/정지 가능
3. 입국시통보 요청 시 원칙적으로 검사 검토의견서 첨부해야 하나, 일부 유형에 한해서는 첨부 불필요
   - 영장발부, 수사중지 처분한 사안은 검사의 검토의견서 없이 영장사본, 수사중지결정서 첨부하고 이외 사안은 검사의 검토의견서 반드시 첨부

II. 출입국 규제(일반)

1. 기 간

가. 범죄 수사를 위하여 출국이 적당하지 아니하다고 인정되는 사람 : 1개월 이내

나. 소재를 알 수 없어 기소중지 또는 수사중지(피의자중지로 한정)된 사람 또는 도주 등 특별한 사유가 있어 수사진행이 어려운 사람 : 3개월 이내

다. 기소중지 또는 수사중지(피의자중지로 한정)된 경우로서 체포영장 또는 구속영장이 발부된 사람 : 영장 유효기간 이내

2. 절 차

출입국 조회로 입국 여부 확인 ⇒ 검찰에 검토의견서 요청 ⇒ 출국금지/정지 요청서 및 소명자료 등을 시도경찰청에 공문발송 ⇒ 시도경찰청에서 경찰청에 공문발송 ⇒ 법무부로 공문발송

III. 긴급출입국 규제

1. 대 상

가. 범죄 피의자로서 사형·무기 또는 장기 3년 이상의 징역이나 금고에 해당하는 죄를 범하였다고 의심할 만한 상당한 이유가 있고, 다음 각호의 어느 하나에 해당하는 사유

① 피의자가 증거를 인멸할 염려가 있는 때

② 피의자가 도망하거나 도망할 우려가 있는 때

나. 요청을 받은 출입국관리공무원은 출국심사를 할 때 출국금지가 요청된 사람을 출국시켜서는 아니 된다.

다. 수사기관은 긴급출국금지를 요청한 때로부터 6시간 이내에 법무부장관에게 긴급출국금지 승인을 요청하여야 한다. 이 경우 검사의 검토의견서 및 범죄사실의 요지, 긴급출국금지의 사유 등을 기재한 긴급출국금지보고서를 첨부하여야 한다.

2. 절 차

긴급 출국금지/정지 사유발생 ⇒ 인천공항출입국외국인청에 긴급 출국금지/정지요청 ⇒ 검찰에 검토의견서 요청 ⇒ 긴급 출국금지/정지 요청서 및 소명자료 등을 경찰청과 법무부로 공문발송

IV. 입국 시 통보

1. 필요 서류

가. 영장발부 : 영장사본, 출입국현황

나. 수사중지 처분 : 수사중지결정서, 출입국현황

다. 이외 : 검토의견서, 출입국현황

2. 절 차

출입국 조회로 출국여부 확인 ⇒ 검찰에 검토의견서 요청 ⇒ 입국시 통보요청 및 소명자료 등을 시도경찰청에 공문발송 ⇒ 시도경찰청에서 경찰청에 공문발송 ⇒ 법무부로 공문발송

제3절 처리요령

1. 업무의 기본

가. 출국금지

(가) 대한민국 국민에 대한 출국의 금지

(나) 외국에 이민한 자라도 국적이 대한민국인 자

나. 출국정지

외국인에 대한 출국의 정지

다. 입국 시 통보

내·외국인에 대한 입국 시 그 사실의 통보

2. 사 례

가. 입국 시 통보

(가) 수사 대상자(내·외국인)가 해외로 출국한 후 입국 시 요청기관에 입국 사실을 통보할 경우

(나) 범죄의 수사상 필요하다고 인정되는 특별한 사유가 있는 때에만 요청

나. 규제 사유

규제(해제) 사유는 6하원칙에 의거 간단명료하게 기재한다.

다. 규제기간

(가) 규제기간은 반드시 다음 기준에 의하여 설정 명시하고, 기간을 연장할 사유가 있을 때는 그 기간만료 3일 전까지 문서로 기간연장을 요청토록 하여야 한다.

(나) 규제 요청 전 대상자에 대하여 출입국사실 여부를 반드시 확인한다.

(다) 출입국 규제기간 설정기준

(라) 해제

규제 만료 시 자동해제됨(규제사유 소멸 시 지체없이 해제요청)

라. 규제번호

규제번호는 당해 각과 및 시도 자체 연도별 일련번호를 부여 명기한다.

마. 취급부서 및 취급자

취급부서(과 · 계) 및 연락 전화번호(경비 · 일반), 취급자 계급 · 성명을 기재

✽ 본 요청절차는 해제의 경우도 같음.

바. 업무처리 시 주의사항

출국정지 시 원칙적으로 대상자와 가족에게 통보하게 되어 있으므로 "통지유예"가 필요한 경우, 규제사유란 하단에 "수사 목적상 본인과 가족에게 통지유예 요망" 기재

○○경찰서

제 0000-00000 호   20○○. ○. ○..

수 신 : ○○지방검찰청장 (검사 : ○○○)

제 목 : **범법자 출입국 규제 검토의견 회신 요청**

     다음 사람에 대하여 출국금지·출국정지·입국시통보에 필요한 검토의견 회신을 요청합니다.

사 건 번 호		20○○. ○. ○. 제 호		
인 적 사 항	성 명			
	주 거			
	등록기준지			
	직 업		성 별	
	여 권 번 호		주민등록번호	
죄 명				
범 죄 사 실				
사 유		○○사유로 출국하였으나 사안이 중하므로		
기 간		금지 1~3개월, 정지 10일, 통보 6개월		
비 고				

○○경찰서

사법경찰관 경위   홍 길 동

○○○ 검찰청

제 0000-0000 호   20○○.○.○.

수 신 : ○○경찰서장

제 목 : **범법자 출입국 규제요청에 대한 검토의견**

　　　　다음 사람에 대한 출국금지·출국정지에 대하여 아래와 같이 검토
의견을 제시합니다.

가	부	비 고

사 건 번 호		
인 적 사 항	성명	
	주거	
	등록기준지	
	직업	성 별
	여권번호	주민등록번호(외국인등록번호)
죄 　　명		
요 청 항 목	[ ] 출국금지　　　[ ] 긴급출국금지　　　[ ] 출국금지기간 연장 [ ] 출국정지　　　[ ] 긴급출국정지　　　[ ] 출국정지기간 연장	
기 　　간		
검 사 의 견		

○○○ 검찰청

검 사　　　　　　　　　　　　⑪

○ ○ 경 찰 서

수   신 : ○○경찰청(수사1계장)   20○○. ○. ○

(경 유)

제 목 입국시 통보 요청

　아래 사람에 대하여 다음과 같이 입국시 통보요청하오니 조치하여 주시기 바랍
니다.

1. 인적사항

번 호	성 명	성별	주민번호	직 업	주 거	여권번호
1	홍길동	남	560101-1234567	소개업	○○시 ○○동 11번지	

2. 요청사유 :

　　위 사람은 현재 ○○ ○○시 ○○과 ○○계에서 ○○○으로 수사 중인
자인 바, 입국시 피의자 신병 통보받아 수사하기 위함.

3. 규제기간 :

　　20○○. ○. ○.부터 20○○. ○. ○. 까지

4. 요청기관 : ○○경찰서 ○○과 ○○팀 사법경찰관 경위 홍길동

　　　　　　　　전 화

붙임 : 범법자 출입국 규제요청에 대한 검토의견서 1부. 끝.

○ ○ 경 찰 서 장

○ ○ 경 찰 서

수 신   ○○출입국·외국인관리사무소장   20○○. ○. ○

(경유)

제 목   피의자 출국사실증명원 발급의뢰

　　　우리 경찰서 제○○호로 수사 중인 사건의 피의자가 해외로 도피 중이므로 동
인에 대하여 국제형사기구를 통하여 신병 인도를 요청하고자 피의자에 대한
출국사실증명원을 발급 의뢰합니다.

1. 피의자 인적사항

　　　주　　　　소 : ○○시 ○○동 ○○번지

　　　성　　　　명 : 홍 길 동

　　　주민등록번호 : 700101-1234567

　　　여 권 번 호 : 12345

2. 사건개요

　　　피의자는……. 사람으로……. ○○하고 20○○. ○. ○.자 ○○으로 출국한 자임

3. 수사담당자

　　　　○○경찰서 ○○과 ○○팀　사법경찰관 경위 홍길동

　　　　전화

○ ○ 경 찰 서 장

출국금지 등 요청서

접수번호	접수일	처리기간

문서번호 :　　　　　　　　　　　수　　신 :

요청일 :　　　　　　　　　　　요청기관 :　　　　　　| 직인 |

「출입국관리법」 제4조제3항, 제4조의2제2항, 제4조의3제2항 및 같은 법 시행령 제2조제2항, 제2조의2제2항, 제3조제3항에 따라 다음과 같이 요청합니다.

요청항목	☐ 출국금지　　☐ 출국금지기간 연장　　☐ 출국금지 해제			
사건번호		최초요청 공문번호	담당부서 (연락처)	
대상자 인적사항	성　　명	(한　자)	성별	
	주민등록번호		국　적	
	주　　소		직　업	
	여권번호		여권 유효기간 만료일	
요청기간	※ 출국금지 예정기간 또는 출국금지기간 연장 예정기간을 기재			
요청사유 (구체적으로 기재)	합계액 2억원을 체납한 사람으로서 압류·공매 등으로 채권을 확보할 수 없고 재산의 해외 도피 목적으로 국외 도주할 우려가 있다고 인정되므로			
소명자료				

긴급출국금지 요청서

문 서 번 호 :

피의자 인적사항	성 명	(한 자)		성별	
	주민등록번호		국 적		
	주 소		직 업		
	여권번호		여권 유효기간 만료일		

위 피의자에 대해 「출입국관리법」 제4조의6제1항에 따라 긴급출국금지를 요청합니다.

0000. 00. 00.

○○○의 장

○   ○   ○   관인

사 건 번 호	
요 청 일	
출 국 금 지 예 정 기 간	
요 청 사 유	
소 명 자 료	
긴급출국금지 요청신청자	관 직 성 명

긴급출국금지 승인 요청서

문 서 번 호 :

피의자 인적사항	성 명	(한 자)		성별	
	주민등록번호		국 적		
	주 소		직 업		
	여권번호		여권 유효기간 만료일		

위 피의자에 대해 「출입국관리법」 제4조의6제3항에 따라 긴급출국금지 승인을 요청합니다.

20○○. ○. ○.

○○○의 장

○ ○ ○   관인

사 건 번 호	
긴 급 출 국 금 지 요 청 문 서 번 호	
요 청 일	
출 국 금 지 예 정 기 간	
요 청 사 유	
소 명 자 료	

긴 급 출 국 금 지 승인요청신청자	관 직		성 명	

○ ○ 경 찰 서

수　신　외교부장관(여권과장)

(경　유)

제　목 : 여권 행정제재 조치 의뢰

　우리 경찰서 제○○ 호로 수사 중인 사건의 피의자가 해외로 도피 중이므로 동인에 대하여 국제형사기구를 통하여 신병 인도를 요청하고자 하오니 피의자가 제3국으로 도피를 할 수 없도록 여권에 대하여 행정제재 조치를 의뢰합니다.

　1. 피의자 인적사항

　　　주　　　　소 : ○○시 ○○동 ○○번지

　　　성　　　　명 : 홍 길 동

　　　주민등록번호 : 700101-1234567

　　　여 권 번 호 : 12345

　2. 사건개요

　　　피의자는……. 사람으로……. 하고 20○○. ○. ○.자 ○○으로 출국한 자임

　3. 수사담당자

　　　○○경찰서 ○○과 ○○팀　사법경찰관 경위 홍길동

　　　전화

○ ○ 경 찰 서 장

출국정지 등 요청서

접수번호	접수일	처리기간

문서번호 :   수 신 :

요청일 :   요청기관 :   직인

「출입국관리법」제29조에 따라 다음과 같이 요청합니다.

요청항목	☐ 출국정지 ☐ 출국정지기간 연장 ☐ 출국정지 해제		
사건번호		최초요청 공문번호	담당부서 (연락처)
대상자 인적사항	성 명	(한 자)	성별
	생년월일 (외국인등록번호)	국 적	
	주 소	직 업	
	여권번호	여권 유효기간 만료일	
요청기간	20○○. ○. ○.부터 20○○. ○. ○. 까지		
요청사유 (구체적으로 기재)	○○법원받으로 (장기 3년 이상의 징역 또는 금고에 해당하는 범 죄현의)로 입건되었으나 현재 그 소재를 알 수 없어서 기소중지 결정이 된 자이므로		
소명자료			

제 2 장

국제범죄 수사

제1절 국제범죄 수사 일반원칙
(범죄수사규칙)

1. 국제범죄의 의의

국제범죄란 외국인 관련 범죄 또는 우리나라 국민의 국외범, 대·공사관에 관한 범죄 그 외 외국에 관한 범죄를 말한다.

2. 국제법의 준수

경찰관은 외국인 등 관련 범죄의 수사를 함에서는 국제법과 국제조약에 위배되는 일이 없도록 유의하여야 한다.

3. 국제범죄의 수사착수

경찰관은 외국인 등 관련 범죄 중 중요한 범죄에 관하여는 미리 국가수사본부장에게 보고하여 그 지시를 받아 수사에 착수하여야 한다. 다만, 급속을 요하는 경우에는 필요한 처분을 한 후 신속히 국가수사본부장의 지시를 받아야 한다.

4. 대·공사 등에 관한 특칙

가. 경찰관은 외국인 등 관련 범죄를 수사함에서는 다음 각 호의 어느 하나에 해당하는 사람의 외교특권을 침해하는 일이 없도록 주의하여야 한다.

　① 외교관 또는 외교관의 가족

　② 그 밖의 외교의 특권을 가진 자

나. 위 항에 규정된 사람의 사용인을 체포하거나 조사할 필요가 있다고 인정될 때에

는 현행범인의 체포 그 밖의 긴급 부득이한 경우를 제외하고는 미리 국가수사본부장에게 보고하여 그 지시를 받아야 한다.

다. 경찰관은 피의자가 외교특권을 가진 사람인지 여부가 의심스러운 경우에는 신속히 국가수사본부장에게 보고하여 그 지시를 받아야 한다.

5. 대 공사관 등에의 출입

가. 경찰관은 대·공사관과 대·공사나 대·공사관원의 사택 별장 혹은 그 숙박하는 장소에 관하여는 해당 대·공사나 대·공사관원의 청구가 있으면 이외에는 출입해서는 아니 된다. 다만, 중대한 범죄를 범한 자를 추적 중 그 사람이 위 장소에 들어가면 지체할 수 없을 때에는 대·공사, 대·공사관원 또는 이를 대리할 권한을 가진 사람의 사전 동의를 얻어 수색하여야 한다.

나. 경찰관이 위 항에 따라 수색할 때에는 지체 없이 국가수사본부장에게 보고하여 그 지시를 받아야 한다.

6. 외국 군함에의 출입

가. 경찰관은 외국 군함에 관하여는 해당 군함 함장의 청구가 있는 때 외에는 이에 출입해서는 아니 된다.

나. 경찰관은 중대한 범죄를 범한 사람이 도주하여 대한민국의 영해에 있는 외국군함으로 들어갔을 때는 신속히 국가수사본부장에게 보고하여 그 지시를 받아야 한다. 다만, 급속을 요할 때는 해당 군함의 함장에게 범죄자 임의 인도를 요구할 수 있다.

다. 경찰관은 외국군함에 속하는 군인이나 군속이 그 군함을 떠나 대한민국의 영해 또는 영토 내에서 죄를 범하면 신속히 국가수사본부장에게 보고하여 그 지시를 받아야 한다. 다만, 현행범 그 밖의 급속을 요하는 때에는 체포 그 밖의 수사상 필요한 조치를 한 후 신속히 국가수사본부장에게 보고하여 그 지시를 받아야 한다.

7. 영사 등에 관한 특칙

가. 경찰관은 임명국의 국적을 가진 대한민국 주재의 총영사, 영사 또는 부영사에 대한 사건에 관하여 구속 또는 조사할 필요가 있다고 인정될 때에는 미리 국가

수사본부장에게 보고하여 그 지시를 받아야 한다.

나. 경찰관은 총영사, 영사 또는 부영사의 사무소는 해당 영사의 청구나 동의가 있는 때 외에는 이에 출입해서는 아니 된다.

다. 경찰관은 총영사, 영사 또는 부영사의 사택이나 명예영사의 사무소 혹은 사택에서 수사할 필요가 있다고 인정될 때에는 미리 국가수사본부장에게 보고하여 그 지시를 받아야 한다.

라. 경찰관은 총영사, 영사 또는 부영사나 명예영사의 사무소 안에 있는 기록문서에 관하여는 이를 열람하거나 압수하여서는 아니 된다.

8. 외국 선박 내의 범죄

경찰관은 대한민국의 영해에 있는 외국 선박 내에서 발생한 범죄로서 다음 각호의 어느 하나에 해당하는 경우에는 수사하여야 한다.

① 대한민국 육상이나 항 내의 안전을 해할 때

② 승무원 이외의 사람이나 대한민국의 국민에게 관계가 있을 때

③ 중대한 범죄가 행하여졌을 때

9. 외국인에 대한 조사

가. 경찰관은 외국인의 조사와 체포·구속에서는 언어, 풍속과 습관의 특성을 고려하여야 한다.

나. 경찰관은 「경찰수사규칙」 제91조제2항에 따라 고지한 경우 피의자로부터 별지 제118호서식의 영사기관통보요청확인서를 작성하여야 한다.

다. 경찰관은 「경찰수사규칙」 제91조제3항에도 불구하고, 별도 외국과의 조약에 따라 피의자 의사와 관계없이 해당 영사기관에 통보하게 되어 있는 경우에는 반드시 이를 통보하여야 한다.

라. 「경찰수사규칙」 제91조제3항부터 제4항까지 및 이 조 제2항부터 제3항까지의 서류는 수사기록에 편철하여야 한다.

10. 외국인 피의자에 대한 조사사항

경찰관은 피의자가 외국인이면 내국인에 대한 조사사항 외에 다음 각 호의 사항에 유의하여 피의자신문조서를 작성하여야 한다.

① 국적 출생지와 본국에서 주거

② 여권 또는 외국인등록 증명서 그 밖의 신분증을 증명할 수 있는 증서의 유무

③ 외국에서의 전과의 유무

④ 대한민국에 입국한 시기 체류기간 체류자격과 목적

⑤ 국내 입·출국 경력

⑥ 가족의 유무와 그 주거

11. 통역인의 참여

가. 경찰관은 외국인인 피의자와 그 밖의 관계자가 한국어에 능통하지 않으면 통역인에게 통역하게 하여 한국어로 피의자신문조서나 진술조서를 작성하여야 하며 특히 필요한 때에는 외국어의 진술서를 작성하게 하거나 외국어의 진술서를 제출하게 하여야 한다.

나. 경찰관은 외국인이 구술로써 고소·고발이나 자수를 하려 할 때 한국어에 능통하지 않을 때의 고소·고발 또는 자수인 진술조서는 제1항의 규정에 준하여 작성하여야 한다.

12. 번역문의 첨부

경찰관은 다음 각 호의 경우 번역문을 첨부하여야 한다.

가. 외국인에 대하여 구속영장 그 밖의 영장을 집행하는 경우

나. 외국인으로부터 압수한 물건에 관하여 압수목록교부서를 교부하는 경우

제2절 영사관 등에 통지

 I. 근거법령(경찰수사규칙)

제91조(외국인에 대한 조사) ① 사법경찰관리는 외국인을 조사하는 경우에는 조사를 받는 외국인이 이해할 수 있는 언어로 통역해 주어야 한다.

② 사법경찰관리는 외국인을 체포·구속하는 경우 국내 법령을 위반하지 않는 범위에서 영사관원과 자유롭게 접견·교통할 수 있고, 체포·구속된 사실을 영사기관에 통보해 줄 것을 요청할 수 있다는 사실을 알려야 한다.

③ 사법경찰관리는 체포·구속된 외국인이 제2항에 따른 통보를 요청하는 경우에는 별지 제93호서식의 영사기관 체포·구속 통보서를 작성하여 지체 없이 해당 영사기관에 체포·구속 사실을 통보해야 한다.

④ 사법경찰관리는 외국인 변사사건이 발생한 경우에는 제94호서식의 영사기관 사망 통보서를 작성하여 지체 없이 해당 영사기관에 통보해야 한다.

II. 영사관 통보 방법과 절차

1. 일반 국가(영사 관계에 관한 비엔나 협약)

가. 외국인 피의자 체포·구속 시

① 해당 영사기관에 체포·구속사실의 통보와 국내 법령에 위반되지 않는 한도 내에서 해당 영사기관원과 접견·교통을 요청할 수 있음을 고지하여야 한다.

② 사법경찰관은 전항의 내용을 고지하고 피의자로부터 '영사기관통보요청확인서'를 작성하여야 한다.

③ 피의자가 영사기관 통보 및 접견을 요청한 경우에는 '영사기관 체포·구속통보서'를 작성하여 해당 영사기관에 지체없이 통보하여야 한다.

※ 피의자가 통보를 원치 않더라도 반드시 영사기관통보요청확인서에 통보요청을 원치 않는다는 표시 및 서명날인을 하고 사건기록에 편철한다.

④ 전항에도 불구하고, 별도 외국과의 조약에 따라 피의자 의사와 관계없이 해당 영사기관에 통보하게 되어 있는 경우에는 반드시 이를 통보하여야 한다.

⑤ 위 영사기관통보요청확인서 등의 서류는 수사기록에 편철하여야 한다.

나. 외국인 사망자 통보

① 원칙적으로 내국인과 동일한 절차로 진행한다.

② 사법경찰관은 '영사기관사망통보서'를 작성하여 해당 영사기관에 그 사실을 지체없이 통보하고 이를 사건 관련 기록에 편철하여야 한다.

다. 영사관원 접견 요청 시

피의자가 명시적으로 반대하지 않는 한 접견권 행사에 적극적으로 협조한다.

2. 러시아(대한민국과 러시아 연방 간의 영사협약)

가. 피의자 체포 · 구속 시

① 체포 · 구속사실의 통보와 국내 법령에 위반되지 않는 한도 내에서 영사기관원과 접견 · 교통을 요청할 수 있음을 고지하여야 한다.

② 사법경찰관은 전항의 내용을 고지하고 피의자로부터 '영사기관통보요청확인서'를 작성하여야 한다.

③ 피의자가 영사기관 통보희망 여부를 불문하고 영사기관 통보요청 확인서에 통보요청 여부를 표시하고 피의자 서명날인하게 한다.

④ 영사기관에 지체없이 통보(팩스)하여야 한다.

⑤ 관련 서류원본은 수사기록에 편철하고 복사본은 따로 보관하지 않아도 된다.

나. 사망 시

① 원칙적으로 내국인과 동일한 절차로 진행한다.

② '영사기관 사망통보서'를 작성하여 해당 영사기관에 그 사실을 지체없이 통보하고 이를 사건 관련 기록에 편철하여야 한다.

다. 영사관원 접견 요청 시

피의자가 명시적으로 반대하지 않는 한 접견권 행사에 적극적으로 협조한다.

3. 중국(대한민국과 중화인민공화국 간의 영사협약)

가. 피의자 체포·구속 시

① '한중 영사협정에 따른 권리통지서'를 피의자에게 열람시키고 체포·구속사실 영사기관 통보권과 영사관원과의 통신·접촉권이 있음을 통지한다.

② 피의자가 영사기관 통보희망 여부를 불문하고 '한중 영사협정에 따른 권리통지서'의 확인서 란에 피의자 서명날인하게 한다. (단, 출입구관리법 위반으로 구속된 피의자가 통보를 서면으로 명시적 반대한 경우 통보하지 않음)

③ '중국 국적인 체포·구속 동보서'를 중국영사기관에 지체없이(4일 이내) 팩스로 통보한다.

④ 관련 서류원본은 수사기록에 편철하고 복사본은 따로 보관하지 않아도 된다.

나. 사망 시

① 원칙적으로 내국인과 동일한 절차로 진행한다.

② '영사기관 사망통보서'를 작성하여 해당 영사기관에 그 사실을 지체없이 통보하고 이를 사건 관련 기록에 편철하여야 한다.

다. 영사관원 접견 요청 시

피의자가 서면으로 반대하지 않는 한 접견권 행사에 적극적으로 협조한다.

領事機關 通報要請確認書

Date/ Month/ Year

Confirmation of Request for Notification to the Consulate

被逮捕者 姓名	擔當警察官 所屬, 階級, 姓名
	印

당신은 귀국에서 파견된 영사관원에게 체포된 사실을 통보·요구할 권리 및 대한민국의 법령 내에서 위 영사관원에 편지를 보낼 권리를 가지고 있습니다.
You have the rights to demand us to notify an official in the consulate dispatched by your government that you are arrested and to send a letter to the official pursuant to relevant laws of Republic of Korea.

당신이 원하는 항목의 (   )에 ∨표를 한 후, 끝으로 공란에 국명을 기입하고 서명해 주십시오.
Choose one between the following alternatives and mark it with ∨ in the parenthesis.
Finally write your nationality(country of origin) and sign underneath.

나는 자국 영사관원에 대한 통보를 요청합니다.
I request you to notify an official in the consulate of my country that I am arrested. (   )

나는 통보를 요청하지 않습니다.
I do not request you to notify. (   )

(   )   (   )
국   명   피체포자 서명
Nationality(Country of Origin)   Signature

注意 : 1. 국명확인은 여권 또는 외국인등록 증명서에 의할 것

通 報 書

년   월   일

본직은 다음과 같이 상기의 외국인을 체포한 것을 영사관에 통보하였음

(1) 통보일시

(2) 통보대상 영사기관

_____ ㊞
담당 경찰관 소속, 계급, 성명, 인

※ 송치 서류에 복사본을 편철할 것

(○ ○ Police station)

전화(Telephone) :

팩스(Fax) :

수 신(To) : 담당 영사(The consul it may concern)

제 목(Subject) : **영사기관 체포(구속) 통보 (Arrest (Detention) Notification)**

1. 피의자(Personal details of the arrested)

    성　명(Name) :

    생년월일(Date of Birth) :

    여권번호(Passport No.) :

    국적(Nationality) :

2. 체포일시 및 장소 (Date & Place of arrest)

3. 사건 개요(Details of the case)

4. 경찰 조치(Actions taken by the police)

        사법경찰관(Officer in charge)　　　인

(○ ○ Police station)

전화(Telephone) :

팩스(Fax) :

수 신(To) : 담당 영사(The consul it may concern)

제 목(Subject) : 영사기관 사망 통보(Death Notification)

1. 변사자(Personal Details of the deceased)

    성   명(Name) :

    생년월일(Date of Birth) :

    여권번호(Passport No.) :

    국적(Nationality) :

2. 발생 일시 및 장소(Date & Place of occurrence)

3. 발생 개요(Details of the incident)

4. 경찰 조치(Actions taken by the police)

사법경찰관(Officer in charge)   인

제3절 외국인 사건 관련 수사 시 유의사항

Ⅰ. 근거법령

1. 경찰수사규칙

> **제91조(외국인에 대한 조사)** ① 사법경찰관리는 외국인을 조사하는 경우에는 조사를 받는 외국인이 이해할 수 있는 언어로 통역해 주어야 한다.
> ② 사법경찰관리는 외국인을 체포·구속하는 경우 국내 법령을 위반하지 않는 범위에서 영사관원과 자유롭게 접견·교통할 수 있고, 체포·구속된 사실을 영사기관에 통보해 줄 것을 요청할 수 있다는 사실을 알려야 한다.
> ③ 사법경찰관리는 체포·구속된 외국인이 제2항에 따른 통보를 요청하는 경우에는 별지 제93호서식의 영사기관 체포·구속 통보서를 작성하여 지체 없이 해당 영사기관에 체포·구속 사실을 통보해야 한다.
> ④ 사법경찰관리는 외국인 변사사건이 발생한 경우에는 제94호서식의 영사기관 사망 통보서를 작성하여 지체 없이 해당 영사기관에 통보해야 한다.

2. 경찰 수사에 관한 인권보호 규칙

> **제48조(외국인에 대한 조사 시 유의사항)** ① 경찰관은 외국인을 조사하거나 체포·구속하는 경우 언어, 문화의 특성을 고려하고, 외국인이 이해할 수 있는 언어로 통역해 주어야 한다.
> ② 경찰관은 외국인을 조사하는 경우 조사를 시작하기 전에 신뢰관계인을 조사에 동석시킬 수 있음을 고지하고, 동석 희망 여부를 미리 확인해야 한다.
> ③ 경찰관은 외국인이 신뢰관계인의 동석을 희망하는 경우 수사에 특별한 지장이 없는 한 이를 최대한 보장해야 한다.
> ④ 경찰관은 외국인 피의자를 체포·구속할 때에는 영사관원과 자유롭게 접견·교통할 수 있고, 체포·구속된 사실을 영사기관에 통보해 줄 것을 요청할 수 있음을 고지해야 한다.
> ⑤ 경찰관은 외국인 피의자가 영사기관 통보 및 접견을 요청한 경우 해당 영사기관에 지체 없이 통보해야 한다. 다만, 제4항에도 불구하고 외국과의 별도 조약에 따라 피의자 의사와 관계없이 해당 영사기관에 통보하게 되어 있는 경우에는 반드시 이를 통보해야 한다.

Ⅱ. 일반적 유의사항

1. 검거 시 '미란다 원칙' 고지, 인권침해에 유의

　가. 진술거부권 등 고지, 확인서 작성·편철하여 인권침해 시비 소지 차단

　나. 도주 및 피습 대비를 위해 2인 이상 동행, 공범 간 분리하여 사전 통모 차단

다. 심리적인 불안감 등으로 발생할 우려 있는 자해행위 사전 대비 및 가혹행위 등 인권침해행위 없도록 유의

2. 본인 여부 · 체류자격 등 기초사실 조사 후 영사기관 통보

가. 본인 여부 및 체류자격, 외교특권자 또는 SOFA 사건대상 여부 등 기초사실 조사
   ※ 외교관 신분증 확인 외에도, 반드시 외교부에 조회하거나 외교부에서 정기적으로 발행하는 외교관 명단 확인 필요

나. 체류 기간이 넘기거나 체류자격 외 활동한 불법체류자는 지체없이 관할 출입국사무소에 통보, 인계

다. 외국인 체포 · 구속 시 자국 영사기관원과 접견 · 교통을 요청할 수 있음을 고지

라. 성명 · 생년 · 월일 · 국적, 체포일시, 유치 및 구금장소, 죄명 및 피의사실 요지, 수사관서 · 담당자 직책과 성명 등 영사기관 통보요청확인서 작성 · 통보
   ① 통보 및 접견을 희망하지 않는 경우 서명날인 받아 사본 편철 후 외사 기능에 통보
   ② 러시아인은 본인 의사 관계없이 체포 · 구속 사실을 러시아 영사기관에 반드시 통보, (대한민국과 러시아 연방 간의 영사협약)

3. 통역인 선정, 사전 협의하여 수사준비 철저, 공정성 시비 차단

가. 외사 기능 관리 중인 통역요원 D/B 활용, 그 외 언어소통 필요한 경우 BBB 통역서비스(1588-5644), 한국 외국인 근로자 지원센터(1644-0644) 활용

나. 통역인에게 심문사항·준수사항 숙지시키는 등 사전 협의하고, 수사기밀 사항이나 개인적 의견을 표시해서는 안 되며, 통역의 공정성 확보를 위해 수사기관의 편에 있다는 인상을 줄 수 있는 사담이나 친밀감 표시도 금지

다. 통역인의 기명날인은 강제사항 아니나, 진술의 정확성 담보를 위해 기재

4. 피의자신문조서 작성 시 여권 관련 사항 등 추가 기재사항 조사

가. 국적 · 출생지, 본국에서의 주거, 신분증 서류 여부, 외국에서의 전과 여부, 대한민국 입국 시기 · 체류 기간 · 체류 기간과 목적, 본국 퇴거 시기, 가족의 유무와 주거 등 조사 시 추가사항 기재

나. 외국인은 조서에 무인 없이 서명만으로 족하나(외국인의 서명날인에 관한 법률),

기명날인 받는 것이 바람직하며, 거부하는 경우 사유를 조서에 기재(강요 금지)

5. 외국인 변사사건 발생 시, 「영사기관 사망통보서」 작성 · 통보

III. 외국인 용의자 출입국규제 시 유의사항

1. 출입국규제 절차 정확히 이해, 국제조약 의무 준수 및 적절한 조치로 수사업무 효율성 도모

가. 출국금(정)지 : 국익을 현저히 해할 염려가 있고 범죄수사를 위하여 그 출국이 부적당하다고 인정되는 자

　　대한민국으로부터 '거주목적 여권'을 발급받은 외국 이민자는 출국금지

　　여타 외국인은 위 요건 충족 시 출국정지

나. 입국 시 통보 : 범죄의 수사상 필요하다고 인정되는 특별한 사유가 있는 내 · 외국인

2. 중요 · 긴급사건의 경우, 적극능동적인 조치로 도주 차단

가. 외국인 개인별 출입국현황은 입국 3~4일 경과 후 전산조회 가능하므로, 법무부 서울출입국외국인청 전산실(☎ 02-2650-6214), 인천 출입국외국인청 전산실(☎ 032-740-7391) 통해, 전화로 대상자 입국심사 사실 우선 확인

나. 법무부 인천공항출입국외국인청 감식과(☎ 032-740-7391) 여권 위·변조여부 확인

다. 수사과정 중 외국인 피의자 성명이 추가 파악될 수 있으므로, 긴급사건의 경우 상시 연락체계 유지하여 즉시 보정

라. 출입국관리사무소와 공조 강화

3. 긴급 조치 시, 규제에 필요한 필수사항을 기재한 서면 양식으로 상부관청에 보고

서면 양식에 의한 보고 없이 先 조치 요구하는 사례 없도록 하고, 절차상 하자 등 부당한 출입국규제로 인한 행정 · 손해배상 소송이 증가추세임을 유의

제4절 한미행정 협정사건

Ⅰ. 근거법령

1. 경찰수사규칙

> 제92조(한미행정협정사건의 통보) ① 사법경찰관은 주한 미합중국 군대의 구성원·외국인군무원 및 그 가족이나 초청계약자의 범죄 관련 사건을 인지하거나 고소·고발 등을 수리한 때에는 7일 이내에 별지 제95호서식의 한미행정협정사건 통보서를 검사에게 통보해야 한다.
> ② 사법경찰관은 주한 미합중국 군당국으로부터 공무증명서를 제출받은 경우 지체 없이 공무증명서의 사본을 검사에게 송부해야 한다.
> ③ 사법경찰관은 검사로부터 주한 미합중국 군당국의 재판권포기 요청 사실을 통보받은 날부터 14일 이내에 검사에게 사건을 송치 또는 송부해야 한다. 다만, 검사의 동의를 받아 그 기간을 연장할 수 있다.

2. 한·미행정협정에 의한 사건처리 요령 (대검찰청예규)

Ⅱ. 절 차

1. 적용대상

미군, 군무원, 가족(미군, 군무원), 초청계약자에 의한 범죄

※ 휴가 중 방한한 미군, 카투사, 이중국적 가족 등은 적용대상 아님

2. 처리절차

가. 발생보고
① 시도경찰청 경유하여 본청까지 상황보고
② 7일 이내 검찰청에 한미행정협정사건 통보

나. 예비조사
① 대상자 여부 재확인
③ 소속과 인적사항, 범죄사실 등 범죄기초 조사서 작성
④ 현행범체포 등의 경우 피의자신분증 등을 통해 확인

⑤ 고소/고발의 경우 피의자 인적사항을 토대로 출입국관리사무소와 인접 소속부대 헌병대에 주한미군 여부 확인

다. 미군 통보

미군 당국에 체포 또는 피고소·고발 사실 즉시 통보하고 미정부대표 출석요구

※ 현행범의 경우 미 정부대표는 출석요구 받은 때로부터 1시간 내로 출석, 미정부대표가 출석할 때까지 유치장 입감 가능(48시간 이내)

라. 피의자신문

① 반드시 미 정부대표의 임명장 접수와 입회하에 조서작성

② 조사 후 미 정부대표 서명 또는 기명날인

※ 피의자가 서명날인을 거부할 경우 그 사유 조서에 기재하고 수사관과 미 정부대표 서명이 있으면 일반적 효력은 유효

마. 통역인 등

신문 시 통역인을 참여토록 하고 변호인선임 등 의사여부를 확인

바. 구속여부

① 살인, 죄질이 나쁜 강간

피의자 체포 시 증거인멸, 도주 또는 피의자나 증인에 대한 가해 가능성 존재할 경우 구속영장을 신청하여 계속 구금

② 중요 12개 범죄

미군 당국에 신병인도요청 자제를 요청으로 인도요청 자제 결정 시 구속영장 신청

---

① 살인, ② 강간(준강간 및 13세 미만의 미성년자에 대한 간음 포함) ③ 석방대가금 취득목적의 약취유인, ④ 불법마약거래, ⑤ 유통목적의 불법마약제조, ⑥ 방화, ⑦ 흉기강도, ⑧ 상기범죄의 미수, ⑨ 폭행치사상해치사, ⑩ 음주운전 교통사망사고, ⑪ 교통사망사고 야기 후 도주, ⑫ 상기범죄의 하나 이상을 포함하는 보다 중한 범죄

---

③ 기타 범죄

미군 당국과 협의 후 구속영장 신청

사. 신병인계

　미군 당국(헌병대)이 피의자 신병인계를 요청하는 경우 '구금인도요청서/ 및' 신병인수증 '을 수령 후 신병인계

아. 공무증명서 송부

　미군 당국으로부터 공무증명서를 제출받으면 지체없이 검찰청에 사본 송부

자. 재판권 포기 요청

　미군 당국으로부터 재판권 포기 요청을 받으면 통보받은 날로부터 14일 이내 검찰청 (담당 검사)에 사건을 송치 또는 송부해야 한다. 단, 검사동의 받아 기간연장 가능

3. 한·미행정협정에 의한 사건처리 요령

가. 각 지방검찰청, 지청 및 사법경찰관서에서 미합중국 군대의 구성원, 군무원과 그들의 가족이나 초청계약자에 대한 범죄(이하 '본 사범'이라 함)를 인지하였거나 고소, 고발 등을 접수하였을 때는 인지 또는 고소, 고발 접수의 관서 및 그 일시를 그리고 미군 당국으로부터 본 사범에 대한 발생통고를 받았을 때는 즉시 입건하고, 발생, 통고, 접수일시를 명시하되 미군 당국의 사건 발생통고서 사본을 첨부하여 24시간 이내에 법무부장관과 검찰총장에게 정보보고 예에 의하여 무전 또는 전화로써 보고한다(단, 피의자인 미군인 등의 성명과 소속은 반드시 영문으로 병기할 것)

나. 미군인 등의 범죄사건은 일반사건에 우선하여 신속히 수사 처리토록 한다.

다. 미군 당국으로부터 본 사범에 대한 판결상 필요에 의하여 기록이나 증거물의 대여요청이 있을 때는 사본작성 또는 사진촬영 등 적절한 증거보존 조치를 취한 후 반드시 관계책임자(지휘관 또는 법무참모)의 수령증을 받는다.

라. 미군 당국으로부터 본 사범에 대한 미군 당국의 사건처리결과통지서가 송부됐을 때에는 그 통지서를 당해 기록에 편철한다.

마. 우리나라의 안전에 관한 범죄 및 중요사건 현행범을 체포하였을 때에는 즉시 검찰총장에게 보고하고 구속여부에 대한 지시를 받아야 한다.

바. 본 사범으로 미군인 등을 체포하였을 때에는 우리나라의 안전에 관한 죄를 제외하고는 그 신병은 미군 당국의 구금 인도요청에 의하여 허다히 인도될 것이 예상됨에 비추어 체포한 우리나라 수사기관책임자는 즉시 최근 거리의 미합중국 군대의 헌병대장(또는 헌병 사령관)에게 체포하였다는 사실을 통고하고 미국 측에서 인도요청이 있을 때는 검사지휘로써 신병을 인도하되 피체포자의 인적사항, 인수일시, 신병을 인수한 미국군대의 기관명, 신병 인수한 자(가급적 장교)의 계급, 군번, 성명, 범죄사실의 요지 등을 기재한 신병인수서에 인수자의 서명을 받아 이를 보관하여야 한다.

사. 한국법관이 발생한 압수수색영장으로서 미군시설구역 내 및 미군인 등의 가택을 수색하거나 증거물을 압수할 때에는 그 지역관할 미군헌병대장(또는 헌병사령관)에게 그 사실을 통지하고 협조를 얻도록 하여야 한다.

아. 현행범이 아닌 우리나라 안전에 관한 범죄 또는 중요범죄로서 미군인 등을 체포 또는 구속하고자 할 때는 검찰총장의 승인을 받아야 한다.

4. 유의사항

가. 주한 미국대사관의 무관 및 주한 미국군사고문단원은 미군의 신분을 가지더라도 본 협정의 적용을 받지 않으니 착오 없도록 유의한다.

나. 미군인, 군무원과 그 가족 등을 피의자 또는 증인으로 신문할 때에는 반드시 아래 사람을 참여시킴으로써 조서의 증거력을 확보한다.

① 피의자신문 때 미국 정부대표자(변호인이 선임되었을 때는 변호인도 참여시킬 것)

② 증인신문 때

1) 피의자

2) 미국 정부대표자(변호인이 선임되었을 때에는 변호인도 참가시킬 것)

3. 압수수색에서는 반드시 법관이 발부한 압수수색영장에 의하여 집행한다.

[주] 피의자 또는 증인신문을 할 때 참여시킬 미국 정부 대표자에 대하여는 별도 지시할 것이나 우선 필요할 때는 소속부대의 위관급 이상자를 참여케 할 것.

○ ○ 경 찰 서

제 0000-00000 호   20○○. ○. ○.

수 신 : ○○지방검찰청장 (행정협정 담당검사)

제 목 : 한미행정협정사건 통보서

아래와 같이 미군인/미군속/미군가족 등의 범죄가 발생하였기에 통보합니다.

1. 피의자 인적사항

성   명 :
소   속 :
군   번 :
주민등록번호 :
사회보장번호 :
주   거 :
국   적 :

2. 신고자 인적사항

성   명 :
주민등록번호 :
주   거 :

 3. 범죄사실

○ ○ 경찰서

사법경찰관 경위 홍 길 동 (인)

제5절 불법체류 외국인 관련 세부 업무처리 지침

Ⅰ. 추진 배경 및 문제점

1. 추진 배경

가. 경찰의 불법체류자 업무처리와 관련하여, 현행법(출입국관리법)상 권한과 책임의 불일치로 소극적 업무추진

나. 일선 경찰관의 불법체류자 업무이해 및 처리절차 습득 등 적법절차 준수를 위해 명확하고 구체적인 세부지침 필요

2. 문제점

가. 불법체류자 단속 권한은 현행법(출입국관리법)상 출입국공무원만을 단속 주체로 규정, 명문상 경찰의 독자적 단속 권한 부재로 인권침해 우려

나. 모호한 법 규정으로 경찰의 불법체류자 처리업무 시 자칫 형사처벌·행정처분을 받을 수 있다는 심적 부담

※ 민원제기 시 해당 경찰관은 불법체포감금 또는 직무유기죄로 형사처벌 가능성 상존

Ⅱ. 불법체류자 「신병 미확보」의 경우

┌─ 【사례 1】 ─────────────────────────
│ '단순 불법체류자가 있다' 라는 전화 신고·접수 時
└──────────────────────────────────

1. 단순 불법체류자 신고사항은 「112신고 Code 분류 매뉴얼」에 의거, 경찰의 '현장 조치가 불필요(112신고 code 3)'한 상황임

2. 신고자에게 '경찰신고 대상이 아님'을 알린 후, 「법무부 불법체류자 신고센터(☎ 1588-7191)」 및 관할 출입국사무소 또는 정부민원안내콜센터(☎110)로 신고토록 안내하며

☞ 정부 민원안내전화상담실(국민권익위원회 소속)은 불법체류자 단속 관련 민원신고 · 접수 시 절차에 따라 관할 출입국사무소로 안내

3. 신고를 접수한 경찰관도 직접 관할 출입국사무소에 신고내용 통보하고 출입국공무원 인적사항(성명, 연락처) · 통보일시 · 내용 등 기재

※ 112신고 Code 분류

□ **Code 1(긴급)** : 긴급출동 요건에 해당하는 경우
  ○ 인간의 생명, 신체, 재산을 범죄로부터 보호
  ○ 심각한 공공의 위험 제거, 방지 및 지명수배자 등 신속한 범인 검거
□ **Code 2(비긴급)** : Code 1에 해당하지 않으며, 경찰의 현장조치 필요한 경우
  ○ 교통상 위해 방지 및 기타 공공의 안녕과 질서유지 등
□ **Code 3(비출동)** : 경찰의 현장조치 필요성이 없는 경우
  ○ 명백한 타기관 업무(단순 불법체류자 신고) 등

【사례 2】

'불법체류자라고 밝힌 자' 로부터 피해 관련 고충처리 민원상담 전화를 받은 경우

체불임금 등 민사문제나 형사문제를 불문하고, 불법체류자가 출입국사무소에 자진 방문 시 피해회복시까지 체류기간을 연장해주고 있음을 고지하고 우선 출입국사무소에서 상담토록 안내

☞ 형사문제는 고소장(진정서)을 작성, 경찰관서에 제출 가능함을 고지

※ **불법체류자 처리 관련, 법무부 체류심사과 업무처리 지침**

불법체류자가 민 · 형사 피해 관련 고충처리를 위해 출입국사무소에 자진 방문 時, 즉시 보호조치하지 않고 피해 관련 증빙서류 제출기회를 주어 심사 후 피해회복시까지 체류기간 연장하고 있음
※ G1 비자를 발급, 피해회복 후 자진 출국토록 유도
  ⇒법무부에서는 불법체류자가 출입국사무소에 자진 방문한 경우 피해회복 기회를 주고 있으나, 경찰 등 타기관으로부터 인계(경찰서 자진 방문자 포함)된 모든 불법체류자는 피해회복 여부 불문 강제퇴거 조치하고 있음

Ⅲ. 불법체류자 「신병확보」의 경우

> **【사례 1】**
>
> 불법체류자가 폭행 등을 하고 있다는 일반 형사사건 관련 신고를 접수하고 현장출동·검거하거나, 형사 피의사건 조사 중에 불법체류자임이 확인된 경우

1. 지구대(파출소)에서의 처리절차

    ☞ 임의동행 또는 현행범인 체포 등 관련 수사보고서 작성 후, 경찰서에 신병인계

2. 형사과·외사계 등 경찰서에서의 처리절차

    가. 형사 피의사건은 일반 외국인 범죄와 동일하게 처리

    나. 사안경미 등으로 불법체류자 신병을 불구속할 경우 출입국사무소에 인계

> **【사례 2】**
>
> 경찰관이 '불심검문' 등을 통해 불법체류자임을 우연히 확인한 경우

1. 경찰관직무집행법 제3조에 의거 우선 임의동행하여 처리

2. 임의동행에 응하지 않으면 불법체류 및 여권 · 외국인등록증 미소지(출입국관리법 제98조 제2호, 제27조) 등 사유로 현행범인 체포 가능

※ 단순 불법체류자의 '현행범인 체포' 時 처리절차

> □ **체포 사유** : 체류 기간만료, 밀입국, 여권 · 외국인등록증 · 선원 신분증명서 미소지 등
> □ **현행범인 체포절차**
> > ▶ 통상적인 현행범인 체포와 동일한 절차에 의함(단 신병인계는 검사 지휘받아 처리)
> > > ① 범죄사실 등 미란다 원칙 고지
> > > ② 지구대(파출소) 인치
> > > ③ 현행범인체포서 작성, 확인서 등 징구
> > > ④ 피체포자는 관련서류와 함께 경찰서(외사 · 보안계 또는 형사계)에 인계
> > > ⑤ 경찰서(외사 · 보안계 또는 형사계)에서 피체포자 조사 또는 유치장 입감
> > > ⑥ 수사지휘(사건이송 등 신병처리 관련) 건의
> > > ※ 사건이송 지휘 時, 사건이송 절차에 따라 사건인계서 등 관련서류 관할 출입국사무소로 이송

3. 불법체류자의 신병을 확보한 경찰관이 출입국사무소에 인계하지 않고 임의로 훈방하면서 이들의 인적사항조차 기재해 두지 아니하였다면 「직무유기죄」 성립 (대법원 2008.2.14. 선고 2005도4202 판결)

┌─ **【사례 3】** ───┐
│   │
│ 불법체류자가 피해 관련 고충처리 민원상담을 위해 자진해서 경찰관서를 방문한 경우 │
│   │
└──┘

1. 불법체류자라는 사실을 모르는 경우

┌ 체불임금 등 민사문제 ⇒ 관할 출입국사무소에서 상담토록 안내
└ 사기·폭행 등 형사문제 ⇒ 일반사건과 동일하게 처리

2. 불법체류자라는 사실을 알게 된 경우

피해사실 진술청취 후, 불법체류 사실을 출입국사무소에 통보, 신병은 출입국사무소에 인계

※ 자진 출석한 자를 현행범인 체포하는 것은 수사비례의 원칙에 위반되므로 도망의 염려 없는 한 현행범인 체포는 지양

Ⅳ. 신병인계 주체

불법체류자 '신병인계'는 경찰과 출입국기관 간 인력·장비 기타 관할구역 등 실정을 감안, 사안의 성격에 따라 출입국사무소와 협의하여 결정

Ⅴ. 출입국관리법 주요 위반사례 및 처벌규정

1. 출입국관리법 제7조 【외국인의 입국】

외국인이 입국하고자 할 때는 유효한 여권과 법무부 장관이 발급한 사증을 가지고 있어야 한다.

⇨ 위반 時, 3년이하 징역 또는 3천만원이하 벌금(제94조 제2호)

2. 출입국관리법 제12조 【입국심사】

외국인이 입국하고자 할 때는 입국하는 출입국 항에서 출입국관리공무원의 입국심사를 받아야 한다.

⇨ 위반 時, 7년이하 징역 또는 7천만원이하 벌금(동법 제93조의3 제2항 제1호)

3. 출입국관리법 제17조【외국인의 체류 및 활동 범위】

외국인은 그 체류자격과 체류 기간의 안의 범위에서 대한민국에 체류할 수 있다.

⇨ 위반 時, 3년이하 징역 또는 3천만원이하 벌금(제94조 제7호)

4. 출입국관리법 제18조【외국인고용의 제한】

외국인이 대한민국에서 취업하고자 할 때는 대통령령이 정하는 바에 따라 취업활동을 할 수 있는 체류자격을 받아야 한다.

⇨ 위반 時, 3년이하 징역 또는 3천만원이하 벌금(제94조 제8호)

5. 출입국관리법 제20조【체류자격 外 활동】

대한민국에 체류하는 외국인이 그 체류자격에 해당하는 활동과 함께 다른 체류자격에 해당하는 활동을 하고자 할 때는 미리 법무부 장관의 체류자격 외 활동허가를 받아야 한다.

⇨ 위반 時, 3년이하 징역 또는 3천만원이하 벌금(제94조 제12호)

6. 출입국관리법 제27조【여권 등의 휴대 및 제시】

① 대한민국에 체류하는 외국인은 항상 여권·선원신분증명서·외국인입국허가서·외국인등록증 또는 상륙허가서를 지니고 있어야 한다. 다만, 17세미만인 외국인의 경우에는 그러하지 아니하다.

② 제1항 본문의 외국인은 출입국관리공무원 또는 권한 있는 공무원이 그 직무를 수행하면서 여권 등의 제시를 요구한 때에는 이에 응하여야 한다.

⇨ 위반 時, 100만원이하의 벌금(제98조 제1호)

Ⅵ. 사례연구

【질의】

불법체류자가 있다는 112신고를 받고 현장에 출동한바, 범죄와 연관성은 전혀 없고 단순체류기간 경과(사업장 이탈 포함)로 인해 불법체류자일 경우,
1) 불법체류자가 임의동행을 거부할 시 어떤 조치가 필요한가?
2) 파출소까지 임의동행 후, 출입국관리사무소에 신병을 반드시 인계해야 하는가?
   (출입국관리법 제84조에 의하면 통보하여야 한다고 명시하여 인계의무는 없는데)

【답변 1】

「출입국관리법」 제17조 제1항, 제18조 제1항, 제94조 제7, 8호 경찰은 출입국관리기관의 고발 없이도 출입국사범을 단속할 수 있음

〈이유〉

○ 출입국관리법에서 출입국사범에 관하여 출입국기관의 고발 없이 공소제기를 할 수 없도록 하여 고발을 소추요건으로 하고 있으나, 그 취지는 형사처벌에 의하지 않고 통고처분이나 강제퇴거 명령 등 행정처분을 활용하는 것이 출입국사범 처리에 있어 효율성을 기할 수 있다는 정책적 고려에서 비롯된 입법조치로 단속과 고발과는 별개의 문제이며, 근로기준법에서와 같이 일반사법경찰관리의 경찰권 행사 자체를 제한하는 것은 아님.

> ※ 근로기준법 제108조(사법경찰권 행사자의 제한) 이 법 기타 노동관계법령에 따른 임검, 서류의 제출, 심문 등 수사는 검사와 근로감독관이 전횡한다. 다만, 근로감독관의 직무에 관한 범죄의 수사에 한하여는 그러하지 아니하다.

○ 또한, 고발은 소추요건에 불과하여 범죄의 성립요건이나 수사의 조건은 아니므로 수사기관인 일반 사법경찰관리는 고발전이라도 출입국사범에 대해 수사를 할 수 있고, 다만 입건한 후 지체없이 출입국관리기관에 인계하여 고발 여부를 결정하도록 하여야 할 것.

【답변 2】

"경찰에서 출입국사범을 입건하였을 때 인계하여야 한다"에서 인계의 의미

▶ 검토의견

경찰과 출입국관리기관 간의 인력·장비 기타 관할구역 등 현 실정을 감안하여 사안별로 구체적 타당성에 따라 결정하는 것이 상당하나 용의자의 신병을 확보한 기관에서 용의자의 신병을 최종적으로 처리할 수 있는 기관으로 데려다주는 것이 법 집행의 효율성 차원에서 바람직함.

✽ 참고사항

신병인계에 따른 일선 경찰관서의 애로를 모르는 바 아니나, 현재 출입국관리기관의 인력, 장비, 광범위한 관할구역 등을 고려하면 출입국관리공무원이 경찰관서로 출입국사범의 신병을 인수하러 가는 것은 현실적으로 불가능함.

Ⅶ. 통보의무의 면제에 관한 지침(법무부)

1. 검토배경

가. 공무원이 강제퇴거 대상자를 발견할 경우 출입국사무소장 등에 통보하여야 하나, 대통령령으로 정하는 사유에 해당하는 때에는 예외로 할 수 있다고 출입국관리법이 개정됨

나. 법 시행령 제92조의2를 신설, 해당 기관에서 외국인 학생과 환자의 신상정보를 알게 된 경우나 법무부 장관이 인정하는 경우에는 통보의무를 면제토록 함

※ 출입국관리법

제84조(통보의무) ① 국가나 지방자치단체의 공무원이 그 직무를 수행할 때에 제46조제1항 각 호의 어느 하나에 해당하는 사람이나 이 법에 위반된다고 인정되는 사람을 발견하면 그 사실을 지체 없이 지방출입국·외국인관서의 장에게 알려야 한다. 다만, 공무원이 통보로 인하여 그 직무수행 본연의 목적을 달성할 수 없다고 인정되는 경우로서 대통령령으로 정하는 사유에 해당하는 때에는 그러하지 아니하다.

※ 출입국관리법 시행령

제92조의2(통보의무의 면제) 법 제84조제1항 단서에서 "대통령령으로 정하는 사유"란 다음 각 호의 어느 하나에 해당하는 사유를 말한다.

1. 「유아교육법」 제2조제2호에 따른 유치원 및 「초·중등교육법」 제2조에 따른 학교에서 외국인 학생의 학교생활과 관련하여 신상정보를 알게 된 경우
2. 「공공보건의료에 관한 법률」 제2조제3호에 따른 공공보건의료기관에서 담당 공무원이 보건의료 활동과 관련하여 환자의 신상정보를 알게 된 경우
3. 「아동복지법」 제15조제1항 각 호의 보호조치 또는 같은 법 제22조제3항 각 호의 업무를 수행하는 과정에서 해당 외국인의 신상정보를 알게 된 경우
4. 「청소년복지 지원법」 제29조제1항에 따른 청소년상담복지센터에서 청소년에 대한 상담·긴급구조·자활·의료지원 등의 업무를 수행하는 과정에서 해당 외국인의 신상정보를 알게 된 경우
5. 그 밖에 공무원이 범죄피해자 구조, 인권침해 구제 등 법무부령으로 정하는 업무를 수행하는 과정에서 해당 외국인의 피해구제가 우선적으로 필요하다고 인정하는 경우

---

2. 통보의무 면제 대상

가. 통보의무 면제 공무원

범죄피해자 구조, 인권침해 구제업무를 수행하는 검찰, 경찰, 국가인권위원회 공무원

나. 통보의무 면제 업무범위

① 경찰, 검찰 공무원 : 형법상의 아래 범죄와 그 범죄가 포함된 특별법상의 범죄

1. 형법상의 범죄
   살인의 죄(제24장), 상해와 폭행의 죄(제25장), 과실치사상의 죄(제26장), 유기와 학대의 죄(제28장), 체포와 감금의 죄(제29장), 협박의 죄(제30장), 약취와 유인의 죄(제31장), 강간과 추행의 죄(제32장), 권리행사를 방해하는 죄(제37장), 절도와 강도의 죄(제38장), 사기와 공갈의 죄(제39장)에 해당하는 범죄
2. 특별법상의 범죄
   폭력행위 등 처벌에 관한 법률, 성폭력범죄의 처벌 등에 관한 특례법, 교통사고처리 특례법 등

② 국가인권위원회 공무원 : 국가인권위원회법 제30조 제1항에서 정하는 인권침해와 차별행위

제30조(위원회의 조사대상) ① 다음 각 호의 어느 하나에 해당하는 경우에 인권침해나 차별행위를 당한 사람(이하 "피해자"라 한다) 또는 그 사실을 알고 있는 사람이나 단체는 위원회에 그 내용을 진정할 수 있다.
1. 국가기관, 지방자치단체, 초 · 중등교육법 제2조, 고등교육법 제2조와 그 밖의 다른 법률에 따라 설치된 각급 학교, 공직자윤리법 제3조의2제1항에 따른 공직유관단체 또는 구금 · 보호시설의 업무 수행(국회의 입법 및 법원 · 헌법재판소의 재판은 제외한다)과 관련하여 대한민국헌법 제10조부터 제22조까지의 규정에서 보장된 인권을 침해당하거나 차별행위를 당한 경우
2. 법인, 단체 또는 사인(私人)으로부터 차별행위를 당한 경우

3. 통보의무 면제사항

가. 경찰, 검찰 공무원

면제 대상범죄의 피해자 구조업무를 수행하는 과정에서 알게 된 범죄피해 외국인의 신상정보

나. 국가인권위원회 공무원

면제 대상 인권침해를 구제하는 업무를 수행하는 과정에서 알게 된 인권침해(차별행위 포함) 외국인의 신상정보

※ 다만, 다음 사항의 경우에는 통보의무 면제를 적용하지 않음

① 범죄피해 또는 인권침해나 차별행위를 허위로 신고하는 경우

② 출입국관리법 제84조제1항 단서에는 정한 '통보로 인하여 그 직무수행 본연의 목적을 달성할 수 없다고 인정되는 경우'가 아닌 경우

제6절 국제형사사법공조

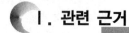 I. 관련 근거

1. 국제형사사법공조법

> **제5조(공조의 범위)** 공조의 범위는 다음 각 호와 같다.
> 1. 사람 또는 물건의 소재에 대한 수사
> 2. 서류·기록의 제공
> 3. 서류 등의 송달
> 4. 증거 수집, 압수·수색 또는 검증
> 5. 증거물 등 물건의 인도(引渡)
> 6. 진술 청취, 그 밖에 요청국에서 증언하게 하거나 수사에 협조하게 하는 조치
>
> **제29조(검사 등의 공조요청)** 검사 또는 고위공직자범죄수사처장은 외국에 수사에 관한 공조요청을 하려면 법무부장관에게 공조요청서를 송부하여야 하고, 사법경찰관은 검사에게 신청하여 법무부장관에게 공조요청서를 송부하여야 한다.

2. 경찰수사규칙

> **제7조(검사와의 협의 등)** ① 사법경찰관리는 수사준칙 제8조 제1항에 따라 검사와의 협의를 요청하려는 경우에는 별지 제6호서식의 협의요청서에 요청 사항과 그 사유를 적어 검사에게 통보해야 한다.
> ② 사법경찰관리는 수사준칙 제8조 제1항 제1호, 제2호, 제4호 또는 제6호의 경우 제1항에 따른 해당 검사와의 협의에도 불구하고 이견이 해소되지 않으면 이를 즉시 소속된 경찰관서의 장(이하 "소속경찰관서장"이라 한다)에게 보고해야 한다.
> ③ 제2항의 보고를 받은 소속경찰관서장은 수사준칙 제8조 제2항에 따른 협의가 필요하다고 판단하면 별지 제7호서식의 협의요청서에 요청 사항과 그 사유를 적어 제2항에 따른 해당 검사가 소속된 검찰청의 장에게 통보해야 한다.
> ④ 사법경찰관리 또는 소속경찰관서장은 제1항 또는 제3항에 따라 검사 또는 검찰청의 장과 협의한 사항이 있으면 그 협의사항을 성실하게 이행하도록 노력해야 한다.

II. 절 차

1. 정 의

가. "공조"란 대한민국과 외국 간에 형사사건의 수사 또는 재판에 필요한 협조를 제공하거나 제공받는 것을 말한다.

나. "공조조약"이란 대한민국과 외국 간에 체결된 공조에 관한 조약·협정 등을 말한다.

다. "요청국"이란 대한민국에 공조를 요청한 국가를 말한다.

라. "공조범죄"란 공조의 대상이 되어 있는 범죄를 말한다.

2. 공조의 제한

다음 각 호의 어느 하나에 해당하는 경우에는 공조하지 아니할 수 있다.

가. 대한민국의 주권, 국가안전보장, 안녕질서 또는 미풍양속을 해칠 우려가 있는 경우

나. 인종, 국적, 성별, 종교, 사회적 신분 또는 특정 사회단체에 속한다는 사실이나 정치적 견해를 달리한다는 이유로 처벌되거나 형사상 불리한 처분을 받을 우려가 있다고 인정되는 경우

다. 공조범죄가 정치적 성격을 지닌 범죄이거나, 공조요청이 정치적 성격을 지닌 다른 범죄에 대한 수사 또는 재판을 할 목적으로 한 것이라고 인정되는 경우

라. 공조범죄가 대한민국의 법률에 의하여는 범죄를 구성하지 아니하거나 공소를 제기할 수 없는 범죄인 경우

마. 이 법에 요청국이 보증하도록 규정되어 있음에도 불구하고 요청국의 보증이 없는 경우

3. 공조의 연기

대한민국에서 수사가 진행 중이거나 재판에 계속(係屬)된 범죄에 대하여 외국의 공조요청이 있는 경우에는 그 수사 또는 재판절차가 끝날 때까지 공조를 연기할 수 있다.

4. 물건의 인도

① 다음 각 호의 어느 하나에 해당하는 물건은 요청국에 인도할 수 있다. 다만, 그 물건에 대한 제3자의 권리는 침해하지 못한다.

1. 공조범죄에 제공하였거나 제공하려고 한 것

2. 공조범죄로 인하여 생겼거나 취득한 것

3. 공조범죄의 대가로 취득한 것

② 제1항에 따라 물건을 인도할 때에는 대한민국이 그 물건에 대한 권리를 포기한 경우가 아니면 그 반환에 대한 요청국의 보증이 있어야 한다.

5. 외국으로의 송환을 위한 구속

① 외국에서 구금되어 있던 사람이 공조에 따라 대한민국에 인도되는 경우에는, 공조 목적을 이행한 후 그 사람을 다시 외국으로 송환하기 위하여 공조요청한 곳을 관할하는 지방법원 판사가 발부한 영장에 의하여 구속할 수 있다.

② 제1항의 구속영장에는 다음 각 호의 사항을 기재하고 판사가 서명날인하여야 한다.

1. 외국으로 송환할 사람의 성명, 주거지, 국적

2. 공조범죄 사실

3. 공조요청의 목적 및 내용

4. 인치(引致) 구금할 장소

5. 영장발부 연월일, 그 유효기간 및 그 기간이 지나면 집행에 착수하지 못하며 영장을 반환하여야 한다는 취지

○○경찰서

제 호   2○○○.○.○.

수 신 : ○○검찰청의 장(검사: 홍길동)

제 목 : **협의요청서**

「검사와 사법경찰관의 상호협력과 일반적 수사준칙에 관한 규정」 제8조 제1항에 따라 아래 사건에 대하여 협의를 요청합니다.

사 건 번 호				
피 의 자	성 명		주민등록번호	
	직 업			
	주 거			
죄 명				

협의 요청 사항과 그 사유

○ 협의요청 사항

－국제형사사법공조법 제29조 따른 형사사법공조 신청

○ 협의요청 이유

－피의자 홍길동의 ○○법 위반사건에 대한 수사와 관련하여 붙임과 같이 형사사법공조가 필요하다고 판단, 국제형사사법공조법에 따른 국제형사사법공조를 신청함

붙임 : 형사사법공조요청서 및 기타 자료 등

○○경찰서

사 법 경 찰 관 경 감 유 아 윤

제3장 가정폭력범죄 수사

제1절 총 칙

I. 근거법령

1. 가정폭력범죄의 처벌 등에 관한 특례법 (약칭 : 가정폭력처벌법)
2. 가정폭력범죄의 처벌 등에 관한 특례법 시행령
3. 가정보호심판규칙(대법원규칙)
4. 범죄수사규칙(경찰청훈령) 제186조~제194조
5. 가정폭력사범 조건부 기소유예 처리지침(대검찰청예규)

II. 개념 정의 (가정폭력처벌법)

이 법에서 사용하는 용어의 뜻은 다음과 같다.

1. "가정폭력"이란 가정구성원 사이의 신체적, 정신적 또는 재산상 피해를 수반하는 행위를 말한다.
2. "가정구성원"이란 다음 각 목의 어느 하나에 해당하는 사람을 말한다.

   가. 배우자(사실상 혼인 관계에 있는 사람을 포함) 또는 배우자였던 사람

   나. 자기 또는 배우자와 직계존비속 관계(사실상의 양친자 관계를 포함)에 있거나 있었던 사람

   다. 계부모와 자녀의 관계 또는 적모(嫡母)와 서자(庶子)의 관계에 있거나 있었던 사람

   라. 동거하는 친족

3. "가정폭력범죄"란 가정폭력으로서 다음 각 목의 어느 하나에 해당하는 죄를 말한다.

　가.「형법」제2편제25장 상해와 폭행의 죄 중 제257조(상해, 존속상해), 제258조(중상해, 존속중상해), 제258조의2(특수상해), 제260조(폭행, 존속폭행)제1항·제2항, 제261조(특수폭행) 및 제264조(상습범)의 죄

　나.「형법」제2편제28장 유기와 학대의 죄 중 제271조(유기, 존속유기)제1항·제2항, 제272조(영아유기), 제273조(학대, 존속학대) 및 제274조(아동혹사)의 죄

　다.「형법」제2편제29장 체포와 감금의 죄 중 제276조(체포, 감금, 존속체포, 존속감금), 제277조(중체포, 중감금, 존속중체포, 존속중감금), 제278조(특수체포, 특수감금), 제279조(상습범) 및 제280조(미수범)의 죄

　라.「형법」제2편제30장 협박의 죄 중 제283조(협박, 존속협박)제1항·제2항, 제284조(특수협박), 제285조(상습범)(제283조의 죄에만 해당한다) 및 제286조(미수범)의 죄

　마.「형법」제2편제32장 강간과 추행의 죄 중 제297조(강간), 제297조의2(유사강간), 제298조(강제추행), 제299조(준강간, 준강제추행), 제300조(미수범), 제301조(강간등 상해·치상), 제301조의2(강간등 살인·치사), 제302조(미성년자등에 대한 간음), 제305조(미성년자에 대한 간음, 추행), 제305조의2(상습범)(제297조, 제297조의2, 제298조부터 제300조까지의 죄에 한한다)의 죄

　바.「형법」제2편제33장 명예에 관한 죄 중 제307조(명예훼손), 제308조(사자의 명예훼손), 제309조(출판물등에 의한 명예훼손) 및 제311조(모욕)의 죄

　사.「형법」제2편제36장 주거침입의 죄

　아.「형법」제2편제37장 권리행사를 방해하는 죄 중 제324조(강요) 및 제324조의5(미수범)(제324조의 죄에만 해당한다)의 죄

　자.「형법」제2편제39장 사기와 공갈의 죄 중 제350조(공갈), 제350조의2(특수공갈) 및 제352조(미수범)(제350조, 제350조의2의 죄에만 해당한다)의 죄

　차.「형법」제2편제42장 손괴의 죄 중 제366조(재물손괴등) 및 제369조(특수손괴)제1항의 죄

　카.「성폭력범죄의 처벌 등에 관한 특례법」제14조(카메라 등을 이용한 촬영) 및 제15조(미수범)(제14조의 죄에만 해당한다)의 죄

　타.「정보통신망 이용촉진 및 정보보호 등에 관한 법률」제74조제1항제3호의 죄

파. 가목부터 타목까지의 죄로서 다른 법률에 따라 가중처벌되는 죄

4. "가정폭력행위자"란 가정폭력범죄를 범한 사람 및 가정구성원인 공범을 말한다.

5. "피해자"란 가정폭력범죄로 인하여 직접적으로 피해를 입은 사람을 말한다.

6. "가정보호사건"이란 가정폭력범죄로 인하여 이 법에 따른 보호처분의 대상이 되는 사건을 말한다.

7. "보호처분"이란 법원이 가정보호사건에 대하여 심리를 거쳐 가정폭력행위자에게 하는 제40조에 따른 처분을 말한다.

7의2. "피해자보호명령사건"이란 가정폭력범죄로 인하여 제55조의2에 따른 피해자보호명령의 대상이 되는 사건을 말한다.

8. "아동"이란 「아동복지법」 제3조제1호에 따른 아동을 말한다.

III. 신고 의무자

① 누구든지 가정폭력범죄를 알게 된 경우에는 수사기관에 신고할 수 있다.

② 다음 각 호의 어느 하나에 해당하는 사람이 직무를 수행하면서 가정폭력범죄를 알게 된 경우에는 정당한 사유가 없으면 즉시 수사기관에 신고하여야 한다.

1. 아동의 교육과 보호를 담당하는 기관의 종사자와 그 기관장

2. 아동, 60세 이상의 노인, 그 밖에 정상적인 판단 능력이 결여된 사람의 치료 등을 담당하는 의료인 및 의료기관의 장

3. 「노인복지법」에 따른 노인복지시설, 「아동복지법」에 따른 아동복지시설, 「장애인복지법」에 따른 장애인복지시설의 종사자와 그 기관장

4. 「다문화가족지원법」에 따른 다문화가족지원센터의 전문인력과 그 장

5. 「결혼중개업의 관리에 관한 법률」에 따른 국제결혼중개업자와 그 종사자

6. 「소방기본법」에 따른 구조대·구급대의 대원

7. 「사회복지사업법」에 따른 사회복지 전담공무원

8. 「건강가정기본법」에 따른 건강가정지원센터의 종사자와 그 센터의 장

③ 「아동복지법」에 따른 아동상담소, 「가정폭력방지 및 피해자보호 등에 관한 법률」에 따른 가정폭력 관련 상담소 및 보호시설, 「성폭력방지 및 피해자보호 등에 관한 법률」에 따른 성폭력피해상담소 및 보호시설(이하 "상담소등"이라 한다)에 근무하는 상담원과 그 기관장은 피해자 또는 피해자의 법정대리인 등과의 상담을 통하여 가정폭력범죄를 알게 된 경우에는 가정폭력피해자의 명시적인 반대의견이 없으면 즉시 신고하여야 한다.

④ 누구든지 제1항부터 제3항까지의 규정에 따라 가정폭력범죄를 신고한 사람(이하 "신고자"라 한다)에게 그 신고행위를 이유로 불이익을 주어서는 아니 된다.

IV. 고소에 관한 특례

① 피해자 또는 그 법정대리인은 가정폭력행위자를 고소할 수 있다. 피해자의 법정대리인이 가정폭력행위자인 경우 또는 가정폭력행위자와 공동으로 가정폭력범죄를 범한 경우에는 피해자의 친족이 고소할 수 있다.

② 피해자는 「형사소송법」 제224조에도 불구하고 가정폭력행위자가 자기 또는 배우자의 직계존속인 경우에도 고소할 수 있다. 법정대리인이 고소하는 경우에도 또한 같다.

> ※ 형사소송법
> 제224조(고소의 제한) 자기 또는 배우자의 직계존속을 고소하지 못한다.

③ 피해자에게 고소할 법정대리인이나 친족이 없는 경우에 이해관계인이 신청하면 검사는 10일 이내에 고소할 수 있는 사람을 지정하여야 한다.

제2절 응급조치

Ⅰ. 응급조치 방법 (가정폭력처벌법)

진행 중인 가정폭력범죄에 대하여 신고를 받은 사법경찰관리는 즉시 현장에 나가서 다음 각 호의 조치를 하여야 한다.

1. 폭력행위의 제지, 가정폭력행위자·피해자의 분리
1의2. 「형사소송법」 제212조에 따른 현행범인의 체포 등 범죄수사
2. 피해자를 가정폭력 관련 상담소 또는 보호시설로 인도(피해자가 동의한 경우만 해당한다)
3. 긴급치료가 필요한 피해자를 의료기관으로 인도
4. 폭력행위 재발 시 제8조에 따라 임시조치를 신청할 수 있음을 통보
5. 제55조의2에 따른 피해자보호명령 또는 신변안전조치를 청구할 수 있음을 고지

> **제55조의2(피해자보호명령 등)** ① 판사는 피해자의 보호를 위하여 필요하다고 인정하는 때에는 피해자, 그 법정대리인 또는 검사의 청구에 따라 결정으로 가정폭력행위자에게 다음 각 호의 어느 하나에 해당하는 피해자보호명령을 할 수 있다.
> 1. 피해자 또는 가정구성원의 주거 또는 점유하는 방실로부터의 퇴거 등 격리
> 2. 피해자 또는 가정구성원이나 그 주거·직장 등에서 100미터 이내의 접근금지
> 3. 피해자 또는 가정구성원에 대한 「전기통신사업법」 제2조제1호의 전기통신을 이용한 접근금지
> 4. 친권자인 가정폭력행위자의 피해자에 대한 친권행사의 제한
> 5. 가정폭력행위자의 피해자에 대한 면접교섭권행사의 제한
> ② 제1항 각 호의 피해자보호명령은 이를 병과할 수 있다.
> ③ 피해자, 그 법정대리인 또는 검사는 제1항에 따른 피해자보호명령의 취소 또는 그 종류의 변경을 신청할 수 있다.

Ⅱ. 경찰관의 조치 (범죄수사규칙)

1. 경찰관은 가정폭력범죄 신고현장에서 가정폭력처벌법 제5조에 따른 응급조치를 취하되, 폭력행위 제지 시 가족 구성원과의 불필요한 마찰이나 오해의 소지가 없도록 유의한다.
2. 제1항의 응급조치를 취한 경찰관은 가정폭력 행위자의 성명, 주소, 생년월일, 직업, 피해자와의 관계, 범죄사실의 요지, 가정상황, 피해자와 신고자의 성명, 응급조치의 내용 등을 상세히 적은 응급조치보고서를 작성하여 사건기록에 편철하여야 한다.

○ ○ 경 찰 서

제 0000-00000 호   20○○. ○. ○.
수 신 :
참 조 :
제 목 : 응급조치보고

행위자	성 명	( )	
	주민등록번호	(세)	
	직 업		
	주 거		
	피해자와의 관계		
	가 정 상 황	성명 : 행위자와의 관계 : 주거 :	
죄 명			
범 죄 사 실 요 지	별지와 같음		
피 해 자			
신 고 자			

    위 사람에 대한 ○○ 피의사건에 관하여 신고를 받고 즉시 현장에 임하여 다음과 같은 응급조치를 취하였음을 보고합니다.

□ 폭력행위의 제지, 행위자·피해자의 분리 및 범죄수사
□ 피해자를 가정폭력관련상담소 또는 보호시설에 인도(피해자가 동의함)
□ 피해자를 의료기관에 인도하여 긴급치료를 받게 함
□ 폭력행위의 재발시 사법경찰관이 검사에게 다음과 같은 임시조치를 신청할 수 있음을 행위자에게 통보
  · 피해자 또는 가정구성원의 주거 또는 점유하는 방실로부터 퇴거 등 격리
  · 피해자의 주거, 직장 등에서 100미터 이내의 접근금지
  · 제1호 또는 제2호의 임시조치 위반시 경찰관서 유치장 또는 구치소에의 유치

소 속 관 서

사법경찰관   계급

제3절 임시조치와 긴급임시조치

Ⅰ. 임시조치

1. 임시조치 신청 (경찰)

① 경찰관은 「가정폭력처벌법」 제8조에 따라 가정폭력범죄가 재발할 우려가 있다고 인정하는 때에는 별지 제115호서식의 임시조치 신청서(사전)에 따라 관할 지방검찰청 또는 지청의 검사에게 같은 법 제29조제1항제1호부터 제3호까지의 임시조치를 법원에 청구할 것을 신청할 수 있다.

② 경찰관은 제1항의 신청에 의해 결정된 임시조치를 위반하여 가정폭력범죄가 재발될 우려가 있다고 인정하는 때에는 관할 지방검찰청 또는 지청의 검사에게 「가정폭력처벌법」 제29조제1항제5호의 경찰관서 유치장 또는 구치소에 유치하는 임시조치를 법원에 청구할 것을 신청할 수 있다.

③ 경찰관은 임시조치 신청을 한 때에는 별지 제121호서식의 임시조치신청부에 소정의 사항을 적어야 한다.

④ 경찰관은 「가정폭력처벌법」 제29조의2제1항에 따라 임시조치의 결정을 집행할 때에는 그 일시 및 방법을 별지 제122호서식의 임시조치통보서에 적어 사건기록에 편철하여야 한다.

⑤ 경찰관은 임시조치 결정에 대하여 항고가 제기되어 법원으로부터 수사기록등본의 제출을 요구받은 경우 항고심 재판에 필요한 범위 내의 수사기록등본을 관할 검찰청으로 송부하여야 한다.

⑥ 경찰관은 「가정폭력처벌법」 제8조제3항에 따른 요청을 받고도 임시조치를 신청하지 않는 경우에는 별지 제115의3호서식의 임시조치 미신청 사유 통지서를 작성하여 관할 지방검찰청 또는 지청의 검사에게 통지하여야 한다.

2. 임시조치의 청구 등 (검사)

① 검사는 가정폭력범죄가 재발될 우려가 있다고 인정하는 경우에는 직권으로 또는 사법경찰관의 신청에 의하여 법원에 제29조제1항제1호·제2호 또는 제3호의 임시조치를 청구할 수 있다.

② 검사는 가정폭력행위자가 제1항의 청구에 의하여 결정된 임시조치를 위반하여 가정폭력범죄가 재발될 우려가 있다고 인정하는 경우에는 직권으로 또는 사법경찰관의 신청에 의하여 법원에 제29조제1항제5호의 임시조치를 청구할 수 있다.

③ 제1항 및 제2항의 경우 피해자 또는 그 법정대리인은 검사 또는 사법경찰관에게 제1항 및 제2항에 따른 임시조치의 청구 또는 그 신청을 요청하거나 이에 관하여 의견을 진술할 수 있다.

④ 제3항에 따른 요청을 받은 사법경찰관은 제1항 및 제2항에 따른 임시조치를 신청하지 아니하는 경우에는 검사에게 그 사유를 보고하여야 한다.

※ **가정보호심판규칙**

제10조(임시조치의 청구) ① 법 제8조의 규정에 의한 임시조치의 청구는 서면으로 하되 그 청구서에는 범죄사실의 요지 및 제29조제1항제1호, 제2호 또는 제4호의 임시조치를 필요로 하는 사유를 기재하고 이를 소명하여야 한다.

② 제1항의 청구를 받은 판사는 신속히 임시조치의 여부를 결정하여야 하고, 임시조치의 사유를 판단하기 위하여 필요하다고 인정하는 때에는 행위자·피해자·가정구성원 기타 참고인을 소환하거나 동행영장을 발부하여 필요한 사항을 조사·심리할 수 있다.

③ 제1항의 청구를 받은 판사가 임시조치 결정 또는 임시조치청구를 기각하는 결정을 한 때에는 결정서 등본을 검사에게 송달하고, 검사 또는 사법경찰관은 이를 수사기록에 편철하여야 한다.

④ 법원은 제1항의 청구에 의하여 임시조치를 결정할 때에는 검사·행위자·피해자에게 결정을 통지하여야 한다.

⑤ 검사가 사건을 가정보호사건으로 송치하는 때에는 이미 행하여진 임시조치는 그 효력을 잃지 않는다.

⑥ 검사가 사건을 기소, 불기소 또는 소년부에 송치하는 때에는 이미 행하여진 임시조치는 그 효력을 잃는다. 이 경우 검사는 그 취지를 행위자 및 피해자에게 통지하여야 한다.

---

3. 임시조치 (판사)

판사는 가정보호사건의 원활한 조사·심리 또는 피해자 보호를 위하여 필요하다고 인정하는 경우에는 결정으로 가정폭력행위자에게 다음 각 호의 어느 하나에 해당하는 임시조치를 할 수 있다.

① 피해자 또는 가정구성원의 주거 또는 점유하는 방실(房室)로부터의 퇴거 등 격리

② 피해자 또는 가정구성원이나 그 주거·직장 등에서 100미터 이내의 접근금지

③ 피해자 또는 가정구성원에 대한 「전기통신기본법」 제2조제1호의 전기통신을 이용한 접근금지

④ 의료기관이나 그 밖의 요양소에의 위탁

⑤ 국가경찰관서의 유치장 또는 구치소에의 유치

⑥ 상담소 등에의 상담위탁

○ ○ 경 찰 서

제 호   20○○. ○. ○.
수 신 :
제 목 : 임시조치 신청(사전)

다음 사람에 대한 ○○ 피의사건에 관하여 「가정폭력범죄의 처벌 등에 관한 특례법」 제8조에 따른 임시조치의 청구를 신청하니 아래와 같은 임시조치를 조속히 청구하여 주시기 바랍니다.

행 위 자	성 명	
	주민등록번호	
	직 업	피해자 등 과의 관 계
	주 거	
	보 조 인 등	
피 해 자 등	성 명	
	주 거	
	직 장	
임시조치의 내 용 (중복신청가능)	[□]	피해자 또는 가정구성원의 주거 또는 점유하는 방실로부터 퇴거 등 격리(제1호)
	[□]	피해자 또는 가정구성원이나 그 주거·직장 등에서 100미터 이내의 접근 금지(제2호) 기준지: [ ]주거 [ ]직장 [ ]학교·학원 [ ]보호시설 [ ]그 밖의 장소( )
	[□]	피해자 또는 가정구성원에 대한 「전기통신기본법」 제2조 제1호의 전기통신을 이용한 접근 금지(제3호)
	[□]	국가경찰관서의 유치장 또는 구치소에의 유치(제5호)
범 죄 사 실 의 요 지 및 임 시 조 치 가 필 요 한 사 유		

○ ○ 경 찰 서

사법경찰관   계급

임시조치 통보서 (가정폭력)

20○○. ○. ○.

1. 행 위 자

성 명 : ○○○ (○○세, 성별)

주 거 :

2. 피 해 자

성 명 : ○○○ (세, 성별)

주 거 :

직 장 :

3. 임시조치 통보일시· 장소 및 방법

일시· 장소: ○○○○. ○○. ○○.(요일) ○○:○○, 장소

방 법 : ○○○○ (예시 : 대상자 대면하여 통보, 전화상 통보 등)

4. 임시조치 결정내용 및 기간 (○○○○.○○.○○ ~ ○○○○.○○.○○, ○○법원)

[　] 1호. 피해자 또는 가정구성원의 주거 또는 점유하는 방실로부터의 퇴거 등 격리

[　] 2호. 피해자 또는 가정구성원의 주거, 직장 등에서 100미터 이내의 접근금지

[　] 3호. 피해자 또는 가정구성원에 대한 「전기통신기본법」제2조제1호의 전기통신을
　　　　이용한 접근금지

　※ 전기통신 : 유선·무선·광선 및 기타의 전자적 방식에 의하여 부호·문헌·음향 또는 영상 송·수신

[　] 4호. 의료기관이나 그 밖의 요양소에의 위탁

[　] 5호. 국가경찰관서의 유치장 또는 구치소에의 유치

5. 담 당 자

소 속 : ○○경찰서 ○○과 ○○계

성 명 : 계급 ○○○

※ 정당한 사유 없이 임시조치를 이행하지 않거나 위반할 경우, 가정폭력특례법 제8조 제2항에
　의거하여 임시조치 5호(유치장·구치소 유치) 신청 또는 제65조 제4호에 의거하여 500만원
　이하의 과태료가 부과됨을 함께 통보
※ 적의한 방법으로 임시조치 대상자에게 통보하고, 통보서는 수사기록에 편철

II. 긴급임시조치

1. 긴급임시조치

① 경찰관은 「가정폭력처벌법」 제8조2제1항에 따른 긴급임시조치를 할 때 가정폭력 재범 위험성을 판단하는 경우 가정폭력 위험성 조사표를 활용하여야 한다.

② 경찰관은 「가정폭력처벌법」 제8조의2제2항의 경우 긴급임시조치결정서에 따른다.

③ 긴급임시조치한 경우에는 가정폭력 행위자에게 긴급임시조치의 내용 등을 알려주고, 긴급임시조치 확인 및 통보서 상단의 긴급임시조치 확인서를 받아야 한다. 다만, 행위자가 확인서에 기명날인 또는 서명하기를 거부하는 때에는 경찰관이 확인서 끝부분에 그 사유를 적고 기명날인 또는 서명하여야 한다.

④ 경찰관은 제3항에 따라 긴급임시조치 확인서를 작성한 때에는 행위자에게 긴급임시조치 통보서를 교부하여야 한다. 다만, 통보서를 교부하지 못하는 경우 구두 등 적절한 방법으로 통지하여야 한다.

> ※ 가정폭력처벌법
>
> 제8조의2(긴급임시조치) ① 사법경찰관은 제5조에 따른 응급조치에도 불구하고 가정폭력범죄가 재발될 우려가 있고, 긴급을 요하여 법원의 임시조치 결정을 받을 수 없을 때에는 직권 또는 피해자나 그 법정대리인의 신청에 의하여 제29조제1항제1호부터 제3호까지의 어느 하나에 해당하는 조치(이하 "긴급임시조치"라 한다)를 할 수 있다.
> ② 사법경찰관은 제1항에 따라 긴급임시조치를 한 경우에는 즉시 긴급임시조치결정서를 작성하여야 한다.
> ③ 제2항에 따른 긴급임시조치결정서에는 범죄사실의 요지, 긴급임시조치가 필요한 사유 등을 기재하여야 한다.

2. 긴급임시조치와 임시조치

① 경찰관이 「가정폭력처벌법」 제8조의3제1항에 따른 임시조치를 신청하는 경우에는 임시조치신청서(사후)를 작성하고, 긴급임시조치결정서, 긴급임시조치확인서, 가정폭력 위험성 조사표를 첨부하여 관할 지방검찰청 또는 지청의 검사에게 같은 법 제29조제1항제1호부터 제3호까지의 임시조치를 법원에 청구할 것을 신청한다.

② 경찰관이 「가정폭력처벌법」 제8조의3제2항에 따라 긴급임시조치를 취소한 경우 가정폭력 피해자 및 행위자에게 구두 등 적절한 방법으로 통지를 하여야 한다.

> ※ 가정폭력처벌법
>
> 제8조의3(긴급임시조치와 임시조치의 청구) ① 사법경찰관이 제8조의2제1항에 따라 긴급임시조치를 한 때에는 지체 없이 검사에게 제8조에 따른 임시조치를 신청하고, 신청받은 검사는 법원에 임시조

치를 청구하여야 한다. 이 경우 임시조치의 청구는 긴급임시조치를 한 때부터 48시간 이내에 청구하여야 하며, 제8조의2제2항에 따른 긴급임시조치결정서를 첨부하여야 한다.

② 제항에 따라 임시조치를 청구하지 아니하거나 법원이 임시조치의 결정을 하지 아니한 때에는 즉시 긴급임시조치를 취소하여야 한다.

가정폭력 위험성 조사표

조사 전 유의사항

1. 가해자와 피해자를 장소적으로 분리한 상태에서 조사표를 작성해 주십시오.

2. 조사표 작성의 목적은 "피해자의 안전과 보호"라는 점을 설명하고, 주취 상태·진술거부 등으로 조사가 어려운 경우는 확인 가능한 사안만 기록하여 주십시오.

3. 조사표는 가·피해자의 진술과 현장 상황을 토대로 작성해 주시고, 조사 결과가 사건처리와 긴급임시조치의 근거가 될 수 있음을 안내해 주십시오.

4. 조사표의 각 문항은 피해자 진술, 육안 관찰, PDA 上 신고 이력·재발우려 가정 정보 등을 통해 확인 및 기록하여 주시고, 필요한 경우 문서·사진·동영상 등으로 증거를 확보해 주시기 바랍니다.

5. 아동학대 정황*이 발견되는 경우 「아동학대 체크리스트」를 활용, 세심하게 점검해 주세요.

   *만 18세 미만 아동에 대한 폭행(눈에 띄는 상처·멍 등)·유기·방임 등

6. 경청하는 자세로, 개방형 질문을 활용하여 주세요.

   "신고한 내용에 대해 구체적으로 모두 진술해주세요. 어떤 피해를 입으셨나요?"

※ 관련근거:「가정폭력방지법」제9조의4 '현장출입조사',「가정폭력처벌법」제5조 '응급조치'

Ⅰ. 기본정보	신고일시 :		사건번호 :		쌍방 ☐
피해자	성명		성별:	연락처:	
	국적: 한국 ☐ 기타: ( )			생년월일:	
가해자	성명		성별:	연락처:	
	국적: 한국 ☐ 기타: ( )			생년월일:	
주소지: 신고지 동일 ☐ *직접입력(상세주소):				관계:	
				아동 유무: 있음☐ 없음☐	

Ⅱ. 사건처리 참고기준

범죄 유형	해당함
1. 상해(타박상, 골절, 혈흔, 응급실 내원 등)	☐
2. 특수폭행·협박(흉기사용)	☐
3. 상습폭행·협박(2회 이상 폭행·협박)	☐
4. 손괴(물건 파손)	☐
5. 보호처분·피해자보호명령(격리·접근금지) 위반 ※「가정폭력처벌법」제63조 위반죄 해당	☐
6. 일반폭행·협박(존속폭행·협박 포함)	☐
7. 긴급임시조치·임시조치(격리·접근금지) 위반	☐

※ 범죄유형에 따른 조치 기준
△ 1~5번 → 체포·임의동행·발생보고
△ 6번 → 발생보고(형사처벌뿐 아니라 가해자 성행교정을 위한 보호처분[가정보호사건]이 가능함을 안내했음에도 명시적으로 사건접수를 원치 않는 경우에만 현장종결)
△ 7번 → 퇴거 조치 후 위반자 통보서 작성하여 여청수사팀 송부

Ⅲ. 긴급임시조치 결정문항   ※ 1개만 해당할 경우에도 긴급임시조치 적극 실시

조사 방법	조사 내용	해당함
경찰관 확인· 판단	1. 피해자에게 치료가 필요한 정도의 뚜렷한 외상(상해)이 확인되거나 가해자가 흉기 등 위험한 물건을 소지(특수폭행·협박)한 것이 확인됨	☐
	2. 가해자가 출입문 개방에 협조하지 않고, 피해자를 대면한 결과 가정폭력 범죄 피해가 확인됨	☐
	3. 파편, 집기류의 심각한 파손 등 주변 잔여물을 볼 때 가정폭력 범죄가 의심되고 위험성이 있다고 판단됨	☐

Ⅳ. 긴급임시조치 평가 기준   ※ 총점 5점 이상인 경우 긴급임시조치 적극 실시

구분	유형	조사 내용	예	아니오	확인안됨
경찰관 확인· 판단	경찰에 대한 저항	1. 가해자가 현장에 출동한 경찰관을 상대로 비협조적인 태도를 보임	☐	☐	☐
	정당성 주장	2. 가해자가 가정폭력 행위를 피해자의 탓으로 돌리며 어쩔 수 없는 행위였다고 주장함	☐	☐	☐
피해자 대상 질문	신고전력	3. 이전에도 가정폭력으로 신고한 적이 있나요?	☐	☐	☐
	일반적 폭력성	4. 가해자가 가족구성원 들을 포함한 다른 사람들과 자주 다투거나, 폭력적인 성향을 보이나요?	☐	☐	☐
	알코올 등 약물사용	5. 가해자가 일주일에 술을 주 3회 이상 마시거나 기타 약물*을 과다하게 사용하나요? * 향정신성 의약품(마약, 수면제 등), 불법약물(본드, 가스 등)	☐	☐	☐
	자살암시	6. 가해자가 선생님 탓을 하며 죽겠다고 말하거나 죽으려고 시도한 적 있나요?	☐	☐	☐
	지배 성향	7. 가해자가 선생님께서 다른 사람을 만나지 못하도록 하거나 일거수일투족을 보고하게 하나요?	☐	☐	☐
	가해자에 대한 공포	8. 가해자의 손에 죽을 수도 있겠다고 느낀 적이 있나요?	☐	☐	☐
	피해자 건강	9. 가해자와의 문제로 몸이나 마음에 불편한 곳이 있나요?	☐	☐	☐
총 점			(		) 점

※ 가정폭력 현장조사와 응급조치가 마무리되면 '가정폭력 피해자 권리 및 지원 안내서'를 피해자에게 문자로 전송하거나 직접 전달하고 그 내용을 안내해 주십시오.
※ 조사표상 제시된 사건처리·긴급임시조치 기준대로 처리하기 어려운 경우 그 사유를 종결내용에 상세히 기록해 주십시오. (기록된 내용은 사후 콜백 시 참고자료로 활용됩니다)

조사자 성명·계급		소속	

긴 급 임 시 조 치 결 정

제 0000-000000 호   20○○. ○. ○.

행위자	성 명		주 민 등 록 번 호	
	직 업			
	주 거			
변 호 인				

위 사람에 대한 ○○○○ 피의사건에 관하여「가정폭력범죄의 처벌 등에 관한 특례법」
제8조의2 제1항에 따라 다음과 같이 긴급임시조치를 결정함

[□] 피해자 또는 가정구성원의 주거 또는 점유하는 방실로부터의 퇴거 등 격리
[□] 피해자 또는 가정구성원의 주거, 직장 등에서 100미터 이내의 접근금지
[□] 피해자 또는 가정구성원에 대한「전기통신기본법」제2조제1호의 전기통신을 이용
    한 접근금지

피해자	성 명	
	주 거	
	직 장	
긴 급 임 시 조 치 결 정 근 거	□ 피해자 □ 피해자의 법정대리인 □ 사법경찰관 직권	
긴 급 임 시 조 치 일 시 및 장 소	일시 :	
	장소 :	
범죄사실의 요지 및 긴급임시조치를 필요로 하는 사유		

소 속 관 서

사법경찰관   계급

긴급임시조치 확인서(가정폭력)

행위자	성 명		주민등록번호	
	주 거			

   본인은 20○○. ○. ○.00:00경   ○○에서 아래 항목의 긴급임시조치 결정에 대해 고지받았음을 확인합니다.

[□] 피해자 또는 가정구성원의 주거 또는 점유하는 방실로부터의 퇴거 등 격리

[□] 피해자 또는 가정구성원의 주거, 직장 등에서 100미터 이내의 접근금지

[□] 피해자 또는 가정구성원에 대한 「전기통신기본법」 제2조제1호의 전기통신
     을 이용한 접근금지(전화, 이메일, SNS 등을 이용한 접근금지)

20○○. ○. ○.

위 확인인   (인)

   위 대상자에 대해 긴급임시조치 결정을 하면서, 위 결정 내용을 고지하였음.
   (고지한 내용을 확인하였으나 정당한 이유없이 서명 또는 기명날인을 거부함)

       소속관서   사법경찰관(리)   (인)

※ 아래 긴급임시조치 통보서는 잘라서 대상자에게 교부하여 주시기 바랍니다.

-------------------------- (자르는 선) --------------------------------

긴급임시조치 통보서(가정폭력)

[□] 피해자 또는 가정구성원의 주거 또는 점유하는 방실로부터의 퇴거 등 격리

[□] 피해자 또는 가정구성원의 주거, 직장 등에서 100미터 이내의 접근금지

[□] 피해자 또는 가정구성원에 대한 「전기통신기본법」 제2조제1호의 전기통신
     을 이용한 접근금지(전화, 이메일, SNS 등을 이용한 접근금지)

※ 경찰의 긴급임시조치 결정사항 위반시 300만원 이하의 과태료가 부과될 수 있습니
   다. 긴급임시조치 결정시 지체없이 법원에 임시조치가 청구되며, 법원의 임시조치
   결정사항 위반시 500만원 이하의 과태료가 부과되거나 경찰관서 유치장 또는 구
   치소에 유치될 수 있습니다.

20○○. ○. ○.

       소속관서   사법경찰관(리)   (인)

○ ○ 경 찰 서

제 호   20○○. ○. ○.
수 신 :

제 목 : 임시조치 신청(사후)

다음 사람에 대한   피의사건에 관하여 긴급임시조치 후 「가정폭력범죄의 처벌
등에 관한 특례법」 제8조의3 제1항에 따른 임시조치의 청구를 신청하니 아래와 같은
임시조치를 조속히 청구하여 주시기 바랍니다.

행 위 자	성 명			
	주민등록번호			
	직 업		피해자 등 과의 관계	
	주 거			
	보 조 인 등			
피해자등	성 명			
	주 거			
	직 장			
임시조치의 내 용 (중복신청가능)	[□]	피해자 또는 가정구성원의 주거 또는 점유하는 방실로부터 퇴거 등 격리(제1호)		
	[□]	피해자 또는 가정구성원이나 그 주거·직장 등에서 100미터 이내의 접근 금지(제2호) 기준지: [ ]주거 [ ]직장 [ ]학교·학원 [ ]보호시설 [ ]그 밖의 장소( )		
	[□]	피해자 또는 가정구성원에 대한 「전기통신기본법」 제2 조제1호의 전기통신을 이용한 접근 금지(제3호)		
긴급임시조치	일 시			
	내용·사유			
	집 행 자 의 관직 · 성명			
범 죄 사 실 의 요 지 및 임 시 조 치 가 필 요 한 사 유				

○ ○ 경 찰 서

사법경찰관   계급

제4절 가정보호사건 처리

Ⅰ. 조 건 (가정폭력처벌법 제9조, 제7조)

1. 검사는 가정폭력범죄로서 사건의 성질·동기 및 결과, 가정폭력행위자의 성행 등을 고려하여 이 법에 따른 보호처분을 하는 것이 적절하다고 인정하는 경우에는 가정보호사건으로 처리할 수 있다. 이 경우 검사는 피해자의 의사를 존중하여야 한다.

2. 사법경찰관은 해당 사건을 가정보호사건으로 처리하는 것이 적절한지에 관한 의견을 제시할 수 있다.

3. 다음의 경우에는 가정보호사건으로 처리할 수 있다.
   가. 피해자의 고소가 있어야 공소를 제기할 수 있는 가정폭력범죄에서 고소가 없거나 취소된 경우
   나. 피해자의 명시적인 의사에 반하여 공소를 제기할 수 없는 가정폭력범죄에서 피해자가 처벌을 희망하지 아니한다는 명시적 의사표시를 하였거나 처벌을 희망하는 의사표시를 철회한 경우

Ⅱ. 가정보호사건 처리 예외사유

가정폭력행위자가 다음 각 호의 어느 하나에 해당하는 경우에는 가정보호사건으로 처리하여서는 아니 된다.
1. 제2조제3호가목의 가정폭력범죄(다른 법률에 따라 가중처벌되는 경우를 포함한다)를 저지른 경우

> 제2조(정의) 이 법에서 사용하는 용어의 뜻은 다음과 같다.
> 3. "가정폭력범죄"란 가정폭력으로서 다음 각 목의 어느 하나에 해당하는 죄를 말한다.
>   가. 「형법」 제2편제25장 상해와 폭행의 죄 중 제257조(상해, 존속상해), 제258조(중상해, 존속중상해), 제258조의2(특수상해), 제260조(폭행, 존속폭행)제1항·제2항, 제261조(특수폭행) 및 제264조(상습범)의 죄

2. 제8조의2에 따른 긴급임시조치를 이행하지 않은 경우

제8조의2(긴급임시조치) ① 사법경찰관은 제5조에 따른 응급조치에도 불구하고 가정폭력범죄가 재발될 우려가 있고, 긴급을 요하여 법원의 임시조치 결정을 받을 수 없을 때에는 직권 또는 피해자나 그 법정대리인의 신청에 의하여 제29조제1항제1호부터 제3호까지의 어느 하나에 해당하는 조치(이하 "긴급임시조치"라 한다)를 할 수 있다.
② 사법경찰관은 제1항에 따라 긴급임시조치를 한 경우에는 즉시 긴급임시조치결정서를 작성하여야 한다.
③ 제2항에 따른 긴급임시조치결정서에는 범죄사실의 요지, 긴급임시조치가 필요한 사유 등을 기재하여야 한다.

3. 제9조의2에 따른 상담조건을 이행하지 않은 경우

제9조의2(상담조건부 기소유예) 검사는 가정폭력사건을 수사한 결과 가정폭력행위자의 성행 교정을 위하여 필요하다고 인정하는 경우에는 상담조건부 기소유예를 할 수 있다. 다만, 다음 각 호의 어느 하나에 해당하는 경우에는 그러하지 아니하다.
1. 가정폭력범죄의 상습성이 인정되는 경우
2. 흉기나 그 밖의 위험한 물건을 휴대하여 가정폭력범죄를 저지른 경우

4. 제40조에 따른 보호처분의 결정을 3회 이상 받은 경우

5. 제40조에 따른 보호처분의 결정을 이행하지 않은 사실이 있는 경우

제40조(보호처분의 결정 등) ① 판사는 심리의 결과 보호처분이 필요하다고 인정하는 경우에는 결정으로 다음 각 호의 어느 하나에 해당하는 처분을 할 수 있다.
1. 가정폭력행위자가 피해자 또는 가정구성원에게 접근하는 행위의 제한
2. 가정폭력행위자가 피해자 또는 가정구성원에게 「전기통신기본법」 제2조제1호의 전기통신을 이용하여 접근하는 행위의 제한
3. 가정폭력행위자가 친권자인 경우 피해자에 대한 친권 행사의 제한
4. 「보호관찰 등에 관한 법률」에 따른 사회봉사·수강명령
5. 「보호관찰 등에 관한 법률」에 따른 보호관찰
6. 법무부장관 소속으로 설치한 감호위탁시설 또는 법무부장관이 정하는 보호시설에의 감호위탁
7. 의료기관에의 치료위탁
8. 상담소등에의 상담위탁
② 제1항 각 호의 처분은 병과(倂科)할 수 있다.
③ 제1항제3호의 처분을 하는 경우에는 피해자를 다른 친권자나 친족 또는 적당한 시설로 인도할 수 있다.
④ 법원은 보호처분의 결정을 한 경우에는 지체 없이 그 사실을 검사, 가정폭력행위자, 피해자, 보호관찰관 및 보호처분을 위탁받아 하는 보호시설, 의료기관 또는 상담소등(이하 "수탁기관"이라 한다)의 장에게 통지하여야 한다. 다만, 수탁기관이 민간에 의하여 운영되는 기관인 경우에는 그 기관의 장으로부터 수탁에 대한 동의를 받아야 한다.
⑤ 제1항제4호부터 제8호까지의 처분을 한 경우에는 가정폭력행위자의 교정에 필요한 참고자료를 보호관찰관 또는 수탁기관의 장에게 보내야 한다.
⑥ 제1항제6호의 감호위탁기관은 가정폭력행위자에 대하여 그 성행을 교정하기 위한 교육을 하여야 한다.

가정폭력 피해자를 위한 안내

형사절차상 권리

❶ 경찰은 가정폭력범죄에 엄정 대응하고 있습니다. 가정폭력행위자는 원칙적으로 형사처벌되며, 범죄의 유형·피해 등을 고려하여 행위자의 성행교정이 필요한 경우 **가정보호사건**으로 처리될 수 있습니다

〈 가정보호사건에 따른 보호처분 유형 〉

1) 피해자 또는 가정구성원에 대한 접근행위 제한 2) 전기통신을 이용한 접근행위 제한 3) 피해자에 대한 친권행사 제한 4) 사회봉사·수강명령 5) 보호관찰 6) 보호시설 감호위탁 7) 의료기관 치료 위탁 8) 상담위탁

❷ 가정폭력 재발이 우려되는 경우, 피해자 또는 법정대리인은 경찰관에게 가정폭력 행위자를 대상으로 한 **임시조치 신청**을 요청하거나 이에 관하여 의견을 진술할 수 있습니다. 임시조치 신청을 받은 판사는 아래 내용 중 어느 하나에 해당하는 임시조치를 결정할 수 있습니다.

〈 임시조치 유형 〉

1) 퇴거 등 격리 2) 피해자 또는 가정구성원이나 그 주거·직장 등 100m 이내 접근금지 3) 전기통신 이용 접근금지 4) 의료기관 등 위탁 5) 유치장·구치소 유치 등 6) 상담위탁

※ 1)~3)을 위반하는 경우 1년이하의 징역 또는 1천만원 이하의 벌금 또는 구류에 처하거나 5)의 '유치장 유치'를 신청할 수 있습니다.

❸ 가정폭력 재발이 우려되나 긴급을 요하여 법원의 임시조치 결정을 받을 수 없을 때에는 경찰관에게 아래에 해당하는 **긴급임시조치**를 해줄 것을 신청할 수 있으며 긴급임시조치를 위반하는 경우 300만원 이하의 과태료를 부과할 수 있습니다.

〈 긴급임시조치 유형 〉

1) 주거로부터 퇴거 등 격리 2) 피해자 또는 가정구성원이나 그 주거·직장 등 100m 이내 접근금지 3) 전기통신 이용 접근금지

❹ 피해자 또는 법정대리인은 형사절차와는 별개로, 직접 **가정법원에 피해자보호명령**을 청구할 수 있으며, 이를 위반하는 경우 2년 이하의 징역 또는 2천만원 이하의 벌금·구류로 처벌받습니다.

〈 피해자 보호명령 유형 〉

1) 주거로부터의 퇴거 등 격리 2) 피해자 또는 가정구성원이나 그 주거·직장 등으로부터 100m 이내 접근금지 3) 전기통신을 이용한 접근금지 4) 피해자에 대한 친권행사 제한

지원 제도

가정폭력 피해자를 위한 전문기관은 아래와 같으며, 피해자가 동의하는 경우 경찰은 피해자를 전문기관에 연계하여 필요한 보호·지원서비스를 제공받을 수 있습니다.

❶ 여성긴급전화 1366센터(☎1366)를 통해 24시간 언제든지 상담 및 각 지역의 쉼터·병원·법률기관·정부기관으로 연계 받을 수 있습니다.

❷ 해바라기센터(☎1899-3075, 전국32개소)에서 24시간, 상담, 신속한 증거채취 및 응급의료지원, 피해자 조사, 형사절차에 대한 정보제공 등 법률자문을 받을 수 있습니다.

❸ 지역별 가정폭력상담소(전국 208개소)에서 전문상담 및 보호시설 연계 등을 지원받을 수 있습니다.

❹ 다누리 콜센터(☎1577-1366)를 통해 이주여성은 24시간 통역 및 상담 지원, 쉼터 입소 및 의료·법률지원 등을 제공받을 수 있습니다.

※ 중국·베트남·필리핀어·몽골·러시아·우즈베키스탄·캄보디아·태국어·영어 등 통역 지원

❺ 대한법률구조공단(☎132), 한국가정법률상담소(☎1644-7077), 대한변협법률구조재단(☎02-3476-6515)을 통해 형사·민사·가사 소송관련 법률상담을 지원받을 수 있습니다.

기타 정보

❶ 가정폭력 피해자가 가정폭력 행위자와 주민등록지를 달리하는 경우, 주소지가 노출되지 않도록 시·군·구청장에게 행위자에 대한 주민등록표 열람 또는 등·초본 교부 제한을 신청할 수 있습니다.

 - 또한, 가정폭력피해자로 유출된 주민등록번호로 인하여 피해를 입거나 입을 우려가 있는 경우, 관할 시·군·구청장에게 주민등록번호의 변경 및 변경된 주민등록번호의 공시제한(가족관계 등록사항별 증명서상 뒷부분 6자리 숫자 비공개)을 신청할 수 있습니다.

❷ 가정폭력 피해자, 신고자, 목격자, 참고인 및 그 친족 등과 반복적으로 생명 또는 신체에 대한 위해를 입었거나 입을 구체적인 우려가 있는 사람은 신변보호 신청을 할 수 있습니다.

❸ 피해자 또는 법정대리인은 가정폭력행위자가 자기 또는 배우자의 직계존속인 경우에도 고소할 수 있으며, 피해자의 법정대리인이 가정폭력행위자인 경우 피해자의 친족이 고소할 수 있습니다.

제5절 보호처분

Ⅰ. 보호처분의 결정 등 (가정폭력처벌법 제40조)

① 판사는 심리의 결과 보호처분이 필요하다고 인정하는 경우에는 결정으로 다음 각 호의 어느 하나에 해당하는 처분을 할 수 있다.
 1. 가정폭력행위자가 피해자 또는 가정구성원에게 접근하는 행위의 제한
 2. 가정폭력행위자가 피해자 또는 가정구성원에게 「전기통신기본법」 제2조제1호의 전기통신을 이용하여 접근하는 행위의 제한
 3. 가정폭력행위자가 친권자인 경우 피해자에 대한 친권행사의 제한
 4. 「보호관찰 등에 관한 법률」에 따른 사회봉사·수강명령
 5. 「보호관찰 등에 관한 법률」에 따른 보호관찰
 6. 법무부장관이 정하는 보호시설에의 감호위탁
 7. 의료기관에의 치료위탁
 8. 상담소 등에의 상담위탁

Ⅱ. 보호처분의 기간과 집행

1. 보호처분의 기간

제40조 제1항 제1호부터 제3호까지 및 제5호부터 제8호까지의 보호처분의 기간은 6개월을 초과할 수 없으며, 같은 항 제4호의 사회봉사·수강명령의 시간은 200시간을 각각 초과할 수 없다.

2. 보호처분 결정의 집행

① 법원은 가정 보호 사건조사관, 법원공무원, 사법경찰관리, 보호관찰관 또는 수탁기관 소속 직원으로 하여금 보호처분의 결정을 집행하게 할 수 있다.
② 보호처분의 집행에 관하여 이 법에서 정하지 아니한 사항에 대하여는 가정보호사건의 성질에 위배되지 아니하는 범위에서 「형사소송법」, 「보호관찰 등에 관한 법률」 및 「정신건강증진 및 정신질환자 복지서비스 지원에 관한 법률」을 준용한다.

※ 범죄수사규칙

제194조(보호처분결정의 집행) 경찰관은 「가정폭력처벌법」 제43조제1항에 따른 법원의 요청이 있는 경우에는 보호처분의 결정을 집행하여야 한다.

III. 보호처분의 변경과 취소

1. 보호처분의 변경

① 법원은 보호처분이 진행되는 동안 필요하다고 인정하는 경우에는 직권으로 또는 검사, 보호관찰관 또는 수탁기관의 장의 청구에 의하여 결정으로 한 차례만 보호처분의 종류와 기간을 변경할 수 있다.

② 제1항에 따라 보호처분의 종류와 기간을 변경하는 경우 종전의 처분기간을 합산하여 제40조 제1항 제1호부터 제3호까지 및 제5호부터 제8호까지의 보호처분의 기간은 1년을, 같은 항 제4호의 사회봉사·수강명령의 시간은 400시간을 각각 초과할 수 없다.

③ 제1항의 처분변경 결정을 한 경우에는 지체 없이 그 사실을 검사, 가정폭력행위자, 법정대리인, 보조인, 피해자, 보호관찰관 및 수탁기관에 통지하여야 한다.

2. 보호처분의 취소

법원은 보호처분을 받은 가정폭력행위자가 제40조 제1항 제4호부터 제8호까지의 보호처분 결정을 이행하지 아니하거나 그 집행에 따르지 아니하면 직권으로 또는 검사, 피해자, 보호관찰관 또는 수탁기관의 장의 청구에 의하여 결정으로 그 보호처분을 취소하고 다음 각 호의 구분에 따라 처리하여야 한다.

① 제11조에 따라 검사가 송치한 사건이면 관할법원에 대응하는 검찰청의 검사에게 송치

② 제12조에 따라 법원이 송치한 사건이면 송치한 법원에 이송

3. 보호처분의 종료

법원은 가정폭력행위자의 성행이 교정되어 정상적인 가정생활이 유지될 수 있다고 판단되거나 그 밖에 보호처분을 계속할 필요가 없다고 인정하는 경우에는 직권으로 또는 검사, 피해자, 보호관찰관 또는 수탁기관의 장의 청구에 의하여 결정으로 보호처분의 전부 또는 일부를 종료할 수 있다.

제6절 동행영장 집행

1. 경찰관은 「가정폭력처벌법」 제27조 제1항에 따른 법원의 요청이 있는 경우 동행영장을 집행하여야 한다.

2. 경찰관은 동행영장을 집행하는 때에는 피동행자에게 동행영장을 제시하고 신속히 지정된 장소로 동행하여야 한다.

3. 경찰관은 동행영장을 소지하지 않은 경우 급속을 요하는 때에는 피동행자에게 범죄사실과 동행영장이 발부되었음을 고지하고 집행할 수 있다. 이 경우에는 집행을 완료한 후 신속히 동행영장을 제시하여야 한다.

4. 경찰관은 동행영장을 집행한 때에는 동행영장에 집행일시와 장소를, 집행할 수 없는 때에는 그 사유를 각각 적고 기명날인 또는 서명하여야 한다.

※ **가정폭력처벌법**

제24조(소환 및 동행영장) ① 판사는 조사·심리에 필요하다고 인정하는 경우에는 기일을 지정하여 가정폭력행위자, 피해자, 가정구성원, 그 밖의 참고인을 소환할 수 있다.
② 판사는 가정폭력행위자가 정당한 이유 없이 제1항에 따른 소환에 응하지 아니하는 경우에는 동행영장을 발부할 수 있다.

제25조(긴급동행영장) 판사는 가정폭력행위자가 소환에 응하지 아니할 우려가 있거나 피해자 보호를 위하여 긴급히 필요하다고 인정하는 경우에는 제24조제1항에 따른 소환 없이 동행영장을 발부할 수 있다.

제26조(동행영장의 방식) 동행영장에는 가정폭력행위자의 성명, 생년월일, 주거, 행위의 개요, 인치(引致)하거나 수용할 장소, 유효기간 및 그 기간이 지난 후에는 집행에 착수하지 못하며 영장을 반환하여야 한다는 취지와 발부 연월일을 적고 판사가 서명·날인하여야 한다.

제27조(동행영장의 집행 등) ① 동행영장은 가정보호사건조사관이나 법원의 법원서기관·법원사무관·법원주사·법원주사보(이하 "법원공무원"이라 한다) 또는 사법경찰관리로 하여금 집행하게 할 수 있다.
② 법원은 가정폭력행위자의 소재가 분명하지 아니하여 1년 이상 동행영장을 집행하지 못한 경우 사건을 관할 법원에 대응하는 검찰청 검사에게 송치할 수 있다.
③ 법원은 동행영장을 집행한 경우에는 그 사실을 즉시 가정폭력행위자의 법정대리인 또는 보조인에게 통지하여야 한다.

제7절 신변안전조치

1. 신변안전조치의 청구 등

① 「가정폭력범죄의 처벌 등에 관한 특례법」 (이하 "법"이라 한다) 제55조의2 제5항에 따른 신변안전조치의 청구 및 요청은 각각 별지 제1호서식의 신변안전조치 청구서 및 별지 제2호서식의 신변안전조치 요청서로 하여야 한다. 다만, 긴급한 경우에는 구두(口頭)로 또는 전화 등으로 할 수 있으며, 사후에 지체 없이 관련 서면을 제출하거나 송부하여야 한다.

> 제55조의2(피해자보호명령 등) ⑤ 법원은 피해자의 보호를 위하여 필요하다고 인정하는 경우에는 피해자 또는 그 법정대리인의 청구 또는 직권으로 일정 기간 동안 검사에게 피해자에 대하여 다음 각 호의 어느 하나에 해당하는 신변안전조치를 하도록 요청할 수 있다. 이 경우 검사는 피해자의 주거지 또는 현재지를 관할하는 경찰서장에게 신변안전조치를 하도록 요청할 수 있으며, 해당 경찰서장은 특별한 사유가 없으면 이에 따라야 한다.
> 1. 가정폭력행위자를 상대방 당사자로 하는 가정보호사건, 피해자보호명령사건 및 그 밖의 가사소송 절차에 참석하기 위하여 법원에 출석하는 피해자에 대한 신변안전조치
> 2. 자녀에 대한 면접교섭권을 행사하는 피해자에 대한 신변안전조치
> 3. 그 밖에 피해자의 신변안전을 위하여 대통령령으로 정하는 조치

② 제1항에 따른 신변안전조치를 청구하거나 요청할 때에는 신변안전조치가 필요한 사유, 신변안전조치의 종류 및 기간을 구체적으로 기재하여야 하며, 그 내용을 입증할 수 있는 자료 등을 첨부할 수 있다.

2. 신변안전조치의 종류

법 제55조의 2 제5항 제3호에서 "그 밖에 피해자의 신변안전을 위하여 대통령령으로 정하는 조치"란 다음 각 호의 조치를 말한다.

① 피해자를 보호시설이나 치료시설 등으로 인도

② 참고인 또는 증인 등으로 법원 출석·귀가 시 또는 면접교섭권 행사 시 동행

③ 다음 각 목의 조치 등 피해자의 주거에 대한 보호

　가. 피해자의 주거에 대한 주기적 순찰

　나. 폐쇄회로 텔레비전의 설치

④ 그 밖에 피해자의 신변안전에 필요하다고 인정되는 조치

3. 신변안전조치 종류의 변경 청구 등

① 피해자 또는 그 법정대리인은 신변안전조치 종류의 변경이 필요하거나 추가적인 신변안전조치가 필요한 경우 별지 제3호서식으로 법원에 신변안전조치의 종류 변경 또는 신변안전조치의 추가를 청구할 수 있다. 이 경우 제2조제1항 단서 및 제2항을 준용한다.

② 피해자 또는 그 법정대리인은 신변안전조치의 기간에 신변안전조치의 연장이 필요한 사유 및 그 기간을 구체적으로 기재하여 별지 제3호서식으로 법원에 신변안전조치의 연장을 청구할 수 있다. 이 경우 제2조제1항 단서 및 제2항을 준용한다.

③ 법원은 피해자 보호를 위하여 신변안전조치의 종류 변경, 신변안전조치의 추가 또는 기간연장이 필요하다고 인정하는 경우에는 직권으로 또는 제1항·제2항에 따른 청구에 의하여 별지 제2호서식으로 검사에게 신변안전조치의 종류 변경, 신변안전조치의 추가 또는 기간연장을 요청할 수 있다. 이 경우 제2조제1항 단서 및 제2항을 준용한다.

4. 신변안전조치의 집행방법

① 검사는 법원으로부터 법 제55조의2 제5항 전단 또는 이 영 제4조 제3항에 따른 요청을 받으면 별지 제2호서식으로 피해자의 주거지 또는 현재지를 관할하는 경찰서장에게 해당 조치를 하도록 요청할 수 있다. 이 경우 제2조제1항 단서 및 제2항을 준용한다.

② 제1항에 따라 신변안전조치를 요청받은 경찰서장은 신변안전조치의 필요성이 소멸하는 등 특별한 사유가 없으면 제1항에 따라 검사가 요청한 조치를 하여야 한다.

5. 신변안전조치의 이행 통보 등

① 경찰서장이 법 제55조의2 제5항에 따른 신변안전조치 및 제5조에 따른 조치를 하였을 때는 지체 없이 그 조치를 요청한 검사에게 별지 제4호서식의 신변안전조치 이행 통보서로 통보하여야 한다.

② 검사는 제1항에 따른 통보를 받았을 때는 제5조제1항에 따른 요청을 한 법원에 그 사실을 별지 제4호서식의 신변안전조치 이행 통보서로 통보하여야 한다.

③ 제1항과 제2항에 따른 통보 서류 및 신변안전조치와 관련된 서류는 공개해서는 아니 된다.

신변안전조치 청구서

※ [ ]에는 해당하는 곳에 √표를 합니다.

관련 사건번호		

청구인	성명		직업	
	생년월일		전화번호	
	주소			
	신변안전조치 대상자와의 관계			

신 변 안 전 조 치 대 상 자	성명		직업	
	생년월일		전화번호	
	주소 ([ ] 주거지, [ ] 현재지)			
	가정폭력행위자와의 관계			
	근거	1. 가정폭력행위자를 상대방 당사자로 하는 가정보호사건, 피해자보호명령사건 및 그 밖의 가사소송절차 참석 [　　] 2. 자녀에 대한 면접교섭권 행사 [　　] 3. 기타[　　]		

청 구 내 용	사유	종류	기간
첨 부 서 류			

「가정폭력범죄의 처벌 등에 관한 특례법」 제55조의2제5항 및 같은 법 시행령 제2조제1항에 따라 위와 같이 신변안전조치를 청구합니다.

년　　　　월　　　　일

주소
청구인 성명　　　　　　(서명 또는 인)

○○○○법원 (○○지원)　　귀하

처 리 절 차

청구서 작성	→	접 수 · 검 토	→	요 청	→	접 수 · 검 토	→	요 청	→	해당 조치
청구인		법 원				검 사				관할 경찰서장

신변안전조치 요청서

관련 사건번호	

<table>
<tr><td rowspan="6">신 변 안 전 조 치 대 상 자</td><td>성명</td><td colspan="2">직업</td></tr>
<tr><td>생년월일</td><td colspan="2">전화번호</td></tr>
<tr><td colspan="3">주소 ([ ] 주거지, [ ] 현재지)</td></tr>
<tr><td colspan="3">가정폭력행위자와의 관계</td></tr>
<tr><td>근거</td><td colspan="2">1. 가정폭력행위자를 상대방 당사자로 하는 가정보호사건, 피해자보호명령사건 및 그 밖의 가사소송절차 참석 (　　)
2. 자녀에 대한 면접교섭권 행사 (　　)
3. 기타 (　　)</td></tr>
</table>

요 청 사 유	[ ] 직권, [ ] 청구 (○○○)	

<table>
<tr><td rowspan="4">요 청 조 치</td><td>[ ] 신규</td><td>1. 피해자 보호시설이나 치료시설 등으로의 인도
(　　　　　　　　　　　　　　　　　　　　)</td></tr>
<tr><td>[ ] 연장</td><td>2. 출석·귀가 시 또는 면접교섭권 행사 시 동행
(　　　　　　　　　　　　　　　　　　　　)
3. 주거에 대한 주기적 순찰
(　　　　　　　　　　　　　　　　　　　　)</td></tr>
<tr><td>[ ] 추가</td><td>4. CCTV의 설치
(　　　　　　　　　　　　　　　　　　　　)</td></tr>
<tr><td>[ ] 변경</td><td>5. 그 밖에 피해자의 신변안전에 필요하다고 인정되는 조치
(　　　　　　　　　　　　　　　　　　　　)</td></tr>
</table>

요 청 기 간	

「가정폭력범죄의 처벌 등에 관한 특례법」 제55조의2제5항 및 같은 법 시행령 ([ ] 제2조제1항 또는 제4조제3항, [ ] 제5조제1항)에 따라 위와 같이 신변안전조치를 요청합니다.

년　　　　월　　　　일

○○법원 (○○지원)　판사 ○ ○ ○
또는　○○○○검찰청 (○○지청)　검사 ○ ○ ○　(서명 또는 인)

○○경찰서장　　　귀하

신변안전조치 (변경[   ], 추가[   ], 연장[   ]) 청구서

※ [   ]에는 해당하는 곳에 √표를 합니다.

관련 사건번호		

청구인	성 명	직 업
	생년월일	전화번호
	주 소	
	신변안전조치 대상자와의 관계	

신 변 안 전 조 치 대 상 자	성 명	직 업
	생년월일	전화번호
	주 소 ([ ] 주거지, [ ] 현재지)	
	가정폭력행위자와의 관계	
	근 거	1. 가정폭력행위자를 상대방 당사자로 하는 가정보호사건, 피 해자보호명령사건 및 그 밖의 가사소송절차 참석 [ ] 2. 자녀에 대한 면접교섭권 행사 [ ] 3. 기타 [ ]

청 구 내 용 (기존신변안전조 치, 변경조치 등)	
첨 부 서 류	

「가정폭력범죄의 처벌 등에 관한 특례법」 제55조의2제5항 및 같은 법 시행령 제4조
제1항 또는 제2항에 따라 위와 같이 신변안전조치를 (변경, 추가, 연장) 청구합니다.

년   월   일

주소
청구인 성명   (서명 또는 인)

○○○○법원 (○○지원) 귀하

처 리 절 차

청구서 작성	→	접 수 · 검 토	→	요 청	→	접 수 · 검 토	→	요 청	→	해당 조치
청구인		법 원				검 사				관할경찰서장

신변안전조치 이행 통보서

관련 사건번호	
신 변 안 전 조 치 대 상 자	
요 청 내 용	
조 치 내 용	

　　　　년　　　월　　　일 요청한 신변안전조치를 위와 같이 이행하였기에 「가정
폭력범죄의 처벌 등에 관한 특례법」 제55조의2제5항 및 같은 법 시행령 ([ ] 제
6조제1항, [ ] 제6조제2항)에 따라 이를 통보합니다.

년　　　　　월　　　　　일

　　　　　　　　　○○○○경찰서장 ○ ○ ○
　　　또는　○○○○검찰청 (○○지청) 검사 ○ ○ ○　　(서명 또는 인)

　　　　　　　　　　　　　　　　귀하

　○○○○검찰청 (○○지청) 검사
　또는　○○○○법원 (○○지원)

제8절 바람직한 처리방법

 Ⅰ. 수사 시 유의사항

1. 인권보호

경찰관은 가정폭력 범죄를 수사함에서는 보호처분 또는 형사처분의 심리를 위한 특별자료를 제공할 것을 염두에 두어야 하며, 가정폭력 피해자와 가족구성원의 인권보호를 우선하는 자세로 임하여야 한다.

2. 조사환경조성

경찰관은 가정폭력범죄 피해자조사 시 피해자의 연령, 심리상태 또는 후유장애의 유무 등을 신중하게 고려하여 가급적 진술녹화실 등 별실에서 조사하여 심리적 안정을 취할 수 있는 분위기를 조성하고, 피해자의 조사과정에서 피해자의 인격이나 명예가 손상되거나 개인의 비밀이 침해되지 않도록 주의하여야 한다.

3. 필요 최소한 수사

가정폭력 피해자에 대한 조사는 수사상 필요한 최소한도로 실시하여야 한다.

4. 환경조사서의 작성

경찰관은 가정폭력범죄를 수사함에서는 범죄의 원인 및 동기와 행위자의 성격·행상·경력·교육정도·가정상황 그 밖의 환경 등을 상세히 조사하여 가정환경조사서를 작성하여야 한다.

가정환경조사서

제 0000-00000 호   0000.00.00.

조 사 자	

1. 인적사항

사건번호		죄 명			
성 명		주민등록번호	888888-8888888	직 업	
주 소					
전화번호	(자 택) (핸드폰)			학 력	

2. 가족상황

관계	성 명	연령	성별	학 력	직 업	기 타

3. 혼인상황 및 생활환경

혼 인 상 황	
생계비조달방법	
주 거 환 경	

4. 가정폭력상황

최초갈등 발생원인		
본건범행전가정불화 및 폭력 횟수		
가정불화해결을 위한 노력유무		
본건 범죄의 원인 및 동기		
행 위 자 심 신 상 태	음 주 상 황	
	약물복용여부	
	성 격 문 제	
	정신장애유무	
범 죄 후 정 황		

5. 재범의 위험성 및 가정유지 의사 유무

가정유지 의사유무	
임시조치결정시 기거할 장소유무	
상 담 소 상 담 희 망 여 부	
기 타 참 고 사 항	
재 범 위 험 성	

6. 조사자 의견

II. 가정폭력사건의 처리요령

1. 신고 접수

가. 누구든지 가정폭력범죄를 알게 된 때에는 신고할 수 있으며 관련 보호시설 및 상담소 관계자 등은 신고의무가 있다.

나. 피해자는 폭력행위자가 직계존속인 경우에도 신고·고소할 수 있다.

다. 피해자의 방문신고 시 즉시 처리(고소장 제출요구 행위 지양)한다.

라. 신고접수자는 신고인이 대부분 급박한 상황에 있음을 감안하여 친절한 자세로 신속·정확하게 신고를 접수한다.

마. 신고내용을 정확히 확인한다(발생일시·장소, 범행의 수단과 방법, 흉기소지 여부, 피해사실, 현재 상황 등).

바. 피해사실이나 현장 상황 등 긴급을 요하는 사항을 우선 파악하여 필요시 즉각 구급차 등을 출동시킨다.

2. 출동 및 현장 응급조치

가. 신고 접수할 때는 사안의 경중을 불문하고 즉시 신속하게 현장출동 한다.

나. 신고 접수할 때 현장 상황을 파악, 필요한 경찰장구를 휴대 출동한다.

다. 현장 출동하여 응급조치 시 반드시 행위자와 피해자를 분리하여 조사

라. 피해자에게 "폭력행위 재발 시 행위자에 대해 퇴거 등 격리와 접근금지를 신청할 수 있고, 행위자가 이를 위반할 시 경찰관서 유치장 또는 구치소에 유치할 수 있는 임시조치를 신청할 수 있음"을 통보하고, 행위자에게도 이 내용을 엄중 경고

마. 신고접수·현장출동 시 폭력행위는 발생하지 않고 단순히 격리 또는 접근금지의 임시조치위반 사안인 경우는 피해자에게 임시조치를 신청했던 경찰서 담당 부서에 유치장 유치의 임시조치를 신청하도록 안내하거나 담당 부서에 연계

바. 임장 즉시 폭력행위의 제지 및 범죄수사에 착수한다.

○ 주거침입이라고 항의하거나 문을 열어주지 않는 경우라도 폭력행위가 진행 중이거나 위급한 경우에는 경찰상 즉시강제 원리에 입각, 강제로 문을 열고 들어가서라도 폭력행위 제지

○ 신속·강력하게 폭력행위를 제지하되 가족 구성원과 불필요한 마찰이나 오해의 소지가 없도록 유의

사. 피해자 동의 시 피해자를 가정폭력 관련 상담소 또는 보호시설에 인도한다.

아. 긴급치료가 필요한 피해자는 신속히 의료기관에 인도한다.

3. 바람직한 처리방법

가. 피해자가 사건처리를 원하지 않더라도 가해자 체포, 경찰관서로의 동행 등 즉 각적이고 적극적인 처리가 요구되는 경우

○ 현재 폭력행위가 진행 중이거나 가해자의 폭언·위협이 지속되는 경우

○ 피해자가 외관상 확인 가능할 정도의 심한 상해를 입은 경우

○ 가해자가 흉기 등을 사용하여 피해자를 폭행한 경우

○ 당사자간 다툼이 계속되고 있어 현장에서 경찰 철수 후 폭력이 재발할 위험성 이 있다고 판단되는 경우

○ 평소 가정폭력이 빈발하여 이웃 등에서 신고한 경우

○ 피해자가 청소년이나 아동으로 가정 내에 피해자를 보호할 가족구성원이 없는 경우 ☞ 반드시 [아동학대예방센타]에 인계

○ 피해자가 지속적으로 불안한 태도를 보이는 등 피해자의 처벌불원 의사가 가 해자의 위협이나 앞으로의 폭력우려 때문으로 판단되는 경우

○ 현장에 도착했을 때 피해자가 피신해 있고, 가해자의 심리상태가 불안정하여 폭력이 재발할 위험성이 있는 경우

○ 현장 도착 시 가해자가 문을 열어주지 않거나, 경찰의 개입에 적극적으로 항의 하는 등 폭력의 정황이 지속되고 있다고 판단되는 경우

○ 주변에 사람들이 다수 모여 있는 등 심한 폭력이 행사되었다고 판단되는 경우

나. 피해자가 즉각적인 조치를 원하지 않아 사후 진술확보, 고소 등을 받아 처리 하는 것이 바람직한 경우

○ 피해자의 부상 정도나 폭행의 정도가 경미한 경우

○ 주변의 물건이 흐트러짐이 없는 등 사소한 다툼으로써 경찰이 철수하여도 폭 력이 재발할 위험성이 없다고 판단되는 경우

○ 가정 내에 피해자를 보호할 가족구성원이 있고 피해자가 진지하게 경찰의 개 입을 원치 않는 경우

○ 이전에 가정폭력 경력이 없고 단순·우발적으로 발생한 것으로 판단되는 경우

○ 현장 도착 시 폭력 상황이 이미 종료되고 당사자들이 심리적 안정을 회복하여

대화가 가능한 경우

○ 피해자가 사건처리를 원치 않으면서 보호시설 등으로 가기를 희망해 보호시설 등으로 인도하는 경우

○ 가해자가 자신의 잘못을 진지하게 반성하고 있는 경우

4. 가정폭력사건 조사

가. 담당 경찰관은 파괴된 가정의 평화와 안정을 회복하고 건강한 가정의 육성을 도모하는 자세로 조사한다.

나. 피해자는 피의자와 분리해 안전한 곳으로 인도 후 자유로운 분위기에서 피해자의 진술을 청취한다.

다. 신고자가 제3자인 경우 신분이 노출되지 않도록 유의하고 필요시 인근 주민 상대로 폭력행위의 상습성 여부 등을 확인한다.

라. 가정폭력 피해자는 장기간 폭력에 시달려 온 경우가 대부분이고 심리적으로도 위축된 경우가 많음을 감안, 피해자를 이해하는 조사 자세가 필요하다.

마. 가정폭력 행위가 객관적으로 입증될 경우 피해자와의 대질신문은 가급적 지양하고, 대질신문해도 피해자 안전에 대해 특별히 고려하여야 한다.

바. 피해자에게 피해구제를 받을 방법, 사건처리절차 등을 상세히 설명해주고 불구속 수사 시 가해자가 곧 귀가할 수 있음을 알려 추가적인 폭력에 대비케 한다.

사. 조사 후 귀가 조처 시 가해자와 피해자는 시차를 두고 각각 귀가시키는 등으로 폭력행위 재발방지에 유의한다.

아. 피해자를 관련 상담소 등에 인도한 경우 필요시 상담원을 상대로 조사한다.

자. 가정폭력사건의 재발성을 감안, 적극적인 자세로 가정보호사건으로 처리하고 임시조치를 활용하는 등 적정하게 조치한다.

차. 가정폭력사건 수사자료는 보호처분 등의 심리를 위한 특별자료가 됨을 인식, 가정환경·동기·원인·상습성·재발가능성 등이 수사기록에 표출이 되도록 조사한다.

카. 피해자 또는 법정대리인에게 임시조치 내용을 설명하고 신청에 대한 의견을 반드시 확인하여 조서에 기재한다.

例,

문	진술인은 가해자에 대하여 주거 또는 점유하는 방실로부터의 퇴거 등 격리나 주거·직장 등에서 100m 이내의 접근금지 등의 임시조치 신청을 원하는가요.
답	例1) 행위자가 저의 집에서 100m 이내에 접근을 금지하는 임시조치를 신청해 주시기 바랍니다. 例2) 가정생활 중 순간적으로 일어난 일이고 제가 그 순간을 참지 못하여 경찰에 신고까지 하였던 것입니다. 또 제가 신고한 후 저희 남편도 자기의 잘못을 깊이 뉘우치고 후회하고 있습니다. 그러기 때문에 더 이상 확대하고 싶지 않고 경찰의 임시조치도 원하지 않습니다.

✽ 임시조치는 피해자가 원하지 않는 경우라도 가정폭력 범죄가 재발할 우려가 있으면 사법경찰관이 직권으로 신청할 수 있음에 유의

5. 사법경찰관의 가정폭력사건 송치

> ※ 가정폭력처벌법
> 제7조(사법경찰관의 사건 송치) 사법경찰관은 가정폭력범죄를 신속히 수사하여 사건을 검사에게 송치하여야 한다. 이 경우 사법경찰관은 해당 사건을 가정보호사건으로 처리하는 것이 적절한지에 관한 의견을 제시할 수 있다.

가. 절 차

사건접수 → 입건 → 송치 결정 → 검찰송치

나. 범죄혐의 여부와 상관없이 모두 송치결정서에 결정내용 기재 후 송치

例,

가정폭력범죄의 처벌 등에 관한 특례법 제7조에 따라 송치한다.

나. 통 지

송치한 날로부터 7일 이내 피의자, 고소인 등에게 통지

제4장   성폭력범죄 수사

제1절 관련 법 개관

1. 형 법

구 분	행위유형	적용법조
강 간	• 폭행 또는 협박으로 사람을 강간한 자	제297조
유사강간	• 폭행 또는 협박으로 사람에 대하여 구강, 항문 등 신체(성기 제외)의 내부에 성기를 넣거나 성기, 항문에 손가락 등 신체(성기 제외)의 일부 또는 도구를 넣는 행위를 한 사람	제297조의2
강제추행	• 폭행 또는 협박으로 사람에 대하여 추행을 한 자	제298조
준강간 준강제추행	• 사람의 심신상실 또는 항거불능의 상태를 이용하여 간음 또는 추행을 한 자	제299조
강간등 상해 · 치상	• 제297조, 제297조의2 및 제298조부터 제300조까지의 죄를 범한 자가 사람을 상해하거나 상해에 이르게 한 때	제301조
강간등 살인 · 치사	• 제297조, 제297조의2 및 제298조부터 제300조까지의 죄를 범한 자가 사람을 살해한 때, 사망에 이르게 한 때	제301조의2
미성년자등에 대한 간음	• 미성년자 또는 심신미약자에 대하여 위계 또는 위력으로써 간음 또는 추행을 한 자	제302조
업무상위력에 의한 간음	• 업무, 고용 기타 관계로 인하여 자기의 보호 또는 감독을 받는 부녀에 대하여 위계 또는 위력으로써 간음한 자 • 법률에 의하여 구금된 부녀를 감호하는 자가 그 부녀를 간음한 때 ※ 업무상위력에 의한 강제추행 ⇨ 성폭법에 규정	제303조
미성년자에 대한간음, 추행	• 13세미만의 부녀를 간음하거나 13세미만의 사람에게 추행을 한 자 • 13세 이상 16세 미만의 사람에 대하여 간음 또는 추행을 한 19세 이상의 자	제305조

2. 성폭력범죄의 처벌 등에 관한 특례법

구 분	행위유형	비 고
특수강도 강간 등	• 형법 주거침입, 야간주거침입절도, 특수절도 또는 제342조(미수범. 다만, 제 330조 및 제331조의 미수범에 한한다)의 죄를 범한 사람이 같은 법 제297조 (강간), 제297조의2(유사강간), 제298조(강제추행) 및 제299조(준강간, 준강제 추행)의 죄를 범한 때 • 형법 제334조(특수강도) 또는 제342조(미수범. 다만, 제334조의 미수범에 한 한다)의 죄를 범한 사람이 위와 같은 죄를 범한 때	제3조
특수강간 등	• 흉기 기타 위험한 물건을 휴대하거나 2인 이상이 합동하여 강간의 죄를 범한 자 • 제1항의 방법으로 형법 강제추행의 죄를 범한 자 • 제1항의 방법으로 형법 준강간, 준강제추행의 죄를 범한 자	제4조
친족관계에 의한 강간 등	• 친족관계인 사람이 폭행 또는 협박으로 강간 • 친족관계인 사람이 폭행 또는 협박으로 강간추행 • 친족관계에 있는 사람이 사람에 대하여 형법 제299조의 죄를 범한 때	제5조
장애인에 대한 간음등	• 신체장애 또는 정신상의 장애로 항거불능인 상태에 있음을 이용하여 사람을 간음하거나 사람에 대하여 추행한 자	제6조
13세미만의 미성년자에 대한 강간, 강제추행 등	• 13세 미만의 사람에 대하여 형법 제297조(강간)의 죄를 범한 자 • 13세 미만의 사람에 대하여 폭행 또는 협박으로 　– 구강·항문 등 신체(성기를 제외)의 내부에 성기를 삽입하는 행위 　– 성기에 손가락 등 신체(성기를 제외)의 일부나 도구를 삽입하는 행위 • 13세 미만의 사람에 대하여 형법 제298조(강제추행)의 죄를 범한 자 • 13세 미만의 사람에 대하여 형법 제299조(준강간, 준강제추행)의 죄를 범한 자 • 위계 또는 위력으로써 13세 미만의 사람을 간음하거나 13세 미만의 사람에 대 하여 추행을 한 자	제7조
강간 등 상해·치상	• 제3조제1항, 제4조, 제6조, 제7조 또는 제15조(제3조제1항, 제4조, 제6조 또는 제7조의 미수범으로 한정)의 죄를 범한 사람이 다른 사람을 상해하거나 상해 에 이르게 한 때 • 제5조 또는 제15조(제5조의 미수범으로 한정)의 죄를 범한 사람이 다른 사람 을 상해하거나 상해에 이르게 한 때	제8조
강간 등 살인·치사	• 제3조부터 제7조까지, 제15조(제3조부터 제7조까지의 미수범으로 한정한다)의 죄 또는 「형법」 제297조, 제297조의2(유사강간) 및 제298조부터 제300조 (미수범)까지의 죄를 범한 사람이 다른 사람을 살해한 때 • 제4조, 제5조 또는 제15조(제4조 또는 제5조의 미수범으로 한정)의 죄를 범한 사람이 다른 사람을 사망에 이르게 한 때	제9조
업무상 위력등에 의한 추행	• 업무·고용 기타 관계로 인하여 자기의 보호 또는 감독을 받는 사람에 대하 여 위계 또는 위력으로써 추행한 자 • 법률에 의하여 구금된 사람을 감호하는 자가 그 사람을 추행한 때	제10 조 제1항
공중밀집 장소에서의 추행	• 대중교통수단, 공연·집회장소 기타 공중이 밀집하는 장소에서 사람을 추행한 자	제11 조

성적 목적을 위한 공공장소 침입행위	• 자기의 성적 욕망을 만족시킬 목적으로 「공중화장실 등에 관한 법률」 제2조 제1호부터 제5호까지에 따른 공중화장실 등 및 「공중위생관리법」 제2조제1항 제3호에 따른 목욕장업의 목욕장 등 대통령령으로 정하는 공공장소에 침입하 거나 같은 장소에서 퇴거의 요구를 받고 응하지 아니하는 사람	제2조
통신매체 이용음란	• 자기 또는 다른 사람의 성적 욕망을 유발하거나 만족시킬 목적으로 전화·우 편·컴퓨터 기타 통신매체를 통하여 성적 수치심이나 혐오감을 일으키는 말 이나 음향, 글이나 도화, 영상 또는 물건을 상대방에게 도달하게 한 자	제3조
카메라 등 이용촬영	• 카메라 기타 이와 유사한 기능을 갖춘 기계장치를 이용하여 성적 욕망 또는 수치심을 유발할 수 있는 타인의 신체를 그 의사에 반하여 촬영하거나 그 촬 영물을 반포·판매·임대 또는 공연히 전시·상영한 자 • 촬영 당시에는 촬영대상자의 의사에 반하지 아니하는 경우에도 사후에 그 의 사에 반하여 촬영물을 반포·판매·임대·제공 또는 공공연하게 전시·상영 한 자 • 영리목적으로 제1항의 촬영물을 「정보통신망 이용촉진 및 정보보호 등에 관한 법률」 제2조제1항제1호의 정보통신망을 이용하여 유포한 자	제14조 (양벌 규정)
허위영상물 등의 반포등	• 반포등을 할 목적으로 사람의 얼굴·신체 또는 음성을 대상으로 한 촬영물· 영상물 또는 음성물(이하 이 조에서 "영상물등"이라 한다)을 영상물등의 대상 자의 의사에 반하여 성적 욕망 또는 수치심을 유발할 수 있는 형태로 편집· 합성 또는 가공한 자 • 편집등 또는 복제물을 반포등을 한 자 또는 편집등을 할 당시에는 영상물 등의 대상자의 의사에 반하지 아니한 경우에도 사후에 그 편집물등 또는 복 제물을 영상물등의 대상자의 의사에 반하여 반포등을 한 자 • 영리를 목적으로 영상물등의 대상자의 의사에 반하여 정보통신망을 이용하여 위항의 죄를 범한 자	제14조 의2
촬영물 등을 이용한 협박강요	• 성적 욕망 또는 수치심을 유발할 수 있는 촬영물 또는 복제물(복제물의 복제 물을 포함한다)을 이용하여 사람을 협박한 자 • 협박으로 사람의 권리행사를 방해하거나 의무 없는 일을 하게 한 자	제14조 의3

3. 아동 · 청소년의 성보호에 관한 법률

구 분		행위유형	적용법조
청소년성매매	행위자	• 아동·청소년의 성을 사는 행위를 한자	제13조
	업주등 관련자	• 영업으로 청소년의 성을 사는 행위의 장소를 제공하거나 알선한 자, 자금, 토지, 건물 등을 제공한 자	제15조 제1항
		• 폭행·협박·선불금 등 채무·업무·고용관계 등을 이용하여 청소년에게 매매춘을 강요한 자	제14조
		• 아동·청소년에게 매매춘을 하도록 유인·권유, 장소제공·알선한 자 등	제15조 제2항
	대상 청소년	• 아동·청소년 성매매의 대상이 된 청소년 ※ 형사처벌 면제, 소년법에 따른 보호처분	제21조

청소년 이용 음란물	• 아동 · 청소년이용 음란물을 제작 · 수입 · 수출한 자 • 영리 목적의 청소년 이용 음란물 판매 · 대여 · 배포 · 상영자 등	제11조
청소년 매매	• 매매춘 및 음란물 제작의 대상이 될 것을 알면서 청소년을 국내외에 매매 또는 이송한 자	제12조
강간/ 강제추행	• 폭행 또는 협박으로 아동 · 청소년을 강간한 사람 • 아동 · 청소년에 대하여 폭행이나 협박으로 유사강간 한 자 • 아동 · 청소년에 대하여 「형법」 제298조의 죄를 범한 자 • 아동 · 청소년에 대하여 「형법」 제299조의 죄를 범한 자 • 위계 또는 위력으로써 아동 · 청소년을 간음하거나 아동 · 청소년을 추행한 자	제7조
장애인에 대한 간음 등	• 19세 이상의 사람이 13세 이상의 장애 아동 · 청소년을 간음하거나 13세 이 상의 장애 아동 · 청소년으로 하여금 다른 사람을 간음하게 하는 경우 • 19세 이상의 사람이 13세 이상의 장애 아동 · 청소년을 추행한 경우 또는 13세 이상의 장애 아동 · 청소년으로 하여금 다른 사람을 추행하게 하는 경우	제8조
13세 이상 16세 미만 간음 등	• 19세 이상의 사람이 13세 이상 16세 미만인 아동 · 청소년의 궁박(窮迫)한 상태를 이용하여 해당 아동 · 청소년을 간음하거나 해당 아동 · 청소년으로 하여금 다른 사람을 간음하게 하는 경우 • 19세 이상의 사람이 13세 이상 16세 미만인 아동 · 청소년의 궁박한 상태를 이용하여 해당 아동 · 청소년을 추행한 경우 또는 해당 아동 · 청소년으로 하여금 다른 사람을 추행하게 하는 경우	제8조의 2
강간등 상해/치상	• 제7조의 죄를 범한 사람이 다른 사람을 상해하거나 상해에 이르게 한 때	제9조
강간등 살인/치사	• 제7조의 죄를 범한 사람이 다른 사람을 살해한 때 • 제7조의 죄를 범한 사람이 다른 사람을 사망에 이르게 한 때	제10조
아동 · 청소년 에 대한 성착취 목적 대화 등	• 19세 이상의 사람이 성적 착취를 목적으로 정보통신망을 통하여 아동 · 청 소년에게 다음 각 호의 어느 하나에 해당하는 행위를 한 경우 -성적 욕망이나 수치심 또는 혐오감을 유발할 수 있는 대화를 지속적 또는 반복적으로 하거나 그러한 대화에 참여시키는 행위 -제2조제4호 각 목에 해당하는 행위를 하도록 유인 · 권유하는 행위 • 19세 이상의 사람이 정보통신망을 통하여 16세 미만인 아동 · 청소년에게 제1항 각 호의 어느 하나에 해당하는 행위를 한 경우	제15조의 2
피해자 등에 대한 강요행위	• 폭행이나 협박으로 아동 · 청소년대상 성범죄의 피해자 또는 「아동복지 법」 제3조제3호에 따른 보호자를 상대로 합의를 강요한 자	제16조

4. 기 타

구 분	행위유형	적용법조
청소년보호법	• 영리를 목적으로 청소년으로 하여금 신체적인 접촉 또는 은밀한 부분의 노출 등 성적접대행위를 하게 하거나 이러한 행위를 알선·매개하는 행위 • 영리를 목적으로 청소년으로 하여금 손님과 함께 술을 마시거나 노래 또는 춤 등으로 손님의 유흥을 돋우는 접객행위를 하게 하거나 이러한 행위를 알선·매개하는 행위 • 영리나 흥행을 목적으로 청소년에게 음란한 행위를 하게 하는 행위	제30조
정보통신망이용촉진및정보보호등에관한법률	• 정보통신망을 통하여 음란한 부호·문언·음향·화상 또는 영상을 배포·판매·임대하거나 공연히 전시한 자 ※ 성폭법(통신매체이용음란) 제12조와 구별필요	제74조 제1항 제2호

제2절 성폭력범죄 공소시효계산법

 I. 성폭력범죄 특별법 변천 과정

※ 변천사

법 명	성폭력범죄의처벌 및피해자보호등에 관한법률 (제정)	성폭력범죄의 처벌 등에 관한 특례법 (제정)	성폭력범죄의 처벌 등에 관한 특례법 (일부개정)	성폭력범죄의 처벌 등에 관한 특례법 (전부개정)
시 행	1994. 4. 1.	2010.4.15	2011.11.17.	2013. 6. 19.
주 요 내 용	•친족간 성폭행 비 친고죄	•미성년자 성년시까 지 연장 •DNA 시효10년연장 •친고죄 조항 삭제	•13세 미만자 및 신 채정신적인 장애자 시효적용 배제	•동거친족 포함 •성적 목적을 위한 공공장소 침입죄 신설
비 고		미완성 시효 경우 시효연장	미완성 시효 경우 시효연장	미완성 시효 경 우 시효연장

1. 성폭력범죄의처벌및피해자보호등에관한법률

[시행 1994. 4. 1.] [법률 제4702호, 1994. 1. 5. 제정] ⇒ 2010.4.14. 폐지

> 최근 각종 성폭력범죄가 점차 흉폭화·집단화·지능화·저연령화되고 있을 뿐만 아니라 전화·컴퓨터를 이
> 용한 음란행위등 새로운 유형의 성폭력범죄가 빈발하여 기존의 법체계로는 적절히 대처하기 어려우므로 성
> 폭력범죄에 대한 처벌규정을 신설 또는 강화
> ① 존속등 연장의 친족에 의해 강간·추행과 신체장애자에 대한 추행을 처벌하도록 하고 이를 모두 비친고죄로 함.
> ② 전화·우편·컴퓨터등 통신매체를 이용한 음란행위와 버스·지하철·극장등 공중밀집장소에서의 추행을 처
>   벌하도록 하고 이를 친고죄로 함.
> ③ 성폭력범죄를 범한 자에 대하여 선고유예 또는 집행유예를 할 때에는 일정기간 보호관찰을 명할 수 있도록
> ④ 성폭력범죄의 수사 또는 재판에 관여하는 자는 피해자의 신원과 사생활비밀을 누설하지 못하도록 하고, 피
>   해자의 신청이 있으면 성폭력범죄에 대한 심리를 비공개
> ⑤ 성폭력범죄를 예방하고 성폭력피해자를 보호하기 위하여 성폭력상담소 및 성폭력피해자보호시설을 설치·
>   운영할 수 있도록 함.

2. 성폭력범죄의 처벌 등에 관한 특례법 (제정)

[시행2010.4.15] [법률 제10258호, 2010.4.15. 제정]

현행 「성폭력범죄의 처벌 및 피해자보호 등에 관한 법률」은 성폭력범죄의 처벌 등에 관한 특례와 성폭력범죄의 피해자 보호 등에 관한 사항을 함께 규정하고 있어 각 사항에 대한 효율적 대처에 한계가 있으므로 성폭력범죄의 처벌에 관한 사항을 분리

① 친족관계에 의한 강간, 강제추행 등 범죄에 관하여 처벌을 강화하고 처벌대상이 되는 친족의 범위를 4촌 이내의 인척까지 확대

② 13세 미만의 미성년자에 대한 성폭력범죄의 처벌을 강화

③ 음주 또는 약물로 인한 심신장애 상태에서 강간, 강제추행 등 성폭력범죄를 범한 자에 대해서는 형을 감경하는 형법 규정을 적용하지 아니할 수 있도록 함

④ 미성년자에 대한 성폭력범죄의 공소시효는 해당 성폭력범죄로 피해를 당한 미성년자가 성년에 달한 날부터 진행하도록 함

⑤ 디엔에이(DNA)증거 등 입증 증거가 확실한 성폭력범죄의 경우 공소시효를 10년 연장

⑥ 얼굴 등 피의자의 신상정보를 공개할 수 있도록 함

> 제20조(공소시효 기산에 관한 특례) ① 미성년자에 대한 성폭력범죄의 공소시효는 「형사소송법」 제252조제1항에도 불구하고 해당 성폭력범죄로 피해를 당한 미성년자가 성년에 달한 날부터 진행한다.
> ② 제2조제3호 및 제4호의 죄와 제3조부터 제9조까지의 죄는 디엔에이(DNA)증거 등 그 죄를 증명할 수 있는 과학적인 증거가 있는 때에는 공소시효가 10년 연장된다.

※ 부칙

제3조(공소시효 진행에 관한 적용례) 이 법 시행 전 행하여진 성폭력범죄로 아직 공소시효가 완성되지 아니한 것에 대하여도 제20조를 적용한다.

3. 성폭력범죄의 처벌 등에 관한 특례법 (일부개정)

[시행 2011. 11. 17.] [법률 제11088호, 2011. 11. 17. 일부개정]

제20조(공소시효 기산에 관한 특례) ③ 13세 미만의 여자 및 신체적인 또는 정신적인 장애가 있는 여자에 대하여 「형법」 제297조(강간) 또는 제299조(준강간, 준강제추행)(준강간에 한정한다)의 죄를 범한 경우에는 제1항과 제2항에도 불구하고 「형사소송법」 제249조부터 제253조까지 및 「군사법원법」 제291조부터 제295조까지에 규정된 공소시효를 적용하지 아니한다. 〈신설 2011. 11. 17.〉

※ 부칙

제3조(공소시효 진행에 관한 적용례) 이 법 시행 전 행하여진 성폭력범죄로 아직 공소시효가 완성되지 아니한 것에 대하여도 제20조를 적용한다.

4. 성폭력범죄의 처벌 등에 관한 특례법 (전부개정)

[시행 2013. 6. 19.] [법률 제11556호, 2012. 12. 18. 전부개정]

친고죄로 인하여 성범죄에 대한 처벌이 합당하게 이루어지지 못하고 피해자에 대한 합의 종용으로 2차 피해가 야기되는 문제가 있으므로 친고죄 조항을 삭제하고, 공소시효의 적용 배제 대상 범죄를 확대하며, 성적 목적을 위한 공공장소 침입죄를 신설

① '친족'의 범위에 '동거하는 친족'을 포함함

② 장애인과 13세 미만인 자에 대한 강간죄의 객체를 '여자'에서 '사람'으로 변경함
③ '성적 목적을 위한 공공장소 침입죄'를 신설함
④ 친고죄 조항을 삭제함(현행 제15조 삭제).
⑤ 강제추행, 준강제추행의 죄 등을 공소시효의 적용 배제 대상으로 추가함(안 제21조).
※ 부칙
제3조(공소시효 진행에 관한 적용례) 이 법 시행 전 행하여진 성폭력범죄로 아직 공소시효가 완성되지 아니한 것에 대하여도 제21조의 개정규정을 적용한다.

II. 현행 성폭력범죄 공소시효 (시행 2013. 6. 19.)

1. 성폭력범죄의 처벌 등에 관한 특례법 부칙〈2013.6.19.시행〉

제3조(공소시효 진행에 관한 적용례) 이 법 시행 전 행하여진 성폭력범죄로 아직 공소시효가 완성되지 아니한 것에 대하여도 제21조의 개정규정을 적용한다.

2. 아동·청소년의 성보호에 관한 법률 부칙〈2013.6.19.시행〉

제3조(공소시효 진행에 관한 적용례) 제20조((공소시효에 관한 특례)의 개정규정은 이 법 시행 전에 행하여진 아동·청소년대상 성범죄로 아직 공소시효가 완성되지 아니한 것에 대하여도 적용한다.

※ 성폭력범죄의 처벌 등에 관한 특례법 (현행)
제21조(공소시효에 관한 특례) ① 미성년자에 대한 성폭력범죄의 공소시효는 형사소송법 제252조제1항 및 군사법원법 제294조제1항에도 불구하고 해당 성폭력범죄로 피해를 당한 미성년자가 성년에 달한 날부터 진행한다.
② 제2조제3호 및 제4호의 죄와 제3조부터 제9조까지의 죄는 디엔에이(DNA)증거 등 그 죄를 증명할 수 있는 과학적인 증거가 있는 때에는 공소시효가 10년 연장된다..
③ 13세 미만의 사람 및 신체적인 또는 정신적인 장애가 있는 사람에 대하여 다음 각 호의 죄를 범한 경우에는 제1항과 제2항에도 불구하고 형사소송법 제249조부터 제253조까지 및 군사법원법 제291조부터 제295조까지에 규정된 공소시효를 적용하지 아니한다.
 1. 「형법」 제297조(강간), 제298조(강제추행), 제299조(준강간, 준강제추행), 제301조(강간등 상해·치상), 제301조의2(강간등 살인·치사) 또는 제305조(미성년자에 대한 간음, 추행)의 죄
 2. 제6조제2항, 제7조제2항, 제8조, 제9조의 죄
 3. 「아동·청소년의 성보호에 관한 법률」 제9조 또는 제10조의 죄
④ 다음 각 호의 죄를 범한 경우에는 제1항과 제2항에도 불구하고 「형사소송법」 제249조부터 제253조까지 및 「군사법원법」 제291조부터 제295조까지에 규정된 공소시효를 적용하지 아니한다. 〈시행 2013.6.19.〉
 1. 「형법」 제301조의2(강간등 살인·치사)의 죄(강간등 살인에 한정한다)
 2. 제9조제1항의 죄
 3. 「아동·청소년의 성보호에 관한 법률」 제10조제1항의 죄

4. 「군형법」 제92조의8의 죄(강간 등 살인에 한정한다)

※ 아동·청소년의 성보호에 관한 법률 (현행)

제20조(공소시효에 관한 특례)

– 성폭력법과 동일

III. 사 례 (시효 계산법)

범행일	피해자 연령	죄명 / 시효	시효완성일	비고
2000. 4.16.	1987. 4.15. 생 (13세 미만) 이전까지 적용	강간, 추행, 친족 /7년(10.4.14.까지), 이후 10년	●1차 2010.4.15.시효완성 ●법 개정(2010.4.15.시행)으로 성년에 달한 날부터 시효 진행 따라서 2007.4.15. (성년)부터 시효 진행(2017.4.14.완료) ●2차 2011.11.17.법 개정으로 13세 미만의 경우 시효 적용없음. ●따라서 처벌가능	※ 민법 제4조(성년) −2011.3.7. 까지 20세 −2011.3.8. 부터 19세
		특수, 치상, 상해 / 15년	●1차 2015.4.15.시효완성 ●2차 2011.11.17.법 개정으로 13세 미만의 경우 시효 적용없음. ●따라서 처벌가능	
	1987. 4.16. 생 (13세 이상) 이후부터 적용	강간, 추행, 친족 /7년(10.4.14.까지), 이후 10년	●1차 2010.4.15.시효완성 ●법 개정(2010.4.15.시행)으로 성년에 달한 날부터 시효진행 따라서 2007.4.15.(성년)부터 시효 진행 ●2차 2017.4.15. 시효완성(처벌불가)	
		특수, 치상, 상해 / 15년	●1차 2015.4.15.시효완성 ●법 개정(2010.4.15.시행)으로 성년에 달한 날부터 시효진행 따라서 2007.4.15.(성년)부터 시효 진행 ●2022.4.15.시효완성(처벌가능)	

1. 계산방법

① 성폭력처벌법 시행일인 2010.4.15.까지 공소시효가 남아 있는 경우 처벌 여부 검토

② 미성년자면 미성년자가 성년에 달한 날부터 공소시효 진행

③ 2011.11.17.까지 공소시효가 종료되지 않으면 (피해 당시)

 −13세 미만 또는 장애인의 경우 : 공소시효 적용 배제(처벌 가능)

 −13세 이상 19세 미만 : 성년에 달한 날부터 공소시효 다시 진행

2. 사례연구

가. 사례1 범행일이 2005. 4. 16. 경우

① 범행일 기준 13세가 되는 일을 먼저 계산(1992.4.15.년생까지가 만 13세 미만)
② 13세 미만일 경우
−1992.4.16.년생 이후 : 공소시효 적용 배제로 처벌 가능
③ 13세 이상일 경우
−1992.4.15.년생 이전 : 성년이 되는 2011.4.15.부터 공소시효 진행(2021.4.14. 이후 종료)

나. 사례2 1986. 4. 16. 생이 성폭행을 당한 경우

1. 강간의 경우 (기본 공소시효 10년) : 피해자 기준
① 2000.4.15. 이전 범행의 경우
−범행 당시 13세 미만 : ⇒ 2010.4.14. 공소시효 완성
−범행 당시 13세 이상 19세 미만 : 2000.4·15· 이전 범행의 경우 ⇒ 2010.4.14. 공소시효 완성
※ 2010.4.15. 이전에 공소시효가 완성된 경우 13세 미만 여부와 상관없이 기존 공소시효 적용(처벌 불가)
② 2000.4.16. 이후 범행의 경우 ⇒ 2010.4.15. 이후 공소시효 완성 예정으로 처벌 여부 검토 필요
−범행 당시 13세 미만 ⇒ 성년에 달한 날(2006.4.16.)부터 다시 공소시효 진행 ⇒ 2016.4.15. 공소시효 완성 예정 ⇒ 2011.11.17. 법 개정으로 공소시효 적용 배제(계속 처벌 가능)
−범행 당시 13세 이상 19세 미만 ⇒ 성년에 달한 날(2006.4.16.)부터 다시 공소시효 진행(2016.4.15. 완성) ⇒ 처벌 불가
−범행 당시 19세 이상 ⇒ 2010.4.15. 공소시효 완성(처벌 불가)
2. 특수강간/강간치상의 경우 (기본 공소시효 15년)
① 1995.4.15. 이전 범행의 경우 ⇒ 2010.4.14. 공소시효 완성으로 처벌 불가
② 1995.4.16. 이후 범행의 경우 ⇒ 공소시효 완료 전인 2010.4.15.부터 공소시효 연장
−범행 당시 13세 미만 ⇒ 성년에 달한 날(2006.4.16.)부터 다시 공소시효 진행 ⇒ 2011.11.17. 법 개정으로 공소시효 적용 배제(계속 처벌 가능)
−범행 당시 13세 이상 19세 미만 ⇒ 성년에 달한 날(2006.4.16.)부터 다시 공소시효 진행(2021.4.15. 이후 종료)

IV. 친고죄 관련 수사상 유의사항

1. 친고죄 폐지 규정은 법률 시행 시점인 '13. 6. 19. 00:00 이후 발생한 성폭력범죄에만 적용되며, 그 이전 발생 친고죄 규정 범죄는 고소장을 접수하여야 함

제10조 (업무상 위력 등에 의한 추행)
제11조 (공중 밀집 장소에서의 추행)
제12조 (통신매체를 이용한 음란행위)
제15조(고소) 제10조 제1항, 제11조 및 제12조의 죄는 고소가 있어야 공소를 제기할 수 있다.

2. 단, 개정 법률 시행 일자를 전후하여 발생일을 특정하기 어려우면, 향후 형사 절차 진행과정 중 발생 일자가 '13. 6. 19. 이전으로 특정될 경우를 감안, 고소장을 접수

3. 법률 시행 시점인 '13. 6. 19. 00:00 이후 발생한 성폭력 사건 수사 중 합의서가 접수되더라도 계속 수사를 진행, 범죄 구증

4. 아동·청소년을 대상으로 한 성폭력범죄는 친고죄 배제 규정이 고소 기간 확장(2년) → 반의사불벌죄 → 친고죄 배제(일부 제외) 등의 변천이 있는 관계로, 발생일로부터 장기 경과 사건접수 시, 아청법상 친고죄와 반의사불벌죄의 변천을 참고하여 발생 일자 별 친고죄 적용 여부 확인 필요

5. 성폭력범죄 중 친고죄의 고소 기간 도과 여부에 관한 사건

■ 판례 ■ 2013. 4. 5. 법률 제11729호로 개정된 '성폭력특례법' 시행일 이전에 저지른 친고죄인 성폭력범죄의 고소기간이 2012. 12. 18. 법률 제11556호로 전부 개정되기 전의 같은 법 제18조 제1항 본문(또는 2013. 4. 5. 법률 제11729호로 개정되기 전의 같은 법 제19조 제1항 본문)에 따라서 '범인을 알게 된 날부터 1년'인지 여부(적극)

형사소송법 제230조 제1항 본문은 친고죄의 고소기간을 범인을 알게 된 날로부터 6월로 정하고 있다. 구 형법(2012. 12. 18. 법률 제11574호로 개정되어 2013. 6. 19. 시행되기 전의 것, 이하 '구 형법'이라 한다) 제306조는 형법 제298조에서 정한 강제추행죄를 친고죄로 규정하고 있었다. 그런데 위와 같은 개정으로 구 형법 제306조는 삭제되었고, 개정 형법 부칙 제2조는 '제306조의 개정 규정은 위 개정 법 시행 후 최초로 저지른 범죄부터 적용한다'고 규정하였다. 구 성폭력범죄의 처벌 등에 관한 특례법(2012. 12. 18. 법률 제11556호로 전부 개정되기 전의 것) 제2조 제1항 제3호는 형법 제298조(강제추행) 등을 성폭력범죄로 규정하고, 제18조 제1항 본문에서 성폭력범죄 중 친고죄의 고소기간을 '형사소송법 제230조 제1항의 규정에 불구하고 범인을 알게 된 날부터 1년'으로 규정하였다(이하 '특례조항'이라 한다). 특례조항은 위 전부 개정 법률에서 제19조 제1항 본문으로 위치가 변경되었다가 2013. 4. 5. 법률 제11729호 개정으로 삭제되었다(2013. 6. 19. 시행, 이하 '개정 성폭력처벌법'이라 한다). 그런데 개정 성폭력처벌법은 부칙에서 특례조항 삭제에 관련된 경과규정을 두고 있지 않아 그 시행일 이전에 저지른 친고죄인 성폭력범죄의 고소기간에 특례조항이 적용되는지 여부가 문제 된다.

구 형법 제306조를 삭제한 것은 친고죄로 인하여 성범죄에 대한 처벌이 합당하게 이루어지지 못하고 피해자에 대한 합의 종용으로 인한 2차 피해가 야기되는 문제를 해결하기 위한 것이었고, 구 형법 제306조가 삭제됨에 따라 특례조항을 유지할 실익이 없게 되자 개정 성폭력처벌법에서 특례조항을 삭제한 것이다. 위와 같은 개정 경위와 취지를 고려하면, 개정 성폭력처벌법 시행일 이전에 저지른 친고죄인 성폭력범죄의 고소기간은 특례조항에 따라서 '범인을 알게 된 날부터 1년'이라고 보는 것이 타당하다.(대법원 2018. 6. 28., 선고, 2014도13504, 판결)

제3절 수사요령 및 유의사항

 I. 성범죄와 성폭력의 의의

1. 성범죄

성범죄란 성과 관련되어 발생하는 범죄이다. 형법상 규정된 성 관련 범죄는 물론 '성폭력범죄의 처벌 등에 관한 특례법', '아동·청소년의 성보호에 관한 법률', '풍속영업의 규제에 관한 법률', '성매매 알선 등 행위의 처벌에 관한 법률', '경범죄처벌법' 등 특별법상 규정된 성 관련 범죄 일체를 포함하는 것으로 사람의 신체의 완전성과 성적 자기결정의 자유를 침해하는 모든 범죄를 말한다.

2. 성폭력

성폭력은 성범죄를 범하기 위하여 그 수단으로 사용되는 폭행, 협박을 비롯하여 전화·컴퓨터·우편 등을 이용하여 상대방에 대하여 성적 해악을 알리거나, 음란한 언어, 영상 등을 송부함으로써 성적 수치심을 유발하게 하는 등 개인의 성적 자유 내지 애정의 자유를 침해하는 행위를 말하며, 사람에게 가해지는 모든 신체적, 언어적, 정신적 폭력을 포괄하는 개념이다. 따라서 성폭력에 대한 막연한 불안감이나 공포뿐만 아니라 그것으로 인한 행동제약도 간접적인 성폭력이라고 할 수 있다.

현행법상 성폭력범죄에 관하여는 '성폭력범죄의 처벌 등에 관한 특례법' 제2조에서 성에 관련된 대부분 범죄를 성폭력범죄라 하여 포괄적으로 규정하고 있다.

II. 수사요령

1. 피해자 조사 시
가. 피해자 면담요령
1) 성적 수치심을 자극하는 과격하거나 직설적인 표현은 삼가야 한다.
2) 성폭력 피해자와 수사관 사이의 신뢰가 중요하다.
3) 범인의 말씨나 인상착의 등을 기억하는 경우 상세히 질문한다.
4) 피해자가 심한 충격을 받으면 간단한 면담에 그쳐야 한다.
5) 많은 강간범이 피해자가 성적 쾌감을 느꼈다는 이유로 화간임을 주장하는 경우

가 많으나, 이는 피해자의 의사와는 관계없는 원시적 생리 반응일 뿐이며 또한 강간의 기수시기는 삽입 시이므로 피해자가 공연히 성적 수치심이나 필요 없는 죄책감을 느끼지 않도록 주의하여야 한다.

6) 어린이에 대한 강간사건 발생 시 피해 어린이에 대한 면담요령

- 어린이 성폭행의 경우 간혹 부모에 의해 이루어지는 경우가 있으므로 그런 의심이 있으면 혐의자를 참여치 못하게 하여야 한다.
- 피해신고 등이 있으면 즉시 어린이를 면담하여 증거·진술 등을 확보하는 것이 좋다.
- 성인인 성폭력피해자도 마찬가지이겠지만, 특히 어린이의 경우 경찰관과의 면담이 끝난 후 재차 부모가 사건에 대하여 자세히 물어보는 것은 가급적 피해야 한다. 성폭행에 대하여 자꾸 회상하게 되어 충격에서 벗어나지 못할 가능성이 있기 때문이다.
- 면담은 여성 수사관이 하는 것이 좋다.

나. 수사요령

1) 피해사실에 대한 6하원칙

① 범행시간, 장소, 주위 상황 등에 대한 구체적인 조사
② 폭행, 협박의 구체적인 방법과 흉기사용 여부
③ 반항의 정도, 당시 분위기, 억압의 정도
④ 가해자의 나이, 신분, 면식 정도
⑤ 가해자의 신체적인 특징
⑥ 피해자의 상처와 강간과의 인과관계
⑦ 고소권자의 적법 여부

2) 증거자료에 대한 수사

① 모발, 타액, 정액채취 등 감식(혈액형 및 유전자 감식)
  - 피해 당시 입었던 의복이나 휴지 등 수거
② 상해진단서 등 피해자의 신체 부위에 대한 수사
  - 폭행의 방법과 상해 부위 일치 여부
  - 소견서도 상해진단서와 동일
  - 상해 부위 사진촬영
③ 정황증거
  - 피해자의 행적 수사(피해 직전 만난 사람 등)

- 피의자의 알리바이

다. 수사 시 유의사항

1) 조사 시 지양해야 할 질문

① 성관계에 대해
- 피의자가 성관계하면서 변태적인 방법을 쓰지 않던가?
- 피의자가 키스한다던가 상의를 벗기지 않던가?

② 피해자 원인제공형 질문
- 왜 거기를 따라갔나, 왜 같이 술을 먹었나, 왜 강간을 당하였다고 생각하나?

③ 강간치상의 상해에 대한 질문
- 강간을 당하고 나서 질 속에 어떤 상처를 입은 사실이 있나?

④ 피해자의 성 경험에 대한 질문
- 남자와의 성관계가 처음인가?

⑤ 사정 여부에 대한 질문
- 강간당할 당시 가해자의 성기가 피해자의 몸속에 들어와서 사정하였나?

⑥ 피해자의 옷차림, 정상적인 생활 여부 등에 대한 질문
- 당시 어떤 옷을 입고 있었나(피해자가 유발하였다는 질문은 지양)
- 피해자는 가출하여 지금까지 숙식을 어떻게 했느냐?
- 피해자의 부모는 안 계시느냐?

⑦ 지연신고에 대한 질문
- 합의를 보려고 지금까지 신고하지 않았던 것이 아니냐

⑧ 반항의 정도에 대한 질문
- 도망하려면 할 수도 있지 않았냐
- 왜 소리치거나 도움을 청하지 않았느냐?

2) 피해자와 가해자가 밀접한 관계 시 유의점

① 피해자에 대한 인적사항을 가해자가 알고 있거나 가해자가 피해자의 가족과 가까운 사이일 경우 수사진행 과정 중 가해자의 가족 등에 의하여 노출되는 경우나 피해자가 또 다른 정신적인 피해를 볼 수 있다는 사실 유념
② 화간 여부 주의(특히 여관에서 발생한 사건일 경우)
③ 결별에 대한 분노로 혼인빙자간음이나 강간을 거론하는 경우

3) 기타 유의점

① 자백하여도 번복할 것에 대비 자백의 동기, 정황 등 임의성 확보에 주력

② 현장검증 시

- 피해자로 하여금 재연행위 엄금

- 꼭, 필요시를 제외하고 현장검증 시 피해자 대동치 말 것

- 각자 주장대로 현장검증 실시한 후 그 결과에 따라 상황판단

③ 피해자가 상습적으로 합의금을 목적으로 유도한 경우

④ 합의 종용 금지

라. 성범죄수사 시 피해자 보호

1) 수사담당자의 기본자세

- 수사는 엄정하게 하되, 성범죄로 커다란 고통을 받는 피해자에게 더 이상의 고통이 가해지지 않도록 노력하여야 한다.

- 진지하면서도 정중한 태도로 수사에 임함으로써 피해자가 모욕이나 조롱을 당한다는 생각이 들지 않도록 최선을 다하여야 한다.

- 엄정중립의 입장을 견지함으로써 당사자들로부터 수사의 공정성에 대한 의혹을 사지 되도록 하여야 한다.

2) 범죄현장에서의 피해자 보호

- 범죄현장 또는 그 직후의 성범죄 피해자를 발견한 경우 범죄 증거의 철저한 수집과 동시에 피해자 보호에도 만전을 기하여야 한다.

- 피해자에 대한 치료가 필요한 경우에는 즉시 병원으로 후송하는 등의 조치를 취한다.

- 정액, 체모의 채취나 상해 부위 및 정도를 확인하는 등의 증거수집을 위해 피해자의 몸을 조사하여야 할 필요가 있으면 피해자의 양해를 구한 다음 의사 또는 간호사 등의 도움을 받아 가장 피해가 적은 방법으로 조사한다.

- 피해자가 미성년자이거나 신체·정신장애자인 경우와 보복의 우려가 있는 경우에는 보호자 등에게 인계 시까지 피해자를 철저히 보호하여야 한다.

- 피해자의 인적사항이 외부에 유출되지 않도록 최선을 다한다.

3) 피해자 소환 절차상의 피해자 보호

- 피해자 소환 전에 수사가 필요한 사항을 철저히 준비함으로써 가급적 피해자의 소환을 최소화하도록 한다.

- 피해사실이 외부에 노출되지 않도록 가급적 전화 등으로 피해자에게 직접 연

락하고, 타인을 통하여 연락할 때는 피해사실이 공개되지 않도록 소환이유 등을 함부로 고지하지 않는다.

- 부득이 출석요구서를 발부하여야 할 때는 봉함 우편을 사용한다.
- 피해자가 원하는 경우 출장조사를 적극적으로 활용한다.
- 재소환에 대비 피해자의 비밀보호에 편리한 연락처를 조서에 기재한다.

4) 조사환경

- 피해자의 입장을 최대한 존중하여 가급적 피해자가 원하는 시간에 평온하고 공개되지 않은 장소에서 조사한다.
- 조사 시 참여자는 가급적 여성으로 하되 피해자의 의사를 존중한다.
- 피해자가 보호자 등 신뢰관계에 있는 자의 동석을 원하고 정서적 안정을 위하여 필요한 경우 가족, 친지 등 보조자의 입회를 허용한다.
- 13세 미만의 피해자는 반드시 보호자의 참여하에 조사한다.

5) 조사방법

- 피해자가 정신적인 원조를 받는다는 느낌이 들 수 있도록 친절하고 온화한 태도를 유지하여야 한다.
- 해당 사건과 무관한 피해자의 성 경험이나 성범죄를 당할 당시의 기분, 가해자의 사정 여부 등 피해자가 모멸감이나 수치심을 느낄 수 있는 질문이나 공소유지에 필요하지 아니한 질문은 수사상 필요한 경우를 제외하고는 가급적 삼가야 한다.
- 수사상 필요한 경우를 제외하고는 피해자가 범행의 동기를 유발했다는 식의 추궁을 자제한다.
- 모든 조사와 신문은 분리하여서 하고, 가해자의 신원확인이 필요한 경우 가급적 피해자와 가해자가 직접 대면하지 않는 방법을 택한다.
- 대질신문은 최후의 수단이라고 인정되는 경우에만 극히 예외적으로 시행하고, 대질 방법 등에 대한 피해자의 의사를 최대한 존중한다.
- 특별한 이유없이 합의 또는 고소취소를 종용함으로써 특정 당사자를 비호한다는 의혹을 사지 않도록 하여야 한다.

2. 참고인 조사 시

가. 피해상담원

- 상담원 상대로 상담 경위 결과에 대한 진술서 협조(상담일지 등)

나. 의 사

- 치료를 담당했던 의사의 소견서
- 상해진단서 및 상해부위와 피해자 행동 간의 인과관계 등 확인

다. 아동심리(피해자가 아동일 경우)

- 아동심리학 의사 등 피해아동에 대한 심리적인 피해 및 향후 치료방법 경위 예견결과 등 청취

3. 피의자 조사 시

가. 부인할 것에 대비

새로운 사실, 피의자만 알고 있었던 사실, 서로 주장이 다른 사실 등 증거로 증명력을 인정받기 위한 자료 증언일 경우는 촌각의 여유도 주지 말고 적절한 방법으로 확보

나. 피해자와 대질하지 않더라도 입증이 가능한 조사

- 피의자의 신문은 피해자로부터 미리 얻은 정보를 바탕으로 추궁
- 진술시 말 대신 행동으로 표현되는 모든 일거수일투족의 행동표현을 기록으로 정리

다. 변명이나 회피의 구실이나 기회를 주지 않는 조사

라. 직접증거가 아니더라도 범죄행위의 심증형성에 결정인 영향을 줄 수 있는 자료로서 증명력이 인정되는 조사

마. 피해자의 연락처 등 누설 방지

피의자가 피해자와 합의를 하겠다며 피해자의 연락처, 주소 등을 조사경찰관에게 문의한 경우

- 먼저 그 사실을 피해자에게 고지하여 연락처 등을 알려 줘도 되는지 아닌지를 확인할 것
- 피해자가 원치 않으면 "개인정보보호법"에 의거 알려줄 수 없음
- 원하면 피해자에 고지 여부 등에 대한 수사보고서를 작성하여 근거를 남겨 둘 것

성폭력 피해자를 위한 안내

형사절차상 권리

❶ 변호사를 선임하거나 무료로 국선변호사 선정을 요청할 수 있습니다.

❷ 여성경찰관에게 조사를 받거나 여성경찰관의 입회하에 조사를 받을 수 있습니다.

❸ 진술조서에 가명을 사용하여 신분과 사생활의 비밀을 보호받을 수 있습니다.

> ▶ 가명을 사용하지 않을 경우, 재판과정에서 열람·등사 시 개인정보 노출로 2차 피해를 당할 수 있습니다.
> ▶ 초기 진술서 등에 실명을 사용하였다면, 실명에 대한 삭제를 요청할 수 있습니다.
> ▶ 他 기관 서류(진단서, 감정서 등) 제출 시 개인정보 보호를 요청할 수 있습니다.

❹ 조사받을 때 심각한 불안이나 긴장이 예상되면, 가족 등 신뢰관계에 있는 사람과 동석할 수 있습니다.

> ▶ 모든 피해자는 조사 시, 배우자·직계친족·형제자매·동거인·고용주·변호사 그 밖에 심리적 안정과 원활한 의사소통에 도움을 줄 수 있는 자를 신뢰관계인으로 동석시킬 수 있습니다.
> ▶ 신뢰관계자가 동석하지 않을 경우, 피해자를 법정에 출석요구 할 수 있습니다.
> ▶ 19세 미만이거나 신체적 또는 정신적 장애가 있는 피해자가 진술녹화 시 신뢰관계자가 동석하지 않을 경우 진술녹화 영상이 증거로 채택되지 않을 수 있습니다.
> ▶ 13세 미만이거나 신체적 또는 정신적 장애가 있는 피해자 조사 시에는 신뢰관계자를 반드시 참여 시켜야 합니다.(의무)

❺ 13세 미만 또는 장애인 피해자는 의사소통·표현에 어려움이 있는 경우, 경찰관과 피해자 사이에서 질문답변을 쉽게 전달하는 진술조력인의 참여를 신청할 수 있습니다. (임의, 무료)

❻ 13세 미만 또는 장애인 피해자 조사 시 진술분석전문가 참여제도를 운영합니다.(의무)

❼ 19세 미만·장애인 피해자는 의사에 반하지 않는 한, 중복출석·반복진술을 방지하기 위해 조사 시 진술 장면을 영상물 녹화(속기록 작성)합니다.

> ▶ 진술 녹화 시, 피해자의 인적사항은 사전에 서면으로 작성(가명조서 신원관리카드)하여 신원(개인정보)과 관련된 사항의 진술을 피하도록 합니다.
> ▶ 피해자 등은 진술녹화 속기록을 확인 할 수 있으며, 진술내용과 다르거나 개인정보가 있는 경우 정정 요청 할 수 있습니다.

❽ 법원에 출석하여 증언하는 것이 곤란한 경우, 진술녹화 영상물 등 증거에 대하여 판사가 미리 조사하여 그 결과를 보전하여 두도록 증거보전의 청구를 요청할 수 있습니다.

> ▶ 16세 미만이거나 신체적·정신적인 장애로 사물을 변별하거나 의사를 결정할 능력이 미약한 경우에는 공판기일에 출석하여 증언하는 것에 현저히 곤란한 사정이 있는 것으로 봅니다.

지원 제도

❶ 해바라기센터(☎1899-3075, 전국32개소)에서 24시간, 상담, 신속한 증거채취 및 응급 의료지원, 피해자 조사, 형사절차에 대한 정보제공 등 법률자문을 받을 수 있습니다.

❷ 여성긴급전화 1366센터(☎1366)를 통해 24시간 언제든지 상담 및 각 지역의 쉼터·병원·법률기관·정부기관으로 연계 받을 수 있습니다.

❸ 성폭력상담소(전국 169개소*)에서 상담 후 심리치유 및 의료·법률 지원을 받을 수 있습니다.
* 여성가족부 홈페이지 → 주요정책 → 인권보호 "성폭력상담소" 키워드 검색

❹ 다누리 콜센터(☎1577-1366)를 통해 이주여성은 24시간 통역 및 상담 지원, 쉼터 입소 및 의료·법률지원 등을 제공받을 수 있습니다.
※ 중국어, 베트남어, 필리핀어, 몽골어, 러시아어, 우즈베키스탄어, 캄보디아어, 태국어, 영어 통역 지원

❺ 대한변협법률구조재단(☎02-3476-6515)을 통해 법률구조가 필요한 부분에 대하여 무료법률상담이나 변호를 받을 수 있습니다.

❻ 카메라등 이용·불법 촬영에 의한 동영상·사진 등이 온라인에 유포된 경우 방송통신심의위원회(☎1377)에 삭제·차단을 요청할 수 있고, 디지털 성범죄 피해자 지원센터(☎02-735-8994)를 통해 상담(평일 10:00~17:00) 및 삭제·소송지원을 받을 수 있습니다.

❼ 학교 내 성폭력인 경우, 피해학생 또는 보호자는 학교 측에 피해학생에 대한 보호조치로서 '학내외 전문가에 의한 심리상담* 및 조언', '일시보호' 및 '그 밖에 보호를 위하여 필요한 조치' 등 지원을 요청할 수 있고, 학교의 장은 가해학생에 대한 선도가 긴급하다고 인정할 경우 가해학생에 대한 긴급조치로서 '피해학생에 대한 접촉, 협박 및 보복행위의 금지', '출석정지' 등 분리조치를 할 수 있습니다.   * 청소년 사이버상담센터(☎1388)

기타 정보

❶ 13세 미만 및 장애인 피해자에 대한 강간·강제추행 범죄는 공소시효가 없습니다.

❷ 피해자가 미성년자일 경우 성년이 되는 때부터 공소시효를 진행하며, DNA 증거 등 과학적 증거가 있는 경우 공소시효가 10년 연장됩니다.

❸ 성폭력 피해자, 신고자, 목격자, 참고인 및 그 친족 등과 반복적으로 생명 또는 신체에 대한 위해를 입었거나 입을 구체적인 우려가 있는 사람은 신변보호 신청을 할 수 있습니다.

❹ 카메라등 이용·불법 촬영 사건에 관련된 피해 동영상·사진 등의 디지털증거는 전문자격을 갖춘 증거분석관이 외부 자료유출이 차단된 분석시설에서 민감한 개인정보에 유의하여 이를 취급하며, 분석을 마치면 관련된 증거물 전부를 영구히 삭제·폐기합니다. 디지털증거 분석결과는 담당수사관을 통해 안내받을 수 있습니다.

Ⅲ. 조서 작성요령

1. 피해자(고소인) 진술조서(아동일 경우)

- 누구와 같이 왔느냐
- 지금부터 아저씨(또는 아줌마)가 묻는 말에 대답할 수 있나
- ○○○(피의자)를 알고 있는가
- ○○○가 어떻게 생겼나
- ○○○ 자동차를 언제 어디에서 타게 되었나
- 뭐라면서 차를 타라고 하던가
- 그 자동차가 어떻게 생겼는지 알고 있는가
- 그 자동차를 타고 어디에 가자고 하던가
- 어디에서 ○○○가 어디를 만지던가
- 뭐라면서 만지던가
- 그래서 어떻게 했는가
- 그 날 옷은 어떻게 입었나
- 만질 때 옷 위로 만졌나 아니면 옷 속으로(바지를 벗기고 등)
- 만질 때 아프지 않았나
- 이러한 사실을 엄마에게 말했나
- 그 뒤 또 ○○○가 이러한 짓을 하였나

例) 피해자 조사사항

위 피해아동의 모 김혜자로부터 성폭력 신고를 접수하였기 피해아동을 통하여 사안의 진상을 명백히 밝히기 위하여 위 김혜자의 동의하에 영상물녹화장치를 설치하고 다음과 같이 임의로 문답하다.

문   여기에 누구랑 왔어요
답   엄마랑 같이 왔어요.
문   이름이 뭐예요
답   이초롱이요
문   초롱이는 몇 살인가요.
답   6살요
문   아줌마가 누구인지 알아요

답	경찰 아줌마요
문	경찰 아줌마는 어떤 일을 하는 줄 알아요.
답	나쁜 사람들을 혼내주는 사람이에요
문	그럼 지금부터 아줌마가 묻는 말에 대답할 수 있어요
답	예
문	오늘 여기 무엇 때문에 왔어요
답	우리 유치원 차를 운전하는 아저씨가 저 잠지를 만졌어요. 그래서 병원에 갔는데 엄마가 경찰에 가서 아저씨를 혼내줘야 한다고 하여 엄마랑 같이 왔어요
문	잠지가 어디에요
답	(이때 자신의 음부를 손으로 가리키면서). 여기 오줌 나오는데요.
문	언제 아저씨가 초롱이 잠지를 만졌어요
답	어제 유치원 끝나고 혼자 유치원에서 늦게까지 놀고 있는데 아저씨가 이제 집에 가야 한다면서 저를 집에 데려다준다고 하였어요. 그러면서 만졌어요. 이때 피해자의 어머니에게 확인한바, 초롱이가 집에 와서 유치원 차 아저씨가 잠지를 만졌는데 아프다고 하여 병원에 갔기 때문에 피해를 보는 시간이 20○○. 5. 25. 17:00경이라고 대답하다.
문	아저씨가 어떻게 생겼어요
답	키가 크고 무섭게 생겼어요.
문	아저씨가 어디서 초롱이 잠지를 만졌나요
답	어린이집 차에서요.
문	그 자동차가 어떻게 생겼는지 알고 있는가요
답	노랑색으로 되어있는데 저희 아빠 차보다 더 크게 생겼어요. 그리고 항상 그 차를 타고 유치원에 다녔어요.
문	그 날 유치원 차를 누구랑 같이 탔어요
답	아저씨가 운전하고 저 혼자 탔어요
문	유치원 선생님은 타지 않았나요.
답	항상 선생님이 탔었는데 그 날은 선생님이 바쁘다면서 저 혼자 타고 가라고 했어요
문	아저씨가 뭐라면서 만졌나요.
답	가만히 있지 않으면 혼내준다고 했어요. 그래서 아저씨가 무서워 그냥 있었어요
문	아저씨가 어떻게 초롱이 잠지를 만졌어요
답	아저씨가 운전하고 가다가 길가에 차를 세웠어요. 거기는 사람들이 많이 다니지 않았어요. 그러면서 초롱이 얼마나 컸는지 아저씨가 만져보자면서 저 잠지를 계속 만졌어요
문	그때 아프지 않던가요

답	그때도 아팠고 집에 와서 오줌을 눌 때도 많이 아팠어요. 그래서 엄마에게 잠지가 아프다고 말하면서 유치원 차 아저씨가 만졌다고 말했어요.
문	그 날 옷은 무엇을 입었어요. 바지를 입었나요. 치마를 입었나요.
답	치마를 입고 있었어요.
문	아저씨가 만질 때 옷 위로 만졌나 아니면 옷을 벗기고 만졌나요
답	팬티 속으로 손을 넣어 만졌어요.
	이때, 피해자의 설명을 돕기 위해 녹화실에 비치된 인체 인형을 보여 주면서
문	그때 아저씨가 초롱이 잠지를 어떻게 만졌는지 말해 줄 수 있나요
	이때 피해자는 여자 인형의 치마를 올려 팬티 속에 손을 집어넣고 인형의 음부에 대고 문지르는 시늉을 하며
답	이렇게 아저씨가 만졌어요
문	아저씨는 옷 안 벗었나요
답	옷 안 벗었어요.
문	아저씨가 초롱이 잠지 만질 때 초롱이는 뭐라고 했나요
답	울면서 아프니까 만지지 말라고 했어요. 그러니까 만지지 않았어요.
문	아저씨가 초롱이 잠지 만지고 나서 초롱이한테 뭐라던가요.
답	선생님과 엄마한테 말하지 말라고 했어요.
문	아저씨가 전에도 초롱이 잠지 만진 적 있어요
답	이번이 처음이에요.
문	병원에서 치료 받았어요.
답	엄마에게 아프다고 하니까 병원에 데려가 병원 의사 선생님이 치료해 주었어요.
문	그 아저씨 아줌마가 혼내줄까요
답	나쁜 아저씨예요. 아줌마가 혼내주세요.
문	더 하고 싶은 말은 있어요
답	(고개를 저으면서) 없어요

2. 피해자 진술조서(성인일 경우)

- 피의자와 어떠한 관계인가
- 처음 언제 어떻게 알게 되었나
- 누구와 같이 피의자를 만났나
- 어떻게 피의자의 승용차를 타게 되었나
- 처음 어디까지 데려다 준다면서 차를 타라고 하던가

- 차를 타고 어디까지 갔는가
- 목적지까지 갈 때 별다른 이상을 보이지 않던가
- 그곳에 도착하였을 때 주변에 누가 없던가
- 어떻게 옷을 벗기던가
- 뭐라면서 옷을 벗기던가
- 그때 피해자는 어떻게 하였나
- 그로 인하여 상처 입은 곳이 있는가
- 그곳에서 어떻게 탈출하였나
- 피해자가 도망할 때 피의자는 어떻게 하던가
- 피해 당한 후 어떠한 조치를 하였나(샤워, 병원 치료등)
- 피의자의 처벌을 원하는가

3. 피의자 신문조서

- 피의자는 홍길순을 알고 있나
- 그 여자는 언제부터 알고 있었나
- 피의자는 피해자와 강제로 성교하려 한 일이 있나
- 언제, 어디서 강제로 성교했나
- 어떤 방법으로 했나
- 피의자 혼자서 하였는가
- 피해자가 반항하지 않던가
- 피해자에게 상처를 입혔나
- 이것이 당시 피해자를 위협하는데 사용했던 칼인가요
  이 때 압수된 중 제1호 칼을 보여준 바
- 피해자는 어떤 반응을 보였나
- 칼은 언제 어디에서 구하였나
- 당시 사용한 칼은 범행 후 어떻게 하였나
- 어디에 있다가 붙잡혔나
- 왜 이런 짓을 했나
- 합의는 했나

제5장 스토킹범죄 수사

제1절 근거법령 및 용어의 정의

I. 근거법령

1. 스토킹범죄의 처벌 등에 관한 법률

> 제1조(목적) 이 법은 스토킹범죄의 처벌 및 그 절차에 관한 특례와 스토킹범죄 피해자에 대한 보호절차를 규정함으로써 피해자를 보호하고 건강한 사회질서의 확립에 이바지함을 목적으로 한다.

2. 스토킹방지 및 피해자보호 등에 관한 법률

> 제1조(목적) 이 법은 스토킹을 예방하고 피해자를 보호·지원함으로써 인권증진에 이바지함을 목적으로 한다.
> 제14조(사법경찰관리의 현장출동 등) ① 사법경찰관리는 스토킹의 신고가 접수된 때에는 지체 없이 신고된 현장에 출동하여야 한다.
> ② 제1항에 따라 출동한 사법경찰관리는 신고된 현장 또는 사건조사를 위한 관련 장소에 출입하여 관계인에 대하여 조사를 하거나 질문을 할 수 있다.
> ③ 제2항에 따라 출입, 조사 또는 질문을 하는 사법경찰관리는 그 권한을 표시하는 증표를 지니고 이를 관계인에게 내보여야 한다.
> ④ 제2항에 따라 조사 또는 질문을 하는 사법경찰관리는 피해자·신고자·목격자 등이 자유롭게 진술할 수 있도록 스토킹행위자로부터 분리된 곳에서 조사하는 등 필요한 조치를 하여야 한다.
> ⑤ 누구든지 정당한 사유 없이 제2항에 따른 사법경찰관리의 현장조사를 거부하는 등 그 업무 수행을 방해하는 행위를 하여서는 아니 된다.

3. 범죄수사규칙

> 제194조의2(응급조치) ~ 제194조의6(잠정조치)

Ⅱ. 용어의 정의

1. "스토킹행위"란 상대방의 의사에 반(反)하여 정당한 이유 없이 다음 각 목의 어느 하나에 해당하는 행위를 하여 상대방에게 불안감 또는 공포심을 일으키는 것을 말한다.

   가. 상대방 또는 그의 동거인, 가족(이하 "상대방등"이라 한다)에게 접근하거나 따라다니거나 진로를 막아서는 행위

   나. 상배방등의 주거, 직장, 학교, 그 밖에 일상적으로 생활하는 장소(이하 "상대방등의 주거등"이라 한다) 또는 그 부근에서 기다리거나 지켜보는 행위

   다. 상대방등에게 우편·전화·팩스 또는 「정보통신망 이용촉진 및 정보보호 등에 관한 법률」 제2조제1항제1호의 정보통신망(이하 "정보통신망"이라 한다)을 이용하여 물건이나 글·말·부호·음향·그림·영상·화상(이하 "물건등"이라 한다)을 도달하게 하거나 정보통신망을 이용하는 프로그램 또는 전화의 기능에 의하여 글·말·부호·음향·그림·영상·화상이 상대방등에게 나타나게 하는 행위

   라. 상대방등에게 직접 또는 제3자를 통하여 물건등을 도달하게 하거나 주거등 또는 그 부근에 물건등을 두는 행위

   마. 주거등 또는 그 부근에 놓여져 있는 물건등을 훼손하는 행위

   마. 상대방등의 주거등 또는 그 부근에 놓여져 있는 물건등을 훼손하는 행위

   바. 다음의 어느 하나에 해당하는 상대방등의 정보를 정보통신망을 이용하여 제3자에게 제공하거나 배포 또는 게시하는 행위

   1) 「개인정보 보호법」 제2조제1호의 개인정보

   2) 「위치정보의 보호 및 이용 등에 관한 법률」 제2조제2호의 개인위치정보

   3) 1) 또는 2)의 정보를 편집·합성 또는 가공한 정보(해당 정보주체를 식별할 수 있는 경우로 한정한다)

   사. 정보통신망을 통하여 상대방등의 이름, 명칭, 사진, 영상 또는 신분에 관한 정보를 이용하여 자신이 상대방등인 것처럼 가장하는 행위

2. "스토킹범죄"란 지속적 또는 반복적으로 스토킹행위를 하는 것을 말한다.

3. "피해자"란 스토킹범죄로 직접적인 피해를 본 사람을 말한다.

4. "피해자등"이란 피해자 및 스토킹행위의 상대방을 말한다.

제2절 스토킹범죄 등의 처리절차

Ⅰ. 응급조치와 긴급응급조치

1. 스토킹행위 신고 등에 대한 응급조치 (제3조)

사법경찰관리는 진행 중인 스토킹행위에 대하여 신고를 받은 경우 즉시 현장에 나가 다음 각 호의 조치를 하여야 한다.

① 스토킹행위의 제지, 향후 스토킹행위의 중단 통보 및 스토킹행위를 지속적 또는 반복적으로 할 경우 처벌 서면경고

② 스토킹행위자와 피해자등의 분리 및 범죄수사

③ 피해자등에 대한 긴급응급조치 및 잠정조치 요청의 절차 등 안내

④ 스토킹 피해 관련 상담소 또는 보호시설로의 피해자등 인도(피해자등이 동의한 경우만 해당한다)

2. 긴급응급조치 (제4조)

① 사법경찰관은 스토킹행위 신고와 관련하여 스토킹행위가 지속적 또는 반복적으로 행하여질 우려가 있고 스토킹범죄의 예방을 위하여 긴급을 요하는 경우 스토킹행위자에게 직권으로 또는 스토킹행위의 상대방이나 그 법정대리인 또는 스토킹행위를 신고한 사람의 요청에 의하여 다음 각 호에 따른 조치를 할 수 있다.

1. 스토킹행위의 상대방등이나 그 주거등으로부터 100m 이내의 접근금지

2. 스토킹행위의 상대방등에 대한 「전기통신기본법」 제2조제1호의 전기통신을 이용한 접근금지

② 사법경찰관은 제1항에 따른 조치(이하 "긴급응급조치"라 한다)를 하였을 때에는 즉시 스토킹행위의 요지, 긴급응급조치가 필요한 사유, 긴급응급조치의 내용 등이 포함된 긴급응급조치결정서를 작성하여야 한다.

3. 긴급응급조치의 승인신청 (제5조)

① 사법경찰관은 긴급응급조치를 하였을 때에는 지체 없이 검사에게 해당 긴급응급조치에 대한 사후승인을 지방법원 판사에게 청구하여 줄 것을 신청하여야 한다.

② 제1항의 신청을 받은 검사는 긴급응급조치가 있었던 때부터 48시간 이내에 지방법원 판사에게 해당 긴급응급조치에 대한 사후승인을 청구한다. 이 경우 제4조 제2항에 따라 작성된 긴급응급조치결정서를 첨부하여야 한다.

③ 지방법원 판사는 스토킹행위가 지속적 또는 반복적으로 행하여지는 것을 예방하기 위하여 필요하다고 인정하는 경우에는 제2항에 따라 청구된 긴급응급조치를 승인할 수 있다.

④ 사법경찰관은 검사가 제2항에 따라 긴급응급조치에 대한 사후승인을 청구하지 아니하거나 지방법원 판사가 제2항의 청구에 대하여 사후승인을 하지 아니한 때에는 즉시 그 긴급응급조치를 취소하여야 한다.

⑤ 긴급응급조치기간은 1개월을 초과할 수 없다.

4. 긴급응급조치의 통지 등 (제6조)

① 사법경찰관은 긴급응급조치를 하는 경우에는 스토킹행위의 상대방등이나 그 법정대리인에게 통지하여야 한다.

② 사법경찰관은 긴급응급조치를 하는 경우에는 해당 긴급응급조치의 대상자(이하 "긴급응급조치대상자"라 한다)에게 조치의 내용 및 불복방법 등을 고지하여야 한다.

5. 긴급응급조치의 변경 등 (제7조)

① 긴급응급조치대상자나 그 법정대리인은 긴급응급조치의 취소 또는 그 종류의 변경을 사법경찰관에게 신청할 수 있다.

② 스토킹행위의 상대방등이나 그 법정대리인은 제4조제1항제1호의 긴급응급조치가 있은 후 스토킹행위의 상대방등이 주거등을 옮긴 경우에는 사법경찰관에게 긴급응

급조치의 변경을 신청할 수 있다.

③ 스토킹행위의 상대방이나 그 법정대리인은 긴급응급조치가 필요하지 아니한 경우에는 사법경찰관에게 해당 긴급응급조치의 취소를 신청할 수 있다.

④ 사법경찰관은 정당한 이유가 있다고 인정하는 경우에는 직권으로 또는 제1항부터 제3항까지의 규정에 따른 신청에 의하여 해당 긴급응급조치를 취소할 수 있고, 지방법원 판사의 승인을 받아 긴급응급조치의 종류를 변경할 수 있다.

⑤ 사법경찰관은 제4항에 따라 긴급응급조치를 취소하거나 그 종류를 변경하였을 때에는 스토킹행위의 상대방등 및 긴급응급조치대상자 등에게 다음 각 호의 구분에 따라 통지 또는 고지하여야 한다.

1. 스토킹행위의 상대방등이나 그 법정대리인: 취소 또는 변경의 취지 통지

2. 긴급응급조치대상자: 취소 또는 변경된 조치의 내용 및 불복방법 등 고지

⑥ 긴급응급조치(제4항에 따라 그 종류를 변경한 경우를 포함한다. 이하 이 항에서 같다)는 다음 각 호의 어느 하나에 해당하는 때에 그 효력을 상실한다.

1. 긴급응급조치에서 정한 기간이 지난 때

2. 법원이 긴급응급조치대상자에게 다음 각 목의 결정을 한 때(스토킹행위의 상대방과 같은 사람을 피해자로 하는 경우로 한정한다)

가. 제4조제1항제1호의 긴급응급조치에 따른 스토킹행위의 상대방등과 같은 사람을 피해자 또는 그의 동거인, 가족으로 하는 제9조제1항제2호에 따른 조치의 결정

나. 제4조제1항제1호의 긴급응급조치에 따른 주거등과 같은 장소를 피해자 또는 그의 동거인, 가족의 주거등으로 하는 제9조제1항제2호에 따른 조치의 결정

다. 제4조제1항제2호의 긴급응급조치에 따른 스토킹행위의 상대방등과 같은 사람을 피해자 또는 그의 동거인, 가족으로 하는 제9조제1항제3호에 따른 조치의 결정

○○경찰서

제 *0000-000000* 호	*20○○.○.○.*

수 신 :

제 목 : **응급조치 보고**

행위자	성 명	
	주민등록번호	
	직 업	
	주 소	
	피해자와의 관계	
죄 명		
행위사실요지	별지와 같음	
피 해 자		
신 고 자		

　　위 사람에 대한 스토킹행위에 관하여 신고를 받고 즉시 현장에 임하여 다음과 같은 응급조치를 취하였음을 보고합니다.

□ 스토킹행위의 제지, 스토킹행위자와 피해자 등의 분리

□ 범죄수사

□ 스토킹 피해 관련 상담소 또는 보호시설로의 피해자 등 인도(피해자 등이 동의함)

□ 스토킹행위의 중단 통보 및 스토킹행위를 지속적 또는 반복적으로 할 경우 처벌 경고

□ 스토킹행위 재발시 사법경찰관이 직권으로 긴급응급조치를 신청할 수 있음을 행위자에게 통보

　• 스토킹행위의 상대방이나 그 주거등으로부터 100미터 이내 접근금지

　• 스토킹행위의 상대방에 대한 「전기통신기본법」 제2조 제1호의 전기통신을 이용한 접근금지

　• 긴급응급조치를 이행하지 아니한 경우 1천만원 이하의 과태료 부과

비 고	

○○경찰서

사법경찰관

긴급응급조치 결정서

제 0000-000000 호				20○○.○.○.
행위자	성 명	(한자)	주민등록번호	(00세)
	직 업			
	주 소			
변 호 인				

위 사람에 대한 「스토킹범죄의 처벌 등에 관한 특례법」 제4조 제1항에 따라 다음과 같이 긴급응급조치를 결정함

[□] 스토킹행위의 상대방이나 그 주거 등으로부터 100미터 이내의 접근금지

[□] 스토킹행위의 상대방에 대한 「전기통신기본법」 제2조 1호의 전기통신을 이용한 접근 금지

상대방	성 명	
	주 소	
	직장(소재지)	
긴 급 응 급 조 치 결 정 근 거	□ 상대방 □ 상대방의 법정대리인 □ 사법경찰관 직권	
긴 급 응 급 조 치 기 간 및 장 소	기간 : *0000.00.00.~0000.00.00.*	
	장소 :	
스토킹행위의 요지 및 긴 급 응 급 조 치 를 필요로 하는 사유		

○○경찰서

사법경찰관

긴급응급조치 확인서

대상자	성 명	(한자)	주 민 등 록 번 호	(○○세)
	주 소			

　　본인은 *0000.00.00 00:00경 긴급응급조치 결정장소*에서 아래 항목의 긴급임시조치 내용 및 불복방법에 대해 고지받았음을 확인합니다.

< 긴급응급조치 내용 >

[□] 스토킹행위의 상대방이나 그 주거 등으로부터 100미터 이내의 접근금지

[□] 스토킹행위의 상대방에 대한 「전기통신기본법」 제2조 1호의 전기통신을 이용한 접근 금지

긴급응급조치의 기간 : *0000.00.00. ~ 0000.00.00. (00일간 또는 1개월간)*

< 불복방법 >

이 결정에 불복이 있으면 결정을 고지받은 날부터 7일 이내에 항고장을 제출하거나 사법경찰관에게 취소 또는 종류의 변경을 신청할 수 있습니다.

0000. 00. 00.

위 확인인　　　　　　(인)

위 대상자에 대해 긴급응급조치 결정을 하면서, 위 결정 내용을 고지하였음.
(고지한 내용을 확인하였으나 정당한 이유없이 서명 또는 기명날인을 거부함)

소속관서　　　　　사법경찰관(리)　　　　　　　　　　(인)

※ 아래 긴급응급조치 통보서를 자른 후 긴급응급조치 관련 유의사항을 첨부하여 대상자에게 교부하여 주시기 바랍니다.

-------------- (자르는 선) ----------

긴급응급조치 통보서

< 긴급응급조치 내용 >

[□] 스토킹행위의 상대방이나 그 주거 등으로부터 100미터 이내의 접근금지

[□] 스토킹행위의 상대방에 대한 「전기통신기본법」 제2조 1호의 전기통신을 이용한 접근 금지

긴급응급조치의 기간 : *0000.00.00. ~ 0000.00.00. (00일간 또는 1개월간)*

< 불복방법 >

이 결정에 불복이 있으면 결정을 고지받은 날부터 7일 이내에 항고장을 제출하거나 사법경찰관에게 취소 또는 종류의 변경을 신청할 수 있습니다.

※ 경찰의 긴급응급조치 결정내용을 위반한 경우 1천만원 이하 과태료에 처해질 수 있습니다.

0000. 00. 00.

소속관서　　　　　사법경찰관(리)　　　　　　　　　　(인)

〈 피해자 등 권리 안내서 〉

경찰의 신변보호제도

○ <대상> 스토킹 신고 등과 관련하여 보복을 당할 우려가 있는 피해자·신고자 및 그 친족, 반복적으로 생명·신체에 대한 위해를 입었거나 입을 구체적인 우려가 있는 사람

○ <내용> 피해자의 위험성 및 여건 등을 고려하여 맞춤형 신변보호 실시

○ <신변보호 조치유형>

① (보호시설 연계 및 임시숙소 제공) 주거지 거주가 곤란하거나 보복범죄 우려가 있는 등 신변보호가 필요한 피해자를 대상으로 숙소 제공

② (신변경호) 위험발생이 명백·중대한 경우 △ 근접·밀착경호 △ 경찰관서 출석·귀가 시 동행 등 신변경호 수준과 기간을 정하여 실시

④ (주거지 순찰 강화) 피해자 주거지 및 주변에 대한 맞춤형 순찰 실시

⑤ (112 긴급신변보호대상자 등록) 112신고통합시스템에 스토킹·데이트폭력 피해자 및 피해우려자의 연락처(가족 포함 최대 3개) 등록, 긴급신고체계 구축 및 신속 출동

⑥ (위치추적장치 대여) 위험방지를 위해 비상연락체계를 갖출 필요가 있는 경우 위치추적장치(스마트워치)를 피해자에게 대여, 부착된 긴급버튼을 누르면 112신고 연결

⑦ (CCTV 설치) 위급 시 피해자가 주거지 CCTV 화면 및 비상음을 송출, 경찰 긴급출동

⑧ (신원정보 변경) 피해자의 이름, 전화번호, 차량번호 등 신원정보 변경을 적극 지원

⑨ (사후 모니터링) 피해 재발 우려 정도에 따라 등급 구분, 사후 모니터링(데이트폭력)

지원 제도 및 기관

① 여성긴급전화 1366센터(☎1366)를 통해 24시간 언제든지 상담 및 각 지역의 쉼터·정부기관·병원·법률기관으로 연계받을 수 있습니다.

② 한국여성의전화(02-2263-6465, 6464)를 통해 의료·법률상담을 지원받을 수 있습니다.
   ※ 상담시간 : 평일 오전 10시~오후 5시(점심시간 오후 1시~2시)

③ 다누리 콜센터(☎1577-1366)를 통해 이주여성은 24시간 통역 및 상담 지원, 쉼터 입소 및 의료·법률지원 등을 제공받을 수 있습니다.

④ 대한변협법률구조재단(☎02-3476-6515)을 통해 법률구조가 필요한 부분에 대하여 무료 법률상담이나 변호를 받을 수 있습니다.

담당 경찰관

(현장출동) 소속 : ○○경찰서 ○○지구대 ○팀   성명 : 경○ 홍길동
(사건담당) 소속 : ○○경찰서 ○○과 ○○팀   성명 : 경○ 홍길동 (☎ 02-3150-0000)

※ 자세한 문의는 경찰서 스토킹 담당 경찰관(☎ 02-3150-0000) 또는 여성청소년과(☎ 02-3150-0000)로 연락주시기 바랍니다.

이런 경우는 신고해 주세요

★ 피해 유형의 예시

▶ 스토킹행위자(이하 '스토커')가 주거지나 회사 등 내가 있는 위치와 장소 인근에 나타난 경우

▶ 스토커가 이메일, 휴대전화, 집이나 회사의 전화기로 연락을 해온 경우

▶ 내가 자주 다니는 장소에 스토커가 다녀갔다는 얘기를 전해들은 경우 등

○○경찰서

제 호		20○○.○.○.

수 신 : *○○검찰청 검사장*

제 목 : 긴급응급조치 사후 승인 신청

다음 사람에 대하여 아래와 같은 긴급응급조치 사후 승인의 청구를 신청합니다.

☐ 1. 스토킹행위의 상대방이나 그 주거등으로부터 100미터 이내의 접근금지

☐ 2. 스토킹행위의 상대방에 대한 「전기통신기본법」 제2조제1호의 전기통신을 이용한 접근금지

행위자	성 명	
	주민등록번호	
	직 업	
	주 소	
변 호 인		
상대방	성 명	
	주 소	
	직장(소재지)	

스토킹행위의 요지 긴급응급조치를 필요로 하는 사유	

긴급응급조치 기간	*0000. 00. 00. ~ 0000. 00. 00.*	※ 최장 1개월

비 고	

○○경찰서

사법경찰관

긴급응급조치 취소·종류변경 신청서(행위자용)

20○○.○.○.

1. 신 청 인
성 명 : ○○○ (○○세, 성별)
주 소 :

2. 긴급응급조치 결정내용 및 기간 (20○○.○.○.~20○○.○.○.)
[　] 1호. 피해자나 그 주거등으로부터 100미터 이내의 접근금지
[　] 2호. 피해자에 대한 「전기통신기본법」 제2조제1호의 전기통신을 이용한 접근금지

3. 신 청 내 용
[　] 가. 긴급응급조치 취소
　　- 취소 사유 :

[　] 나. 긴급응급조치 종류 변경
　　- [　] 1호. 피해자나 그 주거등으로부터 100미터 이내의 접근금지
　　- [　] 2호. 피해자에 대한 「전기통신기본법」 제2조제1호의 전기통신을 이용한 접근금지
　　- 변경 사유 :

4. 담 당 자
소 속 :
성 명 :

긴급응급조치 취소·변경 신청서(피해자용)

20○○.○.○.

1. 신 청 인

　　성 명 : 000 (00세, 성별)

　　주 소 :

2. 긴급응급조치 대상자

　　성 명 : 000 (00세, 성별)

　　주 소 :

3. 긴급응급조치 결정내용 및 기간 ()

[　] 1호. 피해자나 그 주거등으로부터 100미터 이내의 접근금지

[　] 2호. 피해자에 대한 「전기통신기본법」 제2조제1호의 전기통신을 이용한 접근금지

4. 신 청 내 용

[　] 가. 긴급응급조치 취소

　　- 취소 사유 :

[　] 나. 긴급응급조치 변경

　　- [　] 1호. 피해자나 그 주거등으로부터 100미터 이내의 접근금지

　　　다. 긴급응급조치 변경 사유

　　- [　] 주소지 또는 실거주지 이전 (기타:　　　　　　)

5. 담 당 자

　　소 속 :

　　성 명 :

○○경찰서

제 호	20○○.○.○.

수 신 :

제 목 : 긴급응급조치 종류변경 신청서

다음 사람에 대하여 아래와 같은 긴급응급조치의 종류변경을 신청합니다.

☐ 1. 피해자나 그 주거등으로부터 100미터 이내의 접근 금지

☐ 2. 피해자에 대한 「전기통신기본법」 제2조제1호의 전기통신을 이용한 접근 금지

행위자	성 명	
	주민등록번호	
	직 업	
	주 소	
변 호 인		
피해자	성 명	
	주 소	
	직장(소재지)	
스토킹행위의요지 및 긴급응급 조치의 종류변경을 필요로 하는 사유		
비 고		

○○경찰서

사법경찰관

긴급응급조치 취소 결정서

제 호   2000. 0.0

행위자	성 명		주민등록번호	(○○세)
	직 업			
	주 거			
변 호 인				

위 사람에 대한 「스토킹범죄의 처벌 등에 관한 특례법」 제4조 제1항에 따라 결정한 아래의 긴급응급조치결정을 취소함

[□] 스토킹행위의 상대방이나 그 주거 등으로부터 100미터 이내의 접근금지
[□] 스토킹행위의 상대방에 대한 「전기통신기본법」 제2조 1호의 전기통신을 이용한 접근금지

상대방	성 명	
	주 소	
	직장(소재지)	
긴급응급조치 취소 근거	□ 대상자 □ 대상자의 법정대리인 □ 상대방 □ 상대방의 법정대리인 □ 사법경찰관 직권 □ 검사 불청구 □ 판사 미승인	
긴급응급조치 취소결정일시	일시 :	
긴급응급조치 취소결정사유		

사법경찰관

II. 잠정조치

1. 잠정조치의 청구 (제8조)

① 검사는 스토킹범죄가 재발될 우려가 있다고 인정하면 직권 또는 사법경찰관의 신청에 따라 법원에 제9조제1항 각 호의 조치를 청구할 수 있다.

② 피해자 또는 그 법정대리인은 검사 또는 사법경찰관에게 제1항에 따른 조치의 청구 또는 그 신청을 요청하거나, 이에 관하여 의견을 진술할 수 있다.

③ 사사법경찰관은 제2항에 따른 신청 요청을 받고도 제1항에 따른 신청을 하지 아니하는 경우에는 검사에게 그 사유를 보고하여야 하고, 피해자 또는 그 법정대리인에게 그 사실을 지체 없이 알려야 한다.

④ 검사는 제2항에 따른 청구 요청을 받고도 제1항에 따른 청구를 하지 아니하는 경우에는 피해자 또는 그 법정대리인에게 그 사실을 지체 없이 알려야 한다.

2. 스토킹행위자에 대한 잠정조치 (제9조)

① 법원은 스토킹범죄의 원활한 조사·심리 또는 피해자 보호를 위하여 필요하다고 인정하는 경우에는 결정으로 스토킹행위자에게 다음 각 호의 어느 하나에 해당하는 조치(이하 "잠정조치"라 한다)를 할 수 있다.

1. 피해자에 대한 스토킹범죄 중단에 관한 서면 경고

2. 피해자 또는 그의 동거인, 가족이나 그 주거등으로부터 100미터 이내의 접근금지

3. 피해자 또는 그의 동거인, 가족에 대한 「전기통신기본법」 제2조제1호의 전기통신을 이용한 접근금지

3의2. 「전자장치 부착 등에 관한 법률」 제2조제4호의 위치추적 전자장치(이하 "전자장치"라 한다)의 부착

4. 국가경찰관서의 유치장 또는 구치소에의 유치

② 제1항 각 호의 잠정조치는 병과(倂科)할 수 있다.

③ 법원은 제1항제3호의2 또는 제4호의 조치에 관한 결정을 하기 전 잠정조치의 사유를 판단하기 위하여 필요하다고 인정하는 때에는 검사, 스토킹행위자, 피해자, 기타 참고인으로부터 의견을 들을 수 있다. 의견을 듣는 방법과 절차, 그 밖에 필요한 사항은 대법원규칙으로 정한다.

④ 제1항제3호의2에 따라 전자장치가 부착된 사람은 잠정조치기간 중 전자장치의 효용을 해치는 다음 각 호의 행위를 하여서는 아니된다.

  1. 전자장치를 신체에서 임의로 분리하거나 손상하는 행위

  2. 전자장치의 전파(電波)를 방해하거나 수신자료를 변조(變造)하는 행위

  3. 제1호 및 제2호에서 정한 행위 외에 전자장치의 효용을 해치는 행위

⑤ 법원은 잠정조치를 결정한 경우에는 검사와 피해자 또는 그의 동거인, 가족, 그 법정대리인에게 통지하여야 한다.

⑥ 법원은 제1항제4호에 따른 잠정조치를 한 경우에는 스토킹행위자에게 변호인을 선임할 수 있다는 것과 제12조에 따라 항고할 수 있다는 것을 고지하고, 다음 각 호의 구분에 따른 사람에게 해당 잠정조치를 한 사실을 통지하여야 한다.

  1. 스토킹행위자에게 변호인이 있는 경우: 변호인

  2. 스토킹행위자에게 변호인이 없는 경우: 법정대리인 또는 스토킹행위자가 지정하는 사람

⑦ 제1항제2호·제3호 및 제3호의2에 따른 잠정조치기간은 3개월, 같은 항 제4호에 따른 잠정조치기간은 1개월을 초과할 수 없다. 다만, 법원은 피해자의 보호를 위하여 그 기간을 연장할 필요가 있다고 인정하는 경우에는 결정으로 제1항제2호·제3호 및 제3호의2에 따른 잠정조치에 대하여 두 차례에 한정하여 각 3개월의 범위에서 연장할 수 있다.

3. 잠정조치의 집행 등 (10조)

① 법원은 잠정조치 결정을 한 경우에는 법원공무원, 사법경찰관리, 구치소 소속 교정직공무원 또는 보호관찰관으로 하여금 집행하게 할 수 있다.

② 제1항에 따라 잠정조치 결정을 집행하는 사람은 스토킹행위자에게 잠정조치의 내용, 불복방법 등을 고지하여야 한다.

③ 피해자 또는 그의 동거인, 가족, 그 법정대리인은 제9조제1항제2호의 잠정조치 결정이 있은 후 피해자 또는 그의 동거인, 가족이 주거등을 옮긴 경우에는 법원에 잠정조치 결정의 변경을 신청할 수 있다.

④ 제3항의 신청에 따른 변경 결정의 스토킹행위자에 대한 고지에 관하여는 제2항을 준용한다.

⑤ 제1항부터 제4항까지에서 규정한 사항 외에 제9조제1항제3호의2에 따른 잠정조치 결정의 집행 등에 관하여는 「전자장치 부착 등에 관한 법률」 제5장의2에 따른다.

4. 잠정조치의 변경 등 (제11조)

① 스토킹행위자나 그 법정대리인은 잠정조치 결정의 취소 또는 그 종류의 변경을 법원에 신청할 수 있다.

② 검사는 수사 또는 공판과정에서 잠정조치가 계속 필요하다고 인정하는 경우에는 직권이나 사법경찰관의 신청에 따라 법원에 해당 잠정조치기간의 연장 또는 그 종류의 변경을 청구할 수 있고, 잠정조치가 필요하지 아니하다고 인정하는 경우에는 직권이나 사법경찰관의 신청에 따라 법원에 해당 잠정조치의 취소를 청구할 수 있다.

③ 법원은 정당한 이유가 있다고 인정하는 경우에는 직권 또는 제1항의 신청이나 제2항의 청구에 의하여 결정으로 해당 잠정조치의 취소, 기간의 연장 또는 그 종류의 변경을 할 수 있다.

④ 법원은 제3항에 따라 잠정조치의 취소, 기간의 연장 또는 그 종류의 변경을 하였을 때에는 검사와 피해자 및 스토킹행위자 등에게 다음 각 호의 구분에 따라 통지 또는 고지하여야 한다.

1. 검사, 피해자 또는 그의 동거인, 가족, 그 법정대리인: 취소, 연장 또는 변경의 취지 통지

2. 스토킹행위자: 취소, 연장 또는 변경된 조치의 내용 및 불복방법 등 고지

3. 제9조제6항 각 호의 구분에 따른 사람: 제9조제1항제4호에 따른 잠정조치를 한 사실

⑤ 잠정조치 결정(제3항에 따라 잠정조치기간을 연장하거나 그 종류를 변경하는 결정을 포함한다. 이하 제12조 및 제14조에서 같다)은 스토킹행위자에 대해 검사가 불기소처분을 한 때 또는 사법경찰관이 불송치결정을 한 때에 그 효력을 상실한다.

○○경찰서

제 0000-000000 호	2000.0.0.

수 신 :

제 목 : **잠정조치 신청**

다음 사람에 대하여 아래와 같은 잠정조치를 신청합니다.

☐ 1. 피해자에 대한 스토킹범죄 중단에 관한 서면경고

☐ 2. 피해자나 그 주거등으로부터 100미터 이내의 접근 금지

☐ 3. 피해자에 대한 「전기통신기본법」 제2조제1호의 전기통신을 이용한 접근 금지

☐ 4. 국가경찰관서의 유치장 또는 구치소에의 유치

행위자	성 명	
	주민등록번호	
	직 업	
	주 소	
변 호 인		
피해자	성 명	
	주 소	
	직장(소재지)	
범죄사실 및 잠정조치를 필요로 하는 사유		
비 고		

○○경찰서

사법경찰관

잠정조치 통보서

20○○.○.○.

1. 행 위 자

성 명 : 000 (00세, 성별)

주 거 :

2. 피 해 자

성 명 : 000 (세, 성별)

주 거 :

직장(소재지) :

3. 잠정조치 통보일시·장소, 방법 및 불복방법 고지

일시·장소 : *0000. 00. 00.(요일) 00:00, 장소*

방 법 : *0000 (예시 : 대상자 대면하여 통보, 전화상 통보 등)*

4. 잠정조치 결정내용 및 기간 (*0000.00.00 ~ 0000.00.00, 00법원*)

[   ] 1호. 피해자에 대한 스토킹범죄 중단에 관한 서면 경고

[   ] 2호. 피해자나 그 주거등으로부터 100미터 이내의 접근금지

[   ] 3호. 피해자에 대한 「전기통신기본법」 제2조제1호의 전기통신을 이용한 접근금지

[   ] 4호. 국가경찰관서의 유치장 또는 구치소에의 유치

5. 담 당 자 ※ 담당자는 불송치결정이 있을 경우 잠정조치가 실효됨을 안내·설명

소 속 :

성 명 :

○○경찰서

제 호   20○○.○.○.

수 신 : ○○지방검찰청 검사징(지청장)

제 목 : 잠정조치 미신청 사유 통지

「스토킹범죄의 처벌 등에 관한 법률」 제8조제3항에 따라 잠정조치를 신청하지 않는 사유를 다음과 같이 통지합니다.

요 청 인	성 명	
	자 격	[ ]피해자 [ ]법정대리인

스 토 킹 행 위 자	성 명		피해자와의 관 계	
	주민등록번호			

피 해 자	성 명	
	주 거	

신 청 요 청 내 용	

잠 정 조 치 미신청 사유	

○○경찰서

사법경찰관 계급

III. 피해자보호 등

1. 스토킹범죄의 피해자에 대한 전담조사제 (제17조)

① 검찰총장은 각 지방검찰청 검사장에게 스토킹범죄 전담 검사를 지정하도록 하여 특별한 사정이 없으면 스토킹범죄 전담 검사가 피해자를 조사하게 하여야 한다.

② 경찰관서의 장(국가수사본부장, 시·도경찰청장 및 경찰서장을 의미한다. 이하 같다)은 스토킹범죄 전담 사법경찰관을 지정하여 특별한 사정이 없으면 스토킹범죄 전담 사법경찰관이 피해자를 조사하게 하여야 한다.

③ 검찰총장 및 경찰관서의 장은 제1항의 스토킹범죄 전담 검사 및 제2항의 스토킹범죄 전담 사법경찰관에게 스토킹범죄의 수사에 필요한 전문지식과 피해자 보호를 위한 수사방법 및 수사절차 등에 관한 교육을 실시하여야 한다.

2. 피해자 등에 대한 신변안전조치 (제17조의2)

법원 또는 수사기관이 피해자등 또는 스토킹범죄를 신고(고소·고발을 포함한다. 이하 이 조에서 같다)한 사람을 증인으로 신문하거나 조사하는 경우의 신변안전조치에 관하여는 「특정범죄신고자 등 보호법」 제13조 및 제13조의2를 준용한다. 이 경우 "범죄신고자등"은 "피해자등 또는 스토킹범죄를 신고한 사람"으로 본다.

3. 피해자등의 신원과 사생활 비밀누설 금지 (제17조의3)

① 다음 각 호의 어느 하나에 해당하는 업무를 담당하거나 그에 관여하는 공무원 또는 그 직에 있었던 사람은 피해자등의 주소, 성명, 나이, 직업, 학교, 용모, 인적사항, 사진 등 피해자등을 특정하여 파악할 수 있게 하는 정보 또는 피해자등의 사생활에 관한 비밀을 공개하거나 다른 사람에게 누설하여서는 아니 된다.

1. 제3조에 따른 조치에 관한 업무
2. 긴급응급조치의 신청, 청구, 승인, ...집행 또는 취소·변경에 관한 업무
3. 잠정조치의 신청, 청구, 결정, 집행 또는 취소·기간연장·변경에 관한 업무
4. 스토킹범죄의 수사 또는 재판에 관한 업무

② 누구든지 피해자등의 동의를 받지 아니하고 피해자등의 주소, 성명, 나이, 직업, 학교, 용모, 인적 사항, 사진 등 피해자등을 특정하여 파악할 수 있게 하는 정보를 신문 등 인쇄물에 싣거나 「방송법」 제2조제1호에 따른 방송 또는 정보통신망을 통하여 공개하여서는 아니 된다.

4. 피해자에 대한 변호사 선임의 특례 (제17조의4)

① 피해자 및 그 법정대리인은 형사절차상 입을 수 있는 피해를 방어하고 법률적 조력을 보장받기 위하여 변호사를 선임할 수 있다.

② 제1항에 따라 선임된 변호사(이하 이 조에서 "변호사"라 한다)는 검사 또는 사법경찰관의 피해자 및 그 법정대리인에 대한 조사에 참여하여 의견을 진술할 수 있다. 다만, 조사 도중에는 검사 또는 사법경찰관의 승인을 받아 의견을 진술할 수 있다.

③ 변호사는 피의자에 대한 구속 전 피의자심문, 증거보전절차, 공판준비기일 및 공판절차에 출석하여 의견을 진술할 수 있다. 이 경우 필요한 절차에 관한 구체적 사항은 대법원규칙으로 정한다.

④ 변호사는 증거보전 후 관계 서류나 증거물, 소송계속 중의 관계 서류나 증거물을 열람하거나 복사할 수 있다.

⑤ 변호사는 형사절차에서 피해자 및 법정대리인의 대리가 허용될 수 있는 모든 소송행위에 대한 포괄적인 대리권을 가진다.

⑥ 검사는 피해자에게 변호사가 없는 경우 국선변호사를 선정하여 형사절차에서 피해자의 권익을 보호할 수 있다.

제6장 | 아동·청소년 사건처리

제6장

제1절 아동보호 사건에 관한 특칙
(범죄수사규칙 제195조~제205조)

Ⅰ. 피해아동 조사 시 유의사항

1. 경찰관은 「아동학대범죄의 처벌 등에 관한 특례법」(이하 "「아동학대처벌법」"이라 한다) 제2조에 따른 아동학대범죄를 수사하면서 피해아동의 안전을 최우선으로 고려하고 조사과정에서 사생활의 비밀이 침해되거나 인격·명예가 손상되지 않도록 피해아동의 인권보호에 최선을 다해야 한다.

2. 경찰관은 피해아동의 연령·성별·심리상태에 맞는 조사방법을 사용하고 조사 일시·장소 및 동석자 필요성 여부를 결정하여야 한다.

3. 피해아동 조사는 수사상 필요한 최소한도로 실시하여야 한다.

4. 경찰관은 피해아동에 대한 조사와 학대행위자에 대한 신문을 반드시 분리하여 실시하고, 대질신문은 불가피한 경우 예외적으로만 실시하되 대질 방법 등에 대하여는 피해아동과 그 법정대리인 및 아동학대범죄 전문가의 의견을 최대한 존중하여야 한다.

5. 피해아동 조사 시에는 「성폭력범죄의 수사 및 피해자 보호에 관한 규칙」 제21조(신뢰관계자의 동석), 제22조(영상물의 촬영·보존) 및 제28조(진술조력인의 참여)를 준용한다. 이 경우 "성폭력범죄의 피해자"는 "피해아동"으로 본다.

II. 현장출동과 임시조치 등

1. 현장출동

① 「아동학대처벌법」 제11조제1항 후단에 따른 동행 요청은 별지 제139호서식의 아동학대범죄현장 동행 요청서에 따른다. 다만, 긴급한 경우에는 구두로 요청할 수 있다.

② 제1항 단서에 따라 구두로 요청한 경우에는 지체 없이 별지 제139호서식의 아동학대범죄현장 동행 요청서를 송부해야 한다.

2. 응급조치

① 경찰관은 아동학대범죄 신고를 접수한 즉시 현장에 출동하여 피해아동의 보호를 위하여 필요한 경우 「아동학대처벌법」 제12조제1항 각호의 응급조치를 하여야 한다.

② 경찰관이 「아동학대처벌법」 제12조제2항에 따라 피해아동등을 보호하고 있는 사실을 통보할 때에는 별지 제134호서식의 피해아동등 보호사실 통보서에 따른다.

③ 경찰관은 제1항에 따라 응급조치를 한 경우에는 즉시 별지 제129호서식의 응급조치결과보고서와 별지 제130호서식의 아동학대 현장조사 체크리스트를 작성하여 사건기록에 편철하여야 한다.

3. 긴급임시조치

① 피해아동등, 그 법정대리인, 변호사, 시·도지사, 시장·군수·구청장 또는 아동보호전문기관의 장이 아동학대처벌법」 제13조제1항에 따라 긴급임시조치를 신청할 때에는 별지 제135호서식의 긴급임시조치 신청서에 따른다.

② 경찰관은 「아동학대처벌법」 제13조제2항에 따른 긴급임시조치를 한 경우에는 별지 제126호서식의 긴급임시조치결정서를 작성하여야 한다.

③ 경찰관이 제2항의 긴급임시조치를 한 경우에는 아동학대 행위자에게 긴급임시조치의 내용 등을 알려주고, 별지 제128호서식의 긴급임시조치통보서를 작성하여 교부하여야 한다. 다만, 아동학대행위자가 통보서 교부를 거부하는 때에는 경찰관이 통보일시 및 장소란에 그 사유를 적고 기명날인 또는 서명하여 편철하여야 한다.

4. 긴급조치 · 긴급임시조치 후 임시조치

① 경찰관이 「아동학대처벌법」 제15조제1항에 따라 검사에게 임시조치를 신청할 때에는 별지 제120호서식의 임시조치 신청서(사후)에 따른다.

② 경찰관이 제1항에 따라 임시조치를 신청하였을 때에는 별지 제121호서식의 임시조치신청부에 소정의 사항을 적어야 한다.

③ 경찰관이 「아동학대처벌법」 제15조제3항에 따라 긴급임시조치를 취소한 때에는 별지 제136호서식의 긴급임시조치 취소결정서를 작성한 후 사건기록에 편철하여야 한다.

④ 경찰관이 「아동학대처벌법」 제13조제1항에 따라 긴급임시조치를 하거나 이 조 제3항에 따라 긴급임시조치를 취소한 때에는 긴급임시조치를 신청한 사람에게 그 처리결과를 알려주어야 한다. 이 경우 처리결과의 통보는 서면, 전화, 전자우편, 팩스, 휴대전화 문자전송, 그 밖에 적당한 방법으로 할 수 있다.

5. 임시조치

① 경찰관은 「아동학대처벌법」 제14조제1항에 따라 검사에게 임시조치를 신청할 때에는 별지 제119호서식의 임시조치 신청서(사전)에 따른다.

② 피해아동등, 그 법정대리인, 변호사, 시 · 도지사, 시장 · 군수 · 구청장 또는 아동보호전문기관의 장이 「아동학대처벌법」 제14조제2항에 따라 임시조치의 신청을 요청할 때에는 별지 제140호서식의 임시조치 신청 요청서에 따른다.

③ 경찰관은 제2항의 경우에 임시조치의 신청을 요청한 사람에게 별지 제137호서식의 임시조치 신청 요청 처리결과 통보서에 따라 그 처리결과를 알려주어야 한다. 이 경우 임시조치의 신청 요청을 받은 경찰관이 임시조치를 신청하지 않으면 검사와 임시조치의 신청을 요청한 사람에게 별지 제131호서식의 임시조치 미신청 사유 통지서에 따라 그 사유를 통지해야 한다.

④ 아동학대사건의 임시조치 신청에는 제189조제4항부터 제5항까지의 규정을 준용한다. 이때 임시조치통보서는 별지 제123호서식에 따른다.

⑤ 「아동학대처벌법」 제21조제2항에 따라 임시조치 집행을 담당하는 경찰관이 임시조치 이행상황을 통보할 때에는 별지 제132호서식의 임시조치 이행상황 통보서에 따른다.

○○경찰서

제 0000-000000 호	20○○.○.○.

수 신 :

제 목 : 아동학대범죄현장 동행 요청

「아동학대범죄의 처벌 등에 관한 특례법」 제11조제1항에 따라 아동학대범죄의 현장에 동행하여 줄 것을 요청합니다.

아동학대범죄 신 고 사 항	신 고 시 각			
	신 고 요 지			
	범죄발생지			
동 행 요 청 인	성 명		소 속	
	전 화 번 호		직 급	
특 이 사 항				

소 속 관 서

사법경찰관 계급

○○경찰서

제 0000-000000 호	20○○.○.○.

수 신 :

제 목 : 응급조치 결과보고

「아동학대범죄의 처벌 등에 관한 특례법」 제12조제4항에 따라 신고를 받고 즉시 현장에 출동하여 아래와 같이 응급조치를 하였음을 보고합니다.

아 동 학 대 행 위 자	성 명			
	주민등록번호			
	직 업		피해아동과 의 관 계	
	주 거			
	다 른 가 정 구 성 원	성명 : 행위자와의 관계 :		
		주거 :		
피 해 아 동	성 명			
	법정대리인 또는 아동보호전문기관 담 당 상 담 원			
응급조치 일시 및 장소	일 시			
	장 소			
응급조치의 내 용	[□]	아동학대범죄 행위의 제지(제1호)		
	[□]	아동학대행위자를 피해아동으로부터 격리(제2호)		
	[□]	피해아동을 아동학대 관련 보호시설로 인도(제3호)		
	[□]	긴급치료가 필요한 피해아동을 의료기관으로 인도(제4호)		
응급조치자	성 명		소 속	
	전 화 번 호		직 급	
피 해 사 실 의 요 지 및 응급조치가 필요한 사유				

소 속 관 서

사법경찰관   계급

긴 급 임 시 조 치 신 청 서

※ [ ]에는 해당되는 곳에 √표를 합니다.

접수번호		접수일자		처리기간	즉시

신청인	성 명	
	자 격 [ ]피해아동등 [ ]피해아동의 법정대리인 [ ]변호사 [ ]시·도지사, 시장·군수·구청장 [ ]아동보호전문기관장	
	주 소	
	전화번호	팩스번호

아동학대 행위자	성 명	
	주민등록번호	(세)
	피해아동등과의 관계	전화번호
	주 거	

피해아동등	성 명	성 별
	생년월일(나이)	전화번호
	법정대리인 또는 담당 아동학대전담공무원	

긴급임시조치의 내용 (중복신청 가능)	[ ]	피해아동등 또는 가정구성원의 주거로부터 퇴거 등 격리(법 제19조제1항제1호)
	[ ]	피해아동등 또는 가정구성원의 주거, 학교 또는 보호시설 등에서 100미터 이내의 접근 금지(법 제19조제1항제2호) 기준지: [ ]주거 [ ]학교·학원 [ ]보호시설 [ ]병원 [ ]그 밖의 장소( )
	[ ]	피해아동등 또는 가정구성원에 대한 「전기통신기본법」 제2조제1호의 전기통신을 이용한 접근 금지(법 제19조제1항제3호)

범죄사실의 요지 및 긴급임시조치가 필요 한 사유	별지와 같음

「아동학대범죄의 처벌 등에 관한 특례법」 제13조제1항에 따라 아동학대행위자에 대한 긴급임시조치를 신청합니다.

년 월 일

신청인 (서명 또는 인)

○ ○ 경찰서장 귀하

○○경찰서

제 0000-000000 호	20○○.○.○.

수 신 :

제 목 : 임시조치 신청(사후)

다음 사람에 대한   피의사건에 관하여 응급조치(긴급임시조치) 후 「아동학대범죄의 처벌 등에 관한 특례법」 제15조제1항에 따른 임시조치의 청구를 신청하니 아래와 같은 임시조치를 조속히 청구하여 주시기 바랍니다.

<table>
<tr><td rowspan="5">아 동 학 대
행 위 자</td><td>성   명</td><td colspan="3"></td></tr>
<tr><td>주민등록번호</td><td colspan="3"></td></tr>
<tr><td>직   업</td><td></td><td>피해아동등
과의 관계</td><td></td></tr>
<tr><td>주   거</td><td colspan="3"></td></tr>
<tr><td>보 조 인</td><td colspan="3"></td></tr>
<tr><td rowspan="2">피 해 아 동 등</td><td>성   명</td><td colspan="3"></td></tr>
<tr><td>법정대리인 또는
담당 아동학대
전담공무원</td><td colspan="3"></td></tr>
<tr><td rowspan="7">임 시 조 치 의
내   용
(중복신청 가능)</td><td>[□]</td><td colspan="3">피해아동등 또는 가정구성원의 주거로부터 퇴거 등 격리(제1호)</td></tr>
<tr><td>[□]</td><td colspan="3">피해아동등 또는 가정구성원의 주거, 학교 또는 보호시설 등에서 100미터 이내의 접근 금지(제2호)
기준지: [   ]주거 [   ]학교·학원 [   ]보호시설 [   ]
병원 [   ]그 밖의 장소(   )</td></tr>
<tr><td>[□]</td><td colspan="3">피해아동등 또는 가정구성원에 대한 「전기통신기본법」 제2조제1호의 전기통신을 이용한 접근 금지(제3호)</td></tr>
<tr><td>[□]</td><td colspan="3">친권 또는 후견인 권한 행사의 제한 또는 정지(제4호)</td></tr>
<tr><td>[□]</td><td colspan="3">아동보호전문기관 등에의 상담 및 교육 위탁(제5호)</td></tr>
<tr><td>[□]</td><td colspan="3">의료기관이나 그 밖의 요양시설에의 위탁(제6호)</td></tr>
<tr><td>[□]</td><td colspan="3">경찰관서의 유치장 또는 구치소에의 유치(제7호)</td></tr>
<tr><td rowspan="2">응 급 조 치
긴급임시조치</td><td>일   시</td><td colspan="3"></td></tr>
<tr><td>내   용</td><td colspan="3"></td></tr>
<tr><td colspan="2">범 죄 사 실 의 요 지 및
임 시 조 치 가 필 요 한 사 유</td><td colspan="3"></td></tr>
</table>

소 속 관 서

사법경찰관   계급

III. 조사와 송치

1. 아동학대 행위자에 대한 조사

경찰관은 아동학대 행위자를 신문하는 경우 「아동학대처벌법」에 따른 임시조치·보호처분·보호명령·임시보호명령 등의 처분을 받은 사실의 유무와, 그러한 처분을 받은 사실이 있다면 그 처분의 내용, 처분한 법원 및 처분 일자를 확인하여야 한다.

2. 아동보호 사건송치

① 경찰관은 아동학대범죄를 신속히 수사하여 「아동학대처벌법」 제24조의 규정에 따라 사건을 검사에게 송치하여야 한다. 이때 「수사준칙」 제51조제1항제3호의 각 목에 해당하는 사건이면 「경찰수사규칙」 별지 제115호서식의 송치결정서에 그 내용을 적어야 한다.

② 아동보호 사건송치 시 사건송치서 죄명 란에는 해당 죄명을 적고 비고란에 '아동보호 사건'이라고 표시한다.

③ 경찰관은 아동학대 사건송치 시 사건의 성질·동기 및 결과, 아동학대행위자와 피해아동과의 관계, 아동학대행위자의 성행 및 개선 가능성 등을 고려하여 「아동학대처벌법」의 아동보호사건으로 처리함이 상당한지 여부에 관한 의견을 제시할 수 있다.

3. 보호처분 결정의 집행

① 경찰관은 「아동학대처벌법」 제38조제1항에 따른 법원의 요청이 있는 경우에는 보호처분의 결정을 집행하여야 한다.

② 「아동학대처벌법」 제38조제2항에 따라 보호처분의 집행을 담당하는 경찰관이 시·도지사 등에게 보호처분 이행상황을 통보할 때에는 별지 제133호서식의 보호처분 이행상황 통보서에 따른다.

4. 의무위반 사실의 통보

경찰관은 「아동학대처벌법」 제63조제1항제2호부터 제5호까지에 따른 의무위반 사실을 알게 된 때에는 그 사실을 별지 제138호서식의 의무위반 사실 통보서에 따라 관계 행정기관의 장에게 통보할 수 있다.

제2절 소년사건 개념

Ⅰ. 용어 정의

1. 소 년
19세 미만인 자를 말한다.

2. 범죄소년
14세 이상 19세 미만의 자로서, 죄를 범한 자를 말한다.

3. 촉법소년
10세 이상 14세 미만의 자로서, 형벌 법령에 저촉되는 행위를 한 자를 말한다.

4. 우범소년
보호자의 정당한 감독에 복종하지 않는 성벽이 있거나, 정당한 이유 없이 가정에서 이탈하거나, 범죄성이 있는 자, 또는 부도덕한 자와 교제하거나 기타의 사유로 그의 성격 또는 환경에 비추어 장래 형벌 법령에 저촉되는 행위를 할 우려가 있는 10세 이상 19세 미만인 자를 말한다.

5. 비행소년
범죄소년, 촉법소년, 우범소년을 총칭한다.

6. 불량행위 소년
비행소년은 아니나, 음주·흡연·싸움 기타 자기 또는 타인의 덕성을 해하는 행위를 하는 소년을 말한다.

7. 요보호 소년
비행소년은 아니나 학대·혹사·방임된 소년 또는 보호자로부터 유기 또는 이탈되었거나, 그 보호자가 양육할 수 없는 경우, 기타 경찰관직무집행법 제4조 또는 아동복지법에 따라 보호를 요하는 자를 말한다.

8. 보호자

친권자, 후견인, 법정대리인, 재학하는 학교의 장, 담임교사, 기숙사의 사감, 아동복지시설의 장, 고용주 또는 대리인 등 소년을 직접 보호 감독하는 자를 말한다.

9. 관계자

보호자와 피해자, 고소인 또는 고발인, 증인 기타 소년의 선도 또는 소년사건 처리에 직접 간접으로 관계있는 자를 말한다.

II. 기본원칙

1. 소년경찰의 기본정신

가. 건전육성의 정신
   소년 경찰활동은 소년을 건전하게 지도 · 육성 · 보호함을 근본으로 한다.
나. 소년의 특성 이해
   소년의 심리 · 생리, 기타의 특성을 깊이 이해하고 선도한다.
다. 처우의 개별화
   소년범죄 등 비행은 구성요건을 규명하기보다도 소년의 성행 및 환경, 기타 비행의 원인을 정확히 파악하여 개별적으로 타당한 선도 및 처우한다.
라. 처우의 과학화
   소년의 선도와 처우는 과학적 지식과 방법으로 조사 · 분석, 검토하여 결정한다.
마. 비밀의 보장
   소년의 선도와 처우는 소년의 인격과 자주성을 존중하고, 비밀을 보장하여 소년과 관계자가 불안을 느끼지 않도록 한다.
바. 관계자의 존경과 신뢰의 획득
   인격의 향상과 식견의 함양에 힘써 소년 및 관계자로부터 존경과 신뢰를 얻는다.

2. 소환 시 유의사항

가. 소년 또는 보호자가 요청할 때에는 경찰관서에 소환하지 않고 경찰관이 직접 가정, 학교 또는 직장을 방문하여야 한다.
나. 소년의 학교 또는 직장에서 공공연하게 소환하는 일은 가급적 피하여야 한다.
다. 소년 또는 보호자를 소환할 때에는 보호자의 이해와 협조를 구하여야 한다.
라. 필요에 따라 현장조사를 할 경우에도 될 수 있는 한 사복을 착용하여 관계자가 불안감을 느끼지 않도록 하여야 한다.

3. 면접 시 유의사항

가. 면접시간은 최소한도로 하고, 소년의 수업 중 또는 취업 중의 시간 및 야간을 피하여야 한다.

나. 면접 장소는 타인의 이목을 피하여 소년 또는 그 보호자가 긴장하지 않고 면접할 수 있도록 적당한 장소를 선택하여야 한다.

다. 면접은 부득이한 경우를 제외하고는 그 소년의 보호자 또는 적당하다고 인정되는 자의 입회하에 실시하여야 한다.

라. 면접 중에 행하는 대화의 기록은 신문 또는 진술조서를 작성하는 경우를 제외하고는 간단한 요지만을 기입할 것이며, 소년이나 그 보호자가 불안과 공포심을 갖지 않도록 하여야 한다.

마. 면접 중에는 소년 또는 그 보호자가 허위 진술 또는 반항을 한다고 하여 흥분하거나 멸시하여서는 아니 되며, 부드럽고 조용한 분위기를 유지하여 스스로 자제와 반성을 하도록 하여야 한다.

바. 면접이 끝났을 때는 소년 또는 그 보호자가 불안감을 느끼지 않고 경찰의 선도 및 처우에 신뢰하도록 사후조치를 하여야 한다.

4. 상담 선도 시의 유의사항

가. 경찰서 또는 지서·파출소에서 행하는 이외에 필요에 따라 소년과 보호자 또는 관계자가 안심하고 상담에 응할 수 있는 청소년회관, 아동상담소, 복지시설, 기타 적당한 장소를 택하여 행하는 방법도 고려해야 한다.

나. 진솔하고 우호적인 태도와 안정된 분위기를 유지하여 상담선도의 성과를 얻도록 하여야 한다.

다. 상담내용이 소년 경찰직무에 해당하는 사항이 아니라고 인정될 때에도 이를 수리하여 소관기관 또는 단체에 연결, 또는 주선하여 줌으로써 국민으로부터 신뢰감을 얻도록 하여야 한다.

5. 공표 시의 유의사항

소년문제 또는 소년사건에 관한 사항을 신문, 기타 보도기관에 공표할 때는 당해 소년 또는 보호자에 미치는 영향을 충분히 고려하여야 하며, 특히 주소, 성명, 직장, 학교, 기타 특정인으로 유지될만한 사항을 공표하여서는 안 된다.

제3절 비행소년의 처리

Ⅰ. 일반적 처리사항

1. 수사 또는 조사 시의 확인사항

가. 사실의 존부 및 내용

나. 비행동기 및 원인

다. 소년의 성격, 행동 및 경력

라. 소년의 가정, 학교, 직장 및 교우관계

마. 소년의 주거지의 환경

바. 소년의 비행방지에 협력할 수 있다고 인정되는 관계자의 유무

2. 수사 또는 조사 시의 유의사항

가. 관계기관에 송치 또는 통고 여부 및 송치 또는 통고할 기관을 신중히 결정하여야 한다.

나. 소년의 보호자, 기타 소년에 대하여 사정을 잘 알고 있는 자의 협력을 얻어야 한다.

다. 선입감과 속단을 피하고 정확한 자료를 수집하여야 한다.

라. 조사함에서는 고문·폭행·협박·기망 기타 조사의 임의성에 관하여 의심받을 만한 방법을 취해서는 아니 된다.

마. 진술의 대가로 이익을 제공할 것을 약속하는 등 진술의 진실성을 잃게 할 염려 있는 방법을 취해서는 아니 된다.

바. 조사는 단시간에 끝내도록 유의하고, 부득이한 사유가 있는 경우를 제외하고는 심야에 하는 것을 피하여야 한다.

사. 조사에 지장이 없는 한 보호자나 변호인의 입회를 허용하여야 한다.

아. 소년의 심신에 이상이 있다고 인정할 때에는 지체없이 의사가 진단하게 하여야 한다.

3. 구속에 관한 주의

소년 피의자에 대하여는 되도록 구속을 피하고 부득이 구속, 체포 또는 동행하는 경우에는 그 시기와 방법에 관하여 특히 주의하여야 한다.

4. 진술거부권의 고지

가. 범죄혐의가 있는 소년을 조사함에서는 미리 진술을 거부할 수 있음을 알려야 한다.

나. 전항의 고지는 조사가 상당 기간 중단하였거나 다시 이를 개시할 경우 또는 담당 경찰관이 교체된 경우에는 다시 고지하여야 한다.

5. 학교전담경찰관에 대한 통보

사법경찰관리는 소년사건을 접수한 경우 해당 사건의 접수 사실을 소속 경찰관서의 학교전담경찰관에게 문서로 통보해야 한다.

II. 범죄소년

1. 강제조치 등의 제한

가. 경찰관은 범죄소년일지라도 부득이한 경우를 제외하고는 체포, 구금, 기타 강제조치를 하여서는 아니 된다.

나. 부득이한 체포, 구금, 기타 강제조치를 결정하려고 할 때 또는 강제조치를 집행하려고 할 때는 다음의 사항에 유의하여야 한다.

① 범죄소년의 연령, 성격, 비행경력, 범죄의 내용, 구금장소의 상황, 구금시간, 기타 강제조치로부터 당해 소년에게 미치는 정신적 영향 등을 신중히 고려하여야 한다.

② 구금할 때에는 원칙적으로 성인과 분리하여 수용하여야 한다.

③ 강제조치를 하였을 때는 지체 없이 그 보호자 또는 대리자에게 연락하여야 한다.

2. 친고죄 등에 관한 조치

가. 경찰관은 소년의 범죄가 친고죄로서, 피해자 기타 고소권자가 고소하지 않을 것이 명백히 되었을 때도 장래 비행방지상 필요하다고 인정될 때에는 우범소년으로써 필요한 조치를 강구하여야 한다.

나. 다만, 필요 이상으로 피해자를 소환하거나 피해자의 진술조서를 작성하는 등 피해자의 심정에 반하는 조사를 피하여야 한다.

3. 여죄의 수사

범죄소년에 대한 여죄의 수사는 당해 소년의 비행경력을 명확히 파악함으로써 장래에 대한 재비행 위험성의 판단 및 비행방지에 목적을 두어야 한다.

4. 범죄소년에 대한 서류의 작성

경찰관은 수사한 결과 범죄소년으로 판명되었을 때에는 당해 범죄소년의 범행동기 및 원인, 범행 전후의 상황, 기타 범죄사실 및 범죄의 정황을 입증하는 제반조서를 작성하여야 하며 선도의 적정을 기하기 위하여 필요하다고 인정되는 경우에는 전기 서류 이외의 사항에 대하여도 이를 작성하여야 한다.

5. 범죄소년이 소지한 물건의 조치

경찰관은 범죄소년의 수사에 있어서 소년의 비행방지상 소지하는 것이 부적당하다고 인정되는 물건을 발견하였을 때에는 법에 따라 이를 압수하는 경우를 제외하고는 이를 소유권자, 기타 권리인에게 반환하거나 그 보호자에게 예치시키거나 본인 또는 그 보호자의 동의를 얻어 폐기시키는 등 당해 범죄소년이 물건을 소지하지 않도록 조치하여야 한다.

Ⅲ. 촉법소년

1. 촉법소년에 대한 서류의 작성

경찰관은 체포된 소년의 행위가 10세 이상 14세 미만일 때에 행하여진 것이 명백하여 당해 촉법소년을 송치하는 경우에는 「요보호대상(부랑아, 우범소년)소년」에 준하는 관계서류를 작성, 비치하고 송치서류는 소년보호사건 송치서 및 진술조서로 한다.

2. 촉법소년의 일시보호

가. 경찰관은 촉법소년에 대하여 보호할 필요가 있다고 인정되는 경우에는 경찰관직무집행법 제4조 및 아동복지법 제10조에 의하여 일시 보호할 수 있다.

나. 촉법소년을 일시 보호할 때는 다음의 사항에 유의하여야 한다.

① 일시보호를 할 때는 보호실을 사용하고, 부득이한 경우에도 경찰서 내의 숙직실, 휴게실 등 당해 소년을 수용하는데 적당하다고 인정되는 시설을 이용하여야 한다.

② 일시 보호 중 자기 또는 타인의 생명, 신체 또는 재산에 위해를 주는 사고가 발생하지 않도록 하여야 한다.

③ 일시보호를 결정하였을 때에는 지체없이 보호자에게 그 사유를 통지하여야 한다.

3. 촉법소년에 대한 조치

촉법소년을 조사한 결과 송치할 필요가 있다고 인정되는 자는 신속히 관할 가정법원 또는 지방법원 소년부에 송치하여야 한다.

4. 소지한 물건의 조치

범죄소년의 경우와 같이 처리한다.

Ⅳ. 우범소년

1. 우범소년에 대한 긴급조치

경찰관은 긴급한 보호조치를 하지 않으면 형벌 법령에 저촉되는 행위를 할 염려가 있는 소년을 발견하거나 보호자, 기타 관계자로부터 연락을 받았을 때는 지체없이 일시보호 조치를 강구하여야 한다.

2. 소지한 물건의 조치

범죄소년의 경우와 같이 처리한다.

3. 우범소년에 대한 조치

우범소년을 조사한 결과 송치할 필요가 있다고 인정되는 자는 신속히 관할 가정법원 또는 지방법원 소년부에 송치하여야 한다.

제4절 소년보호사건의 송치 등

Ⅰ. 사건송치

※ 경찰수사규칙
제89조(소년에 대한 조사) ① 사법경찰관리는 소년을 조사하는 경우에는 행위의 동기, 그 소년의 성품과 행실, 경력, 가정 상황, 교우관계, 그 밖의 환경 등을 상세히 조사하여 그 결과를 서면으로 적어야 한다.
② 사법경찰관리는 소년에 대한 출석요구나 조사를 하는 경우에는 지체 없이 그 소년의 보호자 또는 보호자를 대신하여 소년을 보호할 수 있는 사람에게 연락해야 한다. 다만, 연락하는 것이 그 소년의 복리상 부적당하다고 인정되는 경우에는 그렇지 않다.
③ 사법경찰관리는 소년인 피의자에 대해서는 가급적 구속을 피하고, 부득이하게 체포·구속 또는 임의동행하는 경우에는 그 시기와 방법에 특히 주의해야 한다.
④ 사법경찰관리는 소년인 피의자가 체포·구속된 경우에는 다른 사건보다 우선하여 그 사건을 조사하는 등 신속한 수사를 위해 노력해야 한다.

1. 소년사건을 수사한 결과 피의자가 형벌 법령에 저촉되는 행위를 한 12세 이상 14세 미만의 소년(촉법소년)으로 판명되었을 때에는 당해 소년에 대하여 적당한 선도보호의 조치가 취하여지도록 하여야 한다. 이 경우 그자에게 보호자가 없거나 보호자에게 감호하는 것이 부적당하다고 인정될 때에는 아동복지법에 따른 조치를 강구하거나 이를 소년 보호사건(촉법)으로 하여 경찰서장이 직접 가정법원 소년부 또는 지방법원 소년부에 송치하여야 한다.

2. 제1항의 경우에 있어서 촉법소년의 행위가 형법상의 금고 이상의 형에 해당하는 것일 때에는 이를 소년보호사건으로 하여 소년부에 직접 송치하여야 한다.

3. 피의자가 형벌 법령에 저촉되는 행위를 한 사실이 없는 것이 판명되었으나 다음에 열거하는 사유가 있고 그의 성격 또는 환경에 비추어 장래 형벌 법령에 저촉되는 행위를 할 우려가 있는 10세 이상의 소년(우범소년)일 때에는 그 소년에 대하여 적절한 선도보호 조치가 취하여지도록 하여야 한다. 이 경우 그자에게 보호자가 없거나 보호자에게 감호하게 하는 것이 부적당하다고 인정될 때에는 아동복지법에 따른 조치를 강구하거나 이를 소년보호사건(우범)으로 하여 경찰서장이 직접 소년

부에 송치하여야 한다.

가. 보호자의 정당한 감독에 복종하지 않는 성벽이 있는 것

나. 정당한 이유없이 가정에서 이탈하는 것

다. 범죄성이 있는 자 또는 부도덕한 자와 교체하거나 자기 또는 타인의 덕성을 해롭게 하는 성벽이 있는 것

라. 위 항의 경우에 있어서 처리 당시의 우범소년의 연령이 18세 미만일 때에는 이를 소년보호사건으로 하여 소년부에 직접 송치하여야 한다.

4. 보호사건 송치서

촉법소년 또는 우범소년을 가정법원 소년부에 송치할 때는 보호사건 송치서에 소년범 환경조사서, 기타 참고자료를 첨부하여야 한다. 다만, 우범소년이면 보호사건 송치서만으로 송치할 수도 있다.

Ⅱ. 소년 카드

1. 비행소년으로서 송치 또는 통고 된 소년, 기타 필요하다고 인정되는 소년에 대하여는 소년카드(소년환경조사서)를 작성 비치하여야 한다.

2. 소년카드[소년환경조사서]를 작성하는 경우 소년의 재비행위험성 판단과 그에 맞는 선도 교육 등을 위하여 조사과정에 전문가를 참여시켜 비행성예측자료표를 작성하게 할 수 있다. 이 경우 소년 및 보호자의 동의를 받아야 한다.

○○경찰서

제 호   20○○.○.○.

수 신 : ○○법원 소년부

제 목 : 소년보호사건 송치

다음과 같이 송치합니다.

비행소년	성 명			이명(별명)	
	생 년 월 일			직 업	
	등 록 기 준 지				
	주 거				
	학 교			담임	
	보호자	성 명		관계	
		주민등록번호		연령	
		주 거			
		전 화		핸 드 폰	
비 행 사 건 명					
발 각 원 인					
동 행 여 부					
증 거 품					
비 고					

○○경찰서

사법경찰관 경감 유 아 림

비 행 사 실 (일시·장소·동기· 방법·피해액)	 직위(담당자/팀원) 계
결 정 일	
결 정 주 문	 직위(감독자/팀장이상) 계급

비 행 성 예 측 자 료 표

이름			성별		비행명 :				
			연령						

비행촉발요인	조사항목	점수	조사항목	점수	비행촉발요인 점수	비행촉발 정도	체크란
	1. 가족구조		4. 가출경험		0-10	낮다	
	2. 가족기능		5. 비행전력		11-20	약간 높다	
	3. 학교생활		6. 개인적요인		21 이상	높다	
	총 점						

인성검사	척도	ICN (비일관성)	INF (저빈도)	NIM (부정적인상)	PIM (긍정적인상)	SOM (신체적호소)	ANX (불안)	ARD (불안장애)	DEP (우울)	MAN (조증)	PAR (망상)	SCZ (조현병)
	점수											
	척도	BOR (경계선특징)	ANT (반사회적특징)	ALC (음주문제)	DRG (약물사용)	AGG (공격성)	SUI (자살관념)	STR (스트레스)	NON (비지지)	RXR (치료거부)	DOM (지배성)	WRM (온정성)
	점수											

인성검사소견	

면담태도	

종합소견	
	재비행 위험성 : _____ ① 낮다 _____ ② 약간 높다 _____ ③ 높다

작성 일자	년 월 일	범죄심리사	(인)
		범죄심리전문가	(인)

색인					소 년 카 드 (소년환경 조사서)		결재	팀장	과장	서장

번호	○○○○경찰서 ○○년도 제 0000-000000 호		구 분	

소 년	성명		이명		국적	내국인(주민등록번호 : -)
	생년월일	. . .생 (만 세,)				외국인(국적: , 신분: , 체류 목적: , 등록번호:)
	직업		연락처		등록기준지	
	학력	학교 학년 ■ (퇴학사유:)				
	주소				생활정도	
	혼인관계				종교	

	관계	성 명	연령	직업(경제상태)	연락처	소년에 대한 감호태도, 전과유무 등
가족관계						

본 건 비 행	구분		죄명		비행내용	
	공범관계	공범 유 (공범과 관계:) 무	여죄		비행내용	
	범행동기					
	피해자와의관계					
	범행후은신처					
	마약상용여부					
	정신상태					
	조치	법원 보호사건 송치□ 검찰 구속 송치□ 검찰 불구속 송치□ 선도조건부 불입건□ 기타□( ) - 구속별(긴급체포□ 사전영장□ 체포□ 현행범체포□) - 불구속별(검사구속취소□ 검사기각□ 불구속입건□ 적부심석방□ 판사기각□) - 선도조건부 불입건 조치별(상담기관인계□ 사랑의 교실□ 교육기관통보□ 전문가결연□ 기타□)				

<table>
<tr><td rowspan="6">비
행
경
력</td><td>전과</td><td colspan="3"></td></tr>
<tr><td>전회
처분</td><td colspan="3">가석방□ 기소유예□ 보석·형집행정지□ 보호처분□ 선고유예□ 선도유예□ 수배중□
즉결심판□ 집행유예□ 형집행종료□ 감호소출소□ 선도조건부 불입건□ 기타□ 없음□</td></tr>
<tr><td>보호
처분</td><td></td><td>재범
종류</td><td></td></tr>
<tr><td>재범
기간</td><td colspan="3"></td></tr>
<tr><td rowspan="2">경찰
선도
경력</td><td colspan="3">선도조건부 불입건□ 송치 후 선도□ 기타□( ) 없음□</td></tr>
<tr><td colspan="3">– 선도조건부 불입건 조치별 (청소년상담기관 인계□ 사랑의 교실 이수□
            교육기관 통보□ 전문가 결연선도□ 기타□)
– 송치 후 선도 조치별 (청소년상담기관 인계□ 사랑의 교실 이수□
            교육기관 통보□ 전문가 결연선도□ 기타□)</td></tr>
</table>

재 비 행 위 험 성 평 가	비행 환경 평가	(좌)	(우)

좌측:

1. 생계 담당자 (   )점
   1) 가정의 생계담당자는 소년의
      부 또는 모 (0)
      기 타   (6)

2. 결손가정 (   )점
   1) 가정 내 결손이 없다 (0)
      있다 (6)
   2) 있다면 부 사망 이혼 별거 장기부재
         모 사망 이혼 별거 장기부재

3. 교육수준 (   )점
   1) 중학교 혹은 고교 재학중 (0)
      중학교 이하/중퇴, 고교 중퇴 (7)

4. 무단결석 (   )점
   1) 학교 재학 중 무단결석 없다. (0)
   2) 일주일 이상 무단 결석 있다. (9)
   * 최초 무단 결석시: 학교 학년
     최초무단 결석시 결석 일 수: 일간

우측:

5. 교우관계 (   )점
   * 친한 친구 중,
   1) 학업 중단 후 무직인 친구가 있다 없다
   2) 경찰에 단속되었던 친구가 있다 없다
      "있다"가 0개 (0)
         1개 (5)
         2개 (8)

6. 가출 경험 (   )점
   1) 가출경험 없다 (0)
      있다 1~2회 이상 (3)
         3회 이상 (8)
   * 최초 가출시 연령 : 만 세
   * 최초 가출시 가출 기간: 일간

7. 조발 비행 (   )점
   * 14세 미만에
   1) 조발비행이 없다 (0)
      있다 우범행위 (13)
         촉법행위 (16)
   * 최초 조발 비행시 연령 : 만 세
   * 최초 조발 비행시 죄명 :

		계 : ( )점	비행위험성 낮다(0~11점)	비행위험성 높다(21~29점)
			비행위험성 약간 높다(12~20점)	비행위험성 아주 높다(30점 이상)

	전문가 참여 결과	검사결과	
		종합의견	

처 우 의 견	

작 성 자	. . . 작성 ○○○○경찰서 ○○과 ○○팀 계 급 : ○○ 성 명 : ○○○ (인)

구분	항목별 기재 방법

구분 (좌측 서식)

소년 기본정보

성명		이명		국적	내국인□(주민번호 -)
생년월일	년 월 일생(만 세, 남, 여)				외국인□(국적 ; 신분; 체류목적; 등록번호)
직업		연락처		본적	0000-000
학력	학교 학년 재학□, 졸업□, 중퇴 □(퇴학사유:)				
주소	0000-000	생활정도	극부□상류□중류□하류□국빈□		
혼인관계	동거□미혼□사별□유배우자□이혼□	종교	기독교□천주교□불교□원불교□천도교□ ( ) 무교□		
가족관계	실부□실부모□무부실모□실부계모□계부실모□부무모□무부계모□계부모□부모무□				

가족관계	관계	성명	연령	직업(경제상태)	연락처	소년에 대한 감호태도, 전과유무 등

본건 비행

본건비행	구분	마약사건□ 가정폭력□ 학교폭력□	죄명		비행내용	
	공범관계	공범 유□ (공범과 관계:) 무□	여죄		비행내용	
	범행동기	가정불화□ 기타□ 보복□ 부주의□ 사행심□ 우발적□ 유혹□ 현실불만□ 호기심□ 경제적 곤란□				
	피해자관계	국가□ 애인□ 거래대방□ 이웃□ 고용주□ 지인□ 공무원□ 직장동료□ 기타□ 친구□ 기타친족□ 타인□ 동거친족□ 피고용자□				
	범행후은신처	공범집□ 외국□ 기타□ 자가집□ 숙박업소□ 지인집□ 애인집□ 친척집□ 야외□ 현장검거□				
	마약상습	마약류(마약□ / 대마□ / 향정신성의약품□) 본드, 신나 등□ 알코올□ 해당 무□				
	정신상태	정상□ 정신이상□ 정신박약□ 기타정신장애□ 주취□ 월경시의상□				
	조치	법원 보호사건 송치□ 검찰 구속 송치□ 검찰 불구속 송치□ 선도조건부 불입건□ 기타□( ) - 구속행(긴급체포□ 사전영장□ 체포□ 현행범체포□) - 불구속행(검사구속취소□ 검사기각□ 불구속입건□ 적부심석방□ 판사기각□) - 선도조건부 불입건 조치내용(상담기관연계□ 사랑의 교실 이수□ 교육기관통보□ 전문가연계□ 기타□)				

비행경력

비행경력	전과	없음□ 1범□ 2범□ 3범□ 4범□ 5범□ 6범□ 7범□ 8범□ 9범이상□
	전회처분	기소유예□ 기소유예□ 형집행정지□ 선고유예□ 선도유예□ 수배중□ 즉결심판□ 집행유예□ 형집행종료□ 감호소출소□ 선도조건부 불입건□ 기타□ 없음□
	보호처분	1회□ 2회□ 3회이상□ / 재범종류 재범□ 동종□ 이종□
	재범기간	1월 이내□ 3월 이내□ 6월 이내□ 1년 이내□ 2년 이내□ 3년 이내□ 3년 초과□
	경찰선도경력	선도조건부 불입건□ 송치 후 선도□ 기타□( ) 없음□ - 선도조건부 불입건 조치별 (청소년상담기관 연계□ 사랑의 교실 이수□ 교육기관 통보□ 전문가 결연선도□ 기타□) - 송치 후 선도 조치별 (청소년상담기관 연계□ 사랑의 교실 이수□ 교육기관 통보□ 전문가 결연선도□ 기타□)

재비행위험성 평가

재비행위험성 평가	비행환경평가	1. 생계 담당자 ( )점 1) 가정의 생계담당자는 소년의 부 또는 모 (0) 기 타 (6)	5. 교우관계 ( )점 · 친한 친구 중, 1) 학업 중단 후 무직인 친구가 있다□ 없다□ 2) 경찰에 단속되었던 친구가 있다□ 없다□ "있다"가 0개 □ (0) 1개 □ (5) 2개 □ (8)
		2. 결손가정 ( )점 1) 가정 내 결손이 없다 □ (0) 있다 □ (6) 2) 있다면 부 사망□ 이혼□ 별거□ 장기부재□ 모 사망□ 이혼□ 별거□ 장기부재□	6. 가출 경험 ( )점 1) 가출경험 있다□ 없다□ 있다 1~2회 이상□ (3) 3회 이상 □ (8) * 최초 가출시 연령: 만 세 * 최초 가출시 가출 기간: 일간
		3. 교육수준 ( )점 1) 중학교 혹은 고교 재학중 □ (0) 중학교 이하(중퇴), 고교 중퇴 □ (7)	7. 조벌 비행 ( )점 · 14세 미만에 1) 조벌비행이 없다 □ (0) 있다 우범행위 □ (13) 촉법행위 □ (16) * 최초 조벌 비행시 연령: 만 세 * 최초 조벌 비행시 죄명:
		4. 무단결석 ( )점 1) 학교 재학 중 무단결석 없다. □ (0) 2) 일주일 이상 무단 결석 있다. □ (9) * 최초 무단 결석시: 학교 학년 최초무단 결석시 결석 일수: 일간	
		점수 계: ( )점 비행위험성 낮다(0~11점) □ 비행위험성 높다(21~29점) □ 비행위험성 약간 높다(12~20점) □ 비행위험성 아주 높다(30점 이상) □	
	전문가 참여 결과	검사결과	
		종합의견	
처우의견			

항목별 기재 방법 (우측)

∘ **소년에 대한 기본정보 기재 항목**
· 성명, 주민등록번호, 주소 등 소년의 신상에 관련한 내용 기재
· 가족관계에 부모 등 보호자 기재(부모가 없는 소년은 보호자의 지위에 있는 자 기재)
※ 보호자 동의 시 보호자의 주민등록번호 기재
 → 법원의 보호자 교육명령 등 소년 보호 시 필요

∘ **소년의 비행사실 기재 항목**
· 범행 동기, 피해자 관계, 정신 상태(주취) 등 확인 후 해당 항목 기재
· 조치 항목에서 '선도조건부 불입건' 조치 시 연계한 선도 교육기관 기재

∘ **소년의 비행경력 기재 항목**
· 범죄·수사경력 및 PIIS 수사대상자 검색으로 선도조건부 불입건 등 입건전 조사 종결 사건도 기재
※ '경찰선도경력' 항목은 과거 선도 조치 내역 기재

∘ **재비행 위험성 평가 기재 항목**
· '처우의견' 항목은 담당 경찰관 의견 기재
 예) 기소유예 또는 불개시 결정 필요, 사회봉사명령 필요 등
· 비행환경평가 7가지 항목 평가 후 합산, 비행 위험성 '낮다(11점이하)', '약간 높다(12-20점)', '높다(21-29점)', '아주 높다(30점이상)' 중 선택
※ 전문가가 참여 조사한 경우 작성 불요
· 전문가 참여시 '전문가참여 결과' 항목에 검사결과 및 종합의견 기재

제5절 청소년성보호법 관련 대상 청소년에 대한 사건처리

Ⅰ. 대상 청소년에 대한 형사입건 절차

1. 입건대상자

아동·청소년의성보호에관한법률 제13조(아동·청소년의 성을 사는 행위 등) 아동·청소년의 성을 사는 행위의 대상이 된 청소년

2. 입건 기준 및 죄명 등

가. 성매매 동기와 경위, 성매매 횟수 및 기간과 관계없이 전원 입건
나. 죄명
　　성매매 알선 등 행위의 처벌에 관한 법률 위반
다. 지문채취, 수사자료표 작성 여부
　　지문을 채취하고 수사자료표 작성·관리
라. 기타 입건절차
　　검사와 사법경찰관의 상호협력과 일반적 수사준칙에 관한 규정을 적용

Ⅱ. 대상 청소년에 대한 수사절차

1. 피의자신문조서 작성 여부
　대상 청소년에 대한 조사는 피의자신문조서를 사용
2. 수사 시 경찰수사규칙 등 '소년사건에 관한 특칙'을 철저히 준수

Ⅲ. 경찰의 송치절차

1. 사건송치서 의견란
　'소년부 송치'라고 기재
2. 의견서
　범행사실 내용뿐만 아니라 사건의 성질·동기 및 결과와 행위자의 성행 등을 고려하여 대상 청소년을 보호사건으로 처리함이 상당한지 여부에 관한 의견도 기재
3. 다른 사건과 병합된 경우에는 분리하여 별도 의견 기재

IV. 검찰의 사건 수리

1. 통상적인 사건접수 절차에 따라 수리
2. 전산입력 시 죄명은 "성매매알선등행위의처벌에관한법률위반(청소년)"으로 입력

V. 검사의 사건처리

1. 검사의 처분

가. 대상 청소년의 성매매 동기와 경위, 성매매 횟수 및 기간, 가정환경 등을 종합하여 상습성 또는 재범 가능성 등을 검토한 뒤 소년부 송치 또는 상담·교육과정 이수명령 처분결정

나. 소년부 송치

  − 송치결정서는 기존 소년부 송치 서식을 사용하고, 송치서의 적용법조는 '성매매알선등행위의처벌에관한법률위반 제21조 제1항, 아동·청소년의성보호에관한법률 제39조 제1항'으로 기재

  − 다른 사건과 병합된 경우 성매매알선등행위의처벌에관한법률위반 부분을 분리하여 소년부 송치

다. 교육과정 이수명령

  − 수사결과 대상 청소년의 보호 및 재활을 위한 교육이 필요한 경우 "공소권없음"으로 처분결정(소위 인적처벌 조각사유에 해당)

  − 불기소결정문 및 전산입력 시 비고란에 "교육이수 명령"을 기재

  − 교육이수 명령 처분결정을 한 경우 국가 청소년위원회에 해당 사실을 통보

2. 교육과정 이수명령의 취소

가. 교육과정 이수명령 처분결정을 한 대상 청소년이 교육과정에 응하지 아니함으로 말미암아 국가청소년위원장으로부터 교육과정 이수명령 불응 통보를 받으면 "공소권없음" 처분한 대상 청소년의 사건을 재기(재기사유는 교육과정 이수명령 취소)

나. 제기된 사건은 소년부 송치 처분

제6절 실종아동등 및 가출인 업무처리
(실종아동등 및 가출인 업무처리 규칙)

Ⅰ. 정 의

1. "아동등"이란 「실종아동등의 보호 및 지원에 관한 법률」(이하 "법"이라 한다) 제2조제1호에 따른 실종 당시 18세 미만 아동, 지적·자폐성·정신장애인, 치매환자를 말한다.

2. "실종아동등"이란 법 제2조제2호에 따른 사유로 인하여 보호자로부터 이탈된 아동등을 말한다.

3. "찾는실종아동등"이란 보호자가 찾고 있는 실종아동등을 말한다.

4. "보호실종아동등"이란 보호자가 확인되지 않아 경찰관이 보호하고 있는 실종아동등을 말한다.

5. "장기실종아동등"이란 보호자로부터 신고를 접수한 지 48시간이 경과한 후에도 발견되지 않은 찾는실종아동등을 말한다.

6. "가출인"이란 신고 당시 보호자로부터 이탈된 18세 이상의 사람을 말한다.

7. "발생지"란 실종아동등 및 가출인이 실종·가출 전 최종적으로 목격되었거나 목격되었을 것으로 추정하여 신고자 등이 진술한 장소를 말하며, 신고자 등이 최종 목격 장소를 진술하지 못하거나, 목격되었을 것으로 추정되는 장소가 대중교통시설 등일 경우 또는 실종·가출 발생 후 1개월이 경과한 때에는 실종아동등 및 가출인의 실종 전 최종 주거지를 말한다.

8. "발견지"란 실종아동등 또는 가출인을 발견하여 보호 중인 장소를 말하며, 발견한 장소와 보호 중인 장소가 서로 다른 경우에는 보호 중인 장소를 말한다.

9. "국가경찰 수사 범죄"란 「자치경찰사무와 시·도자치경찰위원회의 조직 및 운영 등에 관한 규정」 제3조제1호부터 제5호까지 또는 제6호나목의 범죄가 아닌 범죄를 말한다.

10. "실종·유괴경보 문자메시지"란 실종·유괴경보가 발령된 경우 「실종아동등의 보호 및 지원에 관한 법률 시행령」(이하 "영"이라 한다) 제4조의5 제7항에 따른 공개정보(이하 "공개정보"라 한다)를 시민들에게 널리 알리기 위하여 휴대폰에 전달하는 문자메시지를 말한다.

II. 정보시스템 입력 대상 및 관리

1. 정보시스템 입력 대상 및 정보 관리

① 실종아동등 프로파일링 시스템에 입력하는 대상은 다음 각 호와 같다.

1. 실종아동등
2. 가출인
3. 보호시설 입소자 중 보호자가 확인되지 않는 사람(이하 "보호시설 무연고자"라 한다)

② 경찰관서의 장은 실종아동등 또는 가출인에 대한 신고를 접수한 후 신고대상자가 다음 각 호의 어느 하나에 해당하는 경우에는 신고내용을 실종아동등 프로파일링 시스템에 입력하지 않을 수 있다.

1. 채무 관계 해결, 형사사건 당사자 소재 확인 등 실종아동등 및 가출인 발견 외 다른 목적으로 신고된 사람
2. 수사기관으로부터 지명수배 또는 지명통보된 사람
3. 허위로 신고된 사람
4. 보호자가 가출 시 동행한 아동등
5. 그 밖에 신고내용을 종합하였을 때 명백히 제1항에 따른 입력 대상이 아니라고 판단되는 사람

③ 실종아동등 프로파일링 시스템에 등록된 자료의 보존기간은 다음 각 호와 같다. 다만, 대상자가 사망하거나 보호자가 삭제를 요구한 경우는 즉시 삭제하여야 한다.

1. 발견된 18세 미만 아동 및 가출인 : 수배해제 후로부터 5년간 보관
2. 발견된 지적·자폐성·정신장애인 등 및 치매환자 : 수배해제 후로부터 10년간 보관
3. 미발견자 : 소재 발견 시까지 보관
4. 보호시설 무연고자 : 본인 요청 시

④ 경찰관서의 장은 본인 또는 보호자의 동의를 받아 실종아동등 프로파일링 시스템에서 데이터베이스로 관리하는 실종아동등 및 보호시설 무연고자 자료를 인터넷

안전드림에 공개할 수 있다.

⑤ 경찰관서의 장은 다음 각 호의 어느 하나에 해당하는 때에는 지체 없이 인터넷 안전드림에 공개된 자료를 삭제하여야 한다.

1. 찾는실종아동등을 발견한 때

2. 보호실종아동등 또는 보호시설 무연고자의 보호자를 확인한 때

3. 본인 또는 보호자가 공개된 자료의 삭제를 요청하는 때

⑥ 실종아동등 또는 가출인에 대한 신고를 접수하거나, 실종아동등 프로파일링 시스템에 신고내용이 입력된 것을 확인한 경찰관은 보호자가 요청하는 경우에는 별지 제1호서식의 신고접수증을 발급할 수 있다.

2. 실종아동등 프로파일링 시스템 등록

① 경찰관서의 장은 제7조 제1항 각 호의 대상에 대하여 별지 제2호서식의 실종아동등 프로파일링 시스템 입력자료를 시스템에 등록한다.

② 경찰관서의 장은 다음 각 호의 어느 하나에 해당하는 경우에는 별지 제3호서식에 따른 수정·해제자료를 작성하여 실종아동등 프로파일링 시스템에 등록된 자료를 해지하여야 한다. 다만, 제6호에 해당하는 경우에는 해제요청 사유의 진위(眞僞) 여부를 확인한 후 해제한다.

1. 찾는실종아동등 및 가출인의 소재를 발견한 경우

2. 보호실종아동등의 신원을 확인하거나 보호자를 확인한 경우

3. 허위 또는 오인신고인 경우

4. 지명수배 또는 지명통보 대상자임을 확인한 경우

5. 보호자가 해제를 요청한 경우

③ 실종아동등에 대한 해제는 실종아동찾기센터에서 하며, 시·도경찰청장 및 경찰서장이 해제하려면 실종아동찾기센터로 요청하여야 한다.

신 고 접 수 증

접 수 번 호 (시 스 템)	제 호
접 수 일 자	년 월 일
민 원 명	
민원인(대표자 또는 대리인) 성 명	
처 리 예 정 기 한	
처 리 주 무 부 서	
안 내 사 항	
민 원 접 수 자 서 명	
○ ○ 경 찰 서	

※ 참고사항

○본 접수증은 단순한 신고 접수 사실만을 확인한 것이며 신고 사실에 대한 진위는 조사된 것이 아니므로 어떠한 만·형사 관계에 영향을 미치기 위해 사용될 수 없습니다.

○가출인의 핸드폰이나 E−mail을 통한 위치추적 또는 통화내역의 확인은 현행 통신비밀보호법(범죄수사 또는 국가안전보장을 위한 경우로 한정됨)상 불가함을 알려드립니다.

○경찰관이 가출 성인을 발견한 경우 가출인의 의사에 반하여 가출인의 위치를 알 수 있는 사항은 통보할 수 없습니다.

III. 실종아동등

1. 신고 접수

① 실종아동등 신고는 관할에 관계없이 실종아동찾기센터, 각 시·도경찰청 및 경찰서에서 전화, 서면, 구술 등의 방법으로 접수하며, 신고를 접수한 경찰관은 범죄와의 관련 여부 등을 확인해야 한다.

② 경찰청 실종아동찾기센터는 실종아동등에 대한 신고를 접수하거나, 신고 접수에 대한 보고를 받은 때에는 즉시 실종아동등 프로파일링 시스템에 입력, 관할 경찰관서를 지정하는 등 필요한 조치를 하여야 한다. 이 경우 관할 경찰관서는 발생지 관할 경찰관서 등 실종아동등을 신속히 발견할 수 있는 관서로 지정해야 한다.

2. 신고에 대한 조치 등

① 경찰관서의 장은 찾는실종아동등에 대한 신고를 접수한 때에는 정보시스템의 자료를 조회하는 등의 방법으로 실종아동등을 찾기 위한 조치를 취하고, 실종아동등을 발견한 경우에는 즉시 보호자에게 인계하는 등 필요한 조치를 하여야 한다.

② 경찰관서의 장은 보호실종아동등에 대한 신고를 접수한 때에는 제1항의 절차에 따라 보호자를 찾기 위한 조치를 취하고, 보호자가 확인된 경우에는 즉시 보호자에게 인계하는 등 필요한 조치를 하여야 한다.

③ 경찰관서의 장은 제2항에 따른 조치에도 불구하고 보호자를 발견하지 못한 경우에는 관할 지방자치단체의 장에게 보호실종아동등을 인계한다.

④ 경찰관서의 장은 정보시스템 검색, 다른 자료와의 대조, 주변 인물과의 연락 등 실종아동등의 조속한 발견을 위하여 지속적인 추적을 하여야 한다.

⑤ 경찰관서의 장은 실종아동등에 대하여 제18조의 현장 탐문 및 수색 후 그 결과를 즉시 보호자에게 통보하여야 한다. 이후에는 실종아동등 프로파일링시스템에 등록한 날로부터 1개월까지는 15일에 1회, 1개월이 경과한 후부터는 분기별 1회 보호자에게 추적 진행상황을 통보한다.

⑥ 경찰관서의 장은 찾는실종아동등을 발견하거나, 보호실종아동등의 보호자를 발견한 경우에는 실종아동등 프로파일링 시스템에서 등록 해제하고, 해당 실종아동등에 대한 발견 관서와 관할 관서가 다른 경우에는 발견과 관련된 사실을 관할 경찰관서의 장에게 지체 없이 알려야 한다.

3. 출생 신고 지연 아동의 확인

경찰관서의 장은 법 제6조제4항에 따라 지방자치단체의 장으로부터 출생 후 6개월이 경과한 아동의 신상카드 사본을 제출받은 경우에는 지체 없이 정보시스템에서 관리하는 자료와의 비교·검색 등을 통해 해당 아동이 실종아동인지를 확인하여 그 결과를 지방자치단체의 장에게 통보하여야 한다.

4. 아동등 지문 등 정보의 사전등록 및 관리

① 경찰관서의 장은 법 제7조의2에 따라 보호자가 사전등록을 신청하는 때에는 신청서를 제출받아 실종아동 등 프로파일링 시스템에 등록한 후 「개인정보보호법」 제21조제1항에 따라 지체없이 폐기한다.

② 경찰관서의 장은 가족관계 기록사항에 관한 증명서, 장애인등록증 등 필요한 서류를 확인하는 등의 방법으로 아동등이 사전등록 대상에 해당하는지 확인하여야 한다.

③ 경찰관서의 장은 보호자의 신청을 받아 아동등의 지문·얼굴 사진정보를 수집 및 인적사항 등 신청서상 기재된 개인정보를 확인하여 사전등록시스템에 입력할 수 있다. 다만, 보호자가 지문 또는 얼굴 사진정보의 수집을 거부하는 때에는 그 의사에 반하여 정보를 수집할 수 없다.

④ 경찰관서의 장은 보호실종아동등을 발견한 때에는 해당 아동등의 지문·얼굴 사진정보를 수집 및 신체특징을 확인한 후 사전등록시스템의 데이터베이스와 비교 검색하는 등의 방법으로 신원을 확인하기 위한 조치를 하여야 한다. 다만, 해당 아동등이 지문 또는 얼굴 사진정보의 수집을 진정한 의사에 의해 명시적으로 거부할 때에는 그 의사에 반하여 정보를 수집할 수 없다.

⑤ 경찰관서의 장은 제4항의 조치에도 불구하고 보호실종아동등의 신원을 확인하지 못할 때는 제11조의 규정에 따른 조치를 하여야 한다.

⑥ 경찰관서의 장은 영 제3조의3 제2항에 따라 사전등록된 데이터베이스를 폐기하는 때에는 어떠한 방법으로도 복구할 수 없도록 기술적 조치를 하여야 한다.

⑦ 경찰관서의 장은 영 제3조의 3 제2항 제2호에 따라 보호자가 사전등록된 데이터베이스의 폐기를 요청하는 때에는 즉시 해당 데이터베이스를 폐기하고, 제출받은 요청서는 10년간 보관하여야 한다.

5. 실종아동등의 위치정보를 요청하는 방법 및 절차

① 찾는실종아동등의 신고를 접수하여 현장에 출동한 경찰관은 보호자·목격자의 진술, 실종 당시의 정황 등을 종합하여 실종아동등의 조속한 발견을 위해 법 제9조에 따른 위치정보 제공요청의 필요 여부를 판단하여야 한다.

② 현장출동 경찰관은 신고자로부터 가족관계 등록사항에 관한 증명서, 장애인등록증 등 필요한 서류를 확인하는 등의 방법으로 신고대상자가 실종아동등에 해당하는지와 신고자가 실종아동등의 보호자가 맞는지 확인하여야 한다. 다만, 현장에서 관련 서류를 확인하기 어려운 때에는 신고자의 진술로 이를 확인할 수 있다.

③ 경찰관이 법 제9조에 따른 위치정보 제공을 요청하는 때에는 다음 각 호에 따른 결재권자의 결재를 받아 요청하여야 한다. 다만, 야간 또는 공석 등의 이유로 즉시 결재를 받기 어려울 때는 사후에 보고하도록 해야 한다.

1. 지구대·파출소 지역경찰관 : 지구대장 또는 파출소장
2. 경찰서 여성청소년부서 담당 경찰관 : 소속 과장
3. 시·도경찰청 여성청소년과 담당 경찰관 : 소속 계장

④ 담당 경찰관은 찾는실종아동등의 위치정보를 제공받아 수색하는 과정에서 해당 실종아동등이 범죄피해로 인해 실종되었다고 확인되는 때에는 즉시 해당 위치정보를 폐기하여야 한다.

⑤ 경찰관서의 장은 위치정보가 실종아동등 찾기 이외의 목적으로 오·남용되지 않도록 관리하여야 한다.

6. 유전자검사

가. 실종아동등 여부 사전확인

① 경찰관서의 장은 법 제11조제1항 각 호에 따른 대상자로부터 유전자검사대상물을 채취하려면 실종아동등 프로파일링시스템의 자료 검색 등을 통하여 검사 대상자와 인적사항 등이 유사한 자료가 있는지 미리 확인하여야 한다.

② 경찰관서의 장은 제1항에 따른 검색을 통하여 검사 대상자가 실종아동등이라는 것이 확인된 경우에는 해당 자료 화면을 출력하여 유전자검사동의서 등 유전자 검사대상물 채취관련 서류와 함께 보관한다.

③ 유전자검사대상물을 채취하고자 하는 아동등이 제1항의 방법으로 확인되지 않을 때는 해당 아동등에게 보호시설 입·퇴소 기록 및 신상카드 등을 확인한 후 유전자검사대상물을 채취한다. 이때 해당 기록 및 신상카드 사본은 제출받아 유전자

검사대상물 채취 관련서류와 함께 보관하여야 한다.

나. 유전자검사 동의서 사본교부

① 경찰관서의 장은 법 제11조제1항에 의한 유전자검사 대상물 채취 시 작성한 「실종아동등의 발견 및 유전자검사 등에 관한 규칙」 제9조제1항의 유전자검사 동의서 사본을 본인 또는 법정대리인에게 교부하여야 한다.

Ⅳ. 가출인

1. 신고 접수

① 가출인 신고는 관할에 관계없이 접수하여야 하며, 신고를 접수한 경찰관은 범죄 와 관련 여부를 확인하여야 한다.

② 경찰서장은 가출인에 대한 신고를 접수한 때에는 정보시스템의 자료 조회, 신고 자의 진술을 청취하는 방법 등으로 가출인을 발견하기 위한 조치를 하여야 하며, 가출인을 발견하지 못한 경우에는 즉시 실종아동등 프로파일링시스템에 가출인 에 대한 사항을 입력한다.

③ 경찰서장은 접수한 가출인 신고가 다른 관할인 경우 제2항의 조치 후 지체 없이 가출인의 발생지를 관할하는 경찰서장에게 이첩하여야 한다.

2. 신고에 대한 조치 등

① 가출인 사건을 관할하는 경찰서장은 정보시스템 자료의 조회, 다른 자료와의 대조, 주변 인물과의 연락 등 가출인을 발견하기 위해 지속적으로 추적하고, 실종아동등 프로파일링 시스템에 등록한 날로부터 반기별 1회 보호자에게 귀가 여부를 확인한 다.

② 경찰서장은 가출인을 발견한 때에는 등록을 해제하고, 해당 가출인을 발견한 경 찰서와 관할하는 경찰서가 다른 경우에는 발견 사실을 관할 경찰서장에게 지체 없이 알려야 한다.

③ 경찰서장은 가출인을 발견한 경우에는 가출신고가 되어 있음을 고지하고, 보호자 에게 통보한다. 다만, 가출인이 거부하는 때에는 보호자에게 가출인의 소재(所 在)를 알 수 있는 사항을 통보하여서는 아니 된다.

Ⅴ. 실종 · 유괴경보의 발령

1. 실종 · 유괴경보 체계의 구축 · 운영 등

① 경찰청장은 법 제9조의2 제1항에 따라 실종 · 유괴경보 정책 수립 및 제도 개선 등에 관한 사항을 총괄하며 다음 각 호의 업무를 수행한다.

1. 실종 · 유괴경보와 관련하여 협약을 체결한 기관 · 단체(이하 "협약기관"이라 한다)와의 협조체계 구축 · 운영

2. 실종 · 유괴경보 발령시스템 구축 및 유지 관리

3. 행정안전부, 영 제4조의5 제2항에 따른 주요 전기통신사업자(이하 "주요 전기통신사업자"라 한다) 등 관계기관과의 협력

4. 실종 · 유괴경보 발령 기준 및 표준문안 · 도안 개선

5. 실종 · 유괴경보 운영실태 파악 및 통계 관리

6. 관련 매뉴얼 및 교육자료 제작

7. 그 밖에 실종 · 유괴경보 정책 수립 및 제도 개선 등과 관련된 제반 사항

② 시 · 도경찰청장은 실종 · 유괴경보와 관련하여 다음 각 호의 업무를 수행한다.

1. 협약기관과의 협조체계 구축 · 운영

2. 실종 · 유괴경보의 발령 및 해제

3. 타 시 · 도경찰청장의 발령 요청 등에 대한 협조

4. 소속 경찰관에 대한 교육

5. 그 밖에 실종 · 유괴경보 발령 및 해제와 관련된 제반 사항

③ 경찰서장은 다음 각 호의 업무를 수행한다.

1. 협약기관과의 협조체계 구축 · 운영

2. 실종 · 유괴경보의 발령 요청

3. 소속 경찰관에 대한 교육

④ 시 · 도경찰청장과 경찰서장은 실종 · 유괴경보와 관련한 업무를 수행하기 위하여 다음 각 호의 구분에 따라 운영책임자를 둔다.

1. 실종경보 운영책임자

　가. 시 · 도경찰청 : 여성청소년과장(미직제시 생활안전교통과장)

　나. 경찰서 : 여성청소년과장(미직제시 생활안전과장 또는 생활안전교통과장)

2. 유괴경보 운영책임자

가. 시·도경찰청 : 형사과장(미직제시 수사과장)

나. 경찰서 : 형사과장(미직제시 수사과장)

2. 실종·유괴경보의 발령

① 시·도경찰청장은 실종아동등의 조속한 발견과 복귀를 위하여 실종·유괴경보의 발령이 필요하다고 판단되는 경우 별표1의 발령 요건·기준에 따라 실종·유괴경보를 발령할 수 있다.

② 제1항에 따라 실종경보를 발령한 시·도경찰청장은 타 시·도경찰청장의 관할구역에도 실종경보의 발령이 필요하다고 인정하는 경우 타 시·도경찰청장에게 같은 내용의 경보발령을 요청할 수 있고, 경보발령을 요청받은 시·도경찰청장은 특별한 사유가 없는 한 지체 없이 실종경보의 발령에 협조하여야 한다.

③ 시·도경찰청장은 별표1에 규정된 경보해제 사유에 해당하는 경우 즉시 당해 실종·유괴경보를 해제하여야 한다.

3. 실종·유괴경보 문자메시지 송출

① 경찰청장은 법 제9조의 2 제2항 제1호에 따라 주요 전기통신사업자에게 실종·유괴경보 문자메시지의 송출을 요청하기 위한 시스템을 직접 구축·운영하거나 행정안전부 장관과 사전 협의하여 「재난 및 안전관리 기본법」 제38조의2 제1항과 「재난문자방송 기준 및 운영규정」 제4조제1항에 따라 구축된 재난문자방송 송출시스템을 이용할 수 있다.

② 시·도경찰청장은 제24조제1항에 따른 실종·유괴경보를 발령하면서 실종·유괴경보 문자메시지의 송출이 필요하다고 판단되는 경우 별표2의 송출 기준에 따라 별표3의 송출 문안을 정하여 실종아동찾기센터로 송출을 의뢰할 수 있다. 다만, 유괴경보 문자메시지의 송출을 의뢰하는 경우에는 국가수사본부장의 사전 승인을 받아야 한다.

③ 시·도경찰청장이 실종경보 문자메시지의 송출을 의뢰하면서 송출 지역이 타 시·도경찰청장의 관할구역에 속하는 경우 제24조 제2항의 규정에도 불구하고 타 시·도경찰청장이 관할구역에 대한 실종경보 문자메시지의 송출에 협조한 것으로 간주한다.

④ 제2항에 따라 송출 의뢰를 받은 실종아동찾기센터는 제1항에 따른 송출시스템을

통하여 주요 전기통신사업자에게 실종·유괴경보 문자메시지의 송출을 요청하여야 한다. 다만, 시·도경찰청장이 의뢰한 내용에 대하여는 제2항 및 제3항에 따른 요건의 충족 여부를 확인하여야 하며, 위 요건에 대한 흠결이 있을 때는 시·도경찰청장에게 보정을 요구할 수 있고, 그 흠결이 경미한 때에는 시·도경찰청장으로부터 그 내용을 확인하여 직권으로 보정할 수 있다.

실종·유괴경보 발령 요건 및 기준

1. 실종·유괴경보 발령 요건

명 칭	발령 요건
가. 실종경보	1) 다음의 요건을 모두 갖춘 경우 실종경보를 발령할 수 있다. 　가) 보호자가 별지 제7호서식의 동의서를 서면으로 제출할 것 　나) 실종아동등의 상습적인 가출 전력이 없을 것 　다) 실종아동등의 생명·신체에 대한 피해 발생이 우려될 것 2) 1)의 나) 및 다)에 대하여는 범죄심리전문가의 의견을 들을 수 있다. 3) 1)에 따른 기준을 충족하더라도 실종아동등이 유괴 또는 납치되었다는 명백한 증거가 존재하는 경우 실종경보를 발령하여서는 아니된다.
나. 유괴경보	1) 다음의 요건을 모두 갖춘 경우 유괴경보를 발령할 수 있다. 　가) 보호자가 별지 제8호서식의 동의서를 서면으로 제출할 것 　나) 유괴 또는 납치 사건으로 의심할 만한 증거나 단서가 존재할 것 　다) 경보발령에 대한 국가수사본부장의 승인이 있을 것 2) 1)의 나)에 대하여는 범죄심리전문가의 의견을 들을 수 있다.
다. 경보해제	1) 대상자를 발견하거나 범인을 검거한 경우 2) 보호자가 해제를 요구하거나 경보발령 기간이 종료된 경우 3) 기타 수사 등의 이유로 경보발령의 중단이 필요하다고 인정된 경우

비고
1. 보호자로부터 실종·유괴경보 관련 동의서를 제출받는 경우 담당 경찰관은 사전에 보호자에게 다음의 사항들을 설명하여야 한다.
　가. 실종아동등의 인적사항이 일반인에게 공개된다는 사실
　나. 실종·유괴경보 발령은 일반인들의 제보를 유도하여 실종아동등을 발견하기 위한 수단이라는 사실
　다. 그 밖에 당해 사건의 특성상 보호자에게 설명할 필요가 있다고 인정되는 사실
2. 시·도경찰청장은 필요한 경우 지역 실정, 발령 빈도 등을 고려하여 실종경보 발령 요건 중 1)의 나) 및 다)에 대한 구체적인 판단 기준을 마련할 수 있다.

2. 실종·유괴경보 발령 기준

구 분	발령 기준
가. 경보발령 지역·기간	1) 다음의 장소들을 고려하여 실종·유괴경보 발령 지역을 정한다. 　가) 실종아동등의 주거지 또는 주소지 　나) 실종 전 최종적으로 목격되었던 장소 　다) CCTV 영상자료, 위치추적, 카드 사용내역 등 객관적인 자료를 통하여 실종아동등이 소재하고 있다고 인정되는 장소 　라) 기타 정황상 실종아동등이 소재하고 있을 가능성이 높은 장소 2) 경보발령 기간은 보호자와 협의하여 정하되, 특별한 사유가 없으면 실종아동등 발견시까지로 한다.
나. 송출 수단·매체	1) 실종·유괴경보 발령 시 실종아동등 사건의 중대성과 발령의 효과성 등을 고려하여 다음의 범위 내에서 송출 수단·매체를 정한다. 　가) 협약기관을 통한 정보 공개 　나) 실종·유괴경보 문자메시지 송출 　다) 기관 홈페이지, 사회관계망서비스를 통한 정보 공개 　라) 전단지, 현수막 등 그 밖의 수단·매체 활용 2) 1)의 가)에 따라 협약기관에 정보 공개를 요청하는 경우 표준 문안·도안 등 발령에 필요한 자료를 첨부하여 협조를 요청하여야 한다. 다만, 협약기관과 협의하여 별도의 협조절차·방법 등을 정한 경우 그에 따른다. 3) 1)의 나)에 따른 문자메시지 송출은 [별표2]의 기준을 적용한다.
다. 공개정보의 범위	1) 실종·유괴 경보 발령 시 다음의 정보를 공개한다. 　가) 실종·유괴 경위 및 일시·장소, 대상 구분 　나) 실종아동등의 성명, 사진, 나이, 성별, 국적, 신장, 몸무게, 착의 2) 필요한 경우 다음의 구분에 따라 정보를 추가 공개할 수 있다. 　가) 실종경보 : 체격, 얼굴형, 두발색상·형태, 점·흉터 등 신체특징 등 실종아동등의 발견 및 복귀를 위하여 필요한 최소한의 정보 　나) 유괴경보 : 용의자의 성명, 사진, 나이, 직업, 신체특징, 착용의상, 차량정보 등 유괴된 아동등의 발견 및 복귀를 위하여 필요한 최소한의 정보

실종·유괴경보 문자메시지 송출 기준

○ 실종경보 문자메시지 송출 기준

구 분	송출 기준		
	시 간	지 역	횟 수
발령문자	07~21시	다음의 범위 내에서 시·도경찰청장이 정하는 지역 1. 최종목격지 관할 시·군·구 2. 실종아동등의 주거지 관할 시·군·구 3. 현재지 관할 시·군·구	원칙 : 송출시점까지 확인된 지역에 한하여 1회 송출 예외 : 수사 등을 통해 새로운 현재지가 확인된 경우, 해당 현재지에 한하여 1회 한도로 추가송출 가능
해제문자	07~21시	발령문자가 송출되었던 지역	최대 1회

비고 : "현재지"란 CCTV 영상자료, 위치추적, 카드 사용내역 등 객관적인 자료를 통하여 실종아동등이 소재하고 있다고 인정되는 가장 최근의 장소를 말한다.

○ 유괴경보 문자메시지 송출 기준

구 분	송출 기준		
	시 간	지 역	횟 수
발령문자	07~21시	시·도경찰청장이 정하는 지역	최대 2회
해제문자	07~21시	발령문자가 송출되었던 지역	최대 1회

실종 · 유괴경보 문자메시지 표준문안

○ 실종경보 문자메시지 표준문안

구 분		문 안
실종경보	발령문자	[◇◇경찰청] 경찰은 △△시 △△지역에서 □□□□* 실종자 ○○○씨(군, 양, 00살)를 찾고 있습니다 - 성별, 키, 체중, 착용의상 [URL] / ☏182
		* ①최종목격지 : 최종 목격된 / ②주거지 : 거주 중인 / ③현재지 : 배회 중인
	해제문자	[◇◇경찰청] 시민 여러분의 관심과 제보로 경찰은 오늘 실종된 ○○○씨(군,양, 00살)를 안전하게 발견했습니다. 감사합니다.

○ 유괴경보 문자메시지 표준문안

구 분		문 안
유괴경보	발령문자	[◇◇경찰청] 경찰은 △△시 △△지역에서 유괴 · 납치된 것으로 의심되는 ○○○씨(군,양, 00살)를 찾고 있습니다. - 성별, 키, 체중, 착용의상 [URL] / ☏182
	해제문자	[◇◇경찰청] 시민 여러분의 관심과 제보로 경찰은 오늘 ○○○씨(군,양, 00살)를 안전하게 □□□□□□* 하였습니다. 감사합니다.
		* ① 유괴 · 납치범을 검거한 경우 : 구조하고 용의자를 검거 ② 미검거 또는 일반사건 : 발견

실 종 경 보 발 령 동 의 서

경찰관서명				
대 상 자	성 명		생년월일	
보 호 자	성 명		생년월일	
관 계 자	성 명			

1. 실종경보 발령 목적 : 실종아동등의 사진, 신상정보 및 실종경위 등을 일반인에게 공개하고, 사회적 관심과 제보를 유도하여 실종아동등을 신속히 발견

2. 다음 각 항목에 대해 관계자로부터 설명을 들은 후 본인이 충분히 이해하였다고 판단되면 [ ] 란에 체크[V]를 하시기 바랍니다.

가. [ ] 실종경보 발령의 이익과 위험에 대하여 관계자로부터 충분한 설명을 들었습니다.

나. [ ] 실종경보 발령에 따라 대상자의 인적사항이 문자메시지·방송·신문·인터넷 등의 매체·수단을 통해 일반인에게 공개되며, 공개된 정보는 실종경보가 해제된 이후에도 매체·수단의 특성상 비공개 전환 또는 삭제가 어려울 수 있습니다.

다. [ ] 보호자가 위의 사항에 대하여 동의했더라도 실종경보 발령 전에는 언제든지 동의를 철회할 수 있고, 발령된 이후에는 해제를 요구할 수 있습니다.

라. [ ] 보호자가 위의 사항에 대하여 동의했더라도 실종경보 발령과 관련된 요건을 충족하지 못하는 경우 실종경보는 발령될 수 없습니다.

마. [ ] 대상자를 발견한 경우 또는 기타 수사 등의 이유로 실종경보 발령의 중단이 필요하다고 인정되는 경우 실종경보는 해제됩니다.

바. [ ] 실종경보 발령에 대한 동의는 보호자의 자발적 의사에 따릅니다.

「실종아동등의 보호 및 지원에 관한 법률 시행령」 제4조의5에 따라 위 대상자에 대한 실종경보 발령에 동의합니다.

년   월   일

보호자(동의권자)   (서명 또는 인)

관 계 자   (서명 또는 인)

※ 첨부서류 : 발령대상자의 보호자임을 증명하는 서류

유괴경보 발령 동의서

경찰관서명					
대 상 자	성 명		생년월일		
보 호 자	성 명		생년월일		
관 계 자	성 명				

1. 유괴경보 발령 목적 : 실종아동등의 사진, 신상정보 및 유괴경위 등을 일반인에게 공개하고, 사회적 관심과 제보를 유도하여 실종아동등을 신속히 발견

2. 다음 각 항목에 대해 관계자로부터 설명을 들은 후 본인이 충분히 이해하였다고 판단되면 [ ] 란에 체크[V]를 하시기 바랍니다.

   가. [ ] 유괴경보 발령의 이익과 위험에 대하여 관계자로부터 충분한 설명을 들었습니다.

   나. [ ] 유괴경보 발령에 따라 대상자의 인적사항이 문자메시지·방송·신문·인터넷 등의 매체·수단을 통해 일반인에게 공개되며, 공개된 정보는 유괴경보가 해제된 이후에도 매체·수단의 특성상 비공개 전환 또는 삭제가 어려울 수 있습니다.

   다. [ ] 보호자가 위의 사항에 대하여 동의했더라도 유괴경보 발령 전에는 언제든지 동의를 철회할 수 있고, 발령된 이후에는 해제를 요구할 수 있습니다.

   라. [ ] 보호자가 위의 사항에 대하여 동의했더라도 유괴경보 발령과 관련된 요건을 충족하지 못하는 경우 유괴경보는 발령될 수 없습니다.

   마. [ ] 대상자를 발견한 경우 또는 기타 수사 등의 이유로 유괴경보 발령의 중단이 필요하다고 인정되는 경우 유괴경보는 해제됩니다.

   바. [ ] 유괴경보 발령에 대한 동의는 보호자의 자발적 의사에 따릅니다.

「실종아동등의 보호 및 지원에 관한 법률 시행령」 제4조의5에 따라 위 대상자에 대한 유괴경보 발령에 동의합니다.

년   월   일

보호자(동의권자)   (서명 또는 인)

관 계 자   (서명 또는 인)

※ 첨부서류 : 발령대상자의 보호자임을 증명하는 서류

감정의뢰 및 처리

제7장

제1절 거짓말탐지기 의뢰

Ⅰ. 개 념

1. 정 의

"거짓말탐지기"라 함은, 정신적인 동요로 생리적 변화를 일으키는 과정에서 심장의 움직임과 혈압, 맥박의 변화 및 전류에 대한 피부 저항도의 변화와 호흡운동의 변화상태 등을 기록하여 진술의 진위발견에 응용하는 장치를 말한다.

2. 기본원칙

거짓말탐지기 검사는 진술의 진실 여부를 확인하기 위한 수사의 지원, 보조로써 하며 다음 각호의 사항을 준수하여야 한다.

가. 검사는 특정 사건의 수사 또는 입건전조사와 관련된 사항에 한하여 행할 수 있고, 특정인의 사상·신념의 탐지 목적이나 수사와 직접 관련 없는 사항에 관하여는 검사를 하지 못한다.

나. 검사는 검사받을 자가 사전에 임의 동의한 경우에만 행할 수 있다.

다. 검사를 거부하는 경우 이를 이유로 불이익한 추정을 하거나 불이익한 결과를 초래할 조치를 할 수 없다.

Ⅱ. 검 사

1. 대 상

검사는 다음 각 항의 1에 해당하는 자로서 검사를 승낙한 자에 한한다.

가. 피의자 중 범행의 전부 또는 일부를 부인하였을 경우

나. 사건의 증인, 목격자, 참고인 등의 진술이 수사상 필요하다고 인정되는 경우

다. 기타 검사의 필요성이 있다고 인정되는 경우

2. 검사의뢰

가. 특정사 건의 수사담당 경찰관은 검사의 필요성이 있다고 판단될 때에는 소속관, 서장에게 보고하여 사건관계자에 대한 거짓말 탐지검사를 의뢰할 수 있다.

나. 피검사자는 자기 진술의 진실을 입증하기 위하여 담당 수사관에게 거짓말 탐지검사를 하여 달라고 요청할 수 있다.

다. 요청이 있는 경우 수사관은 그 요청이 타당한 이유가 있을 때는 과·서장에게 보고, 검사를 의뢰하여야 한다.

라. 검사를 의뢰할 때에는 거짓말 탐지 검사실시 의뢰서에 별지 제1호 서식에 의한 거짓말탐지기 검사 동의서를 첨부하여 주관부서에 의뢰하여야 한다.

마. 긴급을 요하는 검사의뢰는 전화 또는 FAX로 할 수 있다.

3. 검사의 실시

검사는 다음 각호의 1에 해당하는 경우에만 행할 수 있다.

가. 진술의 진위판단

나. 사건의 단서 및 증거수집

다. 상반되는 진술의 비교 확인

라. 진술의 입증

4. 검사의 금지

검사관은 검사 전 면담을 통해 피검사자가 다음 각호의 1에 해당하는 사유로 검사에 부적격자로 판단되는 경우에는 검사하여서는 아니 된다.

가. 정신병자 또는 정신박약자

나. 정신신경증으로 정동이 불안전한 자

다. 약물복용 등에 의해 진정 또는 흥분상태에 있는 자

라. 정상적 반응을 가져올 수 없을 정도의 최근 심각한 심장·호흡기 질환 등의 신체적 장애가 있는 자

마. 임신부 및 생리 중인 자

바. 주기 또는 주취 된 자

사. 기타 검사에 부적당하다고 인정되는 자

5. 피검사자의 동의

검사관은 검사를 시작하기 전에 피검사자가 임의로 동의하였는가를 확인한 다음 피검사자로부터 거짓말탐지기 검사 동의서를 받아야 한다.

폴리그래프 검사 동의서

피검사자 인적사항	성 명		생년월일		성별	남 여
	연락처					

☐ **검사에 대한 동의**

　본인은 ＿＿＿＿＿＿＿ 사건에 관하여 어떠한 불법적, 강제적 압력이나 권유를 받음이 없이 자발적으로 폴리그래프 검사를 받겠으며, 추후 본 검사결과가 법정 증거로 사용되는 것에 동의하고, 검사동의를 거부할 수 있다는 권리와 동의거부에 따른 불이익이 없다는 내용을 고지받았으며 이를 충분히 이해하고 동의합니다.

☐ **검사과정 녹음·녹화 (영상정보처리)에 대한 동의**

▸ 개인정보 수집·이용 목적 : 공정한 검사 및 인권 보호를 위해 수집·이용한다.

▸ 수집하는 개인정보의 항목 : 피검사자가 검사실 입실부터 퇴실할 때까지의 전 과정을 녹음·녹화한다.

▸ 보유 및 이용 기간 : 검사종료 당해 연도 12월 31일을 기준으로 하여 3년간 보존한다.

▸ 동의 거부권리 안내 : 피검사자는 본 개인정보 수집에 대한 동의를 거부하실 수 있으며, 이 경우 폴리그래프 검사를 받을 수 없게 됩니다.

본인은 상기 동의 사항을 고지받았으며 이를 충분히 이해하고 동의합니다.

　　　　　20 ．　　．　　．　　동의인 :　　　　　　(서명)

○ ○ 경 찰 서

수사   –   (전화번호   –   )   20○○. ○. ○

수신   ○○경찰청장   발신   경감 고 계 영 ㉑

참조   수사과장

제목   거짓말탐지기 검사실시 의뢰

         아래 사람에 대한 거짓말탐지기 검사를 하고자 하오니 검사하여 주시기 바랍니다.

피검사자	성 명	홍 길 동	주민등록번호	600101-1234567
	주 거	○○시 ○○동 123번지		
	등록기준지	위와 같은 곳		

범죄(입건전 조사) 요 지	별지와 같음
검사의뢰사항	별지와 같음

   첨 부 : 거짓말탐지기 검사동의서 1부.

III. 검사 시의 준수사항

1. 검사관은 검사에 필요한 질문서를 작성하기 위하여 사건의 경위를 설명받거나 조사 내용을 파악하여야 한다.
2. 검사의뢰기관은 피검사자에 대하여 검사 전에는 장시간 조사를 하여서는 안 된다.
3. 피검사자가 정신적, 육체적 피로나 고통이 현저할 때 또는 정신장애 상태에 있는 동안은 검사하여서는 안 된다.
4. 검사의뢰 시는 최소 24시간 전에 검사의뢰기관과 검사일시의 결정을 하여야 한다.
5. 피검사자가 자의로 검사에 동의하지 않는 한 검사하여서는 안 된다.
6. 검사의뢰기관은 48시간 전에 검사 가능 여부를 확인하고 검사 24시간 전에 주관부서에 의뢰하여야 하며 피검사자에게 충분한 휴식을 취하도록 하여야 한다.
7. 검사실시는 주관부서의장이 필요하다고 인정하는 때에만 실시한다.
8. 검사의뢰기관은 사건의 초동수사 단계에서 검사의 필요성을 판단하고 검사에 필요한 자료나 사건 내용 등을 정확히 파악하여 수사에 앞서 검사의뢰하는 것을 원칙으로 한다.
9. 검사의뢰기관은 사건 내용을 충분히 설명하고 자료를 제출하여야 한다.
10. 검사 요원은 검사종료 시 그 결과를 분석 판독하여 5일 이내에 의뢰기관에 알려주어야 한다.

IV. 기 타

1. 구속피의자 등에 대한 조치

가. 피검사자가 구속 중인 피의자이거나 여자면 수사관이 관찰실에서 입회한다.
나. 관찰실이 없는 장소에서 검사하는 경우 제1호의 입회할 자가 검사에 방해된다고 인정될 때에는 입회 없이 행할 수 있다.

2. 검사결과 보고서의 작성

검사관은 검사실시 후 5일 이내에 그 결과를 주관부서의 장에게 보고하여야 한다.

제2절 감정의뢰

Ⅰ. 법규연구 (형사소송법)

제173조(감정에 필요한 처분) ① 감정인은 감정에 관하여 필요한 때에는 법원의 허가를 얻어 타인의 주거, 간수자 있는 가옥, 건조물, 항공기, 선차내에 들어 갈 수 있고 신체의 검사, 사체의 해부, 분묘의 발굴, 물건의 파괴를 할 수 있다.
② 전항의 허가에는 피고인의 성명, 죄명, 들어갈 장소, 검사할 신체, 해부할 사체, 발굴할 분묘, 파괴할 물건, 감정인의 성명과 유효기간을 기재한 허가장을 발부하여야 한다.
③ 감정인은 제1항의 처분을 받는 자에게 허가장을 제시하여야 한다.

제179조의2(감정의 촉탁) ① 법원은 필요하다고 인정하는 때에는 공무소·학교·병원 기타 상당한 설비가 있는 단체 또는 기관에 대하여 감정을 촉탁할 수 있다. 이 경우 선서에 관한 규정은 이를 적용하지 아니한다.
② 제1항의 경우 법원은 당해 공무소·학교·병원·단체 또는 기관이 지정한 자로 하여금 감정서의 설명을 하게 할 수 있다.

Ⅱ. 마약류 범죄 수사 시 소변, 모발채취 절차

1. 소변 채취 및 간이시약 검사

가. 채취량 : 소변 채취는 최소 20mL 이상 채취

※ 약물 한 가지 성분 검사에 최소 10mL 필요

나. 피의자가 1명인 경우

- 포장 상태의 소변 채취 용기를 대상자 앞에서 개봉
- 채취 용기에 대상자 이름을 기재하고, 경찰관이 입회한 상태에서 피의자가 직접 소변 채취
- 소변 채취 후 소변을 피의자 앞에 놓고, 간이시약 검사실시

다. 피의자가 2인 이상인 경우

- 포장 상태의 소변 채취 용기를 대상자들 앞에서 개봉
- 용기를 피의자들 앞에 각각 놓고 대상자 이름을 기재 후, 경찰관이 입회한 상태에서 소변 채취

– 소변을 채취한 후 피의자들이 직접 들고 자신의 앞에 놓게 하고, 간이시약 검사실시

> 【소변 채취 시 주의사항】
> – 메트암페타민 등 대부분의 마약류는 투약 후 체내에서 배출되는 기간은 최대 7일 이내로 통상 4일이 지나면 간이시약으로 검사가 양성반응이 나오지 않을 수도 있다
> – 피의자들은 소변 채취 시 소변 통에 물을 섞거나, 평소 마약 성분이 없는 소변을 낭심 주위에 은닉하다 소변 통에 넣는 경우가 있으므로 채취된 소변채취용기를 손으로 만져 사람의 체온 정도의 온기가 있는지 확인
> – 다수의 피의자를 상대로 소변채취 및 간이시약검사 할 때는 한 명씩 경찰관 입회하에 소변채취 및 간이시약검사를 하여 추후 재판과정에서 피의자가 소변이 바뀌었다고 주장할 것에 대비
> – 피의자가 여성인 경우는 여자경찰관을 필히 입회시켜 소변채취

라. 간이시약검사 및 판독 요령(사용 방법)

– 간이 시약기를 검사 前 대상자에게 시약기 포장지에 기재된 유효기간과 밀봉 상태를 확인시켜 준 후 개봉
– 간이 시약기로 검사 중 비교 띠인 "C"창에 줄이 생기지 않으면 간이 시약기가 불량이므로 다른 시약기로 검사
– 간이시약 검사는 채취된 소변을 샘플창에 2방울 정도 넣고 약 5분 경과 후 양·음성 여부 판독
– 간이시약 검사는 피의자가 마약류 투약 여부를 판단하기 위한 예비실험으로 증거능력이 없음에 유의

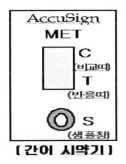
【간이 시약기】

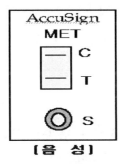
【음 성】

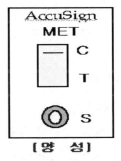
【양 성】

※ 판독방법 : C와 T에 두 줄 음성, C 한 줄 양성
※ 샘플창(S)에 소변 2방울을 넣고 5분경과 후 양성·음성 판독
※ 간이시약(아큐테스트) 종류

MET	THC	OPI	COC	MDMA	KET
메트암페타민	대마	몰핀(아편류)	코카인	엑스터시	케타민

【간이 시약기 사용시 주의사항】
　– 다수의 대상자를 상대로 검사 진행할 때는 사전에 시약기에 대상자의 이름을 네임펜으로 기재하고 대상자 앞에 놓음으로써 섞이거나, 뒤바뀌었다는 논란 여지 사전 차단
　– 간이 시약기의 반응 띠(T)에서 아주 희미하게라도 선이 보이면 음성으로 판정
　– 시약기에 소변을 넣고 5분 이상이 경과하면 결과가 달라질 수 있음

마. 소변 채취불응자 대응방법

○ 압수수색영장이 없는 경우
　– 대상자가 소변채취를 불응한다고 바로 철수하지 말고 끈질기게 설득하여 소변 채취
　– 메트암페타민 등 주사기 이용 투약자는 팔과 발 등을 확인하여 주사 자국이 있는지 확인으로 설득
　– 대상자가 소변채취를 계속 거부하면, 대상자를 설득하면서 다른 경찰관이 압수수색영장 신청
○ 압수수색영장이 있는 경우
　– 대상자가 소변채취를 불응할 시 인근 병원에서 강제로 소변채취가 가능하다는 사실을 강력히 고지하여 스스로 소변 채취토록 유도
　– 그래도 완강히 거부하는 경우 병원에서 영장으로 강제 소변채취
○ 주의사항
　– 압수수색영장 작성 시 영장집행 장소를 "인근병원" 으로 기재하여 검거지 부근 병원에 집행 가능토록 작성

2. 모발채취

가. 채취 방법
　– 모발은 모근이 포함되게 뽑거나 모근으로부터 최대한 가까이 가위로 절단하는 방법으로 채취하며 50수가량 채취
　※ 대상자가 아픔을 호소할 수 있으므로, 최대한 가위로 절단하여 채취
　– 채취한 모발은 압수물 봉투에 모근 방향으로 가지런히 놓고 밀봉 후, 피의자와 경찰관이 지문날인 등으로 봉인
　– 모발은 정수리 부위 위주로 한곳에서만 전부 채취하지 말고, 조금씩 나누어 채취하여 대상자의 불만 억제

– 모발을 채취할 수 없는 경우 몸의 체모를 채취

※ 체모는 마약류 감정 시 시기 추정 불가

【모발채취 시 주의사항】
– 피의자가 모발이 조금밖에 없는 경우 정수리 주변에서 소량씩 여러 곳에서 채취하여 모발채취 흔적이 남지 않도록 노력
– 감정의뢰 시 시기 추정을 요구하는 경우, 모발을 모근 또는 모근 방향으로 가지런히 정렬하여 감정의뢰
※ 모발은 1개월에 1cm씩 자라는 것으로 알려져 있으며, 시기 추정이 가장 정확한 곳은 정수리 부위 모발임

3. 소변 · 모발 채취 동의서 작성

가. 소변 · 모발채취 동의서는 소변 등을 채취 前 작성하는 것이 원칙

나. 피채취자가 마약류 투약 등 관련성이 적더라도 소변 · 모발을 채취한 경우는 꼭 동의서를 받아 향후 인권침해 등 진정에 대비

다. 감정 결과 음성으로 확인되어도 소변 · 모발채취동의서는 1년 이상 보관하는 것이 바람직

라. 소변 검사한 간이 시약기는 확인서 검사항목란에 붙여 기록에 첨부

마. 동의서를 작성할 때 피채취자에게 "소변과 모발채취를 피채취자가 승낙한 그것에 관한 확인" 이라는 등으로 설명하여, 동의서 작성에 대한 부담감을 주지 않도록 노력하여야 한다.

※ 피채취자는 경찰관이 동의서를 요구하면 형사처벌되는 것으로 오인하고, 소변과 모발채취는 해주나 동의서 작성을 거부하는 때도 있으므로 언행에 유의

■ 판례 ■ **범죄증거 수집을 위한 사전 강제 채뇨의 허용 요건 및 방법**

[1] '강제 채뇨'의 의미 / 수사기관이 범죄증거를 수집할 목적으로 하는 강제 채뇨가 허용되기 위한 요건 및 채뇨의 방법

강제 채뇨는 피의자가 임의로 소변을 제출하지 않는 경우 피의자에 대하여 강제력을 사용해서 도뇨관(catheter)을 요도를 통하여 방광에 삽입한 뒤 체내에 있는 소변을 배출시켜 소변을 취득 · 보관하는 행위이다. 수사기관이 범죄증거를 수집할 목적으로 하는 강제 채뇨는 피의자의 신체에 직접적인 작용을 수반할 뿐만 아니라 피의자에게 신체적 고통이나 장애를 초래하거나 수치심이나 굴욕감을 줄 수 있다. 따라서 피의자에게 범죄혐의가 있고 그 범죄가 중대한지, 소변성분 분석을 통해서 범죄혐의를 밝힐 수 있는지, 범죄증거를 수집하기 위하여 피의자의 신체에서 소변을 확보하는 것이 필요한 것인지, 채뇨가 아닌 다른 수단으로는 증명이 곤란한지 등을 고려하여 범죄 수사를 위해서 강제 채뇨가 부득이하다고 인정되는 경우에 최후의 수단으로 적법한 절차에 따라 허용된다고 보아야 한다. 이때 의사, 간호사, 그 밖의 숙련된 의료인 등으로 하여금 소변 채취에 적

합한 의료장비와 시설을 갖춘 곳에서 피의자의 신체와 건강을 해칠 위험이 적고 피의자의 굴욕감 등을 최소화하는 방법으로 소변을 채취하여야 한다.

[2] 수사기관이 범죄증거를 수집할 목적으로 피의자의 동의 없이 피의자의 소변을 채취하는 것을 '감정에 필요한 처분'으로 할 수 있는지 여부(적극) 및 이를 압수·수색의 방법으로도 할 수 있는지 여부(적극) / 압수·수색의 방법으로 소변을 채취하는 경우, 압수대상물인 피의자의 소변을 확보하기 위한 수사기관의 노력에도 불구하고 피의자가 소변 채취에 적합한 장소로 이동하는 것에 동의하지 않거나 저항하는 등 임의동행을 기대할 수 없는 사정이 있는 때에는 수사기관이 소변 채취에 적합한 장소로 피의자를 데려가기 위해서 필요 최소한의 유형력을 행사하는 것이 허용되는지 여부(적극) 및 이는 '압수·수색영장의 집행에 필요한 처분'에 해당하는지 여부(적극)

수사기관이 범죄 증거를 수집할 목적으로 피의자의 동의 없이 피의자의 소변을 채취하는 것은 법원으로부터 감정허가장을 받아 형사소송법 제221조의4 제1항, 제173조 제1항에서 정한 '감정에 필요한 처분'으로 할 수 있지만(피의자를 병원 등에 유치할 필요가 있는 경우에는 형사소송법 제221조의3에 따라 법원으로부터 감정유치장을 받아야 한다), 형사소송법 제219조, 제106조 제1항, 제109조에 따른 압수·수색의 방법으로도 할 수 있다. 이러한 압수·수색의 경우에도 수사기관은 원칙적으로 형사소송법 제215조에 따라 판사로부터 압수·수색영장을 적법하게 발부받아 집행해야 한다.

압수·수색의 방법으로 소변을 채취하는 경우 압수대상물인 피의자의 소변을 확보하기 위한 수사기관의 노력에도 불구하고, 피의자가 인근 병원 응급실 등 소변 채취에 적합한 장소로 이동하는 것에 동의하지 않거나 저항하는 등 임의동행을 기대할 수 없는 사정이 있는 때에는 수사기관으로서는 소변 채취에 적합한 장소로 피의자를 데려가기 위해서 필요 최소한의 유형력을 행사하는 것이 허용된다. 이는 형사소송법 제219조, 제120조 제1항에서 정한 '압수·수색영장의 집행에 필요한 처분'에 해당한다고 보아야 한다. 그렇지 않으면 피의자의 신체와 건강을 해칠 위험이 적고 피의자의 굴욕감을 최소화하기 위하여 마련된 절차에 따른 강제 채뇨가 불가능하여 압수영장의 목적을 달성할 방법이 없기 때문이다.

[3] 피고인이 메트암페타민(일명 '필로폰')을 투약하였다는 마약류 관리에 관한 법률 위반(향정) 혐의에 관하여, 피고인의 소변(30cc), 모발(약 80수), 마약류 불법사용 도구 등에 대한 압수·수색·검증영장을 발부받은 다음 경찰관이 피고인의 주거지를 수색하여 사용 흔적이 있는 주사기 4개를 압수하고, 위 영장에 따라 3시간가량 소변과 모발을 제출하도록 설득하였음에도 피고인이 계속 거부하면서 자해를 하자 이를 제압하고 수갑과 포승을 채운 뒤 강제로 병원 응급실로 데려고 가 응급구조사로 하여금 피고인의 신체에서 소변(30cc)을 채취하도록 하여 이를 압수한 사안

피고인에 대한 피의사실이 중대하고 객관적 사실에 근거한 명백한 범죄 혐의가 있었다고 보이고, 경찰관의 장시간에 걸친 설득에도 피고인이 소변의 임의 제출을 거부하면서 판사가 적법하게 발부한 압수영장의 집행에 저항하자 경찰관이 다른 방법으로 수사 목적을 달성하기 곤란하다고 판단하여 강제로 피고인을 소변 채취에 적합한 장소인 인근 병원 응급실로 데리고 가 의사의 지시를 받은 응급구조사로 하여금 피고인의 신체에서 소변을 채취하도록 하였으며, 그 과정에서 피고인에 대한 강제력의 행사가 필요 최소한도를 벗어나지 않았으므로, 경찰관의 조치는 형사소송법 제219조, 제120조 제1항에서 정한 '압수영장의 집행에 필요한 처분'으로서 허용되고, 한편 경찰관이 압수영장을 집행하기 위하여 피고인을 병원 응급실로 데리고 가는 과정에서 공무집행에 항거하는 피고인을 제지하고 자해 위험을 방지하기 위해 수갑과 포승을 사용한 것은 경찰관 직무집

행법에 따라 허용되는 경찰장구의 사용으로서 적법하다는 이유로, 같은 취지에서 피고인의 소변에 대한 압수영장 집행이 적법하다고 본 원심판단을 수긍한 사례.(대법원 2018. 7. 12., 선고, 2018도6219, 판결)

■ **판례** ■ **과학적 증거방법이 사실인정에서 상당한 정도의 구속력을 갖기 위한 요건**

[1] 과학적 증거방법이 사실인정에서 상당한 정도의 구속력을 갖기 위한 요건

과학적 증거방법이 사실인정에 있어서 상당한 정도로 구속력을 갖기 위해서는 감정인이 전문적인 지식·기술·경험을 가지고 공인된 표준 검사기법으로 분석한 후 법원에 제출하였다는 것만으로는 부족하고, 시료의 채취·보관·분석 등 모든 과정에서 시료의 동일성이 인정되고 인위적인 조작·훼손·첨가가 없었음이 담보되어야 하며 각 단계에서 시료에 대한 정확한 인수·인계 절차를 확인할 수 있는 기록이 유지되어야 한다.

[2] 피고인이 메트암페타민을 투약하였다고 하여 마약류 관리에 관한 법률 위반(향정)으로 기소되었는데, 공소사실을 부인하고 있고, 투약의 일시, 장소, 방법 등이 명확하지 못하며, 투약 사실에 대한 직접적인 증거로는 피고인의 소변과 머리카락에서 메트암페타민 성분이 검출되었다는 국립과학수사연구원의 감정 결과만 있는 사안

피고인은 경찰서에 출석하여 조사받으면서 투약혐의를 부인하고 소변과 머리카락을 임의로 제출하였는데, 경찰관이 조사실에서 아퀴사인(AccuSign) 시약으로 피고인의 소변에 메트암페타민 성분이 있는지를 검사하였으나 결과가 음성이었던 점, 경찰관은 그 직후 피고인의 소변을 증거물 병에 담고 머리카락도 뽑은 후 별다른 봉인 조처 없이 조사실 밖으로 가지고 나간 점, 피고인의 눈앞에서 소변과 머리카락이 봉인되지 않은 채 반출되었음에도 그 후 조작·훼손·첨가를 막기 위하여 어떠한 조처가 행해졌고 누구의 손을 거쳐 국립과학수사연구원에 전달되었는지 확인할 수 없는 점, 감정물인 머리카락과 소변에 포함된 세포의 디엔에이(DNA) 분석 등 피고인의 것임을 과학적 검사로 확인한 자료가 없는 점 등 피고인으로부터 소변과 머리카락을 채취해 감정하기까지의 여러 사정을 종합하면, 국립과학수사연구원의 감정물이 피고인으로부터 채취한 것과 동일하다고 단정하기 어려워 그 감정 결과의 증명력은 피고인의 투약 사실을 인정하기에 충분하지 않은데도, 이와 달리 보아 공소사실을 유죄로 판단한 원심판결에 객관적·과학적인 분석을 필요로 하는 증거의 증명력에 관한 법리오해 등의 잘못이 있다.(대법원 2018. 2. 8., 선고, 2017도14222, 판결)

III. 유해 화학물질(본드, 부탄가스) 감정의뢰

1. 감정대상물

본드, 부탄가스 흡입용의자의 혈액(가급적) 또는 소변

※ 모발은 감정 불가

2. 감정의뢰기관

국립과학수사연구원

※ 국과수에서는 '톨루엔' 검출감정에는 가급적 혈액이 용이하다고 함

3. 감정의뢰 요령

가. 소변은 마약류 검사 소변채취 컵에 20㎖ 이상, 혈액은 병원에서 채취한 혈액 용기

나. 감정물이 훼손되지 않도록 밀봉

다. 압수한 본드가 있으면 감정물과 분리 포장하여 동봉

라. 채취일시, 흡입일시(확인 가능한 경우) 반드시 기재

※ 기타 일반요령은 여타 감정의뢰 사항과 동일

4. 감정의뢰 시 주의사항

가. 감정을 위한 혈액 또는 소변 채취 시 법적 절차 준수

- 본인 채취 동의서 징구 또는 거부 시 압수영장 발부

나. 국과수 분소 감정의뢰 시 반드시 사전 전화문의 후 감정의뢰

- 내부사정으로 감정 곤란할 경우 대비

다. 감정소요 시간이 하루정도 소요되므로 감안하여 방문 또는 등기의뢰

Ⅳ. 양귀비 감정의뢰

1. 일반사항

가. 단속경찰서 관할 보건소에 보관 인계

나. 위탁보관 지휘받아 보관의뢰 후 송치서에 위탁보관으로 기재, 검찰에서 보건소로 폐기명령 하게 되고 보건소에서 폐기하여 사진촬영 후 검찰 또는 경찰에 통보

다. 50주 미만 (불입건)의 경우
  - 현장 사진촬영 → 수거(압수조서 작성 안함) → 보건소 인계 → 보건서 인수증, 폐기사진 받아 입건전조사 종결

2. 감정의뢰

열매 부위 3점을 국과수에 감정의뢰

Ⅴ. 의료사안 감정의뢰

1. 감정 범위

의학적 감정심의 의뢰 및 의견조회(단순한 의학적 사실조회건도 감정범위에 해당)

2. 감정의뢰 방법

가. 해당기관의 공문으로 요청(반드시 등기 우편)

나. 감정자료는 반드시 사본으로 제출하고 복합사안인 경우 2개 이상의 다수학회로 의뢰될 경우 동일 감정자료가 2부 이상 필요

3. 감정자료 종류

가. 문서자료

진단서, 소견서, 환자진료기록부, 간호기록부, 부검서, 진술조서, 기타 기록지(수술동의서, 검사기록지 등)

나. 영상 (가급적 CD 형태로 제출)

MRI, CT, X-ray, 기타 사진(칼라 또는 흑백)

다. 기타 감정의뢰에 필요한 자료

4. 감정 공문(예)

○ ○ 경 찰 서

20○○. ○. ○.

수신 : 대한의사협회장 또는 대한의사협회
참조 : 학술국 또는 의료감정팀
제목 : 의료사안 감정의뢰(단, 추가 및 보완 질의 시 명기)

[본 문]
감정의뢰 건에 대한 명확한 설명(육하원칙에 의거)
① 누가, 언제, 어디서, 어떻게 또는 무엇 때문에, 구체적 사건 발생개요 및 경위 설명
② 사건(사고, 사유)에 대한 피해자, 피의자, 원고, 피고 등 양 당사자 간 쟁점이 되는 사항에 대해 구체적 질의

ⅤⅠ. 법 최면수사 의뢰

1. 대상

가. 범죄혐의점이 없는 피해자와 목격자, 참고인 등으로써 사건을 목격한 후 시간 경과 또는 심리적 외상 등으로 인해 목격한 내용을 기억하지 못하는 경우
나. 사건에 관해 주의를 기울여 보고 외우려는 인지적 노력을 한 피해자, 목격자, 참고인 등
 ※ 범죄의 피의자나 용의자는 대상이 될 수 없음

2. 의뢰공문(예)

○ ○ 경 찰 서

20○○.○.○.

수신자 : ○○경찰청장(수사과장)

(경유)

제　목 : **법 최면수사 의뢰**

　　　우리서에서 수사 중인 ○○피의사건과 관련 아래 대상자(피해자, 목격자, 참고인)에 대하여 법 최면수사를 의뢰하오니 조치 바랍니다.

 1. 죄명(사건명), 사건번호, 접수일

　　죄명(사건명) :

　　사건번호(접수일) :

 2. 법 최면 대상자 인적사항

　① 성　　명 : 홍 길 동 (직 업)

　　생년월일 :

　　주　　거 :

 3. 범죄사실(사건 개요)

　　(육하원칙에 의거 범죄사실 및 법최면 대상자의 진술내용 간략히 기재)

 4. 법최면 의뢰 내용

　　의뢰한 사건의 가장 핵심내용(법최면에서 회상할 부분) 1~2개를 기재

　예) 형사사건의 경우 : 인상착의, 수사단서 등 용의자 특정사항

　　　교통사건의 경우 : 차량번호 등 기타 목격 상황

　　　실종사건의 경우 : 실종 당시 주변 상황, 어린 시절 기억 등

　※ 사건담당자 및 연락처

　　○○과 ○○팀 계급 :　　성명 :

　　연락처(사무실 직통전화 및 휴대전화번호 반드시 기재)

 첨부 : 사건서류 사본 1부. 끝.

　　(최면 대상자, 목격자 등 진술조서 및 내용파악에 필수적인 수사보고서 등 첨부)

소변 모발채취동의서

　저는 마약(or 메트암페타민) 투약혐의로 조사를 받는 홍길동입니다. 저는 마약(or 메트암페타민) 성분이 소변과 모발에 함유되어 있는지를 감정하기 위하여 직접 저의 소변(○○cc)과 모발(○○수)을 채취하여 봉합지에 넣어 날인하였습니다.

　만약 저의 소변 및 모발에서 마약(or 메트암페타민) 성분이 검출되었을 시에는 그 감정결과에 승복하겠습니다.

- 아　　래 -

　소변 모발 채취일시 : 20○○. ○○. ○○. ○○:○○

　채취장소 : ○○경찰서 마약수사팀 사무실 내

※ 입 회 인 : ○ ○ ○

　Tel:

　주민등록번호:

　주 거 :

20○○. ○○. ○○.

위 확인인　○ ○ ○

소 변 검 사 시 인 서

본인은 메트암페타민 투약여부를 확인하기 위하여 소변에 대한 ACCUTEST MET
간이시약검사에서 그 반응을 확인한 결과 다음과 같은 반응이 있었기에
시인합니다.

- 다   음 -

검 사 일 시	20○○. ○○. ○○. ○○:○○경
검 사 장 소	
반 응	양성 · 음성

20○○. ○○. ○○.

위 확인인 ○ ○ ○

○ ○ 경 찰 서

검 사 자 : 마약수사대 ○○ ○ ○ ○

입 회 자 : ○○ ○ ○ ○

디지털 증거분석 의뢰서

1. 사건담당자

관할서	부 서	계급	성 명	연 락 처	
○○경찰서	수사과 사이버수사팀	경사	홍길동	경비)	일반)

2. 사건개요

3. 증거 수집 일시 및 장소

사건번호	
일 시	
장 소	

4. 분석의뢰 대상물 정보

압수증거물번호	품 명	제조사	모델명	일련번호	비 고
	컴퓨터				
	CPU				
	RAM				

5. 분석의뢰 내용 (대상물 別 작성)

압수증거물 번호	
항 목	분 석 의 뢰 내 용
키 워 드	
파 일	
인 터 넷	
전자우편	
메 신 저	
인쇄내역	
프로그램	
기 타	

○○경 찰 서

제 0000-00000 호   20○○. ○. ○.

수 신 : ○○지방검찰청장

제 목 : 감정유치장 신청

피의자 ○○○외 ○명에 대한 ○○ 피의사건에 관하여 다음 피의자를 아래와 같이
감정유치하려 하니 20○○. ○. ○.까지 유효한 감정유치장의 청구를 신청합니다.

피의자	성 명	( )
	주 민 등 록 번 호	- (세)
	직 업	
	주 거	
변 호 인		
범 죄 사 실		
7일을 넘는 유효기간을 필요로하는 취지와 사유		
둘 이상의 유치장을 신청 하 는 취 지 와 사 유		
유 치 할 장 소		
유 치 기 간		. . .부터 . . .까지 (일간)
감정의 목적 및 이유		
감정인	성 명	
	직 업	

○○경찰서

사법경찰관   ○○   홍 길 동 (인)

○ ○ 경 찰 서

제 0000-00000 호   20○○. ○. ○.

수 신 : ○○지방검찰청장

제 목 : **감정처분허가장 신청**

　　　　피의자 ○○○외 ○명에 대한 ○○ 피의사건에 관하여 다음 감정인이 아래와 같이 감정에 필요한 처분을 할 수 있도록 20○○. ○. ○.까지 유효한 감정처분허가장의 청구를 신청합니다.

피의자	성 명		주민등록번호	
	직 업			
	주 거			
감정인	성 명		주민등록번호	
	직 업			
감정위촉연월일				
감 정 위 촉 사 항				
감 정 장 소				
범 죄 사 실				
7일을 넘는 유효기간을 필요로 하는 취지와사유				
둘이상의 허가장을 신청하는 취 지 와 사 유				
감정에 필요한 처분 의 이 유				
변 호 인				
비 고				

○○경찰서

　　　　　　　　　　　　　　사법경찰관　　○○　　홍 길 동 (인)

○ ○ 경 찰 서

수 신 자

(경유)

제 목 족적감정의뢰

　　　아래와 같이 절도 현장에서 채취한 족적을 감정의뢰 합니다.

* 사건번호		제20○○-○○호	종 류	신발 ■ 타이어 □
의뢰관서		○○경찰서	범 죄 명	절도
범행일시		20○○. 06. 15. 11:00~16:10경 까지 사이		
범행장소		○○시 매곡동 ○○대학교 공업대학3호관 107호 강의실		
피 해 자 인적사항	성 명	홍 길 동	주민번호	37세
	직 업	강 사	주 소	
용 의 자 인상착의	성 명	일체불상		
	직 업			
채취일시		20○○. 06. 17. 10:00 경		
채취장소		○○시 매곡동 ○○대학교 공업대학3호관 107호 강의실 내 의자		
채 취 자		경사 서영수	입 회 자	홍길동
감정물 종류		족적전사판 1	채취방법	전사판
범행개요 (수법·피해액)		107호 강의실에 천장에 설치해 둔 빔프로젝터(시가200만원상당) 를 떼어간 것이다.		
비 고				

○ ○ 경 찰 서

수 신 자 경 찰 청 장(과학수사센터장)

(경유)

제   목 **현장지문 감정의뢰**

　　다음 사항을 감정의뢰 하오니 조속히 감정하여 주시기 바랍니다.

1. 사 건 명 :　　　강도상해
2. 사건번호 :　　　제○○호
3. 발생일시 :　　　20○○. 7.15.17:20
4. 발생장소 :　　○○시 풍덕동 청운장 여관

Bar－Code
(국과수에서 부착)

5. 사건관련자 인적사항

구 분	성 명	주민등록번호	주 소	특이사항
여관종업원	김○○			
피해자	지○○			

6. 감정물 내역

종 류	채취일시	채취장소	채취방법	채취자	보존여부
지문	20○○. 7.18.18:30	○○시 풍덕동 청운장 306호	전사판	경사 서영수	보존

7. 감정의뢰 사항 :

　　지문 소유자를 알고자 함(용의자 특정)

8. 사건개요 :

　　용의자가 차 배달을 시켜 배달 나온 다방종업원을 그곳 탁자 위에 있던 플라스틱 재떨이로 머리를 때려 치료일수 미상의 상해를 가하고 현금 15만원과 핸드폰 1개를 강취 한 것이다.

9. 참고사항 :

　　감정의뢰 중인 지문은 여관 탁자 위에 있었던 생수병 뚜껑 부위에서 채취한 것으로 지문 소유자는 용의자 또는 여관종업원 김○○으로 추정됨.

　　※ 용의자는 27－28세가량의 남자라고 함

10. 담당자

소속	형사과 과학수사팀		성명	서 영 수	계급	경사
전화	사무실		휴대폰			

11. 첨부파일 :

제3절 DNA 감식

Ⅰ. 법규연구

1. 디엔에이 신원확인정보의 이용 및 보호에 관한 법률
2. 디엔에이 신원확인정보의 이용 및 보호에 관한 법률 시행령

Ⅱ. 용어의 뜻

1. "디엔에이"

생물의 생명현상에 대한 정보가 포함된 화학물질인 데옥시리보 핵산(Deoxyribonu cleic acid, DNA)을 말한다.

2. "디엔에이감식시료"

사람의 혈액, 타액, 모발, 구강점막 등 디엔에이감식의 대상이 되는 것을 말한다.

3. "디엔에이 감식"

개인 식별을 목적으로 디엔에이 중 유전정보가 포함되어 있지 아니한 특정 염기서열 부분을 검사·분석하여 디엔에이 신원확인정보를 취득하는 것을 말한다.

4. "디엔에이 신원확인정보"

개인 식별을 목적으로 디엔에이 감식을 통하여 취득한 정보로서 일련의 숫자 또는 부호의 조합으로 표기된 것을 말한다.

5. "디엔에이 신원확인정보데이터베이스"

법에 따라 취득한 디엔에이 신원확인정보를 컴퓨터 등 저장매체에 체계적으로 수록한 집합체로서 개별적으로 그 정보에 접근하거나 검색할 수 있도록 한 것을 말한다.

III. 디엔에이감식시료 채취

1. 수형인 등으로부터의 디엔에이감식시료 채취 (법 제5조)

검사는 다음 각호의 어느 하나에 해당하는 죄 또는 이와 경합된 죄에 대하여 형의 선고, 「형법」 제59조의2에 따른 보호관찰명령, 「치료감호법」 에 따른 치료감호선고, 「소년법」 제32조제1항제9호 또는 제10호에 해당하는 보호처분결정을 받아 확정된 사람(이하 "수형인등" 이라 한다)으로부터 디엔에이감식시료를 채취할 수 있다.

※ 디엔에이 채취대상 범죄

죄 명	조 항	비 고
형법 제13장 방화와 실화의 죄	제164조(현주건조물등에의 방화) 제165조(공용건조물등에의 방화) 제166조제1항(일반건조물등에의 방화) 제167조제1항(일반물건에의 방화)	○미수범 해당
형법 제24장 살인의 죄	제250조(살인, 존속살해) 제253조(위계등에 의한 촉탁살인등)	○미수범 해당
형법 제25장 상해와 폭행의 죄	제258조의2(특수상해) 제261조(특수폭행)	○상습범 해당
형법 제29장 체포와 감금의 죄	제278조(특수체포·감금)	○미수, 상습범 해당
형법 제30장 협박의 죄	제284조(특수협박)	○미수범 해당
형법 제31장 약취와 유인의 죄	제287조 (미성년자의 약취, 유인) 제288조 (추행 등 목적 약취, 유인 등) 제289조 (국외이송을 위한 약취, 유인, 매매) 제292조 (약취, 유인, 매매된 자의 수수 또는 은닉) 제293조 (상습범) 제294조 (미수범)	○제292조(제291조의 약취 또는 유인된 자를 수수 또는 은닉한 경우는 제외) ○상습, 미수범 해당 (단,제291조, 제292조(제291조의 약취 또는 유인된 자를 수수 또는 은닉한 경우만 해당)는 제외)
형법 제32장 강간과 추행의 죄	제297조 (강간) 제297조의2(유사강간) 제298조 (강제추행) 제299조(준강간, 준강제추행) 제301조 (강간등 상해·치상) 제301조의2 (강간등 살인·치사) 제302조 (미성년자등에 대한 간음) 제303조 (업무상위력등에 의한 간음) 제305조 (미성년자에 대한 간음, 추행)	○미수범 해당
형법 제36장 주거침입의 죄	제320조(특수주거침입)	○미수범 해당
형법 제37장 권리행사를 방해하는 죄	제324조제2항(특수강요)	○미수범 해당

872   제4편 특별수사 절차

형법 제38장 절도와 강도의 죄	제330조(야간주거침입절도) 제331조 (특수절도) 제332조(상습범) 제333조 (강도) 제334조(특수강도) 제335조 (준강도) 제336조(인질강도) 제37조(강도상해 치상) 제338조(강도살인·치사) 제339조 (강도강간) 제340조(해상강도) 제341조 (상습범)	○상습, 미수범 해당 (단, 제331조의2 상습범 및 제329조, 제331조의2미 수범은 제외)
형법 제39장 사기와 공갈	제350조의2(특수공갈)	○미수, 상습범 해당
형법 제42장 손괴의 죄	제369조제1항(특수손괴)	○미수범 해당
폭력행위 등 처벌에 관한 법률	제2조 (폭행등) 제3조 (집단적 폭행등) 제4조 (단체등의 구성 · 활동) 제5조 (단체등의 이용 · 지원)	○제2조 제2항 제외 ○미수범 해당 (단, 제2조 제2항 제외)
특정범죄가중처벌 등에 관한 법률	제5조의2 (약취·유인죄의 가중처벌) 제1항~제6항 제5조의4 (상습 강도·절도죄 등의 가중처벌) 제1항~제3항, 제5항 제5조의5 (강도상해 등 재범자의 가중처벌) 제5조의8 (단체 등의 조직) 제5조의9 (보복범죄의 가중처벌 등) 제11조 (마약사범 등의 가중처벌)	
성폭력범죄의 처벌 등에 관한 특례법	제3조부터 제11조까지 및 제15조(제13조의 미수범은 제외)의 죄	
마약류관리에 관한 법률	제58조(벌칙)~제61조(벌칙)	
아동·청소년의 성보호에 관한 법률	제7조 (아동·청소년에 대한 강간·강제추행 등) 제9조 (아동·청소년 매매행위) 제10조 (아동·청소년의 성을 사는 행위 등) 제11조 (아동·청소년에 대한 강요행위 등)	○제11조 제3항 제외
군형법	제53조제1항(상관 살해와 예비, 음모) 제59조제1항(초병살해와 예비, 음모) 제66조(군용시설 등에 대한 방화) 제67조(노적 군용물에 대한 방화) 제82조(약탈) 제83조(약탈로 인한 치사상) 제84조(전지 강간)	○미수범 해당

2. 구속피의자 등으로부터의 디엔에이감식시료 채취 (법 제6조)

　검사 또는 사법경찰관은 제5조제1항 각 호의 어느 하나에 해당하는 죄 또는 이와 경합된 죄를 범하여 구속된 피의자 또는 「치료감호법」에 따라 보호구속된 치료감호 대상자(이하 "구속피의자등"이라 한다)로부터 디엔에이감식시료를 채취할 수 있다.

　가. 사건담당자

　　(1) KICS에서 제공하는 프로그램 및 서식을 활용하여 업무처리

　　　⇒ 서식 : 동의서, DNA감식시료채취영장 신청, DNA감식시료 채취보고서 등

(2) 구속피의자 감식시료 채취대상 요건

DNA 법률 제5조 제1항에 해당하는 범죄로

① 동의에 의한 경우 : '채취 거부할 수 있음'을 대상자에게 사전 고지하고 동의서 징수 후 채취

② 동의하지 않는 경우 : 대상자에 대한 'DNA감식시료채취영장'신청, 발부받아 채취

⇒ 영장신청 첨부서류 : 구속영장 사본, 대상자 부동의 수사보고 등

③ 시료채취를 필요로 하는 사유

– 피의자는 ○○피의사건으로 20○○. ○. ○. 구속영장이 발부되어 20○○. ○. ○. ○○경찰서 유치장에 구속 수감되었다.

– 피의자는 디엔에이 감식시료 채취 대상범죄에 해당하는 피의사건으로 구속되어 '디엔에이신원확인정보의 이용 및 보호에 관한 법률' 제6조의 디엔에이 감식시료 채취대상자에 해당한다.

– 피의자는 시료채취에 동의하지 않아 디엔에이신원확인정보의 이용 및 보호에 관한 법률' 제8조의 디엔에이 감식시료 채취영장을 발부받아 디엔에이 감식시료를 채취하고자 함.

(3) 배부된 '노란색' 감식시료 채취키트를 활용하여 피의자 DNA 감식시료 채취

① '구강 상피세포 면봉 채취' 방법 활용을 기본으로 함

② DNA 감식시료 채취키트에 피의자 성명 등 각 기재사항 기재 후 구속피의자 DNA 감식시료 채취

(4) KICS 프로그램에서 DNA 감식시료 채취에 관한 각 사항을 입력하고 '식별코드' 생성 요청

(5) 채취과정에서 생성된 동의서 또는 DNA감식시료채취영장, DNA감식시료 채취보고서 등 서류는 수사서류에 편철

(6) 동의서 사본 또는 DNA감식시료채취영장 사본, DNA감식시료 채취보고서 사본을 DNA 감식시료 채취키트와 함께 과학수사요원에게 제출

나. 과학수사요원

① 동의서 사본 또는 DNA감식시료채취영장 사본, DNA감식시료 채취보고서 사본 등을 확인하여 별도 파일 폴더에 편철

② 사건담당자가 KICS 프로그램에서 식별코드 생성을 요청했는지 확인

③ DIMS에 접속, 해당 구속피의자의 식별코드를 생성·출력하고 해당 구속피의자의 DNA감식시료 채취키트에 식별코드 스티커를 부착

⇒ DIMS : DNA Identification Management System

다. 감정의뢰

① 구속피의자 DNA감식시료 채취키트 송부

국립과학수사연구원 본원(양천구 신월동)로 구속피의자 DNA감식시료 채취키트를 '구속피의자 DNA감식시료 감정의뢰' 공문과 함께 송부

※ 의뢰공문에 피의자 성명, 주민등록번호는 기재하지 않고, 식별코드, 감식시료 종류, 채취일시 및 장소, 채취 방법, 채취자 등 기재

② 송부방법

등기, 택배, 인편 등을 활용하고, 인편 송부시에는 각 시도경찰청·경찰서 상황에 맞게 사건담당자 또는 과학수사요원이 송부

3. 범죄현장 등으로부터의 디엔에이감식시료 채취 (법 제7조)

가. 검사 또는 사법경찰관은 다음 각 호의 어느 하나에 해당하는 것(이하 "범죄현장 등"이라 한다)에서 디엔에이감식시료를 채취할 수 있다.

① 범죄현장에서 발견된 것

② 범죄의 피해자 신체의 내·외부에서 발견된 것

③ 범죄의 피해자가 피해 당시 착용하거나 소지하고 있던 물건에서 발견된 것

④ 범죄의 실행과 관련된 사람의 신체나 물건의 내·외부 또는 범죄의 실행과 관련한 장소에서 발견된 것

나. 위와 같이 채취한 디엔에이감식시료에서 얻은 디엔에이 신원확인정보는 그 신원이 밝혀지지 아니한 것에 한정하여 데이터베이스에 수록할 수 있다.

① 범죄현장 등에서 채취한 신원불상 DNA 감식시료는 일반 범죄현장 증거물과 마찬가지로 SCAS내 증거물 관리시스템에서 범죄현장 증거물로 등록하고, 일련번호를 생성·출력하여 범죄현장 신원불상 DNA 감식시료 채취키트 등에 부착

⇒ 범죄현장 등 감식시료 채취는 종전 '하얀색' DNA 감식시료 채취키트 사용

② 국립과학수사연구원 본원 또는 분원으로 범죄현장 신원불상 DNA 감식시료 채취키트 등을 일반 감정의뢰공문('범죄현장 DNA 감식시료 감정의뢰' 등)에 의해 감정의뢰

Ⅳ. 디엔에이 감식시료 채취 영장

① 검사는 관할 지방법원 판사에게 청구하여 발부받은 영장에 의하여 제5조 또는 제6조에 따른 디엔에이감식시료의 채취대상자로부터 디엔에이감식시료를 채취할 수 있다.

② 사법경찰관은 검사에게 신청하여 검사의 청구로 관할 지방법원 판사가 발부한 영장에 의하여 제6조에 따른 디엔에이감식시료의 채취대상자로부터 디엔에이감식시료를 채취할 수 있다.

③ 제1항과 제2항의 채취대상자가 동의하는 경우에는 영장 없이 디엔에이감식시료를 채취할 수 있다. 이 경우 미리 채취대상자에게 채취를 거부할 수 있음을 고지하고 서면으로 동의를 받아야 한다.

④ 제1항 및 제2항에 따라 디엔에이감식시료를 채취하기 위한 영장(이하 "디엔에이감식시료채취영장")을 청구할 때에는 채취대상자의 성명, 주소, 청구이유, 채취할 시료의 종류 및 방법, 채취할 장소 등을 기재한 청구서를 제출하여야 하며, 청구이유에 대한 소명자료를 첨부하여야 한다.

⑤ 디엔에이감식시료채취영장에는 대상자의 성명, 주소, 채취할 시료의 종류 및 방법, 채취할 장소, 유효기간과 그 기간을 경과하면 집행에 착수하지 못하며 영장을 반환하여야 한다는 취지를 적고 지방법원 판사가 서명날인하여야 한다.

⑥ 디엔에이감식시료채취영장은 검사의 지휘 때문에 사법경찰관리가 집행한다. 다만, 수용기관에 수용된 사람에 대한 디엔에이감식시료채취영장은 검사의 지휘 때문에 수용기관 소속 공무원이 행할 수 있다.

⑦ 검사는 필요에 따라 관할구역 밖에서 디엔에이감식시료채취영장의 집행을 직접 지휘하거나 해당 관할구역의 검사에게 집행 지휘를 촉탁할 수 있다.

⑧ 디엔에이감식시료를 채취할 때에는 채취대상자에게 미리 디엔에이감식시료의 채취 이유, 채취할 시료의 종류 및 방법을 고지하여야 한다.

⑨ 디엔에이감식시료채취영장에 의한 디엔에이감식시료의 채취에 관하여는 「형사소송법」 제116조, 제118조, 제124조부터 제126조까지 및 제131조를 준용한다.

V. 디엔에이감식시료 채취 방법

디엔에이감식시료를 채취할 때에는 구강점막에서의 채취 등 채취대상자의 신체나 명예에 대한 침해를 최소화하는 방법을 사용하여야 한다.

1. 구강점막에서의 채취

2. 모근을 포함한 모발의 채취

3. 그 밖에 디엔에이를 채취할 수 있는 신체부분, 분비물, 체액의 채취(제1호 또는 제2호에 따른 디엔에이감식시료의 채취가 불가능하거나 현저히 곤란한 경우에 한정한다)

VI. DNA DB 활용

1. 구속피의자 DNA DB 입력 시

범죄현장 신원불상 DNA 감식시료 DB를 검색하여 일치하는 결과 산출 시 국과수에서 일선 통보

2. 범죄현장 신원불상 DNA 감식시료 DB 입력 시

범죄현장 신원불상 DNA 감식시료 DB, 구속피의자 DB, 형 확정자 DB 등을 검색하여 일치하는 결과 산출 시 경찰청(국과수)에서 일선 통보

3. 수사 중인 사건 용의자 DNA 감식시료의 감식

사건 수사관서에서 국립과학수사연구원 유전자분석과에 해당사건 범죄현장에서 채취한 신원불상 DNA 감식시료와 일치하는지 일반 감정의뢰공문에 의해 감정의뢰

⇒ 일치 여부 결과 산출 시 국과수에서 일선 통보

※ 용의자 DNA 감식시료 채취는 종전 하얀색 DNA 감식시료 채취키트 사용

※ 감정의뢰 시 DNA 감식시료 식별코드, 일련번호 등은 생성하지 않음

※ 감정이 끝난 용의자 DNA 감식시료의 신원확인정보는 DNA 법률에 따른 신원확인정보 DB에 입력할 수 없음

※ 신원확인정보 DB에 입력하기 위해서는 별도의 DNA 법률에 따른 채취요건과 절차를 따라야 함

4. 수사 중인 사건 용의자 DNA 감식시료의 여죄 검색

사건 수사관서에서 국립과학수사연구원 유전자분석과에 여죄가 있는지를 알기 위해 일반 감정의뢰공문에 의해 범죄현장 신원불상 DNA DB 검색 요청

⇒ 여죄 여부 결과 산출 시 국과수에서 일선 통보

※ 용의자 DNA 감식시료 채취 하얀색 감식시료 채취키트를 사용

※ 감정의뢰 시 DNA 감식시료 식별코드 생성하지 않음

※ 감정이 끝난 용의자 DNA 감식시료의 신원확인정보는 DNA 법률에 따른 신원확인정보 DB에 입력할 수 없음

※ 신원확인정보 DB에 입력하기 위해서는 별도의 DNA 법률에 따른 채취요건과 절차를 따라야 함

디 엔 에 이 감 식 시 료 채 취 보 고 서

대 상 자	성 명	( )
	주민등록번호	(세)
	주 소	
	연 락 처	
사건번호 및 죄명		
구속영장 집행일시		
체취한 일시· 장소		
채 취 방 법		□ 구강상피 □ 모발 (모근 포함) □ 기타 ( )

위와 같이 디엔에이감식시료를 채취하였습니다.

2000. O. O.

채 취 자 :   ㉺

첨   부 : 디엔에이감식시료채취동의서   1통
　　　　　디엔에이감식시료채취영장 사본   1통
　　　　　디엔에시감식시료   1점

디엔에이감식시료채취동의서

대상자	성 명	( )
	주민등록번호	(세)
	주 소	
	연 락 처	
사건번호 및 죄명		
체취한 일사·장소		
채 취 사 유		
채 취 방 법		□ 구강상피 □ 모발(모근 포함) □ 기타( )

1. 저는 시료를 채취하는 이유, 채취할 시료의 종류, 시료를 채취하는 방법에 관하여 고지를 받았습니다.

1. 저는 시료채취에 응하지 않을 수 있음을 고지 받았습니다.

1. 저는 시료채취를 함에

　　□ 동의합니다.

　　□ 동의하지 않습니다. (부동의 사유 :   )

20○○. ○. ○.

채취대상자 :　　　　　　㊞

위 각 사항을 고지하였음

20○○. ○. ○.

채 취 자 :　　　　　　㊞

○○경찰서

제　　호　　　　　　　　　　　　　　　　　　　　　　20○○. ○. ○.

수 신 : ○○지방검찰청

제 목 : 디엔에이감식시료채취영장 신청

다음 대상자에 대하여 디엔에이감식시료를 채취하려 하니 20○○. ○. ○.까지 유효한 디엔에이감식시료영장의 청구를 신청합니다.

채취대상자	성　　　명	(　　　　)
	주민등록번호	(　　세)
	직　　　업	
	주　　　거	
변　　　호　　　인		
채 취 할 시 료 의 종 류		
시 료 의 　 채 취 방 법		□ 구강상피　　　□ 모발(모근 포함)　　　□ 기타(　　　)
시 료 　 채 취 를 필 요 로 하 는 사 유		피의자는 ○○피의사건으로 20○○. ○. ○. 구속영장이 발부되어 20○○. ○. ○. ○○경찰서 유치장에 구속 수감되었다. 　피의자는 디엔에이 감식시료 채취 대상범죄에 해당하는 피의사건으로 구속되어 '디엔에이신원확인정보의 이용 및 보호에 관한 법률' 제6조의 디엔에이 감식시료 채취대상자에 해당한다. 　피의자는 시료채취에 동의하지 않아 같은법 '제8조의 디엔에이 감식시료 채취영장을 발부받아 디엔에이 감식시료를 채취하고자 함.
7일을 넘는 유효기간을 필요로 하는 취지와 사유		
둘 이 상 의 영 장 을 신청하는 취지와 사유		
일 출 전 또 는 일 몰 후 집행을 필요로 하는 사유		

○○경찰서

사법경찰관　경위　　홍 길 동 (인)

○ ○ 경 찰 서

수 신 자
(경유)
제 목   유전자감정 의뢰
      다음 사항을 감정의뢰 하오니 조속히 감정하여 주시기 바랍니다.

1. 사 건 명 :   살인, 절도, 강도, 강간 등

2. 사건번호 :   제○○호

3. 발생일시 :   20○○. 7.15.17:20

4. 발생장소 :   ○○시 풍덕동 청운장 여관

5. 사건관련자 인적사항

Bar – Code (국과수에서 부착)

※ 수신자는
  국과수 발송 시 국립과학수사연구원장, 경찰청 발송 시 경찰청 과학수사센터장으로 지정
※ 문서 제목은
  상세하게 구체적으로 기재(예:유전자분석의뢰, 부검의뢰, 현장지문감정의뢰, 족적감정의
  뢰 등) 하고, 공문 기안 시 빨간색 및 예시사항은 반드시 삭제 후 작성할 것.

     다음 사항을 감정의뢰 하오니 조속히 감정하여 주시기 바랍니다.

구 분	성 명	주민등록번호	주 소	특이사항
피해자	피해자		000시 000구 000동	
피의자	피의자			
용의자	홍두깨	611111-1234567	000시 000구 000동	

※ 1. 구분 항목은 피해자, 용의자, 관계자 등을 기재하고 사건관련자 인적사항도
     반드시 기록
  2. 사건관련자와 관련된 감정물에 표시된 이름이 차이가 없도록 주의
  3. 구분란은 피해자, 용의자, 관계자 등을 기재

6. 감정물 내역

종류	채취일시	채취장소	채취방법	채취자 (소속)	보존 여부
예1) 성폭력응급 키트	20○○-○-○	○○병원	성폭력응급 키트를 사용	홍길동	반환
예2) 구강채취면봉 3 점		○○경찰서 사무실	구강채취면봉사용	홍길동	폐기
예3) 의류		사건 현장	사건현장에서 수거	홍길동	반환

※ 1. 감정물의 종류와 수량을 정확하게 기록
   2. 채취자의 성명을 반드시 기록

7. 감정의뢰 사항 :

예) • 위 감정물에 대한 피해자 또는 피의자의 유전자형 검출여부
   • 위 감정물에서 정액 검출 유·무 또는 남성 유전자형 검출 여부
   • 위의 검색 대상자에서 검출된 유전자형과 20○○년도 ○○서 수/형사과 20○○
     -1234(관서번호), (20○○. ○. ○.)(접수일자), 20○○-M-12345(국과수 접수번
     호)에 대한 유전자형 대조분석.
   • 검색 대상자에서 검출된 유전자형과 국과수에서 구축 관리 중인 미해결 사건 유전자형과
     비교·검색.

8. 사건개요 :

사건에 대한 구체적이고 자세한 기록이 더욱 신속하고 정확한 감정 업무를 수
행할 수 있도록 도움을 줄 수 있음

예) • 살인, 폭력, 절도 등과 같은 경우: 피해자의 자세한 피해상황과 가해자의 상처유무
     를 포함한 상세한 기록(관련자의 수, 장소, 사용된 도구 등)
   • 성폭력, 강간 등과 같은 경우 : 피해자의 자세한 피해상황과 가해자의 상처유무를
     포함한 상세한 기록(예를 들어 관련된 사람의 수 또는 강간과 강간미수에 대한 정
     보, 강간직전 관계한 남성 등에 대한 정보는 감정처리에 중요한 정보가 됨.)
   • 용의자, 피의자 등의 검색 : 특정사건과 비교·검색의 경우는 7번 사항에 있는 관서
     번호, 접수일자, 국과수 접수번호 기록 및 기존 국과수 감정서 사본을 반드시 첨부

9. 참고사항 :

※ 기타 감정에 참고가 될 사항을 기재
    단, 경찰청에 변사자 신원확인 의뢰 시는(추정: 변사자 인적사항), 신체특징 및 착의상
    태 등 감정 업무에 참고할 사항을 기재 할 것

10. 담당자

소속	○○경찰서 형사과		성명	홍길동	계급	경위
전화	사무실	031-1234-4567	휴대폰	※반드시 기재할 것		

※ 전자문서 발송의 혼란을 초래하지 않도록 성명, 휴대폰 번호를 반드시 정확하
    게 기록

11. 첨부파일 :

※ 특정 사건과 관련된 검색의뢰 시에는 기 회보된 국과수 감정서 사본을 반드시 첨부해
    야 함.
※ 현장사진 등 파일첨부 시 기재하고 전자결재 파일첨부 기능 이용하여 덧붙임

제8장

변사사건 처리철자

제1절 법규연구

1. 형사소송법

> **제222조(변사자의 검시)** ① 변사자 또는 변사의 의심있는 사체가 있는 때에는 그 소재지를 관할하는 지방검찰청검사가 검시하여야 한다.
> ② 전항의 검시로 범죄의 혐의를 인정하고 긴급을 요할 때에는 영장없이 검증할 수 있다.
> ③ 검사는 사법경찰관에게 전2항의 처분을 명할 수 있다

2. 검사와 사법경찰관의 상호협력과 일반적 수사준칙에 관한 규정

> **제17조(변사자의 검시 등)** ① 사법경찰관은 변사자 또는 변사한 것으로 의심되는 사체가 있으면 변사사건 발생사실을 검사에게 통보해야 한다.
> ② 검사는 법 제222조제1항에 따라 검시를 했을 경우에는 검시조서를, 검증영장이나 같은 조 제2항에 따라 검증을 했을 경우에는 검증조서를 각각 작성하여 사법경찰관에게 송부해야 한다.
> ③ 사법경찰관은 법 제222조제1항 및 제3항에 따라 검시를 했을 경우에는 검시조서를, 검증영장이나 같은 조 제2항 및 제3항에 따라 검증을 했을 경우에는 검증조서를 각각 작성하여 검사에게 송부해야 한다.
> ④ 검사와 사법경찰관은 법 제222조에 따라 변사자의 검시를 한 사건에 대해 사건 종결 전에 수사할 사항 등에 관하여 상호 의견을 제시 · 교환해야 한다.

2. 경찰수사규칙

> **제26조(변사사건 발생사실 통보)** ① 사법경찰관은 수사준칙 제17조제1항에 따라 변사사건 발생사실을 검사에게 통보하는 경우에는 별지 제14호서식의 변사사건 발생 통보서 또는 별지 제15호서식의 교통사고 변사사건 발생 통보서에 따른다.
> ② 사법경찰관은 긴급한 상황 등 제1항의 방식으로 통보하는 것이 불가능하거나 현저히 곤란한 경우에는 구두 · 전화 · 팩스 · 전자우편 등 간편한 방식으로 통보할 수 있다. 이 경우 사후에 지체 없이 서면으로 변사사건 발생사실을 통보해야 한다.
> **제27조(변사의 검시 · 검증)** ① 사법경찰관은 법 제222조제1항 및 제3항에 따라 검시를 하는 경우에는 의사를 참여시켜야 하며, 그 의사로 하여금 검안서를 작성하게 해야 한다. 이 경우 사법경찰관은 검시 조사관을 참여시킬 수 있다.

② 사법경찰관은 법 제222조에 따른 검시 또는 검증 결과 사망의 원인이 범죄로 인한 것으로 판단하는 경우에는 신속하게 수사를 개시해야 한다.

제28조(검시 · 검증조서 등) ① 수사준칙 제17조제3항에 따른 검시조서는 별지 제16호서식에 따르고, 검증조서는 별지 제17호서식에 따른다.

② 사법경찰관은 수사준칙 제17조제3항에 따라 검사에게 제1항의 검시조서 또는 검증조서를 송부하는 경우에는 의사의 검안서, 감정서 및 촬영한 사진 등 관련 자료를 첨부해야 한다.

③ 사법경찰관은 수사준칙 제17조제4항에 따라 검시를 한 사건에 대해 검사와 의견을 제시 · 교환하는 경우에는 별지 제18호서식의 변사사건 처리 등에 관한 의견서에 따른다.

제29조(검시의 주의사항) 사법경찰관리는 검시할 때에는 다음 각 호의 사항에 주의해야 한다.

1. 검시에 착수하기 전에 변사자의 위치, 상태 등이 변하지 않도록 현장을 보존하고, 변사자 발견 당시 변사자의 주변 환경을 조사할 것
2. 변사자의 소지품이나 그 밖에 변사자가 남겨 놓은 물건이 수사에 필요하다고 인정되는 경우에는 이를 보존하는 데 유의할 것
3. 검시하는 경우에는 잠재지문 및 변사자의 지문 채취에 유의할 것
4. 자살자나 자살로 의심되는 사체를 검시하는 경우에는 교사자(教唆者) 또는 방조자의 유무와 유서가 있는 경우 그 진위를 조사할 것
5. 등록된 지문이 확인되지 않거나 부패 등으로 신원확인이 곤란한 경우에는 디엔에이(DNA) 감정을 의뢰하고, 입양자로 확인된 경우에는 입양기관 탐문 등 신원확인을 위한 보강 조사를 할 것
6. 신속하게 절차를 진행하여 유족의 장례 절차에 불필요하게 지장을 초래하지 않도록 할 것

제30조(검시와 참여자) 사법경찰관리는 검시에 특별한 지장이 없다고 인정하면 변사자의 가족 · 친족, 이웃사람 · 친구, 시 · 군 · 구 · 읍 · 면 · 동의 공무원이나 그 밖에 필요하다고 인정하는 사람을 검시에 참여시켜야 한다.

제31조(사체의 인도) ① 사법경찰관은 변사자에 대한 검시 또는 검증이 종료된 때에는 사체를 소지품 등과 함께 신속히 유족 등에게 인도한다. 다만, 사체를 인수할 사람이 없거나 변사자의 신원이 판명되지 않은 경우에는 사체가 현존하는 지역의 특별자치시장 · 특별자치도지사 · 시장 · 군수 또는 자치구의 구청장에게 인도해야 한다.

② 제1항 본문에서 검시 또는 검증이 종료된 때는 다음 각 호의 구분에 따른 때를 말한다.

1. 검시가 종료된 때: 다음 각 목의 어느 하나에 해당하는 때
   가. 수사준칙 제17조제2항에 따라 검사가 사법경찰관에게 검시조서를 송부한 때
   나. 수사준칙 제17조제3항에 따라 사법경찰관이 검사에게 검시조서를 송부한 이후 검사가 의견을 제시한 때
2. 검증이 종료된 때: 부검이 종료된 때

③ 사법경찰관은 제1항에 따라 사체를 인도한 경우에는 인수자로부터 별지 제19호서식의 사체 및 소지품 인수서를 받아야 한다.

3. 범죄수사규칙 (제56조~제60조)

4. 변사사건 처리 규칙

제1조(목적) 이 규칙은 변사 사건의 관할 결정, 현장 조사, 신원 확인, 범죄 관련성 규명 등을 처리하는 방법과 판단기준 등을 규정하여 변사 사건 처리 절차의 적정성과 효율성 보장을 목적으로 한다.

제2절 변사사건 처리 규칙

Ⅰ. 총 칙

1. 용어 정의(제2조)

1. "변사"란 자연사 이외의 다음 각 목의 어느 하나에 해당하는 사망으로 그 원인이 분명하지 않은 죽음을 말한다.

    가. 범죄와 관련되었거나 범죄가 의심되는 사망

    나. 자연재해, 교통사고, 안전사고, 산업재해, 화재, 익사 등 사고성 사망

    다. 자살 또는 자살 의심이 드는 사망

    라. 연행, 구금, 심문 등 법 집행 과정에서 발생한 사망

    마. 보건, 복지, 요양 관련 집단 수용 시설에서 발생한 사망

    바. 마약, 농약, 알코올, 가스, 약물 등에 의한 급성 중독이 의심되는 사망

    사. 그 밖에 사인이 밝혀지지 않은 사망

2. "변사사건"이란 변사자 또는 변사로 의심되는 사체가 발견된 사건을 말한다.

3. "범죄 관련성"이란 변사사건이 범죄로 발생하였는지를 말한다.

4. "검시"란 변사사건의 사망 원인과 범죄 관련성을 확인하기 위하여 경찰관이 사체와 주변 환경을 조사하는 것을 말한다.

5. "변사사건 처리"란 「형사소송법」 제222조의 조치, 「검사와 사법경찰관의 상호협력과 일반적 수사준칙에 관한 규정」 제17조의 조치, 「경찰수사규칙」 제26조부터 제31조까지의 조치, 「범죄수사규칙」 제56조부터 제60조까지의 조치를 말한다.

6. "변사사건 담당자"란 변사사건 처리를 담당하는 사법경찰관리를 말한다.

7. "과학수사 업무 담당자"란 변사사건의 감식, 감정 등 과학수사 업무를 담당하는 사법경찰관리를 말한다.

8. "지역경찰관"이란 지구대 또는 파출소 소속으로 변사사건 현장에 출동하여 초동조치를 한 사법경찰관리를 말한다.

9. "변사사건 담당 팀장"이란 변사사건 담당자의 소속 팀장으로서 사건처리를 지휘·감독하는 사법경찰관을 말한다.

10. "변사사건 책임자"란 변사사건 처리를 담당하는 부서의 과장으로서 변사사건 처리를 지휘·감독하는 사법경찰관을 말한다.

11. "검시 전문 인력"이란 법의학 전문가, 검시 조사관 등 생물학·해부학·병리학 등 의학적 전문지식에 따라 검시하는 사람을 말한다.

12. "변사사건 발생지"란 변사자 또는 변사한 것으로 의심되는 사체의 발견지, 안치된 장소 등 소재지를 말하며, 사망 원인이 명백한 경우에는 그 원인의 발생 장소를 포함한다.

2. 변사사건 처리의 기본 원칙(제3조)

① 변사사건은 「형사소송법」 및 「범죄수사규칙」 등 관련 규정에 따라 신속하고 적정하게 처리하여야 한다.

② 변사사건을 처리하는 과정에서 변사자와 유족 등의 명예가 훼손되지 않도록 유의하여야 한다.

③ 변사사건 현장에 출동한 경찰관은 현장 감식, 유족 조사, 검안, 주변 시시티브이(CCTV) 확인, 목격자 탐문 등 객관적인 자료로 폭넓게 수사하여야 한다.

④ 변사사건 책임자와 담당 팀장은 현장출동, 현장조사, 부검 여부 결정, 수사 방향 설정, 사건 종결에 이르는 전반적인 과정에 참여하여 수사 지휘하여야 한다.

⑤ 변사사건 책임자는 변사자 신원과 범죄관련성을 확인하는 증거를 수집한 후, 객관적인 자료와 검시 전문 인력의 의견 등을 종합하여 주체적으로 판단하여야 한다.

⑥ 지역경찰관 또는 변사 사건 담당자는 변사사건 현장에서 사체의 위치, 상태 등이 변하지 않도록 현장을 보존하여야 한다.

⑦ 변사사건 담당 팀장은 부검이 필요한 경우에는 유족에게 필요성을 미리 설명하고, 수사 공정성을 해치지 않는 범위에서 부검결과와 수사 진행 상황 등을 설명하여야 한다.

◖ Ⅱ. 현장출동과 현장보존

1. 현장 출동(제10조)

① 변사사건 신고가 접수되면 관할 지역경찰관, 변사사건 담당자, 과학수사 업무 담당자는 신속히 현장에 출동하여 변사사건을 처리하여야 한다.

② 지역경찰관과 변사사건 담당자는 변사 신고를 접수할 때 119구급대에 출동을 요청하고, 필요하면 병원 후송 등 구호 조치를 하도록 하여야 한다. 다만, 전문의 진단 등으로 사망 사실이 명백한 경우에는 예외로 한다.

2. 변사사건 현장 보존(제13조)

① 지역경찰관과 변사사건 담당자는 「범죄수사규칙」 제168조에 따라 변사사건 현장 보존 조치를 하여야 한다.

② 지역경찰관은 최초로 출동할 때 현장 보존 조치 후 변사사건 담당자와 과학수사 업무 담당자에게 변사 사건을 인계한다. 다만, 제22조제1항의 중점 관리 사건은 변사사건 책임자의 지휘에 따라 별도의 명령이 있을 때까지 현장 보존 조치를 하여야 한다.

③ 지역경찰관은 제1항과 제2항의 조치에 따라 확인된 사항을 별지 제3호 서식의 지역경찰관용 변사 현장 점검 목록표와 「범죄수사규칙」 별지 제8호서식의 사건발생·검거보고서 등에 구체적으로 기재하여야 한다.

III. 신원확인

1. 변사자 신원을 확인하는 표준 업무처리 절차(제17조)

① 변사사건 담당자는 변사자의 신원을 확인하기 위하여 다음 각 호의 사항을 이행하여야 한다.

1. 소지품 확인과 수사
2. 유족 등 관계자 확인과 수사
3. 지문 감정 결과 분석과 수사

② 제1항의 조치에도 변사자의 신원이 즉시 확인되지 않는 경우에는 다음 각 호의 사항을 이행하여 신원을 확인하여야 한다.

1. 디엔에이(DNA) 감정 결과 분석과 수사
2. 치과 진료·수술 기록 등 신체적 특징점 수사
3. 유류품 소지 경위나 변사자 행적 등 보강 수사
4. 변사자 수배
5. 실종 등 다른 사건과의 관련성 수사 등

2. 아동 등 지문 미등록 변사자 신원확인을 위한 추가 조치(제18조)

아동 등 지문이 등록되지 않은 변사자는 유족 등 관계자 조사, 디엔에이(DNA) 감정, 기존 진료 기록과 검시·부검 결과의 대조 등으로 신원을 확인하여야 한다. 이 경우 변사자가 입양자인 때에는 입양 기록 확인과 관련 기관 탐문 등을 하여 신원을 확인하여야 한다.

3. 변사자 수배(제19조)

① 제17조제1항의 조치에도 변사자의 신원이 확인되지 않는 경우에는 변사자 수배를 한다.

② 변사자 수배는 「범죄수사규칙」 제2편제3장제4절(수배)의 규정을 준용한다.

③ 제1항의 경우도 불구하고 변사자의 신원이 확인되지 않아 계속 수사할 필요가 있을 때에는 형사사법정보시스템에 신원불상 변사자 정보를 입력하여 관리한다.

Ⅳ. 변사사건 심의위원회

1. 경찰서 변사사건 심의위원회(제24조)

① 경찰서장은 다음 각 호에 해당하는 변사사건을 종결할 때에는 변사사건 심의위원회를 개최하여 보강 수사 필요성과 변사사건 종결 여부를 심의하여야 한다.

1. 변사자의 신원이 확인되지 않는 변사사건

2. 수사결과에 유족이 이의를 제기하는 변사사건

3. 그 밖에 경찰서장이 심의가 필요하다고 판단하는 변사사건

② 경찰서 변사 사건 심의위원회는 위원장 1명을 포함하여 5명 이상 7명 이하의 위원으로 성별을 고려하여 구성하되, 외부 위원을 과반수 이상으로 한다.

③ 위원장은 변사사건 책임자가 되고, 내부 위원은 경찰서 소속 수사부서의 계장 중에서 경찰서장이 지명하며, 외부 위원은 법의학자·변호사 등 변사사건에 전문성이 있는 사람 중에서 경찰서장이 위촉한다.

④ 경찰서 변사사건 심의위원회는 위원 과반수의 출석으로 개의하고 출석 위원 과반수의 찬성으로 의결한다.

⑤ 위원회에 간사 1명을 두며, 간사는 심의 대상 변사사건 담당 팀장으로 한다.

⑥ 경찰서장은 심의위원회 개최 후 3일 이내에 심의결과를 시·도경찰청장에게 보고하여야 한다.

⑦ 위원 또는 위원이었던 자는 위원회 활동과 관련하여 알게 된 변사 사건 관련 비밀을 누설해서는 아니된다.

2. 시·도경찰청 변사사건 심의위원회(제25조)

① 시·도경찰청장은 다음 각 호에 해당하는 경우에는 시·도경찰청 변사사건 심의위원회를 개최하여 심의하고, 보강 수사 필요성과 변사사건 종결 여부 등 심의결과를 경찰서장에게 통보하여야 한다.

  1. 제24조제6항에 따라 경찰서장이 보고한 심의결과의 적정성을 재심의할 필요가 있다고 판단하는 경우

  2. 제26조제1항에 따라 경찰서장이 재심의를 요청하는 경우

② 시·도경찰청 변사 사건 심의위원회는 위원장 1명을 포함하여 5명 이상 7명 이하의 위원으로 성별을 고려하여 구성하되, 외부 위원을 과반수 이상으로 한다.

③ 위원장은 시·도경찰청 소관부서의 과장이 되고, 내부 위원은 시·도경찰청 소속 수사부서의 계장 중에서 시·도경찰청장이 지명하며, 외부 위원은 법의학자·변호사 등 변사사건에 전문성이 있는 사람 중에서 시·도경찰청장이 위촉한다.

④ 시·도경찰청 변사사건 심의위원회는 위원 과반수의 출석으로 개의하고 출석 위원 과반수의 찬성으로 의결한다.

⑤ 위원회에 간사 1명을 두며, 간사는 소관부서의 계장으로 한다.

⑥ 시·도경찰청장은 심의위원회 개최 후 3일 이내에 심의결과를 국가수사본부장에게 보고하여야 한다.

⑦ 위원 또는 위원이었던 자는 위원회 활동과 관련하여 알게 된 변사 사건 관련 비밀을 누설해서는 아니된다.

3. 보강 수사 등(제26조)

① 경찰서장은 경찰서 또는 시·도경찰청 변사사건 심의위원회에서 해당 변사사건의 재수사를 의결한 경우에는 1개월 이내에 보강 수사 후 시·도경찰청 변사사건 심의위원회에 재심의를 요청하여야 한다.

② 유족이 이의제기한 사건의 경우, 위원장은 변사사건 심의위원회 심의 후 곧바로 심의결과를 유족에게 설명하여야 한다.

변사사건 지휘 착안 사항	
구분	**주요 착안 사항**
중점 관리 사건	① 형사(수사)과장은 변사 현장에 나왔는가
	② 검시 전문 인력(법의학 전문가·검시 조사관 등)이 변사 현장에 나왔는가
	③ 현장 보존은 지속할 필요성이 있는가
	④ 시도경찰청(본청)에 발생 보고를 하였는가
공통	⑤ 유류물 목록 작성, 감정물 선별은 제대로 이루어졌는가
	⑥ 신원을 확인하는 기본 절차를 거쳤는가
	⑦ 현장 상황상 외부 침입 흔적은 있는가
	⑧ 시체 상황상 외상 흔적이 있는가
	⑨ 범행 도구·소지품·유류물·유서 등을 확인하였는가
	⑩ 검시 전문가에게 변사현장 동영상을 제공하는 등 관련정보를 충분히 공유하였는가
	⑪ 변사 현장 주변을 수색할 필요가 있어 타격대·방순대·체취 증거견 등 인적·물적 지원이 필요한가
신원·사인확인 및 조사	① 변사 사건 수사 기록을 변사 사건 책임자가 직접 검토하였는가
	② 변사자 신원 확인 표준 절차를 준수하였는가
	③ 검시 전문가에게 충분히 의견을 들었는가
	④ 적정하게 감정물을 보관하고 신속히 감정 의뢰를 할 수 있는가
	⑤ 유족 등 관련자 조사 및 시시티브이(CCTV) 분석 등 충분히 조사하였는가
	⑥ 명확한 사망 동기와 경위가 확인되는가
	⑦ 범죄관련성이 있는가
	⑧ 타살로 추정된다면 수사 본부(전담반) 편성이 필요한가
	⑨ 자살로 추정된다면 자살 교사·방조의 흔적이 있는가
	⑩ 다른 사건과 연관성은 입체적으로 고려하였는가
	⑪ 중점 관리 사건인 경우 부검 영장을 신청하였는가
	⑫ 부검 고려 사건인 경우 우선적으로 부검을 고려하였는가
	⑬ 부검시 담당 팀장이 참관하여 부검의에게 수사의 단서를 획득하였는가
변사사건 종결 前	① 수사 결과 변사자의 신원이 객관적(지문, DNA 등)으로 확인되었는가
	② 범죄 관련성 여부를 판단할 객관적인 증거가 있는가
	③ 자살로 종결하려 한다면 자살경위와 동기 등이 명확한가
	④ 유족 등 관련자의 이의 제기(가능성)은 없는가
	⑤ 변사 사건 심의위원회 개최 필요성이 있는가
	⑥ (외국인·신원 미확인 변사체 등의 경우)장사법 등 관계 법령에 따른 조치를 취하였는가
	⑦ 무연고 변사자인 경우 킥스 종합검색, 실종자 검색 가족관계 확인 등 연고자 수사를 철저히 하였는가
	⑧ 변사 사건에서 수집된 자료(CCTV, 통신자료)는 별도 저장 매체를 이용하여 사건 기록에 첨부하였는가
유족 등 안내	① 연고자를 확인하여 변사사실 및 사건 처리 절차를 설명하였는가
	② 부검이 필요한 경우 사전에 유족에게 그 필요성을 충분히 설명하였는가
	③ 부검 결과와 수사 진행 상황 등을 충분히 설명하였는가

제3절 처리요령

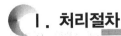 **Ⅰ. 처리절차**

1. 변사사건 발생 통보

가. 사법경찰관은 변사사건발생통보서를 작성하여 검사에게 통보한다.

나. 긴급한 상황 등의 경우 구두·전화·팩스·전자우편 등 간편한 방식을 이용할 수 있다. 이 경우 사후에 신속하게 서면으로 변사사건 발생사실을 통보해야 한다.

2. 부검여부 판단

가. 검안의사, 검시조사관 등의 의견을 참고하여 변사자의 사인확인을 위해 부검여부 판단

구 분	유 형
중점관리 사건 (제22조제1항)	1. 타살이 의심되는 변사사건 2. 소지품 확인 등에도 불구하고 현장에서 즉시 신원이 확인되지 않는 변사사건 3. 집단 변사, 아동학대로 의심되는 변사 등 사회적으로 이목이 집중되거나 집중될 것으로 예상되는 변사 사건 4. 고도로 부패되어 사체의 손상 여부를 확인할 수 없고 사인이 명확하지 않은 변사사건
부검고려 사건 (제22조제2항)	1. 영아나 아동의 돌연사 2. 구금, 조사 등 법 집행 과정에서 발생한 사망 3. 마약, 농약, 알코올, 가스, 약물 등에 의한 중독이 의심되는 사망 4. 익사, 추락으로 추정되는 사망으로 목격자나 시시티브이(CCTV)가 없는 경우 5. 탄화, 절단, 백골화된 변사체 6. 유가족이 사망 원인에 의혹을 제기하는 사망 7. 다른 범죄와 관련성이 있는지 의심되는 교통 사망 사고 8. 재산 규모에 비해 과도한 금액의 보험이 가입된 사람의 사망 9. 검안 의사, 검시 조사관, 변사사건 책임자 중 1명 이상이 사인에 대한 의견을 달리하는 경우 10. 그 밖에 정확한 사인 파악 등에 필요한 경우

나. 부검은 검시단계로 검사 권한 영역에 속하므로 사전 충분한 의견교환을 거치되 최종적으로 검사의 의견에 따라 결정

다. 검사결정과 의견회신

변사사건 발생통보를 받은 검사가 직접 검시 여부, 부검여부 등에 대한 의견을 회신

라. 검시·검증조서 검사 송부(경찰과 검찰 각자 검시나 검증한 경우)

상대기관에 검시조서 또는 검증조서 등 관련서류 송부

마. 사체 등 인도

검시 또는 검증(부검) 종료되면 검사 지휘없이 경찰이 유족에게 인도

※ 인도시점 : 검사가 경찰에 검시조서를 송부 한때, 경찰이 검사에게 검시조서를 송부한 검사가 의견을 제시한 때, 부검 종료된 시점

바. 수사착수 또는 입건전조사 종결

① 검찰과 상호의견 교환 후 그 결정에 따라 수사착수 또는 입건전조사 종결 처리

② 다만, 현장감식, 사체검안, 부검, 주변조사 등 변사사건 처리과정에서 범죄 관련성이 확인되면 즉시 수사착수

Ⅱ. 검사의 의견에 대한 처리요령

1. 이견의 조정·협의

이견의 조정이나 협의가 필요한 경우 서로 협의를 요청할 수 있고 상대방은 이에 응해야 한다.

2. 이견 불일치 시

가. 변사자검시에 대한 당사자간 협의가 되지 않을 경우 관서장 협의 대상에서 제외되어 있다.

나. 따라서 사체검안, 현장감식, 부검 등 검사의 권한영역인 검시에 해당하면 최종적으로 검사의 의견에 따라 처리한다.

다. 수사입건전조사 관련 사항은 경찰의 권한영역에 해당하므로 이 경우는 검사의견은 참고하고 경찰이 결정한다.

III. 기타(범죄수사규칙)

1. 변사자의 검시(제57조)

① 「경찰수사규칙」 제27조제1항에 따라 검시에 참여한 검시조사관은 별지 제15호서식의 변사자조사결과보고서를 작성하여야 한다.

② 경찰관은 「형사소송법」 제222조제1항 및 제3항에 따라 검시를 한 때에는 의사의 검안서, 촬영한 사진 등을 검시조서에 첨부하여야 하며, 변사자의 가족, 친족, 이웃사람, 관계자 등의 진술조서를 작성한 때에는 그 조서도 첨부하여야 한다.

> ※ 형사소송법
> **제222조(변사자의 검시)** ① 변사자 또는 변사의 의심있는 사체가 있는 때에는 그 소재지를 관할하는 지방검찰청 검사가 검시하여야 한다.
> ② 전항의 검시로 범죄의 혐의를 인정하고 긴급을 요할 때에는 영장없이 검증할 수 있다.
> ③ 검사는 사법경찰관에게 전2항의 처분을 명할 수 있다.

③ 경찰관은 검시를 한 경우에 범죄로 인한 사망이라 인식한 때에는 신속하게 수사를 개시하고 소속 경찰관서장에게 보고하여야 한다.

2. 검시의 요령과 주의사항 등(제58조)

① 경찰관은 검시할 때에는 다음 각 호의 사항을 면밀히 조사하여야 한다.

1. 변사자의 등록기준지 또는 국적, 주거, 직업, 성명, 연령과 성별
2. 변사장소 주위의 지형과 사물의 상황
3. 변사체의 위치, 자세, 인상, 치아, 전신의 형상, 상처, 문신 그 밖의 특징
4. 사망의 추정연월일
5. 사인(특히 범죄행위에 기인 여부)
6. 흉기 그 밖의 범죄행위에 사용되었다고 의심되는 물건
7. 발견일시와 발견자
8. 의사의 검안과 관계인의 진술
9. 소지금품 및 유류품
10. 착의 및 휴대품

11. 참여인

12. 중독사의 의심이 있을 때에는 증상, 독물의 종류와 중독에 이른 경우

② 경찰관은 변사자에 관하여 검시, 검증, 해부, 조사 등을 하였을 때에는 특히 인상 · 전신의 형상 · 착의 그 밖의 특징있는 소지품의 촬영, 지문의 채취 등을 하여 향후의 수사 또는 신원조사에 지장을 초래하지 않도록 하여야 한다.

3. 시체의 인도(제59조)

① 「경찰수사규칙」 제31조제1항에 따라 시체를 인도하였을 때에는 인수자에게 별지 제16호서식의 검시필증을 교부해야 한다.

② 변사체는 후일을 위하여 매장함을 원칙으로 한다.

4. 「가족관계의 등록 등에 관한 법률」에 의한 통보(제60조)

① 경찰관은 변사체의 검시를 한 경우에 사망자의 등록기준지가 분명하지 않거나 사망자를 인식할 수 없을 때에는 가족관계의 등록 등에 관한 법률」 제90조제1항에 따라 지체 없이 사망지역의 시 · 구 · 읍 · 면의 장에게 검시조서를 첨부하여 별지 제17호서식의 사망통지서를 송부하여야 한다.

② 경찰관은 제1항에 따라 통보한 사망자가 등록이 되어 있음이 판명되었거나 사망자의 신원을 알 수 있게 된 때에는 「가족관계의 등록 등에 관한 법률」 제90조제2항에 따라 지체 없이 그 취지를 사망지역의 시 · 구 · 읍 · 면의 장에게 통보하여야 한다.

> ※ 가족관계의 등록 등에 관한 법률
> 제90조(등록불명자 등의 사망) ② 사망자가 등록이 되어 있음이 판명되었거나 사망자의 신원을 알 수 있게 된 때에는 경찰공무원은 지체 없이 사망지의 시 · 읍 · 면의 장에게 그 취지를 통보하여야 한다.

부검 미실시 사유 보고

사건번호 (접수번호)										
변사자	성명	주민 번호				직업	연령	성별	주소	
							세	남 / 여		
	연락처	자택		휴대 전화		유족대표 성명 (관계:) 연락처:				
사건개요										
검안 의사 의견										
검시조사관 의견										
부검 미실시 사유										
향후 계획										
보고자	○○경찰서 ○○과장 경○ ○ ○ ○ (서 명)									

○○경찰서

제 0000-00000 호   20○○. ○. ○

수 신 : ○○지방검찰청장 (검사 : ○○○)

제 목 : **변사사건 발생 통보서**

우리 서 관내에서 아래와 같은 변사사건이 발생하였기에 「검사와 사법경찰관의 상
호협력과 일반적 수사준칙에 관한 규정」 제17조에 따라 통보합니다.

발 견 일 시		20○○. ○. ○. 00:00
발 견 장 소		
신 고 일 시		20○○. ○. ○. 00:00
변 사 종 별	원 인	
	방 법	
변 사 자 인 적 사 항		성 명 : (세,) 주민등록번호 : - 직 업 : 주 거 :
발 견 자 인 적 사 항		성 명 : (세,) 직 업 : 주 거 : 변사자와관계 :
발 견 경 위		

피 의 자 (피 내 사 자)	성 명 : (세,) 주민등록번호 : − 직 업 : 주 거 :
사 인 및 의 사 소 견	직접사인 : 중간선행사인 : 선행사인 :
사망추정시각	
사 체 의 상 황 (위 치, 착 의, 외상 유무등사체의상태를 구체적으로기재)	화장실 좌변기에 앉은 채로 우측 벽에 쓰러져 있었으며 입가에는 먹다 남은 농약 성분으로 보이는 액체가 묻어 있었으며 상의는 갈색 티셧스 하의는 청색 청바지, 외상은 발견할 수 없었음
증 거 품 (소지금품, 흉기등 범행공용물, 유서, 일 지 등 존 재 사 항) 및 참 고 사 항	먹다 남은 ○○제초제(○○㎖) 1병과 가족에게 보내는 유서 1장(A4용지)

유족의진술	진술일시		변사자와 관 계	
	주 소			
	직 업		주민등록 번 호	
	성 명		연 령	만 세
	평소 남편(변사자)은 사업실패로 우울증 치료을 받고 있었으며 세상을 너무 비관하고 있었다. 오늘 아침 부모 산소에 다녀온다고 나간후 연락 이 없었다.			

관계인진술	진술일시		변 사 자 와 관 계	
	주 소			
	직 업		주 민 등 록 번 호	
	성 명		연 령	만 세
	대변을 보기 위해 화장실 문을 여는 순간 농약냄새가 났으며 좌변기에 사람이 쓰러져 있어 112에 신고하였다			
사건개요	변사자는 사업실패 후 20○○. ○. ○.부터 ○○병원에서 우울증 치료를 받고 있던 자로 평소 세상을 비관하였으며 가족들에게 ○○내용의 유서를 남기고 음독한 점으로 보아 자살한 것으로 추정됨			
경 찰 조 치 및 의 견	타살혐의점 발견할 수 없어 사체는 유족에게 인계하고자 합니다.			
담당경찰관	계급 : 성명 : 전화 :			

○○경찰서

사법경찰관 경위 홍길동   (인)

○○경찰서

제 호   20○○.○.○.

수 신 : ○○검찰청의 장

제 목 : 교통사고 변사사건 발생 통보서

우리 서 관내에서 아래와 같은 교통사고 변사사건이 발생하였기에 「검사와 사법경
찰관의 상호협력과 일반적 수사준칙에 관한 규정」 제17조에 따라 통보합니다.

사 망	일 시	
	장 소	

사 고 일 시	
발 생 장 소	

변 사 자 인 적 사 항	성 명 : 주민등록번호 : 직 업 : 주 거 :

	성 명		주민등록번호		연령	
	직 업		변사자와관계		성별	
	주 거					
	집전화번호		회사전화번호			
	진술일시		휴대전화번호			
피 의 자 (피 내 사 자)	진술내용					

의 사 소 견	
특 이 사 항	
경 찰 조 치 및 의 견	
담 당 경 찰 관	

○○경찰서

사법경찰관 경위 홍길동 (인)

결 과 보 고 서

<table>
<tr><td rowspan="2">결
재</td><td>담 당</td><td>팀 장</td><td>과 장</td></tr>
<tr><td></td><td></td><td></td></tr>
</table>

제 0000-0000 호

<table>
<tr><td>접수번호</td><td>000-000</td><td>관할경찰서</td><td></td><td colspan="2">사건담당</td><td></td></tr>
<tr><td rowspan="3">변사자</td><td>성 명</td><td></td><td></td><td>생년월일</td><td colspan="2">0000.00.00(00세, 남/여)</td></tr>
<tr><td>직 업</td><td></td><td></td><td>국 적</td><td colspan="2"></td></tr>
<tr><td>주소지</td><td colspan="5"></td></tr>
<tr><td>발생일시</td><td colspan="6">0000.00.00.00:00 ~ 0000.00.00.00:00</td></tr>
<tr><td>발생장소</td><td colspan="6"></td></tr>
<tr><td>조사일시</td><td>시 작</td><td colspan="2">0000.00.00.00:00</td><td>종 료</td><td colspan="2">0000.00.00.00:00</td></tr>
<tr><td>조사장소</td><td colspan="6"></td></tr>
<tr><td>사건개요</td><td colspan="6"></td></tr>
<tr><td>조사내용</td><td colspan="6"></td></tr>
<tr><td>현장상황</td><td colspan="6"></td></tr>
<tr><td>의 견</td><td colspan="6"></td></tr>
<tr><td colspan="7">20○○.○.○.

소 속 관 서

검시조사관 ○○○○○ ○ ○ ○ ㉑</td></tr>
</table>

변사자손상도

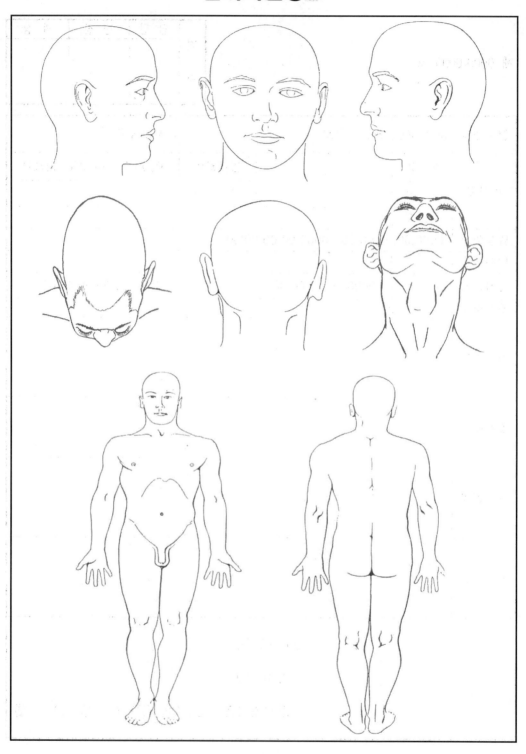

○○경찰서

제 0000-00000 호   20○○. ○. ○.

수 신 : ○○지방검찰청장 (검사 : ○○○)

제 목 : 변사사건 처리등에 관한 의견서

제○○호(20○○.○.○. 접수) 변사사건 처리에 관하여 「검사와 사법경찰관의 상호협력과
일반적 수사준칙에 관한 규정」 제17조제4항에 따라 다음과 같이 의견을 제시합니다.

변 사 자 인적사항	성 명 : (세,) 주민등록번호 : - 직 업 : 주 거 :
사 인	직접사인 : 간접사인 :
처리결과 및 의 견	건강상 이유로 평소 비관하던 중 ○○농약을 먹고 음독자살한 것이다.
첨부서류	

○○경찰서

사법경찰관 경위 홍 길 동 (인)

검 시 조 서

사법경찰관 경감 홍길동은/는 20○○.○.○. 사법경찰관/리 ○○ 김홍수을/를 참여
하게 하고 다음의 변사자를 검시하다.

변 사 자	성 명		성 별		연 령	
	직 업		국 적			
	등록기준지					
	주 거					
변 사 장 소						
검 시 장 소						
사체의모양 및상황						
변 사 년 월 일						
사 인						
발 견 일 시						
발 견 자						
의사의 검안 및 관계자의 진술						
소지금품 및 유류품						
사체및휴대품의 처 리						
참 여 인						
의 견						

이 검사는 20○○.○.○. 00 00:00에 시작하여 20○○.○.○. 00:00에 끝나다.

20○○.○.○.

○○경찰서

사법경찰관　　　印

사법경찰관/리　　　印

○ ○ 경 찰 서

제 0000-000000 호	20○○.○.○.

수 신 : 수신자 귀하

제 목 : **검시필증**

아래 사람은 당서 관내에서 변사한 자인 바, 검찰청명 검사 검사명의 지휘로 검시를 마쳤으므로 사체를 유족에게 인도하여도 무방함

성 명	
주민등록번호	
직 업	
주 소	
비 고	

소 속 관 서

사법경찰관   계급

검 증 조 서

사법경찰관 계급 성명은 0000.00.00. 사법경찰관/리 계급 성명을 참여하게 하고 000외 0명에 대한 피의사건에 관하여 다음과 같이 검증하다.

1. 검증의 장소(대상)

2. 검증의 목적

3. 검증의 참여인

4. 검증의 경위 및 결과

이 검증은 0000. 00. 00. 00:00에 시작하여 0000. 00. 00. 00:00에 끝나다.

20○○.○.○.

소속관서

사법경찰관   계급 성명   ㉖

사법경찰관/리 계급 성명   ㉖

사 체 및 소 지 금 품 인 수

□ 인 수 자

성　　명		주민등록번호	
직　　업		연 락 처	
주　　거			
사망자와의 관계			

□ 사　　체

성　　명			주민등록번호	
성　　별		연　　령	국　　적	
등록기준지				
주　　소				

□ 소지금품

품　　명	수량	비　　고

□ 인수경위

일시·장소	
인 계 자	소속 :　　　　　　　계급 :　　　　　성명 :

위와 같이 사체와 소지금품을 인수하였음을 확인합니다.

20○○.○.○.

인 수 자 :　　　　　　　　㊞

○○경찰서장 귀하

○ ○ 경 찰 서

제   호   20○○.○.○.

수 신 :

제 목 : **사망통보서**

사망자의 등록기준지가 분명하지 아니한(사망자를 인식할 수 없는) 사체를 검시

하였으므로 가족관계의 등록 등에 관한 법률 제90조 제1항의 규정에 의하여 별

지 검시조서를 첨부 통보합니다.

첨부 : 검시조서   통

○ ○ 경 찰 서

사법경찰관   ㉑

제9장

통신수사

제1절 통신수사 일반

1. 허가 및 자료요청의 주체

가. 통신비밀보호법 제6조제2항, 제13조 제1항에 따른 통신제한조치 및 통신사실확
인자료제공 요청의 허가신청은 사법경찰관이 하여야 한다.

나. 전기통신사업법 제54조 제3항에 따른 통신자료의 요청은 경찰서장과 시도경찰
청·경찰청 과장 이상 결재권자의 직책, 직급, 성명을 명기하여 사법경찰관리가
요청할 수 있다.

2. 남용방지

가. 사법경찰관은 통신제한조치 허가신청 시 통신비밀보호법 제5조, 제6조에서 규정
한 대상범죄, 신청방법, 관할법원, 허가요건 등을 충분히 검토하여 남용 및 기각
되지 않도록 하여야 한다.

나. 통신사실확인자료제공요청 허가신청 시 요청사유, 해당 가입자와의 연관성, 필요
한 자료의 범위 등을 명확히 하여 남용 및 기각되지 않도록 하여야 한다.

3. 관 할

가. 통신제한조치의 관할은 그 통신제한조치를 받을 통신당사자의 쌍방 또는 일방의
주소지·소재지, 범죄지, 통신당사자와 공범관계에 있는 자의 주소지·소재지를 관
할하는 지방법원 또는 지원을 말한다.

나. 통신사실확인자료의 관할은 피의자, 피혐의자의 주소지·소재지, 범죄지 또는 해
당 가입자의 주소지·소재지를 관할하는 지방법원 또는 지원을 말한다.

4. 허가신청방법

가. 사법경찰관은 통신제한조치신청 및 통신사실확인자료제공요청의 허가신청은 원

칙적으로 피의자별 또는 피혐의자 별로 하여야 한다.

나. 통신사실확인자료의 경우 동일한 범죄의 수사 또는 동일인에 대한 형의 집행을 위하여 피의자 또는 피혐의자가 아닌 다수의 가입자에 대하여 1건의 허가신청서에 요청할 수 있다.

5. 자료제공요청 방법

가. 통신제한조치 허가신청은 반드시 서면으로 하여야 한다.

나. 통신사실확인자료 및 통신자료제공요청은 모사전송에 의하여 할 수 있다. 이 경우 신분을 표시하는 증표를 함께 제시하여야 한다.

6. 허가서의 반납

통신제한조치의 집행 또는 통신사실확인자료 제공요청이 불가능하거나 필요없게 된 경우에는 허가서번호, 허가서발부일자 및 수령일자, 수령자 성명, 집행 불능의 사유를 기재하여 통신제한조치허가서 또는 통신사실확인자료 제공요청 허가서를 법원에 반환하여야 한다.

7. 집행결과보고

가. 통신제한조치 및 통신사실확인자료를 제공받아 집행한 후 수사 또는 입건전조사한 사건을 종결할 경우 그 결과를 검사에게 통보하여야 한다.

나. 타 관서에서 통신수사를 집행한 사건을 이송받아 입건전조사한 후 입건전조사 종결한 경우는 입건전조사 종결한 관서에서 허가서를 청구한 검찰청에 집행결과를 보고한 후 허가서를 신청한 관서로 사건처리결과를 통보하여야 한다.

8. 통신제한조치 취득자료 보관

통신제한조치 집행으로 취득한 물건은 허가서 및 집행조서와 함께 봉인한 후 허가번호 및 보존기간을 표기하여 별도로 보관하고 수사담당자 외의 자가 열람할 수 없도록 하여야 한다.

※ 통신수사의 종류 및 절차 요약

구 분	통신제한조치	통신사실 확인자료	통신자료
근 거	통신비밀보호법 　제5조~제9조의2	통신비밀보호법 　제2조 제11호, 제13조	전기통신사업법 　제54조 제3항
개 념	우편물의 검열, 전기통신 감청으로 그 내용 지득 또는 채록, 송수신 방해	• 가입자 전기통신일시, 전기통신 개시·종료시각, 착발신 통신번호 내역, 위차·기지국 추적자료 • 컴퓨터통신 및 인터넷 로그기록 자료, 위치 및 접속시 추적자료	• 전화가입자 인적사항 및 가입, 해지일자 • 인터넷 가입자 인적사항, 아이디 등
대상범죄	통신비밀보호법 제5조의 범죄	제한 없음	제한 없음
요 건	• 범죄를 계획 또는 실행하고 있거나 실행하였다고 의심할만한 충분한 이유가 있고 • 다른 방법으로는 그 범죄의 실행을 저지하거나 범인의 체포 또는 증거의 수집이 어려운 경우	수사 또는 형의 집행을 위하여 필요한 경우	재판, 수사, 형의 집행 또는 국가안전보장에 대한 위해를 방지하기 위한 정보수집
허가(승인) 절 차	• 범죄수사 : 법원의 허가 • 국가안보 :대통령 승인, 고등법원 수석판사허가	경찰 신청 → 검사 청구 　→법원 허가	수사관서의 장 명의로 요청
긴급한 경 우	국가안보 위협하는 음모행위, 직접적인 사망이나 심각한 상해의 위험을 야기할 수 있는 범죄 또는 조직범죄 등 중대한 범죄의 계획이나 실행 등 긴박한 상황	• 법원의 허가를 받을 수 없는 긴급한 사유가 있는 때에는 통신사실 확인자료제공을 요청한 후 바로 그 허가를 받아 전기통신사업자에게 송부 • 법원의 허가를 받지 못한 경우지체 없이 제공받은 통신사실확인자료를 폐기	
서류작성	KICS에서 작성	KICS에서 작성	KICS에서 작성

제2절 통신제한조치

● I. 통신제한조치의 개념

통신비밀보호법상 통신제한조치 ┬ 우편물의 검열
                               └ 전기통신의 감청

1. 우편물의 검열(통신비밀보호법 제2조 제6호)

우편물에 대하여 당사자의 동의 없이 이를 개봉하거나 기타의 방법으로 그 내용을 지득 또는 채록하거나 유치하는 것을 말한다.

2. 전기통신의 감청(법 제2조 제7호)

감청은 전기통신에 대하여 당사자 동의 없이 전자장치·기계장치 등을 사용하여 통신의 음향, 문언, 부호·영상을 청취·공독하여 그 내용을 지득 또는 채록하거나 전기통신의 송·수신을 방해하는 것을 말한다.

※ 통신사실확인자료(법 제2조 제11호)

> **제2조(정의)** 이 법에서 사용하는 용어의 정의는 다음과 같다.
> 11. "통신사실확인자료" 라 함은 다음 각목의 어느 하나에 해당하는 전기통신사실에 관한 자료를 말한다.
> 가. 가입자의 전기통신일시
> 나. 전기통신개시·종료시간
> 다. 발·착신 통신번호 등 상대방의 가입자번호
> 라. 사용도수
> 마. 컴퓨터통신 또는 인터넷의 사용자가 전기통신역무를 이용한 사실에 관한 컴퓨터통신 또는 인터넷의 로그기록자료
> 바. 정보통신망에 접속된 정보통신기기의 위치를 확인할 수 있는 발신기지국의 위치추적자료
> 사. 컴퓨터통신 또는 인터넷의 사용자가 정보통신망에 접속하기 위하여 사용하는 정보통신기기의 위치를 확인할 수 있는 접속지의 추적자료
> ※ 따라서 인터넷상의 비공개 게시내용, 음성사서함 등의 내용을 지득·채록하는 것은 감청의 유형에 해당, 실시간 착발신 추적자료의 경우는 그 내용의 지득이 아니므로 통신사실확인자료에 해당된다.

II. 통신제한조치 대상범죄(법 제5조)

1. 형법 제2편 중 제1장 내란의 죄, 제2장 외환의 죄중 제92조 내지 제101조의 죄, 제4장 국교에 관한 죄중 제107조, 제108조, 제111조 내지 제113조의 죄, 제5장 공안을 해하는 죄중 제114조, 제115조의 죄, 제6장 폭발물에 관한 죄, 제7장 공무원의 직무에 관한 죄중 제127조, 제129조 내지 제133조의 죄, 제9장 도주와 범인은닉의 죄, 제13장 방화와 실화의 죄중 제164조 내지 제167조 · 제172조 내지 제173조 · 제174조 및 제175조의 죄, 제17장 아편에 관한 죄, 제18장 통화에 관한 죄, 제19장 유가증권, 우표와 인지에 관한 죄중 제214조 내지 제217조, 제223조(제214조 내지 제217조의 미수범에 한한다) 및 제224조(제214조 및 제215조의 예비 · 음모에 한한다), 제24장 살인의 죄, 제29장 체포와 감금의 죄, 제30장 협박의 죄중 제283조제1항, 제284조, 제285조(제283조제1항, 제284조의 상습범에 한한다), 제286조[제283조제1항, 제284조, 제285조(제283조제1항, 제284조의 상습범에 한한다)의 미수범에 한한다]의 죄, 제31장 약취와 유인의 죄, 제32장 강간과 추행의 죄중 제297조 내지 제301조의2, 제305조의 죄, 제34장 신용, 업무와 경매에 관한 죄중 제315조의 죄, 제37장 권리행사를 방해하는 죄중 제324조의2 내지 제324조의4 · 제324조의5(제324조의2 내지 제324조의4의 미수범에 한한다)의 죄, 제38장 절도와 강도의 죄중 제329조 내지 제331조, 제332조(제329조 내지 제331조의 상습범에 한한다), 제333조 내지 제341조, 제342조[제329조 내지 제331조, 제332조(제329조 내지 제331조의 상습범에 한한다), 제333조 내지 제341조의 미수범에 한한다]의 죄, 제39장 사기와 공갈의 죄중 제350조의 죄
2. 군형법 제2편중 제1장 반란의 죄, 제2장 이적의 죄, 제3장 지휘권 남용의 죄, 제4장 지휘관의 강복과 도피의 죄, 제5장 수소이탈의 죄, 제7장 군무태만의 죄중 제42조의 죄, 제8장 항명의 죄, 제9장 폭행 · 협박 · 상해와 살인의 죄, 제11장 군용물에 관한 죄, 제12장 위령의 죄중 제78조 · 제80조 · 제81조의 죄
3. 국가보안법에 규정된 범죄
4. 군사기밀보호법에 규정된 범죄
5. 군사기지및군사시설보호법에 규정된 범죄
6. 마약류관리에관한법률에 규정된 범죄중 제58조 내지 제62조의 죄
7. 폭력행위등처벌에관한법률에 규정된 범죄중 제4조 및 제5조의 죄

8. 총포·도검·화약류등단속법에 규정된 범죄중 제70조 및 제71조제1호 내지 제3호의 죄

9. 특정범죄가중처벌등에관한법률에 규정된 범죄중 제2조 내지 제8조, 제10조 내지 제12조의 죄

10. 특정경제범죄가중처벌등에관한법률에 규정된 범죄중 제3조 내지 제9조의 죄

11. 제1호와 제2호의 죄에 대한 가중처벌을 규정하는 법률에 위반하는 범죄

12. 「국제상거래에 있어서 외국공무원에 대한 뇌물방지법」에 규정된 범죄 중 제3조 및 제4조의 죄

Ⅲ. 통신제한조치 허가절차(범죄수사를 위한 통신제한조치)

1. 요 건

가. 통신제한조치 대상범죄를 계획 또는 실행하고 있거나 실행하였다고 의심할만한 충분한 이유〈범죄에 대한 소명〉

나. 다른 방법으로는 그 범죄의 실행을 저지하거나 범인의 체포 또는 증거의 수집이 어려운 경우〈보충적 수단〉

❋ 이중의 소명이 필요(가 + 나)

2. 허가기간

3월(개정 전) ⇒ 2월(개정 후)로 단축, 필요시 연장 가능

❋ 허가기간 중이라도 통신제한조치 목적 달성 시 즉시 종료하여야 함

3. 관할법원

통신제한조치를 받을 통신당사자의 쌍방 또는 일방의 주소지·소재지, 범죄지 또는 통신당사자와 공범관계에 있는 자의 주소지·소재지를 관할하는 지방법원 또는 지원

4. 청구방법

피의자별 또는 피혐의자 별로 허가청구

❋ 종전에는 사건 단위로 1건의 청구로 여러명에 대해 동시에 청구 가능

Ⅳ. 통신제한조치의 집행(법 제9조)

1. 집행 절차

가. 통신제한조치의 집행을 위탁하거나 집행에 관한 협조를 요청하는 자는

- ○ 통신제한조치허가서(대통령 승인을 받아서 하는 경우, 대통령 승인서) 표지의 사본 및 위탁의뢰서 교부
- ○ 집행자의 신분을 표시할 수 있는 증표 제시

나. 통신제한조치의 집행을 위탁받거나 이에 관한 협조요청을 받은 자는 통신제한조치허가서의 표지사본을 보존

> ✱ 표지의 사본에는 통신제한조치의 종류·대상·범위·기간 및 집행 장소와 방법 등이 표시되어야 하며, 특히 수사기밀이 포함될 수 있는 범죄사실 등은 허가서 표지에 포함되지 않도록 주의

2. 집행의 협조 및 위탁

가. 집행의 협조(시행령 제13조)

제13조(통신제한조치 집행의 협조) 검사·사법경찰관 또는 정보수사기관의 장(그 위임을 받은 소속 공무원을 포함한다)이 체신관서 그 밖의 관련기관 등에 통신제한조치의 집행에 관한 협조를 요청하는 때에는 법 제9조제2항의 규정에 의한 통신제한 조치허가서(법 제7조제1항제2호의 경우에는 대통령의 승인서를 말한다. 이하 제14조제2항, 제15조제1항·제2항 및 제15조의2제1항 내지 제3항에서 같다) 또는 긴급감청서등의 표지의 사본을 교부하고 자신의 신분을 표시할 수 있는 증표를 체신관서 그 밖의 관련기관의 장에게 제시하여야 한다.

나. 집행의 위탁(시행령 제14조)

제14조(통신제한조치의 집행위탁) ① 검사·사법경찰관 또는 정보수사기관의 장은 법 제9조제1항의 규정에 의하여 통신제한조치를 받을 당사자의 쌍방 또는 일방의 주소지·소재지, 범죄지 또는 통신당사자와 공범관계에 있는 자의 주소지·소재지를 관할하는 다음 각호의 기관에 대하여 통신제한조치의 집행을 위탁할 수 있다.
1. 5급이상의 공무원을 장으로 하는 우체국
2. 「전기통신사업법」의 규정에 의한 전기통신사업자
② 검사·사법경찰관 또는 정보수사기관의 장(그 위임을 받은 공무원을 포함한다)이 제1항 각호에 규정된 기관(이하 "체신관서등"이라 한다)에 통신제한조치의 집행을 위탁하고자 하는 때에는 체신관서등에 대하여 소속기관의 장이 발행한 위탁의뢰서와 함께 통신제한조치허가서 또는 긴급감청서등의 표지의 사본을 교부하고 자신의 신분을 표시할 수 있는 증표를 제시하여야 한다.
③ 제1항 및 제2항에 규정된 사항외에 수탁업무의 범위등 위탁에 필요한 사항에 대하여는 지식경제부장관 또는 전기통신사업자의 장과 집행을 위탁한 기관의 장이 협의하여 정한다.

※ 〈주의사항〉 벌칙조항 신설

① ┌ 표지사본 교부없이 위탁 · 협조요청한 자(수사기관 등)
   └ 표지사본 교부없이 집행 · 집행에 협조한 자(통신업체 등)
   ⇒ 10년이하의 징역
② 표지사본을 보존하지 아니한 자 ⇒ 5년이하의 징역 또는 3천만원이하의 벌금

3. 대장비치 의무

– 비치 의무자 : 집행자, 위탁받은자, 협조요청을 받은자

 ※ 대장 기재사항

  1) 통신제한조치를 청구한 목적

  2) 집행 또는 협조일시 및 대상 등 기재

– 비치 의무위반 시 5년이하의 징역 또는 3천만원이하의 벌금

Ⅴ. 통신제한조치 집행사실 통지제도(법 제9조의2)

1. 통신제한조치 집행사실 통지

가. 통지 기간

사법경찰관은 제6조제1항 및 제8조제1항의 규정에 따른 통신제한조치를 집행한 사건에 관하여 검사로부터 공소를 제기하거나 제기하지 아니하는 처분(기소중지 결정을 제외한다)의 통보를 받거나 입건전조사 사건에 관하여 입건하지 아니하는 처분을 한때에는 그 날부터 30일 이내에 우편물 검열의 경우에는 그 대상자에게, 감청의 경우에는 그 대상이 된 전기통신의 가입자에게 통신제한조치를 집행한 사실과 집행기관 및 그 기간 등을 서면으로 통지하여야 한다.

※ 기소중지의 경우 기소중지 시에는 통지대상이 아니나, 이를 재기하여 종국 처분하면 통지대상이 됨(참고인 중지도 동일)

나. 통지대상

(가) 통신제한조치(사전허가)와 긴급통신제한조치 모두 해당함

(나) 통지대상자

 ① 우편물 : 대상자(발송인 · 수취인 관계없이 허가서에 기재된 사람)

 ② 감청 : 대상이 된 전기통신의 가입자(가입 명의자)

  ※ 통지대상을 누구로 할 것인가에 대한 신중한 검토 필요

다. 내 용

(가) 통신제한조치를 집행한 사실

(나) 집행기관과 그 기간 등

라. 방 법 : 서면 통지(구두·전화통지는 불가)

❋ 반드시 특별송달 또는 이에 준하는 방법(예를 들면, 대상자에게 직접 교부 후 수령증 징구 등)에 의하도록 하여야 함

마. 송달불능된 통지의 처리

(가) 보정이 가능한 사안은 보정 후 재통지

(나) 보정이 불가능한 사안은 송달불능 보고서를 기록에 편철하고, 사본 1부를 전담직원에게 인계하여 통신제한조치 집행사실 통지부에 송달 불능사실을 기재하게 하고, 편철·보고토록 함

바. 벌칙조항

통지를 아니 한 경우 3년이하의 징역 또는 1천만원이하의 벌금

2. 통신제한조치 집행사실 통지유예

제9조의2(통신제한조치의 집행에 관한 통지) ③ 정보수사기관의 장은 제7조제1항제1호 본문 및 제8조제1항의 규정에 의한 통신제한조치를 종료한 날부터 30일 이내에 우편물 검열의 경우에는 그 대상자에게, 감청의 경우에는 그 대상이 된 전기통신의 가입자에게 통신제한조치를 집행한 사실과 집행기관 및 그 기간 등을 서면으로 통지하여야 한다.
④ 제1항 내지 제3항의 규정에 불구하고 다음 각호의 1에 해당하는 사유가 있는 때에는 그 사유가 해소될 때까지 통지를 유예할 수 있다.
  1. 통신제한조치를 통지할 경우 국가의 안전보장·공공의 안녕질서를 위태롭게 할 현저한 우려가 있는 때
  2. 통신제한조치를 통지할 경우 사람의 생명·신체에 중대한 위험을 초래할 염려가 현저한 때
⑤ 제4항에 따라 통지를 유예하려는 경우에는 소명자료를 첨부하여 다음 각호에 따른 승인을 얻어야 한다.
  1. 검찰청 검사 또는 사법경찰관: 관할 지방검찰청검사장의 승인
  2. 고위공직자범죄수사처 소속 검사: 고위공직자범죄수사처장의 승인
  3. 군 검사 및 군사법경찰관: 관할 보통검찰부장의 승인
⑥ 검사, 사법경찰관 또는 정보수사기관의 장은 제4항 각호의 사유가 해소된 때에는 그 사유가 해소된 날부터 30일 이내에 제1항 내지 제3항의 규정에 의한 통지를 하여야 한다.

가. 요 건

(가) 국가의 인권보장, 공공의 안녕질서를 위태롭게 할 현저한 우려가 있는 때

(나) 사람의 생명·신체에 중대한 위험을 초래할 염려가 현저한 때

나. 기 한 : 사유 해소 시까지

다. 방 법

(가) 소명자료를 첨부하여 관할지검 검사장에 서면으로 승인신청

      ✽ 정보수사기관의 장의 경우 : 독자적인 판단에 따라 유예 가능

(나) 서면기재사항 : 집행한 통신제한조치의 종류·대상·범위·기간·처리일자·처리결과 유예사유 등

      ✽ 검찰지청관할 경찰서의 경우 관할지청에 승인서를 제출하면 됨

라. 유예사유가 해소된 경우

그 사유가 해소된 날로부터 30일 이내 통지

3. 범죄수사를 위하여 인터넷 회선에 대한 통신제한조치로 취득한 자료의 관리 (제12조의2)

가. 사법경찰관은 인터넷 회선을 통하여 송신·수신하는 전기통신을 대상으로 제6조 또는 제8조(제5조제1항의 요건에 해당하는 사람에 대한 긴급통신제한조치에 한정한다)에 따른 통신제한조치를 집행한 경우 그 전기통신의 보관 등을 하고자 하는 때에는 집행종료일부터 14일 이내에 보관 등이 필요한 전기통신을 선별하여 검사에게 보관 등의 승인을 신청하고, 검사는 신청일부터 7일 이내에 통신제한조치를 허가한 법원에 그 승인을 청구할 수 있다.

나. 승인청구는 통신제한조치의 집행 경위, 취득한 결과의 요지, 보관 등이 필요한 이유를 기재한 서면으로 하여야 하며, 다음 각 호의 서류를 첨부하여야 한다.

① 청구이유에 대한 소명자료

② 보관 등이 필요한 전기통신의 목록

③ 보관 등이 필요한 전기통신. 다만, 일정 용량의 파일 단위로 분할하는 등 적절한 방법으로 정보저장매체에 저장·봉인하여 제출하여야 한다.

다. 법원은 청구가 이유 있다고 인정하는 경우에는 보관 등을 승인하고 이를 증명하는 서류(이하 이 조에서 "승인서"라 한다)를 발부하며, 청구가 이유 없다고 인정하는 경우에는 청구를 기각하고 이를 청구인에게 통지한다.

라. 사법경찰관은 신청하지 아니하는 경우에는 집행종료일부터 14일(검사가 사법경찰관의 신청을 기각한 경우에는 그 날부터 7일) 이내에 통신제한조치로 취득한 전기통신을 폐기하여야 하고, 법원에 승인청구를 한 경우(취득한 전기통신 일부에 대해서만 청구한 경우를 포함한다)에는 법원으로부터 승인서를 발부받거나 청구기각의 통지를 받은 날부터 7일 이내에 승인을 받지 못한 전기통신을 폐기하여야 한다.

마. 사법경찰관은 통신제한조치로 취득한 전기통신을 폐기한 때에는 폐기의 이유와 범위 및 일시 등을 기재한 폐기결과보고서를 작성하여 피의자의 수사기록 또는 피혐의자의 입건전조사 사건기록에 첨부하고, 폐기일부터 7일 이내에 통신제한조치를 허가한 법원에 송부하여야 한다.

Ⅵ. 긴급통신제한조치(법 제8조)

1. 긴급통신제한조치의 요건

가. 성립요건

(가) 국가안보를 위협하는 음모행위, 직접적인 사망이나 심각한 상해의 위협을 야기할 수 있는 범죄 또는 조직범죄 등 중대한 범죄의 계획이나 실행 등 긴박한 상황이고

(나) 범죄수사와 국가안보를 위한 통신제한조치의 요건을 구비한 자에 대하여 보통 통신제한조치 절차를 거칠 수 없는 긴급한 사유가 있는 때에는

(다) 법원의 허가없이 통신제한조치를 실시 후 법원의 허가 받음

나. 절 차

(가) 사법경찰관이 긴급통신제한조치를 하면 미리 검사의 지휘를 받아야 한다. 다만, 특히 급속을 요하여 미리 지휘를 받을 수 없는 사유가 있는 경우에는 긴급통신제한조치의 집행착수 후 지체없이 검사의 승인을 얻어야 한다.

(나) 긴급통신제한조치 후 지체없이 법원에 허가청구를 하여야 한다.

(다) 긴급 통신제한조치 후 36시간 내 허가를 받지 못한 경우 즉시 집행을 중지하여야 하며 체신관서로부터 인계받은 우편물이 있는 경우 즉시 반환하여야 한다.

(라) 긴급으로 통신사실확인자료를 받았으나 36시간 내 허가를 받지 못한 경우에는 제공받은 자료는 분쇄하고 파일은 삭제하는 방법으로 폐기하여야 하고 허가신청서 등 관련서류 및 폐기에 대한 수사보고서를 기록에 첨부하여야 한다.

(마) 긴급한 사건으로 발신기지국의 위치추적자료(실시간 위치추적)를 받았으나 허가를 받기 전 조기에 검거된 경우에는 그 즉시 자료제공의 중단을 전기통신사업자에게 전화 등으로 요청하고 반드시 36시간 이내에 법원의 허가를 받은 후 허가서 사본을 전기통신사업자에게 송부하여야 한다.

2. 긴급통신제한조치의 집행

가. 반드시 긴급감청서(또는 긴급검열서)에 의하여 함

나. 소속기관에 긴급통신제한조치대장을 비치하여야 함

다.
- 표지사본 교부
- 표지사본 보존의무 집행사실 통지의무 위반 시 벌칙규정

3. 긴급통신제한조치 통보서 송부

가. 요 건

긴급통신제한조치가 단시간 내에 종료되어 법원의 허가를 받을 필요가 없는 경우

나. 대상과 방법

(가) 긴급통신제한조치가 단시간 내에 종료되어 법원의 허가를 받을 필요가 없는 경우에는 지체없이 긴급통신제한조치통보서를 작성하여 관할 지방검찰청검사장 또는 지청장에게 송부하여야 한다

＊ 긴급통신제한조치통보서에는 긴급통신제한조치의 목적·대상·범위·집행장소·방법·기간·통신제한조치허가청구를 하지 못한 사유 등 기재

(나) 관할 지방검찰청검사장은 법원장에게 통보서를 송부

○○경찰서

제 0000-00000 호   20○○. ○. ○.

수 신 : ○○지방검찰청장 (검사 : ○○○)

제 목 : 긴급통신제한조치 승인 요청

다음 사람에 대한 ○○ 피의사건에 관하여 아래와 같은 긴급통신제한조치를 하였으니 승인 요청합니다.

인적사항	성 명		주민등록번호	
	직 업			
	주 거			

긴급통신제한조치의 종 류 및 방 법	전기통신감청 대상전화를 ○○통신 ○○지사에서 연결하여 자동녹음
긴급통신제한조치의 대 상 과 범 위	통신제한조치 대상자 甲의 집에 설치된 전화번호 ○○의 유선전화
긴급통신제한조치의 기 간 및 집 행 장 소	1. 기 간 : . . . ~ . . . 2. 집행장소 : ○○경찰서 형사과 사무실
긴급통신제한조치한 사 유	1. 혐의사실의 요지 : 2. 소명자료 :
사전지휘를 받지 못한 사 유	피의자 특정 및 체포하기 위해 긴급히 통신제한조치를 할 필요가 있어 사전지휘를 받지 못함

○ ○ 경찰서

사법경찰관 경위 홍 길 동 (인)

○○경 찰 서

제 0000-00000 호   20○○. ○. ○.

수 신 : ○○지방검찰청장 (검사 : ○○○)

제 목 : 긴급통신제한조치 요청

다음 사람에 대한 ○○○ 피의사건에 관하여 아래와 같이 긴급통신제한조치를 실시를 요청합니다.

인적사항	성 명		주민등록번호	
	직 업			
	주 거			

긴급통신제한조치의 종 류 및 방 법	전기통신감청 대상전화를 ○○통신 ○○지사에서 연결하여 자동녹음
긴급통신제한조치의 대 상 과 범 위	통신제한조치 대상자 甲의 집에 설치된 전화번호 ○○의 유선전화
긴급통신제한조치의 기 간 및 집 행 장 소	1. 기 간 : . . . ~ . . . 2. 집행장소 :
혐 의 사 실 의 요 지 및 신 청 이 유	1. 혐의사실의 요지 : 2. 소명자료 :
긴급통신제한조치를 필요로 하는 사유	○○피의 사건의 피의자 甲을 체포하기 위함

○ ○ 경 찰 서

사법경찰관 경위 홍 길 동 (인)

○○경 찰 서

제 0000-00000 호   20○○. ○. ○.

수 신 : ○○지방검찰청장

제 목 : **통신제한조치 허가 신청(사전)**

다음 피의자에 대한 ○○○ 피의사건에 관하여 아래와 같은 내용의 통신제한조치를 할 수 있는 허가의 청구를 신청합니다.

피의자	성 명		주민등록번호	
	직 업			
	주 거			

통신제한조치의 종류및방법	전기통신감청 대상 전화를 ○○통신 ○○지사에서 연결하여 자동녹음
통신제한조치의 대상과범위	통신제한조치 대상자 甲의 집에 설치된 전화번호 ○○의 유선전화
통신제한조치의 기간및집행장소	1. 기 간 : . . ~ . . . 2. 집행장소 :
혐의사실의 요지 및 신청이유	
둘이상을신청하는경우 신청취지및이유	
재신청의취지및이유	

○ ○ 경찰서

사법경찰관 경위 홍 길 동 (인)

○○경찰서

제 0000-00000 호   20○○. ○. ○.
수 신 : ○○지방검찰청장
제 목 : **통신제한조치 허가 신청(사후)**

다음 피의자에 대한 ○○ 피의사건에 관하여 아래와 같이 긴급통신제한조치를 실시하였
으므로 통신제한조치를 계속할 수 있는 허가의 청구를 신청합니다.

피의자	성 명		주민등록번호	
	직 업			
	주 거			

긴급통신제한조치의 사유와 내용		통신제한조치의 사유와 내용	
통신제한조치를 필요로 하는 사유와 허가를 받을 수 없었던 긴급한 사유	별지와 같은	통신제한조치를 계속 필요로하는 사유	
긴급통신제한조치의 종 류 및 방 법	전기통신감청 대상 전화를 ○○통신 ○○지사에서 연결하여 자동녹음	통신제한조치의 종 류 및 방 법	전기통신감청 대상 전화를 ○○통신 ○○지사에서 연결하여 자동 녹음
긴급통신제한조치의 대 상 과 범 위	통신제한조치 대상자 甲의 집에 설치된 전화번호 ○○의 유선전화	통신제한조치의 대 상 과 범 위	통신제한조치 대상자 甲의 집에 설치된 전화번호 ○○의 유선전화
긴급통신제한조치의 일 시 와 집 행 장 소	20○○. ○. ○.11:00부터 20○○. ○. ○. 13:00까지 ○○경찰서 형사과 강력2팀	통신제한조치의 기 간	20○○. ○. ○.부터 20○○. ○. ○. 까지
긴급통신제한조치 집행자의관직·성명		통신제한조치의 집 행 장 소	○○경찰서 형사과 강력2팀
둘이상을신청하는경우 신 청 취 지 및 이 유			
재신청의취지및이유			

○ ○ 경찰서

사법경찰관 경위 홍 길 동 (인)

○ ○ 경 찰 서

제 0000-00000 호   20○○. ○. ○.

수 신 :

제 목 : **통신제한조치 집행위탁 의뢰**

　　아래와 같이 통신제한조치의 집행을 위탁합니다.

인적사항	성　　　　명	
	주민등록번호	－　　　　（　　세）
	주　　　거	
	직　　　업	
통신제한조치의 종　　　류		
통신제한조치의 대 상 과 범 위		
통신제한조치의 기　　　간		
비　　　고		

붙　임 : 통신제한조치허가(승인)서 사본 1통

○ ○ 경찰서

사법경찰관　경위　홍 길 동 (인)

○○경찰서

제 0000-00000 호   20○○. ○. ○.

수 신 : ○○지방검찰청장

제 목 : **통신제한조치 기간연장 신청**

    아래와 같이 통신제한조치 기간연장 청구를 신청합니다.

성 명	
주 민 등 록 번 호	
주 거	
직 업	
사 건 번 호	
허 가 서 번 호	
통신제한허가기간	. . .부터 . . .까지 일
연 장 할 기 간	. . .부터 . . .까지 일
기간연장이 필요한 이유 및 소명자료	

○ ○ **경찰서**

사법경찰관 경위 홍 길 동 (인)

통신제한조치 집행조서

　피의자 ○○○에 대한　○○○ 피의사건에 관하여 통신제한조치를 집행하고
이 조서를 작성함.

1. 통신제한조치의 종류

2. 통신제한조치의 대상과 범위

3. 통신제한조치의 기간

4. 집행위탁 여부

5. 집행경위

6. 통신제한조치로 취득한 결과의 요지

20○○. ○. ○.

○○경찰서

사법경찰관　○○　○○○　(인)

사법경찰리　○○　○○○　(인)

○○경찰서

제 0000-00000 호   20○○. ○. ○.

수 신 : ○○지방검찰청장 (검사 : ○○○)

제 목 : **통신제한조치 집행결과 통보**

아래 사람에 대한 ○○○ 피의사건에 관하여 아래와 같이 통신제한조치를 집행
하고 그 수사/입건전조사한 결과를 다음과 같이 통보합니다.

인적사항	성 명		주민등록번호	
	직 업			
	주 거			
통신제한조치의 종류				
통신제한조치의 대상과 범위				
통신제한조치의 기간				
피의/입건전조사 사 실				

< 처 리 내 용 >

○ ○ **경찰서**

사법경찰관 경위 홍 길 동 (인)

○○경찰서

제 0000-00000 호   20○○. ○. ○.

수 신 :

제 목 : **통신제한조치 집행중지 통지**

아래 사람에 대한 통신제한조치의 집행이 필요없게 되어 통지하니 집행을 중지
하여 주시기 바랍니다.

인적사항	성 명	
	주 민 등 록 번 호	
통신제한조치허가법원		
통신제한조치의 종류		
통신제한조치허가년월일		
통신제한조치허가서 번호		
비 고		

○ ○ **경찰서**

사법경찰관 경위 홍 길 동 (인)

○○경찰서

제 0000-00000 호   20○○. ○. ○.

수 신 : ○○○ 귀하

제 목 : **통신제한조치 집행사실 통지**

당서 사건번호 제 0000-000000 호 사건과 관련하여 아래와 같은 내용의 통신제한조치를 집행하였으므로 「통신비밀보호법」 제9조의2제2항의 규정에 따라 이를 통지합니다.

허 가 서 번 호	
통신제한조치 집행기관	○○경찰서
전기통신의가입자 (우편물검열의 대상자)	김길동
통 신 제 한 조 치 의 대 상 과 범 위	
통 신 제 한 조 치 의 종 류 와 기 간	

○ ○ 경 찰 서

사법경찰관   경위   홍 길 동 (인)

○○경찰서

제 0000-00000 호   20○○. ○. ○.

수 신 : ○○지방검찰청장 (검사 : ○○○)

제 목 : **통신제한조치 집행사실 통지 통보**

피의자 ○○○외 ○명에 대한 ○○ 사건에 관하여 통신제한조치 집행사실의 통지를 유예하였
으나 그 사유가 해소되어 통신제한조치 집행사실을 통지하였기에 통보합니다.

인적사항	성 명		주민등록번호	
	직 업			
	주 거			
사 건 번 호				
통지유예 승인일자				
통 지 일 자				

붙임 : 통신제한조치 집행사실 통지서 사본 1부.

○ ○ 경찰서

사법경찰관   경위   홍 길 동 (인)

○○경 찰 서

제 0000-00000 호   20○○. ○. ○.

수 신 :

제 목 : **통신제한조치 기간연장 통지**

아래와 같이 통신제한조치 기간을 연장하였음을 통지합니다.

인적사항	성　　　명	
	주민등록번호	
통신제한조치의 기간		．　．　．부터　．　．　．까지　　　일
연 장 한 기 간		．　．　．부터　．　．　．까지　　　일

붙　임 : 통신제한조치 연장 결정문 사본 1통

○ ○ **경찰서**

사법경찰관　경위　홍 길 동 (인)

제3절 통신사실 확인자료

 I. 통신사실 확인자료의 개념

1. 근 거

통신비밀보호법(제2조 제11항)

2. 내 용

가. 가입자의 전기통신일시

나. 전기통신개시 · 종료시각

다. 발 · 착신 통신번호 등 상대방의 가입자번호

라. 사용도수

마. 컴퓨터통신 또는 인터넷의 사용자가 전기통신 역무를 이용한 사실에 관한 컴퓨터통신 또는 인터넷의 로그기록자료

바. 정보통신망에 접속된 정보통신기기의 위치를 확인할 수 있는 발신기지국의 위치추적자료

사. 컴퓨터통신 또는 인터넷의 사용자가 정보통신망에 접속하기 위하여 사용하는 정보통신기기의 위치를 확인할 수 있는 접속지의 추적자료

 II. 통신사실확인자료 제공절차

1. 검사장 승인에서 법원 허가로 변경

제13조(범죄수사를 위한 통신사실 확인자료제공의 절차) ① 검사 또는 사법경찰관은 수사 또는 형의 집행을 위하여 필요한 경우 전기통신사업법에 의한 전기통신사업자(이하 "전기통신사업자"라 한다)에게 통신사실 확인자료의 열람이나 제출(이하 "통신사실 확인자료제공"이라 한다)을 요청할 수 있다.
② 검사 또는 사법경찰관은 제1항에도 불구하고 수사를 위하여 통신사실확인자료 중 다음 각 호의 어느 하나에 해당하는 자료가 필요한 경우에는 다른 방법으로는 범죄의 실행을 저지하기 어렵거나 범인의 발견 · 확보 또는 증거의 수집 · 보전이 어려운 경우에만 전기통신사업자에게 해당 자료의 열람이나 제출을 요청할 수 있다. 다만, 제5조제1항 각 호의 어느 하나에 해당하는 범죄 또는 전기통신을 수단으로 하는 범죄에 대한 통신사실확인자료가 필요한 경우에는 제1항에 따라 열람이나 제출을 요청할 수 있다.
1. 제2조제11호바목 · 사목 중 실시간 추적자료
2. 특정한 기지국에 대한 통신사실확인자료

2. 관할법원에 관한 규정

가. 피의자 또는 피혐의자의 주소지 · 소재지, 범죄지 또는 해당 가입자의 주소지 · 소재지를 관할하는 지방법원 또는 지원.

나. 사건 단위 신청에서 피의자 또는 피혐의자 별 허가 청구로 변경 단, 피의자 또는 피혐의자가 아닌 경우 1건의 허가서로 가능

3. 자료폐기 의무

긴급한 사유로 통신사실확인자료를 받았으나 지방법원 또는 지원의 허가를 받지 못한 경우에는 지체 없이 제공받은 통신사실확인자료를 폐기하여야 한다.

4. 통신자료확인자료 제공받은 후 통지

통신사실 확인자료제공을 받은 사건에 관하여 공소를 제기하거나, 공소의 제기 또는 입건을 하지 아니하는 처분(기소중지 결정을 제외한다)을 한때에는 그 처분을 한 날부터 30일 이내에 통신사실 확인자료제공을 받은 사실과 제공요청기관 및 그 기간 등을 서면으로 통지하여야 한다.

5. 통신사의 협조 의무(시행령 제41조)

가. 전기통신사업자는 살인 · 인질강도 등 개인의 생명 · 신체에 급박한 위험이 현존하는 경우에는 통신제한조치 또는 통신사실 확인자료제공 요청이 지체없이 이루어질 수 있도록 협조하여야 한다.

나. 통신사실확인자료 보관기간
  - 휴대전화, 국제전화 12개월
  - 시외전화, 시내전화 6개월
  - 인터넷 로그기록, 인터넷 접속지 추적자료 3개월

○○경찰서

제 0000-00000 호   20○○. ○. ○.

수 신 : ○○지방검찰청장

제 목 : **통신사실확인자료 제공요청 허가 신청(사후)**

○○ 피의사건 관련, 다음 사람에 대하여 아래와 같은 내용의 긴급통신사실확인자료 제공을 요청하였으므로 이에 대한 허가서의 청구를 신청합니다.

인적 사항	성 명		주민등록번호	
	직 업			
	주 거			
전 기 통 신 사 업 자				
요 청 사 유	긴급하여 법원의 허가 없이 통신사실확인을 제출받았으므로			
해 당 가 입 자 와 의 연 관 성	피의자가 ○○번을 사용하여 범행을 하였으므로			
필요한 자료의 범위	20○○. ○. ○.부터 20○○. ○. ○.까지 통화내역서			
미 리 허 가 를 받 지 못 한 사 유	상대방의 전화번호를 확인하여 공범을 검거하기 위해			
집 행 일 시 · 장 소 집행자의관직 · 성명	20○○. ○. ○. 11:00경 ○○전화국 ○○경찰서 ○○과 사법경찰관 경위 홍길동			
재청구의 취지 및 이유				

○ ○ 경찰서

사법경찰관 경위 홍 길 동 (인)

○○경찰서

제 0000-00000 호   20○○. ○. ○.

수 신 : ○○지방검찰청장

제 목 : **통신사실확인자료 제공요청 허가 신청(사전)**

○○ 피의사건 관련, 다음 사람에 대하여 아래와 같은 내용의 통신사실확인자료제공을 요청할 수 있는 허가서의 청구를 신청합니다.

인적사항	성 명		주민등록번호	
	직 업			
	주 거			
전기통신사업자				
요 청 사 유	피의자는 일정한 주거 없이 떠돌아다닌 자로 20○○. ○. ○.경 부터 20○○. ○. ○.경까지 ○○일대에서 주차된 차량을 대상으로 차량내 물건을 절취하였다. 피의자의 주거가 일정하지 않고 소재불명으로 피의자를 검거하기 위함.			
해당가입자와의 연 관 성				
필요한 자료의 범위	인터넷 또는 PC통신(피의자 명의 가입 및 사중중인 아이디) 20○○. ○. ○. 00:00 ~ 20○○. ○. ○. 00:00 로그기록 및 IP 피의자 명의가입 사용 중인 아이디			
재청구의 취지 및 이 유				

○ ○ 경찰서

사법경찰관 경위 홍 길 동 (인)

○○경찰서

제 0000-00000 호   20○○. ○. ○.

수 신 :

제 목 : 긴급통신사실확인자료 제공요청

다음 사람에 대하여 「통신비밀보호법」 제13조 제2항 단서의 규정에 따라 아래와 같이 긴급으로 통신사실확인자료제공을 요청하니 협조하여 주시기 바랍니다.

성 명	
주 민 등 록 번 호	
주 거	
직 업	
요 청 사 유	긴길동과의 통화내역을 확인하여 공모여부를 밝히기 위해
해당가입자와의 연 관 성	○○번을 이용하여 공번인 긴길동과 통화하여 ○○법위반을 하였으므로
필요한 자료의 범위	20○○. ○. ○.부터 20○○. ○. ○.까지 통화내역
미리 허가를 받지 못 한 사 유	공번인 홍길동을 수사하는 과정에서 확인된 사항으로 긴길동에 대한 번퍼사실을 구증하여 구속영장을 신청하는데 시한이 촉박하여

○ ○ 경찰서

사법경찰관   경위   홍 길 동 (인)

○○경찰서

제 0000-00000 호   20○○. ○. ○.

수 신 : ○○○ 귀하

제 목 : **통신사실확인자료 제공요청**

다음 사람에 대하여 아래와 같이 통신사실확인자료제공을 요청하니 협조하여 주시기 바랍니다.

성 명	
주 민 등 록 번 호	
주 거	
직 업	
요 청 사 유	
해당 가입자와의 연 관 성	
필 요 한 자 료 의 범 위	

붙임 : 허가서 1부

○ ○ **경찰서**

사법경찰관   경위   홍 길 동 (인)

통신사실확인자료 제공요청 집행조서

　피의자 ○○○에 대한 ○○○ 피의사건에 관하여 통신사실확인자료제공요청의 집행을 하고 이 조서를 작성함.

1. 허가서 번호

2. 집행기관

　　　○○경찰서

3. 전기통신가입자

　　　홍 길 동 (590101-1234567)

4. 통신사실확인자료제공요청 대상과 종류

　　　인터넷 또는 PC통신(피의자 명의 가입 및 사중중인 아이디)

　　　20○○. ○. ○. 00:00 ~ 20○○. ○. ○. 00:00
　　　로그기록 및 IP 피의자 명의가입 사용 중인 아이디

5. 통신사실확인자료제공요청으로 취득한 결과의 요지

　　　자료 회신 받아 20○○. ○. ○. 12:00경 ○○에서 피의자 검거

　　　　　　　　　20○○. ○. ○.

　　　　　　　　　○○경찰서

　　　　　　　　　　　　사법경찰관　○○　○○○　(인)
　　　　　　　　　　　　사법경찰리　○○　○○○　(인)

○○경찰서

제 0000-00000 호   20○○. ○. ○.

수 신 : ○○지방검찰청장 (검사 : ○○○)

제 목 : **통신사실확인자료 제공요청 집행결과 통보**

○○ 피의사건 관련, 다음 사람에 대하여 아래와 같이 통신사실 확인자료제공 요청을 집행하고 그 수사/입건전조사한 결과를 다음과 같이 통보합니다.

인 적 사 항	성 명		주민등록번호	
	직 업			
	주 거			
통신사실확인자료 제공요청의 종류				
통신사실확인자료 제 공 요 청 의 대 상 과 범 위				
피의/입건전조사 사 실 요 지				
< 처 리 내 용 >				

○ ○ 경찰서

사법경찰관 경위 홍 길 동 (인)

○○경찰서

제 0000-00000 호   20○○. ○. ○.

수 신 : ○○○ 귀하

제 목 : **통신사실 확인자료 제공요청 집행사실 통지**

당서 제 0000-000000 호 사건과 관련하여 아래와 같이 통신사실확인자료제공요청을 집행하였으므로 「통신비밀보호법」 제13조의3제1항에 따라 이를 통지합니다.

허 가 서 번 호	
통신사실확인자료 제공요청집행기관	
전 기 통 신 가 입 자	
통신사실확인자료 제 공 요 청 의 대 상 과 종 류	
통신사실확인자료 제공요청의 범위	

○ ○ **경찰서**

사법경찰관 경위 홍 길 동 (인)

○○경찰서

제 0000-00000 호   20○○. ○. ○.

수 신 : ○○지방검찰청장 (검사 : ○○○)

제 목 : **통신사실 확인자료 제공요청 집행사실 통지 통보**

피의자 ○○○외 ○명에 대한 ○○ 피의사건과 관련하여 다음 사람에 대하여 통신사실 확인자료제공 요청을 집행한 사실에 관한 통지를 유예하였으나 그 사유가 해소되어 통신사실 확인자료제공 요청 집행사실을 통지하였기에 통보합니다.

인적사항	성 명		주민등록번호	
	직 업			
	주 거			
사 건 번 호				
통지유예 승인일자				
통 지 일 자				

붙임 : 통신사실 확인자료 제공요청 집행사실 통지서 사본 1부

○ ○ 경찰서

사법경찰관 경위 홍 길 동 (인)

제4절 통신자료

Ⅰ. 통신자료의 범위

1. 전기통신사업법 제83조(통신비밀의 보호) 제3항

가. 이용자의 성명

나. 이용자의 주민등록번호

다. 이용자의 주소

라. 이용자의 전화번호

마. 이용자의 아이디(컴퓨터 시스템이나 통신망의 정당한 이용자임을 알아보기 위한 이용자 식별부호를 말한다)

바. 이용자의 가입 또는 해지일

2. 산업통상자원부 통신자료제공업무 처리지침

이용자의 성명, 주민등록번호, 주소, 가입 및 해지 일자(변경 일자, 일시중지 일자 포함), 전화번호, ID

✽ 전화번호 또는 ID란 해당 통신사업자에게 가입한 전화번호 또는 ID

✽ 특정 시간, 특정유동IP를 통신사업자에게 제시하고 가입자 정보만을 요구하는 경우는 통신자료에 해당

II. 제공절차

1. 신분의 확인 - 신분을 표시할 수 있는 증표 제시

※ 모사전송으로 통신자료제공요청서를 접수한 경우에는 해당 수사기관에 조회하여 사실여부를 확인 후 통신자료제공

2. 관서장 명의의 통신자료제공요청서를 통신사업자에게 제출

〈 통신사실확인자료와 통신자료의 구별 〉

구 분	통 신 자 료	통 신 사 실 확 인 자 료
관계법령	전기통신사업법 제84조 제3항	○ 통신비밀보호법 제2조 제11호, 제13조 ○ 동법 시행령 제3조의2
내 용	이용자의 성명, 주민등록번호, 주소, 가입 또는 해지일자에 관한 자료, 전화번호, ID	○ 가입자의 전기통신일시, 전기통신개시·종료시간, 발·착신 통신번호 등 상대방의 가입자번호, 사용도수 ○ 컴퓨터통신 또는 인터넷의 사용자가 전기통신역무를 이용한 사실에 관한 컴퓨터통신 또는 인터넷의 로그기록자료 ○ 정보통신망에 접속된 정보통신기기의 위치를 확인할 수 있는 발신기지국의 위치추적자료 ○ 컴퓨터통신 또는 인터넷의 사용자가 정보통신망에 접속하기 위하여 사용하는 정보통신기기의 위치를 확인할 수 있는 접속지의 추적자료
절 차	관서장 명의로 요청	법원의 허가

✽ 인터넷 분야는 구별이 분명치 않은 경우가 있음에 유의할 것

○○경찰서

제 호   20○○.○.○.

수 신 :

제 목 : **통신자료제공요청**

    다음과 같이 통신자료 제공을 요청하니 협조하여 주시기 바랍니다.

접 수 번 호	
대 상 자	
요 청 사 유 및 가 입 자 와 의 연 관 성	
의 뢰 사 항 (필요한 자료의범위)	
의 뢰 자	
회 신 정 보	전 화: FAX:
	기타 (e-mail):

○○경찰서장

우
전화   전송   / email :

제10장 긴급배치와 수사본부 설치

제1절 긴급배치

Ⅰ. 법규연구

1. 범죄수사규칙
2. 수사긴급배치규칙

Ⅱ. 수사긴급배치규칙

1. 긴급배치란

　긴급배치란 중요사건이 발생하였을 때, 적시성이 있다고 판단되는 경우 신속한 경찰력 배치, 범인의 도주로 차단, 검문검색을 통하여 범인을 체포하고 현장을 보존하는 등의 초동조치로 범죄 수사자료를 수집하는 수사활동을 말한다.

　긴급배치는 사건의 긴급성 및 중요도에 따라 갑호, 을호로 구분 운용하며, 긴급배치 종별, 사건 범위는 다음과 같다.

2. 발령권자

　가. 긴급배치의 발령권자는 다음과 같다.
　　① 긴급배치를 사건발생지 관할 경찰서 또는 인접 경찰서에 시행할 경우는 발생지 관할 경찰서장이 발령한다. 인접 경찰서가 다른 시·도경찰청 관할인 경우도 같다.
　　② 긴급배치를 사건발생지 시·도경찰청의 전 경찰관서 또는 인접 시·도경찰청에 시행할 경우는 발생지 시·도경찰청장이 발령한다.
　　③ 전국적인 긴급배치는 국가수사본부장이 발령한다.
　나. 발령권자는 긴급배치를 함에 있어, 사건의 종류, 규모, 태양, 범인 도주로 및 차

량 이용 등을 감안하여 별지 제1호 서식 긴급배치 수배서에 의해 신속히 긴급배
치 수배를 하여야 한다.

다. 2개 이상의 경찰서 또는 시·도경찰청에 긴급배치를 발령할 경우, 발령권자는
긴급배치 수배사항을 관련 경찰관서에 통보하여야 하며, 통보를 받은 해당 경찰
관서장은 지체없이 긴급배치를 하여야 한다.

3. 긴급배치의 생략

발령권자는 다음 각호에 해당하는 경우에는 긴급배치를 생략할 수 있다.

가. 사건 발생 후 상당 기간이 지나 범인을 체포할 수 없다고 인정될 때

나. 범인의 인상착의가 확인되지 아니하거나 사건 내용이 모호하여 긴급배치에 필요
한 자료를 얻지 못할 때

다. 범인의 성명, 주거, 연고선 등이 판명되어 조속히 체포할 수 있다고 판단된 때

라. 기타 사건의 성질상 긴급배치가 필요하지 않다고 인정될 때

4. 경력 동원기준

가. 긴급배치 종별에 따른 경력 동원기준은 다음과 같다.

① 갑호배치 : 형사(수사)요원, 파출소, 검문소 요원은 가동경력 100%

② 을호배치 : 형사(수사)요원은 가동경력 100%, 파출소, 검문소 요원은 가동경력 50%

나. 발령권자는 긴급배치 실시상 필요하다고 인정할 때는 추가로 경력을 동원 배치
할 수 있다.

5. 긴급배치의 실시

가. 긴급배치의 실시는 범행현장 및 부근의 교통요소, 범인의 도주로, 잠복, 배회 처
등 예상되는 지점 또는 지역에 경찰력을 배치하고, 탐문수사 및 검문검색을 한
다. 다만, 사건의 상황에 따라 그 일부만 실시할 수 있다.

나. 관외 중요사건 발생을 관할 서장보다 먼저 인지한 서장은 신속히 시도경찰청장
에게 보고하는 동시에 관할을 불문, 초동조치를 취하고 즉시 관할 서장에게 사
건을 인계하여야 하며, 필요한 경우 공조수사를 하여야 한다.

다. 사건발생지 관할 서장은 당해 사건에 대하여 타서장으로부터 사건을 인수하였을
때에는 전항에 따라 조치하여야 한다.

5. 긴급배치의 해제

다음 각호에 해당할 때에는 긴급배치를 해제하여야 한다.

가. 범인을 체포하였을 때

나. 허위신고 또는 중요사건에 해당되지 않음이 판단되었을 때

다. 긴급배치를 계속한다 하더라도 효과가 없다고 인정될 때

라. 긴급배치 해제의 특례

국가수사본부장 또는 시·도경찰청장은 긴급배치의 장기화로 인하여 당면 타업무 추진에 지장을 가져온다고 인정될 때에는 긴급배치를 해제하고 필요한 최소한도의 경찰력만으로 경계 및 수사를 명할 수 있다.

＊ 긴급배치 종별 사건 범위

갑　　　　호	을　　　호
1. 살인사건 　－강도·강간약취유인방화살인 　－2명 이상 집단살인 및 연쇄살인 2. 강도사건 　－인질강도 및 해상강도 　－금융기관 및 5,000만원 이상 다액강도 　－총기, 폭발물 소지강도 　－연쇄강도 및 해상강도 3. 방화사건 　－관공서, 산업시설, 시장 등의 방화 　－열차, 항공기, 대형선박 등의 방화 　－연쇄방화, 중요한 범죄은익목적 방화 　－보험금 취득목적 방화 　－기타 계획적인 방화 4. 기타 중요사건 　－총기, 대량의 탄약 및 폭발물 절도 조직 　－폭력사건 　－약취유인 또는 인질강도 　－구인 또는 구속피의자 도주	1. 다음 사건중 갑호 이외의 사건 　－살인 　－강도 　－방화 　－중요 상해치사 　－1억원이상 다액절도 　－관공서 및 국가중요시설 절도 　－국보급 문화재 절도 2. 기타 경찰관서장이 중요하다고 판단하여 긴급배치가 필요하다고 인정하는 사건

긴 급 배 치 수 배 서

발 령 자			수 명 자		
발 령 시 각	년 월 일 시 분		수 명 시 각	년 월 일 시 분	
사 건 명					
긴급배치종별					

1	발 생 일 시	월 일 시 분경			
2	발 생 장 소				
3	피 해 자 주 소				
	성 명		생년월일	년 월 일 직 업	
4	범 인 인 상 착 의 특 징 등	범 인 수 : 명, 신장 : ㎝가량, 연령 : 세가량, 두 발 : 얼 굴 형 : 착 의 : 언 어 : 체 격 : 특 징 : 기타 참고사항			
	차 량 이 용 범 죄	차 종 : 차량번호(선박번호) : 차 색 : 기 타 : 선박제원 : 도주로 또는 도주방향 :			
5	범 행 의 방 법				
6	피 해 상 황	인적피해 : 물적피해 :			
7	긴 급 배 치 시 각	년 월 일 시 분			
8	배 치 개 소 인 원	배치개소 : 개소, 인 원 : 명			

긴 급 배 치 실 시 부

시도경찰청장 (서 장)	국 (부) 장 과 장 (계 장)	년 월 일 시 분 상 황 실 장

사 건 명		발 령 자	
신 고 일 시 장 소		신 고 방 법	

신 고 자	주거 :	성명 :	연령 :

신 고 수 리 시 각	년 월 일 시 분	신 고 수 리 자	

발 생 일 시	년 월 일 시 분경
발 생 장 소	

피 해 자	주 거			
	성 명	생년월일	직 업	

범 인 상 착 인 의 등 특 징	범 인 수 : 명, 신장 : ㎝가량, 연령 : 세가량, 두 발 : 얼굴형 : 착 의 : 언 어 : 체 격 : 특 징 : 기타 참고사항

범 행 차 량	차종(선명): 차량번호(톤수): 차색(선체색깔): 선종: 도주로 또는 도주방향:

사 건 개 요	

범 행 방 법	

피 해 상 황	인적피해 : 물적피해 :

발 령 시 각	년 월 일 시 분	해 제 시 각	년 월 일 시 분

	해양 경찰청 (시도경찰청) 보　고	시　　분	관내일제활 파출소 수　배	시　　분	인접청·서 수　배	시　　분
긴급배치상황	배　치 시　각	시　분	배　치 종료시각	시　　　분		
	주　요　배　치　장　소　및　인　원 (총　개소　　명)					
	여객선터미널	항　포　구	역·터미널 (항만,공항등)	은신용의지역 수색 및 잠복	기　　타 취약지역	
	개소　인원	개소　인원	개소　인원	개소　인원	개소　인원	
	동　　원　　인　　원					
	기능별 구분	계	경　찰	전　경	기　타	
	자　서					
	지원경력					

	해제일시	년　월　일	해제사유					
긴급배치해제상황	부　수　범　죄　검　거　실　적							
	구　분	계	살인	강도	강간	절도	폭력	기소중지자	기　타
	건　수							
	인　원							

※ 사후 수사 등 검토사항

<h1 style="text-align:center">제2절 수사본부 설치</h1>
(수사본부 설치 및 운영 규칙)

Ⅰ. 법규연구

1. 범죄수사규칙
2. 수사본부 설치 및 운영규칙

Ⅱ. 목적과 대상사건

1. 목적 (제1조)

이 규칙은 살인 등 중요사건이 발생한 경우에 경찰 수사기능을 집중적으로 운용함으로써 종합수사의 효율성을 제고하기 위하여 범죄수사규칙에 따라 설치하는 수사본부의 구성 및 운용에 관하여 필요한 사항을 규정함을 목적으로 한다.

2. 수사본부 설치대상 중요사건 (제2조)

① 살인, 강도, 강간, 약취유인, 방화사건
② 피해자가 많은 업무상 과실치사상 사건
③ 조직폭력, 실종사건 중 중요하다고 인정되는 사건
④ 국가중요시설물 파괴 및 인명피해가 발생한 테러사건 또는 그러한 테러가 예상되는 사건
⑤ 기타 사회적 이목을 집중시키거나 중대한 영향을 미칠 우려가 있다고 인정되는 사건

3. 수사본부의 설치 (제3조)

① 경찰청장은 중요사건이 발생하여 특별하게 수사하여야 할 필요가 있다고 판단되는 경우에는 시도경찰청장에게 수사본부의 설치를 명할 수 있고, 이 경우 시도경찰청장은 수사본부를 설치하여야 한다.
② 시도경찰청장은 관할 지역 내에서 제2조의 중요사건이 발생하여 필요하다고 인정할

때에는 수사본부를 설치하거나 관할경찰서장에게 수사본부의 설치를 명할 수 있다.

4. 합동 수사본부의 설치 (제4조)

① 시도경찰청장은 국가기관 간 공조수사가 필요한 경우에는 관계기관과 합동 수사본부("합동 수사본부")를 설치·운용할 수 있다. 이 경우 수사본부의 조직, 설치장소, 인원구성, 수사분담 등에 관하여 상호 협의하여 운용한다.

② 제1항의 "국가기관 간 공조수사가 필요한 경우"란 다음 각호의 사건이 발생한 경우를 말한다.

1. 군 탈영병, 교도소·구치소·법정 탈주범 추적수사 등 수개의 국가기관이 관련된 사건
2. 마약·총기·위폐·테러수사 등 관계기관간 정보교류·수사공조가 특히 필요한 사건
3. 기타 경찰청장이 필요하다고 인정한 사건

5. 수사전담반의 설치 (제5조)

시도경찰청장은 중요사건이 발생한 경우 필요하다고 인정하는 경우에는 해당 사건에 대한 특별수사를 전담하는 수사전담반을 설치·운용할 수 있다.

6. 수사본부의 설치장소 (제6조)

수사본부는 사건발생지를 관할하는 경찰서 또는 지구대·파출소 등 지역경찰관서에 설치하는 것을 원칙으로 한다. 다만, 시도경찰청장은 관계기관과의 협조 등을 위해 필요하거나 사건의 내용 및 성격을 고려하여 다른 곳에 설치하는 것이 적당하다고 인정될 때에는 다른 장소에 설치할 수 있다.

7. 수사본부의 설치지시 (제7조)

시도경찰청장이 경찰서장에게 수사본부의 설치를 명할 때는 다음 각호의 사항을 지시하여야 한다.

① 설치장소
② 사건의 개요
③ 수사 요강
④ 기타 수사에 필요한 사항

8. 특별수사본부의 설치 및 운영 (제27조)

① 경찰청장은 제3조제1항에도 불구하고 중요사건 중 경찰 고위직의 내부비리 사건, 사회적 관심이 집중되고 공정성이 특별하게 중시되는 사건에 대하여는 직접 특별수사본부를 설치하여 운영할 수 있다.

② 특별수사본부장은 경찰청장이 경무관급 경찰관 중에서 지명한다.

③ 경찰청장은 제2항의 특별수사본부장을 지명하는 경우 「경찰수사사건 등 심의에 관한 규칙」 제10조에서 규정하는 경찰수사 심의위원회에서 규정하는 경찰 수사정책위원회에 3배수 이내 후보자에 대한 심사를 요청하고, 심사결과에 따라 추천된 자를 특별수사본부장으로 지명하여야 한다.

④ 특별수사본부장은 그 직무에 관하여 경찰청장 등 상급자의 지휘·감독을 받지 않고 수사결과만을 경찰청장에게 보고한다.

⑤ 경찰청장은 특별수사본부장의 조치가 현저히 부당하거나 직무의 범위를 벗어난 때에는 그 직무수행을 중단시킬 수 있으며, 교체가 필요한 경우에는 다시 제2항과 제3항에 따라서 교체할 수 있다.

⑥ 특별수사본부의 설치 및 운영에 관하여 필요한 사항은 제6조, 제8조, 제10조제1항제1호, 제11조부터 제25조까지의 규정을 준용한다.

Ⅲ. 수사본부 구성

1. 수사본부의 구성 (제8조)

① 수사본부에는 수사본부장, 수사부본부장, 수사전임관, 홍보관, 분석연구관, 지도관, 수색담당관과 관리반, 수사반 및 제보분석반을 둘 수 있다.

② 본부장과 부본부장은 시도경찰청장이 지명하며, 수사전임관, 홍보관, 분석연구관, 지도관, 수색담당관, 관리반원, 수사반원 및 제보분석반원은 본부장이 지명한다.

2. 수사본부장 (제9조)

① 본부장은 다음 각호의 어느 하나에 해당하는 자 중에서 시도경찰청장이 지명하는 자가 된다.

1. 시도경찰청 수사업무담당 부장 또는 시도경찰청 차장
2. 시도경찰청 형사·수사과장 또는 사건 관계 과장
3. 사건관할지 경찰서장

4. 합동 수사본부의 경우에는 관계기관과 협의한 기관별 대표자

② 본부장은 수사본부 수사요원을 지휘·감독하며, 수사본부를 운영 관리한다.

3. 수사부본부장 (제10조)

① 부본부장은 다음 각호의 어느 하나에 해당하는 자가 된다.

1. 본부장이 제9조제1항제1호에 해당하는 자인 경우

가. 시도경찰청 주무과장

나. 수사본부가 설치된 관할지 경찰서장

2. 본부장이 제9조제1항제2호 또는 제3호에 해당하는 경우

가. 시도경찰청 주무계장

나. 관할지 경찰서 형사·수사과장

② 부본부장은 본부장을 보좌하여 수사본부가 원활하게 운영되도록 하며, 인접 시도 경찰청·경찰서 간의 공조수사 지휘를 담당한다.

4. 수사전임관 (제11조)

① 수사전임관은 시도경찰청·경찰서 사건 주무과의 경정 또는 경감급 중에서 본부장 이 지명하는 자가 된다.

② 수사전임관은 수사본부의 중추로써 수사본부 요원의 수사를 지도·관리하거나 직 접 수사한다.

5. 홍보관 (제12조)

① 홍보관은 총경, 경정, 경감급으로 본부장이 지명하는 자가 되며, 사건 내용 및 수 사 진행 상황과 협조가 필요한 사항 등의 대외적 전파 등의 홍보업무를 담당한다.

② 홍보관 산하에 홍보관을 팀장으로 언론지원팀을 둘 수 있고, 언론지원팀은 보도 분석 및 체계적 언론 지원 등의 활동을 수행한다.

6. 분석연구관 (제13조)

분석연구관은 수사경력이 많은 경정, 경감, 경위급으로 본부장이 지명하는 자가 되 며, 다음 각호의 임무를 수행한다.

① 사건의 분석, 연구, 검토

② 합리적인 수사계획의 수립

③ 수사미진 사항 검토를 통한 수사상 문제점 도출, 보완

④ 검증조서 작성 및 송치 시까지 수사지침 제시

7. 지도관 (제14조)

① 지도관은 경정, 경감, 경위급으로 본부장이 지명하는 자가 되며, 분석연구관의 사건분석 결과를 토대로 수사를 효율적으로 추진하여 사건을 조기에 해결할 수 있도록 수사반원에 대한 지도, 수사 방향 제시, 공조수사 조정 등의 임무를 수행한다.

② 본부장은 경찰청 소속직원을 지도관으로 지원받을 수 있으며, 이 경우에는 그들의 수사지도를 반영하여 사건 해결에 노력하여야 한다.

8. 수색담당관 (제14조의2)

수색담당관은 경정, 경감, 경위급으로 본부장이 지명하는 자가 되며, 피해자 또는 피의자 및 증거물에 대한 수색 등의 활동을 수행한다.

9. 관리반 (제15조)

관리반의 반장은 경정, 경감, 경위급으로 본부장이 지명하는 자가 되며, 관리반은 다음 각호의 임무를 수행한다.

① 사건기록 및 부책관리

② 압수물, 증거물 등 보관관리

③ 공조수사와 수사상황 보고, 시달 등 관리업무

10. 수사반 (제16조)

수사반의 반장은 경감, 경위급으로 본부장이 지명하는 자가 되고, 수사반은 여러 개의 반으로 편성할 수 있으며, 수사계획에 따라 분담하여 증거 수집 및 범인검거 등의 활동을 수행한다.

11. 제보분석반 (제16조의2)

제보분석반의 반장은 경감, 경위급으로 본부장이 지명하는 자가 되며, 제보분석반은 제보 접수 및 분석 후 수사반 등 필요 부서에 전파하는 등의 활동을 수행한다.

IV. 수사본부 업무

1. 수사본부 요원의 파견요청 등 (제17조)

① 수사본부장은 수사본부 요원 등을 편성하며 필요한 경우에는 시도경찰청장 또는 인접 경찰서장 등에게 수사요원의 파견을 명하거나 요구할 수 있다.

② 수사본부장은 특수업무의 효율적 수행 등을 위하여 다른 국가기관원이나 국가기관 외의 기관·단체의 임직원을 파견받을 필요가 있으면 관계기관 등의 장에게 파견을 요청할 수 있다. 이 경우 파견된 자의 복무에 관한 제반사항은 「국가공무원법」을 적용한다.

③ 시도경찰청장은 합동수사본부가 설치된 경우 또는 제2항에 따라 수사업무의 수행에 필요한 자를 파견받은 경우로서 필요하다고 인정될 때에는 다른 국가기관·단체의 임직원 등에게 예산의 안의 범위에서 수사에 필요한 실비를 지원할 수 있다.

④ 수사본부에 파견된 요원은 본부장의 지시 명령에 따라야 하며, 타 기관 및 타시도 본부장으로부터의 제보사항은 성실하고 신속·정확하게 처리하여야 한다.

⑤ 본부장은 수색, 유관기관 협조, 홍보, 현장 주변 목 검문 등의 조치를 위하여 필요한 경우 시도경찰청장 또는 경찰서장에게 해당 경찰관서 소속 전 기능 경찰공무원의 동원 요청 또는 동원 지시를 하거나 직접 동원할 수 있다.

2. 관할경찰서의 임무 (제18조)

① 수사본부가 설치된 관할경찰서 소속 경찰공무원은 대상사건에 대하여 본부장이 지시한 수배, 조사, 기타 필요한 수사업무를 빠르고 정확하게 처리하여야 한다.

② 담당경찰서장 및 수사 관련 부서의 장은 수사본부에 관련된 정보, 기타 수사자료를 얻었을 때는 지체없이 필요한 조치를 하고 즉시 본부장에게 보고하여 그 지시를 받아야 한다.

3. 초동수사반의 협력 (제19조)

초동수사반은 이미 출동한 사건에 대하여 수사본부가 설치되었을 때는 수사결과를 즉시 수사본부에 보고하고, 인계하는 동시에 그 후의 수사에 협력하여야 한다.

4. 인접 경찰서의 협력 (제20조)

수사본부사건 발생지의 인접 경찰서에서는 수사본부사건의 발생을 알았을 때는 본부장의 특별한 지시가 없더라도 빨리 범죄현장에 임하여 수사에 협력하여야 한다.

Ⅴ. 수사본부 운영

1. 수사회의 (제21조)

본부장은 수사상 필요할 때에는 수사본부 요원과 관계 소속직원을 소집하여 회의를 열 수 있다.

2. 비치서류 (제22조)

① 수사본부에는 다음 각호의 서류를 갖추고 수사 진행 상황을 기록하여야 한다.
  1. 사건 수사지휘 및 진행부
  2. 수사일지 및 수사요원 배치표
  3. 수사보고서철
  4. 용의자 명부
  5. 참고인 명부
② 시도경찰청 또는 경찰서 해당 과장은 제1항의 서류와 사건기록의 사본을 작성하여 한꺼번에 철하여 두고, 연구하는 동시에 앞으로의 수사 및 교양 자료로 한다.
③ 제1항의 서류와 사건기록 사본의 보존기간은, 범인을 검거하였을 때는 3년, 검거하지 못한 사건이면 공소시효 완성 후 1년으로 한다.

3. 수사본부의 해산 (제23조)

① 시도경찰청장은 다음 각호의 어느 하나에 해당한 경우에는 수사본부를 해산할 수 있다.
  1. 범인을 검거한 경우
  2. 오랜 기간 수사하였으나 사건 해결의 전망이 없는 경우
  3. 기타 특별수사를 계속할 필요가 없다고 판단되는 경우

② 시도경찰청장은 수사본부를 해산하였을 때에는 각 경찰서장, 기타 소속 관계기관 및 부서의 장에게 해산사실 및 그 사유를 알려야 한다.

4. 수사본부 해산에 따른 조치 (제24조)

① 본부장은 수사본부가 해산하게 된 때에는 특별한 경우를 제외하고 해산 전에 수사본부 관계자를 소집하여, 수사검토회 의를 열고 수사실행의 경과를 반성, 검토하여 수사업무의 향상을 도모하여야 한다.

② 본부장은 사건을 해결하지 못하고 수사본부를 해산할 때는 그 사건수사를 계속 담당하여야 할 해당 과장, 경찰서장에게 관계서류, 증거물 등을 인계하고 수사 중에 유의하여야 할 사항을 밝혀 주어야 한다.

③ 제2항의 사건을 인계받은 해당 과장 또는 경찰서장은 수사전담반으로 전환, 편성 운영하고, 필요성 감소 시 연 4회 이상 수사담당자를 지명하여 특별수사를 하여야 한다. 다만, 수사한 결과 범인을 검거할 가망이 전혀 없는 사건은 시도경찰청장의 승인을 얻어 수사전담반 또는 수사담당자에 의한 특별수사를 생략할 수 있다.

5. 국립과학수사연구원장의 감정 회보 (제25조)

본부장은 국립과학수사연구원장에게 범죄와 관련, 증거의 수집, 발견을 위하여 수사자료의 감정과 분석을 의뢰할 수 있고, 국립과학수사연구원장은 성실히 과학적 수사에 대응한 감정과 분석하고, 그 결과를 빠른 시일 내에 의뢰 관서에 알려주어야 한다.

6. 보고 (제26조)

시도경찰청장은 수사본부를 설치 운영하는 경우에는 경찰청장에게 설치 사실과 수사상황을 수시로 보고하여야 하며, 수사본부를 해산해도 그 사실과 해산 사유 등을 보고하여야 한다.

제11장 수법범죄 자료관리와 수사자료표

제1절 범죄수법 공조자료관리
(범죄수법공조자료관리규칙)

 **Ⅰ. 정 의**

1. "범죄 수법"

반복적인 범인의 범행수단 방법 및 습벽에 의하여 범인을 식별하려는 인적특징의 유형기준을 말한다.

2. "수법범죄"

범죄수법 자료를 활용하여 범죄수사를 실행할 수 있는 범죄를 말한다.

3. "수법ㆍ수배ㆍ피해통보 전산자료 입력코드번호부"

수법원지, 피해통보표 기재사항과 지명수배ㆍ통보자의 죄명에 전산입력 번호를 부여한 부책을 말한다.

4. "수법원지"

수법범인의 인적사항, 인상특징, 수법내용, 범죄사실, 직업, 사진, 필적 등을 수록한 기록지 또는 이를 전산입력한 것을 말한다.

5. "피해통보표"

피해사건이 발생하여 그 범인이 누구인지 판명되지 아니하였을 때에 해당사건의 피해자, 범인의 인상·신체·타 특징, 범행수법, 피해사실, 용의자 인적사항, 피해품, 유류품 등 수사자료가 될 수 있는 내용을 수록한 기록지 또는 이를 전산입력한 것을 말한다.

6. "공조제보"

경찰관서 상호 간에 있어서 범인, 여죄, 장물을 발견하고 범인을 검거하기 위하여 필요한 수사자료를 서면, 전신, 영상 또는 전산자료로 행하는 수배, 통보, 조회 등을 말한다.

7. "지문자동검색시스템(AFIS)"

개인의 인적사항 및 십지지문 등이 채취되어 있는 주민등록발급신청서를 고속의 대용량 컴퓨터에 이미지 형태로 입력, 필요시 단말기에 현출시켜 지문을 확인하거나 변사자 인적사항 및 현장유류 지문 등을 자동으로 검색하여 동일인 여부를 확인하는 체계로서 과학수사센터에서 구축·운영 중인 것을 말한다.

8. "수사종합검색시스템"

수법·마약·변사·조직폭력 영상시스템을 통합하고, 경찰청 주전산기(IBM HOST)·교통전산망·지문자동검색시스템(AFIS) 수용자료 등과 연계하여 다양한 수사자료를 검색할 수 있는 체계로서 과학수사센터에서 구축·운영 중인 것을 말한다.

1. 경찰서장(경찰청, 시ㆍ도경찰청에서 처리한 사건에 대하여는 '경찰청장, 시ㆍ도경찰청장'을 포함한다. 이하 같다.)은 다음 각 호에 해당하는 피의자를 검거하였거나 인도받아 조사하여 구속 송치할 때에는 제2조제3호의 "수법ㆍ수배ㆍ피해통보 전산자료 입력코드번호부"에 규정된 내용에 따라 경찰시스템을 활용하여 수법원지를 전산입력하여 경찰청장에게 전산송부하여야 한다. 다만 불구속 피의자도 재범의 우려가 있다고 인정되는 자에 대하여는 전산입력 할 수 있다.

   ① 강도
   ② 절도
   ③ 사기
   ④ 위조ㆍ변조(통화, 유가증권, 우표, 인지, 인장, 문서)
   ⑤ 약취ㆍ유인
   ⑥ 공갈
   ⑦ 방화
   ⑧ 강간
   ⑨ 제①호 내지 제⑧호 중 특별법에 위반하는 죄
   ⑩ 장물

2. 피의자가 여죄가 있고 그것이 범죄수법 소분류가 각각 상이한 유형의 수법일 때에는 그 수법마다 수법원지를 전산입력하여야 한다

3. 수법원지는 해당 범인을 수사하거나 조사 송치하는 경찰공무원이 직접 전산입력하여야 한다.

4. 사건 담당과장은 사건송치기록 검토 후 수법원지 입력누락 여부 및 입력된 수법원지 내용의 오류나 입력사항 누락 여부를 검토하여 수정하고 경찰시스템에서 승인하여야 한다.

III. 수법원지 내용기재 방법

수법원지	강도, 절도, 사기, 공갈, 약취유인, 위·변조, 방화, 강간(성폭력),장물	년 월 일 경찰청(대) 작성 제 호, 사건번호 년 제 호 경찰서						

남 여	성 명	한 글	한 자	주민등록 번호	이 명 (별명)	외국인	직업	수법분류번호		
								죄 명	대분류	소분류

수 법 내 용	범 행 장 소	침 입 개 소	침입방법		범행 용구	범행 방법	범행 시간	대 화		물색 방법	피해품 특성	피 해 대상자	피해 상황
			경로	수단	용구	폭력 수단		자칭	화제				

출생지		공 범							
		코드번호	성 명	생년월일	성 명	생년월일	성 명	생년월일
등록 기준지								
주 소								

범 행 사 실	일 시			장 소				
	피해자	주소		성 명		연령		직업
	범행 (수법) 개요							

측 면 상	상 반 신 정 면	전 신 상
(원칙:우측, 흉터있는 측면)	(얼굴 크게 촬영, 5×8㎝)	(신장눈금 선명)

범행환경	인 상 특 징								지 문 번 호
위치	인가	신장	체격	발길이	얼굴형	두발	수염	안색	청각	

신 체 특 징						기 타 특 징							혈액형
풍채	특징 종별	두부 안면	몸통	사지	형상 크기	방언	음성	습성	학력	특기	취미 기호	장물 처분	
													형

연고선 (검거/ 은닉/ 잘가는 장소)	성 명	관계	연령	직업	주 소	작성자	담당자	책임자
					분류자	검사자	입력자

※ 수법원지 전산입력 방법

수법원지 각 항의 전산입력은 다음 각호에 의하여야 한다.

1. 해당 죄명 입력

2. 작성관서·일자순으로 수법원지 작성번호 부여 및 사건 연도·번호 입력

3. 피의자의 성별 입력

4. 피의자의 성명과 주민등록번호는 타인의 인적사항을 도용하는 일이 없도록 지문자료 대조확인 등 정확히 파악 입력

5. 피의자의 공범 등에게 확인, 이명·별명·아명·속명 등 최대한 입력

6. 직업은 단순히 "무직", "없음" 등으로 기재하기 보다는 과거의 직업 등도 파악하여 주된 것을 입력

7. 수법 소분류는 "수법·수배·피해통보 전산자료 입력코드번호부"에 따라 피의자의 주된 범행수법을 정확히 분류 입력

8. 수법내용은 해당 코드번호와 그 내용을 동시 입력

9. 출생지, 등록기준지, 주소는 수법원지 입력 당해 피의자 1명에 한하여 입력

10. 공범은 당해 피의자의 공범 모두(미검거 공범포함)의 성명과 생년월일을 입력하고, 그 수가 많을 경우에는 각 공범이 수법원지상 상호 연계될 수 있도록 입력

11. 인상 및 신체적 특징은 수사자료로 활용할 수 있도록 특징종별 부위, 형태 또는 크기 등을 상세하게 파악 입력

12. 혈액형은 "A, 에이" "B, 비" "AB, 에이비" "O, 오"로 입력하되, 혈액형을 모르거나 불확실한 경우에 한하여 "X, 모름"으로 입력

13. 지문번호는 반드시 피의자의 신원확인조회 또는 범죄경력조회를 실시하여 전산상의 지문분류 번호를 입력한다. 다만 전산상 신원확인자료·범죄경력이 없는 피의자의 경우에는 지문번호를 직접 분류하여 입력한다.

14. 범행(수법)개요는 피의자의 주된 범행수단과 방법이 부각되도록 상세히 입력

Ⅳ. 피의자 사진촬영

검거피의자 사진은 다음의 규정에 따라 촬영하여야 한다.

1. 명함판(5cm×8cm) 크기로 전신상과 상반신정면, 측면상을 촬영할 것
2. 측면상은 원칙적으로 우측면상을 촬영하되 좌측면에 신체적 특징이 있을 때는 좌측면상을 촬영할 것
3. 사진은 인상 및 신체적 특징부위가 크게 부각되도록 촬영할 것
4. 정면상 촬영 시는 촬영관서, 년, 월, 일, 성명을 기재한 가로 24cm, 세로 8cm의 표지판을 앞가슴에 부착하고 얼굴이 크게 나타나도록 할 것
5. 사진의 배경이 단색(회색)이 되고 전신상에서는 신장을 나타내는 눈금이 선명하게 표시되도록 촬영할 것

Ⅴ. 피해통보표

1. 피해통보표의 전산입력

가. 수법원지 작성대상에 해당하는 범죄의 신고를 받았거나 인지하였을 때에는 지체 없이 "수법·수배·피해통보 전산자료 입력코드번호부"에 수록된 내용에 따라 경찰 시스템을 활용하여 피해통보표를 전산입력하여 경찰청장에게 전산송부하여야 한다. 다만 당해 범죄의 피의자가 즉시 검거되었거나 피의자의 성명·생년월일·소재 등 정확한 신원이 판명된 경우에는 그러하지 아니한다.

나. 피해통보표는 반드시 당해 사건을 담당하는 수사경찰관이 전산입력 하여야 한다.

다. 사건 담당과장은 사건 발생보고서 검토 시 경찰청 및 시·도경찰청에 보고되는 속보 사건을 포함한 해당 범죄의 피해통보표의 입력 여부 및 입력된 피해통보표 내용의 오류나 입력사항 누락 여부를 검토, 수정하여야 한다.

2. 피해통보표의 관리 및 활용

가. 피해통보표를 입력한 담당 경찰관은 입력누락 여부를 수시로 확인하고, 입력된 전산자료를 관리하여야 한다.

나. 범행수법이 동일한 피해통보표를 2건 이상 입력하였을 때에는 동일범에 의한 범죄여부, 재범 우려 등을 종합 분석하여 수사자료로 활용한다.

다. 피해통보표는 동일한 수법범죄의 발생여부, 검거피의자의 여죄와 중요장물의 수배, 통보, 조회 등 수자자료로 활용한다.

3. 피해통보표의 장물 수배

가. 재산범죄 사건의 피해품은 경찰시스템 피해통보표의 피해품 란에 각각 전산입력하여 장물조회 등의 수사자료로 활용한다.

나. 피해통보표에 전산입력한 피해품은 장물수배로 본다.

Ⅵ. 수법, 여죄 및 장물조회

1. 경찰공무원은 수법 범죄사건 현장을 임장하였거나 수법범인을 검거한 경우 또는 수사활동과정에 있어서 필요한 사안에 관하여는 다음의 구분에 따라 해당사항을 적극적으로 조회하고 조회 내역서를 출력, 관리하여야 한다.

가. 수법범죄가 발생하였으나 즉시 범인을 검거하지 못하고 수사 중인 사건에 대하여는 유형의 유류물 외에도 무형의 유류물인 범행수법 등을 수집·분석한 후 수사종합검색시스템 또는 컴퓨터 단말기 등 이용 동일 수법조회를 실시, 수사에 활용하여야 한다.

나. 동일수법 조회는 수법코드·신체특징·성명(이명)별로 각각 또는 종합적으로 하는 것을 원칙으로 하여 신상·사진·범행사실·자필을 검색하고 검색된 자료는 교통면허사진, 지문자동검색시스템(AFIS) 지문, 수용자, 수배자, 주민자료 등을 연계 검색하여 수사자료의 효용성을 높인다로 한다.

다. 수사경찰관은 필요한 때에는 수법원지를 직접 열람하거나 범인을 목격한 목격자에게 수법원지에 첨부된 피의자의 사진을 열람(수사종합검색시스템 열람 포함)하게 할 수 있다. 다만, 열람에 의하여 알게 된 피의자 및 수사종합검색시스템 관련사항을 누설하여서는 아니된다.

라. 동일수법 조회결과 검색한 용의자에 대하여는 행적수사 등을 철저히 하고 그 결과를 명확히 기록 관리하여야 하며, 검색자료의 편철 및 폐기 등은 보안에 유의, 합리적인 방법으로 관리한다.

2. 현재 검거 조사중인 피의자의 여죄 및 발생사건들의 범죄수법의 동일성 또는 불심
   대상자등이 소지한 수상한 물건, 중고품 상가나 사회에서 거래·유통되고 있는 수
   상한 물건·출처불명품 등에 대한 장물여부는 다음의 구분에 따라 적극적으로 조회
   하여야 한다.

   가. 검거한 피의자의 여죄 및 발생사건의 동일성 조회는 여죄·장물조회부에 기록하
       고 피해통보 전산시스템을 활용, 동일수법 분류·내용·특성·발생지(관서)·발
       생기간 등을 다각적으로 대조·검색하고, 지명수배·통보중인 여죄는 인적사항
       등에 의한 수배(B)조회의 실시로 파악하여야 한다.

   나. 장물조회는 전산시스템을 활용, 전산입력되어 있는 피해통보표의 피해품과 고유
       번호, 품명, 재료, 중량 등 특징을 대조·검색하여야 한다.

   다. 발견한 여죄 및 장물은 각 피해통보표 입력 경찰관서 및 지명수배·통보관서와
       공조수사하여야 한다.

ⅦⅠ. 수법원지 및 피해통보표의 삭제

1. 수법원지의 삭제사유

수법원지가 다음 각 호에 해당할 때에는 전산자료를 삭제하여야 한다.

가. 피작성자가 사망하였을 때

나. 피작성자가 80세 이상이 되었을 때

다. 작성자의 수법분류번호가 동일한 원지가 2건 이상 중복될 때 1건을 제외한 자료

2. 피해통보표의 폐기사유

피해통보표가 다음 각 호에 해당할 때에는 전산자료를 삭제하여야 한다.

가. 피의자가 검거되었을 때

나. 피의자가 사망하였을 때

다. 피해통보표 전산입력 후 10년이 경과하였을 때

제2절 지문 및 수사자료표

(지문 및 수사자료표 등에 관한 규칙)

◖ Ⅰ. 정 의 (제2조)

1. "지문"이라 함은 손가락 끝마디의 안쪽에 피부가 융기(隆起)한 선 또는 점(이하 "융선"이라 한다)으로 형성된 무늬를 말한다.
2. "지문자동검색시스템(AFIS: Automated Fingerprint Identification System)"이란 주민등록증발급신청서 · 외국인의 생체정보 · 수사자료표의 지문을 원본 그대로 암호화하여 데이터베이스에 저장하고, 채취한 지문과의 동일성 검색에 활용하는 전산시스템을 말한다.
3. "전자수사자료표시스템(E-CRIS: Electronic Criminal Record Identification System)"이란 피의자의 지문으로 신원을 확인하고 수사자료표를 전자문서로 작성해 암호화하여 데이터베이스에 저장 · 관리하는 전산시스템을 말한다.
4. "범죄경력관리시스템(CRIMS: Criminal Records Information Management System)"이란 작성된 수사자료표를 범죄 · 수사경력으로 구분 · 암호화하여 데이터베이스에 저장해 범죄 · 수사경력 조회 · 회보 · 관리에 활용하는 전산시스템을 말한다.
5. "현장지문"이라 함은 범죄현장에서 채취한 지문을 말한다.
6. "준현장지문"이라 함은 범죄현장 이외의 장소에서 채취된 지문을 말한다.

◖ Ⅱ. 수사자료표의 작성 · 관리

1. 수사자료표의 관리 (제3조)

① 경찰청 범죄분석담당관은 수사자료표를 범죄경력자료와 수사경력자료로 구분하여 보존 · 관리하여야 한다.
② 경찰청 범죄분석담당관은 정확한 수사자료표 관리를 위해 업무처리 중 발견되는 오류자료를 신속하게 정정하는 등 필요한 조치를 하여야 한다.

2. 수사자료표의 작성시 지문채취 및 신원확인 (제4조)

① 사법경찰관이 「지문을채취할형사피의자의범위에관한규칙」 제2조에 따른 피의자의 지문을 채취할 때에는 별지 제1호서식 또는 제2호서식에 서명 등의 방법 (전자수사자료표시스템을 통한 작성을 포함한다)으로 피의자의 동의를 받는다.

② 제1항에도 불구하고 법관이 발부한 검증영장 또는 형사소송법 제216조에 따라 체포·구속에 부수되어 이루어지는 강제처분으로 지문을 채취할 때에는 피의자의 동의없이 지문을 채취할 수 있다.

③ 사법경찰관은 제1항 또는 제2항에 따라 채취한 지문으로 신원을 확인한다. 다만, 채취한 지문으로 신원을 확인할 수 없거나 제2항에 따른 강제처분으로도 지문을 채취할 수 없는 경우에는 가족관계증명서·주민등록증·운전면허증·여권 등 신원확인에 필요한 각종 자료로 신원을 확인한다.

3. 수사자료표의 작성방법 (제5조)

① 수사자료표는 전자수사자료표시스템을 이용하여 전자문서로 작성한다. 다만, 입원, 교도소 수감 등 불가피한 사유로 피의자가 경찰관서에 출석하여 조사받을 수 없는 경우에는 종이 수사자료표를 작성하여 입력한다.

② 피의자의 신원이 확인된 경우에는 별지 제1호서식의 수사자료표를 작성한다. 다만, 다음 각 호의 어느 하나에 해당하는 경우에는 별지 제2호서식의 수사자료표를 작성한다.

  1. 주민등록증 미발급자 등 지문자료가 없어 신원이 확인되지 않는 경우

  2. 전자수사자료표시스템으로 동일인 여부가 판명되지 않은 경우

  3. 주민조회시 별표1에 의한 지문분류번호가 없는 경우(00000-00000 포함)

  4. 손가락의 손상·절단 등으로 지문분류번호를 정정할 필요가 있는 경우

③ 제1항 및 제2항의 규정에도 불구하고 다음 각 호의 피의자에 대해서는 지문을 채취하지 않고 제4조의 단서에 의한 신원확인 후 수사자료표를 작성할 수 있다.

  1. 90일을 초과하여 외국에 체류하는 사람

  2. 강제출국된 외국인

  3. 기타 전염병 등의 사유로 인해 지문채취가 불가능하다고 인정되는 사람

④ 주민등록번호(외국인등록번호)가 확인되지 않는 피의자의 수사자료표 주민등록번호(외국인등록번호) 항목은 다음 각 호에 따라 입력한다.

1. 내국인 1900년대 출생자중 남자는 '생년월일-1000000', 여자는 '생년월일 -2000000'

2. 내국인 2000년대 출생자중 남자는 '생년월일-3000000', 여자는 '생년월일 -4000000'

3. 외국인 1900년대 출생자중 남자는 '생년월일-5000000', 여자는 '생년월일 -6000000'

4. 외국인 2000년대 출생자중 남자는 '생년월일-7000000', 여자는 '생년월일 -8000000'

⑤ 수사자료표 작성자는 작성 후 신속히 소속 팀(계)장의 승인을 받아야 한다.

4. 수사자료표의 확인 및 조치 (제6조)

경찰청 범죄분석담당관은 신원이 확인되지 않은 상태로 전송된 수사자료표에 대하여 신원을 확인하여 그 결과를 작성관서의 장에게 통보하여야 한다.

5. 정정할 사항의 조치 (제7조)

수사자료표의 확인 및 조치를 통보를 받은 관서의 장은 다음 각 호에 따라 조치하여야 한다. 다만, 사건이 검찰청에 송치된 이후에 통보를 받은 경우에는 확인된 피의자 인적사항 정정에 관한 사항을 검찰청에 추송하여야 한다.

1. 피의자에 대한 출석요구 등을 통하여 본인 여부 재확인
2. 타인의 인적사항으로 입력된 피의자 원표, 수사기록, 각종 대장 등 관련 서류의 정정
3. 개별 법령에 의거하여 진행된 행정조치 또는 기관통보에 대한 정정 및 보완

6. 처분결과 등 정리 (제8조)

경찰청 범죄분석담당관은 경찰청, 검찰청 등 수사기관의 장으로부터 송부받은 사건의 입건현황과 처분 또는 선고현황 등을 범죄경력관리시스템에 자동 입력되도록 한다. 다만, 다음 각 호에 해당하는 경우에는 필요한 사항을 확인하여 입력한다.

1. 범죄경력관리시스템에 자동입력되지 않은 처분 결과 등이 있는 경우
2. 다른 수사기관의 장으로부터 처분결과 등을 서면으로 통보받은 경우
3. 본인이 수사자료표 기록내용이 사실과 다르다고 이의제기를 한 경우
4. 기타 수사자료표 처분사항에 관한 정리가 필요한 경우

III. 수사자료표의 조회 및 회보 등

1. 관리책임자의 지정 등 (제9조)

① 범죄경력관리시스템 및 전자수사자료표시스템의 관리책임자는 시스템이 설치된 부서의 장으로 한다.

② 제1항의 관리책임자는 수사자료표 내용이 불법 유출되거나 법령에 정하여진 목적 외의 용도로 활용되지 않도록 수시로 관리 및 점검을 하여야 한다.

2. 범죄경력·수사경력 조회에 대한 승인 (제10조)

① 사건담당경찰관이 「형사사법절차 전자화 촉진법」 제2조제4호에 따른 형사사법정보시스템을 이용하여 범죄·수사경력 자료를 조회하는 경우에는 소속 계(팀)장의 승인을 받아야 한다.

② 종합조회처리실 등에 범죄·수사경력 자료의 조회를 의뢰할 필요가 있는 경우 의뢰자는 소속부서의 장(일과 후 상황관리관 또는 상황관리관의 업무를 수행하는 자)의 승인을 받아 「경찰 정보통신 운영규칙」 별지 제8호서식의 온라인조회 의뢰서(이하 "의뢰서"라 한다)를 제출하여야 한다. 다만, 범죄수사 등 목적으로 긴급을 요하여 조회 의뢰에 대한 사전 승인을 받을 수 없을 때에는 의뢰서에 그 사유를 기재한 후 의뢰하고, 사후에 소속부서의 장의 승인을 받아야 한다.

③ 제2항에 따른 조회 의뢰를 받은 종합조회처리실 등의 근무자는 소속부서의 장의 승인을 받아 조회·회보하여야 한다.

3. 범죄경력·수사경력 조회 및 회보 방법 (제11조)

① 경찰관서의 장은 범죄·수사경력 자료에 대하여 대상자 본인으로부터 조회 및 회보 신청을 받거나 법령에 따라 조회 및 회보 요청을 받은 경우 다음 각 호에 따라 회보하여야 한다.

1. 법 제6조제1항 제1호부터 제3호까지에 해당하는 경우 별지 제3호서식의 범죄·수사경력 조회 요청서 또는 전자문서시스템으로 요청하고, 그 요청을 받은 경찰관서의 장은 범죄경력관리시스템을 이용하여 별지 제5호서식의 범죄·수사경력 회보서 또는 전자문서시스템으로 회보한다.

2. 법 제6조제1항 제4호에 해당하는 경우 별지 제4호서식의 범죄·수사경력 조회

신청서로 신청하고, 그 신청을 받은 경찰관서의 장은 조회를 신청한 사람으로부터 신분증을 교부받아 사본하여 신원을 확인한 후 범죄경력관리시스템을 이용하여 별지 제5호서식의 범죄·수사경력 회보서로 회보하거나 이를 열람하게 한다.

3. 법 제6조제1항 제5호부터 제10호까지에 해당하는 경우 별지 제3호서식의 범죄·수사경력 조회 요청서를 작성하여 경찰관서에 제출하거나 전자문서시스템 또는 행정정보공동이용센터를 이용하여 요청하고, 그 요청을 받은 경찰관서의 장은 범죄경력관리시스템을 이용하여 별지 제5호 서식의 범죄·수사경력 회보서로 회보하거나 전자문서시스템 또는 행정정보공동이용센터를 통해 회보한다.

4. 「공직선거법」 제49조제10항 및 제60조의2제8항의 규정에 따라 후보자가 되고자 하는 사람(예비후보자 포함) 또는 정당은 별지 제6호서식의 공직후보자 범죄경력 신청서로 신청하고, 그 신청을 받은 경찰관서의 장은 조회를 신청한 사람으로부터 신분증을 교부받아 사본하여 신원을 확인한 후 범죄경력관리시스템을 이용하여 별지 제7호서식의 공직후보자 범죄경력 회보서로 회보한다.

② 제1항제2호의 경우 신청인이 질병, 입원, 해외체류 등의 부득이한 사정으로 본인이 직접 신청할 수 없을 경우에는 다음 각 호의 서류를 첨부하여 대리인이 신청할 수 있다.

1. 별지 제4호 서식의 범죄·수사경력 조회 신청서
2. 별지 제8호 서식의 위임장
3. 본인 및 대리인의 신분증 또는 그 사본
4. 부득이한 사정을 증명할 수 있는 서류(진단서, 입원확인서, 출입국에 관한 사실증명서, 수용증명서 등을 말한다)

③ 제1항에도 불구하고 개별 법령에서 범죄·수사경력 조회의 의뢰 및 그 회보 방법을 규정한 경우에는 그에 따른다.

④ 경찰관서의 장은 제1항에 따라 수사경력을 조회할 때 처분결과가 확인되지 않는(수사중, 재판중 포함) 경우에는 경찰청 범죄분석담당관에게 처분결과의 확인을 요청하고, 범죄분석담당관은 이를 확인하여 범죄경력관리시스템에 입력하고, 경찰관서의 장은 수정된 사항을 출력하여 회보한다.

4. 특이사항 작성 (제12조)

수사자료표를 작성하는 경찰관은 채취한 피의자의 지문 상태가 양호하지 않은 경우에는 수사자료표 특이사항에 해당 내용을 기재한다.

5. 수사자료표의 보관 등 (제13조)

① 경찰청 범죄분석담당관은 수사자료표를 접수된 날짜순으로 보관한다.

② 경찰청 범죄분석담당관은 수사자료표가 다음 각 호의 어느 하나에 해당하는 경우에는 정정 등 필요한 조치를 하여야 한다.

1. 중복 작성된 경우

2. 경찰관이 기소의견으로 송치한 고소·고발 사건에 대하여 불기소처분 결과와 함께 삭제하도록 통보받은 경우

③ 경찰청 범죄분석담당관은 법 제8조의2에 따라 수사경력자료를 삭제하는 경우 삭제한 사람의 소속·성명, 삭제일시 등 삭제에 관한 사항을 삭제한 날부터 5년간 전산으로 보관하여야 한다.

Ⅳ. 지문의 채취·분류 등

1. 지문 채취방법 (제14조)

① 수사자료표, 지문 신원확인조회서를 작성함에 있어 지문채취는 지문의 융선과 삼각도가 완전히 현출되도록 채취하여야 한다.

② 수사자료표 지문란에는 오른손 첫째 손가락의 지문을 채취하되 손가락의 절단·손상 등의 사유로 지문을 채취할 수 없는 경우에는 다음 각 호에 정한 순서에 의하여 지문을 채취한다.

1. 왼손 첫째 손가락

2. 오른손 둘째·셋째·넷째·다섯째 손가락

3. 왼손 둘째·셋째·넷째·다섯째 손가락

③ 제1항에 따른 지문채취를 할 때에는 「경찰관 인권행동강령」에 따라 국민주권과 인권을 존중하고 적법절차를 준수하여야 한다.

2. 자료전산화 (제15조)

경찰청 범죄분석담당관은 수사자료표의 지문자료는 전자수사자료표시스템에, 주민등록증발급신청서 등의 지문자료는 지문자동검색시스템에 입력하여 디지털 이미지로 관리한다.

V. 지문의 감정 의뢰 및 회보

1. 현장지문 등의 감정 의뢰 및 회보 (제17조)

① 경찰관서의 장은 채취한 현장지문 또는 준현장지문 등에 대한 감정이 필요한 경우 감정물을 첨부하여 경찰청장 또는 시·도경찰청장에게 별지 제10호서식의 감정 의뢰서에 따라 감정을 의뢰할 수 있다.

② 경찰청장과 시·도경찰청장은 제1항에 따라 의뢰받은 지문을 주민등록증발급신 청서, 지문자동검색시스템, 전자수사자료표시스템 등에 입력된 지문자료와 대조 하여 그 결과를 별지 제11호서식의 감정서에 따라 회보한다.

2. 신원확인 조회 의뢰 및 회보 (제18조)

① 경찰관서의 장은 신원확인이 필요하다고 인정되는 경우 별지 제9호서식의 지문 신원확인조회서를 작성하여 경찰청장 또는 시·도경찰청장에게 조회를 의뢰할 수 있다. 다만, 신원확인이 필요한 대상자가 피의자인 경우에는 별지 제9호서식 을 수사자료표로 대신할 수 있다.

② 신원확인을 의뢰받은 경찰청장 또는 시·도경찰청장은 주민등록증발급신청서, 지 문자동검색시스템, 전자수사자료표시스템 등의 지문자료와 의뢰받은 대상자의 지 문을 대조하여 그 결과를 회보한다.

기타 수사절차

제1절 강력범죄 출소자 정보수집
(주요 강력범죄 출소자등에 대한 정보수집에 관한 규칙)

I. 정 의 (제2조)

1. "주요 강력범죄"는 다음 각 호의 범죄를 말한다.

　　가. 살인, 방화, 약취·유인

　　나. 강도, 절도, 마약류 범죄

　　다. 범죄단체의 조직원 또는 불시에 조직화가 우려되는 조직성 폭력배가 범한 범죄

2. "출소자등"은 「형의 집행 및 수용자의 처우에 관한 법률」 제126조의2에 따라 통보받은 출소자 또는 「보호관찰 등에 관한 법률」 제55조의3에 따라 통보받은 보호관찰이 종료된 가석방자 중 다음 각 호의 어느 하나에 해당하는 사람을 말한다.

　　가. 제2조제1호가목에 해당하는 범죄로 금고 이상의 실형을 받은 사람

　　나. 제2조제1호나목에 해당하는 범죄로 3회 이상 금고형 이상의 실형을 받은 사람

　　다. 제2조제1호다목에 해당하는 범죄로 벌금형 이상의 형을 선고받은 사람

※ 형의 집행 및 수용자의 처우에 관한 법률

제126조의2(석방예정자의 수용이력 등 통보) ① 소장은 석방될 수형자의 재범방지, 자립지원 및 피해자 보호를 위하여 필요하다고 인정하면 해당 수형자의 수용이력 또는 사회복귀에 관한 의견을 그의 거주지를 관할하는 경찰관서나 자립을 지원할 법인 또는 개인에게 통보할 수 있다. 다만, 법인 또는 개인에게 통보하는 경우에는 해당 수형자의 동의를 받아야 한다.

② 제1항에 따라 통보하는 수용이력 또는 사회복귀에 관한 의견의 구체적인 사항은 대통령령으로 정한다.

※ 보호관찰 등에 관한 법률

제55조의3(보호관찰 종료사실 등의 통보) ① 보호관찰소의 장은 다음 각 호의 어느 하나에 해당하는 범죄를 저지른 가석방자의 보호관찰이 종료된 때에 재범 방지 등을 위하여 필요하다고 인정하면 가석방자의 보호관찰 종료사실 등을 그의 주거지를 관할하는 경찰관서의 장에게 통보할 수 있다.

1. 「전자장치 부착 등에 관한 법률」 제2조제2호에 따른 성폭력범죄, 같은 조 제3호의2에 따른 살인범죄, 같은 조 제3호의3에 따른 강도범죄

2. 다음 각 목의 어느 하나에 해당하는 범죄

가. 「형법」 제2편제31장 약취(略取), 유인(誘引) 및 인신매매의 죄 중 제287조(미성년자의 약취, 유

인) · 제288조(추행 등 목적 약취, 유인 등) · 제289조(인신매매) · 제290조(약취, 유인, 매매, 이송 등 상해 · 치상) · 제291조(약취, 유인, 매매, 이송 등 살인 · 치사) · 제292조(약취, 유인, 매매, 이송된 사람의 수수 · 은닉 등) · 제294조(미수범)의 죄, 같은 법 제2편제37장 권리행사를 방해하는 죄 중 제324조의2(인질강요) · 제324조의3(인질상해 · 치상)의 죄 및 같은 법 제2편제38장 절도와 강도의 죄 중 제336조(인질강도)의 죄

나. 「특정범죄 가중처벌 등에 관한 법률」 제5조의2(약취 · 유인죄의 가중처벌)의 죄

다. 가목과 나목의 죄로서 다른 법률에 따라 가중처벌되는 죄

3. 「폭력행위 등 처벌에 관한 법률」 제4조(단체 등의 구성 · 활동), 제5조(단체 등의 이용 · 지원)의 죄 및 「형법」 제2편제5장 공안(公安)을 해하는 죄 중 제114조(범죄단체 등의 조직)의 죄

4. 다음 각 목의 어느 하나에 해당하는 범죄

가. 「형법」 제2편제13장 방화와 실화의 죄 중 제164조(현주건조물 등에의 방화) · 제165조(공용건조물 등에의 방화) · 제166조(일반건조물 등에의 방화) · 제167조(일반물건에의 방화) · 제168조(연소) · 제172조(폭발성물건파열) · 제172조의2(가스 · 전기 등 방류) · 제173조(가스 · 전기 등 공급방해) 및 제174조(미수범)의 죄

나. 「산림자원의 조성 및 관리에 관한 법률」 제71조(벌칙)의 죄

다. 「산림보호법」 제53조(벌칙)의 죄(같은 조 제5항의 죄는 제외한다)

라. 가목부터 다목까지의 죄로서 다른 법률에 따라 가중처벌되는 죄

5. 「마약류 관리에 관한 법률」 제58조(벌칙) · 제59조(벌칙) · 제60조(벌칙)의 죄(제59조제1항제3호 · 제5호 · 제9호 · 제12호의 죄 및 제60조제1항제2호 중 향정신성의약품 등을 수수, 소지, 소유, 사용, 관리, 조제, 투약, 제공한 죄 또는 향정신성의약품을 기재한 처방전을 발급한 죄는 제외한다), 「마약류 불법거래 방지에 관한 특례법」 제6조(업으로서 한 불법수입 등) · 제7조(불법수익등의 은닉 및 가장) · 제8조(불법수익등의 수수) · 제9조(마약류 물품의 수입 등)의 죄 및 「특정범죄 가중처벌 등에 관한 법률」 제11조(마약사범 등의 가중처벌)의 죄

② 제1항에 따라 보호관찰소의 장이 통보할 사항은 다음 각 호와 같다.

1. 성명 2. 주민등록번호 3. 주소 4. 죄명 5. 판결내용 6. 보호관찰 종료일

③ 제1항에 따른 통보의 절차 등에 관하여 필요한 사항은 대통령령으로 정한다.

3. "거주 예정지"라 함은 출소자등의 실제 거주 예상지를 말한다.

II. 정보수집

1. 정보수집 대상자 (제3조)

정보수집의 대상자(이하 "대상자"라 한다)는 주요 강력범죄 출소자등으로 한다.

2. 정보수집 기간 (제4조)

① 경찰공무원은 대상자에 대하여 출소하거나 보호관찰이 종료한 때부터 다음 각 호

의 기간(이하 "정보수집 기간"이라 한다) 동안 재범방지 및 피해자 보호(이하 "재범방지등"이라 한다)를 위해 필요한 정보를 수집한다.

1. 마약류 범죄 출소자등 : 3년
2. 그 밖의 주요 강력범죄 출소자등 : 2년

② 대상자가 사망하였거나 정보수집 기간이 경과한 경우에는 지체없이 정보수집을 종료하여야 한다.

③ 정보수집 기간 중이라도 주요 강력범죄 출소자등의 나이·피해자의 피해 정도 등에 비추어 정보수집의 필요성이 없다고 인정되는 경우 제6조의 심사위원회의 의결을 거쳐 대상자에 대한 정보수집을 종료할 수 있다.

3. 정보수집 (제5조)

① 모든 경찰관은 정보를 수집하는 과정에서 대상자의 인권을 보장하여 적절한 방법을 사용하고 대상자의 명예, 신용, 사생활의 비밀을 부당하게 훼손하는 일이 없도록 하여야 한다.

② 거주 예정지의 관할 경찰서장은 대상자의 재범방지등을 위해 필요한 정보를 수집한다.

③ 경찰서장은 형사(수사)과 직원 중 총괄 업무 담당자와 대상자별 담당자를 지정하고, 지구대장(파출소장)은 대상자별 담당자를 지정하여야 한다.

④ 대상자가 다른 경찰서의 관할에 거주하는 것으로 확인되는 경우, 경찰서 총괄 업무 담당자는 주거지 관할 경찰서로 통보하고, 통보를 받은 경찰서장은 대상자의 주거지를 확인하여 정보를 수집한다.

⑤ 주거지가 불확실한 대상자에 대하여는 주민등록 주소지 관할 경찰서장이 정보수집 등 필요한 조치를 하여야 한다.

⑥ 형사(수사)과 담당자는 대상자에 대해서 정보수집 기간의 개시 후 1년 동안 매 분기별 1회 이상 재범방지등을 위한 정보를 수집하여야 한다.

⑦ 지구대(파출소) 담당자는 정보수집 기간 동안 대상자에 대해서 매 분기별 1회 이상 재범방지등을 위한 정보를 수집하여야 한다.

III. 심사위원

1. 심사위원회 (제6조)

① 대상자에 대한 정보수집 종료 여부를 심사하기 위해 각 경찰서에 심사위원회(이하 "위원회"라 한다)를 둔다.

② 위원회는 3명 이상 5명 이내로 성별을 고려하여 구성하고, 경찰서 형사(수사)과장을 위원장으로 하며, 간사 1명을 둔다.

③ 위원회는 반기별로 개최하되, 위원장이 필요하다고 인정하는 경우 임시회의를 개최할 수 있다.

④ 위원회는 수집된 정보 등을 기초로 대상자에 대한 정보수집 종료 여부를 결정할 수 있다.

⑤ 위원회는 재적위원 과반수의 출석과 출석위원 과반수의 찬성으로 의결한다.

2. 외부 심사위원 (제6조의2)

① 위원회에 경찰서장이 위촉하는 2명 이내의 외부위원을 둘 수 있다. 외부위원은 다음 각 호에 해당하는 사람으로 한다.

1. 법학 교수, 변호사
2. 범죄학·범죄심리학 교수, 정신과 전문의
3. 교정기관·보호관찰소 공무원

② 「공직선거법」에 따라 실시하는 선거에 후보자(예비후보자 포함)로 등록한 사람 「공직선거법」에 따른 선거사무관계자 및 선거에 의하여 취임한 공무원, 「정당법」에 따른 정당의 당원은 위원이 될 수 없다.

③ 위원이 제2항에 해당하게 된 때에는 당연 해촉된다.

IV. 전산입력 및 전출 (제7조)

1. 대상자의 주거지를 관할하는 경찰서의 총괄 업무 담당자는 대상자의 이름·주소지 등 기본자료를 전산시스템에 입력하고, 대상자별 담당자는 수집한 정보를 전산시스템에 입력한다.

2. 대상자의 주거지를 관할하는 경찰서장은 대상자가 다른 경찰서 관할에 거주하는 것을 확인하였을 때 시스템상 전출로 처리하고, 해당 경찰서로 전출 사실을 통보해야 한다.

제2절 피의자의 얼굴 등 공개제도

Ⅰ. 법적근거

1. 경찰수사사건등의 공보에 관한 규칙

제17조(피의자의 얼굴 등 공개) ① 「특정강력범죄의 처벌에 관한 특례법」 제8조의2제1항 또는 「성폭력범죄의 처벌 등에 관한 특례법」 제25조제1항의 요건을 충족하는 피의자에 대해서는 얼굴, 성명 및 나이 등 신상에 관한 정보를 공개할 수 있다.
② 제1항에 따라 직접 얼굴을 공개하는 때에는 얼굴을 가리는 조치를 취하지 않는 방식으로 하고, 필요한 경우 수사과정에서 취득하거나 피의자의 동의를 얻어 촬영한 사진·영상물 등을 공개할 수 있다.

제4조(수사사건등의 공개금지 원칙) 사건관계인의 명예, 신용, 사생활의 비밀 등 인권을 보호하고 수사내용의 보안을 유지하기 위하여, 수사사건등에 관하여 관련 법령과 규칙에 따라 공개가 허용되는 경우를 제외하고는 피의사실, 수사사항 등(이하 "피의사실등"이라고 한다)을 공개하여서는 안 된다.

제5조(예외적인 공개) ① 제4조에도 불구하고, 다음 각 호의 어느 하나에 해당하는 경우에는 수사사건등의 피의사실등을 공개할 수 있다.
1. 범죄유형과 수법을 국민들에게 알려 유사한 범죄의 재발을 방지할 필요가 있는 경우
2. 신속한 범인의 검거 등 인적·물적 증거의 확보를 위하여 국민들에게 정보를 제공받는 등 범죄수사규칙 제101조부터 제103조에 따라 협조를 구할 필요가 있는 경우 (이하 "공개수배"라고 한다)
3. 공공의 안전에 대한 급박한 위험이나 범죄로 인한 피해의 급속한 확산을 방지하기 위하여 대응조치 등을 국민들에게 즉시 알려야 할 필요가 있는 경우
4. 오보 또는 추측성 보도로 인하여 사건관계인의 인권이 침해되거나 수사에 관한 사무에 종사하는 경찰공무원(이하 "수사업무 종사자"라고 한다)의 업무에 지장을 초래할 것이 명백하여 신속·정확하게 사실관계를 바로 잡을 필요가 있는 경우
② 제1항 각 호의 사유로 수사사건등의 내용을 공개하는 경우에도 피해자와 그 가족의 명예가 손상되거나, 사생활의 비밀 또는 심리적 안정 등이 침해되지 않도록 배려해야 한다.

제8조(예외적인 공개의 범위) 제5조제1항 각 호에 해당하는 경우 제6조 및 제7조의 규정에도 불구하고 다음 각 호의 범위 내에서 객관적이고 정확한 자료를 바탕으로 수사사건등의 피의사실등을 공개할 수 있다.
1. 제5조제1항제1호, 제3호에 해당하는 경우
   가. 이미 발생하였거나 발생이 예상되는 범죄의 유형과 수법, 사건내용이나 혐의사실 또는 위험이나 범죄피해의 내용
   나. 공공의 안전에 대한 급박한 위험이나 범죄피해의 급속한 확산을 방지하기 위한 대응조치의 내용(압수·수색, 체포·구속, 위험물의 폐기 등을 포함한다)
2. 제5조제1항제2호의 공개수배에 해당하는 경우
   가. 피의자의 실명, 얼굴, 나이, 직업, 신체의 특징 등 신상에 관한 정보
   나. 신속한 범인의 검거 또는 중요한 증거 발견을 위하여 공개가 필요한 범위 내의 혐의사실, 범행수단, 증거물
3. 제5조제1항제4호에 해당하는 경우 오보 또는 추측성 보도의 내용에 대응하여 그 진위 여부를 밝히는 데 필요한 범위 내의 혐의사실, 수사경위·상황 등 사실관계

2. 특정중대범죄 피의자 등 신상정보 공개에 관한 법률

> **제1조(목적)** 이 법은 국가, 사회, 개인에게 중대한 해악을 끼치는 특정중대범죄 사건에 대하여 수사
> 및 재판 단계에서 피의자 또는 피고인의 신상정보 공개에 대한 대상과 절차 등을 규정함으로써 국
> 민의 알권리를 보장하고 범죄를 예방하여 안전한 사회를 구현하는 것을 목적으로 한다.

II. 특정중대범죄 피의자 등 신상정보 공개에 관한 법률

1. 정의 (제2조)

이 법에서 "특정중대범죄"란 다음 각 호의 어느 하나에 해당하는 죄를 말한다.

1. 「형법」 제2편제1장 내란의 죄 및 같은 편 제2장 외환의 죄

2. 「형법」 제114조(범죄단체 등의 조직)의 죄

3. 「형법」 제119조(폭발물 사용)의 죄

4. 「형법」 제164조(현주건조물 등 방화)제2항의 죄

5. 「형법」 제2편제25장 상해와 폭행의 죄 중 제258조(중상해, 존속중상해), 제258
   조의2(특수상해), 제259조(상해치사) 및 제262조(폭행치사상)의 죄. 다만, 제262
   조(폭행치사상)의 죄의 경우 중상해 또는 사망에 이른 경우에 한정한다.

6. 「특정강력범죄의 처벌에 관한 특례법」 제2조의 특정강력범죄

7. 「성폭력범죄의 처벌 등에 관한 특례법」 제2조의 성폭력범죄

8. 「아동·청소년의 성보호에 관한 법률」 제2조제2호의 아동·청소년대상 성범죄.
   다만, 같은 법 제13조, 제14조제3항, 제15조제2항·제3항 및 제15조의2의 죄는
   제외한다.

9. 「마약류 관리에 관한 법률」 제58조의 죄. 다만, 같은 조 제4항의 죄는 제외한다.

10. 「마약류 불법거래 방지에 관한 특례법」 제6조 및 제9조제1항의 죄

11. 제1호부터 제10호까지의 죄로서 다른 법률에 따라 가중처벌되는 죄

2. 다른 법률과의 관계 (제3조)

수사 및 재판 단계에서 신상정보의 공개에 대하여는 다른 법률의 규정에도 불구하고 이 법을 우선 적용한다.

3. 피의자의 신상정보 공개 (제4조)

① 검사와 사법경찰관은 다음 각 호의 요건을 모두 갖춘 특정중대범죄사건의 피의자의 얼굴, 성명 및 나이(이하 "신상정보"라 한다)를 공개할 수 있다. 다만, 피의자가 미성년자인 경우에는 공개하지 아니한다.

1. 범행수단이 잔인하고 중대한 피해가 발생하였을 것(제2조제3호부터 제6호까지의 죄에 한정한다)

2. 피의자가 그 죄를 범하였다고 믿을 만한 충분한 증거가 있을 것

3. 국민의 알권리 보장, 피의자의 재범 방지 및 범죄예방 등 오로지 공공의 이익을 위하여 필요할 것

② 검사와 사법경찰관은 제1항에 따라 신상정보 공개를 결정할 때에는 범죄의 중대성, 범행 후 정황, 피해자 보호 필요성, 피해자(피해자가 사망한 경우 피해자의 유족을 포함한다)의 의사 등을 종합적으로 고려하여야 한다.

③ 검사와 사법경찰관은 제1항에 따라 신상정보를 공개할 때에는 피의자의 인권을 고려하여 신중하게 결정하고 이를 남용하여서는 아니 된다.

④ 제1항에 따라 공개하는 피의자의 얼굴은 특별한 사정이 없으면 공개 결정일 전후 30일 이내의 모습으로 한다. 이 경우 검사와 사법경찰관은 다른 법령에 따라 적법하게 수집·보관하고 있는 사진, 영상물 등이 있는 때에는 이를 활용하여 공개할 수 있다.

⑤ 검사와 사법경찰관은 제1항에 따라 피의자의 얼굴을 공개하기 위하여 필요한 경우 피의자를 식별할 수 있도록 피의자의 얼굴을 촬영할 수 있다. 이 경우 피의자는 이에 따라야 한다.

⑥ 검사와 사법경찰관은 제1항에 따라 피의자의 신상정보 공개를 결정하기 전에 피의

자에게 의견을 진술할 기회를 주어야 한다. 다만, 신상정보공개심의위원회에서 피의자의 의견을 청취한 경우에는 이를 생략할 수 있다.

⑦ 검사와 사법경찰관은 피의자에게 신상정보 공개를 통지한 날부터 5일 이상의 유예기간을 두고 신상정보를 공개하여야 한다. 다만, 피의자가 신상정보 공개 결정에 대하여 서면으로 이의 없음을 표시한 때에는 유예기간을 두지 아니할 수 있다.

⑧ 검사와 사법경찰관은 정보통신망을 이용하여 그 신상정보를 30일간 공개한다.

⑨ 신상정보의 공개 등에 관한 절차와 방법 등 그 밖에 필요한 사항은 대통령령으로 정한다.

4. 피고인의 신상정보 공개 (제5조)

① 검사는 공소제기 시까지 특정중대범죄사건이 아니었으나 재판 과정에서 특정중대범죄사건으로 공소사실이 변경된 사건의 피고인으로서 제4조제1항 각 호의 요건을 모두 갖춘 피고인에 대하여 피고인의 현재지 또는 최후 거주지를 관할하는 법원에 신상정보의 공개를 청구할 수 있다. 다만, 피고인이 미성년자인 경우는 제외한다.

② 제1항에 따른 청구는 해당 특정중대범죄 피고사건의 항소심 변론종결 시까지 하여야 한다.

③ 제1항에 따른 청구에 관하여는 해당 특정중대범죄 피고사건을 심리하는 재판부가 아닌 별도의 재판부에서 결정한다.

④ 법원은 피고인의 신상정보 공개 여부를 결정하기 위하여 필요하다고 인정하는 때에는 검사, 피고인, 그 밖의 참고인으로부터 의견을 들을 수 있다.

⑤ 제1항에 따른 청구를 받은 법원은 청구의 허부에 관한 결정을 하여야 한다.

⑥ 제5항의 결정에 대하여는 즉시항고를 할 수 있다.

⑦ 법원의 신상정보 공개 결정은 검사가 집행하고, 이에 대하여는 제4조제4항·제5항·제8항·제9항을 준용한다.

5. 피의자에 대한 보상 (제6조)

① 피의자로서 이 법에 따라 신상정보가 공개된 자 중 검사로부터 불기소처분을 받거나 사법경찰관으로부터 불송치결정을 받은 자는 「형사보상 및 명예회복에 관한 법률」에 따른 형사보상과 별도로 국가에 대하여 신상정보의 공개에 따른 보상을 청구할 수 있다. 다만, 신상정보가 공개된 이후 불기소처분 또는 불송치결정의 사유가 있는 경우와 해당 불기소처분 또는 불송치결정이 종국적인 것이 아니거나 「형사소송법」 제247조에 따른 것일 경우에는 그러하지 아니하다.

② 다음 각 호의 어느 하나에 해당하는 경우에는 제1항에 따른 보상의 전부 또는 일부를 지급하지 아니할 수 있다.

1. 본인이 수사 또는 재판을 그르칠 목적으로 거짓 자백을 하거나 다른 유죄의 증거를 만듦으로써 신상정보가 공개된 것으로 인정되는 경우

2. 보상을 하는 것이 선량한 풍속이나 그 밖에 사회질서에 위배된다고 인정할 특별한 사정이 있는 경우

③ 제1항에 따른 보상을 할 때에는 1천만원 이내에서 모든 사정을 고려하여 타당하다고 인정하는 금액을 보상한다. 이 경우 신상공개로 인하여 발생한 재산상의 손실액이 증명되었을 때에는 그 손실액도 보상한다.

④ 제1항에 따른 보상에 관하여는 이 법에 특별한 규정이 있는 경우를 제외하고는 그 성질에 반하지 아니하는 범위에서 「형사보상 및 명예회복에 관한 법률」을 준용한다.

6. 피고인에 대한 보상 (제7조)

① 이 법에 따라 신상정보가 공개된 피고인이 해당 특정중대범죄에 대하여 무죄재판을 받아 확정되었을 때에는 「형사보상 및 명예회복에 관한 법률」에 따른 형사보상과 별도로 국가에 대하여 신상정보의 공개에 따른 보상을 청구할 수 있다.

② 다음 각 호의 어느 하나에 해당하는 경우에는 법원은 재량으로 보상청구의 전부 또는 일부를 기각할 수 있다.

1. 「형법」 제9조 및 제10조제1항의 사유로 무죄재판을 받은 경우

2. 본인이 수사 또는 심판을 그르칠 목적으로 거짓 자백을 하거나 다른 유죄의 증거를 만듦으로써 기소, 신상정보 공개, 또는 유죄재판을 받게 된 것으로 인정된 경우

3. 수개의 특정중대범죄로 인하여 신상정보가 공개된 피고인이 1개의 재판으로 경합범의 일부인 특정중대범죄에 대하여 무죄재판을 받고 다른 특정중대범죄에 대하여 유죄재판을 받은 경우

③ 제1항에 따른 보상을 할 때에는 1천만원 이내에서 모든 사정을 고려하여 법원이 타당하다고 인정하는 금액을 보상한다. 이 경우 신상공개로 인하여 발생한 재산상의 손실액이 증명되었을 때에는 그 손실액도 보상한다.

④ 제1항에 따른 보상에 관하여는 특별한 규정이 있는 경우를 제외하고는 그 성질에 반하지 아니하는 범위에서 「형사보상 및 명예회복에 관한 법률」을 준용한다.

7. 신상정보공개심의위원회 (제8조)

① 검찰총장 및 경찰청장은 제4조에 따른 신상정보 공개 여부에 관한 사항을 심의하기 위하여 신상정보공개심의위원회를 둘 수 있다.

② 신상정보공개심의위원회는 위원장을 포함하여 10인 이내의 위원으로 구성한다.

③ 신상정보공개심의위원회는 신상정보 공개 여부에 관한 사항을 심의할 때 피의자에게 의견을 진술할 기회를 주어야 한다.

④ 신상정보공개심의위원회 위원 또는 위원이었던 사람은 심의 과정에서 알게 된 비밀을 외부에 공개하거나 누설하여서는 아니 된다.

⑤ 신상정보공개심의위원회의 구성 및 운영 등에 관한 구체적인 사항은 검찰총장 및 경찰청장이 정한다.

제3절 공소시효 계산법

> ※ 형사소송법
>
> **제249조(공소시효의 기간)** ① 공소시효는 다음 기간의 경과로 완성한다.
>
> 1. 사형에 해당하는 범죄에는 25년
> 2. 무기징역 또는 무기금고에 해당하는 범죄에는 15년
> 3. 장기 10년 이상의 징역 또는 금고에 해당하는 범죄에는 10년
> 4. 장기 10년 미만의 징역 또는 금고에 해당하는 범죄에는 7년
> 5. 장기 5년 미만의 징역 또는 금고, 장기 10년 이상의 자격정지 또는 벌금에 해당하는 범죄에는 5년
> 6. 장기 5년 이상의 자격정지에 해당하는 범죄에는 3년
> 7. 장기 5년 미만의 자격정지, 구류, 과료 또는 몰수에 해당하는 범죄에는 1년
>
> ② 공소가 제기된 범죄는 판결의 확정이 없이 공소를 제기한 때로부터 25년을 경과하면 공소시효가 완성한 것으로 간주한다.

■ 판례 ■ 2007. 12. 21. 개정된 형사소송법 부칙 제3조의 취지 / 위 부칙조항에서 말하는 '종전의 규정'에 구 형사소송법 제249조 제1항뿐만 아니라 같은 조 제2항도 포함되는지 여부(적극) / 개정 형사소송법 시행 전에 범한 죄에 대해서는 위 부칙조항에 따라 구 형사소송법 제249조 제2항이 적용되어 판결의 확정 없이 공소를 제기한 때로부터 15년이 경과하면 공소시효가 완성한 것으로 간주되는지 여부(적극)

구 형사소송법(2007. 12. 21. 법률 제8730호로 개정되기 전의 것, 이하 같다) 제249조는 '공소시효의 기간'이라는 표제 아래 제1항 본문 및 각호에서 공소시효는 법정형에 따라 정해진 일정 기간의 경과로 완성한다고 규정하고, 제2항에서 "공소가 제기된 범죄는 판결의 확정이 없이 공소를 제기한 때로부터 15년을 경과하면 공소시효가 완성한 것으로 간주한다."라고 규정하였다. 2007. 12. 21. 법률 제8730호로 형사소송법이 개정되면서 제249조 제1항 각호에서 정한 시효의 기간이 연장되고, 제249조 제2항에서 정한 시효의 기간도 '15년'에서 '25년'으로 연장되었는데, 위와 같이 개정된 형사소송법(이하 '개정 형사소송법'이라 한다) 부칙 제3조(이하 '부칙조항'이라 한다)는 '공소시효에 관한 경과조치'라는 표제 아래 "이 법 시행 전에 범한 죄에 대하여는 종전의 규정을 적용한다."라고 규정하고 있다. 부칙조항은, 시효의 기간을 연장하는 형사소송법 개정이 피의자 또는 피고인에게 불리한 조치인 점 등을 고려하여 개정 형사소송법 시행 전에 이미 저지른 범죄에 대하여는 개정 전 규정을 그대로 적용하고자 함에 그 취지가 있다. 위와 같은 법 문언과 취지 등을 종합하면, 부칙조항에서 말하는 '종전의 규정'에는 '구 형사소송법 제249조 제1항'뿐만 아니라 '같은 조 제2항'도 포함된다고 봄이 타당하다. 따라서 개정 형사소송법 시행 전에 범한 죄에 대해서는 부칙조항에 따라 구 형사소송법 제249조 제2항이 적용되어 판결의 확정 없이 공소를 제기한 때로부터 15년이 경과하면 공소시효가 완성한 것으로 간주된다. (대법원 2022. 8. 19., 선고, 2020도1153, 판결)

1. 두 개 이상의 형과 시효기간 (제250조)

두 개 이상의 형을 병과(倂科)하거나 두 개 이상의 형에서 한 개를 과(科)할 범죄에 대해서는 무거운 형에 의하여 제249조를 적용한다.

▪ 판례 ▪ 상상적 경합의 관계에 있는 사기죄와 변호사법 위반죄 중 변호사법 위반죄의 공소시효가 완성된 경우 사기죄의 공소시효까지 완성된 것으로 볼 수 있는지 여부(소극)

1개의 행위가 여러 개의 죄에 해당하는 경우 형법 제40조는 이를 과형상 일죄로 처벌한다는 것에 지나지 아니하고, 공소시효를 적용함에 있어서는 각 죄마다 따로 따져야 할 것인바, 공무원이 취급하는 사건에 관하여 청탁 또는 알선을 할 의사와 능력이 없음에도 청탁 또는 알선을 한다고 기망하여 금품을 교부받은 경우에 성립하는 사기죄와 변호사법 위반죄는 상상적 경합의 관계에 있으므로(대법원 2006.1.27. 선고 2005도8704 판결), 변호사법 위반죄의 공소시효가 완성되었다고 하여 그 죄와 상상적 경합관계에 있는 사기죄의 공소시효까지 완성되는 것은 아니다(대법원 2006.12.8. 선고 2006도6356 판결).

▪ 판례 ▪ 범죄의 '일시'가 공소시효 완성의 기준 시점을 전후로 하여 개괄적으로 기재된 경우 공소사실이 특정되었다고 볼 것인지(소극)

공소사실의 기재는 범죄의 일시, 장소와 방법을 명시하여 사실을 특정할 수 있도록 하여야 하고(형사소송법 제254조 제4항), 이와 같이 공소사실의 특정을 요구하는 법의 취지는 법원에 대하여 심판의 대상을 한정하고 피고인에게 방어의 범위를 특정하여 그 방어권 행사를 쉽게 해 주기 위한 데에 있는 것이므로(대법원 2012. 9. 13. 선고 2010도17418 판결 등 참조), 범죄의 '일시'는 이중기소나 시효에 저촉되는지 식별할 수 있을 정도로 기재하여야 한다(대법원 1997. 8. 22. 선고 97도1211 판결, 대법원 2002. 10. 11. 선고 2002도2939 판결 등 참조). 따라서 범죄의 '일시'가 공소시효 완성 여부를 판별할 수 없을 정도로 개괄적으로 기재되었다면 공소사실이 특정되었다고 볼 수 없다. 공소사실이 특정되지 아니한 부분이 있다면, 법원은 검사에게 석명을 구하여 특정을 요구하여야 하고, 그럼에도 검사가 이를 특정하지 않는다면 그 부분에 대해서는 공소를 기각할 수밖에 없다(대법원 2016. 12. 15. 선고 2015도3682 판결, 대법원 2019. 12. 24. 선고 2019도10086 판결 참조).

⇒ 피고인에 대하여 2013. 12.경부터 2014. 1.경 사이 약 10분간 소란을 피워 주점영업 업무방해 범행을 저질렀다는 혐의로 2020. 12. 30. 기소된 사안임[위 공소사실은 반복적 행위, 수일에 걸쳐 발생한 행위가 아니라 특정일에 발생한 행위이므로, 범행일이 2013. 12. 31. 이후인지 여부에 따라 공소시효(업무방해죄의 경우 7년)의 완성 여부가 달라짐]

대법원은, 위와 같은 법리에 따라 위 공소사실의 일시는 공소시효 완성 여부를 판별할 수 없어 불특정이라는 이유로, 위 공소사실을 유죄로 판단한 원심을 파기·환송하였음(대법원 2022. 11. 17. 선고 2022도8257 판결)

2. 형의 가중, 감경과 시효기간 (제251조)

「형법」에 의하여 형을 가중 또는 감경한 경우에는 가중 또는 감경하지 아니한 형에 의하여 제249조의 규정을 적용한다.

3. 시효의 기산점 (제252조)

① 시효는 범죄행위의 종료한 때로부터 진행한다.

② 공범에는 최종행위의 종료한 때로부터 전 공범에 대한 시효기간을 기산한다.

▪ 판례 ▪　**공익근무요원의 복무이탈죄의 성립과 공소시효의 기산점**

구 병역법(2005. 5. 31. 법률 제7541호로 개정되기 전의 것) 제89조의2 제1호에 정한 공익근무요원의 복무이탈죄는 정당한 사유 없이 계속적 혹은 간헐적으로 행해진 통산 8일 이상의 복무이탈행위 전체가 하나의 범죄를 구성하는 것이고, 그 공소시효는 위 전체의 복무이탈행위 중 최종의 복무이탈행위가 마쳐진 때부터 진행한다(대법원 2007.3.29. 선고 2005도7032 판결).

▪ 판례 ▪　**포괄일죄의 공소시효 기산점**

포괄일죄의 공소시효는 최종의 범죄행위가 종료한 때로부터 진행한다(대법원 2002.10.11. 선고 2002도2939 판결).

▪ 판례 ▪　**공소사실이 변경됨에 따라 법정형에 차이가 있는 경우, 공소시효기간의 기준이 되는 법정형(= 변경된 공소사실에 대한 법정형)**

공소장변경절차에 의하여 공소사실이 변경됨에 따라 그 법정형에 차이가 있는 경우에는 변경된 공소사실에 대한 법정형이 공소시효기간의 기준이 된다(대법원 2001.8.24. 선고 2001도2902 판결).

4. 시효의 정지와 효력 (제253조)

① 시효는 공소의 제기로 진행이 정지되고 공소기각 또는 관할위반의 재판이 확정된 때로부터 진행한다.

② 공범의 1인에 대한 전항의 시효정지는 다른 공범자에 대하여 효력이 미치고 당해 사건의 재판이 확정된 때로부터 진행한다.

③ 범인이 형사처분을 면할 목적으로 국외에 있는 경우 그 기간 동안 공소시효는 정지된다.

▪ 판례 ▪　**건축법상 처벌의 대상이 되는 건축물의 용도변경행위의 범위 및 무단으로 건축물을 다른 용도로 계속 사용하는 경우, 그 용도변경의 건축법위반죄의 공소시효 진행 여부(소극)**

건축법상 허가를 받지 아니하거나 또는 신고를 하지 아니한 경우 처벌의 대상이 되는 건축물의 용도변경행위(1999. 2. 8. 법률 제5895호로 건축법이 개정되면서 건축물의 용도변경에 관하여 허가제에서 신고제로 전환되었다)는 유형적으로 용도를 변경하는 행위뿐만 아니라 다른 용도로 사용하는 것까지를 포함하며, 이와 같이 허가를 받지 아니하거나 신고를 하지 아니한 채 건축물을 다른 용도로 사용하는 행위는 계속범의 성질을 가지는 것이어서 허가 또는 신고 없이 다른 용도로 계속 사용하는 한 가벌적 위법상태는 계속 존재하고 있다고 할 것이므로, 그러한 용도변경행위에 대하여는 공소시효가 진행하지 아니하는 것으로 보아야 한다(대법원 2001.9.25. 선고 2001도3990 판결).

■ 판례 ■   국외 도피로 인한 공소시효 정지를 규정한 형사소송법 제253조 제3항이 공소시효 완성 간주를 규정한 구 형사소송법 제249조 제2항에도 적용되는지(소극)

구 형사소송법(2007. 12. 21. 법률 제8730호로 개정되기 전의 것, 이하 '구 형사소송법'이라고 한다) 규정에 따르면, 공소시효는 범죄행위가 종료한 때로부터 진행하여 법정형에 따라 정해진 일정 기간의 경과로 완성한다(제252조 제1항, 제249조 제1항). 공소시효는 공소의 제기로 진행이 정지되지만(제253조 제1항 전단), 판결의 확정이 없이 공소를 제기한 때로부터 15년(2022. 10. 31. 기준 현행 형소법 상으로는 25년)이 경과되면 공소시효가 완성한 것으로 간주된다(제249조 제2항) 형사소송법 제253조 제3항은 "범인이 형사처분을 면할 목적으로 국외에 있는 경우 그 기간 공소시효는 정지된다."라고 규정하고 있다. 위 조항의 입법취지는 범인이 우리나라의 사법권이 실질적으로 미치지 못하는 국외에 체류한 것이 도피의 수단으로 이용된 경우에 그 체류 기간은 공소시효가 진행되는 것을 저지하여 범인을 처벌할 수 있도록 하여 형벌권을 적정하게 실현하고자 하는 데 있다(대법원 2008. 12. 11. 선고 2008도 4101 판결 참조). 위와 같은 법 문언과 취지 등을 종합하면, 형사소송법 제253조 제3항에서 정지의 대상으로 규정한 '공소시효'는 범죄행위가 종료한 때로부터 진행하고 공소의 제기로 정지되는 구 형사소송법 제249조 제1항의 시효를 뜻하고, 그 시효와 별개로 공소를 제기한 때부터 일정 기간이 경과하면 공소시효가 완성된 것으로 간주된다고 규정한 구 형사소송법 제249조 제2항에서 말하는 '공소시효'는 여기에 포함되지 않는다고 봄이 타당하다. 따라서 공소제기 후 피고인이 처벌을 면할 목적으로 국외에 있는 경우에도, 그 기간 동안 구 형사소송법 제249조 제2항에서 정한 기간의 진행이 정지되지는 않는다.
⇒ 사안의 경우, 피고인은 1997. 8. 21. 특정경제범죄가중처벌등에관한법률위반(사기)죄로 기소된 후 1심 재판이 계속 중이던 1998. 4. 28.경 미국으로 출국하여 원심에 이르기까지 입국하지 않았음. 대법원은 위 법리를 토대로, 원심이 이 사건 공소사실 범죄에 대하여 판결의 확정 없이 공소가 제기된 때로부터 15년이 경과하여 구 형사소송법 제249조 제2항에서 정한 공소시효 완성 간주 요건이 충족되었다는 이유로 피고인에 대하여 면소를 선고한 제1심판결을 그대로 유지한 것은 정당하다고 판단하였음 (대법원 2022. 9. 29. 선고 2020도13547 판결)

5. 공소시효의 적용 배제 (제253조의2)

사람을 살해한 범죄(종범은 제외한다)로 사형에 해당하는 범죄에 대하여는 제249조부터 제253조까지에 규정된 공소시효를 적용하지 아니한다.

제4절 피해자 보호 및 지원
(피해자 보호 및 지원에 관한 규칙)

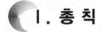 **Ⅰ. 총 칙**

1. 목적 (제1조)

이 규칙은 피해자 보호 및 지원을 위한 경찰의 기본정책 등을 명확히 하고, 피해자의 권익보호와 신속한 피해회복을 도모하기 위하여 경찰활동에 필요한 사항을 규정함을 목적으로 한다.

2. 정의 (제2조)

이 규칙에서 사용하는 용어의 정의는 다음과 같다.

1. "피해자"란 「범죄피해자 보호법」 제3조 제1항 제1호의 범죄피해자를 말한다.

> 제3조(정의) ① 이 법에서 사용하는 용어의 뜻은 다음과 같다.
> 1. "범죄피해자"란 타인의 범죄행위로 피해를 당한 사람과 그 배우자(사실상의 혼인관계를 포함한다), 직계친족 및 형제자매를 말한다.

2. "피해자 보호 및 지원"이란 피해자의 형사 절차의 참여 및 안전보장, 2차 피해방지 및 피해회복을 지원하기 위한 종합적 활동을 말한다.
3. "경찰관서"라 함은 경찰청, 시도경찰청 및 경찰서를 말한다.

3. 기본원칙 (제3조)

① 경찰관은 직무수행 시 모든 피해자의 존엄과 인격을 존중하고 권리를 보호하여야 한다.
② 경찰관은 범죄 발생 시 신속하게 피해자 보호 및 지원활동을 실시하고, 피해자가 다시 평온한 생활을 영위할 때까지 지속적으로 지원할 수 있도록 노력한다.
③ 경찰관은 피해자와 조사·면담을 통해 알게 된 피해자의 사생활에 관한 비밀을 누설하거나 피해자 보호 및 지원 외의 목적에 사용하지 아니한다.

> ※ 경찰 수사에 관한 인권보호 규칙
> 제39조(피해자 보호 원칙) ① 경찰관은 「범죄피해자 보호법」 제3조제1항제1호의 범죄피해자의 심정을 이해하고 그 인격을 존중하며 피해자가 범죄피해 상황에서 조속히 회복하여 인간의 존엄성을

보장받을 수 있도록 노력해야 한다.

② 경찰관은 피해자에게 피해 상황, 피해 회복 및 처벌 희망 여부 등에 대해 진술할 기회 및 증거자료를 제출할 기회를 충분히 주어야 한다.

③ 경찰관은 피해자의 피해 정도, 심리상태, 신원노출의 우려 등을 고려하여 피해자가 경찰관서에 출석하여 조사받는 것이 어려운 경우 피해자를 방문하여 조사하는 등 필요한 지원을 할 수 있다.

II. 피해자 보호 추진위원회

1. 설치 (제4조)

피해자 보호 및 지원정책을 체계적으로 추진하기 위하여 경찰청에 피해자 보호 추진위원회(이하 "위원회")를 둔다.

2. 구성 및 운영 (제5조)

① 위원회는 위원장 1명을 포함하여 15명 이내의 위원으로 성별을 고려하여 구성한다.

② 위원회의 위원장은 경찰청 차장으로 하며, 위원장은 위원회 소집과 회의주재 등 위원회 총괄 및 위원회 결정사항의 시행 여부를 확인한다.

③ 위원회의 위원은 기획조정관, 생활안전국장, 수사국장, 외사국장, 감사관, 사이버안전국장, 교통국장 및 그 밖에 위원장이 필요하다고 인정하는 자로 하고, 위원회 소집 건의 및 소관 업무의 피해자 보호 및 지원사항에 대해 제안하고 결정사항을 시행한다.

④ 위원회에 위원회와 관련된 사무를 처리하기 위해 피해자 보호 담당관을 간사로 둔다.

⑤ 위원장은 제1항의 위원회를 구성할 때 관련 분야의 전문성 있는 민간위원을 위촉할 수 있다.

⑥ 위원장이 부득이한 사유로 직무를 수행할 수 없는 때에는 위원장이 미리 지명한 위원이 그 직무를 대행한다.

⑦ 위원회의 회의는 재적 위원 과반수의 출석으로 개의하고, 출석위원 과반수의 찬성으로 의결한다.

3. 임무 (제6조)

위원회의 임무는 다음 각호와 같다.

① 피해자 보호 및 지원 관련 중요정책의 심의

② 피해자 보호 및 지원업무에 관한 관련 기능 및 시도경찰청 간 조정

③ 피해자 보호 및 지원업무의 분석·평가 및 발전 방향 협의

④ 그 밖에 피해자 보호 및 지원을 위하여 필요한 사항의 처리

4. 실무위원회 (제7조)

① 위원회에 상정할 사안을 논의하거나 위원회의 심의사항을 실행하고, 위원회로부터 위임받은 사항을 처리하기 위하여 피해자 보호 실무위원회(실무위원회)를 둔다.

② 실무위원회 위원장은 경찰청 감사관으로 하고, 위원은 기획조정담당관, 생활안전과장, 여성청소년과장, 성폭력대책과장, 수사연구관실장, 형사과장, 외사수사과장, 피해자보호담당관, 사이버범죄대응과장, 교통안전과장, 그 밖에 실무위원회 위원장이 필요하다고 인정하는 자로 한다.

5. 시도경찰청 피해자 보호 추진위원회 (제8조)

시도경찰청장은 지역의 여건과 실정에 맞는 피해자 보호 및 지원정책을 추진하기 위하여 경찰청 피해자 보호 추진위원회에 따라 시도경찰청에 피해자 보호 추진위원회를 둘 수 있다.

III. 피해자보호 전담체계

1. 피해자보호 전담부서의 운영 (제9조)

피해자 보호 및 지원정책을 통일적, 체계적으로 추진하기 위해 경찰청 감사관 소속으로 피해자보호담당관을, 시도경찰청 청문감사담당관 소속으로 피해자보호계(팀)를 운영한다.

2. 피해자대책관 (제10조)

각 시도경찰청 및 경찰서에 피해자 보호 및 지원업무를 총괄하기 위해 청문감사담당관 또는 청문감사관을 피해자대책관으로 둔다.

3. 피해자대책관의 임무 (제11조)

피해자대책관은 해당 경찰관서의 피해자 보호·지원시책 총괄과 그 활동에 대한 모니터링, 유관기관·단체 등과의 협조체계 구축, 대내 교육과 대국민 홍보 계획수립, 시행 등을 임무로 한다.

4. 피해자전담경찰관 (제12조)

① 각 경찰서장은 범죄 등으로 인해 피해가 심각한 피해자를 전담하여 보호 및 지원할 수 있는 피해자전담경찰관을 청문감사인권관 소속으로 배치한다.

② 경찰청장은 범죄피해 직후 충격 상태의 피해자에 대한 심리적 응급처치 등 피해자 보호 및 지원업무 수행의 전문성을 확보하기 위해 다음 각 호의 어느 하나에 해당하는 요건을 갖춘 자를 피해자전담경찰관으로 채용할 수 있다.

  1. 심리학 전공 석사 학위 이상 소지자

  2. 심리학 학사 학위 소지자로서 '심리·상담' 분야에서 근무 또는 연구 경력이 2년 이상인 사람

5. 피해자전담경찰관의 임무 (제13조)

① 피해 직후 피해자의 심리적 안정 유도

② 피해 정도와 영향에 대한 초기 상담 및 지원방향 설계

③ 피해자 형사절차 참여 시 지원과 조력활동

④ 피해자 신변보호를 위한 기능 간 협의 등 관련활동

⑤ 피해자지원 전문기관·단체 및 지역사회 지원체계로의 연계

⑥ 지역 내 유관기관·단체와의 연락 및 협조체계 구축

⑦ 피해자 보호·지원 관련 직원 교육 및 외부 홍보

⑧ 피해자 보호·지원 관련 통계의 작성 및 관리

⑨ 그 밖에 피해자의 피해회복 및 일상생활 복귀를 도모하기 위한 업무

6. 피해자보호관 (제14조)

시·도경찰청장 및 경찰서장은 해당 경찰관서 소속 수사부서 및 지구대·파출소에 계(팀)장급 이상 경찰관을 피해자보호관으로 지정하여 피해유형별 특성에 맞는 상담 및 보호업무를 수행하게 할 수 있다.

Ⅳ. 형사절차 참여 보장

1. 피해자에 대한 정보제공 (제15조)

경찰관은 「경찰수사규칙」 제81조에 따라 다음 각호의 정보를 가능한 한 빠른 시일 내에 피해자에게 제공하여야 하며, 불가피한 사정이 있는 경우에는 늦어도 「검사와 사법경찰관의 상호협력과 일반적 수사준칙에 관한 규정」 제51조 제1항에 따른 결정(이송 결정은 제외한다)을 하기 전까지 제공하여야 한다.

① 신변보호 신청권, 신뢰관계자 동석권 등 형사절차상 피해자의 권리

② 범죄피해자구조금, 심리상담·치료 지원 등 피해자 지원제도 및 단체에 관한 정보

③ 배상명령제도, 긴급복지지원 등 그 밖에 피해자의 권리보호 및 복지증진을 위하여 필요하다고 인정되는 정보

2. 정보제공절차 (제16조)

① 제15조의 정보제공은 별지 제1호 서식의 안내서를 출력하여 피해자에게 교부하는 것을 원칙으로 한다.

② 경찰관은 성폭력, 아동학대, 가정폭력 피해자에게 제1항의 방법으로 정보제공 시 각 유형에 해당하는 안내서를 추가로 교부한다.

③ 경찰관은 피해자가 출석요구에 불응하는 등 서면을 교부하는 것이 곤란한 사유가 있는 경우에는 구두, 전화, 모사전송, 우편, 전자우편, 휴대전화 문자전송, 그 밖에 이에 준하는 방법으로 피해자에게 정보를 제공할 수 있다.

3. 정보제공 시 유의사항 (제17조)

① 경찰관은 피해자 보호 및 지원을 위한 제도 등 관련 정보를 숙지하여 피해자와의 상담에 성실하게 응해야 한다.

② 경찰관은 외국인 피해자가 언어적 어려움을 호소하는 경우 관할지역 내 통역요원 등을 활용하여 외국인 피해자에게 충실하게 정보를 제공할 수 있도록 노력해야 한다.

4. 사건처리 진행상황에 대한 통지 (제18조)

① 피해자보호관 또는 사건담당자는 피해자가 수사 진행상황에 대해 문의하는 경우 수사에 차질을 주지 않는 범위 내에서 피해자가 이해하기 쉽도록 설명하여야 한다.

② 그 밖에 피해자에 대한 수사 진행상황의 통지와 관련된 사항은 「경찰수사규칙」 제11조 및 「범죄수사규칙」 제13조를 준용한다.

범죄피해자 지원제도 안내

❶ 경찰청에서는 범죄피해가 심각한 사람을 지원하기 위해 경찰서 청문감사인권관실에 피해자전담경찰관을 배치·운영하고 있습니다. **아래 지원제도와 관련하여 이해가 잘 안 되시거나 궁금하신 점이 있으면 피해자 전담경찰관에게 문의하시기 바랍니다.**

❷ 경찰에서는 범죄피해자 지원정보 제공과 심리적 안정 지원을 위해 모바일앱 **'폴케어'**를 무료 배포하고 있습니다.

※ 이용방법 : 앱스토어·플레이스토어에서 다운로드

❸ 형사사법포털(www.kics.go.kr)에서 사건조회서비스(서면 동의 필요) 및 각종 지원정보를 제공하며, 우측 QR코드를 통해 범죄피해자 안내서로 접속할 수 있습니다.

경제적 지원	❶ **살인·강도 등으로 주거지가 심하게 훼손·오염되었나요?** 경찰이 특수 청소업체를 통해 청소 및 현장정리를 도와드립니다. ❷ **야간(18시~익일6시)에 경찰관서에 출석하여 조사를 받으셨나요?** 강력범죄, 성·가정폭력 등 피해자의 경우 소정의 여비를 받을 수 있습니다. ❸ **범죄로 인해 상해 피해를 입고도 배상을 제대로 받지 못했나요?** 소정의 심사를 통해 치료비를 지원받을 수 있습니다. 피해자전담경찰관 또는 검찰(☎1577-2584)에 문의하시면 신청절차를 안내받을 수 있습니다. ※ 사망·장애 등 중한 피해를 입었다면 치료비와 별개로 구조금 지원 가능 ※ 강력범죄로 신체·정신적 피해를 입고 생계가 곤란해진 경우 생계비·학자금·장례비 지원 가능
심리적 지원	❶ **가해자로부터 보복을 당할 우려가 있으신가요?** 경찰 또는 검찰에 신변보호를 요청할 수 있습니다. ※ 주민번호 유출로 범죄피해를 입거나 입을 우려가 있는 경우 주민등록번호 변경을 신청할 수 있습니다. (주민등록번호변경위원회 ☎02-2100-4061~4065) ❷ **사건에 대한 충격으로 불면증·불안 등 증상이 있으신가요?** 피해자전담경찰관 또는 전문기관의 심리상담 지원을 받을 수 있습니다. ❸ **불법촬영물 유출이 두려우신가요?** 방송통신심의위원회(1377) 또는 디지털성범죄피해자지원센터(1366, 02-735-8994), 한국사이버성폭력대응센터(02-817-7959)에 삭제·차단 도움을 받을 수 있습니다.
법률적 지원	❶ **소송 관련 서류작성을 어떻게 해야 할지 난감하신가요?** 법률구조공단에서 무료상담·변호 및 소송서류 작성 서비스를 지원합니다. 가까운 지부 방문, 전화(132), 홈페이지(www.klac.or.kr)로 문의하세요. ❷ **범죄피해로 인한 금전적 손해를 배상받지 못했나요?** 다음과 같은 제도를 통해 손해배상을 받을 수 있습니다. • 배상명령 : 법원이 유죄판결을 선고하면서 배상을 명할 수 있는 제도(형사) • 지급명령 : 법원에서 실제 공판을 열지 않고 가해자에게 배상을 명하는 제도(민사) • 소액심판 : 3천만원을 초과하지 않는 배상의 경우 신속하게 심판하는 제도(민사)

형사절차상 범죄피해자 권리 안내

귀하의 담당수사관은 소속관서 부서 계급 성명 수사관입니다. (전화 : 사무실전화, 팩스 : 사무실FAX)

범죄 피해자에게는 아래와 같은 권리가 있음을 알려드립니다.

경찰단계송치	**❶ 조사를 받을 때 두렵거나 불안하신가요?** 가족 등 신뢰하는 사람이 함께 있도록 담당수사관에게 요청할 수 있습니다. 수사관이 제공하는 메모장에 자신의 진술과 조사 주요내용 등을 메모할 수 있습니다. **❷ 가해자의 보복이 우려되시나요?** 살인·강도·강간 등 특정범죄 피해자는 조서를 포함한 수사 서류들을 가명으로 작성하도록 담당수사관에게 요청할 수 있습니다. **❸ 경찰수사 결과가 궁금하신가요?** 사건 담당수사관으로부터 통지를 받을 수 있으며, 전화·문자·우편 등 원하시는 통지수단을 선택하실 수 있습니다. **❹ 경찰의 처분결과는 다음과 같습니다.** · **법원송치** : 소년보호사건에 대한 수사 후 범죄의 혐의가 있다고 인정될 때 사건을 관할 가정법원 소년부 또는 지방법원 소년부에 송치하는 것 · **검찰송치** : 경찰이 책임수사 후 범죄의 혐의가 있다고 인정될 때 검사에게 사건을 송치하는 것 · **불송치** : 경찰이 수사한 결과 범죄혐의가 인정되지 않아 검찰에 송치하지 않는 것 · **수사중지** : 가해자 소재불명 등 사유로 수사를 진행할 수 없는 경우 그 사유 해소 시 까지 수사를 중지하는 것 **❺ 경찰의 불송치 결정이 납득하기 어려운가요?** 사건 담당수사관의 소속 관서장에게 이의신청할 수 있습니다. ※ 이의신청 시 경찰은 검사에게 사건을 송치하고 처리결과와 이유를 대상자에게 통지해드립니다. **❻ 경찰의 수사중지 결정이 납득하기 어려운가요?** 통지받은 후 30일 이내에 사건 담당수사관 소속 관서의 상급관서장에게 이의제기할 수 있습니다. ※ 상급관서장은 이의제기 접수 후 30일 이내에 수용·불수용 결정을 하고, 7일 이내에 처리결과와 그 이유를 통지해드립니다.
검찰단계기소	**❶ 사건진행 관련 정보가 궁금하신가요?** 검찰청 민원실이나 피해자지원실에 신청서를 제출하시면 검찰 처분결과, 재판 진행상황 결과, 구속석방 여부에 대한 정보를 제공받을 수 있습니다. **❷ 검찰의 처분결과는 다음과 같습니다.** · **기소** : 검사가 사건에 대한 법원의 심판을 구하는 것 · **불기소** : 검사가 가해자에 대한 재판을 청구하지 않기로 결정하는 것 · **기소중지** : 소재불명 등 사유로 수사를 종결할 수 없는 경우 그 사유 해소 시까지 기소중지하는 것 · **기소유예** : 혐의는 인정하지만 죄의 경중 등 고려, 검사가 재판 청구를 않기로 결정하는 것 **❸ 검찰의 불기소 처분이 납득하기 어려운가요?** 다음과 같이 불복할 수 있습니다. · **항고** : 관할 고등검찰청에 재수사해줄 것을 요구(통지받은 날부터 30일 내) · **재정신청** : 관할 고등법원에 검찰이 기소해줄 것을 요구(통지받은 날부터 10일 내)
재판단계	**❶ 재판절차에 참여하고 싶으신가요?** -관할 법원 또는 검찰청에 신청하시면 법원에 증인으로 출석하여 피해 정도 및 가해자 처벌에 관한 의견을 진술할 수 있습니다. **❷ 법원에 출석할 때 불안하신가요?** -법원에 신청하여 피고인과 접촉 차단, 법정 사전 답사, 비공개 재판, 증인신문 전후 동행 및 보호 등 제도를 이용할 수 있습니다. **❸ 소송기록 내용이 궁금하신가요?** -재판장에게 신청하여 기록을 열람하거나 복사하실 수 있습니다.

V. 형사절차에서의 2차 피해 방지

> ※ 경찰 수사에 관한 인권보호 규칙
>
> **제41조(2차 피해 방지)** 경찰관은 다음 각 호의 사항을 유의하여 피해자가 수사등 과정에서 추가적인 피해를 입지 않도록 해야 한다.
> 1. 피해자의 인격과 사생활의 비밀을 존중하고 피해자가 입은 정신적·육체적 고통을 충분히 고려한다.
> 2. 피해자를 정당한 사유 없이 반복적으로 조사하지 않는다.
> 3. 피해자가 피의자나 그 가족 등과의 접촉을 원하지 않는 경우 별도의 장소로 분리조치를 한다.
> 4. 피해자에게 피의자와의 합의를 종용하지 않는다.
> 5. 피해자를 조사할 때에는 폭언 등 강압적인 태도 또는 모멸감을 주거나 공정성을 의심받을 수 있는 언행을 해서는 안 되고, 사생활에 대한 조사는 수사상 반드시 필요한 경우로 한정한다.
> 6. 수사등 과정에서 증거자료로 수집한 「성폭력범죄의 처벌 등에 관한 특례법」 제14조 및 제14조의2에 따른 촬영물·복제물·가공물 등과 「아동·청소년의 성보호에 관한 법률」 제2조제5호에 따른 아동·청소년성착취물은 수사와 상관없는 제3자에게 공개되지 않도록 필요한 조치를 해야 한다.

1. 피해의 접수 등 (제20조)

① 경찰관은 고소·고발, 피해신고 등을 접수할 때 피해자의 이야기를 청취하면서 필요한 조치가 있는지를 파악한다.

② 성폭력, 아동학대, 가정폭력 피해자 등 피해자에 대한 특별한 배려가 필요한 사건을 접수한 경찰관은 담당 부서의 피해자보호관 등에 인계하여 상담을 받을 수 있도록 조치한다.

③ 경찰관은 피해사실의 접수 여부와 관계없이, 피해자가 원하는 경우 피해자 지원제도 및 유관기관·단체에 대한 정보를 제공하고 인계하도록 노력한다.

2. 피해자 동행 시 유의사항 (제21조)

① 경찰관은 피해자를 경찰관서나 성폭력피해자통합지원센터 등으로 동행할 때 피해자의 의사를 확인하여야 한다.

② 경찰관은 피해자를 경찰관서로 동행하는 경우 피의자와 분리하여 피해자에 대한 위해나 보복을 방지한다. 다만, 위해나 보복의 우려가 없을 것으로 판단되는 등 정당한 사정이 있는 경우 그러하지 아니하다.

③ 경찰관은 피해자에게 치료가 필요하다고 판단되면 즉시 피해자를 가까운 병원으로 후송하고, 「국민건강보험 요양급여의 기준에 관한 규칙」 제4조에 의해 우선 보험급여를 받을 수 있음을 안내한다.

3. 피해자조사 시 유의사항 (제22조)

① 경찰관은 조사 시작 전 피해자에게 가족 등 피해자와 신뢰관계에 있는 자를 참여시킬 수 있음을 고지하여야 한다.

② 그 밖에 신뢰관계에 있는 자의 동석에 관하여는 「경찰수사규칙」 제38조(신뢰관계자 동석)의 규정을 준용한다.

③ 경찰관은 사건을 처리하는 과정에서 권위적 태도, 불필요한 질문 등으로 피해자에게 2차 피해를 주지 않도록 하여야 한다.

④ 경찰관은 피해자가 심리적으로 심각한 불안감을 느끼는 등 피의자와의 대질조사를 하기 어렵다고 인정되는 경우에는 피해자를 피의자와 분리하여 조사하는 등 2차 피해방지를 위한 조치를 취하여야 한다.

⑤ 경찰관은 피해자가 불필요하게 수회 출석하여 조사를 받거나 장시간 대기하는 일이 없도록 유의하고 살인·강도·성폭력 등 강력범죄 피해자와 같이 신원 비노출을 요하는 피해자에 대해서는 신변안전과 심리적 안정감을 느낄 수 있는 장소에서 조사할 수 있도록 노력한다.

⑥ 경찰관은 피해자의 심리적 충격 등이 심각하여 조사과정에서 2차 피해의 우려가 큰 경우 피해자심리전문요원과 협의하여 피해자와의 접촉을 자제하고 피해자심리전문요원이 피해자에 대한 심리평가 및 상담을 실시하도록 노력한다.

4. 인적사항 기재 생략 (제23조)

① 경찰관은 범죄피해와 관련하여 조서나 그 밖의 서류(이하 "조서등"이라 한다)를 작성할 때 다음 각호에 해당하는 경우 그 취지를 조서등에 기재하고 진술자의 성명, 연령, 주소, 직업 등 신원을 알 수 있는 인적사항을 기재하지 않을 수 있다.

1. 법령에 명시적인 규정이 있는 경우

2. 진술자의 의사, 진술자와 피의자와의 관계, 범죄의 종류, 진술자 보호의 필요성에 비추어 인적사항을 기재하지 않아야 할 상당한 이유가 있는 경우

② 전항의 조치와 관련된 사항은 「범죄수사규칙」 제176조를 준용한다

※ 범죄수사규칙

제176조(피해자 인적사항의 기재 생략) ① 경찰관은 조서나 그 밖의 서류(이하 "조서등"이라 한다)를 작성할 때 「경찰수사규칙」 제79조제1항의 피해자가 보복을 당할 우려가 있는 경우에는 별지 제22호서식의 진술조서(가명)에 그 취지를 조서등에 기재하고 피해자의 성명·연령·주소·직업 등 신원을 알 수 있는 사항(이하 "인적사항"이라 한다)을 기재하지 않을 수 있다. 이때 피해자로 하여금 조서

등에 서명은 가명으로, 간인 및 날인은 무인으로 하게 하여야 한다.
② 제1항의 경우 경찰관은 별지 제111호서식의 범죄신고자등 인적사항 미기재사유 보고서를 작성하여 검사에게 통보하고, 조서등에 기재하지 아니한 인적 사항을 별지 제109호서식의 신원관리카드에 등재하여야 한다.
③ 피해자는 진술서 등을 작성할 때 경찰관의 승인을 받아 인적사항의 전부 또는 일부를 기재하지 아니할 수 있다. 이 경우 제1항 및 제2항을 준용한다.
④ 「특정범죄신고자 등 보호법」 등 법률에서 인적사항을 기재하지 아니할 수 있도록 규정한 경우에는 피해자나 그 법정대리인은 경찰관에게 제1항에 따른 조치를 하도록 신청할 수 있다. 이 경우 경찰관은 특별한 사유가 없으면 그 조치를 하여야 한다.
⑤ 경찰관은 제4항에 따른 피해자 등의 신청에도 불구하고 이를 불허한 경우에는 별지 제112호서식의 가명조서등 불작성사유 확인서를 작성하여 기록에 편철하여야 한다.

5. 피해자 출석지원 (제24조)

조사를 위해 경찰관서에 방문하는 피해자에 대하여 출석 및 귀가 시 이용되는 교통비 등 실제 소요경비를 지원할 수 있다.

6. 시설 개선 (제25조)

경찰관서의 장은 피해자의 프라이버시를 존중하여 피해자가 공개된 장소에서 조사를 받지 않도록 해당 경찰관서 내 피해자의 대기나 조사에 적합한 공간을 마련하는 등 시설개선을 위해 노력해야 한다.

7. 피해자 사생활의 보호 (제26조)

① 경찰관은 언론기관에 의한 취재 및 보도 등으로 인해 피해자의 명예 또는 사생활의 평온을 해치지 않도록 노력하여야 한다.
② 피해자전담경찰관은 피해자의 정신적·심리적 상태 등을 고려하여 언론기관과의 접촉에 대해 피해자에게 조언할 수 있고, 이 경우 피해자의 의사를 존중하여야 한다.

8. 사회적 약자에 대한 배려 (제27조)

경찰관은 장애인, 19세 미만의 자, 여성, 노약자, 외국인, 기타 신체적·경제적·정신적·문화적인 차별 등으로 어려움을 겪고 있어 사회적 보호가 필요한 피해자에 대해 이들이 수사과정에서 겪는 특별한 상황과 사정을 이해하고 이들을 배려할 수 있도록 노력한다.

VI. 피해자의 안전보장

> ※ 경찰 수사에 관한 인권보호 규칙
>
> 제43조(피해자 등의 안전조치) ① 경찰관서의 장은 피해자가 피의자 또는 그 밖의 사람으로부터 생명 또는 신체에 대한 위해를 입거나 입을 우려가 있다고 인정되는 경우에는 직권 또는 피해자의 신청에 따라 다음 각 호 중에서 필요한 안전조치를 해야 한다. 이 경우 안전조치 결정 등에 필요한 세부적인 절차 및 방법은 경찰청장이 정한다.
> 1. 피해자 보호시설 등 특정시설에서의 보호
> 2. 신변경호 및 수사기관 출석·귀가 시 동행
> 3. 임시숙소 제공
> 4. 주거지 순찰 강화
> 5. 그 밖에 비상연락망 구축 등 신변안전에 필요하다고 인정되는 조치
> ② 제1항은 「특정범죄신고자 등 보호법」 제13조제1항에 따른 범죄신고자등과 「공익신고자 보호법」 제13조제2항에 따른 공익신고자등의 신변안전조치를 하는 경우에도 준용한다.

1. 신변보호의 대상 (제28조)

경찰관서의 장은 피해자가 피의자 또는 그 밖의 사람으로부터 생명 또는 신체에 대한 해를 당하거나 당할 우려가 있다고 인정되는 때에는 직권 또는 피해자의 신청에 따라 신변보호에 필요한 조처하여야 한다.

2. 조치유형 (제29조)

신변보호에 필요한 조치의 유형은 다음 각 호와 같다.

① 피해자 보호시설 등 특정시설에서의 보호

② 외출·귀가 시 동행, 수사기관 출석 시 동행 및 신변경호

③ 임시숙소 제공

④ 주거지 순찰강화, 폐쇄회로 텔레비전의 설치 등 주거에 대한 보호

⑤ 비상연락망 구축

⑥ 그 밖에 신변보호에 필요하다고 인정되는 조치

3. 신변보호심사위원회 구성 (제30조)

① 신변보호 결정 등에 대한 심의를 위하여 각 시·도경찰청과 경찰서에 신변보호심사위원회(이하 "심사위원회"라 한다)를 둔다.

② 심사위원회는 위원장 1명을 포함하여 8명 내외의 위원으로 양성평등기본법에 따라 성별을 고려하여 구성한다.

③ 심사위원회의 위원장은 시·도경찰청의 경우 차장 또는 소관 부장(세종특별자치

시경찰청은 소관 과장으로 한다), 경찰서의 경우 경찰서장으로 하며, 위원장은 심사위원회 소집 등 심사위원회의 업무를 총괄한다.

④ 심사위원회의 위원은 생활안전과장, 여성청소년과장, 수사과장, 형사과장, 청문감사인권관, 그 밖에 위원장이 필요하다고 인정하는 해당 경찰관서 소속 과장으로 한다.

⑤ 심사위원회의 사무를 처리하기 위해 심사위원회에 간사를 두며, 간사는 시·도경찰청의 경우 피해자보호계장(세종특별자치시경찰청은 청문감사인권계장으로 한다), 경찰서의 경우 부청문감사관이 된다.

⑥ 심사위원회는 안건을 효율적으로 처리하기 위하여 신변보호의 원인이 된 관련 사건을 담당하는 부서의 과장을 위원장으로 하는 기능별 소위원회를 둘 수 있다.

4. 심사위원회 심사대상 (제31조)

① 신변보호 소관 기능 판단에 다툼이 있는 경우
② 담당 기능의 신변보호 이행에 타 기능 협조가 이루어지지 않는 경우
③ 담당 기능의 신변보호 결정에 보완이 필요한 경우

5. 심사위원회 운영 (제32조)

① 심사위원회 회의는 제31조에 해당하는 경우로서 신변보호 신청을 접수한 기능의 과장이 심사를 요청하고 그 요청이 이유 있는 때 또는 위원장이 필요하다고 인정하는 때에 개최한다.

② 심사위원회는 재적 위원 과반수의 출석으로 개의하고 출석위원 과반수의 찬성으로 다음 각 호의 사항을 의결한다.

 1. 신청자에 대한 신변보호 결정 및 보호조치의 종류, 이행방법, 기간
 2. 신변 보호조치 이행에 관련된 기능 간 업무의 조정

③ 위원장은 필요한 경우 제1항의 회의에 관련 분야 전문가를 참여시킬 수 있다.

6. 임시숙소 지원 (제33조)

① 경찰관은 범죄 발생 후 주거지 노출로 추가 피해가 우려되거나 야간에 범죄 등 피해를 입고 조사 후 의탁장소가 없는 경우 등 임시숙소가 긴급히 필요하다고 판단되는 피해자에 대해 긴급보호센터 등 일정 장소를 제공하거나 단기간 숙박 비용을 지원할 수 있다.

② 경찰서장은 안전성, 건전성 등 주변 환경을 고려하여 관할지역 내 임시숙소를 선정하고, 가해자에게 숙소가 노출되지 않도록 보안에 유의한다.

VII. 피해회복의 지원

1. 피해자전담경찰관 등 인계 (제34조)

① 사건담당자는 강력범죄, 교통사망사고 등 중한 범죄 등으로 인해 정신적·신체적·재산적 피해가 심각한 피해자에 대하여는 피해자 전담경찰관에게 인계하여 연속성 있는 지원이 이루어지도록 해야 한다.

② 사건담당자는 경미한 범죄라도 장애인·기초수급자·이주여성 등 피해자의 사정으로 지원이 필요하거나 기타 사회 이목을 집중시키는 사건 등에 대해 피해자전담경찰관의 지원을 요청할 수 있다.

2. 심리적 지원 및 연계 (제35조)

① 경찰관서의 장은 범죄피해의 경중, 피해자의 상태 등으로 보아 심리평가나 상담의 필요성이 있다고 인정되는 사건 및 기타 사회적 이목이 집중되는 사건의 피해자에 대해 정신적 피해의 회복·경감을 위해 피해자심리전문요원을 통해 심리적 지원을 할 수 있다.

② 경찰관은 제1항의 피해자에게 지역 내 심리상담·치료를 제공하는 기관 및 단체에 관한 정보를 적극적으로 제공하고 피해자가 원하는 경우 해당 기관 및 단체로 연계할 수 있다.

3. 경제적 지원 및 연계 (제36조)

경찰관은 피해자가 피해정도, 보호 및 지원의 필요에 따라 구조금 지급, 치료비 또는 긴급생계비 지원, 주거지원 등 다양한 피해자지원제도의 혜택을 누릴 수 있도록 직접 지원하거나 유관기관 및 단체로 연계할 수 있다.

4. 유관기관 및 단체 등과의 협력 (제37조)

① 경찰관서의 장은 사건발생 시 신속한 피해자 보호 및 지원을 위하여 관할지역 내 유관기관 및 단체와의 유기적인 협조체제를 구축하여야 한다.

② 제1항의 경우에 경찰관서의 장은 관계전문가 등으로 구성된 위원회를 설치할 수 있다.

③ 경찰관서의 장은 관할지역 내 피해자 자조모임(피해자가 유사한 경험을 한 사람들을 통해 정서적 지지를 받음으로써 심리적 충격이나 불안 등을 극복하고 안정을 되

찾을 수 있도록 하는 모임을 말한다)을 육성·지원하거나 그와 상호 협력할 수 있다.

5. 실종자 가족 등에 대한 보호 및 지원 (제38조)

실종자 가족, 자살기도자 등 범죄에 준하는 심신에 유해한 영향을 미치는 행위로 인해 피해를 입은 자에 대하여 필요한 경우 제21조부터 제38조까지를 준용할 수 있다.

6. 회복적 대화 (제39조)

① 경찰관은 피해자가 입은 피해의 실질적 회복 또는 범죄의 재발방지 등을 위하여 필요한 경우 피해자의 신청과 가해자의 동의 또는 가해자의 신청과 피해자의 동의에 따라 서로 대화할 수 있는 기회를 제공할 수 있다.

② 시·도경찰청장은 갈등조정 및 대화기법에 관한 전문적인 지식과 경험이 있는 사람을 회복적대화전문위원으로 위촉하여 제1항의 대화 진행을 의뢰할 수 있다.

③ 시·도경찰청장은 매년 회복적대화전문위원의 활동 성과를 평가하여 재위촉 여부를 심사하여야 한다.

④ 회복적대화전문위원에게는 예산의 범위 내에서 수당을 지급할 수 있다.

VIII. 교육 및 홍보

1. 교육 (제40조)

① 경찰관서의 장은 피해자를 접하는 경찰관을 대상으로 피해자 보호·지원에 관한 교육을 연 2회 이상 실시해야 한다.

② 제1항의 교육은 피해자를 접하는 모든 경찰관이 피해자의 심리적 특성에 대한 이해를 바탕으로 피해자를 배려할 수 있도록 의식을 형성하고, 피해자 보호 및 지원제도와 관련 법률 등을 숙지하여 실무 적용 능력을 배양하는 것을 목적으로 한다.

③ 전2항의 교육은 다음 각 호의 내용을 포함하여야 한다.

1. 경찰의 피해자 보호 및 지원의 의의, 관련 정책과 법령에 관한 사항
2. 피해자의 심리 및 피해자가 직면하는 문제에 관한 사항
3. 피해자의 2차 피해를 방지하기 위해 배려해야 할 사항
4. 피해자 보호 및 지원제도의 개요
5. 유관기관 및 단체와의 연계 방안

2. 전문교육 (제41조)

① 경찰관서의 장은 피해자 보호 및 지원업무를 전담하는 소속 경찰관 등에 대해 전문기관 위탁교육 등 전문성 강화를 위한 교육을 할 수 있다.

② 제1항의 교육은 피해자 보호 및 지원업무를 전담하는 경찰관 등이 업무적인 특성으로 인해 받는 스트레스 해소방안 및 심리상담 등을 포함한다.

3. 국민의 이해 증진을 위한 홍보 (제42조)

① 경찰관서의 장은 피해자 보호 및 지원의 중요성과 각종 피해자 지원제도, 유관기관 및 단체에 대한 홍보 등 피해자 보호 및 지원에 관한 국민의 이해 증진을 위해 노력한다.

② 제1항의 홍보활동을 함에 있어 인터넷과 인터넷 외의 매체를 다양하게 활용하여 정보 격차가 생기지 않도록 배려한다.

IX. 범죄피해자 보호 (경찰수사규칙 제79조~제83조)

1. 피해자 보호의 원칙

① 사법경찰관리는 피해자[타인의 범죄행위로 피해를 당한 사람과 그 배우자(사실상의 혼인관계를 포함한다), 직계친족 및 형제자매를 말한다. 이하 이 장에서 같다]의 심정을 이해하고 그 인격을 존중하며 피해자가 범죄피해 상황에서 조속히 회복하여 인간의 존엄성을 보장받을 수 있도록 노력해야 한다.

② 사법경찰관리는 피해자의 명예와 사생활의 평온을 보호하고 해당 사건과 관련하여 각종 법적 절차에 참여할 권리를 보장해야 한다.

2. 신변보호

① 수사준칙 제15조제2항에 따른 신변보호에 필요한 조치의 유형은 다음 각 호와 같다.

1. 피해자 보호시설 등 특정시설에서의 보호

2. 신변경호 및 수사기관 또는 법원 출석·귀가 시 동행

3. 임시숙소 제공

4. 주거지 순찰 강화, 폐쇄회로텔레비전의 설치 등 주거에 대한 보호

5. 그 밖에 비상연락망 구축 등 신변안전에 필요하다고 인정되는 조치

② 범죄신고자 등 참고인으로서 범죄수사와 관련하여 보복을 당할 우려가 있는 경우에 관하여는 제1항을 준용한다.

※ 검사와 사법경찰관의 상호협력과 일반적 수사준칙에 관한 규정

제15조(피해자 보호) ① 검사 또는 사법경찰관은 피해자의 명예와 사생활의 평온을 보호하기 위해 「범죄피해자 보호법」 등 피해자 보호 관련 법령의 규정을 준수해야 한다.

② 검사 또는 사법경찰관은 피의자의 범죄수법, 범행 동기, 피해자와의 관계, 언동 및 그 밖의 상황으로 보아 피해자가 피의자 또는 그 밖의 사람으로부터 생명·신체에 위해를 입거나 입을 염려가 있다고 인정되는 경우에는 직권 또는 피해자의 신청에 따라 신변보호에 필요한 조치를 강구해야 한다.

※ 경찰 수사에 관한 인권보호 규칙

제45조(여성폭력범죄 피해자의 보호) 경찰관은 「여성폭력방지기본법」 제3조제1호에 따른 가정폭력·성폭력·성매매, 성희롱, 지속적 괴롭힘 행위 등으로 인한 여성폭력범죄 피해자를 조사하는 경우에는 특히 다음 각 호의 사항에 유의해야 한다.

1. 조사과정에서 피해자의 인격이나 명예가 손상되거나 사생활의 비밀이 침해되지 않도록 주의한다.

2. 피해자가 편안한 상태에서 진술할 수 있는 조사환경을 조성하고 조사 횟수는 필요한 범위에서 최소한으로 실시한다.

3. 피해자에게 출석요구를 하거나 피해자를 조사할 때에는 피해 사실이 다른 사람에게 노출되지 않도록 주의한다.

4. 수사등 과정에서 피해를 사소하게 취급하거나 피해자에게 범죄유발의 책임을 묻는 등 2차 피해가 발생하지 않도록 유의한다.

5. 피해자와 피의자는 분리 조사를 원칙으로 하고, 피의자와의 대질조사는 불가피한 사유가 있고 사건당사자가 동의한 경우에 할 수 있다.

6. 여성폭력범죄의 증거자료로 제출된 사진, 영상물 등은 수사와 상관없는 제3자에게 공개되지 않도록 필요한 조치를 해야 한다.

---

3. 피해자에 대한 정보제공

사법경찰관리는 피해자를 조사하는 경우 다음 각 호의 정보를 피해자에게 제공해야 한다. 다만, 피해자에 대한 조사를 하지 않는 경우에는 수사준칙 제51조제1항에 따른 결정(이송 결정은 제외한다)을 하기 전까지 정보를 제공해야 한다.

1. 신변보호 신청권, 신뢰관계인 동석권 등 형사절차상 피해자의 권리

2. 범죄피해자구조금, 심리상담·치료 지원 등 피해자 지원제도 및 지원단체에 관한 정보

3. 그 밖에 피해자의 권리보호 및 복지증진을 위하여 필요하다고 인정되는 정보

※ 경찰 수사에 관한 인권보호 규칙

제44조(피해자에 대한 정보 등 제공) ① 경찰관은 피해자를 조사하는 경우 다음 각 호의 정보 등을 피해자에게 제공해야 한다. 다만, 피해자를 조사하지 않는 경우에는 수사준칙 제51조제1항에 따른 결정(이송 결정은 제외한다)을 하기 전까지 제1호부터 제3호까지의 정보를 제공해야 한다.

1. 신변보호 신청권, 신뢰관계인 동석권 등 형사절차상 피해자의 권리

2. 범죄피해자구조금, 심리상담·치료 지원 등 피해자 지원제도 및 지원단체에 관한 정보
3. 배상명령제도, 긴급복지지원 등 그 밖에 피해자의 권리보호 및 복지증진을 위하여 필요하다고 인정되는 정보
4. 기억환기를 위해 메모할 수 있는 메모장

② 경찰관은 제1항제1호부터 제3호까지의 내용이 담긴 정보를 피해자에게 서면으로 교부해야 한다. 다만 피해자에게 서면을 교부하는 것이 곤란한 경우 전화, 우편, 휴대전화 문자메시지, 그 밖에 이에 준하는 방법으로 피해자에게 정보를 제공할 수 있다.

③ 경찰관은 외국인이나 청각 또는 언어장애가 있는 피해자가 의사소통에 어려움이 있는 경우 통역인 등을 활용하여 해당 피해자에게 충실하게 정보를 제공할 수 있도록 해야 한다.

④ 경찰관은 다음 각 호의 어느 하나에 해당하는 피해자에게 변호사가 없는 경우 피해자를 조사하기 전에 피해자나 그 법정대리인(가해자가 피해자의 법정대리인인 경우에는 제외한다)에게 국선변호사를 선임할 수 있음을 안내하고, 피해자나 그 법정대리인이 선임을 요청하는 경우 지체 없이 그 사실을 검사에게 통보해야 한다.

1. 「성폭력범죄의 처벌 등에 관한 특례법」 제2조제1항에 따른 성폭력범죄의 피해자
2. 「아동·청소년의 성보호에 관한 법률」 제2조제2호에 따른 아동·청소년대상 성범죄의 피해자
3. 「아동학대범죄의 처벌 등에 관한 특례법」 제2조제6호에 따른 피해아동
4. 「장애인복지법」 제2조제4항 각호에 따른 장애인학대관련범죄의 피해장애인
5. 「인신매매등방지 및 피해자보호 등에 관한 법률」 제2조제2호에 따른 인신매매등범죄의 피해자

4. 회복적 대화

① 사법경찰관리는 피해자가 입은 피해의 실질적인 회복 등을 위하여 필요하다고 인정하면 피해자 또는 가해자의 신청과 그 상대방의 동의에 따라 서로 대화할 수 있는 기회를 제공할 수 있다.

② 제1항에 따라 대화 기회를 제공하는 경우 사법경찰관리는 피해자와 가해자 간 대화가 원활하게 진행될 수 있도록 전문가에게 회복적 대화 진행을 의뢰할 수 있다.

5. 범죄피해의 평가

사법경찰관리는 피해자의 피해정도를 파악하고 보호·지원의 필요성을 판단하기 위해 범죄피해평가를 실시할 수 있으며, 일정한 자격을 갖춘 단체 또는 개인에게 이를 의뢰할 수 있다.

제5절 참고인 등 비용 지급
(참고인 등에 대한 비용 지급 규칙)

1. 참고인

이 규칙에서 "참고인등"이란 사법경찰관인 경찰공무원(이하 "사법경찰관"이라 한다)으로부터 범죄수사를 위하여 일정한 장소에 출석요구를 받은 자 중 피의자·고소인·법령상 신고의무자를 제외한 제3자와 사체의 검안·부검, 사체의 운구·안치, 감정 및 통역·번역을 위촉받은 자를 말한다.

2. 참고인등 비용

다음 각호의 비용을 참고인 등의 비용으로 한다.

① 사법경찰관으로부터 출석을 요구받고 지정된 장소에 출석한 자 중 피의자·고소인·법령상 신고의무자를 제외한 제3자에게 지급할 여비, 숙박료, 식비

② 사법경찰관으로부터 사체의 검안·부검, 사체의 운구·안치, 감정 및 통역·번역을 위촉받은 자에게 지급할 검안비, 부검비, 운구비, 안치비, 감정료 및 통역·번역료와 여비, 숙박료, 식비

3. 지급액

① 참고인등의 여비, 숙박료, 식비는 소요비용을 참작하여 상당한 금액을 지급한다.

② 사체의 검안·부검, 사체의 운구·안치, 감정 및 통역·번역에 대한 비용은 소요비용과 내용을 참작하여 상당한 금액을 지급한다.

4. 지급하지 아니할 수 있는 경우

다음 각 호의 어느 하나에 해당하는 경우에는 참고인등에 대한 비용의 전부 또는 일부를 지급하지 아니할 수 있다.

① 참고인이 허위진술을 하였다고 인정할 만한 명백한 이유가 있을 때

② 허위의 검안 또는 감정 등을 하였다고 인정할 만한 상당한 이유가 있거나 검안
　또는 감정 등을 거부하였을 때

③ 의사 또는 감정인 자신의 귀책사유로 검안이나 감정 등의 목적을 달성하지 못하
　였을 때

5. 참고인등 비용의 지급

① 참고인등의 비용은 지급하지 아니할 수 있는 경우를 제외하고는 진술을 종료한
　때, 검안·부검 및 감정에 대한 감정서를 제출한 때, 운구·안치가 종료된 때, 진
　술·문서의 통역·번역을 마친 때에 지체없이 지급하여야 한다. 다만, 부득이한
　사유가 있을 때는 그러하지 아니하다.

② 참고인등 비용의 청구 및 지급은 별지 서식에 따르되 비용을 지급하였을 때에는
　수령인의 기명날인 또는 서명을 받아야 한다.

참고인등 비용청구 및 영수서

사건번호(접수번호)	접수일자	처리일자	처리기간 즉시

참고인 등	성명		생년월일	
	주소		전화번호	

□ 개인정보의 수집 · 이용

 ① 이용 목적 : 통역인 등 비용 지급

 ② 수집·이용 항목 : 주소, 성명, 연락처, 주민등록번호, 은행 · 계좌번호

 ③ 보유 기간 : 5년 <보유 기간 경과 시 파기>

 ④ 동의하지 않을 권리 및 미동의 시 불이익

　 – 청구인은 위 내용을 동의하지 않을 권리가 있으나, 미동의 시 비용 지급이
거절될 수 있음

< 정보 수집 · 이용에 동의합니까?　　[　] 동의합니다　　[　] 동의하지 않습니다 >

비용 금		원정 (₩		）

구 분	종 별	구간 및 일시	금 액	비 고
일비				
여비				
숙박비 · 식비				
통역비				
검안 · 부검비				
운구 · 안치비				
기타 감정비				
합계				

영수방법	은행명	계좌번호 (청구인 본인 명의의 계좌 기재)

위와 같이 참고인등의 비용을 청구합니다.

　년　　　월　　　일

청구인　　　　　　　　　　　　　　　　　　　　　　　　(서명 또는 인)

0000 경찰서장 귀하

위의 금액을 영수합니다.

　년　　　월　　　일

수령인　　　　　　　　　　　　　　　　　　　　　　　　(서명 또는 인)

* 현금수령의 경우에만 작성함

제6절 공무원범죄 수사

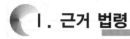Ⅰ. 근거 법령

1. 범죄수사규칙

> **제46조(공무원등에 대한 수사 개시 등의 통보)** ① 경찰관은 공무원 및 공공기관의 임직원 등(이하 "공무원등"이라 한다)에 대하여 수사를 시작한 때와 이를 마친 때에는 다음 각 호의 규정에 따라 공무원등의 소속기관의 장 등에게 수사 개시 사실 및 그 결과를 통보해야 한다.
> 1. 「국가공무원법」 제83조제3항
> 2. 「지방공무원법」 제73조제3항
> 3. 「사립학교법」 제66조의3제1항
> 4. 「공공기관의 운영에 관한 법률」 제53조의2
> 5. 「지방공기업법」 제80조의2
> 6. 「지방자치단체 출자·출연 기관의 운영에 관한 법률」 제34조의2
> 7. 「과학기술분야 정부출연연구기관 등의 설립·운영 및 육성에 관한 법률」 제35조의2
> 8. 「국가연구개발혁신법」 제37조
> 9. 「국가정보원직원법」 제23조제3항
> 10. 「군인사법」 제59조의3제1항
> 11. 「부정청탁 및 금품등 수수의 금지에 관한 법률 시행령」 제37조
> 12. 그 밖에 소속 기관의 장 등에게 수사 개시 등을 통보하도록 규정하고 있는 법령
> ② 경찰관이 제1항에 따라 통보하는 경우에는 다음 각 호의 서식을 작성하여 통보해야 한다.
> 1. 소속 공무원등에 대하여 수사를 개시한 경우: 별지 제12호서식의 공무원등 범죄 수사 개시 통보서
> 2. 소속 공무원등에 대하여 「수사준칙」 제51조제1항제2호부터 제5호까지의 결정을 한 경우: 별지 제13호서식의 공무원등 범죄 수사 결과 통보서

가. 국가공무원법

> **제83조(감사원에서의 조사와의 관계등)** ③ 감사원과 검찰·경찰·기타 수사기관은 조사나 수사를 개시한 때와 이를 종료한 때에는 10일내에 소속기관의 장에게 당해 사실을 통보하여야 한다.

나. 지방공무원법

> **제73조(징계의 관리)** ③ 감사원과 검찰·경찰, 그 밖의 수사기관 및 제1항에 따른 행정기관은 조사나 수사를 시작하였을 때와 마쳤을 때에는 10일 이내에 소속 기관의 장에게 해당 사실을 알려야 한다.

다. 사립학교법

> **제66조의3(감사원 조사와의 관계 등)** ① 감사원, 검찰·경찰, 그 밖의 수사기관은 사립학교 교원에 대한 조사나 수사를 시작하였을 때와 마쳤을 때에는 10일 이내에 해당 교원의 임용권자에게 그 사실을 통보하여야 한다.

라. 공공기관의 운영에 관한 법률

> 제53조의2(수사기관등의 수사 개시·종료 통보) 수사기관등은 공공기관의 임직원에 대하여 직무와 관련된 사건에 관한 조사나 수사를 시작한 때와 이를 마친 때에는 10일 이내에 공공기관의 장에게 해당 사실과 결과를 통보하여야 한다.

마. 지방공기업법

> 제80조의2(수사기관 등의 수사 등 개시·종료 통보) 다음 각 호의 어느 하나에 해당하는 기관은 공사 또는 공단의 임직원에 대하여 직무와 관련된 사건에 관한 조사나 수사를 시작한 때와 이를 마친 때에는 10일 이내에 공사의 사장 또는 공단의 이사장에게 해당 사실과 결과를 통보하여야 한다.
> 1. 감사원
> 2. 검찰·경찰 및 그 밖의 수사기관
> 3. 행정안전부장관
> 4. 지방자치단체의 장

바. 지방자치단체 출자·출연 기관의 운영에 관한 법률

> 제34조의2(수사기관 등의 수사 등 개시·종료 통보) 다음 각 호의 어느 하나에 해당하는 기관은 출자·출연 기관의 임직원에 대하여 직무와 관련된 사건에 관한 조사나 수사를 시작한 때와 이를 마친 때에는 10일 이내에 출자·출연 기관의 장에게 해당 사실과 그 결과를 통보하여야 한다.
> 1. 감사원
> 2. 검찰·경찰 및 그 밖의 수사기관
> 3. 지방자치단체의 장

사. 과학기술분야 정부출연연구기관 등의 설립·운영 및 육성에 관한 법률

> 제35조의2(수사기관 등의 수사 개시 통보) 감사원과 검찰·경찰, 그 밖의 수사기관은 연구기관 또는 연구회의 임직원에 대하여 직무와 관련된 사건에 관한 조사나 수사를 시작한 때와 이를 마친 때에는 10일 이내에 연구기관의 원장 또는 연구회의 이사장에게 해당 사실과 결과를 통보하여야 한다.

아. 국가연구개발혁신법

> 제37조(수사기관의 수사 등 개시·종료 통보) 검찰, 경찰 등 수사기관의 장은 연구개발기관의 임직원에 대하여 국가연구개발활동과 관련된 사건에 관한 조사나 수사를 시작한 때와 이를 마친 때에는 10일 이내에 해당 연구개발기관의 장과 소관 중앙행정기관의 장에게 그 사실을 통보하여야 한다.

자. 국가정보원직원법

> 제23조(직원에 대한 수사 등) ① 수사기관이 직원을 구속하려면 미리 원장에게 통보하여야 한다. 다만, 현행범인 경우에는 그러하지 아니하다.
> ② 수사기관이 현행범인 직원을 구속하였을 때에는 지체 없이 원장에게 그 사실을 통보하여야 한다.
> ③ 수사기관이 직원에 대하여 수사를 시작한 때와 수사를 마친 때에는 지체 없이 원장에게 그 사실과 결과를 통보하여야 한다.

차. 군인사법

> **제59조의3(감사원의 조사와의 관계 등)** ① 감사원이나 군검찰, 군사법경찰관, 그 밖의 수사기관은 군인의 비행사실에 대한 조사나 수사를 시작한 때와 마친 때에는 10일 이내에 그 군인의 소속 또는 감독 부대나 기관의 장에게 그 사실을 통보하여야 한다.

카. 부정청탁 및 금품등 수수의 금지에 관한 법률 시행령

> **제37조(수사 개시·종료의 통보)** 수사기관은 법 위반행위에 따른 신고 등에 따라 범죄 혐의가 있다고 인식하여 수사를 시작한 때와 이를 마친 때에는 10일 이내에 그 사실을 해당 공직자등이 소속한 공공기관에 통보하여야 한다.

⬤ II. 수사통보 대상

1. 경찰·기타 수사기관은 조사나 수사를 개시한 때와 이를 종료한 때에는 10일 이내에 소속기관의 장에게 당해 사실을 통보하여야 한다.

2. 결과 통보
   수사준칙 제51조제1항제2호부터 제5호까지의 결정을 한 경우 그 결과를 통보하여야 한다.

---

2. 검찰송치
3. 불송치
   가. 혐의없음(범죄인정안됨, 증거불충분)
   나. 죄가안됨
   다. 공소권없음
   라. 각하
4. 수사중지
   가. 피의자중지
   나. 참고인중지
5. 이송

○ ○ 경 찰 서

제 000-0000호   20○○. ○. ○.

수 신

제 목   **공무원등 범죄 수사 개시 통보**

아래 직원에 대하여 다음과 같이 수사를 개시하였으므로 관련 법령 (예, 국가 공무원법 제83조제3항 : 해당 법과 조문 표기)에 의거 통보합니다.

피의자	성 명		주민등록번호	
	주 거			
	소속(직위)			

사 건 번 호		수사개시일자		신 병	
죄 명					

피의사실요지

비 고	이 사건과 관련 행정조치를 취한 사실이 있으면 참고로 통보하여 주시기 바랍니다.

소 속 관 서

사법경찰관 계급

○ ○ 경 찰 서

제 000-0000호   20○○. ○. ○.

수 신

제 목 공무원 등 범죄 수사결과 통보

　아래 사항에 대하여 다음과 같이 처리하였으므로 관련 법령 (예, 국가공무원법 제83조 제3항) 해당 법과 조문 표기)에 의거 통보합니다.

사　건　번　호		
죄　　　　　명		
피의자	소 속 (직위)	
	주민등록번호	
	성　　　명	
처리상황	연　월　일	
	내　　　용	

피의사실요지

비　　　　고	이 사건과 관련 행정조치를 취한 사실이 있으면 참고로 통보하여 주시기 바랍니다.

소 속 관 서

사법경찰관 계급

4. 공무원범죄로 인해 취득한 불법수익 몰수(공무원범죄에관한몰수특례법)

가. 특정공무원범죄를 범한 자가 그 범죄행위를 통하여 취득한 불법수익 등은 이를 몰수한다.

나. "특정공무원범죄"라 함은 다음 각목의 1에 해당하는 죄를 말한다.

① 형법 제129조 내지 제132조의 죄

제129조(수뢰, 사전수뢰) ① 공무원 또는 중재인이 그 직무에 관하여 뇌물을 수수, 요구 또는 약속한 때에는 5년이하의 징역 또는 10년이하의 자격정지에 처한다.
② 공무원 또는 중재인이 될 자가 그 담당할 직무에 관하여 청탁을 받고 뇌물을 수수, 요구 또는 약속한 후 공무원 또는 중재인이 된 때에는 3년이하의 징역 또는 7년이하의 자격정지에 처한다.
제130조(제삼자뇌물제공) 공무원 또는 중재인이 그 직무에 관하여 부정한 청탁을 받고 제삼자에게 뇌물을 공여하게 하거나 공여를 요구 또는 약속한 때에는 5년이하의 징역 또는 10년이하의 자격정지에 처한다.
제131조(수뢰후부정처사, 사후수뢰) ① 공무원 또는 중재인이 전2조의 죄를 범하여 부정한 행위를 한 때에는 1년이상의 유기징역에 처한다.
② 공무원 또는 중재인이 그 직무상 부정한 행위를 한 후 뇌물을 수수, 요구 또는 약속하거나 제삼자에게 이를 공여하게 하거나 공여를 요구 또는 약속한 때에도 전항의 형과 같다.
③ 공무원 또는 중재인이었던 자가 그 재직중에 청탁을 받고 직무상 부정한 행위를 한 후 뇌물을 수수, 요구 또는 약속한 때에는 5년이하의 징역 또는 10년이하의 자격정지에 처한다.
④ 전3항의 경우에는 10년이하의 자격정지를 병과할 수 있다.
제132조(알선수뢰) 공무원이 그 지위를 이용하여 다른 공무원의 직무에 속한 사항의 알선에 관하여 뇌물을 수수, 요구 또는 약속한 때에는 3년이하의 징역 또는 7년이하의 자격정지에 처한다.

② 회계관계직원등의책임에관한법률 제2조제1호·제2호 또는 제4호(제1호 또는 제2호에 규정된 자의 보조자로서 그 회계사무의 일부를 처리하는 자에 한한다)에 규정된 자가 국고 또는 지방자치단체에 손실을 미칠 것을 인식하고 그 직무에 관하여 범한 형법 제355조의 죄

제2조(정의) 이 법에서 "회계관계직원"이라 함은 다음 각호의 1에 해당하는 자를 말한다.
1. 예산회계법 등 국가의 예산 및 회계에 관계되는 사항을 정한 법령의 규정에 의하여 국가의 회계사무를 집행하는 자로서 다음 각목의 1에 해당하는 자
가. 세입징수관·재무관·지출관(통합지출관 및 지출확인관을 포함한다)·계약관 및 현금출납공무원
나. 도급경비취급공무원(都給經費取扱公務員)
다. 유가증권취급공무원
라. 조체급명령관(繰替給命令官)
마. 기금의 출납을 명하는 자
바. 채권관리관
사. 물품관리관·물품운용관·물품출납공무원 및 물품사용공무원
아. 재산관리관
자. 국세환급금의 지급명령관

차. 관세환급금의 지급을 명하는 공무원

카. 그 밖에 국가의 회계사무를 처리하는 자

타. 가목 내지 카목에 규정된 자의 대리자·분임자 또는 대리분임자

2. 지방재정법 등 지방자치단체의 예산 및 회계에 관계되는 사항을 정한 법령의 규정에 의하여 지방자치단체의 회계사무를 집행하는 자로서 다음 각목의 1에 해당하는 자

　가. 징수관·경리관·지출원·출납원·물품관리관 및 물품사용공무원

　나. 가목에 규정된 자외의 자로서 제1호 각목에 규정된 자가 집행하는 회계사무에 준하는 사무를 처리하는 자

3. 감사원법에 따라 감사원의 감사를 받는 단체 등의 회계사무를 집행하는 자로서 관계법령·정관·사규 등에 규정되거나 관계법령·정관·사규 등에 의하여 임명된 자와 그 대리자·분임자 또는 대리분임자

4. 제1호 내지 제3호에 규정된 자의 보조자로서 그 회계사무의 일부를 처리하는 자

③ 특정범죄가중처벌등에관한법률 제2조 및 제5조의 죄

제2조(뇌물죄의 가중처벌) ① 형법 제129조·제130조 또는 제132조에 규정된 죄를 범한 자는 그 수수·요구 또는 약속한 뇌물의 가액(이하 본조에서 "수뢰액"이라 한다)에 따라 다음과 같이 가중처벌한다.

1. 수뢰액이 5천만원 이상인 때에는 무기 또는 10년 이상의 징역에 처한다.

2. 수뢰액이 1천만원 이상 5천만원 미만인 때에는 5년 이상의 유기징역에 처한다.

제5조(국고등 손실) 회계관계직원등의책임에관한법률 제2조제1호·제2호 또는 제4호(제1호 또는 제2호에 규정된 자의 보조자로서 그 회계사무의 일부를 처리하는 자에 한한다)에 규정된 자가 국고 또는 지방자치단체에 손실을 미칠 것을 인식하고 그 직무에 관하여 형법 제355조의 죄를 범한 때에는 다음의 구분에 따라 가중처벌한다.

1. 국고 또는 지방자치단체의 손실이 5억원 이상인 때에는 무기 또는 5년 이상의 징역에 처한다.

2. 국고 또는 지방자치단체의 손실이 5천만원 이상 5억원 미만인 때에는 3년 이상의 유기징역에 처한다.

제7절 언론홍보

제1관 언론홍보 관리

1. 홍보관리

가. 다음 각호의 자를 홍보책임자로 한다.

① 경찰청 : 홍보관리관

② 시도경찰청 : 홍보담당관

③ 경찰서 : 경찰서장

나. 언론홍보를 할 때는 원칙적으로 홍보책임자가 전담하여야 한다. 다만, 부득이한 사유로 홍보책임자가 직접 홍보할 수 없거나 홍보책임자 이외의 자의 인터뷰 및 브리핑이 필요한 경우에는 홍보책임자가 지정하는 자가 이를 담당한다.

다. 보도자료를 배포하거나 인터뷰 및 브리핑을 할 때는 관서장의 승인을 받아야 한다.

2. 수사 사건 언론공개의 기준

가. 경찰관은 원칙적으로 수사 사건에 대하여 공판청구 전 언론공개를 하여서는 아니 된다.

나. 위 항의 규정에도 불구하고 공공의 이익 및 국민의 알 권리를 보장하기 위해 다음 각호의 1에 해당하면 홍보책임자는 언론공개를 할 수 있다.

① 중요범인 검거 및 참고인·증거 발견을 위해 특히 필요하다고 인정되는 경우

② 국민 의혹 또는 불안을 해소하거나 유사범죄 예방을 위해 특히 필요하다고 인정되는 경우

③ 기타 공익을 위해 특히 필요하다고 인정되는 경우

다. 언론공개를 할 때도 객관적이고 정확한 증거 및 자료를 바탕으로 필요한 사항만 공개하여야 한다.

라. 개인의 신상정보 등이 기록된 모든 서류 및 부책 등은 외부로 유출되지 않도록 보안관리 하여야 한다.

3. 수사 사건 언론공개의 한계

언론공개를 할 때도 다음 각호의 1에 해당하는 사항은 공개하지 않아야 한다.

① 범죄와 직접 관련이 없는 명예·사생활에 관한 사항

② 보복당할 우려가 있는 사건관계인의 신원에 관한 사항

③ 범죄 수법 및 검거 경위에 관한 자세한 사항

④ 기타 법령에 따라 공개가 금지된 사항

4. 초상권 침해금지

경찰관은 경찰관서 안에서 피의자, 피해자 등 사건관계인의 신원을 추정할 수 있거나 신분이 노출될 우려가 있는 장면이 촬영되지 않도록 하여야 한다.

5. 공개수배

가. 경찰관이 공개수배를 할 때는 살인·강도·강간 등 흉악범으로서 그 죄증이 명백하고 체포영장이 발부된 자 중에서 공개수배로 인한 공익상의 필요성이 현저한 경우에만 실시하여야 한다.

나. 공개수배를 할 때도 그 요건과 절차를 준수하여야 하며, 객관적이고 정확한 자료를 바탕으로 필요 최소한의 사항만 공개하여야 한다.

다. 공개수배의 필요성이 소멸한 경우에는 즉시 수배를 해제하여야 한다.

6. 언론 발표 시 주의사항

각 경찰기관의 장은 신문 그 밖의 언론매체에 수사에 관한 사실을 발표할 때에는 형법 제126조(피의사실공표)에 해당하는지의 여부 등을 신중히 고려하여 홍보책임자 또는 홍보책임자로 지정한 자가 발표하도록 하여야 한다.

□ **언론보도 예상보고**

< ○○과 >   (○○·○○)

┌───┐
│   │
│   │
│ 요지   │
│   │
│   │
│   │
└───┘

○ 취재일시·장소 :

○ 취 재 기 자 :

○ 보 도 예 정 :

○ 사 건 개 요

　◦ 범죄사실

　◦

　　※

○ 취재 및 답변 내용

　◦

　　※

　◦

○ 조   치

□ 언론보도 진상보고

<○○과 >   (○○·○○)

보도요지	'00. 0. 0·언론사

- 기사제목 - 題下

기사 주요 내용

○ 사건개요 및 수사진행상황

　。

　。

○ 취 재 경 위

　。

○ 보도 내용과 상이점

　。

　※ 필요시 아래 박스 양식 활용

보 도 내 용	상 이 점
○	○
○	○
○	○

○ 향 후 계 획

　。

○ 담 당 자 : ○○○팀 경○ ○○○(010-0000-0000) 등 ○명

제2관 경찰수사사건 등의 공보에 관한 규칙

Ⅰ. 총 칙

제1조(목적)

이 규칙은 「검사와 사법경찰관의 상호협력과 일반적 수사준칙에 관한 규정」 제5조에 따라 무죄추정의 원칙과 국민의 알 권리가 조화를 이루도록 하기 위하여 수사사건등의 공보 기준과 절차에 관한 사항을 규정함을 목적으로 한다.

제2조(정의)

이 규칙에서 사용하는 용어의 정의는 다음과 같다.
1. "수사사건등"이란 경찰이 수사 또는 입건 전 조사 중이거나 이를 종결한 사건을 말한다.
2. "사건관계인"이란 피의자, 피조사자, 피해자, 참고인 및 그 대리인·배우자·직계친족·형제자매를 말한다.
3. "공보책임자"란 언론에 당해 수사사건등에 관하여 경찰관서의 입장을 대변하는 업무를 수행하는 사람을 말한다.

제3조(적용범위)

수사사건등의 공보에 관하여 다른 규칙에서 특별한 규정이 있는 경우를 제외하고는 이 규칙에서 정하는 바에 따른다.

Ⅱ. 수사사건등의 공개금지 및 공보절차 등

제4조(수사사건등의 공개금지 원칙)

사건관계인의 명예, 신용, 사생활의 비밀 등 인권을 보호하고 수사내용의 보안을 유지하기 위하여, 수사사건등에 관하여 관련 법령과 규칙에 따라 공개가 허용되는 경우를 제외하고는 피의사실, 수사사항 등(이하 "피의사실등"이라고 한다)을 공개하여서는 안 된다.

제5조(예외적인 공개)

① 제4조에도 불구하고, 다음 각 호의 어느 하나에 해당하는 경우에는 수사사건등의 피의사실등을 공개할 수 있다.

1. 범죄유형과 수법을 국민들에게 알려 유사한 범죄의 재발을 방지할 필요가 있는 경우

2. 신속한 범인의 검거 등 인적·물적 증거의 확보를 위하여 국민들에게 정보를 제공받는 등 범죄수사규칙 제101조부터 제103조에 따라 협조를 구할 필요가 있는 경우 (이하 "공개수배"라고 한다)

3. 공공의 안전에 대한 급박한 위험이나 범죄로 인한 피해의 급속한 확산을 방지하기 위하여 대응조치 등을 국민들에게 즉시 알려야 할 필요가 있는 경우

4. 오보 또는 추측성 보도로 인하여 사건관계인의 인권이 침해되거나 수사에 관한 사무에 종사하는 경찰공무원(이하 "수사업무 종사자"라고 한다)의 업무에 지장을 초래할 것이 명백하여 신속·정확하게 사실관계를 바로 잡을 필요가 있는 경우

② 제1항 각 호의 사유로 수사사건등의 내용을 공개하는 경우에도 피해자와 그 가족의 명예가 손상되거나, 사생활의 비밀 또는 심리적 안정 등이 침해되지 않도록 배려해야 한다.

제6조(공보 제한 사항)

① 수사사건등을 공보하는 경우에 다음 각 호의 사항을 공개하여서는 아니 된다.

1. 성명, 얼굴 등 사건관계인의 신원을 알 수 있거나 유추할 수 있는 정보

2. 개인의 신상 및 사생활에 관한 내용

3. 구체적인 수사진행 사항 및 향후의 수사계획 등 범죄수사 또는 재판에 영향을 미칠 수 있는 내용

4. 사건관계인의 범죄경력 또는 수사경력자료

5. 범죄혐의 또는 사건에 대한 개인의 주관적 판단 (다만, 사건수사 과정에서 도출된 문제에 대한 제도개선 방안 등은 예외로 한다.)

6. 범인검거 또는 증거수집에 활용된 수사기법

7. 수사사건등 기록의 원본 또는 사본

8. 국민불안을 야기할 수 있는 잔혹한 범죄수법 및 참혹한 피해상황 등

9. 모방자살을 유발 또는 강화할 수 있는 구체적인 자살방법·수단·동기·장소 등 정보

② 공보책임자 등 관계 경찰관은 공개되는 정보의 조합을 통해 제1항 제1호 및 제2호의 사항이 특정되지 않도록 유의하여야 한다.

제7조(익명 사용의 원칙)

① 사건관계인을 지칭할 때에는 'A○○', 'B주식회사'와 같은 방식으로 표기하며, 실명을 추단할 수 있는 표현을 함께 사용해서는 안 된다.

② 사건관계인에 대해 보다 구체적인 정보 제공이 필요한 경우 나이 및 직업을 공개할 수 있고, 그 방법은 다음 각 호의 경우와 같다(제2호는 직무 관련 범죄인 경우에 한한다).

1. A○○(35세, 회사원)
2. B○○(40세, C주식회사 영업부장)

제8조(예외적인 공개의 범위)

제5조제1항 각 호에 해당하는 경우 제6조 및 제7조의 규정에도 불구하고 다음 각 호의 범위 내에서 객관적이고 정확한 자료를 바탕으로 수사사건등의 피의사실등을 공개할 수 있다.

1. 제5조제1항제1호, 제3호에 해당하는 경우
   가. 이미 발생하였거나 발생이 예상되는 범죄의 유형과 수법, 사건내용이나 혐의사실 또는 위험이나 범죄피해의 내용
   나. 공공의 안전에 대한 급박한 위험이나 범죄피해의 급속한 확산을 방지하기 위한 대응조치의 내용(압수·수색, 체포·구속, 위험물의 폐기 등을 포함한다)
2. 제5조제1항제2호의 공개수배에 해당하는 경우
   가. 피의자의 실명, 얼굴, 나이, 직업, 신체의 특징 등 신상에 관한 정보
   나. 신속한 범인의 검거 또는 중요한 증거 발견을 위하여 공개가 필요한 범위 내의 혐의사실, 범행수단, 증거물
3. 제5조제1항제4호에 해당하는 경우 오보 또는 추측성 보도의 내용에 대응하여 그 진위 여부를 밝히는 데 필요한 범위 내의 혐의사실, 수사경위·상황 등 사실관계

제9조(공보책임자)

① 정확하고 일관된 수사사건등의 공보를 위해, 수사부서의 장이 공보책임자로서 공보를 전담한다. 다만, 「수사본부 설치 및 운영규칙」에 따라 수사본부가 설치된 사건과 그 밖에 수사부서의 장이 수사에 전념할 필요가 있는 사건의 경우에는, 수사본부장 또는 경찰관서의 장은 신속한 수사진행과 원활한 수사공보를 위해 해당 사건의 수사부서의 장(「수사본부 설치 및 운영규칙」 제11조의 수사전임관

을 포함한다) 이외의 자로서 수사상황을 정확히 파악할 수 있는 자를 별도의 공보책임자로 지정해야 한다.

② 제1항 단서에 해당하는 사건에 대하여 수사결과 브리핑 등 종합적인 내용을 알리는 경우에는 예외적으로 관서장 또는 수사본부장이 직접 공보할 수 있다.

③ 수사사건등에 관한 보다 구체적인 내용을 알려야 할 필요가 있는 때에는 공보책임자가 사건 담당자로 하여금 언론사의 취재에 응하도록 할 수 있다.

제10조(공보의 방식)

① 수사사건등에 대한 공보는 서면으로 하여야 한다.

② 수사사건등을 공보하는 서면에는 제5조제1항 각 호의 예외적인 공보 사유 중 어떤 사유에 해당하는지를 명시해야 한다.

제11조(브리핑 · 인터뷰에 의한 공보)

① 제10조에도 불구하고 공보책임자는 다음 각 호의 어느 하나의 사유에 해당하는 경우에는 브리핑 또는 인터뷰 방식으로 수사사건등을 공보할 수 있다.

1. 서면 공보자료만으로는 정확하고 충분한 내용전달이 곤란하여 문답식 설명이 필요한 경우
2. 효과적인 수사사건등의 공보를 위하여 시청각 자료 등을 활용할 필요가 있는 경우
3. 언론의 취재에 대하여 즉시 답변하지 않으면 사건관계인의 명예, 신용 또는 사생활의 비밀 등 인권을 침해할 우려가 있거나 수사에 지장을 초래할 우려가 있는 오보 또는 추측성 보도를 방지할 필요가 있는 경우
4. 그 밖에 신속하게 공보할 필요가 있으나 보도자료를 작성 · 배포할 시간적인 여유가 없는 경우

② 공보책임자는 브리핑 또는 인터뷰 방식으로 공보하는 경우에 미리 발표 또는 답변할 내용을 준비하여야 한다.

제12조(공보시 사전 보고)

공보책임자는 수사사건등을 공보하는 경우에는 미리 직근 상급 기관의 수사부서장 및 홍보부서장에게 공보내용 및 대상에 관하여 보고하여야 한다. 다만, 경찰청의 수사부서에서 수사사건등을 공보하는 경우에는 미리 경찰청장에게 보고하여야 한다.

제13조(공보시 유의사항)

① 헌법상 무죄추정의 원칙에 의거하여, 유죄를 단정하는 표현 또는 추측이나 예단을 일으킬 우려가 있는 표현은 사용하여서는 아니 된다.

② 언론매체에 균등한 보도의 기회가 제공되도록 노력하여야 한다.

③ 피의자 또는 피조사자가 혐의사실을 부인하는 사건에 관하여 공보하는 경우에는 피의자 또는 피조사자가 혐의를 부인하고 있다는 사실을 공보 내용에 포함하여야 한다.

④ 사건관계인에게 언론매체와의 인터뷰 등을 권유 또는 유도하여서는 아니 된다.

⑤ 피해자의 습관, 질병, 가정환경, 주변인들의 평가 등 피해자와 그 가족의 사생활이 포함되거나, 범죄발생의 원인이 피해자에게 있는 것처럼 묘사되지 않도록 유의하여야 한다.

⑥ 사진이나 영상자료를 제공하는 경우에는 피해자의 신체, 주소 · 거소지, 직장 · 학교 등 피해자의 신상을 유추할 수 있는 자료가 포함되지 않도록 유의하여야 한다.

III. 초상권의 보호

제14조(초상권 보호)

경찰관서의 장은 수사사건등의 공보 과정에서 사건관계인의 얼굴이 공개되지 않도록 유의하여야 한다.

제15조(사건관계인 출석 정보 공개금지)

경찰관서의 장은 사건관계인의 출석 · 귀가 · 호송에 대한 일시 · 장소 등의 정보를 공개해서는 안 된다.

제16조(수사과정의 촬영 등 금지)

경찰관서의 장은 출석, 조사, 압수 · 수색, 체포, 구속 등의 수사과정을 언론이나 그 밖의 사람들이 촬영 · 녹화 · 중계방송하도록 허용해서는 안 된다. 다만, 불가피하게 위 수사과정이 촬영 · 녹화 · 중계방송되는 경우에는 사건관계인 노출 또는 수사상 차질이 발생하지 않도록 대비하고, 안전을 확보하기 위한 조치를 해야 한다.

제17조(피의자의 얼굴 등 공개)

① 「특정강력범죄의 처벌에 관한 특례법」 제8조의2제1항 또는 「성폭력범죄의 처벌 등에 관한 특례법」 제25조제1항의 요건을 충족하는 피의자에 대해서는 얼굴, 성명 및 나이 등 신상에 관한 정보를 공개할 수 있다.

② 제1항에 따라 직접 얼굴을 공개하는 때에는 얼굴을 가리는 조치를 취하지 않는 방식으로 하고, 필요한 경우 수사과정에서 취득하거나 피의자의 동의를 얻어 촬영한 사진·영상물 등을 공개할 수 있다.

VI. 수사 보안 및 오보대응 등

제18조(수사 보안)

① 경찰관서의 장은 이 규칙에서 정한 절차에 따른 공보 이외의 방식으로 수사와 관련한 내용이 유출되지 않도록 필요한 조치를 취하여야 한다.

② 이 규칙에서 정한 절차 외의 방식으로 수사와 관련한 내용을 외부에 공개하여서는 아니 된다.

제19조(개별적인 언론 접촉 금지)

① 공보책임자가 아닌 수사업무 종사자는 담당하고 있는 수사사건등과 관련하여 기자 등 언론기관 종사자(이하 "기자등"이라고 한다)와 개별적으로 접촉할 수 없으며, 기자등을 수사부서 사무실이나 조사실에 출입하게 해서는 안 된다.

② 공보책임자가 아닌 수사업무 종사자는 전화나 그 밖의 방법으로 기자등으로부터 수사사건등의 내용에 대한 질문을 받은 경우 다음과 같은 취지로 답변해야 하며, 수사사건등의 내용 일체에 대하여 언급해서는 안 된다.

〈다 음〉 "저는 그 사건에 대하여 답변할 수 있는 위치에 있지 않으며, 공보책임자에게 문의하시기 바랍니다."

제20조(진상의 확인 및 공표 등)

① 경찰관서의 장은 수사사건등에 관하여 오보가 있는 때에는 그 오보의 내용과 사건의 진상을 신속하게 파악하여 직근 상급 기관에 보고하여야 한다.

② 오보로 인하여 사건관계인의 명예 등 인권이 침해되거나 수사기관의 권위가 훼손되는 경우 또는 수사에 지장을 초래하는 경우에는 언론매체에 사실관계를 신속하게 전달하여 오보의 확산을 방지하고 정확한 사실이 보도되도록 하여야 한다.

제21조(오보에 대한 조치)

① 오보를 한 언론사에 대하여 필요한 경우에 정정·반론보도 청구 또는 손해배상 청구를 할 수 있다.

② 제1항에 따른 조치를 하는 경우에는 미리 직근 상급기관의 홍보 담당부서와 협의하여야 한다.

제22조(사건관계인 개인정보 노출 시 조치)

개인정보가 노출됨으로써 사건관계인의 사생활 또는 인권의 침해가 예상되는 경우 언론매체에 보도를 보류하여 줄 것을 요청하고, 이미 보도한 언론매체에 대해서는 신속히 사건관계인의 개인정보 삭제를 요청하는 등 피해 확산의 방지를 위한 조치를 실시한다.

제23조(취재의 협조)

경찰관서의 장은 이 규칙의 범위 내에서 기자 등 언론관계자의 사건 취재에 협조하여야 한다.

제8절 가명조서(인적사항 비공개) 작성요령

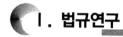 **Ⅰ. 법규연구**

1. 특정범죄신고자 등 보호법

> **제7조(인적사항의 기재 생략)** ① 검사 또는 사법경찰관은 범죄신고등과 관련하여 조서나 그 밖의 서류(이하 "조서등"이라 한다)를 작성할 때 범죄신고자등이나 그 친족등이 보복을 당할 우려가 있는 경우에는 그 취지를 조서등에 기재하고 범죄신고자등의 성명·연령·주소·직업 등 신원을 알 수 있는 사항(이하 "인적 사항"이라 한다)은 기재하지 아니한다.
> ② 사법경찰관이 조서등에 범죄신고자등의 인적 사항의 전부 또는 일부를 기재하지 아니한 경우에는 즉시 검사에게 보고하여야 한다.
> ③ 제1항의 경우 검사 또는 사법경찰관은 조서등에 기재하지 아니한 인적 사항을 범죄신고자등 신원관리카드(이하 "신원관리카드"라 한다)에 등재하여야 한다.
> ④ 제1항에 따라 조서등에 성명을 기재하지 아니하는 경우에는 범죄신고자등으로 하여금 조서등에 서명은 가명(假名)으로, 간인(間印) 및 날인(捺印)은 무인(拇印)으로 하게 하여야 한다. 이 경우 가명으로 된 서명은 본명(本名)의 서명과 동일한 효력이 있다.
> ⑤ 범죄신고자등은 진술서 등을 작성할 때 검사 또는 사법경찰관의 승인을 받아 인적 사항의 전부 또는 일부를 기재하지 아니할 수 있다. 이 경우 제2항부터 제4항까지의 규정을 준용한다.
> ⑥ 범죄신고자등이나 그 법정대리인은 검사 또는 사법경찰관에게 제1항에 따른 조치를 하도록 신청할 수 있다. 이 경우 검사 또는 사법경찰관은 특별한 사유가 없으면 그 조치를 하여야 한다.
> ⑦ 신원관리카드는 검사가 관리한다.
> ⑧ 신원관리카드의 작성 및 관리 등에 필요한 사항은 대통령령으로 정한다.

2. 성폭력범죄의 처벌 등에 관한 특례법

> **제23조(피해자, 신고인 등에 대한 보호조치)** 법원 또는 수사기관이 성폭력범죄의 피해자, 성폭력범죄를 신고(고소·고발을 포함한다)한 사람을 증인으로 신문하거나 조사하는 경우에는 「특정범죄신고자 등 보호법」 제5조 및 제7조부터 제13조까지의 규정을 준용한다. 이 경우 「특정범죄신고자 등 보호법」 제9조와 제13조를 제외하고는 보복을 당할 우려가 있음을 요하지 아니한다.

3. 공익신고자 보호법

> **제11조(인적사항의 기재 생략 등)** ① 공익신고자등이나 그 친족 또는 동거인이 공익신고등을 이유로 피해를 입거나 입을 우려가 있다고 인정할 만한 상당한 이유가 있는 경우에 조사 및 형사절차에서 「특정범죄신고자 등 보호법」 제7조, 제9조부터 제12조까지의 규정을 준용한다.
> ② 공익신고자등이나 그 법정대리인은 조사기관등에 제1항에 따른 조치를 하도록 신청할 수 있다. 이 경우 조사기관등은 특별한 사유가 없으면 이에 따라야 한다.

4. 기 타

　가. 부패재산의 몰수 및 회복에 관한 특례법 제19조(부패범죄 신고자의 보호)

　나. 공직선거법 제262조의2(선거범죄신고자 등의 보호)

II. 적용범위 및 대상범죄

1. 적용범위

　이 법은 특정범죄에 관한 범죄신고자 등이나 그 친족 등이 보복을 당할 우려가 있는 경우에 한하여 적용한다(제3조).

2. 대상범죄(특정범죄)

　가. 특정강력범죄의처벌에관한특례법 제2조의 범죄

　나. 마약류불법거래방지에관한특례법 제2조제2항의 범죄

　다. 폭력행위등처벌에관한법률 제4조 및 특정범죄가중처벌등에관한법률 제5조의8의
　　　단체의 구성원의 동단체의 활동과 관련된 범죄

　라. 「국제형사재판소 관할 범죄의 처벌 등에 관한 법률」 제8조부터 제16조까지의 죄

　마. 「특정범죄가중처벌 등에 관한 법률」 제5조의9의 죄

※ 특정강력범죄의 처벌에 관한 특례법

제2조(적용범위) ① 이 법에서 "특정강력범죄"란 다음 각 호의 어느 하나에 해당하는 죄를 말한다.
 1. 「형법」 제2편제24장 살인의 죄 중 제250조[살인·존속살해(尊屬殺害)], 제253조[위계(僞計)등에 의한 촉탁살인(囑託殺人)등] 및 제254조(미수범. 다만, 제251조 및 제252조의 미수범은 제외한다)의 죄
 2. 「형법」 제2편제31장 약취(略取)와 유인(誘引)의 죄 중 제287조(미성년자의 약취·유인), 제288조(추행 등 목적 약취·유인 등), 제289조(국외이송을 위한 약취·유인·매매), 제293조(상습범) 및 제294조(미수범.
 3. 「형법」 제2편제32장 강간과 추행의 죄 중 흉기나 그 밖의 위험한 물건을 휴대하거나 2명 이상이 합동하여 범한 제297조(강간), 제298조(강제추행), 제299조(준강간·준강제추행), 제300조(미수범), 제305다만, 제291조 및 제292조의 미수범은 제외한다)의 죄조(미성년자에 대한 간음, 추행), 제301조(강간등 상해·치상) 및 제301조의2(강간등 살인·치사)의 죄
 4. 성폭력범죄의 처벌 등에 관한 특례법 제3조부터 제10조까지 및 제14조(제13조의 미수범은 제외한다)의 죄
 5. 「형법」 제2편제38장 절도와 강도의 죄 중 제333조(강도), 제334조(특수강도), 제335조(준강도), 제336조(인질강도), 제337조(강도상해·치상), 제338조(강도살인·치사), 제339조(강도강간), 제340조(해상강도), 제341조(상습범) 및 제342조(미수범. 다만, 제329조부터 제331조까지, 제331조의2 및 제332조의 미수범은 제외한다)의 죄
 6. 「폭력행위 등 처벌에 관한 법률」 제4조(단체등의 구성·활동) 및 「특정범죄가중처벌 등에 관한 법률」 제5조의8(단체등의 조직)의 죄
② 제1항 각 호의 범죄로서 다른 법률에 따라 가중처벌하는 죄는 특정강력범죄로 본다.

III. 인적사항 기재생략 (제7조)

① 검사 또는 사법경찰관은 범죄신고 등과 관련하여 조서 기타 서류(이하 "조서등"이라한다)를 작성하면서 범죄신고자 등이나 그 친족 등이 보복을 당할 우려가 있는 경우에는 그 취지를 조서 등에 기재하고 범죄신고자 등의 성명·연령·주소·직업 등 신원을 알 수 있는 사항(이하 "인적사항")의 전부 또는 일부를 기재하지 아니할 수 있다.

② 사법경찰관이 조서 등에 범죄신고자 등의 인적사항의 전부 또는 일부를 기재하지 아니한 경우에는 즉시 검사에게 통보하여야 한다.

③ 제1항의 경우 검사 또는 사법경찰관은 조서 등에 기재하지 아니한 인적사항을 범죄신고자등신원관리카드(이하 "신원관리카드")에 등재하여야 한다.

④ 제1항의 규정에 의하여 조서 등에 성명을 기재하지 아니할 때는 범죄신고자 등으로 하여금 조서 등에 서명은 가명으로, 간인 및 날인은 무인으로 하게 하여야 한다. 이 경우 가명으로 된 서명은 본명의 서명과 동일한 효력이 있다.

⑤ 범죄신고자 등은 진술서 등을 작성하면서 검사 또는 사법경찰관의 승인을 얻어 인적사항의 전부 또는 일부를 기재하지 아니할 수 있다. 이 경우 제2항 내지 제4항의 규정을 준용한다.

⑥ 범죄신고자 등이나 그 법정대리인은 검사 또는 사법경찰관에게 제1항의 규정에 의한 조치를 취하도록 신청할 수 있다. 이 경우 검사 또는 사법경찰관은 특별한 사유가 없는 한 이에 따라야 한다.

⑦ 신원관리카드는 검사가 관리한다.

IV. 신원관리카드의 열람 (제9조)

① 법원은 다른 사건의 재판상 필요한 경우에는 검사에게 신원관리카드의 열람을 요청할 수 있다. 이 경우 요청을 받은 검사는 범죄신고자 등이나 그 친족 등이 보복을 당할 우려가 있는 경우외에는 그 열람을 허용하여야 한다.

② 다음 각호의 1에 해당하는 경우에는 그 사유를 소명하고 검사의 허가를 받아 신원관리카드를 열람할 수 있다. 다만, 범죄신고자 등이나 그 친족 등이 보복을 당할 우려가 있는 경우에는 열람을 허가하여서는 아니 된다.

1. 검사나 사법경찰관이 다른 사건의 수사에 필요한 경우

2. 변호인이 피고인의 변호에 필요한 경우

3. 제14조의 규정에 의한 범죄신고자등구조금의 지급에 관한 심의등 공무상 필요가 있는 경우

③ 피의자 또는 피고인이나 그 변호인 또는 법정대리인, 배우자, 직계친족과 형제자매가 피해자와의 합의를 위하여 필요한 경우에는 검사에게 범죄신고자 등과의 면담을 신청할 수 있다.

④ 제3항의 면담신청이 있는 경우 검사는 즉시 그 사실을 범죄신고자 등에게 통지하고, 범죄신고자 등이 이를 승낙한 경우에는 검사실 등 적당한 장소에서 범죄신고자 등이나 그 대리인과 면담을 할 수 있도록 조치할 수 있다.

⑤ 제2항제2호의 규정에 의하여 신원관리카드의 열람을 신청한 변호인과 제3항의 규정에 의하여 면담신청을 한 자는 검사의 거부처분에 대하여 이의신청을 할 수 있다.

⑥ 제5항의 이의신청은 그 검사가 소속하는 지방검찰청검사장(지청의 경우에는 지청장)에게 서면으로 제출하여야 한다. 이의신청을 받은 검사장 또는 지청장은 이의신청이 이유가 있다고 인정하는 경우에는 신원관리카드의 열람을 허가하거나 범죄신고자 등이나 그 대리인과 면담할 수 있도록 조치하여야 한다.

V. 증인소환 및 신문의 특례 등 (제11조)

① 조서 등에 인적사항을 기재하지 아니한 범죄신고자 등을 증인으로 소환할 때에는 검사에게 소환장을 송달한다.

② 재판장 또는 판사는 소환된 증인 또는 그 친족 등이 보복을 당할 우려가 있는 경우에는 참여한 법원서기관 또는 서기로 하여금 공판조서에 그 취지를 기재하고 당해 증인의 인적사항의 전부 또는 일부를 기재하지 아니하게 할 수 있다. 이 경우 재판장 또는 판사는 검사에게 신원관리카드가 작성되지 아니한 증인에 대하여 신원관리카드의 작성 및 관리를 요청할 수 있다.

③ 제2항의 경우 재판장 또는 판사는 증인의 인적사항이 신원확인·증인선서·증언등 증인신문의 모든 과정에서 공개되지 아니하도록 하여야 한다. 이 경우 제1항에 의하여 소환된 증인의 신원확인은 검사가 제시하는 신원관리카드에 의한다.

④ 제2항의 규정에 의하여 공판조서에 인적사항을 기재하지 아니하는 경우 재판장 또

는 판사는 범죄신고자 등으로 하여금 선서서에 가명으로 서명·무인하게 하여야 한다. 이 경우 제7조 제4항 후단의 규정을 준용한다.

⑤ 증인으로 소환받은 범죄신고자 등이나 그 친족 등이 보복을 당할 우려가 있는 경우에는 검사·범죄신고자 등 또는 그 법정대리인은 법원에 피고인이나 방청인을 퇴정시키거나 공개법정 외의 장소에서 증인신문을 할 것을 신청할 수 있다.

⑥ 재판장 또는 판사는 직권 또는 제5항의 규정에 의한 신청이 상당한 이유가 있다고 인정되는 때에는 피고인이나 방청인을 퇴정시키거나 공개법정 외의 장소에서 증인신문 등을 행할 수 있다. 이 경우 변호인이 없는 때에는 국선변호인을 선임하여야 한다.

V. 신변안전조치 (제13조)

① 검사 또는 경찰서장은 범죄신고자 등이나 그 친족 등이 보복을 당할 우려가 있는 경우에는 일정 기간 해당 검찰청 또는 경찰서 소속 공무원으로 하여금 신변안전을 위하여 필요한 조치(이하 "신변안전조치"라 한다)를 하게 하거나 대상자의 주거지 또는 현재지(現在地)를 관할하는 경찰서장에게 신변안전조치를 하도록 요청할 수 있다. 이 경우 요청을 받은 경찰서장은 특별한 사유가 없으면 즉시 신변안전조치를 하여야 한다.

② 재판장 또는 판사는 공판준비 또는 공판진행 과정에서 검사에게 제1항에 따른 조치를 하도록 요청할 수 있다.

③ 범죄신고자등, 그 법정대리인 또는 친족등은 재판장·검사 또는 주거지나 현재지를 관할하는 경찰서장에게 제1항에 따른 조치를 하여 줄 것을 신청할 수 있다.

④ 경찰서장이 신변안전조치를 한 경우에는 대통령령으로 정하는 바에 따라 그 사실을 검사에게 통보하여야 한다.

⑤ 제1항에 따른 신변안전조치의 절차 등에 관하여 필요한 사항은 대통령령으로 정한다.

> ※ 시행령
> **제7조(신변안전조치의 종류)** 법 제3조제항의 규정에 의한 신변안전조치의 종류는 다음 각호의 1과 같다.
> 1. 일정기간동안의 특정시설에서의 보호
> 2. 일정기간동안의 신변경호
> 3. 참고인 또는 증인으로 출석·귀가시 동행
> 4. 대상자의 주거에 대한 주기적 순찰
> 5. 기타 신변안전에 필요하다고 인정되는 조치

범죄신고자등신원관리카드

관 리 번 호	
사 건 번 호	
법원사건번호	

피의자(피고인)성명		주임검사	

범죄신고자등 인적사항	성 명		가 명	
	주민등록번호		직 업	
	등록기준지		전화번호	
	주 소			
	본인서명	본 명	신 분	
		가 명		

작성원인	범죄신고자등의 신청, 사법경찰관의 직권, 검사의 직권, 판사의 작성요청

최초작성일자		최초작성자	서명 또는 날인
신원관리카드 접수일자		사건종국 결정일자	

보좌인	성명 주민등록 번호	주소 (전화번호)	직업	피보좌 인과의 관계	직권 신청	신청 일자 신청 인	사법경찰관의 허가신청일자 검사의 허가일자	지정 일자	지정자	비고
1										
2										

변호인	선임기간			성명	
	선임기간			성명	

신변안전 조치	피의자(피고인) 와의관계	종류	신청(지시·요청)일자	조치기관	조치일자	조치사항
	신청인과의 관계		신청(지시·요청)자			
1						
2						
3						

구조금 지급	신청인	성 명 (가 명)		범죄신고자등 과 의 관 계	
		주민등록번호		직 업	
		주 소		전 화 번 호	
	결정	결 정 위 원 회		결 정 일 자	
		결 정 내 용		결 정 통 지 일 자	
	지급	청 구 일 자		청 구 금 액	
		지 급 일 자		지 급 금 액	

○○ 경 찰 서

수 신 : ○○검찰청 검사장(지청장)

제 목 : 범죄신고자등 인적사항 미기재사유통보

      특정범죄신고자등보호법 제7조제2항의 규정에 의하여 아래와 같이 범죄신고자등의 인적사항의 전부 또는 일부를 조서 등에 기재하지 아니하였으므로 이를 통보합니다.

사 건 번 호				
신원관리카드 관 리 번 호				
대 상 자 인 적 사 항	성 명 (가 명)		신 분	
	신변안전조치 해 당 여 부		피 의 자 와 의 관 계	
미 기 재 원 인	대상자 ○○○(법정대리인 ○○○)의 신청, 직권			
서 류 명 및 미 기 재 내 용				
미 기 재 사 유				

2000. O. O.

소속   직위(직급)   성명   ㊞

제9절 보복범죄와 신변안전조치

◐ I. 법규연구

1. 특정범죄 신고자 등 신변보호

특정범죄 신고자, 특정강력범죄사건의 증인, 성폭력범죄 피해자 등은 관련 법률 규정에 근거하여 신변보호

【 신변보호 법적근거 규정 】
◆ 「특정 범죄신고자등 보호법」 제13조
◆ 「특정 강력범죄의 처벌에관한 특별법」 제7조
◆ 「성폭력범죄의 처벌 및 피해자 보호 등에 관한 법률」 제20조
◆ 「성매매 알선 등 행위의 처벌에 관한 법률」 제6조
◆ 「부패방지 및 국민권익위원회의 설치와 운영에 관한 법률」 64조

2. 경찰관의 보호의무

【 경찰관직무집행법 】
제6조(범죄의 예방과 제지) 경찰관은 범죄행위가 목전(目前)에 행하여지려고 하고 있다고 인정될 때에는 이를 예방하기 위하여 관계인에게 필요한 경고를 하고, 그 행위로 인하여 사람의 생명·신체에 위해를 끼치거나 재산에 중대한 손해를 끼칠 우려가 있는 긴급한 경우에는 그 행위를 제지할 수 있다.

◐ II. 단계별 조치

1. 신고단계

가. 사이버경찰청 신고

○ 전자민원은 행정기관 민원서비스 통합에 따라 국민권익위원회에서 운영 하는 국민신문고(www.epeople.go.kr)를 통하여 관리

○ 절 차
사이버경찰청 사이트 민원·신고 화면 ⇨ 국민신문고 화면으로 자동이동 ⇨ 권익위에서 경찰청 배정 ⇨ 시도경찰청 배정 ⇨ 경찰서 배정 ⇨ 경찰서에서 신문고 담당자가 사건 담당팀(관) 등 배정

나. 112신고

○ 112신고센터 운영 및 신고처리 규칙에 의거, 112신고자 개인정보의 자의적 유출을 금지하고 있고, 근무자 外 경찰관이 '112신고 사건처리표' 를 열람 시 해당 과장 결재공문으로 질의·회신

○ 절 차

112신고 접수 ⇨ 112신고 사건처리표 등재 ⇨ 무선지령 시 신고자의 인적사항 언급 자제(유선 지령)

2. 수사단계

가. 보복범죄방지 심의위원회 구성

○ 신변 보호 요청에 따른 통일된 절차 부재에 따른 현장에서의 혼란을 해소하고, 신변보호 중대성·책임성 제고를 위해 심의위원회 필요

○ 심의위원회 위원장은 경찰서장, 부위원장은 수사(형사)·생안과장으로 범죄유형별 담당자 지정, 신고자 등(피해자·참고인·신고자·제보자)과 Hot-Line 구축하여 비상연락망 유지 등 신변안전조치

나. 신변보호 절차

○ 신변보호 요청 시 일반절차

  - 신변보호 요청(형사지원팀 소관) ⇨ 보복범죄방지 심의위원회 ⇨신변보호 여부 결정 ⇨신변보호 담당 부서 지정 ⇨ 신변 보호조치

○ 신변보호 요청

  - 신청은 서면 원칙, 긴급한 경우 우선 구두·유선으로 접수하고, 사후 서면 작성 (붙임#1 신청서 작성)

  - 사건 내용, 요청인과 가해자 관계, 위해 우려 상황 등 객관적인 자료 확인
    ※ 전화통화 녹음, 문자메시지, 폭행·협박 흔적 등

  - 신변보호 관련 요청서 등 기록유지·보관, 사후 논란 시 증빙자료 활용

○ 신변안전조치 심의

  - 심의위원회는 경찰서장이 위원장, 수사·형사·생안과장이 부위원장으로 구성, 각 해당 기능 팀장들과 사건의 구체성, 긴급성·상습성, 보충성 등 종합 고려하여 조치 여부 판단·결정 (붙임#2 심의의결서 작성)

① 구체성

☞ 위해 행위자가 특정되고, 위해행위가 구체화한 경우

例) 위해 행위자의 정신병원에서 탈주한 경우, 신고자 등 죽이겠다고 협박 경우

② 긴급성(급박성)·상습성

☞ 위해행위가 목전에 있고, 행위가 상습적으로 반복된 경우

例) 계속되는 수년간 폭행, 예전에 동일한 행위 전력이 있는 경우

③ 보충성

☞ 보복위험에 경찰이 위험 제거하는 것 이외에는 다른 대체수단이 없는 경우

- 생활안전과장은 기본적인 신변안전조치 수단으로 지구대(파출소) 협조가 필요하므로 심의위원회 참여

- 신변보호 불이행 결정 시 반드시 신변안전조치의 취지 및 불이행 사유 등 설명하고 기록유지, 필요시 비상연락망 구성

다. 수사 중 범죄신고자 등 신분 노출 주의

ㅇ 진술녹화실, 피의자와 다른 조용한 공간 활용 원칙

ㅇ 피의자와 같은 대우를 받는다는 인식을 받지 않도록 주의

ㅇ 피의자와 비대면 조사 원칙

라. 보복 우려 시 범죄신고자 등에 대한 보호 활동 전개

ㅇ 범죄신고자 등 보좌인 지정, 수사과정상 조력 및 심리적 안정감 유도

※ 보좌인 : 범죄신고자 등의 법정대리인, 친족, 상담소·사회복지시설의 장 등

ㅇ 범죄신고자 등의 인적사항 공개금지

- 법에 따라 보호되고 있는 범죄신고자 등의 인적사항(성명·연령·주소·직업·사진·근무처 등) 또는 신고자 등임을 미루어 알 수 있는 증거 및 정보사실 비공개

- 범죄신고자 등 인적사항의 기재생략 및 신원관리카드 관리 철저

• 범죄신고자 그 친족 등이 보복을 당할 우려가 있는 경우, 그 취지를 조서 등에 기재하고 범죄신고자 등의 성명·연령·주소·직업 등 신원을 알 수 있는 사항의 전부 또는 일부 기재생략

• 기재 생략한 인적사항을 '신원관리카드'에 기재(붙임#3 신원관리카드)

마. 신원관리카드 작성 · 처리절차

> - 성명의 기재를 생략한 경우 범죄신고자 등의 서명은 가명으로, 간인 및 날인은 무인함
> - 조서 등에 가명으로 서명한 경우, 신원관리카드에 범죄신고자 등의 본명과 가명을 기재하고 무인함
> - 사건송치 時 수사서류와 별도로 신원관리카드를 봉인하여 사건기록과 함께 관할 검찰청에 송치

- ㅇ 일정기간 특정시설에서의 보호 · 신변경호
  - – 보복의 우려가 크고, 사안의 중대성 등을 고려하여 경찰서장은 담당자를 지정, 일정 기간 특정시설 보호 및 신변경호
  - – 담당 형사는 범죄신고자 등과 1:1 Hot-Line 구축 (비상연락망 확보)
- ㅇ 기타 필요하다고 인정되는 조치
  - – 참고인 등으로 출석 · 귀가 時 동행
  - – 범죄신고자 등의 주거지에 대한 주기적인 순찰

바. 보복행위 발견 時 관련 기관에 신속통보 및 조치

- ㅇ 범죄신고자 등에 대한 보복행위 발견 시 관련 기관에 신속통보
  - – 수사 중 : 수사 중인 경찰서에 신속통보, 신변안전조치
  - – 수감 중 : 수감 구치소 · 교도소 등에 신속통보
    - ※ 수감 중에 보복행위 교사 등에 대하여 독방 수감 등 조치 필요
  - – 구속집행정지 · 보석 · 집행유예 · 가석방 · 보호관찰 등에 해당하는 자가 보복행위 위험성 있을 시 관련 기관에 신속 통보하여 해당처분 취소
- ㅇ 보복행위 첩보입수 時 전담수사팀 편성, 신속 검거 및 구속수사 원칙

3. 수사종료 후 단계

가. 피의자와 관련된 주요 변동상황 통지

나. 범죄신고자 등이 관련 사건의 변동사항 통지를 원하면 체포 · 구속 · 수배 · 송치 등 주요 수사사항 통지 (붙임#4-1 통지신청서, #4-2 통지서)
  - ※ 당사자와 협의하여 통지 방법 결정

범죄신고자등 신변안전조치 신청(요청)서

수　신 : ○○경찰서장

20○○ 년　　월　　일

　특정범죄신고자등보호법 제13조제2항 및 제3항의 규정에 의하여 아래와 같이 신변안전조치를 신청(요청)합니다.

사 건 번 호				
신청(요청)인	성　　　　명		서명 또는 날인	
	생 년 월 일		전 화 번 호	
	신변안전조치 대 상 자 와 의 관　　　　계	대상자의 모	직　　　　위 (직　　　급)	
	주　　　　소			
신 변 안 전 조치 대상자	성 명 (가 명)		직　　　　업	
	생 년 월 일		전 화 번 호	
	주　　　　소			
	피의자(피고인)와 관계			
신 청(요청) 내 용	(신변안전조치의 종류와 기간을 구체적으로 기재)			
입 증 서 류				

보복방지 심의 의결서

일 시	20○○. . . :			장 소	
의 안					
심의 내용 요 지	(신청일시, 사건개요 등)				
의결 사항					
이견 사항					

참 석 대상자	명	참 석 자 서 명	소 속	직 위	계 급	성 명	서 명
			경 찰 서 장	위원장			
참석자	명			부위원장			
				〃			
불참자				위원			
可, 不 표시				〃			
				〃			
				〃			

범죄신고자등 신원관리카드

(앞쪽)

관 리 번 호	
사 건 번 호	
법 원 사 건 번 호	
피 의 자 (피 고 인) 성 명	주임검사

	성 명		가 명	
범죄신고자등 인 적 사 항	주민등록번호		직 업	
	등 록 기 준 지		전화번호	
	주 소			
	본 인 서 명	본 명	신 분	
		가 명		

작 성 원 인	범죄신고자 등의 신청, 사법경찰관의 직권, 검사의 직권, 판사의 작성요청	
최초 작성일자		최초 작성자 성명	(서명 또는 날인)
신원관리카드 접 수 일 자		사 건 종 국 결 정 일 자	

보 좌 인	성 명	주 소 (전화번호)	직업	피보 좌인 과의 관계	직권 신청	신청 일자	사법경찰관 의 허가신청일	지 정 일 자	지 정 자
	주민등록 번 호					신청인	검 사 의 허 가 일 자		
1									
2									
3									

변호인	성 명		선임기간	
	성 명		선임기간	

신변안전조치	피의자(피고인)와 의 관 계 / 신 청 인과의 관 계	종류	신청(지시·요청)일자 / 신청(지시·요청)자	조치기관	조치일자	조치사항
1						
2						
3						

구조금 지 급	신청인	성 명 (가명)		범죄신고자등과의 관계	
		주민등록번호		직 업	
		주 소		전 화 번 호	
	결 정	결정위원회		결 정 일 자	
		결 정 내 용		결정통지일자	
	지 급	청 구 일 자		청 구 금 액	
		지 급 일 자		지 급 금 액	

피고인등에 관련된 주요변동상황의 통지신청서

사건번호				
대 상 자	성 명		[ ]피의자, [ ]피고인, [ ]수형자, [ ]기타	
신 청 인	성 명 (가 명)		피고인등과의관 계	
	주 소		전 화 번 호	
신청사유	신 병 관 련			
	재 판 관 련			
	형 집 행 관 련			
	기 타			
이 유				

　「특정범죄신고자 등 보호법」 제15조에 따라 위와 같이 피고인등에 관련된 주요변동상황의 통지를 아래와 같이 신청합니다.

년   월   일

신청인(가명)   서명 또는 날인

○○ 귀하

피고인등에 관련된 주요변동상황통지서

수 신 : 성명(가명)

　　　　주소

특정범죄신고자등보호법 제15조의 규정에 의하여 피고인 등의 신상에 대한 주요 변동 상황을 아래와 같이 통지합니다.

사 건 번 호				
대 상 자	성 명		신 분	
신 병 관 련	체 포 · 구 속 · 석 　　　　방			
재 판 관 련	재 판 선 고 기 일			
	선 고 내 용			
형 집 행 관 련	가 　 석 　 방			
	형 집 행 정 지			
	형 기 만 료			
	보 안 처 분 종 료			
기 　　　 타	도 주 사 실 등			

년　　　월　　　일

소속　　　　직위(직급)　　　성명　　　　　　　㊞

제10절 신고보상금 제도

I. 근거법령

1. 경찰관직무집행법

제11조의3(범인검거 등 공로자 보상) ① 경찰청장, 시도경찰청장 또는 경찰서장은 다음 각 호의 어느 하나에 해당하는 사람에게 보상금을 지급할 수 있다.
  1. 범인 또는 범인의 소재를 신고하여 검거하게 한 사람
  2. 범인을 검거하여 경찰공무원에게 인도한 사람
  3. 테러범죄의 예방활동에 현저한 공로가 있는 사람
  4. 그 밖에 제1호부터 제3호까지의 규정에 준하는 사람으로서 대통령령으로 정하는 사람

2. 경찰관직무집행법 시행령

제18조(범인검거 등 공로자 보상금 지급 대상자) 법 제11조의3제1항제4호에서 "대통령령으로 정하는 사람"이란 다음 각 호의 어느 하나에 해당하는 사람을 말한다.
  1. 범인의 신원을 특정할 수 있는 정보를 제공한 사람
  2. 범죄사실을 입증하는 증거물을 제출한 사람
  3. 그 밖에 범인 검거와 관련하여 경찰 수사 활동에 협조한 사람 중 보상금 지급 대상자에 해당한다고 법 제11조의3제2항에 따른 보상금심사위원회가 인정하는 사람
제20조(범인검거 등 공로자 보상금의 지급 기준) 법 제11조의3제1항에 따른 보상금의 최고액은 5억원으로 하며, 구체적인 보상금 지급 기준은 경찰청장이 정하여 고시한다.

3. 범인검거 등 공로자 보상에 관한 규정

제1조(목적) 이 규정은 「경찰관 직무집행법」 제11조의3, 같은 법 시행령 제18조에 따른 범인 검거 및 테러범죄 예방에 대한 공로가 있는 사람에게 적정한 보상금을 지급하기 위하여 필요한 사항을 규정함을 목적으로 한다.
제2조(용어의 정의) 이 규정에서 사용하는 용어의 뜻은 다음과 같다.
  1. "테러범죄"란 「국민보호와 공공안전을 위한 테러방지법」 제2조제1호 각 목에 해당하는 행위 및 「정보통신기반 보호법」 제12조 각 호에 해당하는 행위를 말한다.
  2. "범인검거 등 공로자"란 「경찰관 직무집행법」 (이하 "법"이라 한다) 제11조의3, 같은 법 시행령(이하 "시행령"이라 한다) 제18조에 따른 범인 검거 및 테러범죄 예방에 대한 공로가 있는 사람을 말한다.

II. 보상금 지급 제한

다음 각호의 어느 하나에 해당하는 경우에는 보상금을 지급하지 않거나 감액하여 지급할 수 있다.
1. 신고내용이 사실이 아닌 것으로 판명되거나 이미 신고된 사항인 경우

2. 신고내용이 언론매체 등을 통해 이미 공개된 사항인 경우
3. 범인 검거 등 공로자 본인이 보상금을 거절하는 경우
4. 익명 또는 가명으로 신고하여 신고자가 누구인지 알 수 없는 경우
5. 법령에 신고의무가 규정되어 있거나, 범죄의 수사·범인의 검거가 직무로 규정되어 있는 경우
6. 공직자가 자기의 직무 또는 직무였던 사항과 관련하여 신고한 경우
7. 범인 검거 등 공로자가 보상대상 행위와 관련된 불법행위를 하여 보상금 지급이 부적절하다고 인정되는 경우

III. 보상금 중복 지급 제한

1. 보상금 중복 지급의 제한

보상금을 받을 사람이 동일한 원인으로 다른 법령에 따른 포상금·보상금 등을 받거나 받을 예정이면 그 포상금·보상금 등의 액수가 지급할 보상금액과 같거나 이를 초과할 때에는 보상금을 지급하지 아니하며, 그 포상금·보상금 등의 액수가 지급할 보상금액보다 적을 때에는 그 금액을 공제하고 보상금액을 정하여야 한다.

2. 보상금 이중지급의 제한

보상금 지급 심사·의결을 거쳐 지급이 이루어진 이후에는 동일한 사건에 대하여 보상금을 지급할 수 없다.

3. 보상금의 배분 지급

범인 검거 등 공로자가 2명 이상이면 각자의 공로, 당사자 간의 분배 합의 등을 감안해서 배분하여 지급할 수 있다.

4. 보상금의 환수

가. 위법한 증거수집, 허위신고, 거짓진술, 증거위조 등 부정한 방법으로 보상금을 받은 경우
나. 그 밖에 착오 등의 사유로 보상금이 잘못 지급된 경우

5. 동일한 사람에게 지급횟수

지급결정일을 기준으로 연간(1월 1일부터 12월 31일까지를 말한다) 5회를 초과하여 보상금을 지급할 수 없다.

Ⅳ. 보상금 지급 기준 금액

보상액	대 상 범 죄
5억원 이하	‣ 3인 이상 살해 등 사회적 피해가 크고 국민의 안전을 위해 신속한 검거가 요구되는 사건 ‣ 〈선거범죄〉 공무원의 불법 선거개입·선거운동(3급 이상 공무원), 불법선거운동조직(유사기관 등) 설치·운영, 후보자의 매수이해유도 행위(방송신문 매수죄 포함) ‣ 〈정치자금 수수〉 5천만원 이상 불법정치자금 수수(공천대가 포함)
1억원 이하	‣ 2인 이하 살해 사건 ‣ 폭처법 제4조의 폭력조직을 구성한 수괴 검거 사건 ‣ 인질강도 사건 ‣ 〈선거범죄〉 공무원의 불법 선거개입·선거운동(4급 이하 공무원), 후보자 이외의 매수이해유도 행위(방송신문 매수죄 포함), 후보자의 기부행위 ‣ 〈정치자금수수〉 5천만원 미만 불법정치자금 수수(공천대가 포함) ‣ 〈뇌물〉 국회의원, 광역·기초자치단체장 및 해당 의회 의장, 교육감, 「공공기관의 운영에 관한 법률」 상 공공기관장, 3급 이상 공무원의 수뢰(공무원 의제자 포함) ‣ 〈뇌물〉 수뢰 총액 1억원 이상 사건 ‣ 〈문화재 범죄〉 국보·보물에 해당하거나 이에 상당하는 문화재의 도굴, 절취, 손상, 은닉, 국외 반출·수출 ‣ 「특정경제범죄 가중처벌 등에 관한 법률」 제3조제1항제1호에 규정된 사기·횡령·배임 등 재산범죄(전화금융사기·보험사기·유사수신·보조금 부정수급 등)
5천만원 이하	‣ 약취유안·인신매매 사건 ‣ 2명 이상이 사망한 방화 사건 ‣ 폭처법 제4조의 폭력조직을 구성한 부두목고문 등 간부급 검거 사건 ‣ 〈선거범죄〉 후보자 이외의 기부 행위, 허위사실공표·비방 등 행위, 여론조작 등 여론조사 관련 불법행위 ‣ 〈뇌물〉 수뢰총액 5천만원 이상 1억원 이하 사건(공무원 의제자 포함) ‣ 〈의료·의약 등 보건범죄〉 총 수신금액 1억원 이상 불법리베이트 수수 ‣ 〈문화재 범죄〉 국보·보물 이외 문화재의 도굴, 절취, 손상, 은닉, 국외반출·수출 ‣ 〈불량식품〉 위해식품 　* 제조·유통·판매사건 　* 위해식품 : 식품위생법 등 식품 관련법령에서 위해식품으로 규정하고, 실제사건에서 해당법령 위반으로 의율한 사건에 한정

5천만원 이하	‣ 「특정경제범죄 가중처벌 등에 관한 법률」 제3조제1항제2호에 규정된 사기·횡령·배임 등 재산범죄 (전화금융사기·보험사기·유사수신·보조금 부정수급 등) ‣ 〈사이버 테러〉 주요 정부기관, 공·사 단체, 민간기업 등의 정보통신기반시설을 대상으로 해킹, 서비스 거부 공격, 악성 프로그램 유포 등 기술적 방법을 이용해 사회에 큰 파장을 발생시킨 사이버테러 사건 관련, 범인을 검거하거나 공격주체 규명에 그 공이 현저한 자 ‣ 5년 이상 장기 실종아동 등(미성년자·장애인·정신질환자)을 발견하고, 발견된 실종자가 형법 또는 특별법상 범죄 피해자인 경우 ‣ 피해자가 10명 이상인 연쇄 강간 ‣ 「성폭력범죄의 처벌 등에 관한 특례법」, 「아동·청소년의 성보호에 관한 법률」 등에 장기 무기징역 이상 규정된 성폭력 범죄 ‣ 아동학대 치사
2천만원 이하	‣ 2인 이상 조직적 강도 또는 2회 이상 연쇄 강도 사건 ‣ 폭력조직 또는 이에 준하는 범죄단체 조직원들의 특수폭행, 특수상해, 특수공갈, 특수재물손괴 등 조직성 범죄 검거 사건 ‣ 전자발찌 훼손 도주사건 ‣ 도주죄 및 「형의 집행 및 수용자의 처우에 관한 법률」 제133조의 출석의무 위반 사건 ‣ 피해액 1억원 이상의 연쇄방화 또는 인적피해가 발생한 방화, 절도, 장물 사건 ‣ 1kg 이상 압수된 대규모 메스암페타민코카인헤로인 수출입·제조·유통사범 검거 사건 ‣ 〈불법다단계·불법대부업〉 피해자가 다수인 불법 다단계·불법 대부업(채권추심 포함) 범죄 ‣ 〈통화 위·변조〉 국내·국외 통화를 대량으로 위조·변조하여 유통한 범죄 ‣ 〈뇌물〉 수뢰총액 5천만원 미만의 사건(공무원 의제자 포함) ‣ 〈의료·의약 등 보건범죄〉 총 수신금액 1억원 미만의 불법리베이트 수수 ‣ 〈사이버 테러〉 주요 정부기관, 공·사 단체, 민간기업 등의 정보통신기반시설을 대상으로 해킹, 서비스 거부 공격, 악성 프로그램 유포 등 기술적 방법을 이용해 사회에 큰 파장을 일으키는 사이버테러 사건 관련, 사실관계 또는 범죄혐의자를 경찰공무원에게 신고하거나 범죄혐의자 활동을 제지해 미수에 그치게 하거나 피해를 최소화하는데 그 공이 현저한 자 ‣ 조직적·집단적으로 이루어진 강간·강제추행, 반복적·상습적으로 이루어진 강간·강제추행(피해자 수는 관계없음), 아동학대 중상해 ‣ 집단시설 내에서 다수 아동을 대상으로 이루어지거나 1개월 이상 지속된 아동학대 ‣ 장기 실종아동 등(미성년자·장애인·정신질환자)을 발견하고, 발견된 실종자가 형법 또는 특별법상 범죄 피해자인 경우

1,500만원 이하	▸「폭력행위 등 처벌에 관한 법률」 제4조의 폭력조직에 가입·활동한 조직원 검거 사건 ▸ 피해액 1억원 이상의 방화 사건 ▸ 100g 이상 압수된 대규모 메스암페타민·코카인·헤로인 수출입·제조·유통 사범 검거 사건 ▸ 교통사고 야기 후 도주사건으로 피해자 3명 이상이 30일 이내에 사망한 경우
1천만원 이하	▸ 강도상해·강도강간 사건 및 피해액 1백만원 이상의 강도, 피해액 1천만원 이상의 연쇄 방화 사건, 절도, 장물 사건, 기타 마약류(양귀비·대마 제외) 수출입·제조사범 검거 사건 ▸〈지식재산권 침해〉제조·수입·대량 유통으로 특허권·상표권 등을 침해하거나 산업기술을 유출하여 지식재산권을 침해한 경우 ▸ 교통사고 야기 후 도주사건으로 피해자 2명이 30일 이내에 사망한 경우 ▸ 집단시설 내 아동학대, 1개월 이상 지속된 아동학대 ▸ 피의자가 20명 이상인 조직적·집단적 학교폭력, 노인 학대
500만원 이하	▸ 상습적·고질적 공갈·업무방해·재물손괴·폭행 사건, 피해액 5백만원 이상 천만원 이하의 절도, 장물 사건, 기타 마약류(양귀비 제외) 재배·판매사범 검거 사건 ▸ 교통사고 야기 후 도주사건으로 피해자 1명이 30일 이내에 사망한 경우 ▸ 1개월 이상 이루어지거나, 피해 가족구성원이 다수인 가정폭력 ▸ 반복적·상습적으로 이루어진 학교폭력(피해자 수는 관계없음) ▸ 그 밖에 피해자가 다수이거나 범죄의 피해가 심각하여 방송·신문 등 언론에 대서 특필되는 등 사회적 이목이 집중된 사건
100만원 이하	▸ 교통사고 야기 후 도주사건으로 피해자가 상해를 입은 경우

실무사례

실 무 사 례

실 무 사 례

제1절 원플러스원(1+1) 마트 행사 전단지 과장 광고

1. 사 례

마트를 운영한 甲은 전단 광고에 각기 다른 여러 상품의 사진을 나열한 다음 그 각 상품 밑 또는 옆에 가격을 표시하였는데, 해당 상품의 그림과 함께 붉은색 사각형 안에 흰색 글자로 '1+1'이라고 표기한 문양을 그 가격과 함께 표시하였다. 광고하기 전 20일의 기간 중 乙상품 4,750원으로 개당 가격을 책정하여 판매한 사실이 있으면서도, '1+1' 광고를 하면서 그 개당 가격을 9,500원으로 표기하고 판매하였다.
그러니까 개당 4,750원짜리를 '1+1'로 광고하면서 2개면 9,500원으로 기존가격과 같음에도 1개를 구입하면 1개를 더 준 것처럼 광고 한 것이다.

2. 법규연구

가. 표시·광고의 공정화에 관한 법률

제3조(부당한 표시·광고 행위의 금지) ① 사업자등은 소비자를 속이거나 소비자로 하여금 잘못 알게 할 우려가 있는 표시·광고 행위로서 공정한 거래질서를 해칠 우려가 있는 다음 각 호의 행위를 하거나 다른 사업자등으로 하여금 하게 하여서는 아니 된다.
1. 거짓·과장의 표시·광고

나. 표시·광고의 공정화에 관한 법률 시행령

제3조(부당한 표시·광고의 내용) ① 법 제3조제1항제1호에 따른 거짓·과장의 표시·광고는 사실과 다르게 표시·광고하거나 사실을 지나치게 부풀려 표시·광고하는 것으로 한다.

3. 관련 판례 (대법원 2018. 7. 20. 선고 2017두59215 판결)

일반 소비자는 광고에서 직접적으로 표현된 문장, 단어, 디자인, 도안, 소리 또는 이들의 결합에 의하여 제시되는 표현뿐만 아니라 광고에서 간접적으로 암시하고 있는 사항, 관례적이고 통상적인 상황 등도 종합하여 전체적·궁극적 인상을 형성하게 되고,

따라서 광고가 소비자를 속이거나 소비자로 하여금 잘못 알게 할 우려가 있는지는 보통의 주의력을 가진 일반 소비자가 그 광고를 받아들이는 전체적·궁극적 인상을 기준으로 하여 객관적으로 판단해야 한다(대법원 2013. 6 14. 선고 2011두82 판결, 대법원 2017. 4. 7. 선고 2016두61242 판결 등 참조).

마트에서 광고하면서 실제로 표기한 판매가격은 이 광고 전 근접한 기간에 실제 판매했던 1개 가격의 2배와 같으므로, 이 광고가 있기 전과 비교하여 소비자들이 얻을 수 있는 경제적 이익이 없다. 그럼에도 불구하고 마트 측은 '1+1'을 강조하는 등의 방법으로 광고를 하였다. 결국, 마트는 '1+1' 행사를 광고하면서, 동일한 상품의 1개당 판매가격을 광고 전 근접한 기간에 실제 판매했던 그 상품의 1개 판매가격과 같은 가격으로 '광고상 판매가격'을 표시한 것으로 볼 수 있다.

이는 「표시·광고의 공정화에 관한 법률」 제3조 제1항 제1호 및 「표시·광고의 공정화에 관한 법률 시행령」 제3조 제1항에서 금지하는 '사실과 다르게 광고하거나 사실을 지나치게 부풀려 광고함으로써 소비자를 속이거나 소비자로 하여금 잘못 알게 할 우려가 있는 것으로서 공정한 거래질서를 저해할 우려가 있는 광고'에 해당한다.

4. 결 론

따라서 이 사례의 경우 전단지에 '1+1'이라고 적혀 있던 물품을 마트에서 며칠 전에 1개로 판매했던 것과 동일한 가격임에도 불구하고, 전단지에는 눈에 띄게 '1+1' 행사라고 상품의 가격 옆에 빨간색 박스에 흰색 글자로 강조하여 표기한 것은 소비자가 상품을 구매하면 종전의 1개 판매가격으로 2개를 구매하는 것보다 경제적으로 이익이 있다고 인식하게 할 우려가 있으므로 '과장 광고'에 해당한다.

다만, 이와 별개로 대법원은 6,500원에 판매하던 제품을 2배에 못 미치는 9,800원으로 인상해 '1+1' 행사 광고를 한 경우에는 과장 광고가 아니라고 판결하였다.

제2절 가정폭력행위자와 피해자 분리조치, 피해자 동의 필요여부

1. 사 례

"딸(B)로부터 '동거 중인 남자친구가 자신을 죽이려 한다'는 연락을 받고 경찰관이 위 주거지에 출동하여 甲(피고인)과 B를 대면한 시점에는 폭력행위가 진행 중이 아니었지만, 당시 B의 얼굴에 폭행을 당한 흔적이 있었고 甲이 큰 소리를 내는 등 과격한 언행을 보여 피해자의 동의 없이 甲과 B의 분리조치를 취하였다. 경찰관의 피해자 동의없이 실시한 분리조치가 적법한지?

2. 법규연구 (가정폭력범죄의 처벌 등에 관한 특례법)

제2조(정의) 이 법에서 사용하는 용어의 뜻은 다음과 같다.
1. "가정폭력"이란 가정구성원 사이의 신체적, 정신적 또는 재산상 피해를 수반하는 행위를 말한다.
2. "가정구성원"이란 다음 각 목의 어느 하나에 해당하는 사람을 말한다.
가. 배우자(사실상 혼인관계에 있는 사람을 포함한다. 이하 같다) 또는 배우자였던 사람
3. "가정폭력범죄"란 가정폭력으로서 다음 각 목의 어느 하나에 해당하는 죄를 말한다.
 가. 「형법」제2편제25장 상해와 폭행의 죄 중 제257조(상해, 존속상해), 제258조(중상해, 존속중상해), 제258조의2(특수상해), 제260조(폭행, 존속폭행)제1항·제2항, 제261조(특수폭행) 및 제264조(상습범)의 죄
제5조(가정폭력범죄에 대한 응급조치) 진행 중인 가정폭력범죄에 대하여 신고를 받은 사법경찰관리는 즉시 현장에 나가서 다음 각 호의 조치를 하여야 한다.
1. 폭력행위의 제지, 가정폭력행위자·피해자의 분리
1의2. 「형사소송법」제212조에 따른 현행범인의 체포 등 범죄수사
2. 피해자를 가정폭력 관련 상담소 또는 보호시설로 인도(피해자가 동의한 경우만 해당한다)
3. 긴급치료가 필요한 피해자를 의료기관으로 인도
4. 폭력행위 재발 시 제8조에 따라 임시조치를 신청할 수 있음을 통보
5. 제55조의2에 따른 피해자보호명령 또는 신변안전조치를 청구할 수 있음을 고지

3. 관련 판례 (대법원 2022.8.11. 선고 2022도2076 판결)

가정폭력처벌법 제5조는 가정폭력범죄에 대한 응급조치로서, "진행 중인 가정폭력범죄에 대하여 신고를 받은 사법경찰관리는 즉시 현장에 나가서 다음 각 호의 조치를 하여야 한다."고 규정하면서, 같은 항 제1호는 "폭력행위의 제지, 가정폭력행위자·피해자의 분리 및 범죄수사"를, 같은 항 제2호는 "피해자를 가정폭력 관련 상담소 또는 보호시설로 인도(피해자가 동의한 경우만 해당한다)"를, 같은 항 제3호는 "긴급치료가 필요한 피해자를 의료기관으로 인도"를, 같은 항 제4호는 "폭력행위 재발 시 제8조에 따라 임시조치를 신청할 수 있음을 통보"를 규정하고 있다.

위와 같은 규정의 내용에다가 구 가정폭력처벌법의 입법 목적과 위와 같은 응급조치를 둔 취지, 가정폭력범죄의 특수성 등을 고려하면, 구 가정폭력처벌법 제5조 제1호에 규정된 가정폭력행위자와 피해자의 분리조치에 피해자의 동의를 필요로 하지 않는다.

따라서 설령 <u>피해자가 분리조치를 희망하지 않거나 동의하지 않는다는 의사를 표명하였다고 하더라도 경찰관이 현장의 상황에 따라 분리조치를 함에 있어 장애가 되지 않는다.</u>

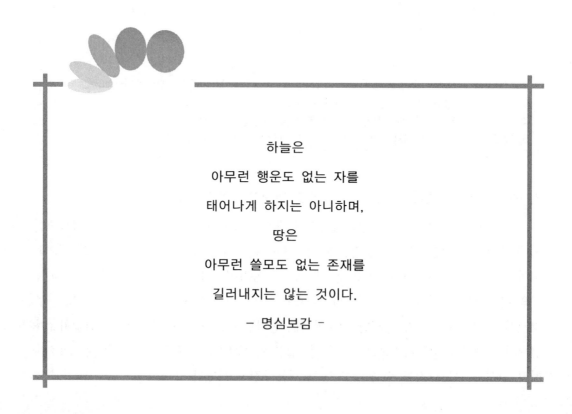

하늘은

아무런 행운도 없는 자를

태어나게 하지는 아니하며,

땅은

아무런 쓸모도 없는 존재를

길러내지는 않는 것이다.

- 명심보감 -

제3절 저자 동의로 다른 사람을 저작자로 표시한 경우

1. 사 례

책 저자가 출판사로부터 곧 발행할 책 개정판의 판매 부수를 높이기 위해서 실제로 책을 쓰지 않은 유명인 甲과 乙을 공저자로 추가하자는 요청을 받아들여 허위로 공저자를 표시하여 책을 출판하였다. 본인이 실제 저자로서 허위로 공저자를 표시하는 데 동의하여 해당 저작물을 공표할 때도 처벌받게 되는지?

2. 법규연구 (저작권법)

제137조(벌칙) ① 다음 각 호의 어느 하나에 해당하는 자는 1년 이하의 징역 또는 1천만원 이하의 벌금에 처한다.
1. 저작자 아닌 자를 저작자로 하여 실명·이명을 표시하여 저작물을 공표한 자

3. 관련 판례 (대법원 2017. 10. 26. 선고 2016도16031 판결)

실제 저작권자가 자신이 집필한 교재의 개정판에 저작자 아닌 자를 저작자로 표시하는 것을 허락하여 저작자 아닌 자를 저작자로 표시하여 저작물을 공표하는 범행에 동의하고 가담하였다면 저작권법 위반죄의 공범으로 처벌할 수 있다. 위 규정은 자신의 의사에 반하여 타인의 저작물에 저작자로 표시된 저작자 아닌 자의 인격적 권리나 자신의 의사에 반하여 자신의 저작물에 저작자 아닌 자가 저작자로 표시된 데 따른 실제 저작자의 인격적 권리뿐만 아니라 저작자 명의에 관한 사회 일반의 신뢰도 보호하려는 데 그 목적이 있다.

위 법리에 비추어 대법원에서는 저작자 아닌 자를 저작자로 표시하여 저작물을 공표한 이상 위 규정에 따른 범죄는 성립하고, 사회통념에 비추어 사회 일반의 신뢰가 손상되지 않는다고 인정되는 특별한 사정이 있는 경우가 아닌 한 그러한 공표에 저작자 아닌 자와 실제 저작자의 동의가 있었다고 하더라도 달리 볼 것은 아니다.

4. 결 론

실제 저자 아닌 甲과 乙을 공저자로 표시하는 데 동의하여 저작물을 공표하는 범행에 가담하였다면 실제 저작자는 저작권법 위반으로 처벌받을 수 있을 것이며, 甲과 乙도 공범으로 처벌할 수 있다.

제4절 인터넷 링크가 저작권을 침해하는 행위인지 여부

1. 사 례

> 甲은 ○○사이트를 관리·운영하는 사람인데, 사이트의 일부 회원들이 그 사이트의 게시판에, 저작권자로부터 이용 허락을 받지 아니한 일본 만화 등 디지털콘텐츠를 게시하여 인터넷 이용자가 이를 열람 또는 내려(download)받을 수 있도록 하는 외국 블로그(blog)에 연결되는 링크 글을 게재하였음에도 이를 삭제하지 않고 방치하였다.

2. 법규 연구 (저작권법)

> 제2조(정의) 이 법에서 사용하는 용어의 뜻은 다음과 같다.
> 7. "공중송신"은 저작물, 실연·음반·방송 또는 데이터베이스(이하 "저작물등"이라 한다)를 공중이 수신하거나 접근하게 할 목적으로 무선 또는 유선통신의 방법에 의하여 송신하거나 이용에 제공하는 것을 말한다.
> 22. "복제"는 인쇄·사진촬영·복사·녹음·녹화 그 밖의 방법으로 일시적 또는 영구적으로 유형물에 고정하거나 다시 제작하는 것을 말하며, 건축물의 경우에는 그 건축을 위한 모형 또는 설계도서에 따라 이를 시공하는 것을 포함한다.
> 제16조(복제권) 저작자는 그의 저작물을 복제할 권리를 가진다.
> 제18조(공중송신권) 저작자는 그의 저작물을 공중송신할 권리를 가진다.
> 제136조(벌칙) ① 다음 각 호의 어느 하나에 해당하는 자는 5년 이하의 징역 또는 5천만원 이하의 벌금에 처하거나 이를 병과할 수 있다.
> 1. 저작재산권, 그 밖에 이 법에 따라 보호되는 재산적 권리(제93조에 따른 권리는 제외한다)를 복제, 공연, 공중송신, 전시, 배포, 대여, 2차적저작물 작성의 방법으로 침해한 자

3. 관련 판례 (대법원 2015.3.12. 선고 2012도13748)

이른바 인터넷 링크(Internet link)는 인터넷에서 링크하고자 하는 웹페이지나, 웹사이트 등의 서버에 저장된 개개의 저작물 등의 웹 위치 정보나 경로를 나타낸 것에 불과하여, 비록 인터넷 이용자가 링크 부분을 클릭함으로써 링크된 웹페이지나 개개의 저작물에 직접 연결된다 하더라도 링크를 하는 행위는 저작권법이 규정하는 복제 및 전송에 해당하지 아니한다. (대법원 2009. 11. 26. 선고 2008다77405 판결, 대법원 2010. 3. 11. 선고 2009다80637 판결 등 참조)

한편 형법상 방조행위는 정범의 실행을 용이하게 하는 직접, 간접의 모든 행위를 가리키는데, 링크하는 행위 자체는 인터넷에서 링크하고자 하는 웹페이지 등의 위치 정보나 경로를 나타낸 것에 불과하여, 인터넷 이용자가 링크 부분을 클릭함으로써 저작

권자에게서 이용 허락을 받지 아니한 저작물을 게시하거나 인터넷 이용자에게 그러한 저작물을 송신하는 등의 방법으로 저작권자의 복제권이나 공중송신권을 침해하는 웹페이지 등에 직접 연결된다고 하더라도 침해행위의 실행 자체를 용이하게 한다고 할 수는 없으므로, 이러한 링크 행위만으로는 저작재산권 침해행위의 방조행위에 해당한다고 볼 수 없다.

4. 결 론

甲이 이 사건 ○○사이트를 관리·운영하면서 저작권법위반죄 또는 그 방조죄로 처벌할 수 없는 위와 같은 링크 행위의 공간을 제공하였다거나 그러한 링크를 삭제하지 않고 방치하였다고 하더라도 저작권법 위반의 방조죄가 성립한다고 할 수 없다.

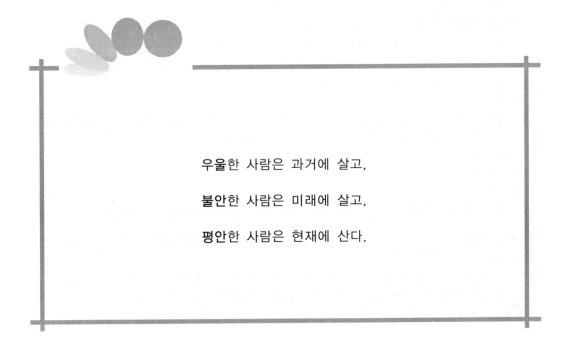

우울한 사람은 과거에 살고,

불안한 사람은 미래에 살고,

평안한 사람은 현재에 산다.

제5절 도서관 소장 자료 스마트폰 촬영의 저작권 침해 여부

1. 사례

대학생 甲은 대학도서관에서 복잡한 도식을 손으로 옮겨 적는 것보다 빠르고 효율적이라고 생각하고 전공 서적의 일부분을 스마트폰으로 촬영한 후 친구들과 공유하기 위해 카페 게시판에 해당 파일을 업로드 하였다.   -법제처 인용-

2. 법규 연구

가. 형 법

제314조(업무방해) ① 제313조의 방법 또는 위력으로써 사람의 업무를 방해한 자는 5년 이하의 징역 또는 1천500만원 이하의 벌금에 처한다.

제329조(절도) 타인의 재물을 절취한 자는 6년 이하의 징역 또는 1천만원 이하의 벌금에 처한다.

나. 저작권법

제2조(정의) 이 법에서 사용하는 용어의 뜻은 다음과 같다.

22. "복제"는 인쇄·사진촬영·복사·녹음·녹화 그 밖의 방법으로 일시적 또는 영구적으로 유형물에 고정하거나 다시 제작하는 것을 말하며, 건축물의 경우에는 그 건축을 위한 모형 또는 설계도서에 따라 이를 시공하는 것을 포함한다.

제30조(사적이용을 위한 복제) 공표된 저작물을 영리를 목적으로 하지 아니하고 개인적으로 이용하거나 가정 및 이에 준하는 한정된 범위 안에서 이용하는 경우에는 그 이용자는 이를 복제할 수 있다. 다만, 공중의 사용에 제공하기 위하여 설치된 복사기기, 스캐너, 사진기 등 문화체육관광부령으로 정하는 복제기기에 의한 복제는 그러하지 아니하다.

> ※ 시행규칙
>
> **제2조의2(복제기기의 종류)** 저작권법 제30조 단서에서 "복사기기, 스캐너, 사진기 등 문화체육관광부령으로 정하는 복제기기"란 다음 각 호의 기기를 말한다.
> 1. 복사기
> 2. 스캐너
> 3. 사진기
> 4. 제1호부터 제3호까지의 규정에 해당하는 기기의 기능을 복합하여 갖추고 있는 복제기기

제136조(벌칙) ① 다음 각 호의 어느 하나에 해당하는 자는 5년 이하의 징역 또는 5천만원 이하의 벌금에 처하거나 이를 병과할 수 있다.

1. 저작재산권, 그 밖에 이 법에 따라 보호되는 재산적 권리(제93조에 따른 권리는 제외한다)를 복제, 공연, 공중송신, 전시, 배포, 대여, 2차적저작물 작성의 방법으로 침해한 자

3. 결론

저작물의 임의적인 복제 또는 배포는 저작권법에 따라 5년 이하의 징역 또는 5천만 원 이하의 벌금에 해당하는 처벌을 받을 수 있다. 형량으로만 보면 6년 이하의 징역 또는 1천만원 이하의 형에 해당하는 절도죄 못 미치지만, 5년 이하의 징역 또는 1천 500만원 이하의 벌금에 해당하는 업무방해죄보다 더 무거운 처벌이 가능하다.

그러나 특정한 범위 내에서 저작자와 이용자의 이해관계를 조정하여야 할 필요성이 있고, 특히 개인적인 이용에 대해서는 어느 정도의 예외가 인정되고 있다(저작권법 제 30조).

그러므로 개인 소유의 스마트폰을 이용한 자료의 촬영은 해당 조항에 따라 이용 가능하다고 볼 수 있다. 하지만 이렇게 촬영한 자료를 개인적인 목적으로 이용하는 것에 그치지 않고 학과 친구들과 공유하거나 온라인상에 업로드 한다면 이는 개인적인 이용의 범위를 벗어난 것으로 저작권 침해가 된다.

따라서 시험공부를 위해 도서관에서 스마트폰으로 촬영한 것은 저작물의 개인적인 이용을 위한 복제로 인정될 수 있겠지만, 친구들과 공유를 위해 인터넷카페 게시판에 해당 디지털 복제 파일을 업로드 하는 것은 이러한 개인적인 이용의 범위를 벗어나기 때문에 위법할 수 있다.

마지막으로, 저작물의 사적 사용은 "공표된 저작물"에 대해서만 적용되기 때문에 공표된 저작물이라고 볼 수 없는 영화, 영업비밀과 관련한 저작물 등을 스마트폰으로 촬영하는 것은 사적 사용의 범위에 해당하지 않기 때문에 위법행위에 해당한다.

제6절 형사사건 처리결과를 KICS에 허위 입력한 경우

1. 사 례

○○경찰서 경제팀 소속 경찰관인 甲은 20○○. 7. 31.경 위 경찰서 경제팀사무실에서 A에 대한 고소사건을 처리하지 아니하였음에도 불구하고, 형사사법정보시스템에 같은 사건을 같은 날 검찰에 송치한 것으로 허위사실을 입력하였고, 그때부터 20○○.12.4.경까지 총 ○○회에 걸쳐 같은 방법으로 형사사법정보시스템에 허위사실을 입력하였다.

2. 법규연구 (형법)

제227조의2(공전자기록위작·변작) 사무처리를 그르치게 할 목적으로 공무원 또는 공무소의 전자기록 등 특수매체기록을 위작 또는 변작한 자는 10년 이하의 징역에 처한다.

제232조의2(사전자기록위작·변작) 사무처리를 그르치게 할 목적으로 권리·의무 또는 사실증명에 관한 타인의 전자기록등 특수매체기록을 위작 또는 변작한 자는 5년 이하의 징역 또는 1천만원 이하의 벌금에 처한다.

3. 관련 판례

가. 공전자기록위작죄에서의 '위작'의 의미

형법 제227조의2에서 위작의 객체로 규정한 전자기록은, 그 자체로는 물적 실체를 가진 것이 아니어서 별도의 표시·출력장치를 통하지 아니하고는 보거나 읽을 수 없고, 그 생성 과정에 여러 사람의 의사나 행위가 개재됨은 물론 추가 입력한 정보가 프로그램 때문에 자동으로 기존의 정보와 결합하여 새로운 전자기록을 작출하는 경우도 적지 않으며, 그 이용 과정을 보아도 그 자체로서 객관적·고정적 의미를 가지면서 독립적으로 쓰이는 것이 아니라 개인 또는 법인이 전자적 방식에 의한 정보의 생성·처리·저장·출력을 목적으로 구축하여 설치·운영하는 시스템에서 쓰임으로써 예정된 증명적 기능을 수행하는 것이므로, 위와 같은 시스템을 설치·운영하는 주체와의 관계에서 전자기록의 생성에 관여할 권한이 없는 사람이 전자기록을 작출하거나 전자기록의 생성에 필요한 단위정보의 입력을 하는 경우는 물론 시스템의 설치·운영 주체로부터 각자의 직무 범위에서 개개의 단위정보 입력 권한을 부여받은 사람이 그 권한을 남용하여 허위의 정보를 입력함으로써 시스템 설치·운영 주체의 의사에 반하는 전자기록을 생성하는 경우도 형법 제227조의2에서 말하는 전자기록의 '위작'에 포함된다.

나. 경찰관이 고소사건을 처리하지 아니하였음에도 경찰범죄정보시스템에 그 사건을 검찰에 송치한 경우, 공전자기록위작죄에 해당하는지 여부(적극)

경찰관이 고소사건을 처리하지 아니하였음에도 경찰범죄정보시스템에 그 사건을 검찰에 송치한 것으로 허위사실을 입력한 행위가 공전자기록위작죄에서 말하는 위작에 해당한다(대법원 2005.6.9. 선고 2004도6132 판결).

4. 결 론

가. 컴퓨터의 발달에 따라 전자기록등 특수매체 기록이 문서의 기능을 대신하거나 보완이 필요하여 1995년 형법 개정 시 전자기록등 특수매체기록의 위작·변작하는 죄를 새로이 규정하였다.

나. 그런데 문서위조죄의 경우에는 위조·변조죄 이외에 허위작성죄도 규정되어 있지만, 전자기록등 특수매체기록에 대해서는 허위작성죄가 명문으로 규정되어 있지는 않아 특수매체기록의 허위작성을 위작·변작의 개념에 포함시킬 것인가가 문제이다.

다. 위 판결은 전자기록등 특수매체기록의 허위작성은 위작에 포함시킬 수 있다고 한 최초의 판결이라는 점에 의의가 있다.

라. 결론적으로 경찰관이 고소사건을 처리하지 아니하였음에도 형사사법정보시스템에 그 사건을 검찰에 송치한 것으로 허위사실을 입력한 행위는 공전자기록위작죄에서 말하는 위작에 해당한다.

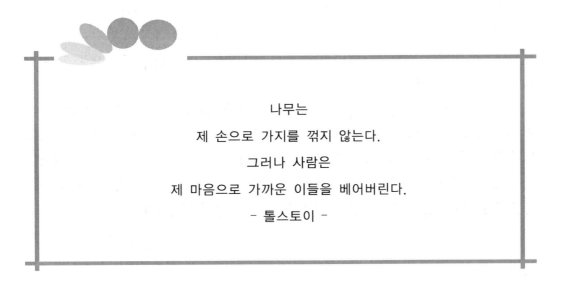

나무는
제 손으로 가지를 꺾지 않는다.
그러나 사람은
제 마음으로 가까운 이들을 베어버린다.
- 톨스토이 -

제7절 자신이 운영하는 낚시터에서 개최한 낚시대회의 도박개장죄 여부

1. 사 례

甲은 ○○에서 '유료낚시터'를 운영하면서 회원 ○○명으로부터 낚시대회 회비 명목으로 1인당 ○○만원 총 ○○만원을 거둔 후, 1등 ○○만원, 2등 ○○만원, 3등 ○○만원의 상금을 걸고 낚시대회를 개최하여 회비에서 위 상금을 공제한 ○○만 원 상당의 이익을 취득하였다. 甲을 도박죄로 처벌할 수 있는지? (대구지법 2007.3.15.선고, 2007고정474, 판결)

2. 법규연구

제246조(도박, 상습도박) ① 도박을 한 사람은 1천만원 이하의 벌금에 처한다. 다만, 일시오락 정도에 불과한 경우에는 예외로 한다.
② 상습으로 제1항의 죄를 범한 사람은 3년 이하의 징역 또는 2천만원 이하의 벌금에 처한다.
제247조(도박장소 등 개설) 영리의 목적으로 도박을 하는 장소나 공간을 개설한 사람은 5년 이하의 징역 또는 3천만원 이하의 벌금에 처한다.

3. 관련 판례 (대법원 2008. 10. 23. 선고 2008도3970 판결)

형법 제247조의 도박개장죄는 영리의 목적으로 스스로 주재자가 되어 그 지배하에 도박장소를 개설함으로써 성립하는 것으로 도박죄와는 별개의 독립된 범죄이다. '도박'이란 참여한 당사자가 재물을 걸고 우연한 승부에 의하여 재물의 득실을 다투는 것을 의미하며, '영리의 목적'이란 도박개장의 대가로 불법한 재산상의 이익을 얻으려는 의사를 의미하고, 반드시 도박개장의 직접적 대가가 아니라 도박개장을 통하여 간접적으로 얻게 될 이익을 위한 경우에도 영리의 목적이 인정되며, 또한 현실적으로 그 이익을 얻었을 것을 요하지는 않는다.

입장료의 액수, 경품의 종류 및 가액, 경품이 제공되는 방법 등의 여러 사정에 비추어 보아 손님들이 내는 입장료는 낚시터에 입장하기 위한 대가로서의 성격과 경품을 타기 위해 미리 거는 금품으로서의 성격을 아울러 지니고 있다고 볼 수 있고, 손님들에게 경품을 제공하기로 한 것은 '재물을 거는 행위'로 볼 수 있으므로, 영리의 목적으로 도박장소인 이 사건 낚시터를 개설하였다고 보는 것이 타당하다.

제8절 군인 아닌 자가 군복 착용 행위

1. 사 례

甲은 군인이 아닌 자로서 군복이 멋있어 보인다는 이유로 특별한 이유 없이 시중에서 군복을 구입하여 착용하고 다녔다. 이 경우 시중에서 판매한 군복이 장물인지와 甲의 군복 착용이 위법인지 여부

2. 법규연구 (군복 및 군용장구의 단속에 관한 법률)

제9조(군복 등의 착용·사용금지) ① 군인이 아닌 자는 군복을 착용하거나 군용장구를 사용 또는 휴대하여서는 아니 된다.

② 누구든지 유사군복을 착용하여 군인과 식별이 곤란하도록 하여서는 아니 된다.

③ 제1항 및 제2항의 규정은 제8조제2항 각 호의 경우에 착용·사용 또는 휴대하는 경우에는 이를 적용하지 아니한다.

제8조(군복 등의 제조·판매의 금지) ① 누구든지 군복이나 군용장구를 착용 또는 사용할 수 없는 자를 위하여 이를 제조·판매하거나 판매할 목적으로 소지하여서는 아니 된다.

② 누구든지 유사군복을 제조 또는 판매하거나 판매할 목적으로 소지하여서는 아니 된다. 다만, 다음 각 호의 어느 하나의 경우에 사용하기 위한 때에는 그러하지 아니한다.

1. 문화·예술활동 또는 국방부령이 정하는 의식행사를 하는 경우
2. 다른 법령에 따라 착용·사용 또는 휴대가 허용된 경우
3. 국가기관 또는 지방자치단체의 시책에 따른 활동 등 공익을 위한 활동으로 국방부령이 정하는 경우

제13조(벌칙) ① 다음 각 호의 어느 하나에 해당하는 자는 1년 이하의 징역 또는 1천만원 이하의 벌금에 처한다

1. 제3조제1항의 규정에 따른 허가를 받지 아니하고 군복 또는 군용장구를 제조 또는 판매하거나 판매할 목적으로 소지한 자
2. 제8조의 규정을 위반한 자

② 제9조의 규정을 위반한 자는 10만원 이하의 벌금이나 구류 또는 과료에 처한다.

3. 관련 판례 - [시중에서 거래되는 군복 등이 모두 장물인지 여부(소극)]

예외적인 경우이기는 하나 군복 및 군복지가 합법적으로 유통될 수 있는 여지가 있는 만큼 군용에 공하기 위하여 제조된 군복 또는 군복지가 시중에서 거래되고 있다 하더라도 이를 모두 장물이라고는 단정할 수 없다(대법원 1982.2.23. 선고 81도2876 판결).

4. 결 론

가. 시중 군복의 장물성 여부

위 판례의 내용과 같이 군복이 시중에서 거래되고 있다 하더라도 이를 모두 장물이라고는 단정할 수 없다.

나. 군복 착용 행위

군복 및 군용장구의 단속에 관한 법률에서는(제8조) 문화·예술활동 또는 국방부령이 정하는 의식행사를 하는 경우 등의 경우를 제외하고는 군복을 착용하거나 군용장구를 사용 또는 휴대하여서는 아니 되며. 또한, 유사군복을 착용하여 군인과 식별이 곤란하여지도록 하여서는 아니 된다고 규정하고 있다.

따라서 甲의 행위는 위 법에 위반되어 형사입건하여야 하나 그 법정형이 10만원이하의 벌금이나 구류 또는 과료에 처하도록 되어 있어 즉결심판에 회부하여 처리하면 될 것이다.

오늘을 사는 지혜

往者 不追 來者 不拒(왕자불추, 내자불거)

가는 사람 잡지 않고 오는 사람 막지 않는다.

毋意(무의) : 만사를 주관으로 억측하지 말라

毋必(무필) : 자신의 생각만을 밀어붙이지 말라

毋固(무고) : 한가지 판단으로 고집부리지 말라

毋我(무아) : 자신의 편의만을 위해 움직이지 말라

- 孟 子 -

제9절 아파트 주차장에 외부인 주차 시 건조물침입 여부

1. 사 례

아파트의 지하주차장에 세차영업을 위하여 출입하여서는 안 된다.'라는 취지의 아파트 주차장 출입금지 가처분결정을 받았음에도 불구하고, 세차영업을 위하여 아파트의 지하주차장 안까지 들어가면 건조물침입죄 성립여부

2. 사안의 쟁점

o 공동주택의 입주자대표회의가 입주자 등이 아닌 자(외부인)의 단지 안 주차장에 대한 출입을 금지하는 결정을 하고 그 사실을 외부인에게 통보하였음에도 외부인이 입주자대표회의의 결정에 반하여 그 주차장에 들어간 경우

o 외부인이 일부 입주자 등의 승낙을 받고 단지 안의 주차장에 들어간 경우

3. 법규연구

가. 형법

제319조(주거침입, 퇴거불응) ① 사람의 주거, 관리하는 건조물, 선박이나 항공기 또는 점유하는 방실에 침입한 자는 3년 이하의 징역 또는 500만원 이하의 벌금에 처한다.
② 전항의 장소에서 퇴거요구를 받고 응하지 아니한 자도 전항의 형과 같다.

나. 공동주택관리법

제18조(관리규약) ① 특별시장·광역시장·특별자치시장·도지사 또는 특별자치도지사(이하 "시·도지사"라 한다)는 공동주택의 입주자등을 보호하고 주거생활의 질서를 유지하기 위하여 대통령령으로 정하는 바에 따라 공동주택의 관리 또는 사용에 관하여 준거가 되는 관리규약의 준칙을 정하여야 한다.
② 입주자등은 제1항에 따른 관리규약의 준칙을 참조하여 관리규약을 정한다. 이 경우 「주택법」 제21조에 따라 공동주택에 설치하는 어린이집의 임대료 등에 관한 사항은 제1항에 따른 관리규약의 준칙, 어린이집의 안정적 운영, 보육서비스 수준의 향상 등을 고려하여 결정하여야 한다.
③ 입주자등이 관리규약을 제정·개정하는 방법 등에 필요한 사항은 대통령령으로 정한다.
④ 관리규약은 입주자등의 지위를 승계한 사람에 대하여도 그 효력이 있다.

4. 대법원 판례 (결 론)

입주자대표회의는 구 주택법 또는 공동주택관리법에 따라 구성되는 공동주택의 자치의결기구로서 공동주택의 입주자 및 사용자(이하 '입주자 등'이라 한다)를 대표하여 공동주택의 관리에 관한 주요사항을 결정할 수 있고, 개별 입주자 등은 원활한 공동생활을 유지하기 위하여 공동주택에서의 본질적인 권리가 침해되지 않는 한 입주자대표회의가 결정한 공동주택의 관리에 관한 사항을 따를 의무가 있다.

공동주택의 관리에 관한 사항에는 '단지 안의 주차장 유지 및 운영에 관한 사항'도 포함된다. 따라서 입주자대표회의가 입주자 등이 아닌 자(이하 '외부인'이라 한다)의 단지 안 주차장에 대한 출입을 금지하는 결정을 하고 그 사실을 외부인에게 통보하였음에도 외부인이 입주자대표회의의 결정에 반하여 그 주차장에 들어갔다면, 출입 당시 관리자로부터 구체적인 제지를 받지 않았다고 하더라도 그 주차장의 관리권자인 입주자대표회의의 의사에 반하여 들어간 것이므로 건조물침입죄가 성립한다.

설령 외부인이 일부 입주자 등의 승낙을 받고 단지 안의 주차장에 들어갔다고 하더라도 개별 입주자 등은 그 주차장에 대한 본질적인 권리가 침해되지 않는 한 입주자대표회의의 단지 안의 주차장 관리에 관한 결정에 따를 의무가 있으므로 건조물침입죄의 성립에 영향이 없다.

외부인의 단지 안 주차장 출입을 금지하는 입주자대표회의의 결정이 개별 입주자 등의 본질적인 권리를 침해하는지 여부는 주차장의 유지 및 운영에 관한 입주자대표회의에서 제정·개정한 제 규정의 내용, 주차장의 본래 사용용도와 목적, 입주자 등 사이의 관계, 입주자 등과 외부인 사이의 관계, 외부인의 출입 목적과 출입 방법 등을 종합적으로 고려하여 판단하여야 한다. (대법원 2021. 1. 14. 선고, 2017도21323)

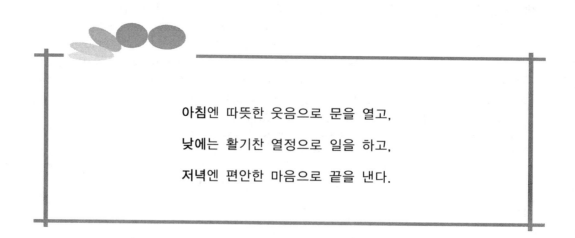

아침엔 따뜻한 웃음으로 문을 열고,

낮에는 활기찬 열정으로 일을 하고,

저녁엔 편안한 마음으로 끝을 낸다.

제10절 업소 내 폭력사건과 업무방해 적용 여부

1. 사 례

甲은 친구 3명과 같이 ○○유흥주점에서 양주 등 약 150만원 상당을 먹고 난 후 계산하는 과정에서 동 업소 종업원과 시비 되어 폭력사건이 발생하였다. 이때 동 업소에는 피의자 일행 외 4개소의 테이블에 다른 손님들이 있었는데 폭력사건이 발생하자 밖으로 나가고 말았다.

2. 논 점

가. 사기죄 여부

처음부터 술값을 지급할 의사와 능력없이 술을 먹었는지 여부

나. 폭력 행위 등 처벌에 관한 법률 위반 여부

다. 업무방해 여부

3. 법규연구 (형법)

제347조(사기) ① 사람을 기망하여 재물의 교부를 받거나 재산상의 이익을 취득한 자는 10년 이하의 징역 또는 2천만원 이하의 벌금에 처한다.
② 전항의 방법으로 제삼자로 하여금 재물의 교부를 받게 하거나 재산상의 이익을 취득하게 한 때에도 전항의 형과 같다.
제314조(업무방해) ① 제313조의 방법 또는 위력으로써 사람의 업무를 방해한 자는 5년 이하의 징역 또는 1천500만원 이하의 벌금에 처한다.
제313조(신용훼손) 허위의 사실을 유포하거나 기타 위계로써 사람의 신용을 훼손한 자는 5년 이하의 징역 또는 1천500만원 이하의 벌금에 처한다.

4. 결 론

가. 사기죄 여부

(가) 먼저 사기죄가 성립하기 위해서는 처음부터 술값을 줄 의사와 능력이 없어야 할 것이다. 수중에 돈은 있었다 할지라도 줄 의사가 없다면 사기죄로 의율할 수 있을 것이다. 예를 들어 술값을 요구하자 시비를 걸며 벌금을 냈으면 냈지 술값은 주지 못하겠다고 하는 등 전혀 지급할 의사가 없어 보이면 등이다.

(나) 다만, 계산하는 과정에서 금액이 생각보다 비싸므로 시비 도중 신고 되었거나, 카드로 결제하려고 하였는데 지급정지된 사실을 모르고 있다 결재되지

않으면 등은 사실 확인 시 사기죄로 처벌하는 것은 적절치 않을 것이다.

나. 폭행죄 여부

폭행의 결과가 발생하였다면 당연히 성립할 것이다.

다. 업무방해죄 여부

업소에서 발생한 폭행 사건이나 사기 사건의 경우 업무방해 여부를 반드시 조사하여야 할 것이다.

(가) 술값 문제로 시비 되어 폭력사건이 발생하는 등 피의자의 행위로 인하여 그 곳에 있던 다른 손님들이 도중에 나가 버린다거나 하면 업무방해죄가 성립할 수 있다.

(나) 업무방해죄 성립하기 위해서는 피의자 행위 당시 영업 중인지 여부, 피의자의 행위(허위의 사실을 유포, 위계, 위력)로 다른 손님들에게 피해를 주었거나 찾아오는 사람들이 문밖에서 돌아가 버리면 등을 조사하여야 할 것이다.

사자성어 재래식 화장실 버전

변기 속에 10원짜리 동전이 빠졌을 때 = 수수방관

변기 속에 500원짜리 동전이 빠졌을 때 = 자포자기

변기 속에 1,000원짜리 지폐가 빠졌을 때 = 우왕좌왕

변기 속에 5,000원짜리 지폐가 빠졌을 때 = 안절부절

변기 속에 1만원짜리 지폐가 빠졌을 때 = 이판사판

변기 속에 10만원권 수표가 빠졌을 때 = 사생결단

제11절 허위 봉사활동 확인증명서 제출과 업무방해

1. 사 례

甲은 사립고등학교의 학생이 ○○병원에서 봉사활동을 한 사실이 없음에도 총 ○○시간의 봉사활동을 한 것처럼 허위로 기재된 봉사활동 확인서를 발급받아 학부모에게 허위 봉사활동 확인서를 건넸다. 학부모는 이를 학생의 담임교사를 통하여 학교에 제출하여, 학생은 위 봉사활동 확인서를 기초로 학교장 명의의 봉사상을 받았다. 이 경우 甲과 학생 학부모의 허위 봉사활동 확인증명서 제출은 학교에 대한 업무방해죄에 해당하는지?

2. 법규연구 (형법)

제314조(업무방해) ① 제313조의 방법 또는 위력으로써 사람의 업무를 방해한 자는 5년 이하의 징역 또는 1천500만원 이하의 벌금에 처한다.
제313조(신용훼손) 허위의 사실을 유포하거나 기타 위계로써 사람의 신용을 훼손한 자는 5년 이하의 징역 또는 1천500만원 이하의 벌금에 처한다.

3. 관련 판례 (대법원 2020. 9. 24. 선고 2017도19283 판결)

(1) 업무방해죄의 성립에서는 업무방해의 결과가 실제로 발생함을 요하지 않고 업무방해의 결과를 초래할 위험이 발생하면 족하다(대법원 2002. 3. 29. 선고 2000도3231 판결 등 참조).

(2) 한편 상대방으로부터 신청을 받아 상대방이 일정한 자격요건 등을 갖춘 경우에 한하여 그에 대한 수용 여부를 결정하는 업무에 있어서는 신청서에 기재된 사유가 사실과 부합하지 않을 수 있음을 전제로 자격요건 등을 심사·판단하는 것이므로, 업무담당자가 사실을 충분히 확인하지 않은 채 신청인이 제출한 허위의 신청 사유나 허위의 소명자료를 가볍게 믿고 이를 수용하였다면 이는 업무담당자의 불충분한 심사에 기인한 것으로서 신청인의 위계가 업무방해의 위험성을 발생시켰다고 할 수 없어 위계에 의한 업무방해죄를 구성하지 않는다.

(3) 그러나 신청인이 업무담당자에게 허위의 주장을 하면서 이에 부합하는 허위의 소명자료를 첨부하여 제출한 경우 그 수리 여부를 결정하는 업무담당자가 관계 규정이 정한 바에 따라 그 요건의 존부에 관하여 나름대로 충분히 심사하였으나 신청사유 및 소명자료가 허위임을 발견하지 못하여 신청을 수리하게 될 정도에 이르렀다면 이는 업무담당자의 불충분한 심사가 아니라 신청인의 위계행위에 의하여 업무방해의 위험성이

발생한 것이어서 이에 대하여 위계에 의한 업무방해죄가 성립한다(대법원 2007. 12. 27. 선고 2007도5030 판결 등 참조).

4. 결 론

대법원은 업무담당자가 봉사활동 확인서의 발급기관에 별도로 문의하여 내용의 진위를 확인할 의무까지 부담하지 않는다고 본 것이다. 따라서 위 사례에서 사립고등학교에 대한 허위의 봉사활동 확인서를 발급받아 제출하는 행위는 위계에 의한 업무방해죄가 성립할 수 있다.

"나는 열다섯 살에 학문에 뜻을 두었고,
서른 살에 자립했으며
마흔 살에 미혹되지 않게 되었다.
쉰 살에 하늘의 뜻을 알았고,
예순 살에 귀가 순해졌으며,
일흔 살에 마음 내키는 대로 해도
법도를 넘어서지 않았다."

- 〈논어〉위정

제12절 경쟁업체 명의로 허위영수증 발급행위

1. 사 례

> 퀵서비스 운영자인 甲은 배달업무를 하면서, 손님의 불만이 예상되는 경우에는 평소 경쟁 관계에 있는 피해자 운영의 퀵서비스 명의로 된 영수증을 작성·교부함으로써 손님들로 하여금 불친절하고 배달을 지연시킨 사업체가 피해자 운영의 퀵서비스인 것처럼 인식하게 하였다. 이 경우 신용훼손죄에 해당하는지?

2. 법규연구 (형법)

> 제313조(신용훼손) 허위의 사실을 유포하거나 기타 위계로써 사람의 신용을 훼손한 자는 5년 이하의 징역 또는 1천500만원 이하의 벌금에 처한다.
> 제314조(업무방해) ① 제313조의 방법 또는 위력으로써 사람의 업무를 방해한 자는 5년 이하의 징역 또는 1천500만원 이하의 벌금에 처한다.

3. 관련 판례 (대법원 2011. 5. 13., 선고, 2009도5549, 판결)

형법 제313조에 정한 신용훼손죄에서의 '신용'은 경제적 신용, 즉 사람의 지불능력 또는 지불의사에 대한 사회적 신뢰를 의미한다. (대법원 1969. 1. 21. 선고 68도1660 판결, 대법원 2008. 7. 10. 선고 2006도6264 판결 등 참조)

원심은, 이 사건 퀵서비스의 주된 계약내용이 신속하고 친절한 배달이라 하더라도, 그와 같은 사정만으로 허위의 사실을 유포하여 손님들로 하여금 불친절하고 배달을 지연시킨 사업체가 피해자 운영의 퀵서비스 업체인 것처럼 인식하게 한 피고인의 행위가 피해자의 경제적 신용, 즉 지불능력이나 지불의사에 대한 사회적 신뢰를 저해하는 행위에 해당한다고 보기는 어렵다는 이유로 이 사건 주위적 공소사실이 <u>신용훼손죄에 해당하지 아니한다</u>고 판단하였다.

원심의 판단은 정당하고 거기에 상고이유 주장과 같이 형법 제313조에 정한 신용훼손죄에서의 '신용'의 의미에 관한 법리오해의 위법이 없다.

4. 결 론

신용훼손죄는 성립하지 않지만, 경쟁업체 명의로 된 영수증을 작성·교부한 것은 허위의 사실을 유포하거나 기타 위계 또는 위력으로써 타인의 업무를 방해한 행위로 형법 제314조의 업무방해죄는 성립될 수 있으며, 그 밖에 타인 명의의 영수증을 작성한 경우라면 사문서위조 및 위조사문서행사죄는 성립할 수 있다.

제13절 현금카드로 부탁받은 돈을 초과 인출한 경우

1. 사 례

> 甲은 20○○. 2. 1. 10:00경 ○○에 있는 ○○농협에서, 같은 동 676번지에 있는 '사이버 25시 피시방'에 게임을 하러 온 피해자 乙로부터 그 소유의 농협현금카드로 200,000원을 인출해 오라는 부탁과 함께 현금카드를 건네받게 되자 이를 기화로, 위 지점에 설치된 현금자동인출기에 위 현금카드를 넣고 권한 없이 인출금액을 500,000원으로 입력하여 그 금액을 인출한 후 그중 200,000원만 피해자에게 건네주어 300,000원 상당의 재산상 이익을 취득한 것이다.

2. 법규연구 (형법)

> 제347조의2(컴퓨터등 사용사기) 컴퓨터등 정보처리장치에 허위의 정보 또는 부정한 명령을 입력하거나 권한 없이 정보를 입력·변경하여 정보처리를 하게 함으로써 재산상의 이익을 취득하거나 제3자로 하여금 취득하게 한 자는 10년 이하의 징역 또는 2천만원 이하의 벌금에 처한다.
> 제329조(절도) 타인의 재물을 절취한 자는 6년 이하의 징역 또는 1천만원 이하의 벌금에 처한다.

3. 관련 판례

예금주인 현금카드 소유자로부터 일정한 금액의 현금을 인출해 오라는 부탁을 받으면서 이와 함께 현금카드를 건네받은 것을 기화로 그 위임을 받은 금액을 초과하여 현금을 인출하는 방법으로 그 차액 상당을 위법하게 이득할 의사로 현금자동지급기에 그 초과한 금액이 인출되도록 입력하여 그 초과한 금액의 현금을 인출한 경우에는 그 인출된 현금에 대한 점유를 취득함으로써 이때 그 인출한 현금 총액 중 인출을 위임받은 금액을 넘는 부분의 비율에 상당하는 재산상 이익을 취득한 것으로 볼 수 있으므로 이러한 행위는 그 차액 상당액에 관하여 형법 제347조의2(컴퓨터등사용사기)에 규정된 '컴퓨터 등 정보처리장치에 권한 없이 정보를 입력하여 정보처리를 하게 함으로써 재산상의 이익을 취득'하는 행위로서 컴퓨터 등 사용 사기죄에 해당한다(대법원 2006. 3. 24. 선고 2005도3516 판결).

4. 결 론

가. 제1심법원은 이에 대해, 우리 형법은 재산범죄의 객체가 재물인지 재산상의 이익인지에 따라 이를 재물죄와 이득죄로 명시하여 규정하고 있는데, 형법 제347조의2는 컴퓨터 등 사용 사기죄의 객체를 재물이 아닌 재산상의 이익으로만 한

정하여 규정하고 있으므로 타인의 신용카드로 현금자동지급기에서 현금을 인출하는 행위가 재물에 관한 범죄임이 분명한 이상 이를 위 컴퓨터 등 사용 사기죄로 처벌할 수는 없다고 판단하여 무죄를 선고하였다.

나. 그러자 검사는 원심에서 이 부분 공소사실을, 피고인은 현금자동지급기에 위 현금카드를 넣고 인출금액을 50,000원으로 입력하여 이를 인출한 후 그중 20,000원만을 공소외인에게 건네주는 방법으로 30,000원을 절취하였다는 내용으로 변경하였다. 즉 절도죄로 변경한 것이다.

다. 그렇지만 원심은 절도죄에 있어서 절취란 재물 점유자의 의사에 반하여 그 점유자의 지배를 배제하고 자신의 지배로 옮겨놓는 행위를 의미한다. 그런데 현금카드를 절취한 때와 같이 현금카드 자체를 사용할 권한이 없는 경우와 달리 피고인이 예금명의인인 공소외인으로부터 그 현금카드를 사용할 권한을 일단 부여받은 이상 이를 기화로 그 위임 범위를 벗어나 추가로 금원을 인출하였다고 하더라도 현금자동지급기 관리자로서는 예금명의인의 계산으로 인출자에게 적법하게 현금을 지급할 수밖에 없다. 따라서 이러면 현금자동지급기 관리자에게 예금명의인과 그로부터 현금인출을 위임받은 자 사이의 내부적인 위임관계까지 관여하여 그 위임받은 범위를 초과하는 금액에 대하여는 그 인출행위를 승낙하지 않겠다는 의사까지 있다고 보기는 어렵다. 그러므로 위 현금인출 행위가 현금자동지급기 관리자의 의사에 반하여 그가 점유하고 있는 현금을 절취한 경우에 해당한다고 볼 수 없다고 판단하였다. 이에 따라 절도죄도 성립하지 않는다는 것이었다.

라. 결론적으로 대법원은 판례의 내용과 같이 위임을 받은 금액을 초과하여 현금을 인출하는 방법으로 그 차액 상당을 위법하게 이득할 의사로 현금자동지급기에 그 초과한 금액이 인출되도록 입력하여 그 초과한 금액의 현금을 인출한 경우라면 컴퓨터등사용사기죄가 성립한다고 하였다.

제14절 절취한 신용카드로 구입한 물건의 압수 가능여부

1. 사 례

甲은 乙의 신용카드를 절취하여 이를 이용 丙의 금은방에서 40만원 상당의 귀금속을 구입하였다. 이때 甲이 구입한 귀금속은 甲을 체포하면서 현장에서 압수하였다.
압수한 귀금속의 처리를 어떻게 하여야 하는지.

2. 법규연구 (형법)

제48조(몰수의 대상과 추징) ① 범인 외의 자의 소유에 속하지 아니하거나 범죄 후 범인 외의 자가 사정을 알면서 취득한 다음 각 호의 물건은 전부 또는 일부를 몰수할 수 있다.
1. 범죄행위에 제공하였거나 제공하려고 한 물건
2. 범죄행위로 인하여 생겼거나 취득한 물건
3. 제1호 또는 제2호의 대가로 취득한 물건
② 제1항 각 호의 물건을 몰수할 수 없을 때에는 그 가액(價額)을 추징한다.
③ 문서, 도화(圖畵), 전자기록(電磁記錄) 등 특수매체기록 또는 유가증권의 일부가 몰수의 대상이 된 경우에는 그 부분을 폐기한다.

3. 결 론

가. 압수의 적법성

甲의 신용카드 절취행위는 절도죄에 해당한다. 이렇게 절취한 신용카드를 사용 구입한 귀금속은 형법 제48조 제1항 제2호의 '범죄행위로 인하여 생겼거나 취득한 물건'으로 볼 수 있어 몰수의 대상이다.

따라서 압수하여야 하며 甲을 체포하는 현장에서 압수하였기 때문에 압수행위는 적법하다. 그러나 계속 압수할 필요가 있는 경우에는 체포한 때로부터 48시간 이내에 압수수색영장을 청구하여야 한다. (경찰에서는 가능한 36시간 이내에 검사에게 신청)

나. 환부(가환부)의 대상

카드주인인 乙에게 해야 할지 아니면 귀금속 주인에게 해야 할지가 문제이다. 신용카드 명의인이 乙로 되어 있어 카드사용으로 인한 피해금 변제는 乙이 부담해야 할 위험이 있으므로 乙을 피해자로 생각할 수 있다.

그러나 대법원 판례는 카드사용으로 인한 피해자는 카드 명의인이 아니라 카드회사라 판시하고 있다.

사안에서 丙을 속여 카드회사에 피해를 줬기 때문에 카드주인인 乙과는 상관없다.

따라서 기망을 당한 丙에게 피해품을 환부하는 것이 옳다. 이때 피의자의 행위로 乙에게 부과되는 카드사용대금에 대해서는 당사자들 간 민사적으로 해결해야 할 사안으로 볼 수밖에 없다.

성공에의 7가지 신념

1. 어떠한 역경 속에도 최고의 기회, 최고의 지혜가 숨겨져 있다.
2. 이 세상에 실패는 없다. 단지 미래로 이어지는 결과가 있을 뿐이다.
3. 무슨 일이 일어나더라도 책임은 모두 자신에게 있다는 사실을 명심한다.
4. 정보나 지식은 머리로 이해하는 것은 아니다. 행동으로 옮기고 실천해야 한다.
5. 인재야말로 최대의 자본임을 명심하고 인간관계를 중시하자.
6. 인생 최고의 보람은 일을 즐겁게 하는 데 있다.
7. 성공에 필요하다며 무슨 일이든 하겠다는 생각을 가져라.

                                                          － 앤터니 로빈스

제15절 남편 명의로 신용카드를 발급받아 무단 사용한 경우

1. 사 례

甲과 乙은 부부지간으로, 乙은 오래전 남편인 甲 명의로 ○○카드신청서를 작성하여 ○○카드사 직원에게 제출 ○○카드 1매를 발급받아 소지한 것을 기화로 수회에 걸쳐 850만원 상당의 현금서비스와 물건을 구입하여 甲 통장에서 결제케 하였으며, 또 채무 관계가 있는 丙에게 카드를 빌려주어 丙이 채권액만큼 물건을 구입하면서 전표상에 甲의 서명날인을 하였을 경우, 乙과 丙의 형사책임 유무. 乙은 현재 가출하여 소재불명인 상태임

2. 논 점

　가. 신용카드 발급행위와 사기죄성립 관계

　나. 남편 명의로 작성한 카드 발급신청서의 사문서위조 여부

　다. 채권자 丙에게는 죄를 물을 수 있는 죄책

　라. 부부 사이에 부인이 남편 몰래 남편 명의의 카드를 만들었을 경우 처벌

3. 결 론

가. 남편 명의로 카드 발급행위

　사문서위조죄는 친족상도례가 적용되지 않기 때문에 부인이 남편 명의로 카드를 발급받은 경우

⇒ 발급신청서 작성행위는 사문서위조, 이를 제출하였기 때문에 위조사문서행사죄가 성립하며, 카드 발급은 사용하기 위함이기 때문에 사용하지 않더라도 카드를 카드사로부터 받음으로써 사기죄가 성립

나. 남편 명의로 발급받은 카드 사용행위

　사용행위에 대해서는 크게 3가지 죄명으로 생각할 수 있는데

　(가) 카드로 현금인출기에서 현금서비스를 받은 경우

　　　⇒ 절도죄

　(나) 물건을 구입한 경우

　　　⇒ 사문서위조 및 동 행사(전표작성 및 교부행위), 사기죄(물건구매)

(다) 카드를 이용 본인 또는 타인의 계좌로 자동지급기를 이용 계좌 이체시킨 경우
  ⇒ 컴퓨터등사용사기

✱ 여기서 유의할 점은 물건 구입하면서 전표작성행위가 문서위조죄가 성립하지 않는다는 판례가 있어 착각하기 쉬운데 여신전문금융업법을 적용할 때는 여신법에 문서위조행위가 포함되기 때문에 별도의 문서위조죄가 성립하지 않는다는 것이고 본건의 경우는 여신법이 적용되지 않기 때문에 문서위조죄를 적용해야 함

다. 채권자 丙에 대한 처벌 여부

丙에 대해 乙이 자기 남편 甲 몰래 카드를 발급받아 사용하고 있다는 것을 알면서 그 카드를 받아 사용하였다면 丙에 대해서도 피의자와 공범으로 처벌(물건구매행위 시 죄명과 같은)할 수 있을 것이나, 남편 명의로 되어 있는 신용카드를 부인이 사용하는 것은 일반사회 통념상 보편적으로 인정되고 있으므로 丙을 처벌하기 위해서는 혐의를 입증하기 위한 충분한 수사가 있어야 할 것이다.

라. 부부 사이에 부인이 남편 몰래 남편 명의의 카드를 만들었을 경우 처벌여부

(가) 사기죄의 경우 남편과의 관계에서 친족이기 때문에 친족상도례가 성립한 것이 아니냐고 잘못 생각할 수 있겠지만 사례의 경우 피해자는 남편이 아니고 카드회사이기 때문에 친족상도례가 성립하지 않음

(나) 그러므로 부부 사이라도 타인의 경우와 똑같은 경우로 처벌(남편 명의의 통장에서 돈이 인출되었기 때문에 피해자가 남편으로 착각하기 쉬운데 형사상 피해자는 카드회사. 다만 민사상 남편과 카드회사 간 다툼은 별론으로 함)

마. 甲(남편) 조사 시 유의할 점

(가) 현재 남편은 부인이 가출하여 소식이 없으므로 고소 한 것으로 보이는데 오래전에 카드를 만들어 사용한 부분에 대해 남편이 모르고 있었다는 것은 확인해 봐야 할 것이며,

(나) 7년 전에 카드를 만들었다면 문서위조 및 행사죄에 대해서는 공소시효가 완성되어 처벌할 수 없을 것이고 그 후 재발급을 받았다 하더라도 별도의 문서를 작성한 사실이 없다면 문서위조죄는 성립하지 않을 것이다.

(다) 논점은 남편이 본인 명의로 카드 발급된 것을 알고 그 후 부인이 카드를 사용하였다면 그 후로는 남편의 묵시적인 승낙이 인정되어 처벌할 수 없을 것이다. 그러므로 남편에게 잘못 고소할 경우 무고죄로 처벌할 수 있다는 것을 고지하고 위와 같이 묵시적인 승낙이 있었다고 인정되면 불기소

제16절 갈취 또는 강취한 현금카드로 예금 인출행위

1. 사 례

> 甲은 ○○에서 乙을 협박하여 가지고 있던 현금카드를 빼앗아 이 카드를 이용하여 현금자동지급기에서 현금을 인출하였다. 만약 甲이 乙로부터 카드를 강취하여 현금을 인출하였다면 어떤 죄가 성립하겠는가?

2. 논 점

카드를 갈취(공갈)하여 사용한 경우와 강취(강도)하여 사용한 경우 공갈죄와 강도죄 외 다른 범죄가 성립하는지 여부

3. 법규연구

가. 전자금융거래법

제49조(벌칙) ① 다음 각 호의 어느 하나에 해당하는 자는 7년 이하의 징역 또는 5천만원 이하의 벌금에 처한다.
  1. 접근매체를 위조하거나 변조한 자
  2. 위조되거나 변조된 접근매체를 판매알선·판매·수출 또는 수입하거나 사용한 자
  3. 분실되거나 도난된 접근매체를 판매알선·판매·수출 또는 수입하거나 사용한 자
  5. 강제로 빼앗거나, 횡령하거나, 사람을 속이거나 공갈하여 획득한 접근매체를 판매알선·판매·수출 또는 수입하거나 사용한 자

나. 형 법

제333조(강도) 폭행 또는 협박으로 타인의 재물을 강취하거나 기타 재산상의 이익을 취득하거나 제삼자로 하여금 이를 취득하게 한 자는 3년 이상의 유기징역에 처한다.
제350조(공갈) ① 사람을 공갈하여 재물의 교부를 받거나 재산상의 이익을 취득한 자는 10년 이하의 징역 또는 2천만원 이하의 벌금에 처한다.
② 전항의 방법으로 제삼자로 하여금 재물의 교부를 받게 하거나 재산상의 이익을 취득하게 한 때에도 전항의 형과 같다.

4. 관련 판례

■ 판례 ■ 대법원 2007.5.10. 선고 2007도1375 판결

[1] 갈취한 현금카드를 사용하여 현금자동지급기에서 예금을 인출한 행위가 공갈죄와 별도로 절도죄를

구성하는지 여부(소극)

예금주인 현금카드 소유자를 협박하여 그 카드를 갈취한 다음 피해자의 승낙 때문에 현금카드를 사용할 권한을 부여받아 이를 이용하여 현금자동지급기에서 현금을 인출한 행위는 모두 피해자의 예금을 갈취하고자 하는 甲의 단일하고 계속된 범의 아래에서 이루어진 일련의 행위로서 포괄하여 하나의 공갈죄를 구성하므로, 현금자동지급기에서 피해자의 예금을 인출한 행위를 현금카드 갈취행위와 분리하여 따로 절도죄로 처단할 수는 없다. 왜냐하면, 위 예금 인출은 하자 있는 의사표시이기는 하지만 피해자의 승낙에 기한 것이고, 피해자가 그 승낙의 의사표시를 취소하기까지는 현금카드를 적법, 유효하게 사용할 수 있으므로, 은행으로서도 피해자의 지급정지 신청이 없는 한 그의 의사에 따라 그의 계산으로 적법하게 예금을 지급할 수밖에 없기 때문이다.

[2] 강취한 현금카드를 사용하여 현금자동지급기에서 예금을 인출한 행위가 강도죄와 별도로 절도죄를 구성하는지 여부(적극)

강도죄는 공갈죄와는 달리 피해자의 반항을 억압할 정도로 강력한 정도의 폭행·협박을 수단으로 재물을 탈취하여야 성립하므로, 피해자로부터 현금카드를 강취하였다고 인정되는 경우에는 피해자로부터 현금카드의 사용에 관한 승낙의 의사표시가 있었다고 볼 여지가 없다. 따라서 강취한 현금카드를 사용하여 현금자동지급기에서 예금을 인출한 행위는 피해자의 승낙에 기한 것이라고 할 수 없으므로, 현금자동지급기 관리자의 의사에 반하여 그의 지배를 배제하고 그 현금을 자기의 지배하에 옮겨놓는 것이 되어서 강도죄와는 별도로 절도죄를 구성한다.

5. 결 론

가. 갈취한 카드를 사용한 경우

피해자의 예금을 갈취하고자 하는 甲의 단일하고 계속된 범의 아래에서 이루어진 일련의 행위로서 포괄하여 하나의 공갈죄만 성립한다.

나. 강취한 카드를 시용한 경우

강취한 카드에 대한 피해자로부터 현금카드의 사용에 관한 승낙의 의사표시가 있었다고 볼 수 없어 그 후 현금인출행위에 대해서는 별도의 절도죄가 성립한다. 따라서 카드에 대한 강도와 현금인출행위에 대한 절도죄가 각 성립한다.

현금카드는 전자매체에 해당하므로 공갈하거나 강취한 현금카드를 사용한 경우 모두 전자금융거래법 제49조 제1항 5호에 따라 처벌할 수 있다.

제17절 체크카드를 받아 돈 인출 후 도망한 경우

1. 사 례

甲은 乙에게 체크카드를 주면서 100만원을 찾아오도록 하였다. 현금자동지급기에서 100만원을 찾고 난 후 잔액이 더 있다는 것을 확인하고 다시 잔액 500만원을 인출하여 가지고 도망가 버렸다. 이때 甲에게 적용할 수 있는 죄명은?
가. 추가로 500만원을 더 찾은 행위
나. 처음 찾아오도록 하였던 100만원을 주지 않고 도망간 행위
다. 체크 가드를 돌려주지 않는 행위

2. 법규연구 (형법)

제347조의2(컴퓨터등 사용사기) 컴퓨터등 정보처리장치에 허위의 정보 또는 부정한 명령을 입력하거나 권한 없이 정보를 입력·변경하여 정보처리를 하게 함으로써 재산상의 이익을 취득하거나 제3자로 하여금 취득하게 한 자는 10년 이하의 징역 또는 2천만원 이하의 벌금에 처한다.

3. 결 론

'가항'

대법원 판례와 같이 이는 위임받은 금액을 넘는 부분의 비율에 상당하는 재산상 이익을 취득한 것으로 볼 수 있으므로 컴퓨터등사용사기죄가 성립한다.

'나항'

100만원에 대해 찾아오도록 하였기 때문에 100만원을 찾았을 때는 보관자의 지위에 있다고 볼 수 있다. 그러나 이 100만원을 주지 않고 도망가 버렸다면 이는 횡령죄가 성립한다고 본다.

'다항'

카드 자체에 대한 재물성을 인정할 수 있고, 또 영득의 의사가 있다고 볼 수 있어 이 또한 횡령죄가 된다고 볼 수 있다. 만약 사용 후 바로 버렸다 하더라도 횡령죄가 성립한 후의 행위로써 횡령죄 성립에 영향이 없다고 본다.

4. 관련 판례 (대법원 2006.3.24. 선고 2005도3516 판결)

■ 판례 ■ 　예금주인 현금카드 소유자로부터 일정액의 현금을 인출해 오라는 부탁과 함께 현금카드를 건네받아 그 위임받은 금액을 초과한 현금을 인출한 경우, 컴퓨터 등 사용사기죄를 구성하는지 여부(적극)

[1] 사실관계

> 甲은 예금주인 현금카드 소유자 乙로부터 일정한 금액의 현금을 인출해 오라는 부탁과 함께 현금카드를 건네받은 것을 기화로 그 위임을 받은 금액을 초과하여 현금을 인출하는 방법으로 그 차액 상당을 위법하게 이득할 의사로 현금자동지급기에 그 초과한 금액이 인출되도록 입력하여 그 초과한 금액의 현금을 인출하였다.

[2] 판결요지

현금자동지급기에 그 초과한 금액이 인출되도록 입력하여 그 초과한 금액의 현금을 인출한 경우에는 그 인출된 현금에 대한 점유를 취득함으로써 이때 그 인출한 현금 총액 중 인출을 위임받은 금액을 넘는 부분의 비율에 상당하는 재산상 이익을 취득한 것으로 볼 수 있으므로 이러한 행위는 그 차액 상당액에 관하여 형법 제347조의2(컴퓨터등사용사기)에 규정된 '컴퓨터 등 정보처리장치에 권한 없이 정보를 입력하여 정보처리를 하게 함으로써 재산상의 이익을 취득'하는 행위로서 컴퓨터 등 사용사기죄에 해당한다.

> 오늘 저지른 남의 잘못은
> 어제의 내 잘못이었던 것을 생각하라.
> 잘못이 없는 사람은 하나도 없다.
> 완전하지 못한 것이
> 사람이라는 점을 항상 생각해야 한다.
> 우리는 언제나 정의를 받들어야 하지만,
> 정의만으로 재판한다면
> 우리 중에 단 한 사람도 구원을 받지 못할 것이다.
>
> [셰익스피어]

제18절 공공기관에 자료를 요청할 수 있는 법적근거

1. 사 례

○○경찰서 수사과 경제팀에 근무하고 있는 경사 甲은 시청 ○○과에 "○○○"자료를 요청하자 그 내용은 개인정보가 수록되어 있으므로 제출할 수 없다고 한다. 이때 경찰관 甲은 광주 시청으로부터 자료 제출을 받을 수 있는 법적근거는 무엇일까.

2. 법규연구

가. 형사소송법

제199조(수사와 필요한 조사) 수사에 관하여는 공무소 기타 공사단체에 조회하여 필요한 사항의 보고를 요구할 수 있다.

나. 경찰관직무집행법

제8조(사실의 확인 등) ① 경찰관서의 장은 직무 수행에 필요하다고 인정되는 상당한 이유가 있을 때에는 국가기관이나 공사(公私) 단체 등에 직무 수행에 관련된 사실을 조회할 수 있다. 다만, 긴급한 경우에는 소속 경찰관으로 하여금 현장에 나가 해당 기관 또는 단체의 장의 협조를 받아 그 사실을 확인하게 할 수 있다.

다. 개인정보 보호법

제18조(개인정보의 목적 외 이용·제공 제한) ① 개인정보처리자는 개인정보를 제15조제1항 및 제39조의3제1항 및 제2항에 따른 범위를 초과하여 이용하거나 제17조제1항 및 제3항에 따른 범위를 초과하여 제3자에게 제공하여서는 아니 된다.
② 제1항에도 불구하고 개인정보처리자는 다음 각 호의 어느 하나에 해당하는 경우에는 정보주체 또는 제3자의 이익을 부당하게 침해할 우려가 있을 때를 제외하고는 개인정보를 목적 외의 용도로 이용하거나 이를 제3자에게 제공할 수 있다. 다만, 이용자(「정보통신망 이용촉진 및 정보보호 등에 관한 법률」 제2조제1항제4호에 해당하는 자를 말한다. 이하 같다)의 개인정보를 처리하는 정보통신서비스 제공자(「정보통신망 이용촉진 및 정보보호 등에 관한 법률」 제2조제1항제3호에 해당하는 자를 말한다. 이하 같다)의 경우 제1호·제2호의 경우로 한정하고, 제5호부터 제9호까지의 경우는 공공기관의 경우로 한정한다.
7. 범죄의 수사와 공소의 제기 및 유지를 위하여 필요한 경우

3. 사례연구

가. 일반 행정기관에 자료요청을 할 경우

(가) 우리가 일반적으로 국가기관이나 공사단체에 자료요청을 한 경우 형사소송법과 경찰관직무집행법(이하 경직법)의 근거를 들어 요청하고 있다. 그러나 이들 기관에서 개인정보 보호법의 근거로 자료 제출을 거부한 경우가 종종 있다.

(나) 공공기관에서는 개인정보를 이유로 자료 제출을 거부할 수 있지만 개인정보 보호법에는 수사기관에서 요구할 경우 목적에 부합하면 제공할 수 있도록 규정하고 있다. 즉 제18조 제2항 제7호에 "범죄의 수사와 공소의 제기 및 유지에 필요한 경우"에는 자료를 제공할 수 있게 되어 있다. 이 규정을 잘 활용하여야 할 것이다.

(다) 그러나 이 조항도 단서조항에 의거 해당 기관에서 자료를 거부할 수 있게 되어 있고 자료 제출을 거부할 경우 제재수단이 없으므로 강제할 수도 없다. 이럴 때는 형사소송법에 의거 압수수색영장을 발부받아 집행하는 수밖에 없을 것이다.

나. 금융기관에 자료요청을 한 경우

(가) 형소법과 경직법에 의거 자료를 요청할 수 있으며, 자료 제출을 거부할 경우 개인정보 보호법을 근거로 해서는 요구할 수 없다.

(나) 따라서 자료 제출을 거부할 경우 압수수색영장에 의할 수밖에 없을 것이다.

그치지 않고 내리는 비는 없습니다.
아침이 밝아오지 않는 밤은 없습니다.
그리고 봄이 오지 않는 겨울은 절대 없습니다.

-이케다 다이사쿠-

성실함의 잣대로 스스로를 평가하라
그리고 고한대함의 잣대로 남들을 평가하라

-존 미첼 메이슨-

제19절 애완동물을 기를 때 행정관청에 동물등록 여부

1. 사 례

甲은 애완동물인 개와 고양이를 아파트에서 기르고 있다. 이때 이러한 애완동물을 행정관청에 동물등록을 꼭 하여야 하는지?

2. 법규연구

가. 동물보호법

제2조(정의) 이 법에서 사용하는 용어의 뜻은 다음과 같다.
  1. "동물"이란 고통을 느낄 수 있는 신경체계가 발달한 척추동물로서 다음 각 목의 어느 하나에 해당하는 동물을 말한다. (가. 포유류 나. 조류 다. 파충류·양서류·어류 중 농림축산식품부장관이 관계 중앙행정기관의 장과의 협의를 거쳐 대통령령으로 정하는 동물)
  2. "소유자등"이란 동물의 소유자와 일시적 또는 영구적으로 동물을 사육·관리 또는 보호하는 사람을 말한다.
  8. "등록대상동물"이란 동물의 보호, 유실·유기(遺棄) 방지, 질병의 관리, 공중위생상의 위해 방지 등을 위하여 등록이 필요하다고 인정하여 대통령령으로 정하는 동물을 말한다.
제15조(등록대상동물의 등록 등) ① 등록대상동물의 소유자는 동물의 보호와 유실·유기 방지 및 공중위생상의 위해 방지 등을 위하여 특별자치시장·특별자치도지사·시장·군수·구청장에게 등록대상동물을 등록하여야 한다. 다만, 등록대상동물이 맹견이 아닌 경우로서 농림축산식품부령으로 정하는 바에 따라 시·도의 조례로 정하는 지역에서는 그러하지 아니하다.
② 제1항에 따라 등록된 등록대상동물(이하 "등록동물"이라 한다)의 소유자는 다음 각 호의 어느 하나에 해당하는 경우에는 해당 각 호의 구분에 따른 기간에 특별자치시장·특별자치도지사·시장·군수·구청장에게 신고하여야 한다.
  1. 등록동물을 잃어버린 경우: 등록동물을 잃어버린 날부터 10일 이내
  2. 등록동물에 대하여 대통령령으로 정하는 사항이 변경된 경우: 변경사유 발생일부터 30일 이내
③ 등록동물의 소유권을 이전받은 자 중 제1항 본문에 따른 등록을 실시하는 지역에 거주하는 자는 그 사실을 소유권을 이전받은 날부터 30일 이내에 자신의 주소지를 관할하는 특별자치시장·특별자치도지사·시장·군수·구청장에게 신고하여야 한다.
제16조(등록대상동물의 관리 등) ①등록대상동물의 소유자등은 소유자등이 없이 등록대상동물을 기르는 곳에서 벗어나지 아니하도록 관리하여야 한다.
② 등록대상동물의 소유자등은 등록대상동물을 동반하고 외출할 때에는 다음 각 호의 사항을 준수하여야 한다.
  1. 농림축산식품부령으로 정하는 기준에 맞는 목줄 착용 등 사람 또는 동물에 대한 위해를 예방하기 위한 안전조치를 할 것
  2. 등록대상동물의 이름, 소유자의 연락처, 그 밖에 농림축산식품부령으로 정하는 사항을 표시한 인식표를 등록대상동물에게 부착할 것
  3. 배설물(소변의 경우에는 공동주택의 엘리베이터·계단 등 건물 내부의 공용공간 및 평상·의자

등 사람이 눕거나 앉을 수 있는 기구 위의 것으로 한정한다)이 생겼을 때에는 즉시 수거할 것

제101조(과태료) ③ 다음 각 호의 어느 하나에 해당하는 자에게는 100만원 이하의 과태료를 부과한다.

4. 제15조제1항을 위반하여 등록대상동물을 등록하지 아니한 소유자

④ 다음 각 호의 어느 하나에 해당하는 자에게는 50만원 이하의 과태료를 부과한다.

1. 제15조제2항을 위반하여 정해진 기간 내에 신고를 하지 아니한 소유자
2. 제15조제3항을 위반하여 소유권을 이전받은 날부터 30일 이내에 신고를 하지 아니한 자
3. 제16조제1항을 위반하여 소유자등 없이 등록대상동물을 기르는 곳에서 벗어나게 한 소유자등
4. 제16조제2항제1호에 따른 안전조치를 하지 아니한 소유자등
5. 제16조제2항제2호를 위반하여 인식표를 부착하지 아니한 소유자등
6. 제16조제2항제3호를 위반하여 배설물을 수거하지 아니한 소유자등

나. 동물보호법 시행령

제4조(등록대상동물의 범위) 법 제2조제8호에서 "대통령령으로 정하는 동물"이란 다음 각 호의 어느 하나에 해당하는 월령(月齡) 2개월 이상인 개를 말한다.

1. 「주택법」 제2조제1호에 따른 주택 및 같은 조 제4호에 따른 준주택에서 기르는 개
2. 제1호에 따른 주택 및 준주택 외의 장소에서 반려(伴侶) 목적으로 기르는 개

다. 주택법

제2조(정의) 이 법에서 사용하는 용어의 뜻은 다음과 같다.

1. "주택"이란 세대(世帶)의 구성원이 장기간 독립된 주거생활을 할 수 있는 구조로 된 건축물의 전부 또는 일부 및 그 부속토지를 말하며, 이를 단독주택과 공동주택으로 구분한다.
4. "준주택"이란 주택 외의 건축물과 그 부속토지로서 주거시설로 이용가능한 시설 등을 말하며, 그 범위와 종류는 대통령령으로 정한다.

라. 동물보호법 시행규칙

제9조(동물등록제 제외지역) 법 제15조제1항 단서에 따라 특별시·광역시·특별자치시·도·특별자치도 (이하 "시·도"라 한다)의 조례로 동물을 등록하지 않을 수 있는 지역으로 정할 수 있는 지역의 범위는 다음 각 호와 같다.

1. 도서 [도서, 제주특별자치도 본도(本島) 및 방파제 또는 교량 등으로 육지와 연결된 도서는 제외한다]
2. 제12조제1항에 따라 동물등록 업무를 대행하게 할 수 있는 자가 없는 읍·면

3. 결 론

가. 등록대상 동물과 의무지역

ㅇ 모든 애완동물이 다 등록대상이 되는 것은 아니지만 다음 사항에 모두 해당되는 애완동물은 반드시 등록해야 한다.

① 월령(月齡)이 3개월령 이상이며 가정에서 반려(伴侶)의 목적으로 기르는 개

② 조례로써 동물등록이 의무화된 지역에서 사육되는 경우

○ 동물등록제도가 시행되고 있거나 시행이 확정된 지역은 지역마다 관련 조례를 제정 중인 경우가 있으므로 정확한 시행 시기는 거주하는 곳의 시·군·구청에 확인해야 한다.

○ 따라서 동물이라 하더라도 개의 경우에만 등록의 대상이고 고양이 등 다른 동물은 등록대상이 아니다.

나. 동물등록 기간

○ 동물등록을 해야 하는 기간은 애완동물의 월령이 2개월령 된 날부터 30일 이내

○ 동물등록제도가 처음 시행될 때 월령이 이미 2개월이 지난 경우의 등록 기간은 해당 시·도의 조례에서 정하는 바에 따른다.

다. 동물등록에 필요한 서류

동물등록 신청서, 등록대상동물 사진 1장, 해당 시·도의 조례에서 정하는 서류 등

라. 시·군·구청 또는 등록대행기관에 동물등록 신청

동물등록을 신청하면 해당 기관에서는 ① 고유한 동물등록번호를 부여해서 ② 해당 애완동물의 몸에 동물등록번호가 기록된 무선전자개체식별장치(일명 "마이크로칩")를 삽입하거나 인식표를 부착함과 동시에 ③ 동물등록번호체계 관리시스템에 그 애완동물의 정보 및 소유자의 정보를 입력한 후, ④ 소유자에게 동물등록증을 발급해 준다.

마. 위반에 대한 조치

○ 동물등록을 하지 않은 경우
등록하지 않은 소유자에게는 100만원 이하의 과태료가 부과된다.

○ 변경등록을 하지 않은 경우
사항이 변경된 경우(소유자, 주소, 전화번호 등)에는 30일 이내 변경신고를 하여야 하며 이를 위반한 경우에는 50만원 이하의 과태료가 부과된다.

제20절 출석요구 없이 지명수배할 수 있는지

1. 사 례

집단폭력과 관련 일당 10명을 검거하였으나 이 중 5명은 검거하지 못하여 이들에 대해 공범과 피해자, 참고인등을 상대로 인적사항을 확인 이들 미검자를 검거하고자 하였으나 검거하지 못하고 사건을 검찰로 송치하는 과정에서 이들 미검자를 지명수배로 송치하였다. 그 후 이들 미검자 중 1명이 검거되어 연행과정에서 범행사실을 적극적으로 부인하고 또한 당시 경찰의 출석요구가 있었으면 자진 출석하여 조사에 응할 수 있을 것인데 출석요구도 없이 지명수배를 하였다고 이의를 제기한 경우

2. 논 점

가. 경찰의 피의자에 대해 출석요구 없이 긴급체포와 체포영장에 의한 지명수배가 법적으로 가능한지 여부

나. 피의사실이 특정되어 있지 않은 용의자에 대해서도 지명수배할 수 있는지

3. 지명수배 관련 법적근거

가. 형사소송법

제200조의2(영장에 의한 체포) ① 피의자가 죄를 범하였다고 의심할 만한 상당한 이유가 있고, 정당한 이유없이 제200조의 규정에 의한 출석요구에 응하지 아니하거나 응하지 아니할 우려가 있는 때에는 검사는 관할 지방법원판사에게 청구하여 체포영장을 발부 받아 피의자를 체포할 수 있고, 사법경찰관은 검사에게 신청하여 검사의 청구로 관할지방법원판사의 체포영장을 발부받아 피의자를 체포할 수 있다. 다만, 다액 50만원이하의 벌금, 구류 또는 과료에 해당하는 사건에 관하여는 피의자가 일정한 주거가 없는 경우 또는 정당한 이유없이 제200조의 규정에 의한 출석요구에 응하지 아니한 경우에 한한다.

제200조의3(긴급체포) ① 검사 또는 사법경찰관은 피의자가 사형·무기 또는 장기 3년이상의 징역이나 금고에 해당하는 죄를 범하였다고 의심할 만한 상당한 이유가 있고, 제70조제1항 제2호(증거인멸) 및 제3호(도망하거나 도망할 염려)에 해당하는 사유가 있는 경우에 긴급을 요하여 지방법원판사의 체포영장을 받을 수 없는 때에는 그 사유를 알리고 영장없이 피의자를 체포할 수 있다. 이 경우 긴급을 요한다 함은 피의자를 우연히 발견한 경우등과 같이 체포영장을 받을 시간적 여유가 없는 때를 말한다.

나. 경찰수사규칙

제45조(지명수배) ① 사법경찰관리는 다음 각 호의 어느 하나에 해당하는 사람의 소재를 알 수 없을 때에는 지명수배를 할 수 있다.

1. 법정형이 사형, 무기 또는 장기 3년 이상의 징역이나 금고에 해당하는 죄를 범했다고 의심할 만한 상당한 이유가 있어 체포영장 또는 구속영장이 발부된 사람
2. 제47조에 따른 지명통보의 대상인 사람 중 지명수배를 할 필요가 있어 체포영장 또는 구속영장이 발부된 사람

② 제1항에도 불구하고 법 제200조의3제1항에 따른 긴급체포를 하지 않으면 수사에 현저한 지장을 초래하는 경우에는 영장을 발부받지 않고 지명수배할 수 있다. 이 경우 지명수배 후 신속히 체포영장을 발부받아야 하며, 체포영장을 발부받지 못한 때에는 즉시 지명수배를 해제해야 한다.

다. 검사와 사법경찰관의 상호협력과 일반적 수사준칙에 관한 규정

제27조(긴급체포) ① 사법경찰관은 법 제200조의3제2항에 따라 긴급체포 후 12시간 내에 검사에게 긴급체포의 승인을 요청해야 한다. 다만, 다음 각 호의 어느 하나에 해당하는 경우에는 긴급체포 후 24시간 이내에 긴급체포의 승인을 요청해야 한다.

1. 제51조제1항제4호가목에 따른 피의자중지 또는 제52조제1항제3호에 따른 기소중지 결정이 된 피의자를 소속 경찰관서가 위치하는 특별시·광역시·특별자치시·도 또는 특별자치도 외의 지역에서 긴급체포한 경우
2. 「해양경비법」 제2조제2호에 따른 경비수역에서 긴급체포한 경우

4. 결 론

지명수배하기 위해서는 경찰수사규칙에 의해 체포영장 또는 구속영장이 발부된 피의자에 대해서만 하게 되어 있으며 단서조항에 의거 "긴박한 사유가 있는 때에는 지명수배한 후 신속히 체포영장을 발부받아야 하며, 발부받지 못한 경우 즉시 지명수배를 해제하여야 한다."라고 되어 있어 영장이 발부되지 않을 때도 지명수배할 수 있으나 긴박한 사유란 어떠한 경우인가를 검토해야 할 사안으로,

가. 체포영장 수배 여부

체포영장 발부 대상은 형사소송법 제200조(피의자의 출석요구 등) 규정에 의해 피의자에게 출석을 요구하여야 하나 같은 법 제200조의2(영장에 의한 체포) 단서조항과 같이 출석을 요구하여 이에 "응하지 아니할 우려가 있는 때" 즉, 기 지명수배가 되어 있거나 범죄경력이 많아 출석요구를 받으면 도망할 염려가 있고 또 공범들과 통모로 증거인멸의 염려가 있는 경우 등의 경우에는 출석요구 없이 바로 체포영장을 발부받아 체포할 수 있으며 체포영장을 발부받았으나 소재불명이면 즉시 지명수배하여야 한다. 그러므로 위의 경우에는 피의자의 출석요구 없이 바로 체포영장을 발부받을 수 있으며 탐문수사 등으로

그 소재가 불명이면 바로 지명수배할 수 있다

나. 긴급체포 수배 여부

(가) 긴급체포 사유는 형사소송법 제200조의3 규정 "… 긴급을 요하여 지방법원 판사의 체포영장을 받을 수 없는 때"의 경우이며 긴급을 요하는 경우란 같은 조항에서 "긴급을 요한다 함은 피의자를 우연히 발견한 경우 등과 같이 체포 영장을 받을 시간적 여유가 없는 때를 말한다"라고 규정하고 있다.

(나) 일반적으로 현행범인이 아닌 자로 긴급체포요건(장기 3년이상)에 해당한 자를 추적 등 우연히 발견된 경우 긴급체포할 수 있을 것이며 출석요구도 없이 바로 긴급체포 지명수배를 하였다면 논란의 소지가 있다 볼 수 있으나

(다) 경찰수사규칙에서 "긴박한 사유가 있는 때에는 지명수배한 후 신속히 체포영 장을 발부받아야 하며…"라는 규정을 적용할 경우 출석요구를 하면 도망 또 는 증거인멸의 염려가 있어 추적 및 탐문수사 등으로 소재파악을 하였으나 소재가 불명일 경우에는 검사의 지휘를 받아 긴급체포 수배를 할 수 있으나 그러기 위해서는 수사서류에 피의자에 대해 소재수사 등의 근거가 편철되어 야 할 것이다.

다. 용의자에 대한 지명수배 여부

형사소송법과 경찰수사규칙 등 제반 법령에 피의자로 명시되어 있어 피고소인이나 피고발인 또는 인지된 피의자의 경우 지명수배할 수 있으며 용의자에 대해서는 지명수 배할 수 없다.

공자가 말했다.
"세 사람이 길을 가면 반드시
나의 스승이 있으니, 그들로부터
좋은 것은 가려 따르고
좋지 않은 것은 고친다."
– 〈논어〉 술이

제21절 무전취식 등 현행범인체포 시 유의사항

1. 사 례

목로주점의 업주 甲은 자신의 가게에서 乙이 술과 안주 등 약 100만원 상당을 먹고 그 대금을 지급하지 않자 ○○지구대에 신고하였다. 박 경사와 김 경장은 신고를 받고 출동하여 乙을 무전취식의 현행범으로 체포하였다.

2. 사례분석

가. 현행범인의 체포

(가) 요 건

1) 乙이 현행범인이 되기 위해서는 형사소송법의 규정과 같이 범행 중 또는 범행 직후거나 준현행범인의 요건을 갖추어야 한다.

2) 대법원 판례도 형사소송법 제211조가 현행범인으로 규정한 '범죄의 실행의 직후인 자'라고 함은 범죄의 실행행위를 종료한 직후의 범인이라는 것이 체포하는 자의 입장에서 볼 때 명백한 경우를 일컫는 것이고, '범죄의 실행행위를 종료한 직후'라고 함은 범죄행위를 실행하여 끝마친 순간 또는 이에 아주 접착된 시간적 단계를 의미하는 것으로 해석되므로, 시간적으로나 장소적으로 보아 체포를 당하는 자가 방금 범죄를 실행한 범인이라는 점에 관한 죄증이 명백히 존재하는 것으로 인정된다면 현행범인으로 볼 수 있다라고 판시하였다(대법원 2006.2.10. 선고 2005도7158 판결)

(나) 판례(사례)

1) 교사가 교장실에 들어가 불과 약 5분 동안 식칼을 휘두르며 교장을 협박하는 등의 소란을 피운 후 40여 분 정도가 지나 경찰관들이 출동한 사건과 관련 대법원은 현행범인으로 인정하지 않았으며(대법원 1991.9.24. 선고 91도1314 판결)

2) "2005. 4. 12. 09:35경 ○○앞 노상에서, 범죄신고를 받고 출동한 경찰관에 의해 같은 날 09:10경에 피해자(민간인)에게 상해를 가하였다는 혐의사실로 현행범인으로 체포되어 연행되어 가던 중 112 순찰 차량에 태우려 하는 경찰관의 안면부를 양 주먹으로 수회 때려 동인의 현행범인 체포에 관한 정당한 직무집행을 방해한 사건"과 관련 피의자를 상해죄의 현행범인으로 체포한다고 하면

서 미란다원칙을 고지하고 강제로 연행하려고 하자, 잘못한 일이 없다고 하면서 탈의실 바닥에 누워 한동안 체포에 불응한 사실 등으로 인하여 체포시간이 지연되었는데 사실관계와 체포 전후의 정황에 비추어 본다면, 상해 행위를 종료한 순간과 아주 접착된 시간적 단계에 있다고 볼 수 있을 뿐만 아니라 체포한 장소도 상해 범행을 저지른 바로 그 장소이며, 체포할 당시는 피의자가 방금 범죄를 실행한 범인이라고 볼 죄증이 명백히 존재하는 것으로 인정할 수 있는 상황이었다고 할 것이므로, 현행범인으로 볼 수 있다고 판시(대법원 2006.2.10. 선고 2005도7158 판결) → 항소심에서는 공무집행방해 불인정

(다) 현행범인의 체포와 실력행사

현행범인을 체포하는 경우에 현행범인의 저항을 받는 때에는 사회통념상 체포를 위하여 필요하고 상당하다고 인정되는 안의 범위에서 실력을 행사할 수 있다

(라) 현행범인의 체포와 압수수색

필요한 때에는 영장없이 타인의 주거에 들어가 피의자를 수색할 수 있고, 체포현장에서 압수수색검증을 할 수 있다(형소법 제216조)

나. 체포의 적법 여부

(가) 사례에서는 술값 문제로 업주와 논쟁 중 업주의 신고로 출동하였으며 술값을 주지 못한 이유가 금액과다 등으로 인하여 지급하였는지, 또는 카드로 결제하려고 하였는데 카드연체 중인 것을 미쳐 볼라 결재되지 않았는지, 아니면 처음부터 무전취식할 생각이었는지 여부를 확인하여야 할 것이며,

(나) 또한 사기죄가 명백히 인정된 경우라도 현행범인 체포요건이 갖추어졌는지를 검토해 보아야 하는데 무전취식의 사기죄가 성립하려면 대금을 지급할 의사와 능력없이 술을 먹고 난 후 그 대금을 갚지 않고 가려고 할 때 사기죄가 종료한다고 볼 수 있어 업주와 대금문제로 다투면서 업주가 피의자를 나가지 못하게 하면서 경찰에 신고할 때는 최소한 '실행의 직후'로 볼 수 있을 것이다.

(다) 그러나 신고받고 현장에 출동하기까지의 시간이 교통 체증 등으로 20~30분 이상 지났다면 실행 직후로 볼 수 없을 것이다. 이 경우 현행범인으로 체포한다면 불법체포감금의 논란 소지가 발생할 수도 있음.

다. 무전취식 신고 시 대처 요령

(가) 현장에 즉시 도착하여 용의자(사례에서는 乙)의 인적사항과 수배 여부를 확인하여 신원이 확실한 경우에는 지구대까지 동행을 요구하여 필요한 조사를 하거나 경미한 경우 다음날 출석할 수 있도록 연락처 등을 확인한 후 그냥 귀가 조처(만약 차후 출석 불응할 경우 지명수배 등 절차에 따라 조치하면 될 것)

(나) 인적사항을 묵비한 경우는 주거부정으로 인정될 수 있으므로 현행범인 요건을 구비한 경우 현행범인으로 체포

(다) 술에 취하여 소지품 등을 확인하여도 신원확인이 되지 않으면 임의동행

라. 임의동행에 불응한 경우

(가) 현행범인 요건을 명백히 구비한 경우에는 현행범인으로 체포하거나 현행범인 요건을 구비하지 못한 경우(시간이 많이 경과한 경우 등) 무전취식(사기죄)은 긴급체포의 사유가 되므로 필요한 경우 긴급체포 가능

(나) 현행범인 요건도 구비하지 못하고 또 사기죄 성립여부도 불명확한 경우 현행범인으로 체포하여서는 안 되며 이 경우에는 업주(甲)가 경찰에 신고할 때부터 乙을 붙잡고 있었으므로 업주 甲이 현행범인을 체포한 것으로 하여 신병인수 후 경찰관은 현행범인인수서를 작성

마. 현행범체포서 작성 시 유의사항

(가) 현행범체포서의 체포일시와 범죄사실의 범행일시가 동일(범행중인 경우)하거나 근접(실행 직후)하여야 할 것(※ 시간 관계를 필히 확인할 것)

(나) 현재 지구대에서 작성된 서류의 例를 보면 현행범인 체포시간은 23:40분인데 범죄사실의 범행일시는 23:10분으로 된 경우가 있는데 이 경우 시간적으로 30분이라는 차이가 있어 현행범인체포 요건에 대한 논쟁의 소지가 있음.

제22절 경미사범과 현행범인체포

1. 사 례

교통경찰관 甲은 교통신호를 위반한 乙을 정지시켜 법규위반 사실을 고지하고 운전면허증 제시를 요구하자 이에 불응하고 인적사항에 대한 질문도 묵비권을 행사하고 있다. 이 경우 乙을 현행범으로 체포할 수 있는지

2. 법규연구

가. 도로교통법

제92조(운전면허증 휴대 및 제시 등의 의무) ① 자동차등(개인형 이동장치는 제외한다)을 운전할 때에는 다음 각 호의 어느 하나에 해당하는 운전면허증 등을 지니고 있어야 한다.
1. 운전면허증, 제96조제1항에 따른 국제운전면허증 또는 상호인정외국면허증이나 「건설기계관리법」에 따른 건설기계조종사면허증(이하 "운전면허증등"이라 한다)
2. 운전면허증등을 갈음하는 다음 각 목의 증명서
 가. 제91조에 따른 임시운전증명서
 나. 제138조에 따른 범칙금 납부통고서 또는 출석지시서
 다. 제143조제1항에 따른 출석고지서
② 운전자는 운전 중에 교통안전이나 교통질서 유지를 위하여 경찰공무원이 제1항에 따른 운전면허증등 또는 이를 갈음하는 증명서를 제시할 것을 요구하거나 운전자의 신원 및 운전면허 확인을 위한 질문을 할 때에는 이에 응하여야 한다.
제155조(벌칙) 제92조제2항을 위반하여 경찰공무원의 운전면허증등의 제시 요구나 운전자 확인을 위한 진술 요구에 따르지 아니한 사람은 20만원 이하의 벌금 또는 구류에 처한다.
제5조(신호 또는 지시에 따를 의무) ① 도로를 통행하는 보행자, 차마 또는 노면전차의 운전자는 교통안전시설이 표시하는 신호 또는 지시와 다음 각 호의 어느 하나에 해당하는 사람이 하는 신호 또는 지시를 따라야 한다.
1. 교통정리를 하는 경찰공무원(의무경찰을 포함한다. 이하 같다) 및 제주특별자치도의 자치경찰공무원(이하 "자치경찰공무원"이라 한다)
2. 경찰공무원(자치경찰공무원을 포함한다. 이하 같다)을 보조하는 사람으로서 대통령령으로 정하는 사람(이하 "경찰보조자"라 한다)
② 도로를 통행하는 보행자, 차마 또는 노면전차의 운전자는 제1항에 따른 교통안전시설이 표시하는 신호 또는 지시와 교통정리를 하는 경찰공무원 또는 경찰보조자(이하 "경찰공무원등"이라 한다)의 신호 또는 지시가 서로 다른 경우에는 경찰공무원등의 신호 또는 지시에 따라야 한다.
제156조(벌칙) 다음 각 호의 어느 하나에 해당하는 사람은 20만원 이하의 벌금이나 구류 또는 과료에 처한다.
1. 제5조, … 위반한 차마 또는 노면전차의 운전자

나. 형사소송법

제211조(현행범인과 준현행범인) ① 범죄를 실행하고 있거나 실행하고 난 직후의 사람을 현행범인이라 한다.

제212조(현행범인의 체포) 현행범인은 누구든지 영장없이 체포할 수 있다.

제213조(체포된 현행범인의 인도) ① 검사 또는 사법경찰관리 아닌 자가 현행범인을 체포한 때에는 즉시 검사 또는 사법경찰관리에게 인도하여야 한다.

② 사법경찰관리가 현행범인의 인도를 받은 때에는 체포자의 성명, 주거, 체포의 사유를 물어야 하고 필요한 때에는 체포자에 대하여 경찰관서에 동행함을 요구할 수 있다.

제214조(경미사건과 현행범인의 체포) 다액 50만원이하의 벌금, 구류 또는 과료에 해당하는 죄의 현행범인에 대하여는 범인의 주거가 분명하지 아니한 때에 한하여 제212조 내지 제213조의 규정을 적용한다.

제70조(구속의 사유) ① 법원은 피고인이 죄를 범하였다고 의심할 만한 상당한 이유가 있고 다음 각호의 1에 해당하는 사유가 있는 경우에는 피고인을 구속할 수 있다.

1. 피고인이 일정한 주거가 없는 때
2. 피고인이 증거를 인멸할 염려가 있는 때
3. 피고인이 도망하거나 도망할 염려가 있는 때

② 다액 50만원이하의 벌금, 구류 또는 과료에 해당하는 사건에 관하여는 제1항제1호의 경우를 제한 외에는 구속할 수 없다.

3. 결 론

가. 현행범인 체포요건 구비 여부

(가) 乙의 행위는 도로교통법 위반으로 20만원 이하의 벌금이나 구류 또는 과료에 해당한다. 그러나 운전면허증은 물론 본인의 인적사항에 대해서도 묵비하고 있다. 즉 주거가 불명하다.

(나) 형사소송법 제214조는 다액 50만원이하의 벌금, 구류 또는 과료에 해당하는 죄의 현행범인에 대하여는 범인의 주거가 분명하지 아니할 때 한하여 제212조(현행범인의 체포) 내지 제213조(체포된 현행범인의 인도)의 규정을 적용하게 되어 있어 현행범인으로 체포할 수 있다.

나. 인적사항 확인과 구속 여부

(가) 본인의 인적사항을 끝까지 말하지 않을 때는 지문을 채취하여 확인하는 수밖에 없다. 이 경우 본인이 지문채취에 응하면 문제가 없겠지만 지문채취에도 불응할 때는 형사소송법 215조(압수, 수색, 검증)에 의해 압수수색검증영장을 발부받아 지문을 채취한 후 인적사항을 확인하여야 할 것이다.

(나) 형사소송절차에 따라 인적사항을 확인한 경우에는 경범죄처벌법 제1조 42호 (지문채취불응) "범죄의 피의자로 입건된 사람에 대하여 경찰공무원이나 검사가 지문조사 외의 다른 방법으로 그 신원을 확인할 수 없어 지문을 채취하려고 할 때 정당한 이유없이 이를 거부한 사람"에 해당하기 때문에 즉심에 회부하는 것도 잊지 말아야 할 것이다.

(다) 이 경우 동종전과가 있고 일정한 주거가 없는 등 구속 사유에 해당한다 하더라도 본 사례위반의 경우 징역형이 없으므로 즉결심판에 회부하여야 한다.

(라) 유치장 입감 여부

경찰관직무집행법 제9조(유치장) "경찰서 및 지방해양경찰관서에 법률이 정한 절차에 따라 체포·구속되거나 신체의 자유를 제한하는 판결 또는 처분을 받은 자를 수용하기 위하여 유치장을 둔다" 규정에 따라 현행범인으로 체포된 피의자는 유치장에 입감할 수 있으므로 필요한 경우 입감도 가능하다.

다. 법적 절차 준수

형사소송법에 의거 현행범인으로 체포할 경우 반드시 변호인선임권 등 미란다원칙을 고지하는 등 형사소송법상 절차를 준수하여야 할 것이다.

칠뜨기나 팔푼이 맹구 같은 사람이
오랜 세월 동안 사랑을 받아 온 이유는
대부분 사람이
자기보다 잘난 사람보다는 조금 모자란 사람에게
더 호감을 느끼기 때문이다.

제23절 현행범인 체포경위 및 그에 관한 현행범인체포서와 범죄사실의 기재에 다소 차이 난 경우

1. 사 례

경찰관 甲은 20○○. 7. 12. 10:50경 ○○에 있는 ○○여관에서 싸운다는 신고를 받고 현장에 출동하여 피의자 乙을 폭행현행범으로 체포하여 파출소로 연행하였다. 파출소에 연행된 乙은 술에 취하여 죄 없는 시민을 잡아들인다며 경찰관들에게 욕설과 폭행을 하여 공무집행방해 혐의를 추가되었다.

그런데 최초 폭행의 현행범인체포서 상에 체포일시와 장소는 "20○○. 7. 12. 10:50경 ○○에 있는 ○○여관 제○○호실" 이라고 기재되어 있고 공소사실에는 "20○○. 7. 12. 11:00경 ○○에 있는 ○○여관 앞 노상" 이라 약간 다르게 기재되어 있었다.

2. 법규연구

가. 형법

제136조(공무집행방해) ① 직무를 집행하는 공무원에 대하여 폭행 또는 협박한 자는 5년 이하의 징역 또는 1천만원 이하의 벌금에 처한다.
② 공무원에 대하여 그 직무상의 행위를 강요 또는 조지하거나 그 직을 사퇴하게 할 목적으로 폭행 또는 협박한 자도 전항의 형과 같다.

나. 형사소송법

제72조(구속과 이유의 고지) 피고인에 대하여 범죄사실의 요지, 구속의 이유와 변호인을 선임할 수 있음을 말하고 변명할 기회를 준 후가 아니면 구속할 수 없다. 다만, 피고인이 도망한 경우에는 그러하지 아니하다.
제200조의5(체포와 피의사실 등의 고지) 검사 또는 사법경찰관은 피의자를 체포하는 경우에는 피의사실의 요지, 체포의 이유와 변호인을 선임할 수 있음을 말하고 변명할 기회를 주어야 한다.

3. 관련 판례

■ 판례 ■ 　현행범인 체포경위 및 그에 관한 현행범인체포서와 범죄사실의 기재에 다소 차이가 있는 경우

[1] 형법 제136조의 공무집행방해죄에서 적법한 공무집행의 의미 및 경찰관이 현행범인을 체포한 후에 범죄사실의 요지 등을 고지한 경우에도 적법한 공무집행에 해당하는지 여부(한정 적극)
형법 제136조의 공무집행방해죄는 공무원의 직무집행이 적법한 때에만 성립하고, 그 공무집행이

적법하려면 그 행위가 당해 공무원의 추상적 직무권한에 속할 뿐 아니라 구체적으로도 그 권한 내에 있어야 하며, 또한 직무행위의 중요한 방식을 갖추어야 한다. 한편, 구 형사소송법(2007. 12. 21. 법률 제8730호로 개정되기 전의 것) 제213조의2, 제72조의 규정 등에 의하면 사법경찰관리가 현행범인을 체포하는 경우에는 반드시 범죄사실의 요지, 체포의 이유와 변호인을 선임할 수 있음을 말하고 변명할 기회를 주어야 하고, 이와 같은 고지는 체포를 위한 실력행사에 들어가기 이전에 미리 하여야 하는 것이 원칙이나, 달아나는 피의자를 쫓아가 붙들거나 폭력으로 대항하는 피의자를 실력으로 제압하는 경우에는 붙들거나 제압하는 과정에서 하거나, 그것이 여의치 않은 경우에라도 일단 붙들거나 제압한 후에 지체없이 행하였다면 경찰관의 현행범인 체포는 적법한 공무집행이라고 할 수 있다.

[2] 경찰관의 현행범인 체포경위 및 그에 관한 현행범인체포서와 범죄사실의 기재에 다소 차이가 있더라도, 그것이 논리와 경험칙상 장소적·시간적 동일성이 인정되는 범위 내라면 그 체포행위가 공무집행방해죄의 요건인 적법한 공무집행에 해당한다(대법원 2008.10.9. 선고 2008도3640 판결)

4. 법원의 판결 (결 론)

가. 원심판결

경찰관으로부터 현행범인으로 체포당한 乙이 체포장소 및 경찰 지구대 사무실에서 경찰관에게 욕설하고 폭행·협박하여 경찰관들의 범죄 진압, 수사 및 지구대 내 질서 유지에 관한 정당한 직무 집행을 방해하였다는 이 사건 공소사실에 대하여, 경찰관 甲이 언제 어디에서 어떤 죄명으로 피고인을 현행범인으로 체포하였는지 불명한 상태라면 경찰관이 乙을 현행범인으로 체포하면서 범죄사실의 요지, 체포의 이유와 변호인을 선임할 수 있음을 고지하지 아니하고 변명할 기회를 주지 아니한 채 체포한 사실이 인정되므로 乙에 대한 현행범인 체포와 그에 이은 구금행위는 적법한 직무 집행으로 볼 수 없다.

따라서 乙이 이러한 부적법한 현행범인 체포 및 그에 이은 불법적인 구금상태에서 벗어나거나 이에 저항하기 위해 경찰관에게 폭행·협박을 하였다 하더라도 공무집행방해죄가 성립되지 아니하기 때문에 무죄이다.

나. 대법원

경찰관 甲은 乙에 대한 폭행 등을 이유로 현행범인으로 체포하면서 乙에게 범죄사실의 요지, 체포의 이유와 변호인을 선임할 수 있음을 고지한 것으로 인정되고, 乙에 대한 현행범인 체포경위 및 그에 대한 현행범인체포서와 범죄사실에 다소 차이가 있다고 하더라도 이러한 차이는 논리와 경험칙상 장소와 시간의 동일성이 인정되는 범위 내에서의 차이로 볼 수 있으므로, 경찰관 甲이 乙을 현행범인으로 체포하여 경찰

지구대로 연행한 행위는 적법한 공무집행행위라고 볼 수 있다.

따라서 乙이 이러한 적법한 현행범인 체포 및 그에 이은 구금상태를 벗어나거나 저항하기 위하여 경찰관에게 폭행·협박을 하였다면 공무집행방해죄가 충분히 성립된다고 할 것이다.

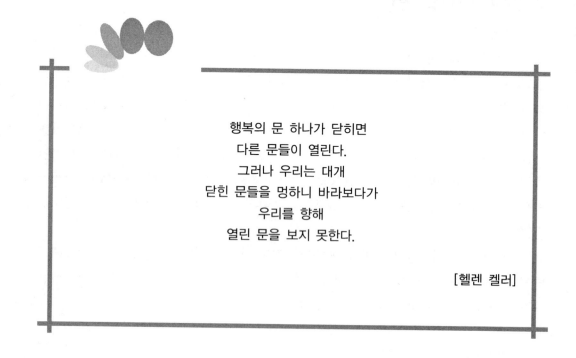

행복의 문 하나가 닫히면
다른 문들이 열린다.
그러나 우리는 대개
닫힌 문들을 멍하니 바라보다가
우리를 향해
열린 문을 보지 못한다.

[헬렌 켈러]

제24절 자기명의의 서류를 위조하여 경찰에 제출한 경우

1. 사 례

> 피의자는 범행을 은폐하기 위해 경찰에 제출한 은행지점장 발행 피의자 명의의 은행계좌의 거래명세서를 변조하여 제출한 경우 문서위조죄와 위계에의한공무집행방해죄가 성립하는지 여부

2. 법규연구 (형법)

> 제231조(사문서등의 위조 · 변조) 행사할 목적으로 권리 · 의무 또는 사실증명에 관한 타인의 문서 또는 도화를 위조 또는 변조한 자는 5년이하의 징역 또는 1천만원이하의 벌금에 처한다.
>
> 제137조(위계에 의한 공무집행방해) 위계로써 공무원의 직무집행을 방해한 자는 5년이하의 징역 또는 1천만원이하의 벌금에 처한다.

3. 관련 판례

피의자나 참고인이 피의자의 무고함을 입증하는 등의 목적으로 수사기관에 대하여 허위사실을 진술하거나 허위의 증거를 제출하였다 하더라도, 수사기간이 충분한 수사를 하지 아니한 채 이와 같은 허위의 진술과 증거만으로 잘못된 결론을 내렸다면, 이는 수사기관의 불충분한 수사에 의한 것으로서 피의자 등의 위계에 의하여 수사가 방해되었다고 볼 수 없어 위계에 의한 공무집행방해죄가 성립된다고 할 수 없을 것이나, 피의자나 참고인이 피의자의 무고함을 입증하는 목적으로 적극적으로 허위의 증거를 조작하여 제출하였고, 그 증거 조작의 결과 수사기관이 그 진위에 관하여 나름대로 충실한 수사를 하더라도 제출된 증거가 허위임을 발견하지 못하여 잘못된 결론을 내리게 될 정도에 이르렀다면, 이는 위계에 의하여 수사기관의 수사행위를 적극적으로 방해한 것으로서 위계에 의한 공무집행방해죄가 성립된다(대법원 2003.7.25. 선고 2003도1609 판결).

4. 결 론

가. 거래명세서가 은행지점장 명의로 발급되었다 하더라도 피의자에게 전달된 이상 거래내역서는 피의자 소유로 볼 수 있으므로 자기 물건을 손괴하거나 변조한다 하여 별도의 손괴죄나 문서위조죄로 처벌할 수 없을 것이다.

나. 예를 들어 교통법규위반자가 경찰관으로부터 교통스티커를 교부받아 서명날인을 하라고 할 때 그 자체를 찢어 버린 경우는 공용서류손상 등으로 처벌할 수 있으나 서명날인 후 위반자에게 교부되는 용지를 경찰관 앞에서 지졌다 하더라도 처벌하지 못한 경우와 같다고 볼 수 있음

다. 다만 은행지점장으로부터 받은 거래내역서를 변조하여 경찰관에게 제출 자기의 범행을 숨기려고 한 행위에 대해서는 위와 같이 최근 판례가 위계에의한공무집행방죄를 적용한 사례가 있음.

라. 즉 피의자가 자신의 무고함을 입증하는 목적으로 적극적으로 허위의 증거를 조작하여 제출하였고, 그 증거 조작의 결과 수사기관이 그 진위에 관하여 나름대로 충실한 수사를 하더라도 제출된 증거가 허위임을 발견하지 못하여 잘못된 결론을 내리게 될 정도에 이르렀다면 위계공집방해가 성립한다고 하는 바와 같이 사례의 경우에는 문서위조죄는 적용하기 어렵고 위계에의한공집방해죄를 적용할 수 있을 것이다.

"서로 술이나 음식을 함께 할 때는
형이니 동생이니 하는 친구는 많으나,
급하고 어려운 일을 당하였을 때
도와줄 친구는 하나도 없느니라."
"길이 멀어야 말의 힘을 알 수 있고
날이 오래 지내야만 사람의 마음을 알 수 있느니라."

-명심보감(교 우 편)-

제25절 가명으로 문서를 작성한 경우 문서위조죄 여부

1. 사 례

甲은 현금보관증에 다른 사람의 명의를 사칭한 것이 아니라 甲 자신이 그동안 가명으로 사용한 가명인 홍길동으로 기재하였다. 甲이 이렇게 가명으로 현금보관증을 작성한 행위가 사문서위조죄가 성립하는지 여부.

2. 법규연구 (형법)

제231조(사문서등의 위조·변조) 행사할 목적으로 권리·의무 또는 사실증명에 관한 타인의 문서 또는 도화를 위조 또는 변조한 자는 5년 이하의 징역 또는 1천만원 이하의 벌금에 처한다.

제234조(위조사문서등의 행사) 제231조 내지 제233조의 죄에 의하여 만들어진 문서, 도화 또는 전자기록등 특수매체기록을 행사한 자는 그 각 죄에 정한 형에 처한다.

3. 법원의 판결(결 론)

가. 형법상 사문서위조죄는 타인의 명의를 모용하여 문서를 작성하는 것, 즉 그 의사표시가 타인에 의하여 행해진 것처럼 허위로 꾸미는 것이 그 본질이라 할 것인바, 문서의 작성명의인과 현실의 작성자와의 일치 여부, 즉 당해 문서의 작성명의인과 현실의 작성자와의 「인격의 동일성」 여부에 의하여 그 범죄의 성립 여부가 결정된다고 할 것이고, 여기서 인격의 동일성이라는 것은 성명 기타 칭호의 동일성이 아니고 성명이나 칭호를 통해서 인식되는 인격자의 동일성을 의미한다.

나. 甲이 자신의 가명인 "홍길동"의 명의로 이 사건 현금보관증을 작성한 행위는 비록 본명과 그 이름은 다르다 할지라도 그 작성명의자의 인격의 동일성이 그대로 유지된 것이므로 결국 인격의 동일성에 관한 기망이 없어서 문서위조죄가 성립하지 아니한다(제주지법 2009. 9. 23. 선고 2009고정579).

제26절 경찰관이 피의자 제압 과정에서 상해를 입힌 경우

1. 사 례

甲은 폭력을 행사한 혐의로 ○○경찰서 소속 ○○지구대로 연행되어 조사를 앞둔 상태에서 계속 상대측과 언쟁을 벌이면서 그들에게 달려들려 하였고, 이에 당시 상황근무를 보고 있던 경찰관이 '조용히 하라'며 반말을 하자 격분한 나머지 그 경찰관에게 다가가 멱살을 잡았다. 그러자 그 경찰관은 甲의 손을 뿌리치면서 甲을 바닥에 엎어뜨렸고 다른 경찰관 등과 함께 甲의 양팔을 뒤로 꺾어 양손에 수갑을 채웠는데, 그 과정에서 甲은 우측 상완골근위부 분쇄, 분절 골절상을 입었고 그로 인하여 위 상해부위에 영구장해가 남게 되었다.

2. 쟁 점

가. 경찰관이 피의자를 제압하는 과정에서 피의자에게 상해를 입힌 행위가 정당방위 또는 정당행위에 해당하는지 여부

나. 피의자의 과실 정도

3. 법규연구

가. 민 법

제761조(정당방위, 긴급피난) ① 타인의 불법행위에 대하여 자기 또는 제삼자의 이익을 방위하기 위하여 부득이 타인에게 손해를 가한 자는 배상할 책임이 없다. 그러나 피해자는 불법행위에 대하여 손해의 배상을 청구할 수 있다.
② 전항의 규정은 급박한 위난을 피하기 위하여 부득이 타인에게 손해를 가한 경우에 준용한다.

나. 경찰관직무집행법

제10조의2(경찰장구의 사용) ① 경찰관은 다음 각 호의 직무를 수행하기 위하여 필요하다고 인정되는 상당한 이유가 있을 때에는 그 사태를 합리적으로 판단하여 필요한 한도에서 경찰장구를 사용할 수 있다.
1. 현행범이나 사형·무기 또는 장기 3년 이상의 징역이나 금고에 해당하는 죄를 범한 범인의 체포 또는 도주 방지
2. 자신이나 다른 사람의 생명·신체의 방어 및 보호
3. 공무집행에 대한 항거(抗拒) 제지
② 제1항에서 "경찰장구"란 경찰관이 휴대하여 범인 검거와 범죄 진압 등의 직무 수행에 사용하는 수갑, 포승(捕繩), 경찰봉, 방패 등을 말한다.

4. 쟁점에 대한 법원의 판단(대법원 2006.5.11. 선고 2005나87953 판결)

가. 정당방위 여부

경찰관의 멱살을 잡은 甲의 행위는 부당한 가해행위라고 할 것이나, 한편 당시 상황에 비추어 경찰관으로서도 甲을 제압하기 위하여 수갑을 채우는 과정에서 甲의 팔을 과도하게 돌려 꺾어 甲에게 상해를 입힌 행위는 방위의 의사로서 한 것이라 하더라도 사회통념상 허용되는 범위 내의 방위행위라고 할 수 없고, 오히려 과잉방위행위에 해당한다.

나. 정당행위 여부

경찰관으로서는 경찰서로 연행된 후에도 피해자 측과 언쟁을 벌이고 이를 제지하는 경찰관의 멱살을 잡는 등으로 공무집행에 항거하는 甲을 제압하기 위하여 수갑을 사용할 수는 있다고 할 것이나, 이러한 경우에도 수갑을 채우는 과정에서 신체에 대한 피해를 최소한으로 줄일 방법을 선택하여야 할 것인데, 당시 상황에 비추어 甲의 팔을 과도하게 뒤로 꺾어 상해를 입힌 행위는 상당성이 없는 것이어서 정당한 직무집행행위라고 할 수 없다.

다. 책임의 제한

다만 甲으로서도 경찰서 지구대 내로 연행된 후에도 피해자 측과 언쟁을 벌이고 소란을 피워 지구대 내의 정상적인 공무집행을 어렵게 만들고, 더욱이 이를 제지하는 경찰관의 멱살을 잡는 폭력을 먼저 행사함으로써 경찰관의 물리력 사용을 상당부분 자처한 잘못이 있는바, 이러한 甲의 과실은 60%로 보는 것이 타당하다.

아내인 동시에
친구일 수도 있는
여자가 참된 아내이다.
친구가 될 수 없는 여자는
아내로도 마땅하지가 않다.

[윌리엄 펜]

제27절 체포과정에서 피의자에게 상처 입힌 경찰관 책임

1. 사 례

> 甲은 폭력을 행사한 혐의로 파출소로 연행되어 조사를 앞둔 상태에서 계속 상대측과 언쟁을 벌이면서 그들에게 달려들려 하였고, 이에 상황근무를 보고 있던 경찰관이 '조용히 하라' 며 반말을 하자 격분한 나머지 그 경찰관에게 다가가 멱살을 잡았다.
>
> 이때 경찰관은 甲의 손을 뿌리치면서 바닥에 엎어뜨렸고 다른 경찰관 등과 함께 甲의 양팔을 뒤로 꺾어 양손에 수갑을 채웠는데, 그 과정에서 甲은 우측 상완골근위부 분쇄, 분절 골절상을 입었고 그로 인하여 위 상해부위에 영구장해가 남게 되었다.
>
> 가. 경찰관이 피의자를 제압하는 과정에서 피의자에게 상해를 입힌 행위가 정당방위 또는 정당행위에 해당하는지 여부
>
> 나. 피의자(甲) 및 경찰관의 과실 정도

2. 법규연구

가. 민 법

> **제750조(불법행위의 내용)** 고의 또는 과실로 인한 위법행위로 타인에게 손해를 가한 자는 그 손해를 배상할 책임이 있다.
>
> **제751조 (재산이외의 손해의 배상)** ① 타인의 신체, 자유 또는 명예를 해하거나 기타 정신상고통을 가한 자는 재산이외의 손해에 대하여도 배상할 책임이 있다.
>
> ② 법원은 전항의 손해배상을 정기금채무로 지급할 것을 명할 수 있고 그 이행을 확보하기 위하여 상당한 담보의 제공을 명할 수 있다.
>
> **제761조(정당방위, 긴급피난)** ① 타인의 불법행위에 대하여 자기 또는 제삼자의 이익을 방위하기 위하여 부득이 타인에게 손해를 가한 자는 배상할 책임이 없다. 그러나 피해자는 불법행위에 대하여 손해의 배상을 청구할 수 있다.
>
> ② 전항의 규정은 급박한 위난을 피하기 위하여 부득이 타인에게 손해를 가한 경우에 준용한다.

나. 형 법

> **제20조(정당행위)** 법령에 의한 행위 또는 업무로 인한 행위 기타 사회상규에 위배되지 아니하는 행위는 벌하지 아니한다.
>
> **제21조(정당방위)** ① 현재의 부당한 침해로부터 자기 또는 타인의 법익(法益)을 방위하기 위하여 한 행위는 상당한 이유가 있는 경우에는 벌하지 아니한다.
>
> ② 방위행위가 그 정도를 초과한 경우에는 정황(情況)에 따라 그 형을 감경하거나 면제할 수 있다.
>
> ③ 제2항의 경우에 야간이나 그 밖의 불안한 상태에서 공포를 느끼거나 경악(驚愕)하거나 흥분하거나 당황하였기 때문에 그 행위를 하였을 때에는 벌하지 아니한다.

다. 경찰관 직무집행법

> 제10조의2(경찰장구의 사용) ① 경찰관은 다음 각 호의 직무를 수행하기 위하여 필요하다고 인정되는 상당한 이유가 있을 때에는 그 사태를 합리적으로 판단하여 필요한 한도에서 경찰장구를 사용할 수 있다.
> 1. 현행범이나 사형·무기 또는 장기 3년 이상의 징역이나 금고에 해당하는 죄를 범한 범인의 체포 또는 도주 방지
> 2. 자신이나 다른 사람의 생명·신체의 방어 및 보호
> 3. 공무집행에 대한 항거(抗拒) 제지
> ② 제1항에서 "경찰장구"란 경찰관이 휴대하여 범인 검거와 범죄 진압 등의 직무 수행에 사용하는 수갑, 포승(捕繩), 경찰봉, 방패 등을 말한다.

3. 결 론 (조치)

가. 민사책임 (대법원 2006.5.11. 선고 2005나87953 판결)

① 정당방위 여부

경찰관의 멱살을 잡은 甲의 행위는 부당한 가해행위라고 할 것이나, 한편 당시 상황에 비추어 경찰관으로서도 甲을 제압하기 위하여 수갑을 채우는 과정에서 甲의 팔을 과도하게 돌려 꺾어 상해를 입힌 행위는 방위의 의사로서 한 것이라 하더라도 사회통념상 허용되는 범위 내의 방위행위라고 할 수 없고, 오히려 과잉방위행위에 해당한다.

② 정당행위 여부

경찰관으로서는 경찰서로 연행된 후에도 피해자 측과 언쟁을 벌이고 이를 제지하는 경찰관의 멱살을 잡는 등으로 공무집행에 항거하는 甲을 제압하기 위하여 수갑을 사용할 수는 있다고 할 것이나,

이러한 경우에도 수갑을 채우는 과정에서 신체에 대한 피해를 최소한으로 줄일 방법을 선택하여야 할 것인데, 당시 상황에 비추어 甲의 팔을 과도하게 뒤로 꺾어 상해를 입힌 행위는 상당성을 결여한 것이어서 정당한 직무집행행위라고 할 수 없다.

③ 책임의 정도 (60 : 40)

다만 甲으로서도 경찰서 파출소 내로 연행된 후에도 피해자 측과 언쟁을 벌이고 소란을 피워 파출소 내의 정상적인 공무집행을 어렵게 만들고, 더욱이 이를 제지하는 경찰관의 멱살을 잡는 폭력을 먼저 행사함으로써 경찰관의 물리력 사용을 상당부분 자처한 잘못이 있는바, 이러한 甲의 과실은 60%로 보는 것이 타당하다.

나. 형사책임

당시 상황에 비추어 甲의 팔을 과도하게 뒤로 꺾어 상해를 입힌 행위는 상당성을 결여한 것이어서 정당한 직무집행행위라고 할 수 없다.

따라서 형사상의 책임을 면할 수 없다. 즉, 업무상과실치상에 해당한다 (형법 제268조).

다. 행정(징계) 책임

경찰관에게 과실 점이 인정되어 형사책임까지 묻는다면 징계 책임은 당연할 것이다. 형사책임에서 만약 징역형 이상의 실형(집행유예 포함)을 선고받으면 면직 사유에 해당한다.

본 사례의 경우 대법원 판례를 근거로 작성한 것이지만 일선에서 법을 집행하는 과정에 얼마든지 발생할 수 있는 상황이다. 본 판례를 항상 염두에 둬야 할 것이다.

남자가 여자에게 끌리는 이유는
남자의 갈비뼈로 여자를 만들었기 때문에
남자들이 자신의 일부를 찾으려고 하기 때문이다.
갈비뼈로 여자를 만든 것은
여자가 언제나 남자의 마음 가까이에 있게 하기 위해서이다.

제28절 수사관의 사건처리 잘못으로 민사소송을 당했다며 고소인이 수사관에게 책임 전가한 경우

1. 사 례

수사관 甲은 A가 B를 상대로 고소한 사기 고소사건을 배당받아 처리하였다. 수사결과 범죄혐의점을 인정할 수 없어 불기소 결정 후 이의신청결과 검찰에서도 최종적으로 불기소 처분하였다. 이때 피고소인 B는 A가 검찰 항고할 수 있는 기간이 지나자 A를 상대로 고소를 당하여 정신적인 피해와 경찰조사를 받기 위해 출석하면서 입은 재산적인 손해까지 산정하여 1,000만원을 배상하라며 소송을 제기하였다.
민사소송을 당한 고소인 A는 담당 수사관을 찾아와 명백한 증거가 있는데도 사건처리를 잘못하여 불기소하였기 때문에 피고소인이 민사소송을 하였다며 책임을 져야 한다고 한다.

2. 법규연구

가. 민 법

제750조(불법행위의 내용) 고의 또는 과실로 인한 위법행위로 타인에게 손해를 가한 자는 그 손해를 배상할 책임이 있다.
제751조(재산이외의 손해의 배상) ① 타인의 신체, 자유 또는 명예를 해하거나 기타 정신상고통을 가한 자는 재산이외의 손해에 대하여도 배상할 책임이 있다.
② 법원은 전항의 손해배상을 정기금채무로 지급할 것을 명할 수 있고 그 이행을 확보하기 위하여 상당한 담보의 제공을 명할 수 있다.

나. 국가배상법

제2조(배상책임) ① 국가나 지방자치단체는 공무원이 직무를 집행하면서 고의 또는 과실로 법령을 위반하여 타인에게 손해를 입히거나, 「자동차손해배상 보장법」에 따라 손해배상의 책임이 있을 때에는 이 법에 따라 그 손해를 배상하여야 한다.
② 제항 본문의 경우에 공무원에게 고의 또는 중대한 과실이 있으면 국가나 지방자치단체는 그 공무원에게 구상(求償)할 수 있다.

다. 형사소송법

제258조(고소인등에의 처분고지) ①검사는 고소 또는 고발있는 사건에 관하여 공소를 제기하거나 제기하지 아니하는 처분, 공소의 취소 또는 제256조의 송치를 한 때에는 그 처분한 날로부터 7일이내에 서면으로 고소인 또는 고발인에게 그 취지를 통지하여야 한다.
②검사는 불기소 또는 제256조의 처분을 한 때에는 피의자에게 즉시 그 취지를 통지하여야 한다.

라. 검찰사건사무규칙

> 제117조(혐의없음 결정과 무고판단) 검사가 고소 또는 고발사건에 관하여 혐의없음의 결정을 하는 경우(법 제234조제2항 등 관련 법령에 따라 고발인이 직무상 고발한 경우는 제외한다)에는 고소인 또는 고발인의 무고혐의의 유ㆍ무에 관하여 판단한다.
>
> 제119조(불기소결정 등의 이유통지와 사실증명) ① 검사가 법 제259조에 따라 불기소, 공소의 취소 또는 송치 이유를 통지하는 경우에는 별지 제178호서식, 별지 제179호서식 또는 별지 제180호서식의 불기소 이유 통지서에 따르고, 공수처법 제17조제4항에 따른 수사처장의 요청에 따라 수사처가 송치한 사건에 관하여 불기소이유를 통보하는 경우에는 별지 제181호서식의 고위공직자범죄수사처 송치사건 불기소이유 통보서에 따른다.
>
> ② 고소인, 고발인 또는 피의자가 불기소결정에 관한 사실증명을 청구한 경우에는 검사는 지체 없이 별지 제182호서식, 별지 제183호서식 또는 별지 제184호서식의 사건결정결과 증명서를 교부한다.

3. 결 론 (조치)

가. 국가배상법 해당 여부

공무원이 직무를 집행하면서 고의 또는 과실로 법령을 위반하여 타인에게 손해를 입혀야 국가배상법에 따른 배상책임을 진다. 그러나 사례의 경우 담당수사관이 고의 또는 과실로 법령을 위반하였다고까지는 볼 수 없다. 대법원 판례도 직무상의 의무 위반과 피해자가 입은 손해 사이에 상당인과관계가 있어야 한다고 보고 있다.[1]

나. 민법상 불법행위 해당 여부

이 역시 고의 또는 과실로 인한 위법행위로 타인에게 손해를 입혀야 한다.

다. 결론적으로

담당수사관 甲은 고소인 A에게 어떠한 책임도 지지 않는다.

라. 대처방법

ㅇ 검찰항고

고소인 A는 검사의 불기소처분에 대한 검찰 항고할 수 있는 기간(통지받은 날로부터 30일)도 이미 경과하였다. 만약 이 기간이 경과하지 않았다면 검찰에 항고하도록 하거나(검찰청법 제10조), 재정신청 사유에 해당하면 재정신청을 하도록 한다(형사소송법 제260조).

---

1) 공무원의 직무상 의무 위반으로 국가배상책임이 인정되기 위한 요건

공무원이 고의 또는 과실로 그에게 부과된 직무상 의무를 위반하였을 경우라고 하더라도 국가는 그러한 직무상의 의무 위반과 피해자가 입은 손해 사이에 상당인과관계가 인정되는 범위 내에서만 배상책임을 지는 것이고, 이 경우 상당인과관계가 인정되기 위하여는 공무원에게 부과된 직무상 의무의 내용이 단순히 공공 일반의 이익을 위한 것이거나 행정기관 내부의 질서를 규율하기 위한 것이 아니고 전적으로 또는 부수적으로 사회구성원 개인의 안전과 이익을 보호하기 위하여 설정된 것이어야 한다. (대법원 2010.9.9. 선고, 2008다77795, 판결)

ㅇ 재고소

불기소처분은 종국처분이 아니므로 친고죄가 아닌 이상 새로운 증거 등이 발견되면 언제든지(공소시효 범위 안) 다시 고소할 수 있다. 따라서 새로운 증거나 사실이 있으면 다시 고소하게 하면 된다.

흔히 우리 수사경찰관들이 일반 사건의 고소취소 보충조서를 받을 때 "고소를 취소하면 다시 고소할 수 없다는 것을 알고 취소한 것이냐"고 질문 하는 경우가 있는데 일반 사건의 경우 이러한 질문은 의미가 없으므로 잘못된 것이다.

"어질구나, 안회야!
소쿠리에 밥을 담아먹고
표주박에 물을 따라 마시며
누추한 곳에 사는구나.
사람들은 그런 고생을 견디지 못하거늘
안회는 그 즐거움을 바꾸려 하지 않으니,
어질구나, 안회야!"

-공 자-

제29절 절취품의 소유자가 불명한 경우

1. 사 례

사법경찰관 甲은 절도범 乙을 검거하여 집을 수색하자 장물로 보이는 전자제품이 있었다. 乙은 이 물건들을 모두 훔쳤다고 자백하고 있으나 그 절취 장소에 대해서는 말하지 않고 있다. 이 경우 피해자를 알 수 없는 물건에 대해서도 피해품으로 하여 乙을 절도죄로 처벌할 수 있는지

2. 법규연구 (형법)

제329조(절도) 타인의 재물을 절취한 자는 6년이하의 징역 또는 1천만원이하의 벌금에 처한다.
제342조(미수범) 제329조 내지 제341조의 미수범은 처벌한다.

3. 결 론

절도죄의 객체는 타인이 점유하는 타인 소유의 재물이다. 즉 재물의 소유권이 절도범 이외의 타인에 속해야 한다. 단 무주물이나 소유자가 소유권을 포기한 재물 등은 타인의 재물성이 인정되지 않아 절도죄의 객체라고 할 수 없다.

사안에서 피의자가 절취한 물건이 틀림없는데 그 피해자를 알 수 없는 경우 그 물건이 타인의 재물이라는 것만 입증하면 될 것이다.

타인의 재물이라는 점을 명백히 밝히지 않으면 안 되나 구체적으로 누구의 소유에 속하는가를 나타내는 것이 필수요건은 아니다. 소유자가 불명이면 '소유자 불명의, 성명미상자 소유의'라고 하면 된다.

따라서 피의자 가족이나 주변 사람들의 진술 등을 청취하여 절취한 물건이라는 것, 피의자가 소유할 만한 물건이 아니라는 입증, 보관상태와 장소, 관리상태 등을 종합하여 피의자의 물건이 아닌 타인의 물건이라는 것만 입증되면 절도죄로 처벌하는 데 문제가 없을 것이다.

제30절 복사 후 원본을 반환하고 그 사본만 가져간 경우

1. 사례

甲은 동료의 책상 서랍을 정리하던 중 메모 형식으로 작성된 회사 중역들에 대한 특별상여금 지급명세서 1부 및 퇴직금 지급명세서 2부가 바닥에 떨어져 있는 것을 보고 위 서류들을 그 옆의 총무과 사무실에 가지고 가서 복사기를 사용하여 복사한 후 원본은 제자리에 갖다 놓고 그 사본만을 가지고 갔다.

2. 논점

원본을 복사한 경우 그 사본에 대해 재물성을 인정할 수 있는지

3. 법규연구 (형법)

제329조(절도) 타인의 재물을 절취한 자는 6년이하의 징역 또는 1천만원이하의 벌금에 처한다.
제342조(미수범) 제329조 내지 제341조의 미수범은 처벌한다.

4. 관련 판례

가. 타인의 문서를 복사한 후 원본은 그대로 두고 사본만 가져간 경우, 그 문서사본에 대한 절도죄의 성부(소극)

회사 직원이 업무와 관련하여 다른 사람이 작성한 회사의 문서를 복사기를 이용하여 복사를 한 후 원본은 제자리에 갖다 놓고 그 사본만 가져간 경우, 그 회사 소유의 문서사본을 절취한 것으로 볼 수는 없다(대법원 1996.8.23. 선고 95도192 판결).

나. 사원이 회사를 퇴사하면서 동 회사연구실에 보관 중이던 회사의 목적 업무상 기술 분야에 관한 문서사본을 취거하는 행위가 절도죄에 해당되는지 여부

피고인이 근무하던 회사를 퇴사하면서 가져간 서류가 이미 공개된 기술내용에 관한 것이고 외국회사에서 선전용으로 무료로 배부해 주는 것이며 동 회사연구실 직원들이 사본하여 사물처럼 사용하던 것이라도 위 서류들이 회사의 목적업무 중 기술분야에 관한 문서들로서 국내에서 쉽게 구할 수 있는 것도 아니며 연구실 직원들의 업무수행을 위하여 필요한 경우에만 사용이 허용된 것이라면 위

서류들은 위 회사에서는 소유권의 대상으로 할 수 있는 주관적 가치뿐만 아니라 그 경제적 가치도 있는 것으로 재물에 해당한다 할 것이어서 이를 취거하는 행위는 절도에 해당하고 비록 그것이 문서의 사본에 불과하고 또 인수인계 품목에 포함되지 아니하였다 하여 그 위법성이 조각된다 할 수 없다(대법원 1986.9.23. 선고 86도1205 판결).

5. 결 론

회사의 업무수행을 위하여 생성되어 보관된 문서의 사본을 근무자가 그 회사를 퇴사하면서 가져간 경우라면 절도죄를 인정할 수 있지만, 사례의 경우 대법원은 '복사기를 사용하여 복사한 후 원본은 제자리에 갖다 놓고 그 사본만을 가지고 갔다는 것만으로는 회사 소유의 문서사본을 절취한 것으로 볼 수는 없다고 할 것이다'라고 하여 절도죄를 부정하였다. 따라서 甲의 행위는 절도죄를 구성하지 않는다고 봐야 한다.

제31절 타인의 처마 말벌집을 절취한 경우 절도죄 여부

1. 사 례

甲은 乙이 집을 비운 사이 그곳 마당까지 들어간 후 처마 밑에 있던 피해자 소유 시가 20만 원 상당의 말벌집 1개를 가지고 가 절취한 경우 주거침입죄와 절도죄 성립여부였다.

2. 법규연구

가. 형 법

제329조(절도) 타인의 재물을 절취한 자는 6년 이하의 징역 또는 1천만원 이하의 벌금에 처한다.
제319조(주거침입, 퇴거불응) ①사람의 주거, 관리하는 건조물, 선박이나 항공기 또는 점유하는 방실에 침입한 자는 3년 이하의 징역 또는 500만원 이하의 벌금에 처한다.

나. 민 법

제252조(무주물의 귀속) ① 무주의 동산을 소유의 의사로 점유한 자는 그 소유권을 취득한다.
② 무주의 부동산은 국유로 한다.
③ 야생하는 동물은 무주물로 하고 사양하는 야생동물도 다시 야생상태로 돌아가면 무주물로 한다.

3. 법원 판례 (춘천지법 2020노131)

말벌집은 무주물로서 절도죄의 객체가 될 수 없음에도 이를 피해자의 소유로 보아 공소사실을 유죄로 인정한 원심판결에는 법리오해의 위법이 있다.

말벌집은 신고인이 거주하는 건물의 2층 처마 밑에 자연히 생겨났고, 건물에서 위 말벌집을 비교적 용이하게 분리할 수 있는 만큼 말벌집이 위 건물 자체에 부합되었다고 보기는 어려운 점, 장수말벌 집의 특성상 사람이 이를 사양하거나 관리할 수 없고, 사람의 관리를 필요로 하지도 아니하는 점, 신고인은 이 사건이 발생하기 8개월 이상 전부터 자신의 집에 장수말벌들이 집을 짓고 그곳에서 군집 생활을 하고 있다는 것을 인지하였음에도 아무런 조치를 취하지 아니한 채 방치하였고, 이후 말벌들이 떠나 이 사건 당시 말벌집이 빈 상태였음에도 별다른 조치를 하지 아니한 점, 신고인은 당심에서 증인으로 출석하여 '말벌집을 소유한다는 생각은 없었고, 말벌집을 제거하려고 한 적도 있으나 사람들에게 피해를 주지 않으니 그냥 놔두었다' 라는 취지로 진술하였고, 위와 같은 내용이 포함된 진술서도 제출한 점, 이와 같은 신고인의 증언이나 사건발생 당시 상황 등에 비추어 볼 때 이 사건 말벌집은 일반적인 방법으로 행인의 접근이 불가능한 위치에 붙어 있었는바 신고인은 말벌집이 없어진 것을 발견한 후 누군가 자신의 집에 들어왔다. 는 사실 때문에 신고하게 된 것으로 보이고, 수사기관에서도 말벌집이 없어진 부분에 대하여 당초부터 처벌의사도 없었던 점 등을 종합하여 볼 때, 신고인이 이 사건 말벌집을 소유의 의사로 점유함으로써 민법 제252조 제1항에 따라 그 소유권을 취득하였다고 보기 어렵다.

<u>주거침입죄가 성립하는지는 별론으로 하고, 절도죄가 성립되지는 않는다.</u>

사랑 받는 사람

그 사람 때문에 재밌어한다

가끔은 짜증나기도하고 부담스러워 한다.

콧대가 높아지고 쌀쌀하고 잔인해진다.

그 사람이 무엇을 하던 아무런 의미가 없다

하루 종일 맘 편하게 즐겁게 지낸다.

그 사람의 모든 것이 바보스럽다.

그러다가 단점이라도 보이면 너무 정이 떨어진다.

전혀 기다려주지 않는다.

가끔 생각이 나기도 하는 것 같다.

어떠하면 떨쳐버릴지 궁리한다.

마음이 아플 리가 없다.

그 사람이 자신을 포기하면 홀가분하지만

왠지 조금 아쉬워한다.

제32절 생활정보지를 다른 정보지 직원이 가져간 경우

1. 사 례

甲은 자기 회사 생활정보지를 광고하기 위해 ○○에 비치된 乙회사 정보지를 제거하고 그곳에 甲회사 정보지를 넣어 두었다.

만약 甲이 폐지로 활용하기 위해 乙회사 정보지를 가져갔을 경우?

2. 법규연구 (형법)

제329조(절도) 타인의 재물을 절취한 자는 6년 이하의 징역 또는 1천만원 이하의 벌금에 처한다.

제366조(재물손괴등) 타인의 재물, 문서 또는 전자기록등 특수매체기록을 손괴 또는 은닉 기타 방법으로 기 효용을 해한 자는 3년이하의 징역 또는 700만원 이하의 벌금에 처한다.

3. 결 론

폐지활용의 목적 등 영득의 의사로 가져갔을 때는 절도죄를 적용할 수 있을 것이다. 그러나 사례와 같이 다른 경쟁회사에서 자기 정보지를 광고할 목적으로 다른 회사 정보지를 가져간 경우라면 이는 경제적 용법에 따라 이용·처분하려는 불법영득의 의사가 있다고 볼 수 없다. 반면 그 효용을 해하였다고 볼 수 있어 형법상 손괴죄는 해당한다.

만약 다른 회사의 정보를 가져가 이를 폐지로 처분도 하고 자기 회사 정보지를 그곳에 놓아두어 광고 효과도 높였다고 하면 절도죄와 손괴죄의 상상적 경합으로 처리할 수도 있을 것이다.

4. 참고판례 (형법상 절취 및 불법영득의 의사 의미)

형법상 절취란 타인이 점유하고 있는 자기 이외의 자의 소유물을 점유자의 의사에 반하여 그 점유를 배제하고 자기 또는 제3자의 점유로 옮기는 것을 말하고, 절도죄의 성립에 필요한 불법영득의 의사란 권리자를 배제하고 타인의 물건을 자기의 소유물과 같이 그 경제적 용법에 따라 이용·처분할 의사를 말하는 것으로, 단순한 점유의 침해만으로는 절도죄를 구성할 수 없으나 영구적으로 그 물건의 경제적 이익을 보유할 의사가 필요한 것은 아니고, 소유권 또는 이에 준하는 본권을 침해하는 의사 즉 목적물의 물질을 영득할 의사이든 그 물질의 가치만을 영득할 의사이든을 불문하고 그 재물에 대한 영득의 의사가 있으면 족하다.(대법원 2006.3.24. 선고 2005도8081 판결)

제33절 훔친 담배를 판매한 경우

1. 사 례

甲은 담배소매업을 하는 자로서 乙이 훔쳐온 ○○담배를 저렴하게 구입하여 이를 판매하였다. 甲에게 취할 수 있는 조치는

2. 법규연구

가. 담배사업법

제12조(담배의 판매) ③ 제조업자·수입판매업자·도매업자 또는 소매인은 다음 각 호의 담배를 판매하여서는 아니 된다.
　3. 절취 또는 강취된 담배
제28조(과태료) ① 다음 각호의 1에 해당하는 자는 200만원 이하의 과태료에 처한다.
　1. 제12조제3항을 위반하여 담배를 판매한 자

나. 형 법

제329조(절도) 타인의 재물을 절취한 자는 6년 이하의 징역 또는 1천만원 이하의 벌금에 처한다.
제362조(장물의 취득, 알선등) ① 장물을 취득, 양도, 운반 또는 보관한 자는 7년 이하의 징역 또는 1천500만원 이하의 벌금에 처한다.
제364조(업무상과실, 중과실) 업무상과실 또는 중대한 과실로 인하여 제362조의 죄를 범한 자는 1년 이하의 금고 또는 500만원 이하의 벌금에 처한다.

3. 결 론

　甲은 훔쳐온 담배라는 것을 알면서 구입하였다면 형법상 장물취득죄로 처벌받는다. 또한, 담배사업법의 개정으로 2007. 11. 20. 부터는 절취 또는 강취한 담배를 판매하는 제조업자·수입판매업자·도매업자 또는 소매인은 200만원이하의 과태료처분을 받게 되어있다.
　따라서 행정기관(시장·군수·구청장)에 통보하여 과태료에 처하도록 하여야 한다.

제34절 절도범이 절취한 물건을 판매한 경우

1. 사 례

> 甲은 乙의 물건을 훔친 혐의로 구속되어 형기를 마치고 출소하였다. 출소 후 乙로부터 훔쳤던 물건을 검거 당시 압수당하지 않고 숨겨 두었다가 중고품 판매상 丙을 통해 판매하였다. 甲의 이러한 행위를 처벌할 수 있는지
> 가. 절취한 물건을 자신의 물건인 양 담보로 제공하고 현금을 받은 경우
> 나. 부모 물건인데 처분하라는 부탁을 받고 판매한다고 거짓말한 경우
> 다. 자신의 물건인데 필요 없으므로 처분한다고 한 경우
> 라. 甲이 절취한 물건의 압수 여부(압수할 경우 환부 대상)

2. 법규연구

가. 형 법

> 제362조(장물의 취득, 알선등) ①장물을 취득, 양도, 운반 또는 보관한 자는 7년 이하의 징역 또는 1천500만원 이하의 벌금에 처한다.

나. 민 법

> 제249조(선의취득) 평온, 공연하게 동산을 양수한 자가 선의이며 과실없이 그 동산을 점유한 경우에는 양도인이 정당한 소유자가 아닌 때에도 즉시 그 동산의 소유권을 취득한다.
> 제250조(도품, 유실물에 대한 특례) 전조의 경우에 그 동산이 도품이나 유실물인 때에는 피해자 또는 유실자는 도난 또는 유실한 날로부터 2년내에 그 물건의 반환을 청구할 수 있다. 그러나 도품이나 유실물이 금전인 때에는 그러하지 아니하다.
> 제251조(도품, 유실물에 대한 특례) 양수인이 도품 또는 유실물을 경매나 공개시장에서 또는 동종류의 물건을 판매하는 상인에게서 선의로 매수한 때에는 피해자 또는 유실자는 양수인이 지급한 대가를 변상하고 그 물건의 반환을 청구할 수 있다.

3. 결 론

가. 절취한 물건을 자신의 물건인 양 담보로 제공하고 현금을 받은 경우

　　대법원은 '절도범인이 절취한 장물을 자기 것인 양 제3자에게 담보로 제공하고 금원을 편취한 경우에는 별도의 사기죄가 성립된다'라고 판시하였다(대법원1980.11.25. 선고 80도2310 판결)

일반적으로 절도행위나 기타 재산죄인 범죄행위의 완성 후, 그 장물을 처분하는 것은 재산죄에 수반하는 사후 처분행위에 불과하여 별도로 범죄를 구성하지 않을 것이나, 장물을 이용하여 제3자를 기망하고 그로부터 금품을 편취하는 경우에는 새로운 법익침해가 있으므로 사기죄를 구성하며, 단순한 불가벌적 사후행위라 할 것은 아니라고 하였다. (대법원 74.11.26 선고 74도2817 판결)

나. 부모 물건인데 처분하라는 부탁을 받고 판매한다고 거짓말한 경우

장물을 판매하기 위해 거짓말을 하였을 뿐 장물 자체를 이용하여 제3자를 기망하였다고 볼 수 없다. 따라서 절도죄 외 단순한 불가불적사후행위라고 볼 수 있다.

위 대법원 (74.11.26 선고 74도2817) 판결내용은 '피고인이 이영옥양복점에서 동인 명의의 은행예금 통장을 절취하여 그를 이용하여 은행원을 기망하여 진실한 명의인이 예금을 찾는 것으로 오신시켜 예금의 인출명의 하의 금원을 편취한 것이라고 인정하고 이는 절도죄 외 새로운 법익을 침해한 것이다' 라는 내용으로 현금 찾는 행위를 별도의 사기죄로 처벌한 것이다.

다. 자신의 물건인데 필요 없으므로 처분한다고 한 경우

'나항'의 경우와 같이 불가벌적 사후행위에 해당한다고 볼 수 있다.

라. 甲이 절취한 물건의 압수 여부(압수할 경우 환부 대상)

중고품 판매상 丙이 乙로부터 도품임을 알지 못하고 구입하였다면 丙에 대해서는 달리 형사처벌을 할 수 없을 것이다.

사안에서 丙이 소유하고 있는 乙의 물건을 압수할 수 있느냐고 문제일 것이다. 만약 丙이 선의 취득하였기 때문에 임의제출할 수 없다 하면 압수의 필요성이 있으면 영장을 발부받아 압수할 수 있으며 이때는 원주인인 乙에게 환부(가환부)할 수 있다.

그러나 甲에 대해 별도로 처벌할 수 없을 때는 압수의 필요성이 없다. 단지 乙에게 돌려주기 위해 丙으로부터 도품을 압수하는 것은 민사 문제이기 때문에 허용되지 않는다.

그러면 乙은 어떤 방법으로 자기의 물건을 회수할 수 있겠는가? 우선 乙은 丙을 상대로 민법 제250조에 따라 반환청구를 하여야 한다. 단 그 기간은 도난당한 날로부터 2년 이내에 하여야 한다. 이때 乙은 丙이 甲에게 지급하였던 금전 상당을 지급할 의무는 없다. 다만 또 다른 제3자 丁이 丙으로부터 그 물건을 구입하였을 경우 乙은 丁에게는 지급한 대가를 변상하고 그 물건의 반환을 청구할 수 있다.

5. 관련 판례

가. 강취한 은행예금통장을 이용하여 은행직원을 기망하여 예금환급 명목으로 금원 인출함이 불가벌적 사후행위인지 여부(소극)

영득죄에 의하여 취득한 장물을 처분하는 것은 재산죄에 수반하는 불가벌적 사후행위에 불과하므로 다른 죄를 구성하지 않는다 하겠으나 강취한 은행예금통장을 이용하여 은행직원을 기망하여 진실한 명의인이 예금의 환급을 청구하는 것으로 오신케 함으로써 예금의 환급 명목으로 금원을 편취하는 것은 다시 새로운 법익을 침해하는 행위이므로 장물의 단순한 사후처분과는 같지 아니하고 별도의 사기죄를 구성한다. (대법원 1990.7.10. 선고 90도1176 판결)

나. 절도가 장물을 자기 것인 양 제3자에게 담보로 제공하고 금원을 편취한 행위와 사기죄

절도범인이 절취한 장물을 자기 것인 양 제3자에게 담보로 제공하고 금원을 편취한 경우에는 별도의 사기죄가 성립된다. (대법원 1980.11.25. 선고 80도2310 판결)

다. 전당표를 절취한 자가 기망행위에 따라 전당 물을 교부받아 편취한 경우에 별도의 사기죄를 구성하는지

절취한 전당표를 제3자에게 교부하면서 자기 누님의 것이니 찾아 달라고 거짓말을 하여 이를 믿은 제3자가 전당포에 이르러 그 종업원에게 전당표를 제시하여 기망케 하고 전당 물을 교부받게 하여 편취하였다면 이는 사기죄를 구성하는 것이다. (대법원 1980.10.14. 선고 80도2155 판결)

제35절 휴대전화를 잠깐 사용하고 돌려줄 때 절도죄 여부

1. 사 례

> A는 甲의 영업점 내에 있는 甲 소유의 휴대전화를 허락 없이 가지고 나와 이를 이용하여 통화를 하고 문자메시지를 주고받은 다음 약 1~2시간 후 甲에게 아무런 말을 하지 않고 위 영업점 정문 옆 화분에 놓아두고 갔다. A를 절도죄로 처벌할 수 있는지?

2. 법규 연구 (형법)

> 제329조(절도) 타인의 재물을 절취한 자는 6년 이하의 징역 또는 1천만원 이하의 벌금에 처한다.

3. 관련 판례

가. 하급심판례 (부산지법 2012. 1. 6. 선고 2011노3439 판결)

피고인이 피해자 소유의 이 사건 휴대전화를 피해자의 허락 없이 가져가 이를 이용하여 통화를 하고 문자메시지를 주고받았다고 하여도 이로 인하여 이 사건 휴대전화 자체가 가지는 경제적 가치가 상당한 정도로 소모되었다고는 볼 수 없고, 피고인이 이 사건 휴대전화를 가지고 간 후 불과 약 2시간 만에 피해자에게 반환되도록 하였으므로, 이 사건 당시 피고인에게 이 사건 휴대전화를 일시 사용할 의사를 넘어 권리자를 배제하고 타인의 물건을 자기의 소유물과 같이 그 경제적 용법에 따라 이용·처분할 의사, 즉 불법영득의 의사가 있었다고 볼 수 없다고 판단하며 이 사건 공소사실에 대하여 피고인에게 무죄를 선고하였다.

나. 대법원 판례 (대법원 2012. 7. 12., 선고, 2012도1132, 판결)

절도죄의 성립에 필요한 불법영득의 의사란 권리자를 배제하고 타인의 물건을 자기의 소유물과 같이 이용, 처분할 의사를 말하고, 영구적으로 그 물건의 경제적 이익을 보유할 의사임은 요치 않으며, 일시 사용의 목적으로 타인의 점유를 침탈한 경우에도 그 사용으로 인하여 물건 자체가 가지는 경제적 가치가 상당한 정도로 소모되거나 또는 상당한 장시간 점유하고 있거나 본래의 장소와 다른 곳에 유기하는 경우에는 이를 일시 사용하는 경우라고는 볼 수 없으므로 영득의 의사가 없다고 할 수 없다(대법원 2002. 9. 6. 선고 2002도3465 판결, 대법원 2006. 3. 9. 선고 2005도7819 판결 등 참조).

① 피고인은 피해자의 허락 없이 피해자가 운영하는 '○○스포츠피부' 영업점 내에 있는 이 사건 휴대전화를 가지고 나와 승용차를 운전하고 가다가 신원미상의 여자 2명을 승용차에 태운 후 그들에게 이 사건 휴대전화를 사용하게 한 사실, ② 피고인이 이 사건 휴대전화를 가지고 나온 약 1~2시간 후 피해자에게 아무런 말을 하지 않고 위 영업점 정문 옆에 있는 화분에 이 사건 휴대폰을 놓아두고 간 사실을 알 수 있다.

사실관계가 이와 같다면, 피고인은 이 사건 휴대전화를 자신의 소유물과 같이 그 경제적 용법에 따라 이용하다가 본래의 장소와 다른 곳에 유기한 것에 다름 아니므로 피고인에게 불법영득의 의사가 있었다고 할 것이다.

4. 결 론

휴대전화를 자신의 소유물과 같이 경제적 용법에 따라 이용하다가 본래의 장소와 다른 곳에 유기한 것은 피고인에게 불법영득 의사가 있었다고 볼 수 있으므로 절도죄가 성립한다.

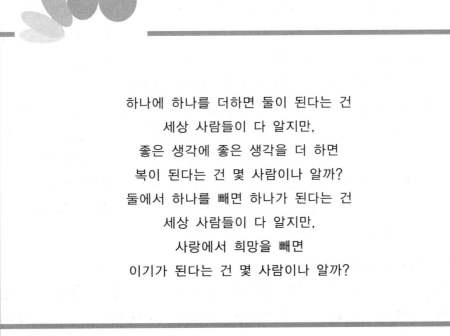

하나에 하나를 더하면 둘이 된다는 건
세상 사람들이 다 알지만,
좋은 생각에 좋은 생각을 더 하면
복이 된다는 건 몇 사람이나 알까?
둘에서 하나를 빼면 하나가 된다는 건
세상 사람들이 다 알지만,
사랑에서 희망을 빼면
이기가 된다는 건 몇 사람이나 알까?

제36절 은행 현금인출기에서 잘못 인출된 돈 착복

1. 사 례

가. 현금이 필요하여 동네 ○○은행 현금인출기에서 현금 100만원을 인출하였는데 1만원권 99 매와 10만원권 자기앞수표 1매가 인출되어 수표를 현금과 같이 사용하였을 경우 이를 알 고 사용했을 경우와 모르고 사용했을 경우의 죄책

나. 통장과 도장을 은행 점원에게 주고 100만원을 인출하면서 위와 같이 수표와 현금을 전달 받아 알고 사용했을 경우와 모르고 사용했을 경우의 죄책

2. 결 론

가. "사례 가"의 경우

(가) 알고 사용하였을 경우

- 이를 관리책임자(은행)에게 반환하여야 함에도 이를 가져간 행위는 영득의 의사가 있다고 보여 절도죄가 성립할 수 있을 것이다.
- 문제는 절도죄가 아니고 점유이탈물횡령죄, 사기죄, 횡령죄 등 여러 가지를 생각할 수 있을 것이지만 우선 점유이탈물횡령죄에 대해서는 점유를 이탈하 여야 하는데 피의자의 행위로 인출금이 잘못 나와 현금인출기 안에 있으므로 그 돈이 점유를 이탈하였다고 보기는 어렵다는 것이다.
- 또 사기죄에 대해서도 피기망자가 없으므로 적용하기 어려울 것이다. 타인 명의의 카드로 현금인출기에서 현금 인출행위를 판례가 컴퓨터등사용사기죄 나 사기죄가 아닌 절도죄를 일관되게 적용하고 있는 것도 같은 맥락임.
- 횡령죄 또한 피의자가 관리책임자라고 볼 수 없어 적용하기 어려워
- 결론적으로 현금인출기 안에 잘못 나온 돈은 가져간 행위는 절도죄를 적용하 는 것이 옳다고 생각됨

(나) 모르고 가져갔을 경우

모르고 가져갔을 경우 죄가 되지 않지만 언젠가는 알게 될 것이고 알고 난 후 이를 반환하지 않았다면 그때부터는 사례 2의 내용과 같이 점유이탈물횡령죄가 성립한다고 봄

나. "사례 나"의 경우

(가) 알고 가져간 경우

- 은행 점원으로부터 수표와 현금을 받을 당시 잘못되었다는 것을 알면서도 그냥 받아 사용하였을 때는 사기죄가 성립하는 것은 당연합니다. 예를 들어 거스름돈을 더 많이 받았다는 것을 알면서도 그냥 받으면 사기죄가 성립한 것과 같은 차원으로 생각하면 될 것이다.

- 이를 부작위에 의한 기망행위라 하고 피의자의 이러한 행위는 보증인 지위에서 신의성실의무가 있어 이를 은행 점원에게 고지하고 돌려줘야 하는데 이행하지 않았다는 것이다.

(나) 모르고 가져간 경우

그 당시에는 모르고 있었는데 집에 와서 다시 확인해 보니 수표가 더 있다는 것을 알고 바로 돌려주면 죄가 성립하지 않지만, 그냥 사용하였을 때는 초과분(수표)에 대해서는 점유자로부터 이탈하였다고 인정되어 점유이탈물횡령죄가 성립한다.

삶의 지혜

강한 것은 부러지기 쉬우나,
약한 것은 오랫동안 보존할 수가 있다.
큰 나무는 연약한 풀에 비하여 단단하다.
태풍이 불면 큰 나무는 뿌리째 뽑혀 나가지만
풀은 조금도 다치지 않는다.
바람은 형체는 없지만 집을 무너뜨리고 나무를 쓰러뜨린다.
물은 그 모양이 쉽게 변하지만, 산과 구릉을 삼킬 수가 있다.
이런 것을 보면 강한 것이 반드시 강한 것이 아니고,
약한 것이야말로 진정으로 강한 것임을 알 수 있지 않은가?

－「노자」에서

제37절 의사가 태아 성별을 고지하여도 되는 시기

1. 사 례

甲은 두 명의 딸을 두고 셋째를 임신하였다. 이번에는 아들을 낳고 싶은 생각으로 병원 산부인과를 찾아가 태아 성 감별을 요구하자 의사 乙이 감별해 주었다. 의사 乙이 형사책임을 면할 방법은

2. 법규연구 (의료법)

제20조(태아 성 감별 행위 등 금지) ① 의료인은 태아 성 감별을 목적으로 임부를 진찰하거나 검사하여서는 아니 되며, 같은 목적을 위한 다른 사람의 행위를 도와서도 아니 된다.
② 의료인은 임신 32주 이전에 태아나 임부를 진찰하거나 검사하면서 알게 된 태아의 성(性)을 임부, 임부의 가족, 그 밖의 다른 사람이 알게 하여서는 아니 된다.
제88조의2(벌칙) 다음 각 호의 어느 하나에 해당하는 자는 2년 이하의 징역이나 2천만원 이하의 벌금에 처한다.
　1. 제20조를 위반한 자

3. 결 론

과거에는 태아의 임신주수와 관계없이 의료인의 태아의 성 고지를 전면 금지했으나, 이러한 구 「의료법」 제20조제2항은 2008년 헌법불합치 결정을 받아 현재 개정 법령에서는 임신 32주 이후의 성 고지 행위를 허용하고 있다.

즉, 의료인은 임신 32주 이전에 태아나 임부를 진찰하거나 검사하면서 알게 된 태아의 성을 임부, 임부의 가족 및 그 밖의 다른 사람이 알게 해서는 안 된다.

따라서 임신 32주 이후에는 태아의 성을 고지해도 의료법에 저촉되지 않는다.

제38절 약사가 실제 구매가격 미만으로 의약품 판매행위

1. 사 례

甲은 ○○에서 ○○약국이라는 상호로 약국을 운영하는 자로서 ○○약을 도매상으로부터 5,000원에 실질적으로 구입하고도 소비자에게는 4,500원에 판매하였다. 이 경우 甲을 처벌할 수 있는가?

2. 법규연구 (약사법)

> 제47조(의약품등의 판매 질서) ① 다음 각 호의 어느 하나에 해당하는 자는 의약품등의 유통 체계 확립과 판매 질서 유지를 위하여 다음 사항을 지켜야 한다.
>
> ※ 시행규칙
> 제44조(의약품 유통관리 및 판매질서 유지를 위한 준수사항) ① 법 제47조제1항제4호나목에 따라 의약품의 품목허가를 받은 자, 수입자, 의약품 도매상(이하 "의약품공급자"라 한다), 약국등의 개설자, 그 밖에 법의 규정에 따라 의약품을 판매할 수 있는 자는 매점매석 등 시장질서를 어지럽히는 행위를 방지하기 위하여 다음 각 호의 사항을 준수하여야 한다.
> 2. 의약품 도매상 또는 약국등의 개설자는 현상품(懸賞品)·사은품 등 경품류를 제공하거나 소비자·환자 등을 유치하기 위하여 호객행위를 하는 등의 부당한 방법이나 실제로 구입한 가격(사후 할인이나 의약품의 일부를 무상으로 제공받는 등의 방법을 통하여 구입한 경우에는 이를 반영하여 환산한 가격을 말한다) 미만으로 의약품을 판매하여 의약품 시장질서를 어지럽히거나 소비자를 유인하지 아니할 것

3. 결 론

가. 일반 개인이 영업활동을 하면서 물건을 비싸게 구입하여 손해보고 싸게 판매하여도 이를 처벌할 수 없겠지만 약사법에서는 의약품등의 판매질서를 유지하기 위해 준수사항으로 이를 지키도록 하고 있다.

나. 약사법 제47조에서는 유통체계확립 및 판매질서유지를 위하여 실제로 구입한 가격(사후 할인이나 의약품 일부를 무상으로 제공받는 등의 방법을 통하여 구입한 경우에는 이를 반영하여 환산한 가격) 미만으로 의약품을 판매하여 의약품 시장질서를 어지럽히는 경우 이를 처벌한다. 즉, 약사가 이를 위반하였을 때는 1년 이하의 징역 또는 1천만원 이하의 벌금을 과한다.

다. 또한, 대법원 판례는 약국개설자가 의약품을 실제로 구입한 가격 이상으로 판매하였다면 그 판매가격이 공장도가격 미만이라 하더라도, 이를 구 약사법시행규칙(1999. 1. 6. 보건복지가족부령 제92호로 개정되기 전의 것) 제57조(현재 제47조) 제1항 제6호 소정의 부당한 가격으로 의약품을 판매한 것에 해당한다고 볼 수 없다 하였다(대법원 1999.4.27. 선고 99도134 판결)

제39절 병원 응급실에서 업무를 방해한 경우

1. 사 례

甲은 ○○병원 응급실에서 치료를 빨리해주지 않는다는 이유로 그곳 병원 의사와 간호사들의 다른 응급환자의 진료행위를 방해하였다.
형법상 업무방해와 응급의료에 관한 법률상의 응급의료방해와의 관계는?

2. 법규연구

가. 응급의료에관한법률

제12조(응급의료 등의 방해 금지) 누구든지 응급의료종사자(「의료기사 등에 관한 법률」 제2조에 따른 의료기사와 「의료법」 제80조에 따른 간호조무사를 포함한다)와 구급차등의 응급환자에 대한 구조·이송·응급처치 또는 진료를 폭행, 협박, 위계(僞計), 위력(威力), 그 밖의 방법으로 방해하거나 의료기관 등의 응급의료를 위한 의료용 시설·기재(機材)·의약품 또는 그 밖의 기물(器物)을 파괴·손상하거나 점거하여서는 아니 된다.
제60조(벌칙) ② 다음 각 호의 어느 하나에 해당하는 자는 5년 이하의 징역 또는 5천만원 이하의 벌금에 처한다.
　1. 제12조를 위반하여 응급의료를 방해하거나 의료용 시설 등을 파괴·손상 또는 점거한 사람
제2조(정의) 이 법에서 사용하는 용어의 정의는 다음과 같다.
　4. "응급의료종사자"라 함은 관계 법령이 정하는 바에 의하여 취득한 면허 또는 자격의 범위안에서 응급환자에 대한 응급의료를 제공하는 의료인과 응급구조사를 말한다.

나. 형 법

제314조(업무방해) ① 제313조의 방법 또는 위력으로써 사람의 업무를 방해한 자는 5년 이하의 징역 또는 1천500만원 이하의 벌금에 처한다.

3. 결 론

　응급의료에관한법률을 적용하기 위해서는 응급의료종사자의 응급환자에 대한 진료 등의 업무를 방해해야 한다. 여기서 응급의료종사자란 동법 제2조 제4호 내용과 같이 응급환자에 대한 응급의료를 제공하는 의료인과 응급구조사를 말한다. 이들의 진료 등의 행위를 방해해야 한다.
　형법상 업무방해죄의 특별법에 해당하여 응급의료에관한법률이 우선 적용된다. 다만 응급환자와 관계없거나 응급의료인 이외의 자에(例, 수납종사자 등) 대한 업무를 방해한 경우에는 형법상 업무방해죄를 적용해야 할 것이다.

제40절 치과의사가 보톡스 시술을 할 수 있는지

1. 사 례

치과병원 원장인 甲은 보톡스 시술법을 이용하여 눈가와 미간의 주름 치료를 하여 면허된 것 이외의 의료행위를 하였다. 의료법상 치과 의료행위는 치아와 주위 조직 및 구강을 포함한 악안면 부분에 한정되는데 '보톡스 시술법을 이용한 눈가와 미간의 주름 치료'가 치과의사의 면허된 것 이외의 의료행위에 해당하여 의료법 위반의 처벌대상이 되는지?

2. 법규연구 (의료법)

제2조(의료인) ② 의료인은 종별에 따라 다음 각 호의 임무를 수행하여 국민보건 향상을 이루고 국민의 건강한 생활 확보에 이바지할 사명을 가진다.
  1. 의사는 의료와 보건지도를 임무로 한다.
  2. 치과의사는 치과 의료와 구강 보건지도를 임무로 한다.
  3. 한의사는 한방 의료와 한방 보건지도를 임무로 한다.
제27조(무면허 의료행위 등 금지) ① 의료인이 아니면 누구든지 의료행위를 할 수 없으며 의료인도 면허된 것 이외의 의료행위를 할 수 없다.
제87조(벌칙) ① 다음 각 호의 어느 하나에 해당하는 자는 5년 이하의 징역이나 2천만원 이하의 벌금에 처한다.
  2. …제27조제1항 … 을 위반한 자

3. 관련 판례 (대법원 2016. 7. 21. 선고 2013도850 전원합의체 판결)

의료법은 의료인을 의사ㆍ치과의사ㆍ한의사 등 종별로 엄격히 구분하고 각각의 면허가 일정한 한계를 가짐을 전제로 면허된 것 이외의 의료행위를 금지ㆍ처벌하는 것을 기본적 체계로 하고 있으나, 각각의 업무 영역이 어떤 것이고 면허의 범위 안에 포섭되는 의료행위가 구체적으로 어디까지인지에 관하여는 아무런 규정을 두고 있지 아니하다.

이는 의료행위의 종류가 극히 다양하고 그 개념도 의학의 발달과 사회의 발전, 의료 서비스 수요자의 인식과 요구에 수반하여 얼마든지 변화될 수 있는 것임을 감안하여, 법률로 일의적으로 규정하는 경직된 형태보다는 시대적 상황에 맞는 합리적인 법 해석에 맡기는 유연한 형태가 더 적절하다는 입법 의지에 기인한다.

의료법 등 관련 법령이 구강악안면외과를 치과 영역으로 인정하고 치과의사 국가시험과목으로 규정하고 있는데, 구강악안면외과의 진료영역에 문언적 의미나 사회통념상 치과 의료행위로 여겨지는 '치아와 구강, 턱뼈 그리고 턱뼈를 둘러싼 안면부'에 대한 치료는 물론 정형외과나 성형외과의 영역과 중첩되는 안면부 골절상 치료나 악교정수술 등도 포함되고, 여기에 관련 규정의 개정 연혁과 관련 학회의 설립 경위, 국민건강보험공단의 요양급여 지급 결과 등을 더하여 보면 치아, 구강 그리고 턱과 관련되지 아니한 안면부에 대한 의료행위라 하여 모두 치과 의료행위의 대상에서 배제된다고 보기 어려운 점, 의학과 치의학은 의료행위의 기초가 되는 학문적 원리가 다르지 아니하고, 각각의 대학 교육과정 및 수련과정도 공통되는 부분이 적지 않게 존재하며, 대부분의 치과대학이나 치의학전문대학원에서 보톡스 시술에 대하여 교육하고 있고, 치과 의료 현장에서 보톡스 시술이 활용되고 있으며, 시술 부위가 안면부라도 치과대학이나 치의학전문대학원에서는 치아, 혀, 턱뼈, 침샘, 안면의 상당 부분을 형성하는 저작근육과 이에 관련된 주위 조직 등 악안면에 대한 진단 및 처치에 관하여 중점적으로 교육하고 있으므로, 보톡스 시술이 의사만의 업무영역에 전속하는 것이라고 단정할 수 없는 점 등을 종합하면, <u>환자의 안면부인 눈가와 미간에 보톡스를 시술한 피고인의 행위가 치과의사에게 면허된 것 이외의 의료행위라고 볼 수 없고, 시술이 미용 목적이라 하여 달리 볼 것은 아니다.</u>

4. 결 론

치아, 구강 그리고 턱과 관련되지 아니한 안면부에 대한 의료행위라는 이유만으로 치과 의료행위의 대상에서 배제할 수는 없고, 치과대학이나 치의학전문대학원에서는 악안면에 대한 진단 및 처치에 관하여 중점적으로 교육하고 있으므로 치과의사의 안면에 대한 보톡스 시술이 의사의 동일한 의료행위와 비교하여 사람의 생명·신체나 일반 공중위생에 더 큰 위험을 발생시킬 우려가 있다고 보기도 어렵다.

<u>따라서 위법이 아니다.</u>

제41절 영장없이 압수수색 가능 여부

1. 사 례

경찰관 甲은 순찰 도중 절도범 乙을 현행범으로 체포하였다. 이때 甲은 乙의 집에 장물이 있을 것으로 생각하여 乙을 동행하고 영장없이 乙의 주거지를 압수수색 하였다. 乙은 경찰관이 영장없이 불법으로 압수수색을 하였다며 항의를 하고 있다. 경찰관의 영장 없는 압수수색은 적법한지?

2. 법규연구 (형사소송법)

제216조(영장에 의하지 아니한 강제처분) ① 검사 또는 사법경찰관은 제200조의2(영장에 의한 체포)·제200조의3(긴급체포)·제201조(구속) 또는 제212조(현행범인의 체포)의 규정에 의하여 피의자를 체포 또는 구속하는 경우에 필요한 때에는 영장없이 다음 처분을 할 수 있다.
  1. 타인의 주거나 타인이 간수하는 가옥, 건조물, 항공기, 선차 내에서의 피의자 수색. 다만, 제200조의2 또는 제201조에 따라 피의자를 체포 또는 구속하는 경우의 피의자 수색은 미리 수색영장을 발부받기 어려운 긴급한 사정이 있는 때에 한정한다.
  2. 체포현장에서의 압수, 수색, 검증
② 전항 제2호의 규정은 검사 또는 사법경찰관이 피고인에 대한 구속영장의 집행의 경우에 준용한다.
③ 범행 중 또는 범행직후의 범죄 장소에서 긴급을 요하여 법원판사의 영장을 받을 수 없는 때에는 영장없이 압수, 수색 또는 검증을 할 수 있다. 이 경우에는 사후에 지체없이 영장을 받아야 한다.
제217조(영장에 의하지 아니하는 강제처분) ① 검사 또는 사법경찰관은 제200조의3에 따라 체포된 자가 소유·소지 또는 보관하는 물건에 대하여 긴급히 압수할 필요가 있는 경우에는 체포한 때부터 24시간 이내에 한하여 영장 없이 압수·수색 또는 검증을 할 수 있다.
② 검사 또는 사법경찰관은 제1항 또는 제216조제1항제2호에 따라 압수한 물건을 계속 압수할 필요가 있는 경우에는 지체 없이 압수수색영장을 청구하여야 한다. 이 경우 압수수색영장의 청구는 체포한 때부터 48시간 이내에 하여야 한다.
③ 검사 또는 사법경찰관은 제2항에 따라 청구한 압수수색영장을 발부받지 못한 때에는 압수한 물건을 즉시 반환하여야 한다.
제218조(영장에 의하지 아니한 압수) 검사, 사법경찰관은 피의자 기타인의 유류한 물건이나 소유자, 소지자 또는 보관자가 임의로 제출한 물건을 영장없이 압수할 수 있다.

3. 결 론

가. 현행범인으로 체포한 경우

현행범인으로 체포한 경우 형사소송법 제216조는 필요한 때는 '타인의 주거나 타인이 간수하는 가옥, 건조물, 항공기, 선차내에서의 피의자 수사'를 할 수 있게 되어있다. 따라서 피의자 주거지뿐만 아니라 필요에 따라 피의자가 장물을 보관시켜둔 타인의 주거지 등도 수사할 수 있다.

나. 긴급체포한 경우

그 피의자의 소유, 소지 또는 보관하는 물건에 대하여는 긴급체포한 때로부터 24시간 이내에 한하여 영장없이 압수수색할 수 있다. 압수한 물건을 계속 압수할 필요가 있는 경우에는 지체 없이 압수수색영장을 청구하여야 한다. 이 경우 압수수색영장의 청구는 체포한 때부터 48시간 이내에 하여야 한다.

압수수색영장을 발부받지 못할 때는 압수한 물건을 즉시 반환하여야 한다.

성질이 조급한 사람은
타는 불과 같아서
만나는 것마다 태워버리고,
은덕이 적은 사람은
얼음처럼 차가워
닥치는 것마다 반드시 죽여버리며,
마음이 막혀 고집스러운 사람은
죽은 물이나 썩은 나무와 같아서
생기가 이미 끊어져 버리는 법이라

－채근담

제42절 판사 날인이 누락된 압수수색영장에 기초하여 수집한 증거의 적법 여부

1. 사 례

법원 영장 담당 판사가 발부한 압수수색검증영장에 피의자의 성명, 죄명, 압수할 물건, 수색할 장소, 신체, 물건, 발부 연월일, 유효기간과 그 기간을 경과하면 집행에 착수하지 못하며 영장을 반환하여야 한다는 취지, 압수·수색의 사유가 기재되어 있고, 수기로 '이 영장은 일출 전 또는 일몰 후에도 집행할 수 있다' 라고 기재된 부분에 날인이 있으며, 별지와 사이에 간인이 있다. 그러나 판사의 서명 날인란에는 서명만 있고 그 옆에 날인이 없다. 수사기관은 이 영장으로 데스크탑, 노트북 및 하드드라이브 등을 압수하였다. 판사의 날인이 누락된 압수수색영장에 기초하여 수집한 증거가 위법수집증거에 해당하는지?

2. 법규연구 (형사소송법)

제121조(영장집행과 당사자의 참여) 검사, 피고인 또는 변호인은 압수·수색영장의 집행에 참여할 수 있다.

제114조(영장의 방식) ① 압수·수색영장에는 피고인의 성명, 죄명, 압수할 물건, 수색할 장소, 신체, 물건, 발부년월일, 유효기간과 그 기간을 경과하면 집행에 착수하지 못하며 영장을 반환하여야 한다는 취지 기타 대법원규칙으로 정한 사항을 기재하고 재판장 또는 수명법관이 서명날인하여야 한다. 다만, 압수·수색할 물건이 전기통신에 관한 것인 경우에는 작성기간을 기재하여야 한다.

제307조(증거재판주의) ① 사실의 인정은 증거에 의하여야 한다.
② 범죄사실의 인정은 합리적인 의심이 없는 정도의 증명에 이르러야 한다.

제308조의2(위법수집증거의 배제) 적법한 절차에 따르지 아니하고 수집한 증거는 증거로 할 수 없다.

3. 관련 판례 (대법원 2019. 7. 11., 선고, 2018도20504, 판결)

적법하지 않은 영장에 기초하여 수집되었다는 절차상의 결함이 있지만, 이는 법관이 공소사실과 관련성이 있다고 판단하여 발부한 영장에 기초하여 취득된 것이고, 이와 같은 결함은 피고인의 기본적 인권보장 등 법익침해 방지와 관련성이 적으므로 이 사건 압수물품의 취득과정에서 절차 조항 위반의 내용과 정도가 중대하지 않고 절차 조항이 보호하고자 하는 권리나 법익을 본질적으로 침해하였다고 볼 수 없다.

압수물품의 증거능력을 배제하는 것은 적법절차의 원칙과 실체적 진실규명의 조화를 도모하고 이를 통하여 형사 사법 정의를 실현하려는 취지에 반하는 결과를 초래할 수 있는 것으로 영장이 형사소송법이 정한 요건을 갖추지 못하여 적법하게 발부되지 못하였다고 하더라도, 그 영장에 따라 수집한 이 사건 압수물품의 증거능력을 인정할 수 있다.

4. 결 론

판사의 날인이 없는 영장은 적법하게 발부되지 못하였다고 하더라도 수사기관에서 그 영장에 따라 수집한 압수물품의 증거능력은 인정될 수 있다고 할 것이다.

사랑과 술은 많이 흡사한 건 같다...

일정하게 나이를 먹으면 배우고 싶어지고 또 무조건 배워야 하고...

처음 시작했을 때는 얼굴을 붉게 만들고 마음을 흥분시켜주고

너무 과하면 힘들어지고…

때론 다시는 시작하지 말자고 다짐했다가도 다시 시작하게 되고.....

너무 신기하게도 외롭고 쓸쓸할 때면 더욱 생각난다는 것...

그리고 사람을 모두 취하게 만든다는 것....

그리고 시간이 흐르면 다시 깨어난다는 것...

제43절 계속범 전후 형이 변경된 경우
(과태료가 형사처벌로 변경된 경우)

1. 사 례

甲은 2009. 2. 초순경 乙로부터 승용차를 구입하여 명의이전을 하지 않는 상태로 타고 다니다 2010. 5. 중순경 丙에게 다시 판매하였다. (자동차관리법은 2010. 2. 7. 개정되어 명의이전 위반행위가 과태료처분에서 형사처벌로 변경되었다.)
가. 행위시법을 적용하여 법 개정 이후의 행위에 대해서도 과태료처분을 하여야 하는지 여부
나. 명의이전을 하지 않은 상태에서 제3자에게 다시 양도한 경우

2. 법규연구

가. 자동차관리법

※ 자동차관리법
제12조(이전등록) ① 등록된 자동차를 양수받는 자는 대통령령으로 정하는 바에 따라 시·도지사에게 자동차 소유권의 이전등록(이하 "이전등록"이라 한다)을 신청하여야 한다.
③ 자동차를 양수한 자가 다시 제3자에게 양도하려는 경우에는 양도 전에 자기 명의로 제1항에 따른 이전등록을 하여야 한다.
제80조(벌칙) 다음 각 호의 어느 하나에 해당하는 자는 2년 이하의 징역 또는 500만원 이하의 벌금에 처한다.
　2. 제12조제3항을 위반하여 자기 명의로 이전 등록을 하지 아니하고 다시 제3자에게 양도한 자
제81조(벌칙) 다음 각 호의 어느 하나에 해당하는 자는 1년 이하의 징역 또는 300만원 이하의 벌금에 처한다.
　2. 제12조제1항을 위반하여 정당한 사유 없이 자동차 소유권의 이전등록을 신청하지 아니한 자
부칙 〈제9449호, 2009.2.6〉
　제1조(시행일) 이 법은 공포 후 1년이 경과한 날(2010. 2. 7)부터 시행한다.
　제5조(벌칙 및 과태료에 관한 경과조치) 이 법 시행 전의 행위에 대하여 벌칙 및 과태료를 적용할 때에는 종전의 규정에 따른다.

※ 舊, 자동차관리법 [2009.2.6. 전문개정 前]
제84조(과태료) ② 다음 각 호의 어느 하나에 해당하는 자는 50만원이하의 과태료에 처한다.
　2. …제12조제1항·…의 규정에 위반한 자

나. 자동차등록령

> **제26조(이전등록 신청)** 이전등록은 다음 각 호의 구분에 따른 기간에 등록관청에 신청하여야 한다.
> 1. 매매의 경우 : 매수한 날부터 15일 이내
> 2. 증여의 경우 : 증여를 받은 날부터 20일 이내
> 3. 상속의 경우 : 상속개시일부터 3개월 이내
> 4. 그 밖의 사유로 인한 소유권이전의 경우 : 사유가 발생한 날부터 15일 이내

다. 형 법

> **제1조(범죄의 성립과 처벌)** ① 범죄의 성립과 처벌은 행위 시의 법률에 따른다.
> ② 범죄 후 법률이 변경되어 그 행위가 범죄를 구성하지 아니하게 되거나 형이 구법(舊法)보다 가벼워진 경우에는 신법(新法)에 따른다.
> ③ 재판이 확정된 후 법률이 변경되어 그 행위가 범죄를 구성하지 아니하게 된 경우에는 형의 집행을 면제한다.

3. 관련 판례

○ **계속범에 있어서 그 적용 법률이 개정되면서 경과규정을 두고 있는 경우, 그 범죄행위에 대한 시기별 적용 법률**

일반적으로 계속범의 경우 실행행위가 종료되는 시점에서의 법률이 적용되어야 할 것이나, 법률이 개정되면서 그 부칙에서 '개정된 법 시행 전의 행위에 대한 벌칙의 적용에서는 종전의 규정에 의한다'라는 경과규정을 두고 있는 경우 개정된 법이 시행되기 전의 행위에 대해서는 개정 전의 법을, 그 이후의 행위에 대해서는 개정된 법을 각각 적용하여야 한다(대법원 2001. 9. 25. 선고 2001도3990 판결).

4. 결 론

'가 항'

법 시행 일자를 기준으로 개정 전(2010. 2. 6.까지)의 행위에 대해서는 과태료를 그 이후 행위에 대해서는 형사처벌을 하여야 한다. 따라서 과태료처분에 해당하는 행위에 대해서는 행정기관에 과태료처분을 할 수 있도록 통보한다.

과태료처분에 해당하는 시기부터 명의이전을 하지 않고 계속 소유하고 있었다 하더라도 범죄사실은 형사처벌할 수 있는 시기(2010. 2. 7)부터 단속 시까지로 적시한다.

'나 항'

자동차를 구입하였으면 매매의 경우에는 매수한 날로부터 15일 이내에 명의이전

을 하여야 한다. 이러한 이전행위가 이루어지지 않은 상태에서 다시 제3자에게 양도한 경우에는 자동차관리법 제12조 제3항에 따라 형사처벌 대상이 된다.

丙의 경우 자동차 구입 후 15일 이내에 이전등록을 하지 않았다면 자동차관리법 제12조 제1항에 따라 처벌대상이 된다.

다. 경하게 변경된 경우(例, 형사처벌에서 과태료로 변경)

특별법의 경우 법의 개정이 있으면 반드시 부칙을 확인하여야 한다. 부칙이 별도의 규정이 있으면 그 부칙에 따라야 한다. 예를 들어 처벌하던 것을 과태료로 변경되었는데 부칙에서 이러면 종전의 규정에 의한다고 규정하고 있다면 변경 전까지는 형사처벌을 하여야 한다.

그러나 부칙에서 아무런 규정을 두고 있지 않으면 형법 제1조의 규정에 따라 해결한다. 즉 "범죄 후 법률의 변경에 의하여 그 행위가 범죄를 구성하지 아니하거나 형이 구법보다 경한 때에는 신법에 의한다" 따라서 변경 전의 행위라 하더라도 신법을 적용하여 과태료처분을 한다.

삶을 두려워 말라.
삶은 살아볼 만한
가치가 있는 것이라고 믿어라
그 믿음이, 가치 있는
삶을 창조하도록 도와줄 것이다.

[로버트 H 슐러]

제44절 지역사랑상품권을 불법으로 환전하는 행위

1. 사 례

○○시에서 지역경제 활성화를 위해 지역사랑상품권을 10% 할인으로 발행하는 것을 기화로 가맹점 등록을 한 후 지역상품권 소지자들로부터 물품의 판매 없이 5% 수수료를 공제하고 이를 매입하였다.

2. 법규연구 (지역사랑상품권 이용 활성화에 관한 법률)

제7조(가맹점의 등록) ① 가맹점을 하고자 하는 자는 지방자치단체의 조례로 정하는 바에 따라 지방자치단체의 장에게 등록하여야 한다.

제10조(가맹점의 준수사항) ① 개별가맹점은 다음 각 호의 어느 하나에 해당하는 행위를 하여서는 아니 된다.
 1. 지역사랑상품권 결제를 거절하거나 지역사랑상품권 소지자를 불리하게 대우하는 행위
 2. 다음 각 목의 지역사랑상품권을 환전하거나 환전대행가맹점에 환전을 요청하는 행위
 가. 물품의 판매 또는 용역의 제공 없이 수취한 지역사랑상품권
 나. 실제 매출금액 이상의 거래를 통하여 수취한 지역사랑상품권
② 개별가맹점은 지역사랑상품권 소지자가 권면금액 중 대통령령으로 정하는 비율의 금액 이상에 상당하는 물품을 구입하거나 용역을 제공받고 그 잔액을 환급하여 줄 것을 요구하는 경우에는 즉시 이에 응하여야 한다.
③ 환전대행가맹점은 다음 각 호의 어느 하나에 해당하는 행위를 하여서는 아니 된다.
 1. 개별가맹점이 아닌 자를 위하여 지역사랑상품권의 환전을 대행하는 행위
 2. 제1항제2호 각 목에 해당하는 지역사랑상품권임을 알면서도 그 환전을 대행하는 행위
제11조(사용자의 준수사항) ① 지역사랑상품권 사용자는 상품권을 재판매하여서는 아니 된다.
② 지역사랑상품권 사용자는 판매대행점이나 가맹점에 지역사랑상품권의 환전을 요구하여서는 아니 된다.
제20조(과태료) ① 다음 각 호의 어느 하나에 해당하는 자에게는 2천만원 이하의 과태료를 부과한다.
 1. 제6조제1항을 위반하여 지방자치단체의 장과 협약을 체결하지 아니하고 지역사랑상품권의 보관·판매·환전 업무를 대행한 자
 2. 제7조제1항을 위반하여 가맹점으로 등록하지 아니하고 가맹점 업무를 수행한 자
 3. 제10조제1항제2호를 위반하여 지역사랑상품권을 환전하거나 환전대행가맹점에 환전을 요청한 개별가맹점
 4. 제10조제3항을 위반하여 환전을 대행한 환전대행가맹점

3. 결 론

물품의 판매 또는 용역의 제공 없이 지역사랑상품권을 환전한 경우에는 최고 2천만원 이하의 과태료처분을 받는다. 법 제11조에서 사용자도 상품권을 재판매하거나 환전을 요구하여서는 아니된다라는 규정은 있으나 처벌규정은 없다.

제45절 인적사항 도용으로 작성된 수사서류에 날인한 경우

1. 사 례

교통법규위반자를 단속하여 운전면허증 제시를 요구하자 면허증이 없다면서 자기 동생의 인적사항을 알려주어 동생 인적사항으로 현행범인체포서와 확인서 및 피의자신문조서까지 작성하였으며 이러한 과정에서 피의자는 확인서와 피의자신문조서 말미에 자기 동생이름을 기록하고 이곳에 무인까지 한 경우

2. 논 점

가. 타인의 인적사항 도용

나. 타인 명의로 피의자신문조서 작성 → 위계에의한공무집행방해여부

다. 확인서 및 조서말미에 타인 이름에 서명하고 그곳에 날인(무인)한 경우

3. 법규연구 (형법)

제137조(위계에 의한 공무집행방해) 위계로써 공무원의 직무집행을 방해한 자는 5년이하의 징역 또는 1천만원이하의 벌금에 처한다.

제239조(사인등의 위조, 부정사용) ① 행사할 목적으로 타인의 인장, 서명, 기명 또는 기호를 위조 또는 부정사용한 자는 3년이하의 징역에 처한다.

② 위조 또는 부정사용한 타인의 인장, 서명, 기명 또는 기호를 행사한 때에도 전항의 형과 같다.

4. 결 론

가. 피의자 인적사항을 확인해야 할 의무가 있으므로 위계에의한공무집행방해죄는 성립하지 아니하며,

나. 확인서 및 피의자신문조서의 말미에 서명한 행위는 사실증명에 관하여 서명한 것이고 이때 다른 사람의 승낙을 받지 아니하고 서명한 것이라면 일응 私署名僞造罪(사서명위조죄)로 의율하여 수사할 수 있을 것이다.

✽ 범죄사실 작성 例,

피의자는,

200○. ○. ○.○○○소재○○경찰서 수사과 지능팀 사무실에서, ○○사건과 관련 참고인으로 조사를 받게 되자 사기사건으로 수배중인 사실이 밝혀질 것을 두려워하여 홍길동인 것처럼 행세하고는, 행사할 목적으로 권한 없이 진술조서의 말미에 '홍길동'이라고 기재한 후 무인하여 사서명을 위조하고, 이를 위 경찰서 소속 김현정 경위에게 제출하여 위조사서명을 행사하였다.

제46절 공소시효가 지난 문서를 행사한 경우

1. 사 례

甲은 2001년 乙명의로 임대계약서를 허위로 작성 위조한 후 이 계약서를 담보로 丙에게 행사하여 금원을 편취하려다 그만두었으나 2023. 4. 경 위 서류를 이용하여 A에게 500만원을 차용하면서 담보로 사용하였다.

2. 논 점

　가. 문서작성 시기와 공소시효

　나. 위조계약서를 복사한 경우 그 사본도 문서로 볼 수 있는지

　다. 시효가 지난 위조문서를 최근에 사용한 경우 행사죄 성립여부

3. 결 론

가. "가 항"에 대해

공소시효가 지났기 때문에 사문서위조죄로는 처벌할 수 없다.

나. "나 항"에 대해

(가) 형법 제237조의 2(복사문서등)가 95. 12. 신설되어 전자복사기, 모사전송기를 사용하여 복사한 사본도 문서로 본다고 하였기 때문에 문서로 보아 처벌할 수 있다.

(나) 판례(1994.9.30. 94도 1787)

위조한 문서를 기계적방법에 의하여 복사한 사본을 타에 제시하여 행사하여도 위조사문서행사죄가 성립한다.

다. "다 항"에 대해

(가) 시효가 지난 문서원본을 그대로 사용한 경우 문서위조부분에 대해서는 시효가 경과하여 처벌할 수 없지만, 행사부분에 대해서는 행사일을 기준으로 처벌할 수 있다.

(나) 시효가 지난 문서원본을 복사하여 사용한 경우 복사한 시기를 기준으로 문서위조죄 성립 및 행사 시 행사죄가 각각 성립한다.

제47절 민사소송제기를 위한 가해자의 인적사항을 고소인에게 알려 줄 수 있는지

1. 사 례

형사사건의 당사자(피해자)가 그 사건과 관련된 손해배상청구 소송을 제기하기 위하여 가해자의 인적사항을 알려줄 것을 신청한 경우와 합의 또는 공탁을 이유로 인적사항을 알려줄 것을 신청한 경우.

2. 법규연구

가. 공공기관의 정보공개에 관한 법률

제3조(정보공개의 원칙) 공공기관이 보유·관리하는 정보는 이 법이 정하는 바에 따라 공개하여야 한다.

제9조(비공개대상정보) ① 공공기관이 보유·관리하는 정보는 공개대상이 된다. 다만 다음 각호의 1에 해당하는 정보에 대하여는 이를 공개하지 아니할 수 있다.

4. 진행중인 재판에 관련된 정보와 범죄의 예방, 수사, 공소의 제기 및 유지, 형의 집행, 교정, 보안처분에 관한 사항으로서 공개될 경우 그 직무수행을 현저히 곤란하게 하거나 형사피고인의 공정한 재판을 받을 권리를 침해한다고 인정할만한 상당한 이유가 있는 정보

6. 해당 정보에 포함되어 있는 성명·주민등록번호 등 「개인정보 보호법」 제2조제1호에 따른 개인정보로서 공개될 경우 사생활의 비밀 또는 자유를 침해할 우려가 있다고 인정되는 정보. 다만, 다음 각 목에 열거한 사항은 제외한다.

다. 공공기관이 작성하거나 취득한 정보로서 공개하는 것이 공익이나 개인의 권리 구제를 위하여 필요하다고 인정되는 정보

나. 산업재해보상보험법

제31조(자료 제공의 요청) ① 공단은 보험급여의 결정과 지급 등 보험사업을 효율적으로 수행하기 위하여 필요하면 질병관리청·국세청·경찰청 및 지방자치단체 등 관계 행정기관이나 그 밖에 대통령령으로 정하는 보험사업과 관련되는 기관·단체에 주민등록·외국인등록 등 대통령령으로 정하는 자료의 제공을 요청할 수 있다.

② 제1항에 따라 자료의 제공을 요청받은 관계 행정기관이나 관련 기관·단체 등은 정당한 사유 없이 그 요청을 거부할 수 없다.

3. 결 론

가. 손해배상 청구 관련(경찰청 수사과 7408(04.9.23)정보공개대상에 대한 질의회시 내용)

(가) 공개원칙

형사피해자가 소송 등 적법절차를 통하여 피의자로부터 피해보상을 받기 위하여 피의자의 인적사항과 주소 등 개인정보를 요청하는 것이 정보공개법 제9조 제1항 제6호 다목에 해당할 때는 이를 공개하여도 무방할 것이다. 따라서 피해자에게 피의자를 상대로 민사소송 등을 제기한 증빙서류를 제출하도록 하는 것도 한 방법일 것이다. 이때 피해자는 피의자의 인적사항을 알 수 없는데 어떻게 소송을 제기할 수 있느냐고 할 것이지만 피의자에 대해 알고 있는 최소한의 인적사항만으로 일단 소송을 제기하면 법원에서는 이를 접수한 후 접수증을 교부할 것이고 차후 피의자 인적사항에 대해 보정하면 될 것이다.

(나) 유의사항

- 피해자의 명확성(쌍방 피의사건의 피해자는 정밀심사 필요)
- 다른 법률에 위반여부(例, 통화내역 등은 통신비밀보호법상 불가능)
- 권리 구제 방식의 적법성(소송 등 적법절차 수행을 위한 것인지 판단)
- 불법적인 채권추심 등 권리 구제 방식이나 다른 목적이 의심되면 정밀심사 필요

나. 합의 또는 공탁을 위한 경우

(가) 가해자의 주소·이름·주민번호 등은 특정인을 식별할 수 있는 개인에 관한 정보이므로 비록 합의·공탁·소송을 위한 공개청구라 하더라도 원칙적으로 이를 타인에게 공개할 수 없음.

(나) 다만 상대방에게 이를 확인하여 상대방의 동의를 얻어 공개할 수는 있음

다. 산업재해보상보험법 관련의 경우

(가) 경찰서 등 공공기관은 보유하고 있는 개인정보에 대하여 원칙적으로 이를 보유목적 이외의 목적으로 이용하거나 다른 기관에 이를 제공하여서는 아니 되지만

✽ 개인정보 : 생존하는 개인에 관한 정보로서 당해 정보에 포함된 성명·주민등록번호 등의 사항에 의하여 당해 개인을 식별할 수 있는 정보

(나) 「공공기관의개인정보보호에관한법률」 제10조 제2항 제2호에서는 다른 법률에서 정하는 소관업무를 수행하기 위하여 당해 처리정보를 이용할 상당한 이유

가 있는 경우에는 개인정보라 하더라도 보유기관이 보유목적 외의 목적으로 이용하거나 다른 기관에 제공할 수 있도록 규정하고 있는 한편

(다) 「산업재해보상보험법」 제34조는 공단은 보험료 징수 등 업무상 필요하다고 인정되는 경우에는 국세청·지방자치단체 등 관계행정기관이나 보험사업과 관련되는 기관·단체 등에 대하여 필요한 자료의 제공을 요청할 수 있으며 자료의 제공을 요청받은 관계행정기관이나 관련 기관·단체 등은 정당한 사유없이 이를 거부할 수 없다고 규정하고 있는 점을 살펴보면

(라) 사례의 경우는 근로복지공단의 보험료 징수 등 업무상 필요하다고 인정되는 경우와 관련된 직무수행에 필요한 자료의 제공을 요청한 경우에 해당한다면 관련 정보를 제공할 수 있을 것으로 생각됨

(마) 다만, 진행중인 수사에 지장을 줄 수 있는 경우 등 제공하기에 적합하지 아니하다고 인정되는 경우에는 합리적인 이유를 들어 거부할 수도 있을 것이다.

라. 일반 보험회사가 신청한 경우

(가) 변사사건 입건전조사 종결 서류는 수사서류로서 정보공개법 제9조 제1항 4호의 비공개대상 정보에 포함되나 이는 공개될 경우 그 직무수행을 현저히 곤란하게 하거나 형사피고인의 공정한 재판을 받을 권리를 침해한다고 인정할 만한 상당한 이유가 있는 때에만 공개하지 않을 수 있다. 단순히 수사서류라는 이유만을 들어 정보공개를 거부할 수는 없을 것이다.

(나) 다만, 공개해도 교통사고실황조서서, 부검결과서 등은 개인의 사생활침해 등 비공개 사유가 없는 한 공개가 허용된다 할 것이나, 수사기관의 내부문서에 해당하는 보고문서(수사보고 등) 등은 공개하지 아니할 수 있다.

위대함은

다른 사람보다 앞서가는 데 있지 않다.

참된 위대함은

자신의 과거보다 한 걸음 앞서 나가는 데 있다.

- 인도 속담 -

제48절 고소인에게 피고소인 인적사항 공개 여부

1. 사 례

> 甲이 乙의 이름과 전화번호만을 알고 고소한 후 담당 경찰관에게 乙의 주소와 주민등록번호를 알려달라고 하면 이를 알려 줄 수 있는지

2. 결 론

모든 국민은 정보의 공개를 청구할 권리를 가지며 공공기관이 보유·관리하는 정보는 「공공기관의정보공개에관한법률」이 정하는 바에 따라 공개하여야 하지만

가. 다른 법률 또는 법률에 의한 명령에 따라 비밀로 유지되거나 비공개사항으로 규정된 사항, 공개될 경우 국민의 생명·신체 및 재산의 보호 기타 공공의 안전과 이익을 해할 우려가 있다고 인정되는 정보, 당해 정보에 포함된 이름·주민등록번호에 의하여 특정인을 식별할 수 있는 개인에 관한 정보 등에 대하여는 이를 공개하지 아니할 수 있으며

나. 다만, 공공기관이 작성하거나 취득한 정보로서 공개하는 것이 공익 또는 개인의 권리 구제를 위하여 필요하다고 인정되는 정보 등은 공개할 수 있으므로

다. 가해자의 주소·이름·주민등록번호 등은 특정인을 식별할 수 있는 개인에 관한 정보이므로 비록 합의·공탁·소송을 위한 공개청구라 하더라도 원칙적으로 이를 타인에게 공개할 수 없음.

라. 다만 상대방에게 이를 확인하여 상대방의 동의를 얻어 공개할 수는 있을 것이다.

제49절 제3자 간 대화에서 일방 당사자의 녹음과 감청

1. 사 례

갑은 ○○사무실에서 을, 병과 함께 한 자리에서 소형녹음기를 이용하여 위 을, 병 사이의 공개되지 아니한 타인간의 대화를 녹음하였다.

2. 법규연구 (통신비밀보호법)

제3조(통신 및 대화비밀의 보호) ① 누구든지 이 법과 형사소송법 또는 군사법원법의 규정에 의하지 아니하고는 우편물의 검열·전기통신의 감청 또는 통신사실확인자료의 제공을 하거나 공개되지 아니한 타인간의 대화를 녹음 또는 청취하지 못한다.

제14조(타인의 대화비밀 침해금지) ① 누구든지 공개되지 아니한 타인간의 대화를 녹음하거나 전자장치 또는 기계적 수단을 이용하여 청취할 수 없다.

제16조(벌칙) ① 다음 각 호의 어느 하나에 해당하는 자는 1년 이상 10년 이하의 징역과 5년 이하의 자격정지에 처한다.
  1. 제3조의 규정에 위반하여 우편물의 검열 또는 전기통신의 감청을 하거나 공개되지 아니한 타인간의 대화를 녹음 또는 청취한 자
  2. 제1호에 따라 알게 된 통신 또는 대화의 내용을 공개하거나 누설한 자

3. 결 론

가. 3인 간의 대화에 있어서 그중 한 사람이 그 대화를 녹음하는 경우에 통신비밀보호법 제3조 제1항에 위배되는지 여부(소극)

통신비밀보호법 제3조 제1항이 "공개되지 아니한 타인간의 대화를 녹음 또는 청취하지 못한다"라고 정한 것은, 대화에 원래부터 참여하지 않는 제3자가 그 대화를 하는 타인들 간의 발언을 녹음해서는 아니 된다는 취지이다. 3인 간의 대화에 있어서 그중 한 사람이 그 대화를 녹음하는 경우에 다른 두 사람의 발언은 그 녹음자에 대한 관계에서 '타인 간의 대화'라고 할 수 없으므로, 이와 같은 녹음행위가 통신비밀보호법 제3조 제1항에 위배된다고 볼 수는 없다. (대법원 2006. 10. 12., 선고, 2006도4981, 판결)

나. 제3자가 전화통화자 중 일방만의 동의를 얻어 통화내용을 녹음한 경우, 통신비밀보호법 제3조 제1항 소정의 전기통신감청에 해당하는지 여부(적극)

구 통신비밀보호법(2001. 12. 29. 법률 제6546호로 개정되기 전의 것)에서는 그 규율의 대상을 통신과 대화로 분류하고 그 중 통신을 다시 우편물과 전기통신으로

나눈 다음, 동법 제2조 제3호로 '전기통신'이라 함은 유선·무선·광선 및 기타의 전자적 방식에 의하여 모든 종류의 음향·문언·부호 또는 영상을 송신하거나 수신하는 것을 말한다고 규정하고 있는바, 전화통화가 위 법에서 규정하고 있는 전기통신에 해당함은 전화통화의 성질 및 위 규정 내용에 비추어 명백하므로 이를 동법 제3조 제1항 소정의 '타인간의 대화'에 포함시킬 수는 없고, 나아가, 동법 제2조 제7호가 규정한 '전기통신의 감청'은 그 전호의 '우편물의 검열' 규정과 아울러 고찰할 때 제3자가 전기통신의 당사자인 송신인과 수신인의 동의를 받지 아니하고 같은 호 소정의 각 행위를 하는 것만을 말한다고 풀이함이 상당하다고 할 것이므로, 전기통신에 해당하는 전화통화 당사자의 일방이 상대방 모르게 통화내용을 녹음(위 법에는 '채록'이라고 규정한다)하는 것은 여기의 감청에 해당하지 아니하지만(따라서 전화통화 당사자의 일방이 상대방 몰래 통화내용을 녹음하더라도, 대화 당사자 일방이 상대방 모르게 그 대화내용을 녹음한 경우와 마찬가지로 동법 제3조 제1항 위반이 되지 아니한다), 제3자의 경우는 설령 전화통화 당사자 일방의 동의를 받고 그 통화내용을 녹음하였다 하더라도 그 상대방의 동의가 없었던 이상, 사생활 및 통신의 불가침을 국민의 기본권의 하나로 선언하고 있는 헌법규정과 통신비밀의 보호와 통신의 자유 신장을 목적으로 제정된 통신비밀보호법의 취지에 비추어 이는 동법 제3조 제1항 위반이 된다고 해석하여야 할 것이다. 이 점은 제3자가 공개되지 아니한 타인간의 대화를 녹음한 때도 마찬가지이다. (대법원 2002. 10. 8., 선고, 2002도123, 판결)

다. 통화에 원래부터 참여하지 않는 제3자가 일반 공중이 알 수 있도록 공개되지 아니한 타인간의 발언을 녹음하거나 전자장치 또는 기계적 수단을 이용하여 청취하는 것이 같은 법 제3조 제1항에 위반되는지 여부(원칙적 적극)

제3조 제1항이 공개되지 아니한 타인간의 대화를 녹음 또는 청취하지 못하도록 한 것은, 대화에 원래부터 참여하지 않는 제3자가 그 대화를 하는 타인간의 발언을 녹음 또는 청취해서는 아니 된다는 취지이다. 따라서 대화에 원래부터 참여하지 않는 제3자가 일반 공중이 알 수 있도록 공개되지 아니한 타인간의 발언을 녹음하거나 전자장치 또는 기계적 수단을 이용하여 청취하는 것은 특별한 사정이 없는 한 같은 법 제3조 제1항에 위반된다. (대법원 2016. 5. 12., 선고, 2013도15616, 판결)

제50절 공무원의 선거 관련 위장전입 행위

1. 사 례

> 甲은 공무원으로 지방선거에 출마한 A 의원을 위해 선거인명부작성완료일 바로 전에 본인과
> 가족들의 주민등록을 A 의원의 출마지역으로 위장전입을 하였다.
> 가. 甲은 어떠한 형사처벌을 받게 되는가
> 나. 유죄판결을 받으면 공무원의 신분 유지는 가능한가.

2. 법규연구

가. 공직선거법

> 제247조(사위등재·허위날인죄) ① 사위의 방법으로 선거인명부(부재자신고인명부를 포함한다. 이하
> 이 조에서 같다)에 오르게 한 자, 거짓으로 부재자신고(국외부재자신고를 포함한다. 이하 이 조에서
> 같다)를 하거나 재외선거인 등록신청 또는 변경등록신청을 한 자, 특정한 선거구에서 투표할 목적으로
> 로 선거인명부작성기준일전 180일부터 선거인명부작성만료일까지 주민등록에 관한 허위의 신고를
> 한 자 또는 제157조(투표용지수령 및 기표절차)제1항의 경우에 있어서 허위의 서명·날인 또는 무인
> 을 한 자는 3년 이하의 징역 또는 500만원 이하의 벌금에 처한다.
> 제266조(선거범죄로 인한 공무담임 등의 제한) ①다른 법률의 규정에도 불구하고 제230조부터 제
> 234조까지, 제237조부터 제255조까지, 제256조제1항·제2항, 제257조부터 제259조까지의 죄(당내경
> 선과 관련한 죄는 제외한다) 또는 「정치자금법」 제49조의 죄를 범함으로 인하여 징역형의 선고를
> 받은 자는 그 집행을 받지 아니하기로 확정된 후 또는 그 형의 집행이 종료되거나 면제된 후 10년
> 간, 형의 집행유예의 선고를 받은 자는 그 형이 확정된 후 10년간, 100만원이상의 벌금형의 선고를
> 받은 자는 그 형이 확정된 후 5년간 다음 각 호의 어느 하나에 해당하는 직에 취임하거나 임용될
> 수 없으며, 이미 취임 또는 임용된 자의 경우에는 그 직에서 퇴직된다.
> 1. 제53조제1항 각 호의 어느 하나에 해당하는 직(제53조제1항제1호의 경우 「고등교육법」 제14조
>   제1항·제2항에 따른 교원을, 같은 항 제5호의 경우 각 조합의 조합장 및 상근직원을 포함한다)
> 4. 「사립학교법」 제53조(學校의 長의 任免) 또는 같은 법 제53조의2(學校의 長이 아닌 敎員의 任
>   免)의 규정에 의한 교원

나. 주민등록법

> 제37조(벌칙) 다음 각 호의 어느 하나에 해당하는 자는 3년 이하의 징역 또는 3천만원 이하의 벌금에
> 처한다.
> 3의2. 주민등록 또는 주민등록증에 관하여 거짓의 사실을 신고 또는 신청한 사람

3. 결론

가. 형사처벌 여부

甲은 허위로 위장전입을 하였기 때문에 우선 주민등록법 위반이 된다. 또 공직선거법에서는 선거인명부작성기준일 전 180일부터 선거인명부작성만료일까지 위장 전입한 때도 처벌하고 있다. 따라서 사례의 경우에는 공직선거법과 주민등록법의 상상적경합법으로 처벌받는다.

나. 신분상의 조치

공직선거법 제266조 제1항에서 공무원이 공직선거법을 위반하여 100만 원 이상의 벌금형 선고를 받아 확정된 경우 그 직에서 퇴직된다고 규정하고 있다.

따라서 사례의 경우 100만 원 이상의 벌금형을 선고받으면 퇴직된다.

☆ 머피의 법칙 : 잘못될 가능성이 있는 것은 잘못된다.

☆ 검퍼슨의 법칙 : 일어나지 말았으면 하는 일일수록 잘 일어난다.

☆ 질레트의 이사법칙 : 전번 이사 때 없어진 것은 다음번 이사 때 나타난다.

☆ 프랭크의 전화 불가사의 : 펜이 있으면 메모지가 없다. 메모지가 있으면
펜이 없다. 둘 다 있으면 메시지가 없다.

제51절 시장이 관내 기자·공무원 등에게 현금 지급행위

1. 사 례

> 甲은 ○○시장으로서 시장으로 재직하는 동안 수회에 걸쳐 합계 3,000여만 원의 현금을 관내 경찰·기자·군의원·지역출신 공무원 등에게 제공하거나 제공의사를 표시하고 다음 선거에 군수로 다시 출마하여 당선되었다. 이런 경우 甲은 공직선거법상 기부 행위에 해당하는지 여부(대구지법 2006고합620 판례)

2. 법규연구 (공직선거법)

> 제113조(후보자 등의 기부행위제한) ① 국회의원·지방의회의원·지방자치단체의 장·정당의 대표자·후보재(후보자가 되고자 하는 자를 포함한다)와 그 배우자는 당해 선거구안에 있는 자나 기관·단체·시설 또는 당해 선거구의 밖에 있더라도 그 선거구민과 연고가 있는 자나 기관·단체·시설에 기부행위(결혼식에서의 주례행위를 포함한다)를 할 수 없다.
> ② 누구든지 제1항의 행위를 약속·지시·권유·알선 또는 요구할 수 없다.
> 제112조(기부행위의 정의 등) ① 이 법에서 "기부행위"라 함은 당해 선거구안에 있는 자나 기관·단체·시설 및 선거구민의 모임이나 행사 또는 당해 선거구의 밖에 있더라도 그 선거구민과 연고가 있는 자나 기관·단체·시설에 대하여 금전·물품 기타 재산상 이익의 제공, 이익제공의 의사표시 또는 그 제공을 약속하는 행위를 말한다.

3. 甲의 주장에 대한 법원의 판단

가. 甲의 주장

피고인의 행위는 군 행정을 위하여 필요하다고 판단된 용도에 지출 결의서의 계획에 따라 업무추진비를 사용한 것으로서 공직선거법의 기부 행위 배제규정['국가기관 또는 지방자치단체가 자체사업계획과 예산으로 행하는 법령에 의한 금품제공행위'는 기부행위로 보지 아니한다(제112조 제2항 제4호 가목)]에 따른 직무상의 행위에 해당하거나, 전임 군수나 다른 지방자치단체장들도 관행적으로 한 것으로서 의례적 행위에 해당할 뿐이다. 따라서 무죄가 선고되어야 한다.

⇒ 법원의 판단

피고인이 지출결의서에 의하여 업무추진비를 사용하여 현금을 제공하거나 제공하려고 한 사실은 인정되나, 지출결의서는 지출요인이 발생할시에 그때그때 조직 내부 관리상 지출을 사전에 승인·결제해 달라고 요청하는 서류로서, 지출 자체에 필요한 절차에 불과할 뿐이고 이를 가지고 배제규정에서 말하는 '자체사업계획'이라고 할 수는 없다. 또한, 피고인의 행위가 공직선거법 제112조 제2항 제2호 각목 내지 공직선거 관리규칙에 정한 의례적 행위로서 열거된 행위 유형에 해당하지 아니함이 명백하다. 따라서 위 주장은 받아들이지 않는다.

나. 甲의 주장

피고인의 행위가 위 배제 규정상의 직무상 행위, 의례적 행위에 명확하게 부합하지 않는다고 할지라도, 예산확보, 언론홍보, 질서유지 등 ○○군의 안정과 발전을 위하여 업무추진비를 사용한 사정을 고려하면, 직무상 행위, 의례적 행위와 동등한 행위로 평가되어야 한다. 따라서 무죄가 선고되어야 한다.

⇒ 법원의 판단

공직선거법 제112조 제1항에 해당하는 금품 등의 제공행위가 같은 조 제2항과 이에 근거한 중앙선거관리위원회규칙 및 그 위원회 결정에 따라 의례적 행위나 직무상 행위로서 허용되는 것으로 열거된 행위에 해당하지 아니하는 이상 후보자 등의 기부 행위 금지위반을 처벌하는 같은 법 제257조 제1항 제1호의 구성요건해당성이 있다. 따라서 위 주장도 받아들이지 않는다.

다. 甲의 주장

군수가 경찰 또는 기자 등에게 업무추진비로써 격려금을 지급하는 행위는 오래전부터 시행해 온 것으로서 군 행정을 위한 것인데, 이러한 관행을 무시하고 업무추진비의 사용을 일절 중단해버린다면 경찰, 기자 등의 협조를 더 이상 얻을 수 없어 군정이 파행으로 치달을 수도 있다. 이러한 점에서 피고인의 행위는 적정한 군정 수행을 위한 것으로서 사회상규에 위배되지 않는다. 따라서 무죄가 선고되어야 한다.

⇒ 법원의 판단

피고인이 현금을 제공한 횟수가 10개월에 걸쳐 55회에 이르고 그 금액도 합계 3,820만 원으로 매우 많으며 현금은 모두 ○○군수 명의로 제공되었다. 군내 여론 수집·형성에 영향력이 큰 기자를 상대로 거액의 현금을 제공하였는데(총 28회에 걸쳐 현금 합계 2,030만 원), 이러한 금품제공은 '기자 윤리강령 및 실천요강'에 정면으로 배치된다. 경찰에게도 24회에 걸쳐 현금 합계 1,680만 원을 제공하였고, 이는 '기부금품의 모집 및 사용에 관한 법률'과 '경찰청 공무원 행동강령규칙'에도 위반된다. 이미 2001년도 감사원 종합감사 당시 전임 군수는 업무추진비 집행 부적정을 이유로 주의처분을 받은 선례가 있었고, 피고인으로서는 이러한 사실을 잘 알 수 있었던 직위(기획조정실장)에 있었다. 시책추진 업무추진비로써 시책사업과 전혀 무관한 경찰격려금으로 일부 사용하였을뿐더러 공소 제기된 대부분의 업무추진비 사용과 관련하여 투명성에 문제점이 있고, 지출내용 중에는 직원이 개인 돈을 먼저 지급하고 그 후 예산으로 돌려받는 방식으로 제공된 것도 있는 등 지급절차에서도 일부 변칙적인 사례가 있었다. ○○군선거관리위원회에서는 2005년도 설과 추석을 전후하여 공문을 통하여 격려금, 위로금을 제공하는 행위가 금지됨을 밝혔다. 원활한 군정 수행을 위한 예산확보, 질서 행정을 위한 필요경찰력 확보는 적정한 예산수립, 관계기관과의 사전의 충분한 협의 및 의견조율을 통하여 달성되어야 하고, 언론에 의한 군정홍보도 공보관을 통한 필요정보의 제공 등의 공식적인 경로로 함이 정도(正道)라고 할 것이다. 피고인은 감사원 감사에서 업무추진비의 사용과 관련하여 지적받지 않았다고 주장하나, 2005년도 감사는 공소제기된 업무추진비 사용내역 중 일부에만 해당될 뿐이다. 과거 일부 지방자치단체장이 업무추진비로 격려금 등을 제공한 관행이 있었다고 하더라도, 그와 같은 과거의 사정은 대부분 기부행위가 상시 제한되는 것으로 법개정이 이루어지기 이전의 관행을 주장하는 것으로서, 사회 상규 판단 여부에 이러한 입법적 환경의 변화를 고려하지 않을 수 없다.

⇒ 위와 같은 사정을 고려하면, 사회상규에 위배되지 않는 행위라고 할 수 없다.

라. 甲의 주장

피고인으로부터 현금을 제공받은 사람 중에는 선거구민 또는 선거구민과 연고가 있는 자가 아닌 사람도 있으므로, 그 사람들에 대한 부분은 무죄가 선고되어야 한다.

⇒ 법원의 판단

현금을 제공하거나 제공하려고 한 상대방은 ○○군수 선거 구민의 의사결정에 직접적 또는 간접적으로 어떠한 영향을 미칠 가능성이 있다. 따라서 위 주장도 받아들이지 않는다.

4. 판결의 의미(결론)

업무추진비를 이용하여 55회에 걸쳐 합계 3,820만 원의 현금을 ○○군내 여론 수집·형성에 영향력이 큰 기자, 경찰, 군의원, 지역출신 공무원에게 제공한 행위가 공직선거법상의 기부행위에 해당한다고 판시하면서, 업무추진비의 집행이 직무상 행위, 의례적 행위 또는 사회상규에 위배되지 않는 행위라는 변호인의 주장을 배척한 판결로써, 공직선거법의 관점에서 업무추진비의 집행에 일정한 법적 한계가 있음을 천명하여 유사 사례에서 선례적 가치가 있음.

제52절 선거기간에 금품을 운반하다 적발된 경우

1. 사 례

> 甲은 국회의원 선거기간 중인 20○○. ○. ○. 경 선거구민들에게 전달하기 위해 10만원씩 들어있는 돈 봉투 30개를 007가방에 넣고 가다 경찰관의 불심검문에 의해 발각되었다. 甲은 乙의 부탁 때문에 심부름만 하였을 뿐 특정인들에게 배부한 것은 아니므로 잘못이 없다고 한다.

2. 논 점

가. 돈 봉투를 운반만 하였을 뿐 전달하지 않았기 때문에 미수범 처벌규정이 있으면 미수범으로 처벌해야 하는지 여부

나. 전달하도록 한 자만 처벌하는지 여부

다. 선거기간 전에 이러한 행위를 하였을 때는 어떠한지

3. 법규연구 (공직선거법)

> 제230조(매수 및 이해유도죄) ④ 당선되거나 되게하거나 되지 못하게 할 목적으로 선거기간중 포장된 선물 또는 돈봉투 등 다수의 선거인에게 배부하도록 구분된 형태로 되어 있는 금품을 운반하는 자는 5년 이하의 징역 또는 1천만원 이하의 벌금에 처한다.
>
> 제33조(선거기간) ① 선거별 선거기간은 다음 각호와 같다.
> 1. 대통령선거는 23일
> 2. 국회의원선거와 지방자치단체의 의회의원 및 장의 선거는 14일
> ③ "선거기간"이란 다음 각 호의 기간을 말한다.
> 1. 대통령선거: 후보자등록마감일의 다음 날부터 선거일까지
> 2. 국회의원선거와 지방자치단체의 의회의원 및 장의 선거: 후보자등록마감일 후 6일부터 선거일까지

4. 결 론

○ 당선되거나 되게 하거나 되지 못하게 할 목적

본죄는 당선되거나 되게 하거나 되지 못하게 할 목적으로 행해져야 한다. 따라서 이러한 목적에 대한 고의성이 있어야 할 것이다. 이러한 목적 없이 즉 내용을 모르는 상태에서 단순히 심부름만 할 때 불과할 때는 처벌할 수 없을 것이다.

○ 선거기간에

선거기간에서 이루어져야 한다. 선거기간이란 법 제33조 제3항의 규정과 같이 후보자등록 마감일의 다음 날부터 선거일까지를 말한다. 따라서 선거기간이 아닐 때

이런 행위를 하였다면 처벌할 수 없을 것이다.

○ 다수의 선거인에게 배부하도록 구분된 형태로 되어있는 금품

포장된 선물 또는 돈 봉투 등 다수의 선거인에게 배부하도록 구분된 형태로 되어 있는 금품이어야 한다.

○ 전달하도록 한 자(乙의 행위)

본 죄는 단순 운반자를 처벌하기 위한 것으로 甲에게 이러한 부탁을 한 자에 대해서는 각 행위에 따라 별도로 처벌할 수 있을 것이다.

예를 들어 선거인 또는 다른 정당이나 후보자에게 금전 · 물품 · 차마 · 향응 기타 재산상의 이익이나 공사의 직을 제공하거나 그 제공의 의사를 표시하거나 그 제공을 약속한 경우(법 제230조 제1항 제1호)나 선거운동에 이용할 목적으로 학교 기타 공공기관 · 사회단체 · 종교단체 · 노동단체 또는 청년단체 · 부녀단체 · 노인단체 · 재향군인단체 · 씨족단체 기타의 기관 · 단체 · 시설에 금전 · 물품 등 재산상의 이익을 제공하거나 그 제공의 의사를 표시하거나 그 제공을 약속한 경우(법 제230조 제1항 제2호), 그 약속을 이행하는 수단으로 사례와 같은 행위를 하였을 때는 각 행위에 따라 처벌하는 것이다.

여기에서 법 제230조 제1항 제1호의 경우는 "매수죄"로 "매수"란 특정 개인을 직접 매수하는 행위를 처벌대상으로 하는 것을 말하며,

법 제230조 제1항 제2호는 "이해유도죄"로 기관 · 단체 · 시설 등을 대상으로 선거운동에 이용될 우려가 있는 행위를 규제하기 위한 것이다.

○ 결론적으로

본죄는 미수범처벌규정에 따라 처벌하는 것이 아니고 돈 봉투 등 금품을 운반하는 행위자를 직접 처벌하기 위해 규정한 것이다.

제53절 불심검문 중 피검문자가 신분증 제시에 불응한 경우

1. 사 례

경찰관 甲은 乙을 불심검문 하면서 신원확인을 위해 주민등록증 제시를 요구하였으나 이에 불응하고 인적사항에 대해서도 내가 죄를 짓지 않았는데 무엇 때문에 대답해야 하냐면서 이에 불응하고 있다.

2. 법규연구

가. 경찰관직무집행법

제3조(불심검문) ① 경찰관은 다음 각 호의 어느 하나에 해당하는 사람을 정지시켜 질문할 수 있다.
  1. 수상한 행동이나 그 밖의 주위 사정을 합리적으로 판단하여 볼 때 어떠한 죄를 범하였거나 범하려 하고 있다고 의심할 만한 상당한 이유가 있는 사람
  2. 이미 행하여진 범죄나 행하여지려고 하는 범죄행위에 관한 사실을 안다고 인정되는 사람
② 경찰관은 제1항에 따라 같은 항 각 호의 사람을 정지시킨 장소에서 질문을 하는 것이 그 사람에게 불리하거나 교통에 방해가 된다고 인정될 때에는 질문을 하기 위하여 가까운 경찰서·지구대·파출소 또는 출장소(지방해양경찰관서를 포함하며, 이하 "경찰관서"라 한다)로 동행할 것을 요구할 수 있다. 이 경우 동행을 요구받은 사람은 그 요구를 거절할 수 있다.

나. 주민등록법

제26조(주민등록증의 제시요구) ① 사법경찰관리가 범인을 체포하는 등 그 직무를 수행할 때에 17세 이상인 주민의 신원이나 거주 관계를 확인할 필요가 있으면 주민등록증의 제시를 요구할 수 있다. 이 경우 사법경찰관리는 주민등록증을 제시하지 아니하는 자로서 신원을 증명하는 증표나 그 밖의 방법에 따라 신원이나 거주 관계가 확인되지 아니하는 자에게는 범죄의 혐의가 있다고 인정되는 상당한 이유가 있을 때에 한정하여 인근 관계 관서에서 신원이나 거주 관계를 밝힐 것을 요구할 수 있다.
② 사법경찰관리는 제1항에 따라 신원 등을 확인할 때 친절과 예의를 지켜야 하며, 정복근무 중인 경우 외에는 미리 신원을 표시하는 증표를 지니고 이를 관계인에게 내보여야 한다.

3. 결 론

주민등록법상 경찰관의 주민등록증 제시 요구에 불응하더라도 이에 대한 처벌규정이 없으므로 상대방을 설득하는 것이 최선이며 현행범인(준현행범인)이나 긴급체포의 대상이 아닌 경우 강제적으로 신분증을 확인할 수 없다.

제54절 타인의 주민등록증을 부정사용한 경우

1. 사 례

甲은 신호위반으로 적발되어 운전면허증 제시를 요구받자 운전면허증을 소지하지 않았다면서 평소 소지하고 다니던 형의 주민등록증을 본인의 주민등록증이라고 제시하였다. 이 경우 甲에게 적용할 수 있는 죄책은?

2. 법규연구

가. 주민등록법

제37조(벌칙) ① 다음 각 호의 어느 하나에 해당하는 자는 3년 이하의 징역 또는 3천만원 이하의 벌금에 처한다.
   8. 다른 사람의 주민등록증을 부정하게 사용한 자
   10. 다른 사람의 주민등록번호를 부정하게 사용한 자. 다만, 직계혈족·배우자·동거친족 또는 그 배우자 간에는 피해자가 명시한 의사에 반하여 공소를 제기할 수 없다.

나. 형 법

제230조(공문서등의 부정행사) 공무원 또는 공무소의 문서 또는 도화를 부정행사한 자는 2년 이하의 징역이나 금고 또는 500만원 이하의 벌금에 처한다.

3. 관련 판례

가. 주민등록법 제21조 제2항 제8호(현, 제37조 제1항 제8호) 주민등록증 부정사용죄의 규정취지 및 타인의 주민등록증을 그 명의자의 허락 없이 신분확인용 외의 용도로 사용한 경우, 주민등록증 부정사용죄의 성립 여부(소극)

'다른 사람의 주민등록증을 부정사용한 자'를 처벌하고 있는 주민등록법 제21조 제2항 제8호의 입법 경위, 입법취지 및 구성요건의 내용 등에 비추어 보면, 위 조항은 다른 사람의 주민등록증을 부정사용한 자를 형법상의 공문서부정행사죄보다 가중처벌하기 위하여 규정된 것으로 보아야 할 것이므로, 공문서부정행사죄와 마찬가지로 다른 사람의 주민등록증을 그 명의자의 허락 없이 함부로 사용하였다고 하더라도 주민등록증 본래의 사용용도인 신분확인용으로 사용한 경우가 아닌 한 주민등록법 제21조 제2항 제8호 소정의 주민등록증 부정사용죄가 성립하지 않는다고 봄이 상당하다.

나. 타인 명의로 할부금융을 받거나 신용카드를 발급받기 위하여 타인의 주민등록증을 제시한 것이 주민등록법 위반죄에 해당하는지 여부(적극)

타인 명의로 할부금융을 받거나 신용카드를 발급받기 위하여 타인의 주민등록증을 제시한 행위는 주민등록증 본래의 사용용도인 신분확인용으로 사용한 것으로 볼 수 없어 주민등록법 위반죄가 성립하지 아니한다(대법원 2004.3.26. 선고 2003도7830 판결).

4. 결론

가. 주민등록증 부정사용의 경우에는 형법상 공문서부정행사죄와 주민등록법 위반에 해당하나 주민등록법은 형법상 공문서부정행사의 특별법이며 형량이 중한 주민등록법을 적용하여야 한다.

나. 단 이 경우 주민등록증을 본래의 사용용도인 신분확인용으로 사용한 경우에 주민등록법으로 처벌할 수 있고 다른 용도로 사용할 때는 주민등록법 위반죄가 성립하지 아니한다(위 판례 참조).

관직에 있는 자는
반드시 심하게 성내는 것을 경계하라.
일에 옳지 않음이 있거든.
마땅히 자상하게 처리하면 반드시 맞아들지 않는 것이 없으려니와
만약 성내기부터 먼저 한다면 오직 자신을 해롭게 할 뿐이니라.
어찌 남을 해롭게 할 수 있으리오.

- 명심보감(치정편) -

제55절 외상으로 술을 먹고 주민등록증을 담보한 경우

1. 사 례

甲은 乙이 경영하는 호프집에서 친구들과 같이 10만원 상당의 술을 먹었으나 술값이 없어 다음날 갚는 조건으로 자신의 주민등록증을 乙에게 담보로 보관한 경우 甲과 乙을 처벌할 수 있는지

2. 법규연구 (주민등록법)

제37조(벌칙) ① 다음 각 호의 어느 하나에 해당하는 자는 3년 이하의 징역 또는 3천만원 이하의 벌금에 처한다.
2. 주민등록증을 채무이행의 확보 등의 수단으로 제공한 자 또는 그 제공을 받은 자

3. 결 론

주민등록증을 채무이행의 확보수단으로 제공한 甲은 물론 이를 제공받은 乙에 대해서도 주민등록법 위반으로 처벌할 수 있다.

위태함을 알고 험한 것을 알면
마침내 그물에 걸리는 일이 없을 것이오.
선한 일을 받들고 착한 일을 추겨 올리고 어진 사람을 천거하면
스스로 편안할 길이 있고,
인을 베풀고 덕을 폄은 곧 대대로 본영을 가져올 것이다.

- 명심보감(성심편) -

제56절 私人이 강도범 검거과정에서 상해를 입었을 때 보상방법

1. 사 례

甲은 길을 가다 乙녀가 강도피해를 보는 것을 보고 강도범 A를 검거하였으나 검거과정에서 강도범으로부터 약 5주간의 치료를 요하는 상해를 입었다. 강도범은 구속되고 甲은 병원치료비도 받지 못했다.
甲에게 경찰에서 신고보상금을 지급해 주는 방법 이외 어떤 다른 보상방법이 있을까??

2. 법규연구

가. 의사상자 등 예우 및 지원에 관한 법률 (이하, 의사상자법)

제3조(적용 범위) ① 이 법은 다음 각 호의 어느 하나에 해당하는 때에 적용한다.
1. 강도·절도·폭행·납치 등의 범죄행위를 제지하거나 그 범인을 체포하다가 사망하거나 부상을 입는 구조행위를 한 때
2. 자동차·열차, 그 밖의 운송수단의 사고로 위해에 처한 다른 사람의 생명·신체 또는 재산을 구하다가 사망하거나 부상을 입는 구조행위를 한 때
3. 천재지변, 수난, 화재, 건물·축대·제방의 붕괴 등으로 위해에 처한 다른 사람의 생명·신체 또는 재산을 구하다가 사망하거나 부상을 입는 구조행위를 한 때
4. 천재지변, 수난, 화재, 건물·축대·제방의 붕괴 등으로 일어날 수 있는 불특정 다수인의 위해를 방지하기 위하여 긴급한 조치를 하다가 사망하거나 부상을 입는 구조행위를 한 때
5. 야생동물 또는 광견 등의 공격으로 위해에 처한 다른 사람의 생명·신체 또는 재산을 구하다가 사망하거나 부상을 입는 구조행위를 한 때
6. 해수욕장·하천·계곡, 그 밖의 장소에서 물놀이 등을 하다가 위해에 처한 다른 사람의 생명 또는 신체를 구하다가 사망하거나 부상을 입는 구조행위를 한 때
7. 국가 또는 지방자치단체의 요청에 따라 구조행위를 위하여 대통령령으로 정하는 통상적인 경로와 방법으로 이동하던 중에 사망하거나 부상을 입은 때
8. 그 밖에 제1호부터 제6호까지와 유사한 형태의 위해에 처한 다른 사람의 생명·신체 또는 재산을 구하다가 사망하거나 부상을 입는 구조행위를 한 때
제5조(인정신청 등) ① 이 법의 적용을 받으려는 사람은 대통령령으로 정하는 바에 따라 그 주소지 또는 구조행위지를 관할하는 시장·군수·구청장에게 의사상자 인정신청을 하여야 한다.

나. 범죄피해자 보호법

제3조(정의) ① 이 법에서 사용하는 용어의 뜻은 다음과 같다.
1. "범죄피해자"란 타인의 범죄행위로 피해를 당한 사람과 그 배우자(사실상의 혼인관계를 포함한다), 직계친족 및 형제자매를 말한다.
4. "구조대상 범죄피해"란 대한민국의 영역 안에서 또는 대한민국의 영역 밖에 있는 대한민국의 선박

이나 항공기 안에서 행하여진 사람의 생명 또는 신체를 해치는 죄에 해당하는 행위(「형법」 제9
조, 제10조제1항, 제12조, 제22조제1항에 따라 처벌되지 아니하는 행위를 포함하며, 같은 법 제
20조 또는 제21조제1항에 따라 처벌되지 아니하는 행위 및 과실에 의한 행위는 제외한다)로 인
하여 사망하거나 장해 또는 중상해를 입은 것을 말한다.

제16조(구조금의 지급요건) 국가는 구조대상 범죄피해를 받은 사람(이하 "구조피해자"라 한다)이
다음 각 호의 어느 하나에 해당하면 구조피해자 또는 그 유족에게 범죄피해 구조금(이하 "구조
금"이라 한다)을 지급한다.

1. 구조피해자가 피해의 전부 또는 일부를 배상받지 못하는 경우
2. 자기 또는 타인의 형사사건의 수사 또는 재판에서 고소·고발 등 수사단서를 제공하거나 진술, 증
   언 또는 자료제출을 하다가 구조피해자가 된 경우

3. 결 론

가. 피해보상

甲은 A를 상대로 손해배상을 신청하면 되는데 A는 구속되었고 달리 재산도 없다면
더 이상 A에게 바랄 것이 없을 것이다.

이러한 甲과 같은 사람의 적절한 구호를 위해 제정된 법이 '의사상자 지원법' 등이다.

나. 보상신청 방법

1) 의사상자법

ㅇ 제3조 제1호에 강·절도 등의 범죄행위를 제지하거나 그 범인을 체포하다가 부상을
입은 경우 보상을 하도록 규정하고 있다.

ㅇ 사례의 경우 甲은 강도범을 체포하는 과정에서 피해를 입었기 때문에 보상의 적용
범위에 해당한다.

ㅇ 甲은 제5조(인정신청 등)에 의거 주소지를 관할하는 시장(군수구청장)에게 의사상
자 인정신청을 한다.

ㅇ 이때 甲이 제출하여야 하는 서류는

 - 구조행위자에 대하여 병원급 이상 의료기관이 발행한 진단서(사망자의 경우 사체
검안서 또는 사망진단서) 1부

 - 구조행위를 증명할 수 있는 경찰관서·소방관서 등의 사건사고 확인서류 사본 1부

ㅇ 신청을 받은 시장은 사·도지사를 거쳐 보건복지부장관에게 결정을 청구하며 보건복
지부장관은 60일 이내에 의사상자 인정여부를 결정한다. 참고로 보호사 유가 발
생한 날로부터 3년이 지나면 신청할 수 없다.

2) 범죄피해자 보호법

이 법은 사람의 생명 또는 신체를 해하는 죄에 해당하는 행위로 인한 사망 또는 중장해를 입으면 국가를 상대로 구조금을 신청할 수 있다.

그러나 이 법은 사망 또는 중장해를 입은 경우이며, 이 법에 따라 구조금을 받으면 다른 법률(예, 의사상자지원법 등)에서 정하고 있는 보상금을 받을 수 없다.

호감을 사는 7가지 성품

1. 다른 사람에게 관심을 갖는 습관을 기른다. 그리고 그들의 장점을 칭찬한다.
2. 대화할 때 설득력과 확신을 줄 수 있는 능력을 계발한다.
3. 자신의 신체 조건과 자신이 하는 일에 어울리는 복장을 갖춘다.
4. 당신이 원하는 성격을 선정하고 그에 맞게 적극적으로 성격을 개조한다.
5. 따뜻한 감정과 정열을 표현할 수 있는 인사 기술을 익힌다.
6. 자신의 유일한 한계는 자신의 마음속에 선정하는 것뿐이라는 사실을 깨닫는다.
7. 다른 사람에게 호감을 가짐으로써 호감을 갖게 한다.

-나폴레옹 힐

제57절 집행관이 강제집행을 위해 경찰관 참여 요청한 경우

1. 사 례

○○법원 집행관 甲은 채무자 乙의 유체동산에 대해 강제집행을 하려고 하는데 채무자가 주야(晝夜) 모두 폐문(閉門)부재 중이라면서 ○○경찰서 홍길동 경장에게 참여요청을 하였다. 이때 요청받은 홍길동 경장은 어떻게 해야 하는가?

2. 법규연구

가. 민사집행법

제5조(집행관의 강제력 사용) ① 집행관은 집행을 하기 위하여 필요한 경우에는 채무자의 주거·창고, 그 밖의 장소를 수색하고, 잠근 문과 기구를 여는 등 적절한 조치를 할 수 있다.
② 제1항의 경우에 저항을 받으면 집행관은 경찰 또는 국군의 원조를 요청할 수 있다.
③ 제2항의 국군의 원조는 법원에 신청하여야 하며, 법원이 국군의 원조를 요청하는 절차는 대법원규칙으로 정한다.
제6조(참여자) 집행관은 집행하는 데 저항을 받거나 채무자의 주거에서 집행을 실시하려는데 채무자나 사리를 분별할 지능이 있는 그 친족·고용인을 만나지 못한 때에는 성년 두 사람이나 특별시·광역시의 구 또는 동 직원, 시·읍·면 직원(도농복합형태의 시의 경우 동지역에서는 시 직원, 읍·면지역에서는 읍·면 직원) 또는 경찰공무원중 한 사람을 증인으로 참여하게 하여야 한다.

나. 민사집행규칙

제5조(집행참여자의 의무) 법 제6조의 규정에 따라 집행관으로부터 집행실시의 증인으로 참여하도록 요구받은 특별시·광역시의 구 또는 동 직원, 특별자치시의 동 직원, 시·읍·면 직원 또는 경찰공무원은 정당한 이유 없이 그 요구를 거절하여서는 아니된다.

3. 결 론

가. 집행관의 강제집행 여부

(가) 집행관은 증인과 열쇠 기술자 등을 참여시켜 채무자의 잠긴 문을 여는 등의 적절한 조처하고, 강제집행을 할 수 있다.

(나) 집행관은 필요한 경우, 채무자의 주거·창고, 그 밖의 장소를 수색하고 잠긴 문과 기구를 여는 등의 적절한 조처를 할 수 있다(민사집행법 제5조).

나. 경찰관의 참여 여부

(가) 집행관은 민사집행법 제5조, 제6조 및 민사집행규칙 제5조에 의거 읍·면·동의 행정공무원 또는 경찰공무원 중 한 사람을 증인으로 참여하게 할 수 있으며, 참여요구를 받으면 정당한 이유없이 이를 거절하지 못하게 되어 있다. 그러므로 요청을 받으면 정당한 이유가 있는 경우를 제외하고는 거절하여서는 안 된다.

(나) 채무자가 폐문부재 중이라 하여 무조건 입회하여서는 아니 되고 채권자의 소명으로 또는 현장 탐문 등의 방법에 따라 '집행장소 및 집행목적물이 채무자의 것이다'라는 확신과 주야 부재가 명백한 경우 등 강제집행이 정당하다는 사유가 있는 경우가 아니면 거절하여야 할 것이다.

(다) 경찰관이 이유없이 거절한 경우에 대한 제재수단은 없으나 집행관의 정당한 요청에는 입회하여야 할 것이다.

제58절 집행관의 집행없이 공정증서만으로 강제집행 가능여부

1. 사 례

甲은 乙에게 2,000만 원을 빌리면서 양도 담보설정계약을 내용으로 하는 공정증서를 작성하였다. 이러한 공정증서를 작성할 때 별도로 약속일에 변제치 못할 시에는 甲이 양식하고 있는 광어를 가져가도 좋다는 각서까지 작성하였다. 그 뒤 甲이 약속을 이행하지 못하고 부도를 내어 다른 채권자들이 甲이 양식하고 있는 광어를 가져갈 것을 대비하여 乙이 공정증서를 근거로 법원 집행관의 집행없이 임의대로 광어를 가져가려고 하자 甲이 이를 제지하면서 乙의 행위는 위법이라며 신고를 하였을 경우

2. 논 점

가. 乙은 甲에 대해 법원 집행관의 집행없이 공정증서만으로 강제집행이 가능한지

나. 乙의 강제집행이 법적으로 하자가 없으면 乙의 행위를 저지하는 甲은 업무방해의 현행범으로 체포될 수 있는지

3. 관련 판례

가. 동산에 대한 양도 담보계약의 체결과 동시에 채무불이행 시 강제집행을 수락하는 공정증서를 작성한 경우, 양도담보권자의 담보권 실행 방법

동산을 목적으로 하는 양도 담보설정계약을 체결함과 동시에 채무불이행 시 강제집행을 수락하는 공정증서를 작성한 경우, 양도 담보설정자가 그 피담보채무를 불이행한 때에는 양도담보권자는 양도담보권을 실행하여 담보목적물인 동산을 환가하면서 집행증서에 기하지 아니하고 양도담보의 약정 내용에 따라 이를 사적으로 타에 처분하거나 스스로 취득한 후 정산하는 방법으로 환가할 수도 있지만, 집행증서에 기하여 담보목적물을 압류하고 강제경매를 하는 방법으로 환가할 수도 있다(대법원 1999.9.7. 선고 98다47283 판결).

나. 동산양도담보권자가 집행수락의 공정증서에 기하여 담보목적물에 대한강제경매를 실행할 경우 그 성질

동산을 목적으로 하는 양도담보설정계약을 체결함과 동시에 채무불이행시 강제집행을 수락하는 공정증서를 작성한 경우, 채무자가 채무를 불이행한 때에는 채

권자로서는 위 양도담보권을 실행하기 위하여 담보목적물인 동산을 환가하면서 위 공정증서에 기하지 아니하고 양도담보의 약정 내용에 따라 이를 사적으로 타에 처분하거나 스스로 취득한 후 정산하는 방법으로 환가할 수도 있지만 양도담보목적물을 위 공정증서에 기하여 압류하고 강제경매를 실시하는 방법으로 환가할 수도 있고, 실질적으로는 양도담보권자의 담보목적물에 대한 환가를 위한 강제경매는 자기 소유물에 대한 강제집행이라고 볼 수 없는 것이므로 위와 같은 방법의 양도담보권실행을 위한 환가를 허용하여도 동산양도담보의 법리와 모순된다고 할 수도 없다(대법원 1994.5.13. 선고 93다21910 판결).

4. 결 론

가. 동산(광어)을 목적으로 하는 양도담보설정계약을 체결함과 동시에 채무불이행시 강제집행을 수락하는 공정증서를 작성한 경우에는 별도의 법원 집행관의 집행없이도 강제집행이 가능하다고 볼 수 있으며(관련 판례 참조)

나. 乙의 강제집행행위는 법적으로 하자가 있다 볼 수 없으므로 이를 저지하는 甲의 행위는 업무방해가 되어 현행범으로 체포도 가능할 것이다.

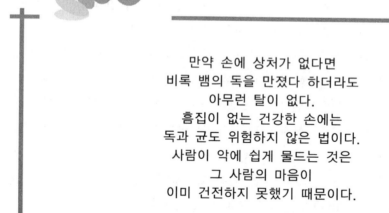

만약 손에 상처가 없다면
비록 뱀의 독을 만졌다 하더라도
아무런 탈이 없다.
흠집이 없는 건강한 손에는
독과 균도 위험하지 않은 법이다.
사람이 악에 쉽게 물드는 것은
그 사람의 마음이
이미 건전하지 못했기 때문이다.

　－ 잠바타

제59절 절취물건 운반 승용차가 범죄행위에 제공된 물건인지 여부

1. 사 례

甲은 대형할인매장을 1회 방문하여 범행할 때마다 1~6개 품목의 수십만 원어치 상품을 절취하여 이를 자신의 쏘나타 승용차에 싣고 갔고, 그 물품의 부피도 전기밥솥·해머드릴·소파커버·진공포장기·안마기·전화기·DVD플레이어 등 상당한 크기의 것이어서 대중교통수단을 타고 운반하기에 곤란한 수준이었다. 이러한 자동차를 범죄행위에 제공된 물건으로 인정하여 몰수할 수 있는지

2. 법규연구 (형법)

제48조(몰수의 대상과 추징) ① 범인 외의 자의 소유에 속하지 아니하거나 범죄 후 범인 외의 자가 사정을 알면서 취득한 다음 각 호의 물건은 전부 또는 일부를 몰수할 수 있다.
1. 범죄행위에 제공하였거나 제공하려고 한 물건

3. 관련 판례

가. 형법 제48조 제1항 제1호의 "범죄행위에 제공한 물건"의 의미

형법 제48조 제1항 제1호의 "범죄행위에 제공한 물건"은, 가령 살인행위에 사용한 칼 등 범죄의 실행행위 자체에 사용한 물건에만 한정되는 것이 아니며, 실행행위의 착수 전의 행위 또는 실행행위의 종료 후의 행위에 사용한 물건이더라도 그것이 범죄행위의 수행에 실질적으로 기여하였다고 인정되는 한 위 법조 소정의 제공한 물건에 포함된다.

나. 대형할인매장에서 수회 상품을 절취하여 자신의 승용차에 싣고 간 경우, 위 승용차는 형법 제48조 제1항 제1호에 정한 범죄행위에 제공한 물건으로 보아 몰수할 수 있다고 한 사례

피고인은 대형할인매장을 1회 방문하여 범행할 때마다 1~6개 품목의 수십만 원어치 상품을 절취하여 이를 자신의 쏘나타 승용차(증 제1호)에 싣고 갔고, 그 물품의 부피도 전기밥솥·해머드릴·소파커버·진공포장기·안마기·전화기·DVD 재생기 등 상당한 크기의 것이어서 대중교통수단을 타고 운반하기에 곤란한 수준이었으므로, 이 사건 승용차는 단순히 범행장소에 도착하는 데 사용한 교통수단을 넘

어서 이 사건 장물의 운반에 사용한 자동차라고 보아야 할 것이며, 따라서 형법 제48조 제1항 제1호 소정의 범죄행위에 제공한 물건이라고 볼 수 있다(대법원 2006.9.14. 선고 2006도4075 판결).

4. 결 론

판례는 甲이 절취한 물건들은 "대중교통수단을 타고 운반하기에 곤란한 수준이었으므로, 절취물건을 운반하기 위해 사용한 승용차는 단순히 범행장소에 도착하는 데 사용한 교통수단을 넘어서 이 사건 장물의 운반에 사용한 자동차라고 보아야 할 것이며, 따라서 형법 제48조 제1항 제1호 소정의 범죄행위에 제공한 물건이라고 볼 수 있다"라고 판시하였다.

그러므로 몰수할 물건은 압수의 대상이 되므로 수사단계에서 이를 압수할 수 있을 것이다.

높은 낭떠러지를
보지 않으면 어찌 굴러떨어지는 환란을 알며,
깊은 샘에
가지 않으면 어찌 빠져 죽을 환란을 알며
큰 바다를
보지 않으면 어찌 풍파가 일어나는 무서운 환란을 알리요.

- 명심보감(성심편)-

제60절 범죄에 제공된 차량의 압수가능 여부

1. 사 례

甲은 성매매를 조장하는 내용의 전단을 승용 차량(또는 오토바이)을 이용하여 살포하였다. 이때 甲이 전단지 살포에 이용한 차량을 압수할 수 있는지

2. 법규연구

가. 청소년보호법

제19조(광고선전 제한) ① 청소년유해매체물로서 제2조제2호차목에 해당하는 매체물 중 「옥외광고물 등의 관리와 옥외광고산업 진흥에 관한 법률」에 따른 옥외광고물을 다음 각 호의 어느 하나에 해당하는 장소에 공공연하게 설치·부착 또는 배포하여서는 아니 되며, 상업적 광고선전물을 청소년의 접근을 제한하는 기능이 없는 컴퓨터 통신을 통하여 설치·부착 또는 배포하여서도 아니 된다.
1. 청소년 출입·고용금지업소 외의 업소
2. 일반인들이 통행하는 장소
제59조(벌칙) 다음 각 호의 어느 하나에 해당하는 자는 2년 이하의 징역 또는 2천만원 이하의 벌금에 처한다.
4. 제19조제1항을 위반하여 청소년유해매체물로서 제2조제2호차목에에 해당하는 매체물 중 「옥외광고물 등의 관리와 옥외광고산업 진흥에 관한 법률」에 따른 옥외광고물을 청소년 출입·고용금지업소 외의 업소나 일반인들이 통행하는 장소에 공공연하게 설치·부착 또는 배포한 자 또는 상업적 광고선전물을 청소년의 접근을 제한하는 기능이 없는 컴퓨터 통신을 통하여 설치·부착 또는 배포한 자

나. 성매매알선 등 행위의 처벌에 관한 법률 (이하, 성매매처벌법)

제20조(벌칙) ① 다음 각호의 어느 하나에 해당하는 자는 3년 이하의 징역 또는 3천만원 이하의 벌금에 처한다.
1. 성을 파는 행위 또는 형법 제245조의 규정에 의한 음란행위 등을 하도록 직업의 소개·알선할 목적으로 광고(각종 간행물·유인물·전화·인터넷 그 밖의 매체를 통한 행위를 포함한다. 이하 같다)를 한 사람
2. 성매매 또는 성매매알선등행위가 행하여지는 업소에 대한 광고를 한 사람
3. 성을 사는 행위를 권유 또는 유인하는 광고를 한 사람
② 영업으로 제1항에 따른 광고물을 제작·공급하거나 광고를 게재한 사람은 2년 이하의 징역 또는 1천만원 이하의 벌금에 처한다.
③ 영업으로 제1항에 따른 광고물이나 광고가 게재된 출판물을 배포한 사람은 1년 이하의 징역 또는 500만원 이하의 벌금에 처한다.

다. 형 법

제48조 (몰수의 대상과 추징) ① 범인 외의 자의 소유에 속하지 아니하거나 범죄 후 범인 외의 자가 사정을 알면서 취득한 다음 각 호의 물건은 전부 또는 일부를 몰수할 수 있다.
1. 범죄행위에 제공하였거나 제공하려고 한 물건
2. 범죄행위로 인하여 생겼거나 취득한 물건
3. 제1호 또는 제2호의 대가로 취득한 물건

라. 형사소송법

제216조(영장에 의하지 아니한 강제처분) ① 검사 또는 사법경찰관은 제200조의2(영장에 의한 체포)·제200조의3(긴급체포)·제201조(구속) 또는 제212조(현행범인의 체포)의 규정에 의하여 피의자를 체포 또는 구속하는 경우에 필요한 때에는 영장없이 다음 처분을 할 수 있다.
1. 타인의 주거나 타인이 간수하는 가옥, 건조물, 항공기, 선차 내에서의 피의자 수색. 다만, 제200조의2 또는 제201조에 따라 피의자를 체포 또는 구속하는 경우의 피의자 수색은 미리 수색영장을 발부받기 어려운 긴급한 사정이 있는 때에 한정한다.
2. 체포현장에서의 압수, 수색, 검증
② 전항제2호의 규정은 검사 또는 사법경찰관이 피고인에 대한 구속영장의 집행의 경우에 준용한다.
③ 범행중 또는 범행직후의 범죄 장소에서 긴급을 요하여 법원판사의 영장을 받을 수 없는 때에는 영장없이 압수, 수색 또는 검증을 할 수 있다. 이 경우에는 사후에 지체없이 영장을 받아야 한다.
제217조(영장에 의하지 아니하는 강제처분) ① 검사 또는 사법경찰관은 제200조의3에 따라 체포된 자가 소유·소지 또는 보관하는 물건에 대하여 긴급히 압수할 필요가 있는 경우에는 체포한 때부터 24시간 이내에 한하여 영장 없이 압수·수색 또는 검증을 할 수 있다.
② 검사 또는 사법경찰관은 제1항 또는 제216조제1항제2호에 따라 압수한 물건을 계속 압수할 필요가 있는 경우에는 지체 없이 압수수색영장을 청구하여야 한다. 이 경우 압수수색영장의 청구는 체포한 때부터 48시간 이내에 하여야 한다.
③ 검사 또는 사법경찰관은 제2항에 따라 청구한 압수수색영장을 발부받지 못한 때에는 압수한 물건을 즉시 반환하여야 한다.

3. 결 론 (조치)

가. 甲 행위의 위법 여부

甲의 행위는 청소년보호법상 청소년유해매체물인 전단지를 '공중이 통행하는 장소'에 배포하는 행위에 해당하여 처벌할 수 있다. 또한, 성매매법 제20조 제1항의 '성을 파는 행위'(제1호), '성을 사는 행위'(제3호)를 광고한 자로 처벌할 수 있다.

나. 압수 가능여부

甲의 행위는 청소년보호법 또는 성매매법에 해당하여 범죄행위를 한 것이 틀림없다. 따라서 형법 제48조(몰수의 대상과 추징)에 따라 압수가능 여부가 문제이다.

차량을 단순히 이동수단으로 사용하였다면 그 차량이 형법상 '범죄행위에 제공한 물건'이라고 볼 수 없을 것이다.

그러나 많은 양의 전단지를 특정 지역에 일시 살포하기 위해 차량을 운전하여 이동하면서 살포하였다면 범죄행위에 제공하였다고 볼 수 있다.

따라서 그 차량을 몰수의 대상 즉, 압수할 수 있을 것이다.

4. 차량 압수방법

가. 현행범인 체포 시

甲을 현행범인으로 체포하였을 경우 체포현장에서 압수수색할 수 있다. (형소법 제216조 제1항). 이렇게 압수한 차량에 대해서는 48시간 이내에 압수수색영장을 청구(경찰에서는 보통 36시간 안에 검사에 신청)하여야 한다(제217조 제2항). 만약 영장이 기각될 경우 압수한 차량은 즉시 반환 한다(제217조 제3항).

나. 체포영장에 의한 체포

甲을 체포영장에 의해 체포할 경우 이때 차량에 대해서도 사전 압수수색영장을 신청한다.

만약, 체포영장만 신청하고 압수수색영장을 신청하지 못한 상태에서 甲을 체포한 경우, 체포현장에서 범행에 사용한 차를 타고 있으면 그 차량을 압수할 수 있다. 물론 사후 압수수색영장을 발부받아야 하는 것은 '가항'의 경우와 같다.

그런데 여기서 문제는 차량에 대한 사전 압수수색영장을 발부받지 않은 상태에서 甲을 체포하였는데 甲이 범행에 사용한 차를 타고 있지 않은 경우이다. 차량을 꼭 압수할 필요가 있으면 압수수색영장(사전)을 신청하면 된다.

그러나 공범이 있어 그 차량을 은닉 우려 등 긴급하여 즉시 압수가 꼭 필요한 경우, 甲을 상대로 차량의 출처를 확인하여 차량 보관 장소에 대해 압수수색을 한 후 사후 압수수색영장을 신청한다(제216조 제1항 제1호).

다. 긴급체포한 경우

신고받고 출동하였으나 현장에서 바로 검거하지 못하여 현행범인의 요건을 결하였으나 불가피하게 긴급체포(성매매법은 가능, 청소년성보호법은 불가능)를 하여야 할 경우, 체포한 때부터 24시간 이내 압수수색할 수 있다(제217조 제1항).

다만, 이 경우에도 현행범인 체포 시와 같이 반드시 사후영장을 신청하여야 한다.

5. 관련 판례

가. 형법 제48조 제1항 제1호의 "범죄행위에 제공한 물건"의 의미

형법 제48조 제1항 제1호의 "범죄행위에 제공한 물건"은, 가령 살인행위에 사용한 칼 등 범죄의 실행행위 자체에 사용한 물건에만 한정되는 것이 아니며, 실행행위의 착수 전의 행위 또는 실행행위의 종료 후의 행위에 사용한 물건이더라도 그것이 범죄행위의 수행에 실질적으로 기여하였다고 인정되는 한 위 법조 소정의 제공한 물건에 포함된다.

나. 대형할인매장에서 수회 상품을 절취하여 자신의 승용차에 싣고 간 경우, 위 승용차는 형법 제48조 제1항 제1호에 정한 범죄행위에 제공한 물건으로 보아 몰수할 수 있다고 한 사례

피고인은 대형할인매장을 1회 방문하여 범행할 때마다 1~6개 품목의 수십만 원어치 상품을 절취하여 이를 자신의 쏘나타 승용차(증 제1호)에 싣고 갔고, 그 물품의 부피도 전기밥솥·해머드릴·소파커버·진공포장기·안마기·전화기·DVD 재생기 등 상당한 크기의 것이어서 대중교통수단을 타고 운반하기에 곤란한 수준이었으므로, 이 사건 승용차는 단순히 범행장소에 도착하는 데 사용한 교통수단을 넘어서 이 사건 장물의 운반에 사용한 자동차라고 보아야 할 것이며, 따라서 형법 제48조 제1항 제1호 소정의 범죄행위에 제공한 물건이라고 볼 수 있다(대법원 2006. 9. 14. 선고 2006도4075 판결).

행복하고 성공한 사람들은 다음 3가지를 갖추고 있다.

첫째는 과거에 감사하고

둘째는 미래의 꿈을 꾸고

셋째는 현재를 설레며 산다.

- 모치즈키 도시타카 -

제61절 사유지에 차박한 경우 처벌여부

1. 사 례

갑은 을 소유 개인 토지에 자동차를 주차하고 그곳에서 숙박(이른바 차박)하였다.
1. 갑이 을 개인 소유 토지인 줄 모르고 한 경우
2. 을의 요구 때문에 사유지인 줄 알고도 계속 차박한 경우
3. 을의 요구에 갑이 퇴거에 불응하자 을이 갑의 차량이 이동하지 못하도록 출입구를 막아버린 경우

2. 법규연구 (형법)

제319조(주거침입, 퇴거불응) ①사람의 주거, 관리하는 건조물, 선박이나 항공기 또는 점유하는 방실에 침입한 자는 3년 이하의 징역 또는 500만원 이하의 벌금에 처한다.
②전항의 장소에서 퇴거요구를 받고 응하지 아니한 자도 전항의 형과 같다.
제366조(재물손괴등) 타인의 재물, 문서 또는 전자기록등 특수매체기록을 손괴 또는 은닉 기타 방법으로 기 효용을 해한 자는 3년이하의 징역 또는 700만원 이하의 벌금에 처한다.

3. 결 론

가. 개인 사유지에 차박한 경우

형사적으로 책임을 질 수 있다. 사유지는 다른 사람이 소유하고 있는 땅을 말하는데, 그 땅에 차에서 숙박했다면 땅의 소유자로부터 주거침입죄로 고소를 당할 수 있다.

건물 주변에 있는 땅을 법률적인 용어로 '위요지'라고 하는데, 위요지를 침입했을 때도 주거침입죄가 성립할 수 있다.

나. 사유지인 줄 모르고 차박한 경우

아무 표시가 안 돼 있어서 사유지인 줄 모르고 들어갔다 하더라도 차에서 숙박하고 있는데 주인이 와서 나가라고 했다면 떠나야 한다. 고지를 받고도 나가지 않으면 퇴거불응죄로 처벌받을 수 있다.

소유자는 차에서 숙박한 사람에게 사용료 등을 청구할 수 있고 손해배상청구를 당할 수도 있다.

다. 땅 주인의 조치

자신의 땅에서 차에서 숙박하고 있다고 해서 모욕, 폭언, 욕설하면 안 되며 폭행이나 협박으로 응징하는 것은 형사적인 책임을 질 수 있다.

땅 주인이 차에서 숙박하던 차가 나가지 못하게 뒤를 막아 차를 며칠간 사용하지 못하게 하면 차에 대한 재물손괴죄가 성립한다. 차에 대해 물리적으로 훼손을 가하지 않더라도 며칠 동안 차 운행을 하지 못하도록 했기 때문에 차의 효용성을 해하였다는 손괴죄가 성립한다는 것이다.

매력적인 사람

인생을 두려워하지 않지만,

늘 넓고 길게 바라보면서 생각을 높여가는 사람

실패할 때도 있지만, 실패의 이유를 알기 때문에

새로운 희망을 품는 사람

간혹 게을러지지만, 일할 때는

불꽃 같은 열정으로 창조의 꽃을 피우는 사람

많은 사람이 알아주기를 바라지만,

한 사람에게 깊이 안길 수 있는 사람

가끔은 흔들리지만, 일단 결심하면

자신이 갈 길을 주저 없이 가는 사람

— 정용철의 『희망편지』 중에서

제62절 노인을 폭행(상해)한 경우 가중처벌 여부

1. 사 례

甲(70세)은 같은 마을에 사는 乙(20세)이 술만 먹으면 마을 어른들에게 버릇없이 욕설한다는 이유로 훈계하였다. 乙은 甲의 훈계에 못마땅하게 여겨 주먹과 발로 때려 2주간의 치료를 요하는 상처를 입혔다.

가. 피해자가 노인일 경우 특별법이 있는지?

나. 형법상 폭행이나 상해죄와 특별법과 형량의 경중은?

다. 만약 실종 노인을 신고 없이 보호한 경우

2. 법규연구

가. 노인복지법

제39조의9(금지행위) 누구든지 65세 이상의 사람(이하 이 조에서 "노인"이라 한다)에 대하여 다음 각 호의 어느 하나에 해당하는 행위를 하여서는 아니된다.

1. 노인의 신체에 폭행을 가하거나 상해를 입히는 행위
2. 노인에게 성적 수치심을 주는 성폭행·성희롱 등의 행위
3. 자신의 보호·감독을 받는 노인을 유기하거나 의식주를 포함한 기본적 보호 및 치료를 소홀히 하는 방임행위
4. 노인에게 구걸을 하게 하거나 노인을 이용하여 구걸하는 행위
5. 노인을 위하여 증여 또는 급여된 금품을 그 목적외의 용도에 사용하는 행위
6. 폭언, 협박, 위협 등으로 노인의 정신건강에 해를 끼치는 정서적 학대행위

제39조의10(실종노인에 관한 신고의무 등) ①누구든지 정당한 사유 없이 사고 또는 치매 등의 사유로 인하여 보호자로부터 이탈된 노인(이하 "실종노인"이라 한다)을 경찰관서 또는 지방자치단체의 장에게 신고하지 아니하고 보호하여서는 아니 된다.

제55조의2(벌칙) 제39조의9제1호(상해에 한한다)의 행위를 한 자는 7년 이하의 징역 또는 7천만원 이하의 벌금에 처한다.

제55조의3(벌칙) 다음 각 호의 어느 하나에 해당하는 자는 5년 이하의 징역 또는 5천만원 이하의 벌금에 처한다.

2. 제39조의9제1호(폭행에 한정한다)부터 제4호까지 또는 같은 조 제6호에 해당하는 행위를 한 자

나. 형 법

제257조(상해, 존속상해) ① 사람의 신체를 상해한 자는 7년 이하의 징역, 10년 이하의 자격정지 또는 1천만원 이하의 벌금에 처한다.

② 자기 또는 배우자의 직계존속에 대하여 제1항의 죄를 범한 때에는 10년 이하의 징역 또는 1천500만원 이하의 벌금에 처한다.

제260조(폭행, 존속폭행) ① 사람의 신체에 대하여 폭행을 가한 자는 2년 이하의 징역, 500만원 이하의 벌금, 구류 또는 과료에 처한다.
② 자기 또는 배우자의 직계존속에 대하여 제1항의 죄를 범한 때에는 5년 이하의 징역 또는 700만원 이하의 벌금에 처한다.
③ 제1항 및 제2항의 죄는 피해자의 명시한 의사에 반하여 공소를 제기할 수 없다.

다. 실종아동 등의 보호 및 지원에 관한 법률

제7조(미신고 보호행위의 금지) 누구든지 정당한 사유 없이 실종아동등을 국가경찰관서 또는 지방자치단체의 장에게 신고하지 아니하고 보호할 수 없다.
제17조(벌칙) 제7조를 위반하여 정당한 사유없이 실종아동등을 보호한 자 및 제9조제4항을 위반하여 개인위치정보등을 실종아동등을 찾기 위한 목적 외의 용도로 이용한 자는 5년 이하의 징역 또는 5천만원 이하의 벌금에 처한다.
※ "실종아동등"이라 함은 약취·유인·유기·사고 또는 가출하거나 길을 잃는 등의 사유로 인하여 보호자로부터 이탈된 아동등(실종신고 당시 14세 미만 아동, 장애인복지법 제2조의 장애인 중 정신지체인·발달장애인·정신장애인)을 말한다. (법 제2조 제1호, 제2호)

3. 결 론

가. 노인을 폭행한 경우

노인을 단순폭행 한 경우 형법상 폭행죄, 흉기 또는 2인 이상의 경우 폭처법으로 처벌한다. 그러나 65세 이상의 노인일 경우에는 노인복지법에 따라 처벌하여야 할 것이다. 왜냐면 형법상 폭행죄보다 형량이 더 중하기 때문이다. 그러나 폭처법에 해당할 때는 더 중한 폭처법을 적용한다.

나. 노인에게 상해를 입힌 경우

역시 형법과 폭처법 그리고 노인복지법을 비교하여 위와 같이 사안에 따라 가장 중한 폭처법이나 노인복지법을 적용하여야 한다.

다. 실종노인을 신고 없이 보호한 경우

노인복지법 제39조의10에서 '누구든지 정당한 사유 없이 사고 또는 치매 등의 사유로 인하여 보호자로부터 이탈된 노인(실종노인)을 경찰관서 또는 지방자치단체의 장에게 신고하지 아니하고 보호하여서는 아니 된다'고 규정하고 이를 위반할 때는 제55조의3 제2호에서 5년이하의 징역이나 5천만원 이하의 벌금을 과하게 되어있다.

참고로 실종아동을 신고없이 보호한 경우에는 "실종아동 등의 보호 및 지원에 관한 법률"에 따라 처벌한다.

제63절 대포통장을 만들어 준 후 입금된 돈을 명의자가 인출한 경우

1. 사 례

甲은 乙로부터 금융기관 계좌의 통장, 현금카드, 비밀번호를 판매할 것을 제의받게 되자, 그 통장 등이 성명불상자에 의하여 일명 보이스피싱 등의 범행에 이용되어 그 계좌로 범행으로 취득한 금원이 입금되면 이중으로 발급받은 직불카드를 이용하여 乙보다 먼저 송금받은 금원을 인출하기로 마음먹고, 은행에서 자신의 명의로 통장을 개설하면서 현금카드 1개, 직불카드 1개를 발급받고 계좌 입출금 사실을 알려주는 SMS 문자서비스를 신청한 후 통장과 카드를 乙에게 전달해주었다. 그 뒤 통장에 돈이 입금된 사실을 SMS 문자를 통해 인지한 후 가지고 있던 다른 카드를 이용하여 현금인출기에서 돈을 찾아 버렸다.

2. 법규연구

가. 형 법

제347조 (사기) ① 사람을 기망하여 재물의 교부를 받거나 재산상의 이익을 취득한 자는 10년 이하의 징역 또는 2천만원 이하의 벌금에 처한다.
② 전항의 방법으로 제삼자로 하여금 재물의 교부를 받게 하거나 재산상의 이익을 취득하게 한 때에도 전항의 형과 같다.
제32조 (종범) ① 타인의 범죄를 방조한 자는 종범으로 처벌한다.
제362조(장물의 취득, 알선 등) ① 장물을 취득, 양도, 운반 또는 보관한 자는 7년 이하의 징역 또는 1천500만원 이하의 벌금에 처한다.

나. 전자금융거래법

제49조 (벌칙) ④ 다음 각 호의 어느 하나에 해당하는 자는 3년 이하의 징역 또는 2천만원 이하의 벌금에 처한다.
 1. 제6조제3항제1호를 위반하여 접근매체를 양도하거나 양수한 자
제6조 (접근매체의 선정과 사용 및 관리) ③ 누구든지 접근매체를 사용 및 관리함에 있어서 다른 법률에 특별한 규정이 없는 한 다음 각 호의 행위를 하여서는 아니 된다. 다만, 제18조에 따른 선불전자지급수단이나 전자화폐의 양도 또는 담보제공을 위하여 필요한 경우에는 그러하지 아니하다.
 1. 접근매체를 양도하거나 양수하는 행위

3. 결 론

가. 전자금융거래법 위반 여부

접근 매체인 예금통장 등을 양도하였으므로 당연히 전자금융거래법 위반이다.

나. 사기방조 여부

전화금융사기에 사용될 줄 알면서 통장을 양도하였다면 사기방조죄의 책임을 면하지 못할 것이다. 그러기 위해서는 피의자의 동종전과, 통장이 범행에 사용될 수 있다는 것을 인식하였는지 여부 등을 조사하여야 할 것이다.

※ 범죄사실 작성 例(사기방조)

피의자 甲은 乙 등과 공모하여, 성명불상자들이 … 이처럼 ○○만원을 송금받아 편취함에 있어서, 이를 돕기 위하여 범행에 사용할 위 ○○은행 계좌의 통장, 현금카드, 비밀번호을 위 '가항'과 같이 乙에게 양도하고 그는 성명불상자에게 순차 양도함으로써 그 범행을 용이하게 하여 이를 방조하였다.

다. 장물취득죄 성립 여부

사례의 경우 피해자는 본범인 성명불상자의 기망행위에 속아 현금 1,000만 원을 甲의 예금계좌로 송금하였고, 이는 재물에 해당하는 현금을 받는 방법이 예금계좌로 송금하는 형식으로 이루어진 것에 불과하다.

장물취득죄에 있어서 '취득' 이란 장물의 점유를 이전받음으로써 그 장물에 대하여 사실상 처분권을 획득하는 것을 의미하는데(대법원 2003. 5. 13. 선고 2003도1366 판결), 이 사건의 경우 본범의 사기행위는 甲이 예금계좌를 개설하여 본범에게 양도한 방조행위가 가공되어 본범에게 편취금이 귀속되는 과정 없이 甲이 피해자로부터 甲의 예금계좌로 돈을 송금받아 취득함으로써 종료되는 것이고, 그 후 甲이 자신의 예금계좌에서 위 돈을 인출하였다 하더라도 이는 예금명의자로서 은행에 예금반환을 청구한 결과일 뿐 (대법원 2009. 3. 19. 선고 2008다45828 전원합의체 판결) 본범으로부터 위 돈에 대한 점유를 이전받아 사실상 처분권을 획득한 것은 아니므로, 甲의 위와 같은 인출행위를 장물취득죄로 벌할 수는 없다. (대법원 2010.12.9, 선고, 2010도6256, 판결)

라. 결론적으로

甲(양도)과 乙(양수)의 행위는 전자금융거래법 위반 + 사기방조죄만 성립할 뿐 甲에 대해 별도의 장물취득죄는 인정되지 않는다.

제64절 압수물 처리

1. 사 례

사례1)

　甲(피해자) → 乙(범인) → 丙(일반인) → 경찰
　　　　　　절취　　　　　매각　　　　　　　압수

사례2)

　甲(피해자) → 乙(범인) → 丙(중고품매매상) → 경찰
　　　　　　절취　　　　　매각　　　　　　　　　압수

사례3)

　甲(피해자) → 乙(범인) → 丙(고물상) → 丁(일반인) → 경찰
　　　　　　절취　　　　　매각　　　　　매각　　　　　　압수

사례4)

　甲(피해자) → 乙(범인) → 丙(중고매매상) → 丁(일반인) → 戊(일반인) → 경찰
　　　　　　절취　　　매각　　　　　매각　　　　　매각　　　　　압수

2. 법규연구

가. 민 법

제249조(선의취득) 평온, 공연하게 동산을 양수한 자가 선의이며 과실없이 그 동산을 점유한 경우에는 양도인이 정당한 소유자가 아닌 때에도 즉시 그 동산의 소유권을 취득한다.

제250조(도품, 유실물에 대한 특례) 전조의 경우에 그 동산이 도품이나 유실물인 때에는 피해자 또는 유실자는 도난 또는 유실한 날로부터 2년내에 그 물건의 반환을 청구할 수 있다. 그러나 도품이나 유실물이 금전인 때에는 그러하지 아니하다.

제251조(도품, 유실물에 대한 특례) 양수인이 도품 또는 유실물을 경매나 공개시장에서 또는 동종류의 물건을 판매하는 상인에게서 선의로 매수한 때에는 피해자 또는 유실자는 양수인이 지급한 대가를 변상하고 그 물건의 반환을 청구할 수 있다.

나. 형사소송법

제133조(압수물의 환부, 가환부) ① 압수를 계속할 필요가 없다고 인정되는 압수물은 피고사건 종결전이라도 결정으로 환부하여야 하고 증거에 공할 압수물은 소유자, 소지자, 보관자 또는 제출인의 청구에 의하여 가환부할 수 있다.

② 증거에만 공할 목적으로 압수한 물건으로서 그 소유자 또는 소지자가 계속사용하여야 할 물건은 사진촬영 기타 원형보존의 조치를 취하고 신속히 가환부하여야 한다.

3. 결 론

가. "사례 1, 2" 경우

(가) 丙이 선의취득한 경우라도 절취되었을 때로부터 2년간은 甲에게 환부, 2년이 경과한 경우에는 장물성이 없어지므로 丙에게 환부

(나) 단, 압수물이 금전(어음, 수표 포함)일 경우에는 민법 제250조 단서에 의거 2년 이내에도 丙에게 환부

나. "사례 3" 경우

민법 제251조의 의하여 甲은 丁이 丙에게 지급한 대가를 丁에게 변상하지 않으면 그 물건의 반환을 청구할 수 없으므로 피압수자인 丁에게 환부

다. "사례 4" 경우

(가) 사례3의 경우에 의하며

(나) 丁이 다시 戊에게 거래한 경우에는 민법 제249조의 적용을 받아 장물성이 없어지므로 甲은 戊에게 반환을 청구할 수 없으므로 戊에게 반환

일을 즐겁게 하는 5가지 방법

1. 동료, 상사, 부하에게 늘 웃으며 대하자.
2. 전화통화 시 항상 친절하자.
3. 칭찬을 들으면 언제나 고맙다고 답례하자.
4. 타인의 시선이나 평가에 얽매이지 말라.
5. 불평, 불만이 있는 사람과는 멀리하자.

－데일 카네기

제65절 뇌물수수의 범행 장소 확인방법

1. 사 례

甲은 사업 관계로 공무원인 乙을 커피숍에서 만나 은밀한 방법으로 3,000만 원을 전달하였다. 3년 후 경찰 조사과정에서 뇌물수수 사실이 확인되어 甲을 상대로 뇌물전달 장소를 추궁하자 ○○에 있는 A 커피숍에서 전달하였다고 한다. 그러나 3년 전에는 그 장소에 A 커피숍이 영업하지 않았다.

2. 수사담당관의 착오

수사담당관 丙은 乙의 진술에 따라 乙을 동행하고 뇌물전달 장소 현장을 찾아 가 보았더니 乙이 진술한 커피숍이 있어 범행 장소로 특정하였다. 그러나 그 커피숍은 1년 전에 처음 개업하였던 곳으로 3년 전에는 영업하지 않았다.

3. 결 론

가. 범행 시점과 뇌물전달 영업소의 개업 시기 확인

3년 전에 범행이 이루어진 것이라면 그 시점에 그곳에 커피숍이 있었는지 확인할 필요가 있다. 乙이 뇌물전달 장소를 잘못 특정할 수도 있기 때문이다.

피의자가 범행을 부인하고 재판과정에서 피의자측 변호인이 현재 영업하는 커피숍은 1년 전에 개업한 곳이기 때문에 그곳에서 뇌물이 전달될 수 없다고 할 수 있다.

나. 교 훈

범행 시점과 영업개시 점을 반드시 확인해야 한다.

일반적으로 범행현장을 찾아가거나 인터넷으로 영업장소를 확인하는 때도 있다. 물론 인터넷 지도를 통해 해당연도 이전 사진을 첨부한 방법도 있다. 그러나 공부상 확인이 필요하다.

영업점의 인허가증이나 사업자등록증을 확인하여 이를 수사보고 형식으로 범행 시점에 영업하고 있었다는 것을 입증하도록 한다.

제66절 피해자가 피의자를 동행하여 처벌을 요구한 경우

1. 사 례

> 업주 甲은 乙女에게 다방에서 근무하는 조건으로 선급금 2,000만 원을 주었는데 일을 하지 않고 도주하였다가 최근에 乙녀를 잡았다면서 파출소에 같이 와 乙녀를 처벌하여 달라고 요구한 경우

2. 논 점

사례의 경우 현행범인 요건은 성립하기 어려울 것이고 긴급체포 여부가 문제될 것이다.

3. 법규연구

가. 형 법

제347조(사기) ① 사람을 기망하여 재물의 교부를 받거나 재산상의 이익을 취득한 자는 10년이하의 징역 또는 2천만원이하의 벌금에 처한다.

나. 형사소송법

제200조의3(긴급체포) ① 검사 또는 사법경찰관은 피의자가 사형·무기 또는 장기 3년이상의 징역이나 금고에 해당하는 죄를 범하였다고 의심할 만한 상당한 이유가 있고, 제70조제1항 제2호(증거인멸염려) 및 제3호(도망하거나 도망염려)에 해당하는 사유가 있는 경우에 긴급을 요하여 지방법원판사의 체포영장을 받을 수 없는 때에는 그 사유를 알리고 영장없이 피의자를 체포할 수 있다. 이 경우 긴급을 요한다 함은 피의자를 우연히 발견한 경우등과 같이 체포영장을 받을 시간적 여유가 없는 때를 말한다.

제212조(현행범인의 체포) 현행범인은 누구든지 영장없이 체포할 수 있다.

4. 결 론

가. 범죄혐의에 대한 증거가 충분(피의자 자백, 차용증 등)하고 증거인멸 또는 도망 염려가 있다고 판단되면 긴급체포할 수 있음(고소장이 접수되어야 긴급체포할 수 있는 것은 아님)

나. 피의자가 선급금 받은 것은 사실이나 일정기간 일을 하였으며 어떠한 사정(업주의 성매매 강요, 티켓영업 등)으로 중간에 일하지 못하였기 때문에 선급금을 갚지 못하였다고 변소한 경우

⇒ 고소인의 주장만으로 긴급체포할 수 없고, 이 경우 피의자에 대해 강제수사가 곤란하기 때문에 피의자의 동의를 얻어 임의동행 형식으로 수사과에 고소인과 함께 신병인계(수사과에서는 이들을 조사하여 혐의가 인정되지 않으면 조사 후 즉시 귀가)

다. 피의자가 임의동행에 불응할 경우 석방하여야 하며(선급금 사기의 경우 단순한 민사관계가 많아 형사처벌을 하지 못한 경우가 있음), 이때 고소인에게 법적 절차(긴급체포 요건이 갖추어지지 않으면 체포할 수 없다는 등)에 대한 충분한 설명과 함께 처벌을 원하면 고소장을 작성 제출하도록 하여 수사과로 진달(구두 고소를 원하면 고소보충조서를 작성 진달 ⇒ 형사소송법 제237조 제2항)

> 제237조(고소, 고발의 방식) ① 고소 또는 고발은 서면 또는 구술로써 검사 또는 사법경찰관에게 하여야 한다.
> ② 검사 또는 사법경찰관이 구술에 의한 고소 또는 고발을 받은 때에는 조서를 작성하여야 한다.

라. 고소인이 강력히 주장한다고 하여 피의자를 강제로 동행할 경우 불법체포가 될 수 있음

⇒ 이 경우 고소인도 피의자를 체포하여 파출소까지 동행한 행위가 체포감금죄가 될 수 있음(단, 현행범인 경우는 예외)

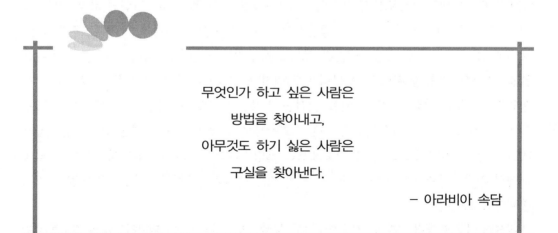

무엇인가 하고 싶은 사람은
방법을 찾아내고,
아무것도 하기 싫은 사람은
구실을 찾아낸다.

– 아라비아 속담

제67절 직장동료 사내메신저 대화내용을 무단 복사·전송한 경우

1. 사 례

> 甲은 회사 컴퓨터를 이용 친구들과 메신저로 여행계획을 짜다 잠깐 자리를 비운 사이 평소 사이가 좋지 않던 동료 乙이 甲의 메신저 내용을 복사하여 상사에게 전송하여 甲을 골탕 먹였다. 乙의 이러한 행위가 '타인의 비밀을 침해하고 누설' 한 행위에 해당하는지?

2. 법규연구 (정보통신망 이용촉진 및 정보보호 등에 관한 법률)

> 제48조(정보통신망 침해행위 등의 금지) ① 누구든지 정당한 접근권한 없이 또는 허용된 접근권한을 넘어 정보통신망에 침입하여서는 아니 된다.
> 제49조(비밀 등의 보호) 누구든지 정보통신망에 의하여 처리·보관 또는 전송되는 타인의 정보를 훼손하거나 타인의 비밀을 침해·도용 또는 누설하여서는 아니 된다.
> 제71조(벌칙) ① 다음 각 호의 어느 하나에 해당하는 자는 5년 이하의 징역 또는 5천만원 이하의 벌금에 처한다.
> 11. 제49조를 위반하여 타인의 정보를 훼손하거나 타인의 비밀을 침해·도용 또는 누설한 자

3. 관련 판례 (대법원 2018. 12. 27. 선고, 2017도15226 판결)

메신저 보관함에 저장된 내용이 타인의 비밀에 해당하는지를 정보통신망법 제49조 위반행위의 객체인 '정보통신망에 의해 처리·보관 또는 전송되는 타인의 비밀' 에는 정보통신망으로 실시간 처리·전송 중인 비밀, 나아가 정보통신망으로 처리·전송이 완료되어 원격지 서버에 저장·보관된 것으로 통신기능을 이용한 처리·전송을 거쳐야만 열람·검색이 가능한 비밀이 포함됨은 당연하다. 그러나 이에 한정되는 것은 아니다. 정보통신망으로 처리·전송이 완료된 다음 사용자의 개인용 컴퓨터(PC)에 저장·보관되어 있더라도, 그 처리·전송과 저장·보관이 서로 밀접하게 연계됨으로써 정보통신망과 관련된 컴퓨터프로그램을 활용해서만 열람·검색이 가능한 경우 등 정보통신체제 내에서 저장·보관 중인 것으로 볼 수 있는 비밀도 여기서 말하는 '타인의 비밀' 에 포함된다고 보아야 한다.

메신저 내용을 열람·복사·전송한 것이 '침해' 와 '누설' 에 해당하는지를 정보통신망법 제49조에서 말하는 타인의 비밀 '침해' 란 정보통신망에 의하여 처리·보관 또는 전송되는 타인의 비밀을 정보통신망에 침입하는 등 부정한 수단 또는 방법으로 취득하는

행위를 말한다(대법원 2015. 1. 15. 선고 2013도15457 판결 참조).

타인의 비밀 '누설'이란 타인의 비밀에 관한 일체의 누설행위를 의미하는 것이 아니라, 정보통신망에 의하여 처리·보관 또는 전송되는 타인의 비밀을 정보통신망에 침입하는 등의 부정한 수단 또는 방법으로 취득한 사람이나 그 비밀이 위와 같은 방법으로 취득된 것임을 알고 있는 사람이 그 비밀을 아직 알지 못하는 타인에게 이를 알려주는 행위만을 의미한다. (대법원 2012. 12. 13. 선고 2010도10576 판결 등 참조)

정보통신망법 제49조는 정보통신망에 의하여 처리·보관 또는 전송되는 타인의 정보나 비밀을 보호 대상으로 한다. 따라서 정보통신망법 제49조의 '타인의 비밀 침해 또는 누설'에서 요구되는 '정보통신망에 침입하는 등 부정한 수단 또는 방법'에는 부정하게 취득한 타인의 식별부호(아이디와 비밀번호)를 직접 입력하거나 보호조치에 따른 제한을 면할 수 있게 하는 부정한 명령을 입력하는 등의 행위에 한정되지 않는다.

이러한 행위가 없더라도 사용자가 식별부호를 입력하여 정보통신망에 접속된 상태에 있는 것을 기화로 정당한 접근권한 없는 사람이 사용자 몰래 정보통신망의 장치나 기능을 이용하는 등의 방법으로 타인의 비밀을 취득·누설하는 행위도 포함된다.

4. 결 론

따라서 업무용인 사내메신저 프로그램에 의해 처리되어 개인용 컴퓨터에 전자파일 형태로 보관 중인 과거의 대화 내용은 '타인의 비밀'에 포함되고, 비록 로그인 상태라 하더라도 몰래 그 메신저 프로그램을 조작하여 컴퓨터에 저장되어 있던 전자파일을 몰래 열람·복사 및 전송한 행위는 타인의 비밀을 침해·누설하는 행위에 해당된다.

제68절 아파트 인터폰으로 욕을 한 경우 모욕죄 여부

1. 사 례

아파트 아래층에 사는 사람이 위층에 사는 사람이 손님들을 데리고 와 시끄럽게 하자 화가 나 인터폰으로 위층에 연락하여 남자에게 인터폰을 통해 모욕적인 말을 하여 위층 남자 외에 그의 자녀들과 손님이 듣고 있는 가운데 위층 남자의 자녀교육과 인성을 비하하는 내용의 욕설을 하였다. 이 경우 모욕죄가 성립하는지?

2. 법규연구 (형법)

제311조(모욕) 공연히 사람을 모욕한 자는 1년 이하의 징역이나 금고 또는 200만원 이하의 벌금에 처한다.

3. 논 점

모욕죄의 요건인 공연성 즉, 전파가능성 여부가 문제되는 사안이다.

4. 관련 판례

가. 공연성 인정

여기서 '공연성'이란 불특정 또는 다수인이 인식할 수 있는 상태를 의미하는데, 개별적으로 소수의 사람에게 사실을 구체적 사실을 제시하였더라도 상대방이 불특정 또는 다수인에게 구체적으로 제시된 사실을 '전파할 가능성'이 있는 때에는 공연성이 인정된다.

형법 제311조(모욕)는 '공연히 사람을 모욕한 자'를 처벌한다고 규정하고, 제307조(명예훼손)가 '공연히 사실 또는 허위의 사실을 적시하여 사람의 명예를 훼손한 자'를 처벌한다고 규정하는 것과 마찬가지로 '공연성'을 요건으로 한다. 대법원 2020. 11. 19. 선고 2020도5813 전원합의체 판결은 명예훼손죄의 구성요건인 공연성이란 '불특정 또는 다수인이 인식할 수 있는 상태'를 의미하는데, 개별적으로 소수의 사람에게 사실을 적시하였더라도 그 상대방이 불특정 또는 다수인에게 적시된 사실을 전파할 가능성이 있는 때에는 공연성이 인정된다는 종전 대법원의 일관된 판시를 재확인하였고, 이러한 법리는 모욕죄에도 동일하게 적용된다. (대법원 2022. 6. 16. 선고 2021도15122 판결)

나. 공연성 부정

공연성의 존재 여부는 발언자와 상대방 또는 피해자 사이의 관계나 지위, 발언의 경위와 상황, 발언 내용, 상대방에게 발언을 전달한 방법과 장소 등 행위 당시의 객관적 제반 사정에 관하여 심리한 다음, 그로부터 발언을 들은 상대방이 불특정 또는 다수인에게 전파할 가능성이 있는지를 검토하여 종합적으로 판단하여야 한다(대법원 2020도5813 전원합의체 판결 등).

발언 상대방이 발언자나 피해자의 배우자, 친척, 친구 등 사적으로 친밀한 관계에 있어 그러한 관계로 인하여 비밀의 보장이 상당히 높은 정도로 기대되는 경우에는 공연성이 부정된다. (대법원 1978. 4. 25. 선고 78도473 판결, 대법원 1981. 10. 27. 선고 81도1023 판결, 대법원 1984. 3. 27. 선고 84도86 판결, 대법원 2000. 2. 11. 선고 99도4579 판결)

5. 결 론

사례에서 위층 남자와 손님의 관계를 고려할 때 친분이 있다고 하더라도 비밀의 보장이 상당히 높은 정도로 기대되는 관계라고 보기 어렵기에 전파가능성이 인정되어 모욕죄로 처벌되는 것이 타당할 것이다.

그러나 사안에 따라 모욕죄 위반에 따른 처벌 여부는 달라질 수 있으니 구체적인 사실관계 확인이 필요할 것이다.

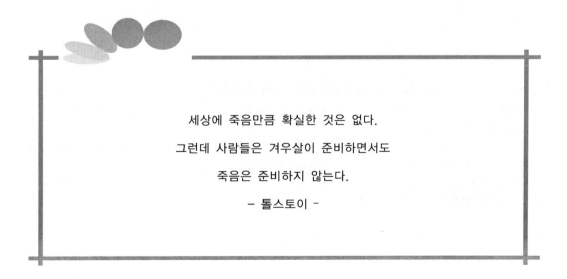

세상에 죽음만큼 확실한 것은 없다.
그런데 사람들은 겨우살이 준비하면서도
죽음은 준비하지 않는다.
- 톨스토이 -

제69절 私人이 정당한 사유 없이 실종아동을 보호한 경우

1. 사 례

가. 甲은 가출한 乙(13세, 여)이 ○○터미널에서 방황하고 있는 것을 발견하고 성폭행할 목적으로 자신의 주거지로 데려가 보호하였다.

나. 만약 甲이 乙을 유인하여 가출하도록 한 후 자신의 집으로 데려가 성폭행 한 경우

다. 피해자 乙녀의 연령이 13세 미만일 경우

2. 법규연구

가. 실종아동 등의 보호 및 지원에 관한 법률(이하, 실종아동법)

제7조(미신고 보호행위의 금지) 누구든지 정당한 사유 없이 실종아동등을 경찰관서의 장에게 신고하지 아니하고 보호할 수 없다.

제17조(벌칙) 제7조를 위반하여 정당한 사유없이 실종아동등을 보호한 자 및 제9조제4항을 위반하여 개인위치정보등을 실종아동등을 찾기 위한 목적 외의 용도로 이용한 자는 5년 이하의 징역 또는 5천만원 이하의 벌금에 처한다.

제2조(정의) 이 법에서 사용하는 용어의 정의는 다음과 같다.

1. "아동등"이란 다음 각 목의 어느 하나에 해당하는 사람을 말한다.

   가. 실종 당시 14세 미만인 아동

   나. 「장애인복지법」 제2조의 장애인 중 지적장애인, 자폐성장애인 또는 정신장애인

2. "실종아동등"이란 약취(略取)·유인(誘引) 또는 유기(遺棄)되거나 사고를 당하거나 가출하거나 길을 잃는 등의 사유로 인하여 보호자로부터 이탈(離脫)된 아동등을 말한다.

3. "보호자"란 친권자, 후견인이나 그 밖에 다른 법률에 따라 아동등을 보호하거나 부양할 의무가 있는 사람을 말한다. 다만, 제4호의 보호시설의 장 또는 종사자는 제외한다.

나. 형 법

제287조(미성년자의 약취, 유인) 미성년자를 약취 또는 유인한 자는 10년 이하의 징역에 처한다.

제288조(추행 등 목적 약취, 유인 등) ① 추행, 간음, 결혼 또는 영리의 목적으로 사람을 약취 또는 유인한 사람은 1년 이상 10년 이하의 징역에 처한다.

② 노동력 착취, 성매매와 성적 착취, 장기적출을 목적으로 사람을 약취 또는 유인한 사람은 2년 이상 15년 이하의 징역에 처한다.

③ 국외에 이송할 목적으로 사람을 약취 또는 유인하거나 약취 또는 유인된 사람을 국외에 이송한 사람도 제2항과 동일한 형으로 처벌한다.

다. 아동·청소년의 성보호에 관한 법률 (이하, 청소년성보호법)

제7조(아동·청소년에 대한 강간·강제추행 등) ① 폭행 또는 협박으로 아동·청소년을 강간한 사람은 5년 이상의 유기징역에 처한다.

② 아동·청소년에 대하여 폭행이나 협박으로 다음 각 호의 어느 하나에 해당하는 행위를 한 자는 5년 이상의 유기징역에 처한다.

　1. 구강·항문 등 신체(성기는 제외한다)의 내부에 성기를 넣는 행위

　2. 성기·항문에 손가락 등 신체(성기는 제외한다)의 일부나 도구를 넣는 행위

③ 아동·청소년에 대하여 「형법」 제298조의 죄를 범한 자는 2년 이상의 유기징역 또는 1천만원 이상 3천만원 이하의 벌금에 처한다.

④ 아동·청소년에 대하여 「형법」 제299조의 죄를 범한 자는 제1항부터 제3항까지의 예에 따른다.

⑤ 위계(僞計) 또는 위력으로써 아동·청소년을 간음하거나 아동·청소년을 추행한 자는 제1항부터 제3항까지의 예에 따른다.

⑥ 제1항부터 제5항까지의 미수범은 처벌한다.

라. 성폭력범죄의 처벌 등에 관한 특례법 (이하, 성폭력처벌법)

제7조(13세 미만의 미성년자에 대한 강간, 강제추행 등) ① 13세 미만의 사람에 대하여 「형법」 제297조(강간)의 죄를 범한 사람은 무기징역 또는 10년 이상의 징역에 처한다.

② 13세 미만의 사람에 대하여 폭행이나 협박으로 다음 각 호의 어느 하나에 해당하는 행위를 한 사람은 7년 이상의 유기징역에 처한다.

　1. 구강·항문 등 신체(성기는 제외한다)의 내부에 성기를 넣는 행위

　2. 성기·항문에 손가락 등 신체(성기는 제외한다)의 일부나 도구를 넣는 행위

③ 113세 미만의 사람에 대하여 「형법」 제298조(강제추행)의 죄를 범한 사람은 5년 이상의 유기징역에 처한다.

④ 13세 미만의 사람에 대하여 「형법」 제299조(준강간, 준강제추행)의 죄를 범한 사람은 제1항부터 제3항까지의 예에 따라 처벌한다.

⑤ 위계 또는 위력으로써 13세 미만의 사람을 간음하거나 추행한 사람은 제1항부터 제3항까지의 예에 따라 처벌한다.

3. 결 론

가. "가항"의 경우

(가) 형법상 간음유인죄

　　甲은 乙을 간음(성폭행) 목적으로 유인하였다면 형법상 간음유인죄가 성립할 것이다.

　1) 약 취

　　○ 폭행 또는 협박으로 자기 또는 제3자의 실력적 지배하에 옮기는 것

　　○ 미성년자를 실력적 지배하에 둘 수 있는 정도면 충분하고 반항을 억압할 정도일 필요는 없다(例, 수면제나 마취제로 상대방을 최면상태에 빠지게 하여

다른 곳으로 데려가는 행위, 유아를 보호자 몰래 데려가는 행위).

2) 유 인

○ 기망 또는 유혹을 수단으로 자기 또는 제3자의 실력적 지배하에 옮기는 것

○ 의사능력이 있는 자만이 유인의 객체가 될 수 있으므로 의사능력이 없는 자 (例, 유아)는 유인의 객체는 될 수 없고, 약취의 객체가 될 수 있을 뿐이다.

(나) 실종아동법 위반 여부

실종아동이란 실종아동법상 "실종신고 당시 14세 미만 아동과 장애인복지법 제2조의 장애인 중 정신지체인·발달장애인·정신장애인으로서 약취·유인·유기·사고 또는 가출하거나 길을 잃는 등의 사유로 인하여 보호자로부터 이탈된 아동 등을 말한다" 라고 규정하고 있다. 사례의 경우 甲은 乙이 터미널을 방황하고 있는 것을 보고 유인하였으므로 실종아동이라는 것을 알았다고 볼 수 있다. 따라서 실종아동법상 '미신고보호 행위'에 해당한다. 따라서 甲은 형법상 간음유인죄와 실종아동법 위반의 경합범으로 처리하여야 할 것이다.

나. "나항"의 경우

'가항'의 죄책과 성폭행까지 이루어졌으므로 청소년 성보호법 제7조(청소년에대한강간)를 적용하여야 할 것이다.

형법 제297조의 강간을 한 경우는 청소년성보호법 제7조 제1항을 적용하지만, 위계 또는 위력을 사용하였다면 제7조 제4항을 적용하여야 할 것이다.

(가) 위 계

기망수단에 의하여 상대방을 착오에 빠지게 하는 것으로, 유혹을 포함한다.

(나) 위 력

사람의 의사를 제압할 수 있는 유형·무형의 힘(例, 폭행·협박 및 지위·권세의 이용)을 사용하는 것

위력은 강간죄·강제추행죄의 폭행·협박에 이르지 않을 정도여야 한다. 따라서 피해자가 미성년자라도 강간죄에서 요구하는 정도의 폭행·협박으로 간음한 경우에는 강간죄가 성립한다.

다. "다항"의 경우

피해자의 연령이 13세 미만일 경우 "나항"의 사례에서 청소년성보호법을 적용할 것이 아니고 청소년성보호법의 특별법인 성폭력처벌법을 적용하여야 할 것이다.

제70절 타인의 토지에 승낙 없이 식물을 재배한 경우

1. 사 례

> (1) 甲은 서울에 사는 乙이 밭을 구입한 후 경작하지 않고 그대로 둔 것을 보고 이곳에 사과나무를 심어 수확한 경우
> (2) 甲이 乙의 승낙을 얻어 농작물을 재배하였으나 소유자인 乙이 농작물을 베어버린 경우
> (3) 甲이 乙의 승낙 없이 乙 땅에 농작물을 재배하였는데 수확하기 전에 乙이 이를 베어버린 경우

2. 관련 판례

가. "사례(1)" 관련

(가) 타인의 토지상에 식재한 수목의 소유권

타인의 토지상에 권원없이 식재한 수목의 소유권은 토지소유자에게 귀속되고 권원에 의하여 식재한 경우에는 그 소유권이 식재한 자에게 있다(대법원 1980.9.30. 선고 80도1874 판결).

(나) 권원 없이 타인의 토지 위에 식재한 감나무에서 감을 수확한 것이 절도죄에 해당하는지 여부(적극)

타인의 토지상에 권원 없이 식재한 수목의 소유권은 토지소유자에게 귀속하고 권원에 의하여 식재한 경우에는 그 소유권이 식재한 자에게 있으므로, 권원 없이 식재한 감나무에서 감을 수확한 것은 절도죄에 해당한다(대법원 1998. 4. 24. 선고 97도3425 판결).

(다) 토지임차권에 기하여 식재된 수목을 토지경락인이 경락취득하는지 여부(소극)

토지의 사용대차권에 기하여 그 토지상에 식재된 수목을 이를 식재한 자에게 그 소유권이 있고 그 토지에 부합되지 않는다 할 것이므로 비록 그 수목이 식재된 후에 경매 때문에 그 토지를 경락받았다고 하더라도 경락인은 그 경매 때문에 그 수목까지 경락취득하는 것은 아니라고 할 것이다(대법원 1990.1.23. 자 89다카21095 결정).

나. "사례(3)" 관련

타인 소유의 토지에 사용수익의 권한없이 농작물을 경작한 경우에 그 농작물의 소유권은 경작한 사람에게 귀속된다(대법원 1970.3.10. 선고 70도82 판결).

3. 결 론

농작물의 경우와 장기간 재배를 요하는 수목의 경우에 대해 대법원은 판례를 달리하고 있음. 즉 권원없이 식재한 수목의 경우에는 일관되게 토지소유자의 소유라고 보고 있으나 예외적으로 농작물의 경우 파종 시부터 수확까지 불과 수개월 밖에 안 걸리고 경작자의 부단한 관리가 필요하며 그 점유의 귀속이 명백하는 점을 들어 권한없이 타인의 토지에 농작물을 심은 경우에도 그 농작물은 토지에 부합하지 않고 경작자에게 소유권이 있다고 보고 있음

가. "사례(1)" 경우

☞ 甲은 권원 없이 타인의 토지에 감나무를 식재해 감을 수확하였으므로 절도죄

나. "사례(2)" 경우

☞ 乙은 재물손괴

다. "사례(3)" 경우

☞ 甲은 권원없이 농작물을 재배하였으므로 농작물에 대한 소유권은 비록 甲에게 있다 하더라도 乙의 토지를 이용하였으므로 토지이용에 대한 영득의 의사가 있다고 볼 수 있어 농작물을 재배하여 이를 수확하였다면 절도죄, 수확 전에 乙이 이를 베어버렸다면 절도미수, 乙은 재물손괴

✱ 판례가 乙에 대해 재물손괴를 인정하고 있으므로 甲의 절도죄에 대해서는 논란의 소지가 있다고 볼 수 있으나 乙만 처벌한다면 법의 형평성에 문제가 있다고 봄

제71절 타인의 토지 등에 설치된 분묘의 처리

1. 사 례

甲은 자신의 임야에 분묘를 몰래 설치한 것을 알았으나 그 연고자를 알 수 없어 개장하지 못하고 있다. 어떠한 절차에 따라 처리할 수 있는지. 만약 연고자를 알고 이장하도록 하였으나 이행하지 않는다.
1. 토지소유자가 임의대로 이장한 경우 토지소유자의 처벌여부
2. 몰래 분묘를 설치한 자에 대한 형사처벌 가능 여부

2. 법규연구

가. 장사 등에 관한 법률 (이하, 장사법)

제27조(타인의 토지 등에 설치된 분묘 등의 처리 등) ① 토지 소유자(점유자나 그 밖의 관리인을 포함한다. 이하 이 조에서 같다), 묘지 설치자 또는 연고자는 다음 각 호의 어느 하나에 해당하는 분묘에 대하여 보건복지부령으로 정하는 바에 따라 그 분묘를 관할하는 시장등의 허가를 받아 분묘에 매장된 시신 또는 유골을 개장할 수 있다.
  1. 토지 소유자의 승낙 없이 해당 토지에 설치한 분묘
  2. 묘지 설치자 또는 연고자의 승낙 없이 해당 묘지에 설치한 분묘
② 토지 소유자, 묘지 설치자 또는 연고자는 제1항에 따른 개장을 하려면 미리 3개월 이상의 기간을 정하여 그 뜻을 해당 분묘의 설치자 또는 연고자에게 알려야 한다. 다만, 해당 분묘의 연고자를 알 수 없으면 그 뜻을 공고하여야 하며, 공고기간 종료 후에도 분묘의 연고자를 알 수 없는 경우에는 화장한 후에 유골을 일정 기간 봉안하였다가 처리하여야 하고, 이 사실을 관할 시장등에게 신고하여야 한다.
③ 제1항 각 호의 어느 하나에 해당하는 분묘의 연고자는 해당 토지 소유자, 묘지 설치자 또는 연고자에게 토지 사용권이나 그 밖에 분묘의 보존을 위한 권리를 주장할 수 없다.
④ 토지 소유자 또는 자연장지 조성자의 승낙 없이 다른 사람 소유의 토지 또는 자연장지에 자연장을 한 자 또는 그 연고자는 당해 토지 소유자 또는 자연장지 조성자에 대하여 토지사용권이나 그 밖에 자연장의 보존을 위한 권리를 주장할 수 없다.
제42조(과태료) ① 다음 각 호의 어느 하나에 해당하는 자에게는 300만원 이하의 과태료를 부과한다.
  10. 제27조제2항에 따른 통보 또는 공고를 하지 아니하고 개장을 한 자

나. 장사 등에 관한 법률 시행규칙

제18조(타인의 토지 등에 설치된 분묘의 처리) ① 법 제27조제1항에 따라 토지소유자(점유자나 그 밖의 관리인을 포함한다. 이하 이 조에서 같다), 묘지 설치자 또는 연고자는 매장된 시체나 유골을 개장하려는 경우에는 별지 제3호서식의 개장 허가신청서에 다음 각 호의 서류를 첨부하여 관할 시장등에게 신청하여야 한다. 이 경우 시장등이 「전자정부법」 제36조제1항에 따른 행정정보의 공동이용을 통하여 첨부서류에 대한 정보를 확인할 수 있는 경우에는 그 확인으로 첨부서류를 갈음한다.

1. 기존 분묘의 사진
2. 분묘의 연고자를 알지 못하는 사유
3. 묘지 또는 토지가 개장 허가신청인의 소유임을 증명하는 서류
4. 부동산등기법 등 관계 법령에 따라 해당 토지 등의 사용에 관하여 해당 분묘 연고자의 권리가 없음을 증명하는 서류
5. 제4항에 따른 통보문 또는 공고문

④ 토지소유자, 묘지 설치자 또는 연고자가 타인의 토지 또는 묘지에 설치된 분묘를 처리하는 경우 법 제27조제5항에 따른 통보 및 공고의 방법은 다음 각 호와 같다.
1. 분묘의 연고자를 알고 있는 경우 : 제14조제1항제1호 각 목의 사항을 문서로 표시하여 분묘의 연고자에게 알릴 것
2. 분묘의 연고자를 알 수 없는 경우에는 다음 각 목의 어느 하나의 방법으로 제14조제1항제1호 각 목의 사항을 2회 이상 공고하되, 두 번째 공고는 첫 번째 공고일부터 40일이 지난 후에 다시 할 것
가. 둘 이상의 일간신문(중앙일간신문이 하나 이상 포함되어야 한다)에 공고하는 방법
나. 관할 시·도 또는 시·군·구 인터넷 홈페이지와 하나 이상의 일간신문에 공고하는 방법

제14조(설치기간이 지난 분묘의 처리방법) ① 법 제20조제3항에 따른 공설묘지 또는 사설묘지의 설치자가 설치기간이 지난 분묘의 처리를 하는 경우 그 통보 및 공고기간·방법·절차 등은 다음 각 호와 같다.
1. 묘지의 연고자를 알고 있는 경우 : 법 제20조제2항에 따른 조치를 하기 3개월 전에 다음 각 목의 사항을 문서로 표시하여 해당 분묘의 연고자에게 알릴 것
가. 묘지 또는 분묘의 위치 및 장소
나. 개장사유, 개장 후 안치 장소 및 기간
다. 공설묘지 또는 사설묘지 설치자의 성명·주소 및 연락방법
라. 그 밖에 개장에 필요한 사항
2. 묘지의 연고자를 알 수 없는 경우: 법 제20조제2항에 따른 조치를 하기 3개월 전에 다음 각 목의 어느 하나의 방법으로 제1호 각 목의 사항을 2회 이상 공고하되, 두 번째 공고는 첫 번째 공고일부터 40일이 지난 후에 다시 할 것
가. 둘 이상의 일간신문(중앙일간신문이 하나 이상 포함되어야 한다)에 공고하는 방법
나. 관할 시·도 또는 시·군·구 인터넷 홈페이지와 하나 이상의 일간신문에 공고하는 방법

3. 결 론

가. 개장 허가

관할 시장·군수의 허가를 매장된 시체나 유골을 개장할 수 있다.

나. 개장 공고

토지소유자 등은 개장을 하려면 미리 3개월 이상의 기간을 정해 그 뜻을 해당 분묘의 설치자 또는 연고자에게 알려야 한다. 다만, 해당 분묘의 연고자를 알 수 없으면 그 뜻을 공고해야 한다.

☞ 이를 위반하여 통보 또는 공고를 하지 않고 개장을 한 자는 300만원 이하의 과태료 부과처분을 받는다.

다. 통보 및 공고의 방법

　ㅇ 분묘의 연고자를 알고 있는 경우(시행규칙 제14조 제1항 제1호)

　　－ 묘지 또는 분묘의 위치 및 장소

　　－ 개장사유, 개장 후 안치 장소 및 기간

　　－ 공설묘지 또는 사설묘지 설치자의 성명·주소 및 연락방법

　　－ 그 밖에 개장에 필요한 사항

　ㅇ 분묘의 연고자를 알 수 없는 경우

　　－ 중앙일간신문을 포함한 둘 이상의 일간신문 또는 관할 시·도 및 시·군·구 인터넷 홈페이지와 하나 이상의 일간신문에 제14조제1항제1호 각 목의 사항을 2회 이상 공고

　　－ 두 번째 공고는 첫 번째 공고일부터 1개월이 지난 후에 다시 할 것

라. 권리 주장의 금지

　분묘의 연고자는 토지소유자 등에게 토지 사용권이나 그 밖에 분묘의 보존을 위한 권리를 주장할 수 없다.

마. 불법매장에 대한 형사처벌 여부

　ㅇ 매장장소

　장사법 제7조에 누구든지 "묘지 외의 구역에 매장하여서는 아니 된다"고 규정하면서 이를 위반할 경우 제40조 제1항(벌칙)에 따라 처벌한다. 만약 분묘를 설치한 장소의 지목이 묘지로 되어있으면 매장장소 위반으로는 처벌할 수 없다.

　ㅇ 매장 신고 여부

　매장을 한 자는 매장 후 30일 이내에 매장지를 관할하는 시장 등에게 신고하여야 한다. 따라서 매장 후 30일이 경과한 경우 장사법 제8조, 제42조에 따라 행정기관에 통보하여 과태료를 부과하도록 한다.

제72절 개발제한구역 내에서 경작 목적으로 한 성토행위

1. 사 례

甲은 개발제한구역인 ○○에 있는 잡종지 ○○㎡ 외 3필지를 그 소유자들로부터 무상으로 임차한 다음, 200○. 4.경 허가를 받지 아니한 채 위 토지 중 1필지 상에 높이 1.8m가량 성토작업을 함으로써 토지의 형질을 변경하였다.　　　　　　－인천지법 2007고단3735

2. 논 점

성토행위가 개발제한구역의 지정 및 관리에 관한 특별조치법 소정에서 금지하고 있는 토지의 형질변경행위인지 여부

3. 법규연구 (개발제한구역의 지정 및 관리에 관한 특별조치법)

제12조(개발제한구역에서의 행위제한) ① 개발제한구역에서는 건축물의 건축 및 용도변경, 공작물의 설치, 토지의 형질변경, 죽목(竹木)의 벌채, 토지의 분할, 물건을 쌓아놓는 행위 또는 국토의 계획 및 이용에 관한 법률 제2조제11호에 따른 도시·군계획사업(이하 "도시·군계획사업"이라 한다)의 시행을 할 수 없다. 다만, 다음 각 호의 어느 하나에 해당하는 행위를 하려는 자는 특별자치도지사·시장·군수 또는 구청장(이하 "시장·군수·구청장"이라 한다)의 허가를 받아 그 행위를 할 수 있다.
1. 다음 각 목의 어느 하나에 해당하는 건축물이나 공작물로서 대통령령으로 정하는 건축물의 건축 또는 공작물의 설치와 이에 따르는 토지의 형질변경
　가. 공원, 녹지, 실외체육시설, 시장·군수·구청장이 설치하는 노인의 여가활용을 위한 소규모 실내 생활체육시설 등 개발제한구역의 존치 및 보전관리에 도움이 될 수 있는 시설
　나. 도로, 철도 등 개발제한구역을 통과하는 선형(線形)시설과 이에 필수적으로 수반되는 시설
　다. 개발제한구역이 아닌 지역에 입지가 곤란하여 개발제한구역 내에 입지하여야만 그 기능과 목적이 달성되는 시설
　라. 국방·군사에 관한 시설 및 교정시설
　마. 개발제한구역 주민과 「공익사업을 위한 토지 등의 취득 및 보상에 관한 법률」 제4조에 따른 공익사업의 추진으로 인하여 개발제한구역이 해제된 지역 주민의 주거·생활편익·생업을 위한 시설
1의2. 도시공원, 물류창고 등 정비사업을 위하여 필요한 시설로서 대통령령으로 정하는 시설을 정비사업 구역에 설치하는 행위와 이에 따르는 토지의 형질변경
2. 개발제한구역의 건축물로서 제15조에 따라 지정된 취락지구로의 이축(移築)
3. 공익사업을 위한 토지 등의 취득 및 보상에 관한 법률 제4조에 따른 공익사업(개발제한구역에서 시행하는 공익사업만 해당한다.)의 시행에 따라 철거된 건축물을 이축하기 위한 이주단지의 조성
3의2. 「공익사업을 위한 토지 등의 취득 및 보상에 관한 법률」 제4조에 따른 공익사업의 시행에 따라 철거되는 건축물 중 취락지구로 이축이 곤란한 건축물로서 개발제한구역 지정 당시부터 있던 주택, 공장 또는 종교시설을 취락지구가 아닌 지역으로 이축하는 행위
4. 건축물의 건축을 수반하지 아니하는 토지의 형질변경으로서 영농을 위한 경우 등 대통령령으로 정하는 토지의 형질변경

5. 벌채 면적 및 수량(樹量), 그 밖에 대통령령으로 정하는 규모 이상의 죽목(竹木) 벌채

6. 대통령령으로 정하는 범위의 토지 분할

7. 모래·자갈·토석 등 대통령령으로 정하는 물건을 대통령령으로 정하는 기간까지 쌓아 놓는 행위

8. 제호 또는 제13조에 따른 건축물 중 대통령령으로 정하는 건축물을 근린생활시설 등 대통령령으로 정하는 용도로 용도변경하는 행위

4. 법원의 판단

甲이 중장비 임대업에 종사하면서 건설현장에서 나오는 흙을 받아 매립하는 속칭 스데바업을 영위하였고, 이 사건 잡종지에 반입된 토사가 인근 오피스텔 신축공사 현장에서 나오는 갯벌 흙인 점, 이 사건 토지가 논, 밭 등으로 영농을 위하여 사용된 적이 없고, 위 토지에 높이 1.8 m가량 성토 및 정지작업을 한 뒤 甲이 농사를 위하여 경작하였다는 흔적도 발견하기 어려운 점, 토지의 종전 용도, 매립경위 등에 비추어 甲의 이 사건 행위는 그 주된 목적이 경작을 위해서가 아닌 대지의 조성을 위하여 성토, 매립, 정지 등의 작업을 한 것으로 봄이 타당

5. 결 론

甲의 행위는 토지의 형상을 원상회복이 어려울 정도로 사실상 변경시킨 행위로서 개발제한법에서 금지하고 있는 토지의 형질변경 행위라고 봄이 타당함.

"나를 귀하게 여김으로써 남을 천하게 여기지 말고

자기가 크다고 해서 남의 작은 것을 업신여기지 말며

용맹을 믿고서 적을 가볍게 여기지 말 것이니라."

"남의 허물을 듣거든 부모의 이름을 듣는 것과 같이하여

귀로 들을지언정 입으로는 말하지 말 것이니라."

– 명심보감(정기편) –

제73절 책임능력이 인정되는 미성년자 친권자의 불법행위책임 부담 여부

1. 사 례

> 고등학교 1학년들인 피의자들은 채팅 사이트를 동하여 알게 된 중학교 2학년인 여학생을 수회에 걸쳐 강간하여 현재 외상 후 스트레스 장애, 우울증, 불안, 대인기피, 자살 위기 등과 같은 심각한 정서적 고통 증상을 호소하고 있다. 이에 대해 피해자의 부모는 피의자의 부모들을 상대로 민사소송을 제기하기에 이르렀다. 이에 피의자 부모들은 아들들이 책임능력이 인정되기 때문에 부모들은 민사책임이 없다고 한다(2006가합20288).

2. 쟁 점

책임능력이 인정되는 미성년자가 불법행위를 한 경우 그의 감독자가 책임을 부담하는지 여부.

3. 법규연구 (민법)

> 제750조(불법행위의 내용) 고의 또는 과실로 인한 위법행위로 타인에게 손해를 가한 자는 그 손해를 배상할 책임이 있다.
>
> 제753조(미성년자의 책임능력) 미성년자가 타인에게 손해를 가한 경우에 그 행위의 책임을 변식할 지능이 없는 때에는 배상의 책임이 없다.
>
> 제755조(책임무능력자의 감독자의 책임) ① 전2조의 규정에 의하여 무능력자에게 책임없는 경우에는 이를 감독할 법정의무있는 자가 그 무능력자의 제삼자에게 가한 손해를 배상할 책임이 있다. 그러나 감독의무를 해태하지 아니한 때에는 그러하지 아니하다.
>
> ② 감독의무자에 가름하여 무능력자를 감독하는 자도 전항의 책임이 있다.
>
> 제760조(공동불법행위자의 책임) ① 수인이 공동의 불법행위로 타인에게 손해를 가한 때에는 연대하여 그 손해를 배상할 책임이 있다.
>
> ② 공동 아닌 수인의 행위중 어느 자의 행위가 그 손해를 가한 것인지를 알 수 없는 때에도 전항과 같다.
>
> ③ 교사자나 방조자는 공동행위자로 본다.
>
> 제913조(보호, 교양의 권리의무) 친권자는 자를 보호하고 교양할 권리의무가 있다.

4. 법원의 판단

가. 민법은 미성년자가 책임능력자로서 그의 위법한 가해행위에 대하여 배상책임을 부담하지 않는 경우에는(민법 제753조), 감독의무자가 일정한 요건 하에 책임을 부담한다고 하는 입장을 취하고 있다(민법 제755조). 그러나 친권자는 미성년자를 보호하고 교양할 의무가 있으므로(민법 제913조), 이러한 보호·교양 의무의 일환으로서 미성년자가 타인에게 손해를 가하지 않도록 감독해야 할 의무를 부담하고, 따라서 친권자가 이러한 의무에 위반하여 미성년자로 하여금 제3자에게 손해를 가하게 한 경우에는 민법 제750조에 의한 일반불법행위책임을 인정하여야 할 것이다. 따라서 친권자가 위와 같은 보호·교양의무를 위반하여 미성년자로 하여금 제3자에게 손해를 가하게 하였다면 가사 그 미성년자에게 책임 능력이 인정된다고 하더라도 친권자는 민법 제750조에 의하여 독자적으로 불법행위책임을 부담하여야 할 것이다.

나. 이 사건의 경우 피의자들이 만 16세의 미성년자들이기는 하나 그 행위의 책임을 변식할 지능이 있는 자들로서 책임능력이 인정된다고 할 것이므로 공동불법행위자들로서 책임을 부담하여야 한다. 또한, 피의자들의 부모들은 피의자들의 친권자들로서 피의자들을 보호하고 교양하여 타인에게 손해를 가하지 아니하도록 감독하여야 할 의무를 위반하였고 이로 인하여 정상적이고 건전한 의식을 가지지 못하게 된 피의자들은 피해자를 강간하여 피해자와 그 가족들에게 손해를 입게 하였으므로 피의자 및 그 부모들은 민법 제750조, 제760조에 의하여 불법행위책임을 부담한다고 봄이 상당하다.

다. 따라서 피의자들은 직접 피해자를 강간한 불법 행위자들로서, 그 부모들은 피의자들에 대한 감독의무를 게을리 한 불법행위자 들로서 모두 연대하여 피해자 및 그 부모들이 입은 손해를 배상할 책임이 있다.

5. 판결의 의미(결론)

책임능력이 인정되는 미성년자가 불법행위를 한 경우 그 미성년자의 친권자에게 일반적, 일상적 감독의무 위반이 있음을 이유로 하여 민법 제750조에 기한 친권자의 불법행위책임을 인정한 것이다.

제74절 병역법과 예비군법의 공소시효 기산점

Ⅰ. 병역법 위반

1. 거주지 이동신고 불이행(제84조 제2항, 제69조 제1항)

☞ 공소시효 5년

가. 범죄사실

피의자는 병역의무자로서, 병역의무자가 거주지를 이동한 때에는 14일 이내에 주민등록법 제16조의 규정에 따라 전입신고를 하여야 한다.

그럼에도 불구하고 피의자는 20○○. 4. 5. 경 주거지를 서울 ○○에서 ○○로 이동하였으면 거주지 동장에게 전·출입 신고를 하여야 함에도 정당한 사유없이 아니하였다.

나. 공소시효기산점

주소지를 무단으로 이동한 20○○. 4. 5. 이 아니라 그로부터 14일이 지난 4. 19. 을 기준으로 할 것

2. 입영의 기피행위(제88조 제1항)

☞ 공소시효 5년

가. 범죄사실

피의자는 현역입영대상자로, 20○○. 5. 7. ○○에 있는 피의자의 집에서 20○○. 7. 1.로 충남 논산시에 있는 ○○부대에 입영하라는 ○○지방병무청장 명의의 현역입영통지서를 받고도 입영일로부터 3일이 경과한 날까지 정당한 사유없이 입영하지 아니하였다.

나. 공소시효기산점

입영통지를 받은 20○○. 5. 7. 아니라 입영일로부터 3일이 경과한 7. 4.을 기준으로 할 것이다.

✽ 병역법 개정으로 5일 이내 입영에서 3일 이내로 단축

3. 사회복무요원의 복무이탈(제89조의2 제1호)

☞ 공소시효 5년

가. 범죄사실

피의자는 ○○○에 근무하고 있는 사회복무요원으로서 정당한 사유없이 통산 8일 이상의 기간 복무를 이탈하거나 해당 분야에 복무하지 아니하여서는 아니 된다.

그럼에도 불구하고 피의자는 20○○. 2. 1~3(3일), 2. 11~16(6일)등 정당한 이유 없이 통산 8일 이상의 기간 복무를 이탈하였다.

나. 공소시효기산점

통산 8일 이상 이탈하여도 통산 8일째가 되는 날을 기준으로 할 것이다.

4. 병력 동원훈련 불참(제90조 제1항 제0호)

☞ 공소시효 5년

가. 범죄사실

피의자는 병역의무자로서 20○○. 5. 6.경 ○○에 있는 피의자의 집에서 피의자의 모인 홍길녀를 통하여 20○○. 5. 15.부터 20○○. 5. 18.까지 육군 제○○사단 3연대 1대대에서 실시하는 병력동원훈련을 받으라는 육군 제○○사단장 명의의 병력동원훈련소집 통지서를 받고도 정당한 사유없이 위 지정기일에 입영하지 아니하였다

나. 공소시효기산점

훈련소집 통지를 받은 20○○. 5. 6. 아니라 훈련일의 마지막 날짜인 5. 18.을 기준으로 할 것이다.

◖ II. 예비군법 위반

1. 예비군훈련을 받지 않은 경우 (제15조 제9항 제1호, 제6조 제1항)

☞ 공소시효 5년

가. 범죄사실

피의자는 예비군 대원으로서 20○○. 7. 5. 11:00경 ○○에 있는 피의자의 집에서

20○○. 7. 21. ○○에 있는 예비군 훈련장에서 예비군훈련을 받으라는 육군 제○○부대장 명의의 예비군훈련 소집통지서를 전달받았다.

그러나 피의자는 정당한 사유 없이 위 훈련을 받지 아니하였다.

✱ 훈련소집통지서를 피의자 아닌 가족이 대신 받았을 경우 그 가족을 상대로 본인(피의자)에게 전달 여부를 확인하여 소재불명 등으로 전달하지 못한 것이 인정될 경우 불기소(혐의없음) 결정

나. 공소시효기산점

훈련소집 통지를 받은 20○○. 7. 5. 아니라 훈련일인 7. 21.을 기준으로 할 것

2. 무단전출 말소(제15조 제2항, 제6조의2 제1항)

☞ 공소시효 5년

가. 범죄사실

피의자는 예비군 대원으로서 20○○. ○. ○.경 ○○에서 ○○로 거주지를 이동하였다. 이러한 경우 예비군은 관할 동사무소에 거주지 이동 신고를 하여야 한다.

그럼에도 피의자는 정당한 사유없이 예비군훈련 소집통지서를 전달할 수 없도록 거주지 이동 신고를 하지 아니하여 20○○. 5. 3. 주민등록이 직권 말소되게 하였다.

✱ 직권말소된 경우만 처벌하고 가족 등에 의해 신고 말소된 경우는 처벌할 수 없게 되어 있었으나 법 개정(04.12.31.부터 시행)으로 직권말소와 신고말소를 구별하지 않고 말소만 되면 처벌하게 되어있다. → 04.12.31.이전 행위에 대해서는 직권말소의 경우만 처벌함에 유의할 것

나. 공소시효기산점

무단전출일로부터 14일이 지난날을 기준으로 할 것이 아니고 주민등록상 실질적 말소 일자인 20○○. 5. 3. 기준으로 할 것

제75절 구속피의자가 무혐의 석방된 후 손해배상을 청구한 경우

1. 사 례

> 甲은 ○○경찰서 형사로 절도 피해현장에 남아 있는 지문 등을 근거로 홍길동을 절도 혐의로 긴급체포하여 판사로부터 구속영장을 발부받아 구속 송치하였다. 그 뒤 진범이 검거되어 홍길동은 무죄가 입증되어 석방되었다. 석방된 홍길동은 조사받은 과정에서 본인은 범인이 아니라고 주장했음에도 불구하고 무고한 시민을 절도범으로 검거하여 구속했다면서 甲을 상대로 불법체포감금죄로 고소함과 동시에 5,000만 원의 손해배상을 청구하였다. 甲은 형사상의 책임과 민사책임을 져야 하는지 여부

2. 법규연구

가. 국가배상법

> **제2조(배상책임)** ① 국가나 지방자치단체는 공무원이 직무를 집행하면서 고의 또는 과실로 법령을 위반하여 타인에게 손해를 입히거나, 「자동차손해배상 보장법」에 따라 손해배상의 책임이 있을 때에는 이 법에 따라 그 손해를 배상하여야 한다. 다만, 군인·군무원·경찰공무원 또는 피의자예비군대원이 전투·훈련 등 직무 집행과 관련하여 전사(戰死)·순직(殉職)하거나 공상(公傷)을 입은 경우에 본인이나 그 유족이 다른 법령에 따라 재해보상금·유족연금·상이연금 등의 보상을 지급받을 수 있을 때에는 이 법 및 「민법」에 따른 손해배상을 청구할 수 없다.
> ② 제1항 본문의 경우에 공무원에게 고의 또는 중대한 과실이 있으면 국가나 지방자치단체는 그 공무원에게 구상(求償)할 수 있다.

나. 형 법

> **제124조(불법체포, 불법감금)** ① 재판, 검찰, 경찰 기타 인신구속에 관한 직무를 행하는 자 또는 이를 보조하는 자가 그 직권을 남용하여 사람을 체포 또는 감금한 때에는 7년이하의 징역과 10년이하의 자격정지에 처한다.
> ②전항의 미수범은 처벌한다.
> **제125조(폭행, 가혹행위)** 재판, 검찰, 경찰 그 밖에 인신구속에 관한 직무를 수행하는 자 또는 이를 보조하는 자가 그 직무를 수행하면서 형사피의자나 그 밖의 사람에 대하여 폭행 또는 가혹행위를 한 경우에는 5년 이하의 징역과 10년 이하의 자격정지에 처한다.

다. 헌 법

> **제28조** 형사피의자 또는 형사피고인으로서 구금되었던 자가 법률이 정하는 불기소처분을 받거나 무죄판결을 받은 때에는 법률이 정하는 바에 의하여 국가에 정당한 보상을 청구할 수 있다.

라. 형사보상 및 명예회복에 관한 법률

> 제2조(보상 요건) ① 형사소송법」에 따른 일반 절차 또는 재심(再審)이나 비상상고(非常上告) 절차에서 무죄재판을 받아 확정된 사건의 피고인이 미결구금(未決拘禁)을 당하였을 때에는 이 법에 따라 국가에 대하여 그 구금에 대한 보상을 청구할 수 있다.
> ② 상소권회복에 의한 상소, 재심 또는 비상상고의 절차에서 무죄재판을 받아 확정된 사건의 피고인이 원판결(原判決)에 의하여 구금되거나 형 집행을 받았을 때에는 구금 또는 형의 집행에 대한 보상을 청구할 수 있다.

3. 결 론

가. 수사과정에서 불법행위가 자행된 경우

절도범으로 검거한 후 수사과정에서 자백을 받기 위해 폭행·가혹행위를 했을 때는 명백한 불법행위기 때문에 국가를 상대로 손해배상을 청구할 수 있으며 국가는 다시 甲을 상대로 구상권을 행사할 수 있을 것이다.

✽ 폭행 : 신체에 대한 유형력의 행사를 말하고, 직접 사람에 대한 것임을 요하지 않음

✽ 가혹행위 : 폭행 이외의 방법에 따라 정신적·육체적으로 고통을 주는 일체의 행위(例, 음식을 주지 않거나 잠을 못 자게 하는 행위 등)

나. 수사과정에서 불법행위가 없었을 경우

(가) 명백한 불법행위가 없을 때에는 수사과정에서 피의자에 대한 혐의가 의심할 만한 충분한 이유가 있다면 나중에 그 피의자가 무혐의로 풀려났다 하더라도 배상책임 없어 정신적 피해배상을 할 의무가 없다. 현장에서 홍길동의 지문이 있었던 점등으로 보아 경찰관은 절도 혐의를 인정할 만한 합리적 이유가 있다고 볼 수 있다.

(나) 그러므로 구속된 피의자가 수사과정에서 석방되었다 하더라도 수사관에게 고의나 과실이 있다고 단정할 수 없을 때에는 홍길동은 국가나 甲을 상대로 손해배상을 청구할 수 없다.

다. 결론적으로

(가) 국가배상법에 따라 손해배상은 청구할 수 없지만, 형사보상법에 의거 형사보상을 청구할 수 있는데

(나) 국가배상법의 적용을 받지 않음에 따라 경찰관인 甲은 국가로부터 구상권의 책임을 면하게 된다.

제76절 여객자동차 안에서 흡연한 경우 처벌할 수 있는 근거

1. 사 례

甲은 시내버스 안에서 흡연을 하였다. 이때 운전기사가 담배를 피우지 못하게 하자 무슨 근거로 담배를 피우지 못하게 하느냐며 이를 듣지 않는다.
甲을 처벌할 수 있는 법적근거가 있는지?

2. 법규연구

가. 여객자동차 운수사업법

제27조의2(여객의 준수 사항) ② 여객은 여객자동차운송사업용 자동차 안에서 흡연하여서는 아니 된다.

나. 국민건강 증진법

제9조(금연을 위한 조치) ④ 다음 각 호의 공중이 이용하는 시설의 소유자·점유자 또는 관리자는 해당 시설의 전체를 금연구역으로 지정하여야 한다. 이 경우 금연구역을 알리는 표지와 흡연자를 위한 흡연실을 설치할 수 있으며, 금연구역을 알리는 표지와 흡연실을 설치하는 기준·방법 등은 보건복지부령으로 정한다.
1. 국회의 청사
2. 정부 및 지방자치단체의 청사
4. 「공공기관의 운영에 관한 법률」에 따른 공공기관의 청사
6. 「유아교육법」·「초·중등교육법」에 따른 학교[교사(校舍)와 운동장 등 모든 구역을 포함한다]
7. 「고등교육법」에 따른 학교의 교사
8. 「의료법」에 따른 의료기관, 「지역보건법」에 따른 보건소·보건의료원·보건지소
9. 「영유아보육법」에 따른 어린이집
14. 공항·여객부두·철도역·여객자동차터미널 등 교통 관련 시설의 대기실·승강장, 지하보도 및 <u>16인승 이상의 교통수단으로서 여객 또는 화물을 유상으로 운송하는 것</u>
15. 「자동차관리법」에 따른 어린이운송용 승합자동차
16. 연면적 1천제곱미터 이상의 사무용건축물, 공장 및 복합용도의 건축물
17. 「공연법」에 따른 공연장으로서 객석 수 300석 이상의 공연장
18. 「유통산업발전법」에 따라 개설등록된 대규모점포와 같은 법에 따른 상점가 중 지하도에 있는 상점가
19. 「관광진흥법」에 따른 관광숙박업소
21. 「사회복지사업법」에 따른 사회복지시설
22. 「공중위생관리법」에 따른 목욕장
23. 「게임산업진흥에 관한 법률」에 따른 청소년게임제공업소, 일반게임제공업소, 인터넷컴퓨터게임시설제공업소 및 복합유통게임제공업소
24. 「식품위생법」에 따른 식품접객업 중 영업장의 넓이가 보건복지부령으로 정하는 넓이 이상인 휴

게음식점영업소, 일반음식점영업소 및 제과점영업소

⑧ 누구든지 제4항부터 제7항까지의 규정에 따라 지정된 금연구역에서 흡연하여서는 아니 된다.

제34조(과태료) ③ 다음 각 호의 어느 하나에 해당하는 자에게는 10만원 이하의 과태료를 부과한다.

　2. 제9조제8항을 위반하여 금연구역에서 흡연을 한 사람

④ 제1항부터 제3항까지의 규정에 따른 과태료는 대통령령으로 정하는 바에 따라 보건복지부장관, 시·도지사 또는 시장·군수·구청장이 부과·징수한다.

⑤ 제3항에도 불구하고 과태료 납부 대상자가 대통령령으로 정하는 바에 따라 일정 교육 또는 금연지원 서비스를 받은 경우 시·도지사 또는 시장·군수·구청장은 과태료를 감면할 수 있다.

3. 결 론

가. 경범죄처벌법 위반 여부

　2012.3.21. 전면 개정(2013.3.22.시행)될 때 전당품 장부 허위기재, 비밀춤교습 및 장소제공 등 시대변화에 따라 가벌성이 감소한 조항을 삭제하고, 금연장소 흡연, 정신병자 감호소홀 등은 다른 법률로 규제할 수 있다며 삭제되었다. 따라서 경범죄처벌법으로는 처벌할 수 없다.

나. 국민건강 증진법

　16인승 이상의 교통수단으로서 여객 또는 화물을 유상으로 운송하는 곳에서 흡연한 경우 10만원이하의 과태료를 부과할 수 있도록 규정하고 있다. 따라서 버스 내에서 담배를 피웠다면 과태료를 부과할 수 있다. 여기서 과태료 부과자는 시장·군수·구청장이기 때문에 해당 기관에 통보하여야 할 것이다.

다. 여객자동차 운수사업법

　'여객은 여객자동차운송사업용 자동차 안에서 흡연하여서는 아니 된다'(제27조의2)고 규정하고 있다. 그러나 이를 위반한 경우 처벌규정은 없다. 이미 국민건강 증진법에 처벌규정이 있으므로 별도의 처벌규정이 필요 없을 것이며 여객자동차 안에서 흡연행위 금지 규정을 명문화하기 위하여 신설하였을 것이다.

제77절 사람을 찾을 목적으로 허위 사실로 타인을 고소한 경우

1. 사 례

미국 유학을 마치고 한국으로 돌아온 甲은 유학 중 알고 지내다 먼저 귀국한 乙녀를 찾으려고 하였으나 乙의 연락처를 알 수 없었다.

甲은 乙을 찾기 위해 乙을 고소 후 소재만 파악하고 고소를 취하하면 된다고 생각하였다. 다음 중 누구의 주장이 옳은가?

가. 이 경우 甲은 무고죄로 처벌을 받게 된다.

나. 허위의 사실이라 하더라도 乙에게 형사처분 또는 징계처분을 받게 할 목적이 없었으므로 무고죄가 성립하지 않는다.

2. 법규연구 (형법)

제156조(무고) 타인으로 하여금 형사처분 또는 징계처분을 받게 할 목적으로 공무소 또는 공무원에 대하여 허위의 사실을 신고한 자를 10년 이하의 징역 또는 1천500만원 이하의 벌금에 처한다.

3. 결 론

무고가 성립하기 위해서는 "타인으로 하여금 형사처분 또는 징계처분을 받게 할 목적"이 있어야 한다. 그런데 법원은 무고죄의 형사처분 또는 징계처분을 받게 할 목적은 허위신고를 하여 다른 사람이 형사 또는 징계처분을 받게 될 것이라는 인식이 있으면 족하고 결과발생을 희망하는 것까지를 필요로 하는 것은 아니라고 하였다(대법원 1986.8.19. 선고 86도1259 판결, 2005.9.30. 선고 2005도2712 판결).

따라서 고소장을 접수하더라도 수사기관의 고소인출석요구에 응하지 않음으로써 수사가 중지되어 고소가 각하될 것을 의도하고 있는 경우(대법원 2006.8.25. 선고 2006도3631 판결)나 피해자의 승낙을 받아 허위의 사실을 기재한 고소장을 제출한 경우(대법원 2005.9.30. 선고 2005도2712 판결)에도 모두 형사처분 또는 징계처분을 받게 할 목적이 인정되어 무고죄가 성립한다고 판시하였다.

본 사례의 경우 甲이 수사기관을 이용해 사람을 찾을 목적을 가지고 허위의 사실로 타인을 고소하였고 형사처벌을 받게 하는 것을 희망하지는 않았다 하더라도 乙이 처벌을 받을 수 있다는 인식이 없었다 할 수 없으므로 무고죄가 성립할 수 있다.

제78절 동일내용으로 수회 고소한 경우 무고죄 처벌유무

1. 사 례

> A라는 사람이 B를 사기 등의 혐의로 고소하고, 이에 B는 A를 무고로 고소한 사안에 대하여 각 건 모두 혐의없음 처분을 받았으나 이에 B는 A를 위 동일내용으로 수차례 고소한 경우 B를 무고로 처벌할 수 있는지

2. 법규연구 (형법)

> 제156조(무고) 타인으로 하여금 형사처분 또는 징계처분을 받게 할 목적으로 공무소 또는 공무원에 대하여 허위의 사실을 신고한 자는 10년이하의 징역 또는 1천500만원이하의 벌금에 처한다.
> 제157조(자백 · 자수) 제153조는 전조에 준용한다.
> 제153조(자백 · 자수) 전조의 죄를 범한 자가 그 공술한 사건의 재판 또는 징계처분이 확정되기 전에 자백 또는 자수한 때에는 그 형을 감경 또는 면제한다.

3. 결 론

가. 동일내용을 고소한 경우와 한가지 내용을 여러 곳에 고소하여 최종적으로 우리 수사기관으로 하명되어 취합된 때도 있는데 이 경우에는 별문제가 없을 것이나,

나. 동일내용을 반복 고소한 경우 같은 내용의 반복 고소라는 것은 무고죄 판단의 한 가지 참고사항은 될 수 있는데, 무고죄에 있어서 무고 의사는 객관적 진실에 반하는 내용을 고소하는 것으로 이미 무혐의가 되었다면 무고 의사를 인정할 여지는 많다고 생각할 수도 있을 것이다.

다. 다만, 구체적인 내용이 고소할만한 즉, 범죄를 의심할 수 있는 상황 등 이었는지 여부가 보다 중요한 판단 기준이 될 것이다.

라. 하지만 이미 종결되어 검사의 처분까지도 불기소 무혐의 처분을 받았음에도 새로운 사실 없이 반복 고소한다는 것은 무고의 여지가 있다고 보임

마. 절차를 잘 몰라 계속 고소한 경우, 최종적으로 검사의 불기소처분 시 검찰 항고 제도와 다시 대검에 재항고 및 헌법소원까지 할 수 있다는 절차 설명을 해주었는데도 불구하고 계속 고소 시에는 무고죄로 처벌할 수도 있을 것이다.

제79절 아버지 돈 몰래 빼 쓰고 '성명불상자' 고소한 경우 무고죄 성립여부

1. 사 례

甲의 아버지 乙은 골프연습장을 운영하며 피고인 명의의 농협은행 계좌를 사용하고 있다. 甲은 20○○. ○. 무렵 위 계좌와 연결된 통장을 재발급받아 20○○. ○. ○.부터 20○○. ○. ○.까지 합계 ○○만 원을 몰래 인출해 유흥비 등으로 사용하였다. 甲은 乙의 의심을 피하고자 ○○경찰서 민원실에서 '농협은행 계좌에서 본인도 모르는 출금이 이뤄지고 있다. 본인의 통장은 아버지와 회사 관리부장 외에는 접근할 수 없는 통장이다. 본인의 예금거래 내역서와 함께 제출하오니 출금자의 신원을 밝혀달라'라고 기재한 고소장을 제출하고, 같은 날 조사를 받으며 같은 취지로 진술하여 수사를 요청하였다. 그러나 사실 甲이 위 계좌에서 예금을 인출한 것이므로 다른 사람이 위 계좌에서 예금을 인출한 사실이 없었다. 이로써 甲은 성명불상자로 하여금 형사처벌을 받게 할 목적으로 무고하였다.

2. 법규연구 (형법)

제137조(위계에 의한 공무집행방해) 위계로써 공무원의 직무집행을 방해한 자는 5년 이하의 징역 또는 1천만원 이하의 벌금에 처한다.

제156조(무고) 타인으로 하여금 형사처분 또는 징계처분을 받게 할 목적으로 공무소 또는 공무원에 대하여 허위의 사실을 신고한 자는 10년 이하의 징역 또는 1천500만원 이하의 벌금에 처한다.

3. 관련 판례

가. 하급심판결 (서울중앙지방법원 2020. 8. 14. 선고 2019노3783 판결)

피고인은 무단 출금자의 신원을 밝혀 달라는 취지로 자신의 주거지와 멀리 떨어진 의정부경찰서에 고소장을 제출하면서, 위 경찰서 관할지역 회사에서 계좌 관리를 하는 관리부장에게 의심이 가도록 진술도 하였다. 피고인의 고소 보충 진술에 따라 위 관리부장을 비롯한 다른 사람이 자칫 용의 선상에 오를 수 있었다. 사정이 이와 같다면, 피고인의 신고로 수사권이 발동함으로써 장래에 신고행위의 피무고자가 특정될 수도 있고, 그 결과 피고인의 신고로 인하여 부당하게 수사절차의 대상이 되지 않을 법적 이익을 침해받는 사람이 존재하게 되므로, 이를 자기무고나 허무인에 대한 신고라고 할 수는 없다. 피고인에게 적어도 <u>타인이 형사처분을 받을 수도 있다는 결과의 발생에 대한 목적과 미필적인 인식이 있었다</u>고 볼 것이다.

나. 대법원 판단 (대법원 2022.9.29. 선고 2020도11754 판결)

특정되지 않은 성명불상자에 대한 무고죄는 성립하지 않는다. 공무원에게 무익한 수고를 끼치는 일은 있어도 심판 자체를 그르치게 할 염려가 없으며 피무고자를 해할 수도 없기 때문이다(대법원 2009. 9. 10. 선고 2009도5073 판결 참조).

검사는 이 사건 쟁점 공소사실과 같이 특정되지 않은 '성명불상자'를 무고한 것만으로도 무고죄가 성립한다고 보아 기소하였다. 그런데 원심은 피고인이 제출한 고소장기재 내용과 고소 보충 진술을 통해 피무고자가 '관리부장 등'으로 특정되었다고 보았는데, 이는 공소사실에 포함되지 아니한 사실을 인정하거나 공소사실에 적시된 바 없는 사실을 일부 추가하여 인정한 것이다. 그런데 이처럼 유죄판결의 이유로서 명시되어야 하는 범죄사실이 공소사실에 기재되지 아니한 새로운 사실을 인정하거나 행위의 내용과 태양을 달리하는 것이 분명하다면, 비록 그에 대하여 공판절차에서 어느 정도 심리가 되어있다고 하더라도 그 부분을 유죄로 인정하기 위하여는 공소장변경의 절차를 거쳐야 한다. 앞서 본 바와 같이 특정되지 아니한 '성명불상자'에 대한 무고죄는 성립하지 아니하므로 '관리부장 등'에 대한 무고 행위와 그 행위의 내용과 태양이 서로 달라서 그에 대응할 피고인의 방어행위가 달라질 수밖에 없다.

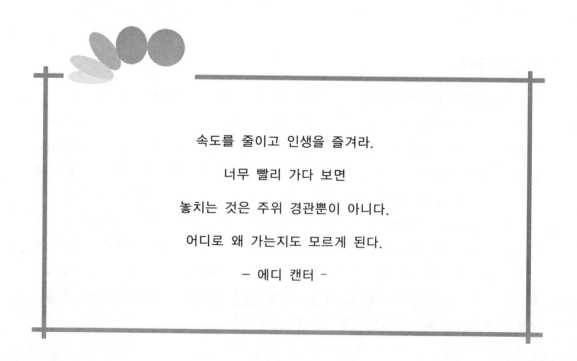

속도를 줄이고 인생을 즐겨라.

너무 빨리 가다 보면

놓치는 것은 주위 경관뿐이 아니다.

어디로 왜 가는지도 모르게 된다.

– 에디 캔터 –

제80절 빌려준 도박자금을 물품대금으로 빌려주었다며 허위 고소한 경우

1. 사 례

甲은 200○. ○. ○. ○○모텔 401호에서 乙에게 도박자금으로 사용하라고 돈을 빌려주었으나 갚지 않자 고소하였다. 그러나 고소장 내용은 "乙인 차용금을 변제할 의사나 능력이 없으면서 200○. ○. ○.경 ○○모텔 401호에서 '내비게이션 덤핑 물건을 구입할 돈 500만 원을 빌려주면 며칠 사용하고 바로 갚겠다'라고 거짓말하여 500만 원을 편취하였으니 처벌해 달라"는 것이었다.
甲을 무고죄로 처벌할 수 있는지

2. 법규연구 (형법)

제156조(무고) 타인으로 하여금 형사처분 또는 징계처분을 받게 할 목적으로 공무소 또는 공무원에 대하여 허위의 사실을 신고한 자는 10년 이하의 징역 또는 1천500만원 이하의 벌금에 처한다.
제347조(사기) ① 사람을 기망하여 재물의 교부를 받거나 재산상의 이익을 취득한 자는 10년 이하의 징역 또는 2천만원 이하의 벌금에 처한다.
② 전항의 방법으로 제삼자로 하여금 재물의 교부를 받게 하거나 재산상의 이익을 취득하게 한 때에도 전항의 형과 같다.

3. 결 론

가. 신고를 과장한 경우

　신고사실의 일부에 허위의 사실이 포함되어 있다고 하더라도 그 허위 부분이 범죄의 성립 여부에 영향을 미치는 중요한 부분이 아니고, 단지 신고한 사실을 과장한 것에 불과한 경우에는 무고죄에 해당하지 아니한다(대법원 2003. 1. 24. 선고 2002도5939 판결).

나. 차용금의 용도를 속여서 돈을 빌려주었다고 할 경우

　甲이 고소장이나 고소보충조사 시에 乙이 차용금의 용도를 사실대로 이야기하였더라면 금원을 대여하지 않았을 것인데 차용금의 용도를 속이는 바람에 대여하였다고 주장하였더라면 그 차용금의 실제 용도는 사기죄의 성립 여부에 영향을 미치는 것으로서 고소사실의 중요한 부분이 되고 따라서 그 실제 용도에 관하여 고소인이 허위로 신고를 하면 그것만으로도 무고죄에서 허위의 사실을 신고한 경우에 해당한다고 할 수 있다. (대법원 2004. 12. 9. 선고 2004도2212 판결)

다. 변제의사와 능력이 없으면서 돈을 빌려 갔다고 주장할 경우

그러나 甲이 乙이 변제의사와 능력의 유무에 관하여 기망하였다는 내용으로 고소한 경우에는 차용금의 용도와 무관하게 다른 자료만으로도 충분히 차용인의 변제의사나 능력의 유무에 관한 기망사실을 인정할 수 있는 예도 있을 것이므로, 그 차용금의 실제 용도에 관하여 사실과 달리 신고하였다 하더라도 그것만으로는 범죄사실의 성립 여부에 영향을 줄 정도의 중요한 부분을 허위로 신고하였다고 할 수 없어 무고죄가 되지 아니한다. 따라서 甲이 차용사기로 고소하면서 묵비하거나 사실과 달리 신고한 차용금의 실제 용도가 도박자금이었다고 하더라도 달리 볼 것은 아니다. (대법원2011. 1. 13. 선고 2010도14028 판결)

라. 결론적으로

○ 원심법원에서는

도박자금으로 500만 원을 빌려주었다가 이를 돌려받지 못한 것임에도, 도박자금으로 빌려주었다는 사실을 감추고 내비게이션 매입에 필요한 자금을 대여한 것처럼 대여금의 용도, 대여 일시·장소를 허위 진술한 사실을 인정한 다음, 단순히 도박자금으로 대여한 사실을 묵비한 것을 넘어서 실제와 다른 일시·장소에서 다른 용도로 금원을 대여하였다고 진술한 것은 그 일부 허위인 사실이 고소사실 전체의 성질을 변경시키는 때에 해당한다는 이유로 유죄로 판단하였다.

○ 그러나 대법원 판결을 종합하면

甲이 乙을 고소하면서 물품구입용도로 사용한다고 하여 돈을 빌려주었으나 사실은 그 돈으로 도박을 하였다고 하면 무고죄가 성립될 수 있다.

○ 사례에서

甲은 도박자금으로 빌려주었으나 이를 숨기고 갚을 의사와 능력없이 물품대금으로 돈을 빌려달라고 하여 빌렸으나 돈을 갚지 않는다는 내용으로 고소하였다. 이러면 중요 부분을 허위로 신고하였다고 볼 수 없어 무고죄가 성립하지 않는다는 것이다.

4. 관련 판례

[1] 돈을 갚지 않은 차용인을 사기죄로 고소하면서 변제의사와 능력의 유무에 관하여 기망하였다는 내용으로 고소한 경우, 고소인이 차용금의 '용도'를 묵비하거나 사실과 달리 신고한 것이 무고죄의 '허위사실 신고'에 해당하는지 여부(소극)

단순히 차용인이 변제의사와 능력의 유무에 관하여 기망하였다는 내용으로 고소한 경우에는, 차용금의 용도와 무관하게 다른 자료만으로도 충분히 차용인의 변제의사나 능력의 유무에 관한 기망사실을 인정할 수 있는 경우도 있을 것이므로, 차용금의 실제 용도에 관하여 사실과 달리 신고하였다는 것만으로는 범죄사실의 성립 여부에 영향을 줄 정도의 중요한 부분을 허위로 신고하였다고 할 수 없다. 이와 같은 법리는 고소인이 차용사기로 고소할 때 묵비하거나 사실과 달리 신고한 차용금의 실제 용도가 도박자금이었더라도 달리 볼 것은 아니다.

[2] 피고인이 돈을 갚지 않는 갑을 차용금 사기로 고소하면서 대여금의 용도에 관하여 '도박자금'으로 빌려준 사실을 감추고 '내비게이션 구입에 필요한 자금'이라고 허위 기재한 경우

피고인의 고소 내용은 갑이 변제의사와 능력도 없이 차용금 명목으로 돈을 편취하였으니 사기죄로 처벌하여 달라는 것이고, 갑이 차용금의 용도를 속이는 바람에 대여하게 되었다는 취지로 주장한 사실은 없으며, 수사기관으로서는 차용금의 용도와 무관하게 다른 자료들을 토대로 갑이 변제의사나 능력 없이 돈을 차용하였는지를 조사할 수 있는 것이므로, 비록 피고인이 도박자금으로 대여한 사실을 숨긴 채 고소장에 대여금의 용도에 관하여 허위로 기재하고 대여 일시·장소 등 변제의사나 능력의 유무와 관련성이 크지 아니한 사항에 관하여 사실과 달리 기재한 사정만으로는 사기죄 성립 여부에 영향을 줄 정도의 중요한 부분을 허위 신고하였다고 보기 어렵다. (대법원 2011.9.8.선고2011도3489판결)

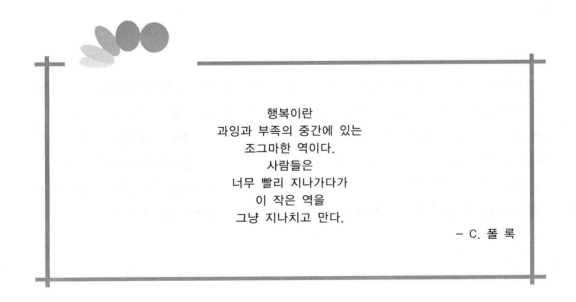

행복이란
과잉과 부족의 중간에 있는
조그마한 역이다.
사람들은
너무 빨리 지나가다가
이 작은 역을
그냥 지나치고 만다.

- C. 폴 록

제81절 허위신고를 상습적으로 하는 경우

1. 사 례

> ○○은행에 폭발물을 설치하였다 등 계속 허위신고를 하는 자에 대하여 위계에의한공무집행방해죄나 공무집행방해로 의율할 수 없는지

2. 법규연구

가. 형 법

> 제136조(공무집행방해) ① 직무를 집행하는 공무원에 대하여 폭행 또는 협박한 자는 5년이하의 징역 또는 1천만원이하의 벌금에 처한다.
> ② 공무원에 대하여 그 직무상의 행위를 강요 또는 阻止하거나 그 직을 사퇴하게 할 목적으로 폭행 또는 협박한 자도 전항의 형과 같다.
> 제137조(위계에 의한 공무집행방해) 위계로써 공무원의 직무집행을 방해한 자는 5년이하의 징역 또는 1천만원이하의 벌금에 처한다.

나. 경범죄처벌법

> 제3조(경범죄의 종류) ① 다음 각 호의 어느 하나에 해당하는 사람은 10만원 이하의 벌금, 구류 또는 과료(科料)의 형으로 처벌한다.
> 40. (장난전화 등) 정당한 이유 없이 다른 사람에게 전화·문자메시지·편지·전자우편·전자문서 등을 여러 차례 되풀이하여 괴롭힌 사람

3. 관련 판례

위계에 의한 공무집행방해죄는 행위 목적을 이루기 위하여 상대방에게 오인, 착각, 부지를 일으키게 하여 이를 이용함으로써 법령에 의하여 위임된 공무원의 적법한 직무에 관하여 그릇된 행위나 처분을 하게 할 때 성립하고, 여기에서 공무원의 직무 집행이란 법령의 위임에 따른 공무원의 적법한 직무 집행인 이상 공권력의 행사를 내용으로 하는 권력적 작용뿐만 아니라 사경제주체로서의 활동을 비롯한 비권력적 작용도 포함되는 것으로 봄이 상당하다(대법원 2003.12.26. 선고 2001도6349 판결).

4. 결론

가. 우선 위계공집방해가 되기 위해서는 형법 제137조의 내용과 같이 위계로써 공무원의 직무 집행을 방해하여야 하며, 이와 관련 판례(대법원 2003.10.9. 선고 2000도4993 판결)도 "위계에 의한 공무집행방해죄는 행위목적을 이루기 위하여 상대방에게 오인, 착각, 부지를 일으키게 하여 이를 이용함으로써 법령에 따라 위임된 공무원의 적법한 직무에 관하여 그릇된 행위나 처분을 하게 하는 경우에 성립한다"라고 하였다시피 공무원으로 하여금 그릇된 행위나 처분이 있어야 할 것이다.

나. 폭발물을 설치했다는 허위신고로 인하여 신고출동 행위가 공무원이 그릇된 행위나 처분을 하였다는 결과가 발생하였다고는 보기 어려울 것이다. 그렇다면 위계공집방해는 어렵고, 공집방해는 폭행·협박의 행위가 있어야 하므로 이 또한 허위신고 자체만으로는 공집방해의 구성요건을 갖추었다고 보기 어려움

다. 다만 폭발물을 설치하였다면 협박을 한다거나 금품을 요구할 경우 협박죄나 공갈죄(폭처법)로 처벌할 수는 있을 것이다.

※ 결론적으로 경범죄처벌법에 따라 처벌하는 수밖에 없을 것이다.

무심코 던진 말 한마디의 의미?

"나중에 연락할게"라는 말은, → 연락 기다리지 마세요

"나갈게…."라는 말은, → 제발 잡아줘"

"어제 필름이 끊겼나 봐"라는 말은, → 창피하니까 그 얘긴 꺼내지 마"

"잘 지내고 있어?"라는 말은, → 그립다"

"가끔 내 생각나면 연락해"라는 말은, →영원히 사랑할게."

"행복해라…." 라는 말은, → 다시 돌아와 주어라"라는 말이래요….

미 사 봉

제82절 1년 전 행위에 대해 명예훼손으로 고소했으나 모욕에 해당한 경우

1. 사 례

甲은 乙이 1년 전에 명예를 훼손하였다며 고소하였다. 그러나 조사결과 명예훼손죄는 성립하지 않고 단순 모욕에 해당할 뿐이다. 그러나 모욕죄는 친고죄로 범인을 알게 된 날로부터 6월 이내에 고소하여야 하는데 1년이 지나 고소가 되었다.
가. 명예훼손죄를 적용하여 혐의없음으로 하여야 하는지
나. 모욕죄를 적용하여 고소 기간 경과로 공소권없음으로 해야 하는지

2. 법규연구

가. 형 법

제307조(명예훼손) ① 공연히 사실을 적시하여 사람의 명예를 훼손한 자는 2년 이하의 징역이나 금고 또는 500만원 이하의 벌금에 처한다.
② 공연히 허위의 사실을 적시하여 사람의 명예를 훼손한 자는 5년 이하의 징역, 10년 이하의 자격정지 또는 1천만원 이하의 벌금에 처한다.
제311조(모욕) 공연히 사람을 모욕한 자는 1년 이하의 징역이나 금고 또는 200만원 이하의 벌금에 처한다.

나. 형사소송법

제230조(고소기간) ① 친고죄에 대하여는 범인을 알게 된 날로부터 6월을 경과하면 고소하지 못한다. 단, 고소할 수 없는 불가항력의 사유가 있는 때에는 그 사유가 없어진 날로부터 기산한다.

3. 결 론

가. 고소에 있어 범죄사실이 우선인지 아니면 죄명이 우선인지

고소란 범죄의 피해자 또는 그와 일정한 관계에 있는 고소권자가 수사기관에 대하여 범죄사실을 신고하여 범죄인의 처벌을 구하는 의사표시를 말한다. 따라서 고소장에 죄명을 명예훼손으로 하였다 하더라도 범죄사실이 모욕이면 모욕죄로 의율하여 처벌하여야 할 것이다.

나. 결론적으로

명예훼손으로 고소하였다 하더라도 범죄사실이 모욕죄에 해당하면 명예훼손죄를 적용하여 혐의없음으로 종결할 것이 아니라 일단 모욕죄로 의율하여야 한다.

그러나 모욕죄는 친고죄로 고소요건의 흠결 여부를 먼저 판단하여야 하는데 사례의 경우 범인을 알게 된 날로부터 6월이 경과한 시점에 고소가 되었다. 그렇다면 고소기간이 도과한 고소로 불기소(공소권없음) 결정하여야 할 것이다.

4. 관련 판례

가. 모욕죄에서 말하는 모욕의 의미

모욕죄에서 말하는 모욕이란 사실을 적시하지 아니하고 사람의 사회적 평가를 저하할 만한 추상적 판단이나 경멸적 감정을 표현하는 것이다. (대법원 2003.11.28, 선고, 2003도3972, 판결)

나. 명예훼손죄에서 '사실의 적시'의 의미와 판단 기준

명예훼손죄에서 '사실의 적시'란 가치판단이나 평가를 내용으로 하는 '의견표현'에 대치되는 개념으로서 시간과 공간적으로 구체적인 과거 또는 현재의 사실관계에 관한 보고나 진술을 의미하며, 표현내용이 증거에 의해 증명이 가능한 것을 말하고, 판단할 보고나 진술이 사실인가 또는 의견인가를 구별할 때는 언어의 통상적 의미와 용법, 증명 가능성, 문제 된 말이 사용된 문맥, 표현을 하여진 사회적 상황 등 전체적 정황을 고려하여 판단하여야 한다. (대법원 2011.9.2, 선고, 2010도17237, 판결)

제83절 지방자치단체가 명예훼손죄·모욕죄의 피해자 될 수 있는지

1. 사 례

> 甲은 ○○군청 홈페이지 자유게시판에 ○○군 나들목 추가설치와 관련하여, "○○군은 수차
> 례 나들목 추가설치에 따르는 타당성 조사를 하였다고 하나 거짓임을 스스로 인정하고 있다"
> 라는 글을 포함하여 여러 차례에 걸쳐 ○○군을 비방하고, ○○군을 경멸하는 내용의 글을 게
> 시하였다. 그러나 실제로 ○○군에서 나들목 추가설치에 따르는 타당성을 조사한 결과 甲이
> 게시한 글의 내용이 허위라는 사실이 밝혀졌다.
> 국가나 지방자치단체가 명예훼손죄 또는 모욕죄의 피해자가 될 수 있는지?

2. 법규연구

가. 형 법

> 제307조(명예훼손) ① 공연히 사실을 적시하여 사람의 명예를 훼손한 자는 2년 이하의 징역이나 금
> 고 또는 500만원 이하의 벌금에 처한다.
> ② 공연히 허위의 사실을 적시하여 사람의 명예를 훼손한 자는 5년 이하의 징역, 10년 이하의 자격정
> 지 또는 1천만원 이하의 벌금에 처한다.
> 제311조(모욕) 공연히 사람을 모욕한 자는 1년 이하의 징역이나 금고 또는 200만원 이하의 벌금에 처
> 한다.

나. 정보통신망 이용촉진 및 정보보호 등에 관한 법률

> 제70조(벌칙) ① 사람을 비방할 목적으로 정보통신망을 통하여 공공연하게 사실을 드러내어 다른 사
> 람의 명예를 훼손한 자는 3년 이하의 징역 또는 3천만원 이하의 벌금에 처한다.
> ② 사람을 비방할 목적으로 정보통신망을 통하여 공공연하게 거짓의 사실을 드러내어 다른 사람의 명
> 예를 훼손한 자는 7년 이하의 징역, 10년 이하의 자격정지 또는 5천만원 이하의 벌금에 처한다.
> ③ 제1항과 제2항의 죄는 피해자가 구체적으로 밝힌 의사에 반하여 공소를 제기할 수 없다.

3. 관련 판례 (대법원 2016. 12. 27, 선고, 2014도15290, 판결)

형법이 명예훼손죄 또는 모욕죄를 처벌함으로써 보호하고자 하는 사람의 가치에 대한 평가인 외부적 명예는 개인적 법익으로서, 국민의 기본권을 보호 내지 실현해야 할 책임과 의무를 지고 있는 공권력의 행사자인 국가나 지방자치단체는 기본권의 수범자일 뿐 기본권의 주체가 아니고, 정책 결정이나 업무수행과 관련된 사항은 항상 국민의

광범위한 감시와 비판의 대상이 되어야 하며 이러한 감시와 비판은 그에 대한 표현의 자유가 충분히 보장될 때에 비로소 정상적으로 수행될 수 있으므로, 국가나 지방자치단체는 국민에 대한 관계에서 형벌의 수단을 통해 보호되는 외부적 명예의 주체가 될 수는 없고, 따라서 명예훼손죄나 모욕죄의 피해자가 될 수 없다.

4. 결 론

지방자치단체는 감시와 비판의 대상이며, 지자체가 명예훼손죄나 모욕죄의 객체가 되면 기본권의 주체인 국민이 가지는 표현의 자유가 충분히 보장되기 어려우므로 국민의 기본권을 보호할 책임과 의무를 지고 있는 공권력의 행사자인 <u>지방자치단체는 명예훼손죄나 모욕죄의 피해자가 될 수 없다</u>고 한 것이다.

다만, 홈페이지 및 인터넷에 허위사실을 집요하게 유포한 행위를 통해 실제 해당 공무집행 또는 업무를 방해하는 결과를 초래한 경우에는 구체적인 사실관계 여하에 따라서는 위계에 의한 공무집행방해 또는 업무방해죄로 의율할 수 있다.

누군가는 성공하고 누군가는 실수할 수도 있다.

하지만 이런 차이에 너무 집착하지 말라.

타인과 함께, 타인을 통해서 협력할 때에야

비로소 위대한 것이 탄생한다.

– 생텍쥐페리 –

제84절 명예훼손으로 고소하였으나 제3자에게 혐의가 있는 경우

1. 사 례

甲은 乙을 상대로 명예훼손으로 고소하였으나 乙에 대해 혐의가 인정되지 않고 중간에 이를 전달한 丙의 행위로 확인되었다.
이 경우 丙에 대해 추가인지를 하여야 하는지 또는 甲으로 하여금 丙에 대해 별도 고소를 하도록 하여야 하는지?

2. 법규연구 (형사소송법)

제197조(사법경찰관리) ① 경무관, 총경, 경정, 경감, 경위는 사법경찰관으로서 범죄의 혐의가 있다고 사료하는 때에는 범인, 범죄사실과 증거를 수사한다.
② 경사, 경장, 순경은 사법경찰리로서 수사의 보조를 하여야 한다.

3. 결 론

가. 乙에 대한 처리

乙에 대해 조사결과 혐의가 인정되지 않는다면 당연히 불기소(혐의없음) 결정하여야 할 것이다.

나. 丙에 대한 처리

ㅇ 추가인지 여부

명예훼손죄는 반의사불벌죄다. 즉 피해자가 처벌을 원하지 않으면 처벌할 수 없다. 따라서 이러면 추가인지 하였다가 피해자가 처벌을 원하지 않으면 불기소 결정하여야 한다. 이런 번거로움을 해결하기 위해서는 사전 고소인(피해자)에게 그 사실을 말하고 丙에 대해 추가로 고소할 것인지 아닌지를 확인하는 것이다.

만약 피해자가 丙에 대해 별도 고소할 생각이 없고 처벌도 원하지 않는다고 하면 그 사실을 수사보고로 작성한다(피해자가 丙에 대해 처벌을 원하지 않으므로 별도 인지할 수사의 실익이 없어 인지하지 않았다는 내용으로)

ㅇ 추가고소 확인 시 유의사항

　乙에 대한 혐의가 없으므로 丙에 대해 혐의가 인정될 수도 있다는 것만으로 丙을 고소하여지도록 하여서는 아니 된다. 차후 丙에 대해 혐의가 인정되지 않을 수도 있기 때문이다. 이때 만약 丙이 피해자를 무고로 고소할 경우 丙을 고소하여지도록 한 경찰관(사건 담당자)에게 민원을 제기할 수 있다는 것도 염두에 둬야 한다. 따라서 사례에서는 丙에 대한 혐의가 명백할 경우를 가정한 것이다.

다. 결과적으로

　일선 수사관들의 수사결과보고서 작성시 사례의 경우 "丙에 대한 혐의는 별론으로 하고 乙에 대한 혐의점 발견할 수 없어 불기소(혐의없음) 결정으로 처리하고자 한다". 고 하는 경우가 있다.

　판사의 판결문의 경우에는 검사의 공소제기가 있어야 판결을 할 수 있으므로 공소제기가 없는 丙에 대해서는 판결할 수 없어 위와 같이 판결하고 있다.

　그러나 수사기관은 "범죄혐의가 있다고 인식하는 때에는…중략 …수사를 개시·진행하여야 한다"(형소법 제196제1항)고 규정하고 있다.

　따라서 丙의 혐의점에 대해서도 당연히 수사하여야 한다.

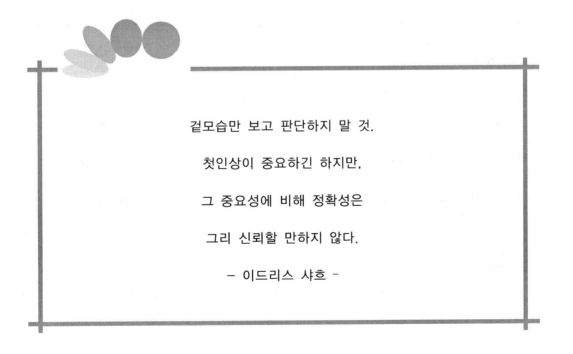

겉모습만 보고 판단하지 말 것.

첫인상이 중요하긴 하지만,

그 중요성에 비해 정확성은

그리 신뢰할 만하지 않다.

- 이드리스 샤흐 -

제85절 친족상도례와 친고죄

1. 사 례

> 甲은 2021. 5. 6. 외삼촌인 乙에게 1년 후에 갚는 조건으로 3,000만 원을 빌려 사용한 후 약속일에 이 돈을 갚지 않음에 따라 乙이 甲을 사기죄로 고소하였다.

2. 논 점

　가. 甲과 乙 간의 친고죄 여부

　나. 친고죄일 경우 乙은 甲이 언제 범인이라는 것을 알았는지 여부

　다. 범인을 아는 날로부터 6월 경과여부

3. 법규연구

가. 민 법

> **제767조(친족의 정의)** 배우자, 혈족 및 인척을 친족으로 한다.
>
> **제768조(혈족의 정의)** 자기의 직계존속과 직계비속을 직계혈족이라 하고 자기의 형제자매와 형제자매의 직계비속, 직계존속의 형제자매 및 그 형제자매의 직계비속을 방계혈족이라 한다.
>
> **제769조(인척의 계원(系源))** 혈족의 배우자, 배우자의 혈족, 배우자의 혈족의 배우자를 인척으로 한다.
>   ※ 배우자 : 혼인으로 결합한 남녀의 일방으로서 법률혼을 말한다.
>
> **제771조(인척의 촌수의 계산)** 인척은 배우자의 혈족에 대하여는 배우자의 그 혈족에 대한 촌수에 따르고, 혈족의 배우자에 대하여는 그 혈족에 대한 촌수에 따른다.
>
> **제772조(양자와의 친계와 촌수)** ① 양자와 양부모 및 그 혈족, 인척사이의 친계와 촌수는 입양한 때로부터 혼인중의 출생자와 동일한 것으로 본다.
> ② 양자의 배우자, 직계비속과 그 배우자는 전항의 양자의 친계를 기준으로 하여 촌수를 정한다.
>
> **제775조(인척관계등의 소멸)** ① 인척관계는 혼인의 취소 또는 이혼으로 인하여 종료한다.
> ② 부부의 일방이 사망한 경우 생존배우자가 재혼한 때에도 제1항과 같다.
>
> **제776조(입양으로 인한 친족관계의 소멸)** 입양으로 인한 친족관계는 입양의 취소 또는 파양으로 인하여 종료한다.
>
> **제777조(친족의 범위)** 친족관계로 인한 법률상 효력은 이 법 또는 다른 법률에 특별한 규정이 없는 한 다음 각호에 해당하는 자에 미친다.
>   1. 8촌이내의 혈족
>   2. 4촌이내의 인척
>   3. 배우자
>   ※ 동거친족 : 주거에서 일상생활을 함께 하는 것을 말함. 일시 숙박체류자, 가끔 내방 숙박한 자나 주거에서 생활하더라도 취사, 생활용품을 따로 하는 경우는 동거친족으로 볼 수 없다.

제779조(가족의 범위) ① 다음의 자는 가족으로 한다.
1. 배우자, 직계혈족 및 형제자매
2. 직계혈족의 배우자, 배우자의 직계혈족 및 배우자의 형제자매
② 제1항제2호의 경우에는 생계를 같이 하는 경우에 한한다. [시행일 2008.1.1]

나. 형 법

제328조(친족간의 범행과 고소) ① 직계혈족, 배우자, 동거친족, 동거가족 또는 그 배우자간의 제323조의 죄는 그 형을 면제한다.
② 제1항이외의 친족간에 제323조의 죄를 범한 때에는 고소가 있어야 공소를 제기할 수 있다.
③ 전2항의 신분관계가 없는 공범에 대하여는 전항을 적용하지 아니한다.
제347조(사기) ① 사람을 기망하여 재물의 교부를 받거나 재산상의 이익을 취득한 자는 10년 이하의 징역 또는 2천만원 이하의 벌금에 처한다.
② 전항의 방법으로 제삼자로 하여금 재물의 교부를 받게 하거나 재산상의 이익을 취득하게 한 때에도 전항의 형과 같다.
제354조(친족간의 범행, 동력) 제328조와 제346조의 규정은 본장의 죄에 준용한다.

다. 형사소송법

제230조(고소기간) ① 친고죄에 대하여는 범인을 알게 된 날로부터 6월을 경과하면 고소하지 못한다. 단, 고소할 수 없는 불가항력의 사유가 있는 때에는 그 사유가 없어진 날로부터 기산한다.

4. 결 론

가. 친족 해당 여부

甲과 乙은 3촌의 혈족 관계(민법 제768조)로 친족(민법 제777조 제1호)에 해당한다.

나. 친고죄 여부

형법 제328조 제2항에 의거 고소가 있어야 논하는 친고죄에 해당한다. 사례의 경우는 친족상도례의 경우와 같이 범인과 피해자 사이에 일정한 신분 관계가 있는 경우에만 친고죄로 되는 상대적 친고죄에 해당한다.

다. 고소기간 경과 여부

친고죄의 고소는 범인을 알게 된 날로부터 6월 이내에 하여야 하는데 사례의 경우는 2021. 5. 6. 돈을 빌릴 때 1년 후에 갚는다고 하였기 때문에 1년이 지난 2022. 5. 6. 이 지나 약속을 지키지 않으면 그때부터 범인임을 알았다고 볼 수 있다(단, 사기죄

가 성립한다고 가정할 경우). 그러기 때문에 2023. 5. 6.부터 6월 안에 고소하여야 적법한 고소라고 볼 수 있고 그 기간이 지난 2023. 11. 6.부터는 고소기간 도과로 적법한 고소라고 볼 수 없다.

라. 결론적으로

친족간의 재산범에서는 친고죄 여부를 먼저 확인하고 고소기간 도과 여부를 확인한 후 고소기간이 지났으면 공소권없음으로 송치 종결하여야 할 것이다.

5. 기타 특별법(친족 관련 처벌할 수 있는 법)

가. 성폭력범죄의 처벌 등에 관한 특례법

제5조(친족관계에 의한 강간 등) ① 친족관계인 사람이 폭행 또는 협박으로 사람을 강간한 경우에는 7년 이상의 유기징역에 처한다.
② 친족관계인 사람이 폭행 또는 협박으로 사람을 강제추행한 경우에는 5년 이상의 유기징역에 처한다.
③ 친족관계인 사람이 사람에 대하여 「형법」 제299조(준강간, 준강제추행)의 죄를 범한 경우에는 제1항 또는 제2항의 예에 따라 처벌한다.
④ 제1항부터 제3항까지의 친족의 범위는 4촌 이내의 혈족·인척과 동거하는 친족으로 한다.
⑤ 제1항부터 제3항까지의 친족은 사실상의 관계에 의한 친족을 포함한다.

나. 가정폭력범죄의 처벌 등에 관한 특례법

제6조(고소에 관한 특례) ① 피해자 또는 그 법정대리인은 행위자를 고소할 수 있다. 피해자의 법정대리인이 행위자인 경우 또는 행위자와 공동하여 가정폭력범죄를 범한 경우에는 피해자의 친족이 고소할 수 있다.
② 피해자는 형사소송법 제224조 규정에 불구하고 행위자가 자기 또는 배우자의 직계존속인 경우에도 고소할 수 있다. 법정대리인이 고소하는 경우에도 또한 같다.
③ 피해자에게 고소할 법정대리인이나 친족이 없는 경우에 이해관계인의 신청이 있으면 검사는 10일이내에 고소할 수 있는 자를 지정하여야 한다.

제86절 남편 명의 통장에 입금된 돈 인출행위와 피해자

1. 사 례

甲은 남편의 예금통장을 절취, 은행에서 그 통장에 입금된 예금을 인출하여 남편으로부터 고소되었으나 그 후 그 고소가 취소된 경우 甲의 죄명과 형사처벌 여부

2. 법규연구

가. 예금통장의 절취행위 → 절도죄

나. 은행에서 돈을 찾기 위한 전표작성 → 사문서위조, 위조사문서행사

다. 은행에서 예금인출행위 → 사기

라. 친족상도례 → 형법 제328조, 제344조

3. 결 론

가. 예금통장 절도행위

사용 후 바로 되돌려놓았다면 절도죄 불성립

■ 판례 ■   **타인의 재물을 점유자의 승낙 없이 무단 사용하는 경우, 불법영득의사의 판단 기준**

타인의 재물을 점유자의 승낙 없이 무단사용하는 경우에 있어서 그 사용으로 인하여 물건 자체가 가지는 경제적 가치가 상당한 정도로 소모되거나 또는 사용 후 그 재물을 본래 있었던 장소가 아닌 다른 장소에 버리거나 곧 반환하지 아니하고 장시간 점유하고 있는 것과 같은 때에는 그 소유권 또는 본권을 침해할 의사가 있다고 보아 불법영득의 의사를 인정할 수 있을 것이나, 그렇지 않고 그 사용으로 인한 가치의 소모가 무시할 수 있을 정도로 경미하고, 또한 사용 후 곧 반환한 것과 같은 때에는 그 소유권 또는 본권을 침해할 의사가 있다고 할 수 없어 불법영득의 의사가 있다고 인정할 수 없다(대법원 1999.7.9. 선고 99도857 판결).

나. 전표작성행위

사문서위조, 위조사문서행사 성립 → 친족상도례 적용되지 않아 처벌

다. 사기죄(은행에서 돈 인출)

피해자가 남편이 아니고 은행이기 때문에 고소가 취소되었어도 친족상도례가 적용되지 않아 사기죄로 처벌

제87절 친족이 사장 통장에서 돈 인출하여 착복한 경우

1. 사 례

甲은 백부(伯父)인 乙회사에서 경리업무를 보고 있다. 경리업무를 보면서 개인용도로 사용하기 위해 백부 명의로 되어있는 은행 통장으로 은행에서 500만원을 인출하여 사용하였으며 또 현금카드를 이용하여 현금자동지급기에서 100만원을 인출하여 모두 개인용도로 사용하였다. 이 때 甲과 乙은 친족 관계에 있는데 甲을 처벌할 수 있는지.

2. 논 점

가. 甲과 乙의 친족상도례를 적용하여 乙의 고소가 있어야 수사를 할 수 있는지, 즉 친고죄 여부

나. 乙이 고소를 취소한 경우 甲에 대해 불기소(공소권 없음) 결정으로 처리해야 하는지 여부

다. 돈을 찾아서 사용한 행위가 횡령죄에 해당하는지 여부

3. 법규연구 (형법)

제231조(사문서등의 위조·변조) 행사할 목적으로 권리·의무 또는 사실증명에 관한 타인의 문서 또는 도화를 위조 또는 변조한 자는 5년 이하의 징역 또는 1천만원 이하의 벌금에 처한다.

제234조(위조사문서등의 행사) 제231조 내지 제233조의 죄에 의하여 만들어진 문서, 도화 또는 전자기록등 특수매체기록을 행사한 자는 그 각 죄에 정한 형에 처한다.

제329조(절도) 타인의 재물을 절취한 자는 6년 이하의 징역 또는 1천만원 이하의 벌금에 처한다.

제347조(사기) ① 사람을 기망하여 재물의 교부를 받거나 재산상의 이익을 취득한 자는 10년 이하의 징역 또는 2천만원 이하의 벌금에 처한다.

제355조(횡령, 배임) ① 타인의 재물을 보관하는 자가 그 재물을 횡령하거나 그 반환을 거부한 때에는 5년 이하의 징역 또는 1천500만원 이하의 벌금에 처한다.

4. 관련 판례

■ 대법원 2006.7.27. 선고 2006도3126 판결

[1] 타인의 명의를 모용하여 발급받은 신용카드를 이용하여 현금자동지급기에서 현금대출을 받는 경우의 죄책(=절도죄)

피고인이 타인의 명의를 모용하여 신용카드를 발급받은 경우, 비록 카드회사가 피고인으로부터 기망을 당한 나머지 피고인에게 피모용자 명의로 발급된 신용카드를 교부하고, 사실상 피고인이 지

정한 비밀번호를 입력하여 현금자동지급기에 의한 현금대출(현금서비스)을 받을 수 있도록 하였다 할지라도, 카드회사의 내심의 의사는 물론 표시된 의사도 어디까지나 카드 명의인인 피모용자에게 이를 허용하는 데 있을 뿐 피고인에게 이를 허용한 것은 아니라는 점에서, 피고인이 타인의 명의를 모용하여 발급받은 신용카드를 사용하여 현금자동지급기에서 현금대출을 받는 행위는 카드회사에 의하여 미리 포괄적으로 허용된 행위가 아니라, 현금자동지급기 관리자의 의사에 반하여 그의 지배를 배제한 채 그 현금을 자기의 지배하에 옮겨놓는 행위로서 절도죄에 해당한다.

■ **대법원 2002.7.12. 선고 2002도2134 판결**

[1] 타인의 명의를 모용하여 발급받은 신용카드로 현금자동지급기에서 현금을 인출한 경우의 죄책(=절도죄)

피고인이 타인의 명의를 모용하여 신용카드를 발급받은 경우, 비록 카드회사가 피고인으로부터 기망을 당한 나머지 피고인에게 피모용자 명의로 발급된 신용카드를 교부하고, 사실상 피고인이 지정한 비밀번호를 입력하여 현금자동지급기에 의한 현금대출(현금서비스)을 받을 수 있도록 하였다 할지라도, 카드회사의 내심의 의사는 물론 표시된 의사도 어디까지나 카드 명의인인 피모용자에게 이를 허용하는 데 있을 뿐, 피고인에게 이를 허용한 것은 아니라는 점에서 피고인이 타인의 명의를 모용하여 발급받은 신용카드를 사용하여 현금자동지급기에서 현금대출을 받는 행위는 카드회사에 의하여 미리 포괄적으로 허용된 행위가 아니라, 현금자동지급기 관리자의 의사에 반하여 그의 지배를 배제한 채 그 현금을 자기의 지배하에 옮겨놓는 행위로서 절도죄에 해당한다고 봄이 상당하다.

[2] 타인의 명의를 모용하여 발급받은 신용카드로 현금자동지급기에서 현금을 인출하는 행위를 형법 제347조의2소정의 컴퓨터등사용사기죄로 처벌할 수 있는지 여부(소극)

형법 제347조의2에서 규정하는 컴퓨터등사용사기죄의 객체는 재물이 아닌 재산상의 이익에 한정되어 있으므로, 타인의 명의를 모용하여 발급받은 신용카드로 현금자동지급기에서 현금을 인출하는 행위를 이 법조항을 적용하여 처벌할 수는 없다.

■ **대법원 2007.3.15. 선고 2006도2704 판결**

[1] 절취한 친족 소유의 예금통장을 현금자동지급기에 넣고 조작하여 예금 잔고를 다른 금융기관의 자기 계좌로 이체하는 방법으로 저지른 컴퓨터등사용사기죄에 있어서의 피해자(=친족 명의 계좌의 금융기관)

컴퓨터 등 정보처리장치를 통하여 이루어지는 금융기관 사이의 전자식 자금이체거래는 금융기관 사이의 환거래관계를 매개로 하여 금융기관 사이나 금융기관을 이용하는 고객 사이에서 현실적인 자금의 수수 없이 지급·수령을 실현하는 거래방식인바, 권한 없이 컴퓨터 등 정보처리장치를 이용하여 예금계좌 명의인이 거래하는 금융기관의 계좌 예금 잔고 중 일부를 자신이 거래하는 다른 금융기관에 개설된 그 명의 계좌로 이체한 경우, 예금계좌 명의인의 거래 금융기관에 대한 예금반환 채권은 이러한 행위로 인하여 영향을 받을 이유가 없는 것이므로, 거래 금융기관으로서는 예금계좌 명의인에 대한 예금반환 채무를 여전히 부담하면서도 환거래관계상 다른 금융기관에 대하여 자금이체로 인한 이체자금 상당액 결제채무를 추가 부담하게 됨으로써 이체된 예금 상당액의 채무를 이중으로 지급해야 할 위험에 처하게 된다. 따라서 친척 소유 예금통장을 절취한 자가 그 친척 거래 금융기관에 설치된 현금자동지급기에 예금통장을 넣고 조작하는 방법으로 친척 명의 계좌의 예금 잔고를 자신이 거래하는 다른 금융기관에 개설된 자기 계좌로 이체한 경우, 그 범행으로 인한 피해자는 이체된 예금 상당액의 채무를 이중으로 지급해야 할 위험에 처하게 되는 그 친척 거래 금융기관이라 할 것이고, 거래 약관의 면책 조항이나 채권의 준점유자에 대한 법리 적용 등에 의하여 위와 같은 범행으로 인한 피해가 최종적으로는 예금 명의인인 친척에게 전가될 수 있다고 하여, 자금이체 거래의 직접적인 당사자이자 이중지급 위험의 원칙적인 부담자인 거래 금융기관을 위와 같은 컴퓨터 등 사용사기 범행의 피해자에 해당하지 않는다고 볼 수는 없으므로, 위와 같은 경우에는 친족 사이의 범행을 전제로 하는 친족상도례를 적용할 수 없다.

[2] 손자가 할아버지 소유 농업협동조합 예금통장을 절취하여 이를 현금자동지급기에 넣고 조작하는 방법으로 예금 잔고를 자신의 거래 은행 계좌로 이체한 사안에서, 위 농업협동조합이 컴퓨터 등 사용사기 범행 부분의 피해자라는 이유로 친족상도례를 적용할 수 없다

5. 결 론

가. 친족 해당 여부

甲과 乙은 3촌의 혈족 관계(민법 제768조)로 친족(민법 제777조 제1호)에 해당한다.

나. 은행에서 통장을 이용 돈을 찾아 사용한 행위

- 전표작성행위

  乙 명의의 통장을 가지고 은행에서 돈을 찾기 위해 전표작성에 대해서는 문서위조죄와 동행사죄가 성립할 수 있을 것이다.

- 돈을 찾은 행위

  은행으로부터 돈을 받아 이를 사용한 경우 피해자를 누구로 보아야 할 것인지가 우선 문제이다. 대법원은 이 경우 피해자가 통장 명의인인 乙이 아니라 '친족 명의 계좌의 금융기관', 즉 은행이라고 하였다(대법원 2006도2704 참고).

- 친고죄 여부

  따라서 피해자가 친족인 乙이 아니고 은행이기 때문에 친족상도례가 적용되지 않아 친고죄가 아니며 고소를 취소하여도 기소하여야 할 것이다.

다. 현금자동지급기에서 돈 인출 사용행위

현금카드를 이용하여 자동지급기에서 현금을 인출하는 행위는 절도죄에 해당한다(대판 2002도2134 등). 이때의 피해자 또한 은행이기 때문에 위와 같은 사유로 친족상도례가 적용되지 않는다.

라. 횡령죄 성립여부

甲이 乙 명의의 통장과 현금카드를 이용하여 은행에서 돈을 인출하여 사용한 행위에 대해 모든 형사상의 피해자가 은행이기 때문에 乙에 대해 별도의 횡령죄가 성립한다고

볼 수 없다. 그러기 때문에 乙의 고소가 없어도 수사할 수 있으며, 乙의 고소로 수사를 하였다 하더라도 범죄사실을 작성하면서 "피해자 乙은 …"이라고 작성할 것이 아니라 "고소인 乙은 …"이라고 표기하는 것이 옳을 것이다.

마. 결 론

결국, 甲의 행위는 문서위조죄(전표작성행위) + 사기죄(은행에서 돈 찾는 행위) + 절도죄(현금자동지급기에서 돈 인출행위)의 각 경합범이 될 것이다.

제88절 처남이 매형의 돈을 절취한 경우

1. 사 례

甲은 매형인 乙의 옷 주머니에 있던 현금 50만원을 절취하였다. 이때 甲이 매형과 같이 한집에서 살고 있을 때와 달리 살고 있을 때 각 처벌여부

2. 법규연구

가. 민 법

제777조(친족의 범위) 친족관계로 인한 법률상 효력은 이 법 또는 다른 법률에 특별한 규정이 없는 한 다음 각호에 해당하는 자에 미친다.
1. 8촌이내의 혈족
2. 4촌이내의 인척
3. 배우자

제779조(가족의 범위) ① 다음의 자는 가족으로 한다.
1. 배우자, 직계혈족 및 형제자매
2. 직계혈족의 배우자, 배우자의 직계혈족 및 배우자의 형제자매
② 제1항 제2호의 경우에는 생계를 같이 하는 경우에 한한다.

나. 형 법

제328조(친족간의 범행과 고소) ① 직계혈족, 배우자, 동거친족, 동거가족 또는 그 배우자간의 제323조의 죄는 그 형을 면제한다.
  ※ 동거친족 : 주거에서 일상생활을 함께 하는 것을 말함. 일시 숙박체류자, 가끔 내방 숙박한 자나 주거에서 생활하더라도 취사, 생활용품을 따로 하는 경우는 동거친족으로 볼 수 없다.
② 제1항이외의 친족간에 제323조의 죄를 범한 때에는 고소가 있어야 공소를 제기할 수 있다.
③ 전2항의 신분관계가 없는 공범에 대하여는 전항을 적용하지 아니한다.
제329조(절도) 타인의 재물을 절취한 자는 6년 이하의 징역 또는 1천만원 이하의 벌금에 처한다.
제344조(친족간의 범행) 제328조의 규정은 제329조 내지 제332조의 죄 또는 미수범에 준용한다.

다. 형사소송법

제230조(고소기간) ① 친고죄에 대하여는 범인을 알게 된 날로부터 6월을 경과하면 고소하지 못한다. 단, 고소할 수 없는 불가항력의 사유가 있는 때에는 그 사유가 없어진 날로부터 기산한다.

3. 결 론

가. 甲이 매형과 같이 거주하는 경우

민법개정(2008. 1. 1.부터)으로 생계를 같이 하는 '직계혈족의 배우자, 배우자의 직계혈족과 배우자의 형제자매'의 경우에도 가족의 범위로 추가되었다. 따라서 甲도 가족이 된다. 그러므로 甲은 乙과 동거가족 간의 관계가 된다. 형법 제328조에 따라 동거가족 간의 절도죄는 형을 면제한다. 乙이 甲을 고소할 때도 공소권없음으로 처리하여야 한다. 물론 민법개정 전에도 동거친족으로 보아 위와 같이 처리하였지만, 민법개정으로 가족의 개념을 확대한 부분은 재산범죄처리에 있어 주의해야 할 부분이다.

나. 거주를 달리한 경우

甲과 乙은 친족의 범위에 해당하며 형법 제328조 제2항에 의거 고소가 있을 때는 처벌할 수 있다. 물론 이는 친고죄로 범인을 아는 날로부터 6개월 이내에 고소하여야 하며 이 기간이 경과된 경우에는 불기소(공소권없음)로 처리한다(제113절 '친족상도례와 친고죄' 참조).

사랑이란,......

그것은 생각보다는 아주 간단한 것이다.
우리의 삶을 보다 높이고,
확대하고,
풍부하게 하는 그 모든 것이 사랑이다.
삶을 더욱 풍요롭게 하는 것,
그것이 사랑이다.

(프란츠 카프카)

제89절 공동대표 일방이 법인 통장 분실신고 후 돈 인출행위

1. 사 례

甲과 乙은 부부지간이며(주)○○개발의 공동대표로 등재되어 있는데, 남편 甲이 위 법인 통장을 보관하고 있는데, 乙이 은행에서 통장과 인감 분실 신고를 하고, 통장을 재발급받은 뒤, 예금청구서에 (주)○○개발이라고 적고, 새로 신고한 인감을 날인하여 통장에서 현금을 인출한 경우

가. 乙이 허위로 은행에 통장 분실신고서를 제출하고, 예금청구서를 작성 제출하여 예금을 청구한 행위의 형사처벌 여부

나. 乙의 행위를 사기라고 할 때, 편취 금액은 통장 잔고 전액인가 아니면 인출한 금액인가?

2. 결 론

가. 문서위조죄 성립여부

(가) 공동대표로 되어있는데 그 일방이 통장의 분실 신고를 한 행위에 대해 내용상으로 분실신고서 작성행위에 어떠한 위조한 사실이 없으므로 문서위조죄가 전혀 성립하지 않아 보이나,

(나) 공동대표로 하면서 그 회사 정관 등에 각자의 역할과 업무 분담 및 재산권 행사 등에 관한 규정이 있을 것이다.

예를 들어 통장 개설시, 예금된 돈 인출 시, 통장 분실 시 재발급 절차 등의 요건이 있을 것으로 통장을 분실하는 등 재발급받을 때는 공동대표가 같이 한다든지, 통장은 甲 대표가 관리하고 인감도장은 乙대표가 관리한다고 하는 등 각종 규정이 있음에도 불구하고

(다) 공동대표 일방이 분실 신고를 하였다면 통장분실신고와 재발급 행위는 권한 초과 행위로 보아 분실신고서 작성행위 자체는 문서위조 및 동행사죄가 성립할 수 있음

(라) 그러나 공동대표가 부부간이기 때문에 이러한 정관 규정이 전혀 없다면 문서위조죄를 적용하기에는 무리라고 생각됨

나. 분실 신고 후 예금 인출행위

(가) 예금 인출행위의 피해자는 공동대표의 상대방이 아닌 은행이라고 보기 때문에 실질적으로 인출한 금액에 대해서만 사기 피해금으로 봐야 할 것이며,

(나) 인출하였으면 그 돈은 정당한 절차에 따라 회사를 위해 사용하여야 하는데 개인용도 등으로 사용하였을 때는 그 금액에 대해서는 업무상횡령죄로도 처벌이 가능할 것이다.

제90절 반의사불벌죄에서 1인만 고소 후 취소한 경우

1. 사 례

> 국회의원 A가 사망하자 모주간지에서는 특집기사를 기획하여 A와 그의 여비서였던 B와의 스캔들을 폭로하는 기사를 실었다. B와 A의 유족 C는 그 주간지의 편집장 甲과 취재기자 乙을 명예훼손으로 검찰에 고소하였다. 甲과 乙에 대한 명예훼손 피고사건의 제1심 공판절차가 진행되는 도중에 B와 C는 취재기자 乙에 대한 고소를 취소하였다.

2. 사안의 쟁점

- B와 C의 고소취소 적법 여부
- 친고죄에 있어서 공범자 1인에 대한 고소취소의 효력이 다른 공범자에게도 미치는지 여부와 반의사불벌죄에 있어서 공범자 중 1인에 대한 처벌희망 의사표시 철회의 효력이 다른 공범자에게도 미치는지 여부

3. 법규연구 (형사소송법)

> 제232조(고소의 취소) ① 고소는 제1심 판결선고전까지 취소할 수 있다.
> ② 고소를 취소한 자는 다시 고소 할 수 없다.
> ③ 피해자의 명시한 의사에 반하여 공소를 제기할 수 없는 사건에서 처벌을 원하는 의사표시를 철회한 경우에도 제1항과 제2항을 준용한다.
> 제233조(고소의 불가분) 친고죄의 공범중 그 1인 또는 수인에 대한 고소 또는 그 취소는 다른 공범자에 대하여도 효력이 있다.

4. 결 론

가. C의 고소취소 적법 여부

사자에 대한 명예훼손죄는 친고죄인 바 이 경우 그 친족 또는 자손은 고소할 수 있다. 또한, 고소권자는 자신이 제기한 고소를 제1심판결선고 전까지 취소할 수 있다. 따라서 제1심판결선고 후에 고소가 취소된 경우에는 그 효력이 없다.

사안에서 A의 유족 C는 고소권자로서 자신이 제기한 고소를 취소할 수 있으며, 제1심 공판절차가 진행되는 도중에 고소를 취소했으므로 C의 고소취소는 적법하다.

나. 친고죄에서의 고소취소의 효력

재고소가 금지되므로 고소를 취소한 자는 다시 고소하지 못하며, 고소를 취소하면 소송조건이 결여되므로 공소제기 전이라면 불기소처분, 공소제기 후라면 공소기각판결의 사유가 된다.

사안에서 사자에 대한 명예훼손죄는 친고죄로서 고소는 소추요건인 바, C의 乙에 대한 고소는 적법하게 취소되었다.

다. B의 고소취소 적법 여부

출판물에 의한 명예훼손죄는 반의사불벌죄인바, B는 피해자이므로 고소권이 있으며, 자신이 제기한 고소를 취소할 수 있다. 한편 반의사불벌죄에 있어 처벌희망의사표시의 철회도 제1심판결선고 전까지 할 수 있다.

사안에서 B는 제1심 공판절차 진행 중에 고소를 취소했으므로 B의 고소취소(처벌희망의사표시의 철회)는 적법하다.

라. 반의사불벌죄에서의 고소취소의 효력

반의사불벌죄에 있어서 처벌희망의사표시는 소추요건이므로, 처벌희망의사표시가 적법하게 철회된 이상 법원은 이에 대해 공소기각판결을 해야 한다.

사안에서 출판물에 의한 명예훼손죄는 반의사불벌죄로서 처벌희망의사표시는 소추요건인 바, B의 乙에 대한 고소는 적법하게 취소(처벌희망의사표시의 적법 철회)되었다.

마. 반의사불벌죄에 있어 고소의 주관적 불가분의 원칙의 적용 여부

○ 문제점

사안에서 B는 乙에 대한 고소를 취소하여 처벌희망 의사표시를 철회하였으나 甲에 대한 고소는 취소하고 있지 않다. 따라서 이러면 반의사불벌죄에 고소불가분의 원칙에 관한 형사소송법 제233조를 준용하여 甲에 대한 처벌희망의사표시가 철회된 것으로 보아야 할 것인가가 문제된다.

○ 판 례

대법원은 "형사소송법이 제232조와는 달리 제233조에서 고소와 고소취소의 불가분에 관한 규정을 함에서는 반의사불벌죄에 이를 준용하는 규정을 두지 아니한 것은 처벌을 희망하지 아니하는 의사표시나 처벌을 희망하는 의사표시의 철회에 관하여 친고죄와는 달리 공범 간에 불가분의 원칙을 적용하지 아니함에 있다고 볼 것이지 입법의 불비로 볼 것은 아니다"라고 판시하였다(대판93도1689).

제91절 친고죄와 반의사불벌죄의 공범 중 일부만 고소 취소한 경우

1. 사 례

가. 甲과 乙은 공모하여 丙의 명예를 훼손하여 고소를 당하였다. 경찰 조사과정 중 甲은 자기의 잘못을 인정하자 丙이 甲에 대해서만 고소를 취소하였을 경우 甲에 대한 고소취소가 乙에게도 미치는지 여부

나. 甲은 부인인 乙녀와 丙남이 간통한 것을 알고 가정을 지키기 위해 부인 乙은 고소하지 않고 丙만 고소하였다. 이때 乙녀에게도 고소권이 미치는지와 乙녀에게도 고소권이 미치면 丙은 고소를 당하자 도망하고 乙녀만 재판에 넘겨져 1심에서 징역 1개월에 집행유예 1년을 선고받자 남편이 고소를 취소해 버렸다. 그 뒤 丙이 검거되었는데 丙에게도 고소취소 효력이 미치는지 여부

2. 논 점

가. 반의사불벌죄에서도 고소불가분의 원칙이 적용되는지 여부

나. 친고죄에 있어 일부에 대한 고소가 다른 공범에게도 미치는지 여부

다. 제1심판결선고 후 고소취소가 다른 공범자에 대한 고소취소에도 미치는지 여부

3. 법규연구 (형사소송법)

제232조(고소의 취소) ① 고소는 제1심 판결선고전까지 취소할 수 있다.
② 고소를 취소한 자는 다시 고소할 수 없다.
③ 피해자의 명시한 의사에 반하여 공소를 제기할 수 없는 사건에서 처벌을 원하는 의사표시를 철회한 경우에도 제1항과 제2항을 준용한다.
제233조(고소의 불가분) 친고죄의 공범중 그 1인 또는 수인에 대한 고소 또는 그 취소는 다른 공범자에 대하여도 효력이 있다.

4. 관련 판례

가. 친고죄에서 고소불가분의 원칙을 규정한 형사소송법 제233조의 규정이 반의사불벌죄에 준용되는지 여부

형사소송법이 고소와 고소취소에 관한 규정을 하면서 제232조 제1항, 제2항에서 고소취소의 시한과 재고소의 금지를 규정하고 제3항에서는 반의사불벌죄에

제1항, 제2항의 규정을 준용하는 규정을 두면서도, 제233조에서 고소와 고소취소의 불가분에 관한 규정을 함에서는 반의사불벌죄에 이를 준용하는 규정을 두지 아니한 것은 처벌을 희망하지 아니하는 의사표시나 처벌을 희망하는 의사표시의 철회에 관하여 친고죄와는 달리 공범자 간에 불가분의 원칙을 적용하지 아니하고자 함에 있다고 볼 것이지, 입법의 불비로 볼 것은 아니다(대법원 1994. 4.26. 선고 93도1689 판결).

나. 친고죄의 공범중 일부에 대한 제1심판결선고후, 제1심판결선고전의 다른 공범자에 대한 고소취소의 가부

친고죄의 공범중 그 일부에 대하여 제1심판결이 선고된 후에는 제1심판결선고전의 다른 공범자에 대하여는 그 고소를 취소할 수 없고 그 고소의 취소가 있다 하더라도 그 효력을 발생할 수 없으며, 이러한 법리는 필요적 공범이나 임의적 공범이나를 구별함이 없이 모두 적용된다(대법원 1985.11.12. 선고 85도1940 판결).

다. 비친고죄와 고소나 고소취소와의 관계

고소가 있어야 죄를 논할 수 있는 친고죄의 경우와는 달리 비친고죄에 있어서 고소는 단순한 수사의 단서가 됨에 지나지 아니하므로 고소의 유무 또는 그 고소의 취소여부에 관계없이 그 죄를 논할 수 있다(대법원 1987.11.10. 선고 87도2020 판결).

라. 상상적 경합관계에 있는 1죄에 관하여 고소취하가 있는 경우 타죄에 대한 처벌

형법 제40조의 소위 상상적 경합은 1개의 행위가 수개의 죄에 해당하는 경우에는 과형상 1죄로서 처벌한다는 것이고, 또 가장 중한 죄에 정한 형으로 처벌한다는 것은 경한 죄는 중한 죄에 정한 형으로 처단된다는 것이지, 경한 죄는 그 처벌을 면한다는 것은 아니므로, 이 사건에서 중한 강간미수죄가 친고죄로서 고소가 취소되었다 하더라도 경한 감금죄(폭력 행위 등 처벌에 관한 법률 위반)에 대하여는 아무런 영향을 미치지 않는다(대법원 1983.4.26. 선고 83도323 판결).

5. 결 론

가. "사례 가" 경우

(가) 명예훼손, 폭행, 협박 등 반의사불벌죄의 공범에 있어 일부에 대해 고소를 취소하면서 처벌을 원하지 않으면 그에 대해서만 효력이 미쳐 공소권없음으로 하여야 하고 처벌철회가 없는 다른 공범자에 대해서는 혐의인정 시 기소

의견으로 처리해야 할 것이다.

(나) 대법원 판례(1994.4.26. 선고 93도1689)도 "처벌을 희망하지 아니하는 의사표시나 처벌을 희망하는 의사표시의 철회에 관하여 친고죄와는 달리 공범자 간에 불가분의 원칙을 적용하지 아니한다"라 하고 있다.

나. "사례 나" 경우

(가) 丙에 대한 고소권이 乙녀에게도 미치는지 여부

형사소송법 제233조(고소의 불가분)에 따라 丙에 대해서만 고소하였지만 고소하지 않은 乙녀에 대해서도 당연히 고소권이 미쳐 乙에 대해 별도의 고소가 없어도 처벌할 수 있음

✽ 참고로 甲에 대해 고소하였는데 양벌규정에 의해 甲의 회사도 처벌해야 하는 경우가 있을 것이다. 이때 법인에 대해서는 고소가 없으므로 별도 법인을 고소하도록 하는 경우가 있는데 판례의 입장도 甲에 대한 고소는 법인의 경우까지 미치므로 별도 법인에 대한 고소가 필요 없다고 하였음

(나) 제1심판결선고후 고소취소의 효력

판례는 "친고죄의 공범중 그 일부에 대하여 제1심판결이 선고된 후에는 제1심판결선고전의 다른 공범자에 대하여는 그 고소를 취소할 수 없고 그 고소의 취소가 있다 하더라도 그 효력을 발생할 수 없다"라고 하고 있다. 그러기 때문에 乙녀에 대해 고소가 취소된 후 丙이 검거되었을 경우 丙에 대해서는 고소취소의 효력이 미치지 않으므로 丙은 처벌을 받아야 할 것이다.

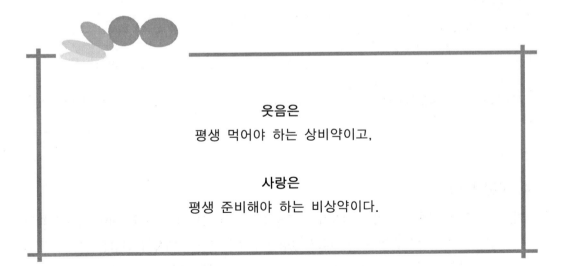

웃음은
평생 먹어야 하는 상비약이고,

사랑은
평생 준비해야 하는 비상약이다.

제92절 반의사불벌죄에서 불처벌 의사표시의 철회 행위의 효력

1. 사 례

> 명예훼손으로 고소하였다가 처벌을 희망하지 아니하는 의사표시를 한 후 그 의사표시를 다시 철회한 경우 처벌의사 철회에 대해 효력이 있는지

2. 사안의 쟁점

○ 반의사불벌죄에 있어서 피해자가 처벌을 희망하지 아니하는 의사표시나 처벌을 희망하는 의사표시의 철회를 하였다고 인정하기 위한 요건

○ 반의사불벌죄에 있어서 피해자가 처벌에 대한 희망·불희망의 의사표시를 철회하였다고 인정하기 위한 요건 및 명시적으로 위 의사표시나 그 철회를 한 이후 이를 번복할 수 있는지(소극)

3. 법규연구

가. 형사소송법

제327조(공소기각의 판결) 다음 각 호의 경우에는 판결로써 공소기각의 선고를 하여야 한다.
　6. 피해자의 명시한 의사에 반하여 공소를 제기할 수 없는 사건에서 처벌을 원하지 아니하는 의사표시를 하거나 처벌을 원하는 의사표시를 철회하였을 때

나. 형 법

제307조(명예훼손) ① 공연히 사실을 적시하여 사람의 명예를 훼손한 자는 2년 이하의 징역이나 금고 또는 500만원 이하의 벌금에 처한다.
② 공연히 허위의 사실을 적시하여 사람의 명예를 훼손한 자는 5년 이하의 징역, 10년 이하의 자격정지 또는 1천만원 이하의 벌금에 처한다.
제312조(고소와 피해자의 의사) ② 제307조와 제309조의 죄는 피해자의 명시한 의사에 반하여 공소를 제기할 수 없다.

4. 관련 판례

가. 반의사불벌죄에 있어서 피해자가 처벌을 희망하지 아니하는 의사표시나 처벌을 희망하는 의사표시의 철회를 하였다고 인정하기 위해서는 피해자의 진실한 의사가 명백하고 믿을 방법으로 표현되어야 한다. (대법원 2001도1809, 2001. 6. 15.)

나. 반의사불벌죄에 있어서 피해자가 처벌을 희망하지 아니하는 의사표시나 처벌을 희망하는 의사표시의 철회를 하였다고 인정하기 위해서는 피해자의 진실한 의사가 명백하고 믿을 방법으로 표현되어야 하고(대법원 2001. 6. 15. 선고 2001도1809 판결 등 참조), 이러한 의사표시는 공소제기 이후에도 제1심판결이 선고되기 전이라면 수사기관에도 할 수 있지만, 한번 명시적으로 표시된 이후에는 다시 처벌을 희망하지 아니하는 의사표시를 철회하거나 처벌을 희망하는 의사를 표시할 수 없다고 할 것이다. (대법원, 2007도3405, 2007. 9. 6.)

5. 결 론

가. 대법원, 2007도3405, 2007. 9. 6. 판례에서는 고소인이 고소취하요청서를 작성하여 피고소인가 검찰청에 각각 등기우편으로 발송하여 이를 접수한 사실이 인정되면 처벌을 희망하여 의사표시는 적법하게 철회되었다고 할 것이다.

나. 따라서 경찰에서 고소를 취소장을 직접 접수하면 고소인에게 처벌을 희망하지 않는다는 의사표시를 진술조서로 확실하게 작성해 둘 필요가 있다.

다. 이러한 조건을 모두 갖추었는데도 불구하고 같은 내용으로 다시 처벌을 희망하거나 처벌을 희망하는 의사표시를 철회한다고 하여도 공소권없음으로 처리하여야 할 것이다.

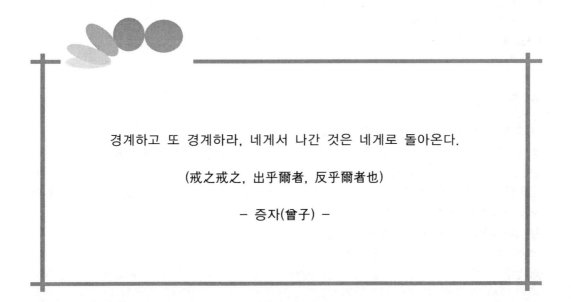

경계하고 또 경계하라, 네게서 나간 것은 네게로 돌아온다.

(戒之戒之, 出乎爾者, 反乎爾者也)

- 증자(曾子) -

제93절 아파트 계단에서 자위행위를 한 경우

1. 사 례

> 甲은 엘리베이터 안에서 피해자의 볼을 손으로 만지고 엘리베이터에서 내린 후 18층 비상구로 데리고 가 두려움에 떨고 있는 피해자의 앞에서 자위행위를 하였다.

2. 논 점

가. 아파트의 엘리베이터에서 7세의 피해자를 그 의사에 반하여 계단으로 데리고 간 후 피해자의 앞에서 자신의 성기를 꺼내어 자위행위를 한 것을 강제추행죄에서의 추행으로 볼 수 있는지

나. 강제추행죄에 해당하지 않으면 공연음란죄 성립 여부

3. 법규연구

가. 성폭력범죄의 처벌 등에 관한 특례법

> 제7조(13세 미만의 미성년자에 대한 강간, 강제추행 등) ① 13세 미만의 사람에 대하여 「형법」 제297조(강간)의 죄를 범한 사람은 무기징역 또는 10년 이상의 징역에 처한다.

나. 형 법

> 제298조(강제추행) 폭행 또는 협박으로 사람에 대하여 추행을 한 자는 10년 이하의 징역 또는 1천500만원 이하의 벌금에 처한다.
> 제245조(공연음란) 공연히 음란한 행위를 한 자는 1년 이하의 징역, 500만원 이하의 벌금, 구류 또는 과료에 처한다.

4. 관련 판례

[1] 강제추행죄에 있어서 폭행의 형태와 정도

강제추행죄는 상대방에 대하여 폭행 또는 협박을 가하여 항거를 곤란하게 한 뒤에 추행행위를 하는 경우뿐만 아니라 폭행행위 자체가 추행행위라고 인정되는 경우도 포함되는 것이며, 이 경우에 있어서의 폭행은 반드시 상대방의 의사를 억압할 정도의 것임을 요하지 않고 상대방의 의사에 반하는 유형력의 행사가 있는 이상 그 힘의 대소 강약을 불문한다.

[2] 강제추행죄에 있어서 추행의 의미 및 판단 기준

추행이란 객관적으로 일반인에게 성적 수치심이나 혐오감을 일으키게 하고 선량한 성적 도덕관념에 반하는 행위로서 피해자의 성적 자유를 침해하는 것이라고 할 것인데, 이에 해당하는지는 피해자의 의사, 성별, 연령, 행위자와 피해자의 이전부터의 관계, 그 행위에 이르게 된 경위, 구체적 행위 태양, 주위의 객관적 상황과 그 시대의 성적 도덕관념 등을 종합적으로 고려하여 신중히 결

정되어야 한다.

[3] 피해자와 춤을 추면서 순간적으로 피해자의 유방을 만진 행위가 강제추행에 해당한다. (대법원 2002.4.26. 선고 2001도2417 판결)

5. 결 론

가. 원심은

甲이 엘리베이터 안에서 피해자의 볼을 손으로 만지고 엘리베이터에서 내린 후 비상문 쪽으로 피해자를 데리고 가 피해자 앞에서 자위행위를 한 사실은 인정되나, 甲이 피해자에게 별다른 폭행, 협박하지 않은 상태에서 피해자의 볼을 손으로 만지는 데 그치거나 피해자와 별다른 신체적 접촉 없이 피해자 앞에서 자위행위를 한 행위만으로는 강제추행죄의 구성요건적 행위로서의 추행을 하였다고 보기 어렵고, 달리 甲이 폭행 또는 협박으로 피해자를 추행하였다고 인정할 증거가 없다며 공연음란죄를 적용하였다.

나. 검사는 항소하여

甲은 피해자의 의사에 반하여 7세의 피해자를 18층 비상구로 데리고 가 두려움에 떨고 있는 피해자의 앞에서 자위행위를 하였는바, 甲의 이러한 행위는 성욕의 흥분, 자극 또는 만족을 목적으로 하는 행위로서 건전한 상식을 지닌 일반인이 성적 수치심이나 혐오의 감정을 느끼게 하는 행위로서 강제추행죄에서의 추행에 해당한다고 주장하였다.

다. 항소법원(고등법원)은

甲은 이 사건 범행 당시 엘리베이터 안에서 피해자의 볼을 꼬집고 피해자가 16층에서 내릴 때 자신도 따라 내린 다음 피해자의 어깨를 손으로 잡고 계단을 이용하여 18층 계단으로 피해자를 데리고 간 점, 甲은 피해자가 극도의 공포상태에서 甲에게 '잡아가는 것 아니냐' 고 물었음에도 위와 같이 피해자의 어깨를 잡고 강제로 피해자를 계단으로 올라가게 한 점, 甲은 범행 장소에 이르러 바지와 팬티를 내리고 피해자에게 성기를 보여주고 자위행위를 하였고, 피해자는 겁에 질려 비상구의 문고리를 잡고서 나가려고 하였던 점, 이 사건 범행 장소는 퇴로가 없는 폐쇄된 장소였던 점 등을 종합하면, 甲은 7세밖에 안 된 어린 피해자를 폐쇄된 공간으로 데리고 가 피해자가 꼼짝 못하도록 자신의 실력적인 지배하에 둔 다음 피해자에게 성적 수치심과 혐오감을 일으키는 자신의 자위행위 모습을 보여주고 피해자로 하여금 이를 외면하고 피할 수 없게 하였던 것이므로 甲의 위와 같은 행위는 강제추행죄에 있어 추행에 해당한다고 판결하였다. (광주고법 2007노399, 2008.6.19.)

제94절 회식 장소에서 여직원에게 '헤드락' 행위의 강제추행 여부

1. 사 례

> 피의자는 200○. ○. ○. 18:45경 서울 ○○음식점에서 자신이 대표이사로 있는 회사의 직원인 피해자(여, 27세) 등과 함께 회식하며 피해자의 결혼 여부 등에 관하여 이야기하던 중 갑자기 왼팔로 피해자의 머리를 감싸고 피의자의 가슴 쪽으로 끌어당겨 피해자의 머리가 피의자의 가슴에 닿게 하고 주먹으로 피해자의 머리를 2회 쳤다. 이후 다른 대화를 하던 중 "이년을 어떻게 해야 계속 붙잡을 수 있지. 머리끄덩이를 잡고 붙잡아야 하나."라고 하면서 갑자기 손가락이 피해자의 두피에 닿도록 양손으로 피해자의 머리카락을 잡고 흔들고, 이후 갑자기 피해자의 어깨를 수회 치는 행위를 하였다.

2. 쟁 점

이 사안은, 회사 대표인 남성이 회식자리에서 여직원에게 팔로 목과 머리를 감싸 끌어당기는 일명 '헤드락'을 건 행위가 강제추행죄의 추행에 해당하는지 등이 문제된다.

3. 법규연구 (형법)

> 제298조(강제추행) 폭행 또는 협박으로 사람에 대하여 추행을 한 자는 10년 이하의 징역 또는 1천500만원 이하의 벌금에 처한다.

4. 관련 판례

가. 하급심판결 (서울중앙지법 2020. 5. 29. 선고 2019노2513 판결)

공소사실 기재 음식점은 개방된 홀에 여러 개의 테이블이 놓여 있는 형태의 중국집으로 공개적인 장소였고, 그 자리에는 피고인과 피해자 외에 피고인 회사의 다른 직원 2명과 거래처의 대표 및 직원이 동석해 있었다.

피고인이 접촉한 피해자의 신체 부위는 피해자의 머리나 어깨로서 그 신체 부위 자체를 사회통념상 성과 관련된 특정 신체 부위라고 보기는 어렵다.

피고인이 한 행위는 피해자의 머리를 감싸고 헤드락을 걸면서 머리를 치거나 머리카락을 잡고 흔들거나 어깨를 수회 친 것으로서 성적인 의도를 가지고 하는 행위라고 보기 어렵다.

피고인은 피해자와 연봉협상이 진행 중인 상태에서 피해자가 이직할 것을 염려하던

차에 술을 마신 상태에서 피해자에게 공소사실 기재와 같은 말을 하면서 그와 같은 행동을 했던 것으로, 피고인의 행동이 성적인 언동과 결합하여 있지는 않았다.

피해자는 피고인의 행위로 인하여 성적 수치심을 느꼈다고 진술하였으나, 모멸감, 수치심, 불쾌감을 느꼈다는 취지로도 진술하고 있는바, 피해자가 피고인으로부터 욕설과 모욕적인 언동을 듣게 되어 느끼게 된 불쾌감, 수치심과 구분된 성적 수치심을 명확하게 감지하고 이를 진술하였다고는 보이지 않는다.

현장에 동석하였던 일행 중 한 명이 피고인의 행동에 대하여 "이러면 미투다." 등의 표현을 하였다고 하더라도 위 표현이 성범죄인 강제추행죄를 염두에 두고 한 진지한 평가라고 볼 수도 없다.

나. 대법원 판례 (대법원 20. 12. 24., 선고, 2020도7981, 판결)

피고인이 피해자 등이 나랑 결혼하려고 결혼 안 하고 있다던가, 이년 머리끄덩이를 잡아 붙잡아야겠다는 등의 발언과 그 말에 대한 피해자와 동료 여직원의 항의 내용에 비추어 보면 피고인의 말과 행동은 피해자의 여성성을 드러내고 피고인의 남성성을 과시하는 방법으로 피해자에게 모욕감을 주는 것이라는 점에서 '성적 의도를 가지고 한 행위'로 볼 수 있다.

피해자가 피해 당시에 울음을 터뜨리기도 했고, 당시에 대해 성적 수치심을 나타내는 구체적인 표현을 사용하였으며, 피해자가 피해감정으로 '성적 수치심과 모멸감, 불쾌감'을 함께 표현한 것도 사회통념상 인정되는 '성적 수치심'에 해당한다.

거래처 대표가 피고인의 행동을 가리켜 "이러면 미투다"라고 말한 것은, 피고인의 행동이 제3자가 보기에 성적 수치심을 일으키고 선량한 성적 도덕관념에 반하는 행위라고 인식되었다는 것을 의미한다.

추행행위의 행태와 당시의 정황 등에 비추어 강제추행의 고의가 인정될 때, 피고인에게 성욕의 자극 등 주관적 동기나 목적이 없었다거나 피해자의 이직을 막고 싶은 마음에서 비롯된 동기가 있었다고 하더라도 추행의 고의를 인정하는 데 방해가 되지 않는다.

5. 결 론

사례에서 피의자의 행위는 강제추행죄의 추행에 해당하고 피의자에게 추행의 고의도 인정되므로, 강제추행죄로 처벌할 수 있다.

제95절 청소년인줄 모르고 성행위를 하였으나 차후 청소년인 것을 안 경우

1. 사 례

> 만18세의 여자와 화대비를 주고 성관계를 가진 피의자에 대하여 수사를 하다 보니 그 청소년이 22살이라고 하여 청소년인줄 몰랐다고 변명하는데, 화장하면 나이를 짐작하기 어려운 게 현실이고, 이 청소년도 유흥업소에 일하기 위하여 보도방에서 나이를 속였다고 하는데, 이런 경우 청소년의성보호등에관한법률을 적용할 수 있는지

2. 법규연구 (아동·청소년의 성보호에 관한 법률)

> 제13조(아동·청소년의 성을 사는 행위 등) ① 아동·청소년의 성을 사는 행위를 한 자는 1년 이상 10년 이하의 징역 또는 2천만원 이상 5천만원 이하의 벌금에 처한다.
> ② 아동·청소년의 성을 사기 위하여 아동·청소년을 유인하거나 성을 팔도록 권유한 자는 3년 이하의 징역 또는 3천만원 이하의 벌금에 처한다.

3. 관련 판례

가. 이성혼숙을 하려는 자가 청소년이라고 의심할 만한 사정이 있는 경우 여관업주가 취하여야 할 조치

여관업을 하는 사람으로서는 이성혼숙을 하려는 사람들의 겉모습이나 차림새 등에서 청소년이라고 의심할 만한 사정이 있는 때에는 신분증이나 다른 확실한 방법으로 청소년인지 여부를 확인하고 청소년이 아닌 것으로 확인된 경우에만 이성혼숙을 허용하여야 한다(대법원 2002.10.8. 선고 2002도4282 판결).

나. 유흥업소의 업주로서는 다른 공적 증명력 있는 증거를 확인해 봄이 없이 단순히 건강진단결과서상의 생년월일 기재만을 확인한 경우

[1] 청소년고용금지업소의 업주가 유흥종사자를 고용하면서 연령확인에 필요한 의무의 내용

청소년보호법의 입법목적 등에 비추어 볼 때, 유흥주점과 같은 청소년 유해업소의 업주에게는 청소년의 보호를 위하여 청소년을 당해 업소에 고용하여서는 아니 될 매우 엄중한 책임이 부여되어 있다 할 것이므로, 유흥주점영업의 업주가 당해 유흥업소에 종업원을 고용함에서는 주민등록증이나 이에

유사한 정도로 연령에 관한 공적 증명력이 있는 증거에 의하여 대상자의 연령을 확인하여야 하고, 만일 대상자가 신분증을 분실하였다는 사유로 그 연령확인에 응하지 아니하는 등 고용대상자의 연령확인이 당장 용이하지 아니한 경우라면 청소년 유해업소의 업주로서는 청소년이 자신의 신분과 연령을 감추고 유흥업소 취업을 감행하는 사례가 적지 않은 유흥업계의 취약한 고용실태 등에 비추어 대상자의 연령을 공적 증명 때문에 확실히 확인할 수 있는 때까지 그 채용을 보류하거나 거부하여야 한다.

[2] 건강진단수첩(속칭 보건증) 또는 건강진단결과서가 연령에 관한 공적 증명력이 있는 증거라고 볼 수 없다

[3] 유흥업소의 업주로서는 다른 공적 증명력 있는 증거를 확인해 봄이 없이 단순히 건강진단결과서상의 생년월일 기재만을 확인하는 것으로는 청소년 보호를 위한 연령확인의무이행을 다 한 것으로 볼 수 없고, 따라서 이러한 의무이행을 다 하지 아니한 채 대상자가 성인이라는 말만 믿고 타인의 건강진단결과서만을 확인한 채 청소년을 청소년 유해업소에 고용한 업주에게는 적어도 청소년 고용에 관한 미필적 고의가 있음이 인정된다(대법원 2002.6. 28. 선고 2002도2425 판결).

4. 결 론

가. 청소년성보호법의 목적(제1조)이 청소년의 성을 사거나 이를 알선하는 행위 등을 처벌하기 위해 제정된 것으로 이러한 법 취지에서 보더라도 나이를 속였기 때문에 청소년인줄 몰랐다고 변명할 경우 처벌하지 못한다면 사실상 이 법의 청소년 성매매행위를 처벌하기 어려울 것이다.

– 왜냐면 나는 청소년이 아닌 줄 알았고 또 상대방도 그렇게 말하였다고 하면 어떠한 기준으로 청소년을 판단하겠는가. 그러기 때문에 일차적으로는 결과를 가지고 상대가 청소년일 경우는 처벌해야 할 것이다.

나. 대법원 판례 내용도 업주는 청소년 여부를 확인해야 하며 심지어는 보건증으로 확인한 것도 이를 인정하지 않고 있는 바와 같이

– 이는 업주들만이 준수해야 할 사항으로만 생각하기 쉬운데 청소년을 상대한 모든 사람이 준수해야 할 것으로 판단되며

다. 그렇다면 청소년의 성을 사기 위해서 어떻게 그 청소년의 주민등록증을 보고 연령을 확인해야 할 것이냐고 반문하겠지만 행위자(피의자)에게 입증의 책임이 전

환된다고 볼 수 있으므로 행위자는 청소년의 성을 산 것이 아니라는 것을 증명하기 위해서는 달리 방법이 없음

　－ 만약 청소년이 아님을 확인하고 성을 매수하였다면 그때는 청소년성보호법보다 경미한 성매매법으로 처벌하면 될 것입니다.

라. 또 한 예로 피의자가 업소에는 청소년을 종업원으로 고용하지 못하게 되어있으므로 당연히 청소년이 아닐 것으로 믿고 성 매수를 하였다 할 경우

　－ 그 업소가 국가에서 운영(불가능하지만)한 즉 신뢰할 수 있는 기관이라면 믿고 할 수 있다 하지만 그러지 않을 때는 결과 책임을 져야 할 것이며 이때 업주도 청소년 고용행위로 처벌하는 것은 당연

꽃은 졌다가 피고, 피었다 또 진다.
비단옷을 입었다가도 다시 베옷으로 바꿔 입게 된다.
재산이 많은 사람이라고 해서 언제까지나 반드시 부자는 아니며,
가난한 집이라 해서 늘 적막하지만은 않다.
사람을 부추겨 올린다 해도 푸른 하늘까지는 올릴 수 없고,
사람을 밀어뜨린다 해도 깊은 구렁에까지 떨어뜨리지는 못한다.
그대에게 권고하노니 모든 일을 하늘에 원망하지 말라.
하늘의 뜻은 사람에게 후하고 박함이 없다.

－ 명심보감

제96절 남자 담임선생이 초등 남학생 성기를 만진 경우

1. 사 례

초등학교 4학년 담임교사(남자)인 甲이 교실에서 자신이 담당하는 반의 남학생인 피해자의 성기를 4회에 걸쳐 만진 경우

2. 법규연구

가. 형 법

제305조(미성년자에 대한 간음, 추행) ① 13세 미만의 사람에 대하여 간음 또는 추행을 한 자는 제297조, 제297조의2, 제298조, 제301조 또는 제301조의2의 예에 의한다.
② 13세 이상 16세 미만의 사람에 대하여 간음 또는 추행을 한 19세 이상의 자는 제297조, 제297조의2, 제298조, 제301조 또는 제301조의2의 예에 의한다.
제298조(강제추행) 폭행 또는 협박으로 사람에 대하여 추행을 한 자는 10년 이하의 징역 또는 1천500만원 이하의 벌금에 처한다.

나. 성폭력범죄의 처벌 등에 관한 특례법

제7조(13세 미만의 미성년자에 대한 강간, 강제추행 등) ③ 13세 미만의 사람에 대하여 「형법」 제298조(강제추행)의 죄를 범한 사람은 5년 이상의 유기징역에 처한다.
⑤ 위계 또는 위력으로써 13세 미만의 사람을 간음하거나 추행한 사람은 제1항부터 제3항까지의 예에 따라 처벌한다.

3. 결 론

가. 형법 제305조의 미성년자의제강제추행죄는 '13세 미만의 아동이 외부로부터의 부적절한 성적 자극이나 물리력의 행사가 없는 상태에서 심리적 장애 없이 성적 정체성 및 가치관을 형성할 권익'을 보호법익으로 하는 것으로서, 그 성립에 필요한 주관적 구성요건요소는 고의만으로 충분하고, 그 외에 성욕을 자극, 흥분, 만족하게 하려는 주관적 동기나 목적까지 있어야 하는 것은 아니다.

나. 甲의 행위는 비록 교육적인 의도에서 비롯된 것이라 하여도 교육방법으로서는 적정성을 갖추고 있다고 볼 수 없고, 그로 인하여 정신적, 육체적으로 미숙한 피해자의 심리적 성장 및 성적 정체성의 형성에 부정적 영향을 미쳤으며, 현재의 사

회환경과 성적 가치 기준, 도덕관념에 부합되지 아니하므로, 형법 제305조에서 말하는 '추행'에 해당한다(대법원 2006.1.13. 선고 2005도6791 판결 참조).

다. 성폭법 적용 여부

성폭법 제7조 제5항은 위계 또는 위력으로 추행할 경우 처벌하는 경우이고 이러한 위계 또는 위력없이 단순히 성기만 만지면 형법을 적용하여서 할 것이다. 사례의 경우에는 이러한 위력과 위계의 방법이 아닌 경우를 가정한 경우이다.

♣ 3가지 병신
1. 모든 재산을 자식들에게 주고 병든 사람
2. 부인(남편)에게 다주고 타 쓰는 사람
3. 재산이 아까워서 쓰지 못하고 죽는 사람

♣ 3가지 바보
1. 자식(손주)에게 상속 미리 하는 사람
2. 자식(손주) 돌봐 주려고 큰집 장만하는 사람
3. 자식(손주) 돌봐 주려고 친구 모임에 빠지는 사람

제97절 굿 비용에 대한 사기죄 성립 여부

1. 사 례

무당이 죽은 자의 영혼을 달래야 한다면서 굿 비용으로 여러 차례에 걸쳐 500만원을 교부받은 경우 사기죄로 처벌할 수 있는지

2. 법규연구 (형법)

제347조(사기) ① 사람을 기망하여 재물의 교부를 받거나 재산상의 이익을 취득한 자는 10년이하의 징역 또는 2천만원이하의 벌금에 처한다.
② 전항의 방법으로 제삼자로 하여금 재물의 교부를 받게 하거나 재산상의 이익을 취득하게 한 때에도 전항의 형과 같다.

3. 관련 판례

세칭 '승리제단' 교주가 신도들로부터 헌금 명목으로 금원을 교부받은 경우, 종교의 자유는 인간의 정신세계에 기초를 둔 것으로서 인간의 내적자유인 신앙의 자유를 의미하는 한도 내에서는 밖으로 표현되지 아니한 양심의 자유에 있어서와 같이 제한할 수 없지만, 그것이 종교적 행위로 표출되는 경우에 있어서는 대외적 행위의 자유이기 때문에 질서유지를 위하여 당연히 제한을 받아야 하며 공공복리를 위하여서는 법률로써 이를 제한할 수도 있다고 하겠다.

그런데 원심이 인용한 제1심판결 이유에서 보는 바와 같이 피고인 조희성이 신도들을 상대로 하여 자신을 스스로 "하나님, 구세주, 이긴자, 생미륵불, 정도령, 완성자" 등으로 지칭하면서 자신은 성경의 완성이고 모든 경전의 완성이자 하나님의 완성으로서 자기를 믿으면 모든 병을 고칠 수 있을 뿐만 아니라 피속의 마귀를 박멸 소탕하여 영원히 죽지 않고 영생할 수 있으며, 자신이 인간들의 길흉화복과 우주의 풍운조화를 좌우하므로 1981년부터 10년 동안 한국 땅에 태풍이나 장마가 오지 못하도록 태풍의 진로를 바꿔 놓고 풍년들게 하였으며, 재물을 자신에게 맡기고 충성하며 자기들이 시행하는 건축공사에 참여하면 피속의 마귀를 빨리 박멸 소탕해 주겠다고 하고, 자신이 하나님인 사실이 알려져 세계 각국에서 금은보화가 모이면 마지막 날에 1인당 1,000억원 씩을 나누어 주겠으며, 헌금하지 않는 신도는 하나님이 깍쟁이 하나님이므로 영생

할 수 없다는 취지의 설교를 사실인 것처럼 계속하여 신도들을 기망하였음이 분명한 이상 이는 종교의 자유의 한계를 일탈한 것으로서, 원심 및 원심이 인용한 제1심 판시와 같이 이에 기망당한 신도들로부터 헌금명목으로 고액의 금원을 교부받은 것을 형법상 사기죄에 해당한다고 하여 처단한 것이 헌법상 종교의 자유나 양심의 자유에 관한 법리를 잘못 오해한데 기인한 것이라고 할 수 없다. 피고 조희성에 관한 상고이유 중 이 점에 관련된 부분도 이유 없다(대법원 1995.4.28. 선고 95도250 판결).

4. 결 론

가. 일반적으로 "병 굿을 하고 대금을 받으면 사기죄를 부정한다"고 알고 있는데 모든 경우 사기죄가 성립하지 않는다고 판단해서는 절대 안 될 것이다. 사례가 똑같을 수는 없기 때문이다

나. 위의 판례 내용과 같이 피의자가 "굿을 하지 않으면 오래 살지 못하고 죽기 때문에 …하기 위해서는 굿을 해야 하는데 1회에 500만원씩 3회에 걸쳐 굿을 하면 모든 병을 낳게 해 주겠다"라는 등의 방법으로 굿을 하였을 경우 이는 궁지에 빠진 피해자를 기망하여 금원을 편취하였다고 볼 수 있어 사기죄에 해당된다고 볼 수 있다

다. 피의자의 이러한 행위는 이번이 처음이 아닐 것이며 그 전에도 이러한 행위가 있을 것으로 보아 수사첩보를 제출 외근 형사 등으로 하여금 입건전조사 하게 하여 추가 구증하는 것도 바람직할 것이다.

남을 사랑하기에 인색하다면,
남도 나에게 인색할 것이다.
남을 소중히 여기면
남도 나를 소중히 받들어 줄 것이다.

– 동양명언

제98절 사기죄와 사해행위

1. 사 례

> 甲은 자기 집에 근저당이 설정되어 있는데 乙에게 근저당을 해지한 후 그 집을 처분하여 갚아
> 주겠다면서 2,000만 원을 빌려 이 돈으로 근저당을 해지한 후 그 집을 乙 몰래 팔고 그 집에서
> 다시 丙 이름으로 전세계약을 하여 거주하고 있을 때 甲에 대한 민·형사상의 책임은?

2. 법규연구

가. 형 법

> **제347조(사기)** ① 사람을 기망하여 재물의 교부를 받거나 재산상의 이익을 취득한 자는 10년이하의 징
> 역 또는 2천만원이하의 벌금에 처한다.
> ② 전항의 방법으로 제삼자로 하여금 재물의 교부를 받게 하거나 재산상의 이익을 취득하게 한 때에도
> 전항의 형과 같다.

나. 민사집행법

> **제58조(지급명령과 집행)** ① 확정된 지급명령에 기한 강제집행은 집행문을 부여받을 필요없이 지급명
> 령 정본에 의하여 행한다. 다만, 다음 각호 가운데 어느 하나에 해당하는 경우에는 그러하지 아니하
> 다.
> 1. 지급명령의 집행에 조건을 붙인 경우
> 2. 당사자의 승계인을 위하여 강제집행을 하는 경우
> 3. 당사자의 승계인에 대하여 강제집행을 하는 경우
> ② 채권자가 여러 통의 지급명령 정본을 신청하거나, 전에 내어준 지급명령 정본을 돌려주지 아니하고
> 다시 지급명령 정본을 신청한 때에는 법원사무관등이 이를 부여한다. 이 경우 그 사유를 원본과 정본
> 에 적어야 한다.

✳ **지급명령** – 독촉절차에 있어서 채권자의 청구 취지에 일치하는 목적물의 지급을 명하는 내용의 재판을
　말한다. 금전 기타의 대체물이나 유가증권의 일정수량의 지급을 목적으로 하는 청구에 대하여, 법원은
　채권자의 일방적인 신청이 있으면 채무자를 심문하지 않고 채무자에게 그 지급을 명하는 재판인 지급
　명령을 할 수 있다.

다. 민 법

> **제406조(채권자취소권)** ① 채무자가 채권자를 해함을 알고 재산권을 목적으로 한 법률행위를 한 때에는
> 채권자는 그 취소 및 원상회복을 법원에 청구할 수 있다. 그러나 그 행위로 인하여 이익을 받은 자나
> 전득(轉得)한 자가 그 행위 또는 전득당시에 채권자를 해함을 알지 못한 경우에는 그러하지 아니하다.
> ② 전항의 소는 채권자가 취소원인을 안 날로부터 1년, 법률행위 있은 날로부터 5년내에 제기하여야 한다.
> **제407조(채권자취소의 효력)** 전조의 규정에 의한 취소와 원상회복은 모든 채권자의 이익을 위하여 효
> 력이 있다.

3. 관련 판례

가. 근저당권이 설정된 부동산에 관하여 사해행위가 이루어진 후 근저당권설정등기 가 말소된 경우, 사해행위 취소의 범위와 원상회복의 방법

근저당권이 설정된 부동산을 증여한 행위가 사해행위에 해당하면, 그 부동산이 증여된 뒤 근저당권설정등기가 말소되었다면, 증여계약을 취소하고 부동산의 소 유권 자체를 채무자에게 환원시키는 것은 당초 일반 채권자들의 공동담보로 제 공되지 아니한 부분까지 회복시키는 결과가 되어 불공평하므로, 채권자는 그 부 동산의 가액에서 근저당권의 피담보채무액을 공제한 잔액의 한도 내에서 증여계 약의 일부 취소와 그 가액의 배상을 청구할 수밖에 없다.

나. 채권자가 채권자취소권을 행사할 때에는 원칙적으로 자신의 채권액을 초과하여 취소권을 행사할 수는 없지만, 이때 채권자의 채권액에는 사해행위 이후 사실심 변론종결 시까지 발생한 이자나 지연손해금이 포함된다(대법원 2001.12.11. 선 고 2001다64547 판결).

4. 결 론

가. 형사상 책임

근저당 설정을 해지한 후 그 집을 바로 처분하여 갚겠다고 하였으나 乙 몰래 집을 팔고도 이를 갚지 않는 점으로 보아 처음부터 갚을 의사로 돈을 빌린 것이라고 볼 수 없어 甲은 형법상 사기죄로 처벌 가능

나. 민사상 책임

(가) 사해행위 취소소송 제기

전세계약이 甲의 친구인 丙 명의로 되어 있으므로 丙 명의의 전세보증금에 가압 류를 할 수 없고 빚을 갚지 않기 위해 집을 몰래 팔았다는 사실로 사해행위 취 소소송제기

(나) 지급명령 신청

돈을 빌려줄 당시 받아 놓은 현금보관증 등을 근거로 관할법원에 지급명령을 신 청한다면 민사소송절차에 의하지 않고도 빌려준 돈을 받을 수 있음. 단 채무자 가 이의신청할 경우 민사소송절차에 의해야 한다.

제99절 용도 속여 돈을 빌린 경우 사기죄 성립여부

1. 사 례

甲은 은행 채무가 많아 은행으로부터 이자독촉을 받고 있었다. 친구인 乙에게 은행 이자를 갚는 데 사용하겠다고 하면 돈을 빌려주지 않을 것 같아 乙에게는 서울에서 대학을 다니고 있는 아들 방을 얻어 주는 데 사용하겠다며 2,000만 원을 빌렸으나 약속일에 이를 갚지 않고 있다.

2. 법규연구 (형법)

제347조(사기) ① 사람을 기망하여 재물의 교부를 받거나 재산상의 이익을 취득한 자는 10년이하의 징역 또는 2천만원이하의 벌금에 처한다.
② 전항의 방법으로 제삼자로 하여금 재물의 교부를 받게 하거나 재산상의 이익을 취득하게 한 때에도 전항의 형과 같다.

3. 관련 판례

사기죄의 실행행위로서의 기망은 반드시 법률행위의 중요 부분에 관한 허위표시임을 요하지 아니하고 상대방을 착오에 빠지게 하여 행위자가 희망하는 재산적 처분행위를 하도록 하기 위한 판단의 기초가 되는 사실에 관한 것이면 충분하므로, 용도를 속이고 돈을 빌린 경우에 만일 진정한 용도를 고지하였더라면 상대방이 빌려주지 않았을 것이라는 관계에 있는 때에는 사기죄의 실행행위인 기망은 있는 것으로 보아야 한다(대법원 1995.9.15. 선고 95도707 판결).

4. 결 론

가. 甲이 용도를 속였지만 빌릴 당시 약속일에 변제할 의사와 능력이 있었으나 어쩔 수 없는 사업부도로 갚지 못하였을 뿐 갚지 않으려 하였던 것은 아니라고 변소하더라도 피해자로부터 빌린 돈의 사용처를 확인하여 빌릴 당시의 용도로 사용하지 않았다면 그 자체만으로도 사기죄가 성립할 수 있다.

나. 대법원 판례도 "용도를 속이고 돈을 빌린 경우에 만일 진정한 용도를 고지하였더라면 상대방이 빌려주지 않았을 것이라는 관계에 있는 때에는 사기죄의 실행행위인 기망은 있는 것으로 보아야 한다"고 하였다.

제100절 확정판결 후 누락된 금액에 대해 사기죄로 추가 고소된 경우

1. 사 례

> 甲은 을에게 3,000만 원을 빌려 사용하고 갚지 않아 을로부터 고소를 당하여 벌금 200만원
> 형을 받았다. 그러나 을은 고소 당시 영수증을 발견하지 못해 2,500만 원에 대해서만 고소를
> 하였는데 그 후 500만 원에 대한 현금보관증을 발견하고 500만원에 대해 다시 고소하였다.
> 이때 추가 고소한 500만 원에 대한 사기죄 성립여부

2. 법규연구 (형법)

> 제347조(사기) ① 사람을 기망하여 재물의 교부를 받거나 재산상의 이익을 취득한 자는 10년 이하의
>   징역 또는 2천만원 이하의 벌금에 처한다.
> ② 전항의 방법으로 제삼자로 하여금 재물의 교부를 받게 하거나 재산상의 이익을 취득하게 한 때에도
>   전항의 형과 같다.

3. 결 론

　기판력은 법원의 현실적 심판의 대상인 당해 공소사실은 물론 그 공소사실과 단일
하고 동일한 관계에 있는 사실의 전부에 미친다. 다만 공소사실과 동일성이 인정되지
아니하는 여죄 사실에 대해서는 그 효력이 미치지 않는다.

　사례의 경우 만약 갑이 을에게 차용금 용도로 2,500만 원을 빌리고 그 후 또 다른
용도로 500만 원을 빌렸을 경우 먼저 2,500만 원에 대해 고소한 후 다시 500만원에
대해 고소하였을 경우 처음 2,500만 원과 다음 500만 원의 차용 용도가 다르고 일정
한 기간이 있다면 단일하고 동일하다고 볼 수 없어 별도 고소가 가능할 것이다.

　그러나 사례와 같이 같은 용도로 3,000만 원을 빌렸다면 한꺼번에 3,000만 원을
받지 않고 여러 차례 나누어 받았다 하더라도 동일성이 인정되면 누락된 500만 원에
대해 별도 고소하여도 기판력이 미친다 하겠다.

　만약 2,500만 원에 대해 먼저 고소하고 아직 재판이 확정(사실심판결선고 전)되
지 않았다면 추가로 고소하여 병합할 수 있도록 하여야 할 것이다.

　결론적으로 사례의 경우에는 불기소(공소권없음)로 처리하여야 한다.

제101절 당사자 간에 차용증을 허위작성하여 법원에 제출한 경우

1. 사 례

실질적인 채권채무 관계없이 당사자의 합의로 작성한 '차용증 및 이행각서'를 이용하여 대여금청구소송을 제기하면서 이를 법원에 제출한 경우

2. 법규연구 (형법)

제236조(사문서의 부정행사) 권리·의무 또는 사실증명에 관한 타인의 문서 또는 도화를 부정행사한 자는 1년 이하의 징역이나 금고 또는 300만원 이하의 벌금에 처한다.

제347조(사기) ① 사람을 기망하여 재물의 교부를 받거나 재산상의 이익을 취득한 자는 10년 이하의 징역 또는 2천만원 이하의 벌금에 처한다.

② 전항의 방법으로 제삼자로 하여금 재물의 교부를 받게 하거나 재산상의 이익을 취득하게 한 때에도 전항의 형과 같다.

제352조(미수범) 제347조 내지 제348조의2, 제350조와 제351조의 미수범은 처벌한다.

3. 관련 판례

- 대법원 2007.3.30. 선고 2007도629 판결

[1] 사문서부정행사죄의 성립요건

형법 제236조 소정의 사문서부정행사죄는 사용권한자와 용도가 특정되어 작성된 권리의무 또는 사실증명에 관한 타인의 사문서 또는 사도화를 사용권한 없는 자가 사용권한이 있는 것처럼 가장하여 부정한 목적으로 행사하거나 권한 있는 자라도 정당한 용법에 반하여 부정하게 행사하는 경우에 성립한다.

[2] 실질적인 채권채무 관계없이 당사자의 합의로 작성한 '차용증 및 이행각서'를 이용하여 대여금청구소송을 제기하면서 이를 법원에 제출한 경우, 사문서부정행사죄에 해당하지 않는다고 본 사례

실질적인 채권채무 관계없이 당사자의 합의로 작성한 '차용증 및 이행각서'는 그 작성명의인들이 자유의사로 작성한 문서로 그 사용권한자가 특정되어 있다고 할 수 없고 또 그 용도도 다양하므로, 설령 피고인이 그 작성명의인들의 의

사에 의하지 아니하고 위 '차용증 및 이행각서'상의 채권이 실제로 존재하는 것처럼 그 지급을 구하는 민사소송을 제기하면서 소지하고 있던 위 '차용증 및 이행각서'를 법원에 제출하였다고 하더라도 그것이 사문서부정행사죄에 해당하지 않는다.

4. 결 론

　사문서부정행사죄는 사용권한 없는 자가 사용권한이 있는 것처럼 가장하여 부정한 목적으로 행사하거나 권한 있는 자라도 정당한 용법에 반하여 부정하게 행사하는 경우에 성립하는데 사례의 경우는 당사자의 합의로 작성된 문서로 위 판례 내용과 같이 사문서부정행사죄에 해당하지 않는다.

어떠한 일도

갑자기 이루어지지 않는다.

한 알의 과일 한 송이의 꽃도

그렇게 되지 않는다.

나무의 열매조차 금방 맺히지 않는데

하물며 인생의 열매를

노력도 하지 않고

조급하게 기다리는 것은 잘못이다.

[에픽테토스]

제102절 돈을 빌려 간 뒤 바로 파산신청을 한 경우 사기죄 여부

1. 사 례

경기가 어렵고, 사업도 안 된다고 해서 몇 달만 급한 곳에 돌려쓰고 돌려준다고 해서 돈을 빌려줬는데, 돈을 빌려 간 지 한 달 만에 파산신청을 해서 면책허가 결정이 확정되었다고 한다. 돈을 빌려 간 지 한 달 만에 파산신청을 할 때 사기죄가 성립할 수 있는지?

2. 법규연구

가. 형 법

제347조(사기) ① 사람을 기망하여 재물의 교부를 받거나 재산상의 이익을 취득한 자는 10년 이하의 징역 또는 2천만원 이하의 벌금에 처한다.
② 전항의 방법으로 제삼자로 하여금 재물의 교부를 받게 하거나 재산상의 이익을 취득하게 한 때에도 전항의 형과 같다

나. 채무자 회생 및 파산에 관한 법률

제564조(면책허가) ① 법원은 다음 각호의 어느 하나에 해당하는 때를 제외하고는 면책을 허가하여야 한다.
1. 채무자가 제650조 · 제651조 · 제653조 · 제656조 또는 제658조의 죄에 해당하는 행위가 있다고 인정하는 때
제566조(면책의 효력) 면책을 받은 채무자는 파산절차에 의한 배당을 제외하고는 파산채권자에 대한 채무의 전부에 관하여 그 책임이 면제된다.
제569조(면책의 취소) ① 채무자가 제650조의 규정에 의한 사기파산으로 유죄의 확정판결을 받은 때에는 법원은 파산채권자의 신청에 의하거나 직권으로 면책취소의 결정을 할 수 있다. 채무자가 부정한 방법으로 면책을 받은 경우 파산채권자가 면책 후 1년 이내에 면책의 취소를 신청한 때에도 또한 같다.

3. 관련 판례 (대법원 2007. 11. 29. 선고 2007도8549 판결)

채무자 회생 및 파산에 관한 법률상 개인파산 · 면책제도의 주된 목적 중의 하나는 파산선고 당시 자신의 재산을 모두 파산배당을 위하여 제공한, 정직하였으나 불운한 채무자의 파산선고 전의 채무의 면책을 통하여 그가 파산선고 전의 채무로 인한 압박을 받거나 의지가 꺾이지 않고 앞으로 경제적 회생을 위한 노력을 할 수 있는 여건을

제공하는 것이다.

그러나 한편, 채무자 회생 및 파산에 관한 법률은 채권자 등 이해관계인의 법률관계를 조정하고 파산제도의 남용을 방지하기 위하여, 같은 법 제309조에서 법원은 파산신청이 성실하지 아니하거나 파산절차의 남용에 해당한다고 인정되는 때에는 파산신청을 기각할 수 있도록 하고, 같은 법 제564조 제1항의 각호에 해당하는 경우에는 법원이 면책을 불허가할 수 있도록 하고, '채무자가 고의로 가한 불법행위로 인한 손해배상청구권' 등 같은 법 제566조의 각호의 청구권은 면책대상에서 제외하며, 같은 법 제569조에 따라 채무자가 파산재단에 속하는 재산을 은닉 또는 손괴하는 등 사기파산죄로 유죄의 확정판결을 받거나 채무자가 부정한 방법으로 면책을 받은 경우 법원의 결정에 의하여 면책이 취소될 수 있도록 하고 있다.

따라서 개인파산·면책제도를 통하여 면책을 받은 채무자에 대한 차용금 사기죄의 인정 여부는 그 사기로 인한 손해배상채무가 면책대상에서 제외되어 경제적 회생을 도모하려는 채무자의 의지를 꺾는 결과가 될 수 있다는 점을 감안하여 보다 신중한 판단을 요한다.

차용금 사기죄로 기소된 피고인이 파산신청을 하여 면책허가 결정이 확정된 사안에서, 피고인이 파산신청 2년 전부터 불과 40여 일 전까지 여러 사람으로부터 돈을 빌려서 채무변제와 생활비 등으로 사용한 것은 사기죄를 구성한다.

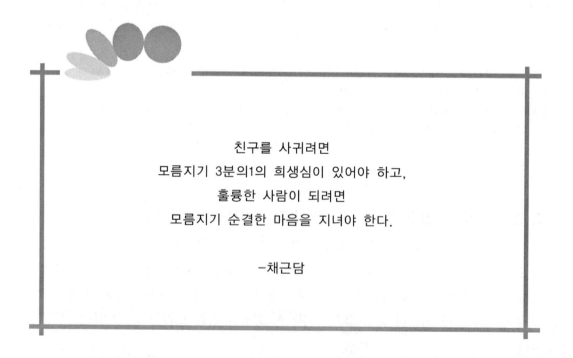

친구를 사귀려면
모름지기 3분의1의 희생심이 있어야 하고,
훌륭한 사람이 되려면
모름지기 순결한 마음을 지녀야 한다.

－채근담

제103절 영세민의 소액을 편취한 피의자 구속 방법

1. 사 례

甲은 乙에게 500만원을 빌려주었으나 乙은 돈이 없다면서 이를 갚지 않고 있다. 甲은 도로변에서 잡상인을 하면서 5년 동안 모아 두었다가 乙의 사정에 따라 돈을 빌려주었다. 그러나 乙은 고급승용차를 타고 다니면서 호화 생활을 하고 있다.
가. 乙이 사용 용도를 속여 돈을 빌렸을 경우
나. 피해금액이 소액이기 때문에 피의자를 구속할 수 있는지

2. 법규연구 (형법)

제347조(사기) ① 사람을 기망하여 재물의 교부를 받거나 재산상의 이익을 취득한 자는 10년 이하의 징역 또는 2천만원 이하의 벌금에 처한다.
② 전항의 방법으로 제삼자로 하여금 재물의 교부를 받게 하거나 재산상의 이익을 취득하게 한 때에도 전항의 형과 같다.

3. 결 론

가. 용도를 속여 돈을 빌린 경우

대법원은 '용도를 속이고 돈을 빌린 경우에 만일 진정한 용도를 고지하였더라면 상대방이 빌려주지 않았을 것이라는 관계에 있는 때에는 사기죄가 성립한다' 라고 판결하고 있다.

따라서 乙이 갑에게 용도를 속이고 돈을 빌렸다면 사기죄가 성립한다고 봐야 한다.

나. 변제의사와 능력

乙이 외제승용차까지 타고 다닐 정도이면 甲의 돈을 갚을 능력은 있다고 판단된다. 따라서 갚을 의사가 있는지를 조사하여야 할 것이다.

다. 乙을 구속하기 위한 요건

ㅇ 피해자(갑) 조사 시 착안 사항

甲은 형편이 어려움에도 乙의 사정하여 돈을 빌려주었다. 이러한 점으로 보아 乙은 甲을 이용하였던 것으로 보인다. 따라서 피해자에 대한 조사 시 이러한 점을 충분

히 조서상에 나타내야 할 것이다. 즉

- 가족관계는
- 피의자가 어디에 사용한다면서 빌려 달라고 하던가
- 돈을 빌려 달라고 할 때 乙의 형편은
- 빌려 간 돈을 실제 용도로 사용하던가
- 변제해 달라고 하니까 뭐라고 하던가
- 피해자는 乙에게 빌려준 돈을 어떻게 모았는가 (여기에서 구체적으로 작성한다. 오랫동안 조금씩 모아 두었는데 이웃에 사는 乙이 빌려 달라고 하여 이웃에 사는 정을 생각하여 빌려주었다. 그 돈은 잘 먹지도 못하면서 모았다. 남들은 좋은 것 먹을 때 저는 식은 밥도 마다하지 않고 정말 어렵고 모았던 돈이다. 등등. 피해자가 사실적으로 돈을 모으게 된 경우를 구체적으로 조사하여 기재한다)

ㅇ 피의자(乙) 조사 시 착안 사항
- 피의자의 재산상태(여기서 차량 보유 현황 등도 조회를 통해 파악한다. 출석 또는 조사를 받고 돌아갈 때 피의자가 타고 온 차량도 관찰한다)
- 피해자가 피의자가 피해자에게 빌려준 돈을 어떻게 모았는지 확인한다.
- 고급승용차를 타고 다니면서도 피해자의 돈을 갚지 않는 이유

ㅇ 구속영장 신청 시(중요사항 기준 예시)
- 변제의사와 능력

피의자는 ㅇㅇㅇ상당의 재산을 가지고 있으며 월수입도 ㅇㅇㅇ상당된다. 따라서 피의자는 피해자의 돈을 갚을 수 있는 능력은 충분하다. 그럼에도 변제하기로 약속한 일자를 훨씬 초과한 현재까지 이를 갚지 않고 있으면서 사업이 어렵다는 핑계만 대고 있다. 따라서 갚을 의사가 전혀 없다고 판단된다.

- 사안의 중대성(필요적 고려사항)

피해자가 피의자에게 빌려준 500만원은 피해자가 약 5년에 걸쳐 노점상을 하면서 모았던 돈이다. 그러나 피의자가 사업상 필요하다고 하여 사업하는 사람이 갑자기 돈이 필요할 수도 있다는 생각에 이웃에 살고 있으므로 거절하지 못하고 빌려주었다고 한다. 그러나 피의자는 피해자가 어렵게 돈을 모았다는 것을 알고 있으며 또 자녀들 없이 혼자 살고 있으므로 독촉할 사람이 없다는 것을 알고 갚지 않아도 된다는 생각하고 있다.

이러한 피의자의 행위는 서민을 괴롭히는 전형적인 갈취, 파렴치범이나 다름없다. 따라서 그 사안이 매우 중대하다고 본다.

라. 결론적으로

피해금액의 많고 적음에 따라 피의자 신병처리를 할 것이 아니라 피해자의 상황(형편, 자금 형성과정 등)도 정확히 조사하여 판단하여야 할 것이다.

4. 참고판례

사기죄의 실행행위로서의 기망은 반드시 법률행위의 중요 부분에 관한 허위표시임을 요하지 아니하고 상대방을 착오에 빠지게 하여 행위자가 희망하는 재산적 처분행위를 하도록 하기 위한 판단의 기초가 되는 사실에 관한 것이면 충분하므로, 용도를 속이고 돈을 빌린 경우에 만일 진정한 용도를 고지하였더라면 상대방이 빌려주지 않았을 것이라는 관계에 있는 때에는 사기죄의 실행행위인 기망은 있는 것으로 보아야 한다(대법원 1995.9.15. 선고 95도707 판결).

아들을 낳으면 1촌,
대학 가면 4촌,
군대 가면 8촌,
장가가면 사돈의 8촌,
애 낳으면 동포,
이민 가면 해외 동포된다.

제104절 유조차량이 도로상에서 전복된 경우

1. 사 례

甲은 차량운전자로 ○○에 있는 앞 국도상에서 차량에 석유및석유대체연료사업법에 의한 석유제품인 경유 2,000ℓ 를 적재하고 운전하면서 도로변 가드레일을 충격 후 전복하여 경유 200ℓ 를 도로와 인접한 공공수역인 농수로에 유출시켰다.
이때 교통 법규연구위반은 별론으로 하고 경유 유출과 관련 적용 가능한 법률은?

2. 법규연구 (물환경보전법)

제2조(정의) 이 법에서 사용하는 용어의 정의는 다음과 같다.
  9. "공공수역"이라 함은 하천·호소·항만·연안해역 그 밖에 공공용에 사용되는 수역과 이에 접속하여 공공용에 사용되는 환경부령이 정하는 수로를 말한다.
※ 환경부령(시행규칙) 제5조(공공수역) 법 제2조제9호에서 "환경부령이 정하는 수로"란 다음 각 호의 수로를 말한다.
    1. 지하수로   2. 농업용 수로   3. 하수관거   4. 운하
제15조(배출 등의 금지) ① 누구든지 정당한 사유 없이 다음 각호의 어느 하나에 해당하는 행위를 하여서는 아니된다.
  1. 공공수역에 특정수질유해물질, 「폐기물관리법」에 의한 지정폐기물, 「석유 및 석유대체연료 사업법」에 의한 석유제품 및 원유(석유가스를 제외한다. 이하 "유류"라 한다), 「유해화학물질 관리법」에 의한 유독물(이하 "유독물"이라 한다), 「농약관리법」에 의한 농약(이하 "농약"이라 한다)을 누출·유출하거나 버리는 행위
  2. 공공수역에 분뇨, 축산폐수, 동물의 사체, 폐기물(「폐기물관리법」에 의한 지정폐기물을 제외한다) 또는 오니(汚泥)를 버리는 행위
  3. 하천·호소에서 자동차를 세차하는 행위
  4. 공공수역에 환경부령으로 정하는 기준 이상의 토사(土砂)를 유출하거나 버리는 행위
제77조(벌칙) 다음 각 호의 어느 하나에 해당하는 자는 3년 이하의 징역 또는 3천만원 이하의 벌금에 처한다.
  1. 제15조제1항제1호를 위반하여 특정수질유해물질 등을 누출·유출하거나 버린 자
제78조(벌칙) 다음 각호의 어느 하나에 해당하는 자는 1년 이하의 징역 또는 1천만원 이하의 벌금에 처한다.
  2. 업무상 과실 또는 중대한 과실로 인하여 제15조제1항제1호의 규정을 위반하여 특정수질유해물질 등을 누출·유출시킨 자
제81조(양벌규정) 법인의 대표자나 법인 또는 개인의 대리인, 사용인, 그 밖의 종업원이 그 법인 또는 개인의 업무에 관하여 제75조부터 제80조까지의 어느 하나에 해당하는 위반행위를 하면 그 행위자를 벌하는 외에 그 법인 또는 개인에게도 해당 조문의 벌금형을 과(科)한다. 다만, 법인 또는 개인이 그 위반행위를 방지하기 위하여 해당 업무에 관하여 상당한 주의와 감독을 게을리하지 아니한 경우에는 그러하지 아니하다.

3. 결 론

가. 사고장소 확인(공공수역 여부 확인)

먼저 수질 보전법 위반 여부를 생각할 수 있다. 이 법을 적용하기 위해서는 유출된 장소가 공공수역이어야 한다.

여기서 공공수역이란 법 제2조 제9호에서 하천·호소·항만·연안해역 그 밖에 공공용에 사용되는 수역과 이에 접속하여 공공용에 사용되는 환경부령이 정하는 수로(1.지하수로 2. 농업용 수로 3. 하수관거 4. 운하)를 말한다.

대부분 도로는 이러한 공공수역과 입접해 있으므로 도로상에서 사고가 발생하여 인근으로 유해물질이 흘렀다면 물환경보전법을 적용할 수 있을 것이다.

나. 해당하는 물질

법 제15조 제1항 제1호에서 "공공수역에 특정수질유해물질, 「폐기물관리법」에 의한 지정폐기물, 「석유 및 석유대체연료 사업법」에 의한 석유제품 및 원유(석유가스를 제외한다. 이하 "유류"라 한다), 「유해화학물질 관리법」에 의한 유독물(이하 "유독물"이라 한다), 「농약관리법」에 의한 농약(이하 "농약"이라 한다)을 누출·유출하거나 버리는 행위"로 규정하고 있다.

따라서 환경에 유해로운 대부분 물질이 해당한다고 봐야 한다.

다. 고의에 의한 경우

고의로 이러한 행위를 한 경우에는 법 제77조, 제15조 제1항 제1호에 따라 처벌한다.

라. 과실에 의한 경우

사례와 같이 자동차를 운전하는 과정에서 자동차 사고로 인하여 유해물질을 유출하는 경우가 대부분일 것이다.

이러한 경우와 같이 업무상과실 또는 중대한 과실에 의한 경우에는 법 제78조 제2호, 제15조 제1항 제1호에 따라 처벌한다.

마. 양벌규정에 의한 처벌

대부분의 특별법은 양벌규정을 두고 있다. 이법 또한 양벌규정을 두고 있어 회사차량이거나 고용되어 운행 중 사고를 야기한 경우에는 차주나 법인도 입건하여야 한다.

제105절 세무서장이 피의자를 잘못 고발한 경우 추가인지 가능여부

1. 사 례

세무서장 甲은 乙을 조세범처벌법 위반 혐의로 고발하였는데 조사과정에서 丙의 행위로 확인되었다. 이때 丙을 처벌하기 위해서는 乙의 고발을 취소하고 다시 丙을 고발하여야 하는지 여부

2. 법규연구

가. 조세범처벌법

제21조(고발) 이 법에 따른 범칙행위에 대해서는 국세청장, 지방국세청장 또는 세무서장의 고발이 없으면 검사는 공소를 제기할 수 없다.

나. 특정범죄 가중처벌 등에 관한 법률

제16조(소추에 관한 특례) 제6조 및 제8조의 죄에 대한 공소(公訴)는 고소 또는 고발이 없는 경우에도 제기할 수 있다.

3. 관련 판례 – [고발인이 범법자를 잘못 알고 고발한 경우]

고발이란 범죄사실을 수사기관에 고하여 그 소추를 촉구하는 것으로서 범인을 지적할 필요가 없는 것이고 또한 고발에서 지정한 범인이 진범인이 아니더라도 고발의 효력에는 영향이 없는 것이므로, 고발인이 농지전용행위를 한 사람을 甲으로 잘못 알고 甲을 피고발인으로 하여 고발하였다고 하더라도 乙이 농지전용행위를 한 이상 乙에 대하여도 고발의 효력이 미친다(대법원 1994.5.13. 선고 94도458 판결).

4. 결 론

가. 조세범처벌법에서의 고발은 범법자를 고발하게 되어있는 것이 아니고 범칙행위 즉, 위반행위(범죄사실)를 고발하게 되어있다. 그러기 때문에 특정 범칙행위만 적시되어 있으면 丙을 乙로 잘못 고발하였을 경우 丙에 대한 별도의 고발을 요하지 않고 乙에 대해서는 불기소 결정하고 丙에 대해 인지 후 수사하면 될 것이다.

나. 특정범죄가중처벌등에관한법률에서는 포탈세액이 연간 5억원 이상일 경우에는 별도의 고발 없이 인지 수사할 수 있게 되어있다는 것도 참고

제106절 보도자료 확인 없이 기사 쓴 언론사의 손해배상책임 여부

1. 사 례

甲은 건강보험급여 편취로 구속된 아버지의 공탁금을 마련하기 위해 아버지가 공동운영하는 병원에서 의료장비를 들고 나왔습니다. 이후에 甲은 건조물침입 혐의 등으로 고소당해 A시 경찰서에서 조사를 받게 되었다. 경찰서 홍보담당 경찰관은 甲에 대한 조사 도중 출입 기자들에게 '절도 피의자를 검거했다'라는 내용의 내부 보고문서를 <u>추가 취재를 전제로</u> 보도자료로 제공하였다. 그런데 언론사들은 추가 확인 없이 이를 바탕으로 甲이 병원의 의료기기를 절도한 혐의로 구속영장이 청구된 것처럼 기사를 작성하여 보도하였다. 이후에 甲은 검찰에서 무혐의로 불기소처분을 받고, 언론사를 상대로 내 명예를 훼손하였으므로 손해를 배상하라는 청구를 하였다.

A시 경찰서가 제공한 보도자료를 믿고 기사를 작성한 언론사는 甲의 명예훼손에 따른 손해배상책임이 있을까요?

2. 법규연구

가. 형법

제307조(명예훼손) ①공연히 사실을 적시하여 사람의 명예를 훼손한 자는 2년 이하의 징역이나 금고 또는 500만원 이하의 벌금에 처한다.
② 공연히 허위의 사실을 적시하여 사람의 명예를 훼손한 자는 5년 이하의 징역, 10년 이하의 자격정지 또는 1천만원 이하의 벌금에 처한다.
제310조(위법성의 조각) 제307조제1항의 행위가 진실한 사실로서 오로지 공공의 이익에 관한 때에는 처벌하지 아니한다.

나. 민법

제751조(재산 이외의 손해의 배상) ①타인의 신체, 자유 또는 명예를 해하거나 기타 정신상고통을 가한 자는 재산 이외의 손해에 대하여도 배상할 책임이 있다.

다. 언론중재 및 피해구제 등에 관한 법률

제30조(손해의 배상) ① 언론등의 고의 또는 과실로 인한 위법행위로 인하여 재산상 손해를 입거나 인격권 침해 또는 그 밖의 정신적 고통을 받은 자는 그 손해에 대한 배상을 언론사등에 청구할 수 있다.

3. 법원의 판단

이 사례의 쟁점은 수사기관이 제공한 보도자료만 믿고 기사를 작성하여 타인의 명예를 훼손한 행위가 명예훼손에 해당하는지와 해당하더라도 믿을 만한 상당한 이유가 있으면 손해배상청구가 인정되지 않는지의 여부이다.

이 사례와 유사한 사례에서 대법원은 "언론매체의 어떤 기사가 타인의 명예를 훼손하여 불법행위가 되는지는 기사의 전체적인 취지와 내용, 사용된 어휘의 통상적인 의미 등을 종합적으로 고려하여 그 기사가 독자에게 주는 전체적인 인상을 기준으로 판단해야 한다."고 하면서, "보도 내용이 수사기관에서 조사 중인 경우, 일반 독자들이 보도된 혐의사실의 진실 여부를 확인할 방법이 없으므로, 이러한 혐의사실을 보도하는 언론기관은 보도에 앞서 혐의사실의 진실성을 뒷받침할 적절하고도 충분한 취재를 해야 하고, 기사 내용이나 표현방법 등에 대하여도 주의를 하여야 한다."고 하였습니다. 만약, 이러한 "주의의무를 다하지 않았다면, 설령 보도 목적이 타인의 피의사실 보도에 주안점을 두고 있는 것이 아니라 할지라도, 그 보도 내용 중에 타인의 피의사실이 명백하게 적시되어 있고 그것이 명예훼손에 해당하는 이상 언론매체로서는 명예훼손으로 인한 손해배상 책임을 져야 한다."고 하였다.

또한 "신문 등 언론매체가 사실을 적시하여 개인의 명예를 훼손하는 행위를 한 경우에도 그것이 공공의 이해에 관한 사항으로서 그 목적이 오로지 공공의 이익을 위한 것일 때에는 적시된 사실이 진실이라는 증명이 있거나 그 증명이 없다 하더라도 행위자가 그것을 진실이라고 믿었고 또 그렇게 믿을 상당한 이유가 있으면 위법성이 없다고 보아야 할 것이되, 그에 대한 증명책임은 어디까지나 명예훼손 행위를 한 신문 등 언론매체에 있고, 보도 내용이 진실이라고 믿을 만한 상당한 이유가 있는지는 적시된 사실의 내용, 근거나 자료의 확실성과 신빙성, 보도 내용의 진위 여부를 확인하기 위하여 충분한 조사를 하였는가 하는 점에 비추어 판단된다."고 하였다(대법원 2002. 5. 10. 선고 2000다50213 판결, 2007. 12. 27. 선고 2007다29379 판결, 2018. 11. 9. 선고 2015다240829 판결 참조).

4. 결 론

따라서 사례에서 A시 경찰청이 보도자료로 제공하면서 추가 취재를 전제로 하였음에도 언론사들은 추가 취재가 없이 보도하였으므로 주의의무를 다하지 않았고, 구속영장이 청구된 사실이 없는데도 구속영장이 청구된 것이 사실인 것처럼 기재된 기사로 인하여 甲의 명예를 훼손하였으므로 손해배상 책임을 져야 할 것이다.

제107절 긴급체포 되어 호송 중 감시소홀로 사망한 경우 손해배상책임 여부

1. 사 례

○○경찰서 강력5팀 소속 경찰관들은 20○○. 10.12. 15:20경 甲의 거주지인 아파트에서 강도사건의 용의자로 긴급체포하였다. 甲은 경찰관들의 감시가 소홀한 틈을 타 어깨와 몸으로 경찰관을 밀치고 도주하다가 아파트 복도 난간을 뛰어넘어 10층 아래 지상으로 추락하여 양측 흉곽 골절 등으로 사망하였다.

2. 쟁 점

경찰관에게 긴급체포되어 호송 중이던 피의자가 도주하다가 추락하여 사망한 경우 국가의 손해배상책임 인정 여부

3. 법원의 판단(대법원 2006.4.4. 선고 2005가합15974)

가. 범죄혐의로 수사기관에 체포된 피의자는 처벌에 대한 불안감과 두려움 때문에 자포자기의 상태에서 자살 또는 자해 등의 돌발적인 행동을 할 가능성이 있으므로 체포된 피의자를 호송하는 경찰공무원으로서는 자신의 보호하에 있는 피의자의 심리상태를 잘 파악하면서 피의자의 행동을 세심하게 감시함으로써 자살 또는 자해 등의 우발적 사고를 사전에 방지하여야 할 의무가 있다.

나. 경찰관들은 강도사건의 피의자인 소외인을 긴급체포하여 호송하면서 서, 소외인을 세심하게 감시함으로써 우발적인 사고를 방지하여야 함에도 불구하고, 그 감시를 소홀히 함으로써 소외인이 돌발적으로 경찰관을 밀치고 도주하다가 복도 난간을 뛰어넘어 지상으로 추락하는 것을 방지하지 못하였다.

다. 그러므로 이 사건사고는 호송경찰관이 당연히 기울여야 할 기본적인 주의의무를 다하지 아니한 직무 집행상의 과실로 인하여 발생한 사고라고 할 것이므로 피고는 이들의 직무수행상 잘못으로 발생한 이 사건사고로 인하여 소외인과 그 가족들인 원고들이 입은 손해를 배상할 책임이 있다.

라. 다만 소외인의 일실수입 및 위자료 청구 부분은 경찰관들의 호송상 과실로 소외인의 자살을 저지하지 못하였음을 이유로 하는 것인데, 자신의 자살을 막지 못했다는 이유로 자신에게 발생한 손해를 피고에게 배상할 것을 구하는 것은 신의칙에 반한다고 할 것이므로 이 부분 청구 는 이유 없다.

4. 판결의 의미(결론)

 긴급체포된 피의자를 호송하는 경찰관의 주의의무에 대한 구체적인 선례가 될 수 있을 것이다.

하면 할수록 좋은 말들

마음을 깊고 넓게 해주는 말…. ⇒ "미안해!"

겸손한 인격의 탑을 쌓게 하는 말…. ⇒ "고마워!"

날마다 새롭고 감미로운 말…. ⇒ "사랑해!"

사람을 사람답게 자리 잡아 주는 말…. ⇒ "잘했어!"

화해와 평화를 이루는 말…. ⇒ "내가 잘못 했어!"

모든 걸 덮어 하나가 되게 하는 말…. ⇒ "우리는…."

세상에서 가장 보배로운 말…. ⇒ "친구야!"

봄비처럼 사람을 쑥쑥 키워주는 말…. ⇒ "네 생각은 어때?"

언제이든 모든 날 들을 새롭게 하는 말…. ⇒ "첫 마음으로 살아가자!"

제108절 외조부가 양육하던 미성년 아들을 의사에 반해 친부가 데려간 경우

1. 사 례

甲은 부인이 교통사고로 사망하자 처부모에게 아들 양육을 맡겼다. 그러던 중 교통사고 배상금을 둘러싸고 분쟁이 발생하자 소송이 불리해질 것을 우려하여, 학교에서 귀가하는 아들을 할머니에게 간다는 말로 속인 후 강제로 차에 태워 자신의 집으로 데려왔다. 할머니 손에서 양육되고 있는 아들을 친모가 몰래 데려간 경우 미성년자영리약취유인죄가 성립하는지?

2. 법규연구 (형법)

제287조 (미성년자의 약취, 유인) 미성년자를 약취 또는 유인한 자는 10년 이하의 징역에 처한다.

3. 관련 판례 (대법원 2008.1.31, 선고, 2007도8011, 판결)

미성년자를 보호감독하는 자라 하더라도 다른 보호감독자의 감호권을 침해하거나 자신의 감호권을 남용하여 미성년자 본인의 이익을 침해하는 경우에는 미성년자 약취·유인죄의 주체가 될 수 있다.

원심판결 이유에 의하면, 원심은 피해자의 아버지인 피고인 2가 피해자의 어머니이자 피고인의 처인 공소외 1이 교통사고로 사망하자 피해자의 외조부인 공소외 2에게 피해자의 양육을 맡겨 왔으나, 교통사고 배상금 등을 둘러싸고 공소외 2 등과 사이에 분쟁이 발생하자 자신이 직접 피해자를 양육하기로 마음먹고, 피고인 1과 공모하여 학교에서 귀가하는 피해자를 본인의 의사에 반하여 강제로 차에 태우고 할아버지에게 간다는 등의 거짓말로 속인 후 보육원에 데려가 피해자의 수용문제를 상담하고, 개 사육장에서 잠을 재운 후 다른 아동복지상담소에 데리고 가는 등으로 사실상 지배함으로써 미성년자인 피해자를 약취하였다고 인정하였다.

4. 결 론

따라서 비록 자기 아들이라고는 하나 살던 집을 버리고 어머니를 따라나설 생각이 없는데도 강제로 차에 태워 집에 돌려 보내주지 않은 행위는 미성년자 약취유인죄가 성립할 수 있다.

제109절 범법자 검거를 위해 잠금장치를 강제로 제거하고 들어갈 수 있는지

1. 사 례

피의자(例, 불법 영업행위자, 강도 등)를 검거하는 과정에서 동 피의자가 건물이나 집 안(또는 방 안)으로 들어가 출입문을 잠그고 문을 열어주지 않는다. 이때 경찰이 출입문 등의 잠금장치를 제거하거나 부수고 강제 진입하여 동 피의자를 검거할 수 있는가? 있다면 어떠한 근거로 강제 진입이 가능한가.

2. 법규연구

가. 형사소송법

제216조(영장에 의하지 아니한 강제처분) ① 검사 또는 사법경찰관은 제200조의2 · 제200조의3 · 제201조 또는 제212조의 규정에 의하여 피의자를 체포 또는 구속하는 경우에 필요한 때에는 영장없이 다음 처분을 할 수 있다.
　　1. 타인의 주거나 타인이 간수하는 가옥, 건조물, 항공기, 선차 내에서의 피의자 수색. 다만, 제200조의2 또는 제201조에 따라 피의자를 체포 또는 구속하는 경우의 피의자 수색은 미리 수색영장을 발부받기 어려운 긴급한 사정이 있는 때에 한정한다.
　　2. 체포현장에서의 압수, 수색, 검증
② 전항 제2호의 규정은 검사 또는 사법경찰관이 피고인에 대한 구속영장의 집행의 경우에 준용한다.
③ 범행 중 또는 범행직후의 범죄 장소에서 긴급을 요하여 법원판사의 영장을 받을 수 없는 때에는 영장없이 압수, 수색 또는 검증을 할 수 있다. 이 경우에는 사후에 지체없이 영장을 받아야 한다.

나. 경찰관직무집행법

제6조(범죄의 예방과 제지) ① 경찰관은 범죄행위가 목전에 행하여지려고 하고 있다고 인정될 때에는 이를 예방하기 위하여 관계인에게 필요한 경고를 발하고, 그 행위로 인하여 인명 · 신체에 위해를 미치거나 재산에 중대한 손해를 끼칠 우려가 있어 긴급을 요하는 경우에는 그 행위를 제지할 수 있다.
제7조(위험방지를 위한 출입) ① 경찰관은 제5조제1항 · 제2항 및 제6조제1항에 규정한 위험한 사태가 발생하여 인명 · 신체 또는 재산에 대한 위해가 절박한 때에 그 위해를 방지하거나 피해자를 구조하기 위하여 부득이하다고 인정할 때에는 합리적으로 판단하여 필요한 한도내에서 타인의 토지 · 건물 또는 선차내에 출입할 수 있다.

다. 민 법

제761조(정당방위, 긴급피난) ① 타인의 불법행위에 대하여 자기 또는 제3자의 이익을 방위하기 위하여 부득이 타인에게 손해를 가한 자는 배상할 책임이 없다. 그러나 피해자는 불법행위에 대하여 손해의 배상을 청구할 수 있다.
② 전항의 규정은 급박한 위난을 피하기 위하여 부득이 타인에게 손해를 가한 경우에 준용한다.

3. 결 론

가. 급박한 경우

☞ 형사소송법 제216조 제1항 제1호 및 경직법 제6조(범죄의 예방과 제지)의 규정에 의거 강제처분이 가능하므로 물리적인 방법으로 시정된 문을 열고 들어가 제지할 수 있음

나. 단지 문만 열어주지 않는 경우

☞ 1차 설득에 의거 자수하도록 하고 그래도 듣지 않으면 전항과 같은 방법으로 강제처분

例, 자동차로 시위하다 도로상에 두고 그대로 가버려 교통방해가 된 경우 자동차를 견인하거나 견인이 곤란할 때는 쪽문 유리를 파손하는 등의 강제적인 방법으로 도로상에서 제거할 수 있을 것이다.

"넉넉함을 알아 늘 넉넉하면 욕되지 아니하고
그칠 줄 알아 늘 그치면 종신토록 부끄러움이 없느니라."
"편안한 마음으로 분수를 지키면 몸에 욕됨이 없을 것이요,
세상의 돌아가는 형편을 잘 알면 마음이 스스로 한가하나니
비록 인간 세상에 살더라도
도리어 인간 세상에서 벗어나는 것이니라."

- 명심보감(안분편)

제110절 우천 때 바닷가에 분뇨를 버린 경우

1. 사 례

甲은 수세식 화장실을 사용하고 있다. 비가 오자 화장실에 쌓여있는 분뇨를 처분하기 위해 인근 바닷가에 분뇨를 버렸다.

2. 법규연구 (공유수면 관리 및 매립에 관한 법률)

제2조(정의) 이 법에서 사용하는 용어의 뜻은 다음과 같다.
  1. "공유수면" 이란 다음 각 목의 것을 말한다.
    가. 바다 : 「해양조사와 해양정보 활용에 관한 법률」 제8조제1항제3호에 따른 해안선으로부터 「배타적 경제수역 및 대륙붕에 관한 법률」에 따른 배타적 경제수역 외측 한계까지의 사이
    나. 바닷가 : 「해양조사와 해양정보 활용에 관한 법률」 제8조제1항제3호에 따른 해안선으로부터 지적공부(地籍公簿)에 등록된 지역까지의 사이
    다. 하천·호소(湖沼)·구거(溝渠), 그 밖에 공공용으로 사용되는 수면 또는 수류(水流)로서 국유인 것
제5조(금지행위) 누구든지 공유수면에서 정당한 사유 없이 다음 각 호의 어느 하나에 해당하는 행위를 하여서는 아니 된다.
  1. 폐기물, 폐유, 폐수, 오수, 분뇨, 가축분뇨, 오염토양, 유독물, 동물의 사체, 그 밖에 행양수산부령으로 정하는 오염물질을 버리거나 흘러가게 하는 행위
  2. 수문(水門) 또는 그 밖에 공유수면의 관리를 위한 시설물을 개폐(開閉)하거나 훼손하는 행위
  3. 선박을 버리거나 방치하는 행위
제62조(벌칙) 다음 각 호의 어느 하나에 해당하는 자는 3년 이하의 징역 또는 3천만원 이하의 벌금에 처한다.
  1. 제5조를 위반하여 금지된 행위를 한 자

3. 결 론

  공유수면이란 바다·바닷가 등을 말한다. 또한 "바닷가"란 만조수위선으로부터 지적공부에 등록된 지역까지의 사이를 말한다.
  사례와 같이 바닷가에 분뇨를 버렸다면 이는 공유수면법에 저촉된 행위이다. 따라서 공유수면법에 따라 처벌하면 된다.

제111절 저당권 설정 약속을 어길 때 배임죄 여부

1. 사 례

甲은 지인인 乙에게 "5억원이 급하게 필요한데, 이 돈을 빌려주면 내 아파트에 2순위로 저당권을 설정해주겠다"라고 약속하자 乙은 이 약속을 믿고 돈을 빌려주었다. 그러나 甲은 乙에게 저당권을 설정해주지 않은 채 은행으로부터 5억원을 빌린 뒤에 은행을 2순위 저당권자로 설정하였다. 甲의 행위가 乙에 대한 배임죄가 성립하는지?

2. 법규연구 (형법)

제355조(횡령, 배임) ① 타인의 재물을 보관하는 자가 그 재물을 횡령하거나 그 반환을 거부한 때에는 5년 이하의 징역 또는 1천500만원 이하의 벌금에 처한다.
② 타인의 사무를 처리하는 자가 그 임무에 위배하는 행위로써 재산상의 이익을 취득하거나 제삼자로 하여금 이를 취득하게 하여 본인에게 손해를 가한 때에도 전항의 형과 같다.

3. 쟁 점

이 사건의 쟁점은 채권자로부터 금원을 차용하면서 그 담보로 부동산에 관하여 저당권을 설정하여 주기로 한 채무자가 차용금을 수령한 후 채권자에게 저당권을 설정하여 주기 전에 제3자에게 저당권을 설정해 준 경우 배임죄가 성립하는지다.

4. 관련 판례 (대법원 2020. 6. 18. 선고 2019도14340 전원합의체 판결)

배임죄는 타인의 사무를 처리하는 자가 그 임무에 위배하는 행위로써 재산상의 이익을 취득하거나 제3자에게 이를 취득하게 하여 사무의 주체인 타인에게 손해를 가할 때 성립하는 것이므로, 그 범죄의 주체는 타인의 사무를 처리하는 지위에 있어야 한다. 여기에서 '타인의 사무를 처리하는 자'라고 하려면, 타인의 재산관리에 관한 사무의 전부 또는 일부를 타인을 위하여 대행하는 경우와 같이 당사자 관계의 전형적·본질적 내용이 통상의 계약에서의 이익대립 관계를 넘어서 그들 사이의 신임관계에 기초하여 타인의 재산을 보호 또는 관리하는 데에 있어야 한다(대법원 2011. 1. 20. 선고 2008도10479 전원합의체 판결 참조).

채무자가 금전채무를 담보하기 위한 저당권설정계약에 따라 채권자에게 그 소유의 부동산에 관하여 저당권을 설정할 의무를 부담하게 되었다고 하더라도, 이를 들어 채무자가 통상의 계약에서 이루어지는 이익대립 관계를 넘어서 채권자와의 신임관계에 기초하여 채권자의 사무를 맡아 처리하는 것으로 볼 수 없다.

채무자가 저당권설정계약에 따라 채권자에 대하여 부담하는 저당권을 설정할 의무는 계약에 따라 부담하게 된 채무자 자신의 의무이다. 채무자가 위와 같은 의무를 이행하는 것은 채무자 자신의 사무에 해당할 뿐이므로, 채무자를 채권자에 대한 관계에서 '타인의 사무를 처리하는 자'라고 할 수 없다. 따라서 채무자가 제3자에게 먼저 담보물에 관한 저당권을 설정하거나 담보물을 양도하는 등으로 담보가치를 감소 또는 상실시켜 채권자의 채권실현에 위험을 초래하더라도 배임죄가 성립한다고 할 수 없다.

위와 같은 법리는, 채무자가 금전채무에 대한 담보로 부동산에 관하여 양도담보설정계약을 체결하고 이에 따라 채권자에게 소유권이전등기를 해 줄 의무가 있음에도 제3자에게 그 부동산을 처분한 때도 적용된다.

5. 결론

따라서 채무자가 저당권 설정 의무를 이행하는 것은 채무자 자신의 사무에 해당할 뿐 채무자를 채권자에 대한 관계에서 '타인의 사무를 처리하는 자'라고 할 수 없으므로, 채무자가 제3자에게 먼저 담보물에 관한 저당권을 설정하거나 담보물을 양도하는 등으로 담보가치를 감소 또는 상실시켜 채권자의 채권실현에 위험을 초래하더라도 배임죄가 성립하기는 어렵다.

다만, 위 사안의 저당권 설정 의무와는 달리, 부동산 매매계약에서 중도금이 지급되는 등 계약이 본격적으로 이행되는 단계에 이른 경우의 매도인은 '타인의 사무를 처리하는 자'에 해당하므로, 중도금 수령 후 부동산을 이중매매할 때는 배임죄가 성립할 수 있다. (대법원 2018. 5. 17. 선고 2017도4027 전원합의체 판결 참조)

제112절 영장의 유효기간이 경과한 수배자 검거 시 처리

1. 사 례

사법경찰관 甲은 사기 피의자 乙에 대하여 구속영장을 발부받아 수배하였다. 그런데 영장 유효 기간이 지나기 전에 다시 영장을 발부받아야 하는데 재신청 중에 피의자 乙이 검거되었다. 검거 시점에는 영장 유효기간이 지난 상태다. 이때 수배자 乙에 대해 어떻게 해야 하는지

2. 법규연구 (형사소송법)

제200조의3(긴급체포) ① 검사 또는 사법경찰관은 피의자가 사형·무기 또는 장기 3년이상의 징역이 나 금고에 해당하는 죄를 범하였다고 의심할 만한 상당한 이유가 있고, 다음 각 호의 어느 하나에 해 당하는 사유가 있는 경우에 긴급을 요하여 지방법원판사의 체포영장을 받을 수 없는 때에는 그 사유 를 알리고 영장없이 피의자를 체포할 수 있다. 이 경우 긴급을 요한다 함은 피의자를 우연히 발견한 경우등과 같이 체포영장을 받을 시간적 여유가 없는 때를 말한다.
1. 피의자가 증거를 인멸할 염려가 있는 때
2. 피의자가 도망하거나 도망할 우려가 있는 때
② 사법경찰관이 제1항의 규정에 의하여 피의자를 체포한 경우에는 즉시 검사의 승인을 얻어야 한다.
③ 검사 또는 사법경찰관은 제1항의 규정에 의하여 피의자를 체포한 경우에는 즉시 긴급체포서를 작성 하여야 한다.
④ 제3항의 규정에 의한 긴급체포서에는 범죄사실의 요지, 긴급체포의 사유등을 기재하여야 한다.

제200조의4(긴급체포와 영장청구기간) ① 검사 또는 사법경찰관이 제200조의3의 규정에 의하여 피 의자를 체포한 경우 피의자를 구속하고자 할 때에는 지체 없이 검사는 관할지방법원판사에게 구속영 장을 청구하여야 하고, 사법경찰관은 검사에게 신청하여 검사의 청구로 관할지방법원판사에게 구속영 장을 청구하여야 한다. 이 경우 구속영장은 피의자를 체포한 때부터 48시간 이내에 청구하여야 하며, 제200조의3제3항에 따른 긴급체포서를 첨부하여야 한다.
② 제1항의 규정에 의하여 구속영장을 청구하지 아니하거나 발부받지 못한 때에는 피의자를 즉시 석방 하여야 한다.
③ 제2항의 규정에 의하여 석방된 자는 영장없이는 동일한 범죄사실에 관하여 체포하지 못한다.
④ 검사는 제1항에 따른 구속영장을 청구하지 아니하고 피의자를 석방한 경우에는 석방한 날부터 30일 이내에 서면으로 다음 각 호의 사항을 법원에 통지하여야 한다. 이 경우 긴급체포서의 사본을 첨부하 여야 한다.
1. 긴급체포 후 석방된 자의 인적사항
2. 긴급체포의 일시·장소와 긴급체포하게 된 구체적 이유
3. 석방의 일시·장소 및 사유
4. 긴급체포 및 석방한 검사 또는 사법경찰관의 성명
⑤ 긴급체포 후 석방된 자 또는 그 변호인·법정대리인·배우자·직계친족·형제자매는 통지서 및 관련 서류 를 열람하거나 등사할 수 있다.
⑥ 사법경찰관은 긴급체포한 피의자에 대하여 구속영장을 신청하지 아니하고 석방한 경우에는 즉시 검 사에게 보고하여야 한다.

3. 결 론

구속영장이나 체포영장의 유효기간이 경과한 경우에는 그 영장의 효력은 상실되기 때문에 그 영장에 의한 체포는 적법하지 않다. 따라서 불법체포가 될 수 있다.

이때는 수배관서에 연락하여 형사소송법 제200조의4 제3항의 재체포의 제한에 해당되는지를 가려 긴급체포 가능여부를 판단하여 긴급체포하면 될 것이다(이 경우 수배관서에서 긴급체포로 바로 지명수배 전산 입력을 하면 될 것이다.).

즉 피의자에 대해 동일한 범죄사실에 대해 최초 긴급체포하였다가 석방한 후 다시 구속영장이나 체포영장이 발부된 경우에는 다시 긴급체포할 수 없다.

또한, 긴급체포의 요건(장기 3년이상 등)에 해당하지 않은 피의자도 긴급체포할 수 없다. 예를 들어 간통(2년 이하의 징역)으로 영장발부 되었는데 유효기간이 지난 후 검거되었을 때는 긴급체포할 수 없다.

긴급체포 요건을 결한 경우에는 체포하여서는 아니 되며 이를 체포하였을 때는 불법체포에 해당할 수 있다.

세상에서 가장 현명한 사람은
모든 사람으로부터 배울 수 있는 사람이요.
가장 사랑받는 사람은
모든 사람을 칭찬하는 사람이요.
가장 강한 사람은
자신의 감정을 조절할 줄 아는 사람이다.
-탈 무 드

제113절 날치기 과정에서 피해자에게 상처를 입힌 경우

1. 사 례

> 피해자가 甲의 날치기에 대항하여 가방을 놓지 않으려고 버티다가 바닥에 넘어진 후에도 계속하여 가방끈을 놓지 않은 채 5m가량 끌려가던 중 힘이 빠져 가방을 놓쳤고 그 과정에서 피해자는 상해를 입었다.

2. 논 점

- ○ 날치기 수법의 점유탈취가 강도에 해당하는지
- ○ 절도죄와 과실치상죄에 해당하는지 여부

3. 관련 판례

- 대법원 2007.12.13. 선고 2007도7601 판결

[1] '날치기'의 수법의 점유탈취 과정에서 벌어진 강제력의 행사가 피해자의 반항을 억압하거나 항거 불능케 할 정도인 경우, 강도죄의 폭행에 해당하는지 여부(적극)

소위 '날치기'와 같이 강제력을 사용하여 재물을 절취하는 행위가 때로는 피해자를 넘어뜨리거나 상해를 입게 하는 경우가 있고, 그러한 결과가 피해자의 반항 억압을 목적으로 함이 없이 점유탈취의 과정에서 우연히 가해진 경우라면 이는 강도가 아니라 절도에 불과하지만, 그 강제력의 행사가 사회통념상 객관적으로 상대방의 반항을 억압하거나 항거 불능케 할 정도의 것이라면 이는 강도죄의 폭행에 해당한다. 그러므로 날치기 수법의 점유탈취 과정에서 이를 알아채고 재물을 뺏기지 않으려는 상대방의 반항에 부딪혔음에도 계속하여 피해자를 끌고 가면서 억지로 재물을 빼앗은 행위는 피해자의 반항을 억압한 후 재물을 강취한 것으로서 강도에 해당한다.

[2] 날치기 수법으로 피해자가 들고 있던 가방을 탈취하면서 강제력을 행사하여 상해를 입힌 사안에서 강도치상죄의 성립을 인정한 사례

날치기 수법으로 피해자가 들고 있던 가방을 탈취하면서 가방을 놓지 않고 버티는 피해자를 5m가량 끌고 감으로써 피해자의 무릎 등에 상해를 입힌 경우, 반항을 억압하기 위한 목적으로 가해진 강제력으로서 그 반항을 억압할 정도에 해당한다고 보아 강도치상죄의 성립을 인정한 사례.

■ 대법원 2003.7.25. 선고 2003도2316 판결

날치기 수법에 의한 절도범이 점유탈취의 과정에서 우연히 피해자를 넘어지게 하거나 부상케 하는 경우, 이를 강도치상죄로 의율할 수 있는지 여부(소극)

[1] 사실관계

> 甲은 乙·丙과 합동하여 丙은 승용차를 운전하고 甲과 乙은 승용차에 승차하여 범행 대상을 물색하던 중 마침 그 곳을 지나가는 丁녀에게 접근한 후 乙이 창문으로 손을 내밀어 돈과 휴대폰 및 신용카드가 들어있는 丁녀 소유의 손가방 1개를 낚아채어 가자 丁녀가 가방을 꽉 붙잡고 이를 탈환하려고 하자, 그 탈환을 항거할 목적으로 丁녀가 붙잡고 있는 위 가방을 붙잡은 채 丙이 위 승용차를 운전하여 가버림으로써 丁녀로 하여금 약 4주간의 치료를 요하는 상해를 입게 하였다.

[2] 판결요지

날치기와 같이 강제적으로 재물을 절취하는 행위는 때로는 피해자를 전도시키거나 부상케 하는 경우가 있고, 구체적인 상황에 따라서는 이를 강도로 인정하여야 할 때가 있다 할 것이나, 그와 같은 결과가 피해자의 반항 억압을 목적으로 함이 없이 점유탈취의 과정에서 우연히 가해진 경우라면 이는 절도에 불과한 것으로 보아야 한다. 따라서 피해자의 상해가 차량을 이용한 날치기 수법의 절도 시 점유탈취의 과정에서 우연히 가해진 것에 불과하고, 그에 수반된 강제력 행사도 피해자의 반항을 억압하기 위한 목적 또는 정도의 것은 아니었던 것이므로 강도치상죄로 의율할 수 없다. ☞ (甲 등은 특수절도죄, 과실치상죄)

4. 결 론

가. 절도에 해당하는 경우

대법원 판례는 강제력을 사용하여 재물을 절취하는 행위가 때로는 피해자를 넘어뜨리거나 상해를 입게 하는 경우가 있고, 그러한 결과가 피해자의 반항 억압을 목적으로 함이 없이 점유탈취의 과정에서 우연히 가해진 경우라면 절도에 해당한다. 그러기 때문에 이러한 과정에서 상처를 입었다면 절도죄와 과실치상죄가 성립할 것이다.

나. 강도에 해당하는 경우

그러나 점유탈취 과정에서 이를 알아채고 재물을 뺏기지 않으려는 상대방의 반항에 부딪혔음에도 계속하여 피해자를 끌고 가면서 억지로 재물을 빼앗은 행위는 피해자의 반항을 억압한 후 재물을 강취한 것으로서 강도에 해당한다. 따라서 이러한 과정에서 상처를 입혔다면 강도치상죄나 강도상해죄가 성립할 것이다.

제114절 골프공에 의한 실명사고에 대한 운영자의 책임

1. 사 례

甲은 골프연습장에서 성명불상자가 친 골프공에 의한 실명 사고와 관련하여 골프연습장 운영자인 乙에게 안전배려의무 위반에 따른 채무불이행책임을 인정할 수 있는지
　　　　　　　　　　　　　　　　　　　　　　　　　　　　　 - 2006가합43014 (2007. 6. 29.)

2. 사안의 개요

가. 甲은 乙이 공동사업자로서 운영하는 골프연습장에 회원으로 등록한 자로서 20○○. ○. ○. 17:30경 이 사건 골프연습장의 3층 31번 타석에서 골프연습을 하던 중 성명미상자가 친 골프공에 오른쪽 안구를 타격 당하는 사고를 당하였다.

나. 乙 운영의 골프연습장은 4층 건물로서 1층에는 프런트, 골프샵, 커피숍 등 부대시설이 있고, 2층부터 4층까지 각 층에 20개씩 골프 타석이 있어 총 60개의 타석으로 구성되어 있는바, 사고 타석인 31번 타석은 전면을 기준으로 오른쪽 끝 21번 타석부터 왼쪽 끝 40번 타석까지의 중간쯤에 있는 타석으로, 타석에 공을 놓는 위치 바로 위의 천장부터 약간 더 뒷부분의 천장까지 보호 그물이 설치되어 있고, 타석과 타석 사이에 칸막이가 설치되어 있다.

다. 한편 사고 타석으로부터 3m 뒤쪽에 있는 높이 3m 20cm 정도의 복도 천장의 마감재 석고보드 부분에는 골프공에 의한 타격 흔적이 4군데 정도 있고, 10m 뒤쪽에 있는 뒷면 유리창에도 파손 흔적이 있다.

3. 당사자들 주장 및 쟁점

가. 甲은, 乙이 골프연습장의 운영자로서 안전시설 등의 설치·유지의무를 해태하여 사고가 발생하였으므로 피해자 또는 그 가족들이 입은 손해를 배상할 의무가 있다고 주장한다.

나. 乙은, 甲은 자신이 친 골프공에 맞아 사고를 당한 것이고, 그렇지 않다고 하더라도 乙이 골프연습장을 설치·관리함에 통상적으로 요구되는 주의의무를 다한 이상 귀책사유를 인정할 수 없으므로 손해배상책임을 지지 않는다고 주장한다.

다. 이 사건의 쟁점은 乙이 골프연습장 이용계약에 따른 안전배려의무를 부담하는지, 안전배려의무 불이행을 이유로 甲에 대하여 손해배상책임을 진지이다.

4. 법원의 판단

○ 골프연습장 이용계약은 일종의 일시 사용을 위한 임대차계약으로써, 운영자는 골프연습장 시설을 제공하여 고객이 이를 사용·수익 하게 할 의무를 부담하는 것에서 한 걸음 더 나아가, 고객의 안전을 배려하여야 할 보호의무를 부담하며, 이러한 의무는 신의칙상 인정되는 부수적인 의무로서 운영자가 이를 위반한 경우에는 비록 본래의 계약상 의무인 시설제공의무를 이행하였다 할지라도 소위 불완전이행에 해당하므로, 그로 인하여 고객의 생명·신체를 침해하여 손해를 입히면 채무불이행책임을 부담한다.

○ 甲은 경력 10년 정도의 싱글 핸디캡퍼로서 사고 발생 당시 골프공이 시설물 등에 부딪히는 둔탁한 소리가 난 직후에 甲이 눈을 손으로 감싸면서 주저앉은 점 등에 비추어 보면, 甲에 의하여 사고가 발생한 것은 아니라고 할 것이고, 따라서 공동 운영자들인 乙의 전적인 지배하에 있는 골프연습장에서 성명미상자가 친 골프공에 의하여 발생한 이상 乙은 골프연습장 이용 계약상의 안전배려의무를 다하지 못한 데 따른 손해배상책임을 져야 할 것이며, 안전시설로 보호 그물과 칸막이가 설치되어 있다거나 안전수칙이 게시되어 있다는 사정만으로 乙이 안전배려의무를 다하였다고 볼 수도 없다.

○ 한편 골프연습장은 그 시설의 성질상 시설물 제공자와 이용자의 직접적인 과실의 개입 없이도 우연한 사정 때문에 사고가 발생할 위험성이 어느 정도 내재하고 있는 곳이고, 그러한 사정을 인식하면서 이러한 시설물을 이용하는 자는 우연한 사정 때문에 본인이 입게 될지도 모를 손해의 일정 비율을 스스로 감수하였다고 봄이 상당하므로, 사고의 발생에 제3자의 행위가 개입된 점, 다른 타석 이용자가 친 골프공에 타격 당할 가능성이 극히 희박한 점 등을 고려하여 乙의 책임범위를 70%로 제한한다.

5. 판결의 의미(결론)

골프연습장에서 성명불상자가 친 골프공에 의한 실명 사고와 관련하여 골프연습장 운영자가 골프연습장 이용 계약상 부수적 의무로서 안전배려의무를 부담함을 전제로 안전배려의무 위반에 따른 이용자의 신체침해에 대하여 불완전이행에 따른 손해배상책임을 인정한 사안임.

제115절 골프장 카트를 타고 이동 중 사고가 난 경우 손해배상책임 인정여부

1. 사 례

> 甲이 운영하는 골프장의 손임인 乙과 그 동료 3명은 경기보조원 丙이 운전하는 甲소유의 카트(ULB유도차)를 타고 이동하던 중 카트 좌측 뒷좌석에 탑승한 乙이 카트 밖 도로로 떨어지는 사고가 발생하여 그 충격으로 사망하였다. 이때 甲은 카트는 자동차가 아니므로 자동차손해배상보장법이 적용되지 않으며 또 乙이 카트를 타고 이동하던 중 바닥에 떨어진 공을 줍기 위하여 뛰어내리다가 발생한 사고이고 丙의 과실로 인한 사고가 아니므로 손해배상책임을 지지 않는다. 만일 그렇지 아니하다 하더라도 이 사건사고는 당시 도로 사정과 카트의 속도에 비추어 볼 때 乙이 손잡이를 제대로 잡지 않고 카트 좌석에 제대로 앉지 아니한 과실이 경합되어 일어난 것이므로 甲의 책임이 제한되어야 한다고 주장하고 있다.
>
> — 2006가합9822(2007. 7. 3)

2. 법규연구

가. 자동차손해배상보장법

> 제2조(정의) 이 법에서 사용하는 용어의 뜻은 다음과 같다.
> 1. "자동차"란 「자동차관리법」의 적용을 받는 자동차와 「건설기계관리법」의 적용을 받는 건설기계 중 대통령령으로 정하는 것을 말한다.
> 제3조(자동차손해배상책임) 자기를 위하여 자동차를 운행하는 자는 그 운행으로 다른 사람을 사망하게 하거나 부상하게 한 경우에는 그 손해를 배상할 책임을 진다. 다만, 다음 각 호의 어느 하나에 해당하면 그러하지 아니하다.
> 1. 승객이 아닌 자가 사망하거나 부상한 경우에 자기와 운전자가 자동차의 운행에 주의를 게을리 하지 아니하였고, 피해자 또는 자기 및 운전자 외의 제3자에게 고의 또는 과실이 있으며, 자동차의 구조상의 결함이나 기능상의 장해가 없었다는 것을 증명한 경우
> 2. 승객이 고의나 자살행위로 사망하거나 부상한 경우

나. 자동차관리법

> 제2조(정의) 이 법에서 사용하는 용어의 뜻은 다음과 같다.
> 1. "자동차"란 원동기에 의하여 육상에서 이동할 목적으로 제작한 용구 또는 이에 견인되어 육상을 이동할 목적으로 제작한 용구 (이하 "피견인자동차"라 한다)를 말한다. 다만, 대통령령으로 정하는 것은 제외한다.

3. 법원의 판단

- 골프장 카트는 원동기에 의하여 육상에서 이동할 목적으로 제작한 용구로 자동차손해배상보장법과 자동차관리법에서 정하고 있는 자동차임이 분명하므로, 甲은 자기를 위하여 위 카트를 운전하는 자로서 자동차손해배상보장법 제3조에 따라 乙 및 그 유족에게 손해를 배상할 의무가 있다.

- 甲의 주장과 같이 피해자가 바닥에 떨어진 공을 줍기 위해 뛰어내리다가 사고가 발생하였다는 점을 인정할 증거가 부족하다. 뿐만 아니라 승객이 사망한 경우에는 그 사망이 그 승객의 고의나 자살행위로 인한 것일 때만 비로소 운행자의 면책이 허용될 뿐인데(자동차손해배상보장법 제3조 제2호), 甲 주장에 의하더라도 乙의 사망이 고의나 자살행위로 인한 것은 아니므로 이점에서도 甲의 면책 주장은 이유 없다.

- 당시 乙이 타고 있던 카트의 뒷좌석 양옆에는 난간이, 카트 지붕에는 손잡이가 각 설치된 사실, 위 카트의 최고 주행속도는 시속 20km이고 급경사 길에서는 그보다 속도가 빨라질 수도 있지만, 사고장소는 완만한 내리막이어서 최고로 빨리 달렸다고 하더라도 위 최고 주행속도 모두 크게 빠르지는 않았을 것으로 보이는 사실, 사고 현장의 도로는 우로 굽은 도로이나 그 정도가 심하지 아니한 사실에 비추어 보면, 乙은 자신의 좌석 지붕 쪽에 부착된 손잡이나 옆의 카트 난간을 제대로 붙잡지 않고 있었을 뿐만 아니라, 타고 있는 자세도 불안정한 상태로 있다가 사고를 당한 잘못이 있었던 것으로 보인다.

- 그렇다면 이 사고는 위와 같은 乙의 과실이 경합하여 발생한 것인데 이러한 乙의 잘못은 甲의 손해배상책임을 면제할 정도에는 이르지 아니하지만, 이 사고의 발생 및 손해확대에 중요한 원인이 되었으므로 甲이 배상할 손해에서 이를 참작한다. 따라서 乙의 과실비율은 40%로 봄이 상당하므로 甲의 책임은 60%로 제한한다.

4. 판결의 의미(결론)

골프장 카트를 타고 이동하던 중 사고가 난 경우, 카트는 자동차손해배상보장법상의 자동차에 해당하므로, 운행자인 골프장운영회사는 승객의 고의나 자살행위로 인한 것이라는 점을 입증하지 못하는 한, 그 책임을 면할 수 없다는 점을 밝혔다.

제116절 건물 벽에 계란 투척행위의 재물손괴 해당 여부

1. 사 례

甲은 ○○노조 위원장으로 노조원 100여 명과 임금인상을 요구하며 ○○에서 집회·시위 중 그들의 요구를 관철하기 위해 계란 약 100개를 회사건물 벽에 투척하여 이를 청소하는데 약 50만원 상당의 비용이 소요되었다.

2. 논 점

계란 투척으로 건물의 효용을 해하여 손괴죄에 해당하는지 여부

3. 법규연구 (형법)

제366조(재물손괴등) 타인의 재물, 문서 또는 전자기록등 특수매체기록을 손괴 또는 은닉 기타 방법으로 기 효용을 해한 자는 3년이하의 징역 또는 700만원 이하의 벌금에 처한다.

제369조(특수손괴) ① 단체 또는 다중의 위력을 보이거나 위험한 물건을 휴대하여 제366조의 죄를 범한 때에는 5년 이하의 징역 또는 1천만원 이하의 벌금에 처한다.

4. 관련 판례 (대법원 2007.6.28. 선고 2007도2590 판결)

건조물의 벽면에 낙서하거나 오물 등을 투척하는 행위와 재물손괴죄 판단 기준

형법 제366조 소정의 재물손괴죄는 타인의 재물을 손괴 또는 은닉하거나 기타의 방법으로 그 효용을 해할 때 성립하는바, 여기에서 재물의 효용을 해한다고 함은 사실상으로나 감정상으로 그 재물을 본래의 사용 목적에 공할 수 없게 하는 상태로 만드는 것을 말하며, 일시적으로 그 재물을 이용할 수 없는 상태로 만드는 것도 여기에 포함된다. 특히, 건조물의 벽면에 낙서하거나 게시물을 부착하는 행위 또는 오물을 투척하는 행위 등이 그 건조물의 효용을 해하는 것에 해당하는지는, 당해 건조물의 용도와 기능, 그 행위가 건조물의 채광·통풍·조망 등에 미치는 영향과 건조물의 미관을 해치는 정도, 건조물 이용자들이 느끼는 불쾌감이나 저항감, 원상회복의 난이도와 거기에 드는 비용, 그 행위의 목적과 시간적 계속성, 행위 당시의 상황 등 제반 사정을 종합하여 사회통념에 따라 판단하여야 할 것이다.

5. 결 론

가. 손 괴

재물 등에 직접 유형력을 행사하여 물체의 상태를 변화시킴으로써 그 이용가치를 해하는 것을 말한다.

나. 재물손괴

○ 물건 자체에 유형력을 행사할 것을 필요로 하므로 물체에 영향을 미치지 않고 재물의 기능을 훼손하는 것(例 부두에 매어 둔 배를 풀어서 떠내려가게 하는 것, 오토바이를 지붕 위에 올려놓아 사용하지 못하게 하는 것, 텔레비전을 못 보게 하려고 전파를 방해하는 것, 전자제품을 사용하지 못하도록 전원을 끊어 놓는 것)은 손괴에 해당하지 않는다.

○ 반드시 중요 부분을 훼손할 필요는 없고 간단히 수리할 수 있는 경미한 정도(例 자동차 타이어에서 바람을 빼버리는 것)도 포함된다.

○ 손괴행위로 인하여 물건 자체가 소멸할 것을 요하지 않고, 물건의 본래 사용 목적에 공할 수 없는 상태로 만드는 것(例, 기계나 시계 등을 분해하여 쉽게 결합할 수 없게 한 경우, 음식물에 오물을 넣는 것, 벽에 광고를 붙이는 것)이면 족하다.

○ 손괴는 반드시 영구적임을 요하지 않고 일시적이라도 충분하다. 따라서 타인의 금반지를 가지고 자기의 금니를 만드는 데에 사용하는 것, 음료수를 차게 하려고 둔 얼음을 자기가 먹기 위하여 녹이는 것, 문서에 첨부된 인지를 떼어내는 것 등은 모두 손괴행위에 해당한다.

다. 사안의 경우

○ 사례의 경우와 같이 건물청소를 하는 데 어느 정도의 비용이 수반되었고 또 유리문이나 유리창 등 건물 내부에서 외부를 관망하는 임무를 수행하는 부분 중 일부가 불쾌감을 줄 정도로 더럽혀졌다는 점을 고려해보더라도 그 건물의 효용을 해하는 정도의 것에 해당한다고 볼 수 없다. 따라서 손괴죄가 성립하지 않는다.

○ 대법원은 해고노동자 등이 복직을 요구하는 집회를 개최하던 중 래커 스프레이를 이용하여 회사건물 외벽과 1층 벽면 등에 '자본퇴개, 원직복직, 결사투쟁' 등의 내용으로 낙서를 함으로써 이를 제거하는데 약 341만 원 상당이 들도록 한 행위는 건물의 효용을 해한 것으로 볼 수 있으나, 이와 별도로 계란 30여 개를 건물에 투척한 행위는 건물의 효용을 해하는 정도의 것에 해당하지 않는다고 판결하였다(대판 2007도2590).

제117절 장애물 설치로 차량을 이동 못 하게 한 경우 재물손괴죄 여부

1. 사 례

> 중장비 운전사인 甲은 동네의 한 공터에 항상 본인의 굴착기를 주차하였는데 누군가가 그 자리에 승용차를 대놓은 것을 발견하고 승용차가 나가지 못하게 차량 앞뒤로 철근콘크리트 장애물을 바짝 붙여놓아 장시간 승용차를 뺄 수 없도록 하였다. 甲의 이러한 행위는 재물손괴죄로 처벌받을 수 있는지?

2. 법규연구 (형법)

> 제366조(재물손괴등) 타인의 재물, 문서 또는 전자기록등 특수매체기록을 손괴 또는 은닉 기타 방법으로 기 효용을 해한 자는 3년이하의 징역 또는 700만원 이하의 벌금에 처한다.

3. 법원 판결

가. 하급심판결 (서울북부지방법원 2019.8.30. 선고 2019노882 판결)

재물손괴죄는 재물을 손괴 또는 은닉 기타의 방법으로 기 효용을 해하는 경우에 성립하는데, 여기서 '기타 방법'이란 손괴나 은닉과 같이 그 물건 자체의 형상, 속성, 구조나 기능에 장애를 초래하는 일체의 행위를 의미한다는 것을 전제로, 이 사건의 경우 피고인의 행위로 인하여 피해자의 승용차 자체의 형상이나 구조, 기능 등에는 아무런 장애가 초래된 바가 없으므로, 피고인의 행위는 재물손괴죄에서 말하는 '기타 방법'에 해당하지 않는다.

나. 대법원 판단 (대법원 2021. 5. 7. 선고 2019도13764 판결)

(1) 형법 제366조는 "타인의 재물, 문서 또는 전자기록 등 특수매체기록을 손괴 또는 은닉 기타 방법으로 그 효용을 해한 자는 3년 이하의 징역 또는 700만 원 이하의 벌금에 처한다."라고 규정하고 있다. 여기에서 '기타 방법'이란 형법 제366조의 규정 내용 및 형벌법규의 엄격해석 원칙 등에 비추어 손괴 또는 은닉에 준하는 정도의 유형력을 행사하여 재물 등의 효용을 해하는 행위를 의미한다고 봄이 타당하고, '재물의 효용을 해한다.'고 함은 사실상으로나 감정상으로 그 재물을 본래의 사용목적에 제공할 수 없게 하는 상태로 만드는 것을 말하며, 일시적으로 그 재물을 이용할 수 없거나 구

체적 역할을 할 수 없는 상태로 만드는 것도 포함한다(대법원 2007. 6. 28. 선고 2007도2590 판결, 대법원 2016. 11. 25. 선고 2016도9219 판결 등 참조).

(2) 구체적으로 어떠한 행위가 재물의 효용을 해하는 것인지는, 재물 본래의 용도와 기능, 재물에 가해진 행위와 그 결과가 재물의 본래적 용도와 기능에 미치는 영향, 이용자가 느끼는 불쾌감이나 저항감, 원상회복의 난이도와 거기에 드는 비용, 그 행위의 목적과 시간적 계속성, 행위 당시의 상황 등 제반 사정을 종합하여 사회통념에 따라 판단하여야 한다(대법원 2007. 6. 28. 선고 2007도2590 판결 참조).

(3) 피고인이 피해차량의 앞뒤에 쉽게 제거하기 어려운 철근콘크리트 구조물 등을 바짝 붙여놓은 행위는 피해차량에 대한 유형력의 행사로 보기에 충분하다. 비록 피고인의 행위로 피해차량 자체에 물리적 훼손이나 기능적 효용의 멸실이나 감소가 발생하지 않았다고 하더라도, 피해자가 피고인이 놓아둔 위 구조물로 인하여 피해차량을 운행할 수 없게 됨으로써 일시적으로 본래의 사용목적에 이용할 수 없게 된 이상, 차량 본래의 효용을 해한 경우에 해당한다고 봄이 타당하다.

4. 결 론

이 판결을 통해 형법상의 재물손괴의 경우 반드시 물리적인 흠집이나 파손이 없더라도 본래의 사용목적으로 이용할 수 없는 경우 죄가 성립할 수 있다는 것을 알 수 있다. 따라서 이 사례에서 장애물 설치로 피해차량을 운행할 수 없게 함으로써 차량 본래의 효용을 해하였기 때문에 재물손괴죄로 처벌받을 수 있을 것이다.

먹을 것이 없어 굶는 사람도 딱하지만,
먹을 것을 앞에 두고도 이가 없어 못 먹는 사람은 더 딱하다.
짝없이 혼자 사는 사람도 딱하지만,
짝을 두고도 정 없이 사는 사람은 더 딱하다.

제118절 경락 부동산 출입문 자물쇠를 변경하자 기존 임차인이 손괴한 행위

1. 사 례

甲이 세 들어 사는 아파트는 乙이 경락받아 경락대금을 완납하고 20○○. ○. ○.자로 소유권 이전등기까지 경료 부동산임에도 甲이 전 소유자와 임대차계약이 되었다면서 임차보증금 반환을 주장하며 그 인도를 거부하고 불법적으로 계속 거주하여 오던 중 20○○. ○. ○. 15:30경 乙이 일시적으로 점유를 회복한 다음 위 아파트 출입문 자물쇠를 교체하였으므로 위 교체된 자물쇠는 乙 소유임에도, 20○○. ○. ○. 11:00경 위 아파트 호실에서 아무런 권한없이 성명불상 열쇠수리공에게 의뢰하여 乙이 설치한 위 아파트 자물쇠(설치비 약 8만원 상당)를 부수고 다른 자물쇠를 설치하여 재물의 효용을 해하였다.

– 서울서부지법 2007노433(2007. 7. 3.)

2. 논 점

가. 乙이 경락받은 이 사건 아파트에 계속하여 거주하고 있는 甲의 점유를 배제하기 위하여 위 아파트의 자물쇠를 임의로 교체한 행위가 甲에 대한 점유의 침탈에 해당하는지 여부

나. 甲이 침탈당한 점유를 회복하는 과정에서 乙이 설치한 자물쇠를 손괴한 행위가 죄가 되는지 여부

3. 법규연구 (형법)

제20조(정당행위) 법령에 의한 행위 또는 업무로 인한 행위 기타 사회상규에 위배되지 아니하는 행위는 벌하지 아니한다.

제366조(재물손괴등) 타인의 재물, 문서 또는 전자기록등 특수매체기록을 손괴 또는 은닉 기타 방법으로 기 효용을 해한 자는 3년이하의 징역 또는 700만원 이하의 벌금에 처한다.

4. 법원의 판단

○ 형법 제20조에 정하여진 "사회상규에 위배되지 아니하는 행위"라 함은, 법질서 전체의 정신이나 그 배후에 놓여있는 사회윤리나 사회통념에 비추어 용인될 수

있는 행위를 말하므로, 어떤 행위가 그 행위의 동기나 목적의 정당성, 행위의 수단이나 방법의 상당성, 보호법익과 침해법익과의 법익 균형성, 긴급성, 그 행위 외에 다른 수단이나 방법이 없다는 보충성 등의 요건을 갖추면 정당행위에 해당한다.

○ 그런데, 甲은 20○○. ○. ○.경부터 이 사건 아파트에 계속 거주하면서 20○○. ○. ○. 임대차계약을 체결하고 20○○. ○. ○. 확정일자를 갖추었으므로, 그 후 설정된 근저당권에 기한 임의경매절차에서 이 사건 아파트를 경락받은 乙에 대하여 적법하게 대항력을 갖춘 임차인으로 믿고 乙과 법률적 쟁송을 계속했고, 그러한 상황에서, 乙이 적법한 강제집행 절차에 의하지 아니하고 이 사건 아파트의 자물쇠를 임의로 교체한 것은 甲의 이 사건 아파트에 대한 사실상의 계속적 점유라는 재산권을 침탈한 것으로 보아야 한다.

○ 이에 甲이 乙이 임의로 바꿔서 설치한 자물쇠를 손괴한 행위는 점유의 침탈이라는 부당한 침해를 배제하기 위한 긴급하고 유일한 행위로서 상당한 이유가 있다. 더욱이, 乙 소유의 자물쇠 손괴는 침해된 甲의 법익에 비추어 그 피해 정도가 무겁지 아니하다. 따라서 甲이 이 사건 아파트에 대한 자신의 점유를 회복하는 과정에서 乙 소유의 자물쇠를 손괴한 행위는 사회상규에 위배되지 아니한 행위로서 정당행위의 요건을 갖추었다고 인정된다.

5. 판결의 의미(결론)

부동산의 경락인이 적법한 강제집행 절차에 의하지 않고 임의로 자물쇠를 교체하는 방식으로 임차인의 점유를 배제하는 것은 임차인에 대한 점유침탈행위에 해당하고, 임차인이 점유를 회복하는 과정에서 경락인 소유의 자물쇠를 손괴하였다고 하더라도 정당행위에 해당하여 죄가 되지 않는다.

제119절 양식장 입구 도로를 막은 경우

1. 사 례

甲 등 마을 주민들은 보상과 관련 바지락양식장 입구 도로 양옆을 막아 피해자의 바지락 채취 및 운반을 방해하였다. 이와 관련 바지락의 폐사 위험성까지 있었다. 이럴 때 甲에게 적용할 수 있는 죄명은?

2. 논 점

가. 업무방해와 일반교통방해죄 적용 여부

나. 바지락의 폐사 가능성을 인식하였을 경우 재물손괴죄 여부

3. 적용법규

가. 형 법

제185조(일반교통방해) 육로, 수로 또는 교량을 손괴 또는 불통하게 하거나 기타 방법으로 교통을 방해한 자는 10년 이하의 징역 또는 1천500만원 이하의 벌금에 처한다.
제313조(신용훼손) 허위의 사실을 유포하거나 기타 위계로써 사람의 신용을 훼손한 자는 5년 이하의 징역 또는 1천500만원 이하의 벌금에 처한다.
제314조(업무방해) ①제313조의 방법 또는 위력으로써 사람의 업무를 방해한 자는 5년 이하의 징역 또는 1천500만원 이하의 벌금에 처한다.
제366조(재물손괴등) 타인의 재물, 문서 또는 전자기록등 특수매체기록을 손괴 또는 은닉 기타 방법으로 기 효용을 해한 자는 3년이하의 징역 또는 700만원 이하의 벌금에 처한다.

나. 폭력행위 등 처벌에 관한 법률

제2조(폭행등) ② 2명 이상이 공동하여 다음 각 호의 죄를 범한 사람은 「형법」 각 해당 조항에서 정한 형의 2분의 1까지 가중한다.
 1. 「형법」 제260조제1항(폭행), 제283조제1항(협박), 제319조(주거침입, 퇴거불응) 또는 제366조(재물손괴 등)의 죄

4. 관련 판례

가. 재물손괴죄에서 '손괴'의 의미

재물손괴죄에 있어서 '손괴'라 함은 물질적인 파괴행위로 인하여 물건을 본래의 목

적에 공할 수 없는 상태로 만드는 경우뿐만 아니라 일시적으로 그 물건의 구체적 역할을 할 수 없는 상태로 만드는 것도 효용을 해하는 경우에 해당한다. (대법원 2006.12. 22. 선고 2006도7219 선고 판결)

나. 형법 제185조 일반교통방해죄 소정의 '육로' 의 의미

형법 제185조의 일반교통방해죄는 일반 공중의 교통의 안전을 보호법익으로 하는 범죄로서 여기에서 '육로' 라 함은 사실상 일반 공중의 왕래에 공용되는 육상의 통로를 널리 일컫는 것으로서 그 부지의 소유 관계나 통행권리 관계 또는 통행인의 많고 적음 등을 가리지 않는다. (대법원 1999.7.27. 선고 99도1651 판결).

5. 결 론

가. 업무방해

피해자의 바지락 채취 및 운반에 관한 정당한 업무를 방해한 사안으로 당연히 업무방해죄에 해당한다.

나. 일반교통방해

일반교통방해죄에 있어 '육로' 라 함은 사실상 일반공중의 왕래에 공용되는 육상의 통로를 널리 일컫는 것으로서 이러한 요건에 해당할 경우 일반교통방해죄도 성립할 것이다.

다. 재물손괴

甲 일행이 위 도로를 막을 당시 바지락의 폐사 가능성을 인식하였다면 손괴의 미필적 고의가 인정되므로 재물손괴죄가 성립한다.

라. 결론적으로

이들의 행위는 1개의 행위로 수개의 결과가 발생한 것으로 상상적경합범으로 처벌한다.

제120절 현관에 라면 국물을 뿌린 경우 손괴죄 여부

1. 사 례

> (1) 甲이 피해자 소유의 현관문에 라면 국물을 뿌린 행위가 현관문의 효용을 해한 것으로 볼 수 있는지
>
> (2) 甲이 피해자의 집 앞에 소주병을 던져 깨뜨려놓은 행위가 해악의 고지로 보아 협박에 해당하는지

2. 법규연구 (형법)

> 제283조(협박, 존속협박) ① 사람을 협박한 자는 3년 이하의 징역, 500만원 이하의 벌금, 구류 또는 과료에 처한다.
> ② 자기 또는 배우자의 직계존속에 대하여 제1항의 죄를 범한 때에는 5년 이하의 징역 또는 700만원 이하의 벌금에 처한다.
> ③ 제1항 및 제2항의 죄는 피해자의 명시한 의사에 반하여 공소를 제기할 수 없다.
> 제366조(재물손괴등) 타인의 재물, 문서 또는 전자기록등 특수매체기록을 손괴 또는 은닉 기타 방법으로 기 효용을 해한 자는 3년이하의 징역 또는 700만원 이하의 벌금에 처한다.

3. 법원의 판결 (울산지법 2013. 8. 23. 2013노236)

가. 재물손괴의 점에 관하여

형법 제366조 소정의 재물손괴죄는 타인의 재물을 손괴 또는 은닉하거나 기타의 방법으로 그 효용을 해할 때 성립하는바, 여기에서 재물의 효용을 해한다고 함은 사실상으로나 감정상으로 그 재물을 본래의 사용 목적에 제공할 수 없게 하는 상태로 만드는 것을 말하며, 일시적으로 그 재물을 이용할 수 없는 상태로 만드는 것도 여기에 포함된다(대법원 2007. 6. 28. 선고 2007도2590 판결 참조).

① 甲은 피해자와의 층간소음 문제로 발생하는 불만을 표출하기 위하여 피해자의 현관문에 라면 국물을 뿌린 점,

② 라면 국물로 인하여 현관문의 미관이 해하여졌을 뿐만 아니라, 그 냄새 등의 이유로 현관문의 이용에 지장이 있었던 것으로 보이는 점,

③ 이에 위 범행 이후 피해자 및 아파트 환경미화원 등은 실제로 라면 국물로 인한 현관문의 얼룩 및 냄새 등을 제거하기 위하여 청소하였으나, 냄새나 얼룩 등을 완전히 제거할 수는 없었던 것으로 보이는 점 등에 비추어 보면,

甲의 범행으로 인하여 피해자의 현관문은 적어도 일시적으로 사실상감정상 그 본래 의사용 목적에 제공할 수 없는 상태에 이르게 되었다고 봄이 상당하다.

나. 협박의 점에 관하여

협박죄가 성립하려면 고지된 해악의 내용이 행위자와 상대방의 성향, 고지 당시의 주변 상황, 행위자와 상대방 사이의 친숙 정도 및 지위 등의 상호관계 등 행위 전후의 여러 사정을 종합하여 볼 때 일반적으로 사람으로 하여금 공포심을 일으키게 하기에 충분한 것이어야 하지만, 상대방이 그에 의하여 현실적으로 공포심을 일으킬 것까지 요구되는 것은 아니며, 그와 같은 정도의 해악을 고지함으로써 상대방이 그 의미를 인식한 이상, 상대방이 현실적으로 공포심을 일으켰는지 여부와 관계없이 그로써 구성요건은 충족되어 협박죄의 기수에 이르는 것으로 해석하여야 한다(대법원2007. 9. 28. 선고 2007도606 전원합의체 판결 참조). 그리고 협박죄에서 해악을 고지하는 행위는 통상 언어에 의하는 것이나 때에 따라서는 거동으로 해악을 고지할 수도 있다(대법원 1975. 10. 7. 선고 74도2727 판결, 대법원 2009. 9. 10. 선고 2009도5146 판결 참조).

이 사건에 관하여 보건대, 원심이 적법하게 채택하여 조사한 증거들에 비추어 알 수 있는 다음과 같은 사정, 즉

① 甲은 피해자와 층간소음 문제로 다툰 이후 이에 대한 불만을 표출하고자 약 18회에 걸쳐 소주병을 피해자 현관문에 던져 깨뜨린 점,

② 피해자 또는 피해자의 가족들은 甲이 소주병을 현관문에 던질 때 집에서 그 소리를 듣고 놀라거나 아침에 현관문을 열면서 깨어진 소주병 파편들을 발견하고 신변에 위협을 느껴 불안감과 공포심에 고통을 겪었으며, 객관적으로도 누군가 현관문에 소주병을 던져 깨뜨리면 피해당사자로서는 자신 또는 가족들에게 어떠한 위해가 가해질지도 모른다는 상당한 두려움이나 불안감을 느낄 것으로 보이는 점,

③ 甲으로서도 甲의 행위로 인하여 피해자와 가족들이 소음 자체로 인한 고통이나 청소를 하여야 하는 번거로운 외에 위와 같이 신변에 위협을 느끼고 두려움을 가질 수 있다는 점을 충분히 인식하고도 층간소음에 대한 불만을 표시하고자 반복적으로 위와 같은 행위를 한 것으로 보이고, 피해자도 甲을 의심했던 점 등에 비추어 보면,

甲의 위와 같은 행위는 피해자에 대하여 어떠한 해악을 가할 듯한 위세를 보인 행위로써 협박에 해당한다고 볼 수 있다.

제121절 뇌물전달 부탁받은 돈 일부를 착복한 경우

1. 사 례

> 甲은 건설회사의 부사장으로 공사 발주처 공무원 등에 대한 로비활동을 하는 사람이다. 甲은 회사 사장 乙로부터 공무원들에게 인사비 명목으로 5회에 걸쳐 총 1,000만 원 교부받아 이 중 600만원은 공무원인 丙에게 전달하고 나머지 400만원은 개인용도로 착복하였다.
> (1) 1,000만 원을 회사로부터 받은 행위
> (2) 丙에게 600만원 전달한 행위
> (3) 나머지 400만원은 전달하려고 하였으나 거절하여 그냥 착복한 행위
> 각각 어떠한 처벌을 할 수 있을까?

2. 법규연구

가. 형 법

> **제129조(수뢰, 사전수뢰)** ① 공무원 또는 중재인이 그 직무에 관하여 뇌물을 수수, 요구 또는 약속한 때에는 5년이하의 징역 또는 10년이하의 자격정지에 처한다.
> ② 공무원 또는 중재인이 될 자가 그 담당할 직무에 관하여 청탁을 받고 뇌물을 수수, 요구 또는 약속한 후 공무원 또는 중재인이 된 때에는 3년이하의 징역 또는 7년이하의 자격정지에 처한다.
> **제133조(뇌물공여등)** ① 제129조부터 제132조까지에 기재한 뇌물을 약속, 공여 또는 공여의 의사를 표시한 자는 5년 이하의 징역 또는 2천만원 이하의 벌금에 처한다.
> ② 제1항의 행위에 제공할 목적으로 제3자에게 금품을 교부한 자 또는 그 사정을 알면서 금품을 교부받은 제3자도 제1항의 형에 처한다.
> **제355조(횡령, 배임)** ① 타인의 재물을 보관하는 자가 그 재물을 횡령하거나 그 반환을 거부한 때에는 5년이하의 징역 또는 1천500만원이하의 벌금에 처한다.
> ② 타인의 사무를 처리하는 자가 그 임무에 위배하는 행위로써 재산상의 이익을 취득하거나 제삼자로 하여금 이를 취득하게 하여 본인에게 손해를 가한 때에도 전항의 형과 같다.

나. 민 법

> **제746조(불법원인급여)** 불법의 원인으로 인하여 재산을 급여하거나 노무를 제공한 때에는 그 이익의 반환을 청구하지 못한다. 그러나 그 불법원인이 수익자에게만 있는 때에는 그러하지 아니하다.

3. 결 론

가. 1,000만원을 회사로부터 받은 행위

로비자금으로 돈을 받았다면 형법 제133조 제2항의 '제3자뇌물취득죄'에 해당할 것이다. 물론 갑에게 돈을 준 회사 사장은 '제3자뇌물교부죄'에 해당한다.

나. 丙에게 600만원 전달한 행위

1,000만원을 받은 행위 자체가 제3자뇌물취득죄가 성립한 후 이를 공무원에게 전달하였다면 뇌물공여죄(제133조 제1항) 성립여부가 논점일 것이다. 그러나 대법원은 '제3자가 그 교부받은 금품을 수뢰할 사람에게 전달하였다고 하여 증뢰물전달죄 외에 별도로 뇌물공여죄가 성립하는 것은 아니다. (대법원 1997.9.5, 선고, 97도1572, 판결)'고 판결하고 있다. 따라서 제3자뇌물취득죄외 별도의 죄가 성립하지 않는다.

다. 나머지 400만원을 착복한 행위

○ 뇌물공여의사표시죄 성립여부

甲은 공무원들에 대한 로비자금으로 돈을 받아 공무원들에게 전달하려고 하였는데 받지 않았다면 뇌물공여의사표시죄의 성립여부가 문제된다. 그러나 판례가 별도의 죄가 성립하지 않는다고 판시하고 있어 다른 뇌물관련죄는 성립하지 않을 것이다.

○ 횡령죄 성립여부

그러면 이를 착복한 행위가 회사를 위해 보관자의 위치에서 횡령죄가 성립하는지 문제이다. 그러나 대법원은 '갑이 을로부터 제3자에 대한 뇌물공여 또는 배임증재의 목적으로 전달하여 달라고 교부받은 금전은 불법원인급여물에 해당하여 그 소유권은 갑에게 귀속되는 것으로서 갑이 위 금전을 제3자에게 전달하지 않고 임의로 소비하였다고 하더라도 횡령죄가 성립하지 않는다. (대법원 1999.6.11, 선고, 99도275, 판결)'

4. 관련 판례

○ 증뢰물을 교부받은 제3자가 수뢰자에게 이를 전달한 행위가 증뢰물전달죄 외에 별도로 뇌물공여죄를 구성하는지 여부(소극)

형법 제133조 제2항은 증뢰자가 뇌물에 공할 목적으로 금품을 제3자에게 교부하거나 그 정을 알면서 받는 증뢰물전달행위를 독립한 구성요건으로 하여 이를 같은 조

제1항의 뇌물공여죄와 같은 형으로 처벌하는 규정으로서, 제3자의 증뢰물전달죄는 제3자가 증뢰자로부터 교부받은 금품을 수뢰할 사람에게 전달하였는지에 관계없이 제3자가 그 정을 알면서 금품을 받음으로써 성립하는 것이며, 나아가 제3자가 그 교부받은 금품을 수뢰할 사람에게 전달하였다고 하여 증뢰물전달죄 외에 별도로 뇌물공여죄가 성립하는 것은 아니다. (대법원 1997.9.5, 선고, 97도1572, 판결)

o 불법원인급여와 횡령죄의 성부

민법 제746조에 불법의 원인으로 인하여 재산을 급여하거나 노무를 제공한 때에는 그 이익의 반환을 청구하지 못한다고 규정한 뜻은 급여를 한 사람은 그 원인 행위가 법률상 무효임을 내세워 상대방에게 부당이득반환청구를 할 수 없고, 또 급여한 물건의 소유권이 자기에게 있다고 하여 소유권에 기한 반환청구도 할 수 없어서 결국 급여한 물건의 소유권은 급여를 받은 상대방에게 귀속되는 것이므로, 갑이 을로부터 제3자에 대한 뇌물공여 또는 배임증재의 목적으로 전달하여 달라고 교부받은 금전은 불법원인급여물에 해당하여 그 소유권은 갑에게 귀속되는 것으로서 갑이 위 금전을 제3자에게 전달하지 않고 임의로 소비하였다고 하더라도 횡령죄가 성립하지 않는다. (대법원 1999.6.11, 선고, 99도275, 판결)

현대과학의 지침
–녹색을 띠었거나 꿈틀거리면, 생물학이다.
–역겨운 냄새가 나면, 화학이다.
–도움이 되지 않으면, 물리학이다.

제22절 수사 중 행한 부적절한 언행이 위법하여 손해배상을 할 경우

1. 사 례

1. ○○경찰서 소속 경찰관들이 20○○. ○. ○. 11:30경과 같은 달 27. 19:00경 ○○에 있는 주차장에서 발생한 여성들에 대한 2건의 특수강도 및 강도상해 사건을 수사하던 중 피해자 중 1명이 원고 甲을 지목하여 범인의 인상과 비슷하다고 진술하자 20○○. ○. ○. 19:20경 위 甲을 위 사건의 피의자로 긴급체포하고 검사에게 구속영장을 신청하였고, 검사의 구속영장 청구에 따라 ○○지방법원 판사는 위 ○○○에 대한 구속영장을 발부하여 위 甲이 구속되었고, 이후 구속 상태가 유지된 채 기소되었다.
2. 위 甲에 대한 1심 재판이 진행되던 중이던 20○○. ○. ○.경 위 사건에 대한 진범이 잡힌 사실이 알려지자, 위 재판부는 20○○. ○. ○. 검사의 청구 때문에 위 甲에 대한 구속을 취소하였고, 위 甲은 같은 날 석방되었다. 이후 위 甲과 그의 가족들은 대한민국을 상대로 손해배상청구소송을 제기하였다.

– 울산지법 2007가단1004, 2007. 8. 28.

2. 논 점

가. 피의자를 구속하고 기소한 과정에 수사기관의 위법이 있는지에 대한 판단

나. 수사기관이 수사 중 행한 부적절한 언행이 위법하여 손해배상을 하여야 할 경우에 해당하는지에 대한 판단 기준

3. 법원의 판단

신체의 자유를 박탈당한 피의자로서는 자신의 결백을 계속하여 주장하는 것 이외에는 달리할 수 있는 일이 없는 상황에서 수사를 담당하는 경찰관 및 검사로서는 범행시간대의 피의자의 수신내용이 확인되었으면 곧바로 그에 대한 추가 확인조사를 하였어야 마땅하고, 더구나 범행시간대에 범인이 휴대전화를 소지하고 있지 않았다는 취지 피해자의 진술이 있는 상황이라면 피의자가 주장하는 현장부재 주장이 진실일 가능성에 대하여도 염두에 두고 피의자의 수신내역 및 수신위치 등을 조사하여 그 시간대에 피의자의 휴대전화로 전화를 걸어 온 사람이 누구인지, 과연 그 시간대에 피의자가 그 사람과 통화를 한 것이 사실인지, 통화하였다면 무슨 내용으로 통화를 하였는지, 피의자의 수신위치는 어디였는지 등을 면밀히 조사하여 피의자가 피해자들이 주장하는 범행시간 및 범행장소에 존재하지 아니하였을 가능성에 대하여도 면밀하게 확인하였어야 마땅하다.

그럼에도 불구하고 당시 수사를 담당한 경찰관 및 검사는 통화내역, 특히 수신내역 및 수신위치 등에 관하여는 아무런 조사를 하지 않았고, 그러한 위 수사기관의 잘못으로 인하여 피의자는 자신의 결백을 밝힐 수 있는 중요한 기회를 박탈당하였으며 그로 인하여 피의자의 구속 상태는 계속되어 결국 구속 기소되기에 이르렀는바, 이러한 수사기관의 잘못은 그 당시의 자료에 비추어 경험칙이나 논리칙상 도저히 합리성을 긍정할 수 없는 정도에 이르러 결국, 위법하다.

모든 피의자는 무죄추정을 받는다고 할지라도 피의사건을 조사하여 진상을 명백히 하여야 할 의무가 있는 수사기관으로서는 범행을 부인하는 피의자에 대하여 범행을 추궁하여야 하고 그 과정에서 다소 부적절한 표현을 사용하여 피의자의 주관적인 감정을 상하게 하였더라도 이는 범죄수사를 위하여 불가피한 것으로 어느 정도 용인될 수 있는 것이라고 볼 수 있지만, 그렇다고 하더라도 그 표현이 단지 범행을 추궁하는 것에 그치지 않고 사회통념상 허용되는 범위를 넘어 피의자에게 모욕감을 주거나 성적 수치심을 불러 일으켰다면 이는 피의자의 인격권을 침해한 위법한 행위로 평가되어야 할 것이다. 그리고 수사기관의 언행이 사회통념상 허용되는 범위를 넘었는지를 판단하기 위해서는 언어적 표현의 문리적 의미뿐만 아니라 그와 같은 언행이 이루어지게 된 경위, 당시까지의 수사경과, 범행 추궁을 위한 필요 정도 등을 함께 고려하여야 할 것이다.

경찰관이 피의자의 동의를 얻어 그의 성기를 확인하였다고 하더라도 피해자로부터 청취한 범인 성기의 특이점을 관찰함에 그치지 아니하고 더 나아가 성기를 손으로 툭툭 치면서 "이걸로 뭘 해 먹겠노, 집사람하고 관계는 어떻게 하냐"라는 발언을 하였다면, 그리고 허리가 아프니까 허리보호대를 차고 갈 수 있도록 해 달라는 피의자의 요구를 단순히 거절함에 그치지 아니하고 "걱정하지 마라, 평생 누워있도록 해 주겠다"라는 말을 하였다면 그러한 위 경찰관들의 언행은 범인을 추궁하는 수사기관에게 사회통념상 허용되는 범위를 넘어 피의자에게 모욕감을 주거나 성적 수치심을 불러일으켰다고 할 것이고, 결국 이러한 위 경찰관들의 행위는 피의자의 인격권을 침해한 위법한 행위라 할 것이다.

4. 법원의 판결내용

피고(국가)는 원고(甲)들에게 총 2,100여만원 지급하도록 하고, 소송비용의 90%도 피고(국가)가 부담하라.

5. 판결의 의미(결론)

　수사기관의 수사 적법성과 정밀성을 강조하였고, 수사과정에서 이루어진 위법한 언행에 대하여 책임을 추궁한 사례임

꽃의 향기 사람의 향기

어느 땐 바로 가까이 피어 있는

꽃들도 그냥 지나칠 때가 많은데

이쪽에서 먼저 눈길을 주지 않으면

꽃들은 자주 향기로 먼저 말을 건네오곤 합니다

좋은 냄새든, 역겨운 냄새든 사람들도 그 인품만큼의 향기를 풍깁니다

많은 말이나 요란한 소리 없이 고요한 향기로 먼저 말을 건네오는 꽃처럼 살 수 있다면

이웃에게도 무거운 짐이 아닌 가벼운 향기를 전하며 한세상을 아름답게 마무리할 수

있다면

얼마나 좋을까요?

－ 이해인의 《향기로 말을 거는 꽃처럼》 중에서

제123절 집단행위 신고에 대한 경찰의 대처 요령

1. 사 례

甲은 乙회사에 물품을 납품하였으나 그 대금을 받지 못하자 용역원들을 대동하여 납품했던 물건을 가져가려고 하자 을은 갑의 행위가 범법행위라며 현행범인으로 체포해줄 것을 요구한다. 이때 경찰의 가장 적절한 조치는?

※ 예상되는 상황
 - 폭력배 동원으로 집단폭력 상황
 - 집단민원 사전 예고·예방을 하지 못하였다는 경찰에 대한 비난
 - 경찰이 수수방관만 하였다는 언론 비난

2. 법규연구

가. 경찰관직무집행법

제6조(범죄의 예방과 제지) ① 경찰관은 범죄행위가 목전에 행하여지려고 하고 있다고 인정될 때에는 이를 예방하기 위하여 관계인에게 필요한 경고를 발하고, 그 행위로 인하여 인명·신체에 위해를 미치거나 재산에 중대한 손해를 끼칠 우려가 있어 긴급을 요하는 경우에는 그 행위를 제지할 수 있다.

나. 경비업법

제15조의2 (경비원 등의 의무) ① 경비원은 직무를 수행함에 있어 타인에게 위력을 과시하거나 물리력을 행사하는 등 경비업무의 범위를 벗어난 행위를 하여서는 아니된다.
 ☞ 1천만원↓벌금(제28조 제5항)
② 누구든지 경비원으로 하여금 경비업무의 범위를 벗어난 행위를 하게 하여서는 아니된다.
 ☞ 3년↓징역, 3천만원↓벌금(제28조 제2항 제6호)
제18조(경비원의 명부와 배치허가 등) ① 경비업자는 행정안전부령이 정하는 바에 따라 경비원의 명부를 작성·비치하여야 한다.
 ☞ 500만↓과태료(제31조 제1항 제6호)

3. 조 치

가. 최초 임장 경찰관의 조치

　-갑, 을 모두 자기들의 주장이 당연히 옳다고 할 것이다. 양측 주장을 들어보고 상황을 파악한 후 가장 먼저 취할 수 있는 조치는 경직법 제6조(범죄와 예방과 제지)에 따라 갑, 을 모두에게 실력행사를 중단하도록 한다.

-경찰의 중단에도 불구하고 계속된 행위를 하면 공무집행방해에 해당할 수 있음을 경고하고, 경고에도 불구하고 경찰관에게 폭행과 협박을 한 경우 공집방해 혐의로 현행범 체포한다.

나. 갑, 을 행위에 동조한 자에 대한 조치

-물건을 가져가기 위해 장비를 이용한 경우 그 장비업자에게도 범죄행위를 용이하게 하면 범법행위가 될 수 있음을 분명 경고한다. (갑, 을의 행위에 대한 방조범이 될 수 있을 것)

-차량을 이용하여 물건을 가져가려고 한 경우 형사처벌은 물론 운전면허에 대해 행정처분도 할 수 있다는 것을 고지한다.

다. 용역 요원에 대한 조치

경비원이 위법행위를 하도록 한 경우나 경비원이 위력을 과시하거나 물리력을 행사하는 등의 행위를 한 경우 경비업법으로 처벌할 수 있다는 것을 고지한다.

4. 기타 예상 민원

ㅇ 노임을 받지 못하였다며 차량을 이용 시위한 경우

甲은 도로공사 현장에 레미콘을 납품해 주었으나 납품대금을 결제해 주지 않았다. 업자는 납품대금을 받기 위해 압력 수단으로 회사에서 운행 중인 레미콘 차량 10대를 편도 2차선 중 1개 차로를 속도제한에 위반되지 않는 저속으로 운행하면 시위를 하였다.

> ※ 도로교통법
> 제46조(공동 위험행위의 금지) ① 자동차등의 운전자는 도로에서 2명 이상이 공동으로 2대 이상의 자동차등을 정당한 사유 없이 앞뒤로 또는 좌우로 줄지어 통행하면서 다른 사람에게 위해(危害)를 끼치거나 교통상의 위험을 발생하게 하여서는 아니 된다.
> ② 자동차등의 동승자는 제1항에 따른 공동 위험행위를 주도하여서는 아니 된다.

- 甲의 행위는 도로교통법 제46조에 해당할 수 있다.

제124절 타인 운전면허증을 촬영한 이미지 파일 제시의 공문서부정행사죄 여부

1. 사 례

甲은 도로에서 승용차를 운전하던 중 음주 및 무면허운전으로 적발되어 경찰관으로부터 운전면허증의 제시를 요구받고, 자신의 휴대전화에 저장된 乙의 운전면허증을 촬영한 이미지 파일을 마치 자신의 운전면허증인 것처럼 제시하였다.
이때 甲의 행위를 공문서부정행사죄로 처벌할 수 있는지?

2. 법규연구

가. 형 법

제230조(공문서 등의 부정행사) 공무원 또는 공무소의 문서 또는 도화를 부정행사한 자는 2년 이하의 징역이나 금고 또는 500만원 이하의 벌금에 처한다

나. 도로교통법

제80조(운전면허) ① 자동차등을 운전하려는 사람은 시·도경찰청장으로부터 운전면허를 받아야 한다. 다만, 제2조제19호나목의 원동기를 단 차 중「교통약자의 이동편의 증진법」제2조제1호에 따른 교통약자가 최고속도 시속 20킬로미터 이하로만 운행될 수 있는 차를 운전하는 경우에는 그러하지 아니하다.
제85조(운전면허증의 발급 등) ② 시·도경찰청장은 운전면허시험에 합격한 사람에 대하여 행정안전부령으로 정하는 운전면허증을 발급하여야 한다.
⑤ 운전면허의 효력은 본인 또는 대리인이 제2항부터 제4항까지에 따른 운전면허증을 발급받은 때부터 발생한다.
제92조(운전면허증 휴대 및 제시 등의 의무) ① 자동차등을 운전할 때에는 다음 각 호의 어느 하나에 해당하는 운전면허증 등을 지니고 있어야 한다.
 1. 운전면허증, 제96조제1항에 따른 국제운전면허증 또는 상호인정외국면허증이나「건설기계관리법」에 따른 건설기계조종사면허증(이하 "운전면허증등"이라 한다)
 2. 운전면허증등을 갈음하는 다음 각 목의 증명서
 가. 제91조에 따른 임시운전증명서
 나. 제138조에 따른 범칙금 납부통고서 또는 출석지시서
 다. 제143조제1항에 따른 출석고지서
② 운전자는 운전 중에 교통안전이나 교통질서 유지를 위하여 경찰공무원이 제1항에 따른 운전면허증 등 또는 이를 갈음하는 증명서를 제시할 것을 요구하거나 운전자의 신원 및 운전면허 확인을 위한 질문을 할 때에는 이에 응하여야 한다.

3. 관련 판례 (대법원 2019. 12. 12. 선고 2018도2560 판결)

공문서부정행사죄는 사용권한자와 용도가 특정되어 작성된 공문서 또는 공도화를 사용권한 없는 자가 사용권한이 있는 것처럼 가장하여 부정한 목적으로 행사하거나 권한 있는 자라도 정당한 용법에 반하여 부정하게 행사하는 경우에 성립한다(대법원 1998. 8. 21. 선고 98도1701 판결, 대법원 1999. 5. 14. 선고 99도206 판결 등 참조).

공문서부정행사죄는 공문서에 대한 공공의 신용 등을 보호하기 위한 데 입법 취지가 있는 것으로, 공문서에 대한 공공의 신용 등을 해할 위험이 있으면 범죄가 성립하지만, 그러한 위험조차 없는 경우에는 범죄가 성립하지 아니한다.

도로교통법에 따르면, 운전면허증을 발급받은 사람은 자동차 등을 운전할 때 운전면허증 등을 지니고 있어야 하고, 운전자는 운전 중에 교통안전이나 교통질서 유지를 위하여 경찰공무원이 운전면허증 등을 제시할 것을 요구할 때에는 이에 응해야 한다. 도로교통법이 자동차 등의 운전자에 대하여 위와 같은 의무를 부과하는 취지는 경찰공무원에게 교통안전 등을 위하여 현장에서 운전자의 신원과 면허조건 등을 법령에 따라 발급된 운전면허증의 외관만으로 신속하게 확인할 수 있도록 하고자 하는 데 있다(대법원 1990. 8. 14. 선고 89도1396 판결 참조).

만일 경찰공무원이 자동차 등의 운전자로부터 운전면허증의 이미지 파일 형태를 제시받으면 그 입수 경위 등을 추가로 조사·확인하지 않는 한 이러한 목적을 달성할 수 없을 뿐만 아니라, 그 이미지 파일을 신용하여 적법한 운전면허증의 제시가 있었던 것으로 취급할 수도 없다. 따라서 「도로교통법」 제92조 제2항에서 제시의 객체로 규정한 운전면허증은 적법한 운전면허의 존재를 추단이나 증명할 수 있는 운전면허증 그 자체를 가리키는 것이지, 그 이미지 파일 형태는 여기에 해당하지 않는다.

4. 결 론

따라서 이 사례에서 甲이 교통경찰의 운전면허 제시 요구에 乙의 운전면허증 이미지 파일을 제시한 행위는 공문서부정행사죄에 해당되지 않는다.

제125절 실효 장애인사용자동차표지를 자동차 비치시 공문서부정행사죄 여부

1. 사 례

> 甲은 아파트 지하주차장에 승용차를 주차하면서 사실은 위 승용차는 장애인사용자동차가 아닌데도 공문서인 ○○구청장 명의의 '장애인사용자동차표지(보호자용)'를 위 승용차의 전면에 비치하였다. 甲의 행위가 공문서부정행사죄에 해당하는지?

2. 법규연구 (형법)

> 제230조(공문서 등의 부정행사) 공무원 또는 공무소의 문서 또는 도화를 부정행사한 자는 2년 이하의 징역이나 금고 또는 500만원 이하의 벌금에 처한다.

3. 관련 판례

가. 하급심판례 (창원지방법원 2021.10.14. 선고 2021노765 판결)

장애인사용자동차표지는 장애인이 사용하는 자동차를 지원하는 데에 편리하도록 장애인이 사용하는 자동차임을 알아볼 수 있게 하는 표지이고, 장애인전용주차구역 주차는 장애인사용자동차표지의 용도 중 하나에 불과하다. 따라서 피고인이 장애인전용주차구역에 승용차를 주차하지 않았다고 하더라도 사용권한이 없는 장애인사용자동차표지를 승용차에 비치하여 마치 장애인이 사용하는 자동차인 것처럼 외부적으로 표시하였으므로 장애인사용자동차표지를 부정행사한 경우에 해당한다.

나. 대법원 판단 (대법원 2022.9.29. 선고 2021도14514 판결)

형법 제203조의 공문서부정행사죄는 공문서의 사용에 대한 공공의 신용을 보호법익으로 하는 범죄로서 추상적 위험범이다. 형법 제230조는 본죄의 구성요건으로 단지 '공무원 또는 공무소의 문서 또는 도화를 부정행사한 자'라고만 규정하고 있어, 자칫 처벌범위가 지나치게 확대될 염려가 있으므로 본죄에 관한 범행의 주체, 객체 및 태양을 되도록 엄격하게 해석하여 처벌범위를 합리적인 범위 내로 제한하여야 한다(대법원 2001. 4. 19. 선고 2000도1985 전원합의체 판결 참조). 사용권한자와 용도가 특정되어 있는 공문서를 사용권한 없는 자가 사용한 경우에도 그 공문서 본래의 용도에 따른 사용이 아닌 경우에는 공문서부정행사죄가 성립되지 아니한다(대법원 2003. 2. 26. 선고 2002도4935 판결 등 참조).

장애인복지법은 '국가와 지방자치단체는 장애인의 자립을 지원하고, 보호가 필요한 장애인을 보호하여 장애인의 복지를 향상시킬 책임을 지고(제9조 제1항), 국가와 지방자치단체, 그 밖의 공공단체는 장애인이 이동수단인 자동차 등을 편리하게 사용할 수 있도록 하고 경제적 부담을 줄여주기 위하여 조세감면 등 필요한 지원정책을 강구하여야 하며(제39조 제1항), 시장·군수·구청장은 장애인이 이용하는 자동차 등을 지원하는 데에 편리하도록 장애인이 사용하는 자동차 등임을 알아볼 수 있는 표지(이하 '장애인사용자동차표지'라 한다)를 발급하여야 한다(같은 조 제2항)'고 규정한다. 장애인복지법 시행규칙은 장애인사용자동차표지의 발급대상으로 '장애인복지법 제32조에 따라 등록한 장애인 또는 그 장애인과 주민등록표상의 주소를 같이 하면서 함께 거주하는 장애인의 배우자, 직계존·비속, 직계비속의 배우자, 형제·자매, 형제·자매의 배우자 및 자녀의 명의로 등록하여 장애인이 사용하는 자동차'를 규정한다(제26조 제2호 가, 나목).

장애인·노인·임산부 등의 편의증진 보장에 관한 법률(이하 '장애인등편의법')은 '국가보훈처장과 특별자치시장·특별자치도지사, 시장·군수·구청장은 보행에 장애가 있는 사람이 신청하는 경우 장애인전용주차구역에 주차할 수 있음을 표시하는 장애인전용주차구역 주차표지를 발급하여야 한다'고 규정한다(제17조 제2항). 장애인등편의법 시행령은 장애인전용주차구역 주차표지의 발급대상으로 '장애인복지법 제32조에 따라 등록한 장애인으로서 보건복지부장관이 정하는 보행상 장애가 있는 사람의 명의로 등록하여 사용하는 자동차 한 대'로 규정한다(제7조의3 제1항 제1호 가목).

이러한 장애인복지법과 장애인등편의법의 규정과 관련 법리에 따르면, 장애인사용자동차표지는 장애인이 이용하는 자동차에 대한 조세감면 등 필요한 지원의 편의를 위하여 장애인이 사용하는 자동차를 대상으로 발급되는 것이고, 장애인전용주차구역 주차표지가 있는 장애인사용자동차표지는 보행상 장애가 있는 사람이 이용하는 자동차에 대한 지원의 편의를 위하여 발급되는 것이다. 따라서 장애인사용자동차표지를 사용할 권한이 없는 사람이 장애인전용주차구역에 주차하는 등 장애인사용 자동차에 대한 지원을 받을 것으로 합리적으로 기대되는 상황이 아니라면 단순히 이를 자동차에 비치하였더라도 장애인사용자동차표지를 본래의 용도에 따라 사용했다고 볼 수 없어 공문서부정행사죄가 성립하지 않는다.

제126절 공사 차량이 도로를 일시 점용한 경우

1. 사 례

甲은 건축 외벽공사를 위해 장비(스카이 차량)를 사용하여야 했다. 공사를 위해서는 어쩔 수 없이 장시간 도로의 일부를 점용할 수밖에 없어 도로관리청에 점용허가를 받았다. 공사를 하던 중 도로 점용 기간이 만료되었으나 공사는 아직 마무리되지 않아 계속 장비가 도로를 점용하였다. 이 경우 도로 무단점용으로 처벌할 수 있는지 여부

2. 법규연구 (도로법)

제61조(도로의 점용 허가) ① 공작물·물건, 그 밖의 시설을 신설·개축·변경 또는 제거하거나 그 밖의 사유로 도로(도로구역을 포함한다. 이하 이 장에서 같다)를 점용하려는 자는 도로관리청의 허가를 받아야 한다. 허가받은 기간을 연장하거나 허가받은 사항을 변경(허가받은 사항 외에 도로 구조나 교통안전에 위험이 되는 물건을 새로 설치하는 행위를 포함한다)하려는 때에도 같다.

제114조(벌칙) 다음 각 호의 어느 하나에 해당하는 자는 2년 이하의 징역이나 2천만원 이하의 벌금에 처한다.

  6. 제61조제1항을 위반하여 도로점용허가 없이 도로를 점용한 자(물건 등을 도로에 일시 적치한 자는 제외한다)

3. 결 론

도로관리청의 점용허가를 받아 점용한 후 기간이 만료되어 공사마무리를 위한 일시적인 점용일 경우 처벌할 수 없을 것이다.

여기서 일시적이란 어느 정도의 기간을 말하는지에 대해 정확한 법률적인 개념은 없다. 사전적 의미는 "잠시 동안의 짧을 때나 한동안만 일어나거나 나타나는 것"으로 정의하고 있다.

따라서 점용허가가 종료되었는데 수일간 계속적으로 장비(차량)를 도로변에 주차하고 공사를 하였다면 당연히 도로점용행위로 처벌하여야 할 것이다.

그러나 공사마무리를 위해 몇 시간 점용하고 있다면 점용이라고 보기 어려울 것이다. 이사를 하기 위해 일시적으로 사다리차를 도로에 주차한 때도 이에 해당한다고 본다.

제127절 무상으로 돈을 빌려주었을 때 뇌물액 산정방법

1. 사 례

甲은 검찰수사관으로 사건처리 과정에서 알게 된 사채업자 乙로부터 5,000만원을 빌렸다. 그러나 변제기일과 이자에 대한 약정이 없었으며 돈을 빌려준 乙도 사건처리 과정에서 고마움을 알고 있었기 때문에 이자를 달라고 하지 않았으며 또 변제독촉도 하지 못하였다. 이때 甲이 乙로부터 수수한 뇌물액 산정방법은? (乙은 미등록으로 사채업을 하고 있어 일반인들에게는 월 5%의 이자를 받고 있었다. 甲이 乙에게 돈을 빌린 행위가 직무와 관련이 있다는 전제)

가. 처음부터 갚을 의사가 없었을 경우 사기죄 성립여부

나. 뇌물액 산정방법

 – 乙이 사채업을 하고 있기 때문에 일반인에게 사채로 빌려준 금융이자
 – 대부업과 이자제한법에 의한 최소 법정 금융이자
 – 빌려준 5,000만원과 받지 못한 이자를 합한 금액

2. 법규연구

가. 형 법

제129조 (수뢰, 사전수뢰) ① 공무원 또는 중재인이 그 직무에 관하여 뇌물을 수수, 요구 또는 약속한 때에는 5년 이하의 징역 또는 10년 이하의 자격정지에 처한다.

제134조 (몰수, 추징) 범인 또는 정을 아는 제삼자가 받은 뇌물 또는 뇌물에 공할 금품은 몰수한다. 그를 몰수하기 불능한 때에는 그 가액을 추징한다.

나. 특정범죄가중처벌 등에 관한 법률

제2조(뇌물죄의 가중처벌) ① 「형법」 제129조·제130조 또는 제132조에 규정된 죄를 범한 사람은 그 수수(收受)·요구 또는 약속한 뇌물의 가액(價額)(이하 이 조에서 "수뢰액"이라 한다)에 따라 다음 각 호와 같이 가중처벌한다.

1. 수뢰액이 1억원 이상인 경우에는 무기 또는 10년 이상의 징역에 처한다.
2. 수뢰액이 5천만원 이상 1억원 미만인 경우에는 7년 이상의 유기징역에 처한다.
3. 수뢰액이 3천만원 이상 5천만원 미만인 경우에는 5년 이상의 유기징역에 처한다.

② 「형법」 제129조·제130조 또는 제132조에 규정된 죄를 범한 사람은 그 죄에 대하여 정한 형(제1항의 경우를 포함한다)에 수뢰액의 2배 이상 5배 이하의 벌금을 병과(併科)한다.

다. 대부업의 등록 및 금융 이용자 보호에 관한 법률

> **제11조(미등록대부업자의 이자율 제한)** ① 미등록대부업자가 대부를 하는 경우의 이자율에 관하여는 「이자제한법」 제2조제1항 및 이 법 제8조제2항부터 제6항까지의 규정을 준용한다.

라. 이자제한법

> **제2조(이자의 최고한도)** ① 금전대차에 관한 계약상의 최고이자율은 연 25퍼센트를 초과하지 아니하는 범위 안에서 대통령령으로 정한다.

마. 민 법

> **제379조 (법정이율)** 이자있는 채권의 이율은 다른 법률의 규정이나 당사자의 약정이 없으면 연 5분으로 한다.

3. 결 론

가. 빌려준 돈을 갚지 않고 있을 경우

甲은 공무원이기 때문에 이를 갚을 능력은 있다고 볼 수 있을 것이다. 그러나 직무와 관련 돈을 빌려 달라고 한 후 이를 갚지 않고 있다면 갚을 의사가 없다고 판단할 수 있다. 만약 갚을 의사가 없다면 형법 제347조 제1항의 사기죄에 해당하는가이다. 판례는 이럴 때 사기죄와 뇌물죄의 상상적 경합범으로 인정하고 있다(대법원 1985.2.8, 선고, 84도2625 판결).

나. 뇌물액 산정방법

乙은 사채업자로서 일반인에게 월 5%의 이자를 받고 있기 때문에 甲에게 빌려준 돈을 일반인에게 빌려주었을 경우 월 5%의 이자를 받을 수 있다. 따라서 돈을 빌려준 시점부터 원금을 돌려받을 때까지 월 5%로 계산하여 그 금액 상당의 금융이익을 뇌물죄로 산정할 수 있을 것이다.

그러나 이러한 경우 피의자에게 불리하다. 그러면 피의자에게 유리하고 법적인 근거가 있는 대부업법과 이자제한법을 적용하여 월 30%로 계산하면 가장 객관적이라고 볼 수 있다.

하지만 대법원 판례는 뇌물수수에 있어 추징금액 산정방법을 "범인이 금융기관으로부터 대출받는 등 통상적인 방법으로 자금을 차용하였을 경우 부담하게 될 대출이율을 기준으로 하거나, 그 대출이율을 알 수 없는 경우에는 금품을 제공받은 범인의 지위에 따라 민법 또는 상법에서 규정하고 있는 법정이율을 기준으로 하여야 한다"고 규정하고 있다.

따라서 甲은 검찰수사관인 공무원이기 때문에 공무원관리공단 등 공무원이 금융기관 등에서 대출받을 때의 금리(보통 연 5% 내외)를 적용하여 산정하여야 할 것이다.

다. 결론적으로

대법원은 형법 제134조의 규정에 의한 필요적 몰수 또는 추징은 같은 법 제129조 내지 제133조를 위반한 자에게 제공되거나 공여될 금품 기타 재산상 이익을 박탈하여 그들로 하여금 부정한 이익을 보유하지 못하게 함에 그 목적이 있고, 금품의 무상대여를 통하여 위법한 재산상 이익을 취득한 경우 범인이 받은 부정한 이익은 그로 인한 금융이익 상당액이라 할 것이므로 추징의 대상이 되는 것은 무상으로 대여받은 금품 그 자체가 아니라 위 금융이익 상당액이라고 봄이 상당하다.(대법원 2008.9.25. 선고, 2008도2580 판결)고 판결하고 있다.

따라서 빌려준 원금 5,000만원은 별도의 사기죄가 성립할 경우 사기죄로 의율하고, 뇌물수수액은 빌려준 돈의 금융이자로 계산(변동금리의 경우 변동 시마다 계산)하여 그 이자액이 3,000만원 이상일 경우 특가법, 미만일 경우 형법을 적용하여야 한다.

4. 관련 판례

가. 뇌물죄에서 금품을 무상차용하여 위법한 재산상 이익을 취득한 경우 추징의 대상(=금융이익 상당액) 및 그 산정방법

금품의 무상차용을 통하여 위법한 재산상 이익을 취득한 경우 범인이 받은 부정한 이익은 그로 인한 금융이익 상당액이므로 추징의 대상이 되는 것은 무상으로 대여받은 금품 그 자체가 아니라 위 금융이익 상당액이다. 여기에서 추징의 대상이 되는 금융이익 상당액은 객관적으로 산정되어야 할 것인데, 범인이 금융기관으로부터 대출받는 등 통상적인 방법으로 자금을 차용하였을 경우 부담하게 될 대출이율을 기준으로 하거나, 그 대출이율을 알 수 없는 경우에는 금품을 제공받은 범인의 지위에 따라 민법 또는 상법에서 규정하고 있는 법정이율을 기준으로 하여, 변제기나 지연손해금에 관한 약정이 가장되어 무효라고 볼 만한 사정이 없는 한, 금품수수일로부터 약정된 변제기까지 금품을 무이자로 차용으로 얻은 금융이익의 수액을 산정한 뒤 이를 추징하여야 한다.(대법원 2008.9.25. 선고, 2008도2580 판결)

나. 뇌물죄에 있어서 직무관련성 및 공무원이 얻은 이익이 뇌물에 해당하는지의 판단 기준

뇌물죄는 직무집행의 공정과 이에 대한 사회의 신뢰 및 직무행위의 불가매수성을 그 보호법익으로 하고 있고, 직무에 관한 청탁이나 부정한 행위를 필요로 하는 것은 아니기 때문에 수수된 금품의 뇌물성을 인정하는 데 특별한 청탁이 있어야만 하는 것은 아니고, 또한 금품이 직무에 관하여 수수된 것으로 족하고 개개의 직무행위와 대가적 관계에 있을 필요는 없으며, 그 직무행위가 특정된 것일 필요도 없다. 또한 공무원이 얻는 어떤 이익이 직무와 대가관계가 있는 부당한 이익으로서 뇌물에 해당하는지 여부는 당해 공무원의 직무의 내용, 직무와 이익제공자와의 관계, 쌍방간에 특수한 사적인 친분관계가 존재하는지의 여부, 이익의 다과, 이익을 수수한 경위와 시기 등의 제반 사정을 참작하여 결정하여야 할 것이고, 뇌물죄가 직무집행의 공정과 이에 대한 사회의 신뢰 및 직무행위의 불가매수성을 그 보호법익으로 하고 있음에 비추어 볼 때, 공무원이 그 이익을 수수하는 것으로 인하여 사회일반으로부터 직무집행의 공정성을 의심받게 되는지 여부도 뇌물죄의 성부를 판단함에 있어서의 판단 기준이 된다.(대법원 2007.4.27. 선고, 2005도4204 판결)

현명한 사람은
큰 불행도 작게 처리하고
어리석은 사람은
조그마한 불행도 현미경으로 확대하여
스스로 큰 코민 속에 빠진다.

−라로슈푸코

제128절 유치권의 개념과 유치권 관련 형사문제

1. 사 례

甲은 유치권을 주장하며 乙 소유로 되어있는 건물을 점유하고 을의 출입을 막고 있다. 이때 을이 경찰에 갑의 행위를 제지해 줄 것을 신고하였다. 여기서 유치권이 무엇이며 이러한 신고에 대해 경찰은 어떻게 대처하여야 할 것인가.

2. 법규연구 (민법)

제320조(유치권의 내용) ① 타인의 물건 또는 유가증권을 점유한 자는 그 물건이나 유가증권에 관하여 생긴 채권이 변제기에 있는 경우에는 변제를 받을 때까지 그 물건 또는 유가증권을 유치할 권리가 있다.
② 전항의 규정은 그 점유가 불법행위로 인한 경우에 적용하지 아니한다.
제321조(유치권의 불가분성) 유치권자는 채권전부의 변제를 받을 때까지 유치물전부에 대하여 그 권리를 행사할 수 있다.
제322조(경매, 간이변제충당) ① 유치권자는 채권의 변제를 받기 위하여 유치물을 경매할 수 있다.
② 정당한 이유있는 때에는 유치권자는 감정인의 평가에 의하여 유치물로 직접변제에 충당할 것을 법원에 청구할 수 있다. 이 경우에는 유치권자는 미리 채무자에게 통지하여야 한다.
제323조(과실수취권) ① 유치권자는 유치물의 과실을 수취하여 다른 채권보다 먼저 그 채권의 변제에 충당할 수 있다. 그러나 과실이 금전이 아닌 때에는 경매하여야 한다.
② 과실은 먼저 채권의 이자에 충당하고 그 잉여가 있으면 원본에 충당한다.
제324조(유치권자의 선관의무) ① 유치권자는 선량한 관리자의 주의로 유치물을 점유하여야 한다.
② 유치권자는 채무자의 승낙없이 유치물의 사용, 대여 또는 담보제공을 하지 못한다. 그러나 유치물의 보존에 필요한 사용은 그러하지 아니하다.
③ 유치권자가 전2항의 규정에 위반한 때에는 채무자는 유치권의 소멸을 청구할 수 있다.
제325조(유치권자의 상환청구권) ① 유치권자가 유치물에 관하여 필요비를 지출한 때에는 소유자에게 그 상환을 청구할 수 있다.
② 유치권자가 유치물에 관하여 유익비를 지출한 때에는 그 가액의 증가가 현존한 경우에 한하여 소유자의 선택에 좇아 그 지출한 금액이나 증가액의 상환을 청구할 수 있다. 그러나 법원은 소유자의 청구에 의하여 상당한 상환기간을 허여할 수 있다.
제326조(피담보채권의 소멸시효) 유치권의 행사는 채권의 소멸시효의 진행에 영향을 미치지 아니한다.
제327조(타담보제공과 유치권소멸) 채무자는 상당한 담보를 제공하고 유치권의 소멸을 청구할 수 있다.
제328조(점유상실과 유치권소멸) 유치권은 점유의 상실로 인하여 소멸한다.

3. 유치권의 개념

가. 유치권의 성격

ㅇ 유치권은 물권이다. 따라서 변제를 받을 때까지 소유자 외의 경락자를 포함한 누구에 대해서도 물건의 인도를 거절할 수 있다.

ㅇ 유치권은 법정물권이다. 따라서 법률상의 요건에 부합하면 무조건 성립하는 것이며, 당사자의 합의도 필요 없고 등기가 없어도 성립한다. (등기 불가)

ㅇ 유치권은 담보물권이다. 따라서 경매권과 일정한 요건 하에 물건을 직접변제에 충당할 수 있는 간이변제충당권(민법 322조)을 갖는다. 단, 우선변제권은 없음.

나. 유치권의 성립요건

유치권은 당사자 간의 계약에 의해서가 아니라 법률의 규정을 충족하면 성립하며,
① 타인 소유의 물건에 대해
② 그 물건에 관하여 생긴 채권이
③ 변제기에 있어야 하며
④ 유치권자가 목적물을 점유하고 있어야 한다.

4. 유치권과 관련된 형사문제

가. 허위 유치권행사 행위

ㅇ 저렴하게 해당 물건을 낙찰받거나 저렴하게 낙찰받은 측과 협의하여 금전 보상을 받을 목적으로 진실하지 못한 허위 유치권을 경매법원에 신고하는 경우
　　⇒ 경매방해 (대판 2008. 2. 1. 2007도6062)

ㅇ 채권을 허위로 부풀려 유치권에 의한 경매를 신청한 경우
　　⇒ 사기 (대판 2012. 11. 15. 2012도9603)

ㅇ 경매 진행과정에서 허위의 유치권신고서를 제출한 경우
　　⇒ 사기 불성립-실행 착수 불인정 (대판 2009. 9. 24. 2009도5900)

나. 유치권을 빌미로 한 각종 폭력행위등

ㅇ 소유자가 관리하는 건물에 대해 건물에 관한 채권을 가지고 있음을 이유로 관리자의 승낙 없이 건물을 불법적으로 점거한 경우

⇒ 건조물침입 (대판 2007. 4. 12. 2007도654)

○ 공사대금을 받지 못한 건축업자가 건물에 대해 유치권을 행사하면서 위력으로 피해자의 정당한 내장공사나 하자 공사를 방해한 경우
⇒ 업무방해 (대판 2004. 8. 30 2004도46)

○ 공사대금을 받지 못한 건축업자가 유치권을 행사하면서 점유의 침탈을 막기 위해 출입문을 용접하여 버린 경우
⇒ 재물손괴 (대판 2011. 1. 13. 2010도 5989)

다. 유치권자에 대해 행해지는 각종 범법행위

○ 건설회사에서 유치권행사를 위해 점유하고 있던 주택에 소유자가 출입문 용접을 해제하고 들어가 거주한 경우
⇒ 권리행사방해 (대판 2011. 5. 13. 2011도2368)

○ 유치권에 기해 점유되던 자신 소유의 건물 외벽을 소유권자가 부숴버린 경우
⇒ 권리행사방해 (전주지법 2011. 7. 15. 2011노436)

○ 유치권에 기해 점유되던 자신 소유 점포에 대해 피해자의 점유를 침탈해서 타인에게 임대해 버린 경우
⇒ 권리행사방해 (인천지법 2011. 7. 15. 2011노959)

○ 배관공사의 하도급업자가 유치권을 행사하면서 유치하고 있던 배관공사 자재를 자재 소유자가 임의로 가져가 버린 경우
⇒ 절도 (광주지법 2011. 7. 20 2011노567)

5. 유치권 분쟁 현장에서 대응방안

유치권의 진정 성립 여부는 민감한 민사 사안으로 현장에 출동한 경찰관이 판단하기는 어렵다. 따라서 유치권 관련 신고현장에서 유치권자 또는 소유권자(낙찰자)의 주장을 일방적으로 받아들여 강제퇴거 등의 조치를 취해서는 아니 된다.

다만 유치권 분쟁으로 인한 폭력행위 발생을 예방·경고하고, 폭력행위 등이 발생한 경우에는 폭처법 등 법규연구로 현장조치하고, 기타 법률적 분쟁 사안은 민사소송 절차에 의하도록 고지한다.

제129절 승객이 두고 내린 핸드폰을 습득한 택시운전자의 권리와 의무

1. 사 례

甲은 택시운전자로서 승객이 모르고 택시에 두고 내린 핸드폰을 발견하였다. 이때 甲이 핸드폰에 대해 가질 수 있는 권리와 의무?

2. 법규연구

가. 유실물법

> 제10조(선박, 차량, 건축물 등에서의 습득) ① 관리자가 있는 선박, 차량, 건축물, 그 밖에 일반인의 통행을 금지한 구내에서 타인의 물건을 습득한 자는 그 물건을 관리자에게 인계하여야 한다.
> ② 제1항의 경우에는 선박, 차량, 건축물 등의 점유자를 습득자로 한다. 자기가 관리하는 장소에서 타인의 물건을 습득한 경우에도 또한 같다.
> ③ 이 조의 경우에 보상금은 제2항의 점유자와 실제로 물건을 습득한 자가 반씩 나누어야 한다.
> ④ 「민법」 제253조에 따라 소유권을 취득하는 경우에는 제2항에 따른 습득자와 제1항에 따른 사실상의 습득자는 반씩 나누어 그 소유권을 취득한다. 이 경우 습득물은 제2항에 따른 습득자에게 인도한다.
> 제4조(보상금) 물건을 반환받는 자는 물건가액(物件價額)의 100분의 5 이상 100분의 20 이하의 범위에서 보상금(報償金)을 습득자에게 지급하여야 한다. 다만, 국가·지방자치단체와 그 밖에 대통령령으로 정하는 공공기관은 보상금을 청구할 수 없다.
> 제9조(습득자의 권리 상실) 습득물이나 그 밖에 이 법의 규정을 준용하는 물건을 횡령함으로써 처벌을 받은 자 및 습득일부터 7일 이내에 제1조제1항 또는 제11조제1항의 절차를 밟지 아니한 자는 제3조의 비용과 제4조의 보상금을 받을 권리 및 습득물의 소유권을 취득할 권리를 상실한다.

나. 민 법

> 제253조 (유실물의 소유권취득) 유실물은 법률에 정한 바에 의하여 공고한 후 1년내에 그 소유자가 권리를 주장하지 아니하면 습득자가 그 소유권을 취득한다.

3. 관련 판례

비어홀 종업원이 고객이 분실한 수표를 습득한 경우 유실자에게 보상금청구를 할 수 있는지

유실물법 제10조 1, 2항에는 관수자가 있는 건축물 안에서 타인의 물건을 습득한 자는 그 물건을 관수자에게 교부하여야 하며 이러한 경우에는 그 건축물의 점유자를

습득자로 한다고 규정되어 있기는 하지만 같은 법 제10조 3항에는 이와 같은 경우에 그 보상금은 건축물의 점유자와 실제로 물건을 습득한 자가 절반하여야 한다고 규정되어 있으므로 원고는 실제로 위 수표를 습득한 자로서 위 비어홀의 점유자에 대하여 위 유실물에 대한 보상금의 절반을 청구할 채권이 있으니 원고의 채무자인 위 비어홀의 점유자가 유실자인 피고에 대하여 소송으로서 위 보상금청구권을 행사하지 않고 있는 동안은 원고가 그의 채권자로서 채권자 대위권을 행사하여 피고에게 그 보상금의 절반을 청구할 수 있다. (서울고법 1968.3.8, 67나1568, 제3민사부판결)

4. 결 론

가. 의 무

승객이 두고 내린 물건을 발견하였으면 당연히 주인에게 돌려줘야 하며, 주인을 알 수 없으면 가까운 경찰관서에 신고하여야 할 의무가 있다.

만약 다른 승객이 이를 발견한 경우에는 관리자인 운전자에게 인계하는 것이 유실물법상 규정이다.

나. 권 리

유실물법에 따라 필요한 조치를 하였을 때는 습득한 물건가액의 5~20%의 보상금을 받을 수 있다. 따라서 승객에게 유실물법에서 정하고 있는 범위 내에서 보상금을 요구하는 정당하다고 볼 수 있다.

습득한 날로부터 늦어도 7일 이내에 필요한 조치를 하여야 하며, 7일을 경과하면 보상금을 받을 권리가 상실된다.

다른 승객이 습득하여 운전자에게 인계하였을 경우 누가 보상금을 받을 것인가가 문제이다. 유실물법 제10조 제3항에 따라 절반씩 나누어야 한다.

제130절 공무원이 신고자 정보를 누설한 경우

1. 사 례

○○어린이집 교사 갑은 어린이집 비리를 관할 시청 담당 공무원 A에게 신고하였다. 담당 공무원은 이를 확인하는 과정에서 원장 B가 누가 신고하였느냐고 담당 공무원에게 물어보자 공무원 A는 교사 갑이 신고하였다고 신고내용과 인적사항을 알려 주었다.
신고자를 알게 된 원장 B는 신고자 갑을 해고하였다.
가. 비리 신고사항을 누설한 담당 공무원의 형사책임 여부
나. 신고자를 해고한 원장 B의 책임 여부

2. 법규연구

가. 형 법

제127조(공무상 비밀의 누설) 공무원 또는 공무원이었던 자가 법령에 의한 직무상 비밀을 누설한 때에는 2년 이하의 징역이나 금고 또는 5년 이하의 자격정지에 처한다.

나. 공익신고자 보호법

제30조(벌칙) ① 다음 각 호의 어느 하나에 해당하는 자는 5년 이하의 징역 또는 5천만원 이하의 벌금에 처한다.
  1. 제10조제5항을 위반하여 피신고자의 인적사항 등을 포함한 신고내용을 공개한 자
  2. 제12조제1항을 위반하여 공익신고자등의 인적사항이나 공익신고자등임을 미루어 알 수 있는 사실을 다른 사람에게 알려주거나 공개 또는 보도한 자
② 다음 각 호의 어느 하나에 해당하는 자는 3년 이하의 징역 또는 3천만원 이하의 벌금에 처한다.
  1. 제15조제1항을 위반하여 공익신고자등에게 제2조제6호가목에 해당하는 불이익조치를 한 자
제12조(공익신고자등의 비밀보장 의무) ① 누구든지 공익신고자등이라는 사정을 알면서 그의 인적사항이나 그가 공익신고자등임을 미루어 알 수 있는 사실을 다른 사람에게 알려주거나 공개 또는 보도하여서는 아니 된다. 다만, 공익신고자등이 동의한 때에는 그러하지 아니하다.
제10조(조사기관등의 공익신고 처리) ⑤ 제6조에 따라 공익신고를 접수한 기관의 종사자 등은 공익신고에 대한 조사 또는 수사결과 공익침해행위가 발견되기 전에는 피신고자의 인적사항 등을 포함한 신고내용을 공개하여서는 아니 된다.
제15조(불이익조치 등의 금지) ① 누구든지 공익신고자등에게 공익신고등을 이유로 불이익조치를 하여서는 아니 된다.
제2조(정의) 이 법에서 사용하는 용어의 정의는 다음과 같다.
  6. "불이익조치"란 다음 각 목의 어느 하나에 해당하는 조치를 말한다.
   가. 파면, 해임, 해고, 그 밖에 신분상실에 해당하는 신분상의 불이익조치

3. 결론

가. 신고자 정보를 누설한 공무원

형법 제127조 공무상비밀누설죄 및 공익신고자 보호법 제12조(공익신고자등의 비밀보장 의무) 위반으로 처벌할 수 있다.

특별법인 공익신고자 보호법(제30조 제1항 제2호)에 따라 5년 이하의 징역 또는 5천만원 이하의 벌금형으로 처벌된다.

나. 신고자를 해고한 원장

공익신고자 보호법 제15조(불이익조치 등의 금지) 제1항 '누구든지 공익신고자등에게 공익신고 등을 이유로 불이익조치를 하여서는 아니 된다' 규정하고 있다.

원장은 공익신고자 보호법(제30조 제2항 제1호)에 따라 3년 이하의 징역 또는 3천만원 이하의 벌금형으로 처벌된다.

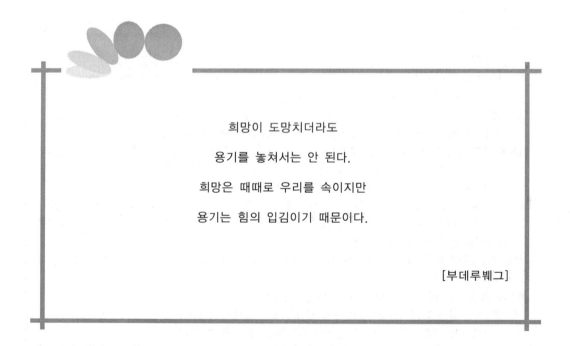

희망이 도망치더라도

용기를 놓쳐서는 안 된다.

희망은 때때로 우리를 속이지만

용기는 힘의 입김이기 때문이다.

[부데루붸그]

제131절 휴대폰 끝자리도 개인정보에 해당하는지 여부

1. 사 례

甲은 경찰공무원으로 지구대 소속 경위로 순찰팀장 업무를 담당하였다. 乙 자신의 휴대폰으로 지구대에 전화하여 "지금 도박하는 사람들이 있으니 단속해 달라"는 취지로 신고하였고, 甲과 평소 알고 지내던 丙 등 4명이 도박을 하는 현장을 단속하였다.

그 후 甲은 丙으로부터 도박신고자의 전화번호를 알려달라는 부탁을 받고 미리 지구대 '업무취급 수인계부'에 기재되어 있던 乙의 전화번호를 암기한 다음, 丙에게 개인정보인 乙의 전화번호 뒷자리 4자를 알려 주었다.

甲의 이런 행위는 개인정보보호법 위반에 해당하는지 여부.

2. 법규연구 (개인정보 보호법)

제59조(금지행위) 개인정보를 처리하거나 처리하였던 자는 다음 각 호의 어느 하나에 해당하는 행위를 하여서는 아니 된다.
 2. 업무상 알게 된 개인정보를 누설하거나 권한 없이 다른 사람이 이용하도록 제공하는 행위
제71조(벌칙) 다음 각 호의 어느 하나에 해당하는 자는 5년 이하의 징역 또는 5천만원 이하의 벌금에 처한다.
 5. 제59조제2호를 위반하여 업무상 알게 된 개인정보를 누설하거나 권한 없이 다른 사람이 이용하도록 제공한 자 및 그 사정을 알면서도 영리 또는 부정한 목적으로 개인정보를 제공받은 자

3. 결 론 (법원의 판결) – 대전지법 논산지원 2013. 8. 9. 선고 2013고단17 판결

甲은, 乙의 휴대전화번호 뒷자리 4자만으로는 乙을 알아볼 수 없고, 이 사건 정보를 다른 정보와 쉽게 결합하여 乙을 알아볼 수도 없으므로, 이 사건 정보는 개인정보보호법 제2조 제1호에 규정된 개인정보에 해당하지 않는다고 주장한다.

오늘날 휴대전화의 사용이 보편화하면서 휴대전화번호 뒷자리 4자에 일정한 의미나 패턴을 담는 경우가 많아지고 있다. 휴대전화 사용자는 자신의 생일이나 기념일 또는 개인적으로 의미 있는 숫자를 휴대전화번호 뒷자리 4자로 사용하기도 하고, 휴대전화번호와 집 전화번호의 뒷자리 4자를 일치시키는 예도 있으며, 한 가족이 동일한 휴대전화번호 뒷자리 4자를 사용하는 때도 적지 않다.

특히 영업용으로 휴대전화를 사용하는 사람들의 경우에는 휴대전화 다이얼패드의 위치대로 전화번호 뒷자리 4자를 배열하거나 전화번호 뒷자리 4자를 모두 동일한 숫자로 하는 등의 방식으로 자신의 전화번호를 최대한 기억하기 쉽게 만들려는 경향이

있고, 시중에 판매되는 휴대전화 기종 중 상당수는 뒷자리 4자만으로 전화번호를 검색하는 기능을 탑재하고 있다. 요컨대, 휴대전화번호 뒷자리 4자에 그 전화번호 사용자의 정체성이 담기는 현상이 점점 심화하고 있다.

사정이 이러하므로, 휴대전화번호 뒷자리 4자만으로도 그 전화번호 사용자가 누구인지를 식별할 수 있는 때도 있고, 특히 그 전화번호 사용자와 일정한 인적 관계를 맺어온 사람이라면 더더욱 그러할 가능성이 크며, 설령 휴대전화번호 뒷자리 4자만으로는 그 전화번호 사용자를 식별하지 못한다 하더라도 그 뒷자리 번호 4자와 관련성이 있는 다른 정보(앞서 언급한 생일, 기념일, 집 전화번호, 가족 전화번호, 기존 통화내역 등)와 쉽게 결합하여 그 전화번호 사용자가 누구인지를 알아볼 수도 있다(이 사건도 丙은 甲으로부터 제공받은 이 사건 정보와 자신의 휴대전화에 저장된 기존 통화내역을 결합하여 도박신고자가 乙임을 어렵지 않게 알아내었다).

따라서 甲이 丙에게 제공한 이 사건 정보는 살아있는 개인인 乙에 관한 정보로서 乙임을 알아볼 수 있는 정보이거나, 적어도 다른 정보와 쉽게 결합하여 乙임을 알아볼 수 있는 정보이므로, 이는 개인정보 보호법 제2조 제1호에 규정된 개인정보에 해당한다.

들판의 잡초를 없애는 방법은 딱 한 가지뿐이다.
그곳에 곡식을 심는 것이다.
마찬가지로 마음속에 자라는 잡초는
선한 마음으로 어떤 일을 실천할 때 뽑아낼 수 있다.

제132절 미반납 렌터카 위치추적 가능 여부

1. 사 례

> 甲은 렌터카 회사를 운영하면서 손님들이 차량을 빌려 간 후 가끔 반납하지 않을 것을 대비하여 차량에 GPS를 부착하여 차량의 위치를 알 수 있도록 하였다. 그러던 중 乙에게 차량을 대여하면서 계약서와 인적 사항 등에 대한 개인정보 동의서를 받고 약속된 일자와 시간에 반납할 것을 약속받고 차량을 대여하였는데 반납일에 반납하지 않아 GPS로 추적하여 차량의 위치를 확인하고 乙을 찾아가 반납을 요구하였다.
> 甲의 이러한 행위가 정당한지?

2. 법규연구 (위치정보의 보호 및 이용 등에 관한 법률)

> **제2조(정의)** 이 법에서 사용하는 용어의 정의는 다음과 같다.
> 2. "개인위치정보"라 함은 특정 개인의 위치정보(위치정보만으로는 특정 개인의 위치를 알 수 없는 경우에도 다른 정보와 용이하게 결합하여 특정 개인의 위치를 알 수 있는 것을 포함한다)를 말한다.
> **제15조(위치정보의 수집 등의 금지)** ① 누구든지 개인위치정보주체의 동의를 받지 아니하고 해당 개인위치정보를 수집·이용 또는 제공하여서는 아니 된다.
> **제40조(벌칙)** 다음 각 호의 어느 하나에 해당하는 자는 3년 이하의 징역 또는 3천만원 이하의 벌금에 처한다.
> 4. 제15조제1항을 위반하여 개인위치정보주체의 동의를 받지 아니하고 해당 개인위치정보를 수집·이용 또는 제공한 자

3. 관련 판례 (서울북부지법 2016. 5. 19., 선고, 2016고단1080, 판결)

위치정보의 보호 및 이용 등에 관한 법률(이하 '위치정보보호법') 제1조는 위 법률의 목적에 관하여 "이 법은 위치정보의 유출·오용 및 남용으로부터 사생활의 비밀 등을 보호하고 위치정보의 안전한 이용환경을 조성하여 위치정보의 이용을 활성화함으로써 국민 생활의 향상과 공공복리의 증진에 이바지함을 목적으로 한다."라고 규정하고 있다.

한편 위치정보보호법 제15조 제1항은 "누구든지 개인 또는 소유자의 동의를 얻지 아니하고 당해 개인 또는 이동성이 있는 물건의 위치정보를 수집·이용 또는 제공하여서는 아니된다."라고 규정하고 있다.

위치정보보호법의 입법취지와 보호법익 및 위 조항의 문언을 종합적으로 해석하면, 위 조항은 ① 개인의 위치정보를 수집·이용 또는 제공하기 위해서는 당해 개인의 동의를 얻어야 하고, ② 이동성 있는 물건의 위치정보를 수집하려고 하는 경우 이동성 있

는 물건을 소지한 개인이나 이동성 있는 물건 소유자의 동의를 얻어야 하는 것으로 해석되는바, 이렇게 '개인이나 소유자'의 동의를 얻도록 규정한 취지는 이동성 있는 물건을 보유한 개인이 위 물건의 소유자인 경우와 소유자가 아닌 경우를 포괄적으로 포섭하기 위한 문언으로 봄이 상당하다.

4. 결 론

위치정보법 제2조제2호의 "개인위치정보"에는 특정 개인의 위치정보뿐만 아니라 위치정보만으로 특정 개인의 위치를 알 수 없는 경우에도 다른 정보와 쉽게 결합하여 특정 개인의 위치를 알 수 있는 것이 포함된다.

따라서 고객이 계약을 체결하면서 자동차대여사업자에게 제공한 인적 사항 등 개인정보와 자동차의 위치정보가 결합하면 고객의 위치정보가 쉽게 파악될 수 있으므로 이는 개인 또는 이동성 있는 물건의 위치정보를 수집·이용한 것이 된다.

위치정보법 제15조제1항에 따르면 "누구든지 개인 또는 소유자의 동의를 얻지 아니하고 해당 개인 또는 이동성이 있는 물건의 위치정보를 수집·이용 또는 제공하여서는 아니된다."는 규정하고 있다.

그러므로 甲은 자신의 자동차 위치추적을 했을 뿐이라고는 하나, 이는 곧 乙의 위치를 알 수 있게 되는 것도 포함하므로 乙의 위치정보 수집·이용에 관한 동의를 받았어야 합니다. 따라서 위법이다.

진한 술, 기름진 고기와 맵고 단 것이 참된 맛이 아니다.
참다운 맛은 오로지 담백할 뿐이다.
기이한 재주와 탁월한 행실이 있어야 지인이 되는 것이 아니다.
인격자는 평범할 따름이다.

-채근담

제133절 자기 소유 공로(公路) 차단과 주위토지통행권 침해

1. 사 례

甲은 매입한 땅에 다가구주택을 짓고 잔여 토지 중 일부는 공로(公路)로 연결된 통로로 사용되어 인근 주민들까지 이용하고 있었다. 인근에는 乙이 살고 있는데, 乙과 잦은 분쟁으로 甲은 乙의 신축상가의 출입구가 공로로 연결된 통로 쪽으로 설치되자, 상가의 출입구 앞 통로로 사용되고 있는 자신의 땅에 큰 블록 담장을 설치하였다. 블록 담장으로 인해 상가 출입구와 담장 사이의 간격이 50cm밖에 되지 않아 출입에 방해를 받은 乙은 甲에게 담장 철거를 요구한다.

2. 법규연구 (민법)

제2조(신의성실) ② 권리는 남용하지 못한다.
제214조(소유물방해제거, 방해예방청구권) 소유자는 소유권을 방해하는 자에 대하여 방해의 제거를 청구할 수 있고 소유권을 방해할 염려있는 행위를 하는 자에 대하여 그 예방이나 손해배상의 담보를 청구할 수 있다.
제219조(주위토지통행권) ①어느 토지와 공로사이에 그 토지의 용도에 필요한 통로가 없는 경우에 그 토지소유자는 주위의 토지를 통행 또는 통로로 하지 아니하면 공로에 출입할 수 없거나 과다한 비용을 요하는 때에는 그 주위의 토지를 통행할 수 있고 필요한 경우에는 통로를 개설할 수 있다. 그러나 이로 인한 손해가 가장 적은 장소와 방법을 선택하여야 한다.
② 전항의 통행권자는 통행지소유자의 손해를 보상하여야 한다.

3. 관련 판례 (대법원 2010. 12. 9. 선고 2010다59783 판결)

토지소유자가 자신 소유의 토지 위에 공작물을 설치한 행위가 인근 건물의 소유자에 대한 관계에서 권리남용에 해당하고, 그로 인하여 인근 건물 소유자의 건물 사용·수익이 실질적으로 침해되는 결과를 초래하였다면, 인근 건물 소유자는 건물 소유권에 기한 방해제거청구권을 행사하여 토지소유자를 상대로 그 공작물의 철거를 구할 수 있다.

권리의 행사가 주관적으로 오직 상대방에게 고통을 주고 손해를 입히려는 데 있을 뿐 이를 행사하는 사람에게는 아무런 이익이 없고, 객관적으로 사회질서에 위반된다고 볼 수 있으면, 그 권리의 행사는 권리남용으로서 허용되지 아니하고, 그 권리의 행사가 상대방에게 고통이나 손해를 주기 위한 것이라는 주관적 요건은 권리자의 정당한 이익을 결여한 권리행사로 보여지는 객관적인 사정에 의하여 추인할 수 있으며, 어느 권리행사가 권리남용이 되는가의 여부는 개별적이고 구체적인 사안에 따라 판단되어야 한다.

甲 소유의 대지 지상에 다가구주택이 건축되어 있고 그 잔여 토지가 공로에 이르는 통로로 사용되고 있었는데, 乙이 그 인근 대지에 구 건물을 철거하고 상가를 신축하면서 위 통로 쪽으로 출입구를 설치하였으나, 위 상가 신축 과정에서 乙과 갈등을 빚게 된 甲이 위 상가의 출입구 현관문 앞에 블록 담장을 설치한 사안에서, 상가 출입구를 봉쇄하는 형태로 축조된 위 블록 담장에 그 외의 다른 용도가 없는 점, 위 상가와 블록 담장 사이의 간격은 50㎝ 정도에 불과하여 통행에 매우 불편한 상태인 점, 인근 주민들은 모두 위 통로를 이용하고 있는 점, 블록 담장 설치로 인하여 甲이 얻는 이익이 거의 없고 위 잔여 토지 부분이 통로 이외의 다른 용도로 사용될 가능성도 없는 점 등에 비추어 보면, 甲이 위 블록 담장을 설치한 행위는 외형상은 권리의 행사로 보이나 실질적으로는 그 부지가 자신의 소유임을 기화로 乙 소유의 위 상가의 사용·수익을 방해하고 나아가 乙에게 고통이나 손해를 줄 목적으로 행한 것이라고 볼 수밖에 없으므로, 甲의 위 블록 담장 설치행위는 권리행사의 한계를 벗어난 것으로서 권리남용에 해당한다.

4. 결 론

토지대장과 등기부등본상 객관적으로 인정되는 토지의 소유권이 등기나 등록되어 있지 않은 주위토지통행권으로 제한될 수 있는가 하는 문제는 획일적인 기준으로 획정하기 쉽지 않다. 이 판례의 경우 이미 토지의 통행에 사용되고 있었고, 그 토지를 사실상 다른 용도에 사용할 수 없다는 점을 비중 있게 보고 있는 것으로 판단된다.

따라서 사례에서 甲의 블록설치 행위는 권리남용에 해당하여, 乙 블록 담장의 철거를 요구할 수 있다.

제134절 순찰근무 중 흉기소지자를 발견한 경우

1. 사 례

경찰관 甲은 순찰 도중 가방 속에 흉기인 칼을 넣어 다니고 있던 乙을 검문검색으로 확인하였다. 그러나 乙에 대해 다른 범죄행위를 인정할 만한 사유는 없다.

2. 법규연구

가. 경범죄처벌법

제3조(경범죄의 종류) ① 다음 각 호의 어느 하나에 해당하는 사람은 10만원 이하의 벌금, 구류 또는 과료(科料)의 형으로 처벌한다.
  2. (흉기의 은닉휴대) 칼·쇠몽둥이·쇠톱 등 사람의 생명 또는 신체에 중대한 위해를 끼치거나 집이나 그 밖의 건조물에 침입하는 데에 사용될 수 있는 연장이나 기구를 정당한 이유 없이 숨겨서 지니고 다니는 사람

나. 총포·도검·화약류 등의 안전관리에 관한 법률

제2조(정의) ② 이 법에서 "도검"이란 칼날의 길이가 15여성청소년 이상인 칼·검·창·치도(雉刀)·비수 등으로서 성질상 흉기로 쓰이는 것과 칼날의 길이가 15센티미터 미만이라 할지라도 흉기로 사용될 위험성이 뚜렷한 것 중에서 대통령령으로 정하는 것을 말한다.

제12조(총포·도검·화약류·분사기·전자충격기·석궁의 소지허가) ① 제10조 각 호의 어느 하나에 해당하지 아니하는 자가 총포·도검·화약류·분사기·전자충격기·석궁을 소지하려는 경우에는 행정자치부령으로 정하는 바에 따라 다음 각 호의 구분에 따라 허가를 받아야 한다.

제71조(벌칙) 다음 각 호의 어느 하나에 해당하는 자는 5년 이하의 징역 또는 1천만원 이하의 벌금에 처한다.
  1. … 제12조제1항(도검·분사기·전자충격기·석궁만 해당한다)·제2항(분사기·전자충격기만 해당한다)을 위반한 자

다. 폭력행위 등 처벌에 관한 법률

제7조(우범자) 정당한 이유없이 이 법에 규정된 범죄에 공용될 우려가 있는 흉기 기타 위험한 물건을 휴대하거나 제공 또는 알선한 자는 3년 이하의 징역 또는 300만원 이하의 벌금에 처한다.

3. 결론

가. 칼의 형태가 신체에 위해를 줄 흉기로 볼 수 있으나 그 정도가 미약하고 다른 범의를 입증하기 어려운 경우에는 경범죄처벌법 위반으로 처벌하고,

나. 칼의 형태로 볼 수 있고 총포·도검·화약류등단속법상 도검에 해당하는 경우에는 동법상 불법 소지로 처벌할 수 있다.

다. 또한, 강도를 하기 위해 소지하고 범행을 물색하고 있었을 때는 강도예비죄가 성립한다. 이때 피의자가 범행을 부인한 때도 강도 전과가 다수면 강도예비죄로 입건할 수 있다고 볼 수 있다.

라. 조회결과 폭력 전과가 다수이고 칼을 소지하고 있는 것에 대해 정당한 이유가 없으나 강도예비죄를 입증하기 곤란한 경우에는 폭력행위 등 처벌에 관한 법률 제7조로 처벌이 가능하다고 본다.

마. 결론적으로 칼의 종류, 소지 동기, 전과 사실, 검문 당시의 주변 정황 등을 종합하여 처리하여야 할 것이다.

관직에 있는 자는
반드시 심하게 성내는 것을 경계하라.
옳지 않은 일이 있더라도 마땅히 자상하게 처리하면
반드시 맞아들지 않음이 없거니와 만약 먼저 성내기부터 한다면
오직 자신만 해롭게 할 뿐이다.
어찌 남을 해롭게 할 수 있으랴.

– 명심보감

제135절 중태인 피의자의 체포여부와 신병처리

1. 사 례

일가족 3명을 회칼로 찔러 살해하고 도주한 피의자를 발생 직후 현장과 조금 떨어진 곳에서 발견, 검거하였으나 피의자가 이미 자살을 기도하여 자신의 복부를 흉기로 찌르고 쓰러져 있는 상태로 일단 병원으로 후송하였고 담당 의사는 즉시 수술을 해야 하는데 생사는 장담할 수 없고 수술이 성공한다 하더라도 거동할 수 있기까지의 회복에는 오랜 시일이 소요될 것이라고 하면 피의자 조치방안은?

2. 논 점

가. 우선 체포를 해야 하는지, 체포의 필요성이 없기 때문에(도주나 증거를 인멸할 수 없는 상태) 체포하지 않아도 되는지

나. 현행범체포(긴급체포) 해야 한다면 "구속영장신청"과 10일 내 송치 문제는 어떻게 되는지

다. 체포할 수 없다면 어떻게 해야 하는지

3. 결 론

먼저 피의자를 구속할 필요성이 있는가에 대하여 검토가 되어야 할 것이다.

가. 형사소송법 제70조 제1항은 일정한 주거가 없는 때, 증거를 인멸할 염려가 있는 때, 도망하거나 도망할 염려가 있는 때에 구속할 수 있도록 규정하고 있다.

나. 의사의 소견에 의하면 의식불명으로 도저히 증거를 인멸할 염려가 없거나 도망할 염려가 없는 경우에는 구속의 필요성이 없는 경우이므로 구속할 수 없을 것이나 치료 후 거동이 가능하여 어느 정도의 치료를 받으면 도주의 우려가 있다고 생각될 때는 현행범(긴급)체포 후 구속영장을 발부받아 구속하여야 할 것이다.

다. 이 경우 구속의 장소는 병원으로 하고 별도의 감시인을 두어야 할 것이며, 사건을 검찰로 송치하는 경우에는 피의자의 신병과 관련하여 별도로 검사와 협의하여 처리하면 될 것이다.

제136절 사찰에서 허위 기부금납입증명서 작성 · 교부

1. 사 례

> 甲은 복상사의 주지로서 근로자 등의 근로소득금액 및 사업소득금액 등에서 사찰 등 비영리기관에 기부한 금액을 특별공제하여 소득세 및 법인세 부과 대상에서 제외해 주는 제도를 악용하여 기부금납입증명서가 필요한 사람들에게 그 증명서상의 액면 금액에 따라 50,000원 내지 300,000원의 사례비를 받고 위 사찰 명의의 허위 기부금 납입증명서를 작성 · 교부하여 근로자 등으로 하여금 소득공제신청의 근거자료로 관할세무서에 제출하도록 함으로써 조세를 포탈한 경우

2. 법규연구 (조세범처벌법)

> **제3조(조세 포탈 등)** ① 사기나 그 밖의 부정한 행위로써 조세를 포탈하거나 조세의 환급 · 공제를 받은 자는 2년 이하의 징역 또는 포탈세액, 환급 · 공제받은 세액(이하 "포탈세액등"이라 한다)의 2배 이하에 상당하는 벌금에 처한다. 다만, 다음 각 호의 어느 하나에 해당하는 경우에는 3년 이하의 징역 또는 포탈세액등의 3배 이하에 상당하는 벌금에 처한다.
> 1. 포탈세액등이 3억원 이상이고, 그 포탈세액등이 신고 · 납부하여야 할 세액(납세의무자의 신고에 따라 정부가 부과 · 징수하는 조세의 경우에는 결정 · 고지하여야 할 세액을 말한다)의 100분의 30 이상인 경우
> 2. 포탈세액등이 5억원 이상인 경우
>
> **제14조(거짓으로 기재한 근로소득 원천징수영수증의 발급 등)** ① 타인이 근로장려금(「조세특례제한법」 제2장제10절의2에 따른 근로장려금을 말한다)을 거짓으로 신청할 수 있도록 근로를 제공받지 아니하고 다음 각 호의 어느 하나에 해당하는 행위를 한 자는 2년 이하의 징역 또는 그 원천징수영수증 및 지급명세서에 기재된 총급여 · 총지급액의 100분의 20 이하에 상당하는 벌금에 처한다.
> 1. 근로소득 원천징수영수증을 거짓으로 기재하여 타인에게 발급한 행위
> 2. 근로소득 지급명세서를 거짓으로 기재하여 세무서에 제출한 행위
> ② 제1항의 행위를 알선하거나 중개한 자도 제1항과 같은 형에 처한다.
>
> **제21조(고발)** 이 법에 따른 범칙행위에 대해서는 국세청장, 지방국세청장 또는 세무서장의 고발이 없으면 검사는 공소를 제기할 수 없다.

3. 결 론

  판례(대구지방법원 2006.5.18. 2006고단1560)는 이 경우 조세범처벌법위반으로 처리하였다. 조세범처벌법은 세무서장 등의 고발이 있어야 수사할 수 있다(단 특가법에 해당한 경우 즉, 연간 5억 이상이면 인지가능). 그러기 때문에 이를 수사할 때는 세무서에 통보하여 고발하도록 하여야 한다.

제137절 즉결심판 청구를 판사가 기각한 경우와 정식재판을 청구한 경우

1. 사 례

甲은 경범죄처벌법상 소란행위로 즉결심판이 청구되었는데 판사는 즉결심판의 청구를 기각하였다. 이 경우 어떠한 절차에 따라 처리하여야 하는가. 또 판사로부터 벌금 10만원을 선고받았는데 甲은 이에 대해 정식재판을 경찰서장에게 청구하였다. 이 경우에는 어떻게 처리하여야 하는가?

2. 논 점

가. 청구기각의 경우

(가) 일반 형사사건과 같이 처리하여 수사자료표(지문채취) 등을 작성해야 하는지

(나) 죄명을 어떻게 해야 하는지

나. 정식재판청구의 경우

(가) 어떤 방법으로 서류를 어디로 보내야 하는지

(나) 수사자료표를 작성해야 하는지

3. 법규연구

가. 경범죄처벌법

제1조(경범죄의 종류) ① 다음 각 호의 어느 하나에 해당하는 사람은 10만원 이하의 벌금, 구류 또는 과료(科料)의 형으로 처벌한다.
  21. (인근소란 등) 악기·라디오·텔레비전·전축·종·확성기·전동기(電動機) 등의 소리를 지나치게 크게 내거나 큰소리로 떠들거나 노래를 불러 이웃을 시끄럽게 한 사람

나. 즉결심판에 관한 절차법

제5조(청구의 기각등) ① 판사는 사건이 즉결심판을 할 수 없거나 즉결심판절차에 의하여 심판함이 적당하지 아니하다고 인정할 때에는 결정으로 즉결심판의 청구를 기각하여야 한다.
② 제1항의 결정이 있는 때에는 경찰서장은 지체없이 사건을 관할지방검찰청 또는 지청의 장에게 송치하여야 한다.
제14조(정식재판의 청구) ① 정식재판을 청구하고자 하는 피고인은 즉결심판의 선고·고지를 받은 날부터 7일 이내에 정식재판청구서를 경찰서장에게 제출하여야 한다. 정식재판청구서를 받은 경찰서장

은 지체없이 판사에게 이를 송부하여야 한다.

② 경찰서장은 제11조제5항의 경우에 그 선고·고지를 한 날부터 7일 이내에 정식재판을 청구할 수 있다. 이 경우 경찰서장은 관할지방검찰청 또는 지청의 검사(이하 "검사"라 한다)의 승인을 얻어 정식재판청구서를 판사에게 제출하여야 한다.

③ 판사는 정식재판청구서를 받은 날부터 7일 이내에 경찰서장에게 정식재판청구서를 첨부한 사건기록과 증거물을 송부하고, 경찰서장은 지체없이 관할지방검찰청 또는 지청의 장에게 이를 송부하여야 하며, 그 검찰청 또는 지청의 장은 지체없이 관할법원에 이를 송부하여야 한다.

④ 형사소송법 제340조 내지 제342조, 제344조 내지 제352조, 제354조, 제454조, 제455조의 규정은 정식재판의 청구 또는 그 포기·취하에 이를 준용한다.

다. 형의 실효 등에 관한 법률

제5조(수사자료표) ① 사법경찰관은 피의자에 대한 수사자료표를 작성하여 경찰청에 송부하여야 한다. 다만, 다음 각호의 1에 해당하는 경우에는 그러하지 아니하다.

1. 즉결심판대상자
2. 사법경찰관이 수리(受理)한 고소 또는 고발 사건 중 불송치결정 사유에 해당하는 사건의 피의자

4. 결 론

가. 청구기각의 경우

판사의 청구기각에 대해서는 달리 불복의 수단이 없고 검찰에 송치의무만 있을 뿐 재청구의 대상이 되지 않는다.

그러기 때문에 판사의 청구기각은 더 이상 즉심사건이 아니므로 일반 사건과 같이 처리하면 된다. 따라서 지문을 채취하여 수사자료표도 작성하여야 한다.

죄명 또한 경범죄처벌법위반으로 송치하면 될 것이다. 경범죄처벌법도 10만원 이하 벌금 등으로 되어 있어 죄명을 경범죄처벌법으로 할 수 있다. 다만 경범죄로 처벌하는 것보다 형법상 폭행 등으로 의율할 수 있으면 죄명을 달리하여도 상관없다.

나. 정식재판을 청구한 경우

(가) 피고인이 정식재판을 청구한 경우 이는 청구기각과 달리 해석해야 한다. 즉 결심판에관한절차법에도 청구기각의 경우 검찰에 송치하여야 한다고 되어 있는데 정식재판 청구의 경우에는 송부하도록 되어 있다. 여기서 송치와 송부는 구별되어야 한다.

정식재판청구에 따른 사건서류의 검찰청 송부는 마치 처음부터 즉결심판의 청구가 기각되어 사건을 정식입건한 후 검찰청으로 송치하는 것과 유사한 형

태를 갖추므로 그 법적성질에 대해 오해를 하는 경우가 있으나 검찰에서도 법원에 사건을 보낼 때 '기소'라고 하지 않고 '송부'라고 하여 구분하고 있다.

(나) 경찰서장의 검찰청 송부는 피의자송치가 아닌 피고사건 서류의 송부에 불과하므로 지문을 채취하여 수사자료표를 입력하여서는 아니 된다. '형의 실효 등에 관한 법률'에도 피의자에 대한 수사자료표를 작성하게 되어 있고 피고인은 그 대상이 아니다. 즉결심판에 대한 정식재판청구권자의 지위는 피의자가 아닌 피고인이다. 또한, 즉결심판대상자는 수사자료표 작성 제외 대상이다.

만약 이때 수사자료를 입력한다면 재판결과에 억울함으로 불복한 피고인을 전과자부터 만들게 되는 결과를 가져오게 되는 것이다.

장님과 등불

장님이 깜깜한 밤중에 등불을 들고 길을 걸어가고 있었습니다.

이를 본 한 사람이 장님에게 물었습니다.

"당신은 어차피 앞을 보지 못하는데, 등불은 왜 들고 갑니까?"

그러자 장님이 대답했습니다.

"다른 사람이 이 등불을 보고 나를 피해가라고 들고 갑니다."

제138절 공무원이 다단계판매를 할 수 있는지

1. 사 례

> 甲은 경찰공무원으로 친구 乙의 권유 때문에 비번일 등 쉬는 날을 이용하여 다단계 판매원으로 일하고 있다. 그러나 판매 물품이 경찰관의 업무와 관련성은 전혀 없었다.
> (※ 형사책임과 징계책임 여부)

2. 법규연구

가. 방문판매 등에 관한 법률(이하, 방문판매법)

> 제15조(다단계판매원) ② 다음 각 호의 어느 하나에 해당하는 자는 다단계판매원으로 등록할 수 없다. 1. 국가공무원, 지방공무원, 교육공무원 및 「사립학교법」에 따른 교원(「고등교육법」 제14조 제2항에 따른 강사를 포함한다)
> 제62조(벌칙) 다음 각 호의 어느 하나에 해당하는 자(제29조제3항에 따라 준용되는 경우를 포함한다)는 1년 이하의 징역 또는 3천만원 이하의 벌금에 처한다.
> 6. 제15조제2항제1호 또는 제3호부터 제7호까지의 규정에 따라 다단계판매원으로 등록할 수 없는 자임에도 불구하고 다단계판매원으로 등록한 자

나. 국가공무원법

> 제64조(영리 업무 및 겸직 금지) ① 공무원은 공무 외에 영리를 목적으로 하는 업무에 종사하지 못하며 소속 기관장의 허가 없이 다른 직무를 겸할 수 없다.
> ② 제1항에 따른 영리를 목적으로 하는 업무의 한계는 국회규칙, 대법원규칙, 헌법재판소규칙, 중앙선거관리위원회규칙 또는 대통령령으로 정한다.
> 제78조(징계 사유) ① 공무원이 다음 각 호의 어느 하나에 해당하면 징계 의결을 요구하여야 하고 그 징계 의결의 결과에 따라 징계처분을 하여야 한다.
> 1. 이 법 및 이 법에 따른 명령을 위반한 경우
> 2. 직무상의 의무(다른 법령에서 공무원의 신분으로 인하여 부과된 의무를 포함한다)를 위반하거나 직무를 태만히 한 때
> 3. 직무의 내외를 불문하고 그 체면 또는 위신을 손상하는 행위를 한 때

다. 경찰공무원법

> 제36조(국가공무원법과의 관계) ② 국가공무원법을 경찰공무원에게 적용할 때에는 다음 각 호에 따른다.
> 3. 「국가공무원법」 제67조, 제68조, 제78조제1항제1호 및 같은 조 제2항, 제80조제7항 및 제8항 중 "이 법"은 "이 법 및 「국가공무원법」"으로 본다.

라. 국가공무원 복무규정

> **제25조(영리 업무의 금지)** 공무원은 다음 각 호의 어느 하나에 해당하는 업무에 종사함으로써 공무원의 직무 능률을 떨어뜨리거나, 공무에 대하여 부당한 영향을 끼치거나, 국가의 이익과 상반되는 이익을 취득하거나, 정부에 불명예스러운 영향을 끼칠 우려가 있는 경우에는 그 업무에 종사할 수 없다.
> 1. 공무원이 상업, 공업, 금융업 또는 그 밖의 영리적인 업무를 스스로 경영하여 영리를 추구함이 뚜렷한 업무
> 2. 공무원이 상업, 공업, 금융업 또는 그 밖에 영리를 목적으로 하는 사기업체(私企業體)의 이사·감사 업무를 집행하는 무한책임사원·지배인·발기인 또는 그 밖의 임원이 되는 것
> 3. 공무원 본인의 직무와 관련 있는 타인의 기업에 대한 투자
> 4. 그 밖에 계속적으로 재산상 이득을 목적으로 하는 업무

3. 결 론

가. 형사상 책임

방문판매법 제15조 제2항에 '국가공무원·지방공무원 …은 다단계 판매원으로 등록할 수 없다' 라고 규정하고 있다. 이를 위반하여 다단계 판매원으로 등록한 경우 같은 법 제55조 제4호에 따라 1년이하의 징역 또는 3천만원이하의 벌금에 처한다.

만약 처벌이 두려워 판매원으로 등록하지 아니하고 판매원으로 활동할 때는 미등록 다단계판매업으로 더 중하게 처벌받는다.

따라서 경찰공무원 甲은 형사처분을 면할 수 없을 것이다.

나. 징계책임

형사책임이 지게 되면 징계책임은 당연하다.

국가공무원법, 경찰공무원법 및 국가공무원 복무규정에도 '영리 업무 및 겸직 금지' 의무를 규정하고 있으며 이를 위반할 경우 징계책임을 묻고 있다.

따라서 공무원은 어떠한 경우에도 다단계 판매원이 될 수 없다.

제2장

생활안전분야

제1절 교육환경보호구역 내에서 금지행위 및 시설기준

1. 사 례

> 甲은 ○○교육청에 학교경계선으로부터 194m 떨어진 곳에 있는 건물에서 노래연습장업을 하기 위해 교육환경보호구역(상대적 정화구역, 학교경계선으로부터 직선거리로 200m) 내 금지행위 및 시설 해제신청을 하였으나, ○○교육청에서는 위 노래연습장이 교육환경보호구역 내에 해당한다고 보아 위 신청에 대해 거부하는 이 사건 처분하였다. 甲이 노래연습장을 하고자 하는 건물 또는 그 부지의 일부만 교육환경보호구역에 포함되고 나머지 대부분은 교육환경보호구역 밖에 있다(위 건물 또는 부지의 경계선과 학교경계선과의 최단거리가 194m다). (대법원 2005.11.30. 선고 2006구합557 판례 관련)

2. 쟁 점

노래연습장 등의 행위 및 시설 또는 그 건물이 교육환경보호구역의 경계에 위치하는 경우, 舊 학교보건법 제6조 제1항의 '학교환경위생정화구역 내'에서의 행위 및 시설에 해당하는지 여부

3. 법규연구 (교육환경 보호에 관한 법률)

> 제8조(교육환경보호구역의 설정 등) ① 교육감은 학교경계 또는 학교설립예정지 경계(이하 "학교경계 등"이라 한다)로부터 직선거리 200미터의 범위 안의 지역을 다음 각 호의 구분에 따라 교육환경보호구역으로 설정·고시하여야 한다.
> 1. 절대보호구역 : 학교출입문으로부터 직선거리로 50미터까지인 지역(학교설립예정지의 경우 학교경계로부터 직선거리 50미터까지인 지역)
> 2. 상대보호구역 : 학교경계등으로부터 직선거리로 200미터까지인 지역 중 절대보호구역을 제외한 지역
> ② 학교설립예정지를 결정·고시한 자나 학교설립을 인가한 자는 학교설립예정지가 확정되면 지체 없이 관할 교육감에게 그 사실을 통보하여야 한다.
> ③ 교육감은 제2항에 따라 학교설립예정지가 통보된 날부터 30일 이내에 제1항에 따른 교육환경보호구역을 설정·고시하여야 한다.

4. 당사자들의 주장

가. 甲의 주장

당해 시설의 일부, 또는 적어도 그 1/2 이상이 학교환경위생정화구역의 밖에 있는 경우, 그 시설은 학교환경위생정화구역 내에 있는 것이라 할 수 없다.

나. 교육청의 주장

당해 행위 및 시설이 있는 건물·부지의 일부라도 학교환경위생정화구역 안에 있는 경우는 물론, 그 시설의 이용에 제공되는 공용화장실, 주차장 등이 학교환경위생정화구역 안에 있는 경우도 학교환경위생정화구역 내에서의 행위 및 시설에 해당된다.

5. 법원의 판단

학교보건법(현, 교육환경 보호에 관한 법률)의 입법취지를 존중하는 범위에서 개인의 재산권 행사를 최대한 보장할 수 있는 해석이 필요하다. 학교보건법 제6조 제1항 각호는 학교환경위생정화구역 내에서 금지되는 행위·시설을 열거하고 있는데, 그 행위·시설 중 폐기물처리장이나 사체처리장 등은 그 행위·시설의 존재 자체로 학생들의 보건위생환경에 위해를 줄 수 있지만, 노래연습장이나 이와 유사한 행위·시설은 학생들이 그 시설을 이용함으로써 학습환경에 위해를 줄 수 있는 것들이다. 이처럼 학생들이 그 시설을 이용하는 것을 예방하기 위한 것이라면 폐기물처리장 등과 달리 그 시설에 대한 학생들의 접근성을 기준으로 하는 것이 타당할 것이고, 접근성을 기준으로 한다면 그 행위·시설을 이용하기 위한 출입구의 위치가 학교환경위생정화구역 내에 있는지(모든 출입 가능한 출입구를 포함하고, 그 일부라도 구역 내에 있으면 족하다)에 따라 그 행위·시설이 학교환경위생정화구역 내에 있는 것인지 아닌지를 판단하는 것이 타당할 것이다.

6. 판결의 의미(결론)

종래 노래연습장·피시방 등이 있는 건물이 교육환경보호구역의 경계에 있는 경우에 대한 명확한 기준이 없었는데(이를 재량권 일탈·남용 여부에 대한 판단자료로 삼아왔다), 이에 대한 하나의 기준을 제시하였다.

제2절 술집 간판 "섹시바" 표시가 업종혼동 우려 표시 여부

1. 사 례

甲은 영업장의 간판에 일반음식점이라는 업종을 표시하지 아니하였고, 위 간판에 표시한 "Sexy Bar", "Sexy Live Bar"를 기재한 것이 식품위생법 소정의 업종을 혼동하게 할 우려가 있는 표시를 한 상황에 해당하는지 여부

2. 법규연구 (식품위생법)

제44조(영업자 등의 준수사항) ① 제36조제1항 각 호의 영업을 하는 자 중 대통령령으로 정하는 영업자와 그 종업원은 영업의 위생관리와 질서유지, 국민의 보건위생 증진을 위하여 영업의 종류에 따라 다음 각 호에 해당하는 사항을 지켜야 한다.
② 식품접객영업자는 「청소년 보호법」 제2조에 따른 청소년(이하 이 항에서 "청소년"이라 한다)에게 다음 각 호의 어느 하나에 해당하는 행위를 하여서는 아니 된다.
1. 청소년을 유흥접객원으로 고용하여 유흥행위를 하게 하는 행위
2. 「청소년 보호법」 제2조제5호가목3)에 따른 청소년출입·고용 금지업소에 청소년을 출입시키거나 고용하는 행위
3. 청소년 보호법」 제2조제5호나목3)에 따른 청소년고용금지업소에 청소년을 고용하는 행위
4. 청소년에게 주류(酒類)를 제공하는 행위

3. 법원의 판단(대법원 2006.10.11. 선고 2006구단2881 판결영업정지처분취소)

甲이 신고한 업종인 일반음식점은 음식류를 조리·판매하는 영업으로서 식사와 함께 부수적으로 음주행위가 허용되는 영업이나, 바(Bar)는 스탠드바를 줄여서 부르는 말로서 주로 양주를 파는 서양식 술집을 의미하여, 주로 주류를 조리·판매하는 영업으로서 손님이 노래를 부르는 행위가 허용되는 단란주점 영업이나 유흥종사자를 두거나 유흥시설을 설치할 수 있고 손님이 노래를 부르거나 춤을 추는 행위가 허용되는 유흥주점 영업을 의미하는 것으로 오해될 소지가 있는 점,

특히 섹시바는 손님들이 바 나 테이블에 앉아서 맥주 또는 양주를 마실 수 있는 술집인 점에서는 일반적인 술집과 다른 점이 없으나, 바텐더나 종업원이 비키니 수영복이나 속옷과 유사한 선정적인 옷차림으로 술 시중을 드는 술집인 점에 특색이 있고, 최근에는 위와 같은 옷차림을 한 종업원들이 손님과 합석하여 술을 마시거나 일정한

시간이 되면 음란한 동작을 하는 춤이나 스트립쇼를 하는 등 퇴폐영업을 하기까지에 이른 점,

섹시바의 종업원이 손님과 함께 술을 마시는 행위는 식품위생법 시행령 제8조 제1항 제1호, 제2호에서 정한 유흥종사자를 둔 경우에 해당하여 이러한 영업형태는 같은 법 시행령 제7조 제8호 라목 소정의 유흥음식점영업에 해당한다고 보아야 하는 점 등에 볼 때,

甲이 위 영업장의 간판에 일반음식점이라는 표시와 함께 표시한 "Sexy Bar", "시저스 칵테일바"라는 문구는 신고된 업종인 일반음식점과 위에서 본 단란주점영업이나 유흥음식점과의 업종구분에 혼동을 줄 수 있는 사항을 표시하였다고 볼 수 있다.

4. 판결의 의미(결론)

섹시바라는 명칭을 사용한 술집에서 선정적인 옷차림을 한 종업원이 술 시중을 드는 변칙적인 영업행위가 이 판결을 계기로 어느 정도 근절될 수 있을 것이다.

진리는 웃음과 동반한다.
진정한 유머는 머리에서 나온다기보다
마음에서 나온다.
그것은 웃음에서 나오는 것이 아니라
조용한 미소에서 나온다.

- 토머스 칼라일 -

제3절 이성혼숙과 청소년 확인방법

1. 사 례

여관업을 하는 甲은 미성년자 A(18세)와 그 일행인 B(36세)를 손님으로 받아 금 13,000원을 받고 투숙시켰다. 甲은 A에게 신분확인을 위해 신분증을 보여달라고 하였다. A가 신분증을 소지하지 않았지만, 자신은 청소년이 아니라고 하자 甲은 그대로 A와 B의 투숙을 허용하였다.

2. 법규연구 (청소년보호법)

제30조(청소년유해행위의 금지) 누구든지 청소년에게 다음 각 호의 어느 하나에 해당하는 행위를 하여서는 아니 된다.
   8. 청소년을 남녀 혼숙하게 하는 등 풍기를 문란하게 하는 영업행위를 하거나 이를 목적으로 장소를 제공하는 행위
제58조(벌칙) 다음 각 호의 어느 하나에 해당하는 자는 3년 이하의 징역 또는 3천만원 이하의 벌금에 처한다.
   5. 제30조제7호부터 제9호까지의 위반행위를 한 자

3. 판례연구

가. 청소년보호법 제26조의2(현 제30조) 제8호 소정의 '청소년 이성혼숙'의 의미
   청소년보호법 제26조의2 제8호는 누구든지 "청소년에 대하여 이성혼숙을 하게 하는 등 풍기를 문란하게 하는 영업행위를 하거나 그를 목적으로 장소를 제공하는 행위"를 하여서는 아니된다고 규정하고 있는바, 위 법률의 입법취지가 청소년을 각종 유해행위로부터 보호함으로써 청소년이 건전한 인격체로 성장할 수 있도록 하기 위한 것인 점 등을 감안하면, 위 법문이 규정하는 '이성혼숙'은 남녀 중 일방이 청소년이면 족하고, 반드시 남녀 쌍방이 청소년임을 요하는 것은 아니다.

나. 청소년 이성혼숙에 대한 여관업주의 미필적 고의를 인정한 사례(대법원 2001. 8.21. 선고 2001도3295 판결)

4. 결 론

여관업을 하는 자로서는 이성 혼숙하려는 자의 외모나 차림 등에 의하여 청소년이라고 의심할 만한 사정이 있는 때에는 신분증이나 기타 확실한 방법에 따라 청소년인지 여부를 확인하고 청소년이 아닌 것으로 확인된 경우에만 이성혼숙을 허용하여야 할 것이므로, 위와 같은 경우 신분증을 소지하지 않았다는 말을 듣고 단지 구두로만 연령을 확인하여 이성혼숙을 허용하였다면, 적어도 청소년 이성혼숙에 관한 미필적 고의가 있다고 보아도 좋을 것이다. 즉 청소년보호법위반으로 처벌하여야 한다.

제4절 청소년 출입금지업소의 업주·종업원의 연령확인 의무

1. 사 례

甲은 청소년 출입고용금지업소인 "○○살롱"이라는 유흥주점을 운영하는 자로 위 업소에 출입한 손님 2명이 청소년일 개연성이 있었으므로 그 출입자의 연령을 확인하여 청소년이 당해 업소에 출입하거나 이용하지 못하게 하여야 함에도 신분증을 확인하는 등의 방법으로 연령을 확인하지 않고 이들을 출입하게 하여 남성 유흥종사자와 함께 유흥을 즐기도록 하면서 양주 및 맥주를 판매하였다. – 인천지법 2007고정264

2. 논 점

甲은 당시 위 손님들이 청소년인줄 몰랐으며, 甲의 종업원인 홍길동이 이전에 위 손님들의 주민등록증을 확인한 적이 있는데 성년임을 확인하였다고 하여 이를 믿었다고 주장하는바, 위와 같이 청소년일 개연성이 있는 연령대의 출입자에 대하여 청소년출입금지업소의 업주 및 그 종사자에게 어느 정도의 연령확인의무가 요구되는지 여부

3. 법규연구 (청소년보호법)

제29조(청소년 고용 금지 및 출입 제한 등) ① 청소년유해업소의 업주는 청소년을 고용하여서는 아니 된다. 청소년유해업소의 업주가 종업원을 고용하려면 미리 나이를 확인하여야 한다.
② 청소년 출입·고용금지업소의 업주와 종사자는 출입자의 나이를 확인하여 청소년이 그 업소에 출입하지 못하게 하여야 한다.

4. 법원의 판단

○ 청소년출입 금지업소의 업주 및 종사자에게는 청소년의 보호를 위하여 청소년을 당해 업소에 출입시켜서는 아니 될 매우 엄중한 책임이 부여되어 있다 할 것이므로 청소년출입 금지업소의 업주와 종사자는 객관적으로 보아 출입자를 청소년으로 의심하기 어려운 사정이 없는 한 청소년일 개연성이 있는 연령대의 출입자에 대하여 주민등록증이나 이에 유사한 정도로 연령에 관한 공적 증명력이 있는 증거에 의하여 대상자의 연령을 확인하여야 할 것이고(대법원 1994.1.14. 선고 93도2914 판결, 대법원 2002.6.28. 선고 2002도2425 판결 등 참조),

○ 업주와 종사자가 이러한 연령확인 의무를 위배하여 연령확인을 위한 아무런 조치를 취하지 아니함으로써 청소년이 당해 업소에 출입한 것이라면, 특별한 사정이

없으면 업주와 그 종사자에게 최소한 위 법률조항 위반으로 인한 청소년보호법위반 죄의 미필적 고의는 인정된다고 할 것이다(대법원 2004.4.23. 선고 2003도8039 판결 참조).

5. 관련 판례

가. 대법원 2002.6.28. 선고 2002도2425 판결

[1] 청소년고용금지업소의 업주가 유흥종사자를 고용하면서 연령확인에 필요한 의무의 내용

청소년보호법의 입법목적 등에 비추어 볼 때, 유흥주점과 같은 청소년 유해업소의 업주에게는 청소년의 보호를 위하여 청소년을 당해 업소에 고용하여서는 아니 될 매우 엄중한 책임이 부여되어 있다 할 것이므로, 유흥주점영업의 업주가 당해 유흥업소에 종업원을 고용함에서는 주민등록증이나 이에 유사한 정도로 연령에 관한 공적 증명력이 있는 증거에 의하여 대상자의 연령을 확인하여야 하고, 만일 대상자가 신분증을 분실하였다는 사유로 그 연령확인에 응하지 아니하는 등 고용대상자의 연령확인이 당장 용이하지 아니한 경우라면 청소년 유해업소의 업주로서는 청소년이 자신의 신분과 연령을 감추고 유흥업소 취업을 감행하는 사례가 적지 않은 유흥업계의 취약한 고용 실태 등에 비추어 대상자의 연령을 공적 증명 때문에 확실히 확인할 수 있는 때까지 그 채용을 보류하거나 거부하여야 한다.

[2] 건강진단수첩(속칭 보건증) 또는 건강진단결과서가 연령에 관한 공적 증명력이 있는 증거라고 볼 수 있는지(소극)

건강진단수첩(속칭 보건증) 제도가 폐지된 후 건강진단결과서 제도가 마련된 취지와 경위, 건강진단결과서의 발급목적, 건강진단결과서가 발급되는 과정에서 피검자에 대한 신분을 확인하는 검증 절차 및 피검자의 동일성에 관한 건강진단결과서의 증명도 등을 두루 감안해 볼 때 비록 그 결과서에 피검자의 주민등록번호 등 인적사항이 기재되어 있다고 하더라도 이는 주민등록증에 유사한 정도로 연령에 관한 공적 증명력이 있는 증거라고 볼 수는 없다.

[3] 청소년고용금지업소의 업주에 대하여 청소년 고용에 관한 미필적 고의가 있음을 인정한 사례

유흥업소의 업주로서는 다른 공적 증명력 있는 증거를 확인해 봄이 없이 단순히 건강진단결과서 상의 생년월일 기재만을 확인하는 것으로는 청소년 보호를 위한 연령확인의무이행을 다 한 것으로 볼 수 없고, 따라서 이러한 의무이행을 다 하지 아니한 채 대상자가 성인이라는 말만 믿고 타인의 건강진단결과서만을 확인한 채 청소년을 청소년 유해업소에 고용한 업주에게는 적어도 청소년 고용에 관한 미필적 고의가 있음을 인정한 사례.

나. 대법원 2004.4.23. 선고2003도8039판결[청소년보호법위반]

청소년보호법 제51조 제7호, 제24조 제2항 위반죄의 성립에 고의가 요구되는지 여부(적극) 및 청소년출입 금지업소의 업주와 종사자가 출입자의 연령확인에 필요한 의무의 내용 및 연령확인조치를 취하지 아니하여 청소년이 당해 업소에 출입한 경우, 청소년보호법 위반죄의 미필적 고의가 인정되는지 여부(적극)

청소년보호법 제24조 제2항은, "청소년출입·고용금지업소의 업주와 종사자는 출입자의 연령을 확인하여 청소년이 당해 업소에 출입하거나 이용하지 못하게 하여야 한다."고 규정하고 있고, 같

은 법 제51조 제7호는, "제24조 제2항의 규정을 위반하여 청소년을 유해업소에 출입시킨 자를 2년 이하의 징역 또는 1천만 원 이하의 벌금에 처한다."라고 규정하고 있는바, 위 법률조항 위반으로 인한 청소년보호법위반죄의 성립에서도 고의는 요구된다 할 것이다.

그리고 위 법률조항의 규정 내용 및 청소년보호법의 입법취지에 비추어 볼 때, 청소년출입 금지업소의 업주와 종사자에게는 청소년의 보호를 위하여 청소년을 당해 업소에 출입시켜서는 아니 될 매우 엄중한 책임이 부여되어 있다 할 것이므로 청소년출입 금지업소의 업주와 종사자는 객관적으로 보아 출입자를 청소년으로 의심하기 어려운 사정이 없는 한 청소년일 개연성이 있는 연령대의 출입자에 대하여 주민등록증이나 이에 유사한 정도로 연령에 관한 공적 증명력이 있는 증거에 의하여 대상자의 연령을 확인하여야 할 것이고(대법원 1994.1.14. 선고 93도2914 판결, 대법원 2002. 6. 28. 선고 2002도2425 판결 등 참조), 업주와 종사자가 이러한 연령확인 의무를 위배하여 연령확인을 위한 아무런 조치를 취하지 아니함으로써 청소년이 당해 업소에 출입한 것이라면, 특별한 사정이 없으면 업주와 종사자에게 최소한 위 법률조항 위반으로 인한 청소년보호법위반죄의 미필적 고의는 인정된다고 할 것이다.

6. 결 론

甲은 당시 위 손님들이 청소년일지도 모른다고 의심할만한 사정이 있었으면서도 주민등록증이나 이에 유사한 정도로 연령에 관한 공적 증명력이 있는 증거에 의하여 연령을 확인함이 없이 단지 종업원의 말만 믿고 위 업소에 출입시켜 주류를 제공하기까지 하였으므로 위와 같은 주의의무를 다하였다고 보기 어렵다. 따라서 청소년보호법에 따라 처벌하여야 한다.

제5절 당사자가 부인한 경우 이성혼숙 성립 여부

1. 사 례

甲은 '○○모텔'이라는 상호로 숙박업에 종사하는 자로 위 모텔 307호실에 성년 남자인 A와 여자 청소년인 B를 투숙하게 하여 청소년에 대하여 이성혼숙을 하게 하였다. 그러나 당사자들은 업주 甲이 모른 상태에서 투숙하였다고 한다(대법원 2006.11.2. 선고 2006고정1502 판결).

2. 법규연구 (청소년 보호법)

제30조(청소년유해행위의 금지) 누구든지 청소년에게 다음 각 호의 어느 하나에 해당하는 행위를 하여서는 아니 된다.
　8. 청소년을 남녀 혼숙하게 하는 등 풍기를 문란하게 하는 영업행위를 하거나 이를 목적으로 장소를 제공하는 행위
제58조(벌칙) 다음 각 호의 어느 하나에 해당하는 자는 3년 이하의 징역 또는 3천만원 이하의 벌금에 처한다.
　5. 제30조제7호부터 제9호까지의 위반행위를 한 자

3. 법원의 판단

甲은 미성년자인 B와 성년자인 A가 모텔에 함께 들어가는 것을 본 일이 없으므로 이성혼숙에 대한 고의가 없었다고 주장 하고, B와 A도 이 법정에서 함께 모텔에 투숙할 당시 甲과 A가 만나거나 눈을 마주친 사실이 없다고 증언하였다. 그러나 甲이 이전부터 장기투숙 중이던 B의 신분증조차 확인하지 아니한 사실, 이 사건 범행 이전에도 미성년 남자인 C등(나이가 어려 B와 성관계를 하였을 것으로 의심되지는 아니한다)이 수차례 이 사건 모텔에 드나들었음에도 甲이 그들의 신분증을 확인하거나 제지하지 아니하였던 사실, 이 사건 모텔은 손님이 甲이 있는 수부실 앞을 통과하여 출입할 수밖에 없는 구조로 되어있고, 범행일시에 A는 몰래 숨어 들어가지 아니하고 자연스럽게 B와 걸어 들어간 사실, B는 04:00인 이 사건 범행일시에 숙박비를 지급한 사실 등을 인정하고, 甲에게 이성혼숙에 대한 미필적 고의가 있다고 봄.

4. 판결의 의미(결론)

범의와 같은 범죄의 주관적 요소는 甲이 이를 자백하지 아니하는 이상 경험칙에 바탕하여 간접사실에 의하여 입증할 수밖에 없는 것인바, 최근 숙박업소를 운영하는 甲들이 이성혼숙 사실을 알지 못하였다고 변명함으로써 무죄를 선고받는 일이 잦은데, 간접사실에 의하여 甲의 미필적 고의를 인정한 사례로써 유사한 사례에서 참고가 될 수 있을 것이다.

제6절 숙박업주 몰래 이성혼숙이 이루어진 경우

1. 사 례

2000. ○. ○. 00:00경 ○○에 있는 '추억만들기모텔'에 남자 청소년 2명이 잠을 자겠다며 업주에게 방값으로 25,000을 지불하고 객실로 올라간 뒤 10분 후쯤 모텔 주차장에서 기다리고 있던 일행인 남녀청소년 7명(남자 3명, 여자 4명)이 업주 모르게 객실로 올라가 1시간가량 술을 마시다 함께 있던 여자 청소년의 부모가 객실로 찾아와 경찰에 신고되어 적발된 경우

2. 논 점

　가. 숙박업소 업주 및 해당 청소년 조사결과 투숙 시 남자 청소년 2명이 잠을 자겠다고 한 이후 일행인 남녀청소년이 업주 모르게 객실로 올라간 사실이 확인됨.

　나. 결과적으로 이성혼숙 행위가 이루어졌기 때문에 업주에게 청소년 이성혼숙의 책임을 물어야 하는지 여부

3. 확인해야 할 사항

　모든 법을 접함에 있어 결과만을 가지고 논하려고 하면 무고한 시민(?)을 처벌하게 되고 또한 실체적 진실발견에 역행할 우려가 있다. 위의 사례의 경우도 결과만 생각한다면 당연히 기소의견으로 송치해야 할 사안이나 혼숙하게 된 과정을 조사하지 않고서는 기소 여부를 논하여서는 아니 될 사안이다. 이러한 경우,

가. 업소를 방문

　주변상황을 조사하여 청소년이 투숙한 방이 몇 층인지(만약 1층이라면 창문을 통해 몰래 들어갈 수 있는지), 출입문이 몇 개인지, 손님이 들어올 때 식별이 가능한 장치 설치 유무(例, 풍경소리 등), 계산대에서 출입자 식별용이 유무 등등을 조사하고

나. 청소년 상대

(가) 처음 투숙한 청소년

　　투숙한 후 나머지 일행들에게 그 호실에 투숙하였다는 것을 언제 어떠한 방법으로 연락하였는지 여부, 업주 몰래 투숙이 가능할 수 있는지

(나) 나중에 몰래 투숙한 청소년 상대

몰래 투숙할 때 업주(종업원)가 무엇을 하고 있던가, 7명이 입실하였다고 하는데 한꺼번에 7명이 들어갔었나, 업주가 전혀 눈치를 채지 못하던가, 술은 어떻게 구입하였는지(업주를 통해 주문하였는지 여부) 등 등 …

4. 관련 판례

가. 음식점 운영자가 술을 내어놓을 당시에는 성년자들만이 있었으나 나중에 청소년이 합석하여 술을 마신 경우, '청소년에게 술을 판매하는 행위'에 해당하는지 여부(한정 소극)

음식점을 운영하는 사람이 그 음식점에 들어온 사람들에게 술을 내어놓을 당시에는 성년자들만이 있었고 그들끼리만 술을 마시다가 나중에 청소년이 들어와서 합석하게 된 경우에는, 처음부터 음식점 운영자가 나중에 그렇게 청소년이 합석하리라는 것을 예견할 만한 사정이 있었거나, 청소년이 합석한 후에 이를 인식하면서 추가로 술을 내어 준 경우가 아닌 이상, 나중에 합석한 청소년이 남아 있던 술을 일부 마셨다고 하더라도 음식점 운영자는 청소년보호법 제51조 제8호에 규정된 '청소년에게 술을 판매하는 행위'를 하였다고는 할 수 없고 이 같은 법리는 음식점 운영자가 나중에 합석한 청소년에게 술을 따라 마실 술잔을 내주었다 하여 달리 볼 것은 아니다(대법원 2002.1.11. 선고 2001도6032 판결).

나. 청소년보호법 제26조의2 제8호 소정의 '청소년 이성혼숙'의 의미

청소년보호법 제26조의2 제8호는 누구든지 "청소년에 대하여 이성혼숙을 하게 하는 등 풍기를 문란하게 하는 영업행위를 하거나 그를 목적으로 장소를 제공하는 행위"를 하여서는 아니 된다고 규정하고 있는바, 위 법률의 입법취지가 청소년을 각종 유해행위로부터 보호함으로써 청소년이 건전한 인격체로 성장할 수 있도록 하기 위한 것인 점 등을 감안하면, 위 법문이 규정하는 '이성혼숙'은 남녀 중 일방이 청소년이면 족하고, 반드시 남녀 쌍방이 청소년임을 요하는 것은 아니다(대법원 2003.12.26. 선고 2003도5980 판결).

다. 이성혼숙을 하려는 자가 청소년이라고 의심할 만한 사정이 있는 경우 여관업주가 취하여야 할 조치

여관업을 하는 사람으로서는 이성혼숙을 하려는 사람들의 겉모습이나 차림새 등에서 청소년이라고 의심할 만한 사정이 있는 때에는 신분증이나 다른 확실한 방

법으로 청소년인지 여부를 확인하고 청소년이 아닌 것으로 확인된 경우에만 이성혼숙을 허용하여야 한다(대법원 2002.10.8. 선고 2002도4282 판결).

라. 공중위생법상의 '미성년 남녀의 혼숙'의 의미

공중위생법 제12조 제2항 제1호(나)목은 미성년 남녀가 같은 객실에 투숙하지 못하도록 함으로써 미성년자의 순결과 선량한 풍속을 보호하려는 데 그 취지가 있으므로 같은 법조 소정의 '미성년 남녀의 혼숙'이라 함은 미성년 남녀가 같은 객실에 들어가 상당한 시간 동안 함께 지내는 것을 말하고, 반드시 성관계를 전제로 밤을 지새우는 것에 한정할 것은 아니다(대법원 1996.3.26. 선고 95누13227 판결).

5. 결 론

가. 대법원 판례(2002도4282)는 '청소년 이성혼숙에 대한 여관업주의 미필적 고의를 인정'하고 있으므로 이들의 혼숙행위를 조금이라도 알 수 있었다면(例, 그들이 몰래 혼숙한 후 떠든 소리를 듣고 알았지만, 어린애들이기 때문에 그대로 두었다는 등) 기소.

나. 그러나 모든 상황을 조사한 후 나중에 몰래 투숙한 청소년의 투숙 사실을 알지 못하였다면 처벌할 수 없을 것이다. 이와 관련 유사한 판례(2001도6032) 내용을 보면 "음식점 운영자가 술을 내어놓을 당시에는 성년자들만이 있었으나 나중에 청소년이 합석하여 술을 마신 경우 청소년이 합석한 후에 이를 인식하면서 추가로 술을 내어 준 경우가 아닌 이상, 나중에 합석한 청소년이 남아 있던 술을 일부 마셨다고 하더라도 음식점 운영자는 청소년보호법 제51조 제8호에 규정된 '청소년에게 술을 판매하는 행위'를 하였다고는 할 수 없다"라고 하는 것으로 보아 이성혼숙 행위에 대한 인식이 없었다면 처벌할 수 없을 것이다.

제7절 휴게음식점에 청소년을 고용하여 다류 등을 배달하게 한 경우

1. 사 례

甲은 휴게음식점을 경영하는 자로 청소년인 乙녀를 고용하여 다류를 배달하게 하였으나 시간적 소요의 대가로 금품을 수수하는 속칭 티켓영업은 시키지 않았다. 이 경우 甲에 대한 형사처벌 여부

2. 법규연구

가. 식품위생법

제44조(영업자 등의 준수사항) ① 식품접객영업자 등 대통령령으로 정하는 영업자와 그 종업원은 영업의 위생관리와 질서유지, 국민의 보건위생 증진을 위하여 총리령으로 정하는 사항을 지켜야 한다.

제97조(벌칙) 다음 각 호의 어느 하나에 해당하는 자는 3년 이하의 징역 또는 3천만원 이하의 벌금에 처한다.
  6. 제42조제1항 또는 제44조제1항에 따라 영업자가 지켜야 할 사항을 지키지 아니한 자. 다만, 총리령으로 정하는 경미한 사항을 위반한 자는 제외한다.

나. 식품위생법 시행규칙

※ 식품접객업영업자 등의 준수사항(제57조 관련) [별표17]
  7. 식품접객업자(위탁급식영업자는 제외한다)와 그 종업원의 준수사항
    타. 허가를 받거나 신고한 영업외의 다른 영업시설을 설치하거나 다음에 해당하는 영업행위를 하여서는 아니된다.
      5) 식품접객업소의 영업자 또는 종업원이 영업장을 벗어나 시간적 소요의 대가로 금품을 수수하거나, 영업자가 종업원의 이러한 행위를 조장하거나 묵인하는 행위
      6) 휴게음식점영업 중 주로 다류 등을 조리·판매하는 영업소에서 「청소년보호법」 제2조제1호에 따른 청소년인 종업원에게 영업소를 벗어나 다류 등을 배달하게 하여 판매하는 행위

다. 청소년 보호법

제30조(청소년유해행위의 금지) 누구든지 청소년에게 다음 각 호의 어느 하나에 해당하는 행위를 하여서는 아니 된다.
  9. 주로 차 종류를 조리·판매하는 업소에서 청소년으로 하여금 영업장을 벗어나 차 종류를 배달하는 행위를 하게 하거나 이를 조장하거나 묵인하는 행위
제58조(벌칙) 다음 각 호의 어느 하나에 해당하는 자는 3년 이하의 징역 또는 3천만원 이하의 벌금에 처한다.
  5. 제30조제7호부터 제9호까지의 위반행위를 한 자

3. 결 론

가. 지금까지는 청소년을 휴게음식점에 고용하여 단순히 배달만 시켰을 경우 부모의 동의서 여부를 확인하여 동의서 없이 고용한 경우 노동청에 근로기준법 위반(업주)으로 통보하였을 뿐이었으나,

나. 식품위생법시행규칙의 개정(2003. 8. 18.이후)으로 청소년을 고용하여 티켓영업 (종업원이 영업장을 벗어나 시간적 소요의 대가로 금품을 수수)을 하지 않고 단순히 배달만 시켜도 식품위생법 제44조(영업자준수사항) 위반으로 업주를 처벌할 수 있으며,

다. 청소년보호법의 개정(2004. 4. 30.이후)으로 청소년이 영업장을 벗어나 다류를 배달하는 행위를 하게 하는 행위뿐만 아니라 이를 조장 또는 묵인하는 행위도 처벌할 수 있어 식품위생법과 상상적 경합범으로 처벌

라. 청소년을 고용하여 티켓영업까지 시킨 경우는 청소년보호법과 식품위생법 제44조(영업자준수사항) 위반의 상상적 경합으로 처벌하여야 할 것이다.

좋은 음식이라도 소금으로 간을 맞추지 않으면 그 맛을 잃고 만다.

모든 행동도 음식과 같이 간을 맞춰야 한다.

음식을 먹기 전에 간을 먼저 보듯이 행동을 시작하기 전에 먼저 생각하라.

생각은 인생의 소금이다.

[에드워드 조지 얼리리트]

제8절 성인에게 판매한 주류를 청소년이 이를 분음한 경우

1. 사 례

음식점에서 청소년에게 주류를 판매한다는 신고를 받고 출동하여 업주를 상대로 판매 여부를 조사하자 업주는 술을 내어놓을 당시에는 성년자들만이 있었으나 나중에 업주가 모르는 사이에 청소년이 합석하여 술을 마셨기 때문에 청소년에게 술을 판매한 사실이 없다고 할 경우 처벌 여부

2. 법규연구 (청소년 보호법)

청소년유해약물 판매(담배, 술) ⇒ 제58조 제3호, 제28조 제1항

제28조(청소년유해약물등의 판매·대여 등의 금지) ① 누구든지 청소년을 대상으로 청소년유해약물 등을 판매·대여·배포(자동기계장치·무인판매장치·통신장치를 통하여 판매·대여·배포하는 경우를 포함한다)하거나 무상으로 제공하여서는 아니 된다. 다만, 교육·실험 또는 치료를 위한 경우로서 대통령령으로 정하는 경우는 예외로 한다.

3. 착안 사항

가. 업소의 규모로 보아 청소년이 나중에 들어와 합석한 것을 알 수 있었는지 여부
나. 청소년이 나중에 합석이 가능 하는지 업소의 형태(출입문 이외 다른 출입문이 있는지 등)
다. 처음 술을 줄 때 술의 양과 인원수(성년) 및 추가로 술을 주었는지 여부
라. 추가로 술을 주었을 때 청소년이 합석한 것을 확인할 수 있었는지 여부

4. 결 론 (대법원 2002.1.11. 선고 2001도 6032 판결)

"음식점을 운영하는 사람이 그 음식점에 들어온 사람들에게 술을 내어놓을 당시에는 성년자들만이 있었고 그들끼리만 술을 마시다가 나중에 청소년이 들어와서 합석하게 된 경우에는, 처음부터 음식점 운영자가 나중에 그렇게 청소년이 합석하리라는 것을 예견할 만한 사정이 있었거나, 청소년이 합석한 후에 이를 인식하면서 추가로 술을 내어 준 경우가 아닌 이상, 나중에 합석한 청소년이 남아 있던 술을 일부 마셨다고 하더라도 음식점 운영자는 청소년보호법 제51조 제8호에 규정된 '청소년에게 술을 판매하는 행위'를 하였다고는 할 수 없고, 이 같은 법리는 음식점 운영자가 나중에 합석한 청소년에게 술을 따라 마실 술잔을 내주었다 하여 달리 볼 것은 아니다."라는 내용과 같이 청소년에게 술판매행위로 처벌할 수 없을 것이다.

제9절 보호자 승낙받은 청소년에게 담배 판매행위

1. 사 례

> 청소년인 甲은 부모의 심부름으로 乙이 운영하는 슈퍼에서 담배를 구입하였다. 이때 경찰관에게 적발되자 부모의 심부름으로 담배를 구입한 것이라 하고 乙도 부모의 심부름이라고 하여 담배를 판매하였다고 한다. 甲은 실질적으로 부모의 심부름으로 담배를 구입한 것이 확인되었다. 이때 乙을 처벌할 수 있는지

2. 법규연구 (청소년보호법)

> 제2조(정의) 이 법에서 사용하는 용어의 뜻은 다음과 같다.
> 1. "청소년"이란 만 19세 미만인 사람을 말한다. 다만, 만 19세가 되는 해의 1월 1일을 맞이한 사람은 제외한다.
> 4. "청소년유해약물등"이란 청소년에게 유해한 것으로 인정되는 다음 가목의 약물(이하 "청소년유해약물"이라 한다)과 청소년에게 유해한 것으로 인정되는 다음 나목의 물건(이하 "청소년유해물건"이라 한다)을 말한다.
>   가. 청소년유해약물
>   1)「주세법」에 따른 주류
>   2)「담배사업법」에 따른 담배
> 제28조(청소년유해약물등의 판매 · 대여 등의 금지) ① 누구든지 청소년을 대상으로 청소년유해약물등을 판매 · 대여 · 배포(자동기계장치 · 무인판매장치 · 통신장치를 통하여 판매 · 대여 · 배포하는 경우를 포함한다)하거나 무상으로 제공하여서는 아니 된다.
> 제58조(벌칙) 다음 각 호의 어느 하나에 해당하는 자는 3년 이하의 징역 또는 3천만원 이하의 벌금에 처한다.
> 3. 제28조제1항을 위반하여 청소년에게 제2조제4호가목4) · 5)의 청소년유해약물 또는 같은 호 나목 1) · 2)의 청소년유해물건을 판매 · 대여 · 배포(자동기계장치 · 무인판매장치 · 통신장치를 통하여 판매 · 대여 · 배포한 경우를 포함한다)한 자

3. 관련 판례

청소년보호법상 법정대리인의 동의를 받은 미성년자에 대한 술 판매한 경우,

구 청소년보호법(1998. 2. 28. 법률 제5529호로 개정되기 전의 것)은 일반 사법인 민법과는 다른 차원에서 청소년에게 유해한 매체물과 약물 등이 청소년에게 유통되는 것과 청소년이 유해한 업소에 출입하는 것 등을 규제함으로써 청소년을 유해한 각종 사회환경으로부터 보호 · 구제하고 나아가 이들을 건전한 인격체로 성장할 수 있도록 함을 그 목적으로 하여 제정된 법으로서, 그 제2조에서 18세 미만의 자를 청소년으로 정

의하고 술을 청소년유해약물의 하나로 규정하면서, 제26조 제1항에서는 누구든지 청소년을 대상으로 하여 청소년유해약물 등을 판매·대여·배포하여서는 아니된다고 규정하고, 제51조 제8호에서 위 규정에 위반하여 청소년에게 술이나 담배를 판매한 자를 처벌하도록 규정하고 있는바, 위와 같은 위 법의 입법취지와 목적 및 규정 내용 등에 비추어 볼 때, 18세 미만의 청소년에게 술을 판매하면서 가사 그의 민법상 법정대리인의 동의를 받았다고 하더라도 그러한 사정만으로 위 행위가 정당화될 수는 없다(대법원 1999.7.13. 선고 99도2151 판결).

4. 결 론

가. 청소년보호법의 목적("이 법은 청소년에게 유해한 매체물과 약물 등이 청소년에게 유통되는 것과 청소년이 유해한 업소에 출입하는 것 등을 규제하고, 청소년을 청소년폭력·학대 등 청소년유해행위를 포함한 각종 유해한 환경으로부터 보호·구제함으로써 청소년이 건전한 인격체로 성장할 수 있도록 함을 목적으로 한다")에 비추어 민법상 법정대리인의 동의를 받았다고 하더라도 그러한 사정만으로 위 행위가 정당화될 수 없다고 대법원은 판시하고 있다.

나. 따라서 비록 부모의 동의를 받은 청소년에게 담배나 술을 판매하였다 하더라도 청소년보호법위반에 해당하여 처벌하여야 한다.

기회포착 6가지 방법

1. 과거를 보지 않고 미래를 보자.
2. 모든 사람이 '되기만 하면 정말 좋을 텐데'라는 것을 찾자.
3. 모든 장애물이 곧 기회라는 것을 명심하고 장애물을 찾자.
4. 문제를 찾자.
5. 삶의 버려진 곳에서 기회를 찾자.
6. 일단 기회라고 생각되면 그 기회를 활용하자.

- 로버트 H. 슐러 -

제10절 상점에서 청소년에게 담배를 판매한 경우

1. 사 례

甲은 ○○시 가곡동 222번지에서 공공마트를 운영하는 자인바 청소년인 乙에게 오마샤리프 담배 1갑을 판매하다 단속당하였을 경우 적용할 수 있는 법률은

2. 법규연구

가. 청소년 보호법

청소년유해약물 판매(담배, 술) ⇒ 제58조 제3호, 제28조 제1항

> 제28조(청소년유해약물등의 판매·대여 등의 금지) ① 누구든지 청소년을 대상으로 청소년유해약물 등을 판매·대여·배포(자동기계장치·무인판매장치·통신장치를 통하여 판매·대여·배포하는 경우를 포함한다)하거나 무상으로 제공하여서는 아니 된다. 다만, 교육·실험 또는 치료를 위한 경우로서 대통령령으로 정하는 경우는 예외로 한다.

나. 담배사업법

소매인지정 없이 담배판매 ⇒ 제27조의3 제1호, 제12조 제2항

> 제12조(담배의 판매) ② 소매인이 아닌 자는 담배를 소비자에게 판매하여서는 아니 된다.
> 제2조(정의) 이 법에서 사용하는 용어의 뜻은 다음과 같다.
> 1. "담배"란 연초(煙草)의 잎을 원료의 전부 또는 일부로 하여 피우거나, 빨거나, 증기로 흡입하거나, 씹거나, 냄새맡기에 적합한 상태로 제조한 것을 말한다.
> 2. "저발화성담배"란 담배에 불을 붙인 후 피우지 아니하고 일정시간 이상 방치할 경우 저절로 불이 꺼지는 기능을 가진 담배로서 제11조의5제2항에 따른 인증을 받은 담배를 말한다.

3. 결 론

가. 담배소매인 지정 없이 담배를 판매한 경우

☞ 담배사업법 위반과 청소년보호법위반의 경합범으로 처벌

나. 담배소매 지정을 받은 경우

☞ 청소년보호법위반으로 처벌

제11절 혼인한 청소년에게 술을 판매한 경우

1. 사 례

甲은 18세 남자로 20세인 乙녀와 함께 A유흥주점에 출입하여 술을 먹었다. A 주점 업주도 甲이 혼인하였다는 사실을 알고 있었기 때문에 술을 판매하였다. 청소년보호법위반 여부?

가. 甲은 乙녀와 결혼하여 자녀까지 두고 있는 경우

나. 甲이 혼인하지 않았지만, 乙녀와 동거 중인 경우

다. 동거 중인 乙녀와의 사이에 아이까지 있는 경우

2. 법규연구

가. 청소년 보호법

제2조(정의) 이 법에서 사용하는 용어의 뜻은 다음과 같다.

1. "청소년"이란 만 19세 미만인 사람을 말한다. 다만, 만 19세가 되는 해의 1월 1일을 맞이한 사람은 제외한다.

제28조(청소년유해약물등의 판매·대여 등의 금지) ① 누구든지 청소년을 대상으로 청소년유해약물 등을 판매·대여·배포(자동기계장치·무인판매장치·통신장치를 통하여 판매·대여·배포하는 경우를 포함한다)하거나 무상으로 제공하여서는 아니 된다. 다만, 교육·실험 또는 치료를 위한 경우로서 대통령령으로 정하는 경우는 예외로 한다.

② 누구든지 청소년의 의뢰를 받아 청소년유해약물등을 구입하여 청소년에게 제공하여서는 아니 된다.

제59조(벌칙) 다음 각 호의 어느 하나에 해당하는 자는 2년 이하의 징역 또는 2천만원 이하의 벌금에 처한다.

6. 제28조제1항을 위반하여 청소년에게 제2조제4호가목1)·2)의 청소년유해약물을 판매·대여·배포(자동기계장치·무인판매장치·통신장치를 통하여 판매·대여·배포한 경우를 포함한다)하거나 영리를 목적으로 무상 제공한 자

제1조(목적) 이 법은 청소년에게 유해한 매체물과 약물 등이 청소년에게 유통되는 것과 청소년이 유해한 업소에 출입하는 것 등을 규제하고 청소년을 유해한 환경으로부터 보호·구제함으로써 청소년이 건전한 인격체로 성장할 수 있도록 함을 목적으로 한다.

제6조(다른 법률과의 관계) 이 법은 청소년유해환경의 규제에 관한 형사처벌을 할 때 다른 법률보다 우선하여 적용한다

나. 민 법

제807조 (혼인적령) 만 18세가 된 사람은 혼인할 수 있다
제826조의2 (성년의제) 미성년자가 혼인을 한 때에는 성년자로 본다.

3. 결 론

'가 항' (갑은 을녀와 결혼하여 자녀까지 두고 있는 경우)

갑은 청소년보호법상 청소년이다. 따라서 당연히 업주는 청소년 보호법에 따라 처벌하여야 한다. 그러나 甲은 결혼하였다.

한편 민법에 의하면 미성년자가 혼인하면 성년자로 본다(제826조의2). 여기서 청소년 보호법과 민법 중 어느 것을 우선으로 하여 적용할 것인가이다. 청소년 보호법에 "청소년 유해환경의 규정에 대해 형사처벌을 할 때 다른 법률보다 우선하여 적용한다(제6조)" 규정하고 있으나 이는 민법과의 우선순위를 정하는 규정이라고 볼 수 없다. 또 청소년 보호법의 목적(제1조)을 보면 청소년 보호법을 우선 적용하여 처벌하는 것이 옳아 보인다.

그러나 민사법의 기본법인 민법에서 혼인하면 성년으로 의제하는 규정을 두고 있어 민법에 따르는 것이 옳을 것이다.

결론적으로 갑은 혼인하였기 때문에 업주가 이러한 사실을 알고 술을 주었다면 처벌하여서는 아니 될 것이다.

만약 업주가 갑의 혼인 사실을 모르고 또 연령을 확인하지 않고 출입시켜 술을 판매하였으나 경찰의 수사과정에서 혼인 사실이 확인되었을 때는 출입 당시와 술을 판매하기 전에 연령을 확인하지 않기 때문에 당연히 처벌하여야 할 것이다. 영업자로서 준수사항을 다하였다고 보기 어렵기 때문이다.

'나 항' (갑이 혼인을 하지 않았지만, 을녀와 동거 중인 경우)

단순 동거 중이라는 사실만으로 민법을 적용하여 처벌하지 못한다는 것은 잘못이다. 따라서 청소년 보호법에 따라 처벌하여야 할 것이다.

'다 항' (동거 중인 을녀와의 사이에 아이까지 있는 경우)

혼인은 하지 않았지만, 아이까지 있다면 위 '가항'에 준하여 처리하여야 할 것이다.

제12절 식당에서 가격표를 부착하지 않은 경우

1. 사 례

甲은 일반음식점을 운영하는 자로서 가격표를 비치하지 않고 영업하면서 손님이 가격을 물어보면 그때 백반 1인분이 7,000원이라고 하였다. 이때 가격표는 비치하였는데 가격표와 다르게 요금을 받은 경우는 어떤가.

2. 법규연구

가. 식품위생법

제44조(영업자 등의 준수사항) ① 식품접객영업자 등 대통령령으로 정하는 영업자와 그 종업원은 영업의 위생관리와 질서유지, 국민의 보건위생 증진을 위하여 총리령으로 정하는 사항을 지켜야 한다.

제97조(벌칙) 다음 각 호의 어느 하나에 해당하는 자는 3년 이하의 징역 또는 3천만원 이하의 벌금에 처한다.

6. 제42조제1항 또는 제44조제1항에 따라 영업자가 지켜야 할 사항을 지키지 아니한 자. 다만, 보건복지가족부령으로 정하는 경미한 사항을 위반한 자는 제외한다.

나. 식품위생법 시행규칙(별표 제17호)

7. 식품접객업자(위탁급식영업자는 제외한다)와 그 종업원의 준수사항

사. 간판에는 영 제21조에 따른 해당업종명과 허가를 받거나 신고한 상호를 표시하여야 한다. 이 경우 상호와 함께 외국어를 병행하여 표시할 수 있으나 업종구분에 혼동을 줄 수 있는 사항은 표시하여서는 아니 된다.

아. 손님이 보기 쉽도록 영업소의 외부 또는 내부에 가격표(부가가치세 등이 포함된 것으로서 손님이 실제로 내야 하는 가격이 표시된 가격표를 말한다)를 붙이거나 게시하되, 신고한 영업장 면적이 150제곱미터 이상인 휴게음식점 및 일반음식점은 영업소의 외부와 내부에 가격표를 붙이거나 게시하여야 하고, 가격표대로 요금을 받아야 한다.

자. 영업허가증·영업신고증·조리사면허증(조리사를 두어야 하는 영업에만 해당한다)을 영업소 안에 보관하고, 허가관청 또는 신고관청이 식품위생·식생활개선 등을 위하여 게시할 것을 요청하는 사항을 손님이 보기 쉬운 곳에 게시하여야 한다.

하. 손님을 꾀어서 끌어들이는 행위를 하여서는 아니 된다.

3. 결 론

식품접객업자는 식품위생법 시행규칙 별표 제17호 아목에서 정하는 바와 같이 가격표를 붙이거나 비치하여야 하고, 가격표대로 요금을 받아야 한다.

따라서 가격표를 부착하거나 비치하여야 하며, 가격표대로 요금을 받아야 한다. 가격표를 비치하였는데 가격표와 다르게 요금을 받은 경우에도 영업자준수사항 위반으로 처벌받게 된다.

제13절 식당 앞 인도 상에 파라솔을 설치하고 영업한 경우

1. 사 례

1층 50㎡를 일반음식점으로 신고하여 신고필증을 받아 호프집을 운영하면서 여름철 가게 앞의 인도 상에 파라솔을 설치하여 손님들에게 술과 안주를 판매하는 영업행위를 하였을 때 이를 단속할 근거는

2. 법규연구

가. 식품위생법

미신고 일반음식점 ⟹ 제97조 제1호, 제37조 제4항

> **제37조(영업허가 등)** ④ 제36조제1항 각 호에 따른 영업 중 대통령령으로 정하는 영업을 하려는 자는 대통령령으로 정하는 바에 따라 영업 종류별 또는 영업소별로 식품의약품안전청장 또는 특별자치도지사·시장·군수·구청장에게 신고하여야 한다. 신고한 사항 중 대통령령으로 정하는 중요한 사항을 변경하거나 폐업할 때에도 또한 같다.

나. 도로교통법

> **제68조(도로에서의 금지행위 등)** ② 누구든지 교통에 방해가 될 만한 물건을 도로에 함부로 내버려두어서는 아니된다.
>
> **제152조(벌칙)** 다음 각 호의 어느 하나에 해당하는 사람은 1년 이하의 징역이나 300만원 이하의 벌금에 처한다.
> 　4. 제68조제2항의 규정을 위반하여 교통에 방해가 될 만한 물건을 함부로 도로에 내버려둔 사람

다. 도로법

> **제61조(도로의 점용 허가)** ① 공작물·물건, 그 밖의 시설을 신설·개축·변경 또는 제거하거나 그 밖의 사유로 도로(도로구역을 포함한다. 이하 이 장에서 같다)를 점용하려는 자는 도로관리청의 허가를 받아야 한다. 허가받은 기간을 연장하거나 허가받은 사항을 변경(허가받은 사항 외에 도로 구조나 교통안전에 위험이 되는 물건을 새로 설치하는 행위를 포함한다)하려는 때에도 같다.
>
> **제114조(벌칙)** 다음 각 호의 어느 하나에 해당하는 자는 2년 이하의 징역이나 2천만원 이하의 벌금에 처한다.
> 　6. 제61조제1항을 위반하여 도로점용허가 없이 도로를 점용한 자(물건 등을 도로에 일시 적치한 자는 제외한다)

3. 결론

가. 신고한 행위라 할지라도 1층 건물 내에 대해 신고를 하였을 것이며 신고 당시 영업면적 등을 미리 신고하도록 하고 그 이외의 장소에서의 영업행위는 미신고 영업으로 처벌할 수 있으므로 우선 가게 앞 인도 상에서의 영업행위는 그 부분에 대해 식품위생법 제22조 미신고 영업에 해당하고

나. 도로교통법에서는 교통에 방해될 만한 물건을 함부로 도로에 방치한 경우 처벌하도록 규정하고 있고
- 同法 제2조 제1·4·6호에 의하면 보행자의 통행에 사용하게 된 인도(보도)도 도로의 한 부분에 해당하는 것이다.

다. 또한, 도로법에서 도로 무단점용(일시적인 적치 제외)을 처벌하고 있음

라. 결론적으로 사례와 같이 보도에 탁자와 의자를 내놓고 장사를 할 때는 식품위생법(미신고 영업행위)과 도로교통법 또는 도로법을 각 적용하여 실체적 경합으로 처벌할 수 있을 것이나
- 도로의 무단점용이 일시적이면 도로법을 적용할 수 없으므로 사안에 따라서는 식품위생법과 도로교통법으로 처벌하고
- 도로교통법과 도로법 모두에 해당할 경우 도로교통법 및 도로법의 상상적 경합과 식품위생법과는 실체적경합으로 처벌하면 될 것이다.

"널리 배워서 뜻을 두껍게 하고 간절하게 붇고 잘 생각하면
어짐이 그 속에 있느니라."
"사람이 배우지 않으면 재주 없이 하늘에 오르려는 것과 같고
배워서 아는 것이 멀면 상서로운 구름을 해치고 푸른 하늘을 보며
산에 올라 사해를 바라보는 것과 같으니라."

-명심보감(근 학 편)

제14절 포장마차에서 손님에게 구워 먹게 한 경우

1. 사 례

甲은 포장마차를 운영하면서 손님들에게 각종 조개, 돼지고기 삼겹살, 야채 등을 판매하면서 그 포장마차 안에 설치된 화로, 석쇠 등을 제공하여 손님들이 이를 이용하여 즉석에서 조개 등을 구워 먹게 하는 방식으로 영업을 하였다. 이 경우에도 식품위생법 위반으로 처벌할 수 있는지

2. 법규연구

가. 식품위생법

제37조(영업허가 등) ④ 제36조제1항 각 호에 따른 영업 중 대통령령으로 정하는 영업을 하려는 자는 대통령령으로 정하는 바에 따라 영업 종류별 또는 영업소별로 식품의약품안전청장 또는 특별자치도지사 · 시장 · 군수 · 구청장에게 신고하여야 한다. 신고한 사항 중 대통령령으로 정하는 중요한 사항을 변경하거나 폐업할 때에도 또한 같다.

제97조(벌칙) 다음 각 호의 어느 하나에 해당하는 자는 3년 이하의 징역 또는 3천만원 이하의 벌금에 처한다.
1. … 제37조제3항 · 제4항, …를 위반한 자

나. 식품위생법 시행령

제25조(영업신고를 하여야 하는 업종) ① 법 제37조제4항 전단에 따라 특별자치도지사 또는 시장 · 군수 · 구청장에게 신고를 하여야 하는 영업은 다음 각 호와 같다.
8. 제21조제8호가목의 휴게음식점영업, 같은 호 나목의 일반음식점영업, 같은 호 마목의 위탁급식영업 및 같은 호 바목의 제과점영업

제21조(영업의 종류) 법 제36조제2항에 따른 영업의 세부 종류와 그 범위는 다음 각 호와 같다.
8. 식품접객업
　나. 일반음식점영업 : 음식류를 조리 · 판매하는 영업으로서 식사와 함께 부수적으로 음주행위가 허용되는 영업

3. 결 론

가. 식품위생법에서 일반음식점영업을 "음식류를 조리 · 판매하는 영업으로서 식사와 함께 부수적으로 음주행위가 허용되는 영업"이라고 규정하고 있는바, 여기에서 "음식류를 조리 · 판매하는 영업"은 "음식류를 조리하여 판매하는 영업"을 의미하는 것으로 해석함이 상당하다고 할 것이다.

나. 여기서 어떠한 행위가 음식류의 "조리"에 해당하는지는 식품의 종류 및 성질과

상태, 그 취급방법, 영업의 주된 내용 등 여러 가지 사정을 종합적으로 고려하여 당해 행위가 식품으로 인한 위생상의 위해를 발생시키거나 식품영양의 질로 국민보건의 증진에 영향을 미칠 염려가 있는지에 의하여 사회통념에 따라 합목적적으로 판단하여야 할 것이다(대법원 1998.8.21. 선고 98도1538 판결 참조).

다. 사례의 경우 식품의 종류 및 성질과 상태, 그 취급방법(특히 화로나 석쇠 등을 이용하여 조개 등을 구워 먹게 하는 방식) 등의 여러 가지 사정을 종합적으로 고려하여 보면, 甲의 영업형태는 공중위생상의 위해를 가할 우려가 있거나 국민보건의 증진에 영향을 미칠 수 있는 경우에 해당하여 일반음식점 영업행위에 해당한다(대법원 2005.3.10. 선고 2005도430 판례 참조).

비를 맞으며 걷는 사람에겐 우산보다
함께 걸어줄 누군가가 필요한 것임을,
울고 있는 사람에겐 손수건 한 장 보다
기대어 울 수 있는 한 가슴이 더욱 필요하다는 것임을
그대를 만나고서부터 깨달을 수 있었습니다.

- 이 정 화 -

제15절 영업자 준수사항위반 중 벌칙 제외대상

1. 사 례

甲은 ○○○에서 "용강 자라농장"이라는 상호로 일반음식점영업을 하는 사람으로서 영업신고증을 보관하지 아니하여 식품접객업자로서 준수사항을 위반하였다.

2. 적용법조

가. 식품위생법

제44조(영업자 등의 준수사항) ① 제36조제1항 각 호의 영업을 하는 자 중 대통령령으로 정하는 영업자와 그 종업원은 영업의 위생관리와 질서유지, 국민의 보건위생 증진을 위하여 영업의 종류에 따라 다음 각 호에 해당하는 사항을 지켜야 한다.

1. 「축산물 위생관리법」 제12조에 따른 검사를 받지 아니한 축산물 또는 실험 등의 용도로 사용한 동물은 운반·보관·진열·판매하거나 식품의 제조·가공에 사용하지 말 것
2. 「야생생물 보호 및 관리에 관한 법률」을 위반하여 포획·채취한 야생생물은 이를 식품의 제조·가공에 사용하거나 판매하지 말 것
3. 소비기한이 경과된 제품·식품 또는 그 원재료를 제조·가공·조리·판매의 목적으로 소분·운반·진열·보관하거나 이를 판매 또는 식품의 제조·가공·조리에 사용하지 말 것
4. 수돗물이 아닌 지하수 등을 먹는 물 또는 식품의 조리·세척 등에 사용하는 경우에는 「먹는물관리법」 제43조에 따른 먹는물 수질검사기관에서 총리령으로 정하는 바에 따라 검사를 받아 마시기에 적합하다고 인정된 물을 사용할 것. 다만, 둘 이상의 업소가 같은 건물에서 같은 수원(水源)을 사용하는 경우에는 하나의 업소에 대한 시험결과로 나머지 업소에 대한 검사를 갈음할 수 있다.
5. 제15조제2항에 따라 위해평가가 완료되기 전까지 일시적으로 금지된 식품등을 제조·가공·판매·수입·사용 및 운반하지 말 것
6. 식중독 발생 시 보관 또는 사용 중인 식품은 역학조사가 완료될 때까지 폐기하거나 소독 등으로 현장을 훼손하여서는 아니 되고 원상태로 보존하여야 하며, 식중독 원인규명을 위한 행위를 방해하지 말 것
7. 손님을 꾀어서 끌어들이는 행위를 하지 말 것
8. 그 밖에 영업의 원료관리, 제조공정 및 위생관리와 질서유지, 국민의 보건위생 증진 등을 위하여 총리령으로 정하는 사항

제97조(벌칙) 6. 제44조제1항에 따라 영업자가 지켜야 할 사항을 지키지 아니한 자. 다만, 총리령으로 정하는 경미한 사항을 위반한 자는 제외한다.

제101조(과태료) ④ 다음 각 호의 어느 하나에 해당하는 자에게는 100만원 이하의 과태료를 부과한다.

3. 제44조제1항에 따라 영업자가 지켜야 할 사항 중 총리령으로 정하는 경미한 사항을 지키지 아니한 자

나. 식품위생법 시행규칙

제98조(벌칙에서 제외되는 사항) 법 제97조제6호에서 "총리령으로 정하는 경미한 사항"이란 다음 각 호의 어느 하나에 해당하는 경우를 말한다.
1. 영 제21조제1호의 식품제조 · 가공업자가 식품광고 시 소비기한을 확인하여 제품을 구입하도록 권장하는 내용을 포함하지 아니한 경우
2. 영 제21조제1호의 식품제조 · 가공업자 및 제21조제5호의 식품소분 · 판매업자가 해당 식품 거래기록을 보관하지 아니한 경우
3. 영 제21조제8호의 식품접객업자가 영업신고증 또는 영업허가증을 보관하지 아니한 경우
4. 영 제21조제8호라목의 유흥주점영업자가 종업원 명부를 비치 · 관리하지 아니한 경우

3. 결 론

영업자 준수사항위반으로 처벌받아야 하는데 식품위생법 제97조 제6호에서 경미 사항에 대해서는 형사벌을 면제하고 있다.

따라서 甲의 행위는 식품위생법 제101조 제4항 제3호에 따라 100만원 이하의 과태료에 해당한다.

누군가 다시 만나야 한다면
다시 누군가 만나야 한다면
여전히 너를
다시 누군가를 사랑해야 한다면
당연히 너를
다시 누군가를 그리워해야 한다면
망설임 없이 또 너를
허나....
다시 누군가와 이별해야 한다면
다시 누군가를 떠나보내야 한다면
두 번 죽어도 너와는…….

제16절 노래방업자의 미신고 식품 자동판매기영업

1. 사 례

甲은 노래연습장을 경영하는 사람으로, 관할관청에 식품 자동판매기 영업신고를 하지 아니하고 노래방 영업장 안에 커피 자동판매기 1대를 설치하여 위 노래방의 손님들을 상대로 커피 등을 판매함으로써 1일 ○○만원의 수입을 올리는 식품 자동판매기영업을 하였다.

2. 법규연구

가. 식품위생법

제37조(영업허가 등) ④ 제36조제1항 각 호에 따른 영업 중 대통령령으로 정하는 영업을 하려는 자는 대통령령으로 정하는 바에 따라 영업 종류별 또는 영업소별로 식품의약품안전처장 또는 특별자치도지사·시장·군수·구청장에게 신고하여야 한다. 신고한 사항 중 대통령령으로 정하는 중요한 사항을 변경하거나 폐업할 때에도 또한 같다.

제36조(시설기준) ① 다음의 영업을 하려는 자는 총리령으로 정하는 시설기준에 맞는 시설을 갖추어야 한다.
1. 식품 또는 식품첨가물의 제조업, 가공업, 운반업, 판매업 및 보존업
2. 기구 또는 용기·포장의 제조업
3. 식품접객업
4. 공유주방 운영업(제2조제5호의2에 따라 여러 영업자가 함께 사용하는 공유주방을 운영하는 경우로 한정한다. 이하 같다)

제97조(벌칙) 다음 각 호의 어느 하나에 해당하는 자는 3년 이하의 징역 또는 3천만원 이하의 벌금에 처한다.
1. …제37조제3항·제4항…를 위반한 자

나. 식품위생법 시행령

제21조(영업의 종류) 법 제36조제2항에 따른 영업의 세부 종류와 그 범위는 다음 각 호와 같다.
5. 식품소분·판매업
 나. 식품판매업
 2) 식품자동판매기영업: 식품을 자동판매기에 넣어 판매하는 영업. 다만, 유통기간이 1개월 이상인 완제품만을 자동판매기에 넣어 판매하는 경우는 제외한다.

3. 결 론

자동판매기영업을 하기 위해서는 식품위생법에 따라 영업신고를 한 후 영업을 하여야 한다. 그런데 노래연습장에서 신고 없이 커피자동판매기를 설치하고 영업하였다면 미신고 영업으로 처벌받을 수 있다.

그러나 유통기간이 1개월 이상은 캔 커피의 경우에는 제외하고 있으므로 처벌할 수 없고 1회용 자판기 커피의 경우만 처벌할 수 있을 것이다.

제17절 식당 앞에서 호객하는 행위

1. 사 례

甲은 일반음식점을 운영하는 자로서 많은 손님을 자기 식당으로 끌어들이기 위해 실은 주변 식당과 같은 음식값을 받으면서도 "우리 집은 다른 집보다 식대를 저렴하게 받는다"라고 말하여 손님들을 꾀어서 끌어들였다. 이때 청소년을 이용하여 이런 행위를 하였을 경우는?

2. 법규연구

가. 식품위생법

제44조(영업자 등의 준수사항) ① 식품접객영업자 등 대통령령으로 정하는 영업자와 그 종업원은 영업의 위생관리와 질서유지, 국민의 보건위생 증진을 위하여 총리령으로 정하는 사항을 지켜야 한다.
제97조(벌칙) 다음 각 호의 어느 하나에 해당하는 자는 3년 이하의 징역 또는 3천만원 이하의 벌금에 처한다.
  6. 제42조제1항 또는 제44조제1항에 따라 영업자가 지켜야 할 사항을 지키지 아니한 자. 다만, 보건복지가족부령으로 정하는 경미한 사항을 위반한 자는 제외한다.

나. 식품위생법시행규칙(별표 제17호)

  7. 식품접객업자(위탁급식영업자는 제외한다)와 그 종업원의 준수사항
    하. 손님을 꾀어서 끌어들이는 행위를 하여서는 아니 된다.

다. 청소년보호법

제30조(청소년유해행위의 금지) 누구든지 청소년에게 다음 각 호의 어느 하나에 해당하는 행위를 하여서는 아니 된다.
  7. 영리를 목적으로 청소년으로 하여금 거리에서 손님을 유인하는 행위를 하게 하는 행위
제58조(벌칙) 다음 각 호의 어느 하나에 해당하는 자는 3년 이하의 징역 또는 3천만원 이하의 벌금에 처한다.
  5. 제30조제7호부터 제9호까지의 위반행위를 한 자

※ 위반행위의 종별에 따른 과징금 부과기준 (제44조제2항 관련) : 청소년보호법 시행령(별표11)

8. 법 제30조제7호를 위반하여 청소년으로 하여금 손님을 거리에서 유인하는 행위를 하게 한 경우	위반 횟수마다 300만원

3. 결 론

가. 성인이 호객행위를 한 경우

식품위생법상 영업자준수사항 위반으로 처벌하면 된다.

나. 청소년을 이용한 경우

식품위생법과 청소년보호법을 각각 적용하면 된다. 그런데 청소년보호법이 식품위생법보다 가벼우므로 형사처벌은 식품위생법을 적용하고 청소년보호법에 따라 별도로 과징금 300만을 부과하면 될 것이다.

재물과 보화가 가득 차 있을지라도

언제까지나 그것을 지켜낼 수는 없다.

부귀한 지위에 만족하고 교만에 차 있으면

스스로 화를 불러들이게 될 것이다.

공을 이루고 이름을 떨쳤으면

몸을 빼는 것이 하늘의 도(道)이다.

- 노자 -

제18절 일반음식점에 노래반주기를 대여한 경우

1. 사 례

甲은 노래반주기 대여업을 하는 자로서 일반음식점 영업을 하는 乙이 친목계원들로부터 예약을 받았는데 노래반주기가 있어야 한다면서 1일만 사용하기로 하고 이를 빌려 사용하였다. 이때 甲과 乙에게 적용할 수 있는 형사벌은?
가. 일반음식점에 노래방기계를 빌려준 것이 식품위생법 위반 방조에 해당하는지
나. 노래방기계를 잠시 빌려 사용한 것이 영업자준수사항 위반에 해당하는지

2. 법규연구

가. 형 법

제32조(종범) ① 타인의 범죄를 방조한 자는 종범으로 처벌한다.
② 종범의 형은 정범의 형보다 감경한다.

나. 식품위생법

제44조(영업자 등의 준수사항) ① 식품접객영업자 등 대통령령으로 정하는 영업자와 그 종업원은 영업의 위생관리와 질서유지, 국민의 보건위생 증진을 위하여 총리령으로 정하는 사항을 지켜야 한다.
제97조(벌칙) 다음 각 호의 어느 하나에 해당하는 자는 3년 이하의 징역 또는 3천만원 이하의 벌금에 처한다.
　6. 제42조제1항 또는 제44조제1항에 따라 영업자가 지켜야 할 사항을 지키지 아니한 자. 다만, 보건복지가족부령으로 정하는 경미한 사항을 위반한 자는 제외한다.

다. 식품위생법 시행규칙

제57조(식품접객영업자 등의 준수사항 등) 법 제44조제1항에 따라 식품접객영업자 등이 지켜야 할 준수사항은 별표 17과 같다.
　7. 식품접객업자(위탁급식영업자는 제외한다)와 그 종업원의 준수사항
　　타. 허가를 받거나 신고한 영업외의 다른 영업시설을 설치하거나 다음에 해당하는 영업행위를 하여서는 아니 된다.
　　　2) 휴게음식점영업자 · 일반음식점영업자가 음향 및 반주시설을 갖추고 손님이 노래를 부르도록 허용하는 행위. 다만, 연회석을 보유한 일반음식점에서 회갑연, 칠순연 등 가정의 의례로서 행하는 경우에는 그러하지 아니하다.

3. 결 론

가. 乙의 식품위생법 위반 여부

일반음식점 영업자가 '음향 및 반주시설을 갖추고 손님이 노래를 부르도록 허용하는 행위'를 하면 영업자준수사항 위반으로 처벌한다.

여기서 음향시설을 설치하지 않고 사례와 같이 잠시 빌려 사용한 때도 이를 처벌할 것인가가 문제이다.

시행규칙에서는 '음향 및 반주시설을 갖추고'라고 하였기 때문에 통상적으로 식당에 설치하지 않고 임대하여 일시적으로 사용하였다 하더라도 이는 "갖추고"에 해당하여 준수사항 위반으로 단속하는 것은 문제가 없을 것이다.

따라서 乙은 영업자준수사항 위반으로 처벌할 수 있다고 볼 수 있다.

나. 甲의 임대행위

일반음식점에는 반주기를 설치할 수 없다는 것을 알면서도 반주기를 임대하였다고 하면 식품위생법 위반방조범으로 처벌하는 것은 문제가 없을 것이다.

그러나 일반 개인이 환갑잔치 등에 사용하기 위해 빌려달라고 하는 경우와는 달리 영업소에서 빌려 달라고 하였다면 보통사람이라면 식당에는 반주기를 설치하고 영업하지 않고 있다는 것을 알 수 있는 사항이다. 그러기 때문에 아무리 부인한다 하여도 일반음식점에 반주기를 빌려주어 설치하였다는 것만으로도 방조범으로 충분히 처벌할 수 있을 것이다. 이때 甲의 죄명은 "식품위생법 위반 방조"로 하면 된다.

행복을 사치한 생활 속에서

구하는 것은

마치 태양을 그림에 그려놓고

빛이 비치기를

기다리는 것이나 다름없다.

[나폴레옹]

제19절 나이트클럽에서 '후까시' 맥주를 판매한 경우

1. 사 례

甲은 나이트클럽을 운영하는 자로 손님들이 마시고 남긴 맥주를 맥주병에 모아 기계로 뚜껑을 닫는 방법으로 속칭 '후까시 맥주'를 만든 다음 위 나이트클럽의 종업원들이 이를 마치 정상적인 맥주인 것처럼 판매하고, 또 판매하려다 위 맥주에서 담배꽁초가 나오는 바람에 피해자가 이를 알아채고 항의하는 바람에 그 뜻을 이루지 못하고 미수에 그친 것이다.

2. 법규연구

가. 식품위생법

제4조(위해식품등의 판매 등 금지) 누구든지 다음 각 호의 어느 하나에 해당하는 식품등을 판매하거나 판매할 목적으로 채취·제조·수입·가공·사용·조리·저장·소분·운반 또는 진열하여서는 아니 된다.

1. 썩거나 상하거나 설익어서 인체의 건강을 해칠 우려가 있는 것
2. 유독·유해물질이 들어 있거나 묻어 있는 것 또는 그러할 염려가 있는 것. 다만, 식품의약품안전청장이 인체의 건강을 해칠 우려가 없다고 인정하는 것은 제외한다.
3. 병(病)을 일으키는 미생물에 오염되었거나 그러할 염려가 있어 인체의 건강을 해칠 우려가 있는 것
4. 불결하거나 다른 물질이 섞이거나 첨가(添加)된 것 또는 그 밖의 사유로 인체의 건강을 해칠 우려가 있는 것

제94조(벌칙) 다음 각 호의 어느 하나에 해당하는 자는 10년 이하의 징역 또는 1억원 이하의 벌금에 처하거나 이를 병과할 수 있다.

1. 제4조 … 를 위반한 자

제100조(양벌규정) 법인의 대표자나 법인 또는 개인의 대리인, 사용인, 그 밖의 종업원이 그 법인 또는 개인의 업무에 관하여 제93조제3항 또는 제94조부터 제97조까지의 어느 하나에 해당하는 위반행위를 하면 그 행위자를 벌하는 외에 그 법인 또는 개인에게도 해당 조문의 벌금형을 과(科)하고, 제93조제1항의 위반행위를 하면 그 법인 또는 개인에 대하여도 1억5천만원 이하의 벌금에 처하며, 제93조제2항의 위반행위를 하면 그 법인 또는 개인에 대하여도 5천만원 이하의 벌금에 처한다. 다만, 법인 또는 개인이 그 위반행위를 방지하기 위하여 해당 업무에 관하여 상당한 주의와 감독을 게을리하지 아니한 경우에는 그러하지 아니하다.

나. 형 법

제347조(사기) ① 사람을 기망하여 재물의 교부를 받거나 재산상의 이익을 취득한 자는 10년 이하의 징역 또는 2천만원 이하의 벌금에 처한다.
② 전항의 방법으로 제삼자로 하여금 재물의 교부를 받게 하거나 재산상의 이익을 취득하게 한 때에도 전항의 형과 같다.

제352조(미수범) 제347조 내지 제348조의2, 제350조와 제351조의 미수범은 처벌한다.

3. 결 론

가. 사기죄 여부

甲은 정상적인 맥주가 아님에도 손님들에게 정상적인 물건으로 이를 판매하였다면 묵시적으로 손님들을 속인 것으로 형법상 사기죄에 해당한다. 또 이를 판매하려다 손님들의 항의로 판매하지 못하였다면 사기미수에 해당할 것이다.

나. 식품위생법 위반 여부

식품위생법 제4조(위해 식품 등 판매금지)는 '불결하거나 다른 물질의 혼입 또는 첨가 기타의 사유로 인체의 건강을 해할 우려가 있는 것'을 판매하거나 판매할 목적으로 채취·제조·수입·가공·사용·조리·저장 또는 운반하거나 진열하지 못하게 되어있다.

甲은 손님이 먹다 남긴 맥주를 단순 혼합하여 판매하였다면 사기죄로 처벌할 수 있으나 사례와 같이 그곳에 담배꽁초가 들어있거나 하면 인체의 건강을 해할 우려가 있으므로 식품위생법에 따라 처벌할 수 있다. 물론 양벌규정에 따라 행위자를 처벌하는 외에 대표자도 처벌한다.

생각의 뿌리, 행복의 뿌리
끝까지 성공하여 행복하게 사는 사람은
강하고 두뇌가 좋은 사람이 아니라
생각의 뿌리가 튼튼한 사람이다.
즉 자연, 생명, 사랑, 지혜에
튼튼하게 내린 생각의 뿌리가 행복의 뿌리이다.

이경복의 《마음의 문을 여는 100가지 물음 생각의 뿌리》 중에서

제20절 다른 지역에서 만든 반찬을 자신이 운영한 음식점에서 판매행위

1. 사 례

여러 곳의 음식점을 직영으로 운영하면서 공간이 협소하여 별도로 다른 지역에 있는 상가를 매입하여 행정기관에 신고나 등록없이 그곳에 조리시설을 갖추고 김치, 콩나물 등 나물류를 만들어 자신이 운영하는 직영 음식점에 공급하여 손님이 주문한 음식의 반찬으로 제공하였다. 이 경우 무등록 식품제조·가공업에 해당하는지? (법제처 인용)

2. 법규연구

가. 식품위생법

제36조(시설기준) ① 다음의 영업을 하려는 자는 총리령으로 정하는 시설기준에 맞는 시설을 갖추어야 한다.
  1. 식품 또는 식품첨가물의 제조업, 가공업, 운반업, 판매업 및 보존업
  2. 기구 또는 용기·포장의 제조업
  3. 식품접객업
  4. 공유주방 운영업(제2조제5호의2에 따라 여러 영업자가 함께 사용하는 공유주방을 운영하는 경우로 한정한다. 이하 같다)
② 제1항에 따른 시설은 영업을 하려는 자별로 구분되어야 한다. 다만, 공유주방을 운영하는 경우에는 그러하지 아니하다.
제37조(영업허가 등) ⑤ 제36조제1항 각 호에 따른 영업 중 대통령령으로 정하는 영업을 하려는 자는 대통령령으로 정하는 바에 따라 영업 종류별 또는 영업소별로 식품의약품안전처장 또는 특별자치시장·특별자치도지사·시장·군수·구청장에게 등록하여야 하며, 등록한 사항 중 대통령령으로 정하는 중요한 사항을 변경할 때에도 또한 같다. 다만, 폐업하거나 대통령령으로 정하는 중요한 사항을 제외한 경미한 사항을 변경할 때에는 식품의약품안전처장 또는 특별자치시장·특별자치도지사·시장·군수·구청장에게 신고하여야 한다.
제95조(벌칙) 다음 각 호의 어느 하나에 해당하는 자는 5년 이하의 징역 또는 5천만원 이하의 벌금에 처하거나 이를 병과할 수 있다.
  2의2. 제37조제5항을 위반한 자

나. 식품위생법 시행령

제21조(영업의 종류) 법 제36조제2항에 따른 영업의 세부 종류와 그 범위는 다음 각 호와 같다.
  1. 식품제조·가공업: 식품을 제조·가공하는 영업
  8. 식품접객업
    나. 일반음식점영업: 음식류를 조리·판매하는 영업으로서 식사와 함께 부수적으로 음주행위가 허용되는 영업

3. 논 점

위 사례의 쟁점은 별도의 장소에서 나물 반찬을 만들어 자신들이 운영하는 여러 직영점에 공급한 행위가 식품위생법 시행령 제21조 제1호에서 정한 '식품제조·가공업'을 한 것에 해당하는지가 논점이다.

식품제조·가공업은 식품을 '제조·가공'하는 영업이고, 식품접객업 중 일반음식점영업은 음식류를 '조리·판매'하는 영업으로서 식사와 함께 부수적으로 음주행위가 허용되는 영업이다(식품위생법 시행령 제21조 제1호·제8호 나목). 또한, 식품 관련 영업을 하려는 자는 식품위생법 시행규칙에서 정하는 시설기준에 맞는 시설을 갖추어야 하고, 식품제조·가공업의 경우 작업장, 창고 등의 시설, 검사실, 운반시설 등을, 식품접객업의 경우 영업장 및 조리장 등의 시설을 갖추도록 정하고 있다(식품위생법 시행규칙 별표 14).

또한, 식품위생법은 식품 관련 영업을 하려는 사람에게 영업 종류별 또는 영업소별로 신고의무 또는 등록의무를 이행하도록 정하고 있다(식품위생법 제37조 제4항·제5항). 따라서 특정 영업소에 관해 식품접객업 중 일반음식점영업 신고를 마친 사람이 별개의 장소에서 식품제조·가공업을 하려면 해당 장소를 영업소로 하여 식품제조·가공업 등록의무를 이행해야 한다.

4. 관련 판례 (의정부지방법원 2020. 9. 25. 선고 2019노1693 판결)

식품을 제조·가공한 장소와 불특정 다수인에게 제공하는 장소가 물리적으로 다를 경우 위 각 장소를 운영하는 주체가 동일하다고 하더라도 운반·보관·판매 과정에서 식품이 부패·변질되는 등의 결과가 발생할 위험이 있는 것은 마찬가지이고, 음식점에 방문하는 소비자들도 불특정 다수인에 해당하므로 특정한 음식점에 방문하는 소비자 등 불특정 다수인에게 식품을 제공하는 장소 이외의 장소에서 식품을 제조·가공하는 행위는 식품제조·가공업에 해당한다.

5. 결 론

이 사례에서 식당과 별도의 장소에 일정한 시설을 갖추어 식품을 만든 다음 각지의 직영 음식점들에 배송하는 방법으로 일괄 공급함으로써 그 음식점들을 거쳐서 최종 소비자가 식사할 수 있게 한 행위는 무등록 식품제조·가공업을 한 것에 해당할 것이다.

제21절 사인(私人)의 노래연습장 함정단속의 적법성

1. 사 례

A는 자기 업소에 손님으로 들어온 甲과 그 일행이 접대부를 불러달라고 요청하자 1시간에 2만원씩 지불하는 조건으로 성명불상의 접대부를 알선하여, 그 접대부가 이들과 노래를 부르는 등 접객행위를 하도록 하였다. 그 뒤 甲 일행은 A가 접대부를 알선하였다며 경찰에 신고하였고 A 업소는 법에 따라 형사처벌과 함께 영업정지 처분 30일까지 받았다. 이에 A는 甲의 함정단속에 의한 것이라며 주장한다. —대전지법 2008구1049, 2008. 6. 25.

2. 법규연구 (음악산업진흥에 관한 법률)

제2조(정의) 이 법에서 사용하는 용어의 정의는 다음과 같다.
  13. "노래연습장업"이라 함은 연주자를 두지 아니하고 반주에 맞추어 노래를 부를 수 있도록 하는 영상 또는 무영상 반주장치 등의 시설을 갖추고 공중의 이용에 제공하는 영업을 말한다.
제22조(노래연습장업자의 준수사항 등) ①노래연습장업자는 다음 각 호의 사항을 지켜야 한다.
  4. 접대부(남녀를 불문한다)를 고용·알선하거나 호객행위를 하지 아니할 것
제27조(등록취소 등) ① 시장·군수·구청장은 제2조제8호 내지 제11호 및 제13호의 규정에 따른 영업을 영위하는 자가 다음 각 호의 어느 하나에 해당하는 때에는 그 영업의 폐쇄명령, 등록의 취소처분, 6개월 이내의 영업정지명령, 시정조치 또는 경고조치를 할 수 있다.
  5. 제22조의 규정에 따른 노래연습장업자 준수사항을 위반한 때
제34조(벌칙) ② 제22조제1항제4호 또는 제5호의 규정을 위반한 노래연습장업자는 3년 이하의 징역 또는 3천만원 이하의 벌금에 처한다.

3. 법원의 판단

가. 甲 일행이 처음부터 경찰에 신고할 의도로 일부러 A로 하여금 위반행위를 하도록 유도한 뒤 실제로 경찰에 신고하였다 하더라도, 제반 사정에 비추어 볼 때 당시 위반행위를 할 의사가 전혀 없는 상태에서 오로지 甲 일행의 유도행위 때문에 위반행위가 야기되었다고 볼 수는 없고, 다만 이들은 상황에 따라 접대부 알선 의사가 있는 A에게 접대부 알선 기회를 제공한 것에 불과하므로 A는 이런 사유를 들어 위와 같은 위반행위로 인한 행정처분을 면할 수 없다.

나. 오늘날 노래연습장이 담당구청장에 등록만 하면 영업할 수 있어 전국에 널리 퍼져 있고 그 비용 역시 비교적 저렴하여 직장 가족 단위 모임 등에서 노래를 통한 친목도모와 여흥을 위한 장소로 널리 이용되고 있을 뿐만 아니라, 청소년 또한 보호자를 동반할 때는 출입이 허용되고 있다.

다. 따라서 대다수 국민이 쉽게 접근할 수 있는 이러한 장소에서 접대부를 알선하는 영업행위를 한다면 건전한 여가활동과 여흥을 통해 문화적인 삶의 질을 높이고자 노래연습장을 찾아온 대다수 국민의 문화 감정을 침해함은 물론 청소년에게도 나쁜 영향을 미치는 한편 그와 같은 영업행위에 편승하여 향락을 즐기고자 하는 사람들을 양산함으로써 전국적으로 퍼져 있는 노래연습장을 통해 퇴폐 및 향락문화를 범람시켜 결국에는 가정과 사회에 큰 해악을 끼치게 될 것이므로, 법은 노래연습장업자에게 접대부를 알선하는 영업행위를 금지하고 있다.

라. 이러한 입법취지에 비추어 볼 때 접대부를 알선하는 것을 금지하여 건전한 영업질서를 유지하고 미풍양속을 권장함으로써 가정과 사회를 보호할 공익상의 필요는 매우 크므로 A가 그러한 공익목적에 위반하여 노래연습장에서 접대부 알선한 것은 그 법규위반의 정도가 결코 가볍다고 볼 수 없고, 영업정지 처분 30일은 위 법률과 그 시행규칙에서 정한 행정처분기준에 적절히 부합하므로 이 사건 위반행위 및 단속 경위를 감안한다 하더라도 이 사건 처분은 그로 인하여 A가 입게 될 불이익보다 그로써 실현하려는 공익목적이 더 커 재량권 범위 내에서 행하여진 적법한 처분이다.

4. 결 론

A에 대한 형사처벌은 당연하고 또한 1차 위반 시 과하고 있는 영업정지 30일(2차 위반 시 2월, 3차 위반 시 등록취소 영업폐쇄) 의 행정처분도 정당하다고 본다.

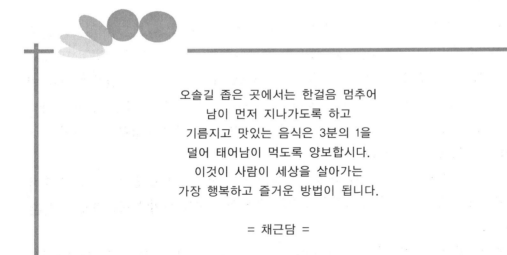

오솔길 좁은 곳에서는 한걸음 멈추어
남이 먼저 지나가도록 하고
기름지고 맛있는 음식은 3분의 1을
덜어 태어남이 먹도록 양보합시다.
이것이 사람이 세상을 살아가는
가장 행복하고 즐거운 방법이 됩니다.

= 채근담 =

제22절 게임장에서 일회용 다류와 컵라면 판매행위

1. 사 례

甲은 인터넷게임장영업을 하면서 1회용 커피와 컵라면을 비치하였다가 손님들이 찾으면 판매할 때 물을 부어 주었다. 甲의 이러한 행위가 식품위생법에서 규정하고 있는 휴게음식점영업에 해당하는지 여부

2. 법규연구 (식품위생법 시행령)

제21조(영업의 종류) 법 제36조제2항에 따른 영업의 세부 종류와 그 범위는 다음 각 호와 같다.
8. 식품접객업
가. 휴게음식점영업 : 주로 다류(茶類), 아이스크림류 등을 조리·판매하거나 패스트푸드점, 분식점 형태의 영업 등 음식류를 조리·판매하는 영업으로서 음주행위가 허용되지 아니하는 영업. 다만, 편의점, 슈퍼마켓, 휴게소, 그 밖에 음식류를 판매하는 장소(만화가게 및 「게임산업진흥에 관한 법률」 제2조제7호에 따른 인터넷컴퓨터게임시설제공업을 하는 영업소 등 음식류를 부수적으로 판매하는 장소를 포함한다)에서 컵라면, 일회용 다류 또는 그 밖의 음식류에 물을 부어 주는 경우는 제외한다.

※ 기존 시행령 규정
가. 휴게음식점영업 : 주로 다류(茶類), 아이스크림류 등을 조리·판매하거나 패스트푸드점, 분식점 형태의 영업 등 음식류를 조리·판매하는 영업으로서 음주행위가 허용되지 아니하는 영업. 다만, 편의점, 슈퍼마켓, 휴게소, 그 밖에 음식류를 판매하는 장소에서 컵라면, 일회용 다류 또는 그 밖의 음식류에 뜨거운 물을 부어 주는 경우는 제외한다.

3. 결 론

식품위생법 시행령에서 휴게음식점영업에 대해 주로 다류(茶類), 아이스크림류 등을 조리·판매하거나 패스트푸드점, 분식점 형태의 영업 등 음식류를 조리·판매하는 영업으로서 음주행위가 허용되지 아니하는 영업으로 규정하였다. 그러면서 단서로 편의점, 슈퍼마켓, 휴게소, 그 밖에 음식류를 판매하는 장소에서 컵라면, 일회용 다류 또는 그 밖의 음식류에 뜨거운 물을 부어 주는 경우는 휴게음식점영업 신고없이 가능하도록 하였다. (제21조 제8호 가목)

그러나 만화가게, 인터넷컴퓨터게임시설제공업을 하는 영업소 등 음식류를 부수적으로 판매하는 장소를 운영하는 자가 휴게음식점영업 신고를 하여야 하는지에 대한 혼란이 있었다.

식품위생법 시행령을 개정하면서 2013. 12. 30. 이후부터는 만화가게, 인터넷컴퓨

터게임시설제공업을 하는 영업소 등 음식류를 부수적으로 판매하는 장소에서는 휴게음식점영업의 신고를 아니하고도 컵라면, 일회용 다류 또는 그 밖의 음식류에 물을 부어 주는 것이 가능하도록 명확하게 규정하였다.

아무리 보잘것없는 것이라 하더라도
한번 약속한 일은 상대방이
감탄할 정도로 정확하게 지켜야 한다.
신용과 체면도 중요하지만
약속을 어기면 그만큼
서로의 믿음이 약해진다.
그러므로 약속은 꼭 지켜야 한다.

[카네기]

제23절 미등록 노래연습장의 업주와 도우미 처벌법규

1. 사 례

甲은 노래연습장을 등록하지 않고 노래연습장업을 하면서 도우미 乙녀를 알선하여 손님들을 접대하도록 하였다. 이 경우 甲과 乙녀에 대해 각 어떻게 처벌하여야 하는가?

2. 논 점

가. 甲을 식품위생법상 무허가 유흥주점업으로 처벌할 수 있는지

나. 甲을 무허가 유흥주점업으로 처벌할 경우 乙녀에 대해 도우미 처벌규정인 음악산업진흥에 관한 법률 위반으로 처벌할 수 있는지

3. 법규연구

가. 식품위생법

무허가 영업행위 ⇒ 제94조 제3호, 제37조 제1항

제37조(영업허가 등) ① 제36조제1항 각 호에 따른 영업 중 대통령령으로 정하는 영업을 하려는 자는 대통령령으로 정하는 바에 따라 영업 종류별 또는 영업소별로 식품의약품안전청장 또는 특별자치도지사·시장·군수·구청장의 허가를 받아야 한다. 허가받은 사항 중 대통령령으로 정하는 중요한 사항을 변경할 때에도 또한 같다.

※ 시행령 제21조(영업의 종류) 제8호 식품접객업
　　라. 유흥주점영업 : 주로 주류를 조리·판매하는 영업으로서 유흥종사자를 두거나 유흥시설을 설치할 수 있고 손님이 노래를 부르거나 춤을 추는 행위가 허용되는 영업

제22조(유흥종사자의 범위) ① 제21조제8호라목에서 "유흥종사자"란 손님과 함께 술을 마시거나 노래 또는 춤으로 손님의 유흥을 돋우는 부녀자인 유흥접객원을 말한다.

② 제21조제8호라목에서 "유흥시설"이란 유흥종사자 또는 손님이 춤을 출 수 있도록 설치한 무도장을 말한다.

나. 음악산업진흥에 관한 법률

(가) 미등록 노래연습장업(제34조 제3항 제1호, 제18조 제1항)

제18조(노래연습장업의 등록) ① 노래연습장업을 영위하고자 하는 자는 문화체육관광부령으로 정하는 노래연습장 시설을 갖추어 시장·군수·구청장에게 등록하여야 한다.

(나) 노래연습장 업주의 도우미 고용. 알선행위(제34조 제2항, 제22조 제1항 제4호) … 3년 이하 징역 또는 3,000만원 이하 벌금

> 제22조(노래연습장업자의 준수사항 등) ① 노래연습장업자는 다음 각 호의 사항을 지켜야 한다.
>   4. 접대부(남녀를 불문한다)를 고용·알선하거나 호객행위를 하지 아니할 것
> ② 누구든지 영리를 목적으로 노래연습장에서 손님과 함께 술을 마시거나 노래 또는 춤으로 손님의 유흥을 돋구는 접객행위를 하거나 타인에게 그 행위를 알선하여서는 아니 된다.

✱ 노래연습장 업주가 아닌 자가 도우미를 알선한 경우와 도우미의 경우에는 제34조 제4항, 제22조 제2항(1년 이하 징역 또는 300만원 이하 벌금)

4. 결론

가. 업주 甲에 대한 처벌

甲의 행위는 유흥종사자(접대부)를 두어 손님과 함께 술을 마시거나 노래 또는 춤으로 손님의 유흥을 돋구게 하였기 때문에 유흥주점업에 해당된다. 따라서 식품위생법상 무허가 유흥주점업으로 처벌하여야 할 것이다.

나. 도우미 乙에 대한 처벌 여부

- 乙녀를 유흥종사자로 인정하여 甲을 무허가 유흥주점업으로 처벌하였기 때문에 무허가 유흥업의 경우 그 종업원에 대한 처벌규정이 없다. 따라서 乙을 처벌할 수 없을 것으로 볼 수 있으나,

- 乙녀는 甲의 업종이 노래연습장으로 알고 갔을 것이며 노래연습장등록 여부까지 확인할 필요성도 없을 것이고 또한 그곳을 유흥주점이라고는 생각하지 않았을 것이다. 즉 노래연습장 도우미로 그곳에 가서 손님들과 같이 술을 마시고 노래를 불렀다.

- 이 경우 乙녀는 도우미의 고의성을 가지고 범행하였는데 甲의 처벌여부와 적용법조항에 따라 처벌을 달리한다면 형평의 원칙이 맞지 않을 것이다.

- 따라서 도우미의 고의성을 가지고 그곳에 간 이상 음악산업진흥에 관한 법률상 누구든지 영리를 목적으로 노래연습장에서 손님과 함께 술을 마시거나 노래 또는 춤으로 손님의 유흥을 돋구는 접객행위를 한 것(도우미)으로 인정되어 이에 따라 처벌하여야 할 것이다.

제24절 노래연습장업자의 접대부 알선행위의 의미

1. 사 례

> 甲은 그 경영의 노래연습장에서 乙로부터 성명불상자를 노래방 도우미로 소개받아 그녀로 하여금 손님들과 함께 노래를 부르게 하는 등 여흥을 돋우게 하여 접대부를 알선하였다.
>
> – 2006고정1486(인천지법)

2. 논 점

甲은 당해 일시에 전화로 노래방 도우미를 부른 사실은 인정하나 도우미가 도착하자마자 바로 돌려보냈다고 주장하는바, 이러한 경우 甲의 위와 같은 행위가 노래연습장업자의 접대부 알선행위에 해당하는지 여부

3. 법규연구 (음악산업진흥에 관한 법률)

> 제22조(노래연습장업자의 준수사항 등) ② 누구든지 영리를 목적으로 노래연습장에서 손님과 함께 술을 마시거나 노래 또는 춤으로 손님의 유흥을 돋구는 접객행위를 하거나 타인에게 그 행위를 알선하여서는 아니 된다.
> 제34조(벌칙) ④ 제22조제2항의 규정을 위반한 자는 1년 이하의 징역 또는 300만원 이하의 벌금에 처한다.

4. 법원의 판단

가사 甲의 위 주장이 사실이라고 하더라도 위 법에서 정한 '알선'이라 함은 '일정한 행위를 중개'하는 것으로, 甲이 손님들의 부탁으로 노래방 도우미를 불러 노래방 도우미가 甲의 노래방에 도착하였다면 그 후에 실제로 노래방 도우미가 손님들과 동석하여 여흥을 돋우지 않았다고 하더라도 이미 알선행위는 기수에 이르렀다고 할 것이다.

5. 판결의 의미(결론)

음악산업진흥에 관한 법률에서 금지하고 있는 노래연습장업자의 접대부 알선행위의 의미가 무엇인지에 관하여 법리적인 해석을 하였다.

제25절 노래연습장에서 유흥주점영업을 한 경우

1. 사 례

노래연습장에서 접대부를 고용하여 찾아오는 손님들을 상대로 주류를 제공하는 등 유흥주점영업을 한 경우 적용할 수 있는 법률은?

2. 법규연구

가. 음악산업진흥에 관한 법률

제22조(노래연습장업자의 준수사항 등) ① 노래연습장업자는 다음 각 호의 사항을 지켜야 한다.
  3. 주류를 판매·제공하지 아니할 것
  4. 접대부(남녀를 불문한다)를 고용·알선하거나 호객행위를 하지 아니할 것
  5. 「성매매알선 등 행위의 처벌에 관한법률」 제2조제1항의 규정에 따른 성매매 등의 행위를 하게 하거나 이를 알선·제공하는 행위를 하지 아니할 것
② 누구든지 영리를 목적으로 노래연습장에서 손님과 함께 술을 마시거나 노래 또는 춤으로 손님의 유흥을 돋구는 접객행위를 하거나 타인에게 그 행위를 알선하여서는 아니 된다.

나. 식품위생법

제37조(영업허가 등) ① 제36조제1항 각 호에 따른 영업 중 대통령령으로 정하는 영업을 하려는 자는 대통령령으로 정하는 바에 따라 영업 종류별 또는 영업소별로 식품의약품안전처장 또는 특별자치시장·특별자치도지사·시장·군수·구청장의 허가를 받아야 한다.
제94조(벌칙) 다음 각 호의 어느 하나에 해당하는 자는 10년 이하의 징역 또는 1억원 이하의 벌금에 처하거나 이를 병과할 수 있다
  3. 제37조제1항(영업허가등)을 위반한 자

다. 식품위생법 시행령

제21조(영업의 종류) 제8호 식품접객업
  라. 유흥주점영업 : 주로 주류를 조리·판매하는 영업으로서 유흥종사자를 두거나 유흥시설을 설치할 수 있고 손님이 노래를 부르거나 춤을 추는 행위가 허용되는 영업
제22조(유흥종사자의 범위) ① 제21조 제8호 라목에서 "유흥종사자"란 손님과 함께 술을 마시거나 노래 또는 춤으로 손님의 유흥을 돋우는 부녀자인 유흥접객원을 말한다.
② 제21조 제8호 라목에서 "유흥시설"이란 유흥종사자 또는 손님이 춤을 출 수 있도록 설치한 무도장을 말한다.

3. 결론

가. 미등록 노래연습장인 경우

(가) 등록되지 않은 노래연습장이기 때문에 제22조의 준수사항위반으로 처벌할 수 없고 이 경우 미등록영업행위(제34조 제3항 제1호, 제18조 제1항)로 처벌할 수 있을 것이나 접대부를 고용하였기 때문에 식품위생법상 무허가유흥주점 영업으로 처벌하여야 할 것이다.

(나) 단속되어 확정판결을 받을 때까지 그 안에 다시 단속된 경우는 처벌하지 못함(단, 아직 확정판결이 되지 않으면 형량을 정하는 데 참고)

나. 등록된 노래연습장인 경우

(가) 음악산업진흥에 관한 법률 제22조 제2항에 따라 영업자준수사항 위반으로 처벌하여야 할 것이다.

(나) 식품위생법을 적용할 경우 다시 위반한 부분에 대해 확정판결 시까지는 처벌하지 못하나 음악산업진흥에 관한 법률을 적용할 경우 위반 시마다 처벌할 수 있다.

(다) 형량에 있어 식품위생법이 중하나 노래연습장으로 등록되었기 때문에 무허가 유흥주점으로 보기 어렵다.

다. 도우미 관련 처벌 규정(음악산업진흥에 관한 법률)

(가) 도우미 행위(제34조 제4항, 제22조 제2항)

(나) 노래연습장 업주의 도우미 알선 업자(제34조 제2항, 제22조 제1항 제4호)

(다) 노래연습장 업주가 아닌 자가 도우미를 알선한 경우(제34조 제4항, 제22조 제2항)

제26절 생맥줏집에서 청소년에게 판매한 주류를 취식 전에 단속당한 경우

1. 사 례

생맥줏집에 10대 청소년 2명이 출입하여 생맥주 2잔을 시켜놓고 각기 잔에 따른 후 이를 먹기 전 단속 경찰에 적발되었다. 이 경우에 아직 술을 마시지도 않았고 술값을 계산하지도 않았기 때문에 처벌할 수 있는지

2. 법규연구 (청소년보호법)

제28조(청소년유해약물등의 판매·대여 등의 금지) ① 누구든지 청소년을 대상으로 청소년유해약물 등을 판매·대여·배포(자동기계장치·무인판매장치·통신장치를 통하여 판매·대여·배포하는 경우를 포함한다)하거나 무상으로 제공하여서는 아니 된다.
제58조(벌칙) 다음 각 호의 어느 하나에 해당하는 자는 3년 이하의 징역 또는 3천만원 이하의 벌금에 처한다.
  3. 제28조제1항을 위반하여 청소년에게 제2조제4호가목4)·5)의 청소년유해약물 또는 같은 호 나목의 청소년유해물건을 판매·대여·배포(자동기계장치·무인판매장치·통신장치를 통하여 판매·대여·배포한 경우를 포함한다)한 자

3. 결 론

가. 청소년보호법은 청소년에게 유해한 매체물과 약물 등이 청소년에게 유통되는 등을 규제하여 청소년이 건전한 인격체로 성장할 수 있도록 하기 위한 것이고 누구든지 청소년을 대상으로 하여 청소년 유해 약물 등을 판매·대여·배포하여서는 아니된다라고 규정되어 있으며 벌칙에서 청소년에게 주류를 판매한 자를 처벌하도록 규정하고 있다.

나. 청소년에게 담배를 판매하거나 생맥줏집에서 청소년이 마실 수 있도록 맥주를 제공하면 피우거나 마셨는지와 관계없이 처벌할 수 있다고 볼 수 있다.

제27절 일반음식점에서 청소년을 고용하여 주류를 주로 판매한 경우

1. 사 례

甲은 청해진 호프라는 상호로 일반음식점 영업신고를 한 후 청소년인 乙녀(여, 18세)를 고용하여 호프 등 주류를 판매하면서 乙 女로 하여금 서빙을 하도록 한 경우 甲을 처벌할 수 있는지

2. 법규연구

가. 청소년보호법

제2조(정의) 이 법에서 사용하는 용어의 뜻은 다음과 같다.
  5. "청소년유해업소"란 청소년의 출입과 고용이 청소년에게 유해한 것으로 인정되는 다음 가목의 업소(이하 "청소년 출입·고용금지업소"라 한다)와 청소년의 출입은 가능하나 고용이 청소년에게 유해한 것으로 인정되는 다음 나목의 업소(이하 "청소년고용금지업소"라 한다)를 말한다. 이 경우 업소의 구분은 그 업소가 영업을 할 때 다른 법령에 따라 요구되는 허가·인가·등록·신고 등의 여부와 관계없이 실제로 이루어지고 있는 영업행위를 기준으로 한다.
    나. 청소년고용금지업소
      3)「식품위생법」에 따른 식품접객업 중 대통령령으로 정하는 것
제29조(청소년 고용 금지 및 출입 제한 등) ① 청소년유해업소의 업주는 청소년을 고용하여서는 아니 된다. 청소년유해업소의 업주가 종업원을 고용하려면 미리 나이를 확인하여야 한다.
제58조(벌칙) 다음 각 호의 어느 하나에 해당하는 자는 3년 이하의 징역 또는 3천만원 이하의 벌금에 처한다.
  4. 제29조제1항을 위반하여 청소년을 청소년유해업소에 고용한 자

나. 청소년보호법 시행령

제6조(청소년고용금지업소의 범위) ② 법 제2조제5호나목3)에서 "대통령령으로 정하는 것"이란 다음 각 호의 어느 하나에 해당하는 영업을 말한다.
  1. 휴게음식점영업으로서 주로 차 종류를 조리·판매하는 영업 중 종업원에게 영업장을 벗어나 차 종류 등을 배달·판매하게 하면서 소요 시간에 따라 대가를 받게 하거나 이를 조장 또는 묵인하는 형태로 운영되는 영업
  2. 일반음식점영업 중 음식류의 조리·판매보다는 주로 주류의 조리·판매를 목적으로 하는 소주방·호프·카페 등의 형태로 운영되는 영업

다. 식품위생법(무허가 유흥주점업)

제37조(영업허가 등) ① 제36조제1항 각 호에 따른 영업 중 대통령령으로 정하는 영업을 하려는 자는 대통령령으로 정하는 바에 따라 영업 종류별 또는 영업소별로 식품의약품안전청장 또는 특별자치도 지사·시장·군수·구청장의 허가를 받아야 한다. 허가받은 사항 중 대통령령으로 정하는 중요한 사항을 변경할 때에도 또한 같다.

※ 시행령 제21조 제8호(유흥주점영업)
　라. 유흥주점영업: 주로 주류를 조리·판매하는 영업으로서 유흥종사자를 두거나 유흥시설을 설치할 수 있고 손님이 노래를 부르거나 춤을 추는 행위가 허용되는 영업

3. 관련 판례 (대법원 2004. 2. 12., 선고, 2003도6282, 판결)

[1] 청소년보호법이 주로 주류의 조리·판매를 목적으로 하는 영업을 청소년고용금지업소로 규정한 취지

청소년보호법이 '일반음식점 영업 중 음식류의 조리·판매보다는 주로 주류의 조리·판매를 목적으로 하는 소주방·호프·카페 등의 영업형태로 운영되는 영업'을 청소년고용금지업소의 하나로 규정하고 있는 이유는 그러한 업소에 청소년이 고용되어 근로할 경우 주류에 쉽게 접촉되어 고용청소년의 건전한 심신발달에 장애를 유발할 우려가 있고 또한 고용청소년에게 유해한 근로행위의 요구가 우려되므로 이를 방지하기 위한 데 있다.

[2] 일반음식점 영업허가를 받은 업소가 실제로는 주로 주류를 조리·판매하는 영업행위를 한 경우, 청소년보호법상의 청소년고용금지업소에 해당하는지 여부(적극) 및 주간에는 주로 음식류를, 야간에는 주로 주류를 조리·판매하는 형태의 영업행위를 한 경우, 청소년보호법상의 청소년고용금지업소에 해당하는지 여부(한정 적극)

식품위생법 제21조 제2항, 식품위생법시행령 제7조 제8호 (나)목은 일반음식점 영업을 '음식류를 조리·판매하는 영업으로서 식사와 함께 부수적으로 음주행위가 허용되는 영업'이라고 규정하고 있지만, 청소년보호법 제2조 제5호는 청소년고용금지업소 등 청소년유해업소의 구분은 그 업소가 영업을 함에 있어서 다른 법령에 의하여 요구되는 허가·인가·등록·신고 등의 여부에 불구하고 실제로 이루어지고 있는 영업행위를 기준으로 하도록 규정하고 있으므로, 음식류를 조리·판매하면서 식사와 함께 부수적으로 음주행위가 허용되는 영업을 하겠다면서 식품위생법상의 일반음식점 영업허가를 받은 업소라고 하더라도 실제로는 음식류의 조리·판매보다는 주로 주류를 조리·판매하는 영업행위가 이루어지고 있는 경우에는 청소년보호법상의 청소년고용금지업소에 해당하며, 나아가 일반음식점의 실제의 영업형태 중에서는 주간에는 주로 음식류를 조리·판매하

고 야간에는 주로 주류를 조리·판매하는 형태도 있을 수 있는데, 이러한 경우 음식류의 조리·판매보다는 주로 주류를 조리·판매하는 야간의 영업형태에 있어서의 그 업소는 위 청소년보호법의 입법취지에 비추어 볼 때 청소년보호법상의 청소년고용금지업소에 해당한다.

4. 결 론

가. 식품위생법상 무허가 유흥주점업 여부

무허가 유흥주점업으로 처벌하기 위해서는 유흥종사자(유흥접객원 : 손님과 함께 술을 마시거나 노래 또는 춤으로 손님의 유흥을 돋구는 부녀자를 말한다)를 두고 영업을 해야 하는데 乙녀가 단순히 서빙만 하도록 하였다면 유흥주점업이라고 볼 수 없으나, 만약 손님과 동석하여 술을 마시도록 한 경우는 처벌할 수 있다.

나. 청소년보호법상 청소년 유해업소 고용 여부

일반음식점은 청소년 유해업소가 아니지만, 청소년보호법 시행령 제3조의 규정에 의하면 일반음식점이라도 주류를 주로 판매하는 경우나 티켓다방도 청소년 유해업소로 규정하고 있다.

다. 처벌 여부

그러므로 주류를 주로 판매하고 있다는 것을 입증하기 위해 판매 장부, 주류구매세금계산서, 차림표, 진열장, 주방의 조리기구 등을 확인하여 청소년보호법 제50조 제2호, 제24조 제1항(청소년 유해업소 고용)으로 처벌할 수 있다.

제28절 유흥주점 허가를 받고 노래연습장 간판으로 영업한 경우

1. 사 례

甲은 유흥주점 허가를 받았으나 영업이 잘되지 않자 "완도노래연습장"이라는 간판을 걸고 영업을 한 경우

2. 법규연구 (식품위생법)

제44조(영업자 등의 준수사항) ① 식품접객영업자 등 대통령령으로 정하는 영업자와 그 종업원은 영업의 위생관리와 질서유지, 국민의 보건위생 증진을 위하여 총리령으로 정하는 사항을 지켜야 한다.

제97조(벌칙) 다음 각 호의 어느 하나에 해당하는 자는 3년 이하의 징역 또는 3천만원 이하의 벌금에 처한다.
  6. 제42조제1항 또는 제44조제1항에 따라 영업자가 지켜야 할 사항을 지키지 아니한 자. 다만, 보건복지가족부령으로 정하는 경미한 사항을 위반한 자는 제외한다.

※ 시행규칙 별표 제17호(식품접객영업자의 준수사항)
  7. 식품접객업자(위탁급식영업자는 제외한다)와 그 종업원의 준수사항
    사. 간판에는 영 제21조에 따른 해당업종명과 허가를 받거나 신고한 상호를 표시하여야 한다. 이 경우 상호와 함께 외국어를 병행하여 표시할 수 있으나 업종구분에 혼동을 줄 수 있는 사항은 표시하여서는 아니 된다.

3. 결 론

甲의 행위는 업종구분에 혼동을 주는 간판부착 행위로서 식품위생법의 영업자 준수사항위반으로 처벌한다.

제29절 타인 신분증을 제시한 미성년자를 고용한 유흥업소 업주 처벌여부

1. 사 례

> 甲은 유흥주점을 운영하는 자로 乙 등을 종업원으로 고용하면서 이들이 타인의 주민등록증을 제시하자 이를 제대로 확인하지 않고 고용하다 수사기관에 미성년자로 확인되어 적발되었다. 이때 甲은 그들이 제시한 주민등록증으로 성년임을 확인하였기 때문에 무죄라 주장한다.

2. 법규연구 (청소년보호법)

제29조(청소년 고용 금지 및 출입 제한 등) ① 청소년유해업소의 업주는 청소년을 고용하여서는 아니 된다. 청소년유해업소의 업주가 종업원을 고용하려면 미리 나이를 확인하여야 한다.

② 청소년 출입·고용금지업소의 업주와 종사자는 출입자의 나이를 확인하여 청소년이 그 업소에 출입하지 못하게 하여야 한다.

③ 제2조제5호나목2)의 숙박업을 운영하는 업주는 종사자를 배치하거나 대통령령으로 정하는 설비 등을 갖추어 출입자의 나이를 확인하고 제30조제8호의 우려가 있는 경우에는 청소년의 출입을 제한하여야 한다.

④ 청소년유해업소의 업주와 종사자는 제1항부터 제3항까지에 따른 나이 확인을 위하여 필요한 경우 주민등록증이나 그 밖에 나이를 확인할 수 있는 증표(이하 이 항에서 "증표"라 한다)의 제시를 요구할 수 있으며, 증표 제시를 요구받고도 정당한 사유 없이 증표를 제시하지 아니하는 사람에게는 그 업소의 출입을 제한할 수 있다

제58조(벌칙) 다음 각 호의 어느 하나에 해당하는 자는 3년 이하의 징역 또는 3천만원 이하의 벌금에 처한다.

　4. 제29조제1항을 위반하여 청소년을 청소년유해업소에 고용한 자

3. 결 론 (법원의 판결)

가. 제2심 (전주지법 2013. 6. 28.선고 2013노374 판결)

제1심과 제2심에서는 甲이 乙을 고용시 청소년임을 알았거나 청소년이라도 무방하다는 미필적 고의로 고용하였다고 단정할 수 없다는 이유로 무죄를 선고하였다.

나. 대법원 (2013. 9. 27. 2013도8385)

청소년보호법의 입법목적 등에 비추어 볼 때 유흥주점과 같은 청소년유해업소의 업주에게는 청소년보호를 위하여 청소년을 당해 업소에 고용하여서는 아니 될 매우 엄중한 책임이 부여되어 있다 할 것이므로, 유흥주점의 업주가 당해 유흥업소에 종업원을

고용함에서는 주민등록증이나 이에 유사한 정도로 연령에 관한 공적증명력이 있는 증거에 의하여 대상자의 연령을 확인하여야 하고

만일 대상자가 제시한 주민등록증상의 사진과 실물이 다르다는 의심이 들면 청소년이 자신의 신분과 연령을 감추고 취업을 감행하는 사례가 적지 않은 유흥업계의 취약한 고용실태 등에 비추어 볼 때,

업주로서는 주민등록상의 사진과 실물을 자세히 대조하거나 주민등록증상의 주소 또는 주민등록번호를 외워보도록 하는 등 추가적인 연령확인조치를 취하여야 할 의무가 있다고 할 것이다.

결국, 甲은 乙이 제시한 주민등록증상의 사진과 실물이 다르다는 의심이 들었다면 청소년의 보호를 위하여 사진과 실물을 자세히 대조해 보는 등 좀 더 적극적인 방법으로 연령확인조치를 취하여야 할 의무가 있었다고 할 것이다.

그러나 乙이 제시한 제3자의 주민등록증만을 확인한 채 乙을 고용하여 유흥주점에서 접객행위를 하도록 한 것은 청소년유해업소 업주의 청소년연령확인에 관한 필요한 초치를 다하지 아니한 것이라 할 것이다.

다. 결론적으로

실무에서 업주들이 종업원들의 주민등록증을 복사해 둔 상태에서 책임을 다하였다고 하는 경우가 있으나 청소년유해업소 업주로서 적극적으로 청소년 여부를 판별하여야 할 책임이 있다는 대법원의 좋은 사례로 보인다.

우정이란
친구를 딛고 내가 높아지는 것이 아니라
친구가 나 자신을 딛게 하여
친구를 높이는 것이다
그것은
둘이 함께 높아지는 일이기도 합니다.

[출처] 가슴에 남는 좋은 글|작성자 화풍

제30절 자동차를 이용하여 통닭구이 판매 영업행위

1. 사 례

甲은 자신의 1톤 포터 차량의 화물칸에 나사못(길이 3cm, 굵기 2mm)을 이용하여 통닭을 굽는 5단 바비큐 기계(115cm×130cm×40cm)를 설치하고 기계보다 15cm 정도 높은 위치에 차량 덮개를 설치하고 특정 도로변에 주차하고 그곳에서 통닭을 구워 판매하고 있다. 甲은 자동차 운전면허증은 취득하여 소지하고 있지만, 식품위생법에서 정하고 있는 일반음식점 영업신고는 하지 않았다.

2. 법규연구

가. 식품위생법

제37조(영업허가 등) ④ 제36조제1항 각 호에 따른 영업 중 대통령령으로 정하는 영업을 하려는 자는 대통령령으로 정하는 바에 따라 영업 종류별 또는 영업소별로 식품의약품안전청장 또는 특별자치도 지사·시장·군수·구청장에게 신고하여야 한다. 신고한 사항 중 대통령령으로 정하는 중요한 사항을 변경하거나 폐업할 때에도 또한 같다.

제97조(벌칙) 다음 각 호의 어느 하나에 해당하는 자는 3년 이하의 징역 또는 3천만원 이하의 벌금에 처한다.
1. … 제37조제3항·제4항, …를 위반한 자

나. 식품위생법 시행령

제25조(영업신고를 하여야 하는 업종) ① 법 제37조제4항 전단에 따라 특별자치도지사 또는 시장·군수·구청장에게 신고를 하여야 하는 영업은 다음 각 호와 같다.
8. 제21조제8호가목의 휴게음식점영업, 같은 호 나목의 일반음식점영업, 같은 호 마목의 위탁급식영업 및 같은 호 바목의 제과점영업

다. 자동차관리법

제26조(자동차의 강제 처리) ① 자동차(자동차와 유사한 외관 형태를 갖춘 것을 포함한다. 이하 이 조에서 같다)의 소유자 또는 점유자는 다음 각 호의 어느 하나에 해당하는 행위를 하여서는 아니 된다.
1. 자동차를 일정한 장소에 고정시켜 운행 외의 용도로 사용하는 행위

제34조(자동차의 튜닝) ① 자동차소유자가 국토교통부령으로 정하는 항목에 대하여 튜닝을 하려는 경우에는 시장·군수·구청장의 승인을 받아야 한다.
② 제1항에 따라 튜닝 승인을 받은 자는 자동차정비업자 또는 국토교통부령으로 정하는 자동차제작자등으로부터 튜닝 작업을 받아야 한다. 이 경우 자동차제작자등의 튜닝 작업 범위는 국토교통부령으로 정한다.

제81조(벌칙) 다음 각 호의 어느 하나에 해당하는 자는 1년 이하의 징역 또는 300만원이하의 벌금에 처한다.

8. 제26조제1항(제52조에서 준용하는 경우를 포함한다)을 위반하여 같은 항 각 호의 어느 하나에 해당하는 금지행위를 한 자
19. 제34조(제52조에서 준용하는 경우를 포함한다)를 위반하여 시장·군수·구청장의 승인을 받지 아니하고 자동차에 튜닝을 한 자
20. 제34조(제52조에서 준용하는 경우를 포함한다)를 위반하여 튜닝된 자동차인 것을 알면서 이를 운행한 자

3. 결 론

가. 식품위생법 위반

통닭을 구워 판매한 행위는 식품을 조리 판매하는 행위로 일반음식점 영업신고를 하여야 하는데 甲은 이러한 영업신고를 하지 않았기 때문에 미신고 일반음식점 영업행위로 처벌할 수 있다.

나. 자동차관리법 위반

동법에서는 자동차를 일정한 장소에 고정시켜 운행 외의 용도로 사용하는 행위를 처벌하고 있다. 사례와 같이 자동차에 통닭구이 시설을 갖추고 일정 장소에 주차시켜 운행 외의 용도인 식품판매용도로 자동차를 사용하였다고 볼 수 있다. 또한, 위 바비큐 기계설치행위는 탈부착이 용이한 한도를 넘어서 차량의 총 중량, 물품적재장치 등의 구조변경에 해당한다. 따라서 甲은 자동차관리법 위반으로 처벌할 수 있다.

다. 결론적으로

甲은 식품위생법과 자동차관리법 위반으로 의율 처벌하여야 한다.

제31절 영업장 불법확장된 음식점을 인수하여 계속 영업한 자의 형사책임

1. 사 례

甲은 乙로부터 일반음식점을 인수하면서 당초 구청장에게 신고한 영업면적은 37.29㎡인데 이를 약 132㎡로 변경하였음을 알면서도 이를 신고하지 아니한 채 계속 영업을 하였다.
가. 甲에게 변경신고를 할 의무가 있는지
나. 당초 변경신고를 하지 않았던 乙에 대해 영업장을 양도한 후에도 책임이 있는지

2. 법규연구

가. 식품위생법

제37조(영업허가 등) ④ 제36조제1항 각 호에 따른 영업 중 대통령령으로 정하는 영업을 하려는 자는 대통령령으로 정하는 바에 따라 영업 종류별 또는 영업소별로 식품의약품안전청장 또는 특별자치도지사·시장·군수·구청장에게 신고하여야 한다. 신고한 사항 중 대통령령으로 정하는 중요한 사항을 변경하거나 폐업할 때에도 또한 같다.

제39조(영업 승계) ① 영업자가 영업을 양도하거나 사망한 경우 또는 법인이 합병한 경우에는 그 양수인·상속인 또는 합병 후 존속하는 법인이나 합병에 따라 설립되는 법인은 그 영업자의 지위를 승계한다.
③ 제1항 또는 제2항에 따라 그 영업자의 지위를 승계한 자는 보건복지부령으로 정하는 바에 따라 1개월 이내에 그 사실을 식품의약품안전청장 또는 특별자치도지사·시장·군수·구청장에게 신고하여야 한다.

제97조(벌칙) 다음 각 호의 어느 하나에 해당하는 자는 3년 이하의 징역 또는 3천만원 이하의 벌금에 처한다.
  1. … 제37조제3항·제4항… 를 위반한 자

나. 식품위생법 시행령

제25조(영업신고를 하여야 하는 업종) ① 법 제37조제4항 전단에 따라 특별자치도지사 또는 시장·군수·구청장에게 신고를 하여야 하는 영업은 다음 각 호와 같다.
  2. 제21조제2호의 즉석판매제조·가공업
  4. 제21조제4호의 식품운반업
  5. 제21조제5호의 식품소분·판매업
  6. 제21조제6호나목의 식품냉동·냉장업
  7. 제21조제7호의 용기·포장류제조업(자신의 제품을 포장하기 위하여 용기·포장류를 제조하는 경우 제외)
  8. 제21조제8호가목의 휴게음식점영업, 같은 호 나목의 일반음식점영업, 같은 호 마목의 위탁급식영업 및 같은 호 바목의 제과점영업

제26조(신고를 하여야 하는 변경사항) 법 제37조제4항 후단에 따라 변경할 때 신고를 하여야 하는 사항은 다음 각 호와 같다.
  1. 영업자의 성명(법인인 경우에는 그 대표자의 성명을 말한다)
  2. 영업소의 명칭 또는 상호
  3. 영업소의 소재지
  4. 영업장의 면적

3. 관련 판례

법과 시행령에 신고대상인 일반음식점 영업을 하고자 하는 때와 해당 영업의 영업장 면적 등 중요한 사항을 변경하고자 하는 때에는 이를 구청장 등에게 신고하도록 규정하고, 이를 위반하면 처벌하도록 규정하며, 제25조 제1항은 영업의 신고를 한 자가 그 영업을 양도한 때에는 양수인이 영업자의 지위를 승계하도록 규정하는바, 위 신고의무 조항 및 처벌조항의 취지는 신고대상인 영업을 신고 없이 하거나 해당 영업의 영업장 면적 등 중요한 사항을 변경하였음에도 그에 관한 신고 없이 영업을 계속하는 경우 이를 처벌함으로써 그 신고를 강제하고 궁극적으로는 미신고 영업을 금지하려는 데 있는 것으로 보이는 점도 고려하면, 영업장 면적이 변경되었음에도 그에 관한 신고의무가 이행되지 않은 영업을 양수한 자도 역시 그와 같은 신고의무를 이행하지 않은 채 영업을 계속한다면 처벌대상이 된다. (대법원 2010.7.15.선고 2010도 4869 판결)

4. 결 론

가. 승계 후 변경신고를 이행하지 않는 경우

확장면적이 경미하여 사실상 그러한 내용을 알지 못하였다면 몰라도 사례와 같이 신고면적과 실제 영업장 면적이 현저히 차이가 날 때 영업장 승계 후 당연히 신고하여야 한다. 따라서 미신고 영업(제97조 제1호, 제37조 제4항)의 처벌대상이 된다.

나. 변경신고 기간

여기서 문제는 언제까지 신고하여야 하느냐인데 식품위생법에서 영업자의 지위를 승계한 자는 1개월 이내에 그 사실을 신고하도록 규정(법 제39조 제3항)하면서, 이를 준수하지 않으면 형사처벌하고 있다. 따라서 이 기준에 따라 이 기간(1개월) 안에는 변경신고를 하여야 할 것이다.

다. 공소시효 문제

전 업주가 영업장 확장을 오래전에 하여 공소시효(5년)가 경과하였을 경우이다. 이 경우 건축법 위반 여부는 별론으로 하더라도 영업장이 변경되어 계속적으로 영업을 하였다면 이는 계속범으로 항상 처벌할 수 있다고 볼 수 있다.

라. 전 업주 처벌 여부

영업장 인수 일을 기준으로 5년(공소시효 기간)이 경과하지 않았다면 전 업주에 대해서도 당연히 미신고 영업행위로 처벌하여야 할 것이다. 그러나 공소시효가 지났다면 전 업주는 그 기간 영업을 하지 않았기 때문에 처벌할 수 없다.

제32절 먹고 남은 음식물 포장을 거절한 경우

1. 사 례

> 甲은 乙이 운영하는 일반음식점에서 통닭을 시켜 먹고 남은 통닭은 포장해 달라고 하자 포장
> 용기가 없다면서 거절하였다.

2. 법규연구

가. 식품위생법

> **제44조(영업자 등의 준수사항)** ① 식품접객영업자 등 대통령령으로 정하는 영업자와 그 종업원은 영
> 업의 위생관리와 질서유지, 국민의 보건위생 증진을 위하여 영업의 종류에 따라 다음 각 호에 해당하
> 는 사항을 지켜야 한다.
> 8. 그 밖에 영업의 원료관리, 제조공정 및 위생관리와 질서유지, 국민의 보건위생 증진 등을 위하여
>   총리령으로 정하는 사항
> **제97조(벌칙)** 6. 제44조제1항에 따라 영업자가 지켜야 할 사항을 지키지 아니한 자. 다만, 총리령으로
> 정하는 경미한 사항을 위반한 자는 제외한다.

나. 식품위생법 시행규칙

> 별표 제17호
> 7. 식품접객업자(위탁급식영업자는 제외한다)와 그 종업원의 준수사항
>   머. 식품접객업자는 공통찬통, 소형찬기 또는 복합찬기를 사용하거나, 손님이 남은 음식물을 싸서
>   가지고 갈 수 있도록 포장용기를 비치하고 이를 손님에게 알리는 등 음식문화개선을 위해 노
>   력하여야 한다.

3. 결 론

식품접객영업자는 손님이 남은 음식물을 싸서 가지고 갈 수 있도록 포장 용기를 비
치하고 손님을 요구할 때는 포장해줘야 한다.

따라서 손님의 요구를 이행하지 않으면 식품위생법상 영업자 준수사항위반으로 처
벌한다.

제33절 수렵을 하기 위해 공기총을 소지한 경우

1. 사 례

乙은 수렵하기 위해 甲에게 부탁하여 甲소유 공기총을 빌려 소지하고 뒷 야산을 돌아다니다가 수렵은 하지 못한 채 검거되었을 경우

2. 법규연구

가. 총포·도검·화약류 등의 안전관리에 관한 법률

(가) 허가없이 총포 소지(제70조 제1항 제2호, 제12조 제1항, 제10조)

(나) 무허가자에게 총기 대여(제71조 제3호, 제21조 제4항)

> 제21조(양도·양수의 제한) ④ 총포·도검·분사기·전자충격기·석궁의 제조업자·판매업자 및 수입 허가를 받은 사람과 소지허가를 받은 사람은 총포·도검·분사기·전자충격기·석궁의 제조업자·판 매업자 및 수출허가를 받은 사람과 소지허가를 받은 사람외의 사람에게 총포·도검·분사기·전자충 격기·석궁을 양도하거나 빌려주어서는 아니되며, 또한 이들로부터 총포·도검·분사기·전자충격 기·석궁을 양수하거나 빌려서는 아니된다.

나. 야생생물 보호 및 관리에 관한 법률

(가) 수렵조수 아닌 조수의 수렵(제69조 제13호, 제43조 제1항)

(나) 수렵장 외에서의 수렵행위(제69조 제12호, 제42조 제2항)

(다) 불법포획조수 등의 보관(제70조 제2호, 제9조 제1항)

(라) 조수포획목적총기와 실탄휴대(제70조 제16호)

3. 결 론

가. 수렵하지 못한 상태에서 검거된 경우

(가) 甲의 행위

무허가자인 乙에게 총기 대여행위(총포법 제71조 제3호, 제21조 제4항)

(나) 乙의 행위

① 허가없이 총포소지 행위(총포법)

② 총기 빌린 행위(총포법 제21조 제4항)

③ 조수포획목적총기와 실탄휴대(야생생물보호법 제70조 제16호)

나. 수렵경우

乙에 대해서는 수렵조수 아닌 조수의 수렵행위 또는 수렵장 외에서의 수렵행위 등으로 추가 처벌

제34절 하천에서 투망 등으로 어류를 포획한 경우

1. 사 례

일반하천에서(例, 지방 2급 하천) 배터리나 투망(던지는 것) 또는 그물(길이 30~50m)로 고기를 포획하는 경우 단속법규는

2. 법규연구

가. 내수면어업법

제19조(유해어법의 금지) 누구든지 폭발물, 유독물 또는 전류를 사용하여 내수면에서 수산동식물을 포획·채취하여서는 아니 된다. 다만, 특별자치시장·특별자치도지사·시장·군수·구청장의 사용허가를 받았을 때에는 그러하지 아니하다.

제25조(벌칙) ① 제19조를 위반하여 폭발물, 유독물 또는 전류를 사용하여 내수면에서 수산동식물을 포획·채취한 자는 2년 이하의 징역 또는 2천만원 이하의 벌금에 처한다.

제3조(이 법을 적용하는 수면) ① 이 법은 공공용수면에 대하여 이를 적용한다. 다만, 특별한 규정이 있는 경우에는 사유수면에 대하여도 이를 적용한다.

② 공공용 수면과 잇닿아 하나가 된 사유수면에 대하여는 이 법을 적용한다.

※."'공공용 수면(公共用 水面)"이란 국가, 지방자치단체 또는 대통령령으로 정하는 공공단체가 소유하고 있거나 관리하는 내수면을 말한다. (제2조 제2호)

나. 수산자원관리법

제25조(유해어법의 금지) ① 누구든지 폭발물·유독물 또는 전류를 사용하여 수산자원을 포획·채취하여서는 아니 된다.

제64조(벌칙) 다음 각 호의 어느 하나에 해당하는 자는 2년 이하의 징역 또는 2천만원 이하의 벌금에 처한다.

5. 제25조제1항을 위반하여 폭발물·유독물 또는 전류를 사용하여 수산자원을 포획·채취한 자

제3조(적용범위) 이 법은 다음 각 호의 수면 등에 대하여 적용한다.

1. 바다
2. 바닷가
3. 어업을 하기 위하여 인공적으로 조성된 육상의 해수면
4. 「국토의 계획 및 이용에 관한 법률」 제40조에 따라 수산자원의보호·육성을 위하여 지정된 공유수면이나 그에 인접된 토지(이하 "수산자원보호구역"이라 한다)
5. 「내수면어업법」 제2조제1호에 따른 내수면(제55조의2제3항제4호에 따른 내수면 수산자원조성사업에 한정한다. 이하 같다)

3. 결 론

가. 지방 2급 하천에서 배터리로 어류를 포획한 경우 내수면어업법 위반에 해당할 것이다. 수산자원관리법의 경우는 바다, 바닷가, 해수면의 경우에 적용하고 있다.

나. 투망을 사용하여 수산동물을 포획한 경우

　　내수면어업법 제11조에서 대통령령이 정하는 어업을 하고자 하는 자는 시장·군수·구청장에게 신고하여야 하고, 같은 법 시행령 제9조 제1항 제1호에서 투망어업을 대통령령이 정하는 어업으로 규정하고 있으므로, 신고없이 투망 어업을 하였다면 100만원이하의 과태료 대상임(동법 제27조 제1항 제1호)

다. 그물로 어류를 포획한 경우

　(가) 내수면어업법 제9조 제1항 소정의 허가어업 대상으로 허가없이 어류를 포획하였다면 동법 제25조 위반

　(나) 동법 제9조 제1항 각 호상의 자망어업, 연승어업, 낭장망어업, 각망어업에 사용하는 어구의 규모 및 사용통수는 같은 법 시행규칙 제7조에 규정되어 있음

내 미소는
나의 명함이다.
나의 미소는
강력한 유대관계를 맺고,
서먹한 얼음을 깨뜨리고,
폭풍우를 잠재우는 힘을 갖고 있다.
나는 늘 제일 먼저 미소 짓는 사람이 되겠다.
오늘 나는 행복한 사람이 될 것을 선택하겠다….

[앤디 앤드루스 '폰더씨의 위대한 하루' 中]

제35절 성매매행위 알선의 기준

1. 사 례

유흥주점 업주가 평소 종업원들이 성매매(일명2차)한다는 사실을 알았고 본건 당일에도 손님과 종업원이 2차를 나간다는 사실을 알고는 있었으나 성매매대금에 대해서는 업주는 전혀 이익이 없고 그 대금은 종업원 몫으로만 지급할 경우 업주에 대하여 어떤 법조가 적용되는지

2. 법규연구

가. 성매매알선 등 행위의 처벌에 관한 법률

제4조(금지행위) 누구든지 다음 각호의 어느 하나에 해당하는 행위를 하여서는 아니된다.
  1. 성매매
  2. 성매매알선등행위
  3. 성매매 목적의 인신매매
  4. 성을 파는 행위를 하게 할 목적으로 타인을 고용·모집하거나 성매매가 행하여진다는 사실을 알고 직업을 소개·알선하는 행위

제19조(벌칙) ① 다음 각호의 어느 하나에 해당하는 자는 3년 이하의 징역 또는 3천만원 이하의 벌금에 처한다.
  1. 성매매알선등행위를 한 자
  2. 성을 파는 행위를 할 자를 모집한 자
  3. 성을 파는 행위를 하도록 직업을 소개·알선한 자
② 다음 각호의 어느 하나에 해당하는 자는 7년 이하의 징역 또는 7천만원이하의 벌금에 처한다.
  1. 영업으로 성매매알선등행위를 한 자
  2. 성을 파는 행위를 할 자를 모집하고 그 대가를 지급받은 자
  3. 성을 파는 행위를 하도록 직업을 소개·알선하고 그 대가를 지급받은 자

나. 풍속영업의 규제에 관한 법률

제3조(준수사항) 풍속영업을 영위하는 자(허가 또는 인가를 받지 아니하거나 등록 또는 신고를 하지 아니하고 풍속영업을 영위하는 자를 포함) 및 대통령령으로 정하는 종사자는 다음 각호의 사항을 지켜야 한다.
  1. 풍속영업을 영위하는 장소에서 윤락행위 또는 음란행위를 하게 하거나 이를 알선 또는 제공하여서는 아니된다.

3. 결 론

가. 舊「윤락행위등방지법」에서 윤락알선행위를 처벌하고 있는바, 이때 알선이란 윤락행위에 관하여 상대방 사이에서 양자 간에 윤락행위 등의 계약체결을 중개하거나 그 편의를 도모하는 행위를 말한다 할 것이어서(大判 2000.9.29. 2000도2253)

나. 성매매알선의 대가로 금품을 수수하거나 경제적인 이익을 얻음이 없다고 하더라도 성매매알선죄의 책임을 면할 수는 없을 것이지만, 성매매에 대한 계약체결을 중개하거나 그 편의를 도모함이 없이 단순히 이를 묵인함에 불과한 경우에는 이를 알선이라 보기에는 다소 어려울 것으로 생각되고

다. 성매매알선이 성립하는 경우, 실제 성매매행위가 있어야 하는지 아닌지는 해석상 다툼이 있을 수 있으나, 장물알선죄와 관련하여 알선 때문에 매매계약 등이 성립할 것은 요하지 않는다는 다수설의 취지와 판례(대법원 2000.9.29. 선고 2000도2253 판결)의 취지를 감안할 때, 일반적으로 성매매행위를 전제로 한 알선 또는 권유(유인)행위가 있었다면 실제 성매매행위가 있는가를 떠나 同法 소정의 성매매알선으로 처벌이 가능할 것이다.

라. 그러나 성매매법이 제정되면서 동법 제23조 미수범을 처벌하고 있어 알선행위 이후 성매매행위가 이루어지지 않았다 하더라도 처벌할 수 있게 되어있다.

마. 「풍속영업의규제에관한법률」 적용과 관련 "풍속영업을 영위하는 장소에서 윤락행위 또는 음란행위를 하게 하거나 이를 알선 또는 제공"하는 행위를 말하는 것이므로 영업장소가 아닌 곳에서의 행위에 대해서는 동법을 적용할 수는 없다.

제36절 성매매에 제공되는 사실을 알면서 건물 제공행위

1. 사 례

甲은 3층 건물의 소유자로서 乙이 지하 1층에서 휴게텔을 하는 조건으로 임대계약을 하고 이를 임대하였다. 甲은 본인도 휴게텔을 한 경험이 있으므로 휴게텔에서는 성매매가 이루어진다는 것을 알고 있다. 건물주를 처벌할 수 있는지

2. 법규연구

가. 성매매알선 등 행위의 처벌에 관한 법률

제2조(정의) ① 이 법에서 사용하는 용어의 정의는 다음과 같다.
　2. "성매매알선등행위"라 함은 다음 각목의 어느 하나에 해당하는 행위를 하는 것을 말한다.
　　다. 성매매에 제공되는 사실을 알면서 자금·토지 또는 건물을 제공하는 행위
제19조(벌칙) ① 다음 각호의 어느 하나에 해당하는 자는 3년 이하의 징역 또는 3천만원 이하의 벌금에 처한다.
　1. 성매매알선 등 행위를 한 자

나. 범죄수익은닉의 규제 및 처벌 등에 관한 법률

제2조(정의) 이 법에서 사용하는 용어의 뜻은 다음과 같다.
　2. "범죄수익"이란 다음 각 목의 어느 하나에 해당하는 것을 말한다.
　　가. 중대범죄에 해당하는 범죄행위에 의하여 생긴 재산 또는 그 범죄행위의 보수(報酬)로 얻은 재산
　　나. 다음의 어느 하나의 죄에 관계된 자금 또는 재산
　　　1)「성매매알선 등 행위의 처벌에 관한 법률」제19조제2항제1호(성매매알선등행위 중 성매매에 제공되는 사실을 알면서 자금·토지 또는 건물을 제공하는 행위만 해당한다)의 죄

3. 결 론

　가. 성매매 알선업소 건물주 처벌의 어려움

　　　건물주는 성매매 장소제공 사실을 몰랐다고 부인하는 경우가 많아 조사 및 처벌의 어려움(건물이 성매매에 제공되는 사실을 인지하고 있는 경우에만 처벌 가능)

　나. 성매매에 제공되는 사실을 알면서 자금·토지 또는 건물을 제공하는 것은 '성매매알선등 행위'에 해당하여 처벌 가능함.

　다. 건물주에 대한 철저한 수사

　　(가) 성매매 업소 단속 시 필히 건물주까지 확인하여 출석요구

(나) 성매매 집결지를 비롯하여 안마시술소, 스포츠 마사지, 휴게텔 등 신·변종 업
　소 단속 시 필히 건물주 확인, 출석요구하여 성매매 장소 제공사실에 대해
　철저히 조사한 후 형사입건
　⇒ 부인하는 경우 추후 적발 시 처벌됨을 고지(1차 통지)
　⇒ 재차 적발 시, 필히 형사입건(2차 처벌조치)

통 지 문

통 지 일		년　　　월　　　일			
건물주	성　명				
	주민번호				
	주　소				
성매매 알선업소	업소명		단속일자	년　　월　　일	
	소재지				
	죄　명				
	범죄사실				

　귀하 소유의 위 업소가 성매매 장소로 제공되었음을 알려드립니다.
　재차 적발 시 귀하께서도 「성매매 알선 등 행위의 처벌에 관한 법률」제19조 위반
(성매매에 제공되는 사실을 알면서 자금·토지 또는 건물을 제공하는 행위)으로 처벌
되며 이와 관계된 자금 또는 재산은 「범죄수익은닉의 규제 및 처벌 등에 관한 법률」제
2조 제2호의 '범죄수익'에 해당하여 몰수할 수 있습니다.

사건 담당자 : 수사과 지능1팀 경감 장 형 근(인)
○ ○ 경 찰 서

제37절 건물주가 임대 후 불법 게임장영업 사실을 알고도 계속 임대한 경우

1. 사 례

> 甲은 乙에게 3년을 기간으로 건물을 임대하였으나 乙은 임대 후 그곳에 불법 사행성 게임기를 설치하여 영업하였다. 약 2년쯤 지나 乙은 게임장 업주 성명이 바뀌었다고 임차계약서를 다시 작성해 달라고 하자 甲은 임대한 건물이 불법 사행성 게임장으로 사용하는 것을 알면서도 임차인을 다른 사람으로 하여 계약서를 작성해 주었다.
> 이때 임대차계약서를 다시 작성해 준 시점에서 단속당할 때까지 불법 게임장영업을 방조하였다고 볼 수 있는지

2. 법규연구 (형법)

> 제32조(종범) ① 타인의 범죄를 방조한 자는 종범으로 처벌한다.
> ② 종범의 형은 정범의 형보다 감경한다.

3. 결 론

가. 원 심 (서울북부지방법원 2010. 7. 21. 선고 2009노1640 판결)

甲이 자신의 소유인 이 사건 건물 1, 2층에서 乙 등이 불법 사행성 게임장영업을 하고 있던 사실을 잘 알면서도, 2007. 3. 30. "2층 게임장 주인이 바뀌었으니 이ㅁㅁ의 명의로 임대차계약서를 작성해 달라"는 취지의 乙 등의 요청에 따라 이 사건 건물 2층에 관하여 이ㅁㅁ를 임차인으로 하는 내용의 임대차계약서를 작성해 주어 그때부터 2008. 1. 22.까지 乙 등이 이 사건 건물의 1, 2층에서 불법 사행성 게임장영업을 용이하게 할 수 있도록 이 사건 건물 1, 2층을 임대함으로써 이들의 게임산업진흥에 관한 법률 위반 및 사행행위 등 규제 및 처벌 특례법 위반의 범행을 방조한 사실을 인정하기에 충분하다고 판단하였다.

나. 대법원

기록에 의하면 甲은 2005. 9. 23. 이ㅇㅇ에게 이 사건 건물 1층을 임대차보증금 7,500만 원, 차임 월 340만 원, 임대차기간 36개월로 정하여 임대한 사실을 알 수 있

는바, 원심판결 이유에 의하더라도 원심이 甲이 2005. 9. 23. 위 임대차계약 체결 당시 이 사건 건물 1층에서 불법 사행성 게임장영업이 이루어질 것을 알면서도 이 사건 건물 1층을 임대하였다고 인정한 것으로는 보이지 않는다.

그런데 건물의 임대인이 임대 당시에 그 건물이 불법적인 영업장소로 사용된다는 점을 알지 못하였다면 그 임대행위가 형법상 방조행위에 해당한다고 할 수 없고, 그 후 임대차기간 중에 그 건물이 불법적인 영업장소로 사용된다는 것을 임대인이 알게 되었다고 하더라도, 임대인에게 불법영업을 방지할 법적 의무가 있다는 등의 특별한 사정이 없으면 임대인이 그 사실을 알게 된 때부터 임대차계약에 따른 임대차기간까지 임대차 관계를 유지하는 행위가 방조행위에 해당하게 된다고 할 수 없다.

그럼에도 불구하고 원심은 甲이 이 사건 건물 2층에 관하여 임대차계약을 체결한 2007. 3. 30.부터 2008. 1. 22.까지 이 사건 건물 1층의 임대차 관계를 유지함으로써 乙 등의 범행을 방조하였다고 판단하고 말았는바, 이러한 원심판결은 형법상 방조행위에 관한 법리를 오해하여 판단을 그르친 것이다.

다. 결과적으로

처음부터 불법사행성 게임장영업 할 것을 알면서 임대하였다면 당연히 게임산업법 위반 방조로 처벌하여야 할 것이다. 그런데 일정기간 임대기간을 정하여 임대기간 중간에 그러한 사실을 알고 있으면서 같은 사람에게 임차인 명의만 변경해 준 것만으로 방조범으로 처벌할 수 없다고 보는 것이 대법원 판례다.

4. 관련 판례 (방조 관련)

형법상 방조행위는 정범이 범행한다는 정을 알면서 그 실행행위를 용이하게 하는 직접, 간접의 모든 행위를 가리키고, 정범의 실행행위 중에 이를 방조하는 경우는 물론 실행의 착수 전에 장래의 실행행위를 예상하고 이를 용이하게 하는 행위를 할 때도 성립한다. 그리고 방조범은 정범의 실행을 방조한다는 이른바 방조의 고의와 정범의 행위가 구성요건에 해당하는 행위인 점에 관한 정범의 고의가 있어야 하나, 정범의 고의는 정범에 의하여 실현되는 범죄의 구체적 내용을 인식할 것을 요하는 것은 아니고 미필적 인식 또는 예견으로 족하다(대법원 2010. 3. 25. 선고 2008도4228 판결 등 참조).

제38절 연속적 성매매알선 등 범행의 포괄일죄 여부

1. 사 례

3회의 단속에 따른 각 성매매알선 등 범행 중 2회 단속 시의 범행에 대해 위 3회의 단속이 모두 이루어진 다음 약식명령이 발령된 경우 1회 및 3회 각 단속 시의 범행에 대해 이를 모두 성매매알선 등의 포괄일죄로 보아 면소판결이 내려져야 하는지 여부

– 2006고단1998(2007. 6. 1)

2. 법규연구 (성매매알선 등 행위의 처벌에 관한 법률)

제19조(벌칙) ① 다음 각호의 어느 하나에 해당하는 자는 3년 이하의 징역 또는 3천만원 이하의 벌금에 처한다.
　1. 성매매알선등행위를 한 자
　2. 성을 파는 행위를 할 자를 모집한 자
　3. 성을 파는 행위를 하도록 직업을 소개·알선한 자
② 다음 각호의 어느 하나에 해당하는 자는 7년 이하의 징역 또는 7천만원 이하의 벌금에 처한다.
　1. 영업으로 성매매알선등행위를 한 자

제2조(정의) ① 이 법에서 사용하는 용어의 정의는 다음과 같다.
　1. "성매매"라 함은 불특정인을 상대로 금품 그 밖의 재산상의 이익을 수수·약속하고 다음 각목의 어느 하나에 해당하는 행위를 하거나 그 상대방이 되는 것을 말한다.
　　가. 성교행위
　　나. 구강·항문 등 신체의 일부 또는 도구를 이용한 유사성교행위
　2. "성매매알선등행위"라 함은 다음 각목의 어느 하나에 해당하는 행위를 하는 것을 말한다.
　　가. 성매매를 알선·권유·유인 또는 강요하는 행위
　　나. 성매매의 장소를 제공하는 행위
　　다. 성매매에 제공되는 사실을 알면서 자금·토지 또는 건물을 제공하는 행위

3. 판결의 요지

가. 사안의 개요

– 甲은 2006. 6. 16. 22:30경 ○○소재 甲 운영의 '○○'마사지업소에서 손님 甲으로부터 60,000원을 받은 후 위 업소 종업원인 乙녀가 손으로 위 손님의 성기를 잡고 흔들게 하는 유사성교행위를 하게 함으로써 성매매알선 등 행위를 한 것을 비롯하여 같은 해 5.부터 같은 해 6. 16.까지 총 21회에 걸쳐 영업으로 성매매알선 등 행위를 하고,

- 2006. 10. 26. 19:00경 위 마사지업소에서 성명불상의 손님으로부터 60,000원
을 받은 후 위 업소 종업원인 丙녀가 위 성명불상자의 성기를 잡고 흔들게 하는
유사성교행위를 하게 함으로써 성매매알선 등 행위를 한 것을 비롯하여 그 무렵
부터 같은 달 27.까지 총 4회에 걸쳐 영업으로 성매매알선 등 행위를 하였다.

나. 변호인의 주장

변호인은, 甲이 2006. 11. 14. 위 각 범행일시 사이인 2006. 7. 29. 21:00경 위 범
죄사실 기재와 같은 방법으로 손님에게 6만원을 받고 甲이 위와 같은 유사성교행위를
한 사실에 대하여 서울남부지방법원으로부터 벌금 300만원의 약식명령을 받고 그 무
렵 위 약식명령이 확정되었는바, 위 법 제19조 제2항 제1호는 '영업으로' 성매매알선
등을 한 자를 처벌한다고 하여 이를 포괄일죄의 한 태양인 영업범으로 보고 있고, 따
라서 위 각 법 위반행위가 모두 저질러진 후인 2006. 11. 14. 위 약식명령이 발령된
이상 위 제1항 및 제3항에 대한 공소는 확정판결인 위 약식명령이 있었던 사건과 동
일한 사건에 대하여 다시 제기된 것으로서 형사소송법 제326조 제1호에 따라 면소판
결이 선고되어야 한다고 주장하였다.

다. 법원의 판단

영업범은 일반적으로 포괄일죄로 봄이 타당하다. 그러나 한편 동일 죄명에 해당하는
수 개의 행위 또는 연속된 행위를 단일하고 계속된 범의 하에 일정 기간 계속하여 행
하고 그 피해법익도 동일한 경우에는 이를 각 행위를 통틀어 포괄일죄로 처단하여야
하지만, 범의의 단일성과 계속성이 인정되지 아니하는 등의 경우에는 각 범행은 실체
적 경합범에 해당한다(대법원 2005.9.30. 선고 2005도 4051 판결 등 참조). 이 사건
에서, 甲이 비록 같은 장소에서 영업으로 위와 같은 유사성교행위를 하였지만, 2006.
6. 16.경 및 같은 해 7. 29.경, 그리고 다시 같은 해 10. 27.경 모두 세 차례에 걸쳐
단속된 점, 위 2006. 6. 16.경 단속될 때 신용카드매출전표 등이 모두 압수되자, 그다
음부터는 대부분 현금으로 결제하도록 한 것으로 보이는 점, 단속 직후 곧바로 사업이
재개되지는 못한 것으로 보이고, 그때마다 여종업원들이 바뀐 점, 甲은 위 각 단속 직
후 경찰조사를 받을 때마다 뉘우치고 있다고 진술했음에도 다시 새롭게 사업을 재개한
점 등을 종합하여 보면, 甲은 위 각 세 번의 범행 시마다 새로운 범의를 일으켜 결국
범의가 갱신된 가운데 각각의 범행을 저질렀다고 보아야 하고, 따라서 이 사건 제1항
및 제3항의 공소사실과 위 약식명령의 공소사실은 포괄일죄가 아닌 각 실체적 경합범
이라고 봄이 타당하다.

4. 결 론

영업범의 경우 같은 장소에서 시기적으로 인접하여 3회의 단속이 이루어졌다고 하더라도, 甲이 각 단속 이후 영업 행태의 일부나 여종업원 등을 바꾸고 경찰 조사 후 뉘우치고 있다고 진술하면서도 다시 새롭게 사업을 재개한 점 등에 비추어 각 단속 시마다 甲의 범의가 단일하거나 계속적이지는 않았다고 보아 이를 실체적 경합범으로 처벌하였다.

■판례■ **대법원 2005. 9. 30. 선고 2005도4051 판결**

[1] 포괄일죄와 실체적 경합범의 구별 기준

동일 죄명에 해당하는 수개의 행위 혹은 연속된 행위를 단일하고 계속된 범의하에 일정 기간 계속하여 행하고 그 피해법익도 동일한 경우에는 이들 각 행위를 통틀어 포괄일죄로 처단하여야 할 것이나, 범의의 단일성과 계속성이 인정되지 아니하거나 범행방법이 동일하지 않은 경우에는 각 범행은 실체적 경합범에 해당한다.

[2] 컴퓨터로 음란 동영상을 제공한 제1범죄행위로 서버컴퓨터가 압수된 이후 다시 장비를 갖추어 동종의 제2범죄행위를 하고 제2범죄행위로 인하여 약식명령을 받아 확정된 사안에서, 피고인에게 범의의 갱신이 있어 제1범죄행위는 약식명령이 확정된 제2범죄행위와 실체적 경합관계에 있다고 보아야 할 것이라는 이유로, 포괄일죄를 구성한다고 판단한 원심판결을 파기한 사례

"하늘을 원망하지 않으며,

사람을 탓하지도 않는다.

나는 낮은 것에서부터 배워

높은 경지에 도달했는데,

이런 나를 알아주는 것은 하늘뿐이구나!"

-공자-

제39절 업소 내에서 반라(半裸) 비디오 상영

1. 사 례

甲은 유흥주점업자로서 업소 내에서 선량한 미풍양속을 해치는 비디오를 상영하여서는 아니 됨에도 객실 내의 모니터를 통해 여자가 상·하의를 벗고 춤을 추는 비디오를 상영하여 식품 접객영업자의 준수사항을 위반하였다.

-부산지법 2008고정2867(2008. 9. 10)

2. 법규연구

가. 식품위생법

제44조(영업자 등의 준수사항) ① 식품접객영업자 등 대통령령으로 정하는 영업자와 그 종업원은 영업의 위생관리와 질서유지, 국민의 보건위생 증진을 위하여 총리령으로 정하는 사항을 지켜야 한다.
제97조(벌칙) 다음 각 호의 어느 하나에 해당하는 자는 3년 이하의 징역 또는 3천만원 이하의 벌금에 처한다.
  6. 제42조제1항 또는 제44조제1항에 따라 영업자가 지켜야 할 사항을 지키지 아니한 자. 다만, 총리령으로 정하는 경미한 사항을 위반한 자는 제외한다.

나. 식품위생법 시행규칙

제57조(식품접객영업자 등의 준수사항 등) 법 제44조제1항에 따라 식품접객영업자 등이 지켜야 할 준수사항은 별표 17과 같다.
  7. 식품접객영업자(위탁급식영업자는 제외한다)와 그 종업원의 준수사항
    거. 업소 안에서 선량한 미풍양속을 해치는 공연, 영화, 비디오 또는 음반을 상영하거나 사용하여서는 아니 된다.

다. 풍속영업의 규제에 관한 법률

제3조(준수사항) 풍속영업을 영위하는 자(허가 또는 인가를 받지 아니하거나 등록 또는 신고를 하지 아니하고 풍속영업을 영위하는 자를 포함하며, 이하 "풍속영업자"라 한다) 및 대통령령으로 정하는 종사자는 다음 각호의 사항을 지켜야 한다.
1의2. 풍속영업소에서 음란행위를 하게 하거나 이를 알선 또는 제공하여서는 아니 된다.
  2. 풍속영업소에서 음란한 문서·도화·영화·음반·비디오물 기타 물건(이하 "음란한 물건"이라 한다)을 반포·판매·대여하거나 이를 하게 하는 행위와 음란한 물건을 관람·열람하게 하는 행위 및 반포·판매·대여·관람·열람의 목적으로 음란한 물건을 진열 또는 보관하여서는 아니 된다.
제10조(벌칙) ② 제3조제1호의2·제2호 및 제3호의 규정을 위반한 자는 3년 이하의 징역 또는 3천만원 이하의 벌금에 처한다.

3. 법원의 판단

"선량한 미풍양속"의 의미 및 판단 기준에 대하여 특히 음란물에 관하여 그 의미 및 판단 기준을 어떻게 해석할 것인지에 관하여 살펴볼 수 있다.

선량한 미풍양속에 반하는 음란물이란 사회통념상 일반 보통인의 성욕을 자극하여 성적 흥분을 유발하고 정상적인 성적 수치심을 해하여 성적 도의관념에 반하는 것으로 볼 수 있다.

표현물을 전체적으로 관찰평가해 볼 때 단순히 저속하다거나 문란한 느낌을 준다는 정도를 넘어서서 존중·보호되어야 할 인격을 갖춘 존재인 사람의 존엄성과 가치를 심각하게 훼손왜곡하였다고 평가할 수 있을 정도로, 노골적인 방법에 따라 성적 부위나 행위를 적나라하게 표현 또는 묘사한 것으로서, 사회통념에 비추어 전적으로 또는 지배적으로 성적 흥미에만 호소하고 하등의 문화적·예술적·사상적·과학적·의학적·교육적 가치를 지니지 아니하는 것을 뜻한다고 볼 것이다.

따라서 표현물의 음란 여부를 판단함에서는 표현물 제작자의 주관적 의도가 아니라 그 사회의 평균인 관점에서 그 시대의 건전한 사회통념에 따라 객관적이고 규범적으로 평가하여야 함이 타당하다.

4. 결 론

사례의 동영상들은 반라 상태에서 춤추는 여성들만 등장하는 것으로서 남녀 성기나 음모의 직접적인 노출이 있거나 성행위 등의 장면 등은 보이지 아니하는 사실을 인정할 수 있다.

그 내용이 저속하고 문란한 느낌을 주는 것은 사실이라 할지라도 이를 넘어서서 형사법상 규제의 대상으로 삼을 만큼 사람의 존엄성과 가치를 심각하게 훼손왜곡하였다고 평가할 수 있을 정도로 노골적인 방법에 의하여 성적 부위나 행위를 적나라하게 표현 또는 묘사한 것이라고 단정할 수는 없다. 따라서 처벌할 수 없다.

또한, 대법원은 유흥주점 종업원이 웃옷을 벗고 브래지어만 착용한 채 남자 손님이 가슴을 만지도록 하고, 또 다른 종업원은 치마를 허벅지가 다 드러나도록 걷어 올리고 가슴이 보일 정도로 어깨끈을 밑으로 내린 사실이 있다하여도 이러한 노출 정도가 다른 일반인에게 부끄러운 느낌이나 불쾌감을 주는 것은 사실이라 할지라도 이를 넘어서서 형사법상 규제의 대상으로 삼을 만큼, 사회적으로 유해한 영향을 끼칠 위험성이 있다고 평가할 수 있을 정도로 노골적인 방법에 의하여 성적 부위를 노출하거나 성적행위를 표현한 것이라고 단정하기에는 부족하다고 하여 무죄를 선고하였다(대법원 2009. 2. 26. 2006도3119 판결).

제40절 목욕탕에 5세 이상의 남녀를 함께 입실시킨 경우

1. 사 례

甲은 목욕탕을 운영하는 자로 乙녀가 자기 아들(5세)을 데리고 같이 여탕에 입실하는 것을 알면서 이를 묵인하였다.

2. 법규연구

가. 공중위생관리법

제4조(공중위생영업자의 위생관리의무등) ⑦ 제1항 내지 제6항의 규정에 의하여 공중위생영업자가 준수하여야 할 위생관리기준 기타 위생관리서비스의 제공에 관하여 필요한 사항으로서 그 각항에 규정된 사항 외의 사항 및 전염병환자 기타 함께 입욕시켜서는 아니되는 자의 범위와 목욕장내에 둘 수 있는 종사자의 범위등 건전한 영업질서유지를 위하여 영업자가 준수하여야 할 사항은 보건복지가족부령으로 정한다.

제20조(벌칙) ③ 다음 각호의 1에 해당하는 자는 6월 이하의 징역 또는 500만원 이하의 벌금에 처한다.
  3. 제4조제7항의 규정에 위반하여 건전한 영업질서를 위하여 공중위생영업자가 준수하여야 할 사항을 준수하지 아니한 자

나. 시행규칙[별표 4]

공중위생영업자가 준수하여야 하는 위생관리기준 등(제7조관련)
2. 목욕장업자
라. 그 밖의 준수사항
  (1) 다음에 해당되는 자를 출입시켜서는 아니된다.
    (가) 감염병환자로 인정되는 자(온천수 또는 해수를 사용하는 목욕장으로서 환자의 요양을 위한 입욕시설에서 입욕하는 경우를 제외한다)
    (나) 삭제 〈2022. 6. 22.〉
    (다) 음주 등으로 목욕장의 정상적인 이용이 곤란하다고 인정되는 자
  (2) 목욕실 및 탈의실은 만 4세(48개월) 이상의 남녀를 함께 입장시켜서는 안된다.
  (3) 목욕실·탈의실· 및 발한실에 종사하는 자는 남자목욕장의 경우에는 남자, 여자목욕장의 경우에는 여자에 한하여 종사하도록 하여야 한다. 다만, 영업시간 외에 목욕장의 시설 및 설비의 청소, 유지 또는 보수를 하는 경우에는 그러하지 아니하다.
  (4) 목욕실·탈의실 및 발한실에 이성의 입욕보조행위를 하는 자를 두어서는 아니된다.
  (5) 영업소 안에 목욕업신고증, 접객대에 목욕요금표를 게시하여야 한다.
  (7) 법 제2조제1항제3호 나목의 규정에 의한 서비스를 제공하는 목욕장업의 영업자가 남녀공용 발한실을 운영하고자 하는 경우에는 발한복을 착용한 뒤 출입하거나 이용할 수 있게 하여야 한다.
  (8) 숙박에 이용되는 침구류 등을 비치하여서는 아니된다. 다만, 이용자의 일시적 수면이나 휴식을 위한 대형타월 및 베개 등은 비치할 수 있다.

3. 결론

공중위생관리법에서 공중위생업의 정의(제2조)를 "다수인을 대상으로 위생관리서비스를 제공하는 영업으로써 숙박업·목욕장업·이용업·미용업·세탁업·위생관리용역업을 말한다"라고 규정하고 있어 목욕장업은 공중위생관리법에서 정하고 있는 공중위생영업자이다.

따라서 이러한 공중위생영업자는 동법 제4조에서 규정하고 있는 위생관리의무를 준수하여야 한다.

위생관리의무는 같은 법 시행규칙 별표4에서 구체적으로 적시하고 있다. 이중 목욕장업자가 준수해야 하는 위생관리기준 중 "목욕실 및 탈의실은 만 4세 이상의 남녀를 함께 입장시켜서는 아니된다"고 규정하고 있어 사례와 같이 여탕에 5세의 남아를 입실시킨 경우 영업자 준수사항위반으로 처벌할 수 있다.

사랑의 고뇌처럼

달콤한 것이 없고

사랑의 슬픔처럼

즐거움은 없으며,

사랑의 괴로움처럼

기쁨은 없다.

사랑에 죽는 것처럼 행복은 없다.

－ E.M 아른트

제41절 헬스장에 대규모 목욕시설을 설치한 행위

1. 사 례

> 헬스장을 운영하는 甲은 다른 일반 헬스장과 차별을 두기 위해 헬스장 면적 중 65%를 욕탕,
> 사우나 등 목욕 관련 시설로 설치하여 헬스장을 이용하는 유료 회원에게 해당 시설을 이용할
> 수 있도록 하였다.
> 체육시설에 딸린 장소에서 체육시설을 이용하는 사람에게 목욕·발한 서비스를 제공하는 것이 공
> 중위생관리법 제3조에서 정한 신고의무가 있는 '목욕장업'에 해당되는지?

2. 법규연구

가. 공중위생관리법

> 제2조(정의) ① 이 법에서 사용하는 용어의 정의는 다음과 같다.
> 　1. "공중위생영업"이라 함은 다수인을 대상으로 위생관리서비스를 제공하는 영업으로서 숙박업·목욕
> 　　장업·이용업·미용업·세탁업·건물위생관리업을 말한다.
> 　3. "목욕장업"이라 함은 다음 각목의 어느 하나에 해당하는 서비스를 손님에게 제공하는 영업을 말한
> 　　다. 다만, 숙박업 영업소에 부설된 욕실 등 대통령령이 정하는 경우를 제외한다.
> 　가. 물로 목욕을 할 수 있는 시설 및 설비 등의 서비스
> 　나. 맥반석·황토·옥 등을 직접 또는 간접 가열하여 발생되는 열기 또는 원적외선 등을 이용하여
> 　　땀을 낼 수 있는 시설 및 설비 등의 서비스
> 제3조(공중위생영업의 신고 및 폐업신고) ① 공중위생영업을 하고자 하는 자는 공중위생영업의 종류별
> 　로 보건복지부령이 정하는 시설 및 설비를 갖추고 시장·군수·구청장(자치구의 구청장에 한한다. 이하
> 　같다)에게 신고하여야 한다. 보건복지부령이 정하는 중요사항을 변경하고자 하는 때에도 또한 같다.
> 제4조(공중위생영업자의 위생관리의무등) ① 공중위생영업자는 그 이용자에게 건강상 위해요인이 발
> 　생하지 아니하도록 영업관련 시설 및 설비를 위생적이고 안전하게 관리하여야 한다.
> ② 목욕장업을 하는 자는 다음 각호의 사항을 지켜야 한다. 이 경우 세부기준은 보건복지부령으로 정
> 　한다.
> 　1. 제2조제1항제3호 가목의 서비스를 제공하는 경우 : 목욕장의 수질기준 및 수질검사방법 등 수질
> 　　관리에 관한 사항
> 　2. 제2조제1항제3호 나목의 서비스를 제공하는 경우 : 위생기준 등에 관한 사항
> 제20조(벌칙) ① 제3조제1항 전단에 따른 신고를 하지 아니하고 숙박업 영업을 한 자는 2년 이하의
> 　징역 또는 2천만원 이하의 벌금에 처한다.
> ② 다음 각호의 1에 해당하는 자는 1년 이하의 징역 또는 1천만원 이하의 벌금에 처한다.
> 　1. 제3조제1항 전단에 따른 신고를 하지 아니하고 공중위생영업(숙박업은 제외한다)을 한 자

나. 체육시설의 설치·이용에 관한 법률

> 제11조(시설 기준 등) ① 체육시설업자는 체육시설업의 종류에 따라 문화체육관광부령으로 정하는 시
> 　설 기준에 맞는 시설을 설치하고 유지·관리하여야 한다

3. 관련 판례 (대법원 2017. 7. 11. 선고 2017도2793 판결)

체육시설에 딸린 장소에서 체육시설을 이용하는 사람에게 목욕·발한 서비스를 제공하는 것이 공중위생관리법 제3조에서 정한 신고의무를 지는 '목욕장업'에 해당하는지는, 목욕·발한시설의 내용과 규모, 전체 체육시설에서 목욕·발한시설이 차지하는 비중, 영업자의 광고·홍보 내역, 해당 서비스를 계속·반복적으로 제공하고 있는지 등을 고려하여 '공중이 이용하는 영업의 위생관리 등에 관한 사항을 규정함으로써 위생수준을 향상시켜 국민의 건강증진에 기여'하고자 하는 공중위생관리법의 입법목적과 이를 달성하기 위한 시설기준, 위생관리기준 등에 비추어 종합적으로 판단하여야 한다.

체육시설법 제11조 제1항, 체육시설법 시행규칙 제8조 [별표 4] 제1호 (나)목 (1)에서는 체육시설법상의 종합체육시설업이 아닌 신고 체육시설업에 대해서는 임의로 설치할 수 있는 편의시설의 하나로 '목욕시설'을 규정하면서도 '관계 법령에 따라' 설치할 수 있다고 정하고 있을 뿐 구체적인 설치기준이나 위생관리기준을 규정하고 있지 않다. 이는 국민 건강 위생상 위해의 발생 가능성을 고려해서 공중위생관리법 등에 의한 위생관리기준에 따른 규율을 예정하고 있는 것이다.

이 사건 목욕 관련 시설의 내용과 규모, 전체 체육시설에서 목욕·발한시설이 차지하는 비중을 비롯하여 피고인이 고객유치를 위해서 이 사건 목욕 관련 시설을 적극적으로 광고·홍보한 점 등에 비추어 보면, 피고인이 <u>헬스장을 이용하는 유료 회원들에게</u> <u>이 사건 목욕 관련 시설을 이용하게 한 행위는 공중위생관리법에 정한 신고의무를 지</u> <u>는 목욕장업에 해당하고, 따라서 목욕장업 신고를 하지 않고 영업을 한 것은 위법하다.</u>

제42절 청소년 야간근로 가능 여부

1. 사 례

만 17세 고등학생이 밤 10시부터 새벽 6시까지 패스트푸드점에서 일을 하고 있다. 현행법상 제한할 수 있는 근거 규정은?

2. 법규연구

가. 근로기준법

제70조(야간근로와 휴일근로의 제한) ① 사용자는 18세 이상의 여성을 오후 10시부터 오전 6시까지의 시간 및 휴일에 근로시키려면 그 근로자의 동의를 받아야 한다.
② 사용자는 임산부와 18세 미만자를 오후 10시부터 오전 6시까지의 시간 및 휴일에 근로시키지 못한다. 다만, 다음 각 호의 어느 하나에 해당하는 경우로서 고용노동부장관의 인가를 받으면 그러하지 아니하다.
  1. 18세 미만자의 동의가 있는 경우
  2. 산후 1년이 지나지 아니한 여성의 동의가 있는 경우
  3. 임신 중의 여성이 명시적으로 청구하는 경우
③ 사용자는 제2항의 경우 고용노동부장관의 인가를 받기 전에 근로자의 건강 및 모성 보호를 위하여 그 시행 여부와 방법 등에 관하여 그 사업 또는 사업장의 근로자대표와 성실하게 협의하여야 한다.
제110조(벌칙) 다음 각 호의 어느 하나에 해당하는 자는 2년 이하의 징역 또는 2천만원 이하의 벌금에 처한다.
  1. … 제70조제1항·제2항 …을 위반한 자
제105조(사법경찰권 행사자의 제한) 이 법이나 그 밖의 노동관계 법령에 따른 현장조사, 서류의 제출, 심문 등의 수사는 검사와 근로감독관이 전담하여 수행한다. 다만, 근로감독관의 직무에 관한 범죄의 수사는 그러하지 아니하다.

나. 근로기준법 시행규칙

제12조(야간 또는 휴일근로의 인가) ① 사용자는 법 제70조제2항 단서에 따라 임산부나 18세 미만인 자에게 야간근로나 휴일근로를 시키려면 별지 제11호서식의 야간 또는 휴일근로 인가 신청서에 그 근로자의 동의서 또는 청구서와 법 제70조제3항에 따른 근로자대표와 협의한 결과를 기록한 사본을 첨부하여 관할 지방고용노동관서의 장에게 제출하여야 한다.

3. 결 론

가. 야간근로의 제한

○ 만 18세 미만의 청소년은 오후 10시부터 오전 6시까지의 야간에는 일할 수 없다

(제70조제2항 본문). 다만, 청소년의 동의가 있고, 관할 지방고용노동관서의 장이 인가한 경우에는 오후 10시부터 오전 6시까지의 야간에도 일할 수 있다(제70조제2항 단서).

ㅇ 만 18세 미만의 청소년이 야간에 일하려면 사용자가 관할 지방고용노동관서의 장에게 아래의 서류를 제출하여 야간근로의 인가를 받아야 한다(시행규칙 제12조제1항).

- 18세 미만인 자의 야간근로 인가 신청서
- 청소년의 동의서 또는 청구서
- 법 제70조제3항에 따른 근로자대표와 협의한 결과를 기록한 사본

ㅇ 관할 지방고용노동관서의 장은 사용자의 신청에 따라 만 18세 미만인 청소년의 야간근로를 인가하는 경우에는 사용자에게 18세 미만인 자의 야간근로 인가서를 내어준(시행규칙 제12조제2항).

나. 위반 시 제재

사용자가 만 18세 미만의 청소년에 대한 야간근로의 제한을 위반한 경우에는 2년 이하의 징역 또는 2천만원 이하의 벌금을 물린다(제110조 제1호).

다. 경찰관의 조치

노동관계 법령에 대해서는 경찰관이 인지 수사하지 못한 경우가 대부분이다. 사례의 경우에도 근로기준법 제105조에 따라 검사와 노동청의 근로감독관만이 수사할 수 있다. 따라서 위와 같은 신고를 접수한 경우 꼭 필요한 관련자 조사를 한 후 관할 노동청으로 사건을 인계할 수 있도록 하여야 한다.

제43절 도로상 불법 포장마차의 교통방해죄 성립여부

1. 사 례

甲은 차량 통행이 한산한 야간시간을 이용하여 편도 3차로 중 2개 차로에 자동차와 간이테이블을 이용하여 포장마차를 설치하고 영업을 하였다.

2. 법규연구

가. 형 법

제185조(일반교통방해) 육로, 수로 또는 교량을 손괴 또는 불통하게 하거나 기타 방법으로 교통을 방해한 자는 10년 이하의 징역 또는 1천500만원 이하의 벌금에 처한다.

나. 도로교통법

제68조(도로에서의 금지행위 등) ② 누구든지 교통에 방해가 될 만한 물건을 도로에 함부로 내버려두어서는 아니된다.

제152조(벌칙) 다음 각 호의 어느 하나에 해당하는 사람은 1년 이하의 징역이나 300만원 이하의 벌금에 처한다.

  4. 제68조제2항의 규정을 위반하여 교통에 방해가 될 만한 물건을 함부로 도로에 내버려둔 사람

다. 식품위생법

제37조(영업허가 등) ④ 제36조제1항 각 호에 따른 영업 중 대통령령으로 정하는 영업을 하려는 자는 대통령령으로 정하는 바에 따라 영업 종류별 또는 영업소별로 식품의약품안전청장 또는 특별자치도지사·시장·군수·구청장에게 신고하여야 한다. 신고한 사항 중 대통령령으로 정하는 중요한 사항을 변경하거나 폐업할 때에도 또한 같다.

제97조(벌칙) 다음 각 호의 어느 하나에 해당하는 자는 3년 이하의 징역 또는 3천만원 이하의 벌금에 처한다.

  1. … 제37조제3항·제4항, …를 위반한 자

라. 자동차관리법

제26조(자동차의 강제 처리) ① 자동차(자동차와 유사한 외관 형태를 갖춘 것을 포함한다. 이하 이 조에서 같다)의 소유자 또는 점유자는 다음 각 호의 어느 하나에 해당하는 행위를 하여서는 아니 된다.

  1. 자동차를 일정한 장소에 고정시켜 운행 외의 용도로 사용하는 행위

제81조(벌칙) 다음 각 호의 어느 하나에 해당하는 자는 1년 이하의 징역 또는 300만원이하의 벌금에 처한다.

  8. 제26조제1항(제52조에서 준용하는 경우를 포함한다)을 위반하여 같은 항 각 호의 어느 하나에 해당하는 금지행위를 한 자

3. 결 론

가. 일반교통방해죄 성립여부

대법원은 일반교통방해죄에 대해 '일반 공중의 교통안전을 그 보호법익으로 하는 범죄로서 육로 등을 손괴 또는 불통케 하거나 기타의 방법으로 교통을 방해하여 통행을 불가능하게 하거나 현저하게 곤란하게 하는 일체의 행위를 처벌하는 것을 그 목적'으로 하고 있고(대법원 1995.9.15. 선고 95도1475 판결), 또한 일반교통방해죄는 '추상적 위험범으로써 교통이 불가능하거나 현저히 곤란한 상태가 발생하면 바로 기수가 되고 교통방해의 결과가 현실적으로 발생하여야 하는 것은 아니다'(대법원 2005.10.28. 선고 2004도7545 판결)고 판결하고 있다.

사례와 관련 대법원은 주로 주간보다 차량 통행이 적은 야간에 이루어진 것이라고 하더라도 그로 인하여 평소 차량 통행이 잦은 곳이라면 도로의 교통을 방해하여 차량 통행이 현저히 곤란한 상태가 발생하였다고 볼 수 있다면서 도로를 통행하는 차량이 나머지 1개 차로와 반대편 차로를 이용할 수 있었다 하더라도 일반교통방해죄가 성립한다고 하였다(대법원 2007.12.14. 선고 2006도 4662 판결).

나. 결과적으로

甲은 일반음식점 영업신고를 하지 않았기 때문에 식품위생법상 미신고 영업행위, 도로교통법상 도로에서의 금지행위위반, 자동차 관리법상 자동차의 운행 외의 용도 사용, 형법상 일반교통방해죄의 상상적경합범으로 처벌하여야 한다.

제3장	교통분야

교통분야

제1절 도로교통법 위반(음주운전)에서 도로의 의미

1. 사 례

甲은 200〇. 〇. 〇.경 〇〇소재 〇〇빌라 앞 노상을 혈중알코올농도 0.144%의 술에 취한 상태에서 화물차량을 〇〇소재 앞 노상에서 약 3m를 운전하였다. 甲은 본인이 운전한 장소는 위 〇〇빌라의 주차장으로 사용되는 곳이므로 도로가 아니라고 다투었다.

– 2006고정3440(07.4.6.선고)

2. 법규연구 (도로교통법)

제2조(정의) 이 법에서 사용하는 용어의 정의는 다음과 같다.
1. "도로"란 다음 각 목에 해당하는 곳을 말한다.
   가. 「도로법」에 따른 도로
   나. 「유료도로법」에 따른 유료도로

> 제2조(정의) 이 법에서 사용하는 용어의 뜻은 다음과 같다.
> 2. "유료도로"란 다음 각 목의 도로를 말한다.
> 가. 이 법에 따라 통행료 또는 사용료를 받는 도로
> 나. 「사회기반시설에 대한 민간투자법」 제26조에 따라 통행료 또는 사용료를 받는 도로(이하 "민자도로"라 한다)

   다. 「농어촌도로 정비법」에 따른 농어촌도로
   라. 그 밖에 현실적으로 불특정 다수의 사람 또는 차마(車馬)가 통행할 수 있도록 공개된 장소로서 안전하고 원활한 교통을 확보할 필요가 있는 장소

※ 도로법
제2조(정의) ① 이 법에서 사용하는 용어의 뜻은 다음과 같다.
1. "도로"란 차도, 보도(步道), 자전거도로, 측도(側道), 터널, 교량, 육교 등 대통령령으로 정하는 시설로 구성된 것으로서 제10조에 열거된 것을 말하며, 도로의 부속물을 포함한다.
제10조(도로의 종류와 등급) 도로의 종류는 다음 각호와 같고 그 등급은 다음에 열거한 순위에 의한다.
1. 고속국도(고속국도의 지선 포함)
2. 일반국도(일반국도의 지선 포함)
3. 특별시도(特別市道) · 광역시도(廣域市道)
4. 지방도
5. 시도
6. 군도
7. 구도

3. 법원의 판단

위 장소는 따로 주차관리 요원을 두고 있거나 차단기가 있어 외부 차량을 통제하지는 않으나 울타리 등으로 외부와는 구별되는 주차장의 모습을 하는 사실, 실제로도 ○○빌라의 주차장으로 사용되고 있고 외부 차량의 통행에 이용되지는 않는 사실, 울타리 입구에 '외부 차량 주차금지'라는 안내문이 부착된 사실을 인정한 뒤, 甲이 음주운전을 한 장소는 위 빌라의 주민을 위한 주차장으로 사용되는 장소에 불과할 뿐이고 불특정 다수의 사람이나 차량의 통행로로 사용되는 곳이라고 볼 수는 없으므로, 이를 도로교통법 제2조 제1호 소정의 일반교통에 사용되는 도로라고 할 수는 없다.

4. 판결의 의미(결론)

도로교통법위반(음주운전)죄에서 도로의 개념에 대하여 기존의 대법원 판례의 입장을 재확인함.

복이 있다고
다 누리지 말라.
복이 다하면 몸이 빈궁해진다.
권세가 있다고 다 부리지 말라.
권세가 다하면 원수와 서로 만나게 된다.
복이 있거든 항상 스스로 아끼고
권세가 있거든 항상 스스로 공손하라.
인생의 교만과 사치는
처음은 있으나 많은
경우에 끝이 없다.

ㅡ명심보감

제2절 음주 후 차량내 대기 중 차가 밀리면서 사고 난 경우

1. 사 례

甲은 노래방 영업을 마치고 귀가하는 길에 노상 포장마차에서 소주 반병 가량을 혼자 마신 후 새벽 5시경 동행한 친구와 함께 포장마차 바로 앞에 주차해 둔 자신의 승용차 안에 들어가 히터를 틀어 놓고 약 10분간 이야기를 하던 중, 손수레를 끌고 가던 인근 상인(여자)이 위 승용차가 움직여 손수레에 부딪혔다고 시비를 걸어 심한 말다툼을 벌였는데, 뒤늦게 나타난 위 상인의 아들이 '甲이 음주운전을 하였다.'라고 강력하게 주장하는 바람에 관할 인근 지구대로 동행하였고, 그곳에서 경찰공무원이 여러 차례 음주측정을 요구하였지만 '운전 하지 않았다'라는 이유로 음주측정에 응하지 아니하였다.

2. 쟁 점

음주측정불응죄의 성립여부

3. 법원의 판단(대법원 2006.11.22. 선고 2006고정1609 판결)

가. 음주측정불응죄는 술에 취한 상태에서 자동차 등을 운전하였다고 인정할 만한 상당한 이유가 있는 사람이 같은 법 제41조 제2항의 규정에 의한 경찰공무원의 측정에 응하지 아니한 경우에 성립하는 것인바, 같은 법 제2조 제19호는 '운전' 이라 함은 도로에서 차를 그 본래의 사용방법에 따라 사용하는 것을 말한다고 규정하고 있는바, 여기에서 말하는 운전의 개념은 그 규정의 내용에 비추어 목적적 요소를 포함하는 것이므로 고의의 운전행위만을 의미하고 자동차 안에 있는 사람의 의지나 관여 없이 자동차가 움직이면 운전에 해당하지 않는다고 할 것이다.

나. 甲이 차량접촉사고 시비로 말다툼을 벌이다가 관할 지구대에서 경찰공무원의 호흡 측정기에 의한 음주측정 요구에 불응한 사실은 인정된다.

다. 甲이 추위를 피하고자 포장마차 바로 앞에 세워둔 위 승용차에 들어가 시동을 걸고 히터를 가동한 다음 약 10분가량 몸을 녹이면서 친구와 얘기를 나누던 중, 갑자기 위 승용차가 뒤로 약 50cm 정도 밀리면서 때마침 인근 상인 마○○의 어머니가 끌고 가던 손수레에 살짝 부딪혀 시비가 벌어진 점에 비추어 볼 때 甲이 승용차를 움직이게 할 의도 없이 히터를 가동시키기 위하여 시동을 걸었는데, 사이드브레이크를 제대로 걸지 않았거나 실수로 기어 등 자동차의 발진에 필요한 장치를 건드리는 바람에 원동기의 추진력에 의하여 자동차가 뒤로 살짝 움직인 것으로 추정되고, 따라서 위 승용차는 甲의 의사와 관계없이 후진하게 되었다고 할 것이므로, 결국 이러한 상태에서 음주측정을 요구받고서도 이에 불응하였다고 하여 구 도로교통법 제107조의2 제2호, 제41조 제2항 소정의 음주측정불응죄에 해당한다고 볼 수는 없다.

4. 판결의 의미(결론)

비록 甲이 술을 마신 직후 운전석에 앉아 시동을 건 상태에서 차량이 조금 움직였다고 하더라도, 그것만으로 곧바로 술에 취한 상태에서 운전하였다고 인정할 만한 상당한 이유가 있다고 볼 수는 없고, 차량의 이동거리, 행위자의 태도 등 객관적 사정을 종합하여 행위자가 술에 취한 상태에서 차량을 운전할 의사로 이른바 발진조작을 완료하였다는 사실이 인정되어야만 이를 전제로 구 도로교통법 소정의 음주측정불응죄가 성립함을 확인한 판결.

시기하는 마음을 품고 원한을 보복함은 자손에게 근심을 끼쳐주는 것이오.
남을 해롭게 해서 자기를 이롭게 한다면 마침내 현달하는 자손이 없고,
뭇 사람을 해롭게 해서 성가를 한다면 어찌 그 부귀가 길게 가겠는가.
이름을 갈고 몸을 달리함은 모두 교묘한 말로 말미암아 생겨나고,
재앙이 일어나고 몸이 상하게 됨은 다 어질지 못함이 부르는 것이니라.

– 명심보감(성심편) –

제3절 음주운전을 적발한 경찰관이 취할 수 있는 조치

1. 사 례

교통경찰관 甲은 음주운전을 한 乙을 단속하였다. 음주운전으로 적발된 乙은 도로 밖으로 차량을 이동하겠다며 단속 경찰관으로부터 보관 중이던 차량 열쇠를 반환받아 몰래 차량을 운전하여 가던 중 사고를 일으켰다.

2. 법규연구

가. 경찰관 직무집행법

제2조(직무의 범위) 경찰관은 다음 각호의 직무를 행한다.
1. 국민의 생명·신체 및 재산의 보호　　　2. 범죄의 예방·진압 및 수사
2의2. 범죄피해자 보호
3. 경비, 주요 인사(人士) 경호 및 대간첩·대테러 작전 수행
4. 공공안녕에 대한 위험의 예방과 대응을 위한 정보의 수집·작성 및 배포
5. 교통 단속과 교통 위해(危害)의 방지
6. 외국 정부기관 및 국제기구와의 국제협력
7. 그 밖에 공공의 안녕과 질서 유지

제4조(보호조치등) ① 경찰관은 수상한 거동 기타 주위의 사정을 합리적으로 판단하여 다음 각호의 1에 해당함이 명백하며 응급의 구호를 요한다고 믿을 만한 상당한 이유가 있는 자를 발견한 때에는 보건의료기관 또는 공공구호기관에 긴급구호를 요청하거나 경찰관서에 보호하는 등 적당한 조치를 할 수 있다.
1. 정신착란 또는 술취한 상태로 인하여 자기 또는 타인의 생명·신체와 재산에 위해를 미칠 우려가 있는 자와 자살을 기도하는 자

나. 형사소송법

제216조(영장에 의하지 아니한 강제처분) ③ 범행중 또는 범행직후의 범죄 장소에서 긴급을 요하여 법원판사의 영장을 받을 수 없는 때에는 영장없이 압수, 수색 또는 검증을 할 수 있다. 이 경우에는 사후에 지체없이 영장을 받아야 한다.

다. 국가배상법

제2조(배상책임) ① 국가나 지방자치단체는 공무원이 직무를 집행하면서 고의 또는 과실로 법령을 위반하여 타인에게 손해를 입히거나, 「자동차손해배상 보장법」에 따라 손해배상의 책임이 있을 때에는 이 법에 따라 그 손해를 배상하여야 한다. 다만, 군인·군무원·경찰공무원 또는 피의자예비군대원이 전투·훈련 등 직무 집행과 관련하여 전사(戰死)·순직(殉職)하거나 공상(公傷)을 입은 경우에 본인이나 그 유족이 다른 법령에 따라 재해보상금·유족연금·상이연금 등의 보상을 지급받을 수 있을 때에는 이 법 및 「민법」에 따른 손해배상을 청구할 수 없다.
② 제1항 본문의 경우에 공무원에게 고의 또는 중대한 과실이 있으면 국가나 지방자치단체는 그 공무원에게 구상(求償)할 수 있다.

라. 도로교통법

제44조(술에 취한 상태에서의 운전금지) ① 누구든지 술에 취한 상태에서 자동차등(「건설기계관리법」 제26조제1항 단서에 따른 건설기계 외의 건설기계를 포함한다. 이하 이 조, 제45조, 제47조, 제93조제1항제1호부터 제4호까지 및 제148조의2에서 같다), 노면전차 또는 자전거를 운전하여서는 아니 된다.
② 경찰공무원(자치경찰공무원을 제외한다. 이하 이 항에서 같다)은 교통의 안전과 위험방지를 위하여 필요하다고 인정하거나 제1항의 규정을 위반하여 술에 취한 상태에서 자동차등을 운전하였다고 인정할 만한 상당한 이유가 있는 때에는 운전자가 술에 취하였는지의 여부를 호흡조사에 의하여 측정할 수 있다. 이 경우 운전자는 경찰공무원의 측정에 응하여야 한다.

3. 관련 판례

■ 대법원 1998.5.8. 선고 97다54482 판결

[1] 음주운전을 적발한 경찰관이 음주운전의 계속을 막기 위하여 취할 수 있는 조치 내용

주취 상태에서의 운전은 도로교통법 제41조의 규정에 의하여 금지된 범죄행위임이 명백하고 그로 인하여 자기 또는 타인의 생명이나 신체에 위해를 미칠 위험이 큰 점을 감안하면, 음주운전을 적발한 경찰관이 음주운전의 계속을 막기 위하여 취할 수 있는 조치로는, 단순히 음주운전의 계속을 금지하는 명령 이외에 다른 사람이 대신하여 운전하게 하거나 당해 주취 운전자가 임의로 제출한 차량 열쇠를 일시 보관하면서 가족에게 연락하여 음주운전 자와 자동차를 인수하게 하거나 주취 상태에서 벗어난 후 다시 운전하게 하며 그 주취 정도가 심한 경우에 경찰관서에 일시 보호하는 것 등을 들 수 있고, 한편 음주운전이라는 범죄행위로 당해 음주 운전자를 구속·체포하지 아니한 경우에도 필요하다면 그 차량 열쇠는 범행 중 또는 범행 직후의 범죄 장소에서의 압수로서 형사소송법 제216조 제3항에 의하여 영장 없이 이를 압수할 수 있다.

[2] 단속 경찰관의 주취 운전자에 대한 권한 불행사가 직무상 위법행위에 해당하는지 여부(한정 적극)

경찰관의 주취 운전자에 대한 권한 행사가 관계 법률의 규정 형식상 경찰관의 재량에 맡겨져 있다고 하더라도, 그러한 권한을 행사하지 아니한 것이 구체적인 상황에서 현저하게 합리성을 잃어 사회적 타당성이 없는 경우에는 경찰관의 직무상 의무를 위배한 것으로서 위법하게 된다.

[3] 음주운전으로 적발된 주취 운전자가 도로 밖으로 차량을 이동하겠다며 단속 경찰관으로부터 보관 중이던 차량 열쇠를 반환받아 몰래 차량을 운전하여 가던 중 사고를 일으킨 경우, 국가배상책임을 인정한 사례

4. 결 론

경찰관직무집행법 제1조, 제2조, 제4조 및 도로교통법 제44조 제2항의 각 규정에 의하면, 경찰의 임무는 본질적으로 국민의 자유와 권리를 보호하고 사회공공의 질서를 유지하기 위하여 범죄의 예방·진압 및 수사, 교통의 단속과 위해의 방지 기타 공공의 안녕과 질서에 대한 위험방지에 있고, 이러한 책무 수행을 위하여 경찰관으로 하여금

술 취한 상태로 인하여 자기 또는 타인의 생명·신체와 재산에 위해를 미칠 우려가 있는 자를 발견한 때에는 경찰관서 등에 보호하는 등 적당한 조치를 취할 수 있으며 특히 주취 상태에서 자동차를 운전하는 사람에 대하여는 정상적으로 운전할 수 있는 상태에 이르기까지 운전의 금지를 명하고 그 밖의 필요한 조치를 취할 수 있도록 개별적 수권규정을 두고 있는바, 주취 상태에서의 운전은 도로교통법 제41조의 규정에 의하여 금지되어 있는 범죄행위임이 명백하고 그로 인하여 자기 또는 타인의 생명이나 신체에 위해를 미칠 위험이 큰 점을 감안하면,

음주운전을 적발한 경찰관이 음주운전의 계속을 막기 위하여 취할 수 있는 조치로는, 단순히 음주운전의 계속을 금지하는 명령 이외에 다른 사람이 대신하여 운전하게 하거나 당해 주취 운전자가 임의로 제출한 차량 열쇠를 일시 보관하면서 가족에게 연락하여 음주운전 자와 자동차를 인수하게 하거나 주취 상태에서 벗어난 후 다시 운전하게 하며 그 주취 정도가 심한 경우에 경찰관서에 일시 보호하는 것 등을 들 수 있고, 한편 음주운전이라는 범죄행위로 당해 음주 운전자를 구속·체포하지 아니한 경우에도 필요하다면 그 차량 열쇠는 범행 중 또는 범행 직후의 범죄 장소에서의 압수로서 형사소송법 제216조 제3항에 의하여 영장 없이 이를 압수할 수 있다 할 것이다.

이와 같은 경찰관의 주취 운전자에 대한 권한 행사가 관계 법률의 규정 형식상 경찰관의 재량에 맡겨져 있다고 하더라도, 그러한 권한을 행사하지 아니한 것이 구체적인 상황에서 현저하게 합리성을 잃어 사회적 타당성이 없는 경우에는 경찰관의 직무상 의무를 위배한 것으로서 위법하게 된다고 할 것이다.

그러함에도 단속 경찰관이 이러한 조치를 취하지 아니한 채 주취 상태에서 운전을 계속할 수 있도록 보관 중이던 차량 열쇠를 교부한 것은 직무상 의무를 위배하여 위법하다고 할 것이다.

제4절 음주운전 후 타인으로 속여 조사받은 경우

1. 사 례

> 甲은 음주운전을 하다 경찰관에게 적발당하였다. 실은 甲은 운전면허증이 없으므로 동생인 乙의 인적사항을 말하고 주취운전자적발보고서 및 주취운전자정황진술보고서 운전자 성명란에 동생인 乙이라고 기재하고 그 이름 옆에 乙의 서명을 날인하였다. 그런 뒤 동생 명의로 조사를 받았다. 그러나 지문을 채취하는 과정에서 乙 명의를 모용한 것이 확인되었다. 이때 甲에 대한 조치는

2. 논 점

가. 甲이 작성한 주취운전자적발보고서 및 주취운전자정황진술보고서에 乙 명의로 서명날인한 것이 문서위조죄 또는 사서명위조 여부

나. 조사받으면서 말미조서에 서명날인 한 경우

3. 법규연구

가. 도로교통법

> **제43조(무면허운전 등의 금지)** 누구든지 제80조의 규정에 의하여 시도경찰청장으로부터 운전면허를 받지 아니하거나 운전면허의 효력이 정지된 경우에는 자동차등을 운전하여서는 아니된다.
>
> **제152조(벌칙)** 다음 각 호의 어느 하나에 해당하는 사람은 1년 이하의 징역이나 300만원 이하의 벌금에 처한다.
>   1. 제43조의 규정을 위반하여 제80조의 규정에 의한 운전면허(원동기장치자전거면허를 제외한다. 이하 이 조에서 같다)를 받지 아니하거나(운전면허의 효력이 정지된 경우를 포함한다) 또는 제96조의 규정에 의한 국제운전면허증을 받지 아니하고(운전이 금지된 경우와 유효기간이 지난 경우를 포함한다) 자동차를 운전한 사람
>
> **제44조(술에 취한 상태에서의 운전금지)** ① 누구든지 술에 취한 상태에서 자동차등(「건설기계관리법」 제26조제1항 단서에 따른 건설기계 외의 건설기계를 포함한다. 이하 이 조, 제45조, 제47조, 제93조제1항제1호부터 제4호까지 및 제148조의2에서 같다), 노면전차 또는 자전거를 운전하여서는 아니 된다
>
> **제148조의2(벌칙)** ③ 제44조제1항을 위반하여 술에 취한 상태에서 자동차등 또는 노면전차를 운전한 사람은 다음 각 호의 구분에 따라 처벌한다.
>   1. 혈중알코올농도가 0.2퍼센트 이상인 사람은 2년 이상 5년 이하의 징역이나 1천만원 이상 2천만원 이하의 벌금
>   2. 혈중알코올농도가 0.08퍼센트 이상 0.2퍼센트 미만인 사람은 1년 이상 2년 이하의 징역이나 500만원 이상 1천만원 이하의 벌금
>   3. 혈중알코올농도가 0.03퍼센트 이상 0.08퍼센트 미만인 사람은 1년 이하의 징역이나 500만원 이하의 벌금

나. 형 법

제231조(사문서등의 위조·변조) 행사할 목적으로 권리·의무 또는 사실증명에 관한 타인의 문서 또는 도화를 위조 또는 변조한 자는 5년 이하의 징역 또는 1천만원 이하의 벌금에 처한다.

제234조(위조사문서등의 행사) 제231조 내지 제233조의 죄에 의하여 만들어진 문서, 도화 또는 전자기록등 특수매체기록을 행사한 자는 그 각 죄에 정한 형에 처한다.

제239조(사인등의 위조, 부정사용) ① 행사할 목적으로 타인의 인장, 서명, 기명 또는 기호를 위조 또는 부정사용한 자는 3년 이하의 징역에 처한다.
② 위조 또는 부정사용한 타인의 인장, 서명, 기명 또는 기호를 행사한 때에도 전항의 형과 같다.

4. 관련 판례

■ **대법원 2004.12.23. 선고 2004도6483 판결[사문서위조·동행사·도로교통법(음주운전)]**

주취운전자적발보고서, 주취운전자정황진술보고서의 운전자란에 타인의 성명을 기재하여 경찰관에게 제출한 경우의 죄책

기록에 의하면, 피고인은 제1심판결에 대하여 양형부당만을 항소이유로 내세워 항소하였다가 항소가 기각되었는바, 이러면 피고인은 원심판결에 대하여 법리오해의 위법이 있다는 것을 상고이유로 삼을 수는 없고(대법원 2003.2.11. 선고 2002도7115 판결 참조), 나아가 제1심판결이 들고 있는 증거들을 기록에 비추어 살펴보면, 이 사건 주취운전자적발보고서 및 주취운전자정황진술보고서의 각 운전자란에 타인의 서명을 한 다음 이를 경찰관에게 제출한 것은 사문서위조 및 동행사죄에 해당하므로, 같은 취지에서 이 사건 공소사실에 대하여 유죄를 선고한 제1심판결을 유지한 원심의 조치는 정당한 것으로 수긍이 가고, 거기에 사문서위조 및 동행사죄에 대한 법리오해의 위법이 없다.

■ **대법원 2005.7.14. 선고 2005도3357 판결[도로교통법(음주운전)·사서명위조·위조사서명행사·공문서부정행사·도로교통법(무면허운전)]**

피의자가 피의자신문조서 말미의 서명 날인란에 타인의 서명을 한 경우 사서명위조 및 동행사죄가 성립한다고 한 원심의 판단을 수긍한 사례

원심은, 피고인이 경찰에서 피의자로서 조사받으면서 자신의 형인 공소외인의 인적사항을 밝히면서 자신이 공소외인인 것처럼 행세하고, 자신에 대한 피의자신문조서의 말미에 위 공소외인의 서명을 하여 수사기록에 편철하게 한 이 사건 범행에 대하여 사서명위조 및 동행사죄에 해당한다고 판단하였는바, 관계 법리에 비추어 살펴보면 원심의 위와 같은 판단은 정당하고, 거기에 상고이유에서 주장하는 바와 같은 법리오해 등의 위법이 있다고 할 수 없다.

■ **대법원 2005.12.23. 선고 2005도4478 판결[사서명위조·위조사서명행사]**

[1] 사서명위조죄의 성립요건 및 수사서류에 대한 사서명위조·행사죄의 성립시기

사서명위조죄가 성립하기 위해서는 그 서명이 일반인이 특정인의 진정한 서명으로 오신하게 할 정도에 이르러야 할 것이고, 일반인이 특정인의 진정한 서명으로 오신하기에 충분한 정도인지 여부는 그 서명의 형식과 외관, 작성경위 등을 고려하여야 할 뿐만 아니라 그 서명이 기재된 문서에

서 한 서명 기재의 필요성, 그 문서의 작성경위, 종류, 내용 및 일반거래에 있어서 그 문서가 가지는 기능 등도 함께 고려하여 판단하여야 할 것이지만, 한편 어떤 문서에 권한 없는 자가 타인의 서명을 기재하는 경우에는 그 문서가 완성되기 전이라도 일반인으로서는 그 문서에 기재된 타인의 서명을 그 명의인의 진정한 서명으로 오신할 수도 있으므로, 일단 서명이 완성된 이상 문서가 완성되지 아니한 경우에도 서명의 위조죄는 성립할 수 있다.

그리고 수사기관이 수사대상자의 진술을 기재한 후 진술자로 하여금 그의 면전에서 조서의 말미에 서명 등을 하도록 한 후 그 자리에서 바로 회수하는 수사서류의 경우에는, 그 진술자가 그 문서에 서명하는 순간 바로 수사기관이 열람할 수 있는 상태에 놓이게 되는 것이므로, 그 진술자가 마치 타인인 양 행세하며 타인의 서명을 기재한 경우 그 서명을 수사기관이 열람하기 전에 즉시 파기하였다는 등의 특별한 사정이 없는 이상 그 서명 기재와 동시에 위조사서명행사죄가 성립하는 것이며, 그와 같이 위조사서명행사죄가 성립된 직후에 수사기관이 위 서명이 위조된 것임을 알게 되었다고 하더라도 이미 성립한 위조사서명행사죄를 부정할 수 없다 할 것이다.

[2] 피고인이 음주운전 등으로 경찰서에서 조사를 받으면서 제3자로 행세하여 피의자신문조서의 진술자란에 제3자의 서명을 기재하였으나 그 이후 피고인의 간인이나 조사 경찰관의 서명날인 등이 완료되기 전에 그 서명위조 사실이 발각되었다고 하더라도 사서명위조죄 및 그 행사죄가 성립한다.

5. 결 론

가. 법원 판결

○ 주취운전자적발보고서와 주취운전자정황진술보고서의 경우

　— 먼저 이 문서가 공문서인지 사문서인지 여부와 관련 이러한 문서 자체를 경찰관서에서 발행하였기 때문에 공문서로 생각할 수 있으나 이러한 문서에 서명날인할 경우 서명날인자의 입장에서는 사문서로 보아야 할 것이다. 그러나 이렇게 서명날인된 보고서를 경찰관이나 제3자가 문서 내용을 변경할 때는 공문서를 변조한 것으로 된다.

　— 운전자란에 타인의 이름에 서명하고 날인 한 경우 대법원은 사문서위조와 위조사문서행사죄가 성립한다고 판결하고 있는데 최근 서울남부지방법원 2007. 6. 27. 2007고단307, 2007고단783 판결에서는 사서명위조, 위조사서명행사가 성립한다고 판결하였다. 그러나 이 판결은 대법원 판결에 배치된다.

○ 피의자가 피의자신문조서 말미의 경우
　타인의 서명날인을 한 경우 사서명위조 및 동행사죄가 성립한다고 판결하고 있다.

나. 종 합

적발 당시 주취운전자적발보고서와 주취운전자정황진술보고서에 타인의 서명날인을 한 경우에는 사문서위조 및 행사죄가 성립하며, 그 뒤 피의자신문조서를 받을 때 조서 말미에 타인의 서명날인을 또 한 경우에 이때는 사서명위조 및 행사죄가 각 성립한다. 물론 도로교통법상 음주운전과 무면허운전도 적용하여 이 모두 경합범으로 처리하여야 한다.

제5절 음주 시점으로부터 1시간 30분경과 후 측정한 경우

1. 사 례

甲은 혈중알코올농도 0.164%의 술에 취한 상태로 승용차를 운전하였다. 그러나 최종 음주 시점으로부터 약 1시간 30분, 최종 운전 시점으로부터 약 40분이 경과한 후에 측정하였다. 이러한 측정이 정당한 측정인지 여부.

2. 법규연구 (도로교통법)

제44조(술에 취한 상태에서의 운전금지) ① 누구든지 술에 취한 상태에서 자동차등(「건설기계관리법」 제26조제1항 단서에 따른 건설기계 외의 건설기계를 포함한다. 이하 이 조, 제45조, 제47조, 제93조제1항제1호부터 제4호까지 및 제148조의2에서 같다), 노면전차 또는 자전거를 운전하여서는 아니 된다

② 경찰공무원(자치경찰공무원은 제외한다. 이하 이 항에서 같다)은 교통의 안전과 위험방지를 위하여 필요하다고 인정하거나 제1항을 위반하여 술에 취한 상태에서 자동차등, 노면전차 또는 자전거를 운전하였다고 인정할 만한 상당한 이유가 있는 경우에는 운전자가 술에 취하였는지를 호흡조사로 측정할 수 있다. 이 경우 운전자는 경찰공무원의 측정에 응하여야 한다.

제148조의2(벌칙) ② 술에 취한 상태에 있다고 인정할 만한 상당한 이유가 있는 사람으로서 제44조제2항에 따른 경찰공무원의 측정에 응하지 아니하는 사람(자동차등 또는 노면전차를 운전하는 사람으로 한정한다)은 1년 이상 5년 이하의 징역이나 500만원 이상 2천만원 이하의 벌금에 처한다.

③ 제44조제1항을 위반하여 술에 취한 상태에서 자동차등 또는 노면전차를 운전한 사람은 다음 각 호의 구분에 따라 처벌한다.

1. 혈중알코올농도가 0.2퍼센트 이상인 사람은 2년 이상 5년 이하의 징역이나 1천만원 이상 2천만원 이하의 벌금
2. 혈중알코올농도가 0.08퍼센트 이상 0.2퍼센트 미만인 사람은 1년 이상 2년 이하의 징역이나 500만원 이상 1천만원 이하의 벌금
3. 혈중알코올농도가 0.03퍼센트 이상 0.08퍼센트 미만인 사람은 1년 이하의 징역이나 500만원 이하의 벌금

3. 결 론

가. 甲(피고인)의 주장

이 사건 음주 수치 0.164%는 피고인이 운전한 때로부터 약 1시간 후 측정된 것으로 운전 당시의 음주 수치라고 볼 수 없고, 피고인이 운전한 시기는 최종 음주 시점으로부터 90분이 경과되기 전으로서 혈중알코올농도가 상승하고 있는 시점이었으므로 실제 측정된 이 사건 음주 수치에 일정량을 가산한 수치를 운전 당시의 혈중알코올농도라고 보기도 어려우며, 피고인이 운전한 시점은 최종 음주 시로부터 30분 정도밖에 지나지

않은 시점으로 섭취한 알코올의 4분의 1 정도만이 위에 흡수되었을 것이므로, 결국 운전 당시 피고인의 혈중알코올농도는 0.041%(0.164%×1/4)로 처벌기준인 0.05%(현, 0.03%)에 미달하여 피고인에 대한 도로교통법위반(음주운전)죄는 성립하지 않는다.

나. 법원의 판단 (서울동부지방법원 2010노1811 2011/03/14)

이 사건 음주수치 0.164%는 피고인의 운전 시점 또는 그 직후에 측정된 것은 아니지만 피고인의 자발적인 협조에 의하여 운전 시점으로부터는 40여 분, 적발 시로부터는 약 25분 만에 측정된 것으로 위드마크공식의 역추산 방법을 동원하여 일정 알코올 양을 가산할 것도 없이 이미 법정 기준치의 3배 이상을 초과하였는바, 측정된 수치가 법정 기준치의 경계 선상에 있다면 모를까 만취 상태로 측정되었고 단속 실무상 정상적인 시간의 범위 내에서 측정이 이루어진 이상 운전 당시의 혈중알코올농도 수치는 최소한 실제 측정된 수치인 0.164%만큼은 된다고 보는 것이 합리적이다.

또한, 음주 사고가 발생한 때는 음주 시작 시점으로부터 1시간 50여 분, 최종 음주 시점으로부터는 50여 분이 각 지난 때였으므로 음주 후 초기 상태는 아니어서 이미 알코올의 상당 부분이 흡수되면서 분해 과정도 복합적으로 일어나고 있었을 것으로 보이고, 이는 사고 및 단속 당시 피고인이 비틀거리고 얼굴이 붉었으며 발음이 부정확하고 횡설수설하는 상태에 있었던 점, 운전 및 단속 시점 후 불과 25~40여 분 만에 측정한 수치가 0.164%로 매우 높았다는 점에 비추어 더욱 그러하므로, 피고인이 운전 및 단속 당시 이미 단속 기준인 0.05%를 훨씬 초과하는 상태에 있었다고 보는 것이 타당하다.

가정적으로, 피고인에게 가장 유리한 상황 즉, 피고인이 음주 최종 시점에 집중적으로 음주를 한 경우로서 최종 음주 시로부터 90분 후 혈중알코올농도가 최고치에 이른다고 보고 운전 당시 혈중알코올농도를 추산하여 보건대, 최종 음주 시로부터 90분 후로서 혈중알코올농도가 최고치에 이르는 오후 10시 30분경 측정된 음주수치가 0.164%이므로 운전 당시인 오후 9시 50분경 음주수치는 약 0.091%(0.164%×50/90)로서 여전히 피고인은 운전 당시에도 법정 기준치를 훨씬 도과하는 주취 상태에 있었다고 할 것이다.

ㅇ 따라서 혐의 인정된다.

제6절 버스전용차로에 승용차를 장시간 비스듬히 세워둔 경우

1. 사 례

甲은 자신이 운전하던 승용차를 버스전용차로에 불법주차 중이던 중 당시 그곳을 운행 중이던 버스의 기사가 통행에 방해가 된다는 이유로 경적을 수회 울리며 비켜 달라고 요구하였으나 이를 거절하면서 약 40분간 승용차를 버스전용차로에 비스듬히 세워둔 채 방치하였다.
— 대구지법 2007고정 1406호(2007. 10. 8)

2. 법규연구 (형법)

제185조(일반교통방해) 육로, 수로 또는 교량을 손괴 또는 불통하게 하거나 기타 방법으로 교통을 방해한 자는 10년 이하의 징역 또는 1천500만원 이하의 벌금에 처한다.

3. 관련 판례

■ 대법원 1995.9.15. 선고 95도1475 판결

가. 일반교통방해죄의 보호법익과 대상 행위

형법 제185조의 일반교통방해죄는 일반공중의 교통안전을 그 보호법익으로 하는 범죄로서 육로 등을 손괴 또는 불통케 하거나 기타의 방법으로 교통을 방해하여 통행을 불가능하게 하거나 현저하게 곤란하게 하는 일체의 행위를 처벌하는 것을 그 목적으로 하고 있다.

나. 농로로 개설되어 일반 공중의 왕래에 공용되는 도로로 된 도로의 차량 통행을 방해하는 행위가 일반교통방해죄에 해당하는지 여부

도로가 농가의 영농을 위한 경운기나 손수레 등의 통행을 위한 농로로 개설되었다 하더라도 그 도로가 사실상 일반 공중의 왕래에 공용되는 도로로 된 이상 경운기나 손수레 등만 통행할 수 있는 것이 아니고 다른 차량도 통행할 수 있는 것이므로 이러한 차량의 통행을 방해한다면 이는 일반교통방해죄에 해당한다.

4. 법원의 판단

법원은 사례와 같은 행위는 공중의 왕래에 사용되는 육상의 도로교통을 현저히 곤란

하게 하는 행위로 일반교통방해죄에 해당한다고 판시하여 벌금 500만원을 선고

5. 판결의 의미(결론)

   일반교통방해죄는 일반공중 교통의 안정을 그 보호법익으로 하는 범죄로서 육로 등을 손괴 또는 불통케 하거나 기타의 방법으로 교통을 방해하여 통행을 불가능하게 하거나 현저히 곤란하게 하는 일체의 행위를 처벌하는 것을 그 목적으로 하고 있다는 점 및 이를 엄벌할 필요가 있다는 점을 다시 한번 확인한 판결이다.

도저히 할 수 없을 것처럼 보이는 것들도

자꾸 연습하라.

왼손은 다양한 용도로 쓰이지 않아서

대부분은 서툴지만,

고삐를 잡을 때는 오른손보다 더 능숙하다.

그 용도로 자주 쓰였기 때문이다.

– 마르쿠스 아우렐리우스 –

제7절 확정판결이 나지 않은 음주 사건이 '2회 이상 위반' 횟수에 해당하는지

1. 사 례

甲 2013. 3. 12. 법원에서 도로교통법 위반(음주운전)죄로 벌금 150만 원의 약식명령을 받았고, 2022. 2. 2. 23:30경 혈중알코올농도 0.125%로 술에 취한 상태로 차량을 운전하였다는 이유로 도로교통법 위반(음주운전)으로 단속되었다. 甲은 2023. 2. 27. 02:10경 ○○앞 도로까지 약 1km 구간에서 혈중알코올농도 0.177%의 술에 취한 상태에서 승용차를 운전하였다.

아직 확정판결이 나지 않은 2022. 2. 2. 음주위반 사실을 포함하여 '2회 이상 음주운전 금지 규정을 위반하여 음주운전을 하였던 사실이 인정되는 사람'으로 처벌할 수 있는지?

2. 법규연구 (도로교통법)

제44조(술에 취한 상태에서의 운전 금지) ① 누구든지 술에 취한 상태에서 자동차등(「건설기계관리법」 제26조제1항 단서에 따른 건설기계 외의 건설기계를 포함한다. 이하 이 조, 제45조, 제47조, 제93조제1항제1호부터 제4호까지 및 제148조의2에서 같다), 노면전차 또는 자전거를 운전하여서는 아니 된다.

제148조의2(벌칙) ① 제44조제1항 또는 제2항을 위반(자동차등 또는 노면전차를 운전한 경우로 한정한다. 다만, 개인형 이동장치를 운전한 경우는 제외한다. 이하 이 조에서 같다)하여 <u>벌금 이상의 형을 선고받고 그 형이 확정된 날부터 10년 내에 다시 같은 조 제1항 또는 제2항을 위반한 사람(형이 실효된 사람도 포함한다)</u>은 다음 각 호의 구분에 따라 처벌한다.

2. 제44조제1항을 위반한 사람 중 혈중알코올농도가 0.2퍼센트 이상인 사람은 2년 이상 6년 이하의 징역이나 1천만원 이상 3천만원 이하의 벌금에 처한다.

3. 제44조제1항을 위반한 사람 중 혈중알코올농도가 0.03퍼센트 이상 0.2퍼센트 미만인 사람은 1년 이상 5년 이하의 징역이나 5백만원 이상 2천만원 이하의 벌금에 처한다.

3. 관련 판례 (대법원 2018. 11. 15 선고 2018도11378 판결)

구 도로교통법 제148조의2 제1항 제1호는 행위 주체를 단순히 2회 이상 음주운전 금지규정을 위반한 사람으로 정하고 있고, 이러한 음주운전 금지규정 위반으로 형을 선고받거나 유죄의 확정판결을 받은 경우 등으로 한정하고 있지 않다. 이것은 음주운전 금지규정을 반복적으로 위반하는 사람의 반규범적 속성, 즉 교통법규에 대한 준법정신이나 안전의식의 현저한 부족 등을 양형에 반영하여 반복된 음주운전에 대한 처벌을 강화하고, 음주운전으로 발생할 국민의 생명·신체에 대한 위험을 예방하며 교통질서를 확립하기 위한 것으로 볼 수 있다.

이처럼 법의 문언 내용과 입법취지 등을 종합하면, 위 조항 중 '제44조 제1항을 2회 이상 위반한 사람'은 문언 그대로 2회 이상 음주운전 금지규정을 위반하여 음주운전을 하였던 사실이 인정되는 사람으로 해석해야 하고, 그에 대한 형의 선고나 유죄의 확정판결 등이 있어야만 하는 것은 아니다.

4. 결 론

따라서 사례에서 ① 2013. 3. 12. ② 2022. 2. 2. ③ 2023. 2. 27. 총 3회 음주운전을 하였으므로, 도로교통법 제148조의2 제1항 제3호에 의해 처벌을 받게 된다.

"거친 밥을 먹고 물을 마시고
팔을 베개 삼아 누웠어도
즐거움이 그 안에 있구나.
의롭지 않은 방법으로
부귀를 얻는 것은 내게는
그저 뜬구름과 같다. "

-공 자

제8절 교통사고 후 동생이 운전한 것으로 교사하여 경찰 조사받게 한 경우

1. 사 례

甲은 무면허 상태로 승용차를 운전하고 가다가 화물차를 들이받는 사고를 일으켜 경찰에서 조사를 받게 되자 무면허로 운전한 사실 등이 발각되지 않기 위해, 동생인 乙에게 "내가 무면허 상태에서 술을 마시고 차를 운전하다가 교통사고를 내었는데 운전면허가 있는 네가 대신 교통사고를 내었다고 조사를 받아 달라"고 부탁하여, 이를 승낙한 乙이 ○○경찰서 교통조사계 사무실에서 자신이 위 승용차를 운전하고 가다가 교통사고를 낸 사람이라고 허위진술로 피의자로서 조사를 받도록 하였다

이때 甲과 乙의 행위는

2. 논 점

○ 범인은닉과 친족간의 특례에 따라 乙의 범인은닉죄 성립여부

○ 甲의 乙에 대한 범인도피교사 성립여부

3. 법규연구 (형법)

제151조(범인은닉과 친족간의 특례) ① 벌금 이상의 형에 해당하는 죄를 범한 자를 은닉 또는 도피하게 한 자는 3년 이하의 징역 또는 500만원 이하의 벌금에 처한다.

② 친족 또는 동거의 가족이 본인을 위하여 전항의 죄를 범한 때에는 처벌하지 아니한다.

4. 관련 판례

■ 대법원 2006.12.7. 선고 2005도3707 판결[범인도피교사]

[1] 범인이 자신을 위하여 형법 제151조 제2항에 의하여 처벌을 받지 아니하는 친족 등으로 하여금 허위의 자백을 하게 하여 범인도피죄를 범하게 하는 경우, 범인도피교사죄의 성립 여부(적극)

범인이 자신을 위하여 타인으로 하여금 허위의 자백을 하게 하여 범인도피죄를 범하게 하는 행위는 방어권의 남용으로 범인도피교사죄에 해당하는바, 이 경우 그 타인이 형법 제151조 제2항에 의하여 처벌을 받지 아니하는 친족, 호주 또는 동거가족에 해당한다 하여 달리 볼 것은 아니다.

[2] 무면허 운전으로 사고를 낸 사람이 동생을 경찰서에 대신 출두시켜 피의자로 조사받도록 한 행위가 범인도피교사죄를 구성하는지 여부(적극)

무면허 운전으로 사고를 낸 사람이 동생을 경찰서에 대신 출두시켜 피의자로 조사받도록 한 행위는 범인도피교사죄를 구성한다.

5. 결 론

○ 원심법원에서는 범인도피를 교사한 甲은 범인 본인이어서 구성요건 해당성이 없고, 피교사자 역시 범인의 친족이어서 불가벌에 해당하므로 甲이 타인의 행위를 이용하여 자신의 범죄를 실현하고, 새로운 범인을 창출하였다는 교사범의 전형적인 불법이 실현되었다고 볼 수 없을 뿐만 아니라, 甲이 자기방어 행위의 범위를 명백히 일탈하거나 방어권의 남용에 속한다고 보기 어려워 위 공소사실은 죄가 되지 아니한다고 판단하였다.

○ 그러나 대법원은 '범인이 자신을 위하여 타인으로 하여금 허위의 자백을 하게 하여 범인도피죄를 범하게 하는 행위는 방어권의 남용으로 범인도피교사죄에 해당하는바, 이 경우 그 타인이 형법 제151조 제2항에 의하여 처벌을 받지 아니하는 친족, 호주 또는 동거가족에 해당한다 하여 달리 볼 것은 아니라 할 것이다'라고 판결하여 甲에 대해 범인도피교사죄를 인정하였다.

○ 따라서 甲은 범인도피교사죄, 乙은 범인도피죄가 각 성립한다.

제9절 무인단속 과속위반 교통범칙금 납부고지서를 대신 발급받은 경우

1. 사 례

甲은 승용차를 운전하다 무인 과속차량 단속카메라에 속도위반으로 촬영되었다. 이 통지를 받은 甲은 직장 관계로 범칙금 납부고지서를 발급받을 수 없다는 이유로 이웃에 사는 乙에게 대신 경찰관서에 출석하여 乙이 운전한 것으로 납부고지서를 받아오면 범칙금은 대신 내겠다고 하여 乙은 甲을 대신하여 본인이 운전하였다고 말하여 범칙금 납부고지서를 발급받았다. 그런데 乙은 적발당하였다는 날짜에 운전면허 정지 기간 중이었다. 이러한 사실을 뒤늦게 알게 된 경찰관 A는 乙을 찾아가 당신이 운전한 것이 틀림없느냐고 확인하자 분명 자신이 운전하였다고 하였다.

이때 경찰관 A는 乙의 진술을 확보하기 위해 자술서를 작성하도록 하자 본인이 직접 운전한 것이 맞는다는 내용의 자술서를 작성하여 경찰관에게 제출하였다. 그 뒤 乙은 정지 기간 중 운전하면 면허취소 사유라는 것을 알게 되자 다시 경찰관 A를 찾아와 사실은 본인이 운전한 것이 아니고 甲이 운전한 것이라고 번복하고 甲 또한 본인이 운전한 것이 맞는다고 한다. 이 때 甲과 乙에 대해 어떠한 조치를 하여야 하는가.

2. 논 점

가. 甲이 乙을 적극적으로 교사하여 범칙금납부고지서를 대신 발급받도록 한 경우

나. 乙이 범인인 甲을 대신하여 본인이 도로교통법을 위반하였다고 한 행위는 범인은닉죄에 해당하는지

다. 乙이 자술서까지 작성하여 경찰관에게 제출한 것이 위계에의한공무집행방해죄에 해당할 수 있는지.

3. 법규연구

가. 도로교통법

제17조(자동차등과 노면전차의 속도) ① 자동차등(개인형 이동장치는 제외한다. 이하 이 조에서 같다)과 노면전차의 도로 통행 속도는 행정안전부령으로 정한다.
② 경찰청장이나 시·도경찰청장은 도로에서 일어나는 위험을 방지하고 교통의 안전과 원활한 소통을 확보하기 위하여 필요하다고 인정하는 경우에는 다음 각 호의 구분에 따라 구역이나 구간을 지정하여 제1항에 따라 정한 속도를 제한할 수 있다.
 1. 경찰청장: 고속도로
 2. 시·도경찰청장: 고속도로를 제외한 도로

③ 자동차등과 노면전차의 운전자는 제1항과 제2항에 따른 최고속도보다 빠르게 운전하거나 최저속도보다 느리게 운전하여서는 아니 된다. 다만, 교통이 밀리거나 그 밖의 부득이한 사유로 최저속도보다 느리게 운전할 수밖에 없는 경우에는 그러하지 아니하다.

제156조(벌칙) 다음 각 호의 어느 하나에 해당하는 사람은 20만원 이하의 벌금이나 구류 또는 과료에 처한다.

   1. … 제17조제3항, … 위반한 차마 또는 노면전차의 운전자

나. 형법

제151조(범인은닉과 친족간의 특례) ① 벌금 이상의 형에 해당하는 죄를 범한 자를 은닉 또는 도피하게 한 자는 3년 이하의 징역 또는 500만원 이하의 벌금에 처한다.

제137조(위계에 의한 공무집행방해) 위계로써 공무원의 직무집행을 방해한 자는 5년 이하의 징역 또는 1천만원 이하의 벌금에 처한다.

제31조(교사범) ① 타인을 교사하여 죄를 범하게 한 자는 죄를 실행한 자와 동일한 형으로 처벌한다.

② 교사를 받은 자가 범죄의 실행을 승낙하고 실행의 착수에 이르지 아니한 때에는 교사자와 피교사자를 음모 또는 예비에 준하여 처벌한다.

③ 교사를 받은 자가 범죄의 실행을 승낙하지 아니한 때에도 교사자에 대하여는 전항과 같다.

4. 관련 판례

가. 범인은닉 관련

■   **대법원 2004.3.26. 선고 2003도8226 판결**

[1] 범인도피죄의 의의

범인도피죄는 범인은닉 이외의 방법으로 범인에 대한 수사, 재판 및 형의 집행 등 형사사법의 작용을 곤란 또는 불가능하게 하는 행위를 말하는 것으로서, 그 방법에는 어떠한 제한이 없고, 위험범으로서 현실적으로 형사사법의 작용을 방해하는 결과가 초래될 것이 요구되지 아니한다.

[2] 범인도피죄에서 어떤 행위가 도피하게 하는 행위에 해당하는지의 판단 방법

범인도피죄는 직접 범인을 도피시키는 행위 또는 도피를 직접적으로 용이하게 하는 행위에 한정되는 것인바, 어떤 행위가 직접 범인을 도피시키는 행위 또는 도피를 직접적으로 용이하게 하는 행위에 해당하는가를 판단하기 위하여는, 범인도피죄의 구성요건적 행위가 정형화되어 있지 아니한 점을 고려한다면, 피고인이 범인의 처지나 의도에 대하여 인식하고 있었는지, 그에게 범인을 은닉이나 도피시키려는 의사가 있었는지를 함께 고려하여 살펴보아야 할 것이고, 단순히 피고인이 한 행위의 밖으로 드러난 태양만 살펴보는 것만으로는 부족하다.

■ 대법원 2003.2.14. 선고 2002도5374 판결

범인도피죄에서 '도피하게 하는 행위'의 의미

범인도피죄에서 '도피하게 하는 행위'는 은닉 이외의 방법으로 범인에 대한 수사, 재판 및 형의 집행 등 형사사법의 작용을 곤란 또는 불가능하게 하는 일체의 행위를 말하는 것으로서 그 수단과 방법에는 어떠한 제한이 없고, 또한 위 죄는 위험범으로서 현실적으로 형사사법의 작용을 방해하는 결과가 초래될 것이 요구되지 아니하지만, 같은 조에 함께 규정되어 있는 은닉행위에 비견될 정도로 수사기관의 발견·체포를 곤란하게 하는 행위 즉 직접 범인을 도피시키는 행위 또는 도피를 직접적으로 용이하게 하는 행위에 한정된다고 해석함이 상당하고, 그 자체로는 도피시키는 것을 직접적인 목적으로 하였다고 보기 어려운 어떤 행위의 결과 간접적으로 범인이 안심하고 도피할 수 있게 한 경우까지 포함되는 것은 아니다.

■ 대법원 2002.10.11. 선고 2002도3332 판결

범인은닉죄의 성립요건

범인은닉죄란 죄를 범한 자임을 인식하면서 장소를 제공하여 체포를 면하게 하는 것만으로 성립한다 할 것이고, 죄를 범한 자에게 장소를 제공한 후 동인에게 일정 기간 경찰에 출두하지 말라고 권유하는 언동을 하여야만 범인은닉죄가 성립하는 것이 아니며, 또 그 권유에 따르지 않으면 강제력을 행사하여야만 한다거나, 죄를 범한 자가 은닉자의 말과 복종하는 관계에 있어야만 범인은닉죄가 성립하는 것은 더욱 아니다.

나. 위계공무집행방해 관련

■ 대법원 1997.2.28. 선고 96도2825 판결

위계공무집행방해죄의 성립요건인 '위계'의 의미

위계에 의한 공무집행방해죄에 있어서 위계란 행위자의 행위목적을 이루기 위하여 상대방에게 오인, 착각, 부지를 일으키게 하여 그 오인, 착각, 부지를 이용하는 것을 말하는 것으로 상대방이 이에 따라 그릇된 행위나 처분을 하였다면 이 죄가 성립된다.

■ 대법원 2003.12.26. 선고 2001도6349 판결

위계에 의한 공무집행방해죄에 있어서 '공무원의 직무집행'의 의미

위계에 의한 공무집행방해죄는 행위목적을 이루기 위하여 상대방에게 오인, 착각, 부지를 일으키게 하여 이를 이용함으로써 법령에 의하여 위임된 공무원의 적법한 직무에 관하여 그릇된 행위나 처분을 하게 하는 경우에 성립하고, 여기에서 공무원의 직무집행이란 법령의 위임에 따른 공무원의 적법한 직무집행인 이상 공권력의 행사를 내용으로 하는 권력적 작용뿐만 아니라 사경제주체로서의 활동을 비롯한 비권력적 작용도 포함되는 것으로 보는 것이 타당하다.

■ 대법원 2003.7.25. 선고 2003도1609 판결

음주운전을 하다가 교통사고를 야기한 후 그 형사처벌을 면하기 위하여 타인의 혈액을 자신의 혈액인 것처럼 교통사고 조사경찰관에게 제출하여 감정하도록 한 경우, 위계에 의한 공무집행방해죄가 성립한다고 한 사례

음주운전을 하다가 교통사고를 야기한 후 그 형사처벌을 면하기 위하여 타인의 혈액을 자신의 혈액인 것처럼 교통사고 조사경찰관에게 제출하여 감정하도록 한 행위는, 단순히 피의자가 수사기관에 대하여 허위사실을 진술하거나 자신에게 불리한 증거를 은닉하는 데 그친 것이 아니라 수사기관의 착오를 이용하여 적극적으로 피의사실에 관한 증거를 조작한 것으로서 위계에 의한 공무집행방해죄가 성립한다.

5. 결 론

가. 甲의 행위

- 甲은 乙에게 자신을 대신하여 교통범칙금 납부고지서를 발급받도록 하였다. 대법원(2000도20 판결)은 '범인이 자신을 위하여 타인으로 하여금 허위의 자백을 하게 하여 범인도피죄를 범하게 하는 경우, 범인도피교사죄가 성립한다'라고 하였다.

- 예를 들어 甲은 운전면허 정지 중 또는 무면허 운전이거나 벌점초과로 면허정지 대상이기 때문에 乙에게 대신 범칙금 납부고지서를 받도록 하였다면 범인도피교사죄가 성립할 수 있을 것이다.

나. 乙의 행위

○ 속도위반이 벌금이상의 형에 해당하는지 여부

- 먼저 범인도피죄가 성립하기 위해서는 甲의 행위가 벌금이상의 죄에 해당하여야 한다. 甲은 도로교통법 제17조 제3항의 과속운전에 해당하여 위반속도에 따라 범칙행위자로서 범칙금만 납부하면 된다. 동법 제164조 제3항에 의거 범칙금을 납부한 사람은 범칙행위에 대하여 다시 벌 받지 아니하게 되어있다.

- 그러나 사례의 경우 위반자는 甲이고 乙은 甲을 위해 대신 납부고지서를 받았기 때문에 여기서 범칙자는 甲이지 乙이 아니다. 그러기 때문에 甲의 행위에 대해 아직 벌이 종료하지 않았다. 그러면 속도위반이 벌금이상의 형에 해당되는지를 검토하면 된다. 동법 제156조 제1호에 의하면 속도위반자는 '20만원 이하의 벌금이나 구류 또는 과료'에 처하게 되어있다. 즉 벌금이상의 형에 해당하는 것이다.

○ 범인도피죄 성립여부

乙은 본인이 운전한 사실이 없으면서도 甲의 부탁 때문에 경찰관서에 출석하여 甲의 행위를 감추어 주고 본인이 운전하였다고 한 행위는 대법원 판례를 종합하면 범인도피죄가 성립할 수 있을 것이다.

○ 위계공집방해죄 성립여부

- 乙은 경찰관의 확인에도 불구하고 본인이 운전한 것이 사실이라고 말하였고 이에 대한 진술서까지 작성하여 경찰관에게 제출하였다.

- 대법원(2003도1609)은 '적극적으로 허위의 증거를 조작하여 제출하였고 그 증거 조작의 결과 수사기관이 그 진위에 관하여 나름대로 충실한 수사를 하더라도 제출된 증거가 허위임을 발견하지 못하여 잘못된 결론을 내리게 될 정도에 이르렀다면, 이는 위계에 의하여 수사기관의 수사행위를 적극적으로 방해한 것으로서 위계에 의한 공무집행방해죄가 성립된다'라고 하였다.

- 사례의 경우와 같이 乙은 진술서까지 작성하여 제출함으로써 경찰관으로 하여금 운전한 사실도 없는 乙이 운전한 것으로 잘못된 결론을 내릴 수 있을 정도라고 볼 수 있다. 따라서 위계공무집행방해죄도 성립할 수 있다고 본다.

제10절 도주차량 운전자가 사고 후 허위로 차량도난신고를 한 경우

1. 사 례

甲은 본인 승용 차량을 운전하고 가다 통행 중이던 乙을 치어 상처를 입히고 그대로 도주하였다. 범행이 발각될 것을 두려워하는 나머지 사고 차량을 다른 것에 주차시켜 두고 인근 지구대를 찾아가 차량을 도난당하였다고 허위신고를 하였다. 甲의 행위는

2. 논 점

가. 본인의 사고를 은폐하기 위해 허위 신고한 것이 형사처벌의 대상이 되는지

나. 경범죄처벌법의 허위신고에 해당할 경우 경범죄처벌법 위반으로 송치할 수 있는지

3. 법규연구

가. 경범죄처벌법

제3조(경범죄의 종류) ① 다음 각 호의 어느 하나에 해당하는 사람은 10만원 이하의 벌금, 구류 또는 과료(科料)의 형으로 처벌한다.

4. (거짓신고) 있지 아니한 범죄나 재해 사실을 공무원에게 거짓으로 신고한 사람

나. 특정범죄가중처벌 등에 관한 법률

제5조의3(도주차량 운전자의 가중처벌) ① 「도로교통법」 제2조에 규정된 자동차·원동기장치자전거의 교통으로 인하여 「형법」 제268조의 죄를 범한 해당 차량의 운전자(이하 "사고운전자"라 한다)가 피해자를 구호(구호)하는 등 「도로교통법」 제54조제1항에 따른 조치를 하지 아니하고 도주한 경우에는 다음 각 호의 구분에 따라 가중처벌한다.

1. 피해자를 사망에 이르게 하고 도주하거나, 도주 후에 피해자가 사망한 경우에는 무기 또는 5년 이상의 징역에 처한다.
2. 피해자를 상해에 이르게 한 경우에는 1년 이상의 유기징역 또는 500만원 이상 3천만원 이하의 벌금에 처한다.

② 사고운전자가 피해자를 사고 장소로부터 옮겨 유기하고 도주한 경우에는 다음 각 호의 구분에 따라 가중처벌한다.

1. 피해자를 사망에 이르게 하고 도주하거나, 도주 후에 피해자가 사망한 경우에는 사형, 무기 또는 5년 이상의 징역에 처한다.
2. 피해자를 상해에 이르게 한 경우에는 3년 이상의 유기징역에 처한다.

4. 결 론

가. 허위도난 신고행위

본인의 범행을 은폐하기 위해 공무원에게 도난신고를 하였다면 이는 경범죄처벌법의 허위신고에 해당한다고 볼 수 있다.

나. 송치 시 범죄사실과 죄명

○ 구속수사할 경우

교통사고를 야기하고 도주하였으므로 특가법을 적용하여 처리하면 되는데 경범죄도 10만원이하의 벌금에 처벌하게 되어있으므로 당연히 범죄사실을 적시하고 죄명은 경범죄처벌법 위반으로 하여야 한다. 물론 경범에 대해 별도 처리하여도 상관없다.

○ 불구속 수사의 경우

불구속으로 송치할 경우 경범죄를 적용하여 처벌하는 것은 별 의미가 없다. 이렇게 불구속으로 사건처리를 하면 경범죄 위반은 별도 분리하여 처리하는 것이 더 효과적일 것이다. 즉 허위신고 부분에 대해서는 즉심으로 처리하여 구류처분을 받을 수 있도록 하고 그 처리결과만 특가법 송치서류에 첨부하면 된다.

✳ 피고 · 원고 · 피고인의 구별

피고와 원고	• 민사소송에서 쓰는 말로 피고는 원고에 대비되는 개념, 즉 소송에서 소를 제기한 자는 원고라 하고 그에 대응하는 자는 피고 • 1심에서 원고라도, 1심 피고였던 자가 상고한 경우 이때 1심의 피고는 원고가 되고 상대는 피고
피고인	• 형사소송에서 사용하는 개념 • 형사소송에서는 원고는 검사(국가)이기 때문에 원고라는 개념을 특별히 사용하지 않음 • 정확히 말하면 형사소송에서는 원고나 원고인 이라는 말은 없음

제11절 교통사고 가해자가 목격자 행세하며 인적사항을 남긴 경우 '뺑소니' 여부

1. 사 례

> 甲은 인적 피해 교통사고를 낸 직후 직접 119 신고를 하였다. 119 구급차가 피해자를 후송한 후 출동한 경찰관들에게 현장 설명하고 자신의 인적사항과 연락처를 알려준 다음 사고 현장을 떠났다. 이 경우 甲은 '뺑소니'에 해당하는지 여부

2. 법규연구

가. 도로교통법

> 제54조(사고발생 시의 조치) ① 차의 운전 등 교통으로 인하여 사람을 사상(死傷)하거나 물건을 손괴(이하 "교통사고"라 한다)한 경우에는 그 차의 운전자나 그 밖의 승무원(이하 "운전자등"이라 한다)은 즉시 정차하여 사상자를 구호하는 등 필요한 조치를 하여야 한다.

나. 특정범죄 가중처벌 등에 관한 법률 (이하, 특가법)

> 제5조의3(도주차량 운전자의 가중처벌) ① 「도로교통법」 제2조에 규정된 자동차 · 원동기장치자전거의 교통으로 인하여 「형법」 제268조의 죄를 범한 해당 차량의 운전자(이하 "사고운전자"라 한다)가 피해자를 구호(救護)하는 등 「도로교통법」 제54조제1항에 따른 조치를 하지 아니하고 도주한 경우에는 다음 각 호의 구분에 따라 가중처벌한다.
> 1. 피해자를 사망에 이르게 하고 도주하거나, 도주 후에 피해자가 사망한 경우에는 무기 또는 5년 이상의 징역에 처한다.
> 2. 피해자를 상해에 이르게 한 경우에는 1년 이상의 유기징역 또는 500만원 이상 3천만원 이하의 벌금에 처한다.

3. 결 론

가. 2심판결 (춘천지방법원 2013. 7. 10. 선고 2013노76판결)

　　甲이 사고 발생 직후 119구급대원과 경찰관에게 최초 목격자 행세를 한 행동은 위 사고로 인하여 피해자가 사상을 당한 사실을 인식하였음에도 불구하고 사고 차량이나 사고를 낸 사람이 누구인지 확정될 수 없는 상태를 초래한 것으로서 특가법 제5조의3 제1항 소정의 '피해자를 구호하는 등 조치를 취하지 아니하고 도주한 경우'에 해당한다고 보아 유죄로 인정하였다.

나. 대법원 (대법원 2013. 12. 26. 선고 2013노76 판결)

특가법 제5조의3 제1항에서 정한 '피해자를 구호하는 등 도로교통법 제54조 제1항에 따른 조치를 하지 아니하고 도주한 경우' 라 함은 사고운전자가 사고로 인하여 피해자가 사상을 당한 사실을 인식하였음에도 피해자를 구호하는 등 도로교통법 제54조 제1항에 규정된 의무를 이행하기 이전에 사고 현장을 이탈하여 사고를 낸 자가 누구인지 확정될 수 없는 상태를 초래한 경우를 말한다.

이 경우 운전자가 취해야 할 조치의 그 정도는 건전한 양식에 비추어 통상 요구되는 정도의 것으로서 여기에는 피해자가 경찰관 등 교통사고와 관계있는 사람에게 사고운전자의 신원을 밝히는 것도 포함된다 할 것이다.

사고운전자가 피해자를 구호하는 등 도로교통법 제54조 제1항에 정한 의무를 이행하기 전에 도주의 범의로써 사고 현장을 이탈한 것인지 아닌지를 판정함에서는 그 사고의 경위와 내용, 피해자의 상해 부위와 정도, 사고운전자의 과실 정도, 사고운전자와 피해자의 나이와 성별, 사고 후의 정황 등을 종합적으로 고려하여 합리적으로 판단하여야 한다.

그러나 甲은 사건 직후 직접 119 신고를 하였을 뿐만 아니라, 119구급차가 피해자를 후송한 후 출동한 경찰관들에게 현장 설명하고 자신의 인적사항과 연락처를 알려준 다음에야 비로소 사고 현장을 떠난 점, 만약 甲이 끝까지 사고운전자임을 인정하지 않았더라도 자신의 인적사항과 운행차량을 수사기관에 제공한 이상 목격자 등의 진술과 그 후에 이루어진 차량 감식결과 등을 토대로 甲이 사고운전자라는 사실이 그다지 어렵지 않게 밝혀졌을 것으로 보이는 점으로,

甲이 사고 현장이나 경찰 조사과정에서 목격자 행세를 하고 피해자의 발견 경위에 관하여 사실과 다르게 진술하였다는 사정만으로는 甲이 교통사고를 야기한 후 도주의 범의로써 사고 현장을 이탈하여 사고를 낸 자가 누구인지 확정될 수 없는 상태를 초래한 것으로까지 보기는 어렵다.

제12절 음주 운전자의 차량 열쇠를 압수할 수 있는지

1. 사 례

甲은 음주운전으로 교통경찰관에게 적발되었다. 이때 甲이 차량을 운전하지 못하도록 단속현장에서 甲의 차량 열쇠를 압수할 수 있는지. 또 단속 이후 계속 운전하도록 방치하여 사고를 야기한 경우 단속 경찰관의 책임은

2. 법규연구

가. 도로교통법

제44조(술에 취한 상태에서의 운전금지) ① 누구든지 술에 취한 상태에서 자동차등(「건설기계관리법」 제26조제1항 단서에 따른 건설기계 외의 건설기계를 포함한다. 이하 이 조, 제45조, 제47조, 제93조제1항 제1호부터 제4호까지 및 제148조의2에서 같다), 노면전차 또는 자전거를 운전하여서는 아니 된다
② 경찰공무원(자치경찰공무원은 제외한다. 이하 이 항에서 같다)은 교통의 안전과 위험방지를 위하여 필요하다고 인정하거나 제1항을 위반하여 술에 취한 상태에서 자동차등, 노면전차 또는 자전거를 운전하였다고 인정할 만한 상당한 이유가 있는 경우에는 운전자가 술에 취하였는지를 호흡조사로 측정할 수 있다. 이 경우 운전자는 경찰공무원의 측정에 응하여야 한다.
③ 제2항에 따른 측정 결과에 불복하는 운전자에 대하여는 그 운전자의 동의를 받아 혈액 채취 등의 방법으로 다시 측정할 수 있다.
④ 제1항에 따라 운전이 금지되는 술에 취한 상태의 기준은 운전자의 혈중알코올농도가 0.03퍼센트 이상인 경우로 한다.

나. 형사소송법

제216조(영장에 의하지 아니한 강제처분) ③ 범행중 또는 범행직후의 범죄 장소에서 긴급을 요하여 법원판사의 영장을 받을 수 없는 때에는 영장없이 압수, 수색 또는 검증을 할 수 있다. 이 경우에는 사후에 지체없이 영장을 받아야 한다.

3. 관련 판례

가. 음주운전을 적발한 경찰관이 음주운전의 계속을 막기 위하여 취할 수 있는 조치 내용

주취 상태에서의 운전은 도로교통법 제41조의 규정에 의하여 금지된 범죄행위 임이 명백하고 그로 인하여 자기 또는 타인의 생명이나 신체에 위해를 미칠 위 험이 큰 점을 감안하면, 음주운전을 적발한 경찰관이 음주운전의 계속을 막기

위하여 취할 수 있는 조치로는, 단순히 음주운전의 계속을 금지하는 명령 이외에 다른 사람이 대신하여 운전하게 하거나 당해 주취 운전자가 임의로 제출한 차량 열쇠를 일시 보관하면서 가족에게 연락하여 주취운전자와 자동차를 인수하게 하거나 주취 상태에서 벗어난 후 다시 운전하게 하며 그 주취 정도가 심한 경우에 경찰관서에 일시 보호하는 것 등을 들 수 있고, 한편 음주운전이라는 범죄행위로 당해 음주 운전자를 구속·체포하지 아니한 경우에도 필요하다면 그 차량 열쇠는 범행 중 또는 범행 직후의 범죄 장소에서의 압수로서 형사소송법 제216조 제3항에 의하여 영장 없이 이를 압수할 수 있다.

나. 단속 경찰관의 주취 운전자에 대한 권한 불행사가 직무상 위법행위에 해당하는지 여부(한정 적극)

경찰관의 주취 운전자에 대한 권한 행사가 관계 법률의 규정 형식상 경찰관의 재량에 맡겨져 있다고 하더라도, 그러한 권한을 행사하지 아니한 것이 구체적인 상황하에서 현저하게 합리성을 잃어 사회적 타당성이 없는 경우에는 경찰관의 직무상 의무를 위배한 것으로서 위법하게 된다.

다. 음주운전으로 적발된 주취 운전자가 도로 밖으로 차량을 이동하겠다며 단속 경찰관으로부터 보관 중이던 차량 열쇠를 반환받아 몰래 차량을 운전하여 가던 중 사고를 일으킨 경우, 국가배상책임을 인정한 사례(대법원 1998.5.8. 선고 97다54482 판결)

4. 결 론

가. 차량 열쇠 압수가능 여부

대법원 판례에 의하면 음주 운전자를 구속·체포하지 아니한 경우에도 필요하다면 그 차량 열쇠는 범행 중 또는 범행 직후의 범죄 장소에서의 압수로서 형사소송법 제216조 제3항에 의하여 영장 없이 이를 압수할 수 있다.

나. 단속 후 사고 야기한 경우

위 판례와 관련 유의할 점은 음주 운전자의 차량 열쇠 관리를 잘못하여 단속 이후 운전자가 차량을 운전하다 사고를 야기한 경우에는 국가배상 책임을 인정하였다는 것이다. 여기서 국가배상 책임을 인정하였다는 것은 국가는 단속 경찰관에게 구상권을 행사한다는 것이다. 따라서 단속 경찰관은 민사책임을 질 수도 있다.

제13절 차량 도난신고 시 수배 가능여부

차량 도난신고 시 전산 수배 가능여부를 잘 판단하여 불필요한 수배가 되거나 민원을 야기하지 않도록 해야 할 것이다.

1. 렌터카 회사에서 도난신고 시

例, 대여 차량을 회사에 반환하지 않고 회사와 연락이 끊어진 경우
렌터카 회사에서 임차인 고소 시 사실관계를 확인하여 처리하고, 임차인이 소재불명 시 수배조치하면서 차량 수배 가능(수배 구분－범죄)
  ❋ 사실관계를 최대한 신속히 확인하고, 소재불명 시 차량 수배조치

2. 차량 명의자가 아닌 제3자 도난신고 시

가. 차량소유자로부터 차량을 빌려 실제로 운행하던 사람이 차량을 도난당한 경우 (차량소유자와는 연락이 되지 않을 경우)

例, 차량소유자 甲에게 차량을 빌려 운행하던 乙이 甲 소유 차량을 도난당하였고, 차량소유자 甲과 연락이 되지 않았을 때

⇒ 고발 개념으로 보아 차량을 실제 운행하던 사람에게 불특정인을 상대로 고발을 하게 하고 피고발인이 소재불명 시 차량 수배 가능(수배 구분－도난)
  ❋ 제3자 도난신고 시에는 신고와 동시에 확인원 발급 및 수배 조치하지 말고, 차량소유자와 연락 여부, 실제 도난 여부를 최대한 확인 후 조치

나. 계약 때문에 차량을 인수하였으나, 차량소유자와 연락이 되지 아니하고 명의가 변경되지 아니한 채 도난당한 경우

例, 차량 소유는 甲으로 되어있고, 乙이 계약 때문에 차량을 인수하였으나, 사정으로 인해 명의변경이 이루어지지 않은 상태에서 차량을 운행하다 도난을 당하였을 때

⇒ 계약서류를 근거로 차량 인수자가 차량 명의를 본인 명의로 변경한 후 도난신고 시 차량 수배 가능(수배 구분－도난)
  ❋ 차량 명의변경에 필요한 서류가 구비되지 않아 인수자 본인 명의로 이전등록이 되지 않으면 "차량소유자로부터 차량을 빌리는 등 실제로 운행하던 사람이 차량을 도난당한 경우"와 동일하게 처리

3. 채권채무 관계 존재 시

가. 채권채무 관계로 차량에 대한 양도담보나 매도담보 계약 후 차량소유자나 점유 자가 차량을 임의대로 처분한 경우

나. 지입차량 관련, 회사와 차주간에 소유권 분쟁이 있는 경우
   ⇒ 고소사건으로 접수, 사실관계 조사 후 피고소인이 소재불명일 경우 수배조치 하면서 차량 수배 가능(수배구분 – 범죄)

4. 검찰로 사건송치 후 차량회수가 되지 않은 경우

例, 甲이 乙과 차량매매계약을 하였으나 대금이 완전히 지불되지 않은 상황에서 乙이 차량을 임의대로 끌고 갔고, 甲이 乙을 상대로 고소하여 乙이 처벌을 받았는데 乙이 제3자인 불상 丙에게 차량을 인계하였고, 丙이 주차위반 등을 행하여 과태료 등이 甲 명의로 통보되는 경우

   ⇒ 차량수배는 도난 용의자 및 수배자를 검거하기 위한 것이므로 사건송치 후에는 차량수배 불가(민원인에게 명의이전 신청 및 소유권이전 관련 민사소송을 제기 유도)

5. 차량소유자는 변동이 없음에도 점유자가 단순히 바뀌거나 점유 이전이 확인되지 않는 등 도난 사실이 확인되지 않는 경우

例, 甲이 형 乙에게 甲 소유 차량을 빌려주었는데 甲 명의로 속도위반 등 과태료가 통보되어 차량을 회수하고자 하나, 乙이 차량 소재 등에 대해 아무런 얘기를 하지 않을 경우
   ⇒ 차량수배는 도난 용의자 및 수배자를 검거하기 위한 것이므로 도난사실이 확인되지 않는 경우에는 차량수배 불가(민원인에게 명의이전 신청 및 소유권 이전 관련 민사소송을 제기 유도)

   ✽ 이러한 사례로 수배 후 차량 발견 시에도 승차자 전원에 대한 인적사항, 승차경위, 적재된 물건 등 조사 후 수배관서와 피해자 · 소유자 · 신고자 등에게 발견사항을 즉시 통보, 사실 관계를 확인 후 필요한 조치 시행하고, 동시에 민원 야기 사례가 발생하지 않도록 조치

   ✽ 개별 사안별로 위 사례와 다를 수 있으므로 각 사안에 따라 적의 판단 처리

제14절 도로에 방치된 돌이 튀어 차량이 손괴된 경우

1. 사 례

> 강가에서 골재를 채취하던 A 건설소속 덤프차량 바퀴에 작은 자갈이 끼어 도로를 운행 중 도로에 빠진 것을 위 도로를 지나던 '甲' 차량에 의해 이 돌이 튀어 뒤따라오던 '乙' 차량에 부딪혀 앞 유리를 손괴한 경우

2. 결 론

가. 「교통사고처리특례법」 제2조 제2호에서는 "교통사고란 차의 교통으로 인하여 사람을 사상하거나 물건을 손괴하는 것"을 말한다고 규정하고 있는바, 이때 교통이란 자동차 등을 이용하여 사람이 오고 가는 일이나, 짐을 실어 나르는 일을 의미한다고 할 것이다.

나. 「교통사고처리특례법」 소정의 교통사고는 차의 교통으로 인하여 발생한 모든 경우에 적용되는 것으로 보아야 한다는 판례(대법원 1996.10.25. 선고 96도1848 판결)의 취지를 감안하면

다. 사례와 같이 사고의 원인이 차의 교통으로 인하여 발생한 것이 명백한 경우에는 당연히 교통사고로 처리함이 상당할 것으로 생각되고,

라. 누구를 가해자로 할 것인지 또는 피해자로 할 것인가의 문제는 사고에 관련된 운전자의 과실의 정도를 따져 결정할 문제이고, 비록 사고에 직접적인 관련이 없는 도로관리청 또는 건설업체 등도 사고에 기여한 정도에 따라서는 손해배상의 주체가 될 수도 있을 것이다.

제15절 타인 차량번호판을 절취하여 부착 운행하다 사고를 낸 경우

1. 사 례

甲은 무단방치된 乙 소유 승용차에서 번호판을 떼어 자기 차량의 번호판을 떼어내고 그곳에 乙 차량 번호판을 부착하였다. 그 뒤 부부싸움을 한 후 죽어버리기 위해 위 차량을 운행하고 주변에 있던 다른 화물차량 뒷부분을 추돌하여 약 500만원 상당의 재물을 손괴하였으나 죽지 않고 신고로 검거되었다. 이때 甲의 형사상 책임은?

2. 논 점

가. 乙 소유 차량에서 번호판을 떼어 낸 행위와 이를 자기 차량에 부착하기 위해 자기 차량의 번호판을 떼어 낸 행위

나. 타인의 번호판을 부착하고 운행한 경우 자동차관리법과 형법상 공기호부정사용죄와의 관계

다. 자살하기 위해 차량을 운전하고 타인의 차량을 추돌하여 재물을 손괴한 경우 형법상 재물손괴죄와 도로교통법상 재물손괴와의 관계

3. 법규연구

가. 형 법

제238조(공인등의 위조, 부정사용) ① 행사할 목적으로 공무원 또는 공무소의 인장, 서명, 기명 또는 기호를 위조 또는 부정사용한 자는 5년이하의 징역에 처한다.
② 위조 또는 부정사용한 공무원 또는 공무소의 인장, 서명, 기명 또는 기호를 행사한 자도 전항의 형과 같다.
제329조(절도) 타인의 재물을 절취한 자는 6년이하의 징역 또는 1천만원이하의 벌금에 처한다.
제366조(재물손괴등) 타인의 재물, 문서 또는 전자기록등 특수매체기록을 손괴 또는 은닉 기타 방법으로 기 효용을 해한 자는 3년이하의 징역 또는 700만원이하의 벌금에 처한다.

나. 자동차관리법

제71조(부정사용 금지 등) ① 누구든지 이 법에 따른 자동차등록증, 폐차사실 증명서류, 등록번호판, 임시운행허가증, 임시운행허가번호판, 자동차자기인증표시, 부품자기인증표시, 내압용기검사 각인 또

는 표시, 내압용기재검사 각인 또는 표시, 신규검사증명서, 이륜자동차번호판, 차대표기 및 원동기형
식 표기를 위조·변조 또는 부정사용하거나 위조 또는 변조한 것을 매매, 매매 알선, 수수(收受) 또는
사용하여서는 아니 된다.

제78조(벌칙) 다음 각 호의 어느 하나에 해당하는 자는 10년 이하의 징역 또는 1억원 이하의 벌금에
처한다.

　2. 제71조제1항을 위반하여 자동차등록증 등을 위조·변조한 자 또는 부정사용한 자와 위조·
　　변조 된 것을 매매, 매매 알선, 수수(收受) 또는 사용한 자

제10조(자동차등록번호판) ① 시·도지사는 국토교통부령으로 정하는 바에 따라 자동차등록번호판(이
하 "등록번호판"이라 한다)을 붙이고 봉인을 하여야 한다. 다만, 자동차 소유자 또는 제8조제3항 본문
및 제12조제2항 본문에 따라 자동차 소유자를 갈음하여 등록을 신청하는 자가 직접 등록번호판의 부
착 및 봉인을 하려는 경우에는 국토교통부령으로 정하는 바에 따라 등록번호판의 부착 및 봉인을 직
접 하게 할 수 있다.

② 제1항에 따라 붙인 등록번호판 및 봉인은 시·도지사의 허가를 받은 경우와 다른 법률에 특별한 규정
이 있는 경우를 제외하고는 떼지 못한다.

제81조(벌칙) 다음 각 호의 어느 하나에 해당하는 자는 1년 이하의 징역 또는 1천만원 이하의 벌금에
처한다.

　1. 제10조제2항(제10조제7항에서 준용하는 경우를 포함한다)을 위반하여 등록번호판 또는 그 봉인을 뗀 자

다. 도로교통법

제151조(벌칙) 차 또는 노면전차의 운전자가 업무상 필요한 주의를 게을리하거나 중대한 과실로 다른 사
람의 건조물이나 그 밖의 재물을 손괴한 경우에는 2년 이하의 금고나 500만원 이하의 벌금에 처한다.

4. 결 론

가. 번호판 절취와 번호판 및 봉인 탈부착행위

- 타인의 차량에 부착된 봉인을 떼어낸 경우는 영득의 의사가 있다고 볼 수 있어
　절도죄가 우선 성립할 수 있다.
- 절취한 자동차번호판을 본인의 차량에 부착하기 위해 본인의 차량에 부착된 차
　량 번호판과 봉인을 떼어낸 행위에 대해서는 자동차관리법 제10조 제2항(벌칙
　제81조 제1호)에 의할 것이고, 타인의 자동차번호판과 봉인을 절취하기 위해
　떼어낸 행위도 같은 법을 적용하여 처벌

나. 번호판 부정사용행위

　자동차관리법 제71조 제1항(벌칙 78조 제2호)에 의거 절취한 타인의 자동차번호판
을 본인의 차량에 부착하고 운행한 행위는 번호판을 부정사용한 경우에 해당하며, 형법
상 공기호부정사용과의 관계에서는 대법원 판례 97도1085(1997. 6. 27) 내용과 같이
위의 경우는 자동차관리법상 부정사용행위와 상상적 경합관계에 있다고 볼 수 있다.

자동차관리법 제71조, 제78조가 형법 제238조 제1항 소정의 공기호부정사용죄의 특별법 관계인지 여부(소극)

형법 제238조 제1항은 인장에 관한 죄의 한 태양으로서 인장·서명·기명·기호 등의 진정에 대한 공공의 신용, 즉 거래상의 신용과 안정을 그 보호법익으로 하는 반면, 자동차관리법의 입법취지는 자동차를 효율적으로 관리하고 자동차의 성능과 안정을 확보함으로써 공공의 복리를 증진함을 그 목적으로 하고 있어(특히 같은 법 제78조, 제71조는 이러한 자동차의 효율적인 관리를 저해하는 행위를 규제하기 위한 것으로 보인다) 그 보호법익을 달리 하고 있을 뿐 아니라 그 주관적 구성요건으로서 형법상의 위 공기호부정사용죄는 고의와 더불어 '행사할 목적'이 있음을 요하는 반면 위 자동차관리법은 '행사할 목적'을 그 주관적 구성요건으로 하지 아니하고 있는 점에 비추어 보면, 자동차관리법 제78조, 제71조가 형법 제238조 제1항 소정의 공기호부정사용죄의 특별법 관계에 있다고는 보여지지 아니한다(대법원 1997.6.27. 선고 97도1085 판결).

다. 자살하기 위해 자동차를 운전하고 타인의 자동차를 손괴한 행위

도로교통법 제151조는 차의 운전자가 업무상 필요한 주의를 게을리하거나 중대한 과실로 다른 사람의 건조물이나 그 밖의 재물을 손괴한 경우 처벌하는 즉, 과실범을 처벌하는 규정이고 본 사례와 같이 자살하기 위해 고의성을 가지고 타인의 차량을 손괴한 경우는 대법원 판례 2002도 5783(2003. 1. 24) 내용과 같이 피의자가 운전한 자동차는 위험한 물건으로 보아 폭력행위등 제3조 제1항을 적용하여 처벌하여야 할 것이다.

자동차를 이용하여 타인의 자동차를 손괴한 행위

위험한 물건을 휴대하고 다른 사람의 재물을 손괴하면 상대방이 그 위험한 물건의 존재를 인식하지 못하였거나 그 위험한 물건의 사용으로 생명 또는 신체에 위해를 입지 아니하였다고 하더라도 폭력행위등처벌에관한법률 제3조 제1항 위반죄가 성립하므로, 피고인이 위험한 물건인 자동차를 이용하여 다른 사람의 자동차 2대를 손괴한 이상, 그 자동차의 소유자 등이 실제로 해를 입거나 해를 입을 만한 위치에 있지 아니하였다고 하더라도 폭력행위등처벌에관한법률 제3조 제1항 위반죄가 성립한다(대법원 2003.1.24. 선고 2002도5783 판결).

라. 결론적으로

위 사례의 경우 甲은 폭력행위등 처벌에 관한 법률 위반(집단·흉기등손괴 → 재물손괴) 제3조 제1항, 형법 제329조(절도→번호판 절취), 자동차관리법 제71조 제1항(부정사용금지등) 및 형법 제238조제1항(공기호부정사용)제2항(동행사)의 상상적 경합, 자동차관리법 제10조 제2항(자동차등록번호판 떼어낸 행위)을 각 적용하여 처벌하면 될 것이다.

제16절 속칭 딸딸이를 운행한 경우 처벌 여부

1. 사 례

甲은 2톤 화물차량의 엔진을 이용 사륜구동 자동차(속칭 딸딸이)를 만들어 화물운반용으로 사용하고 있으면 이를 무적차량으로 보아야 하는지 여부, 만약 무적차량으로 본다면 면허 행정처분의 관계 여부

2. 법규연구

가. 자동차관리법

제2조(정의) 이 법에서 사용하는 용어의 뜻은 다음과 같다.
1. "자동차"란 원동기에 의하여 육상에서 이동할 목적으로 제작한 용구 또는 이에 견인되어 육상을 이동할 목적으로 제작한 용구 (이하 "피견인자동차"라 한다)를 말한다. 다만, 대통령령으로 정하는 것은 제외한다.

나. 자동차관리법 시행령

제2조(적용이 제외되는 자동차) 「자동차관리법」(이하 "법"이라 한다) 제2조제1호 단서에서 "대통령령이 정하는 것"이라 함은 다음 각호의 것을 말한다.
1. 「건설기계관리법」에 따른 건설기계
2. 「농업기계화 촉진법」에 따른 농업기계
3. 「군수품관리법」에 따른 차량
4. 궤도 또는 공중선에 의하여 운행되는 차량
5. 「의료기기법」에 따른 의료기기

3. 결 론

가. 딸딸이가 무적차량인지 여부

자동차관리법의 규정에 따라 당연히 자동차에 해당된다고 볼 수 있다. 그러므로 자동차관리법 제5조(등록)에 의거 등록 후가 아니면 이를 운행할 수 없으며 이를 위반할 경우 제80조 제1호에 의거 형사처벌을 받아야 한다. 그런데 딸딸이는 자동차 형식요건 등이 구비되어 있지 않기 때문에 등록될 수 없다. 결론적으로 자동차관리법에 의거 처벌을 하여야 할 것이다.

나. 면허 행정처분 관계

도로교통법은 자동차관리법의 규정에 의하여 등록되지 아니하거나 임시운행허가를 받지 아니한 자동차(이륜자동차를 제외한다)를 운전한 때에 해당하여 면허취소사유가 되기 때문에 면허증을 회수하는 등 교통계에 통보하여야 할 것이다.

다. 관할 군청에 인허가 통보 여부

무적차량 관계는 행정기관통보사항이 아니며, 참고로 자동차 관리법 관련 행정기관 통보사항은 제20조, 제44조, 제53조(54조)

목적을 이루기 위해 견딘 시련들이야말로

우리가 얻을 수 있는 가장 커다란 승리이다.

위대한 사람들이 처음부터

영광의 월계관을 쓰는 일은 극히 드물다.

종종 세상을 바꾸는 가장 큰 힘은

경험과 역경을 통해서 자라난다.

– 앨런 코헨 –

제17절 차량 임시번호판 허가기간을 초과 운행한 경우

1. 사 례

> 甲은 신차를 구입한 후 임시운행허가 기간 10일을 지났음에도 차량등록을 하지 않고 기간이 경과한 임시번호판을 계속 운행하고 다니다 적발되어 행정기관에서 고발하였다. 사건배당을 받은 조사경찰관 乙은 甲의 행위는 과태료처분사항이라면서 반려하려고 한다. 乙의 조치가 정당한지 여부

2. 법규연구 (자동차관리법)

> **제5조(등록)** 자동차(이륜자동차는 제외한다. 이하 이 조부터 제47조의12까지의 규정에서 같다)는 자동차등록원부(이하 "등록원부"라 한다)에 등록한 후가 아니면 이를 운행할 수 없다. 다만, 제27조제1항에 따른 임시운행허가를 받아 허가 기간 내에 운행하는 경우에는 그러하지 아니하다.
>
> **제80조(벌칙)** 다음 각 호의 어느 하나에 해당하는 자는 2년 이하의 징역 또는 2천만원 이하의 벌금에 처한다.
>   1. 제5조를 위반하여 등록하지 아니하고 자동차를 운행한 자
>
> **제27조(임시운행의 허가)** ③ 임시운행허가를 받은 자동차는 그 허가 목적 및 기간의 범위에서 임시운행허가증 및 임시운행허가번호판을 부착하여 운행하여야 한다.
> ④ 임시운행허가를 받은 자는 제3항의 기간이 만료된 경우에는 국토교통부령으로 정하는 기간 내에 임시운행허가증 및 임시운행허가번호판을 반납하여야 한다
>
> **제84조(과태료)** ③ 다음 각호의 어느 하나에 해당하는 자는 300만원이하의 과태료에 처한다.
>   5. 제27조제3항을 위반하여 임시운행허가증 및 임시운행허가번호판을 붙이지 아니하고 운행한 자
> ④ 다음 각 호의 어느 하나에 해당하는 자에게는 100만원 이하의 과태료를 부과한다.
>   12. 제27조제4항을 위반하여 임시운행허가증 및 임시운행허가번호판을 반납하지 아니한 자

3. 결 론

가. 우리가 일반적으로 알고 있는 것은 임시번호판을 허가기간을 초과하여 운행하여도 이는 자동차관리법 제84조제1항(제27조)에 해당하여 100만원이하의 과태료에 해당하기 때문에 행정기관에서 처분할 사항이고 형사 고발사항이 아니라고 생각하고 있는데 이 경우도 제80조 제1호(제5조)를 적용하여 처벌하는 때도 있음

나. "국토해양부 장관 91152-714호(2000. 10. 14) 임시운행허가 기간 경과 차량에 대한 업무처리지침"에 의하면 임시운행 허가 기간이 경과된 후 운행하다 적발된 경우 과태료를 우선 부과하고 장기간(임시운행허가 기간을 경과하여 과태

료가 법정 최고한도액 100만원이 부과되는 105일을 초과하는 기간) 등록하지 아니하고 운행한 자에 대해서는 자동차관리법 제80조제1호의 규정에 의하여 형사 고발을 병행 실시하도록 규정하고 있음

다. 즉 105일까지는 최고 100만원의 과태료를 부과하지만(과태료 부과기준 : 10일 초과하면 3만원, 1일 초과 시마다 1만원) 105일을 초과할 경우는 과태료 부과와 별도로 형사를 고발하도록 하고 있음. 대법원 판례도 과태료 부과와 형사 고발은 별도이기 때문에 일사부재리 원칙에 반하지 않는다고 판시

라. 행정기관에서 위와 같은 사례로 고발할 경우 과태료 사항이라 하여 반려할 것이 아니라 접수하여 처리하여야 할 것이다.

"일생의 계획은 어릴 때 있고,

일 년의 계획은 봄에 있고,

하루의 계획은 새벽에 있다.

어려서 배우지 않으면 늙어서 아는 것이 없고

봄에 밭 갈지 않으면 가을에 바랄 것이 없으며,

새벽에 일어나지 않으면 그 날의 할 일이 없다."

- 명심보감(立 敎 篇) -

제18절 무면허 건설기계 조종행위

1. 사 례

甲은 20○○. ○. ○. 12:00경 ○○○소재 ○○공사장에서 건설기계 조종사면허를 받음이 없이 본인 소유 ○○11-1111호 굴착기로 작업을 하였을 경우

2. 법규연구 (건설기계관리법)

무면허 조종행위 ⇒ 제41조 제14호, 제26조 제1항

제26조(건설기계조종사면허) ① 건설기계를 조종하고자 하는 자는 시·도지사의 건설기계조종사면허를 받아야 한다. 다만, 국토교통부령이 정하는 건설기계를 조종하고자 하는 자는 도로교통법 제80조의 규정에 따른 운전면허를 받아야 한다.

제41조(벌칙) 다음 각 호의 어느 하나에 해당하는 자는 1년 이하의 징역 또는 1천만원 이하의 벌금에 처한다.
  14. 제26조제1항 본문에 따른 건설기계조종사면허를 받지 아니하고 건설기계를 조종한 자

3. 결 론

가. 건설기계에 대해서는 도로교통법이 아닌 건설기계관리법(舊, 중기관리법)을 적용하여 처벌하여야 할 것이다.

나. 건설기계를 주취 상태에서 운영하였을 때는 도로교통법을 적용 처리

※ **도로교통법**
제44조(술에 취한 상태에서의 운전금지) ① 누구든지 술에 취한 상태에서 자동차등(「건설기계관리법」 제26조제1항 단서에 따른 건설기계 외의 건설기계를 포함한다. 이하 이 조, 제45조, 제47조, 제93조제1항제1호부터 제4호까지 및 제148조의2에서 같다), 노면전차 또는 자전거를 운전하여서는 아니 된다

제19절 취소된 운전면허증을 사용한 경우

1. 사 례

운전면허 취소처분을 받았으나 운전면허증을 반납하지 않고 소지하다 교통 단속에 적발되자 경찰관에게 취소된 운전면허증을 제시하여 스티커를 발부받았을 경우

2. 법규연구

가. 도로교통법

제43조(무면허운전 등의 금지) 누구든지 제80조의 규정에 의하여 시도경찰청장으로부터 운전면허를 받지 아니하거나 운전면허의 효력이 정지된 경우에는 자동차등을 운전하여서는 아니된다.

제152조(벌칙) 다음 각 호의 어느 하나에 해당하는 사람은 1년 이하의 징역이나 300만원 이하의 벌금에 처한다.

1. 제43조의 규정을 위반하여 제80조의 규정에 의한 운전면허(원동기장치자전거면허를 제외한다. 이하 이 조에서 같다)를 받지 아니하거나(운전면허의 효력이 정지된 경우를 포함한다) 또는 제96조의 규정에 의한 국제운전면허증을 받지 아니하고(운전이 금지된 경우와 유효기간이 지난 경우를 포함한다) 자동차를 운전한 사람

나. 형 법

제230조(공문서등의 부정행사) 공무원 또는 공무소의 문서 또는 도화를 부정행사한 자는 2년 이하의 징역이나 금고 또는 500만원 이하의 벌금에 처한다.

3. 결 론

가. 공문서부정행사죄는 "공무원 또는 공무소의 문서를 부정행사"한 경우에 성립하는 범죄나 이때 '부정행사'는 정당하지 않게 사용하는 모든 행위를 말하는 것이 아니라 "사용권자와 용도가 특정되어 작성된 공문서를 사용권한 없는 자가 사용권한이 있는 것처럼 가장하여 부정한 목적으로 행사하거나 권한 있는 자라도 정당한 용법에 반하여 부정하게 행사하는 경우"를 말하는 것이다. (대법원 1999.5.14. 선고 99도206 판결 참조),

나. 공문서부정행사죄는 그 사용 목적이 특정된 공문서의 경우에 그 사용명의자 아닌 자가 사용명의자로 가장 행세하여 그 공문서를 행사하는 경우에만 성립하는

것이므로 헌병신분증과 같이 그 용도가 다양한 공문서일 경우에는 피고인이 현역에서 물러남으로써 그 효력이 어찌 되었건 간에 과거에 헌병 장교의 신분에 있었다는 취지에서 헌병신분증을 육군 제3군사령부 정문의 위병과 정부종합청사 정문의 보초경찰관에게 각 제시한 것에 불과한 피고인의 소위를 공문서부정행사죄에 해당한다고 볼 수는 없다(서울고법 78노805)는 판례의 취지를 감안하면

다. 취소된 운전면허증을 본인이 제시한 경우는 공문서부정행사죄가 성립하기 어렵고, 다만, 무면허 운전으로 입건하면 될 것이다.

사랑은 이길 수도 있고 질 수도 있습니다.

하지만 그 깊이를 이해하고 있다면

설사 졌다 해도 상처는 입지 않습니다.

사랑은 모든 것을 이길 수가 없으니까요

사랑은 언젠가는 반드시 집니다.

중요한 것은 그 깊이를 이해하는 것입니다.

－무라카마 하루키

제20절 차 안에서 강제추행한 경우 운전면허 취소 여부

1. 사 례

甲은 직장동료인 乙녀와 회식을 마치고 甲 차량을 이용하여 乙녀를 데려다주겠다고 하면서 가던 중 한적한 곳에 이르자 차 안에서 乙녀를 강제로 추행하였다. 甲은 이 행위로 강제추행죄로 처벌받았다.
甲에 대해 자동차 운전면허증을 취소할 수 있는지?

2. 법규연구 (도로교통법)

제93조(운전면허의 취소·정지) ① 시·도경찰청장은 운전면허(연습운전면허는 제외한다. 이하 이 조에서 같다)를 받은 사람이 다음 각 호의 어느 하나에 해당하면 행정안전부령으로 정하는 기준에 따라 운전면허(운전자가 받은 모든 범위의 운전면허를 포함한다. 이하 이 조에서 같다)를 취소하거나 1년 이내의 범위에서 운전면허의 효력을 정지시킬 수 있다. 다만, 제2호, 제3호, 제7호, 제8호, 제8호의2, 제9호(정기 적성검사 기간이 지난 경우는 제외한다), 제14호, 제16호, 제17호, 제20호의 규정에 해당하는 경우에는 운전면허를 취소하여야 하고(제8호의2에 해당하는 경우 취소하여야 하는 운전면허의 범위는 운전자가 거짓이나 그 밖의 부정한 수단으로 받은 그 운전면허로 한정한다), 제18호의 규정에 해당하는 경우에는 정당한 사유가 없으면 관계 행정기관의 장의 요청에 따라 운전면허를 취소하거나 1년 이내의 범위에서 정지하여야 한다.
11. 운전면허를 받은 사람이 자동차등을 범죄의 도구나 장소로 이용하여 다음 각 목의 어느 하나의 죄를 범한 경우
   나. 형법 중 다음 어느 하나의 범죄
   1) 살인·사체유기 또는 방화
   2) 강도·강간 또는 강제추행
   3) 약취·유인 또는 감금
   4) 상습절도(절취한 물건을 운반한 경우에 한정한다)
   5) 교통방해(단체 또는 다중의 위력으로써 위반한 경우에 한정한다)

3. 관련 판례 (헌재 2015. 5. 28. 2013헌가6)

자동차등을 범죄를 위한 수단으로 이용하여 교통상의 위험과 장해를 유발하고 국민의 생명과 재산에 심각한 위협을 초래하는 것을 방지하여 안전하고 원활한 교통을 확보함과 동시에 차량을 이용한 범죄의 발생을 막고자 하는 심판대상조항은 그 입법목적이 정당하고, 운전면허를 필요적으로 취소하도록 하는 것은 자동차등을 이용한 범죄행위의 재발을 일정 기간 방지하는 데 기여할 수 있으므로 이는 입법목적을 달성하기 위한 적정한 수단이다.

4. 결 론

도로교통법 제93조 제1항 제11호의 운전면허취소처분은 행정청의 재량에 따라 내릴 수 있는 타당한 조치로 취소하거나 1년 이내의 범위에서 효력을 정지할 수 있다.

다만, 사안에 따라 자동차 등을 이용한 범죄 행위의 중대성이나 재범의 가능성 및 운전자의 사정 등을 감안하여 운전면허취소처분이 행정청의 재량의 범위를 일탈하거나 남용한 경우라고 판단된다면 해당 운전자는 행정구제절차를 거쳐 운전면허취소처분이 취소될 수도 있다.

이와 같은 행정처분에 이의가 있는 경우에는 행정심판위원회에 행정심판을 제기하거나 행정소송을 제기하여 행정처분에 대한 효력을 다툴 수 있고, 그에 따른 권익 침해의 구제를 청구할 수 있다. (행정심판법 및 행정소송법)

부모님이

우리의 어린 시절을 아름답게 꾸며 주셨으니

우리는

부모님의 여생을 아름답게 꾸며 드려야 합니다.

[출처] 가슴에 남는 좋은 글ㅣ작성자 화풍

제21절 미성년자가 성년자 명의로 운전면허증을 부정 취득한 경우

1. 사 례

甲은 16세로 1종 운전면허를 취득할 수 없자 자신의 형 乙(20세) 명의로 운전면허증을 취득하여 자동차를 운전하였다.
가. 乙 명의를 이용하여 운전면허증을 취득한 행위
나. 乙 명의로 취득한 운전면허증으로 운전한 행위가 무면허 운전인지

2. 법규연구 (도로교통법)

제82조(운전면허의 결격사유) ① 다음 각 호의 어느 하나에 해당하는 사람은 운전면허를 받을 수 없다.
 1. 18세 미만(원동기장치자전거의 경우에는 16세 미만)인 사람
제93조(운전면허의 취소·정지) ① 시도경찰청장은 운전면허를 받은 사람이 다음 각 호의 어느 하나에 해당하면 안전행정부령으로 정하는 기준에 따라 운전면허를 취소하거나 1년 이내의 범위에서 운전면허의 효력을 정지시킬 수 있다. 다만, 제2호, 제3호, 제7호부터 제9호까지, 제12호, 제14호, 제16호부터 제18호까지의 규정에 해당하는 경우에는 운전면허를 취소하여야 한다.
 8. 제82조에 따라 운전면허를 받을 수 없는 사람이 운전면허를 받거나 거짓이나 그 밖의 부정한 수단으로 운전면허를 받은 경우 또는 운전면허효력의 정지기간 중 운전면허증 또는 운전면허증을 갈음하는 증명서를 발급받은 사실이 드러난 경우
제152조(벌칙) 다음 각 호의 어느 하나에 해당하는 사람은 1년 이하의 징역이나 300만원 이하의 벌금에 처한다.
 1. 제43조를 위반하여 제80조에 따른 운전면허(원동기장치자전거면허는 제외한다. 이하 이 조에서 같다)를 받지 아니하거나(운전면허의 효력이 정지된 경우를 포함한다) 또는 제96조에 따른 국제운전면허증을 받지 아니하고(운전이 금지된 경우와 유효기간이 지난 경우를 포함한다) 자동차를 운전한 사람
 3. 거짓이나 그 밖의 부정한 수단으로 운전면허를 받거나 운전면허증 또는 운전면허증을 갈음하는 증명서를 발급받은 사람

3. 결 론

가. 乙 명의로 운전면허증 취득행위

ㅇ 문서위조죄

운전면허시험에 응시하기 위해서는 도로교통법 시행규칙에서 정하고 있는 자동차운전면허시험(제1종보통·제2종) 응시원서를 작성하여야 한다.

따라서 乙 명의로 응시원서를 작성하여 이를 제출하여야 하기 때문에 당연히 사문

서위조와 행사죄가 성립할 것이다.

ㅇ 거짓으로 운전면허를 받는 행위

도로교통법 제152조 제3호에 따라 처벌한다.

나. 乙 명의로 취득한 면허증으로 운전하는 행위

乙 명의를 이용하였다고 하지만 운전면허 취득과정은 甲이 하였기 때문에 무면허라고 볼 수 없다.

대법원도 도로교통법 제93조 제1항 제8호에 따라 운전면허를 받을 수 없는 사람이 운전면허를 받을 때는 운전면허취소 사유에 해당할 뿐 당연무효로 보아야만 할 근거가 될 수 없다고 하였다. (만약 무효일 경우 그 효력이 소급하여 발생하므로 처음부터 운전면허 없이 운전행위에 해당하여 무면허 운전이 됨)

그렇다면 연령미달의 결격자이던 甲이 그의 형인 乙 이름으로 운전면허시험에 응시 합격하여 받은 운전면허는 비록 위법하다 하더라도 도로교통법상 거짓이나 기타 부정한 수단으로 운전면허를 받은 경우에 해당함에 불과하여 취소되지 않는 한 그 효력이 있는 것이라 할 것이다.

다. 결론적으로

甲은 무면허 운전행위는 해당되지 아니하고 단지 형법상 사문서위조와 위조사문서행사, 도로교통법 제152조 제3호 위반으로 처리하여야 할 것이다.

4. 관련 판례 (대법원 1982.6.8. 선고 80도2646 판결)

◎ 도로교통법 제57조 제1호(현, 제82조 제1항 제1호)에 위반하여 교부된 운전면허의 효력

연령미달의 결격자인 피고인이 소외인의 이름으로 운전면허시험에 응시, 합격하여 교부받은 운전면허는 당연무효가 아니고 도로교통법 제65조 제3호(현, 제93조 제1항 제8호)의 사유에 해당함에 불과하여 취소되지 않는 한 유효하므로 피고인의 운전행위는 무면허 운전에 해당하지 아니한다.

제22절 자동차를 구입 후 전매한 경우

1. 사 례

甲은 乙로부터 자동차를 구입한 후 이를 丙 명의로 이전한 후 실질적으로는 甲 본인이 타고 다닌 경우(가)와 본인 명의로 이전하지 아니하고 타고 다니다 다시 丙에게 이전해 준 경우(나)

2. 법규연구

가. 자동차관리법

제12조(이전등록) ① 등록된 자동차를 양수받는 자는 대통령령으로 정하는 바에 따라 시·도지사에게 자동차 소유권의 이전등록(이하 "이전등록"이라 한다)을 신청하여야 한다.

② 제53조에 따라 자동차매매업을 등록한 자(이하 "자동차매매업자"라 한다)는 자동차의 매도 또는 매매의 알선을 한 경우에는 산 사람을 갈음하여 제1항에 따른 이전등록 신청을 하여야 한다. 다만, 자동차매매업자 사이에 매매 또는 매매의 알선을 한 경우와 국토교통부령으로 정하는 바에 따라 산 사람이 직접 이전등록 신청을 하는 경우에는 그러하지 아니하다.

③ 자동차를 양수한 자가 다시 제3자에게 양도하려는 경우에는 양도 전에 자기 명의로 제1항에 따른 이전등록을 하여야 한다.

제80조(벌칙) 다음 각 호의 어느 하나에 해당하는 자는 2년 이하의 징역 또는 2천만원 이하의 벌금에 처한다.

2. 제12조제3항을 위반하여 자기 명의로 이전 등록을 하지 아니하고 다시 제3자에게 양도한 자

제81조(벌칙) 다음 각호의 어느 하나에 해당하는 자는 1년이하의 징역 또는 300만원이하의 벌금에 처한다.

1. 제10조제2항(제10조제7항에서 준용하는 경우를 포함한다)을 위반하여 등록번호판 또는 그 봉인을 뗀 자

나. 자동차등록령

제26조(이전등록 신청) 이전등록은 다음 각 호의 구분에 따른 기간에 등록관청에 신청하여야 한다.

1. 매매의 경우 : 매수한 날부터 15일 이내
2. 증여의 경우 : 증여를 받은 날부터 20일 이내
3. 상속의 경우 : 상속개시일이 속하는 달의 말일부터 6개월 이내
4. 그 밖의 사유로 인한 소유권이전의 경우 : 사유가 발생한 날부터 15일 이내

제27조(양도자의 이전등록 신청) ① 법 제12조제4항에 따라 양도자가 이전등록을 신청할 경우에는 신청서에 국토교통부령으로 정하는 서류를 첨부하여 등록관청에 제출하여야 한다.

② 제1항의 신청을 받은 등록관청은 지체 없이 양수인에게 7일 이상 15일 이내의 기간을 정하여 이전등록을 신청할 것을 최고하여야 한다.

③ 등록관청은 제2항에 따른 최고 기간 내에 양수인이 이의를 제기하지 아니하거나 이전등록을 신청하지 아니한 경우에는 국토교통부령으로 정하는 바에 따라 등록원부를 정리하고 등록 절차를 마쳐야 한다.

3. 결 론

가. "가 사례"의 경우

자동차등록령에 의거 자동차는 구입 후 매수한 날로부터 15일 이내에 이전등록신청을 하여야 한다. 만약 15일 이내에 이전등록을 하지 않을 때는 과태료처분대상이다. (자동차관리법 제84조 제1항 제11호, 제12호)

또 이를 구입 한 후 다른 사람에게 다시 양도하고자 할 때는 양도 전에 본인 명의로 이전등록을 한 후 양도하여야 한다.

그런데 甲은 자기 명의로 구입하고 바로 丙 명의로 이전등록을 하였다. 자동차관리법에 따라 먼저 甲 본인 명의로 이전등록을 한 후 다시 丙 명의로 이전등록을 하여야 하는데도 바로 丙 명의로 이전등록을 하였으므로 자동차관리법 제80조 제2호, 제12조 제3항에 따라 처벌할 수 있을 것이다. 속칭 대포차의 경우 이런 수법을 이용하고 있을 수가 있다.

나. "나 사례"의 경우

당연히 자동차관리법 제80조 제2호, 제12조 제3항을 적용하여 처벌하면 된다.

다. 자동차매매상을 통해 구입한 경우

자동차관리법 제12조 제2항에 따라 '자동차매매업자는 자동차를 매도 또는 매매의 알선을 한 경우에는 산 사람에 갈음하여 이전등록의 신청을 하여야 한다. 다만, 자동차매매업자 사이에 매매 또는 매매의 알선을 한 경우와 국토해양부령이 정하는 바에 의하여 산 사람이 직접 이전등록의 신청을 할 때는 그러하지 아니하다'라고 규정하고 있다.

따라서 甲이 매매상을 통해 구입하고 이를 바로 丙에게 이전등록을 해 버렸다면 자동차매매상도 자동차관리법에 따라 처벌하여야 할 것이다.

제23절 자동차 양수인이 명의이전을 하지 않은 경우

1. 사 례

甲은 乙로부터 자동차를 구입한 후 매수일로부터 15일이 지났음에도 명의이전을 하지 않고 타고 다니면서 교통법규를 위반하여 소유자인 甲에게 통지서가 배달되고 있다. 이 경우 매도자인 甲이 乙 명의로 강제이전이 가능한지 여부

2. 법규연구

가. 자동차관리법

제12조(이전등록) ① 등록된 자동차를 양수받는 자는 대통령령으로 정하는 바에 따라 시·도지사에게 자동차 소유권의 이전등록(이하 "이전등록"이라 한다)을 신청하여야 한다.
④ 자동차를 양수한 자가 제1항에 따른 이전등록을 신청하지 아니한 경우에는 대통령령으로 정하는 바에 따라 그 양수인을 갈음하여 양도자(이전등록을 신청할 당시 등록원부에 적힌 소유자를 말한다)가 신청할 수 있다.
제81조(벌칙) 다음 각 호의 어느 하나에 해당하는 자는 1년 이하의 징역 또는 300만원 이하의 벌금에 처한다.
　2. 제12조제1항을 위반하여 정당한 사유 없이 자동차 소유권의 이전등록을 신청하지 아니한 자

나. 자동차등록령

제26조(이전등록 신청) 이전등록은 다음 각 호의 구분에 따른 기간에 등록관청에 신청하여야 한다.
　1. 매매의 경우 : 매수한 날부터 15일 이내
제27조(양도자의 이전등록신청) ① 법 제12조제4항의 규정에 의하여 양도자가 이전등록신청을 하고자 하는 때에는 신청서에 국토교통부령이 정하는 서류를 첨부하여 등록관청에 제출하여야 한다.
② 제1항의 신청을 받은 등록관청은 지체없이 양수인에게 7일이상 15일이내의 기간을 정하여 이전등록신청을 할 것을 최고하여야 한다.
③ 등록관청은 제2항의 규정에 의한 최고기간내에 양수인이 이의를 제기하지 아니하거나 이전등록을 신청하지 아니한 때에는 국토교통부령이 정하는 바에 의하여 등록원부를 정리하고 등록절차를 완료하여야 한다.

다. 자동차등록규칙

제36조(이전등록 사실의 통보 등) ① 등록관청은 등록령 제27조제1항에 따른 양도자의 신청에 따라 이전등록을 마쳤을 때에는 양도자 및 양수인에게 그 사실을 통지하여야 한다.
② 제1항의 경우 등록관청은 양수인에게 자동차등록증 및 자동차등록번호판(등록번호가 변경되는 경우만 해당한다)을 교체하도록 통보하여야 한다.

3. 결 론

가. 소유권 이전을 하지 않은 乙에 대한 조치

자동차는 구입 후 매수한 날로부터 15일 이내에 이전등록신청을 하여야 한다. 만약 15일 이내에 이전등록을 하지 않을 때는 처벌대상이다. (과태료처분에서 변경).

나. 강제이전 가능여부

○ 자동차를 양수한 자가 이전등록을 신청하지 아니할 때는 양수인에 갈음하여 양도자(이전등록의 신청 당시 등록원부에 기재된 소유자)가 이를 신청할 수 있다. (자동차관리법 제12조 제4항)

○ 양도자가 이전등록신청을 하고자 하는 때에는 신청서에 국토해양부령이 정하는 서류를 첨부하여 등록관청에 제출하여야 한다.

○ 신청을 받은 등록관청은 지체없이 양수인에게 7일 이상 15일 이내의 기간을 정하여 이전등록신청을 할 것을 최고하여야 한다.

○ 등록관청은 최고 기간 내에 양수인이 이의를 제기하지 아니하거나 이전등록을 신청하지 아니할 때는 국토해양부령이 정하는 바에 의하여 등록원부를 정리하고 등록 절차를 완료하여야 한다.

○ 등록관청은 양도자의 신청에 따라 이전등록을 완료한 때에는 양도자 및 양수인에게 그 사실을 통지하여야 한다.

○ 결론적으로 甲은 필요한 서류를 첨부하여 乙 명의로 강제이전신청이 가능하며 등록관청은 절차에 따라 강제이전이 가능하다.

✳ 민법연구

※ 민법 제240조(樹指. 木根의 제거권)
① 인접지의 수목가지가 경계를 넘은 때에는 그 소유자에 대하여 가지의 제거를 청구할 수 있다.
② 전항의 청구에 응하지 아니한 때에는 청구자가 그 가지를 제거할 수 있다.
③ 인접지의 수목 뿌리가 경계를 넘은 때에는 임의로 제거할 수 있다.

제24절 불법광고차량(일명"래핑") 단속 관련

1. 사 례

> 광고주로부터 일정 금액을 받고 관광버스, 자가용 버스의 차체는 물론 유리창까지 광고 필름으로 덮은 불법광고차량(일명 "래핑" 버스) 들이 도심 도로·역 주변·터널 및 육교 등 상습 정체 구간에서 버스전용차로·안전지대 등에 불법주차 교통 체증을 유발하면서 불법 광고하는 행위

2. 중점단속 사항

　가. 허가 또는 신고를 하지 않고 교통수단(자동차관리법에 따른 자동차)에 표시하는 옥외광고물(법 제3조)
　　－사업용 자동차는 허가대상, 자가용은 신고대상
　나. 차량 전면을 광고판으로 꾸민 일명 "래핑" 차량(전면은 광고금지 사항)
　　－관광버스에 맥주, 음료, 화장품, 쇼핑물 등 광고의 홍보 문양으로 래핑 행위
　다. 자동차 외부의 창문 부분을 제외한 차체 측면의 면적 2분의 1 이상 초과한 광고물 표시행위(법 제4조)
　라. 광고물에 전기를 사용하거나 발광식 조명을 하는 행위(법 제4조)

3. 적용법조 및 처벌 내용

위반 내용	적용법조	비 고
시장 등에게 신고하지 않고 도로에서 광고하는 행위	옥외광고물법 제3조, 벌칙 제18조 제2항	사업용차량은 허가대상 500만원이하 벌금
옥외광고업자의 신고불이행	옥외광고물법 제11조, 벌칙 제18조 제1항 제4호	1년이하 징역, 1,000만원이하 벌금
광고물 표시 금지·제한위반 －창문을 제외한 1/2을 초과한 광고 －전기·발광식 조명 설치	옥외광고물법 제4조, 벌칙 제18조 제1항 제3호	1년이하 징역, 1,000만원이하 벌금
불법 주차	도로교통법 제32조	범칙금 5만원

✽ 교통수단이용 광고물 : 교통수단(자동차)의 외부에 문자·도형 등을 아크릴·금속재 등의 판에 표시하여 부착하거나 직접 도로로 표시하는 광고물

4. 경범죄처벌법과의 관계

제3조(경범죄의 종류) ① 다음 각 호의 어느 하나에 해당하는 사람은 10만원 이하의 벌금, 구류 또는 과료(科料)의 형으로 처벌한다.

9. (광고물 무단부착 등) 다른 사람 또는 단체의 집이나 그 밖의 인공구조물과 자동차 등에 함부로 광고물 등을 붙이거나 내걸거나 끼우거나 글씨 또는 그림을 쓰거나 그리거나 새기는 행위 등을 한 사람 또는 다른 사람이나 단체의 간판, 그 밖의 표시물 또는 인공구조물을 함부로 옮기거나 더럽히거나 훼손한 사람 또는 공공장소에서 광고물 등을 함부로 뿌린 사람

가. 例

라이트 클럽 홍보 벽보 등 첩부(貼付)행위가 형사처벌이 어려우면 경범죄처벌법을 적용, 즉심에 회부하여 구류처분할 수 있음

나. 범죄사실

피의자는 ○○○에서 "★관광 라이트"라는 상호로 나이트클럽을 운영하는 자로 20○○. ○. ○.경부터 약 20여 일에 걸쳐 업소 종업원과 아르바이트생들이 약 4,000장의 나이트클럽 홍보 벽보(40X50㎝)를 ○○○지역의 담벼락과 교각에 부치게 하는 등 이러한 행위로 인하여 ○○시장으로부터 수회 경고, 과태료처분을 받았음에도 불구하고 계속 반복행위를 하였다.

"정사를 다스리는데 긴요한 것은
공평하고 사사로운 욕심이 없이 깨끗이 하는 것이요,
집을 이루는 길은 낭비하지 아니하고 부지런한 것이니라."
글을 읽는 것은 집을 일으키는 근본이요,
이치에 따름은 집을 잘 보존하는 근본이요,
부지런하고 절약하여 낭비하지 아니하는 것은
집을 잘 처리하는 근본이요,
화목하고 순종하는 것은 집안을 잘 다스리는 근본이니라

- 명심보감(立 敎 篇) -

제25절 불법차량 강제견인에 대하여

1. 사 례

타인의 집 대문 앞이나 차고 앞에 불법주차로 인하여, 피해자의 차량을 밖으로 운행할 수 없어 신고하는 때도 있는데, 이때 경찰의 조치

2. 결 론

가. 사례의 경우 「도로교통법」 소정의 주·정차 금지구역이 아니고 「자동차관리법」 제26조 제1항 제3호 소정의 정당한 사유 없이 자동차를 타인의 토지에 방치하는 행위에 해당하지 않은 정도의 주차행위라면 민사상 자동차 이전요구 및 이로 인한 손해배상의 청구는 별론으로 하고 달리 처벌할 수는 없을 것이며

나. 개인 간의 분쟁은 원칙적으로 그에 관하여 규정하고 있는 「民法」의 규정에 따라 해결되어야 마땅하고 이에 대하여(1) 무단주차로 인한 공공의 안녕·질서에 대한 危害가 급박하고,(2) 그 危害를 해결할 다른 수단이 없고 경찰권의 개입이 유일한 수단이라고 판단되는 경우에 한하여 경찰권이 발동될 수 있다고 볼 것이므로

다. 현실적으로 집 앞에 자동차가 무단주차되어 있다는 것만으로 공공의 안녕·질서에 대한 위해가 급박하다고 할 수 없을 뿐만 아니라 설령 그러한 危害가 있다고 하더라도 굳이 경찰권이 발동되지 않더라도 해결될 수단(예를 들어 집주인이 사설 견인업체에 연락하여 이동주차 시킨 후 그 비용을 청구)이 없다고 하지 못할 것이므로 경찰공무원이 위와 같은 신고를 접한 경우 차량번호 등을 조회하여 차량의 소유자에게 연락하여 조치를 취할 것을 요구하는 등의 방법은 가능하다고 할 것이지만 강제견인조치 등의 경찰권 행사는 그다지 적절한 업무처리라 볼 수 없을 것이다.

제26절 공업사에 방치된 차량의 자동차 관리법 위반 여부

1. 사 례

교통사고로 자동차공업사에 견인된 차량에 대해 조치를 취하지 않는 바람에 장기간 방치로 인하여 자동차관리법위반으로 고발된 경우

2. 법규연구 (자동차관리법)

제26조(자동차의 강제 처리) ① 자동차(자동차와 유사한 외관 형태를 갖춘 것을 포함한다. 이하 이 조에서 같다)의 소유자 또는 점유자는 다음 각 호의 어느 하나에 해당하는 행위를 하여서는 아니 된다.
  1. 자동차를 일정한 장소에 고정시켜 운행 외의 용도로 사용하는 행위
  2. 자동차를 도로에 계속하여 방치하는 행위
  3. 정당한 사유 없이 자동차를 타인의 토지에 방치하는 행위

제81조(벌칙) 다음 각 호의 어느 하나에 해당하는 자는 1년 이하의 징역 또는 1천만원 이하의 벌금에 처한다
  8. 제26조제1항(제52조에서 준용하는 경우를 포함한다)을 위반하여 같은 항 각 호의 어느 하나에 해당하는 금지행위를 한 자

3. 결 론

가. 자동차의 무단방치행위란 차량의 소유자가 자동차를 본래 용도에 사용하지 아니하고 정당한 사유없이 도로, 타인의 토지, 공한지 등에 무단방치하여 교통장애 및 도시미관을 해치는 경우를 일컫는 것으로

나. 본 건과 같이 교통사고로 인하여 공업사에 견인된 차량에 대하여 피의자가 아무런 조치를 취하지 않는 바람에 장기간 방치되었다 하더라도 어느 시점 이후부터 정당한 사유 없는 장기방치로 전환된다고는 볼 수 없고

다. 더욱이 본건 차량은 수리 의뢰된 수많은 차량과 함께 공업사에 그대로 있어서 그로 인하여 교통장애를 일으키고 도시미관을 해친 것이라 하기도 어려워

라. 강제처리대상이 됨은 별론으로 하고 자동차 무단방치의 구성요건에 해당하지 아니함에 따라 무혐의

4. 관련 판례

정비공장에 차량의 수리를 의뢰한 사람이 수리가 완료되고 관할 시장의 회수통고를 거쳐 폐차될 때까지 2년 가까이 계속 정비공장에 내버려 둔 경우, 자동차관리법상 '방치행위'에 해당한다. (대법원 2008.5.29. 선고 2008도2501 판결)

제27절 가스운반 차량을 주택가에 주차시켜 둔 경우

1. 사 례

주택이 밀집한 공터 골목길에 대형 가스운반 차량을 장시간 주차해놓은 경우 이를 단속할 수 있는 법적근거는

2. 법규연구

가. 고압가스 안전관리법

제22조(운반 등) ① 고압가스를 양도·양수·운반 또는 휴대할 때에는 산업통상자원부령으로 정하는 기준에 따라야 한다

제42조(벌칙) 다음 각호의 어느 하나에 해당하는 자는 300만원 이하의 벌금을 물린다.

　3. … 제22조제1항을 위반한 자

나. 액화석유가스의 안전관리 및 사업법

제32조(시설과 용기의 안전 유지) ① 액화석유가스 사업자 등(액화석유가스 위탁운송사업자는 제외한다)은 액화석유가스의 충전시설, 집단공급시설, 판매시설, 영업소시설, 저장시설 또는 가스용품 제조시설을 제5조 제5항 및 제7항이나 제8조 제4항에 따른 시설기준과 기술기준에 맞도록 유지하여야 한다.

제68조(벌칙) 다음 각호의 어느 하나에 해당하는 자는 1년 이하의 징역 또는 1천만원 이하의 벌금을 물린다.

　8. 제30조제1항 또는 제32조 제1항을 위반한 자

3. 결론

　사례와 같은 행위는 도로교통법 주차위반은 별건으로 하더라도 고압가스 안전관리법과 액화석유가스의 안전관리 및 사업법에 따라 형사입건하여야 할 사항임

제28절 렌터카를 개인 자가용으로 운행하도록 한 경우

1. 사 례

甲은 자동차 대여업을 목적으로 하는 ○○렌터카 회사 사장으로서 개인들의 자가용으로 운행하도록 할 것임에도 마치 피의자 회사에서 대여용으로 사용할 것처럼 위장하여 승용차를 출고받아 피의자 회사 명의로 등록을 한 다음, 이를 다른 사람에게 대여하여 자가용으로 운행하도록 하는 경우

2. 법규연구 (조세범 처벌법)

제3조(조세 포탈 등) ① 사기나 그 밖의 부정한 행위로써 조세를 포탈하거나 조세의 환급·공제를 받은 자는 2년 이하의 징역 또는 포탈세액, 환급·공제받은 세액(이하 "포탈세액등"이라 한다)의 2배 이하에 상당하는 벌금에 처한다. 다만, 다음 각 호의 어느 하나에 해당하는 경우에는 3년 이하의 징역 또는 포탈세액등의 3배 이하에 상당하는 벌금에 처한다.
  1. 포탈세액등이 3억원 이상이고, 그 포탈세액등이 신고·납부하여야 할 세액(납세의무자의 신고에 따라 정부가 부과·징수하는 조세의 경우에는 결정·고지하여야 할 세액을 말한다)의 100분의 30 이상인 경우
  2. 포탈세액등이 5억원 이상인 경우
제21조(고발) 이 법에 따른 범칙행위에 대해서는 국세청장, 지방국세청장 또는 세무서장의 고발이 없으면 검사는 공소를 제기할 수 없다.

3. 관련 판례

자동차대여사업 회사가 회사 명의로 등록된 사실상의 개인 자가용 승용차에 대하여 사업용 승용차인 것처럼 가장하여 부가가치세를 환급받은 경우

이 사건 승용차는 모두 피고인 회사 명의로 등록되었으나 이는 실질적인 사용자들이 피고인 회사와 공모하여 회사 명의를 빌려 승용자동차를 구입한 것으로서 그 구매대금은 물론 등록세, 자동차세, 보험료 등 승용차의 보유 및 운행에 따른 각종 제세공과금을 모두 차량이용자들이 부담하였고 실질적으로도 반입 당시부터 그들이 자가용으로 사용하여 온 것이라면, 피고인들의 위와 같은 행위가 특별소비세법시행령 제33조 제1항 제3호에서 말하는 조건부 면세의 반입자가 반입 후 5년 이내에 그 용도를 변경하거나 양도한 경우에 해당한다고 보기는 어렵고, 따라서 피고인들에게 위 규정에 의한 특별소비세 및 교육세의 납세의무가 있다고 할 수는 없다. 다만, 이 사건의 경우 피고

인들은 자동차를 구입할 때 실질적인 소유자들과 공모하여 영업용 차량인 것처럼 구매신청을 함으로써 그 정을 모르는 납세의무자인 자동차회사가 자동차 반출 시에 특별소비세 및 교육세를 반입자로부터 징수, 납부하지 아니하게 한 것인바, 이런 사정에 비추어 볼 때 피고인들에게 특별소비세 포탈의 고의가 인정될 뿐 아니라 위와 같은 일련의 행위는 그로 인하여 처벌받지 아니하는 자동차회사를 이용하여 결과적으로 특별소비세 등의 부담을 면한 것으로서 조세범처벌법 제9조 제1항 소정의 '사기 기타 부정한 행위'에 해당한다 할 것이므로 비록 피고인들의 행위를 사후적 납세의무 위반으로 본 원심의 판단이 잘못된 것이기는 하나 피고인들에 대하여 특별소비세 등 포탈의 유죄를 선고한 조치는 정당하다(대법원 2003.6.27. 선고 2002도6088 판결).

4. 결 론

회사 명의를 빌려 승용자동차를 구입한 것으로서 그 구매대금은 물론 등록세, 자동차세, 보험료 등 승용차의 보유 및 운행에 따른 각종 제세공과금을 모두 차량이용자들이 부담하였고 실질적으로도 반입 당시부터 그들이 자가용으로 사용하여 온 것이라면 조세범처벌법 제3조 제1항 소정의 '사기 그 밖의 부정한 행위'에 해당한다.

남자가 여자에게 끌리는 것은,
남자로부터 늑골을 빼앗아
여자를 만들었으므로
남자는
자기가 잃은 것을
되찾으려고 하기 때문이다.

【탈 무 드】

제29절 렌터카 사업자의 유상운송행위

1. 사 례

甲은 자동차대여사업자로서 손님 乙에게 차량을 대여하면서 서비스 차원에서 운전자를 알선하고(1), 대여 차량을 이용하여 매일 丙 주식회사 직원들의 출퇴근을 시켜주고 월 ○○만원을 받았다(2). 甲의 이러한 영업행위는 정당한가.

2. 법규연구 (여객자동차 운수사업법)

적용법조 : 제90조 제6의2호, 제34조 제1항 ☞ 공소시효 5년

제34조(유상운송의 금지 등) ① 자동차대여사업자의 사업용 자동차를 임차한 자는 그 자동차를 유상으로 운송에 사용하거나 다시 남에게 대여하여서는 아니 되며, 누구든지 이를 알선하여서는 아니 된다.
② 누구든지 자동차대여사업자의 사업용 자동차를 임차한 자에게 운전자를 알선하여서는 아니 된다. 다만, 다음 각 호의 어느 하나에 해당하는 경우에는 운전자를 알선할 수 있다.
③ 자동차대여사업자는 다른 사람의 수요에 응하여 사업용자동차를 사용하여 유상으로 여객을 운송하여서는 아니 되며, 누구든지 이를 알선하여서는 아니 된다.

3. 관련 판례

지입차주가 교습용 차량을 렌터카 회사에 지입한 후 그 차량을 이용하여 운전 교습비를 받고 운전교습을 한 경우, 유상으로 자동차를 대여한 것으로 볼 수 있는지(소극)

원심판결 이유에 의하면 원심은 제1심이 적법하게 조사하여 채택한 증거들을 종합하여 피고인은 이 사건 교습차를 취득하여 영동렌터카 회사에 지입하고 지입료 등으로 매월 30만 원씩을(형식상으로는 대여료로) 위 영동렌터카에 지급하여 온 사실, 피고인은 위 자동차를 이용하여 운전면허를 취득한 자로부터 운전 연수를 요청받고, 피고인이 조수석에 승차하고 운전연습생은 운전석에 승차하여 운전 연수를 시켜주고 그 교습비 등 명목으로 1시간당 금 16,000원 상당을 받아 왔고, 운전 연수를 희망하는 교습생이 자기 차로 교습을 요청하는 경우에도 같은 금액을 받으면서 1998. 4. 18.경부터 같은 해 6월 22일경까지 사이에 운전교습을 하여 온 사실 등 이 사건 공소사실 중 피고인이 자동차대여사업을 하였다는 부분을 제외한 나머지 사실을 모두 인정한 다음, 운전 교습비를 받고 위 지입차를 이용하여 운전교습을 하는 것이 자동차대여사업에 해당하는지에 관하여는 피고인이 이 사건 교습차를 취득하여 영동렌터카에 지입하고 지입료(형식상으로는 대여료)를 내었다 하여도 그 사실만으로 위 회사와 피고인 사이에 이 사건 자동차의 대여라는 임대

계약이 존재하는 사실 이외에 피고인과 이 사건 피교습자들 내지 잠재적인 피교습자들 사이에 임대(전대)계약이라는 법률행위가 내재되어 있다고 보기 어렵고, 또한 증거에 의하면 이 사건 자동차가 그 조수석에 보조브레이크 및 클러치가 부착되어 있는 특수목적용 차량이라는 사실은 인정되나 그 사실만으로 당연히 피고인과 운전교습생 사이에 차량사용료를 주고받아야 하는 임대차계약이 존재한다고 보기도 어려우며 운전 교습 시 피고인이 조수석에 승차하고 운전교습생이 운전석에 앉아 운전교습이 이루어진다 하여도 운전교습생은 항상 피고인의 지시에 따라 운전을 하는 것이고 피고인이 탑승한 조수석에도 보조 브레이크와 클러치가 있어서 조수석에 앉아서도 자동차의 운전이 불가능한 것이 아니므로 비록 운전석에 앉은 운전교습생이 이 사건 자동차를 운전하여 자신이 원하는 곳으로 갈 가능성이 있다 하더라도 위 자동차에 대한 실질적 지배권은 여전히 피고인에게 있다고 보아야 할 것이며 자동차 대여업자가 자동차를 대여하면서 운전기사를 딸려 보내는 경우와 유사하다고 볼 수는 없고, 검사작성의 피고인에 대한 진술조서의 기재 중에 피고인이 받은 금원 중 자동차사용료가 포함되었다는 취지의 진술이 있다 하여도 이는 그 법률적 의미를 모르고 진술한 것으로 보인다 하여 이를 믿지 아니하고 피고인의 이 사건 행위를 운전교습을 위하여 차량을 대여한 것이라거나 유상으로 자동차를 대여하는 사업을 한 것이라고 볼 수 없다고 판단한 다음, 같은 취지로 피고인에 대하여 무죄를 선고한 제1심판결을 유지하였는바, 관계 법리와 기록에 비추어 살펴보니 원심의 사실인정과 판단은 정당하다고 수긍되고, 거기에 여객자동차운수사업에 관한 법리오해의 위법이 있다 할 수 없다(대법원 2000.2.11. 선고 99도4510 판결).

4. 결론

가. 운전자 알선행위(사례 1)

여객자동차 운수사업법 제34조 제2항은 '자동차대여사업자는 자동차 임차인에게 운전자를 알선하여서는 아니된다'고 규정하고 있다. 렌터카 회사의 서비스 차원이라 하더라도 운전자를 알선한 경우에는 동법에 따라 처벌된다.

나. 유상운송행위(사례 2)

여객자동차 운수사업법의 개정(2007. 7.13)으로 제34조 제3항이 신설되어 '자동차대여사업자는 다른 사람의 수요에 응하여 사업용자동차를 사용하여 유상으로 여객을 운송하거나 이를 알선하여서는 아니된다'고 신설하였다. 이런 행위에 대해서는 시행일인 2008. 1. 14.부터 처벌할 수 있다. 따라서 렌터카를 사용하여 유상으로 여객을 운송하였다면 동법에 따라 처벌하여야 한다.

제30절 자동차 임시번호판을 절취하여 다른 차량에 부착 운행한 경우

1. 사 례

甲은 주차장에 주차된 乙 소유 자동차에서 임시번호판을 떼어 이를 본인의 자동차에 부착하고 다니다 적발되었다.
임시번호판도 형법상 공기호에 해당하는지와 자동차관리법과의 관계.

2. 법규연구

가. 형 법

제238조(공인등의 위조, 부정사용) ① 행사할 목적으로 공무원 또는 공무소의 인장, 서명, 기명 또는 기호를 위조 또는 부정사용한 자는 5년이하의 징역에 처한다.
② 위조 또는 부정사용한 공무원 또는 공무소의 인장, 서명, 기명 또는 기호를 행사한 자도 전항의 형과 같다.
제329조(절도) 타인의 재물을 절취한 자는 6년이하의 징역 또는 1천만원이하의 벌금에 처한다.
제366조(재물손괴등) 타인의 재물, 문서 또는 전자기록등 특수매체기록을 손괴 또는 은닉 기타 방법으로 기 효용을 해한 자는 3년이하의 징역 또는 700만원이하의 벌금에 처한다.

나. 자동차관리법

제71조(부정사용 금지 등) ① 누구든지 이 법에 따른 자동차등록증, 폐차사실 증명서류, 등록번호판, 임시운행허가증, 임시운행허가번호판, 자동차자기인증표시, 부품자기인증표시, 신규검사증명서, 이륜자동차번호판, 차대표기 및 원동기형식 표기를 위조·변조 또는 부정사용하거나 위조 또는 변조한 것을 매매, 매매 알선, 수수(收受) 또는 사용하여서는 아니 된다.
제78조(벌칙) 다음 각 호의 어느 하나에 해당하는 자는 10년 이하의 징역 또는 3천만원 이하의 벌금에 처한다.
2. 제71조제1항을 위반하여 부정사용한 자

3. 결 론

가. 임시번호판 절취와 공기호 여부

ㅇ 절도죄 여부

타인의 차량에 부착된 임시번호판을 떼어낸 행위는 영득의 의사가 있다고 볼 수 있어 절도죄가 우선 성립할 수 있다.

ㅇ 공기호 여부

공기호란 공무원 또는 공무소가 대상물의 동일성을 증명하기 위한 목적으로 사용하는 문자 또는 부호(例, 부호로 표시된 도로교통표지판, 수도계량기 · 택시 주행미터기에 부착된 납봉, 차량등록 번호판 등)를 말한다.

대법원도 '부정사용한 공기호인 자동차등록번호판의 용법에 따른 사용행위인 행사란 이를 자동차에 부착하여 운행함으로써 일반인이 자동차의 동일성에 관한 오인을 불러일으킬 수 있는 상태 즉 그것이 부착된 자동차를 운행함을 의미한다'고 하였다. 그러므로 임시운행허가번호판도 공기호에 해당한다.

따라서 절취한 자동차 임시번호판을 본인의 차량에 부착하기 위해 떼어내 절취한 경우 절도죄와 이를 부착하여 자동차를 운행하였다면 형법상 공기호부정사용(형법 제238조 제1항)과 부정사용공기호행사죄(제238조 제2항)가 될 것이다.

■ 판례 ■   절취한 자동차번호판을 다른 차량에 부착하고 운행한 것이 부정사용공기호행사죄에 해당하는지 여부(적극)

[1] 사실관계

> 甲은 자동차렌터카 영업소에서 빌린 뉴그랜저 승용차의 앞 · 뒷번호 판을 떼어낸 다음 이미 절취하여 가지고 있던 스텔라 승용차의 앞 · 뒷번호 판을 위 뉴그랜저 승용차에 부착하고 운행하였다.

[2] 판결요지

가. 공기호부정사용과 부정사용공기호행사의 의미

형법 제238조 제1항에서 규정하고 있는 공기호인 자동차등록번호판의 부정사용이란 진정하게 만들어진 자동차등록번호판을 권한 없는 자가 사용하든가, 권한 있는 자라도 권한을 남용하여 부당하게 사용하는 행위를 말하는 것이고, 같은 조 제2항에서 규정하고 있는 그 행사죄는 부정사용한 공기호인 자동차등록번호판을 마치 진정한 것처럼 그 용법에 따라 사용하는 행위를 말하는 것으로 그 행위개념을 달리하고 있다.

나. 甲의 죄책

부정사용한 공기호인 자동차등록번호판의 용법에 따른 사용행위인 행사란 이를 자동차에 부착하여 운행함으로써 일반인이 자동차의 동일성에 관한 오인을 불러일으킬 수 있는 상태 즉 그것이 부착된 자동차를 운행함을 의미한다고 할 것이고, 그 운행과는 별도로 부정사용한 자동차등록번호판을 타인에게 제시하는 등 행위가 있어야 그 행사죄가 성립한다고 볼 수 없다(대법원 1997.7.8. 선고 96도3319 판결). ☞ (甲은 절도죄, 공기호부정사용죄, 부정사용공기호행사죄)

나. 자동차관리법상 부정사용과의 관계

자동차관리법 제71조 제1항(벌칙 78조 제2호)에 의거 절취한 타인의 자동차번호판을 본인의 차량에 부착하고 운행한 행위는 번호판을 부정사용한 경우에 해당하며, 형법상 공기호부정사용과의 관계에서는 대법원 판례 97도1085(1997. 6. 27) 내용과 같이 자동차관리법상 부정사용행위와 상상적 경합관계에 있다고 볼 수 있다.

■ **판례** ■　　**자동차관리법 제71조, 제78조가 형법 제238조 제1항 소정의 공기호부정사용죄의 특별법 관계인지 여부(소극)**

형법 제238조 제1항은 인장에 관한 죄의 한 태양으로서 인장·서명·기명·기호 등의 진정에 대한 공공의 신용, 즉 거래상의 신용과 안정을 그 보호법익으로 하지만, 자동차관리법의 입법취지는 자동차를 효율적으로 관리하고 자동차의 성능과 안정을 확보함으로써 공공의 복리를 증진함을 그 목적으로 하고 있어(특히 같은 법 제78조, 제71조는 이러한 자동차의 효율적인 관리를 저해하는 행위를 규제하기 위한 것으로 보인다) 그 보호법익을 달리하고 있을 뿐 아니라 그 주관적 구성요건으로서 형법상의 위 공기호부정사용죄는 고의와 더불어 '행사할 목적'이 있음을 요하는 반면 위 자동차관리법은 '행사할 목적'을 그 주관적 구성요건으로 하지 아니하고 있는 점에 비추어 보면, 자동차관리법 제78조, 제71조가 형법 제238조 제1항 소정의 공기호부정사용죄의 특별법 관계에 있다고는 보이지 아니한다(대법원 1997.6.27. 선고 97도1085 판결).

역발상

'자살'을 거꾸로 읽으면 '살자'가 되고,

'역경'을 거꾸로 읽으면 '경력'이 되고,

'인연'을 거꾸로 읽으면 '연인'이 되고,

'내 힘들다'를 거꾸로 읽으면 '다들 힘내'가 된다.

제31절 자동변속장치 운전면허로 수동식차량을 운전한 경우

1. 사 례

甲은 자동변속장치 운전조건의 제2종 보통면허를 소지하고 있는데 수동식 승용차를 운전하였다. 이 경우 무면허 운전에 해당하는지 여부

2. 법규연구 (도로교통법)

제80조(운전면허) ③ 시도경찰청장은 운전면허를 받을 사람의 신체상태 또는 운전능력에 따라 행정안전부령이 정하는 바에 의하여 운전할 수 있는 자동차등의 구조를 한정하는 등 운전면허에 필요한 조건을 붙일 수 있다.
④ 시도경찰청장은 제87조 및 제88조의 규정에 따라 적성검사를 받은 사람의 신체상태 또는 운전능력에 따라 제3항의 규정에 의한 조건을 새로이 붙이거나 바꿀 수 있다.
제153조(벌칙) 다음 각 호의 어느 하나에 해당하는 사람은 6월 이하의 징역이나 200만원 이하의 벌금 또는 구류에 처한다.
  7. 제80조제3항 또는 제4항에 따른 조건을 위반하여 운전한 사람

※ 시행규칙
제54조(운전면허의 조건 등) ① 도로교통공단은 법 제83조제1항제1호, 제87조 및 제88조에 따라 실시한 적성검사 결과가 운전면허에 조건을 붙여야 하거나 변경이 필요하다고 판단되는 경우에는 그 내용을 시·도경찰청장에게 통보하여야 한다.
② 제1항에 따라 도로교통공단으로부터 통보를 받은 시·도경찰청장이 운전면허를 받을 사람 또는 적성검사를 받은 사람에게 붙이거나 바꿀 수 있는 조건은 다음 각 호와 같이 구분한다.
  1. 자동차등의 구조를 한정하는 조건
    가. 자동변속기장치 자동차만을 운전하도록 하는 조건

3. 결 론

자동변속기 운전조건의 면허 소지자가 수동식 변속기의 차량을 운전하는 경우 무면허 운전이 아니고 운전면허 조건을 위반하여 운전하는 경우에 해당되어 도로교통법 제153조 제7호, 제80조 제3항에 따라 형사처벌을 받을 뿐이다.

제32절 농기계 이용 도로에서 불법 집회를 한 경우

1. 사 례

농민회원 甲 등은 농민집회시위와 관련 농기계인 트랙터를 이용하여 도로상을 운행한 경우

2. 법규연구

가. 도로교통법

제46조(공동위험행위의 금지) ① 자동차등의 운전자는 도로에서 2인 이상이 공동으로 2대 이상의 자동차등을 정당한 사유 없이 앞뒤로 또는 좌우로 줄지어 통행하면서 다른 사람에게 위해를 주거나 교통상의 위험을 발생하게 하여서는 아니 된다.

제150조(벌칙) 다음 각 호의 어느 하나에 해당하는 사람은 2년 이하의 징역이나 500만원 이하의 벌금에 처한다.
  1. 제46조제1항 또는 제2항을 위반하여 공동위험행위를 하거나 주도한 사람

제68조(도로에서의 금지행위 등) ② 누구든지 교통에 방해가 될 만한 물건을 도로에 함부로 내버려두어서는 아니된다.

제152조(벌칙) 다음 각 호의 어느 하나에 해당하는 사람은 1년 이하의 징역이나 300만원 이하의 벌금에 처한다.
  4. 제68조제2항의 규정을 위반하여 교통에 방해가 될 만한 물건을 함부로 도로에 내버려둔 사람

나. 형 법

제185조(일반교통방해) 육로, 수로 또는 교량을 손괴 또는 불통하게 하거나 기타 방법으로 교통을 방해한 자는 10년 이하의 징역 또는 1천500만원 이하의 벌금에 처한다.

3. 관련 판례

피고인 등 약 600명의 노동조합원이 보도가 따로 마련되어 있지 아니한 도로 우측의 편도 2차선의 대부분을 차지하면서 행진하는 방법으로 시위를 함으로써 나머지 편도 2차선으로 상, 하행 차량이 통행하느라 차량의 소통이 방해되었다 하더라도 그 시위행위에 대하여 일반교통방해죄를 적용할 수 없다(대법원 1992.8.18. 선고 91도2771 판결).

4. 결 론

가. 도로교통법 적용 여부

(가) 공동위험 행위의 금지(제46조)

이 조항은 '자동차등의 운전자'가 위반했을 경우 처벌한다. 여기서 자동차등이란 도로교통법 제2조(정의) 제19호에서 '자동차와 원동기장치 자전거를 말한다'라고 규정하고 있다. 따라서 농기계는 '차'에는 해당하여도 자동차등에는 해당되지 않는다. 그러므로 제46조를 적용하여 처벌할 수 없다

(나) 도로에서의 금지행위 등(제68조)

"누구든지 교통에 방해가 될 만한 물건을 도로에 함부로 내버려두어서는 아니된다"고 규정하고 있다. 여기서 농기계를 도로상에 방치하여 교통에 방해가 되었다면 농기계 자체를 '물건'으로 보아 처벌할 수 있느냐가 문제이다. 물건으로 보아 처벌해볼 만하다. 물론 농기계를 방치한 것이 형법상 일반교통방해죄를 구성할 경우 문제될 것은 없다. 여기서는 일반교통방해죄가 성립하지 않을 경우를 가정한 것이다.

나. 형법상 일반교통방해죄 성립 여부

'불통하게 하거나 기타 방법으로 교통을 방해'하여야 한다. 위의 판례 내용과 같이 일부 차로만을 막아서고 다른 차로로 차량 통행이 가능하다면 교통방해죄를 인정하지 않고 있다. 따라서 교통방해죄가 성립하기 위해서는 전차로 막아 교통의 방해가 되어야 할 것이다. 또한, 특정 차량만을 막았을 때도 성립하기 어려울 것이다.

다. 기 타

사안에 따라 집시법 위반, 주정차 위반 여부 등으로도 처벌할 수 있을 것이다.

제33절 구조변경된 자동차를 운행한 경우 책임

1. 사 례

甲은 친구의 소개로 자동차를 구입하였는데 화물칸을 의자로 교체한 자동차였다. 이러한 사실을 알고 있었지만, 화물칸보다는 의자로 되어있는 것이 더 좋다는 생각으로 그냥 운행하고 다니다 적발되었을 경우 형사책임

2. 법규연구 (자동차관리법)

제34조(자동차의 튜닝) ① 자동차소유자가 국토교통부령으로 정하는 항목에 대하여 튜닝을 하려는 경우에는 시장·군수·구청장의 승인을 받아야 한다.
② 제1항에 따라 튜닝 승인을 받은 자는 자동차정비업자 또는 국토교통부령으로 정하는 자동차제작자등으로부터 튜닝 작업을 받아야 한다. 이 경우 자동차제작자등의 튜닝 작업 범위는 국토교통부령으로 정한다.
제81조(벌칙) 다음 각 호의 어느 하나에 해당하는 자는 1년 이하의 징역 또는 1천만원 이하의 벌금에 처한다.
　19. 제34조(제52조에서 준용하는 경우를 포함한다)를 위반하여 시장·군수·구청장의 승인을 받지 아니하고 자동차에 튜닝을 한 자
　20. 제34조(제52조에서 준용하는 경우를 포함한다)를 위반하여 튜닝된 자동차인 것을 알면서 이를 운행한 자

3. 결 론

가. 구조 변경된 차량을 운전한 경우(제81조 제20호, 제34조)

자동차관리법이 개정되기 전에는 구조변경 당시 소유자만을 처벌하였으나 앞으로는 당시의 소유자를 처벌하는 것은 물론 그 후 이를 운전한 자도 처벌할 수 있으므로 구조변경된 차량임을 알면서도 이를 구입하여 운전한 현 소유자도 처벌할 수 있음

나. 구조를 변경한 자(제81조 제19호, 제34조)

구조를 변경한 자에 대해서도 당연히 처벌하는 규정이 있으므로 구조변경자를 수사하여 이에 대해서도 처벌한다.

제4장

기타 분야

제1절 유치인 면회를 금지할 수 있는 근거

1. 사 례

甲은 특수절도 혐의로 체포하여 조사 중이나 모든 범행사실을 乙에게 떠넘기고 있다. 그러면서 가족과 만날 수 있도록 요청한다. 담당 형사는 甲이 범행을 부인하고 있어 가족을 만나게 해 줄 때 공범과의 내통이 염려되어 면회를 금지하려고 하는데 그 근거는?

2. 법규연구

가. 형의 집행 및 수용자의 처우에 관한 법률 (이하, 형집행법)

제42조(접견의 중지 등) 교도관은 접견 중인 수용자 또는 그 상대방이 다음 각 호의 어느 하나에 해당하면 접견을 중지할 수 있다.
1. 범죄의 증거를 인멸하거나 인멸하려고 하는 때
2. 제92조의 금지물품을 주고받거나 주고받으려고 하는 때
3. 형사 법령에 저촉되는 행위를 하거나 하려고 하는 때
4. 수용자의 처우 또는 교정시설의 운영에 관하여 거짓사실을 유포하는 때
5. 수형자의 교화 또는 건전한 사회복귀를 해칠 우려가 있는 행위를 하거나 하려고 하는 때
6. 시설의 안전 또는 질서를 해하는 행위를 하거나 하려고 하는 때

제92조(금지물품) 수용자는 다음 각 호의 물품을 지녀서는 아니 된다.
1. 마약·총기·도검·폭발물·흉기·독극물, 그 밖에 범죄의 도구로 이용될 우려가 있는 물품
2. 무인비행장치, 전자·통신기기, 그 밖에 도주나 다른 사람과의 연락에 이용될 우려가 있는 물품
3. 주류·담배·화기·현금·수표, 그 밖에 시설의 안전 또는 질서를 해칠 우려가 있는 물품
4. 음란물, 사행행위에 사용되는 물품, 그 밖에 수형자의 교화 또는 건전한 사회복귀를 해칠 우려가 있는 물품

제87조(유치장) 경찰관서에 설치된 유치장은 교정시설의 미결수용실로 보아 이 법을 준용한다.

나. 형사소송법

제91조 (비변호인과의 접견, 교통) 법법원은 도망하거나 범죄의 증거를 인멸할 염려가 있다고 인정할 만한 상당한 이유가 있는 때에는 직권 또는 검사의 청구에 의하여 결정으로 구속된 피고인과 제34조에 규정한 외의 타인과의 접견을 금지할 수 있고, 서류나 그 밖의 물건을 수수하지 못하게 하거나 검열 또는 압수할 수 있다. 다만, 의류 ·양식·의료품은 수수를 금지하거나 압수할 수 없다.

제34조 (피고인, 피의자와의 접견, 교통, 진료) 변호인이나 변호인이 되려는 자는 신체가 구속된 피고인 또는 피의자와 접견하고 서류나 물건을 수수(授受)할 수 있으며 의사로 하여금 피고인이나 피의자를 진료하게 할 수 있다.

제209조 (준용규정) … 제91조…는 검사 또는 사법경찰관의 피의자 구속에 관하여 준용한다.

3. 결 론

형집행법 제42조(접견의 중지 등)와 형사소송법에 따라 '범죄의 증거를 인멸하거나 인멸하려고 하는 때'는 변호인 이외의 자와 접견을 중지 및 금지할 수 있도록 규정하고 있다.

甲은 현재 범행사실을 부인하면서 가족과의 면담을 요구하고 있어 가족을 통해 공범이 증거를 인멸하게 할 우려가 있다.

따라서 면회를 중지 또는 금지할 수 있다.

제2절 유치인과 면회자와의 대화내용을 녹음할 수 있는지

1. 사 례

甲은 경찰서 유치장에 구속된 친구를 면회 갔는데 접견실에 녹음장치가 되어있어 대화내용을 모두 녹음하고 있었다.

통신비밀보호법상 타인 간의 대화 내용 녹음 금지행위에 해당하지 않는지

2. 법규연구

가. 형의 집행 및 수용자의 처우에 관한 법률 (이하, 형집행법)

제41조(접견) ④ 소장은 다음 각 호의 어느 하나에 해당하는 사유가 있으면 교도관으로 하여금 수용자의 접견내용을 청취·기록·녹음 또는 녹화하게 할 수 있다.
1. 범죄의 증거를 인멸하거나 형사 법령에 저촉되는 행위를 할 우려가 있는 때
2. 수형자의 교화 또는 건전한 사회복귀를 위하여 필요한 때
3. 시설의 안전과 질서유지를 위하여 필요한 때
⑤ 제2항에 따라 녹음·녹화하는 경우에는 사전에 수용자 및 그 상대방에게 그 사실을 알려 주어야 한다.
제87조(유치장) 경찰관서에 설치된 유치장은 교정시설의 미결수용실로 보아 이 법을 준용한다.

나. 형의 집행 및 수용자의 처우에 관한 법률 시행령

제62조(접견내용의 청취·기록·녹음·녹화) ① 소장은 법 제41조제4항의 청취·기록을 위하여 다음 각 호의 사람을 제외한 수용자의 접견에 교도관을 참여하게 할 수 있다.
1. 변호인과 접견하는 미결수용자
2. 소송사건의 대리인인 변호사와 접견하는 수용자
② 소장은 특별한 사정이 없으면 교도관으로 하여금 법 제41조제5항에 따라 수용자와 그 상대방에게 접견내용의 녹음·녹화 사실을 수용자와 그 상대방이 접견실에 들어가기 전에 미리 말이나 서면 등 적절한 방법으로 알려 주게 하여야 한다.
③ 소장은 법 제41조제4항에 따라 청취·녹음·녹화한 경우의 접견기록물에 대한 보호·관리를 위하여 접견정보 취급자를 지정하여야 하고, 접견정보 취급자는 직무상 알게 된 접견정보를 누설하거나 권한 없이 처리하거나 다른 사람이 이용하도록 제공하는 등 부당한 목적을 위하여 사용해서는 아니된다.
④ 소장은 관계기관으로부터 다음 각 호의 어느 하나에 해당하는 사유로 제3항의 접견기록물의 제출을 요청받은 경우에는 기록물을 제공할 수 있다.
1. 법원의 재판업무 수행을 위하여 필요한 때
2. 범죄의 수사와 공소의 제기 및 유지에 필요한 때
⑤ 소장은 제4항에 따라 녹음·녹화 기록물을 제공할 경우에는 제3항의 접견정보 취급자로 하여금 녹음·녹화기록물을 요청한 기관의 명칭, 제공받는 목적, 제공 근거, 제공을 요청한 범위, 그 밖에 필요한 사항을 녹음·녹화기록물 관리프로그램에 입력하게 하고, 따로 이동식 저장매체에 옮겨 담아 제공한다.

다. 통신비밀보호법 (이하, 통비법)

> 제3조(통신 및 대화비밀의 보호) ① 누구든지 이 법과 형사소송법 또는 군사법원법의 규정에 의하지 아니하고는 우편물의 검열·전기통신의 감청 또는 통신사실확인자료의 제공을 하거나 공개되지 아니한 타인간의 대화를 녹음 또는 청취하지 못한다. 다만, 다음 각호의 경우에는 당해 법률이 정하는 바에 의한다
> 3. 구속 또는 복역중인 사람에 대한 통신 : 형사소송법 제91조, 군사법원법 제131조, 「형의 집행 및 수용자의 처우에 관한 법률」 제41조·제43조·제44조 및 「군에서의 형의 집행 및 군수용자의 처우에 관한 법률」 제42조·제44조 및 제45조에 따른 구속 또는 복역중인 사람에 대한 통신의 관리

3. 결 론

가. 통비법 저촉 여부

통비법 제3조에서는 누구든지 공개되지 아니한 타인간의 대화내용을 녹음 또는 청취하지 못하도록 규정하고, 이를 위반할 경우 제16조 제1항 제1호에 따라 10년 이하의 징역에 처한다.

그러나 단서로 행형법에 따른 구속자 등에 관해서는 예외규정을 두고 있다. 따라서 통비법에 위반되지 아니한다.

나. 녹음 가능 여부 및 방법

○ 대화 내용 녹음 가능 여부

– 행형법 제87조에 경찰관서에 설치된 유치장은 교정시설의 미결수용실로 보아 이 법을 준용한다.'라고 규정하고 있다. 따라서 행형법의 규정에 따라 녹음을 할 수 있다.

– 행형법 제41조에 "범죄의 증거를 인멸하거나 형사 법령에 저촉되는 행위를 할 우려가 있는 때, 수형자의 교화 또는 건전한 사회복귀를 위하여 필요한 때, 시설의 안전과 질서유지를 위하여 필요한 때"는 수용자의 접견내용을 청취·기록·녹음 또는 녹화하게 할 수 있도록 규정하고 있다.

○ 녹음 방법

– 수용자와 그 상대방에게 접견내용의 녹음·녹화 사실을 수용자와 그 상대방이 접견실에 들어가기 전에 미리 말이나 서면 등 적절한 방법으로 알려 주도록 하고 있다.

– 따라서 녹음한다는 내용을 면회자와 유치인이 미리 알 수 있도록 녹음 사실을 알리거나 입구에 녹음한다는 것을 알 수 있는 안내 게시판을 설치하여야 할 것이다.

- 만약 당사자들이 대화 내용의 녹음을 거절할 경우 증거인멸 등의 사유를 들어 접견(변호사를 제외)을 거절하면 된다. (행형법 제42조)

ㅇ 사후관리
- 청취·녹음·녹화한 경우의 접견기록물에 대한 보호·관리를 위하여 접견정보 취급자를 지정하여야 하고, 접견정보 취급자는 직무상 알게 된 접견정보를 누설하거나 권한 없이 처리하거나 다른 사람이 이용하도록 제공하는 등 부당한 목적을 위하여 사용해서는 아니 된다.
- 법원이나 검찰에서 재판 또는 수사와 관련 접견기록물의 제출을 요청받으면 기록물을 제공할 수 있다.
- 녹음·녹화 기록물을 제공할 때는 녹음·녹화기록물을 요청한 기관의 명칭, 제공받는 목적, 제공 근거, 제공을 요청한 범위, 그 밖에 필요한 사항을 기록 유지하여야 하며, 따로 이동식 저장매체에 옮겨 담아 제공한다.
- 저장 용량 초과로 삭제될 경우를 대비하여 정기적으로 녹음내용을 이동식 저장매체에 옮겨 일정기간 저장(체포·구속인접견부 보존기간 2년)해 둬야 할 것이다.

다. 체포·구속접견부 작성 여부

'검사와 사법경찰관의 상호협력과 일반적 수사준칙에 관한 규정' 제93조 제11호, 제102조 제11호 규정에 의거 "장부와 비치서류"에 해당하기 때문에 당연히 비치해야 하며 모든 내용이 녹음되기 때문에 요점만 간략하게 기록하면 될 것이다.

제3절 유치인이 외부와의 전화통화를 요구한 경우

1. 사 례

甲은 ○○죄로 경찰서 유치장에 수감 중이다. 甲은 친구 乙이 면회를 와 주지 않는다면서 乙과 전화통화를 할 수 있도록 해 달라고 한다.

2. 법규연구

가. 형의 집행 및 수용자의 처우에 관한 법률 (이하, 형집행법)

제44조(전화통화) ① 수용자는 소장의 허가를 받아 교정시설의 외부에 있는 사람과 전화통화를 할 수 있다.
② 제1항에 따른 허가에는 통화내용의 청취 또는 녹음을 조건으로 붙일 수 있다.
③ 제42조는 수용자의 전화통화에 관하여 준용한다.
④ 제2항에 따라 통화내용을 청취 또는 녹음하려면 사전에 수용자 및 상대방에게 그 사실을 알려 주어야 한다.
⑤ 전화통화의 허가범위, 통화내용의 청취·녹음 등에 관하여 필요한 사항은 법무부령으로 정한다.
제87조(유치장) 경찰관서에 설치된 유치장은 교정시설의 미결수용실로 보아 이 법을 준용한다.

나. 형의 집행 및 수용자의 처우에 관한 법률 시행규칙

제25조(전화통화의 허가) ① 소장은 전화통화(발신하는 것만을 말한다. 이하 같다)를 신청한 수용자에 대하여 다음 각 호의 어느 하나에 해당하는 사유가 없으면 전화통화를 허가할 수 있다.
  1. 범죄의 증거를 인멸할 우려가 있을 때
  2. 형사법령에 저촉되는 행위를 할 우려가 있을 때
  3. 「형사소송법」 제91조 및 같은 법 제209조에 따라 접견·편지수수 금지결정을 하였을 때
  4. 교정시설의 안전 또는 질서를 해칠 우려가 있을 때
  5. 수형자의 교화 또는 건전한 사회복귀를 해칠 우려가 있을 때
② 소장은 제1항에 따른 허가를 하기 전에 전화번호와 수신자(수용자와 통화할 상대방을 말한다. 이하 같다)를 확인하여야 한다. 이 경우 수신자에게 제1항 각 호에 해당하는 사유가 있으면 제1항의 허가를 아니할 수 있다.
③ 전화통화의 통화시간은 특별한 사정이 없으면 3분 이내로 한다.
제26조(전화이용시간) ① 수용자의 전화통화는 매일(공휴일 및 법무부장관이 정한 날은 제외한다) 「국가공무원 복무규정」 제9조에 따른 근무시간 내에서 실시한다.
② 소장은 제1항에도 불구하고 평일에 전화를 이용하기 곤란한 특별한 사유가 있는 수용자에 대해서는 전화이용시간을 따로 정할 수 있다.
제27조(통화허가의 취소) 소장은 다음 각 호의 어느 하나에 해당할 때에는 전화통화의 허가를 취소할 수 있다.
  1. 수용자 또는 수신자가 전화통화 내용의 청취·녹음에 동의하지 아니할 때
  2. 수신자가 수용자와의 관계 등에 대한 확인 요청에 따르지 아니하거나 거짓으로 대답할 때
  3. 전화통화 허가 후 제25조제1항 각 호의 어느 하나에 해당되는 사유가 발견되거나 발생하였을 때
제28조(통화내용의 청취·녹음) ① 소장은 제25조제1항 각 호의 어느 하나에 해당하지 아니한다고

명백히 인정되는 경우가 아니면 통화내용을 청취하거나 녹음한다.

② 제1항의 녹음기록물은 「공공기록물 관리에 관한 법률」에 따라 관리하고, 특히 녹음기록물이 손상되지 아니하도록 유의해서 보존하여야 한다.

③ 교도관은 수용자의 전화통화를 청취하거나 녹음하면서 알게 된 내용을 누설 또는 권한 없이 처리하거나 타인이 이용하도록 제공하는 등 부당한 목적으로 사용하여서는 아니 된다.

④ 전화통화 녹음기록물을 관계기관에 제공하는 경우에는 영 제62조제4항을 준용한다.

제29조(통화요금의 부담) ① 수용자의 전화통화 요금은 수용자가 부담한다.

② 소장은 교정성적이 양호한 수용자 또는 영치금이 없는 수용자 등에 대하여는 제1항에도 불구하고 예산의 범위에서 요금을 부담할 수 있다.

3. 결 론

가. 전화통화 가능 유무

- 형집행법 제44조에 '수용자는 소장의 허가를 받아 교정시설의 외부에 있는 사람과 전화통화를 할 수 있다.'라고 규정하고 있다. 경찰관서의 유치장은 행집행법을 준용하도록 되어있다.

- 따라서 유치인의 요구가 있는 경우 관서장(경찰서장)의 허가를 받아 전화통화를 할 수 있도록 하여야 한다. 이는 임의규정으로 형집행법에 따라 조건을 붙일 수 있으며 또한 제한할 수도 있다.

나. 전화 이용시간

- 수용자의 전화통화는 매일(공휴일 및 법무부장관이 정한 날은 제외) 국가공무원 복무규정에 따른 근무시간 내에서 실시한다.

- 평일에 전화를 이용하기 곤란한 특별한 사유가 있는 수용자에 대해서는 전화 이용시간을 따로 정할 수 있다.

다. 통화내용 청취 및 녹취 가능 유무

- 통화내용은 청취하거나 녹음하여야 하며, 녹음기록물은 공공기록물 관리에 관한 법률에 따라 관리하고, 특히 녹음기록물이 손상되지 아니하도록 유의해서 보존하여야 한다.

- 수용자의 전화통화를 청취하거나 녹음하면서 알게 된 내용을 누설 또는 권한 없이 처리하거나 타인이 이용하도록 제공하는 등 부당한 목적으로 사용하여서는 아니 된다.

라. 통화요금 부담

- 수용자의 전화통화 요금은 수용자가 부담한다.

- 교정성적이 양호한 수용자 또는 영치금이 없는 수용자 등에 대하여는 예산의 범위에서 수용기관에서 요금을 부담할 수 있다.

제4절 유아를 대동하고 유치장에 입감시킬 수 있는지

1. 사 례

甲녀는 사기죄로 지명수배 중 체포영장에 의해 체포되었다. 체포 당시 10개월 된 딸을 대동하고 있어 유치장 입감 시 달리 보호자가 없다면서 같이 입감시켜 달라고 한다.

2. 법규연구

가. 피의자유치 및 호송규칙

제12조(피의자 유치 시 유의사항) ① 피의자 유치 시 남성과 여성은 분리하여 유치하여야 한다.
② 경찰서장은 유치인이 친권이 있는 18개월 이내의 유아의 대동(對同)을 신청한 때에는 다음 각 호의 어느 하나에 해당하는 사유가 없다고 인정되는 경우 이를 허가하여야 한다. 이 경우 유아의 양육에 필요한 설비와 물품의 제공, 그 밖에 양육을 위하여 필요한 조치를 하여야 한다.
  1. 유아가 질병·부상, 그 밖의 사유로 유치장에서 생활하는 것이 적당하지 않은 경우
  2. 유치인이 질병·부상, 그 밖의 사유로 유아를 양육하는 것이 적당하지 않은 경우
  3. 유치장에 감염병이 유행하거나 그 밖의 사정으로 유아의 대동이 적당하지 않은 경우
③ 제2항에 따라 유아의 대동 허가를 받으려는 자는 경찰서장에게 별지 제3호서식의 유아대동신청서를 제출하여야 하며, 경찰서장이 이를 허가할 때에는 해당 신청서를 입감지휘서에 첨부하여야 한다.
④ 경찰서장은 유아의 대동을 허가하지 않은 경우에는 「형의 집행 및 수용자의 처우에 관한 법률 시행령」 제80조의 규정에 따라 해당 유치인의 의사를 고려하여 유아보호에 적당하다고 인정하는 개인 또는 법인에게 그 유아를 보낼 수 있다. 다만, 적당한 개인 또는 법인이 없는 경우에는 경찰서 소재지 관할 시장·군수 또는 구청장에게 보내서 보호하게 하여야 한다.
⑤ 유치장에서 출생한 유아에게도 제2항에서 제4항까지의 규정을 준용한다.

나. 형의 집행 및 수용자의 처우에 관한 법률 시행령

제80조(유아의 인도) ① 소장은 유아의 양육을 허가하지 아니하는 경우에는 수용자의 의사를 고려하여 유아보호에 적당하다고 인정하는 법인 또는 개인에게 그 유아를 보낼 수 있다. 다만, 적당한 법인 또는 개인이 없는 경우에는 그 유아를 해당 교정시설의 소재지를 관할하는 시장·군수 또는 구청장에게 보내서 보호하게 하여야 한다.
② 법 제53조제1항에 따라 양육이 허가된 유아가 출생 후 18개월이 지나거나, 유아양육의 허가를 받은 수용자가 허가의 취소를 요청하는 때 또는 법 제53조제1항 각 호의 어느 하나에 해당되는 때에도 제1항과 같다.

다. 형의 집행 및 수용자의 처우에 관한 법률(구, 행형법)

제53조(유아의 양육) ① 여성수용자는 자신이 출산한 유아를 교정시설에서 양육할 것을 신청할 수 있다. 이 경우 소장은 다음 각 호의 어느 하나에 해당하는 사유가 없으면, 생후 18개월에 이르기까지 허가하여야 한다.
  1. 유아가 질병·부상, 그 밖의 사유로 교정시설에서 생활하는 것이 특히 부적당하다고 인정되는 때
  2. 수용자가 질병·부상, 그 밖의 사유로 유아를 양육할 능력이 없다고 인정되는 때
  3. 교정시설에 감염병이 유행하거나 그 밖의 사정으로 유아양육이 특히 부적당한 때
② 소장은 제1항에 따라 유아의 양육을 허가한 경우에는 필요한 설비와 물품의 제공, 그 밖에 양육을 위하여 필요한 조치를 하여야 한다.

3. 결 론

가. 여성을 유치하면서 친권이 있는 유아의 대동을 신청할 때에는 상당한 이유가 있는 경우 생후 18개월 이내의 유아에 대하여 경찰서장이 이를 허가할 수 있다. 따라서 사례와 같이 10개월 된 유아의 경우 특별한 사정이 없으면 대동하여 입감시킬 수 있다.

나. 유아의 대동을 허가하지 아니할 때 그 유아의 적당한 인수인이 없을 때에는 형의 집행 및 수용자의 처우에 관한 법률 시행령 제80조의 규정에 의하여 관할 시장·군수 또는 구청장에게 인도하여 보호하게 하여야 한다.

유아 대동신청서

20○○. ○. ○.

수신 : ○○경찰서장

아래와 같이 유아 대동을 신청하오니 허가하여 주시기 바랍니다.

입 감 자	죄(형)명	
	입감 연월일	
	성 명	(성별)
	생년월일	
대 동 할 유 아	성 명	
	입감자와의 관계	
	생년월일	
대 동 하 여 야 할 이 유		

신청자   ㉑

위 사항을 허가함

○○경찰서장

제5절 신체검사 법규연구와 판례

Ⅰ. 법규연구

1. 형의 집행 및 수용자의 처우에 관한 법률

제93조(신체검사 등) ① 교도관은 시설의 안전과 질서유지를 위하여 필요하면 수용자의 신체·의류·
휴대품·거실 및 작업장 등을 검사할 수 있다.
② 수용자의 신체를 검사하는 경우에는 불필요한 고통이나 수치심을 느끼지 아니하도록 유의하여야 하
며, 특히 신체를 면밀하게 검사할 필요가 있으면 다른 수용자가 볼 수 없는 차단된 장소에서 하여야
한다.
④ 여성의 신체·의류 및 휴대품에 대한 검사는 여성교도관이 하여야 한다.
제87조(유치장) 경찰관서에 설치된 유치장은 교정시설의 미결수용실로 보아 이 법을 준용한다.
 ※ 교도소 등은 교도소와 구치소를 포함하며, 구치소가 미결수용실에 해당

2. 경찰관 직무집행법

제9조(유치장) 경찰서 및 지방해양경찰관서에 법률이 정한 절차에 따라 체포·구속되거나 신체의 자유
를 제한하는 판결 또는 처분을 받은 자를 수용하기 위하여 유치장을 둔다.
 ※ 현행범체포, 긴급체포된 자를 유치장에 수감할 수 있는 근거를 마련하기 위해 99. 5. 24 동조 개정

3. 피의자 유치 및 호송 규칙

제8조(신체 등의 검사) ① 유치인보호관은 피의자를 유치하는 과정에서 유치인의 생명 신체에 대한 위
해를 방지하고, 유치장내의 안전과 질서를 유지하기 위하여 필요하다고 인정될 때에는 유치인의 신
체, 의류, 휴대품 및 유치실을 검사할 수 있다.
② 신체, 의류, 휴대품(이하 '신체 등'이라 한다)의 검사는 동성의 유치인보호관이 실시하여야 한다.
다만, 여성유치인보호관이 없을 경우에는 미리 지정하여 신체 등의 검사방법을 교양 받은 여성경찰관
으로 하여금 대신하게 할 수 있다.
③ 유치인보호관은 신체 등의 검사를 하기 전에 유치인에게 신체 등의 검사 목적과 절차를 설명하고,
제9조의 위험물 등을 제출할 것을 고지하여야 한다.
④ 신체 등의 검사는 유치인보호주무자가 제7조제1항의 피의자입(출)감지휘서에 지정하는 방법으로 유치
장내 신체검사실에서 하여야 하며, 그 종류와 기준 및 방법은 다음 각 호와 같다.
 1. 외표검사 : 죄질이 경미하고 동작과 언행에 특이사항이 없으며 위험물 등을 은닉하고 있지 않다고
 판단되는 유치인에 대하여는 신체 등의 외부를 눈으로 확인하고 손으로 가볍게 두드려 만져 검사한다.
 2. 간이검사 : 일반적으로 유치인에 대하여는 탈의막 안에서 속옷은 벗지 않고 신체검사의를 착용(유치인
 의 의사에 따른다)하도록 한 상태에서 위험물 등의 은닉여부를 검사한다.
 3. 정밀검사 : 살인, 강도, 절도, 강간, 방화, 마약류, 조직폭력 등 죄질이 중하거나 근무자 및 다른 유치
 인에 대한 위해 또는 자해할 우려가 있다고 판단되는 유치인에 대하여는 탈의막 안에서 속옷을 벗
 고 신체검사의로 갈아입도록 한 후 정밀하게 위험물 등의 은닉여부를 검사하여야 한다.

⑤ 제4항제1호와 제2호의 신체 등의 검사를 통하여 위험물 등을 은닉하고 있을 상당한 개연성이 있다고 판단되는 유치인에 대하여는 유치인보호주무자에게 보고하고 제4항제3호의 정밀검사를 하여야 한다. 다만, 위험물 등의 제거가 즉시 필요한 경우에는 정밀검사 후 유치인보호주무자에게 신속히 보고하여야 한다.

⑥ 제4항과 제5항에 의한 신체 등의 검사를 하는 경우에는 부당하게 이를 지연하거나 신체에 대한 굴욕감을 주는 언행 등으로 유치인의 고통이나 수치심을 유발하는 일이 없도록 주의하여야 하며, 그 결과를 근무일지에 기재하고 특이사항에 대하여는 경찰서장과 유치인보호주무자에게 즉시 보고하여야 한다.

⑦ 유치인보호 주무자는 제1항에 따라 검사한 결과 제9조의 위험물 등이 발견되면 제9조제1항에 따른 조치를 취하여야 한다.

Ⅱ. 유치장 수용자에 대한 신체검사의 허용범위

가. 유치장 수용자에 대한 신체검사가 허용되는 범위

행형법에서 유치장에 수용되는 피체포자에 대한 신체검사를 허용하는 것은 유치의 목적을 달성하고, 수용자의 자살, 자해 등의 사고를 미연에 방지하며, 유치장 내의 질서를 유지하기 위한 것인 점에 비추어 보면, 이러한 신체검사는 제한 없이 허용되는 것이 아니라 위와 같은 목적 달성을 위하여 필요한 최소한도의 범위 내에서 또한 수용자의 명예나 수치심을 포함한 기본권이 부당하게 침해되는 일이 없도록 충분히 배려한 상당한 방법으로 행하여져야만 할 것이고, 특히 수용자의 옷을 전부 벗긴 상태에서 앉았다 일어서기를 반복하게 하는 것과 같은 방법의 신체검사는 수용자의 명예나 수치심을 심하게 손상하므로 수용자가 신체의 은밀한 부위에 흉기 등 반입이나 소지가 금지된 물품을 은닉하고 있어서 다른 방법(외부로부터의 관찰, 촉진에 의한 검사, 겉옷을 벗고 가운 등을 걸치게 한 상태에서 속옷을 벗어서 제출하게 하는 등)으로는 은닉한 물품을 찾아내기 어렵다고 볼 만한 합리적인 이유가 있는 때에만 허용된다고 할 것이다.

나. 유치장에 수용된 피의자에 대한 알몸신체검사가 신체검사의 허용범위를 일탈하여 위법한 것인지 여부(적극)

수용자들이 공직선거법상 배포가 금지된 인쇄물을 배포한 혐의로 현행범으로 체포된 여자들로서, 체포될 당시 신체의 은밀한 부위에 흉기 등 반입 또는 소지가 금지된 물품을 은닉하고 있었을 가능성은 극히 낮았다고 할 것이고, 그 후 변호인 접견 시 변호인이나 다른 피의자들로부터 흉기 등을 건네받을 수도 있었다고 의심할 만한 상황이 발생하였기는 하나, 변호인 접견절차 및 접견실의 구조 등에 비추어, 가사 수용자들이 흉기 등을 건네받았다고 하더라도 유치장에 다시 수감되기 전에 이를 신체의 은밀한 부위에 은닉할 수 있었을 가능성은 극히 낮다고 할 것이어서, 신체검사 당시 다른 방법으로는 은닉한 물품을 찾아내기 어렵다고 볼 만한 합리적인 이유가 있었다고 할 수 없으므로, 수용자들의 옷을 전부 벗긴 상태에서 앉았다 일어서기를 반복하게 한 신체검사는 그 한계를 일탈한 위법한 것이다(대법원 2001.10.26. 선고 2001다51466 판결).

고민 해결 3가지 방법

1. 우선 최악의 사태를 생각해 본다.
2. 아무리 해도 피할 수 없다는 것을 알게 되면,
   결연히 각오를 새롭게 한다.
3. 그다음, 마음을 침착하게 먹고
   사태의 개선을 위한 일에 착수한다.

-데일 카네기

제6절 불기소처분에 대한 구제제도

1. 사 례

> 甲은 이웃에 사는 乙에게 2,000만 원을 빌려주었으나 약속일에 이를 갚지 않아 경찰에 고소하였는데 경찰에서는 범죄혐의점 인정할 수 없다며 불기소처분하였다. 이때 甲은 담당 경찰관 申 형사를 찾아와 왜 불기소 처분하였느냐고 항의를 할 때 귀하는 어떻게 그 甲을 설득하겠는가?

2. 법규연구

가. 검찰청법

제10조(항고 및 재항고) ① 검사의 불기소처분에 불복하는 고소인이나 고발인은 그 검사가 속한 지방검찰청 또는 지청을 거쳐 서면으로 관할 고등검찰청 검사장에게 항고할 수 있다. 이 경우 해당 지방검찰청 또는 지청의 검사는 항고가 이유 있다고 인정하면 그 처분을 경정(更正)하여야 한다.
② 고등검찰청 검사장은 제1항의 항고가 이유 있다고 인정하면 소속 검사로 하여금 지방검찰청 또는 지청 검사의 불기소처분을 직접 경정하게 할 수 있다. 이 경우 고등검찰청 검사는 지방검찰청 또는 지청의 검사로서 직무를 수행하는 것으로 본다.
③ 제1항에 따라 항고를 한 자[「형사소송법」 제260조에 따라 재정신청(裁定申請)을 할 수 있는 자는 제외한다. 이하 이 조에서 같다]는 그 항고를 기각하는 처분에 불복하거나 항고를 한 날부터 항고에 대한 처분이 이루어지지 아니하고 3개월이 지났을 때에는 그 검사가 속한 고등검찰청을 거쳐 서면으로 검찰총장에게 재항고할 수 있다. 이 경우 해당 고등검찰청의 검사는 재항고가 이유 있다고 인정하면 그 처분을 경정하여야 한다.
④ 제1항의 항고는 「형사소송법」 제258조제1항에 따른 통지를 받은 날부터 30일 이내에 하여야 한다.
⑤ 제3항의 재항고는 항고기각 결정을 통지받은 날 또는 항고 후 항고에 대한 처분이 이루어지지 아니하고 3개월이 지난 날부터 30일 이내에 하여야 한다.
⑥ 제4항과 제5항의 경우 항고 또는 재항고를 한 자가 자신에게 책임이 없는 사유로 정하여진 기간 이내에 항고 또는 재항고를 하지 못한 것을 소명하면 그 항고 또는 재항고 기간은 그 사유가 해소된 때부터 기산한다.
⑦ 제4항 및 제5항의 기간이 지난 후 접수된 항고 또는 재항고는 기각하여야 한다. 다만, 중요한 증거가 새로 발견된 경우 고소인이나 고발인이 그 사유를 소명하였을 때에는 그러하지 아니하다.

나. 형사소송법

제260조 (재정신청) ① 고소권자로서 고소를 한 자(「형법」 제123조부터 제125조까지의 죄에 대하여는 고발을 한 자를 포함한다. 이하 이 조에서 같다)는 검사로부터 공소를 제기하지 아니한다는 통지를 받은 때에는 그 검사 소속의 지방검찰청 소재지를 관할하는 고등법원(이하 "관할 고등법원"이라 한다)에 그 당부에 관한 재정을 신청할 수 있다.
② 제1항에 따른 재정신청을 하려면 「검찰청법」 제10조에 따른 항고를 거쳐야 한다. 다만, 다음 각 호의 어느 하나에 해당하는 경우에는 그러하지 아니하다.

1. 항고 이후 재기수사가 이루어진 다음에 다시 공소를 제기하지 아니한다는 통지를 받은 경우
2. 항고 신청 후 항고에 대한 처분이 행하여지지 아니하고 3개월이 경과한 경우
3. 검사가 공소시효 만료일 30일 전까지 공소를 제기하지 아니하는 경우
③ 제1항에 따른 재정신청을 하려는 자는 항고기각 결정을 통지받은 날 또는 제2항 각 호의 사유가 발생한 날부터 10일 이내에 지방검찰청검사장 또는 지청장에게 재정신청서를 제출하여야 한다. 다만, 제2항제3호의 경우에는 공소시효 만료일 전날까지 재정신청서를 제출할 수 있다.
④ 재정신청서에는 재정신청의 대상이 되는 사건의 범죄사실 및 증거 등 재정신청을 이유있게 하는 사유를 기재하여야 한다.

3. 내 용

가. 항고

(가) 검찰항고 : 검사의 불기소처분에 불복이 있는 고소인 또는 고발인은 통지받은 날로부터 30일 이내 그 검사가 속하는 지방검찰청 또는 지청을 거쳐 서면으로 관할 고등검찰청 검사장에게 항고

(나) 재항고 : 항고를 기각하는 처분에 불복이 있는 항고인은 그 검사가 속하는 고등검찰청을 거쳐 서면으로 검찰총장에게 30일 이내 재항고

나. 재정신청

고소인 또는 고발인(형법 제123조 내지 제125조의 죄에 한함)은 관할 고등법원에 재정신청을 할 수 있다.

다. 헌법소원

종래 검사의 불기소처분에 불복이 있는 고소인은 불기소처분으로 인하여 헌법상 보장된 기본권을 침해당하였다는 이유로 헌법소원을 제기할 수 있었다. 그러나 개정 형사소송법이 재정신청의 대상범죄를 모든 범죄로 전면 확대함에 따라 더 이상 불기소처분에 대한 헌법소원은 불가능하게 되었다. 헌법소원은 보충성의 원칙에 따라 다른 법률에 구제절차가 있는 경우에는 그 절차를 모두 마쳐야 제기할 수 있고, 법원의 재판에 대하여는 헌법소원이 허용되지 않기 때문이다.

4. 결 론

불기소처분은 종국처분이 아니므로 구제받을 수 있다는 것을 고지

제7절 각종 시효제도

Ⅰ. 공소시효 (형소법 제249조)

비고	사형	무기	장기10년 이상의 징역금고	장기10년 미만의 징역금고	장기5년 미만의 징역금고 장기10년 이상의 자격정지, 벌금	장기5년 이상의 자격정지	장기5년 미만의 자격정지 구류, 과료, 몰수
기간	25	15	10	7	5	3	1
적용 배제	• 사람을 살해한 범죄(종범 제외)로 사형 해당 범죄 • 13세미만자 및 신체 또는 정신장애자 상대 강간추행, 준강간추행, 강간상해치상						
효과	• 검사가 위의 기간동안 공소의 제기를 하지 않고 방치하는 경우 국가의 소추권 소멸 • 면소의 판결, 공소의 제기로 시효의 진행이 정지						

Ⅱ. 형의 시효 (형법 제78조)

비고	사형	무기	10년 이상 징역금고	3년 이상 징역금고 10년 이상 자격정지	3년 미만의 징역금고 5년 이상의 자격정지	5년 미만의 자격정지 벌금, 몰수, 추징	구류, 과료
기간	없음	20	15	10	5	3	1
효과	형을 선고하는 재판이 확정된 후 그 집행을 받음이 없이 위의 기간이 경과하면 형벌의 집행권이 소멸						
중단	• 사형, 징역, 금고, 구류에 있어서는 수형자를 체포함으로 • 벌금, 과료, 몰수, 추징에 있어서는 강제처분 개시						
정지	• 형의 집행의 유예나 정지 또는 가석방 기타 집행할 수 없는 기간 • 형이 확정된 후 그 형의 집행을 받지 아니한 사람이 형의 집행을 면할 목적으로 국외에 있는 기간 동안						

III. 취득시효 (민법 제245조 이하)

종류		요 건	취득시기	기 간
부동산	점유취득	소유의 의사, 평온·공연한 점유	등기한 때	20년
	등기부 취득	선의, 무과실, 소유의사, 평온·공연한 점유	기간경과한 때	10년
동 산		소유의 의사, 평온·공연한 점유	〃	10년
		선의·무과실, 소유의사, 평온·공연한 점유	〃	5년

IV. 소멸시효(민법 제162조 이하)

기 간	대 상 권 리
20년	• 채권 및 소유권 이외의 재산권
10년	• 채권 • 단기이더라도 재판 등에 의해 확정된 채권 • 파산절차에 의하여 확정된 채권 및 재판상의 화해, 조정 기타 판결과 동일한 효력이 있는 것에 의하여 확정된 채권
3년	• 이자, 부양료, 급료, 사용료 기타 1년 이내의 기간으로 정한 금전 또는 물건의 지급을 목적으로 한 채권 • 의사, 조사원, 간호사 및 약사의 치료, 근로 및 조제에 관한 채권 • 도급받은 자, 가사 기타 공사의 설계 또는 감독에 종사하는 자의 공사에 관한 채권 • 변호사, 변리사, 공증인, 공인회계사 및 법무사에 대하 직무상 보관한 서류의 반환을 청구하는 채권 • 생산자 및 상인이 판매한 생산물 및 상품의 대가 • 수공업자 및 제조자의 업무에 관한 채권
1년	• 여관, 음식점, 대석, 오락장의 숙박료, 음식료, 대석료, 소비물의 대가 및 체당금의 채권 • 의복, 침구, 기타 동산의 사용료의 채권 • 노역인, 연예인의 임금 및 그에 공급한 물건의 대금채권 • 학생 및 수업자의 교육, 의식 및 유숙에 관한 교주, 숙주, 교사의 채권

제8절 미성년자(청년) 연령 구분

Ⅰ. 일반법상 연령

법 령	조 항	연 령	규 정 내 용
민 법	제4조	19세	사람은 19세로 성년에 이르게 된다.
형 법	제9조	14세미만	14세가 되지 아니한 자의 행위는 벌하지 아니한다.
형사소송법	제159조	16세미만	선서무능력자
소년법	제2조	19세미만	소년의 정의
청소년기본법	제3조	9~24세	청소년 육성정책에 관한 기본적인 규정(혜택부여)
청년기본법	제3조	9~34세	"청년"이란 19세 이상 34세 이하인 사람

Ⅱ. 특별법상 연령

법 령	조 항	연 령	규 정 내 용
청소년보호법	제2조제1호	19세미만	청소년은 만19세 미만의 자. 다만, 만19세에 도달하는 해의 1월 1일을 맞이한 자를 제외
아동·청소년성보호에관한법률	제2조제1호	19세미만	• 19세미만(청소년보호법과 동일) • 청소년의 성을 사는 행위 금지 등
사행행위등규제및처벌특례법	제12조제4호	19세미만	• 19세미만(청소년보호법과 동일) • 사행행위업소 청소년출입금지
식품위생법	제44조	19세미만	청소년보호법 인용
공중위생관리법			규정없음 ※ 청소년보호법에서 규정
아동복지법	제2조제1항	18세미만	• 아동이란 18세미만의 자 • 신체손상, 성희롱 등 금지
공연법	제2조제5호	18세미만	• 연소자란 18세미만 • 유해한 공연물 관람시키는 행위금지 등
음악산업진흥에 관한법률	제2조제14호	18세미만	• 청소년을 18미만의 자(고교생 포함) • 청소년을 출입시간외에 출입시키는 행위 금지 등
근로기준법	제63조	18세미만	도덕상·보건상 유해·위험한 사업에 사용금지

III. 기타법률

법 령	조 항	연 령	규 정 내 용
병역법	제8조	18세부터	제1국민역 편입
주민등록법	제24조	17세이상	주민등록증 발급대상
총포·도검·화약류등단속법	제19조	18세미만	총포·화약류등 취급·소지금지
공직선거법	제15조	18세이상	대통령 및 국회의원 선거권 있음

인생 처세술

　　　　　　　　　　　　　　　　　　　　－ 지혜로운 삶

유리하다고 교만하지 말고 불리하다고 비굴하지 말라.
무엇을 들었다고 쉽게 행동하지 말고
그것이 사실인지 깊이 생각하여 이치가 명확할 때 과감히 행동하라.
벙어리처럼 침묵하고 임금처럼 말하며 눈처럼 냉정하고 불처럼 뜨거워라.
태산 같은 자부심을 갖고, 누운 풀처럼 자기 자신을 낮추어라.
역경을 참아 이겨내고 형편이 잘 풀릴 때를 조심하라
재물을 오물처럼 볼 줄도 알고 터지는 분노를 잘 다스려라.
때로는 마음껏 풍류를 즐기고 사슴처럼 두려워할 줄도 알고
호랑이처럼 무섭고 사나워라.
이것이 지혜로운 이의 삶이니라.

제9절 인허가 관련 범죄 통보지침

 I. 목적 및 절차

1. 목 적

행정관청으로부터 인·허가, 면허 또는 자격을 취득한 자가 범죄를 범하거나 형이 확정되면 주무관청에서 행정처분을 하도록 특별법에 규정되어 있는 경우 검찰의 처분결과나 재판결과를 주무 행정관청에 통보하여 행정처분을 하게 함으로써 형사입건의 효과를 증대시키고 행정처분의 누락이나 지연처분 등의 부조리 요인을 근절하는 데 있다.

2. 절 차

가. 사법경찰관 인지 단계 통보

사법경찰관은 입건 시 입건 통보하고 사건 송치할 때 송치서에 "인허가 관련 범죄입건 통보필" 내용을 표시한다.

나. 인허가 관련 범죄 재판결과 통보

재판결과 통보를 요하는 사건의 재판결과 확정 시 공소제기한 검찰청 사건계에서 통보한다.

II. 통보대상 범죄

1. 재판결과에 의거, 행정처분할 수 있는 범죄

별첨 1과 같음

2. 인허가 관련 범죄입건(또는 처분) 통보

별첨 2와 같음

<별첨 1>

재판결과 통보에 의거 행정처분할 수 있는 범죄

○ 의료법 제52조 제1항 제1호(면허취소) : 보건복지부장관
 - 금고 이상의 형을 선고받은 때
○ 약사법 제71조 제1항(약사면허 취소) : 보건복지부장관
 - 금고 이상의 형을 선고받은 때
○ 마약류관리에관한법률 제44조(허가취소) : 보건복지부장관, 시장, 도지사
 - 금고 이상의 형의 선고를 받은 때
○ 공인회계사법 제9조(등록취소) : 기획재정부장관
 - 금고 이상의 실형의 선고를 받고 그 집행이 종료(집행이 종료된 것으로 보는 경우를 포함한다)되거나 그 집행이 면제된 날부터 5년이 경과되지 아니한 자
 - 금고 이상의 형의 집행유예선고를 받고 그 유예기간이 종료된 날부터 2년이 경과되지 아니한 자
 - 금고 이상의 형의 선고유예를 받고 그 선고유예 기간에 있는 자
○ 공인노무사법 제19조(허가취소 등) : 고용노동부장관
 - 금고이상의 형의 선고를 받고 그 집행이 종료되거나 그 집행을 받지 아니하기로 확정된 후 3년을 경과하지 아니한 때
 - 형의 집행유예를 선고받고 그 기간이 만료된 날로부터 2년이 경과되지 아니한 때
 - 금고이상의 형의 선고유예기간 중에 있는 때
○ 법무사법 제10조(등록취소 등) : 대한법무사협회, 대법원장
 - 금고이상의 형의 선고를 받고 그 집행이 종료되거나 집행이 면제된 날부터 5년이 경과되지 아니한 자
 - 금고이상의 형의 집행유예를 선고받고 그 유예기간이 만료된 날부터 2년이 경과되지 아니한 자
 - 금고이상의 형의 선고유예를 받고 그 유예기간 중에 있는 자
○ 유통산업발전법 제11조 제1항(등록의 취소등) : 시장군수구청장
 - 징역의 실형을 선고받고 그 집행이 종료되거나 집행이 면제된 날부터 1년이 경과되지 아니한 자
 - 징역형의 집행유예선고를 받고 그 유예기간 중에 있는 자
○ 자동차관리법 제54조 제2항(자동차관리사업의 등록취소등) : 시장군수구청장
 - 징역이상의 형을 선고받고 그 집행이 종료되거나 그 집행을 받지 아니하기로 확정된 후 2년이 경과되지 아니한 자
 - 집행유예 기간 중에 있는 자
○ 위생사에관한법률 제3조(위생사면허 취소) : 보건복지부장관
 - 금고이상의 실형의 선고를 받고 그 집행이 종료되지 아니하거나 면제되지 아니한 자

〈별첨 2〉

"인허가 관련 범죄입건(또는 처분)"에 의거 행정처분할 수 있는 범죄

근거법률	안허가 종류 (근거조문)	행정처분절차		
		처분권자	처분내용	근거조문
부동산가격공시및감정평가에 관한법률 (구 지가공시및토지등의 평가에관한법률)	감정평가사무소 개설신고(제27조)	국토교통부장 관	인가취소등	제38조
관광진흥법	여행업등록 (제4조 제1항)	문화체육관광 부장관	등록취소등	제35조
	관광숙박업 등록 (제4조 제2항)	문화체육관광 부장관	등록취소등	제35조
	관광종사원 자격 취득 (제38조 제2항)	문화체육관광 부장관	자격취소등	제40조
관세법	특허보세구역 설차·운영특허 (제174조 제1항)	세관장	특허취소	제178조 제1항
건설산업기본법	일반건설업등록·전문건 설업등록 (제9조 제1항)	국토교통부장 관	영업정지등	제82조 제1항 제2항
			등록말소등	제83조
건축사법	건축사 자격의 취득 (제7조 제1항)	국토교통부장 관	자격의 취소등	제11조 제1 항
	건축사 업무신고등 (제23조)	국토교통부장 관	건축사업무 신고 등의 효력상실처 분	제28조
계량에관한법률	계량기 제작업등 등록 (제6조)	사도지사	등록의 취소 또 는 사업의 정지	제38조
광업법	광업권 설정 허가등록 (제28조 제1항)	산업통상부부 장관	광업권취소등	제35조
	조광권 설정인가 (제52조 제1항)	산업통상부부 장관	조광권취소등	제57조
공연법	공연장업의 등록 (제9조)	시장, 군수, 구청장	영업정지등	제33조 제34조

근거법률	안·허가 종류 (근거조문)	행정처분절차		
		처분권자	처분내용	근거조문
공유수면관리법	점용 및 사용허가 (제5조)	국토교통부장 관 시장·군수·구 청장	허가취소등	제17조
공유수면매립법	공유수면 매립면허 (제9조 제1항)	국토교통부장 관	면허취소등	제32조
공중위생관리법	영업의 신고 (제3조)	시장, 군수, 구청장	영업소폐쇄등	제11조
	이·미용사 면허등(제6 조)	사도지사	면허취소등	제7조
농어촌정비법	사업시행인가 (제12조)	농림수산식품 부장관 사도지사	허가취소등	제102조
농수산물유통및가격안정에관한 법률	시장 도매인의 지정 (제36조 제1항)	농림수산식품 부장관 사도지사	업무정지등	제82조 제2항
	중도매업의 허가 (제25조 제1항)	사도지사	업무정지등	제82조 제3항
농약관리법	제조업·원제업·수입업 등록 (제3조 제1항)	농촌진흥청장	등록취소등	제7조 제1항
	판매업 등록 (제3조 제2항)	시장·군수·구 청장	등록취소등	제7조 제2항
	방제업 신고 (제3조의 2)	국립식물검역 기관의장	영업정지	제7조 제3항
도로교통법	운전면허 (제80조)	시도경찰 청장	면허취소등	제93조
도로법	도로 점용허가 (제40조 제1항)	관리청	허가취소	제74조
도시가스사업법	도시가스사업허가 (제3조)	산업통상부부 장관, 사도지 사	허가취소등	제9조

근거법률	인·허가 종류 (근거조문)	행정처분절차		
		처분권자	처분내용	근거조문
도시공원및녹지등에관한법률 (구 도시공원법)	도시공원의 점용허가 (제24조 제1항)	특별·광역시장, 시장·군수	허가취소등	제45조
	녹지의 점용허가 (제38조 제1항)	특별·광역시장, 시장군수	허가취소등	제45조
유해화학물질관리법	유독물영업의 등록 (제20조 제1항)	환경부장관	등록취소등	제27조
마약류관리에관한법률	마약류취급자의 허가지정 (제6조)	식품의약품안 전청장, 사도 지사	허가취소등	제31조
장사등에관한법률	사설묘지설치등 (제13조, 제14조)	시장, 군수, 구청장	사설묘지 설치자등에대한 처분	제26조
	장례식장영업 (제29조)	시장, 군수, 구청장	시정명령	제32조
사행행위등규제및처벌특례법	사행행위 영업허가등 (제4조 제1항)	경찰청장, 시 도경찰청장	허가취소등	제21조
	사행기구 제조업 허가등 (제13조 제1항)	경찰청장, 시 도경찰청장	허가취소등	제21조
공인중개사의업무및부동산거래신 고에관한법률(구 부동산중개업법)	중개사무소의 개설등 록 (제9조 제1항)	시장, 군수, 구청장	허가취소, 업무정지	제38조, 제39조
	공인중개사 자격 (제4조)	사도지사	자격취소	제35조 제36조
비료관리법	비료생산업 등록 (제11조)	시장군수구청 장	등록취소등	제20조 제1항
	비료수입업의 신고 (제12조 제1항)	시장군수구청 장	영업정지	제20조 제2항
사격및사격장단속법	사격장 설치허가 (제6조)	시도경찰청장, 경찰서장(공기 총)	허가취소	제18조
법무사법	법무사 등록 (제7조)	대한법무사협 회, 대법원장	등록취소	제 1 0 조 내지 제 12조
		지방법원장	징계처분	제48조

근거법률	안·허가 종류 (근거조문)	행정처분절차		
		처분권자	처분내용	근거조문
사료관리법	제조업의 등록등 (제8조)	시·도지사	등록취소등	제23조
학원의설립운영및과외교습에관한 법률	학원의 설립·운영의 등록(제6조)	교육감	등록말소등	제17조 제1항
	교습소 설립·운영의 신고등 (제14조 제1항)	교육감	교습소폐지등	제17조 제2항
사회복지사업법	법인 설립허가 (제16조 제1항)	보건복지가족 부장관	허가취소등	제26조 제1항
산림자원의조성및관리에관한법률 (구 산림법)	종묘생산업의 등록등 (제16조 제1항)	시·도지사	등록취소	제16조 제3항
석유및석유대체연료사업법 (구 석유사업법)	석유정제업의 등록등 (제5조 제1항)	산업통상부부 장관	등록취소등	제13조 제1항
	석유판매업의 등록등 (제10조 제1항)	산업통상부부 장관, 시·도지 사	등록취소등	제13조 제3항
	석유수출업의 등록등 (제9조 제1항)	산업통상부부 장관	등록취소등	제13조 제2항
석탄산업법	석탄가공업의 등록등 (제17조 제1항)	시장·군수·구 청장	등록취소등	제21조 제1항
세무사법	세무사 등록 (제6조)	기획재정부장 관	등록취소등	제7조, 제17조
소방시설설치유지및안전관리에관 한법률 (구 소방법)	소방시설관리업의 등록 (제29조 제1항)	시·도지사	등록취소등	제34조
	방염처리업등록 (제19조)	시·도지사	등록취소등	제15조
소방시설공사업법(구 소방법)	소방시설업등록 (제4조 제1항)	시·도지사	등록취소등	제9조
수의사법	수의사 면허 (제4조)	농림수산식품 부장관	면허취소등	제32조

근거법률	인허가 종류 (근거조문)	행정처분절차		
		처분권자	처분내용	근거조문
수산업법	면허 어업 (제8조)	시장, 군수, 구청장	면허취소	제37조
	어획물 운반업 등록(제49조)	시장, 군수, 구청장	등록취소등	제50조
수산물품질관리법	수산물 가공업 등록등(제19조)	국토교통부장관 사도지사	등록취소등	제20조
식품위생법	영업의 허가 (제22조 제1항)	식품의약품안전청장, 사도지사, 사군수, 구청장	허가취소등	제58조
	영업의 신고 (제22조 제5항) ※조리사 및 영양사 면허관계(제36조, 제37조, 제63조)	식품의약품안전청장, 사도지사, 시군수, 구청장	영업소의 폐쇄	제58조
신용정보의이용및보호에관한법률	신용정보업영업 허가(제4조)	금융감독위원회	허가취소등	제12조
아동복지법	아동복지시설 설치신고 (제14조 제2항)	보건복지부장관, 사도지사 시장·군수·구청장	사업정지등	제21조
액화석유가스의안전관리및사업법	액화석유가스 충전사업등 허가 (제3조 제1항)	사도지사	허가취소등	제9조
	액화석유가스 판매사업 허가 (제3조 제2항)	시장, 군수, 구청장	허가취소등	제9조
	액화석유가스 저장소 설치허가 (제5조 제1항)	시장, 군수, 구청장	허가취소등	제9조
약사법	약사면허 (제3조 제1항)	보건복지가족부장관	면허취소등	제79조
	약국 개설 등록 (제20조 제2항)	시장, 군수, 구청장	등록취소등	제76조 제1항
	의약품등 제조업 허가(제36조 제1항)	식품의약품안전청장	허가취소등	제76조 제1항
	의약품등 수입업 허가(제42조 제1항)	식품의약품안전청장	허가취소등	제76조 제1항
	의약품 판매업 허가(제45조 제2항)	특별시장 광역시장 도지사	허가취소등	제76조 제1항

근거법률	인·허가 종류 (근거조문)	행정처분절차		
		처분권자	처분내용	근거조문
양곡관리법	양곡 가공업의 등록(제19조)	시장·군수·구 청장	등록취소등	제21조
어선법	어선건조 허가등(제8 조)	국토교통부장 관 또는 사 도지사	허가취소	제10조
에너지이용합리화법	에너지 절약 전문기업 의 등록 (제22조 제1항)	산업통상부부 장관	등록취소	제23조
	특정 열사용기 자재의 시공업자 등록 (제51조)	산업통상부부 장관	등록말소	제56조
영화및비디오물의진흥에관한법률 (구 영화진흥법)	영화상영관의 등록 (제36조 제1항)	시장·군수·구 청장	영업정지등	제45조
	비디오물제작업신고(제 57조제1항)	시장·군수·구 청장	영업정지등	제67조
	비디오물시청제공업(제 58조 제1항)	시장·군수·구 청장	영업정지등	제67조
원자력법	발전용 원자로 건설 허가등 (제11조 제1항)	교육과학기술 부장관	허가취소등	제17조
	발전용 원자로등 운영 허가 (제21조 제1항)	교육과학기술 부장관	허가취소등	제24조
	연구용 원자로등의 건 설운영허가 (제33조 제1항)	교육과학기술 부장관	허가취소등	제35조
	핵연료 주기사업의 허가 (제43조 제1항)	교육과학기술 부장관	허가취소등	제46조
	핵물질 사용허가 (제57조 제1항)	교육과학기술 부장관	허가취소등	제60조
	방사성동위원소등 사 용 허가 (제65조 제1항)	교육과학기술 부장관	허가취소등	제68조
	폐기시설등의 건설운 영 허가 (제76조 제1항)	교육과학기술 부장관	허가취소등	제79조
	원자로 운전면허등(제 91조)	교육과학기술 부장관	면허취소	제93조
방송법	유선방송 사업허가 (제9조 제2항)	방송통신위원 회	허가취소등	제18조

근거법률	안·허가 종류 (근거조문)	행정처분절차		
		처분권자	처분내용	근거조문
게임산업진흥에관한법률 (구 음반·비디오물및게임물에관한 법률	게임제작업등의 등록 (제25조 제1항)	시장·군수·구 청장	허가취소등	제35조 제1항,제2 항
	게임제공업등의 허가 (제26조 제1항, 제2항, 제3항)	시장군수 구 청장	허가취소등	제35조 제1항,제2 항
음악산업진흥에관한법률 (구 음반·비디오물및게임물에관한 법률)	음반.음악영상물제작업 등의 신고	시장군수 구 청장	등록취소등	제27조
	노래연습장의 등록	시장군수 구 청장	등록취소등	제27조
의료법	의사,치과의사및한의사 면허 (제5조)	보건복지부장 관	면허정지	제66조
			면허취소	제65조
	조산사 면허 (제6조)	보건복지부장 관	면허자격 정지	제66조
	간호사 면허 (제7조)	보건복지부장 관	면허자격 정지	제66조
	의료법인 설립허가(제 48조)	사도지사	설립허가 취소등	제51조
	의료기관 개설허가(제 33조 제4항)	보건복지가족 부장관, 사도 지사, 시장·군수·구 청장	개설허가 취소등	제64조
의료기사등에관한법률	의료기사 면허 (제4조 제1항)	보건복지가족 부장관	면허취소, 자격정지	제21조 제22조
자동차관리법	등록번호판 교부 대행자의 지정 (제20조 제1항)	사도지사	지정취소	제21조 제2항
	검사 대행자 지정 (제44조 제1항)	국토교통부장 관	지정취소	제 4 4 조 제3항
여객자동차운수사업법	자동차 운송사업 면허등 (제5조 제1항)	국토교통부장 관	면허취소등	제76조 제1항
	여객자동차터미널 사 업 면허 (제37조 제1항)	사도지사	면허취소등	제76조 제1항
자연공원법	공원구역내 행위허가 (제23조 제1항)	공원관리청	허가취소등	제30조

근거법률	인·허가 종류 (근거조문)	행정처분절차		
		처분권자	처분내용	근거조문
전기공사업법	공사업의 등록 (제4조 제1항)	지식경제부장 관	등록취소등	제28조
전기사업법	전기사업의 허가 (제7조 제1항)	지식경제부장 관	허가취소등	제 1 2 조 제1항
전기용품안전관리법	안전인증기관의 지정 등 (제3조)	지식경제부장 관	지정취소등	제4조
	안전인증등 (제5조)	안전인증기관	안전인증취소	제9조
전염병예방법	소독업의 신고 (제40조의 3)	사도지사	영업의정지 명령등	제40조의 8
야생동·식물보호법 (구 조수보호및수렵에관한법률)	수렵 면허 (제44조)	시장·군수·구 청장	면허취소등	제44조
	멸종위기야생동식물의 포획허가(제14조)	환경부장관	허가취소	제15조
	박제업자의 등록등(제 40조 제1항)	시장, 군수, 구청장	등록취소	제40조 제5항
주택법	주택건설 사업 등의 등록 (제9조 제1항)	국토교통부장 관	등록말소등	제 1 3 조 제1항
	주택관리업 등록 (제53조)	시장·군수·구 청장	등록말소등	제54조
건설기계관리법	건설 기계조종사 면허(제26조)	사도지사	면허취소등	제28조
직업안정법	무료직업소개 사업 신고(제18조 제1항)	노동부장관, 시장, 군수, 구청장	사업정지	제36조
	유료직업소개 사업 등록(제19조 제1항)	노동부장관, 시장, 군수, 구청장	등록취소	제36조
	근로자 공급사업 허가 (제33조 제1항)	노동부장관	허가취소	제36조
	직업정보 제공사업의 신고 (제23조)	노동부장관	사업정지	제36조
초지법	초지조성 허가 (제5조 제1항)	시장, 군수	허가취소등	제12조

근거법률	인·허가 종류 (근거조문)	행정처분절차		
		처분권자	처분내용	근거조문
총포·도검·화약류등단속법	제조업 허가 (제4조)	경찰청장	허가취소등	제45조 제1항
	판매업의 허가 (제6조)	시도경찰청장	허가취소등	제45조 제1항
	총포등 소지허가 (제12조)	시도경찰청 장, 경찰서장	허가취소등	제46조
	화약류의 사용허가 (제18조)	경찰서장	허가취소등	제46조
	화약류 저장소 설치 허가(제25조)	시도경찰청 장, 경찰서장	허가취소등	제45조 제2항
	화약류 제조보안 책임자등 면허 (제28조)	시도경찰청 장,	면허취소등	제30조
축산물가공처리법	축산물가공업등 영업 허가 (제22조 제1항)	사도지사 시장·군수·구 청장	허가취소등	제27조
폐기물관리법	일반폐기물처리업 허가 (제25조 제3항)	사도지사	허가취소등	제28조
	지정폐기물처리업 허가 (제25조 제3항)	환경부장관	허가취소등	제28조
하천법	하천점용 허가 (제33조 제1항)	해양부장관 사도지사	허가취소등	제64조 제1항
마약류관리에관한법률	마약류취급자의 허가 지정 (제6조 제1항)	식품의약품안 전청장, 사도 지사 시장·군수·구 청장	허가취소등	제44조
수질및수생태계보전에관한법률 (구 수질환경보전법)	배출시설 설치허가 (제33조 제1항)	환경부장관	허가취소	제42조
	폐수처리업 등록 (제62조 제1항)	환경부장관	등록취소등	제64조
대기환경보전법	배출시설 설치허가 (제23조 제1항)	환경부장관	허가취소	제36조

제10절 기상주의보 · 특보 발표기준

구 분		주 의 보	경 보
강 풍		육상에서 풍속 14m/s 이상 또는 순간풍속 20m/s이상이 예상될 때. 다만, 산지는 풍속 17m/s 이상 또는 순간풍속 25m/s 이상이 예상될 때	육상에서 풍속 21m/s 이상 또는 순간풍속 26m/s 이상이 예상. 다만, 산지는 풍속 24m/s 이상 또는 순간풍속 30m/s 이상이 예상
풍 랑		해상에서 풍속 14m/s 이상이 3시간 이상 지속되거나 유의파고가 3m를 초과할 것으로 예상	해상에서 풍속 21m/s 이상이 3시간 이상 지속되거나 유의파고가 5m를 초과할 것으로 예상
호 우		6시간 강우량이 70mm이상 예상되거나 12시간 강우량이 110mm이상 예상	6시간 강우량이 110mm이상 예상되거나 12시간 강우량이 180mm이상 예상
대 설		24시간 신적설이 5cm이상 예상	24시간 신적설이 20cm이상 예상. 다만, 산지는 24시간 신적설이 30cm이상 예상
건 조		실효습도 35%이하가 2일 이상 지속될 것이 예상	실효습도 25% 이하가 2일 이상 지속될 것이 예상
해 일	폭풍	천문조, 폭풍, 저기압 등의 복합적인 영향으로 해수면이 상승하여 발효기준값 이상이 예상. 다만, 발효기준값은 지역별로 별도지정	천문조, 폭풍, 저기압 등의 복합적인 영향으로 해수면이 상승하여 발효기준값 이상이 예상. 다만, 발효기준값은 지역별로 별도지정
	지진	한반도 주변해역(21N~45N,110E~145E)등에서 규모 7.0 이상의 해저지진이 발생하여 우리나라 해안가에 해일파고 0.5~1.0m 미만의 지진해일 내습이 예상	한반도 주변해역(21N~45N, 110E~145E)등에서 규모 7.0 이상의 해저지진이 발생하여 우리나라 해안가에 해일파고 1.0m 이상의 지진해일 내습이 예상될때
한 파		10월~4월에 다음 중 하나에 해당하는 경우 ① 아침 최저기온이 전날보다 10℃ 이상 하강하여 3℃ 이하이고 평년값보다 3℃가 낮을 것으로 예상 ② 아침 최저기온이 −12℃ 이하가 2일 이상 지속될 것이 예상 ③ 급격한 저온현상으로 중대한 피해가 예상	① 아침 최저기온이 전날보다 15℃ 이상 하강하여 3℃ 이하이고 평년값보다 3℃가 낮을 것으로 예상 ② 아침 최저기온이 −15℃ 이하가 2일 이상 지속될 것이 예상 ③ 급격한 저온현상으로 광범위한 지역에서 중대한 피해가 예상
태 풍		태풍의 영향으로 강풍, 풍랑, 호우 또는 해일현상 등이 주의보 기준에 도달할 것으로 예상	① 강풍(또는 풍랑) 경보 기준에 도달할 것으로 예상 ② 총 강우량이 200mm이상 예상 ③ 폭풍해일 경보 기준에 도달할 것으로 예상
황 사		황사로 인해 1시간 평균 미세먼지(PM10) 농도 500μg/㎥ 이상이 2시간 이상 지속될 것으로 예상	황사로 인해 1시간 평균 미세먼지(PM10) 농도 800μg/㎥ 이상이 2시간 이상 지속될 것으로 예상
폭 염		일최고기온이 33℃ 이상인 상태가 2일 이상 지속될 것으로 예상	일최고기온이 35℃ 이상인 상태가 2일 이상 지속될 것으로 예상

제11절 법원판결문 사건별 기호표

❋ 법원판결문 및 판례를 검색하다보면 각종 부호가 있는데 이들 부호에 대한 부여되는 근거를 제시함

가합 : 민사 제1심 합의	파 : 비송사건
가단 : 민사 제1심 단독	회 : 회사정리사건
가소 : 민사소액사건	하 : 파산사건
나 : 민사항소	거 : 화의사건
다 : 민사상고	너 : 가사조정사건
라 : 민사항고	러 : 민사공조사건
마 : 민사재항고	머 : 민사조정사건
그 : 민사특별항고	호파 : 호적비송사건(호적과태료사건포함)
바 : 민사준항고	과 : 과태료사건
자 : 화해	고합 : 형사제1심합의공판사건
차 : 독촉	감고 : 감호제1심사건
카합 : 민사신청사건중 가압류, 가처분 및 이에 대한 이의, 취소(집행취소는 제외)사건중 합의사건	고단 : 형사 제1심 단독공판사건
	고약 : 약식사건
카단 : 민사신청사건중 가압류, 가처분 및 이에 대한 이의, 취소(집행취소는 제외)사건중 단독사건	노 : 형사항소공판사건
	감노 : 감호항소사건
	도 : 형사상고공판사건
카공 : 공시최고사건	감도 : 감호상고사건
카담 : 담보취소, 담보제공, 담보물변환, 담보권리행사최고사건	로 : 형사항고사건
	감로 : 감호항고사건
카기 : 기타민사신청사건	모 : 형사재항고사건
타경 : 부동산등 경매사건	감모 : 감호재항고사건
타기 : 기타집행사건	보 : 형사준항고
	오 : 비상상고

감오 : 감호비상상고	카허 : 특허신청사건
조 : 즉결심판사건	후 : 특허상고
초 : 형사신청사건	느합 : 가사비송합의
감초 : 감호신청사건	느단 : 가사비송단독
코 : 형사보상청구사건	드합 : 가사제1심소송합의
감토 : 감호공조사건	드단 : 가사제1심소송단독
구 : 행정제1심사건	르 : 가사항소
누 : 행정상고사건	므 : 가사상고
두 : 행정상고사건	브 : 가사항고
루 : 행정특별항고	스 : 가사재항고
부 : 행정준항고	으 : 가사특별항고
아 : 행정신청	즈 : 가사신청
수 : 선거소송사건	츠 : 가사공조
수호 : 선거항고(재항고, 준항고, 특별항고) 사건	크 : 소년보호항고
	트 : 소년보호재항고
우 : 선거상고	정 : 감치, 과태료재판사건
주 : 선거신청	(법정 등의 질서유지를 위한 재판에 관한
추 : 특별소송	규칙에 의한 사건 및 가사사건의무불이행
쿠 : 특별신청	에 대한 제재 이하 같다.)
푸 : 소년보호	정로 : 감치, 과태료항고
허 : 특허제1심사건	정모 : 감치, 과태료 특별항고
흐 : 특허재항고	선 : 선박소유자등의 책임제한사건
히 : 특허특별(준)항고	유 : 유류오염손해배상책임제한사건

제12절 법정 계량 단위 "단위 환산표"

1. 길이 (SI 단위 : m)

단 위	m 로 환산	통용 단위로 표시	비 고
자(尺)	3.03030×10^{-1} m	30.3030 cm	1 자 = 10/33 m
간(間)	1.81818 m	1.81818 m	1 간 = 6 자
정(町)	1.09091×10^{2} m	109.091 m	1 정 = 60 간
리(里)	3.92727×10^{3} m	3.92727 km	1 리 = 36 정
인치(in)	2.54×10^{-2} m	2.54 cm	1 in = 2.54 cm
피트(ft)	3.048×10^{-1} m	30.48 cm	1 ft = 12 in
야드(yd)	9.144×10^{-1} m	0.9144 m	1 yd = 3 ft
마일	1.60934×10^{3} m	1.60934 km	1 마일 = 1760 yd
해리	1.852×10^{3} m	1.852 km	1 해리 = 1852 m

2. 넓이 (SI 단위 : ㎡)

단 위	m2 로 환산	통용 단위로 표시	비 고
제곱자	9.18274×10^{-2} m2	918.274 cm2	
평(坪)	3.30579 m2	3.30579 m2	1 평 = 36 제곱자 1 평 = 400/121 m2
단(段)	9.91736×10^{2} m2	991.736 m2	1 단 = 300 평
정(町)	9.91736×10^{3} m2	99.1736 a	1 정 = 10 단 1 아르(a) = 100 m2
제곱피트(ft2)	9.29030×10^{-2} m2	929.030 cm2	
제곱야드(yd2)	8.36127×10^{-1} m2	0.836127 m2	
에이커(acre)	4.04686×10^{3} m2	40.4686 a	1 acre = 4840 yd2
제곱마일	2.58999×10^{6} m2	258.999 ha	1 제곱마일 = 640 acre 1 ha = 100 a

3. 부피, 용량 (SI 단위 : m³)

단 위	m3 로 환산	통용 단위로 표시	비 고
작(勺)	1.80391 × 10−5 m3	18.0391 mL	1 작 = 1/10 홉
홉(合)	1.80391 × 10−4 m3	180.391 mL	1 홉 = 1/10 되
되(升)	1.80391 × 10−3 m3	1.80391 L	1 되 = 2401/1331000 m3
말(斗)	1.80391 × 10−2 m3	18.0391 L	1 말 = 10 되
섬(石)	1.80391 × 10−1m3	180.391 L	1 섬 = 10 말
용적톤 (register ton)	2.83168 m3	2.83168 m3	1 register ton= 100 ft3

4. 야드파운드법 액체용량(SI 단위 : m³ 또는 L)

단 위	m3 로 환산	통용 단위로 표시	비 고
갤런(미)	3.78541 × 10−3 m3	3.78541 L	정확히 정의된 값 : 1 갤런 (미)= 3.785 411 784 L
쿼트(미)	9.46353 × 10−4 m3	9.46353 × 10−1 L	1 gallon = 4 quart
파인트(미)	4.73176 × 10−4 m3	4.73176 × 10−1 L	1 quart = 2 pint
액체온스	2.95735 × 10−5 m3	29.5735 mL	1 pint = 16 fl oz
갤런(영)	4.54609 × 10−3 m3	4.54609 L	정확히 정의된 값 : 1 갤런(영)= 4.54609 L
쿼트(영)	1.13652 × 10−3 m3	1.13652 L	1 gallon = 4 quart
파인트(영)	5.68261 × 10−4 m3	5.68261 × 10−1 L	1 quart = 2 pint
액체온스 (캐)	2.84131 × 10−5 m3	28.4131 mL	1 pint = 20 fl oz

5. 질량 (SI 단위 : kg)

단 위	kg 로 환산	통용 단위로 표시	비 고
관(貫)	3.75 kg	3.75 kg	1 관 = 3.75 kg
근(斤)	0.6 kg	600 g	1 근 = 600 g
돈	$3.75 \times 10{-}3$ kg	3.75 g	1 돈 = 1/1000 관
파운드(상형)	$4.53592 \times 10{-}1$ kg	0.453592 kg	정확히 정의된 값 : 1 lb (avoirdupois) = .45359237 kg
온 스(상형)	$2.83495 \times 10{-}2$ kg	28.3495 g	1 oz (avdp.) = 1/16 lb (avdp.)
파운드(금형)	$3.73242 \times 10 {-}1$ kg	0.373242 kg	1 lb (troy) = 12 oz (troy)
온 스(금형)	$3.11035 \times 10 {-}2$ kg	31.1035 g	1 oz (troy) = 480 grain
그레인	$6.47989 \times 10 {-}5$ kg	64.7989 mg	정확히 정의된 값 : 1 grain = 64.79891 mg
톤(tonne)	1×103 kg	1000 kg	메트릭 톤(metric ton)
영국 톤 (long ton)	1.01605×103 kg	1016.05 kg	1 영국 톤 = 2240 lb (상형)
미국 톤 (short ton)	9.07185×102 kg	907.185 kg	1 미국 톤 = 2000 lb (상형)

6. 힘(SI 단위 : N)

단 위	N 로 환산	통용 단위로 표시	비 고
다인(dyn)	$1.0 \times 10{-}5$ N	10.0 N	
킬로그램-힘(kgf)	9.80665 N	9.80665 N	
파운드-힘(lbf)	4.44822 N	4.44822 N	g n = 9.80665 m/s2 사용
파운달(poundal)	$1.38255 \times 10{-}1$ N	0.138255 N	

제13절 정약용의 목민심서
『형전육조』(刑典六條)

I. 청송(聽訟 : 진상을 정확히 파악하여 소송을 판결)

소송 판결의 근본은 성의에 있고 성의의 근본은 신독(愼獨)에 있다. 그다음으로 먼저 자신을 바르게 하고서 백성을 경계하고 가르쳐서 잘못을 바르게 잡아 줌으로써 또한 송사(訟事)하는 일이 없도록 해야 한다.

송사 처리를 물 흐르는 것처럼 쉽게 하는 것은 타고난 재질이 있어야 할 수 있는 일이지만 그 방법은 매우 위험하다. 송사 처리는 반드시 사람의 마음을 속속들이 파헤쳐야만 법이 사실에 맞게 된다. 그러므로 간략히 송사하려는 자는 그 판결이 반드시 늦어지게 하는데, 한 번 판결을 내리고 나면 다시 일어나지 않게 하기 위해서인 것이다.

막히고 가려져서 통하지 못하면 민정이 답답해진다. 달려와서 호소하려는 백성들로 하여금 부모의 집에 들어오는 것같이 편하게 하면 이것은 어진 목민관인 것이다. 소송이 있을 때 급하게 달려와서 고하는 자는 이를 그대로 믿어서는 안 된다. 여유 있게 응하면서 그 사실을 살펴야 한다.

한마디 말로 옥사(獄事)를 귀신같이 결단하고 판결하는 것은 천재만이 할 수 있으니 보통사람은 마땅히 본받을 바가 아니다.

인륜의 송사는 하늘이 정한 떳떳한 도리에 관계되는 것이니 분명하게 밝혀 가려내야 한다.

형제간에 송사(訟事)로 서로 다툼은 의를 잊고 재물에 눈이 어두운 자들이 하는 것이니 마땅히 엄하게 징계하여야 한다.

농토에 관한 송사는 백성의 재산에 관계되는 것이니 공정하게 하여야 백성이 복종할 것이다.

소나 말의 송사는 옛날 사람이 남긴 좋은 판례가 많으니 이를 본받아야 한다.

재물이나 비단의 송사는 문서로 증거 할 것이 없으나 진정인지 거짓인지를 가려내면 피할 수 없을 것이다. 허(虛)하고 밝은 마음이 만물을 비추면 인덕(人德)이 미물인 새에게까지도 미칠 것이다. 그리하여 기이한 판결의 소문이 퍼지면 그의 빛나는 명성이 널리 알려지게 될 것이다.

묘지에 대한 송사는 이제 폐단이 되었다. 싸우고 때려서 죽이는 것이 반은 여기에서 일어나고 발굴의 변을 스스로 효도 때문이라고 하니 송사의 판결을 밝게 하지 않을 수 없는 것이다. 국가의 법전에 기재되어 있는 것이 또한 일정한 법이 없어 이렇게도 하고 저렇게도 할 수 있으니 오직 관의 마음대로 할 수 있는 것이다. 그렇기 때문에 백성의 뜻이 정하여 지지 않고 쟁송(爭訟)이 번거롭게 되는 것이다. 탐욕과 의혹이 깊어서 도둑질하고 빼앗는 일이 서로 잇달으니 알아서 처결하기 어려운 것이 다른 송사의 갑절이나 된다.

채권 관계의 소송은 마땅히 권형(權衡)이 있어야 하니 심하게 독촉해서 받아주기도 하고 은혜를 베풀어서 빚을 탕감해 주기도 하여 고지식하게 법만을 지킬 것이 아니다.

병역 관계 소송으로 마을이 서로 다툴 때 그 근원과 계통을 알아본다면 확연하게 어느 한쪽으로 결정지을 수 있을 것이다.

송사 판결의 근본은 오로지 문서에 달려 있으니 그 속에 감추어진 간사한 것을 들추고 숨겨져 있는 사특한 것을 밝혀내야 하는데 그것은 오직 현명한 사람만이 할 수 있는 것이다.

Ⅱ. 단옥(斷獄 : 신중과 명결)

옥사(獄事)를 처단하는 요령은 밝고 삼가는 데 있을 따름이다. 사람의 죽고 사는 것이 나 한 사람의 살핌에 달려 있으니 어찌 밝지 않을 수 있을 것인가. 또 사람의 죽고 사는 것이 나 한 사람의 생각에 달려 있으니 어찌 삼 가지 않을 수 있을 것인가.

큰 옥사가 만연(蔓延)하게 되면 원통한 자가 열이면 아홉은 된다. 내 힘이 미치는 대로 남몰래 구해 준다면 덕을 심어서 복을 구하는 일이니 이보다 큰 것이 없다. 그 괴수는 죽이고 이에 연루된 자들은 용서해 준다면 원통한 일이 없을 것이다.

의옥(疑獄)은 밝히기가 어려우니 평반(平反)을 힘쓰는 것이 천하의 착한 일이며 덕의 터전이 될 것이다. 오래 옥에 가두고 놓아주지 않아서 세월만 지연시키는 것보다는 그 채무를 면제해 주고 옥문을 열어 내보내는 것이 또한 천하의 통쾌한 일일 것이다.

밝게 판단하고 곧 판결해서 막히고 걸리는 바가 없다면 이는 마치 먹구름이 끼고 천둥이 치는 하늘을 맑은 바람이 씻어 버리는 것과 같은 것이다. 잘못된 생각으로 그릇되게 판결하고 그 잘못을 깨달아 감히 허물을 꾸며 대려 하지 않는다면 또한 군자의 행동인 것이다.

법에서 용서할 수 없는 바라면 마땅히 의로써 처단할 것이다. 악을 보면서도 악을 모르는 것은 이 또한 부녀자의 인(仁)인 것이다. 혹독한 관리가 참혹하고 각박해서 오로지 법문만을 행사(行使)하여 그 위엄과 밝음을 펴면 명대로 살지 못하는 이가 많다.

사대부가 법률의 학문은 읽지 않아서 문장과 사부(詞賦)는 잘하나 형명(刑名)에는 어두운 것이 또한 오늘날의 속된 폐단이다. 인명에 대한 옥사는 옛날에는 소홀했으나 지금은 엄밀하게 하고 있으니 전문적인 학문에 마땅히 힘써야 한다.

옥사가 일어난 곳에는 아전과 군교가 방자하고 횡포해서 집을 부수고 재물을 약탈하여 그 마을이 망하게 되는 것이니 가장 먼저 염려할 것이 바로 이것이다. 부임하여 처음 정사를 돌볼 때 마땅히 이에 대한 약속이 있어야 한다. 옥사의 체제가 지극히 중대하나 현장 검증에서 취조하는 데에는 원래 형구를 쓰는 일이 없었다.

지금의 관장(官長)은 법례에 통달하지 못해서 형장(刑杖)을 함부로 사용하니 이는 큰 잘못이다. 무고(誣告)로 옥사를 일으키는 것을 도희(圖賴)라고 일컫는데 이런 것은 엄히 다스려서 용서하지 말고 반좌(反坐)의 율에 비추어 처결해야 한다.

검초(檢招 : 검사 취조)가 하루가 지났는데도 같은 날에 한 것으로 기록하는데 이것은 마땅히 고쳐야 할 법이다. 크고 작은 옥사 처결에는 다 기한 날짜가 있는데 해가 지나고 세월이 흘러가서 늙고 수척하게 버려두는 것은 법이 아닐 것이다.

보고(保辜)하는 기한은 범죄에 따라 같지 않다. 인증이 맑지 않으면 의논이 혹 공평을 잃게 된다. 살인하여 몰래 매장한 것은 모두 파내서 검사해야 한다. 대전(大典)의 주(註)는 본시 잘못된 기록이니 반드시 이에 구애될 것이 없다.

Ⅲ. 신형(愼刑 : 형벌은 신중)

목민관이 형벌을 쓰는 것은 세 등급으로 나눠야 한다. 민사(民事)는 상형(上刑)을 쓰고, 공사(公事)는 중형(中刑)을 쓰고, 관사(官事)는 하형(下刑)을 쓰며 사사(私事)는 형벌하지 않는 것이 좋다.

집장(執杖)한 군사를 그 자리에서 노하여 꾸짖어서는 안 된다. 평소에 약속을 엄하게 신칙하고 일이 끝난 후에 징치(懲治)하는 것이 반드시 믿음이 있으면 성색(聲色)을 움직이지 않더라도 장형(杖刑)이 너그럽고 사나운 것이 뜻대로 될 것이다.

수령이 집행할 수 있는 형벌은 태형(笞刑) 50대로 스스로 처단할 수 있으며 그 이상은 모두 함부로 마구 처형하는 것이다. 오늘날의 군자는 큰 곤장을 사용하기를 좋아하니 이태(二笞)와 삼장(三杖)으로는 만족시키기에 여기지 않는 것이다.

형벌로써 백성을 바로 잡는 것은 최하의 수단이다. 자신을 단속하고 법을 받들어서 엄정하게 임한다면 백성이 법을 범하지 않을 것이니 형벌은 없애 버려도 좋을 것이다. 옛날의 어진 목민관은 반드시 형벌을 완화시켰으니 그 아름다운 이름이 사책(史策)

에 실려서 길이 빛나고 있다.

한때의 분한 것으로 형장(刑杖)을 남용하는 것은 큰 죄악이다. 열성조의 유계(遺戒)가 간책(簡册)에 빛나고 있다. 부녀자는 큰 죄가 있는 것이 아니면 형벌을 결행하지 않는다. 신장(訊杖)은 오히려 가(可)하나 볼기치는 것은 매우 좋지 않다.

늙은이와 어린이를 고문해서는 안 된다고 율문(律文)에 기록되어 있다. 악형(惡刑)이란 도적을 다스리는 것이니 평민에게 경솔히 시행해서는 수 없는 것이다.

Ⅳ. 휼수(恤囚 : 죄수에게 온정)

감옥은 사람이 사는 밝은 세상의 지옥이다. 옥에 갇힌 죄수의 고통과 괴로움을 어진 사람은 마땅히 살펴 주어야 한다. 목에 칼을 씌우는 것은 후세에 나온 것이니 선왕(先王)의 법이 아니다. 옥중에서 토색(討索)질을 당하는 것은 남모르게 당하는 원통한 일이다.

이 원통함을 살필 수 있다면 밝다고 말할 수 있을 것이다. 질병의 고통이란 비록 좋은 집에 편안히 살아도 오히려 견디기가 어려운 일이거늘 하물며 옥중에서야 어떻겠는가. 옥은 이웃도 없는 집이며 죄수란 다닐 수 없는 사람이다. 한번 추위와 굶주림이 있으면 죽음이 있을 따름이다.

옥에 갇힌 죄수가 나가기를 기다리는 것은 긴 밤에 새벽을 기다리는 것과 같다. 옥중의 다섯 가지 고통 중에서 오래 머물러 지체하는 것이 가장 큰 것이다. 감옥의 장벽이 허술하여 중죄수가 도망하면 상사가 문책하게 되니 또한 봉공하는 사람의 근심거리인 것이다.

세시(歲時)나 명절 때에 죄수들에게 집으로 돌아갈 것을 허락하여 은혜와 신의로 서로 믿는다면 도망하는 자가 없을 것이다. 집을 떠나오래 옥에 갇혀 있어서 자녀의 생산이 끊기게 된 자는 그 정상과 소원을 참작하여 잘 살펴서 인자한 은혜를 베풀어야 한다.

늙고 약한 자를 대신 가두는 것도 오히려 불쌍한 노릇인데 부녀자를 대신 가두는 일은 더욱 어렵게 생각하고 삼가야 할 것이다. 유배되어 있는 사람은 집을 떠나 멀리 귀양살이를 하는 것이므로 그 정상이 슬프고 측은하니 집과 곡식을 주어 편안히 살게 하는 것도 또한 목민관의 직책이다.

V. 금포(禁暴 : 폭력을 엄하게 단속)

횡포와 난동을 금지하는 것은 백성을 편안하게 하는 것이니, 재산이 많고 세도를 부리는 자를 단속하여 귀족이나 근시(近侍)를 꺼리지 않는 것은 목민관으로서 마땅히 힘써야 할 일이다. 권문세가에서 종을 풀어놓아 횡포를 부려서 백성들에게 해가 될 때는 이를 금해야 한다.

금군(禁軍)이 임금의 은총을 믿고 내관이 횡행 방자해서 여러 가지 구실로 백성을 괴롭히는 것은 모두 금해야 한다. 지방의 호족이 권력을 부려서 횡포를 일삼는 것은 약한 백성에게는 시랑(豺狼)이며 호랑이인 것이다.

해독을 제거하고 양(羊)같이 순한 백성을 보호하는 그것이야말로 참된 목민관이라고 말할 수 있다. 악한 소년들이 협기를 부려서 물건을 약탈하면 포악하게 행동할 때에는 마땅히 이를 조속히 금지해야 한다. 이를 금지하지 않으면 장차 난동을 부리게 될 것이다.

호족들의 횡포가 약한 백성들을 병들게 하고 해독을 끼치는데 그 방법이 너무도 많아서 일일이 들어 말할 수 없다. 사(邪)를 끼고 간음하며 기생을 데리고 다니며 창녀 집에서 유숙한 자는 이를 금해야 한다. 시장에서 술주정하며 장사하는 물건을 약탈하거나 거리나 골목에서 술주정하여 존장(尊長)을 욕하는 자는 이를 금해야 한다.

도박을 직업으로 삼고 노름판을 벌이고 무리를 지어 모이는 것을 금해야 한다. 광대의 놀이, 꼭두각지의 제주, 굿이나 경을 읽는 음악으로 사람을 모으고 요사스러운 말로 술법을 파는 자는 다 같이 이를 금해야 한다.

사로이 소나 말을 도살하는 것을 금해야 한다. 돈을 바쳐 속죄하게 하는 것은 옳은 일이 아니다. 도장을 위조한 자는 그 범죄의 정상을 살펴서 경중(輕重)을 판단하여 처단한다. 족보를 위조한 자는 그 주모자에게만 벌을 주고 이에 따른 자는 용서한다.

Ⅵ. 제해(除害 : 해로운 사물을 없앰)

백성을 위하여 해를 제거하는 것은 목민관의 도리이다. 그 첫째는 도적이요, 둘째는 귀신이요, 셋째는 호랑이다. 이 세 가지가 없어져야만 백성의 근심이 사라질 것이다.

도적이 생기는 데에는 세 가지 이유가 있다. 위에서는 행실을 단정하게 하지 않고, 중간에서는 명령을 받들어 행하지 않고, 아래에서는 법을 두려워하지 않기 때문이니, 아무리 도적을 없애려 해도 어찌할 수가 없는 것이다.

임금의 어진 뜻을 선유(宣諭)하여 그 죄악을 용서해 주어서 옛것을 버리고 스스로 새로워져서 각각 그 직업으로 돌아가게 하는 것이 상책이다. 이와 같이 한 후에야 행실을 고치고 자취를 감추며 길에서는 흘린 것을 줍지 않고 부끄러움을 느끼며 바르게 될 것이니 또한 착한 일이 아니겠는가.

간악하고 세력 있는 자들이 서로 모여 악을 행하고 고치지 않으면 굳센 위력으로 쳐부숴서 백성을 편안케 하는 것도 그다음 방법일 것이다. 현상(懸象)하고 용서하여 줄 것을 허락해 서로 잡아들이거나 고발하게 하여 잔멸(殘滅)하기에 이르도록 하는 것이 또 그다음 방법인 것이다.

붉은빛과 먹물로 옷에 표시하는 것은 곡식과 가라지를 분별해서 김매는 데 도움이 되게 하는 것이니 또한 작은 계획이다. 상여를 위장하여 운상(運喪)하는 것은 간사한 도적이 향상하는 예이며 거짓 조문(吊問)으로 슬퍼하는가를 살피는 것은 도적을 조사하는 작은 술수이다.

지혜를 짜내고 꾀를 써서 깊은 것을 캐내고 숨은 것을 들추는 것은 오직 능한 자만이 할 수 있는 일이다. 이치를 살피고 사물을 분간하면 사물이 그 실상을 숨기지 못하나니 오직 밝은 자만이 할 수 있을 것이다.

흉년이 들면 젊은이들의 횡포가 많아지니 보잘것없는 좀도둑들은 크게 징계하지 않아도 된다. 잘못하여 평민을 잡아다 고문하여 억지로 도둑을 만드는 수가 있는데, 그 원통함을 살펴서 다시 양민(良民)으로 만들어 준다면 이를 어진 목민관이라고 할 수 있다.

거짓 죄를 꾸며 돈 있는 백성을 잡아다가 함부로 혹독한 형벌을 가하는 것은 도둑을 위하여 원수를 갚아 주는 것이며 아전을 위하여 돈을 벌게 해주는 것이니 이를 일러 흔암(昏暗)한 목민관이라고 하는 것이다.

귀매(鬼魅) 작변(作變) 하는 것은 무당의 짓인 것이다. 무당을 벌하고 그 당집을 헐어야만 요매(妖魔)가 의지할 곳이 없어질 것이다. 부처나 귀신을 빙자하여 요사스러운 말로 대중을 현혹시키는 자는 제거하여야 한다.

잡물(雜物)을 빙자하여 사특한 말로 어리석은 사람을 속이는 자는 제거하여야 한다. 호랑이나 표범이 사람을 물고 여러 차례 소나 돼지를 해치면 틀을 놓고 함정을 만들며 노도(弩刀) 등 무기를 써서 이를 잡아 그 근심을 없애도록 한다.

부 록

공소장 및 불기소장에 기재할 죄명에 관한 예규

[시행 2023. 1. 18.]

1. 형법 죄명표시

가. 각칙 관련 죄명 표시

형법죄명표(별표 1)에 의한다.

나. 총칙 관련 죄명 표시

1) 미수·예비·음모의 경우에는 위 형법죄명표에 의한다.
2) 공동정범·간접정범의 경우에는 정범의 죄명과 동일한 형법 각칙 표시 각 본조 해당 죄명으로 한다.
3) 공범(교사 또는 방조)의 경우에는 형법 각칙 표시 각 본조 해당 죄명 다음에 교사 또는 방조를 추가하여 표시한다.

2. 군형법 죄명 표시

가. 각칙 관련 죄명 표시

군형법 죄명표(별표 2)에 의한다.

나. 총칙 관련 죄명 표시

1) 미수·예비·음모의 경우에는 위 군형법 죄명표에 의한다.
2) 공동정범·간접정범의 경우에는 정범의 죄명과 동일한 군형법 각칙 표시 각 본조 해당 죄명으로 한다.
3) 공범(교사 또는 방조)의 경우에는 군형법 각칙 표시 각 해당 조문 해당 죄명 다음에 교사 또는 방조를 추가로 표시한다.

3. 특정범죄가중처벌등에관한법률위반 사건 죄명 표시

가. 정범·기수·미수·예비·음모의 경우에는 특정범죄가중처벌등에관한법률위반 사건 죄명표(별표 3)에 의한다.
나. 공범(교사 또는 방조)의 경우에는「위 법률위반(구분 표시 죄명) 교사 또는 위 법률 위반(구분 표시죄명) 방조」로 표시한다.

4. 특정경제범죄가중처벌등에관한법률위반사건 죄명표시

　　가. 정범·기수·미수의 경우에는 특정경제범죄가중처벌등에관한법률위반사건 죄명표
　　　　(별표 4)에 의한다.

　　나. 공범(교사 또는 방조)의 경우에는 「위 법률위반(구분 표시죄명)교사 또는 위
　　　　법률 위반(구분 표시죄명) 방조」로 표시한다.

5. 공연법, 국가보안법, 보건범죄단속에관한특별조치법, 성폭력범죄의처벌등에관한 특례법, 성폭력방지및피해자보호등에관한법률, 수산업법, 화학물질관리법, 도로교통법, 마약류관리에관한법률, 폭력행위등처벌에관한법률, 성매매알선등행위의처벌에관한법률, 아동·청소년의성보호에관한법률, 정보통신망이용촉진및보호등에관한법률, 부정경쟁방지및영업비밀보호에관한법률, 국민체육진흥법, 한국마사회법, 아동학대범죄의처벌등에관한특례법, 아동복지법, 발달장애인권리보장및지원에관한법률, 교통사고처리특례법, 중대재해처벌등에관한법률 각 위반사건 죄명표시

　　가. 정범·기수·미수·예비·음모의 경우에는 별표5에 의한다.

　　나. 공범(교사 또는 방조)의 경우에는 「위 법률 위반(구분 표시죄명)교사 또는 법
　　　　률 위반(구분 표시죄명) 방조」로 표시한다.

6. 기타 특별법 위반 사건 죄명표시

　가. 원 칙

　　　「……법 위반」으로 표시한다.

　나. 공범·미수

　　　1) 공범에 관한 특별규정이 있을 경우에는「……법 위반」으로 표시하고, 특별규정
　　　　 이 없을 경우에는「……법 위반 교사 또는 ……법 위반 방조」로 표시한다.
　　　2) 미수에 관하여는「…법 위반」으로 표시한다.

형법 죄명표

제1장 내란의 죄

제87조 ① 내란우두머리

② 내란(모의참여, 중요임무종사, 실행)

③ 내란부화수행

제88조 내란목적살인

제89조(제87조, 제88조 각 죄명)미수

제90조(내란, 내란목적살인)(예비, 음모, 선동, 선전)

제2장 외환의 죄

제92조 외환(유치, 항적)

제93조 여적

제94조 ① 모병이적

② 응병이적

제95조 ① 군용시설제공이적

② 군용물건제공이적

제96조 군용시설파괴이적

제97조 물건제공이적

제98조 ① 간첩, 간첩방조

② 군사상기밀누설

제99조 일반이적

제100조(제92조 내지 제99조 각 죄명)미수

제101조(제92조 내지 제99조 각 죄명)(예비, 음모, 선동, 선전)

제103조 ① (전시, 비상시)군수계약불이행

② (전시, 비상시)군수계약이행방해

제3장 국기에 관한 죄

제105조(국기, 국장)모독

제106조(국기, 국장)비방

제4장 국교에 관한 죄

제107조 ① 외국원수(폭행, 협박)

② 외국원수(모욕, 명예훼손)

제108조 ① 외국사절(폭행, 협박)

② 외국사절(모욕, 명예훼손)

제109조 외국(국기, 국장)모독

제111조 ① 외국에대한사전

② (제1항 죄명)미수

③ (제1항 죄명)예비, 음모

제112조 중립명령위반

제113조 ① 외교상기밀누설

② 외교상기밀(탐지, 수집)

제5장 공안을 해하는 죄

제114조 범죄단체(조직, 가입, 활동)

제115조 소요

제116조 다중불해산

제117조 ① (전시, 비상시)공수계약불이행

② (전시, 비상시)공수계약이행방해

제118조 공무원자격사칭

제6장 폭발물에 관한 죄

제119조 ① 폭발물사용

② (전시, 비상시)폭발물사용

③ (제1항, 제2항 각 죄명)미수

제120조(제119조 제1항, 제2항 각 죄명)(예비, 음모, 선동)

제121조(전시, 비상시)폭발물(제조, 수입, 수출, 수수, 소지)

제7장 공무원의 직무에 관한 죄

제122조 직무유기

제123조 직권남용권리행사방해

제124조 ① 직권남용(체포, 감금)

② (제1항 각 죄명)미수

제125조 독직(폭행, 가혹행위)

제126조 피의사실공표

제127조 공무상비밀누설

제128조 선거방해

제129조 ① 뇌물(수수, 요구, 약속)

② 사전뇌물(수수, 요구, 약속)

제130조 제3자뇌물(수수, 요구, 약속)

제131조 ① 수뢰후부정처사

②, ③부정처사후수뢰

제132조 알선뇌물(수수, 요구, 약속)

제133조 ① 뇌물(공여, 공여약속, 공여의사표시)

② 제3자뇌물(교부, 취득)

제8장 공무방해에 관한 죄

제136조 공무집행방해

제137조 위계공무집행방해

제138조(법정, 국회회의장)(모욕, 소동)

제139조 인권옹호직무(방해, 명령불준수)

제140조 ① 공무상(봉인, 표시)(손상, 은닉, 무효)

② 공무상비밀(봉함, 문서, 도화)개봉

③ 공무상비밀(문서, 도화, 전자기록등)내용탐지

제140조의2 부동산강제집행효용침해

제141조 ① 공용(서류, 물건, 전자기록등)(손상, 은닉, 무효)

　　　　② 공용(건조물, 선박, 기차, 항공기)파괴

제142조 공무상(보관물, 간수물)(손상, 은닉, 무효)

제143조(제140조 내지 제142조 각 죄명)미수

제144조 ① 특수(제136조, 제138조, 제140조 내지 제143조 각 죄명)

　　　　② (제1항 각 죄명, 다만 제143조 미수의 죄명은 제외한다)(치상, 치사)

제9장 도주와 범인은닉의 죄

제145조 ① 도주

　　　　② 집합명령위반

제146조 특수도주

제147조 피구금자(탈취, 도주원조)

제148조 간수자도주원조

제149조(제145조 내지 제148조 각 죄명)미수

제150조(제147조, 제148조 각 죄명)(예비, 음모)

제151조 범인(은닉, 도피)

제10장 위증과 증거인멸의 죄

제152조 ① 위증

　　　　② 모해위증

제154조(허위, 모해허위)(감정, 통역, 번역)

제155조 ① 증거(인멸, 은닉, 위조, 변조),(위조, 변조)증거사용

　　　　② 증인(은닉, 도피)

　　　　③ 모해(제1항, 제2항 각 죄명)

제11장 무고의 죄

제156조 무 고

제12장 신앙에 관한 죄

제158조(장례식, 제사, 예배, 설교)방해

제159조(사체, 유골, 유발)오욕

제160조 분묘발굴

제161조 ① (사체, 유골, 유발, 관내장치물)(손괴, 유기, 은닉, 영득)

　　　　② 분묘발굴(제1항 각 죄명)

제162조(제160조, 제161조 각 죄명)미수

제163조 변사체검시방해

제13장 방화와 실화의 죄

제164조 ① (현주, 현존)(건조물, 기차, 전차, 자동차, 선박, 항공기, 지하채굴시설)방화

　　　　② (제1항 각 죄명)(치상, 치사)

제165조(공용, 공익)(건조물, 기차, 전차, 자동차, 선박, 항공기, 지하채굴시설)방화

제166조 ① 일반(건조물, 기차, 전차, 자동차, 선박, 항공기, 지하채굴시설)방화

　　　　② 자기소유(건조물, 기차, 전차, 자동차, 선박, 항공기, 지하채굴시설)방화

제167조 ① 일반물건방화

　　　　② 자기소유일반물건방화

제168조 방화연소

제169조 진화방해

제170조 실화

제171조(업무상, 중)실화

제172조 ① 폭발성물건파열

　　　　② 폭발성물건파열(치상, 치사)

제172조의2 ① (가스, 전기, 증기, 방사선, 방사성물질)(방출, 유출, 살포)

　　　　　② (제1항 각 죄명)(치상, 치사)

제173조 ① (가스, 전기, 증기)(공급, 사용)방해

　　　　② 공공용(제1항 각 죄명)

　　　　③ (제1항, 제2항 각 죄명)(치상, 치사)

제173조의2 ① 과실(제172조제1항, 제172조의2제1항, 제173조제1항, 제2항, 각죄명)

　　　　　② (업무상, 중)과실(제1항 각 죄명)

제174조(제164조제1항, 제165조, 제166조제1항, 제172조제1항, 제172조의2제1항, 제173조제1항, 제2항 각 죄명)미수

제175조(제164조제1항, 제165조, 제166조제1항, 제172조제1항, 제172조의2제1항, 제173조제1항, 제2항 각 죄명)(예비, 음모)

제14장 일수와 수리에 관한 죄

제177조 ① (현주, 현존)(건조물, 기차, 전차, 자동차, 선박, 항공기, 광갱)일수

② (제1항 각 죄명)(치상, 치사)

제178조(공용, 공익)(건조물, 기차, 전차, 자동차, 선박, 항공기, 광갱)일수

제179조 ① 일반(건조물, 기차, 전차, 자동차, 선박, 항공기, 광갱)일수

② 자기소유(건조물, 기차, 전차, 자동차, 선박, 항공기, 광갱)일수

제180조 방수방해

제181조 과실일수

제182조(제177조, 제178조, 제179조제1항 각 죄명)미수

제183조(제177조, 제178조, 제179조제1항 각 죄명)(예비, 음모)

제184조 수리방해

제15장 교통방해의 죄

제185조 일반교통방해

제186조(기차, 전차, 자동차, 선박, 항공기)교통방해

제187조(기차, 전차, 자동차, 선박, 항공기)(전복, 매몰, 추락, 파괴)

제188조(제185조 내지 제187조 각 죄명)(치상, 치사)

제189조 ① 과실(제185조 내지 제187조 각 죄명)

② (업무상, 중)과실(제185조 내지 제187조 각 죄명)

제190조(제185조 내지 제187조 각 죄명)미수

제191조(제186조, 제187조 각 죄명)(예비, 음모)

제16장 음용수에 관한 죄

제192조 ① 먹는물사용방해

② 먹는물(독물, 유해물)혼입

제193조 ① 수돗물사용방해

② 수돗물(독물, 유해물)혼입

제194조(제192조제2항, 제193조제2항 각 죄명)(치상, 치사)

제195조 수도불통

제196조(제192조제2항, 제193조제2항, 제195조 각 죄명)미수

제197조(제192조제2항, 제193조제2항, 제195조 각 죄명)(예비, 음모)

제17장 아편에 관한 죄

제198조(아편, 몰핀)(제조, 수입, 판매, 소지)

제199조 아편흡식기(제조, 수입, 판매, 소지)

제200조 세관공무원(아편, 몰핀, 아편흡식기)(수입, 수입허용)

제201조 ① 아편흡식, 몰핀주사

② (아편흡식, 몰핀주사)장소제공

제202조(제198조 내지 제201조 각 죄명)미수

제203조 상습(제198조 내지 제202조 각 죄명)

제205조 단순(아편, 몰핀, 아편흡식기)소지

제18장 통화에 관한 죄

제207조 ① 통화(위조, 변조)

②, ③ 외국통화(위조, 변조)

④ (위조, 변조)(통화, 외국통화)(행사, 수입, 수출)

제208조(위조, 변조)(통화, 외국통화)취득

제210조(위조, 변조)(통화, 외국통화)지정행사

제211조 ① 통화유사물(제조, 수입, 수출)

② 통화유사물판매

제212조(제207조, 제208조, 제211조 각 죄명)미수

제213조(제207조제1항 내지 제3항 각 죄명)(예비, 음모)

제19장 유가증권, 우표와 인지에 관한 죄

제214조 유가증권(위조, 변조)

제215조 자격모용유가증권(작성, 기재)

제216조 허위유가증권작성, 유가증권허위기재

제217조(위조유가증권, 변조유가증권, 자격모용작성유가증권, 자격모용기재유가증권, 허위작성유가증권, 허위기재유가증권)(행사, 수입, 수출)

제218조 ① (인지, 우표, 우편요금증표)(위조, 변조)

　　　　② (위조, 변조)(인지, 우표, 우편요금증표)(행사, 수입, 수출)

제219조(위조, 변조)(인지, 우표, 우편요금증표)취득

제221조(인지, 우표, 우편요금증표)소인말소

제222조 ① (공채증서, 인지, 우표, 우편요금증표)유사물(제조, 수입, 수출)

　　　　② (공채증서, 인지, 우표, 우편요금증표)유사물판매

제223조(제214조 내지 제219조, 제222조 각 죄명)미수

제224조(제214조, 제215조, 제218조제1항 각 죄명)(예비, 음모)

제20장 문서에 관한 죄

제225조(공문서, 공도화)(위조, 변조)

제226조 자격모용(공문서, 공도화)작성

제227조 허위(공문서, 공도화)(작성, 변개)

제227조의2 공전자기록등(위작, 변작)

제228조 ① (공정증서원본, 공전자기록등)불실기재

　　　　② (면허증, 허가증, 등록증, 여권)불실기재

제229조(위조, 변조)(공문서, 공도화)행사, 자격모용작성(공문서, 공도화)행사, 허위(작성, 변개)(공문서, 공도화)행사,(위작, 변작) 공전자기록등행사, 불실기재(공정증서원본, 공전자기록등, 면허증, 허가증, 등록증, 여권)행사

제230조(공문서, 공도화)부정행사

제231조(사문서, 사도화)(위조, 변조)

제24장 살인의 죄

제250조 ① 살인

　　　　 ② 존속살해

제251조 영아살해

제252조 ① (촉탁, 승낙)살인

　　　　 ② 자살(교사, 방조)

제253조(위계, 위력)(촉탁, 승낙)살인,(위계, 위력)자살결의

제254조(제250조 내지 제253조 각 죄명)미수

제255조(제250조, 제253조 각 죄명)(예비, 음모)

제25장 상해와 폭행의 죄

제257조 ① 상해

　　　　 ② 존속상해

　　　　 ③ (제1항, 제2항 각 죄명)미수

제258조 ①, ② 중상해

　　　　 ③ 중존속상해

제258조2 ① 특수(제257조 제1항, 제2항 각 죄명)

　　　　　 ② 특수(제258조 각 죄명)

　　　　　 ③ (제258조의2 제1항 죄명)미수

제259조 ① 상해치사

　　　　 ② 존속상해치사

제260조 ① 폭행

　　　　 ② 존속폭행

제261조 특수(제260조 각 죄명)

제262조(제260조, 제261조 각 죄명)(치사, 치상)

제264조 상습(제257조, 제258조, 제258조의2, 제260조, 제261조 각 죄명)

제26장 과실치사상의 죄

제266조 과실치상

제267조 과실치사

제268조(업무상, 중)과실(치사, 치상)

제27장 낙태의 죄

제269조 ① 낙태

② (촉탁, 승낙)낙태

③ (제2항 각 죄명)(치상, 치사)

제270조 ① 업무상(촉탁, 승낙)낙태

② 부동의낙태

③ (1항, 제2항 각 죄명)(치상, 치사)

제28장 유기와 학대의 죄

제271조 ① 유기

② 존속유기

③ 중유기

④ 중존속유기

제272조 영아유기

제273조 ① 학대

② 존속학대

제274조 아동혹사

제275조 ① (제271조제1항, 제3항, 제272조, 제273조제1항 각 죄명)(치상, 치사)

② (제271조제2항, 제4장, 제273조제2항 각 죄명)(치상, 치사)

제29장 체포와 감금의 죄

제276조 ① 체포, 감금

② 존속(체포, 감금)

제277조 ① 중체포, 중감금

② 중존속(체포, 감금)

제278조 특수(제276조, 제277조 각 죄명)

제279조 상습(제276조, 제277조 각 죄명)

제280조(제276조 내지 제279조 각 죄명)미수

제281조 ① (제276조제1항, 제277조제1항, 각 죄명),(치상, 치사),(특수, 상습),(제276조제1항, 제277조제1항, 각 죄명),(치상, 치사)

② (제276조제2항, 제277조제2항 각 죄명)(치상, 치사),(특수, 상습)(제276조제2항, 제277조제2항, 각 죄명)(치상, 치사)

제30장 협박의 죄

제283조 ① 협박

② 존속협박

제284조 특수(제283조 각 죄명)

제285조 상습(제283조, 제284조 각 죄명)

제286조(제283조 내지 285조 각 죄명)미수

제31장 약취와 유인의 죄

제287조 미성년자(약취, 유인)

제288조 ① (추행, 간음, 결혼, 영리)(약취, 유인)

② (노동력착취, 성매매, 성적착취, 장기적출)(약취, 유인)

③ 국외이송(약취, 유인), (피약취자, 피유인자)국외이송

제289조 ① 인신매매

② (추행, 간음, 결혼, 영리)인신매매

③ (노동력착취, 성매매, 성적착취, 장기적출)인신매매

④ 국외이송인신매매, 피매매자국외이송

제290조 ① (피약취자, 피유인자, 피매매자, 피국외이송자)상해

② (피약취자, 피유인자, 피매매자, 피국외이송자)치상

제291조 ① (피약취자, 피유인자, 피매매자, 피국외이송자)살해

② (피약취자, 피유인자, 피매매자, 피국외이송자)치사

제292조 ① (피약취자, 피유인자, 피매매자, 피국외이송자)(수수, 은닉)

② (제287조 내지 제289조 각 죄명)(모집, 운송, 전달)

제293조 〈삭제〉

제294조 (제287조 내지 제289조, 제290조제1항, 제291조제1항, 제292조제1항 각

죄명)미수

제296조 (제287조 내지 제289조, 제290조제1항, 제291조제1항, 제292조제1항 각 죄
명)(예비, 음모)

제32장 강간과 추행의 죄

제297조 강간

제297조의2 유사강간

제298조 강제추행

제299조 준강간, 준유사강간, 준강제추행

제300조 (제297조, 제297조의2, 제298조, 제299조 각 죄명)미수

제301조 (제297조, 제297조의2, 제298조, 제299조 각 죄명)(상해, 치상)

제301조의2 (제297조, 제297조의2, 제298조, 제299조 각 죄명)(살인, 치사)

제302조 (미성년자, 심신미약자)(간음,추행)

제303조 ① (피보호자, 피감독자)간음

　　　　 ② 피감호자간음

제304조 〈삭제〉

제305조 미성년자의제(강간, 유사강간, 강제추행, 강간상해, 강간치상, 강간살인, 강
간치사, 강제추행상해, 강제추행치상, 강제추행살인, 강제추행치사)

제305조의2 상습(제297조, 제297조의2, 제298조 내지 제300조, 제302조, 제303조,
제305조 각 죄명)

제305조의3 [제297조, 제297조의2, 제305조 각 죄명, 준강간, (제297조, 제297조
의2, 제298조, 제299조 각 죄명)상해](예비, 음모)

제33장 명예에 관한 죄

제307조 명예훼손

제308조 사자명예훼손

제309조(출판물, 라디오)에의한명예훼손

제311조 모욕

제34장 신용, 업무와 경매에 관한 죄

제313조 신용훼손

제314조 ① 업무방해

② (컴퓨터등손괴, 전자기록등손괴, 컴퓨터등장애) 업무방해

제315조(경매, 입찰)방해

제35장 비밀침해의 죄

제316조 ① (편지, 문서, 도화)개봉

② (편지, 문서, 도화, 전자기록등) 내용탐지

제317조 업무상비밀누설

제36장 주거침입의 죄

제319조 ① (주거, 건조물, 선박, 항공기, 방실)침입

② 퇴거불응

제320조 특수(제319조 각 죄명)

제321조(신체, 주거, 건조물, 자동차, 선박, 항공기, 방실)수색

제322조(제319조 내지 321조 각 죄명)미수

제37장 권리행사를 방해하는 죄

제323조 권리행사방해

제324조 ① 강요

② 특수강요

제324조의2 인질강요

제324조의3 인질(상해, 치상)

제324조의4 인질(살해, 치사)

제324조의5(제324조, 제324조의2, 제324조의3, 제324조의4 각 죄명) 미수

제325조 ① 점유강취

② 준점유강취

③ (제1항, 제2항 각 죄명)미수

제350조의2 특수공갈

제351조 상습(제347조 내지 제350조의2 각 죄명)

제352조 (제347조, 내지 제348조의2, 제350조, 제350조의2, 제351조 각 죄명)미수

제40장 횡령과 배임의 죄

제355조 ① 횡령

② 배임

제356조 업무상(횡령, 배임)

제357조 ① 배임수재

② 배임중재

제359조(제355조 내지 제357조 각 죄명)미수

제360조 ① 점유이탈물횡령

② 매장물횡령

제41장 장물에 관한 죄

제362조 ① 장물(취득, 양도, 운반, 보관)

② 장물알선

제363조 상습(제362조 각 죄명)

제364조(업무상, 중)과실장물(취득, 양도, 운반, 보관, 알선)

제42장 손괴의 죄

제366조(재물, 문서, 전자기록등)(손괴, 은닉)

제367조 공익건조물파괴

제368조 ① 중손괴

② (제366조, 제367조 각 죄명)(치상, 치사)

제369조 ① 특수(재물, 문서, 전자기록등)(손괴, 은닉)

② 특수공익건조물파괴

제370조 경계침범

제371조(제366조, 제367조, 제369조 각 죄명)미수

＊ 본 죄명표는 아래와 같은 원칙에 의하여 적용한다.

가. 괄호 안에 들어가지 않은 단어는 괄호 안에 들어가 있는 각 단어와 각 결합하여 각 죄명을 이룬다.
　【예시1】
　　■ 외국원수(폭행, 협박) : 외국원수폭행, 외국원수협박
　　■ (전시, 비상시)공수계약불이행 : 전시공수계약불이행, 비상시공수계약불이행
　　■ 일반(건조물, 기차, 전차, 자동차, 선박항공기, 광갱)일수 : 일반건주물일수, 일반기차일수, 일반전차일수, 일반자동차일수, 일반선박일수, 일반항공기일수, 일반광갱일수

나. 괄호 안에 들어가 있는 각 단어는 다른 괄호 안에 들어가 있는 각 단어와 각 결합하여 각 죄명을 이룬다.
　【예시 2】
　　■ (허위, 모해허위)(감정, 통역, 번역) : 허위감정, 모해허위감정, 허위통역, 모해허위통역, 허위번역, 모해허위번역
　　■ 허위(공문서, 공도화)(작성, 변개) : 허위공문서작성, 허위공문서변개, 허위공도화작성, 허위공도화변개)
　　■ (공채증서, 인지, 우표, 우편요금증표)유사물(제조, 수입, 수출) : 공채증서유사물제조, 공채증서유사물수입, 공채증서유사물수출, 인지유사물제조, 인지유사물수입, 인지유사물수출, 우표유사물제조, 우표유사물수입, 우표유사물수출, 우편요금증표유사물제조, 우편요금증표유사물수입, 우편요금증표유사물수출

다. 괄호 안에 제○○조의 각 죄명 또는 제○○조 내지 제○○조의 각 죄명으로 표시되어 있는 경우에는 각조에 기재된 각 죄명이 괄호안에 들어가 있는 것을 의미한다.
　【예시 3】
　　■ (제87조, 제88조 각 죄명)미수 :(내란수괴, 내란모의참여, 내란중요임무종사, 내란실행, 내란부화수행, 내란목적살인)미수

특정범죄가중처벌 등에 관한 법률

해 당 조 문	죄 명 표 시
제2조	특정범죄 가중처벌 등에 관한 법률 위반(뇌물)
제3조	〃 (알선수재)
제4조의2중 체포, 감금의 경우	〃 (체포, 감금)
제4조의2중 독직폭행, 가혹행위의 경우	〃 (독직폭행, 가혹행위)
제4조의 3중 공무상비밀누설	〃 (공무상비밀누설)
제5조	〃 (국고등 손실)
제5조의 2	〃 (13세미만약취·유인영리약취·유인등)
제5조의3 제1항 제1호	〃 (도주치사)
제5조의3 제1항 제2호	〃 (도주치상)
제5조의3 제2항 제1호	〃 (유기도주치사)
제5조의3 제2항 제2호	〃 (유기도주치상)
제5조의 4중 절도의 경우	〃 (절도)
제5조의 4중 강도의 경우	〃 (강도)
제5조의 4중 장물에 관한죄의 경우	〃 (장물)
제5조의 5	〃 (강도상해등재범)
제5조의 8	〃 (범죄단체조직)
제5조의9 중 살인의 경우	〃 (보복살인등)
제5조의9 중 상해의 경우	〃 (보복상해등)
제5조의9 중 폭행의 경우	〃 (보복폭행등)
제5조의9 중 체포, 감금의 경우	〃 〔보복(체포등,감금등)〕
제5조의9 중 협박의 경우	〃 (보복협박등)
제5조의9 제4항	〃 (면담강요등)
제5조의 10	〃 (운전자폭행등)
제5조의11 중 치사의 경우	〃 (위험운전치사)
제5조의11 중 치상의 경우	〃 (위험운전치상)
제5조의 12	〃 (선박교통사고도주)
제5조의13 중 치사의 경우	〃 (어린이보호구역치사)
제5조의13 중 치상의 경우	〃 (어린이보호구역치사)
제6조	〃 (관세)
제8조	〃 (조세)
제8조의 2	〃 (허위세금계산서교부등)
제9조	〃 (산림)
제11조(마약류관리에관한법률 제2조제2호의 '마약' 관련)	〃 (마약)
제11조(마약류관리에관한법률 제2조제4호의 향정신성의약품 관련)	〃 (향정)
제12조	〃 (외국인을위한재산취득)
제14조	〃 (무고)
제15조	〃 (특수직무유기)

특정경제범죄 가중처벌 등에 관한 법률

법 조 문	죄 명 표 시
제3조중 사기의 경우	특정경제범죄 가중처벌 등에 관한 법률 위반(사기)
제3조중 공갈의 경우	〃 (공갈)
제3조중 횡령의 경우	〃 (횡령)
제3조중 배임의 경우	〃 (배임)
제4조	〃 (재산국외도피)
제5조	〃 (수재등)
제6조	〃 (증재등)
제7조	〃 (알선수재)
제8조	〃 (사금융알선등)
제9조	〃 (저축관련부당행위)
제11조	〃 (무인가단기금융업)
제12조	〃 (보고의무)
제14조	〃 (취업제한등)

1. 공 연 법

법 조 문	죄 명 표 시
제5조 제2항	공연법 위반(선전물)
그외	공연법 위반

※ 제5조 제2항위반의 경우에만 "(선전물)" 표시

2. 국가보안법

법 조 문	죄 명 표 시
제3조	국가보안법 위반(반국가단체의구성등)
제4조(제1항 제2호 간첩 제외)	〃 (목적수행)
제4조 제1항 제2호	〃 (간첩)
제5조	〃 (자진지원 · 금품수수)
제6조 제1항	〃 (잠입 · 탈출)
제6조 제2항	〃 (특수잠입 · 탈출)
제7조(제3항 제외)	〃 (찬양 · 고무등)
제7조 제3항	〃 (이적단체의구성등)
제8조	〃 (회합 · 통신등)
제9조	〃 (편의제공)
제10조	〃 (불고지)
제11조	〃 (특수직무유기)
제12조	〃 (무고 · 날조)

3. 보건범죄단속에 관한 특별조치법

법 조 문	죄 명 표 시
제2조	보건범죄단속에관한특별조치법 위반(부정식품제조등)
제3조	〃 (부정의약품제조등)
제4조	〃 (부정유독물제조등)
제5조	〃 (부정의료업자)
제9조 제2항	〃 (허위정보제공)

4. 성폭력범죄의 처벌 등에 관한 특례법

법 조 문	죄 명 표 시
제3조 제1항	〔〔(주거침입, 절도)(강간, 유사강간,강제추행, 준강간, 준유사강간, 준강제추행)〕
제3조 제2항	〔특수강도(강간, 유사강간, 강제추행,준강간, 준유사강간, 준강제추행)〕
제4조 제1항	(특수강간)
제4조 제2항	(특수강제추행)
제4조 제3항	〔특수(준강간,준강제추행)〕
제5조 제1항	(친족관계에의한강간)
제5조 제2항	(친족관계에의한강제추행)
제5조 제3항	〔친족관계에의한(준강간,준강제추행)〕
제6조 제1항	(장애인강간)
제2항	(장애인유사성행위)
제3항	(장애인강제추행)
제4항	장애인(준강간, 준유사성행위, 준강제추행)〕
제5항	(장애인위계등간음)
제6항	(장애인위계등추행)
제7항	(장애인피보호자간음)
제7조 제1항	(13세미만미성년자강간)
제2항	(13세미만미성년자유사성행위)
제3항	(13세미만미성년자강제추행)
제4항	〔13세미만미성년자(준강간, 준유사성행위, 준강제추행)〕
제5항	〔13세미만미성년자위계등(간음,추행)〕
제8조	강간등(상해, 치상)〕
제9조	〔강간등(살인, 치사)〕
제10조	(업무상위력등에의한추행)
제11조	(공중밀집장소에서의추행)
제12조	(성적목적다중이용장소침입)
제13조	(통신매체이용음란)
제14조 제1,2,3항	(카메라등이용촬영 · 반포등)
제14조 제4항	(카메라등이용촬영물소지등)
제14조 제5항	(상습카메라등이용촬영 · 반포등)
제14조의2제1,2,3항	(허위영상물편집 · 반포등)
제14조의2제4항	(상습허위영상물편집 · 반포등)
제14조의3제1항	(촬영물등이용협박)
제14조의3제2항	(촬영물등이용강요)
제14조의3제3항	[상습(촬영물등이용협박, 촬영물등이용강요)]
제15조의2	[[(제3조 내지 제7조 각 죄명)(예비,음모)]
제50조	(비밀준수등)
그 외	성폭력범죄의처벌등에관한특례법위반

5. 성폭력방지 및 피해자보호 등에 관한 법률

법 조 문	죄 명 표 시
제36조 제1항	성폭력방지및피해자보호등에관한법률위반(피해자해고등)
제36조 제2항 제1호	성폭력방지및피해자보호등에관한법률위반(상담소등설치)
제36조 제2항 제2호	〃 (폐지명령등)
제36조 제2항 제3호	〃 (영리목적운영금지)
제36조 제2항 제4호	〃 (비밀엄수)

6. 수산업법

법 조 문	죄 명 표 시
제36조 제1항 제2호, 제3호	수산업법 위반(월선조업)
그외	수산업법 위반

※ 제34조 제1항 제2호, 제3호위반의 경우에만 "(월선조업)" 표시

7. 화학물질 관리법

법 조 문	죄 명 표 시
제43조 제1항	화학물질 관리법 위반(환각물질흡입)
그외	화학물질 관리법 위반

8. 음반 · 비디오물및게임물에관한법률

※ 2006. 4. 28. 법률 제7943호에 의하여 「음반 · 비디오물및게임물에관한법률」 폐지

※ 「영화 및 비디오물의 진흥에 관한 법률」, 「음악산업진흥에 관한 법률」, 「게임산업진흥에 관한 법률」 사건의 경우에는 죄명을 세분화하지 아니함

9. 도로교통법

법 조 문	죄 명 표 시
제43조	도로교통법 위반(무면허운전)
제44조 제1항	〃 (음주운전)
제44조 제2항	〃 (음주측정거부)
제46조	〃 (공동위험행위)
제54조 제1항	〃 (사고후미조치)
그외	도로교통법 위반

10. 마약류관리에 관한 법률

법 조 문	죄 명 표 시
제2조 제2호의 '마약' 관련	마약류관리에관한법률위반(마약)
제2조 제4호의 '향정신성의약품' 관련	〃 (향정)
제2조 제5호의 '대마' 관련	〃 (대마)

11. 성매매알선 등 행위의 처벌에 관한 법률

법 조 문	죄 명 표 시
제18조	성매매알선등행위의처벌에관한법률위반(성매매강요등)
제19조	성매매알선등행위의처벌에관한법률위반(성매매알선등)
제20조	성매매알선등행위의처벌에관한법률위반(성매매광고)
제21조 제1항 중 아동청소년의성보호에 관한법률 제26조 제1항이 적용되는 경우	성매매알선등행위의처벌에관한법률위반(아동·청소년)
그 외의 제21조 제1항	성매매알선등행위의처벌에관한법률위반(성매매)

※ 그 외에는 성매매알선등행위의처벌에관한법률위반으로 표시

12. 폭력행위 등 처벌에 관한 법률

법 조 문	죄 명 표 시
제2조 제1항	삭 제
제2조 제2항	폭력행위 등 처벌에 관한 법률위반 〔공동(폭행, 협박, 주거침입, 퇴거불응, 재물손괴등, 존속폭행, 체포, 감금, 존속협박, 강요, 상해, 존속상해, 존속체포, 존속감금, 공갈)〕
제2조 제2항	폭력행위등처벌에관한법률위반 〔상습(폭행, 협박, 주거침입, 퇴거불응, 재물손괴등, 존속폭행, 체포, 감금, 존속협박, 강요, 상해, 존속상해, 존속체포, 존속감금, 공갈)〕
제3조 제1항	삭 제
제3조 제2항	삭 제
제3조 제3항	삭 제
제3조 제4항	폭력행위등처벌에관한법률위반 〔상습특수(폭행, 협박, 주거침입, 퇴거불응, 재물손괴등, 존속폭행, 체포, 감금, 존속협박, 강요, 상해, 존속상해, 존속체포, 존속감금, 공갈)
제4조 제1항	폭력행위등 처벌에 관한 법률위반(단체등의구성 · 활동)
제4조 제2항제1호	폭력행위등 처벌에 관한 법률위반【단체등의(공무집행방해, 공용(서류, 물건, 전자기록등)(손상, 은닉, 무효), 공용(건조물, 선박, 기차, 항공기) 파괴, 살인, (촉탁, 승낙)살인, (위계, 위력)(촉탁, 승낙)살인, (위계, 위력)자살결의, (살인, 위계촉탁살인, 위계승낙살인, 위력촉탁살인, 위력승낙살인, 위계자살결의, 위력자살결의)(예비, 음모), 업무방해, (컴퓨터등손괴, 전자기록등손괴, 컴퓨터등장애)업무방해, (경매, 입찰)방해, 강도, 특수강도, 준강도, 준특수강도, 인질강도, 강도(상해, 치상), 강도강간, 해상강도, 해상강도(상해, 치상), 상습(강도, 특수강도, 인질강도, 해상강도), 강도(예비, 음모)】
제4조 제2항제2호	폭력행위등 처벌에 관한 법률위반【단체등의(상습, 공동, 집단 · 흉기등, 상습집단 · 흉기등)(폭행, 협박, 주거침입, 퇴거불응, 재물손괴등, 존속폭행, 체포, 감금, 존속협박, 강요, 상해, 존속상해, 존속체포, 존속감금, 공갈)】
제5조	폭력행위등 처벌에 관한 법률위반(단체등의이용 · 지원)
제7조	폭력행위등 처벌에 관한 법률위반(우범자)
제9조	폭력행위등 처벌에 관한 법률위반(직무유기)

※ 폭력행위등 처벌에 관한 법률 제6조 : 해당 기수죄명 다음에 '미수' 표시하지 아니함

13. 아동·청소년의 성보호에 관한 법률

법 조 문	죄 명 표 시
제7조 제1항	아동·청소년의성보호에관한법률위반(강간)
제2항	아동·청소년의성보호에관한법률위반(유사성행위)
제3항	아동·청소년의성보호에관한법률위반(강제추행)
제4항	아동·청소년의성보호에관한법률위반(준강간,준유사성행위,준강제추행)
제5항	아동·청소년의성보호에관한법률위반【위계등(간음, 추행)】
제7조의2	아동·청소년의성보호에관한법률위반[제7조 각항의 각 죄명)(예비, 음모)]
제8조 제1항	아동·청소년의성보호에관한법률위반(장애인간음)
제8조 제2항	아동·청소년의성보호에관한법률위반(장애인추행)
제8조의2 제1항	아동·청소년의성보호에관한법률위반(16세미만아동·청소년간음)
제8조의2 제2항	아동·청소년의성보호에관한법률위반(16세미만아동·청소년추행)
제9조	아동·청소년의성보호에관한법률위반【강간등(상해, 치상)】
제10조	아동·청소년의성보호에관한법률위반【강간등(살인, 치사)】
제11조 제5항	아동·청소년의성보호에관한법률위반(성착취물소지)
제11조 제7항	아동·청소년의성보호에관한법률위반(상습성착취물제작·배포등)
그 외의 11조	아동·청소년의성보호에관한법률위반(성착취물제작·배포등)
제12조	아동·청소년의성보호에관한법률위반(매매)
제13조	아동·청소년의성보호에관한법률위반(성매수등)
제14조	아동·청소년의성보호에관한법률위반(강요행위등)
제15조	아동·청소년의성보호에관한법률위반(알선영업행위등)
제16조	아동·청소년의성보호에관한법률위반(합의강요)
제17조 제1항	아동·청소년의성보호에관한법률위반(음란물온라인서비스제공)
제31조	아동·청소년의성보호에관한법률위반(비밀누설)
그 외	아동·청소년의성보호에관한법률위반

14. 정보통신망 이용촉진 및 정보보호 등에 관한 법률

법 조 문	죄 명 표 시
제70조 제1항, 제2항	정보통신망 이용촉진 및 정보보호 등에 관한 법률 위반(명예훼손)
제71조 제1항 제3,5호	정보통신망 이용촉진 및 정보보호 등에 관한 법률 위반(개인정보누설등)
제71조 제1항 제9, 10, 11호, 제72조 제1항 제1호	정보통신망 이용촉진 및 정보보호 등에 관한 법률 위반(정보통신망침해등)
제74조 제1항 제2호	정보통신망 이용촉진 및 정보보호 등에 관한 법률 위반(음란물유포)
그 외	정보통신망 이용촉진 및 정보보호 등에 관한 법률 위반

15. 부정경쟁방지 및 영업비밀보호에 관한 법률

법 조 문	죄 명 표 시
제18조 제1항	부정경쟁방지 및 영업비밀보호에 관한 법률 위반(영업비밀국외누설등)
제18조 제2항	부정경쟁방지 및 영업비밀보호에 관한 법률 위반(영업비밀누설등)
제18조 제3항	부정경쟁방지 및 영업비밀보호에 관한 법률 위반

16. 국민체육진흥법

법 조 문	죄 명 표 시
제47조 제2호	국민체육진흥법 위반(도박개장등)
제48조 제3호	국민체육진흥법 위반(도박등)
제48조 제4호	국민체육진흥법 위반(도박개장등)
그 외	국민체육진흥법 위반

17. 한국마사회법

법 조 문	죄 명 표 시
제50조 제1항 제1호, 제51조 제9호, 제53조 제1호	한국마사회법 위반(도박개장등)
제50조 제1항 제2호, 제51조 제8호	한국마사회법 위반(도박등)
그외	한국마사회법 위반

18. 아동학대범죄의 처벌 등에 관한 특례법

법 조 문	죄 명 표 시
제4조 제1항	아동학대범죄의 처벌 등에 관한 특례법 위반(아동학대살해)
제4조 제2항	〃 (아동학대치사)
제5조	〃 (아동학대중상해)
제6조	〃 〔상습(제2조 제4호 가목 내지 카목의 각 죄명)〕
제7조	〃 (아동복지시설 종사자 등의 아동학대 가중처벌)
제59조 제1항, 제2항	〃 (보호처분 등의 불이행)
제59조 제3항	〃 (이수명령 불이행)
제60조	〃 (피해자 등에 대한 강요행위)
제61조 제1항	〃 〔(폭행, 협박)업무수행 등 방해〕
제2항	〃 〔(단체다중의 위력, 위험한 물건 휴대)업무수행 등 방해〕
제3항	〃 〔업무수행 등 방해(치상, 치사)〕
제62조 제1항	〃 (비밀엄수의무위반)
제2항	〃 (아동학대신고인의 인적사항 공개 및 보도행위)
제3항	〃 (보도금지의무위반)
그외	아동학대범죄의 처벌 등에 관한 특례법 위반

19. 아동복지법

법 조 문	죄 명 표 시
제71조 제1항 제1호	아동복지법 위반(아동매매)
제1의2호	〃 (아동에 대한 음행강요·매개·성희롱 등)
제2호	〃 (아동학대, 아동유가방임, 장애아동관람, 구걸강요·이용행위)
제3호	〃 (양육알선금품취득, 아동금품유용)
제4호	〃 (곡예강요행위, 제3자인도행위)
제71조 제2항 제3호	〃 (무신고 아동복지시설 설치)
제4호	〃 (허위서류작성 아동복지시설 종사자 자격취득)
제5호	〃 (시설폐쇄명령위반)
제6호	〃 (아동복지업무종사자 비밀누설)
제7호	〃 (조사거부·방해 등)
제72조	〃 〔상습(제71조 제1항 각호 각 죄명)〕
그외	아동복지법 위반

※ 아동복지법 제73조 : 해당 기수 죄명 다음에 '미수' 표시하지 아니함

20. 발달장애인 권리보장 및 지원에 관한 법률

법 조 문	죄 명 표 시
제42조	발달장애인 권리보장 및 지원에 관한 법률 위반

21. 교통사고처리특례법

법 조 문	죄 명 표 시
제3조 중 치사의 경우	교통사고처리특례법위반(치사)
제3조 중 치상의 경우	〃 (치상)
그 외	교통사고처리특례법위반

22. 중대재해 처벌 등에 관한 법률

법 조 문	죄 명 표 시
제6조 제1항	중대재해처벌등에관한법률위반(산업재해치사)
제6조 제2항	중대재해처벌등에관한법률위반(산업재해치상)
제10조 제1항	중대재해처벌등에관한법률위반(시민재해치사)
제10조 제2항	중대재해처벌등에관한법률위반(시민재해치상)

수사실무총서 등대지기 I (2024년판)

수사서류 작성과 요령　　저자 / 박태곤

profile

(주요약력)

- ‣ 1980. 4. 경찰공무원 임용
- ‣ 전남청 수사직무학교 교관(2000년~2007년)
- ‣ 前 순천서 형사과장, 수사과장(경정)
- ‣ 前 여수서 수사과장, 형사과장
- ‣ 前 목포서 형사과장, 수사과장
- ‣ 前 전남경찰청 지능범죄수사대장
- ‣ 前 광양서 수사과장
- ‣ 前 청암대학교 외래교수
- ‣ 現 전남경찰청 경찰수사심의위원
- ‣ 現 뉴에덴행정사사무소 대표

(주요저서)

- ‣ 형법(등대지기 II)
- ‣ 형사특별법(등대지기 III)
- ‣ 여성·청소년범죄(등대지기 IV)
- ‣ 형법판례집(등대지기 V)
- ‣ 형사판례실무사례집(등대지기 VI)
- ‣ 요양보호사국가시험 요약집 및 문제집

개정7판 발행 2024년 02월 10일 / 초판 발행 2018년 3월 10일

저자 : 박태곤　/　**발행인** : 김현호　/　**발행처** : 법문북스

주소 : 서울 구로구 경인로 54길 4

전화 : (02) 2636-2911~2 / FAX (02) 2636-3012

homepage : www.lawb.co.kr

ISBN : 979-11-93350-28-7(93360)

가격 : **180,000원**